AF505272

THE POVERTY LINE

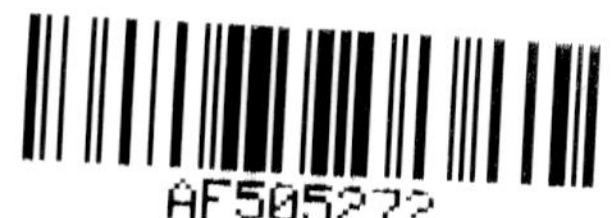

"[...] the world is in greater peril from those who tolerate or encourage evil than from those who actually commit it."

— Albert Einstein, 1955

This book was the winner of the 5th edition
of the Luma Rencontres Dummy Book Award
Arles 2019.

Dedicated to our parents and siblings,
who taught us love and meaning in life.

THE POVERTY LINE

Chow and Lin

LARS MÜLLER PUBLISHERS

For each country, the photographs represent the amount of the official poverty line (as assessed per person, per day) according to the latest standards available and current exchange rates at the time of photography. These data are stated above each case study.

In order for the photographs to best portray the situation of a person living at the limit of the poverty line, we use,

- in the case of poor countries, the total daily revenue of a person defined as poor,
- in the case of affluent or intermediate countries, the typical daily food budget of a poor person (the whole amount of the poverty line is then given for reference only).

1

"得90后者得天下"这句话业已成为娱乐行业的信条。进击中的90后以摧枯拉朽之势席卷整个文娱产业，行业规则亦发生翻天覆地的变化。不难发现，近年占据娱乐行业焦点的词汇"热门IP""高颜值""网剧"等等，都有非常显著的90后标签。在电视综艺真人秀领域，这种向90后看齐的改变也在悄然发生：明星"小鲜肉"成为节目嘉宾里不可或缺的一环；节目环节越来越多地借鉴网络游戏的RPG（角色扮演）元素；包装风格上也往往把时尚和酷炫演绎得淋漓尽致。

深圳卫视第四季度联手KBS国家电视台和耀客传媒共同推出的跨国体育真人秀《中韩梦之队》，亦可以看做一档为90后量身打造的节目。酷云数据显示，观看《中韩梦之队》的观众年龄在20至25岁的占50%以上，而20岁以下的更年轻群体也有着近30%左右的占比。受众群体高度的年轻化得益于《中韩梦之队》独特的……目构架以及恰当的营销……学反应；而……

《中韩梦……
面向……

明星与……

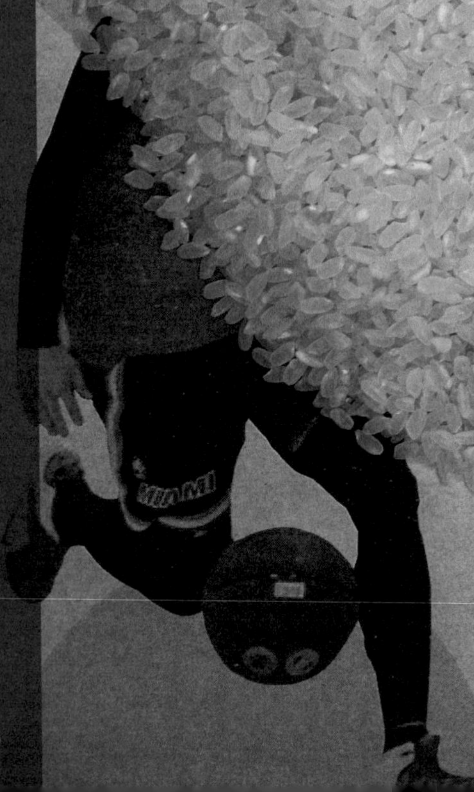

目造势，因而第一批……粉丝，而这些观众以90后居多，以韩星粉丝居多。韩星在作为比赛对手出现在节目中，偶像崇拜与民族荣誉在观影时形成一种矛盾心理。《中韩梦之队》不刻意回避这一矛盾，而是通过微博、贴吧等新媒体渠道将话题摊开，让观众展开讨论。第四期足球之夜，中国队男星范世琦在扑救球时不慎遭韩星李成种踢脸，这一球场上常见的误伤迅速经由粉丝讨论。观众分成中韩两派在网络上展开激烈"骂战"。中国明星粉对韩国明星

……考，……

值得注意的是，《中韩梦之队》并非依靠"挑起事端"博得关注。栏目组通过微博、贴吧等渠道，亦发布许多中韩两国队员在赛场之外的暖心场景和友好画面，彰显"友谊第一、比赛第二"的体育宗旨，让更多年轻观众回归理性，通过多种正面的刺激，两国明星的粉丝也逐渐"冰释前嫌"，双方的距离亦通过共同话题拉近。正如知名博主周小白所写的："嘉宾里有他们喜爱的韩国明星，可是他们又要与中

……韩梦之队》得到9……的充分认可亦充分说明，这些年轻观众仍然是正能量的坚定拥护者，他们只是不喜欢陈词滥调的表达。90后正处于价值观的塑造期，一档兼具娱乐和正能量的综艺节目充分体现了"寓教于乐"的内涵和重要性。这也让《中韩梦之队》在泛

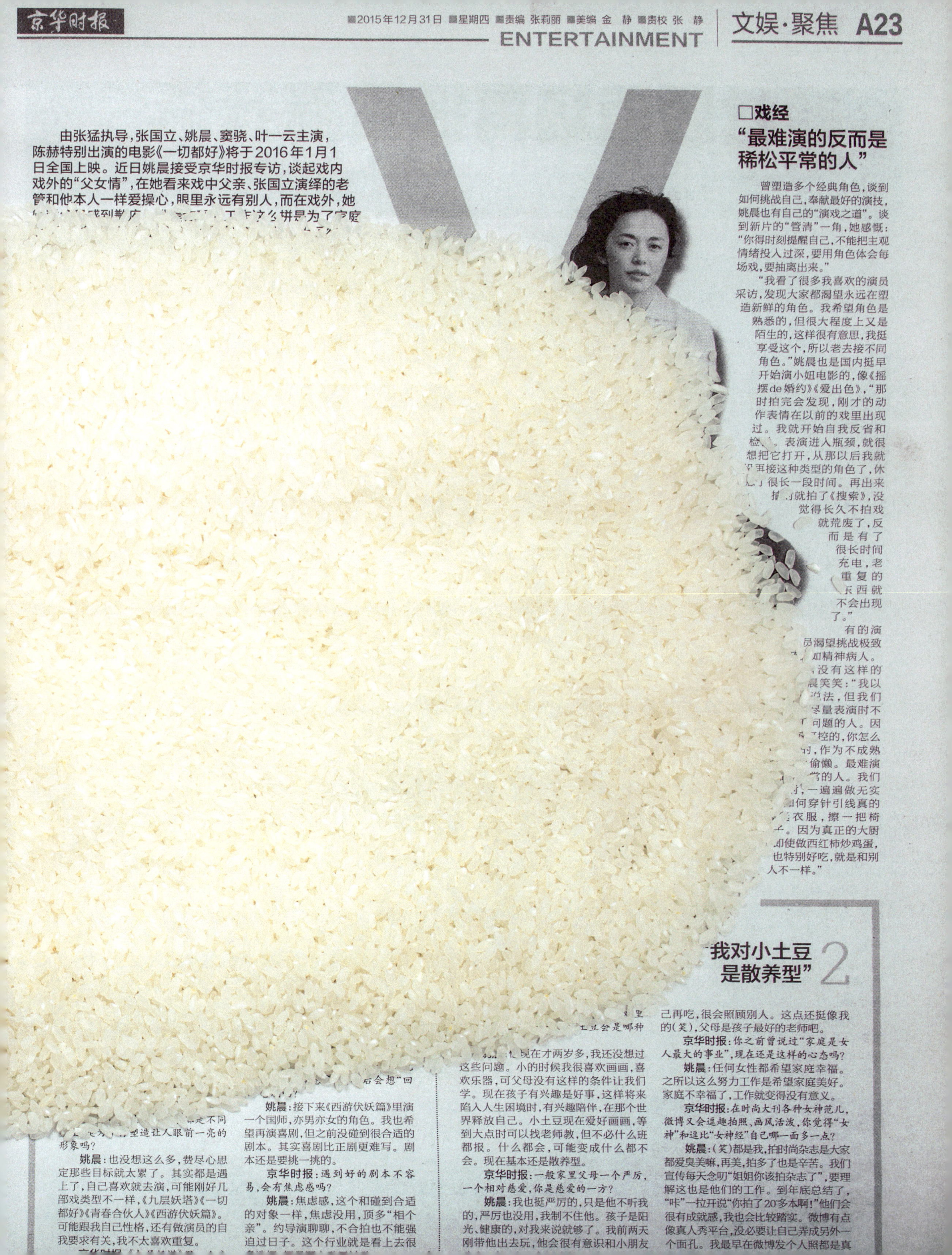

由张猛执导，张国立、姚晨、窦骁、叶一云主演，陈赫特别出演的电影《一切都好》将于2016年1月1日全国上映。近日姚晨接受京华时报专访，谈起戏内戏外的"父女情"，在她看来戏中父亲、张国立演绎的老管和他本人一样爱操心，眼里永远有别人，而在戏外，她……工作多半是为了家庭……

□戏经

"最难演的反而是稀松平常的人"

曾塑造多个经典角色，谈到如何挑战自己，奉献最好的演技，姚晨也有自己的"演戏之道"。谈到新片的"管清"一角，她感慨："你得时刻提醒自己，不能把主观情绪投入过深，要用角色体会每场戏，要抽离出来。

"我看了很多我喜欢的演员采访，发现大家都渴望永远在塑造新鲜的角色。我希望角色是熟悉的，但很大程度上又是陌生的，这样很有意思，我挺享受这个，所以老去接不同角色。"姚晨也是国内挺早开始演小姐电影的，像《摇摆de婚约》《爱出色》。"那时拍完会发现，刚才的动作表情在以前的戏里出现过。我就开始自我反省和检……，表演进入瓶颈，就很想把它打开，从那以后我就……接这种类型的角色了，休……很长一段时间。再出来……就拍了《搜索》，没觉得长久不拍戏就荒废了，反而是有了很长时间充电，老重复的……东西就不会出现了。"

有的演员渴望挑战极致……如精神病人。……没有这样的……晨笑笑："我以……的法，但我们……量表演时……问题的人。因……控的，你怎么……的，作为不成熟……偷懒。最难演……常的人。我们……一遍遍做无实……如何穿针引线真的……衣服，擦一把椅……。因为真正的大厨……即使做西红柿炒鸡蛋……也特别好吃，就是和别人不一样。"

我对小土豆是散养型" 2

……定不同……塑造让人眼前一亮的形象吗？

姚晨：也没想这么多，费尽心思定那些目标就太累了。其实都是遇上了，自己喜欢就去演，可能刚好几部戏类型不一样，《九层妖塔》《一切都好》《青春合伙人》《西游伏妖篇》。可能跟我自己性格，还有做演员的自我要求有关，我不太喜欢重复。

……后会想"回……？

姚晨：接下来《西游伏妖篇》里演一个国师，亦男亦女的角色。我也希望再演喜剧，但之前没碰到很合适的剧本。其实喜剧比正剧更难写。剧本还是要挑一挑的。

京华时报：遇到好的剧本不容易，会有焦虑感吗？

姚晨：焦虑感，这个和碰到合适的对象一样，焦虑没用，顶多"相个亲"。约导演聊聊，不合拍也不能强迫过日子。这个行业就是看上去很……

……现在才两岁多，我还没想过这些问题。小的时候我很喜欢画画，喜欢乐器，可父母没有这样的条件让我们学。现在孩子有兴趣是好事，这样将来陷入人生困境时，有兴趣陪伴，在那个世界释放自己。小土豆现在爱好画画，等到大点时可以找老师教，但不必什么班都报。什么都会，可能变成什么都不会。现在基本还是散养型。

京华时报：一般家里父母一个严厉，一个相对慈爱，你是慈爱的一方？

姚晨：我也挺严厉的，只是他不听我的，严厉也没用，我制不住他。孩子是阳光、健康的，对我来说就够了。我前两天刚带他出去玩，他会很有意识和小朋友……

……己再吃，很会照顾别人。这点还挺像我的（笑），父母是孩子最好的老师吧。

京华时报：你之前曾说过"家庭是女人最大的事业"，现在还是这样的心态吗？

姚晨：任何女性都希望家庭幸福。之所以这么努力工作是希望家庭美好。家庭不幸福了，工作就变得没有意义。

京华时报：在时尚大刊各种女神范儿，微博又会逗趣拍照、画风活泼，你觉得"女神"和逗比"女神经"自己哪一面多一点？

姚晨：（笑）都是我，拍时尚杂志是大家都爱臭美嘛，再美，拍多了也是辛苦。我们宣传每天念叨"姐姐你该拍杂志了"，要理解这也是他们的工作。到年底总结了，"咔"一拉开说"你拍了20多本啊！"他们会很有成就感，我也会比较踏实。微博有点像真人秀平台，没必要让自己弄成另外一个面孔。我最早在微博发个人照都是真……

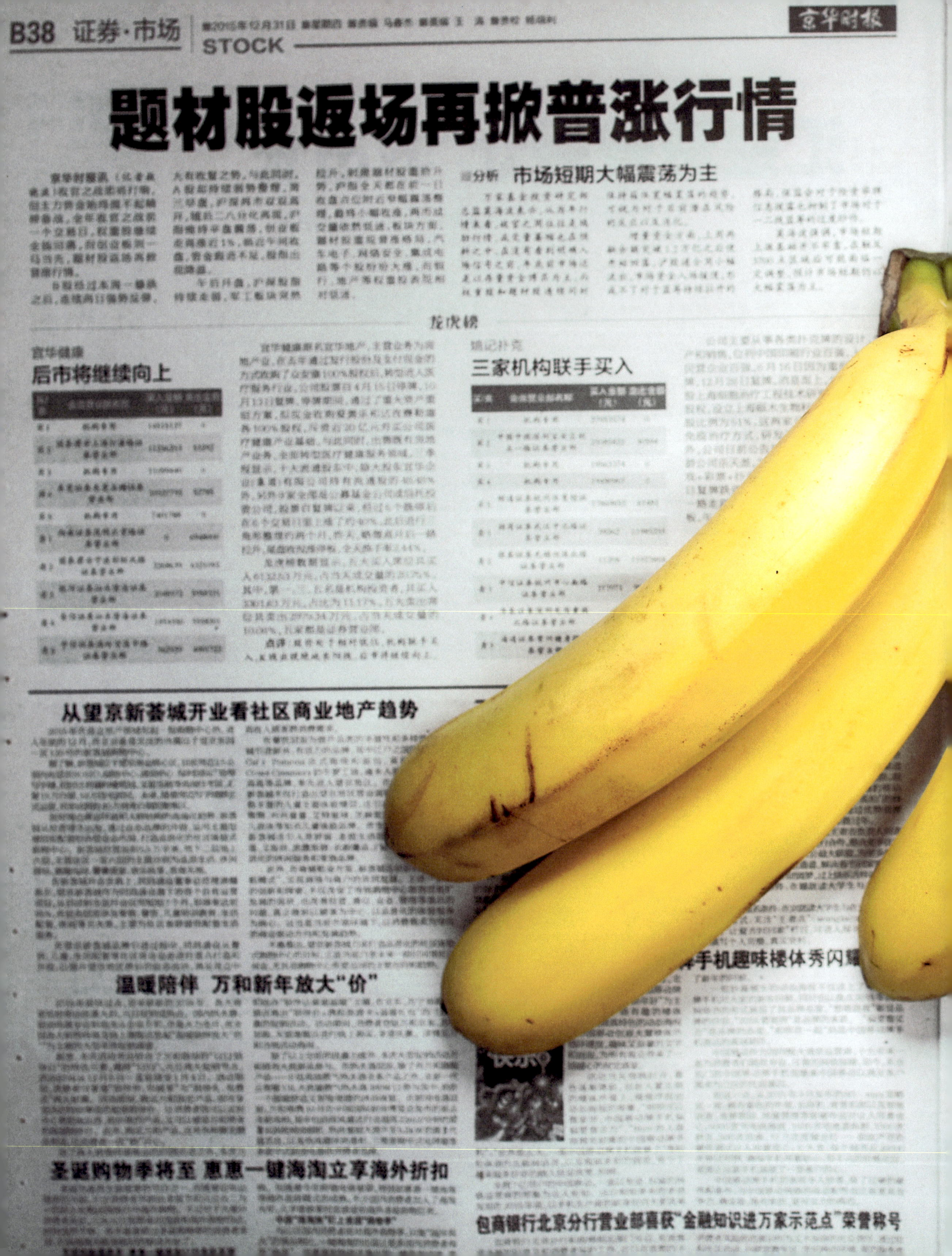
B38 证券·市场
STOCK
京华时报
题材股返场再掀普涨行情
市场短期大幅震荡为主
龙虎榜
后市将继续向上
三家机构联手买入
从望京新荟城开业看社区商业地产趋势
温暖陪伴 万和新年放大“价”
圣诞购物季将至 惠惠一键海淘立享海外折扣
包商银行北京分行营业部喜获“金融知识进万家示范点”荣誉称号

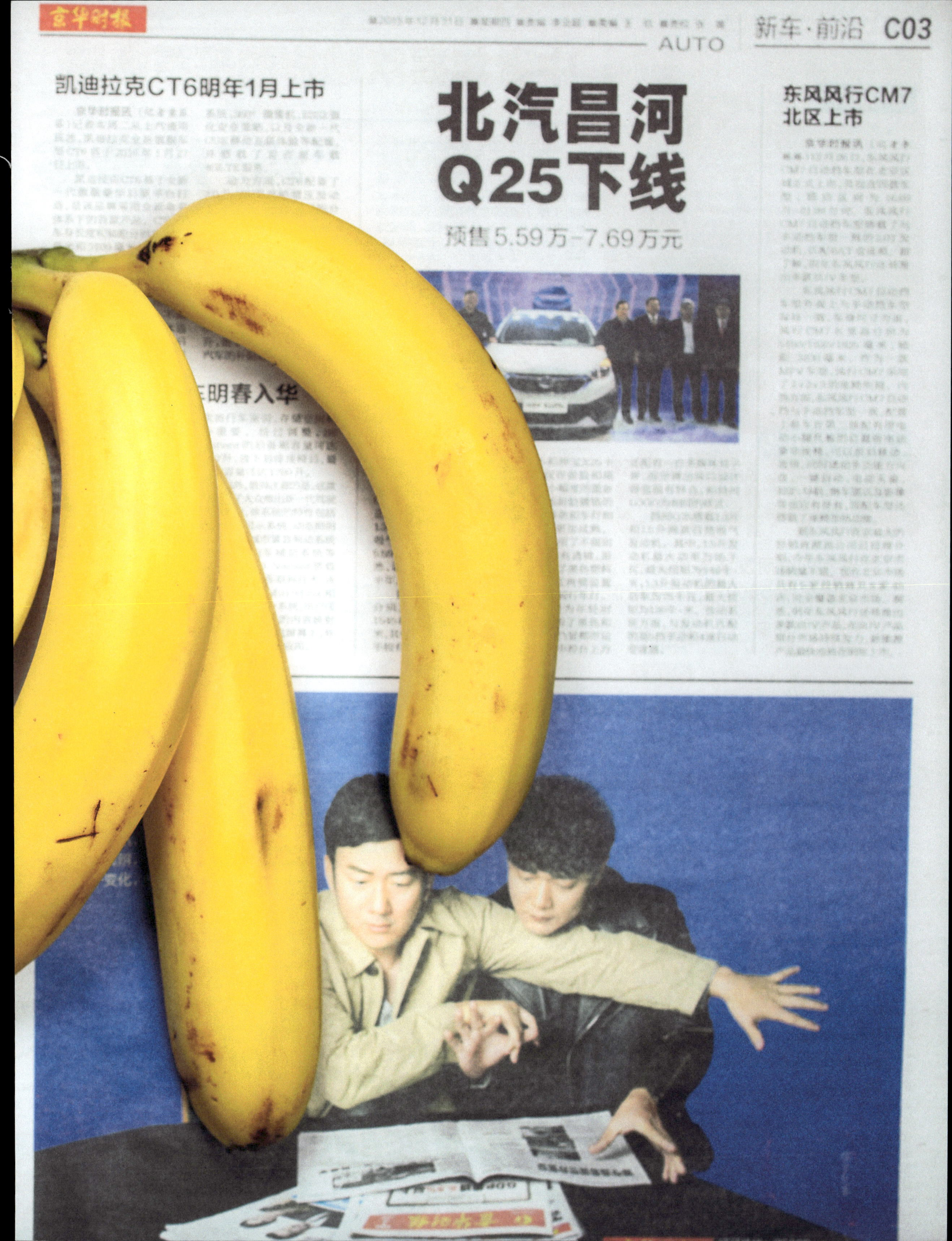
京华时报
AUTO
新车·前沿
C03
凯迪拉克CT6明年1月上市
北汽昌河
Q25下线
预售5.59万-7.69万元
东风风行CM7
北区上市

中老年喜欢啥样的平板电脑

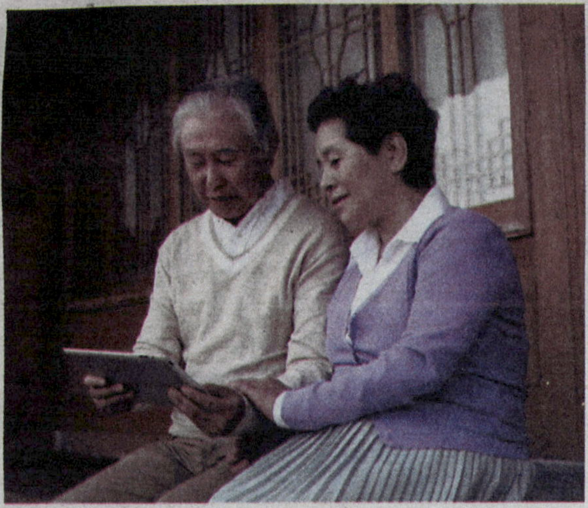

你还在为不会使用电脑而苦恼吗?你还在为学习电脑四处求人吗?你还在为市场上的平板电脑老年人不会使用而痛苦吗?为什么国内市场难寻中老年专用平板电脑呢?电脑厂家说商家普遍认为老年人消费能力有限，市场有限，研发成本高。

据老年协会统计，如今互联网时代处处使用电脑，老年人不会电脑很不方便。大多数老年人希望和时代接轨，希望互联网能为生活带来便利，希望通过电脑娱乐、学习、了解世界、丰富精神生活。老年协会为中老年朋友最喜欢的平板电脑，制定**六大标准:一**、要操作方便简单的，太难了不会用；**二**、要大屏幕的看得清，不费劲；**三**、要大按键的，有手写功能；**四**、要声音大，功能多，一体机省事；**五**、要专业中老年系统，为老年人专门研发；**六**、不要太贵的但上网速度必须快。

好消息 清华同方公司（中老年电脑普及扫盲活动）正式启动，本次活动的宗旨是：成本价销售，一台也是出厂价，让渴望上网的中老年朋友都用上便宜满意的平板电脑，让老年人和年轻人一样跟上时代，让老年人晚年不在无聊，让老年人跟互联网零距离接触。

本次活动推出第二代 9.6 寸大屏中老年专用电脑，（屏幕加大、像素增加、内存升级、速度升级、系统升级）简单易懂，一学就会，原价 4280 元，活动期间成本价销售，仅需 1280 元！全国仅限 5000 套，活动结束后立即恢复原价 4280 元！

3折抢第二代 假一赔十

清华同方中老年平板电脑

◆千万巨资研发成本价销售，清华同方(第二代)中老年平板电脑今日开抢

◆全国仅限 5000 套，再送价值 299 元老年专用系统和 168 元 8G 内存卡

简单好用功能多 中老年人喜欢

由于平板电脑的使用体验更为简单，没有台式机或者笔记本电脑那么复杂的设置，上点年纪的中老年人更为喜欢，在家上网，玩游戏，出门也能随身携带，听歌，看书，导航，照相，样样行。

本次【**中老年电脑普及活动**】推出的中老年平板电脑是专为中老年朋友们设计的，集上网、游戏、电子书、电视、照相、视频看戏，打电话于一体，虽说功能多，可页面简单，"傻瓜式"操作，老年人一学就会。

清华同方中老年平板电脑，无论是操作系统配置还是界面设计，都是专为中老年人使用习惯研发，外形尺寸长 22.5 厘米，宽 16 厘米，非常轻便，无论是买菜、去公园都能轻松携带。

和年轻人一样跟上时代

现在很多中老年朋友，不会用电脑，不会微信、QQ、上网、网购，为此感觉自己落伍了，自卑起来，感觉不仅身体老了，心气和头脑也老了，现在智能化时代，智能产品和互联网带来的便利，在我们生活的每个角落，如果不学习，真就被时代淘汰了，清华同方中老年平板电脑，简单好学，几分钟就学会，从此和年轻人一样，与时代同进步，随时看电影、电视剧、浏览新闻、再加上超大字体及手写功能，无需忍受打字的痛苦。

很多消费者会有这样的担心，这么低的价格会不会是山寨、水货，担心活动结束，售后没保证，为此清华同方厂

能打电话

视频聊天

网上购物、炒股

网上看病买药

电子书、看报纸

看新闻、听评书

超长待机

象棋、麻将、围棋

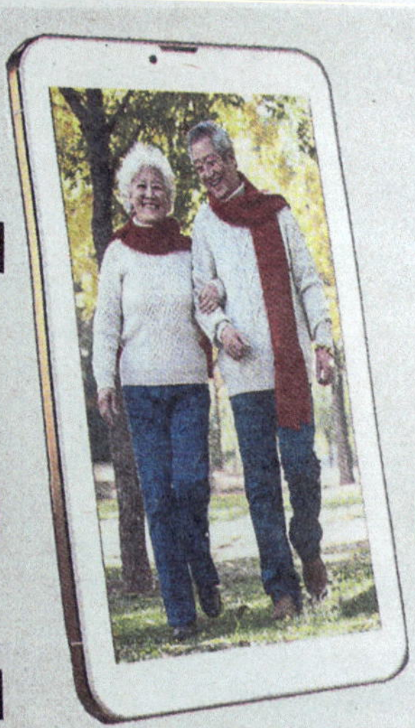

◆等于你的私人医生

◆等于一部手机

◆一台电视机

◆一台电脑

◆一部照相摄像机

◆一部收音机、游戏机

◆一台导航仪

◆一套百科全书

6 大核心保证 超值使用

●9.6 寸大屏，高分辨率专业护眼 ●4500 毫安锂电池 超长待机

●内置喇叭 超大音响 广场舞神器 ●前后摄像头 拍照神器

●智能手写输入 操作简单快捷 ●最新的电影、电视剧想看就看

平板电脑就是

有了清华同方电脑……不排队、看病不求人、购……一键能呼救、等于……生、空……医院、一键买药……咨询都能……。

一……让你省去上万元费用……让你省！省！省！

原价 4280 元（……

1280

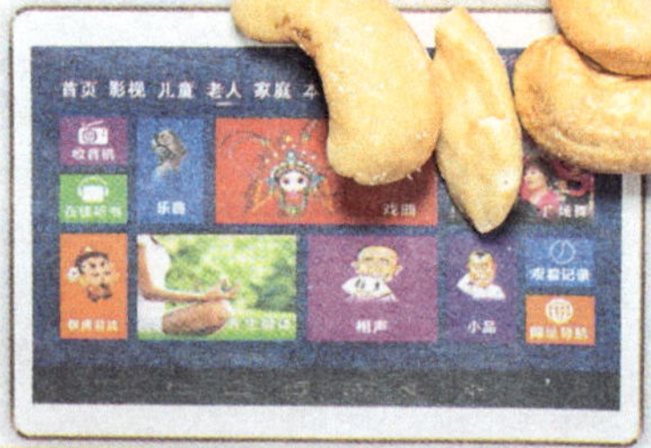

送价值 299 元老年专用系统

歌曲、戏曲、相声、舞曲 1000 首不重样

手机、上网、照相、电脑一机搞定

京剧：四郎探母、空城计、凤还巢、沙家浜、红娘、锁五龙等等。

黄梅戏：天仙配、女驸马、孟姜女、扮皇帝、龙女、王昭君等等。

越剧：红楼梦、碧玉簪、白蛇传、梁祝、何文秀、三进士等等。

豫剧：穆桂英挂帅、红灯记、朝阳沟、铡美案、粉黛军魂等等。

二人转：小拜年、转转歌、风情万种、九品芝麻官、三串门等等。

相声小品：卖拐、打工奇遇、中奖了、买年货、我要演警察等等。

广场舞：伤不起、桑巴、姑娘嫁给我、火辣辣的爱、最美最美等等。

经典老歌：十五的月亮、北国之春……

流行歌曲：套马杆、最炫名族风、自由飞翔、天路、春天里等等。

革命歌曲：团结就是力量、工农革命歌、歌唱祖国、红色娘子军等等。

还有沪剧、苏州评弹、快板、民间小调、大鼓戏、花鼓戏、腰鼓、俄罗斯

文化藝術報

CULTURE AND ART WEEKLY · 书刊参考

中国创新专业报十强

◆主办/陕西人民出版社　◆出版/文化艺术报社　◆社长/陶冶　◆总编辑/若星　国内统一刊号 CN61-0032　邮发代号:51-21　2016年1月5日 总第4085期 第2期 星期二　广告许可证:6101004002009　零售:1.5元

回顾父亲耿飚的抗战岁月　▲9版

绝不让"蚊蝇腐败"毁民心　▲7版

伪满洲帝国军、伪蒙疆联合自治政府军、华北绥靖军、伪国民政府军,山头众多　一盘散沙——

法西斯的帮凶:四股伪军集团的来源与派系

△2版

一所高校8名领导干部因为违纪遭处分通报,被舆论称为"窝案"。有关部门释放出一个强烈的信号:将会对类似行为"零容忍"

风暴眼中的中国传媒大学"窝案"调查

◁5版

为推进全面从严治党、从严管督干部……的十八届三中全会精神,从……始,中央组织部把整治超职数……作为一项重要任务,高

……配干部32041名

……明显效果。各地各……制,超配干部数……该步进……副处级……三年……

在抗美援朝……次战役中,中国人民志愿军180师陷入重围,伤亡惨重,数千将士被俘。彭德怀……心忡忡,毛泽东也亲自过问此事。……惨烈的部队,甚至成为人民解放……的失败案例。"全师覆灭""军旗被缴""师长被枪毙"……传言不断,迷雾重重,真相到底如何?

本文节选《铁血军魂·一八〇师在朝鲜》一书部分章节,通过作者对健在的180师老兵的采访,全面展示180师在抗美援朝第五次战役中惨烈的实际战况,探讨了180师失利的真正原因,颠覆了长期流传于民间关于180师的种种不实传言和对抗美援朝战争的传统叙事,带人们走入最为真实的朝鲜战场。对那些为了信仰和民族而浴血奋战的老兵,即使他们曾遭受失败,仍不妨碍我们对他们致以深深的敬意。

抗美援朝结束60多年了,然而,在民间一直流传着关于中国人民志愿军180师的种种和种流言蜚语,诸如"全师覆灭""军旗被缴""师长被枪毙"等等。

带着沉重的心情,我们进行了这次对于180师的大型采访。

鲁迅说:"纠缠如毒蛇,执着如怨鬼。"我们为什么要写180师,甚至是放弃了其他的选题?我们实在无法在这个重大事件面前保持平静和淡泊,当我们怀着崇敬之心走进那些健在的老军和士兵时,他们几乎无一例外地向我们敞开了心扉。

用了一年的时间,我们采访了180师至今

老军人张泽石说:"一定要讲真话,要写那些普通士兵的命运。"这句话,一直伴随我们写作《铁血军魂——一八〇师在朝鲜》的全过程。

我们要将听到的真话,如实写出来。这是一个历史记录者的责任。

上海人民广播电台著名播音员卢智老师是180师师长郑其贵的女婿。他是个历史迷,多年来,他也一直在追问这个重大事件。

郑其贵曾对他说:"事情的真相并不是结论说的那样。我对不起战友们,我个人承担了吧。只有我承担了,其他人就可以减轻责任……"被

还原180师在朝鲜的真相

围的那些天,我脑子高度紧张。当时以为过了公路就是我方,结果还是敌人。我曾派出6个侦察员,没有一个回来。到鹰峰,本来以为是我们的地盘,结果还是美国人。天哪!好了令打。打下鹰峰后,我们把武器集中起来,我们两个山炮营发挥了作用。打了一炮,敌人就知道我们有重装备,他们就收敛了一些。到27日那天,不得不扔掉炮,留下一发,把炮炸了……兵团司令王近山有将近三天与我们失去联系,电台炸坏了。他有他的难处啊,不要骂他。"

晚年的时候,郑其贵得了前列腺癌,每天他忍着剧痛,一声都不吭。老战友们来看他,他只讲一句话:"实事求是很难呵……"

郑其贵当年的警卫员王顺秀说:"第五次战役中180师被围,主要责任不在我们,不在郑其贵,不在韦杰,也不在兵团,更不在志司。

彼此联系不上。毛主席与兵团领导谈话,他自己都讲,口子张得太大了,打远了。这个第五次战役彭德怀不同意,说没准备好,金日成非要打。听说两人为这事吵了起来。彭总回来后,给各兵团的司令开会,征求意见。我们三兵团的司令王近山第一个站起来表态,说是没有问题,他能歼灭多少敌人。其他人也说绝对没有问题。彭总说,既然大家都说没问题,那就打。于是,就打了第五次战役。事实证明,美国人不是纸老虎。我们还是不能搞大兵团作战,还是要搞持久战。美国人有海空优势,我们根本不是人家对手。他们拥有绝对的制空权。轰炸的同时只有几分钟,他们抛下的照明弹,带降落伞的,夜间,像个小太阳挂在空中,能燃烧20分钟,灭了再发。他们的飞行员借助照明弹拍照,然后按图片炸我们。我们太被动了。"

梁玉琳将军在朝鲜战场时曾为180师政治部青年干事。谈及那段历史,他说:"180师是英雄之师,是威武之师,在朝鲜战场虽然遭受过挫折,但却有极其特殊的贡献。我们以自己的沉重代价,换来了经验和教训,那就是在当时的情况下,与美军作战,不能搞大歼灭、大迂回、大包围,而要搞阵地战、防御战、打小歼灭战。"

（下转3版）

多数人对李小璐的印象源于她出演的一些热播剧和娱乐新闻——任性、可爱、娇嗲、热闹……这些模糊不清的标签在采访中被重新梳理。

从小远离父母的成长经历,让

李小璐:我有选择生活方式的权利

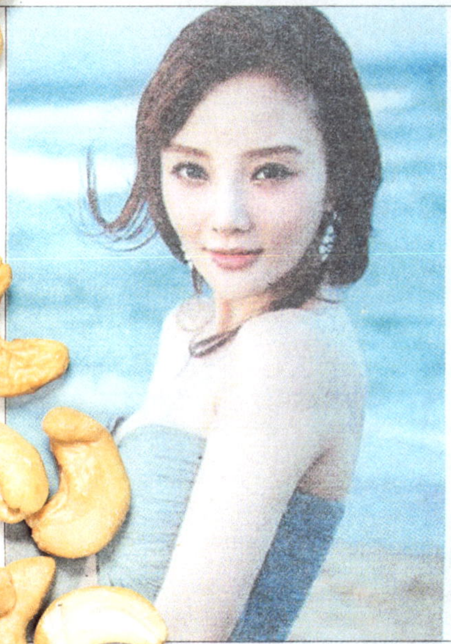

1998年,17岁的李小璐凭借电影《天浴》,成为最年轻的台湾电影金马奖影后。1999年正式进入影视圈后,因主演青春偶像剧被更多人熟知,之后主演了十余部电视剧,一度被视为收视保障。这期间,

凭借电影成名的她,大银幕作品无论数量还是质量并无突出表现。2007年后,她有意降低作品产量,希望在角色类型上有所突破,但效果并不尽人意。

近几年,她结婚、生子,将重心转移到家庭。女儿刚过完3岁生日,李小璐带着她主演的电影《消失的凶手》重回公众视野。

她很早就对人生有过思考。她曾在17岁时写下过自己的人生目标,分别是:拍一部轰动的电影,做一个成功的女人,过一个浪漫的人生。回看这3个貌似年少轻狂的愿望,此时当年的李小璐觉得意味深长,她说,这3句话,需要用一生的时间去践行。现在,她只是走在路上的人。

（下转6版）

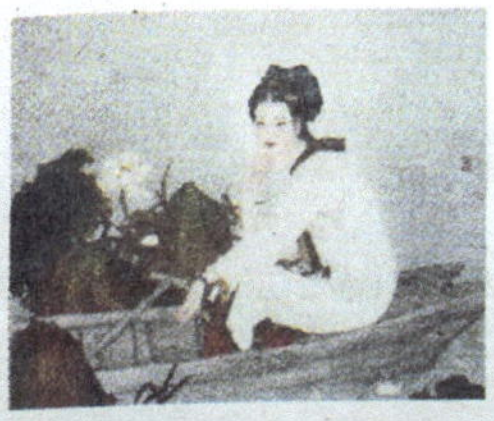

▽4版……粹

胡耀邦……书:每个干部……2亿字的书

▽12版·中外纪……

越南务工人员的"中国梦"

▽10版·史秘新读

冷嘲热讽别有因:鲁迅笔下的泰戈尔访华

老兵读史

本报执行主编竟心与您对话

您的建议和意见是我们办好报纸的关键

征编辑留言……

A4版-A5版 北方法制报 双色球 2016年01月01日
双色球中奖号码分布图
开奖日期 星期二 星期四 星期日
红球小区 一区 二区 红球大区 三区 蓝球小区 一区 蓝球大区 二区 红球数据区 蓝球数据区
和值
喜从天降
精选双色球6
双色球大围捕
01 04 07
16 20 21
24 28 31
04 05
09 14 (全宏)
07 08 10 16
22 23 25 28
8 14 (景尚)
03 04 09 13 15
18 21 23 24 26
28 29 30 31 32 33 (江山)
+03 09
双色球特性分析

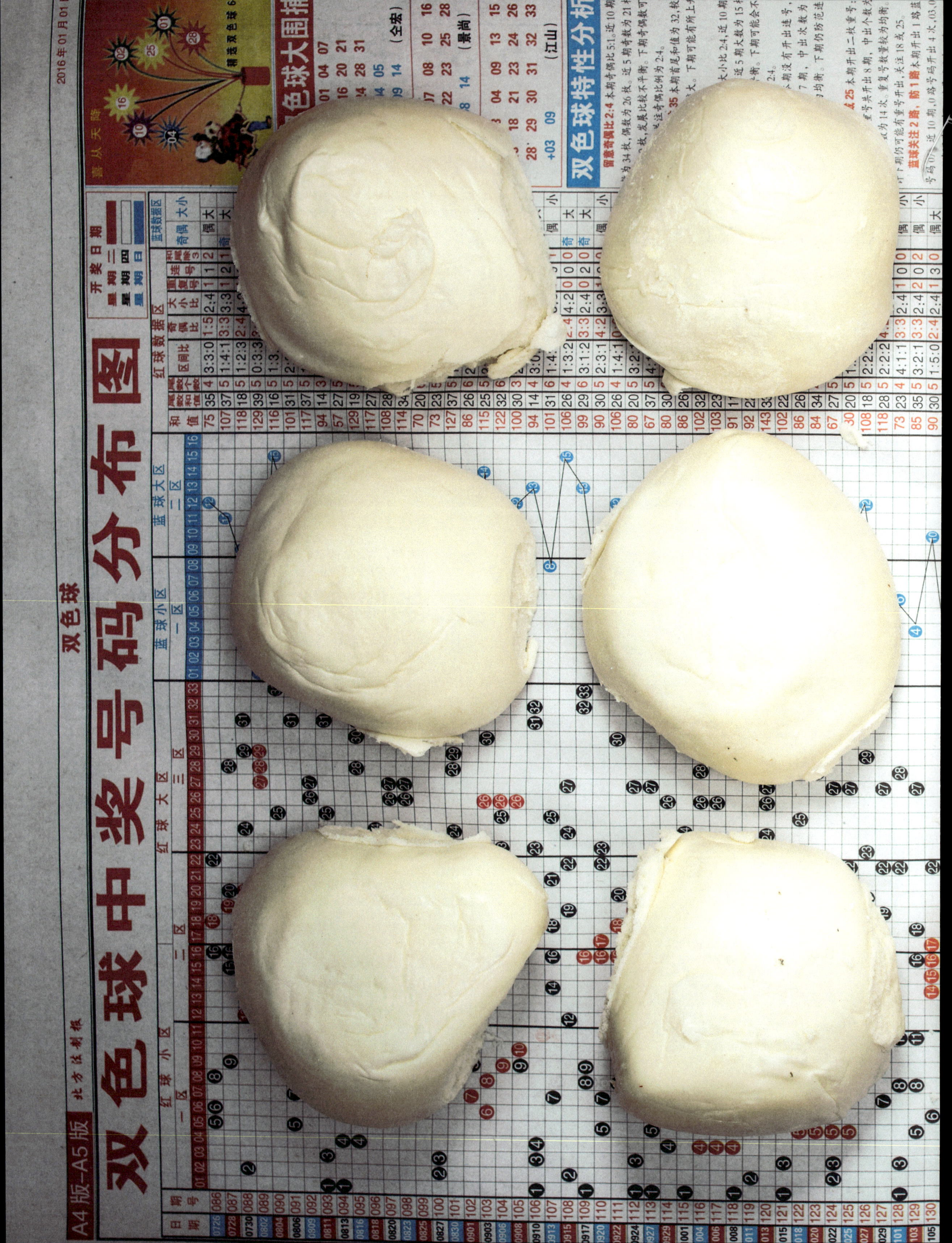

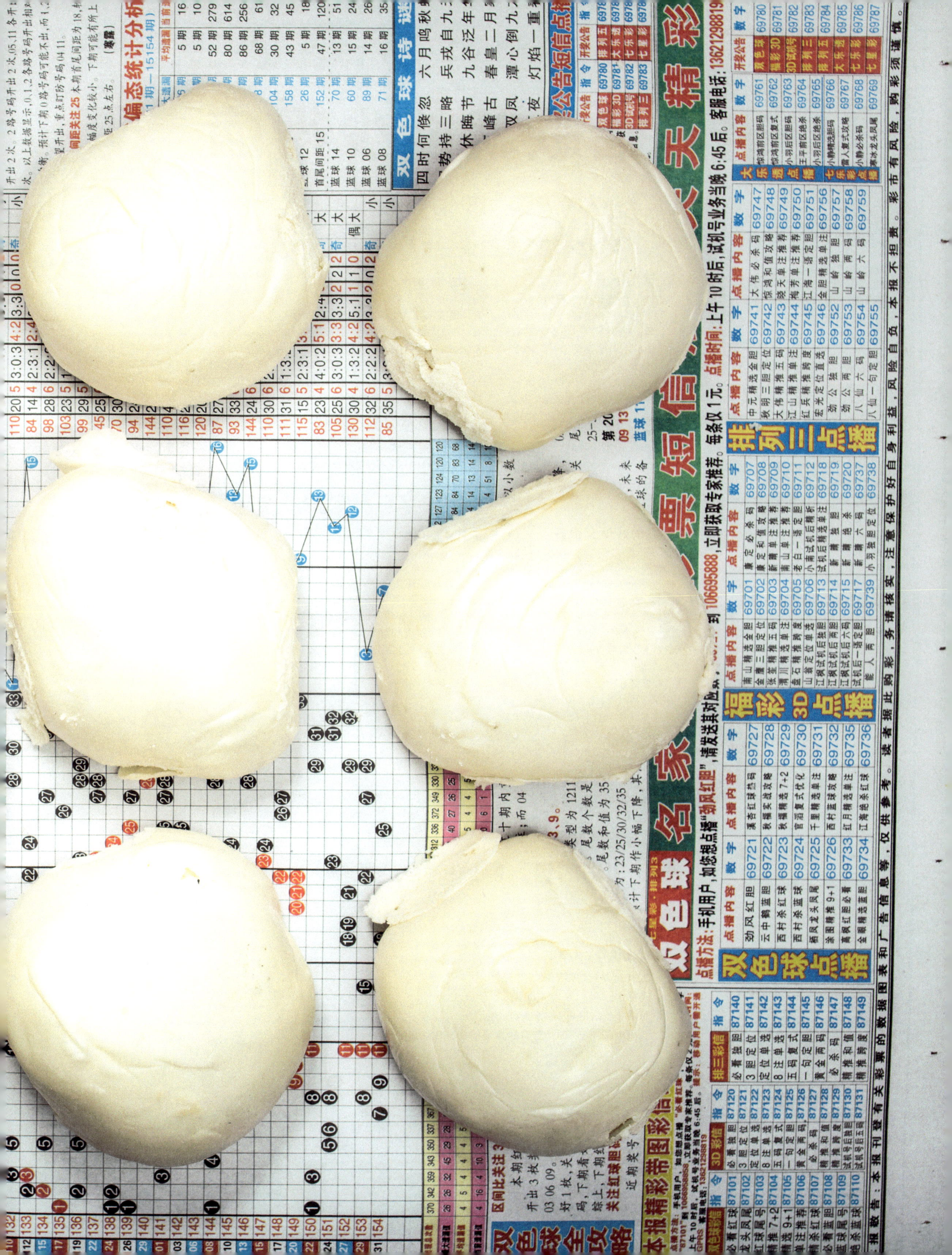
双色球点播
福彩3D点播
排列三点播

老人唱歌就能少得病

专家呼吁，儿女和社会应多为老人提供唱歌的环境和舞台

受访专家：北京老年医学研究所原所长　高方堃

“唱歌是有助健康的一剂良方，尤其对老人。”近日，芬兰赫尔辛基大学一项针对89名轻度至中度老年认知障碍患者的研究发现，仅10周唱歌练习后，参与者的记忆力和思维力就得到一定程度的改善。研究还发现，唱歌有助于改善病人抑郁情况。专家呼吁，老人唱歌是一种正能量的活动，需要社会的支持和鼓励。

“唱歌是我们的心情调节剂”

12月29日清晨，记者刚走进北京市朝阳区团结湖公园东门，就听到洪亮的歌声，顺声而去，几十位精神矍铄、略施粉黛的老人聚在一起，手拿简谱，跟着老师一句句学唱，嘹亮的歌声引来路人频频驻足。

“我们合唱团每天都在这练唱1小时，冬天8点开始，夏天7点半，从不间断。”今年将近70岁的王阿姨告诉记者，自己非常喜欢唱歌，十多年前有一次来团结湖公园遛弯，看到合唱团正在活动就参与了进来。这些年，她还带动一批好姐妹来这唱歌。

合唱团的郑老师今年65岁，20年前，他利用业余时间组建了团结湖开心合唱团，并义务担任声乐老师，教老人们唱歌。退休后，他更把全部热情投入到合唱团的活动中。“最多的时候，这里每天早上站着三四百人一起唱歌。大家因为爱好聚在一起，学员们听到好歌都会相互分享，再由我统一做简谱、教学。”记者看到，每位学员手上都拿着简谱，里面有《故乡的云》、《滚滚长江东逝水》、《乡间小路》等曲目。除了每天练习发声、唱歌，合唱团还给老人们布置作业，回家练习绕口令，大家都忙得不亦乐乎。

如今，合唱团已经成为很多学员生活的一部分，大家感冒生病也“轻伤不下火线”，无论刮风下雨都会准时到来，节假日里，合唱团的朋友们还会一起组织旅游，丰富了晚年生活。

团结湖开心合唱团只是全国老年合唱组织的一个缩影。在各地的公园、广场上，都能看到老人唱歌的身影。2015年9月，在文化部主办的老年合唱节上来自25个省市的46支合唱团参与其中。有些老年合唱团特别专业，老人们吹萨克斯、弹钢琴配乐，不亦乐乎。

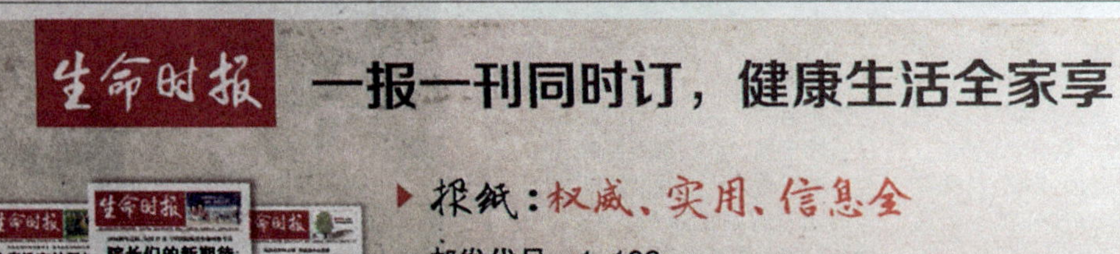

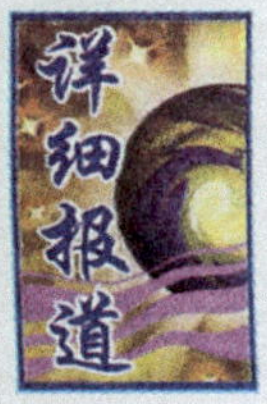

唱歌的好处有很多

说起唱歌的好处，王阿姨说得滔滔不绝，提高肺活量、促进血液流通、对身体和心情都好……今年70岁出头的张爷爷说，唱歌就像大家的心情“调节剂”，有些老人因为老伴离世、生活不如意而情绪低落，甚至患上抑郁，通过唱歌，慢慢都开朗了起来。高方堃告诉《生命时报》记者，上了年纪，身体各个器官都不可避免地衰老，经常唱歌对老人身心有很多好处。

增强记忆力。老人们记歌词和音调的过程中，口耳相传、互相教学能让大脑充分运动，增强思维力和记忆力。

锻炼口齿和听力。唱歌需要准确地咬字发音，以及眼、耳的配合，让面部器官得到锻炼。很多歌唱家年老时仍口齿清晰、耳聪目明，和此相关。

提高肺活量。唱歌相当于有氧锻炼，需要大量气息，能增加血液中氧气含量。唱歌时，肺部与气管、口腔、喉头、鼻共同合作，经常练习不但可以控制好气息，还能增强肺活量和胸部肌肉力量，使肺部机能得到提升。

增强社交能力。合唱时，老人们相互沟通、协作、认同，能迅速增加交流，增进友谊，提高老人社交能力。团队活动还有助于老人找到自我价值，避免孤独。

调节情绪。唱歌能宣泄负面情绪，排解压力，有效调节心情。有些老歌承载着老人的青春回忆，给生活带来正能量。

丰富内涵。学习简谱、了解歌曲背后的故事，都是知识的积累，慢慢熏陶，能提升文化造诣。

减少生病次数。美国一项针对65岁以上老人的研究发现，每周坚持唱歌的老人，比那些不爱唱歌，但参加其他活动的老人更健康。坚持唱歌的老人看病和吃药次数更少，更不容易摔倒。

唱歌讲究恰到好处

“老人爱唱歌，是一种正能量的活动，需要全社会的支持和鼓励。”高方堃呼吁，家庭成员可以多组织唱歌活动，既满足老人与家人团聚的愿望，又能给他们展示的舞台；生活中，子女多留心老人的歌曲喜好，随时推荐好的歌曲，并为他们提供一些设备支持；单位还要经常组织退休职工活动，通过集体授课、活动演出等方式号召老人们合唱；社会机构组织也应多给老人提供力所能及的帮助，比如提供场地、邀请演出等。

高方堃指出，老人唱歌应顺其自然，舒畅自身，恰到好处，最好遵循以下几点原则：

选好地点。唱歌时尽量选择公园等环境好、植物多、噪音小的地段。

控制好时间。老人唱歌要以适应自己体能为主。有些老人为尽快提高演唱水平，长时[illegible]天练习时间[illegible]证中间充[illegible]

适度[illegible]跟着老师[illegible]力，也不要[illegible]免损伤声带[illegible]活中，多饮温[illegible]嗓。一旦出现感冒、嗓子沙哑等[illegible]停止练唱，好好休息。

保证饮食和运动。唱歌能量消耗大，有些老人团体活动时间早，顾不上吃早饭，很容易出现低血糖等问题。因此，唱歌的前提是，规律饮食和坚持锻炼，以便增强体质。

避免恶劣天气出门。雾霾天对老人呼吸系统不利[illegible]外唱歌可能诱发哮喘，加重[illegible]肿等慢性[illegible]吸疾病。因[illegible]要户外合唱[illegible]况复杂，老人[illegible]肌肉强度变差，容易摔倒，可能造成骨折，建议天气恶劣时老人减少外出。▲

（本文由本报记者包育晓采写）

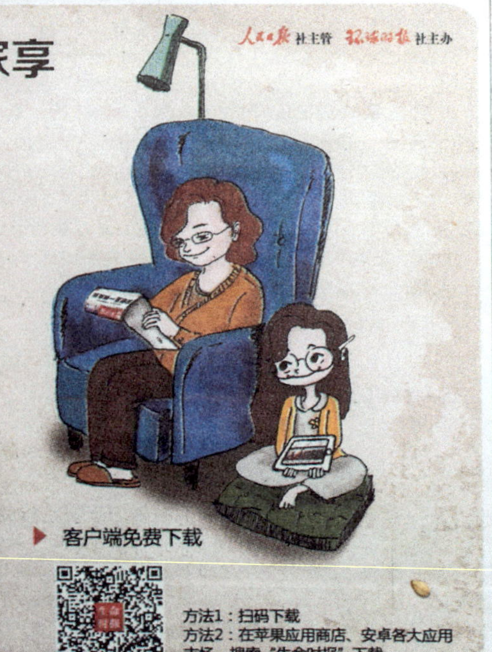

生命时报

传播健康理念　介绍养生知识

□人民日报社主管　环球时报社主办　□第979期　□2016年1月5日　星期二　□本期24版　□零售价2元　□邮发代号1—109

新西兰、澳大利亚、美国每年人均肉类消费100多公斤;中国每年人均吃掉一只羊

少吃肉可拯救地球

受访专家:中国营养学会老年营养分会委员、中山大学公共卫生学院教授　朱慧莲

东北农业大学乳品科学教育部重点实验室主任、畜产品加工研究所所长　霍贵成

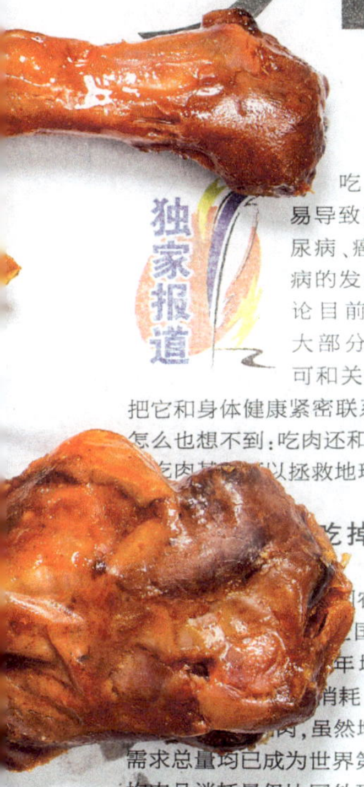

独家报道

吃肉太多容易导致高血压、糖尿病、癌症等慢性病的发生，这一结论目前已经得到大部分公众的认可和关注，但人们把它和身体健康紧密联系时，可能怎么也想不到：吃肉还和环境有关。……以拯救地球。

……吃掉一只羊

……农业部发布……国肉类产量……年增长了9.2……消耗2.3亿公斤……肉，虽然增长速度和需求总量均已成为世界第一，但人均肉品消耗量仍比国外那些食肉大国少得多。

2015年，联合国粮农组织发布的最新数据显示，中国每年人均肉类摄入量已从不足9公斤增加到近64公斤，相当于一只成羊的体重；而全球吃肉最多的国家新西兰，年人均消费肉类126.9公斤，澳大利亚(121.2公斤)、美国(117.6公斤)紧随其后；排名前六的国家，年人均肉类消费全部超过100公斤。可见，爱吃肉已成为一个全球化趋势。

"长期吃肉太多，会对身体造成诸多伤害。"朱慧莲指出，2015年10月，加工肉制品被国际权威机构列为致癌食物后，人们对吃肉太多的健康危害有了更为清晰的认识：导致肥胖，增加患上癌症和代谢疾病的风险。越来越多的研究还指出，吃肉太多可能诱发大脑、肠道、生殖等系统的很多问题。

吃肉也会让地球患上"代谢病"

肉吃多了损健康，还会影响环境，使地球患上"代谢疾病"。

英国剑桥大学、阿伯丁大学共同研究发现，随着全球肉类消费的增加，畜牧业规模越来越大。由于畜牧业需要大量农作物作为饲料，如果这一趋势延续下去，到2050年，全球粮食种植面积至少要在2009年的基础上增加42%，与此同时，导致生物多样性损失，使原始热带雨林面积减少约1/10，农业化肥使用量猛增，畜牧养殖中甲烷等温室气体的排放增多等等。这些因素都会导致地球正常"代谢循环"产生问题，诱发全球变暖和气候灾难。

霍贵成告诉《生命时报》记者，虽然85%的温室气体来自工业，但畜牧业排放的甲烷、氧化氮等温室气体也不可小觑，因为同等体积下，甲烷对温室效应的"贡献"是二氧化碳的25倍，氧化氮则是298倍。甲烷主要由牛、羊等反刍动物排出，氧化氮则主要来自动物粪便。

"理论上，人类适量少吃点肉的确有助于保护环境，减缓全球变暖的趋势。"霍贵成具体指出，目前，我国玉米等农作物的主要用途都是畜牧养殖。按照植物饲料转化为肉类的效率约为3%计算，如果每天少吃30克肉，就能节约至少1千克植物饲料，从而减少农业用水、施肥等消耗，减轻环境压力。

少吃肉，不代表不吃肉

霍贵成指出，减少畜牧业温室气体排放，当务之急是有效处理牲畜粪便，提高粪便在肥料化后的利用率。另外，农业生产中，合理用水、高效用地、减少不必要浪费，也对环保有利。

不过，霍贵成提醒，虽然研究显示，少吃点肉会对环境有益，但绝不代表"不吃肉就能遏制全球变暖"，减少工业温室气体排放仍是首要措施。"与其说少吃点肉利于环保，不如说，除了维护自身健康，控制肉类摄入又多了一个重要、具有公共意义的理由。"

朱慧莲表示，肉类中含有的动物蛋白是人体必须营养元素，适当摄入有益健康。对身材消瘦、贫血虚弱的人群来说，科学补充优质动物蛋白还能强身健体。因此，控制肉类摄入一定要从身体的实际情况出发。

《中国居民膳食指南》明确指出，成人每天应吃125克~200克动物性食物，具体为鱼虾类50克；畜禽肉50~100克，蛋类25~50克。但生活中，不少人一顿就吃半斤肉，一天能吃一斤以上。研究发现，肉类摄入过多会改变肠道菌群状况，让人对肉食产生依赖，变得无肉不欢，与此同时，多种健康风险也会显著增加。

生活中，离不开大鱼大肉的人们，应该如何减少肉类摄入呢？朱慧莲给出几点建议：首先，应该加强健康教育，让公众认清吃肉太多的诸多坏处，在意识上有所转变，并主动多向亲朋好友宣传这一观念。

其次，降低肉类对人的吸引力是个循序渐进的过程，家里掌勺的"大厨"最好慢慢降低家庭每天、每周、每月的肉类消费，肉食少买、勤买，少在家中囤积，每次控制用量，科学分配到每日三餐中，逐渐养成健康的饮食习惯。

再次，在外就餐时，多吃蔬菜，早上主食，控制夹菜次数，也能在一定程度上减少肉类摄入。

最后，朱慧莲指出，"减肉"是个循序渐进的长期过程，但好习惯一旦养成，想要再次变得"无肉不欢"，身体便会不再适应，利于长期维护健康。▲

(本文由本报记者王黎洋采写)

老人唱歌就能少得病

(文见第24版)

本期导读

每周二、五出版

◆国内统一刊号：CN11—0268

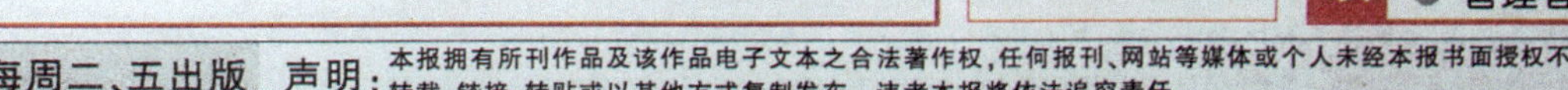

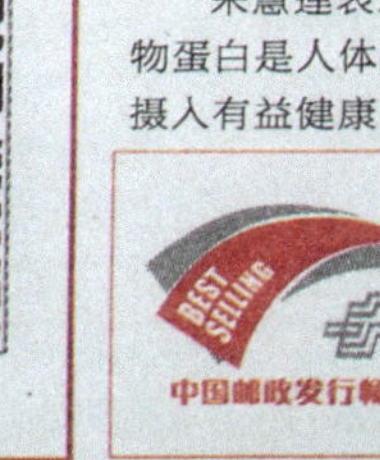

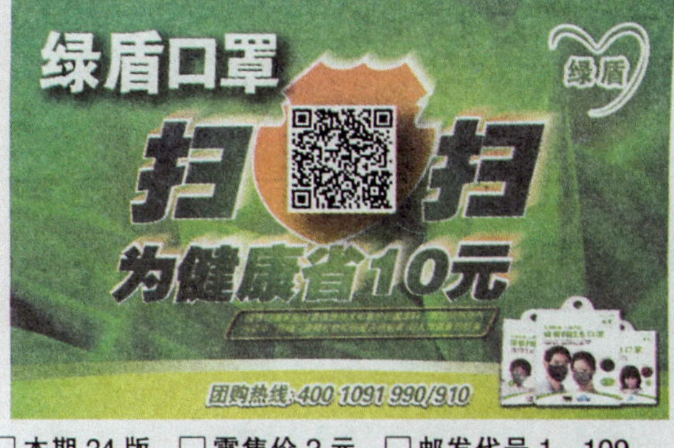

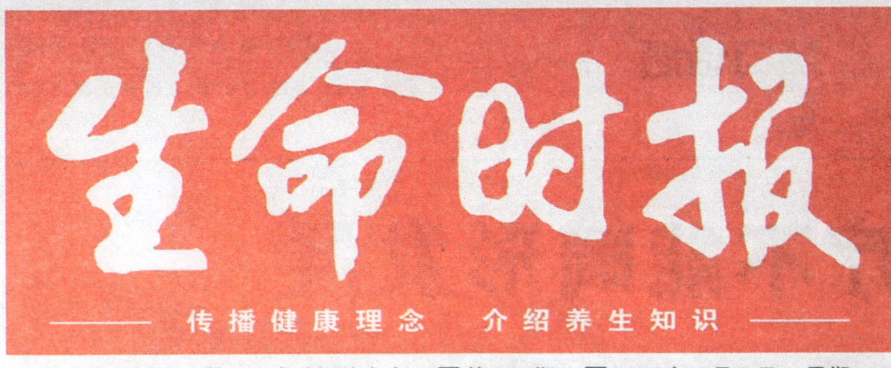

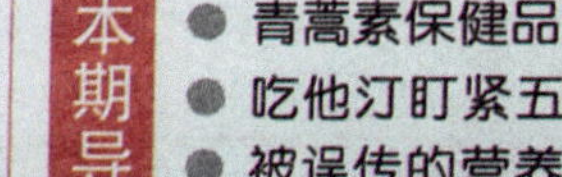

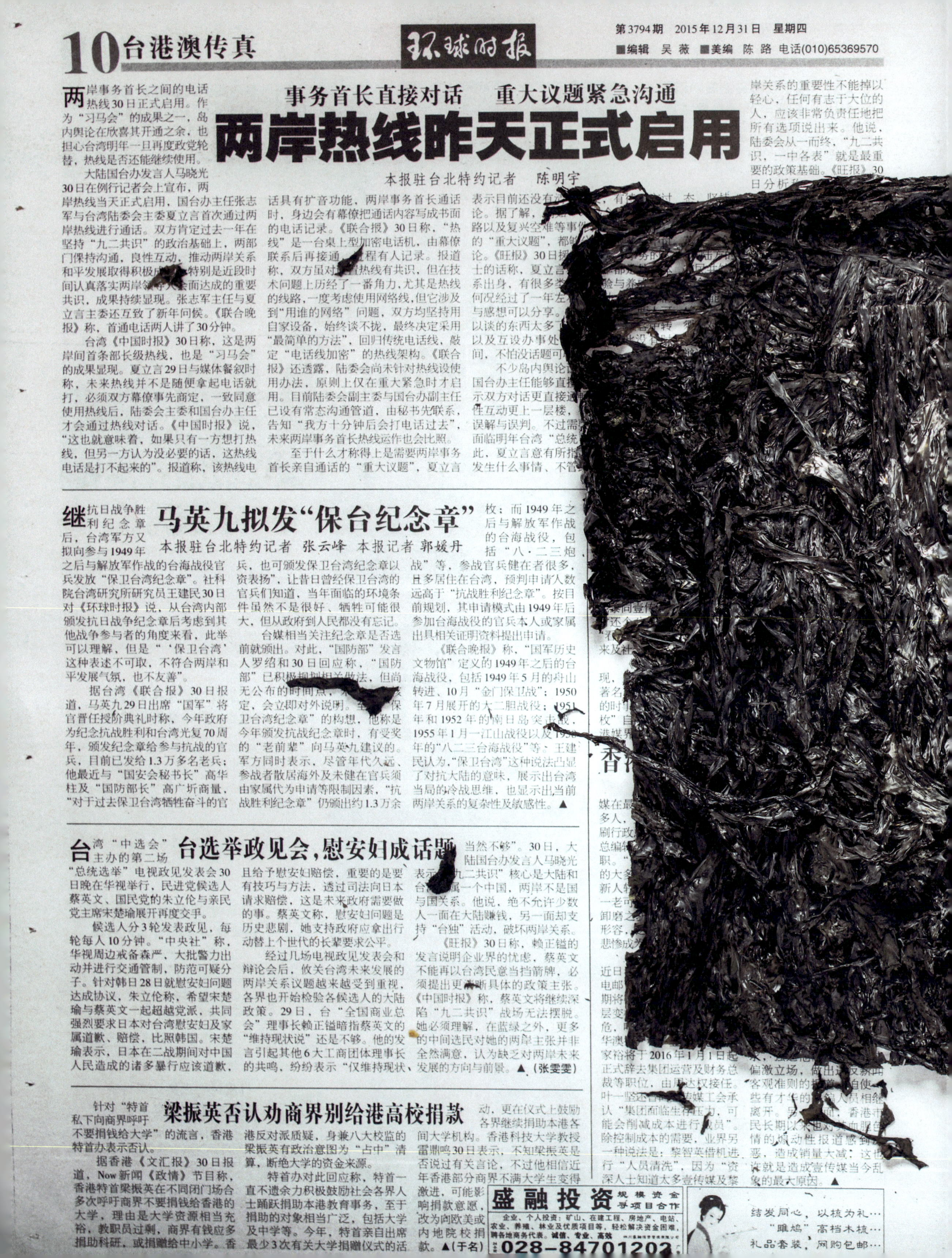

环球时报 第3794期 2015年12月31日 星期四
■编辑 吴薇 ■美编 陈路 电话(010)65369570

事务首长直接对话 重大议题紧急沟通
两岸热线昨天正式启用

本报驻台北特约记者 陈明宇

两岸事务首长之间的电话热线30日正式启用。作为"习马会"的成果之一，岛内舆论在欣喜其开通之余，也担心台湾明年一旦再度政党轮替，热线是否还能继续使用。

大陆国台办发言人马晓光30日在例行记者会上宣布，两岸热线当天正式启用，国台办主任张志军与台湾陆委会主委夏立言首次通过两岸热线进行通话。双方肯定过去一年在坚持"九二共识"的政治基础上，两部门保持沟通，良性互动，推动两岸关系和平发展取得积极成果，特别是近段时间认真落实两岸领导人会面达成的重要共识，成果持续显现。张志军主任与夏立言主委还互致了新年问候。《联合晚报》称，首通电话两人讲了30分钟。

台湾《中国时报》30日称，这是两岸间首条部长级热线，也是"习马会"的成果显现。夏立言29日与媒体餐叙时称，未来热线并不是随便拿起电话就打，必须双方幕僚事先商定，一致同意使用热线后，陆委会主委和国台办主任才会通过热线对话。《中国时报》说，"这也就意味着，如果只有一方想打热线，但另一方认为没必要的话，这热线电话是打不起来的"。报道称，该热线电话具有扩音功能，两岸事务首长通话时，身边会有幕僚把通话内容写成书面的电话记录。《联合报》30日称，"热线"是一台桌上型加密电话机，由幕僚联系后再接通，过程有人记录。报道称，双方虽对设置热线有共识，但在技术问题上历经了一番角力，尤其是热线的线路，一度考虑使用网络线，但它涉及到"用谁的网络"问题，双方均坚持用自家设备，始终谈不拢，最终决定采用"最简单的方法"，回归传统电话线，敲定"电话线加密"的热线架构。《联合报》还透露，陆委会尚未针对热线设使用办法，原则上仅在重大紧急时才启用。目前陆委会副主委与国台办副主任已设有常态沟通管道，由秘书先联系，告知"我方十分钟后会打电话过去"，未来两岸事务首长热线运作也会比照。

至于什么才称得上是需要两岸事务首长亲自通话的"重大议题"，夏立言

表示目前还没有
论。据了解，
路以及复兴空难等事
的"重大议题"，都
论。《旺报》30日
士的话称，夏立言
系出身，有很多
何况经过了一年左
与感想可以分享。
以谈的东西太多
以及互设办事处
间，不怕没话题可

不少岛内舆论
国台办主任能够直
示双方对话更直接
性互动更上一层楼，
误解与误判。不过需
面临明年台湾"总统
此，夏立言意有所指
发生什么事情、不管

岸关系的重要性不能掉以轻心，任何有志于大位的人，应该非常负责任地把所有选项说出来。他说，陆委会从一而终，"九二共识，一中各表"就是最重要的政策基础。《旺报》30日分析

马英九拟发"保台纪念章"

本报驻台北特约记者 张云峰 本报记者 郭媛丹

继抗日战争胜利纪念章后，台湾军方又拟向参与1949年之后与解放军作战的台海战役官兵发放"保卫台湾纪念章"。社科院台湾研究所研究员王建民30日对《环球时报》说，从台湾内部颁发抗日战争纪念章后考虑到其他战争参与者的角度来看，此举可以理解，但是"'保卫台湾'这种表述不可取，不符合两岸和平发展气氛，也不友善"。

据台湾《联合报》30日报道，马英九29日出席"国军"将官晋任授阶典礼时称，今年政府为纪念抗战胜利和台湾光复70周年，颁发纪念章给参与抗战的官兵，目前已发给1.3万多名老兵；他最近与"国安会秘书长"高华柱及"国防部长"高广圻商量，"对于过去保卫台湾牺牲奋斗的官兵，也可颁发保卫台湾纪念章以资表扬"，让昔日曾经保卫台湾的官兵们知道，当年面临的环境条件虽然不是很好、牺牲可能很大，但从政府到人民都没有忘记。

台媒相当关注纪念章是否选前就颁出。对此，"国防部"发言人罗绍和30日回应称，"国防部"已积极规划相关做法，但尚无公布的时间点，……定，会立即对外说明。至于"保卫台湾纪念章"的构想，他称是今年颁发抗战纪念章时，有受奖的"老前辈"向马英九建议的。军方同时表示，尽管年代久远、参战者散居海外及未健在官兵须由家属代为申请等限制因素，"抗战胜利纪念章"仍颁出约1.3万余

枚；而1949年之后与解放军作战的台海战役，包括"八·二三炮战"等，参战官兵健在者很多，且多居住在台湾，预判申请人数远高于"抗战胜利纪念章"。按目前规划，其申请模式由1949年后参加台海战役的官兵本人或家属出具相关证明资料提出申请。

《联合晚报》称，"国军历史文物馆"定义的1949年之后的台海战役，包括1949年5月的舟山转进、10月"金门保卫战"；1950年7月展开的大二胆战役；1951年和1952年的南日岛突击战，1955年1月一江山战役以及1958年的"八二三台海战役"等。王建民认为，"保卫台湾"这种说法凸显了对抗大陆的意味，展示出台湾当局的冷战思维，也显示出当前两岸关系的复杂性及敏感性。▲

台选举政见会，慰安妇成话题

台湾"中选会"主办的第二场"总统选举"电视政见发表会30日晚在华视举行，民进党候选人蔡英文、国民党的朱立伦与亲民党主席宋楚瑜展开再度交手。

候选人分3轮发表政见，每轮每人10分钟。"中央社"称，华视周边戒备森严、大批警力出动并进行交通管制，防范可疑分子。针对韩日28日就慰安妇问题达成协议，朱立伦称，希望宋楚瑜与蔡英文一起超越党派，共同强烈要求日本对台湾慰安妇及家属道歉、赔偿，比照韩国。宋楚瑜表示，日本在二战期间对中国人民造成的诸多暴行应该道歉，且给予慰安妇赔偿，重要的是要有技巧与方法，透过司法向日本请求赔偿，这是未来政府需要做的事。蔡英文称，慰安妇问题是历史悲剧，她支持政府应拿出行动替上个世代的长辈要求公平。

经过几场电视政见发表会和辩论会后，攸关台湾未来发展的两岸关系议题越来越受到重视，各界也开始检验各候选人的大陆政策。29日，台"全国商业总会"理事长赖正镒暗指蔡英文的"维持现状说"还是不够。他的发言引起其他6大工商团体理事长的共鸣，纷纷表示"仅维持现状、当然不够"。30日，大陆国台办发言人马晓光表示，"九二共识"核心是大陆和台湾同属一个中国，两岸不是国与国关系。他说，绝不允许少数人一面在大陆赚钱，另一面却支持"台独"活动，破坏两岸关系。

《旺报》30日称，赖正镒的发言说明企业界的忧虑，蔡英文不能再以台湾民意当挡箭牌，必须提出更清晰具体的政策主张。《中国时报》称，蔡英文将继续深陷"九二共识"战场无法摆脱。她必须理解，在蓝绿之外，更多的中间选民对她的两岸主张并非全然满意，认为缺乏对两岸未来发展的方向与前景。▲（张雯雯）

梁振英否认劝商界别给港高校捐款

针对"特首私下向商界呼吁不要捐钱给大学"的流言，香港特首办表示否认。

据香港《文汇报》30日报道，Now新闻《政情》节目称，香港特首梁振英在不同闭门场合多次呼吁商界不要捐钱给香港的大学，理由是大学资源相当充裕，教职员过剩，商界有钱应多捐助科研，或捐赠给中小学。香港反对派质疑，身兼八大校监的梁振英有政治意图为"占中"清算，断绝大学的资金来源。

特首办对此回应称，特首一直不遗余力积极鼓励社会各界人士踊跃捐助本港教育事务，至于捐助的对象相当广泛，包括大学及中学等。今年，特首亲自出席最少3次有关大学捐赠仪式的活动，更在仪式上鼓励各界继续捐助本港各间大学机构。香港科技大学教授雷鼎鸣30日表示，不知梁振英是否说过有关言论，不过他相信近年香港部分商界不满大学生变得激进，可能影响捐款意愿，改为向欧美或内地院校捐款。▲（于名）

一老可
卸磨之
形容，
悲惨成为

近日
电邮
期将
层变
危，
华澳
家裕将于2016年1月1日起正式辞去集团运营及财务总裁等职位，由周达权接任。叶一坚还指……传媒工会承认"集团面临生存压力，可能会削减成本进行裁员"。除控制成本的需要，业界另一种说法是：黎智英借机进行"人员清洗"，因为"资深人士知道太多壹传媒及黎

偏激立场，做出违反新闻客观准则的报道……自使些有才华的……编人员相继离开。另一方面，香港市民长期以来也对其血腥色情的煽动性报道感到厌恶，造成销量大减；这也许就是造成壹传媒当今乱象的最大原因。▲

Poverty Line Definition 1976–2020 (Selected Years)

Year	Poverty line definition (CNY/Year)
1976	100
1985	205
1990	300
1995	530
2000	625
2006	693
2008	1,196
2010	1,274
2012	2,300
2014	2,800
2015	2,968
2020	4,000

Rural Poverty Population and Poverty Rate, 1978–2016

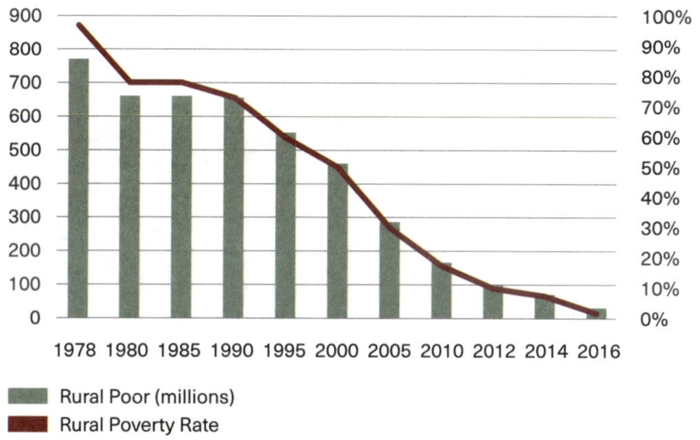

Source: Xinhua

GDP (billion USD) and Population (millions), 1960–2017

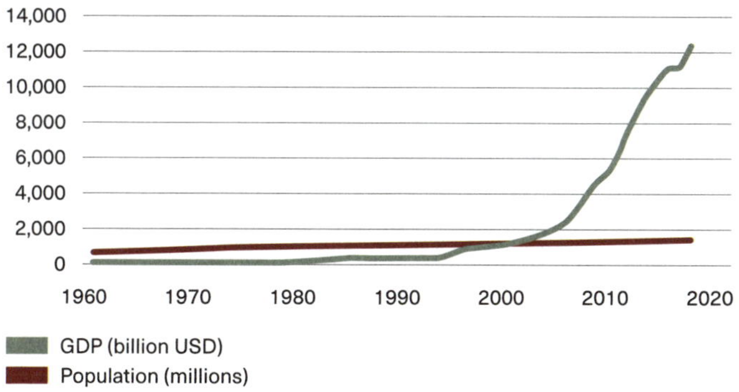

Source: World Bank

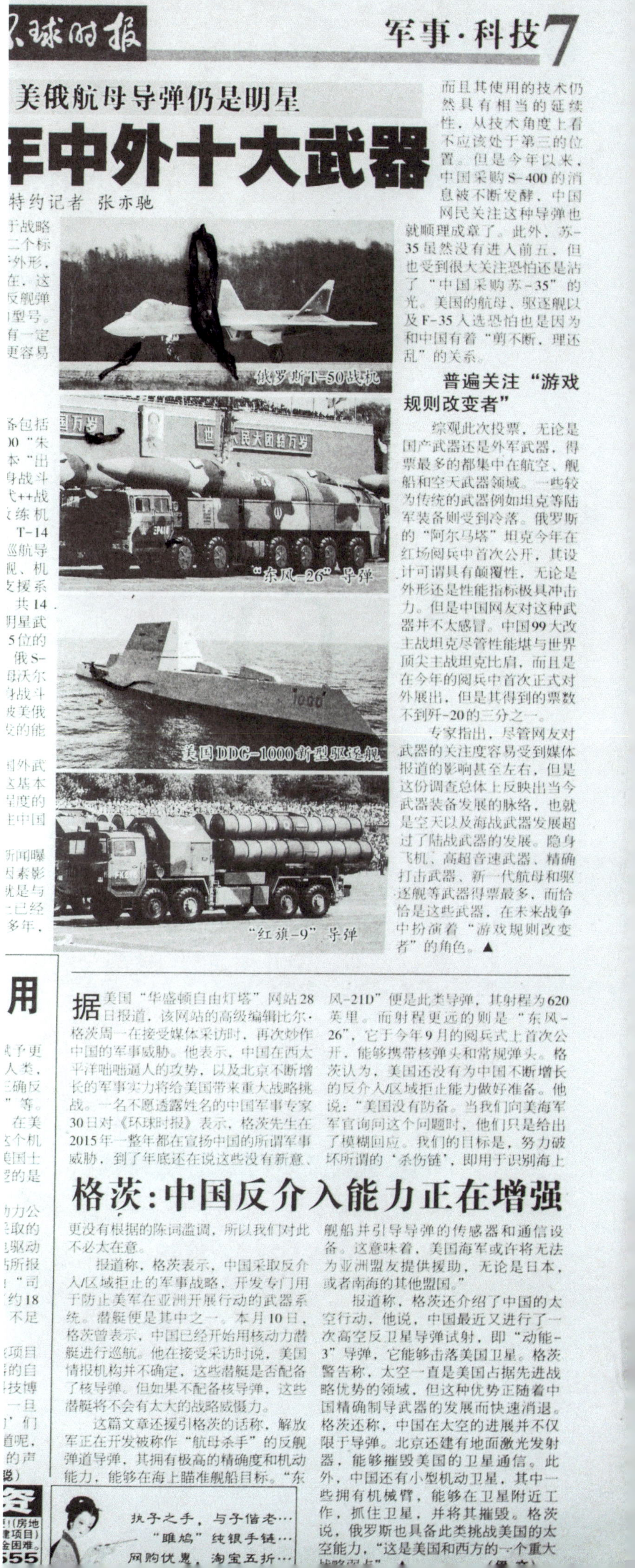

环球时报 军事·科技 7

美俄航母导弹仍是明星

年中外十大武器

特约记者 张亦驰

而且其使用的技术仍然具有相当的延续性，从技术角度上看不应该处于第三的位置。但是今年以来，中国采购S-400的消息被不断发酵，中国网民关注这种导弹也就顺理成章了。此外，苏-35虽然没有进入前五，但也受到很大关注恐怕还是沾了"中国采购苏-35"的光。美国的航母、驱逐舰以及F-35入选恐怕也是因为和中国有着"剪不断，理还乱"的关系。

俄罗斯T-50战机

"东风-26"导弹

美国DDG-1000新型驱逐舰

"红旗-9"导弹

普遍关注"游戏规则改变者"

综观此次投票，无论是国产武器还是外军武器，得票最多的都集中在航空、舰船和空天武器领域。一些较为传统的武器例如坦克等陆军装备则受到冷落。俄罗斯的"阿尔马塔"坦克今年在红场阅兵中首次公开，其设计可谓具有颠覆性，无论是外形还是性能指标极具冲击力。但是中国网友对这种武器并不太感冒。中国99大改主战坦克尽管性能堪与世界顶尖主战坦克比肩，而且是在今年的阅兵中首次正式对外展出，但是其得到的票数不到歼-20的三分之一。

专家指出，尽管网友对武器的关注度容易受到媒体报道的影响甚至左右，但是这份调查总体上反映出当今武器装备发展的脉络，也就是空天以及海战武器发展超过了陆战武器的发展。隐身飞机、高超音速武器、精确打击武器、新一代航母和驱逐舰等武器得票最多，而恰恰是这些武器，在未来战争中扮演着"游戏规则改变者"的角色。▲

格茨：中国反介入能力正在增强

据美国"华盛顿自由灯塔"网站28日报道，该网站的高级编辑比尔·格茨周一在接受媒体采访时，再次炒作中国的军事威胁。他表示，中国在西太平洋咄咄逼人的攻势，以及北京不断增长的军事实力将给美国带来重大战略挑战。一名不愿透露姓名的中国军事专家30日对《环球时报》表示，格茨先生在2015年一整年都在宣扬中国的所谓军事威胁，到了年底还在说这些没有新意、更没有根据的陈词滥调，所以我们对此不必太在意。

报道称，格茨表示，中国采取反介入/区域拒止的军事战略，开发专门用于防止美军在亚洲开展行动的武器系统。潜艇便是其中之一。本月10日，格茨曾表示，中国已经开始用核动力潜艇进行巡航。他在接受采访时说，美国情报机构并不确定，这些潜艇是否配备了核导弹。但如果不配备核导弹，这些潜艇将不会有太大的战略威慑力。

这篇文章还援引格茨的话称，解放军正在开发被称作"航母杀手"的反舰弹道导弹，其拥有极高的精确度和机动能力，能够在海上瞄准舰船目标。"东风-21D"便是此类导弹，其射程为620英里。而射程更远的则是"东风-26"，它于今年9月的阅兵式上首次公开，能够携带核弹头和常规弹头。格茨认为，美国还没有为中国不断增长的反介入/区域拒止能力做好准备。他说："美国没有防备。当我们向美海军军官询问这个问题时，他们只是给出了模糊回应。我们的目标是，努力破坏所谓的'杀伤链'，即用于识别海上舰船并引导导弹的传感器和通信设备。这意味着，美国海军或许将无法为亚洲盟友提供援助，无论是日本，或者南海的其他盟国。"

报道称，格茨还介绍了中国的太空行动，他说，中国最近又进行了一次高空反卫星导弹试射，即"动能-3"导弹，它能够击落美国卫星。格茨警告称，太空一直是美国占据先进战略优势的领域，但这种优势正随着中国精确制导武器的发展而快速消退。格茨还称，中国在太空的进展并不仅限于导弹。北京还建有地面激光发射器，能够摧毁美国的卫星通信。此外，中国还有小型机动卫星，其中一些拥有机械臂，能够在卫星附近工作，抓住卫星，并将其摧毁。格茨说，俄罗斯也具备此类挑战美国的太空能力，"这是美国和西方的一个重大

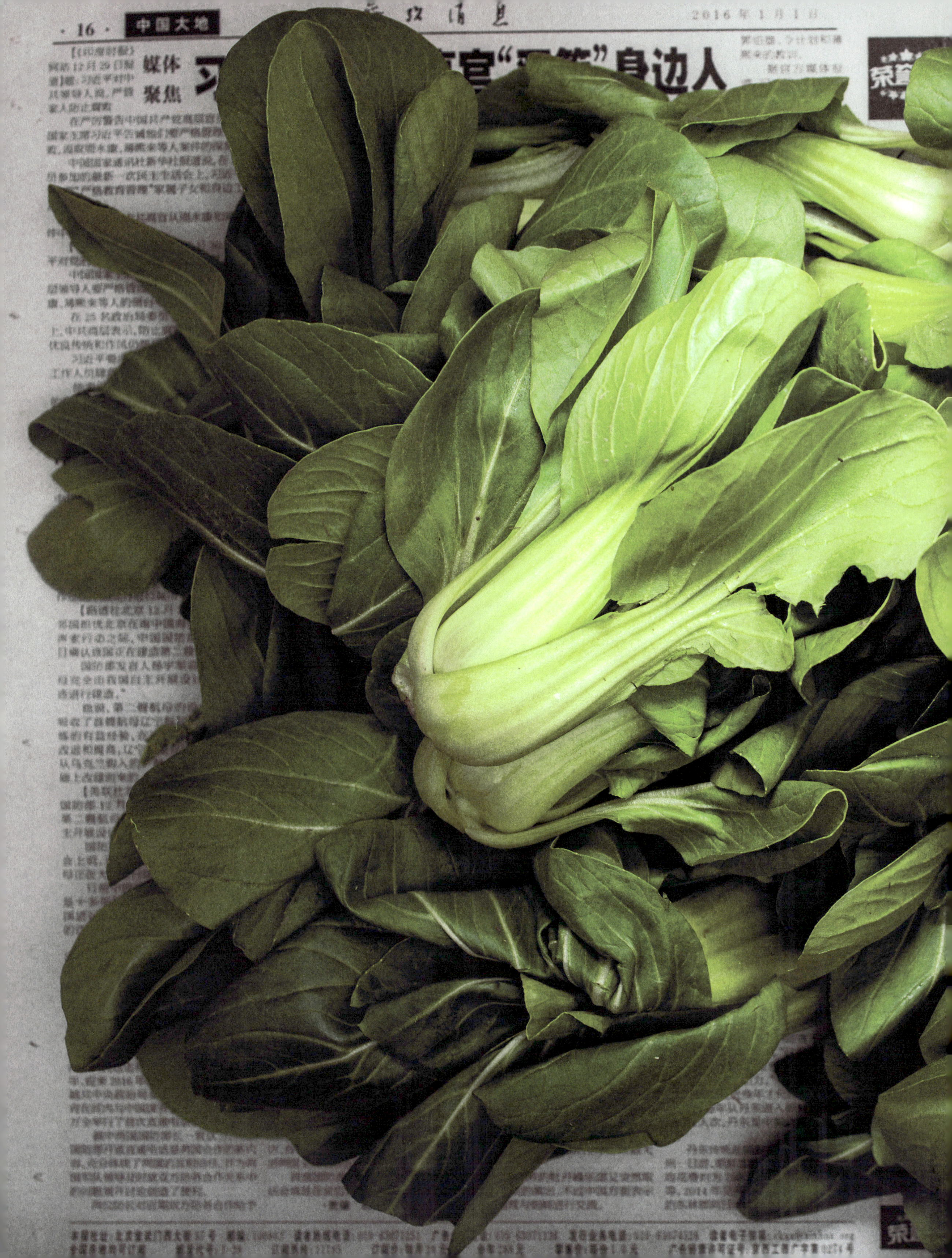
· 16 ·
中国大地
2016年1月1日
媒体
聚焦
身边人

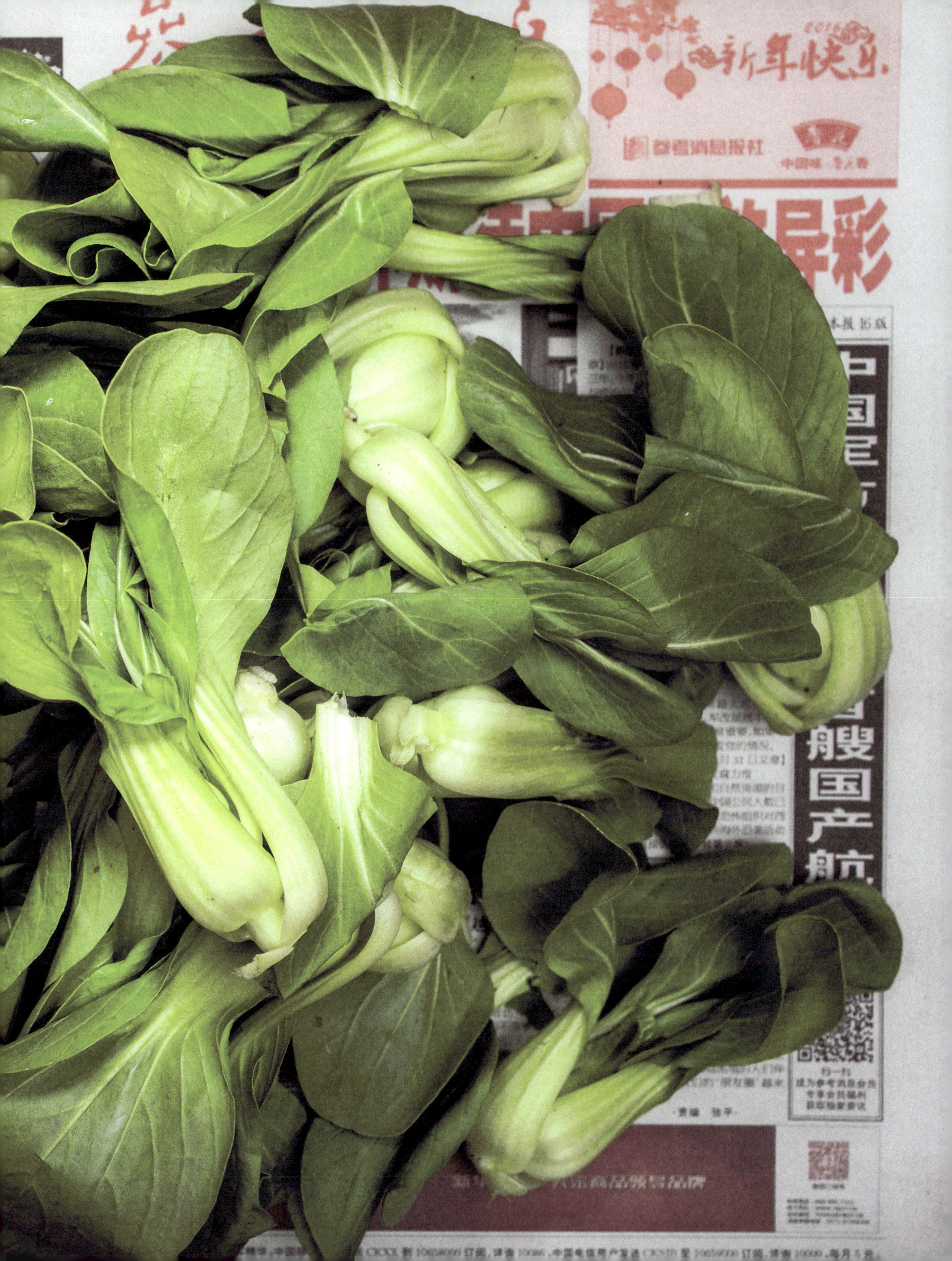
新年快乐

环球时报
第3794期 2015年12月31日 星期四 ■美编 赵 莹
■1、16版编辑 郭孝伟 马晴燕 电话 (010)65369569

不想放弃创始成员国 权衡利弊搭上末班车

菲律宾年底"意外"加入亚投行

本报驻新加坡、日本、韩国记者 辛斌 蓝雅歌 王伟●本报记者 白云怡 林鹏飞 吴志伟

在2015年末，菲律宾给了世界一个意外：它在最后截止时刻正式签署了《亚洲基础设施投资银行协定》，成为亚投行第57个也是最后一个创始成员国。习惯了中菲两国总是在南海争议场景中出现，各大媒体对于这一消息普遍表示出惊讶。尽管两国的外交官当天都强调南海和亚投行"是两码事"，但这个结果恐怕足以使至今仍未加入亚投行的美国和日本感到更多寂寞。广西民族大学东盟研究中心研究员葛红亮30日对《环球时报》说，从目前看，作为中国为地区发展提供的一个公众产品，亚投行从政治层面来讲取得了成功，"它体现了中国作为一个地区大国的责任感，对东南亚外交是全面的、互利互惠的，不会故意丢下哪个国家"。

"南海和亚投行不相干"

据菲律宾《每日问询者报》报道，菲律宾政府30日表示，阿基诺总统已向财政部签发指令，授权其签署《亚洲基础设施投资银行协定》。签署该协议的期限截止到本月31日。

据路透社报道，菲律宾财政部长普里斯马表示，对于菲律宾而言，"在加速经济增长方面，亚投行将扩充现有的多边机构并形成互补"。"亚投行在解决投资需求方面是有前途的机构，将有助于弥补许多国家的融资缺口。"普里斯马还称，菲律宾相信亚投行致力于做到"透明、独立、开放及责任"。

"菲律宾在最后一刻加入亚投行"，美国彭博社30日称，尽管2014年就已经签署备忘录，但菲律宾却成为亚投行57个创始成员国中的最后一个。本月25日，《亚洲基础设施投资银行协定》达到生效条件，亚投行正式成立。根据协定，菲律宾须在5年内向该行提供1.96亿美元的基金。

当地及海外舆论纷纷对菲律宾的加入表示意外。《菲律宾星报》说，就在截止日期前几天，菲律宾还丝毫没有加入中国主导的这个多边金融机构的意思，"亚投行被认为意在与美国主导的世界银行和日本主导的亚洲开发银行抗衡"。"一般认为，美国和日本因治理问题没有加入亚投行，而菲律宾满脑子里考虑的都是与中国在南海持续的争端。"

"虽然同中国在南海部分海域存在领海主权争议，但马尼拉仍决定加入中国主导的亚投行"，"德国之声"称，目前，菲律宾同中国在南海的主权争议依旧激烈。2013年菲律宾将南海案呈交海牙国际仲裁法院。今年10月底，该法院做出裁决称"有权"审理此案。而中国则表示拒绝参加该案的庭审，坚称南海案不属于国际仲裁法院管辖的范围。

"菲律宾不顾与北京关于南海领土划分的争吵，宣布将加入中国主导的亚投行"，法新社报道称，美国和日本都没有加入亚投行，部分原因是为了遏制中国在亚洲金融领域扩张的势头。

菲律宾外交部发言人傅查理30日对"Rappler"网站表示，南海问题和亚投行是"不相干的两件事"。菲律宾总统府也持类似观点。总统府发言人科罗马对法新社说，菲律宾加入亚投行的决定"是基于我国经济发展的要求。该决定与菲律宾对南海的诉求没有关联"。

印度报业托拉斯30日称，菲律宾在最后一刻加入亚投行着实令人惊讶。菲政府为自己的决定辩护，称在一个全球化的世界，相互联系是全球游戏的本质。

不甘站在圈外陪伴美日

2015年12月25日，亚投[illegible]立，全球迎来首个由中国倡议设立[illegible]边金融机构。亚投行是2013年10月2日由习近平主席提出筹建倡议的，2014年10月24日，包括中国、印度、新加坡等在内21个首批意向创始成员国的财长和授权代表在北京签约，共同决定成立亚投行。2015年4月15日，亚投行意向创始成员国确定为57个，其中域内国家37个、域外国家20个。尽管美国和日本未加入亚投行，但澳大利亚、英国、德国、意大利、韩国等美国的主要盟友都已加入该行。亚投行法定资本1000亿美元。法新社称，北京将成为亚投行最大的出资者，占比大约是30%。

据媒体此前公开报道，作为创始成员国宣布参加亚投行的57个国家中，有50个国家于今年6月底签署了协议，其余国家也在随后签署，只有菲律宾尚未完成协议签署。而倘若不在年底前签署，菲律宾将丧失在发言权等方面获得优待的创始成员国地位。

菲律宾决定签署参加亚投行出乎日本预料，12月25日《产经新闻》还报道称，菲律宾可能"不会在年内签署协议"。日本时事通讯社称，菲律宾虽然提出了加入亚投行申请，但是以"需要仔细研究"为由，一直没有签署。

"菲律宾还是踏上亚投行的末班车"，韩联社30日称，虽然菲律宾在去年下半年表态要加入亚投行，但随着中国在南海地区的建岛行动越来越大，菲律宾在签署最后文件问题态度上出现摇摆。有分析认为，此前一直要求美国介入南海争端和积极忽悠国际仲裁的菲律宾最终决定加入中国主导的亚投行，主要是无法忽视可能从亚投行获得的基础设施建设资金。日本共同社分析称，围绕着南海的所有权之争，菲律宾和中国存在激烈对立。但因为经济增长和人口增加、整修交通网和发电设施等成为菲律宾的当务之急，阿基诺三世虽然一直在慎重考虑加入的利弊，但是最终还是作出了优先经济实际利益的判断。

菲律宾"Rappler"网[illegible]了菲律宾犹豫的原因[illegible]中国在基础设[illegible]的中国建[illegible]安全分析人士[illegible]"刚起诉了邻[illegible]又从他们那里[illegible]，这不合适。对中[illegible]他们也[illegible]服"。还有一个原因是，[illegible]是世[illegible]和亚开行的对立物。这两个[illegible]机构[illegible]导国都与菲律宾关系密切[illegible]

新加[illegible]大问题分析人士鲁[illegible]茨30日对《[illegible]表示，菲律[illegible]入亚投行是最晚[illegible]还在反复权衡。作为美[illegible]需要顾及美国的感受。菲律宾和美国有两张牌可以打，一个是TPP，另一个是亚投行。加入亚投行可以增加与美国在其他问题谈判上的筹码。菲律宾没有想到亚投行的进程如此之快，短短[illegible]整个机构到位并且马上开始[illegible]TPP现在看来情况还比较混[illegible]率先加入亚投行是出于经[illegible]量一样，菲律宾最后也是将"利益"放在首位。

"菲律宾正式宣布加入亚投行的消息并不意外"，中国人民大学国际关系学院副院长金灿荣在接受《环球时[illegible]记者采访时表示，发展中国家毕竟面[illegible]资本短缺和急需发展这对硬性矛盾，如果抛却政治因素，菲律宾几乎没有理由不加入亚投行。而创始成员国身份还可以使菲律宾优先获得贷款，这对菲律宾来说只有好处，没有坏处。

不想与中国关系"更糟"

30日，在中国外交部例行记者会上，有记者问：中菲南海争议是否会影响菲获得亚投行创始成员国资格？是否会影响亚投行在涉菲项目上的资金使用？中国外交部发言人陆慷答复称，菲律宾加入亚投行"应该是一件好事"，"至于你提到中菲之间有关争议是否会影响菲律宾成为亚投行创始成员国，是否会影响菲[illegible]宾像其他成员一样[illegible]投行框架下开展[illegible]作，这是两个[illegible]的问题。"

"接纳菲律宾加入亚[illegible]中国是负责任、有胸怀的大国[illegible]国社[illegible]院世界经济与政治[illegible]济[illegible]略研究中心[illegible]报》说，[illegible]的，[illegible]干[illegible]建了[illegible]通[illegible]让两国更紧密地联[illegible]日本"外交学者"[illegible]为是中国[illegible]进行制度建设的典[illegible]的青睐是压倒性的[illegible]大似乎在亚投行问题[illegible]世界将[illegible]认[illegible]于这个新金融[illegible]

[illegible]总体来说[illegible]出了一种[illegible]来自外界[illegible]一些争[illegible]还有[illegible]

[illegible]30日对[illegible]知道，加入[illegible]好处，但未来几年[illegible]多利益。但菲律宾作为一[illegible]不希望被排除在[illegible]望的多[illegible]

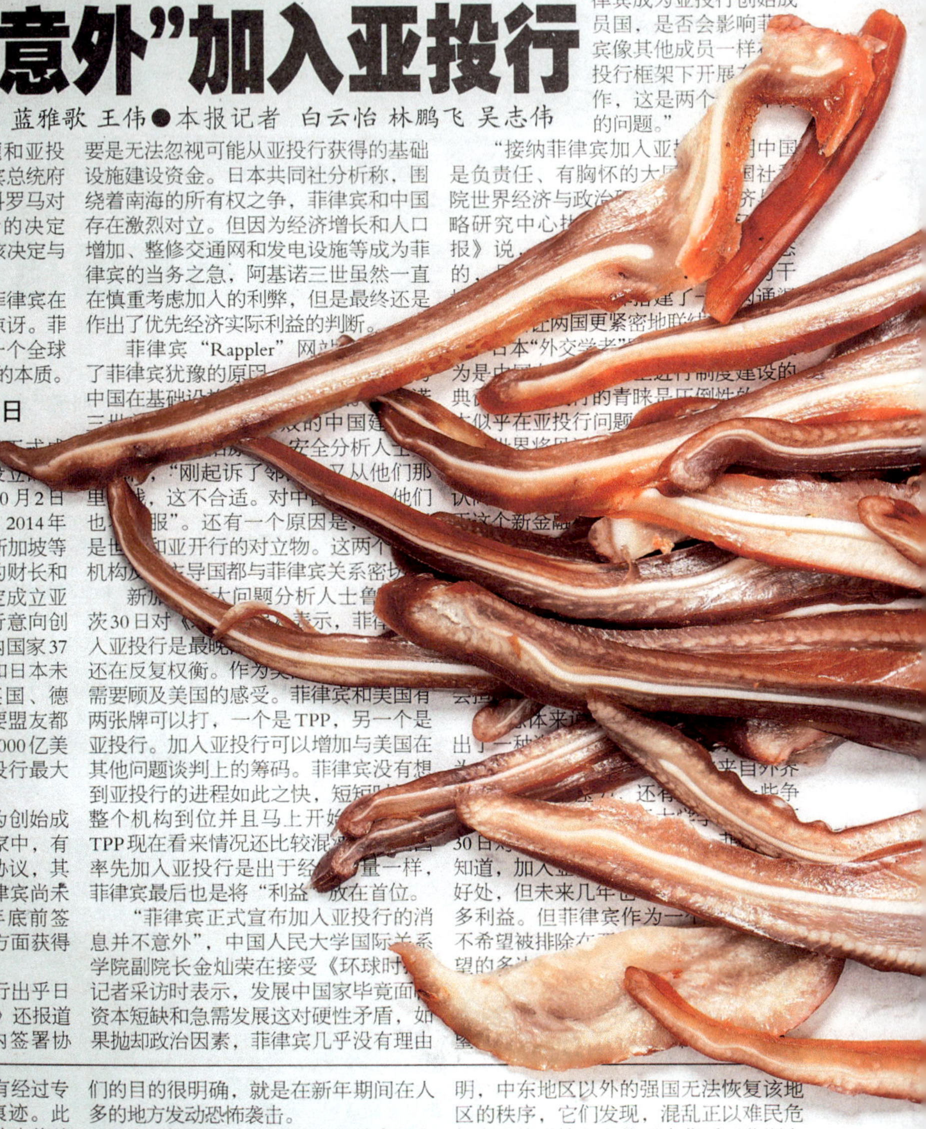

（上接第一版）而且正在策划对西方的进一步攻击"。其中一个名为穆阿丹的IS头目与巴黎袭击案首脑有直接联系。穆阿丹出生于巴黎郊区，在12月24日的空袭中被炸死。此外，IS最重要的网络专家以及与巴黎恐怖袭击团伙有关的IS伪造证件专家也被联军炸死。"对IS头目的空袭正是联军最近在战场上取得节节胜利的原因"，沃沦显得十分"傲娇"地说，"我们胜利的部分原因应归功于该组织失去了其领导层这一事实"。

不过，在美国纽约等大都市，人们仍然十分担心。法新社称，纽约官员表示，迎接2016年新年狂欢活动的安保措施"比以往任何时候都要多"，以确保时报广场成为"全球最安全的地方"。12月31日晚，纽约是人们迎接新年的首选之地，有大约100万人会涌到时报广场观看倒计时记数活动以及午夜水晶球降落。在全球担心新年庆祝活动可能发生恐怖袭击的情况下，纽约市长白思豪称："我当然理解每个人都感到担心，但是我想让每个人知道的是，警察就在附近随时待命"。报道称，虽然庆祝活动31日晚6时才开始，但相关街道当天凌晨4时就会被关闭，警方将在广场部署超过6000名警察，巡逻人员加上移动摄像头、化学和辐射探测器；还有经过专门训练的警犬嗅探爆炸物的痕迹。此外，多达500人组成的反恐部队也将首次亮相。据报道，在通往65个观众区的14个入口处，警方将手持探测器认真筛选。观众一旦通过安检并进入观众区后，必须留在自己的位子上直到午夜，否则将会被赶出广场。

在另一个打击IS的主要国家俄罗斯，多个城市加强了新年警戒。俄"记者"网称，"因为IS威胁，红场新年将关闭"。报道称，莫斯科市政府宣布，2016年新年莫斯科红场将不对民众开放。此前，每年都会有大量民众在红场参加新年到来的倒数计时。俄官方称，采取这一措施是因为电视台新年要在红场拍摄演唱会，但有分析认为，这是因为俄面临恐怖袭击的威胁程度在提高。报道援引莫斯科市长日前的话称，莫斯科如今已是国际恐怖主义分子的攻击目标，这不是秘密。

俄塔社称，俄旅游署提醒公民赴欧洲国家旅游时小心恐怖威胁，旅游署官员建议俄公民在国内度过新年。俄国家反恐委员会则发出警告称，在新年和俄历圣诞节期间将全面提高反恐等级。各种恐怖组织开始向俄罗斯境内渗透，他们的目的很明确，就是在新年期间在人多的地方发动恐怖袭击。

由于担心发生恐怖袭击，俄全国各地加强了安全措施。圣彼得堡政府规定，新年夜进入冬宫广场必须持有证件。俄安全局还派人携带"假炸弹"到各大机场"闯关"，其中堪察加一机场"中招"。尽管层层防范，袭击事件仍防不胜防。30日，俄南部达吉斯坦杰尔宾特市一游客团遭遇严重枪击事件，造成1人死亡，11人受伤。目前俄官方未证明是否是恐怖袭击。

目前仍看不到曙光

"IS真的大势已去吗？"德国电视一台30日称，在2016年到来之际，国际联盟打击IS的战争捷报频传，美国宣布空袭炸死10名IS头目；伊拉克重新收回拉马迪。最近地面战场打击IS武装取得的胜利，可以看出空袭所产生的效果，但要说IS大势已去为时尚早。现在的成功案例，只是给国际联盟打击IS增强了信心——"IS并不是不可战胜的"，但要真正战胜IS还需要很长时间。

"异乎寻常的全球性焦虑"。英国《金融时报》30日称，在政治和安全方面，中东地区的内爆仍在持续。事实证明，中东地区以外的强国无法恢复该地区的秩序，它们发现，混乱正以难民危机和圣战恐怖主义的形式蔓延至非洲和欧洲。该报当天的另一篇评论也称，从联合国安理会到美国和俄罗斯牵头在维也纳举行的叙利亚会谈，外交官们苦苦建立的中东和平架构看起来就像奶酪一样千疮百孔。

不少国家的民调显示人们对这场反恐战争没有信心。CNN29日公布的最新民调结果显示，有40%的受访者认为恐怖分子将赢得与美国的战争。德国《焦点》周刊30日引述德国民调机构YouGov的调查称，近一年来世界各地频发的袭击已造成全球范围的恐慌。德国也一样，2/3的德国人预期2016年德国将遭受恐怖袭击，只有17%的人不相信。

李伟表示，世界一方面在反恐战场上取得一些成果，但民意对反恐战争前景信心却下降。这种现象显示出，军事只是反恐战争的一个方面，但它并不是一个有效的措施。恐怖主义是与国际关系中的其他矛盾问题纠结在一起的，如果不能铲除产生恐怖主义的土壤，再多的军事手段也难以根除恐怖主义，从这个意义上讲，清除恐怖主义将是一个漫长的过程。▲

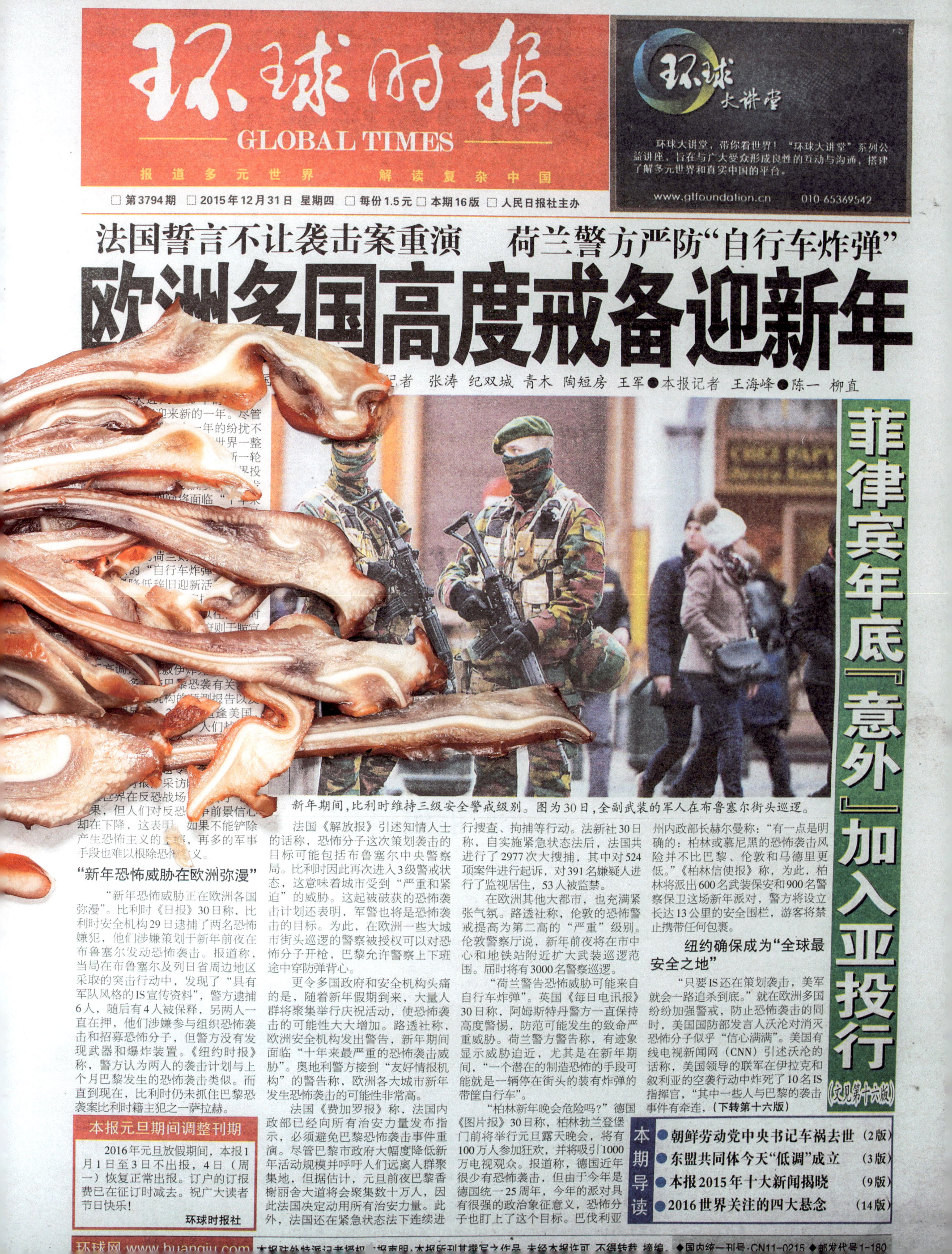

环球时报
GLOBAL TIMES

报道多元世界 解读复杂中国

第3794期 2015年12月31日 星期四 每份1.5元 本期16版 人民日报社主办

法国誓言不让袭击案重演 荷兰警方严防"自行车炸弹"

欧洲各国高度戒备迎新年

……记者 张涛 纪双城 青木 陶短房 王军●本报记者 王海峰●陈一 柳直

……迎来新的一年。尽管……一年的纷扰不……世界一整……一轮……果投……将面临"……的"自行车炸弹……降低辞旧迎新活……巴黎恐袭有关……机构的预测报告以及……适逢美国……人们越……采访……世界在反恐战场……果，但人们对反恐……前景信心却在下降，这表明……如果不能铲除产生恐怖主义的土壤，再多的军事手段也难以根除恐怖主义。

新年期间，比利时维持三级安全警戒级别。图为30日，全副武装的军人在布鲁塞尔街头巡逻。

"新年恐怖威胁在欧洲弥漫"

"新年恐怖威胁正在欧洲各国弥漫"。比利时《日报》30日称，比利时安全机构29日逮捕了两名恐怖嫌犯，他们涉嫌策划于新年前夜在布鲁塞尔发动恐怖袭击。报道称，当局在布鲁塞尔及列日省周边地区采取的突击行动中，发现了"具有军队风格的IS宣传资料"，警方逮捕6人，随后有4人被保释，另两人一直在押，他们涉嫌参与组织恐怖袭击和招募恐怖分子，但警方没有发现武器和爆炸装置。《纽约时报》称，警方认为两人的袭击计划与上个月巴黎发生的恐怖袭击类似。而直到现在，比利时仍未抓住巴黎恐袭案比利时籍主犯之一萨拉赫。

法国《解放报》引述知情人士的话称，恐怖分子这次策划袭击的目标可能包括布鲁塞尔中央警察局。比利时因此再次进入3级警戒状态，这意味着城市受到"严重和紧迫"的威胁。这起被破获的恐怖袭击计划还表明，军警也将是恐怖袭击的目标。为此，在欧洲一些大城市街头巡逻的警察被授权可以对恐怖分子开枪，巴黎允许警察上下班途中穿防弹背心。

更令多国政府和安全机构头痛的是，随着新年假期到来，大量人群将聚集举行庆祝活动，使恐怖袭击的可能性大大增加。路透社称，欧洲安全机构发出警告，新年期间面临"十年来最严重的恐怖袭击威胁"。奥地利警方接到"友好情报机构"的警告称，欧洲各大城市新年发生恐怖袭击的可能性非常高。

法国《费加罗报》称，法国内政部已经向所有治安力量发布指示，必须避免巴黎恐怖袭击事件重演。尽管巴黎市政府大幅度降低新年活动规模并呼吁人们远离人群聚集地，但据估计，元旦前夜巴黎香榭丽舍大道将会聚集数十万人，因此法国决定动用所有治安力量。此外，法国还在紧急状态法下连续进行搜查、拘捕等行动。法新社30日称，自实施紧急状态法后，法国共进行了2977次大搜捕，其中对524项案件进行起诉，对391名嫌疑人进行了监视居住，53人被监禁。

在欧洲其他大都市，也充满紧张气氛。路透社称，伦敦的恐怖警戒提高为第二高的"严重"级别。伦敦警察厅说，新年前夜将在市中心和地铁站附近扩大武装巡逻范围。届时将有3000名警察巡逻。

"荷兰警告恐怖威胁可能来自自行车炸弹"。英国《每日电讯报》30日称，阿姆斯特丹警方一直保持高度警惕，防范可能发生的致命严重威胁。荷兰警方警告称，有迹象显示威胁迫近，尤其是在新年期间，"一个潜在的制造恐怖的手段可能就是一辆停在街头的装有炸弹的带筐自行车"。

"柏林新年晚会危险吗？"德国《图片报》30日称，柏林勃兰登堡门前将举行元旦露天晚会，将有100万人参加狂欢，并将吸引1000万电视观众。报道称，德国近年很少有恐怖袭击，但由于今年是德国统一25周年，今年的派对具有很强的政治象征意义，恐怖分子也盯上了这个目标。巴伐利亚州内政部长赫尔曼称："有一点是明确的：柏林或慕尼黑的恐怖袭击风险并不比巴黎、伦敦和马德里更低。"《柏林信使报》称，为此，柏林将派出600名武装保安和900名警察保卫这场新年派对，警方将设立长达13公里的安全围栏，游客将禁止携带任何包裹。

纽约确保成为"全球最安全之地"

"只要IS还在策划袭击，美军就会一路追杀到底。"就在欧洲多国纷纷加强警戒，防止恐怖袭击的同时，美国国防部发言人沃沦对消灭恐怖分子似乎"信心满满"。美国有线电视新闻网（CNN）引述沃沦的话称，美国领导的联军在伊拉克和叙利亚的空袭行动中炸死了10名IS指挥官，"其中一些人与巴黎的袭击事件有牵连，（下转第十六版）

菲律宾年底『意外』加入亚投行

（文见第十六版）

本报元旦期间调整刊期

2016年元旦放假期间，本报1月1日至3日不出报，4日（周一）恢复正常出报。订户的订报费已在征订时减去。祝广大读者节日快乐！

环球时报社

本期导读

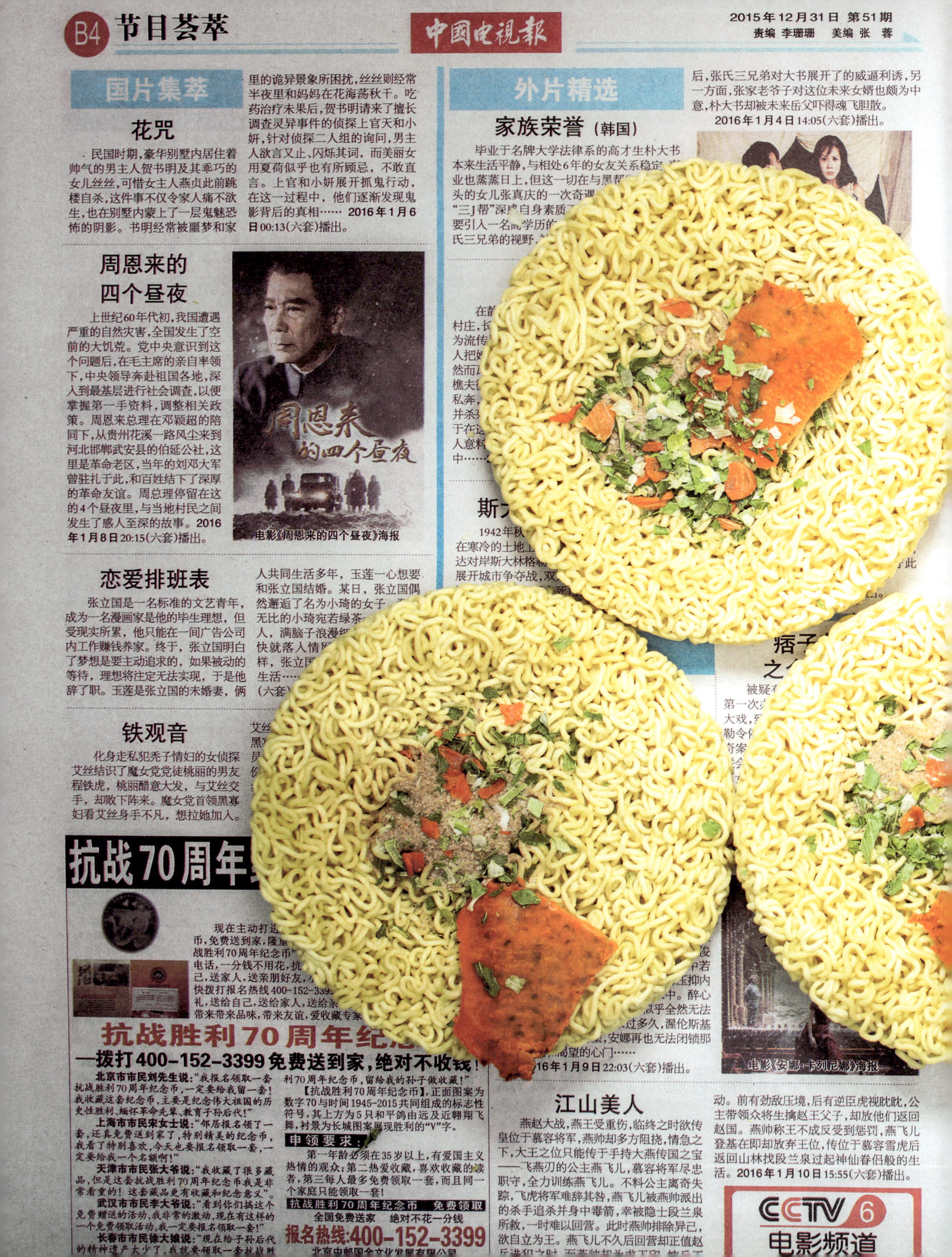

2015年12月31日　第51期　责编 李珊珊　美编 张蓉

国片集萃

花咒

民国时期，豪华别墅内居住着帅气的男主人贺书明及其乖巧的女儿丝丝，可惜女主人燕贞此前跳楼自杀，这件事不仅令家人痛不欲生，也在别墅内蒙上了一层鬼魅恐怖的阴影。书明经常被噩梦和家里的诡异景象所困扰，丝丝则经常半夜里和妈妈在花海荡秋千。吃药治疗未果后，贺书明请来了擅长调查灵异事件的侦探上官天和小妍，针对侦探二人组的询问，男主人欲言又止、闪烁其词，而美丽女用夏荷似乎也有所顾忌，不敢直言。上官和小妍展开抓鬼行动，在这一过程中，他们逐渐发现鬼影背后的真相……2016年1月6日00:13(六套)播出。

周恩来的四个昼夜

上世纪60年代初，我国遭遇严重的自然灾害，全国发生了空前的大饥荒。党中央意识到这个问题后，在毛主席的亲自率领下，中央领导奔赴祖国各地，深入到最基层进行社会调查，以便掌握第一手资料，调整相关政策。周恩来总理在邓颖超的陪同下，从贵州花溪一路风尘来到河北邯郸武安县的伯延公社，这里是革命老区，当年的刘邓大军曾驻扎于此，和百姓结下了深厚的革命友谊。周总理停留在这的4个昼夜里，与当地村民之间发生了感人至深的故事。2016年1月8日20:15(六套)播出。

电影《周恩来的四个昼夜》海报

恋爱排班表

张立国是一名标准的文艺青年，成为一名漫画家是他的毕生理想，但受现实所累，他只能在一间广告公司内工作赚钱养家。终于，张立国明白了梦想是要主动追求的，如果被动的等待，理想将注定无法实现，于是他辞了职。玉莲是张立国的未婚妻，俩人共同生活多年，玉莲一心想要和张立国结婚。某日，张立国偶然邂逅了名为小琦的女子……(六套)播出。

铁观音

化身走私犯秃子情妇的女侦探艾丝结识了魔女党徒桃丽的男友程铁虎，桃丽醋意大发，与艾丝交手，却败下阵来。魔女党首领黑寡妇看艾丝身手不凡，想拉她加入。

抗战70周年纪念币（广告）

抗战胜利70周年纪念币

一拨打400-152-3399 免费送到家，绝对不收钱！

北京市市民刘先生说："我报名领取一套抗战胜利70周年纪念币，一定要给我留一套！我就邀请这套抗战胜利70周年纪念币，主要是纪念伟大祖国的历史性胜利，缅怀革命先烈，教育子孙后代！"

上海市市民宋女士说："邻居报名领一套，还真免费送到手，特别精美的纪念币，我看了特别喜欢，今天也来报名领取一套，一定要给孙子一套作纪念！"

天津市市民张大爷说："我收藏了很多藏品，花钱收藏抗战胜利70周年纪念币我是非常看重的！这套藏品是有收藏纪念意义"

武汉市市民李大爷说："看到你们搞这个……免费的激动，我许多的激动，现在不花一分钱的一个免费领取活动，我一定要报名领一套！"

长春市市民陈大娘说："现在给子孙后代的精神遗产太少了，我就来免费领取这套……"

现在主动打进……币，免费送到家，隆……战胜利70周年纪念币……电话，一分钱不用花，送……己，送亲人，送亲朋好友……快拨打报名热线 400-152-3399……礼，送给自己，送给……带来带来品味，带来友谊，爱收藏专家……

利70周年纪念币，留给我的孙子做纪念！

【抗战胜利70周年纪念币】正面图案为数字70与时间1945-2015共同组成的标志性符号，其上方为5只和平鸽由远及近翱翔飞舞，衬景为长城图案展现胜利的"V"字。

申领要求：

第一年龄必须在35岁以上，有爱国主义热情的观众。第二热爱收藏，喜欢收藏的读……第三每人最多免费领取一套，而且同一个家庭只能领取一套！

抗战胜利70周年纪念币　免费领取
全国免费送家　绝对不花一分钱
报名热线：400-152-3399
北京中邮国全文化发展有限公司……

外片精选

家族荣誉（韩国）

毕业于名牌大学法律系的高才生朴大书本来生活平静，与相处6年的女友关系稳定，事业也蒸蒸日上，但这一切在与黑帮……头的女儿张真庆的一次奇遇……"三J帮"深感自身素质……要引入一名高学历的……氏三兄弟的视野……后，张氏三兄弟对大书展开了的威逼利诱，另一方面，张家老爷子对这位未来女婿也颇为中意，朴大书却被未来岳父吓得魂飞胆散。2016年1月4日14:05(六套)播出。

斯大林格勒

1942年秋……在寒冷的土地上……达到岸斯大林格勒……展开城市争夺战，双……

痞子……之……

被疑……第一次……大戏，……勒令……诸案……

江山美人

燕赵大战，燕王受重伤，临终之时欲传皇位于慕容将军，燕帅却多方阻挠，情急之下，大王之位只能传于手持大燕帝国之宝——飞燕刀的公主燕飞儿，慕容将军尽忠职守，全力训练燕飞儿。不料公主离奇失踪，飞虎将军难辞其咎，燕飞儿被燕帅派出的杀手追杀并身中毒箭，幸被隐士段兰泉所救，一时难以回营。此时燕帅排除异己，欲自立为王。燕飞儿不久后回营却正值……

……俊……若……被……醉心……乎全然无法……之多久，渥伦斯基……安娜再也无法闭锁断……望的心门"……2016年1月9日22:03(六套)播出。

电影《安娜·卡列尼娜》海报

动。前有劲敌压境，后有逆臣虎视眈眈，公主带领众将生擒起逃王父子，却放他们返回赵国。燕帅称王不成反受到惩罚，燕飞儿登基在即却放弃王位，传位于慕容雪虎后返回山林找段兰泉过起神仙眷侣般的生活。2016年1月10日15:55(六套)播出。

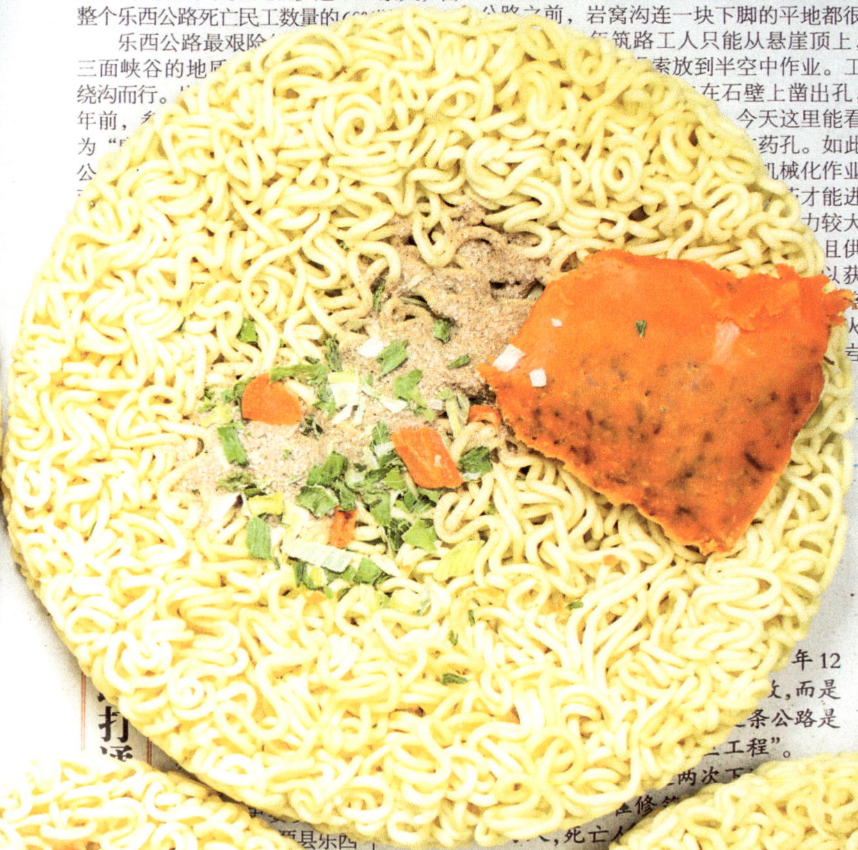

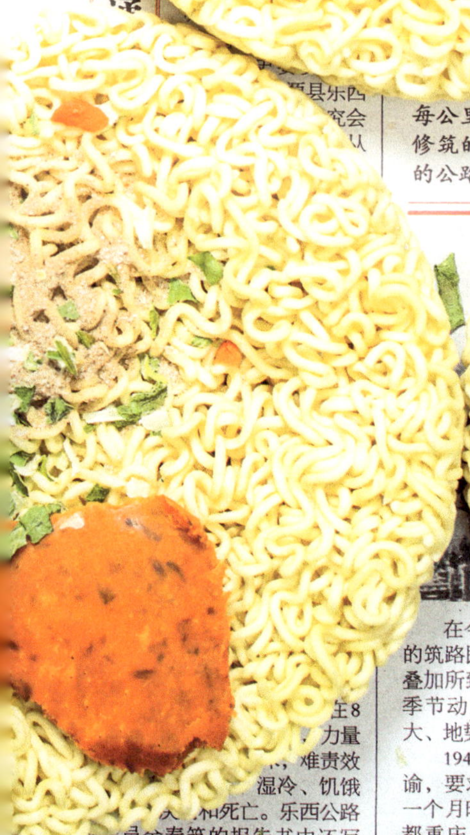

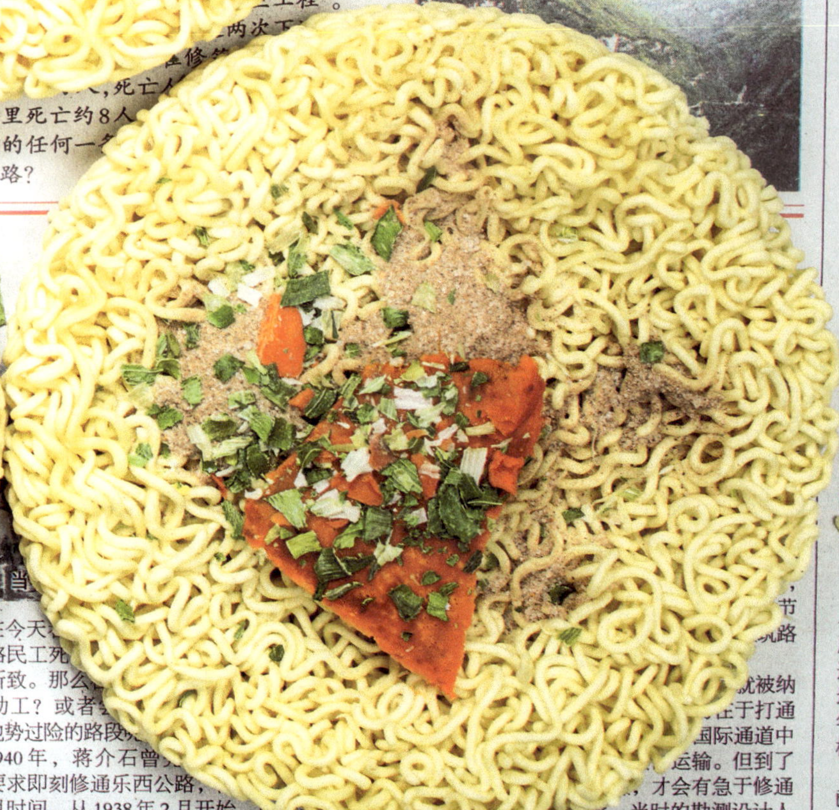

用血和肉填平岩窝沟

蓑衣岭和岩窝沟路段，是乐西公路修筑过程中死亡率最高的路段。据《四川省公路志》记载，蓑衣岭和岩窝沟路段施工的高峰期集中在1940年的10月至1941年的1月，在短短3个多月里，民工死亡多达2400余人，占整个乐西公路死亡民工数量的[……]

[……]的建设者之一，两代人对乐西公路都有着深厚的感情。据郭文复介绍，在修筑乐西公路之前，岩窝沟连一块下脚的平地都很[……]筑路工人只能从悬崖顶上，[……]索放到半空中作业。工[人]在石壁上凿出孔，[……]今天这里能看[到当年凿出的]药孔。如此[……]机械化作业[……]才能进[……]且供[……]以获[……]火药[……]

86岁的周国仲住在离岩窝沟不远的皇木镇，他还记得，在1939年前后，临近几个村的人都被动员起来去修乐西公路。当时周国仲才10来岁，体力有限；村长安排他为岩窝沟路段送工粮。周国仲说，他曾亲眼看见同村的一个熟人在岩窝沟摔下悬崖，当年岩窝沟的工地上昼夜赶工、尘土飞扬、人头攒动，放炮声、滚石声响成一片。

根据不完全统计，岩窝沟施工期间共有125人死亡，伤者不计其数。当年皇木镇卫生站的站长王伯俊在回忆文章中写道："屡闻民工掉下去不见踪影，有时绝壁半空中老树残枝上挂着人影，可是工地上人群往返徘徊、束手无策。还有一次，施工队火药库爆炸，二十余人死伤，但卫生站完全没有治疗烧伤病人的条件，当场没死的伤员，绝大部分在治疗中还是死去了。"负责督修乐西公路的交通部公路总管理处处长赵祖康曾亲眼看到工地上有一条醒目的标语："用我们的血和肉，去填平岩窝沟。"

乐西公路的今昔价值

70多年前的那场战争以日本投降告终，当年迁都西昌的战略准备和设想也因战局扭转而不需再去实现。那么在后来的岁月中，乐西公路的命运又如何呢？

今年103岁的李仕安70多年前曾在西昌工作过，他还记得1944年前后自己曾搭乘客车走过乐西公路。据李仕安说，当时尽管路况、车况都不太好，但由于乐西公路是通往西昌的唯一的公路，因此这条线路上的客货营运还红火过一阵。据川滇西路客货资料统计，1944年乐西公路平均每个月运输旅客约六七千人，最高峰的七月能达到1万多人。

这条线路当年是为了抗战而修的战略公路，那么它到底有没有发挥军事上的作用呢？1941年正值滇缅公路的运输高峰期，乐西公路在当年7月通车后，分流了大量从中缅边境运往中国腹地的国际物资，当时路上大量军车往来、昼夜不停、非常繁忙。1942年5月滇缅公路被日军切断，国际物资转从空中的驼峰航线运输，乐西公路的作用也随之大幅减弱。也就是说，乐西公路真正发挥抗战战略公路作用的高峰期，仅有短短10个月时间。但乐西公路存在的价值，却并未止于此。

郭文复的父亲郭增望亲自设计并参与建造的大渡河悬索桥，是乐西公路桥梁中工程最大的一座桥梁。当年钢索需从美国进口、在缅甸转运，极为珍贵。为了解决钢材缺乏的问题，技术人员进行创新，采用了"钢接榫木加木桁构"的办法，并获得成功。当年乐西公路在修筑过程中，凝结了一代工程技术人员的智慧和心血。尽管条件艰苦，工程部门非常重视经验的总结和交流，专门发行内部杂志《路面》和《乐西公路》半月刊，登载工程技术人员们撰写的论文。

海拔2000多米高的莫朵村与乐西公路相伴了70多年。深居其中的人们让当地能体会，这样一条公路对于偏远的攀西地区到底意味着什么。在2013年之前的70多年里，它是莫朵村与外界连接的唯一一条公路。

不过，今天的乐西公路早已不再是交通的主干线，成昆铁路、国道、省道、高速路的相继建成，大幅提升了西南地区的现代化运输水平。

本报与央视《新闻调查》栏目联合报道 Z52

[下栏，部分为图片遮挡]

[……]每公里死亡约8人[……]修筑的任何一[……]的公路？

[……]乐西公路[督办处]在奉筑的报告书中还写道："患病者每日皆在100人以上。"而《四川公路交通志》则这样描述工地的医疗条件："医不叩门，病不求医，因不治而死亡枕藉。"郭文复的父亲郭增望也在回忆录中写下了他亲眼所见："工人衣服单薄，工棚简陋、营养不良，且工作紧张，冻死、病死人数冠于全路。"而在1941年2月经过蓑衣岭时，见到不少新坟残骨，感慨万千。真是一路打通万骨枯。

在今天[看来……]的筑路民工[……]叠加到[……]季节动工？或者[说……]大，地势过险的路段[……]

1940年，蒋介石曾[下令……]谕，要求即刻修通乐西公路，[限]一个月时间。从1938年2月开始，[南京、]重庆，遭到日军接连不断的轰炸，死[亡惨]重。[在]今天人们普遍认为，在当时的战局之下，急于修建乐西公路最紧迫的理由是：万一重庆不保，国民政府将迁都西昌。当时跟随国民政府从南京迁到重庆的除了政府机关、军事部门外，还有大批的工厂、学校，假若再次迁都，运输任务愈发繁重。而在修筑乐西公路之前，从成都平原通向西昌的只有传统的马帮山路。当时的西昌被说为大山包围之中的边陲小镇，经济文化相当落后，甚至没有电灯、电话，交通更是极为不便。但是从战略位置上看，西昌距印度、缅甸较近，又能扼守连接川、康、滇诸省的咽喉要道，易守难攻。在1938年这一年，西昌开始发生变化。

[……]将被纳[入……]于打通[西南]国际通道中[……]运输。但到了[这……]时，当时的勘测设计人[员……]古道，从乐山经峨眉、峨边、金口河、再经越西、甘洛、海棠至西昌；乙线是乐山与汉源[……]，这条线路在唐朝时期曾经是马帮走的清嘉道；丙线路则绕道雅安至汉源，即经夹江、洪雅、芦山、汉源再到西昌。对于究竟选择哪条路线各方面意见不一，进行反复比较论证后，最终选中甲线。尽管选择了看似相对容易的路线，但工程的实际艰巨程度还是大大超出了人们的预想。[在]付出了巨大牺牲后，乐西公路并没能按照手谕规定的期限完成，直到1941年2月左右才算初步通车。

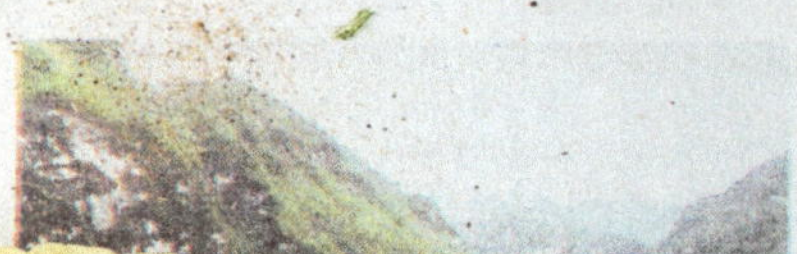

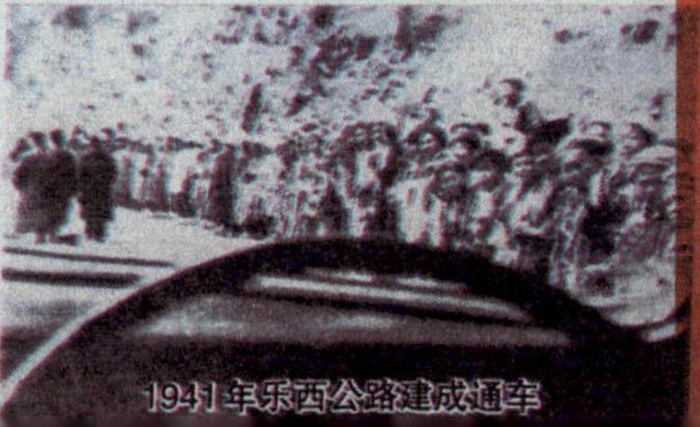

1941年乐西公路建成通车

المخصصة لهم. وقال العقيد شواف محمد عبدالرحمن مدير إدارة المرور والدوريات إن الدولة وضعت قانوناً للمحافظة على حقوق العاملين وذوي الاحتياجات الخاصة وهو (القانون الاتحادي رقم 29/2006) والذي نص على منحهم العديد من الامتيازات التي من شأنها أن تحافظ على حقوقهم، وتساعدهم على العيش

في المجال الصحي والمهني والتعليمي بشكل طبيعي. وبين شواف أن عدد المخالفات من هذا النوع التي تم تحريرها خلال العام الجاري 2014 قد بلغت (1439) مخالفة، وتزداد نسبة المخالفات في الفترة الليلية، حيث يعتقد البعض أن غياب الرقابة المكثفة خلال الليل، وقلة حركة والمجتمع.

— الشارقة - البيان.

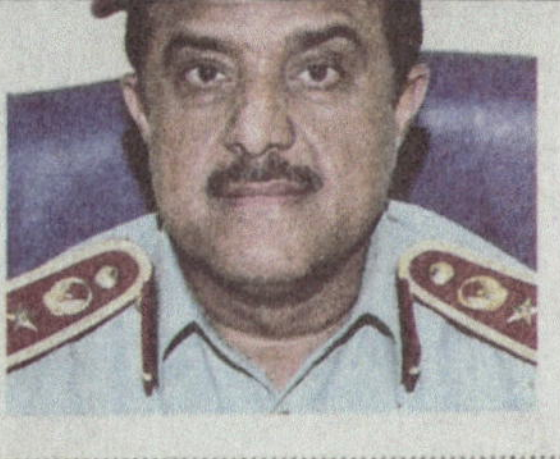

ويضم وفد الجمعية سحر أحمد العويد نائب رئيس الاتحاد العربي للعمل

اطلاق حملة حقوق الطفل في مدرسة الخلفاء الراشدي[ن]

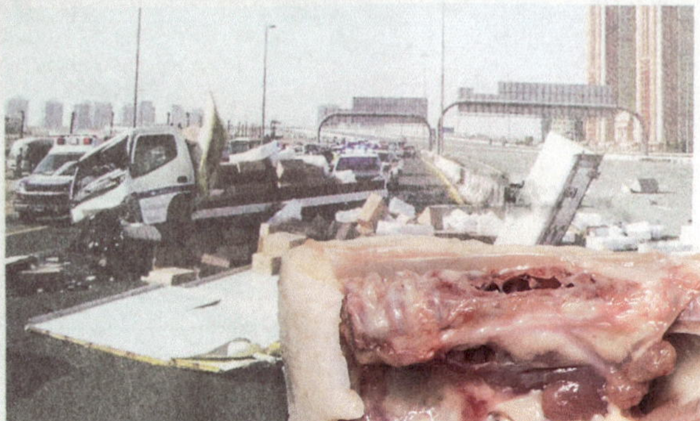

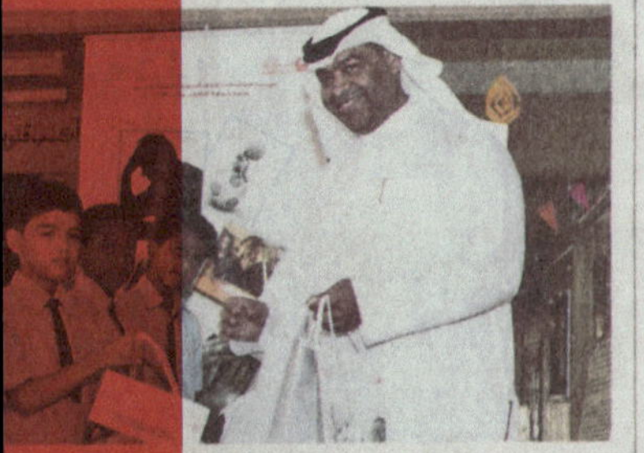

خلال الحملة

دبي - البيان

واصلت حملة حماية حقوق الطفل التي تنظمها الإدارة العامة لحقوق الإنسان بشرطة دبي وبالتعاون مع منطقة دبي التعليمية، وهيئة المعرفة والتنمية البشرية بدبي، فعالياتها في مدرسة الخلفاء الراشدين بدبي، وقام فريق الحملة بالإدارة العامة لحقوق الإنسان بتنظيم مجموعة من الفعاليات التوعوية والترفيهية للطلبة من مختلف الفئات العمرية. وأوضح الوكيل أول علي أحمد رهيف، عضو الفريق، أهمية هذه الحملة التي انطلقت فعالياتها

وفاة 6 أشخاص في 58 حادث قطع إشارة

دبي - شيرين فاروق

سجلت أحدث الإحصائيات الصادرة من الإدارة العامة للمرور في شرطة دبي وقوع 85 حادثاً نتيجة تجاوز الإشارة الحمراء أسفرت عن وفاة 6 أشخاص خلال 8 أشهر من العام الجاري، وإصابة 143 آخرين، وأشارت الاحصائيات إلى أن مخالفات السرعة الزائدة والقيادة بطيش وتهور أدت إلى حادثاً ووفاة 7 أشخاص ...

وأشارت الإحصائيات أن إجمالي الحوادث التي وقعت على ... من اول يناير و ... 1783 حادثاً ... وإصابة 95 ...

وإصابة 206 آخرين من بينهم 29 اصابة بليغة، وتصدرت المركز الثالث حوادث التدهور بواقع 79 حادثاً أسفرت عن وفاة 8 أشخاص، وإصابة 111 آخرين بينهم 35 بليغة.

أسباب

وأشارت أن أسباب الحوادث تمثلت في الانحراف المفاجئ للمركبات التي نتج عنها وقوع 365 حادثا خلال الاشهر الثمانية الاولى من العام الجاري اسفرت عن 36 وفاة و322 اصابة بينها 35 بليغة، وجاءت في المركز الثاني تسببت في وقوع 355 حادثا أدت الى وفاة 22 شخصا، وإصابة 242 آخرين بينهم 19 بليغة، وجاء في المركز الثالث عدم التقدير لمستعملي الطرق التي أدت الى وقوع 173 حادثاً أسفرت عن 12 حالة وفاة، و170 إصابة، بينهم 25 بليغة، وجاء في المركز الرابع دخول الشارع قبل التأكد من خلوه وأسفرت عن 137 حادثاً أسفرت عن 6 وفيات و147 اصابة بينها 19 بليغة، وعدم الالتزام بخط السير أدى الى وقوع 117 حادثا أدت الى حالة وفاة واحدة، واصابة 63 آخرين.

... مرور دبي فإن حوادث الصدم تصدرت حيث بلغت 1190 حادثاً بنسبة 66.7 % من إجمالي الحوادث، ونتج عنها 73 حالة وفاة، وإصابة 934 آخرين بينهم 77 إصابة بليغة، وجاءت في المركز الثاني حوادث الدهس بواقع 212 حادثا، بنسبة 11.9 % من إجمالي الحوادث، وأسفرت عن وفاة 20 شخصا، ... سائقا من إجمالي المصابين ...

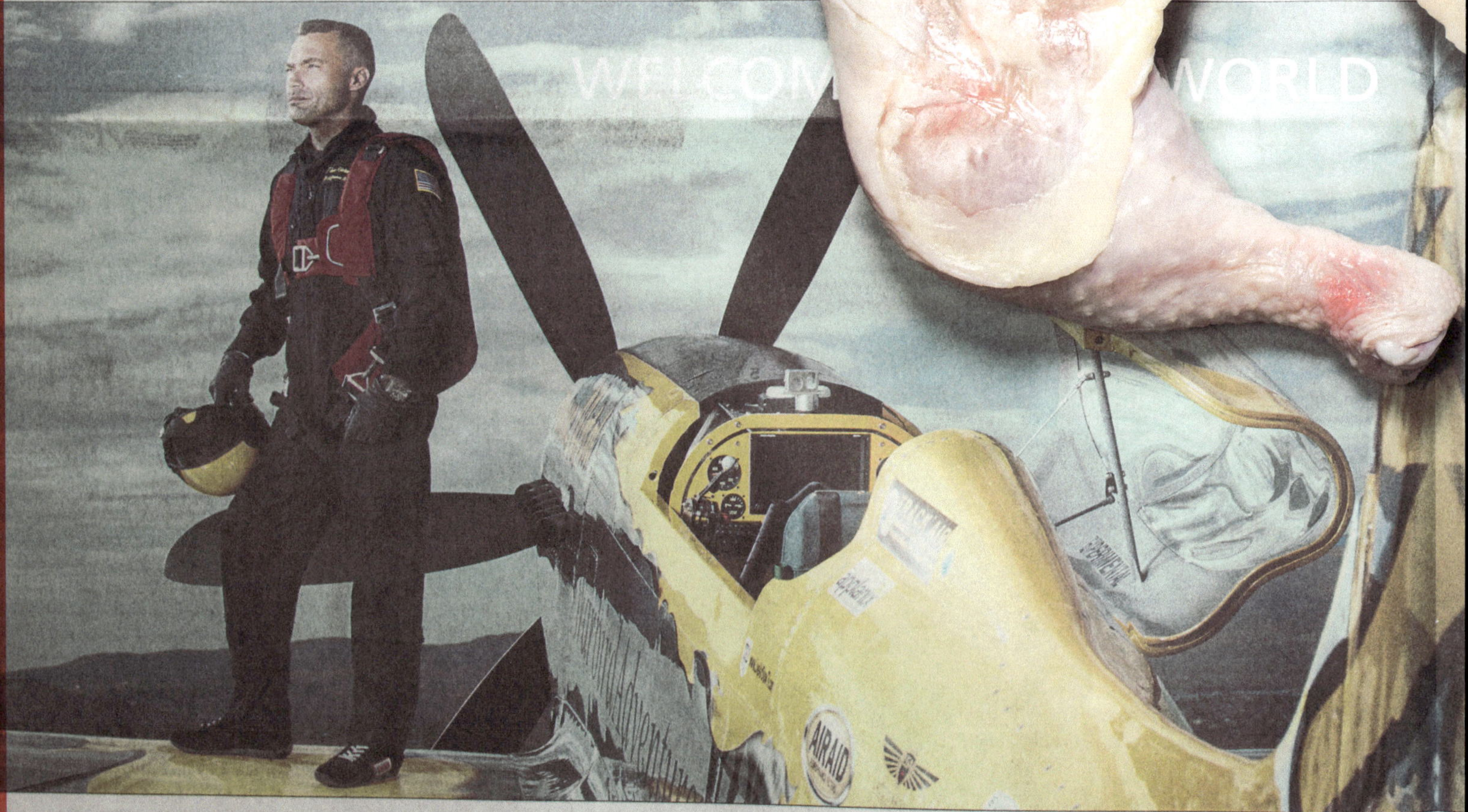

«الاقتصاد» تؤكد عدم مسؤوليتها عن خداع المستهلكين عبر الانتر[نت]

أبوظبي - عبد الحي محمد

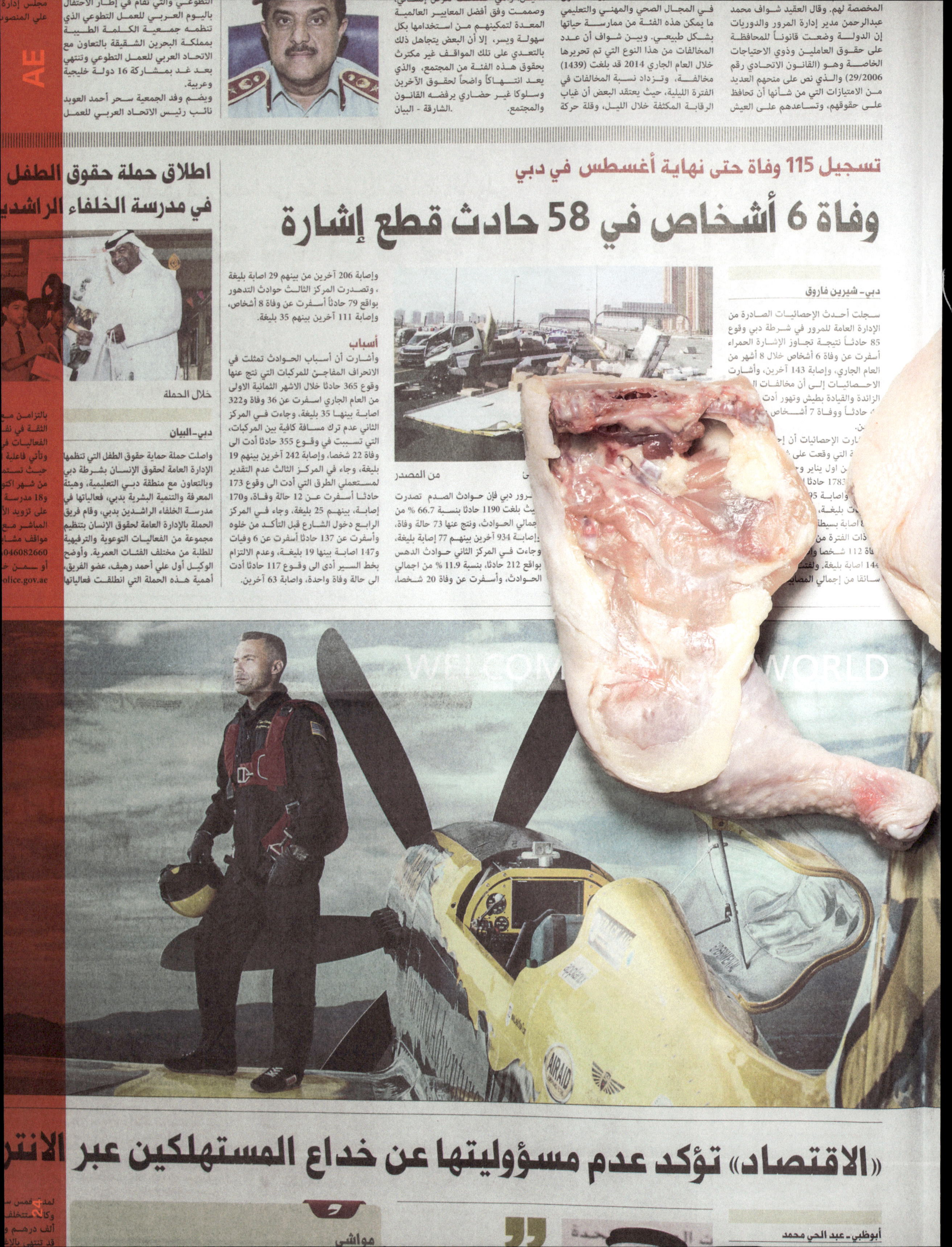

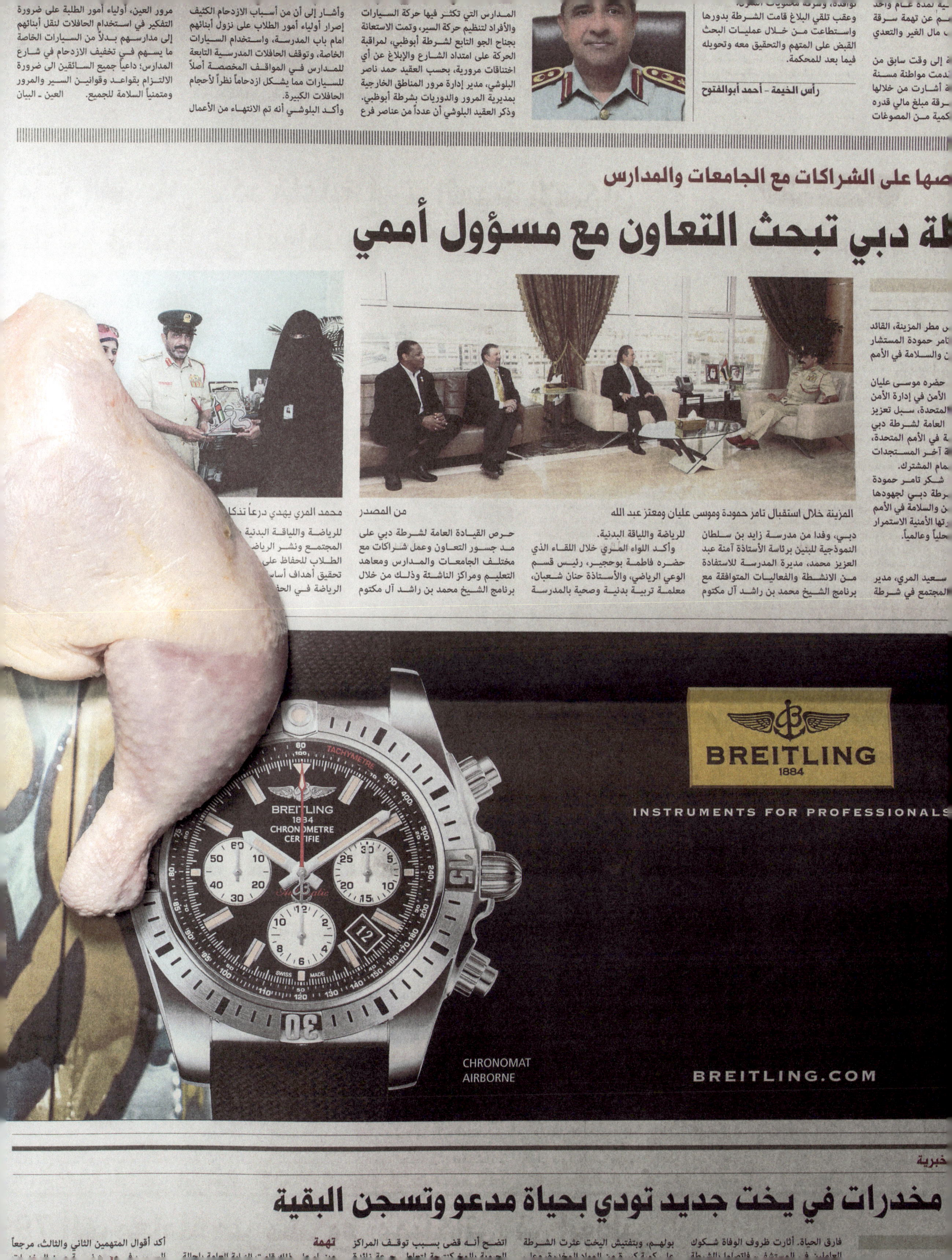

صها على الشراكات مع الجامعات والمدارس

...لة دبي تبحث التعاون مع مسؤول أممي

المزينة خلال استقبال تامر حمودة وموسى عليان ومعتز عبد الله

محمد المري يهدي درعاً تذكارياً

من المصدر

للرياضة واللياقة البدنية ونشر الرياضة الطلاب للحفاظ على تحقيق أهداف أساس الرياضة في الحف...

مخدرات في يخت جديد تودي بحياة مدعو وتسجن البقية

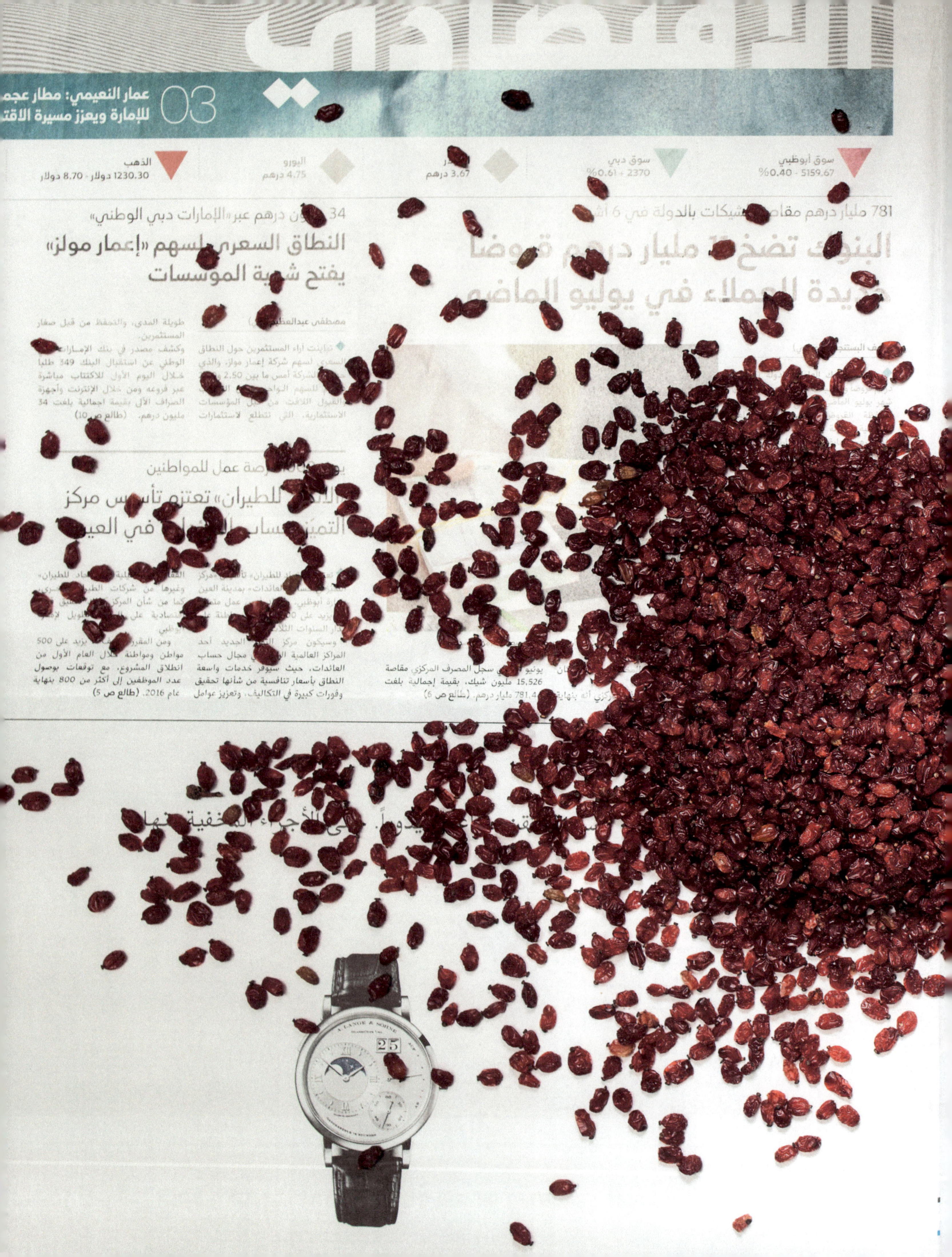

الذهب	اليورو	...	سوق دبي	سوق أبوظبي
1230.30 دولار - 8.70 دولار ▼	4.75 درهم	3.67 درهم	2370 + 0.61%	5159.67 - 0.40% ▼

34 ...ون درهم عبر «الإمارات دبي الوطني»

النطاق السعري لسهم «إعمار مولز» يفتح شهية المؤسسات

مصطفى عبدالعظيم

تباينت آراء المستثمرين حول النطاق السعري لسهم شركة إعمار مولز، والذي حددته الشركة أمس ما بين 2.50 و... للسهم الواحد ...

... القبول الثالث من قبل المؤسسات الاستثمارية، التي تتطلع لاستثمارات طويلة المدى، والتحفظ من قبل صغار المستثمرين.

وكشف مصدر في بنك الإمارات الوطني عن استقبال البنك 349 طلبا خلال اليوم الأول للاكتتاب مباشرة عبر فروعه ومن خلال الإنترنت وأجهزة الصراف الآلي بقيمة اجمالية بلغت 34 مليون درهم. (طالع ص 10)

781 مليار درهم مقاصة شيكات بالدولة في 6 أشـ...

البنوك تضخ مليار درهم قروضا جديدة للعملاء في يوليو الماضي

... يونيو في سجل المصرف المركزي مقاصة 15,526 مليون شيك، بقيمة اجمالية بلفت ... 781,4 مليار درهم. (طالع ص 6)

يوفر فرصة عمل للمواطنين

«...للطيران» تعتزم تأسيس مركز التميّز لحساب العوائد في العين

«...للطيران» تأسيس «مركز التميّز لحساب العائدات» بمدينة العين عمل متصل ... إمارة أبوظبي، ... يزيد على 50 ... خلال السنوات الثلاث ...

وسيكون مركز التميّز الجديد أحد المراكز العالمية ... في مجال حساب العائدات، حيث سيوفر خدمات واسعة النطاق بأسعار تنافسية من شأنها تحقيق وفورات كبيرة في التكاليف، وتعزيز عوامل ...

وغيرها من شركات الطيران ... كما من شأن المركز ... الاقتصادية على ... ... الظبي

ومن المقرر ... يزيد على 500 مواطن ومواطنة خلال العام الأول من انطلاق المشروع، مع توقعات بوصول عدد الموظفين إلى أكثر من 800 بنهاية عام 2016. (طالع ص 5)

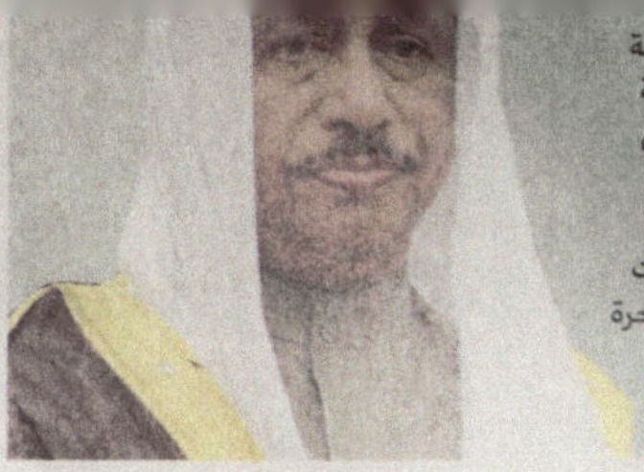

قال رئيس الوزراء الكويتي الشيخ جابر مبارك الحمد الصباح إن بلاده تعتزم إنفاق 100 مليار دولار خلال الخمس سنوات المقبلة على مشروعات البنية التحتية والمشروعات التنموية. ونقلت وكالة الأنباء الكويتية (كونا)، عن رئيس الوزراء قوله في مقابلة مع مجلة اكسفورد بيزنس جروب البريطانية تنشر الخميس، إن الاستقرار السياسي الذي تتمتع به الكويت «سمح للحكومة بإعادة إطلاق خطة التنمية على أسس صحيحة والتي ستضخ ما يفوق 100 مليار دولار في السنوات الخمس المقبلة لتمويل مشاريع بنى تحتية ومستشفيات ومدارس وجسور ومحطات كهرباء ومواصلات وأكثر من 100 ألف وحدة سكنية وتدريب الطاقات البشرية». وقال رئيس الوزراء في مقابلته مع المجلة إن ملامح خطة التنمية الحكومية للسنوات القادمة تقوم على أربع أولويات، هي تأمين الرفاه الاجتماعي، واستدامة التنمية الاقتصادية، والتنمية البشرية، والتميز المؤسسي والإصلاح الإداري. وأوضح أن الحكومة تسعى لزيادة الناتج المحلي الإجمالي، لكنه لم يذكر هدفا محددا لذلك. وقال الشيخ جابر إن زيادة الناتج المحلي الإجمالي يتطلب تطوير البنى التحتية للاقتصاد، ومنها شبكات الطرق بنسبة 13% للعام المقبل وتلبية الاحتياجات المتزايدة من الطاقة الكهربائية وزيادة القدرة الاستيعابية لمطار الكويت الدولي لتصل إلى 25 مليون راكب بدلا من تسعة ملايين حاليا. وأضاف أن تحقيق النمو للناتج المحلي يتطلب كذلك رفع الطاقة التشغيلية للموانئ التجارية وتطوير قطاع المعلومات والاتصالات والدفع بالحكومة الإلكترونية، وإنشاء مناطق حرة ومناطق لوجستية تضم البنية التحتية للخدمات التجارية.

(الكويت - رويترز)

تطبيق العزل الحراري للمباني في 23 مدينة سعودية

تستضيف مدينة الرياض يوم 22 أكتوبر المقبل فعاليات منتدى ومعرض «العزل الحراري في المباني» الأول من نوعه في المملكة العربية السعودية.

وذكرت وكالة الأنباء السعودية (واس) أمس، أن المنتدى يهدف إلى إبراز الجهود والمهام التي نفذها البرنامج السعودي لكفاءة الطاقة خلال الفترة الماضية ضمن منظومة حكومية، تهدف إلى تفعيل تطبيق متطلبات العزل الحراري للمباني السكنية في 23 مدينة رئيسة في المملكة كمرحلة أولى تمهيدا لتطبيقه على مدن المملكة كافة خلال فترة لاحقة.

ويتضمن المنتدى أوراق عمل متنوعة وحلقات نقاش حول الجهود ... الجهات المعنية ... الحراري على جميع المباني الجديدة، وتقديم عرض لبعض المشاريع في تطبيق العزل الحراري للمباني، إضافة إلى استعراض بعض التجارب الدولية في مجال العزل الحراري للمباني.

ويصاحب المنتدى معرض متخصص في مجال العزل الحراري يضم 35 جناحا تجمع الجهات الحكومية المعنية ... في مجال العزل الحراري للمباني، بجانب ...

«إل جي» تطور شاشات جديدة تغير معالم المنافسة في الأسواق (أرشيفية)

«إل جي» الكورية تسبق منافسيها بعشر سنوات بجيل جديد من الشاشات المتطورة

ذكرت شركة الإلكترونيات الكورية الجنوبية «إل.جي» أنها نجحت في تطوير جيل جديد من الشاشات التي تعتمد على تكنولوجيا «الصمام الثنائي الضوئي العضوي الأبيض» (وايت أول.إل.إي.دي)، وهو ما يتيح لها أن تسبق منافسيها بعشر سنوات، حيث ما زالت الشركات المنافسة تستخدم تكنولوجيا «الصمام الثنائي الضوئي العضوي ذي الألوان الثلاثة الأحمر والأخضر والأزرق (آر.جي.بي-أو.إل.إي.دي).

وقال كين هونج، مدير الاتصالات العالمية في شركة إل.جي، «الواقع أنه لا أحد يقترب منا في هذه الميزة المدهشة، نحن لدينا ميزة نشعر بأنها ستستمر 10 سنوات، لن يلحق بنا أحد خلال عامين أو ثلاثة، إنه تقدم كبير».

يذكر أن شركة معدات التصوير الأمريكية كوداك هي التي طورت تكنولوجيا الصمام الثنائي الضوئي العضوي الأبيض، وقد سمحت لشركة إل.جي باستخدامها لتطوير جيل جديد من شاشات التلفزيون بعد أن استحوذت على قطاع شاشات «الصمام الثنائي الضوئي العضوي» من شركة كوداك مقابل 100 مليون دولار في ديسمبر 2009، في حين أن التقديرات في ذلك الوقت لم تكن تتوقع أنه بحلول 2013 يمكن إنتاج شاشات مقاس 55 باستخدام تكنولوجيا الصمام الثنائي العضوي الأبيض بنصف تكاليف ... من نفس المقاس باستخدام تكنولوجيا «الصمام الثنائي الضوئي ذي الألوان الثلاثة الأحمر والأخضر والأزرق (آر.جي.بي أو.إل.إي.دي).

وطرحت إل.جي أحدث أجهزة التلفزيون أنتجتها باستخدام التكنولوجيا الجديدة في كوريا الجنوبية باسم 4 كيه، حيث تعتزم طرحه في باقي العالم.

(سول ـ د ب أ)

خلال زيارة يقوم بها رئيس الصين لجنوب آسيا

بكين تستثمر في تطوير سكك حديدية هندية

تتعهد الصين باستثمار مليارات الدولارات في شبكة السكك الحديدية الهندية خلال زيارة يقوم بها الرئيس شي جين بينج هذا الأسبوع، حاملا معه ما هو أكثر من المراسم الدبلوماسية خلال أول قمة تجمع بين البلدين منذ تولى ناريندرا مودي رئاسة وزراء الهند في مايو الماضي.

وتأتي مساعي بكين لتعزيز الروابط التجارية في الهند رغم نزاع استعر على أراض استعر في السنوات الأخيرة لبئير القلق في نيودلهي، حيث لا تزال ذكرى هزيمة في حرب حدودية عام 1962 حية في الأذهان.

ومن المتوقع أن توقع الهند والصين معاهدة ستمهد الطريق لبكين، لكي تشارك في تركيب خطوط جديدة للسكك الحديدية وإشارات آلية للقطارات الأكثر سرعة، ومحطات جديدة تحتاجها شبكة السكك الحديدية الهندية، التي بنتها بريطانيا، وبشدة بعد أن نجحت بالكاد في مد 11 ألف كيلومتر من خطوط السكك الحديدية خلال الأعوام السبعة والستين منذ الاستقلال.

كما تسعى الصين - التي مدت 14 ألف كيلومتر من خطوط السكك الحديدية خلال خمسة أعوام حتى 2011 - أيضا لنيل حصة في سوق القطارات السريعة الهندي المربح.

وقال وزير الخارجية الصيني ليو جيان تشاو، للصحفيين قبل زيارة شي التي تبدأ الأربعاء المقبل، «الهند لديها رغبة قوية وحقيقية في زيادة تعاونها مع الصين وغيرها من الدول لإتقان وتطوير نظامها للسكك الحديدية ولديها أفكار ملموسة للتعاون». وتابع «الهند تدرس بناء خطوط سكك حديدية للقطارات الفائقة السرعة والصين لديها موقف إيجابي من هذا الأمر».

وتتطلع الصين إلى استثمار 50 مليار دولار أخرى في بناء موانئ وطرق للهند، بالإضافة إلى مشروع لربط الأنهار في إطار مساعي لتطوير البنية التحتية، قال مودي إنها أهم أولوية بالنسبة له لتعزيز النمو الاقتصادي.

(نيودلهي، بكين - رويترز)

مقر البنك المركزي الأوروبي في فرانكفورت

بفضل السياسات النقدية الميسرة

البنوك المركزية تدفع أسعار الأصول المالية إلى مستويات «عالية»

قال بنك التسويات الدولية أمس، إن أسعار الأصول المالية بلغت مستويات «عالية»، بينما تظل التقلبات في السوق «محدودة بشكل استثنائي»، بفضل السياسات النقدية الميسرة التي تنفذها البنوك المركزية للغاية التي تنفذها في أنحاء العالم.

وذكر بنك التسويات، أن تقلب أسواق المال زاد في أغسطس الماضي، بفعل المخاوف الجيوسياسية ... لشراء الأصول في أكتوبر المقبل. ومن المتوقع أيضا أن يبدأ في رفع أسعار الفائدة ... المقبل. لكن إذا كان مجلس ... يتراجع عن السياسة الميسرة، فإن البنك المركزي الأوروبي يزيد منها. فالمركزي الأوروبي خفض أسعار الفائدة الرئيسية وسيقدم سيولة تقدر بمئات المليارات من اليورو إلى البنوك. ويشتري أصولا بمئات المليارات من اليورو أيضا في مسعى للحد ...

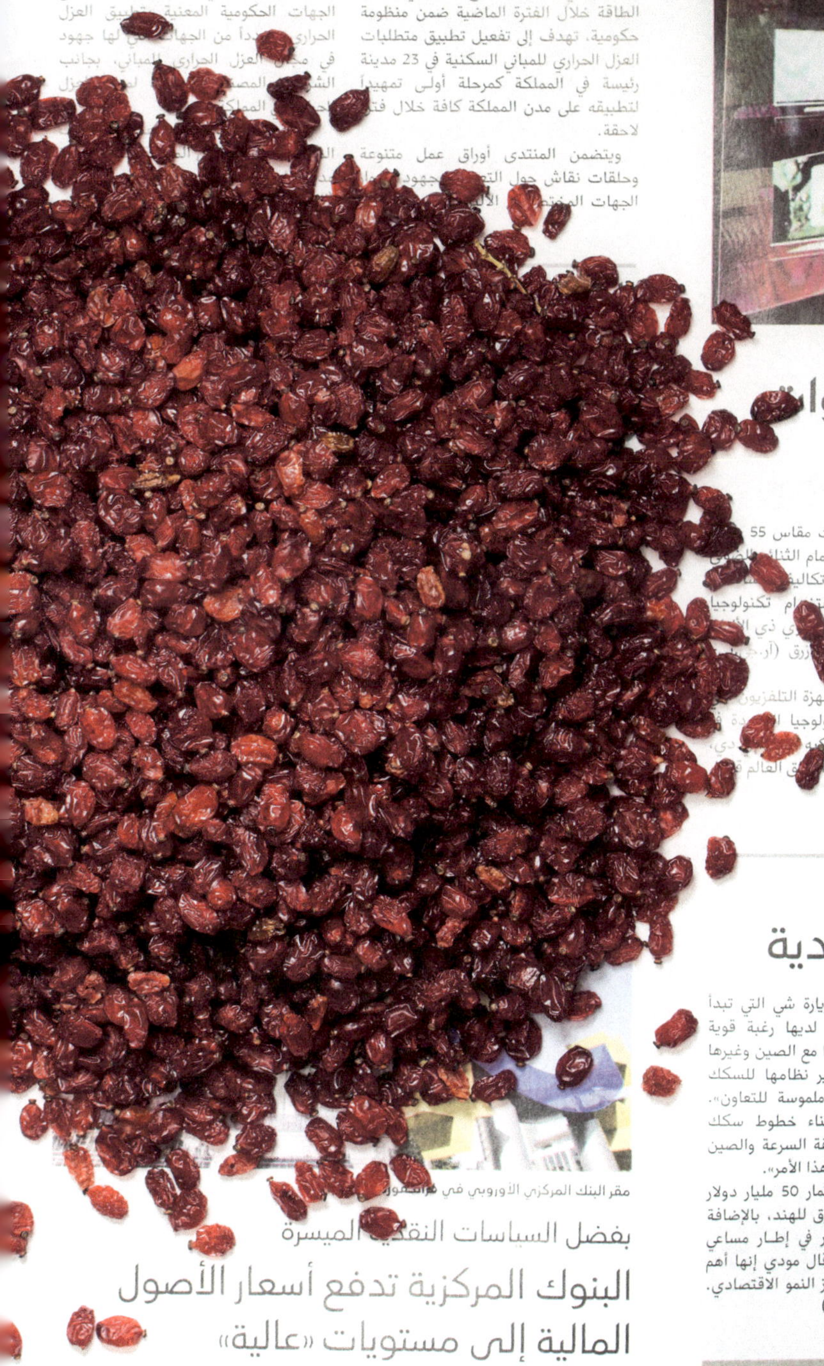

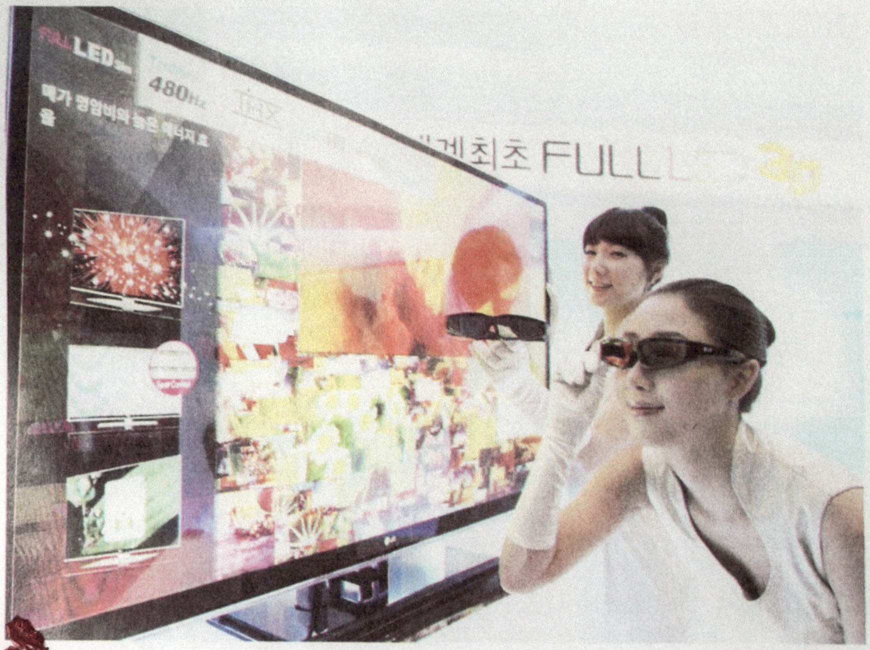

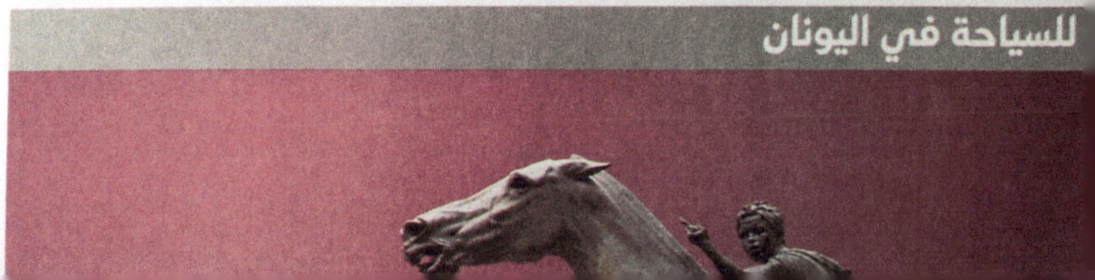

السفهية لحفظ تاريخ المكان والناس بالمنطقة

جهاد هديب (أبوظبي)

◆ قال الدكتور ناصر علي الحميري، مدير إدارة التراث المعنوي في هيئة أبوظبي للسياحة والثقافة، إن الهيئة «عملت على إعطاء التراث أولوية خاصة باعتباره الحاضن لماضينا، وقيمنا، والداعم لمسيرتنا. لذا حرصنا على حصر عناصره وفق مناهج [...] باتجاه تعريف [...]».

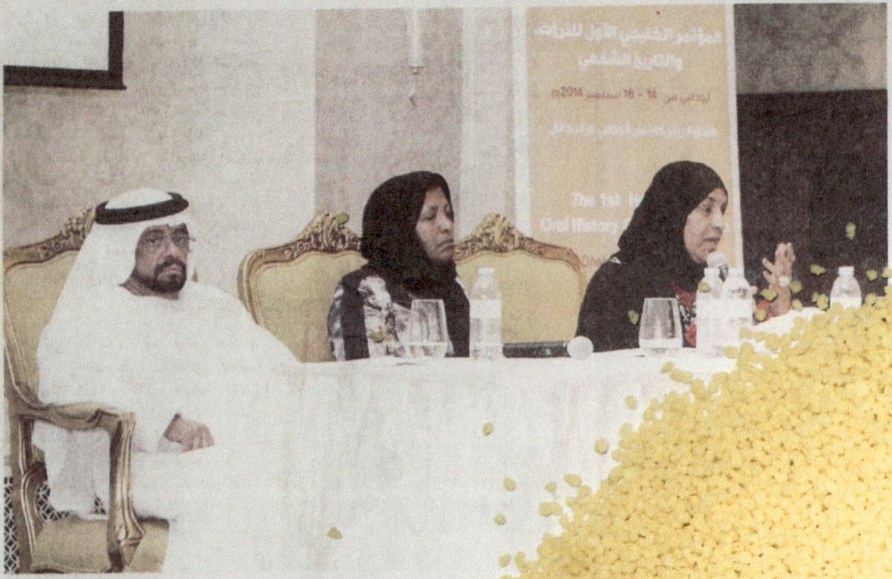

المؤتمر في يومه الثاني

[الجلسة الأولى]: حمد حمدان المهندي - رئيسا، والدكتورة فاطمة [...] علي بن سعيد الرياو، متحدثين.

[الجلسة الثانية]: سالم راشد المهيري - رئيسا، والدكتور [...] حمد الخالدي ومنى حسن القحطاني متحدثين.

[الجلسة الثالثة]: الدكتورة ميثاء سيف الهاملي - رئيسا، والدكتورة خلوفة آل منصور متحدثتين.

[...] ذاته في فندق الريتز كارلتون.

السعودية، ثم اتباع سياسة محددة تعمل باستمرار على حماية وحفظ التراث الشفهي في جميع مناطق المملكة في إطار توجه الدولة بهذا الخصوص.

أما الدكتور محمد المهري، فأشار إلى أن «الرواية الشفهية تشكل مصدراً من مصادر التاريخ، هي التي تنتقل من جيل إلى آخر عن طريق الرواية» ساعياً إلى إبراز دور اللغة في هذه الرواية عبر اهتمامه بلغة عربية جنوبية قديمة هي اللغة «الشحرية» فاستعرض جهوداً دامت لربع قرن في جمع مفردات هذه اللغة من أفواه المسنين ومن البحث في النقوش والكتابات على جدران كهوف، حيث لاحظ الباحث علي بن أحمد الشحري، الذي تناوله المهري في ورقته، أبجدية موغلة في القدم بكل أشكالها ورسومها معتقداً بأنها هي ذاتها أبجدية «قوم عاد».

كما أوضح الدكتور المهري أن التجربة موضوع بحثه رصدت كل ما يتعلق بهذه اللغة من ظواهر طبيعية وعادات وتقاليد وسوى ذلك مما يثبت نظريته أن الجنوب العربي هو موطن العرب الأول وبالتالي فلغته الشحرية، هي أصل اللغة العربية.

مسارات

الطباعة الحجرية بالهند وباكستان

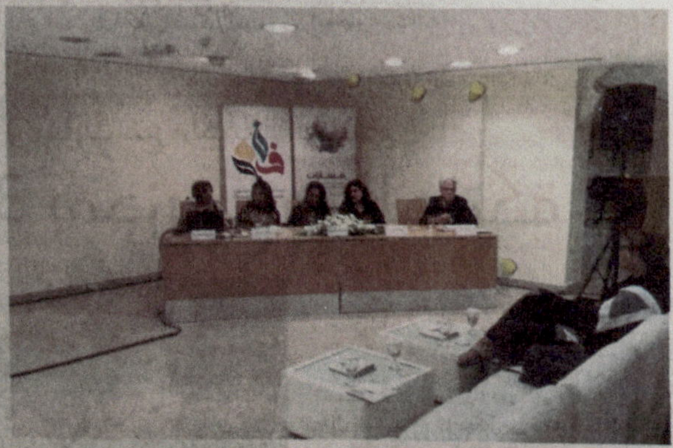

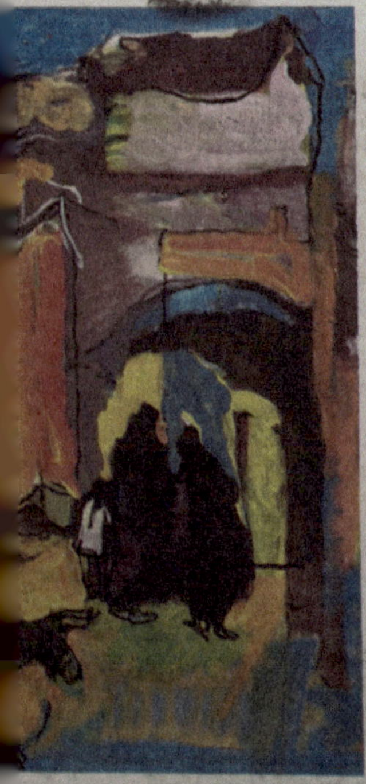

لوحة للفنان أسعد عرابي، في معرض المقتنين الشباب ا[...]

شاركت كميلا هـ تشودري بورقة جاءت بعنوان «الطباعة في الفن الباكستاني المعاصر» أشارت فيها إلى أنه تم تأسيس خمس مدارس للفنون في الهند البريطانية في النصف الثاني من القرن التاسع عشر في كلكتا وبومباي وجايبور ولاهور، وقد كانت هذه المدارس تهدف إلى أن تكون مراكز للتدريب المهني وتقوم بتوفير فرص عمل في القطاع الحكومي وتحاول إيجاد سوق وطنية أوسع، وكان فن الطباعة يدرس كفن صناعي. وحوالي نهاية القرن التاسع عشر بدأت هذه المدارس باتباع مسارات تطورية مميزة، حيث كسبت كل [...]

[...] ونوهت إلى [...] الدائرة الفنية في [...] باكتشافه الحرف [...] من الأثر الثقافي كفن

[...] ضمن الندوة استعراض تاريخ وأساليب [...] الحجرية في الهند وباكستان، من خلال محاور توزعت بين مداخلات نظرية وعروض وصور بصرية وفيلم وثائقي. وشارك فيها أربع باحثات، هن الدكتورة بريلا سنجوبتا (الهند)، نورية شيخ نبي (باكستان)، كميلا هـ تشودري (باكستان)، بريا بول (الهند).

7 عروض في مهرجان للمسرحيات القصيرة

(إلى ولدي زياد)

الصبح طفلٌ خارج من رحم الليل، [...] الأول، الليل غابي في الهدوء وفي الغفلة، الظامئ.. نجم التأله.. نعمة الخلق والوجود وأنا في النعمة مليكة الليل والنهار، أ[...] صوتك البعيد وأقرب من نبضي، صوتك قد [...] الحياة حين أوشك.. صوتك أنت.

أنت، أنت، الفضاء المحيط بك، موج أحلامك العظيمة، منامك، مطبخك، كأس أصابع الخلق في يدك، الطفولة الناصع [...] صخبك القليل، ابتسامة الشفيفة، سمار تحص ولا ينالك الكشف، موغل في قيامك وقعودك، مضيء في غفوتك ويقظ متألق في مسربك، شفيف في حزنك، مبحر وتنفّذ في غموضك، ساهيا عن الوجود و طافيا كالعطر في الأثير.

أثيري أنت!.. طف يخطر في غفلة ال[...] مساءً شفيف في هجير قبض، محلقٌ يصخبون، كتب العصور كلها مطمئنة بي الكشف والتظهير، الشرفة المطمئنة، اله [...] الساجب بين أسرار الصنوبر، حرير الع[...] الضوء الخافت حين تغط في طرق [...] غابيٌ أنت!.. كثيفٌ في اخضرارك، [...] بواطنك، مضيءٌ في مسراك، خصبٌ في س[...] مائيٌ أنت!.. الأنهار بعض فيضك، ال[...] محيطٌ، ومحيط بكنه روحك، بما عليك و تروح إليه وما يجيء إليك، بما يمتلكك وما ملكُ أنتَ!.. لا مليك عليك إلا أنتَ، إلا ما تهوى وتشتهي، باذخ في شموخك، تواضعك، متواضع في علوك، لا تعلو على يسمك النقصان ولم تبلغ الاكتمال بعد، جئت بك إلى الدنيا، عارياً إلا من احتمالاتك، طلقاً، أرضيا، سماويا، واحداً، كونيا، لا ح[...] قدميك، لا بشر تعلو عليك ولا بشر تندنى طائقٌ كأنك الماء، نافرٌ كأنك الشهب.

زياد أسميتك لأنك زادي وياقوت قل في المتاه، أنا المرأة التي من طين عج وطيني، من نشوتي، من خلاياي كونتك، الشحيحة، لذراعي القاصرة، لحضني الصغ أنت سلالة العصور والأنهار والكائنات، الخلق واكتمال الحضور. أنت الكثير، الك[...] في الحضور، القاصرة في البلوغ، الطالعة كيف لي أن أحتويك وأنت بسمة الكون، وطلقٌ كالبلهاء والمطلق!

حمدة خميس | hamis@yahoo.com

السيسي، محمد خميس بن حارب المهيري، مدير عام المجلس الوطني للسياحة والآثار، ضمن وفد موسع من كبار المسؤولين في القطاع السياحي على المستويين العربي والدولي.

وذكر بيان صحفي للرئاسة المصرية أن الوفد ضم هشام زعـزوع وزيـر السياحة المصري والمدير الإقليمي للشرق الأوسـط بمنظمة السياحة العالمية رئيس المنظمة العربية للسياحة وزير السياحة بسلطنة عمان ووزير السياحة بالجمهورية العربية السورية ووزير الثقافة بمملكة البحرين ووزيـرة السياحة والآثار بدولة فلسطين ورئيس الهيئة العامة للسياحة بدولة قطر والأمين العام لمجلس وزراء الداخلية العرب.

وقـال السفير إيهاب بدوي المتحدث الرسمي باسم الرئاسة المصرية إن الرئيس السيسي أكد أهمية السياحة كمصدر أساسي للدخل القومي المصري، منوها بالاهتمام الذي توليه الدولة المصرية لهذا القطاع الحيوي.

وشدد السيسي على الارتباط الوثيق بين تحقيق الاستقرار السياسي والاستتباب الأمني وانتعاش قطاع السياحة وهو الأمر الذي يتطلب توفير البيئة الملائمة لتنمية هذا القطاع الحيوي، مؤكداً على ما تواجهه السياحة العربية من تحديات على خلفية

السياحة المصرية فعاليات «المؤتمر ال.. للسلامة والأمن السياحي بالآثار ...، على هامش الاجتماع التاسع ...

وشاركت الأمانة ...، للسلامة و... المش..

من جانبه قال الدكتور الرفاعي السكرتير العام لمنظمة السياحة العالمية، إن المنظمة افتتحت أمس بالتعاون مع وزارة

عميد كلية المجتمع جامعة الشارقة والدكتور بـراء الحاج حسين أستاذ مساعد في علم الأحياء الجزيئية جامعة الملك سعود بن عبدالعزيز للعلوم الصحية والدكتور ماهر الصغير رئيس قسم مختبر الأنسجة بمركز الحسين للسرطان في عمان.

وقالت الدكتورة مريم مطر، رئيس مجلس إدارة جمعية الإمارات للأمراض الجينية: إن الجمعية تحرص على تحقيق أهداف الجائزة على أرض الواقع بتسليط الضوء على أهمية مكافحة الأمراض الجينية والحد منها.

وأشـارت إلى أن الجمعية غير الربحية اعتـادت تقديم أنشطة وخـدمـات تشمل الكشف عن الاضطرابات الوراثية، وتقديم برامج توعوية ووقائية واستشارات طبية مجانية للمجتمع، كما تسهم الجمعية في دعم وتأهيل الكوادر الإماراتية في هذا التخصص من خلال الورشات التدريبية المعتمدة، تحت إشراف جامعات وهيئات دولية مثل جامعة ياماجوتشي باليابان، وجامعة الملك عبدالله للعلوم والتقنية في السعودية، وشركة «جين دكس» العالمية المتخصصة في العلوم الجينية، وغيرها من الجهات العالمية المختصة في هذا المجال. وتسهم الجمعية في نشر المعرفة العالمية للارتقاء بمستوى التعليم والأبحاث في المجال الجيني، وتشجع على التفاعل بين العاملين في علم الوراثة والعلوم المرتبطة به.

(دبي - الاتحاد)

ويحتمل تشكل الضباب أو الضباب الخفيف على بعض تلك المناطق خاصة غربا. الرياح جنوبية شرقية، وشرقية 12 – 35 كم ساعة خلال الصباح، والليل تصبح شمالية غربية، و شمالية شرقية 15 – 35 كم ساعة بعد الظهر وفي المساء. (أبوظبي - وام)

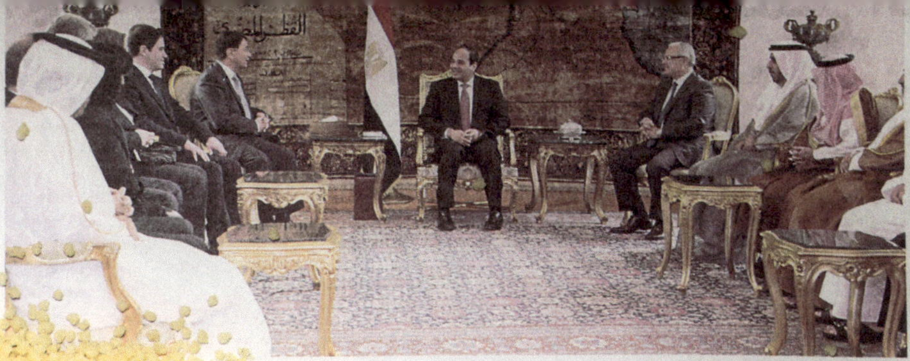

الرئيس المصري خلال استقباله مدير المجلس الوطني للسياحة والآثار ضمن وفد سياحي (وام)

جلفار الدوائية تنظم «اليوم المف..

عماد عبدالباري (رأس الخيمة)

◆ تنظم شركة الخليج للصناعات الدوائية «جلفار» في رأس الخيمة، فعالية «اليوم المفتوح» 30 سبتمبر الجاري، بهدف استقطاب 50 مواطناً لشغل الوظائف الشاغرة في مختلف أقسام الشركة، وذلك تأكيداً لالتزامها بتنفيذ مبادرة «أبشر» التي أطلقها صاحب السمو الشيخ خليفة

بن زايد آل نهيان رئيس الد.. الهادفة لتعزيز مشاركة ال.. العمل وتحقيق الاستثما..

وأكـدت فاطمة نا.. البشرية، أن «دافـ.. تنفيذ تعهداته.. داعية المواطن.. في فعاليات ..

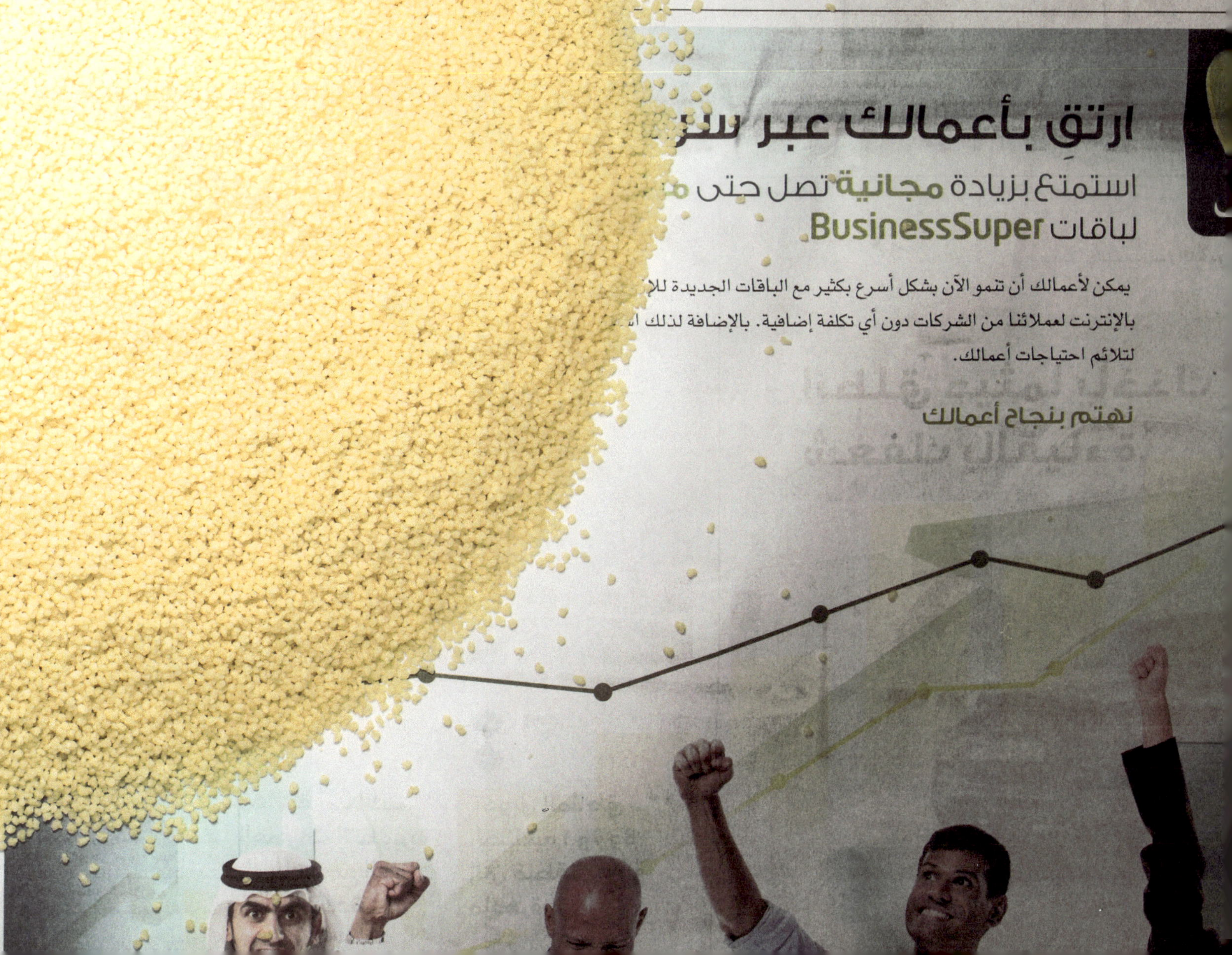

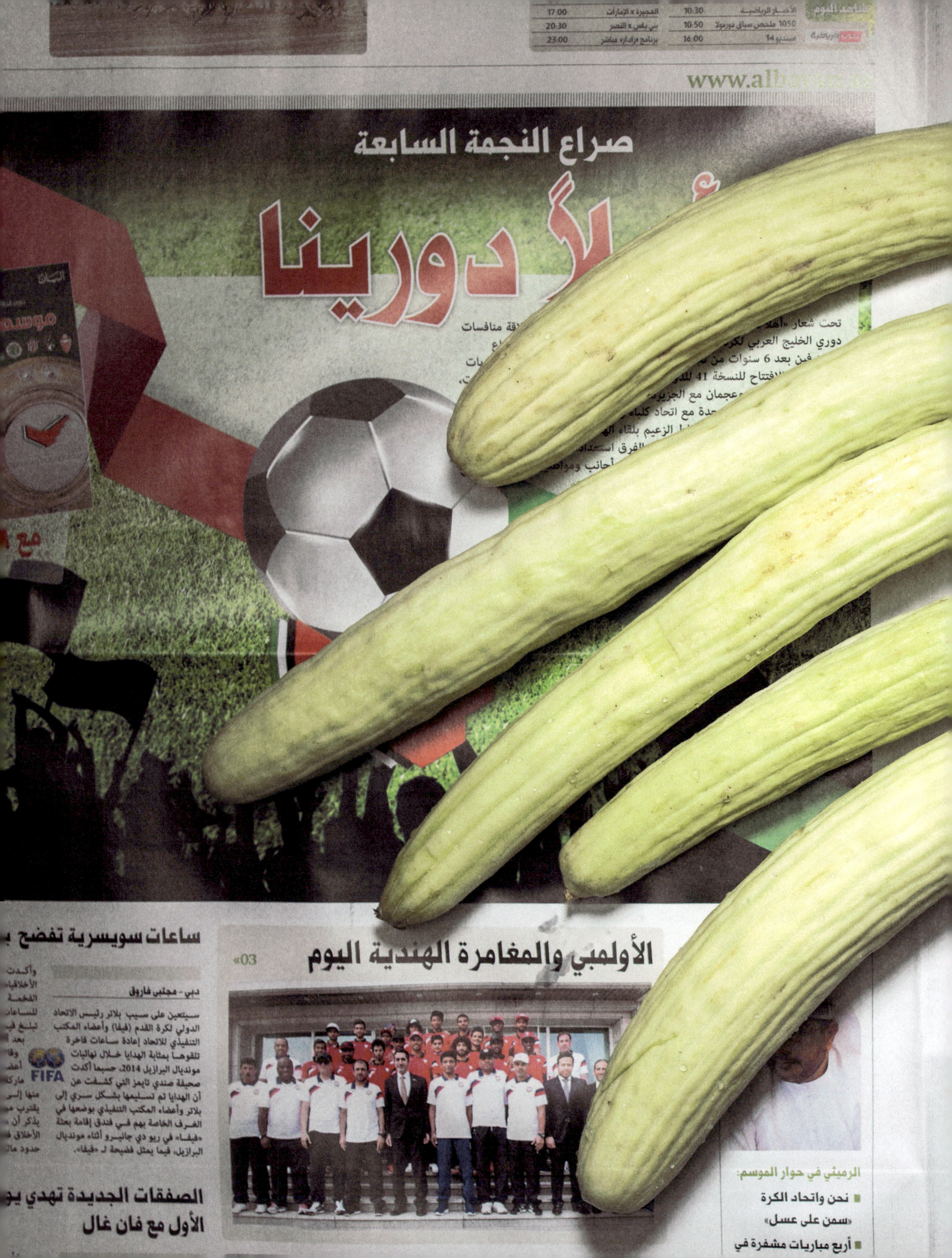

صراع النجمة السابعة

دورينا

تحت شعار «أهـ...»

دوري الخليج العربي لكر...

فين بعد 6 سنوات من ...

...افتتاح للنسخة 41 للد...

...عجمان مع الجزيرة...

...دة مع اتحاد كلبا...

...الزعيم بلقاء ال...

...الفرق استعدا...

...جانب وموا...

ساعات سويسرية تفضح ب

الأولمبي والمغامرة الهندية اليوم

«03»

دبي - مجتبى فاروق

سيتعين على سيب بلاتر رئيس الاتحاد الدولي لكرة القدم (فيفا) وأعضاء المكتب التنفيذي للاتحاد إعادة ساعات فاخرة تلقوها بمثابة الهدايا خلال نهائيات مونديال البرازيل 2014، حسبما أكدت صحيفة صندي تايمز التي كشفت عن أن الهدايا تم تسليمها بشكل سري إلى بلاتر وأعضاء المكتب التنفيذي بوضعها في الغرف الخاصة بهم في فندق إقامة بعثة «فيفا» في ريو دي جانيرو أثناء مونديال البرازيل، فيما يمثل فضيحة لـ «فيفا».

وأكدت الأخلاقيا... الفخمة للساعا... تبلغ في... بعد ... وفا... أعط... مارك... منها إلى... يقترب م... يذكر أن... الأخلاق ال... حدود مال...

الصفقات الجديدة تهدي يـ
الأول مع فان غال

الرميثي في حوار الموسم:
■ نحن واتحاد الكرة
■ «سمن على عسل»
■ أربع مباريات مشفرة في

AlBayanNews
You albayanonline
خط السير
النجمة السابعة
فريق كرة قدم كاميروني يشهر إسلامه في
أشـهر فريق كرة قدم كاميروني إسلامه في دائرة الشـؤون الإسلامية والعمل الخيـري فـي دبي وذلـك بعـد قضائه لفترة تدريبه حيث تلمسـوا قيمة الأمن والاسـتقرار وحسـن تعامل المضيفين مـن أبنـاء الدولـة، وينتمـي الفريـق إلـى أكاديمية تـأوي اللاجئيـن والأيتام والمحتاجين، وقدم إلى دبي لخوض من المباريات التجريبية مع مجموعة الفـرق المحلية، وتلمـس أعضاء الفر سـماحة الدين الإسلامي لدى تعامـ مع أبنـاء الدولة وما شـهدوه من تق وازدهار والاستقرار أرجعوه إلى سما الإسلام وعالميته . دبي - البيان الرياذ

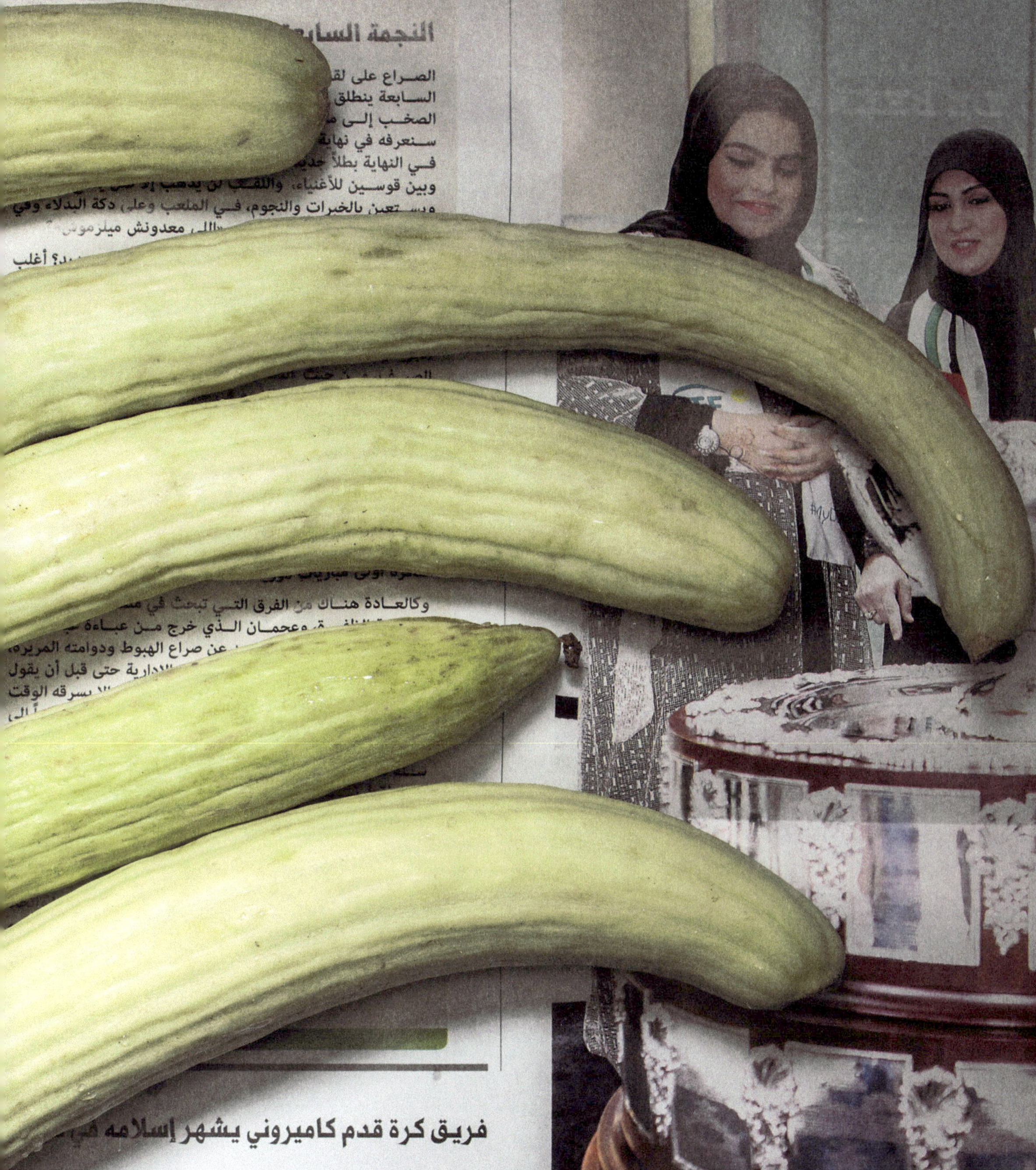

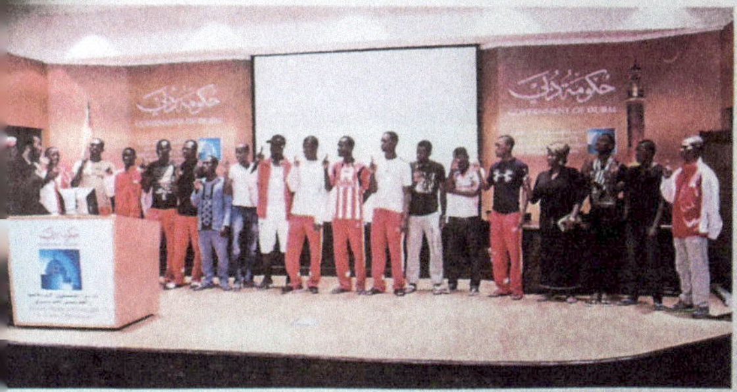

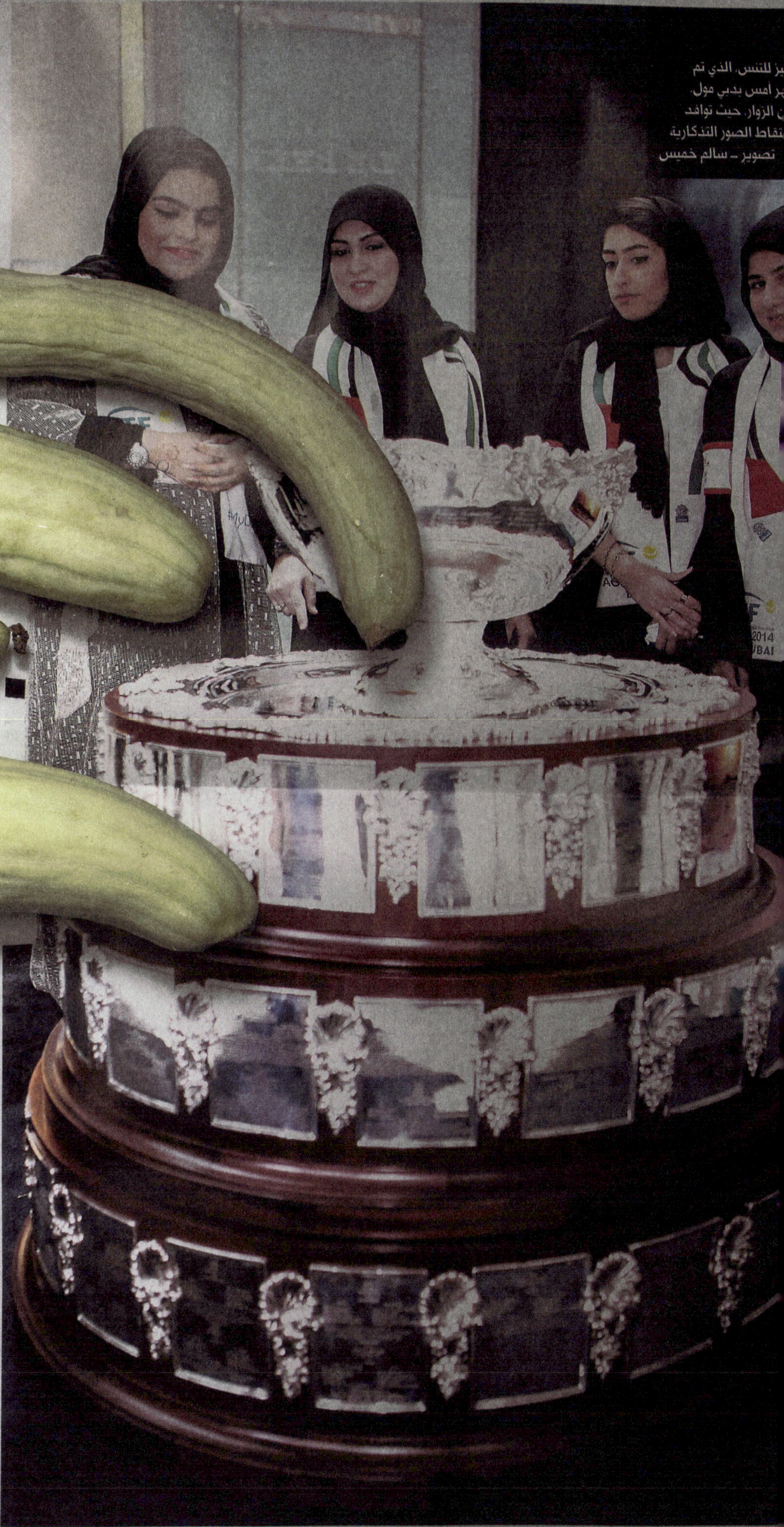

بهذه العبارة التي قالتها للطلبة إحدى المعلمات يفتتح الفيلم حواره لينقلها بعدها إلى جملة

أهمية التجهيز النفسي للطلبة معتبرة أنها تعد الأهم في الوقت الذي ترى أخرى أن تجهيز

عن الفضاء. جدير بالذكر أن الفيديو على قناة حكومة الإمارات على اليوتيوب «دبليو دبليو دبليو. يوتيوب. كوم/ يو أيه إيه جي أو في».

في تعريف الأطفال ابتداء من حق الطفل المساواة وحرية التعبير

وأوضح الوكيل أول علي أحمد رهيف عضو الفريق أهمية الحملة التي انطلقت فعالياتها

www.youtube.com/uaegov

ورشة عمل لتمكينها في المجال الزراعي برعاية أم الإمارات

تعزيز وصول المرأة الإماراتية إلى سوق العمل

أبوظبي ـ البيان

استهداف 255 سيدة والمشروع ينفذه مكتب منظمة الأغذية والزراعة

تحت رعاية سمو الشيخة فاطمة بنت مبارك، رئيسة الاتحاد النسائي العام، الرئيس الأعلى لمؤسسة التنمية الأسرية، رئيسة المجلس الأعلى للأمومة والطفولة، السفيرة فوق العادة لمنظمة الأغذية والزراعة للأمم المتحدة (الفاو)، انطلقت أمس ورشة عمل تمكين المرأة في المجال الزراعي التي أقيمت في الشارقة من ضمن عدد من الورش التي ستنظم على مستوى الدولة، وتستهدف منها 255 سيدة.

وتهدف الورشة التي تقام في الشارقة وتستمر يومين بمشاركة 25 سيدة، إلى

من قبل مكتب منظمة الأغذية والزراعة، وأن الفاو ستتولى تقديم خبراتها الإدارية والفنية في مجال بناء القدرات لإقامة المشاريع الصغيرة والمتوسطة، بينما يقدم الاتحاد النسائي العام الدعم المالي واللوجستي لتنفيذ المشروع الذي سيغطي جميع إمارات الدولة على مراحل متعددة، وسيتعاون مع العديد من الجهات الرسمية النسائية كالجمعيات النسائية في إمارات الدولة والديوان الأميري بالفجيرة، لتنفيذ 9 ورش عمل، لتدريب 225 سيدة على مستوى الدولة، وكذلك ستعقد ورش العمل بمدينة العين، إضافة إلى المنطقة الغربية.

ويتمحور المشروع بشكل عام حول

تعزيز وصول المرأة الإماراتية إلى سوق العمل، من خلال إقامة مشاريع متخصصة في مجال الزراعة الغذائية والصناعات الغذائية.

وقالت نورة السليطي، المنسقة الوطنية لمشروع تمكين المرأة من قبل الاتحاد النسائي العام، إنه بناء على توجيهات سمو الشيخة فاطمة بنت مبارك، بدعم دور المرأة الإماراتية في المجال الاقتصادي، جاءت الورشة لتكمل مشروع تمكين المرأة، حسب مذكرة التفاهم مع منظمة الأغذية والزراعة للأمم المتحدة (الفاو) والاتحاد النسائي العام التي تهدف الى تمكين المرأة في مجال القطاع الغذائي الزراعي.

وأشارت إلى أنه سيتم تنفيذ المشروع

تعزيز وصول المرأة إلى سوق العمل، وكذلك تطوير مشاريع قائمة في مجال الأعمال التجارية الزراعية والصناعات الزراعية الغذائية، باستخدام النهج التفاعلي التشاركي، لتشجيع النساء على توليد وتطوير أفكارهم ومشاريعهم لتحقيق الهدف العام، وتنفذ خمس ورش عمل تدريبية في خمس مشاريع خاصة بهن في القطاع الغذائي الزراعي.

يأتي ذلك ليحقق عدداً من الأهداف المرجوة، منها: التعرف إلى مفهوم ريادة الأعمال بالنسبة إلى المشاركات، واكتشاف السمات الريادية لصاحبة المشروع، وأهمية ذلك في إنجاح

المشاريع الخاصة، القوة والفرص وضع تواجهها السيدات عند أو في مشاريعهن الزراعة والفرص الأس المحتملة في دولة المرأة الإماراتية، سو القائمة والمحتملة ع للانخراط في مج الزراعية والتصنيع ا تقنيات وأساليب جد أفكار مشاريع جد إضافة إلى تعرف ال المشروع ودراسة لها، وتعلم كيفية تق باستخدام جدول تح

الكترونية العام الماضي

5 آلاف قارئ هوية لمؤسسات تعليمية بدبي

عبدالرحمن ناصر خلال حواره مع البيان

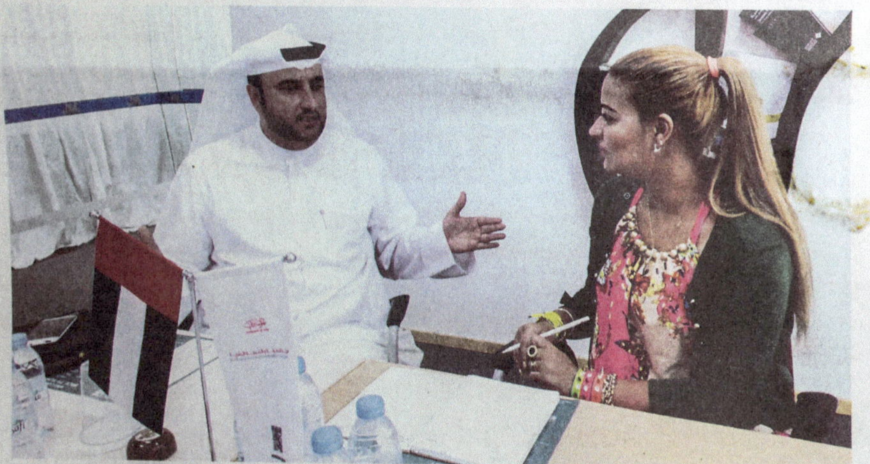

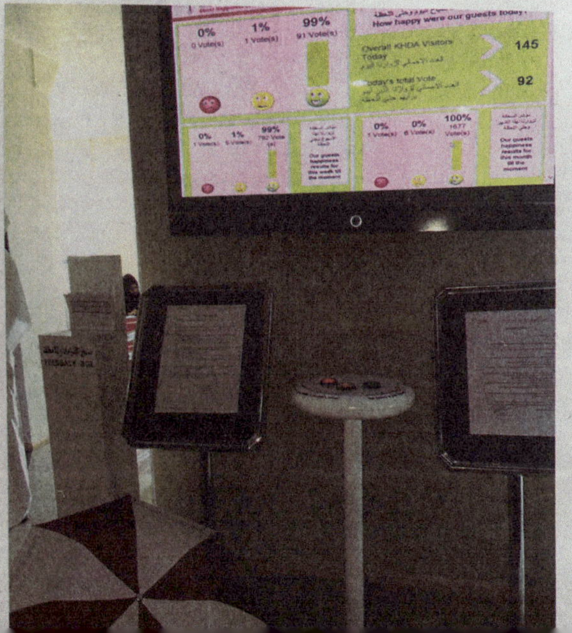

منها بشأن المواص معايير الأمن والس وقال ناصر إنه لشكاوى ورقية النظام الإلكتروني إلى الموظف الم على مقدمها خلال أيام عمل.

4 خيارات للتواص

وقال إن الهيئة للتواصل معها و الإلكترونيّ أو الح ونظام الشكاوى وال الذي تم تعريف الم به، مشيراً رأى أن في الهيئة تعامل مكالمة يومياً خلال والذي يشهد انت الجديد، ومراجعات والهيئات التدريس والمعاهد وهو أم انطلاقة الدراسة المكالمات التي قارب

وذكر ناصر أن للهيئة يؤكد التز الجديد انطلاقة من موضحاً أن تصير الالكترونية إخراج استعراض محتوياته على استراتيجية والمصطنع وتمنحه ف التطوير المستمر لآ جانب إصدارات ال على الموقع تتيح ه أهم التقارير التي إعدادها.

خدمات 5 نجوم

وتطرق في حوار حصول هيئة المعرفة على تصنيف خمس المؤسسة الأوروبية من الهيئة أول مؤس الأوسط بدرجة 5 الهيئة المركز الأول برنامج دبي للأداء

خدمات نوعية ات. المعرفة ن خدماتها ونية تسهل سواء الطلبة المدارس.

من خلال هذا المدارس عملت على توحيد نظام النقل على مستوى مدارس دبي، حيث أصبح هناك رقم لكل طالب داخل نظام الهيئة متمثلاً في رقم الهوية الوطنية، وخاصة ان كل مدرسة كان بها نظام خاص بها في طريقة النقل مما كان يساهم في تأخير عمليات نقل الطلبة وعرقلة انتظام في الدراسة، ولكن الهيئة استطاعت أن تحول جميع إجراءات النقل اليدوي إلى نظام الكتروني ينتهي بتحويل الطالب إلى المدرسة الذي يرغب ولي امره في إلحاقه بها في دقائق معدودة بعد استيفاء جميع الشروط الواجب توافرها من حيث شهادة النقل وتدقيق الاوراق الرسمية الكترونياً.

وكان النظام اليدوي السابق للنقل يتم عن طريق 6 خطوات أولها تأكد ولي الامر من وجود شاغر في المدرسة الذي يرغب للنقل اليها، وفي حال وجود شاغر يذهب ولي الامر للمدرسة القديمة للحصول على شهادة الانتقال، ومن ثم يتوجه إلى الهيئة لتصديقها، ويذهب مرة أخرى للمدرسة الجديدة لتسليم الشهادة، وتتوجه المدرسة وبحوزتها الشهادة إلى هيئة المعرفة لتيم تصديقها وإرسالها للمدرسة.

البيان

الملاحظات التي تردت من المتعاملين من وقت لآخر.

وأكد أن تطبيق هذا النظام يعد إحدى الوسائل المهمة في تحسين وتطوير مستوى الأداء المؤسسي خصوصاً أنه يستند إلى أفضل الممارسات العالمية في هذا المجال ويتسم بالوضوح والشفافية في تلقي وتسجيل ومعالجة شكاوى المتعاملين والبت في طلباتهم، وعلاوة على سرعة الانجاز والعمل بدقة وسرية.

وذكر أن الهيئة تعاملت خلال العام الماضي مع 1313 استفساراً و10 شكاوى، و1260 نزاعاً، و212 اقتراحاً وملاحظة، معتبراً أن النظام وسيلة فعالة لاختيار الوقت والجهد، إذ يتيح للمتقدم الولوج إلى موقع الهيئة وتعبئة استمارة التقديم دون الحاجة إلى الحضور «شخصياً» إلى مقر الهيئة، كما أن النظام يتيح تقديم الشكاوى والاقتراحات على مدار الساعة ولا يرتبط بأوقات العمل الرسمية.

وأكد أن المنازعات جاءت أكثرها بشأن علاقة المدرسة بأولياء الامور حيث بلغت نسبتها 25%، فيما جاءت 20% من الملاحظات والاستفسارات بشأن الرسوم

مقترحات وشكاوى

وكشف رئيس علاقات المتعاملين عن استقبال النظام الإلكتروني للهيئة نحو 2795 معاملة متنوعة استفسارات عن مقترحات وشكاوى واستفسارات خلال العامين الدراسيين الماضيين، وذلك منذ تفعيل النظام الآلي للشكاوى والمقترحات

دبي ـ رحاب حلاوة

تحويل 80% من خدماتنا المتنوعة إلى ذكية

أنجزت هيئة المعرفة والتنمية البشرية بدبي نحو 882 ألفاً و477 معاملة إلكترونية العام الماضي، فيما حولت الهيئة خدمة نقل الطلبة بين المدارس الخاصة في الإمارة من يدوية إلى إلكترونية، بهدف إتاحة مزيد من المرونة لأولياء الأمور والمدارس وسرعة استجابة الطلب، وفي إطار مواصلة الهيئة في تقديم خدماتها المتميزة للمتعاملين من مدارس وأولياء أمور وزعت الهيئة أجهزة «قارئ الهوية الوطنية» بإجمالي بلغ 5

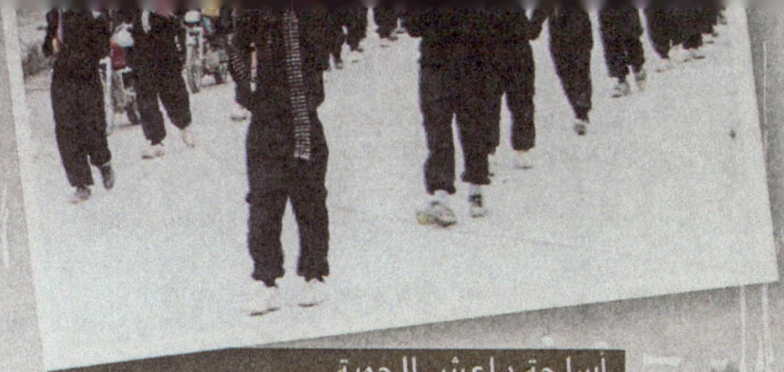

ف مقاتل
عين من
ب

أسلحة داعش الجوية

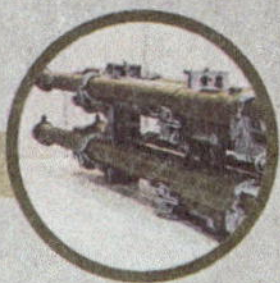

صواريخ «غرينش أس أي -24» تطلق من على الكتف

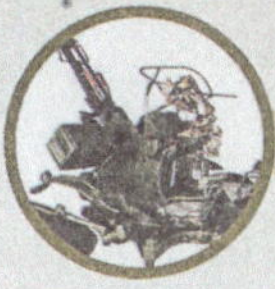

صواريخ «زد يو - 2-23»

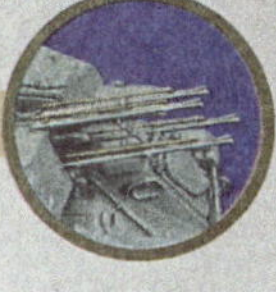

صواريخ «زد أس يو 4-32»

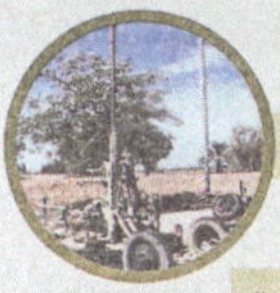

مدافع مضادة للطائرات

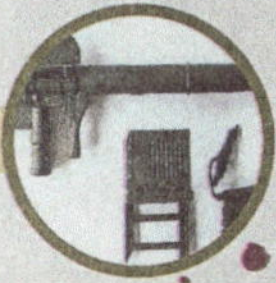

منظومة الدفاع الجوي «فيم 92 ستينغر»

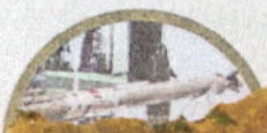

سلاح «اس اي24- » للاستخدام ضد أهد

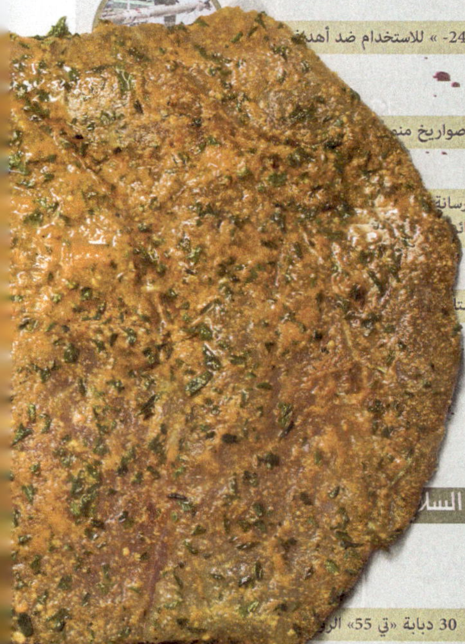

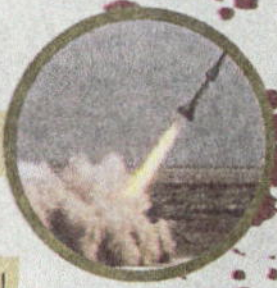

صواريخ منـ

الترسانة
طائ

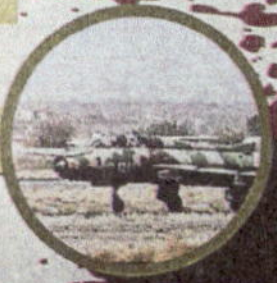

يمتا

السلـ

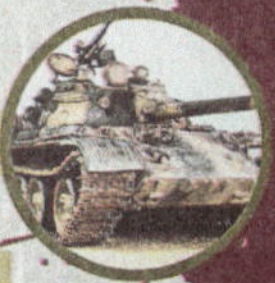

30 دبابة «تي 55» الر

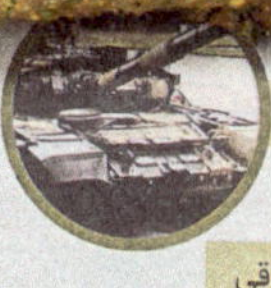

من 5 إلى 10 دبابات «تي 72» الروسية

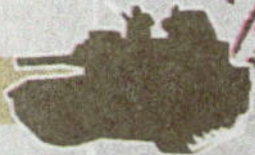

50 دبابة من قواعد الجيش العراقي

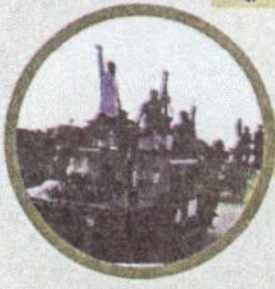

300 عربة «همفي» الأميركية

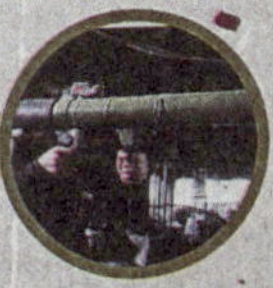

قاذفات الصواريخ «M79 Osa» الكرواتية ضد الدبابات

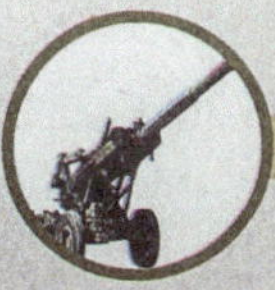

مدافع هاوتزر «M198» الأميركية

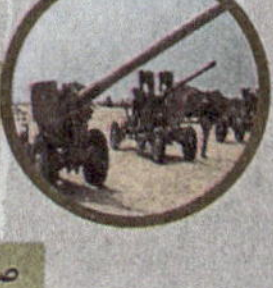

مدافع ميدانية «59-1» الصينية

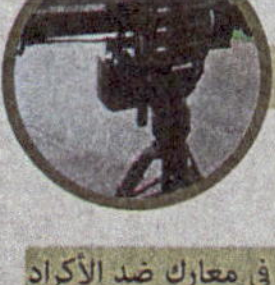

صواريخ مضادة للدبابات (HJ-8)الصينية

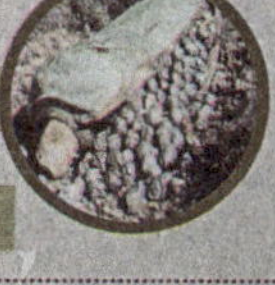

قنابل عنقودية: استخدمها التنظيم مرتين في معارك ضد الأكراد

التنظيم مسؤول عن 75 إلى 95% من الهجمات في العراق

ظيم

إدارة المناطق

قسم التنظيم مناطق

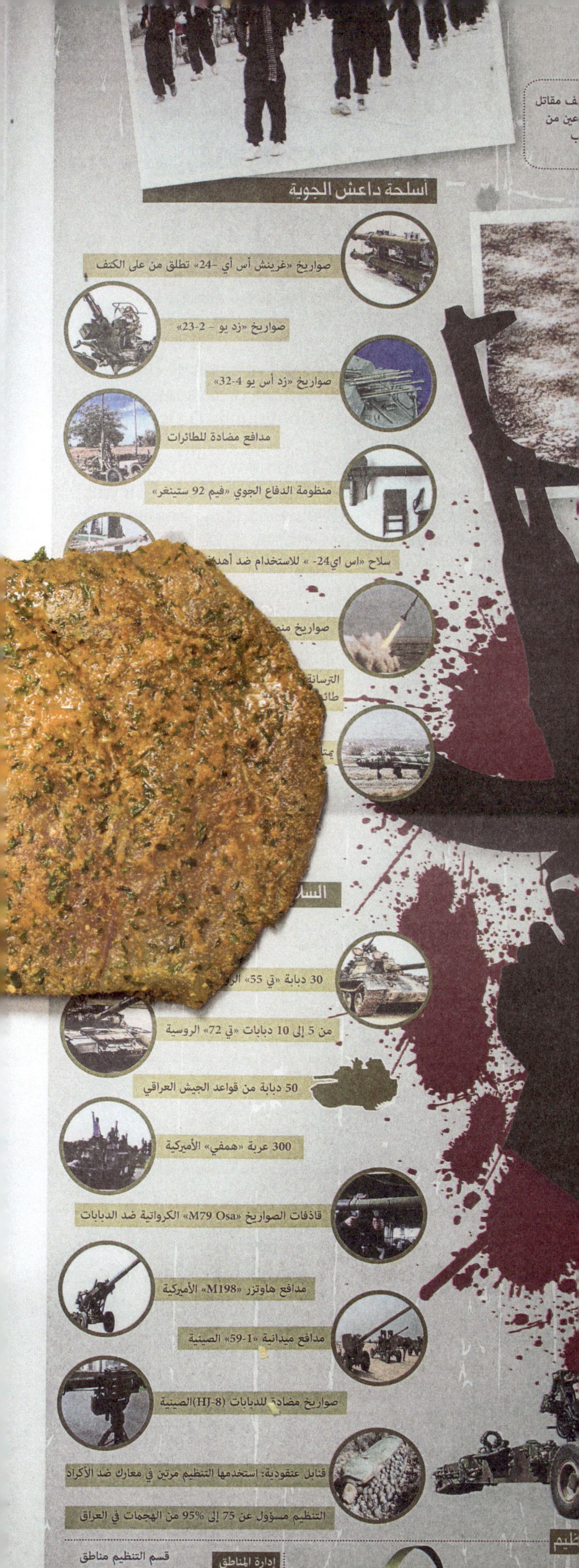

United Arab Emirates AE

DUBAI | SEPTEMBER 2014

Poverty line AED 82.08 (USD 22.37 / EUR 17.03); allocation for food AED 11.08 (USD 3.02 / EUR 2.30)

Dubai and the United Arab Emirates do not have an official poverty line. Thus a proxy was used: the Dubai Government Community Development Agency's qualifying criteria for social benefits. The social benefit is supplementary to the overall UAE Ministry of Social Affairs' financial aid. It was approved under the Dubai Financial Benefits Law, which was passed in October 2012. For calculating the food expenditure, the average local household size and average local household food, beverage and tobacco expenditure were taken into account.

The general social benefit policies try to discourage dependence on welfare, and poor families will have case managers who study their needs and design appropriate financial plans. The government has relatively generous welfare for all citizens (including free or subsidized housing) and social assistance for lower-income and disadvantaged persons (including widows, the disabled and the elderly).

Dubai Benefit Schedule (as of September 2014)

No. of family members	Total benefit (AED)	Benefit per family member (AED)
1	10,700	10,700
2	13,700	6,850
3	14,700	4,900
4	15,700	3,925
5	16,700	3,340
6	17,700	2,950
7	18,700	2,671
8	19,700	2,463
9	20,700	2,300
10	21,700	2,170

Source: Dubai Community Development Authority

Distribution of Local Households' Expenditure
(Before Transfer Payments) by Expenditure Group, 2008

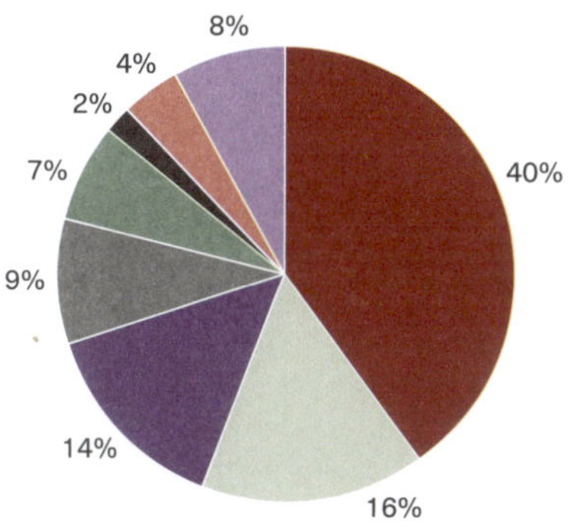

- 40% Rent, fuel and energy
- 16% Transport and communications
- 14% Food, beverages and tobacco
- 9% Clothing and footwear
- 7% Furniture, furnishing and domestic services
- 2% Medical care and health services
- 4% Entertainment, recreation and education
- 8% Misc.

Legend:
- Rent, fuel and energy
- Food, beverages and tobacco
- Furniture, furnishing and domestic services
- Entertainment, recreation and education
- Transport and communications
- Clothing and footwear
- Medical care and health services
- Misc.

Source: Dubai Statistics Center

Annual Household Expenditure Levels by Household Size, Dubai, 2008

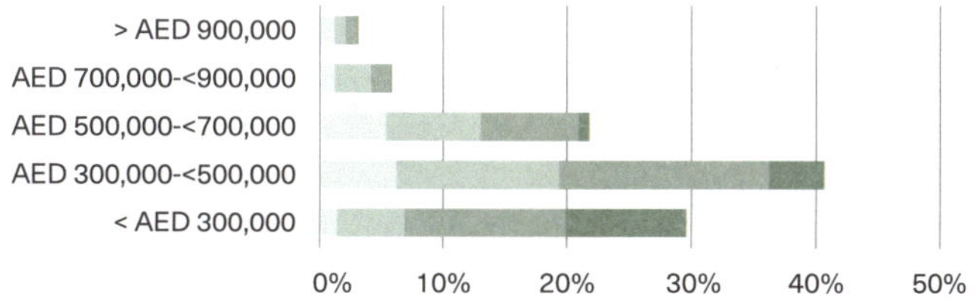

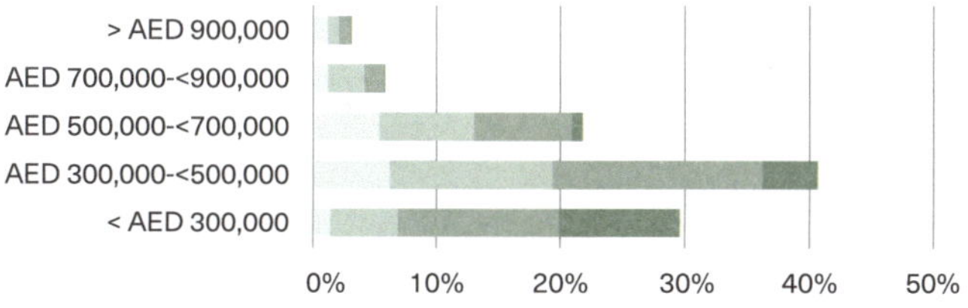

- > AED 900,000
- AED 700,000–<900,000
- AED 500,000–<700,000
- AED 300,000–<500,000
- < AED 300,000

0% 10% 20% 30% 40% 50%

Legend:
- ≥10 members
- 7–9 members
- 4–6 members
- 1–3 members

Source: Dubai Statistics Center

القوة العسكرية

7_15
من 7 إلى 15 ألف مجموع المتطوعين العرب والأجانب

70 _ 25
تدور الترجيحات بين 25 ألف مقاتل و70 ألفاً في سوريا والعراق.

7
السكان المقيمون 7 من أصل 12 مليون نسمة

... المفترضة مع سقوط نحو مليار دولار

...لار ودائع بنوك الموصل

...ولار قيمة آثار مهربة ...ة القلمون

...حلية

التبرعات الخارجية: تمثل نسبة ضئيلة جداً من الإيرادات

عمليات الخطف والفدية

حقلاً نفطياً ...ق، ويقبض

25_65
سعر البرميل بين 25 إلى 65 دولاراً

2_3
- إيرادات النفط اليومية بين 2 إلى 3 ملايين دولار
- تتم عمليات البيع عبر وسطاء لتصل إلى وجهتها النهائية كـ«نفط نظيف»

...اتل من غير العرب (أوروبا وأميركا وآسيا). غير أن الأرقام المفصلة تشير إلى عدد أكبر بكثير | هيكلية التنظيم

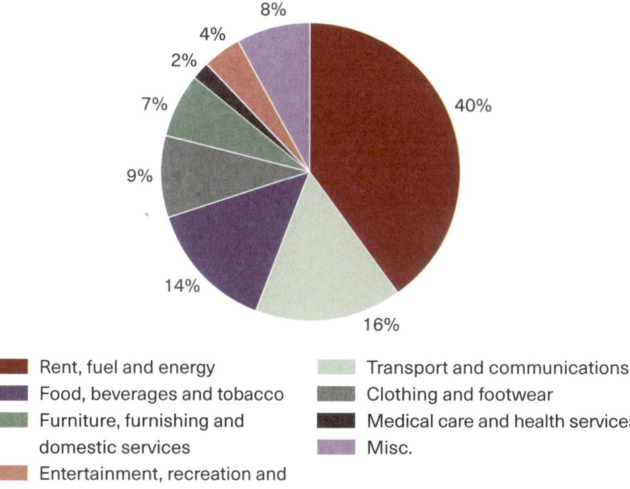

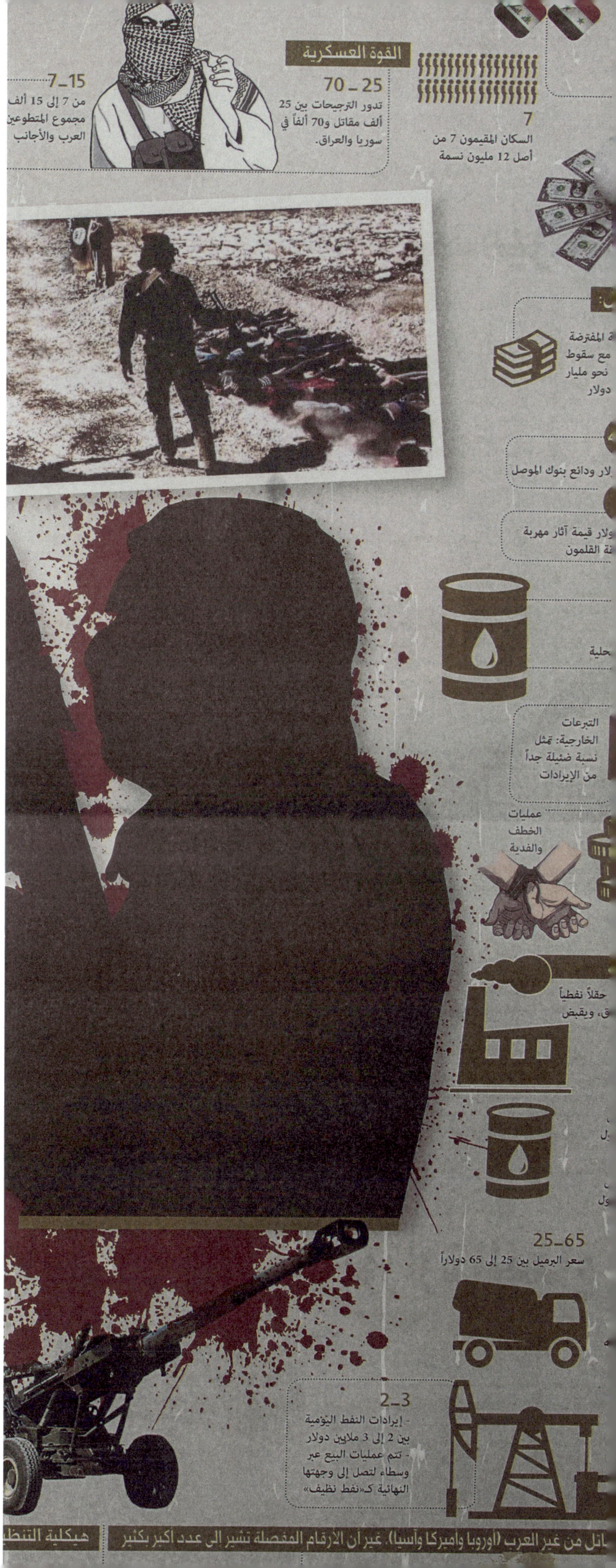

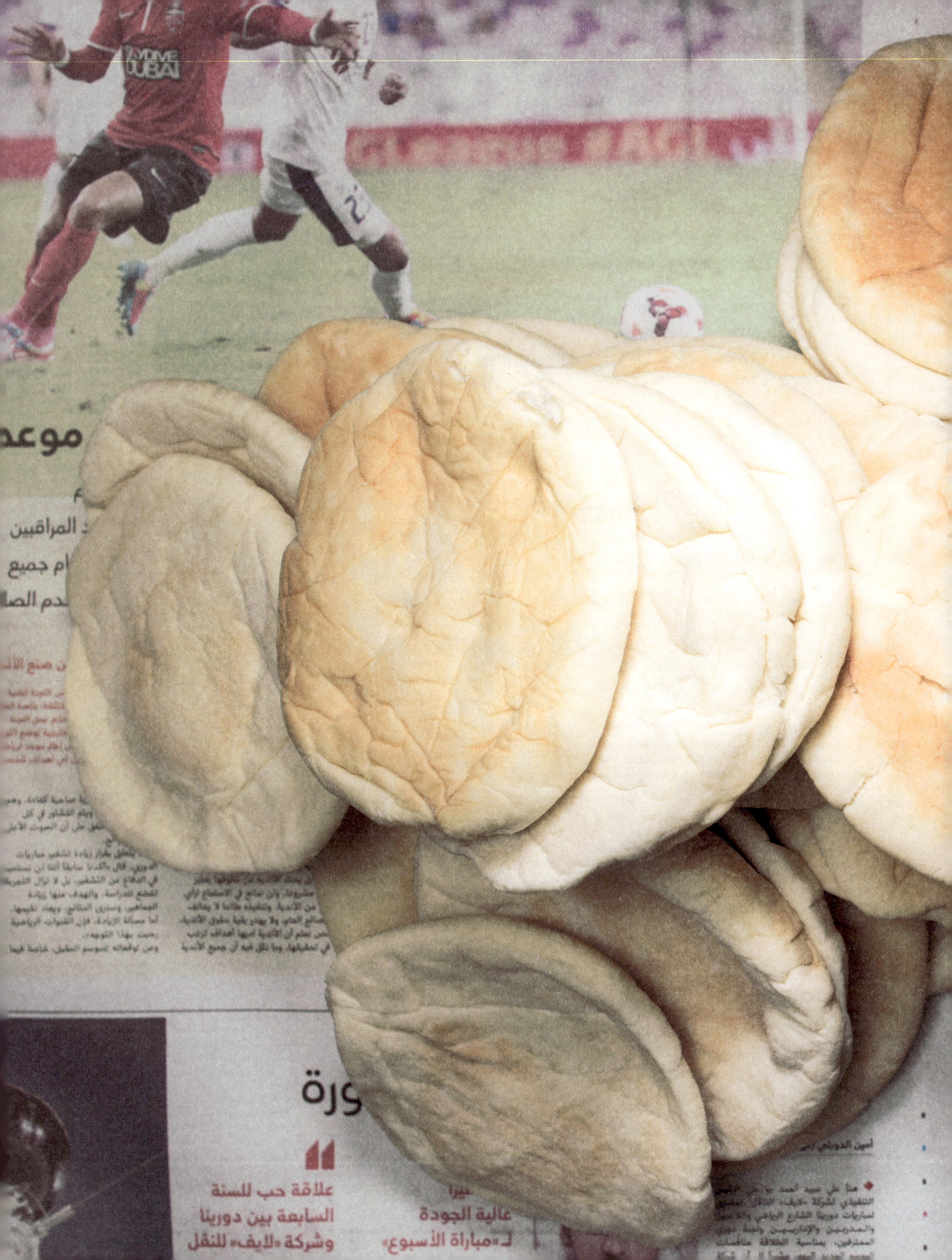

FLYDIVE DUBAI
موعد
المراقبين
جميع
الصلاة
ورة
علاقة حب للسنة
السابعة بين دورينا
وشركة «لايف» للنقل
عالية الجودة
لـ«مباراة الأسبوع»

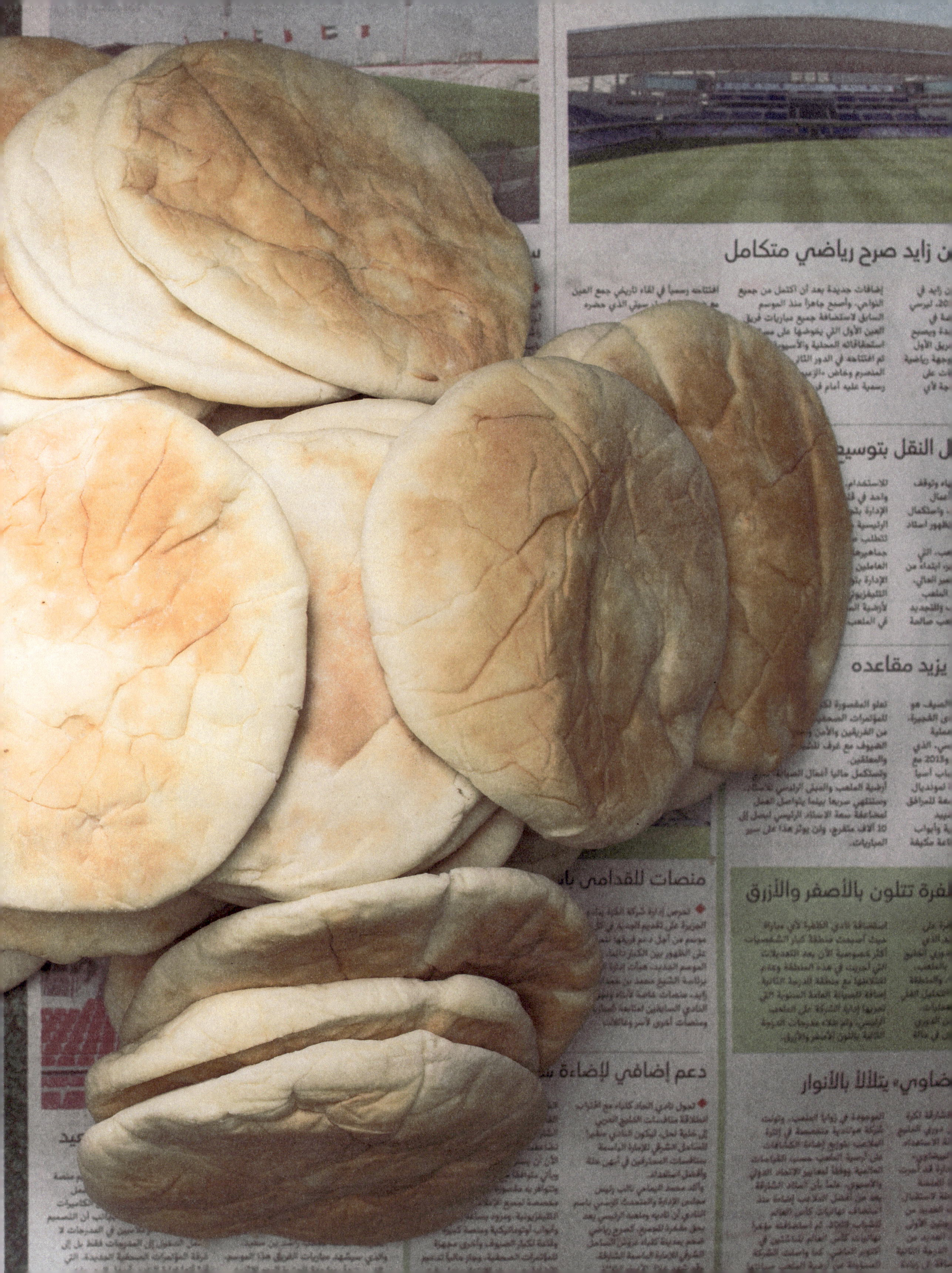

ن زايد صرح رياضي متكامل
ل النقل بتوسيع
يزيد مقاعده
منصات للقدامى با
الفرة تتلون بالأصفر والأزرق
دعم إضافي للإضاءة
ضاوي» يتلألأ بالأنوار

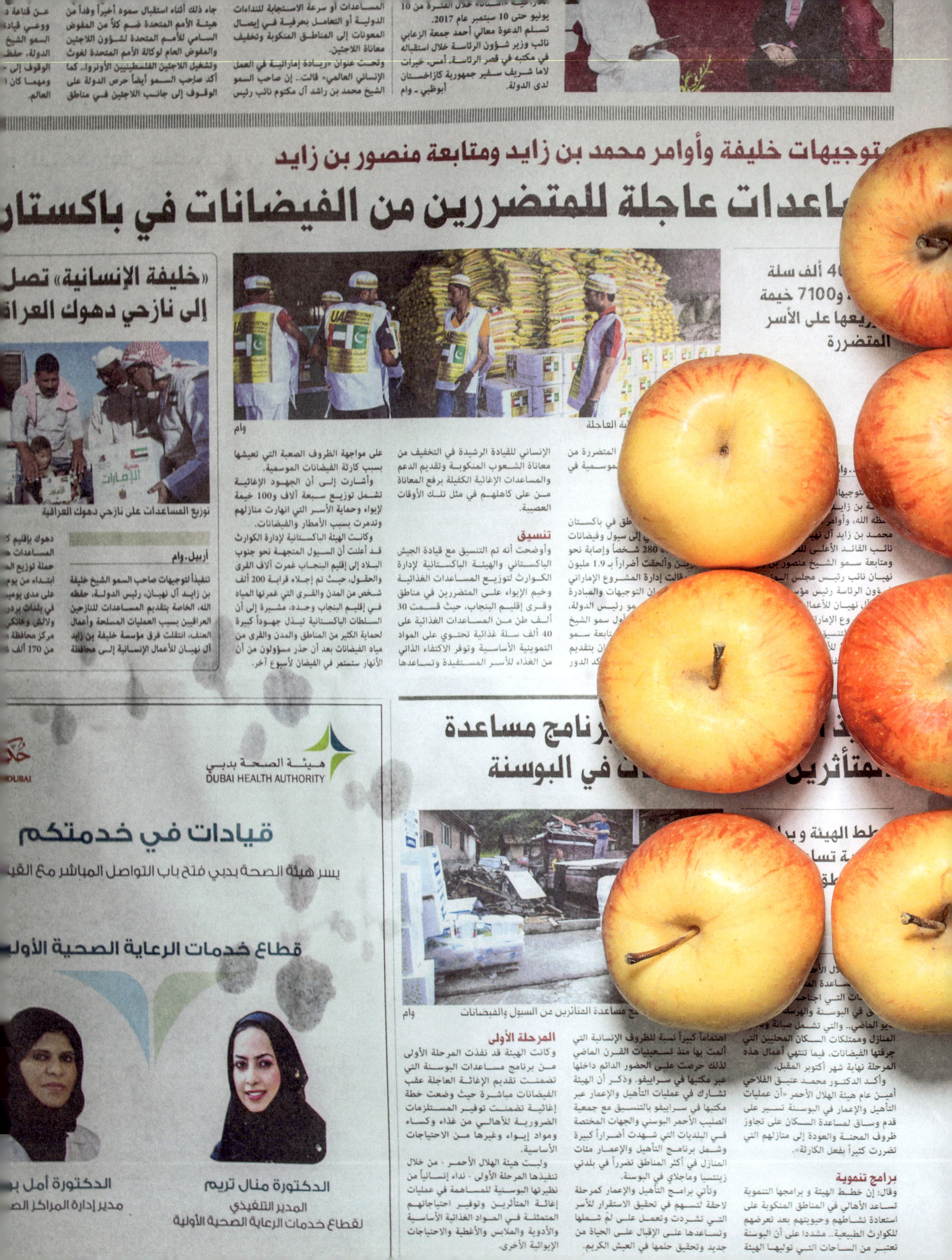

...ساعدات عاجلة للمتضررين من الفيضانات في باكستان

«خليفة الإنسانية» تصل إلى نازحي دهوك العراق

توزيع المساعدات على نازحي دهوك العراقية

الإنساني للقيادة الرشيدة في التخفيف من معاناة الشعوب المنكوبة وتقديم الدعم والمساعدات الإغاثية الكفيلة برفع المعاناة عن كاهلهم في مثل تلك الأوقات العصيبة.

تنسيق

وأوضحت أنه تم التنسيق مع قيادة الجيش الباكستاني والهيئة الباكستانية لإدارة الكوارث لتوزيع المساعدات الغذائية وخيم الإيواء على المتضررين في مناطق وقرى إقليم البنجاب، حيث قسمت 30 ألف طن من المساعدات الغذائية على 40 ألف سلة غذائية تحتوي على المواد التموينية الأساسية وتوفر الاكتفاء الذاتي من الغذاء للأسر المستفيدة وتساعدها

على مواجهة الظروف الصعبة التي تعيشها بسبب كارثة الفيضانات الموسمية.

وأشارت إلى أن الجهود الإغاثية تشمل توزيع سبعة آلاف و100 خيمة لإيواء وحماية الأسر التي انهارت منازلهم وتدمرت بسبب الأمطار والفيضانات.

وكانت الهيئة الباكستانية لإدارة الكوارث قد أعلنت أن السيول المتجهة نحو جنوب البلاد إلى إقليم البنجاب غمرت آلاف القرى والحقول، حيث تم إجلاء قرابة 200 ألف شخص من المدن والقرى التي غمرتها المياه في إقليم البنجاب وحده، مشيرة إلى أن السلطات الباكستانية تبذل جهوداً كبيرة لحماية الكثير من المناطق والمدن والقرى من مياه الفيضانات بعد أن حذر مسؤولون من أن الأنهار ستستمر في الفيضان لأسبوع آخر.

برنامج مساعدة ... في البوسنة

توزيع مساعدة المتأثرين من السيول والفيضانات

المرحلة الأولى

وكانت الهيئة قد نفذت المرحلة الأولى من برنامج مساعدات البوسنة التي تضمنت تقديم الإغاثة العاجلة عقب الفيضانات مباشرة حيث وضعت خطة إغاثية تضمنت توفير المستلزمات الضرورية للأهالي من غذاء وكساء ومواد إيواء وغيرها من الاحتياجات الأساسية.

ولبت هيئة الهلال الأحمر - من خلال تنفيذها المرحلة الأولى - نداء إنسانياً من نظيرتها البوسنية للمساهمة في عمليات إغاثة المتأثرين وتوفير احتياجاتهم المتمثلة في المواد الغذائية الأساسية والأدوية والملابس والأغطية والاحتياجات الإيوائية الأخرى.

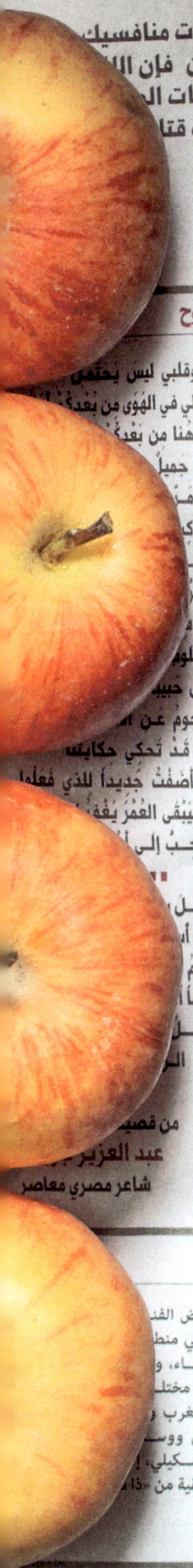

نقش الحروف

احذر لكمات منافسيك
المغمورين فإن ال
كالرصاصات ال
إن أصابت قتا

حديث الروح

طال البعاد وقلبي ليس يحتمي
ما عاد لي في الهَوى من بعدِ
لم يَبقَ لي هامئن من بعدِ
طيفٌ جميل
ذكرياتٌ إذا ما
هزّت ك
ونسمةٌ حل
من ال
لن نستطيع م
إن القلو
لا القلَب ينسَى حبيـ
ولا النجوم عن م
كُل القصائد قد تحكي حكايـك
أنا ما أضفتُ جديداً للذي فعلـ
لكنّ صدقي سيبقى العُمرَ بغيـ
باقٍ أحبُّ إلى

أريدُ التنقـل
يوماً أ
ويوماً أنام
وحينـا
وحينـا أظلـ
أريدُ ا

من قصي
عبد العزيز
شاعر مصري معاصر

أجندة

فتتاح معارض الفنـ
السركال في منطـ
السابعة مساءً، و
فنانين من مختلف
الشرق والغرب
الفوتوغرافي ووسـ
والفن التشكيلي
لفرق موسيقية من «ذا
بالموسيقى.

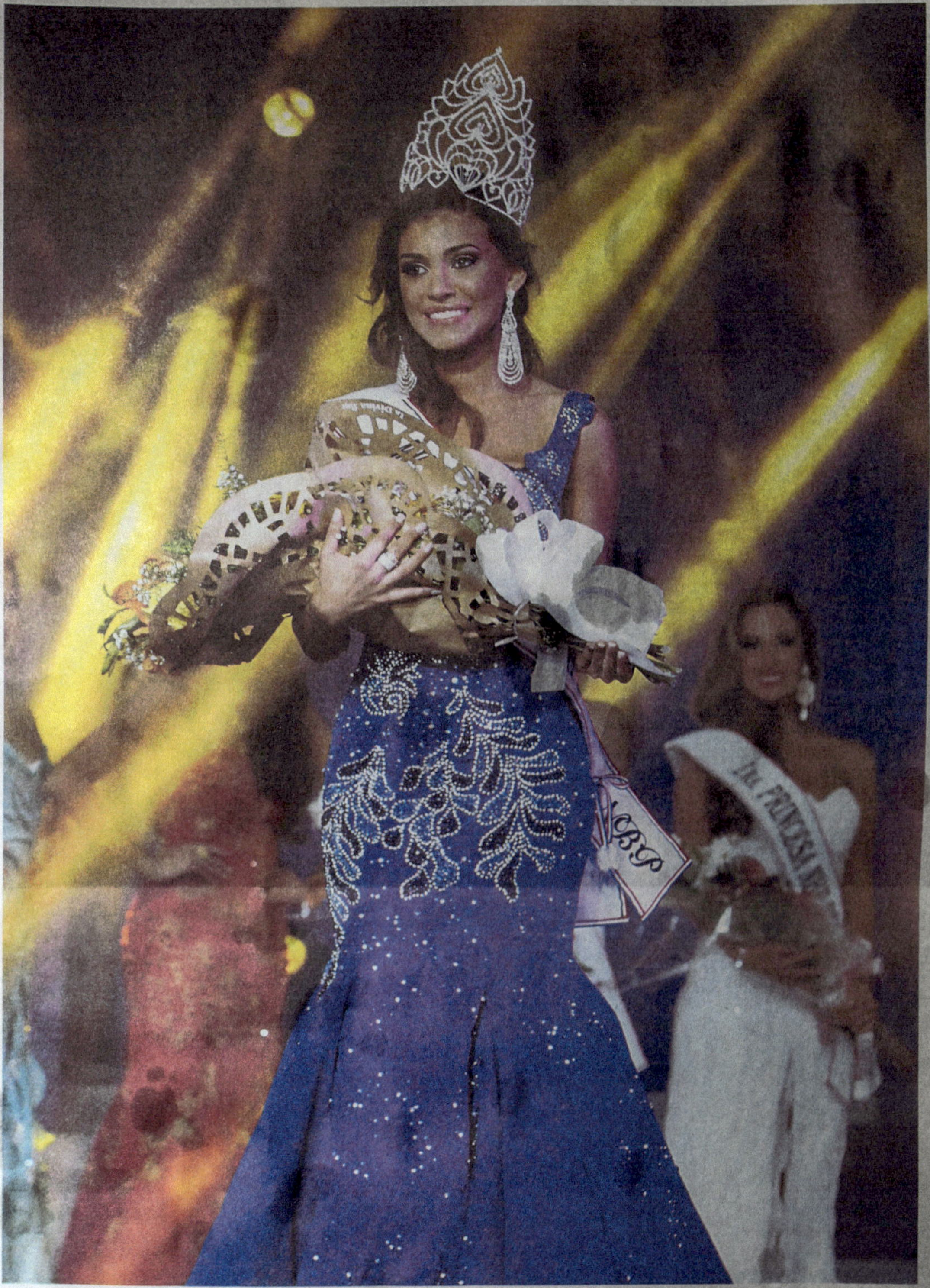

بسمة الفوز

سالي جارا تتمايل بتاج الجمال وتملأ وجهها ابتسامة الفوز بترشيح بلادها الاراغواي للاشتراك في مسابقة ملكة جمال الكون تقف أمام عدسات المصورين بعد فوزها بالمنافسة، لكي تمثل بلادها في المسابقة للعام الجاري.   أيه بي اي

صحتك

الملح لا يسبب ارتفاع ضغط الدم

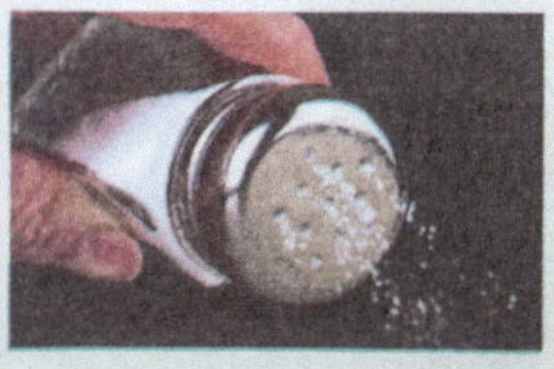

تسعينيان يتزوّجان رغم معارضة الأقارب

«إشارة لحسن الحظ في بداية علاقتهما».
لكن أقارب إدي واديث لـم تَرق لهما فكرة
أن يتزوّجا وعارضوا الفكرة لفترة طويلة
وكشفت «دايلي ميل» أن «أحد أقربـاء
الزوجين رفع دعوى ضدهما، بحجة أن هذا
الزواج يعقّـد أمور الميـراث». كما طالبت
عائلة إديث بإعلان الأخيرة عاجزة قانونياً،
والحجز على ممتلكاتها التي تقارب 475 ألف
دولار.

لم يأبه كل من المسنّين إدي هاريسون
واديث هيل بمعارضة عائلتيهما، وتزوّجا
وذكرت صحيفة «دايلي ميل» أن إدي البالغ من
العمر 95 عاماً حقّق حلمه وتزوّج إديث
وعمرها 96 عاماً، بعد أن تعارفا خلال

صديقته السابقة وأطعمها لحمه

الشرطة أن الكلب اختفى منذ أغسطس حينما
فرت المرأة من المنزل إثر نوبة غضب
عنيفة لصديقها السابق، وقالت الشرطة انها
استجوبت وبنتيو الذي اعترف بتهديده لها
وتركه مخلبي الكلب عند شرفتها لكنه نفي
قتل أو طهو الكلب.
كاليفورنيا ـ رويترز

الشرطة إن الكلب اختفى من علاقتهما شهدت
نوبات من العنف المنزلي لكن حاولا حل
مشاكلهما الأسبوع الماضي على وجبة أعدها
وبنتيو لصديقته، وذكرت الشرطة أنه بعد
الوجبة التي اخنوت على اللحم أرسل وبنتيو
رسائل نصية عبر الهاتف المحمول يسأل
صديقته السابقة كيف كان طعم كلبها. وبعد
ذلك بأسبوعين ترك عند شرفة منزلها حقيبة
تضم اثنين من مخالب الكلب. وأضاف

لها. وقالت للشرطة إن علاقتهما شهدت
ولاية كاليفورنيا الأميركية
نوبات المرأة بسرقة كلب
طهو لحمه وإطعامه لها،
سجن خاصة كواتني أن
عاماً، اعتقل الخميس
إثر اتهامات بالعنف
إثر انهائها للعلاقة
صديقة السابقة وبنتيو
تهم الطهور من مطاردته

FINOANA

Soatanana : vahoaka an'alinkisa

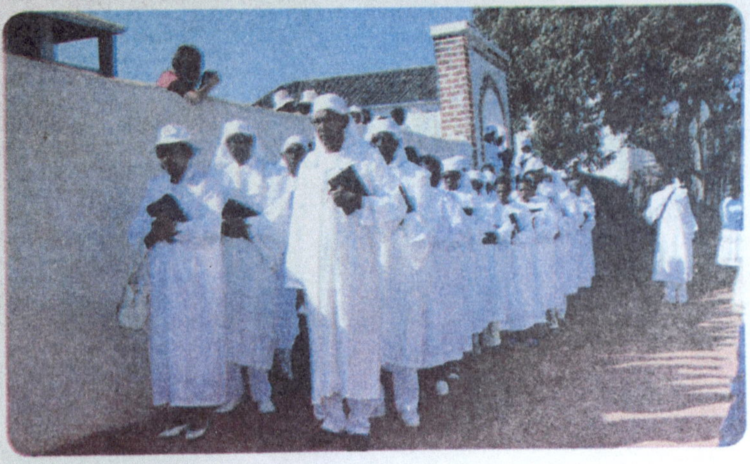

Nihoatra ny 20500 ny isan'ny kristiana sy olon-tsotra tonga tany Soatanana nandray anjara tamy ny fivoriambe isan-taona fanaon'nyzanaky ny fifohazana. Izay noraisim-bahiny tao amy ny Trano Fihaonana ireo voaisa ireo, araka ny mpanao tombana ny fivoriana.

Didim-pitiavana.

« Didy vaovao no omeko anareo dia ny mba hifankatiavanareo » (Jao. 13:34), izany no Teny Faneva nibanjinana ny isantaona 2011. Avo lenta sy nirindra tokoa ny toriteny sy lahateny ary fampianarana nentin'ny mpitondra fivavahana (Pastora sy Mpitandrina) manodidina an'io Teny Faneva io sy ny perikopa rehetra nifandraika tamin'izany nomanina tao anaty programa. Maro tamy 'reo nandahateny no manana ny doctorat sy master ary maîtrise amy ny Teolojia. Papango lahy anaty katsaka ka izay nivoaka babany avokoa. Nisongadina ny lahateny mikasika ny fitiavana (eros, philia, agapè) naroson'ny Dr Rabemanantsoa Noël, Profesora SALT Fianarantsoa. Nanakoako toy izany koa ny hafatra nampitain'ny Mpitandrina Rasoavimbahoaka Fanjanavalona, Sekretera Jenaraly FFPM, indrindra ny mikasika ny tokony hanamafisan'orina indray ny fifankatiavan'ny samy Protestantra, izay hankalaza ny faha 100 taona niombonana amy ny taona 2013. Tsy latsa-danja koa anefa fa nahaliana sy nampihetsim-po ny besinimaro ny toriteny rehetra nataon'ireo Pastora SPAf sy ny avy amy ny Synodam-paritany hafa manerana ny Nosy, ary ny Foibe FLM.

An-kalamanjana.

Ny nampiavaka ny isantaona farany ity, dia tsy nidiitra ny trano fiangonana intsony ny raharaha rehetra natao, fa ny tany malalaka andrefan'ny toby no nasiana fefy sy nalamina hahatelina indray mandeha ny olona aman'alina tonga tany Soatanana. Araka izany dia niverina amy ny laoniny ny fanokanana Mpiandry any Soatanana fa tsy mandohalika intsony ireo natokana fa mipetraka aty anoloana ka ny mpanokana no miroso manatona azy ireo. Araka ny re tany an-toerana, dia ho haverina ny tolakandro mihitsy azan y fanokanana ka afaka hiaina indray ilay faribolana amy ny andro diavolana ny besinimaro hifampiarahaba sy hiara-miredona zafindraony, izay tena mampiavaka an'i Soatanana.

Nahatratra 105 ny Mpiomana voatokana ka hanatevin-daharana ny Mpiandry zokiny izy ireo. Natao ny 14 septambra koa ny zahatany ara-pivavahana sy fivahiniana masina tany Ambatoreny, toerana namohazan'ny Tompo an'i Dada Rainisoalambo. An'arivony no nandray anjara tamy ny Diabe "La randonnée granitique de l'Isandra » tonga nitokambavaka teny an-tampon'ny tendrombohitra Fiadanana.

Razaka Oliva

Jessica mpanotra etsy Ivato

Nisy saika hangalatra ny volabeny

Nifanenjehana, ary tratra ny iray tamin'ireo mpangalatra! Izany no nitranga tao amin'i Jessica mpanotra etsy Mandrosoa Ivato ny herinandro lasa teo. Raha ny fanazavan'ity tovovavy mpanotra etsy Mandrosoa Ivato ity, dia saika hangalatra ireo tahiriko izy ireo, satria tany amin'ny efitra nisy ireo vola no nidirany ny misasak'alina. Be ireo olona milahatra tao aminy, izay nahatsikaritra ireto jiolahy ireto, ka velona ny fifanenjehana. Iray araka ny voalaza etsy ambony no tratra, ary efa natolotra ny mpitandro filaminana. Raha ny heno, dia nisy naniraka ho... izy ireo, araka ny fanazavan'io ... ambotra io. ... nambaran'i Jessica an... ...iny. ... ny tahiriny any am... olona hafa fa t... ny hamaro...

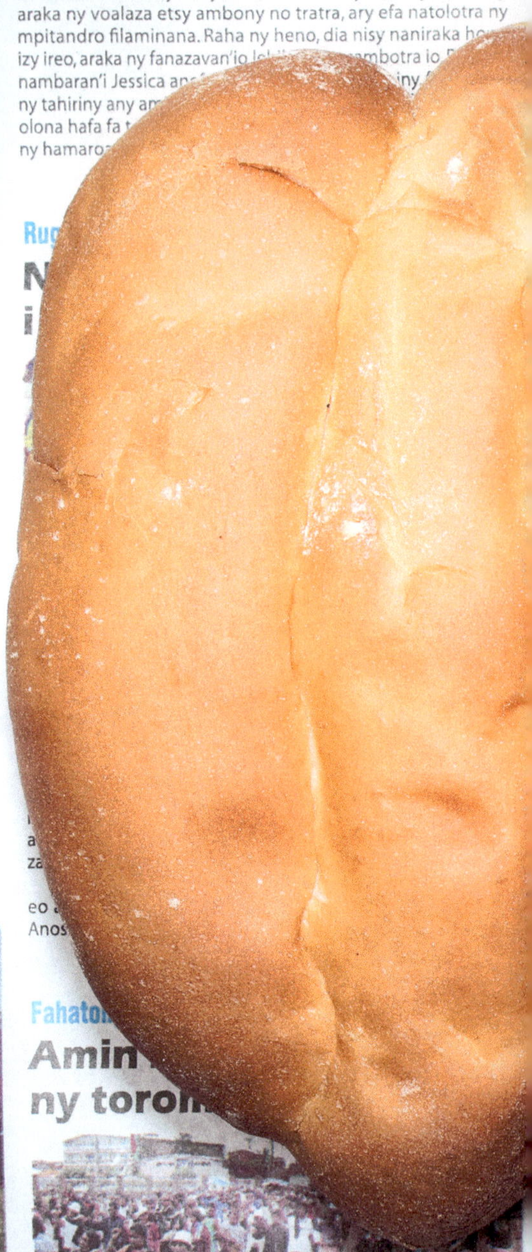

Rug...

N... i...

a... za...

eo a... Anos...

Distrika Manakara

Rahoviana ihany ny seranan-tsambo ?

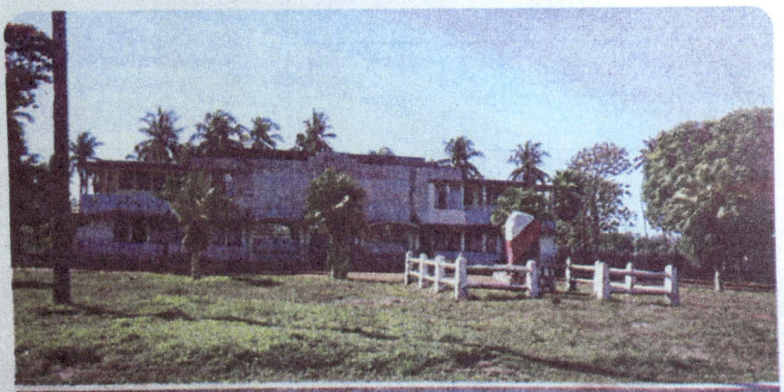

I Manakara, Faritra Vatovavy Fitovinany, no seranan-tsambo faharoan'I Madagasikara, tao aorian'I Toamasina, fahizay. Saingy nofinofy sisa izany, nanomboka ny taona 2007. "Lasan'I Toamasina avokoa ny "taxes de roulage" kanefa betsaka ny vokatra avy eto amin'ny Faritra, indrindra avy eto amin'ny distrika Manakara", hoy ny PDS Sileny Harimanitra Alban. Tsy ho ela intsony ny fampiakarana ny letisia. Tsy io ihany anefa ny harena any, fa ao ihany koa ny jirofo, cannelle, hazan-dranomasina (makamba, langoustes, civelle…) sy hazan-dranomamy (bichiques…), afa-tsy ny voankazo isan-karazany.

Entana, olona…

Nanomboka io taona 2007 io no efa nisy koa ny fanamboarana ny lalana mampitohy amin'ny renivohitra. Saingy mananosarotra be ihany raha toa ka entana mora simba na ilàna vata fampangatsiahana no entina an-dalana. "Mbola lavitra I Toamasina." Nanamafy ny PDS fa lasa any Sainte-Marie sy Taolagnaro ireo fitaovana tao amin'ny seranan-tsambo, taorian'ny fanakatonana azy. Ankoatra izay, noho ny tsy fisian'ny seranan-tsambo intsony, dia niteraka tsy fisian'asa ny toe-draharaha, ka mpibata entana 3000 eo ho eo no tsy an'asa vokatr'izany.

Manginy fotsiny ny tsy fisian'ny sidina intsony. "Foana daholo izany, roa taona katroka izao." Sahirana be ihany ireo mpanondrana letisia noho ireo toe-javatra ireo. Na izany na tsy izany, velombelona ny lalamby, ka mifandray ny olona.

Vola very

Dimy eo ho eo izao, dia manodidina ny Ar 60 tapitrisa isan-taona no nanidina noho ny tsy fisian'ny seranan-tsambo intsony, avy amin'ny "taxes de roulage"."Kanefa dia ahafahana mampandroso tanteraka ny tanàna izany".

Volana

Ny lazan'I Manakara mihitsy no voahozongozona, satria tsy ao intsony ny seranan-tsambony izay:

- lehibe indrindra amin'ireo Sokajy faharoa
- fotodrafitrasa tsara indrindra amin'ireo seranana Sokajy faharoa eto Madagasikara
- hany seranana Sokajy faharoa voaro amin'ny fefiloha voajanahary (brise lame)
- hany seranana eto amin'ny Oseana Indiana manana "sleep-way" (azo ampakarana sambo an-tanety)
- isan'ny seranana namatsy ny Faritra Atsimo Atsinanana tamin'ny solika

Fahaton...

Amin... ny toron...

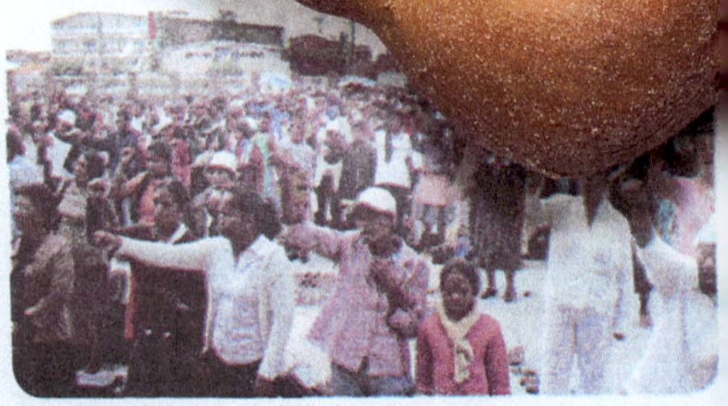

"Fiarovana ny vahoaka ny fitsarana, ka raha toa misy didy mivoaka ka mitondra korontana dia foanana avy hatrany ilay didy na amin'iza na amain'iza" hoy Atoa Rostand teny amin'ny kianjan'i Magro ny sabotsy lasa teo. Mahalala tsara izany daholo ny mpahay lalàna sy ny mpitantana rehetra hoy ny nambarany saingy ny tsy azo dia maninona no tsy mba foanana ny didy momba ny filoha Ravalomanana. Azo atao tsara io raha ny filazany, saingy ny fahatahorana azy no betsaka. Entitra dia entitra kosa ny depiote Rodin nampitandrina hoe: "kitiho izy rehefa miditra eto raha te hahita raharaha ianareo". Araka ny fantatra dia amin'ity herinandro ity no hanomezana ny daty sy ny toromarika rehetra mikasika ity fiverenan'ny filoha Ravalomanana ity, etsy amin'ny kianjan'I Magro Behoririka ihany.

Poussy

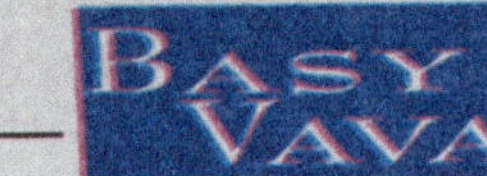

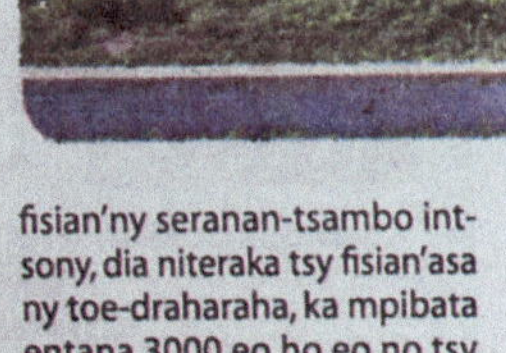

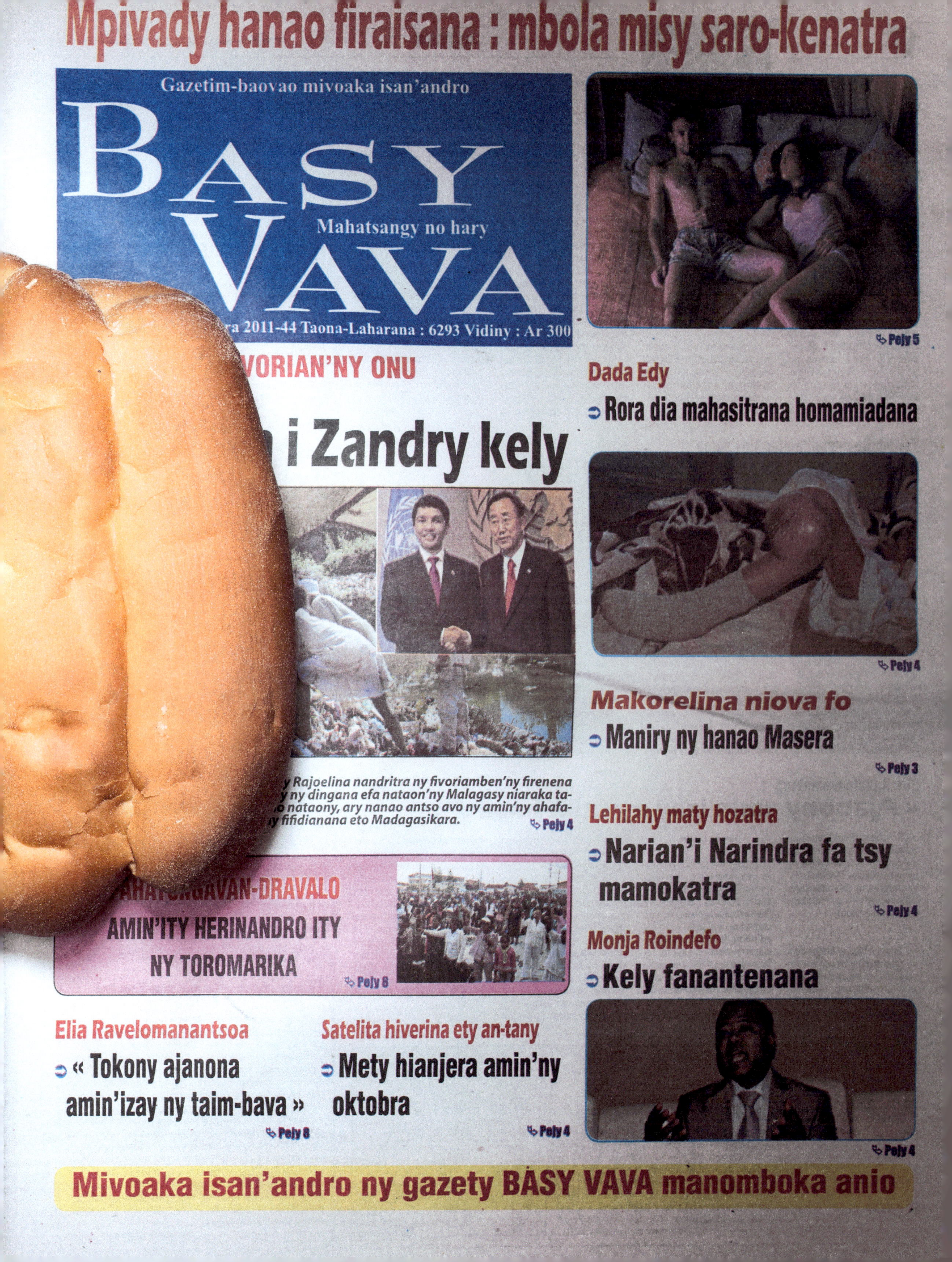

BASY VAVA

Gazetim-baovao mivoaka isan'andro

Mahatsangy no hary

...ra 2011-44 Taona-Laharana : 6293 Vidiny : Ar 300

...VORIAN'NY ONU

...n i Zandry kely

...y Rajoelina nandritra ny fivoriamben'ny firenena ...ny ny dingana efa nataon'ny Malagasy niaraka ta-...o nataony, ary nanao antso avo ny amin'ny ahafa-...y fifidianana eto Madagasikara. ⇨ Pejy 4

...AHATONGAVAN-DRAVALO
AMIN'ITY HERINANDRO ITY
NY TOROMARIKA

⇨ Pejy 8

Elia Ravelomanantsoa
⇨ « Tokony ajanona amin'izay ny taim-bava » ⇨ Pejy 8

Satelita hiverina ety an-tany
⇨ Mety hianjera amin'ny oktobra ⇨ Pejy 4

Dada Edy
⇨ Rora dia mahasitrana homamiadana

⇨ Pejy 5

Makorelina niova fo
⇨ Maniry ny hanao Masera

⇨ Pejy 3

Lehilahy maty hozatra
⇨ Narian'i Narindra fa tsy mamokatra

⇨ Pejy 4

Monja Roindefo
⇨ Kely fanantenana

⇨ Pejy 4

Mivoaka isan'andro ny gazety BASY VAVA manomboka anio

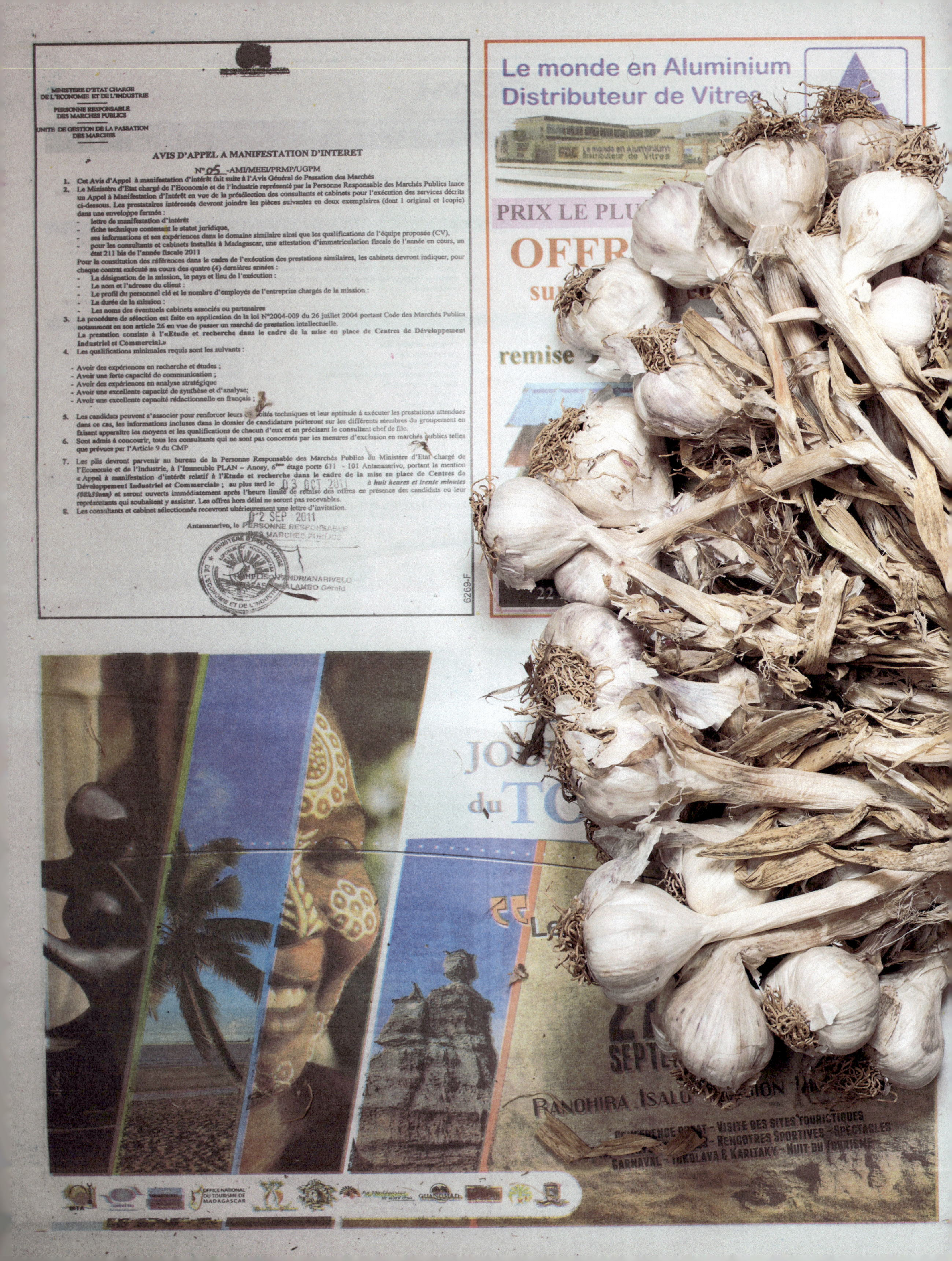
MINISTERE D'ETAT CHARGE
DE L'ECONOMIE ET DE L'INDUSTRIE
PERSONNE RESPONSABLE
DES MARCHES PUBLICS
UNITE DE GESTION DE LA PASSATION
DES MARCHES
AVIS D'APPEL A MANIFESTATION D'INTERET
N°05-AMI/MEEI/PRMP/UGPM
1. Cet Avis d'Appel à manifestation d'intérêt fait suite à l'Avis Général de Passation des Marchés
2. Le Ministère d'Etat chargé de l'Economie et de l'industrie représenté par la Personne Responsable des Marchés Publics lance un Appel à Manifestation d'Intérêt en vue de la présélection des consultants et cabinets pour l'exécution des services décrits ci-dessous. Les prestataires intéressés devront joindre les pièces suivantes en deux exemplaires (dont 1 original et 1copie) dans une enveloppe fermée :
- lettre de manifestation d'intérêt
- fiche technique contenant le statut juridique,
- ses informations et ses expériences dans le domaine similaire ainsi que les qualifications de l'équipe proposée (CV),
- pour les consultants et cabinets installés à Madagascar, une attestation d'immatriculation fiscale de l'année en cours, un état 211 bis de l'année fiscale 2011
Pour la constitution des références dans le cadre de l'exécution des prestations similaires, les cabinets devront indiquer, pour chaque contrat exécuté au cours des quatre (4) dernières années :
- La désignation de la mission, le pays et lieu de l'exécution :
- Le nom et l'adresse du client :
- Le profil du personnel clé et le nombre d'employés de l'entreprise chargés de la mission :
- La durée de la mission :
- Les noms des éventuels cabinets associés ou partenaires
3. La procédure de sélection est faite en application de la loi N°2004-009 du 26 juillet 2004 portant Code des Marchés Publics notamment en son article 26 en vue de passer un marché de prestation intellectuelle.
La prestation consiste à l'«Etude et recherche dans le cadre de la mise en place de Centres de Développement Industriel et Commercial.»
4. Les qualifications minimales requis sont les suivants :
- Avoir des expériences en recherche et études ;
- Avoir une forte capacité de communication ;
- Avoir des expériences en analyse stratégique
- Avoir une excellente capacité de synthèse et d'analyse;
- Avoir une excellente capacité rédactionnelle en français ;
5. Les candidats peuvent s'associer pour renforcer leurs capacités techniques et leur aptitude à exécuter les prestations attendues dans ce cas, les informations incluses dans le dossier de candidature porteront sur les différents membres du groupement en faisant apparaître les moyens et les qualifications de chacun d'eux et en précisant le consultant chef de file.
6. Sont admis à concourir, tous les consultants qui ne sont pas concernés par les mesures d'exclusion en marchés publics telles que prévues par l'Article 9 du CMP
7. Les plis devront parvenir au bureau de la Personne Responsable des Marchés Publics du Ministère d'Etat chargé de l'Economie et de l'Industrie, à l'Immeuble PLAN – Anosy, 6ème étage porte 611 - 101 Antananarivo, portant la mention « Appel à manifestation d'intérêt relatif à l'Etude et recherche dans le cadre de la mise en place de Centres de Développement Industriel et Commercial» ; au plus tard le 03 OCT 2011 à huit heures et trente minutes (08h30mn) et seront ouverts immédiatement après l'heure limite de remise des offres en présence des candidats ou leur représentants qui souhaitent y assister. Les offres hors délai ne seront pas recevables.
8. Les consultants et cabinet sélectionnés recevront ultérieurement une lettre d'invitation.
Antananarivo, le 02 SEP 2011
PERSONNE RESPONSABLE
DES MARCHES PUBLICS
ANDRIANARIVELO
Gérald
6269-F
Le monde en Aluminium
Distributeur de Vitres
remise
RANOHIRA ISALU
VISITE DES SITES TOURISTIQUES
RENCONTRES SPORTIVES - SPECTACLES
CARNAVAL - TSIKOLAVA & KARITAKY - NUIT DU TOURISME
OFFICE NATIONAL DU TOURISME DE MADAGASCAR

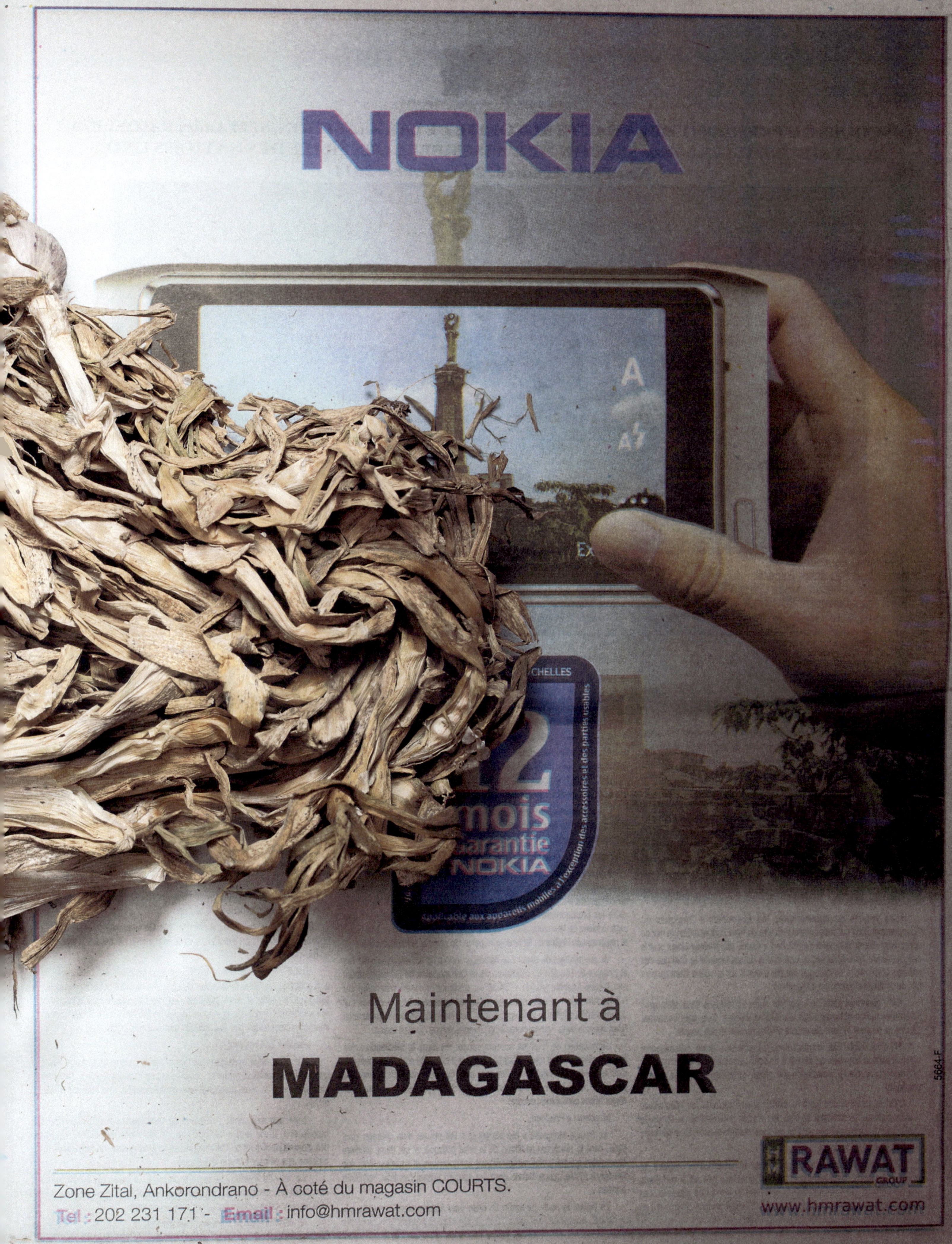

NOKIA
A
A
12
mois
arantie
NOKIA
applicable aux appareils mobiles à l'exception des accessoires et des parties usibles.
Maintenant à
MADAGASCAR
RAWAT
GROUP
Zone Zital, Ankorondrano - À coté du magasin COURTS.
Tel : 202 231 171 - Email : info@hmrawat.com
www.hmrawat.com

♏ Pôly vintana ↗

Misy ny fizahana tonom-bitana vazaha. Horoscope hoy ny avara-pi. Ao koa ny an'ny Sinoa, ny maya, ny eziptiana sy ny sisa. Indro kosa ary ny vokatry ny sikidy malagasy atolotr'i Andriamosara Ajeté, taranak'i Andriantsarava avy eny Ambohidrabobo sy Rabodonamelatra avy eny Amboamalazo. Toro-hevitra mazava tsara toy ny zavatra rehetra misy ambadika pôlitika.

Taterineto

Anisan'ny sehatra iray ahitana ady hevitra mangotraka ny Internet. Aterineto, hoy ny fanagasiana asa raha efa ôfisialy. Koa satria 4%-n'ny Malagasy ihany no manana fifandraisana mitohy amin'ity teknôlôjia vaovao ity dia taterinay eto izay resaka mendrika. Tsy nisy novana ny teboka sy ny faingo, ny anaram-bositra sy ny renin-tsoratra ary ny vary amin'anana. Mitovy amin'ny SMS ny fomba ao amin'ny Aterineto : tsy manaraka tsipelina.

Ny nenina tsy eo aloha hananatra fa ao aoriana andatsa "AVY ATY IZAY MAFY BE"

Niaiky ny mpitondra tenindRavalomanana fa noho ny fitiavan-tena sy ny fieboebon'ireo samy mpanohana ity filoha teo aloha ity no anisan'ny nahatonga ny fialany teo amin'ny toerany. Hoy izy mantsy mananatra ireo mpiray tarika aminy :

"Rehefa nomena na nahazo sehatra kely ve isika dia manadino ny fitsipika sy ny firaisankina ka tonga dia mihevitra ny tenantsika ho faratampony ?

Raha hasiana fandinihana amin'ny saina tsy miangatra dia tsy vitsy ireo olona mpiara-dia amintsika nandritry izay krizy izay no latsaka ao anatin'io fanamboniana ny tenany io. Ao ireo lasa mieboebo (mibontsina hoy ny sasany) sy midedaka, ao ireo mbola te hiverina hiaka-tsehatra ka manao izay hanilihana ny namany. Lasa aiza ny firaisankina ry namana isany ? Samy manana andraikitra daholo ny rehetra.

Mila miova isika, mila revolisiona ny toetsaina ary tsy maintsy atomboka ety amin'ny vondrona misy antsika mihitsy. Aoka isika mpanohana ny vondrona misy antsika hanamafy tanteraka ny fontsika ho any amin'ny olona sy ny vahoaka tarihantsika ary amin'izay fotoana izay dia ho resintsika ny fitiavantena.

Ny hilazana izao dia mba tsy hiverenan'ny lasa intsony satria nisy ny hadisoantsika rehetra mpitantana, raha tsy izany tsy niala tamin'ny toerany ny filoha Ravalomanana.'

Par: guyrivo Date: 26 septembre 2011 - 21:35

Re: nahoana no tsy vôtonon' i Zafy ny anaran'i Roindefo ?

anarana sarotra tononina B, zady zay mbola i zafy no hanonona azy

Par: hay ve Date: 26 septembre 2011 - 09:44

Alahamady
21/03-20/04
Asa : eo am-panombohana ny herinandro, atombohy ihany koa ny fandefasana rivotra.
Fitiavana : hanaiky anao izy rahampitso, koa mitsinjaha eo an'arabe androany.
Fahasalamana : mankarary an-doha ny karavato malalaka loatra.

Adaoro
21/04-21/05
Asa : ambinina manendy atodin-kisoa.
Fitiavana : hadinonao ny nitsipindy ny orony omaly.
Fahasalamana : tsy ampy torimaso, koa soloy vato karangana ny ondana.

Adizaoza
22/05-21/06
Asa : mihamanakaiky ny faminanina, koa vinanio ihany koa ny lokon'ny atina pataloan'ny filoha.
Fitiavana : henatra ho azy ny fanendasana ny volombavanao ka aza halavaina.
Fahasalamana : omeo ny totohondry ny hatoka raha sendra maratra ny tongotra.

Asorotany
22/06-22/07
Asa: aza asiana sira ny tenin'ny mpiara-miasa, fa sao ho be sira ny laoka antoandro.
Fitiavana : be fitiavana izy satria be orona.
Fahasalamana : ao anaty rano mitanina afo.

Alahasaty
23/07-22/08
Asa : hahita famatsiambola raha mivatsy korzety ao am-paosy.
Fitiavana : lava loatra ny hohony, ka hanapaho dia ataovy fangaron-daoka.
Fahasalamana : mampatavy ny mihinan-kanina betsaka, koa mahiaza mitsako tsy misy.

Asombola
23/08-21/09
Asa : asa tsara ny manisy komondry ny lohan-drafozana.
Fitiavana : tiany raha mba mitsiky aminy ny sofinao.
Fahasalamana : mihamitombo ny lanja, koa esory ny akanjo hampihena izany.

Adimizana
22/09-22/10
Asa : mividiana lakaoly hanidina ny vavan'ny mpampiasa mba tsy hitreronany anao intsony.
Fitiavana : ho tojo olontiana, raha mahita moka mipitsoka sodina.
Fahasalamana : tondraho rano ny tendron'orona, fa ho afaka ny sery.

Alakarabo
23/10-22/11
Asa : ambinina miasa alina manenjika angidina.
Fitiavana : orohy ny kirarony rehefa tezitra aminao izy.
Fahasalamana : ratsy ny mandry an-driran'antsy, koa andramo ny mandry an-driran-tsotro.

Alakaosy
23/11-21/12
Asa : fafao tsara ny latabatra, dia ho voafafa hatramin'ny trosan'ny mpiara-miasa.
Fitiavana : tiavo ny feony na dia toy ny feon-drafotsy kendam-bomanga aza.
Fahasalamana : aza mihinan-kena matavy, sao mivandravandra ny maso rehefa mijery.

Adijady
22/12-19/01
Asa : mpivarotra kilalao no mety fa manao sainjaza loatra.
Fitiavana : orohy ny lava-tsofiny, dia hatoky anao izy.
Fahasalamana : ranon-tsiramamy sotroina eo anoloan'ny kapoaka mangidy.

Adalo
20/01-18/02
Asa : akaro eo ambony latabatra ny tongotra roa rehefa miasa, dia hahazo valisoa.
Fitiavana : porofom-pitiavana ny fanafosafoana ny orony.
Fahasalamana : andidio kely ny sofina dia tsy mandre ny karazam-pifosana maro.

Alohotsy
19/02-20/03
Asa : aza mandihy tsy amin'amponga, fa mandihiza amin'ny sifle.
Fitiavana : aza reraka miteny aminy hoe ataovy an-tsangory ny dadanay.
Fahasalamana : fadio ny gisa, sao ho lava tenda.

Sary indray mivika

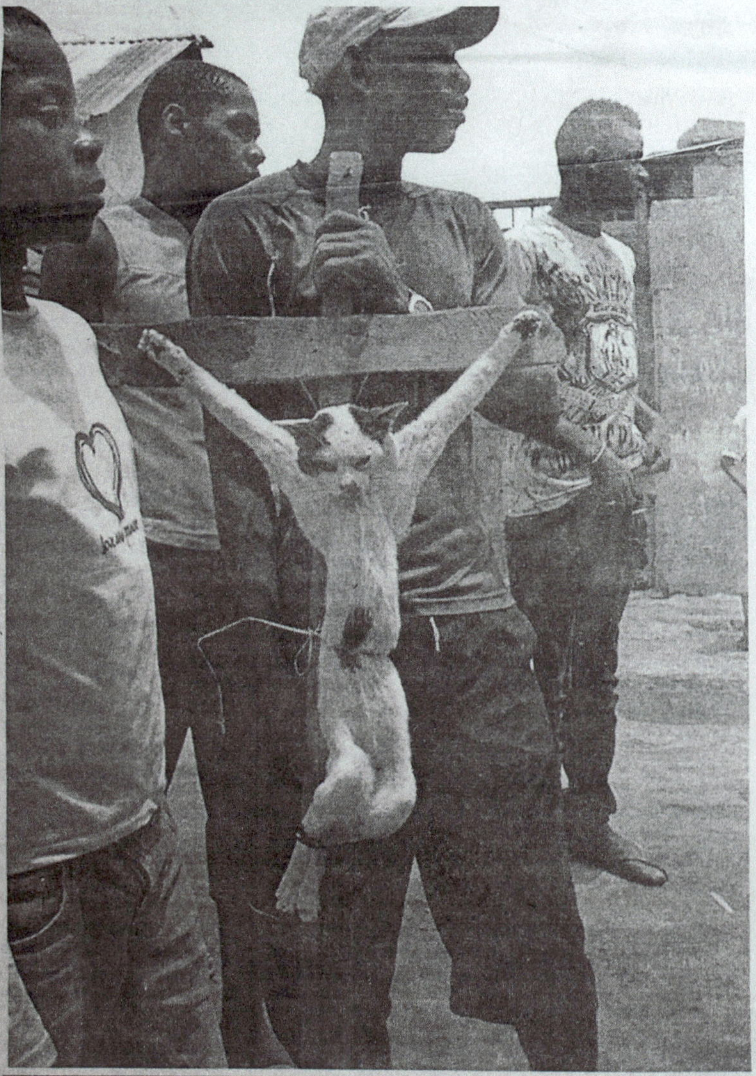

Samy mizaka ny hazo fijaliany...hatramin'ny biby

Tsy nampoiziko

- Ary inona leity no mampihivingivina an'ialahy tahaka io ? hoy i Tandra.
- Tena tsy nampoiziko letsy e, hoy i Bozeza.
- Inona no tsy nampoizin'ialahy ?
- Nisy tovovavy tena tsara tarehy sady tena tsara bika nandalo teo.
- Ny nandalovan'izany tovovavy izany no tsy nampoizin'ialahy ?
- Tsia.
- Sa nokôtian'ialahy izy dia tsy nanaiky ?
- Tsia.
- Sa nokapoka haolana izy no voa...
- None...
tsara tahaka...
e...
- Tsy azo ekena.
- Dia izaho ange no miantoka lasantsy e.
- Tsy azo ekena.
- Sa ialahy ihany no mpamily dia izaho mitaingina fotsiny ?
- Tsy azo ekena.
- Fa inona ihany izany no azo ekena ?
- Ny findraman'ialahy ilay voalavo be ao an-trano mpanelingelina ahy.

Hibizina

- Mahita bizina milay be aho leity e, hoy i Bozeza.
- Bizina amin'ny inona ? hoy i Tandra.
- Mivarotra bois de rose.
- Aza midi-kizo amin'izany fa sao higadragadra eo.
- Tsy mampigadra mihitsy izany kah.
- Dia ahoana àry ny tetik'adin'ialahy amin'izany ?
- Mitady tahon-kifafa be dia be fotsiny dia lokoina mavokely dia avy eo amidy.

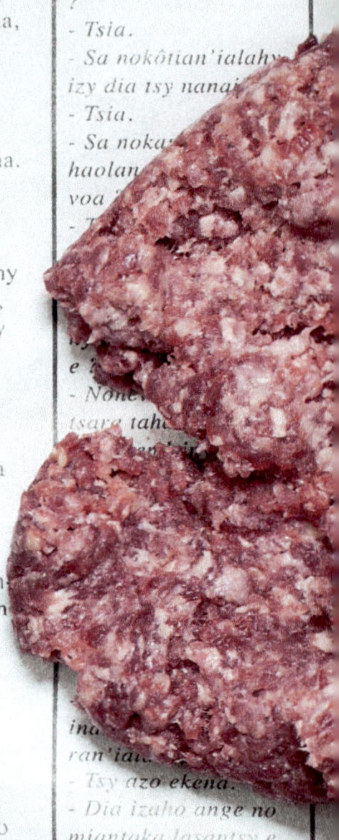

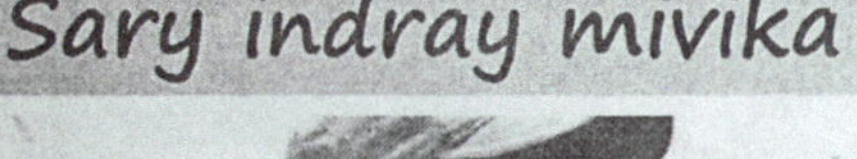

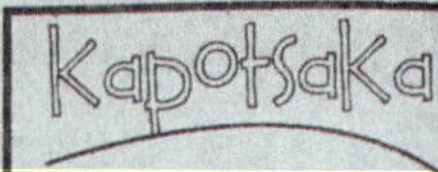

Football féminin
25 entraineurs en stage

Le championnat national de football féminin a pris fin il y a deux semaines. Néanmoins, la fédération continue toujours d'œuvrer pour le développement de la discipline. Ainsi, elle a décidé d'organiser un stage pour les entraineurs de plusieurs clubs issus de différentes régions.

Le 11 septembre dernier, le Mifa remportait son second titre national consécutif. La finale qui l'opposait face à l'AS Comato a démontré que les footballeuses malgaches possèdent un talent intrinsèque évident. Mais ce don ne peut s'exprimer qu'avec une bonne tactique mise en place par l'entraineur de l'équipe dans laquelle les joueuses évoluent.

Dans cette optique, la fédération organisera prochainement un stage de perfectionnement pour 25 coaches, dont 13 des hommes et 12 sont des femmes. La formation débutera ce mercredi 28 septembre, durera cinq jours et prendra donc fin le dimanche 2 octobre prochain.

Les entraineurs participant à ce stage dirigent tous un club à l'heure actuelle. Des clubs qui sont issus de 14 régions de la Grande Île : Analamanga, Amoron'i Mania, Analanjorifo, Anosy, Atsimo-Andrefana, Atsinanana, Boeny, Diana, Haute Matsiatra, Itasy, Melaky, Menabe, Vakinankaratra et Vatovavy-Fitovinany. Evidemment, Analamanga est la région la plus représentée avec cinq coaches, entre autres celui du Mifa, Désiré Rakotonirina ou Dezy Monstre, ou encore celle de l'Asot, Haingomalala Ramiaramanana. Remarquons que le tacticien de l'AS Comato, Yvette Ralalanirina, sera également de la partie.

Haja Lucas

	Genre	Club	Ligue
[illegible]	H	FCF Fandriana	Amoron'i Mania
[illegible]	F	Asot	Analamanga
[illegible]	H	Mifa	Analamanga
[illegible]	F	US Aveia	Analamanga
[illegible]	F	Justice	Analamanga
[illegible]	F	4FAA	Analamanga
[illegible]	F	Canon de l'Est	Analanjirofo
[illegible]	F	AF Tamamy	Analanjirofo
[illegible]	H	Zampela	Anosy
[illegible]	F	AS Comato	Atsimo Andrefana
[illegible]	F	FC Mapafi	Atsimo Andrefana
[illegible]	F	FC Canon	Atsinanana
[illegible]	H	AC Diamant	Atsinanana
[illegible]	F	Tsaramandroso	Boeny
[illegible]	H	FCF Antanimasaja	Boeny
[illegible]	H	Sporting	Boeny
[illegible]	H	Amazone FC	Diana
[illegible]	H	Ascuf	Haute Matsiatra
[illegible]	H	Aska	Itasy
[illegible]	F	TamiMiarinarivo	Itasy
[illegible]	H	Hery Miray FC	Melaky
[illegible]	H	OL Menabe	Menabe
[illegible]	H	Prescoi-ACC	Vakinankaratra
[illegible]	F	FCF Antsinanantsena	Vakinankaratra
[illegible]	H	Ascoma	VatovavyFitovinany

...va Lièvremont ?

Sous le feu des projecteurs après ses récentes sorties médiatiques, Marc Lièvremont concentre à lui seul la plupart des critiques. Avant d'affronter le Tonga, les chantiers restent nombreux pour le sélectionneur.

Les premières fissures entre le sélectionneur et certains membres de son groupe commencent à être visibles. En off, les joueurs du XV de France remettent en cause la politique de leur entraineur et sa façon de communiquer. Samedi soir, dans les travées de l'Eden Park, deux d'entre eux ont témoigné à visage découvert. Et laisser poindre leur incompréhension après leur sortie à la mi-temps. « On manque de repères, cela se voit et ça ne date pas d'aujourd'hui, atteste Damien Traille. On est fébriles, on manque de maitrise et de lucidité. » Une rancœur partagée publiquement par Louis Picamoles.

« Je suis déçu, frustré et très énervé, fulminait-il. On va bien voir ce que ça donne à la vidéo, mais là, à chaud, sans explications, j'ai les boules. »

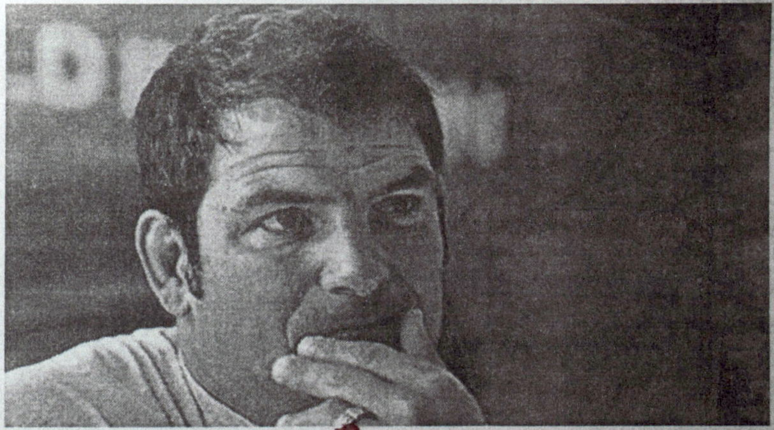

Une gestion incohérente

Depuis plusieurs mois, Marc Lièvremont ne cesse de répéter qu'il gagnera la Coupe du monde avec un groupe homogène et trente joueurs aguerris. Ces derniers jours, le patron des Bleus a pris un virage à 180 degrés. Et annoncé qu'il était temps de « figer un quinze-type ».

En manque de repères et d'automatismes, les joueurs réclament cette gestion depuis des lustres. Un message qui semble enfin avoir été entendu par le sélectionneur, conscient de ne pas pouvoir compter sur des joueurs de même niveau. Contre le Tonga, les « titulaires » seront alignés. Pour les déçus, la fin du Mondial risque d'être longue.

Des lacunes à corriger d'urgence

« On ne peut pas continuer à faire autant de cadeaux », lâchait Lièvremont au moment d'analyser la prestation de ses hommes contre la Nouvelle-Zélande. Louée ces dernières semaines, la défense a pris l'eau à Auckland en encaissant cinq essais. Avec 18 plaquages manqués, les Bleus ont facilité la tâche de la bande à Carter. Autre chantier : l'attaque. Samedi, les Français ont inscrit deux essais, sur une interception de Mermoz et une inspiration de Trinh-Duc. Aucun en attaque placée, le talon d'Achille des Bleus. Un mal à repenser.

Badminton
Tournoi dédié à la relève

Le Tournoi de vacances organisé par la fédération malgache de badminton s'est déroulé ce dimanche au gymnase couvert d'Ankorondrano. Cette compétition était surtout dédiée aux jeunes joueurs. De l'avis du président de la fédération, Mota Ravalison, « les jeunes garçons, notamment les moins de 19 ans, possèdent déjà un bon niveau et peuvent parfaitement rivaliser avec les grands. » D'ajouter : « Malheureusement, ce n'est pas le cas chez les filles, elles manquent encore de matches dans les jambes. » Le problème est récurrent dans cette discipline et constitue un frein au développement des joueurs.

A part les jeunes, les badistes qui ont participé aux derniers Jeux des Îles étaient également présents durant ce tournoi. Une occasion pour eux de s'exprimer après les déconvenues subies aux Seychelles.

Haja Lucas

Les vainqueurs de chaque catégorie

Catégorie	Vainqueur
Homme U13	Tokinirina (St Jo Mahamasina)
Dame U13	Manohisoa
Homme U15	Sangitiana (SCI Itaosy)
Dame U15	Nadia (St Jo Mahamasina)
Homme U17	Tsihoarana (SCI Itaosy)
Dame U17	Coralia (SCI Itaosy)
Homme U19	Ferdinand (St Jo Mahamasina)
Dame U19	Rondro (VTTK)
Homme Série B	Hery Zo (Antsirabe)
Homme Série A	Tolotra (Sangasy)
Dame Série A	Stéphanie (SCI Itaosy)
Vétéran	Mon Claire (SCI Itaosy)
Double Homme U19	Ferdinand/Hery (St Jo Mahamasina)
Double Homme Série A	Lova/Tolotra (Sangasy)
Double Dame	Hasina/Stéphanie (SCI Itaosy)
Double Mixte	Aina(Sangasy)/Voahangy

International

Omnisport. Douillet ministre des Sports
Le secrétaire d'Etat aux Français de l'étranger, David Douillet, a été nommé ministre des Sports à la place de Chantal Jouanno, qui a démissionné de ses fonctions après son élection dimanche au Sénat, a annoncé la présidence de la République.

Football, transferts. Paris insiste pour Abidal
Eric Abidal n'a toujours pas prolongé avec le FC Barcelone. Et pour cause ! A en croire le quotidien catalan Sport, le PSG a instauré le doute dans l'esprit de l'ancien Lyonnais, jusqu'ici désireux de terminer sa carrière en Catalogne. Le club de la capitale aurait tout simplement proposé un chèque en blanc à l'international français. Abidal serait libre de choisir la durée de son contrat et le montant de son salaire !

Football, Ligue des champions. Le Real avec Altintop
Le milieu de terrain Hamit Altintop, blessé depuis son arrivée à Madrid l'été dernier, a été retenu par José Mourinho dans le groupe appelé à défier l'Ajax, mardi en Ligue des Champions. Ricardo Carvalho, forfait le week-end dernier en championnat, est également présent dans le groupe, tout comme les Français Raphaël Varane, Karim Benzema et Lassana Diarra.

Rugby, Mondial. L'Argentine gagne une place
A la faveur de sa victoire (13-12) face à l'Ecosse dimanche à Wellington, l'Argentine a gagné une place au classement IRB. Les Pumas sont désormais huitième, place qu'occupaient auparavant ces mêmes Ecossais. Avec 79.66 points, les Argentins sont à seulement 1.07 points des Gallois, septième à 80.73.

Rugby, Mondial. Galles atomise la Namibie
Sans surprise, le pays de Galles a écrasé la Namibie (81-7), dans un match comptant pour la 4e journée de la poule D. Davies, North (doublé), S. Williams (triplé), Brew, Faletau, Jenkins, L. Williams, Byrne et Jones ont aplati dans l'en-but, tandis que Koll a sauvé l'honneur pour les Africains.

Tennis, Tokyo. Sharapova avance
Maria Sharapova a dominé Tamarine Tanasugarn au premier tour du tournoi de Tokyo. La Russe, tête de série numéro 2, s'est imposée en deux sets 6/2 7/5.

Tennis, Metz. Tsonga dompte Ljubicic
Jo-Wilfried Tsonga a remporté dimanche le tournoi de Metz en dominant Ivan Ljubicic (6/3 6/7 6/3). C'est le premier titre pour le Français cette saison, mais aussi le troisième en France.

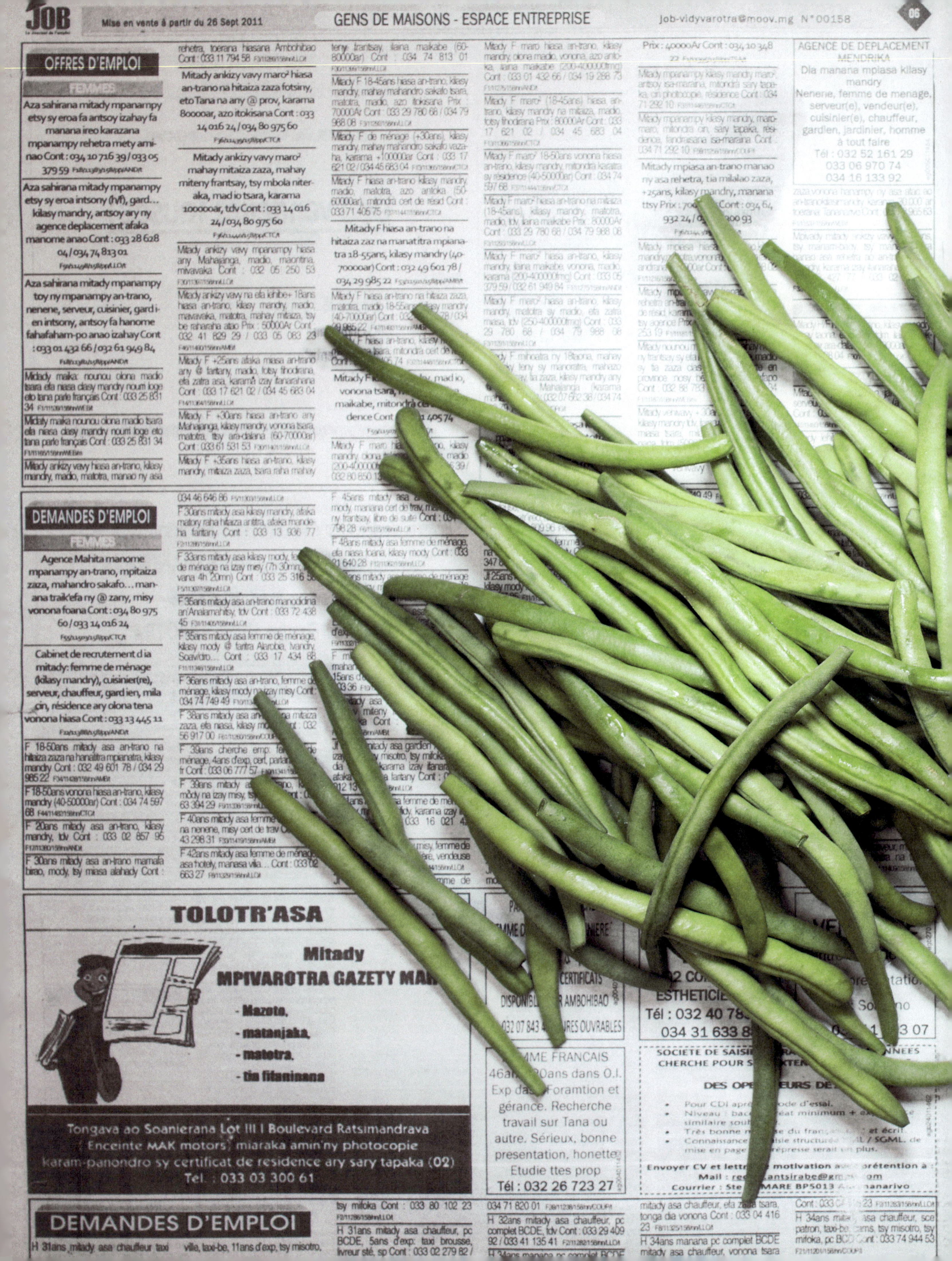

OFFRES D'EMPLOI

FEMMES

Aza sahirana mitady mpanampy etsy sy eroa fa antsoy izahay fa manana ireo karazana mpanampy rehetra mety aminao Cont : 034 10 716 39 / 033 05 379 59

Aza sahirana mitady mpanampy etsy sy eroa intsony (h/f), gard… kilasy mandry, antsoy ary ny agence deplacement afaka manome anao Cont : 033 28 628 04 / 034 74 813 01

Aza sahirana mitady mpanampy toy ny mpanampy an-trano, nenene, serveur, cuisinier, gardien intsony, antsoy fa hanome fahafaham-po anao izahay Cont : 033 01 432 66 / 032 61 949 84

Mitady maka: nounou olona madio tsara efa niasa daisy mandry noum loge eto tana parle français Cont : 033 25 831 34

Mitady maka nounou olona madio tsara efa niasa daisy mandry noum loge eto tana parle français Cont : 033 25 831 34

Mitady ankizy vavy hiasa an-trano, kilasy mandry, madio, matotra, manao ny asa

rehetra, toerana hiasana Ambohibao Cont : 033 11 794 58

Mitady ankizy vavy maro² hiasa an-trano na hitaiza zaza fotsiny, eto Tana na any @ prov, karama 80000ar, azo itokisana Cont : 033 14 016 24 / 034 80 975 60

Mitady ankizy vavy maro² mahay mitaiza zaza, mahay miteny frantsay, tsy mbola niteraka, madio tsara, karama 100000ar, tdv Cont : 033 14 016 24 / 034 80 975 60

Mitady ankizy vavy mpanampy hiasa any Mahajanga, madio, maontina, mivavaka Cont : 032 05 250 53

Mitady ankizy vavy na efa lehibe+ 18ans hiasa an-trano, kilasy mandry, madio mavavaka, matotra, mahay mitaiza, tsy be raharaha atao Prix : 50000Ar Cont 032 41 829 29 / 033 05 063 23

Mitady F +25ans afaka miasa an-trano any @ fantany, madio, tsy fhodirana efa zatra asa, karama izay fanarahana Cont : 033 17 621 02 / 034 45 683 04

Mitady F +30ans hiasa an-trano any Mahajanga, kilasy mandry, vonona tsara, madio, matotra, azo antoka (50-60000ar), mitondra cert de résid Cont : 033 71 405 75

Mitady F hiasa an-trano na hitaiza zaz na manatitra mpianatra 18-5ans, kilasy mandry (40-70000ar) Cont : 032 49 601 78 / 034 29 985 22

Mitady F hiasa an-trano na hitaiza zaza, matotra, madio 18-50ans, kilasy mandry (40-70000ar) Cont : 032 41 829 29 / 033 05 063 23

Mitady F +18-45ans hiasa an-trano, kilasy mandry, mahay mahandro sakafo tsara, matotra, madio, azo itokisana Prix 70000Ar Cont : 033 29 780 68 / 034 79 968 08

Mitady F de ménage (+30ans) kilasy mandry, mahay mahandro sakafo vezaha, karama +100000ar Cont : 033 17 621 02 / 034 45 683 04

Mitady F maro² 18-50ans vonona hiasa an-trano, kilasy mandry, mitondra kasaina ay residence (40-50000ar) Cont : 033 74 932 24 / 034 71 292 10

Mitady F maro² hiasa an-trano na mitaiza (18-45ans), kilasy mandry, madio, tdv, liana makabe Prix : 80000Ar Cont : 033 29 780 68 / 034 79 968 08

Mitady F maro² hiasa an-trano na hitaiza zaza, madio 18-55ans, kilasy mandry (40-70000ar) Cont : 033 61 531 53

Mitady F +35ans hiasa an-trano, kilasy mandry, mitaiza zaza, tsara raha mahay

DEMANDES D'EMPLOI

FEMMES

Agence Mahita manome mpanampy an-trano, mpitaiza zaza, mahandro sakafo… manana traik'efa ny @ zany, misy vonona foana Cont : 034 80 975 60 / 033 14 016 24

Cabinet de recrutement d'ia mitady: femme de ménage (kilasy mandry), cuisinier(re), serveur, chauffeur, gardien, mila cin, résidence ary olona tena vonona hiasa Cont : 033 13 445 11

F 18-50ans mitady asa an-trano na hitaiza zaza na hanatitra mpianatra, kilasy mandry Cont : 032 49 601 78 / 034 29 985 22

F 18-50ans vonona hiasa an-trano, kilasy mandry (40-50000ar) Cont : 034 74 597 68

F 20ans mitady asa an-trano, kilasy mandry, tdv Cont : 033 02 857 95

F 30ans mitady asa an-trano mamala birao, mody, tsy miasa alahady Cont :

034 46 646 86

F 30ans mitady asa kilasy mandry, afaka matory raha hitaiza antitra, afaka mandeha fantany Cont : 033 13 906 77

F 33ans mitady asa kilasy mody, fa de ménage na izay misy (7h 30mn) vana 4h 20mn) Cont : 033 25 316 56

F 35ans mitady asa an-trano manodidina an'Analamahitsy, tdv Cont : 033 72 438 45

F 35ans mitady asa femme de ménage, kilasy mody @ fantra Alarobia, mandry Soavidro… Cont : 033 17 434 88

F 36ans mitady asa an-trano, femme de ménage, kilasy mody na izay misy Cont : 034 74 749 49

F 38ans mitady asa an-trano na mitaiza zaza, efa niasa, kilasy mody Cont : 032 56 917 00

F 39ans cherche emp. femme de ménage, 4ans d'exp, cert, parlant fr Cont : 033 06 777 57

F 39ans mitady asa an-trano, kilasy mody na izay misy, tsy Cont : 063 394 29

F 40ans mitady asa femme, na nenene, misy cert de trav Cont : 043 298 31

F 42ans mitady asa femme de ménage, asa hotely, manasa vila… Cont : 033 02 663 27

TOLOTR'ASA

Mitady MPIVAROTRA GAZETY

- Mazoto.
- matanjaka.
- matotra.
- tia fifaninana

Tongava ao Soanierana Lot III I Boulevard Ratsimandrava Enceinte MAK motors, miaraka amin'ny photocopie karam-panondro sy certificat de residence ary sary tapaka (02) Tel : 033 03 300 61

Mitady mpiasa an-trano manao ny asa rehetra, tia milalao zaza, +25ans, kilasy mandry, manana ttsy Prix : 70000 Cont : 034 64 932 24 / 034 74 200 93

AGENCE DE DEPLACEMENT MENDRIKA

Dia manana mpiasa kilasy mandry Nenene, femme de menage, serveur(e), vendeur(e), cuisinier(e), chauffeur, gardien, jardinier, homme à tout faire Tél : 032 52 161 29 033 06 970 74 034 16 133 92

PRIX : 40000Ar Cont : 034 10 348

FEMME FRANCAIS 46ans à 20ans dans O.I. Exp dans foramtion et gérance. Recherche travail sur Tana ou autre. Sérieux, bonne presentation, honettep Etudie ttes prop Tél : 032 26 723 27

SOCIETE DE SAISIE CHERCHE POUR S'EXTER

DES OPERATEURS DE :

- Pour CDI après période d'essai.
- Niveau : bac au seat minimum + expérience similaire souh
- Très bonne maît du franc et écrit.
- Connaissance de saisie structurée HTML / SGML, de mise en page. L'epresse serait en plus.

Envoyer CV et lettre de motivation avec prétention à : Mail : rec.antsirabe@gm… Courrier : Ste MARE BP5013 Antananarivo

DEMANDES D'EMPLOI

H 31ans mitady asa chauffeur taxi ville, taxi-be, 11ans d'exp, tsy misotro,

tsy mifoka Cont : 033 80 102 23

H 31ans mitady asa chauffeur, pc BCDE, 5ans d'exp: taxi brousse, livreur sté, sp Cont : 033 02 279 82 /

034 71 820 01

H 32ans mitady asa chauffeur, pc complet BCDE, tdv Cont : 033 29 409 92 / 033 41 135 41

H 34ans manana pc complet BCDE mitady asa chauffeur, efa zatra tsara, tonga dia vonona Cont : 033 04 416

H 34ans mitady asa chauffeur, sce patron, taxi-be cams, tsy misotro, tsy mifoka, pc BCD Cont : 033 74 944 53

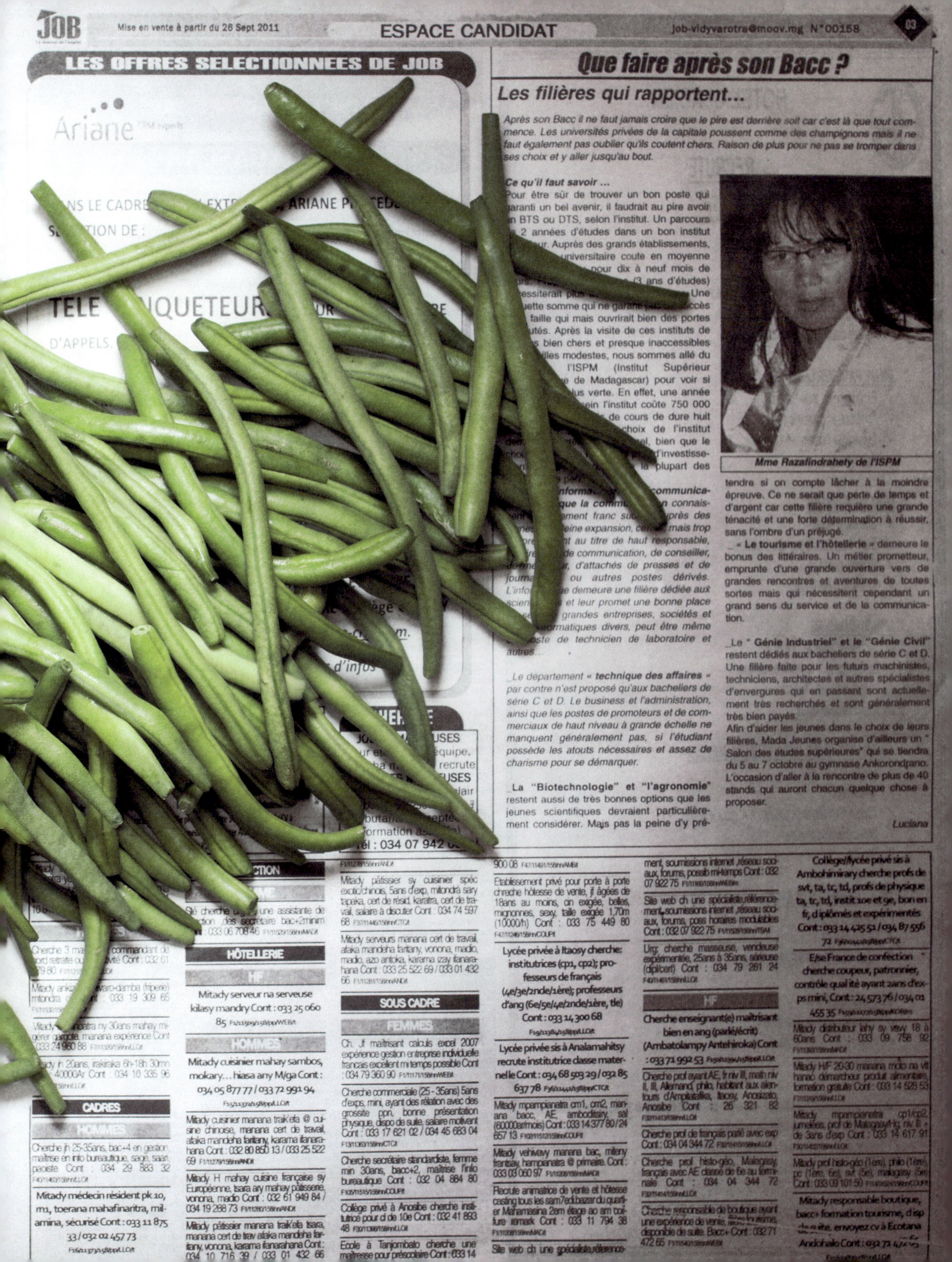

LES OFFRES SELECTIONNEES DE JOB

Ariane

DANS LE CADRE ... L'EXTE... ARIANE PR...EDE...

S...CTION DE :

TELE...NQUETEUR... ...UR ...

D'APPELS...

...d'infos

Que faire après son Bacc ?

Les filières qui rapportent...

Après son Bacc il ne faut jamais croire que le pire est derrière soit car c'est là que tout commence. Les universités privées de la capitale poussent comme des champignons mais il ne faut également pas oublier qu'ils coutent chers. Raison de plus pour ne pas se tromper dans ses choix et y aller jusqu'au bout.

Ce qu'il faut savoir ...

Pour être sûr de trouver un bon poste qui garanti un bel avenir, il faudrait au pire avoir un BTS ou DTS, selon l'institut. Un parcours de 2 années d'études dans un bon institut ... Auprès des grands établissements, ... universitaire coute en moyenne ... pour dix à neuf mois de ... (3 ans d'études) ... ...essiterait plus ... Une ...uette somme qui ne gara... ...ccès ... faille qui mais ouvrirait bien des portes ...utés. Après la visite de ces instituts de ... bien chers et presque inaccessibles ...illes modestes, nous sommes allé du ... l'ISPM (Institut Supérieur ... ...e de Madagascar) pour voir si ...lus verte. En effet, une année ...ein l'institut coûte 750 000 ... de cours de dure huit ... ...choix de l'institut ...l, bien que le ... ...d'investisse- ...la plupart des

...informa... ...communica- ...que la commu... ...n connais- ...ment franc su... ...près des ...eine expansion, ce... mais trop ...nt au titre de haut responsable, ...de communication, de conseiller, ...r, d'attachés de presses et de journa... ou autres postes dérivés. L'info... ...e demeure une filière dédiée aux scien... ...s et leur promet une bonne place ...grandes entreprises, sociétés et ...ormatiques divers, peut être même ...ste de technicien de laboratoire et autres...

_Le département « **technique des affaires** » par contre n'est proposé qu'aux bacheliers de série C et D. Le business et l'administration, ainsi que les postes de promoteurs et de commerciaux de haut niveau à grande échelle ne manquent généralement pas, si l'étudiant possède les atouts nécessaires et assez de charisme pour se démarquer.

_La "Biotechnologie" et "l'agronomie" restent aussi de très bonnes options que les jeunes scientifiques devraient particulièrement considérer. Mais pas la peine d'y pré-

Mme Razafindrahety de l'ISPM

tendre si on compte lâcher à la moindre épreuve. Ce ne serait que perte de temps et d'argent car cette filière requière une grande ténacité et une forte détermination à réussir, sans l'ombre d'un préjugé.

_ « **Le tourisme et l'hôtellerie** » demeure le bonus des littéraires. Un métier prometteur, emprunte d'une grande ouverture vers de grandes rencontres et aventures de toutes sortes mais qui nécessitent cependant un grand sens du service et de la communication.

_Le " **Génie Industriel**" et le "**Génie Civil**" restent dédiés aux bacheliers de série C et D. Une filière faite pour les futurs machinistes, techniciens, architectes et autres spécialistes d'envergures qui en passant sont actuellement très recherchés et sont généralement très bien payés.

Afin d'aider les jeunes dans le choix de leurs filières, Mada Jeunes organise d'ailleurs un " Salon des études supérieures" qui se tiendra du 5 au 7 octobre au gymnase Ankorondjano. L'occasion d'aller à la rencontre de plus de 40 stands qui auront chacun quelque chose à proposer.

Luciana

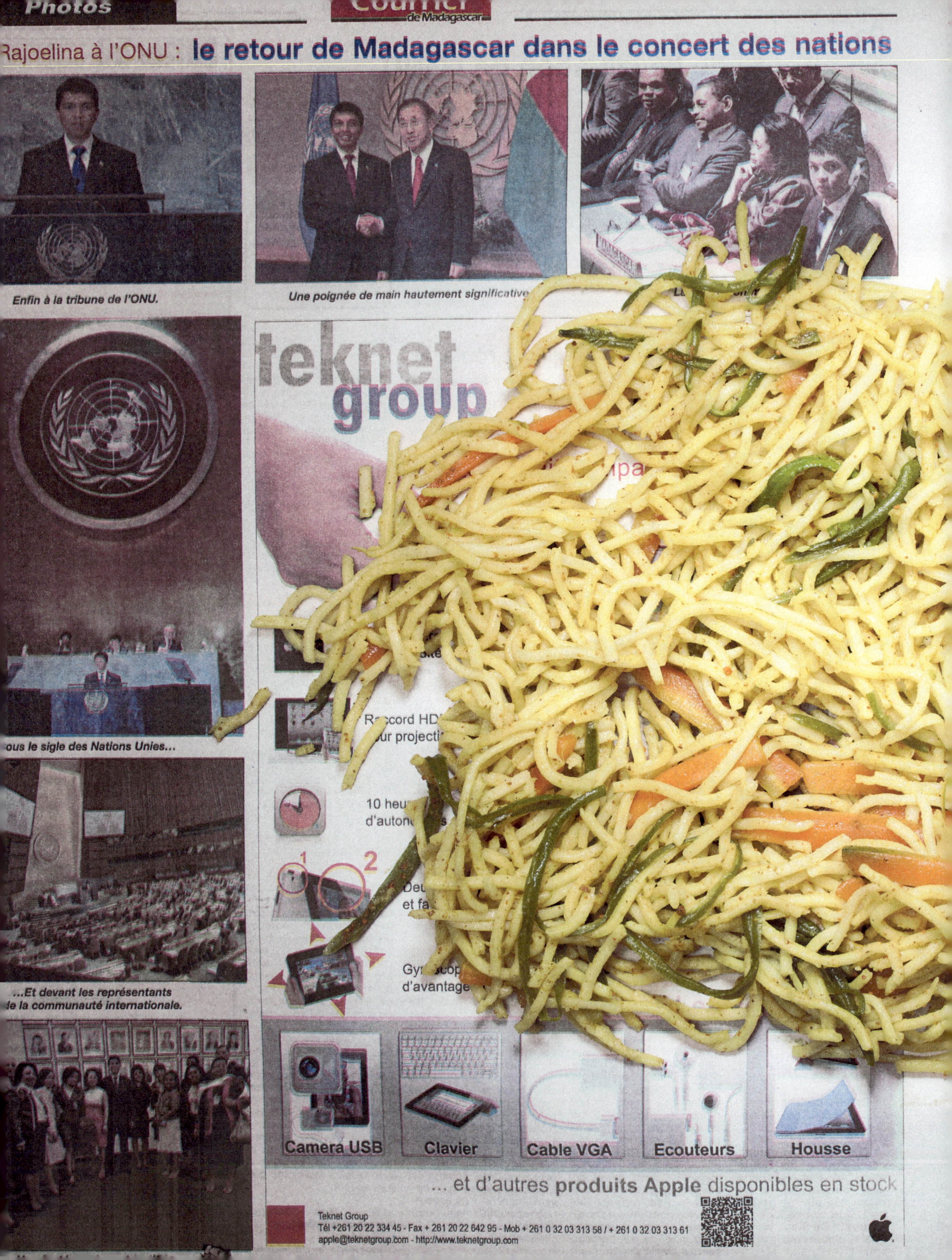

Courrier de Madagascar

Rajoelina à l'ONU : le retour de Madagascar dans le concert des nations

Enfin à la tribune de l'ONU.

Une poignée de main hautement significative

...ous le sigle des Nations Unies...

...Et devant les représentants de la communauté internationale.

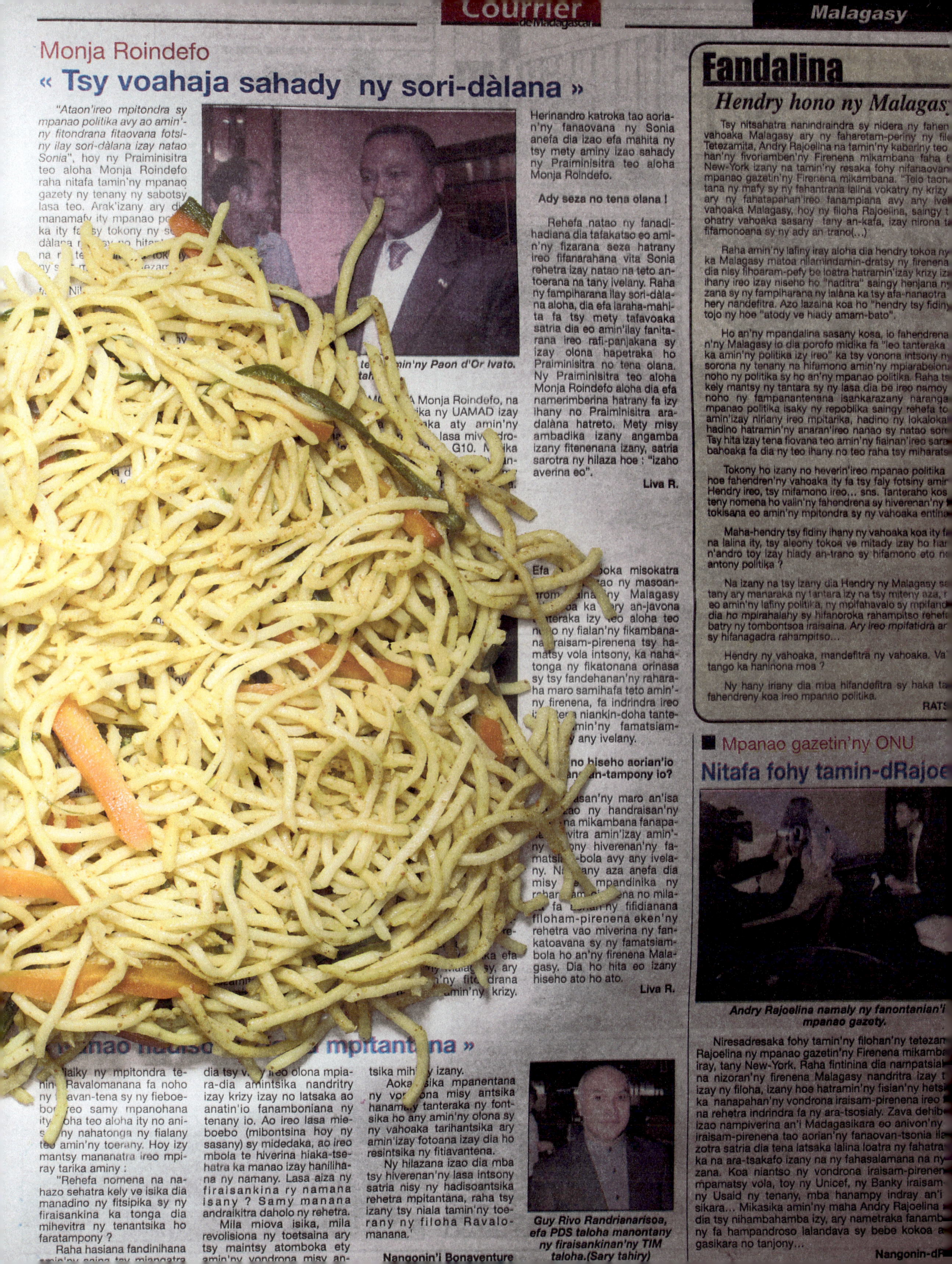

Monja Roindefo

« Tsy voahaja sahady ny sori-dàlana »

"Ataon'ireo mpitondra sy mpanao politika avy ao amin'ny fitondrana fitaovana fotsiny ilay sori-dàlana izay natao Sonia", hoy ny Praiminisitra teo aloha Monja Roindefo raha nitafa teo aloha tamin'ny mpanao gazety ny tenany ny sabotsy lasa teo. Arak'izany ary dia manamafy ity mpanao politika ity fa tsy tokony ny sori-dàlana no hitarika na ... no ... ny s... ... fitsar...

Herinandro katroka tao aorian'ny fanaovana ny Sonia anefa dia izao efa mahita ny tsy mety aminy izao sahady ny Praiminisitra teo aloha Monja Roindefo.

Ady seza no tena olana !

Rehefa natao ny fanadihadiana dia tafakatso eo amin'ny fizarana seza hatrany ireo fifanarahana vita Sonia rehetra izay natao na teto antoerana na tany ivelany. Raha ny fampiharana ilay sori-dàlana aloha, dia efa laraha-mahita fa tsy mety tafavoaka satria dia eo amin'ilay fanitarana ireo rafi-panjakana sy izay olona hapetraka ho Praiminisitra no tena olana. Ny Praiminisitra teo aloha Monja Roindefo aloha dia efa namerimberina hatrany fa izy ihany no Praiminisitra aradàlana hatreto. Mety misy ambadika izany angamba izany fitenenana izany, satria sarotra ny hilaza hoe: "izaho averina eo".

Liva R.

... ... Monja Roindefo, na ... ... ny UAMAD izay ... ... aty amin'ny ... ... lasa miv-dro... ... G10. M... ika ... ...

Efa ... boka misokatra ... tao ny masoan- ... ... aln... ny Malagasy ... oa ka ... ry an-javona ... ... teraka izy teo aloha teo ... no ny fialan'ny fikambanana raisam-pirenena tsy hamatsy vola intsony, ka nahatonga ny fikatonana orinasa sy tsy fandehanan'ny raharaha maro samihafa teto amin'ny firenena, fa indrindra ireo ... era niankin-doha tante- ... ... amin'ny famatsiam- ... any ivelany.

... ... no hiseho aorian'io ... an-tampony io?

... san'ny maro an'isa ... ao ny handraisan'ny ... ... mikambana fanapa- ... vitra amin'izay amin'- ... izay ... famatsi ...-bola avy any ivelany. N... any aza anefa dia misy ... mpandinika ny rehan-... ... ena no mila- ... ka t... an'ny fifidianana filoham-pirenena eken'ny rehetra vao miverina ny fankatoavana sy ny famatsiambola ho an'ny firenena Malagasy. Dia ho hita eo izany hiseho ato ho ato.

Liva R.

... ... alky ny mpitondra te- ... Ravalomanana fa noho ny ... avan-tena sy ny fieboe- ... eo samy mpanohana ... ... oha teo aloha ity no ani- ... ny nahatonga ny fialany ... amin'ny toerany. Hoy izy mantsy mananatra ireo mpi- ray tarika aminy :

"Rehefa nomena na na- hazo sehatra kely ve isika dia manadino ny fitsipika sy ny firaisankina ka tonga dia mihevitra ny tenantsika ho faratampony ?

Raha hasiana fandinihana ... ... saina tsy miangatra ...

... dia tsy v... ireo olona mpia-ra-dia amintsika nandritry izay krizy izay no latsaka ao anatin'io fanamboniana ny tenany io. Ao ireo lasa mieboebo (mibontsina hoy ny sasany) sy midedaka, ao ireo mbola te hiverina hiaka-tse-hatra ka manao izay hanilihana ny namany. Lasa aiza ny firaisankina ry namana isany ? Samy manana andraikitra daholo ny rehetra.

Mila miova isika, mila revolisiona ny toetsaina ary tsy maintsy atomboka ety amin'ny vondrona misy an-...

... tsika mih... y izany.

Aoka ... sika mpanentana ny vo... ona misy antsika ...anama... y tanteraka ny font-... ...ika ho any amin'ny olona sy ... vahoaka tarihantsika ary ... amin'izay fotoana izay dia ho ...esintsika ny fitiavantena.

Ny hilazana izao dia mba ... sy hiverenan'ny lasa intsony ... atria nisy ny hadisoantsika ... ehetra mpitantana, raha tsy ... zany tsy niala tamin'ny toe- ... any ny filoha Ravalo- ... ...nanana.'

Nangonin'i Bonaventure

Guy Rivo Randrianarisoa, efa PDS taloha manontany ny firaisankinan'ny TIM taloha. (Sary tahiry)

MOUVEMENT des AVIONS

LUNDI 26 SEPTEMBRE 2011

NB : SOUS RÉSERVE DE MODIFICATIONS

Air Madagascar

ARRIVÉE		DÉPART
	LONG COURRIER	
	ANTANANARIVO	17:05
(Mardi) 05:40	BANGKOK	07:20
11:10	GUANGZHOU	
	MD 010	
ANTANANARIVO		00:55
10:55	PARIS-CDG	
	MD 070	
	RÉGIONAL	
	ANTANANARIVO	15:20
18:20	REUNION/ST-DENIS	
	MD 190	
	ANTANANARIVO	09:05
12:40	MAURICE	13:30
14:50	ANTANANARIVO	
	MD 186 / 187	
	NOSY-BE	07:10
08:00	DZAOUDZI	08:40
09:30	ANTSIRANANA	10:20
13:05	REUNION/ST-DENIS	13:45
14:20	ANTANANARIVO	
	MD 146 / 143 / 174 / 191	
	ANTANANARIVO	15:45
17:00	DZAOUDZI	17:50
18:35	MORONI - HAHAYA	19:25
20:30	MAHAJANGA	21:20
22:05	ANTANANARIVO	
	MD154	
	INTÉRIEUR	
	ANTANANARIVO	05:00
05:45	TOAMASINA	06:15
06:45	SAINTE-MARIE	07:15
08:10	ANTANANARIVO	
	MD 534	
	ANTANANARIVO	10:25
12:00	TOLAGNARO	12:35
14:15	ANTANANARIVO	
	MD 714 / 715	
	ANTANANARIVO	05:30
06:35	TOLIARA	07:00
07:45	MORONDAVA	08:10
08:55	ANTANANARIVO	
	MD 712 / 741	
	ANTANANARIVO	05:10
06:15	NOSY-BE	
	MD 320	
	ANTANANARIVO	10:35
11:55	ANTSIRANANA	12:20
12:45	NOSY-BE	13:10
14:30	ANTANANARIVO	
	MD 316 / 343 / 321	
	ANTANANARIVO	06:50
08:05	MAROANTSETRA	08:30
09:05	SAMBAVA	09:30
10:40	TOAMASINA	11:05
11:50	ANTANANARIVO	
	MD 406 / 405	
	ANTANANARIVO	12:30
13:30	MAHAJANGA	13:55
14:55	ANTANANARIVO	
	MD 822	

AIR FRANCE

AIRBUS A-340

AF 3578
PARIS CDG 2C 10.30

L'Express DE MADAGASCAR
QUOTIDIEN D'INFORMATION ET D'ANALYSE

DIRECTEUR DE PUBLICATION
Solofo Rasoarahona
DIRECTEUR EDITORIAL ET RÉDACTEUR EN CHEF
Sylvain Ranjalahy
RÉDACTEUR EN CHEF ADJOINT
Lova Rabary-Rakotondravony
PUBLICITÉ
Haingotiana Ramahatra
Tel : 22 620 32
Fax : 22 628 94/22 620 32
E-mail : expresso@moov.mg
PRODUCTION
Christian Rija Rafidison

UNE PUBLICATION DE L'EXPRESS DE MADAGASCAR
ISSN : 1607-4327
L'EXPRESS DE MADAGASCAR EST MEMBRE DE MEDIAF, RÉSEAU DES MÉDIAS FRANCOPHONES DU SUD
Dépôt légal : N° 39141/09/11

SITE INTERNET
www.lexpressmada.com
Ankorondrano
BP 3893 - 101 ANTANANARIVO
Tel : 22 219 34 - Fax : 22 628 94
Telex : 22 222 87

HOPITAUX ET CLINIQUES

- **Espace médical (Service d'urgence)**
Ambodivona 22 625 66 - 034 02 088 16 - 034 02 009 11
- **Clinique CSI de Behoririka :** Tél. 22 641 28, 22 603 63 ou 033 11 458 48
- **Clinique MM 24 :** Tél. 22 235 55 - 033 02 235 55 - 032 04 897 22
- **CDU (Centre médical de diagnostic et d'urgences)**
Ouvert 24h/24, II U 97 Cité Planton, tél. 22 32956 - 033 11 822 28
- **Hôpital militaire de Soavinandriana :** Tél. 23 397 51
- **Clinique d'Anosibe (OSTIE)**
Tél. : 22 290 56 - 22 200 32 - 032 04 856 46 - 033 12 836 60
- **Hôpital Universitaire Joseph Raseta Befelatanana (HUJRB)**
Tél. : 22 223 84 - 22 672 21

SOS AMBULANCE

Service ambulances	22 357 53
Ambulances municipales	22 200 40 - 033 65 333 22 033 65 444 22 - 033 65 555 22
Ambulance Polyclinique d'Ilafy	22 425 66 - 22 425 69
Ambulance Espace Médical	22 625 66
Ambulance CDU	22 329 56
Ambulance MM 24/24	033 02 235 55 - 032 04 897 22

HUISSIERS DE GARDE *(Jusqu'au 01/10/11)*

- **Me Randriamampianina Alexandre**
Lot VF 23, 2ème étage
Amparibe
Tél. 032 07 708 90
- **Me Andriamihaja Lala Nivoharisoa**
Lot III N 24 Soanierana en face
EKAR
Tél. 030 02 411 47

HJRA AMPEFILOHA

- **Service d'urgence**
Tél. 033 11 890 58
- **Pavillon Sainte-Fleur**
(Chirurgie de la femme/Infantile et néo-natale)
Tél. 22 661 04 / 22 663 93
Fax : 22 660 82

JIRAMA (URGENCES)

- TELMA 35 47
joignable avec un poste fixe Telma
- ZAIN 03 35 47
joignable avec un mobile Zain
- ORANGE 032 32 035 47
joignable avec un mobile Orange

OSTIE DE GARDE

Lundi 26 sept. - Dim 02 oct.
Behoririka & Anosibe

SAPEURS POMPIERS
Tél : 118

ASSISTANCE DÉPANNAGE AUTOMOBILES 24H/24
032 07 003 03

MARCHÉ DES DEVISES

	23 SEPTEMBRE	22 SEPTEMBRE	21 SEPTEMBRE
€ (pondéré)	2 759,80	2 756,43	2 765,12
$ US (pondéré)	2 040,95	2 029,01	2 017,91
Livre sterling	3 154,29	3 122,75	3 151,17
Franc suisse	2 257,06	2 233,12	2 259,07
Yen	26,78	26,59	26,42
Dollar canadien	1 991,85	1 968,96	2 025,40
Couronne suédoise (100)	296,67	295,00	302,80
DTS	3 182,23	3 160,77	3 168,80
Roupie mauricienne	70,14	69,25	70,07
Rand	247,13	245,99	255,15
Nombre de transactions	26 en € • 45 en $	43 en € • 36 en $	38 en € • 52 en $
Volume des transactions	3 423 000 €	6 334 600 €	4 374 000 €
	8 390 400 $	7 086 000 $	7 779 000 $

MÉTÉO

SITUATION GÉNÉRALE
Régime d'alizé sur Madagascar.

PRÉVISIONS
Le matin :
Pluies intermittentes sur Sava Analanjirofo Atsinanana. Nuageux sur Atsimo Atsinanana Anosy Androy et le versant Est des Hautes-terres. Alternance du soleil et des nuages ailleurs. Temps venteux sur le littoral Est.

L'après-midi :
Pluies intermittentes sur Sava Analanjirofo Atsinanana. Alternance du soleil et des nuages ailleurs. Temps venteux sur la moitié Nord de la côte Est.

TEMPÉRATURES

Antananarivo	12/23
Fianarantsoa	13/24
Mananjary	20/26
Nosy-be	21/31
Mahajanga	21/31
Sainte-marie	20/27
Antsiranana	20/30
Maintirano	22/30
Antsirabe	08/20
Morondava	[illegible]
Farafangana	[illegible]

COMMISSARIATS DE POLICE

- Hôtel Central de la Police, tél. 22 227 36
- 1er Arrondissement Tsaralalàna (Bains Douches), tél. 22 280 54
- 2e : Ambohijatovo, tél. 22 309 46
- 3e : Besarety, tél. 22 291 30
- 4e : Isotry, tél. 22 280 51
- 5e : Mahamasina, tél. 22 280 48
- 6e : Ambohimanarina, tél. 22 225 52
- 7e : 67 Ha, tél. 22 291 29
- 8e : Analamahitsy, tél. 22 493 25
- Brigade Criminelle, tél. 22 205 84, 22 230 84, 22 214 65

PHARMACIES
(Jusqu'au 01/10/11)

- **Pharmacie Aïcha**
Près CENAM 67 Ha
Tél. 22 620 02
- **Pharmacie Soandry**
Behoririka près du pont
Tél. 22 228 37 / 033 11 650 36
- **Pharmacie Mahasoa**
Andrefan'Ambohijanahary
Tél. 22 622 50
- **Pharmacie Razafimandimby**
Manjakaray
Tél. 22 304 44

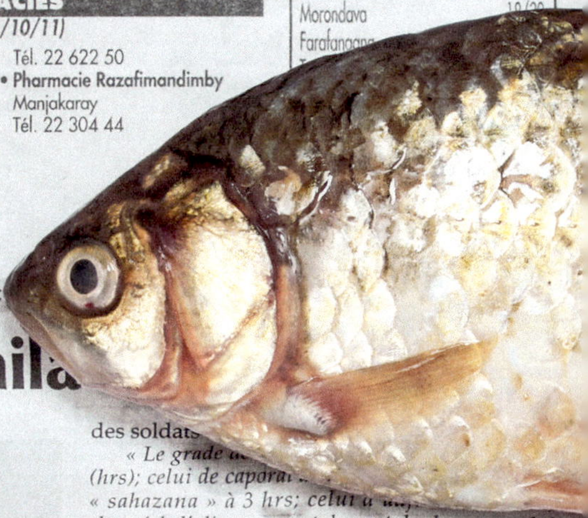

NOTES DU PASSÉ

TEXTE :

Des Lahindefona aux Miaramila

Leur nom « *miaramila* » ou ceux qui ont des besoins communs, veut tout dire. Ce terme sert à désigner les soldats ou hommes de troupes malgaches qui n'existent réellement sous leur forme organisée que sous Radama 1er.

Sous Andrianampoinimerina, l'idée de faire des soldats un corps organisé est à peine ébauchée et c'est tout juste s'ils ont un nom: les « *Lahindefona* » ou hommes à sagaie. Réunis à la veille d'une guerre, ils rentrent chez eux une fois celle-ci terminée. A ce propos, on raconte qu'un jour après une brillante victoire, Andrianampoinimerina demande à ses « *lahindefona* »: « *Qu'y a-t-il de plus doux (mamy) pour vous?* » Tous répondent: « *De faire votre volonté, Seigneur!* » - « *Ne me cachez pas la vérité* », réplique alors le monarque qui devine que leurs propos ne visent qu'à lui faire plaisir. « *Ce qui vous est le plus cher maintenant est de rentrer auprès de vos femmes et de vos enfants car il est doux de rentrer chez soi comme l'affirme le proverbe.* »

Quand son fils et successeur monte sur le trône, il entame « *la véritable organisation des corps de troupes qui, à partir de cette date, prirent le nom de soridany, puis celui de miaramila* » (« *Dictionnaire historique et géographique de Madagascar* », Rajemisa-Raolison). Radama 1er commence par recruter, outre les simples soldats enrôlés comme du temps de son père, 100 hommes parmi la classe riche qu'il fait instruire sérieusement et pour lesquels il crée différents grades. « *Un général chef des troupes, 10 honneurs, qui avait sous ses ordres comme officiers supérieurs des 9, 8 et 7 honneurs. Chaque 6 honneurs était chef d'une centerie et avait sous ses ordres un 5 honneurs et cinq 3 honneurs qui commandaient chacun à leur tour 20 hommes: ce sont ces 7 officiers qu'on appelait* « fito lahy miandry zato » *(sept hommes commandant cent).* »

Les 1 000 premiers soldats instruits font leurs premières armes à Maharivo où, malgré un assez grand nombre de morts dus à la faim, « *ils méritèrent bien de leur roi* ». Encouragé par l'essai, Radama instruit 13 000 nouvelles

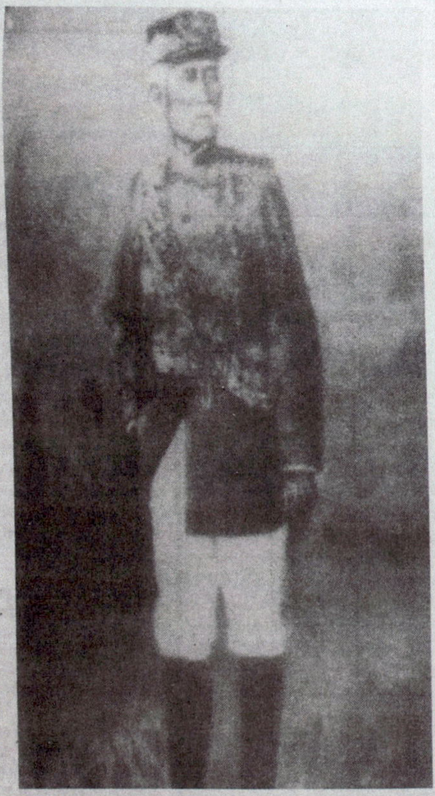

L'officier général Rainianjalahy, 15 honneurs

l'Imerina, sauf dans le Vakinankaratra. Il les fait instruire à Isahafa par les Anglais Brady et Carren et le Français Robin. En même temps, il fait traduire en malgache les formules de commandement militaire et établit un parallèle des soldats [illegible]

« *Le grade* [illegible] *(hrs); celui de caporal* [illegible] « *sahazana* » *à 3 hrs; celui d* [illegible] *chargé de l'alignement et du port du drapeau; celui de lieutenant à 5 hrs; celui de capitaine à 6 hrs; celui de commandant à 7 hrs; celui de lieutenant-colonel à 8 hrs; celui de colonel à 9 hrs; celui de général de brigade à 10 hrs; celui de général de division à 11 hrs; celui de maréchal à 12 hrs* ».

Radama aime ses soldats, surtout il compte sur eux: il les qualifie de « *tandroky ny fanjakana* » (les cornes du royaume), « *hidy sy rakotry ny tany* » (fermeture et couvercle du territoire) et « *tandroka aron'ny vozona* » (cornes protectrices du cou). Il veut aussi qu'ils soient dignes de cette confiance qu'il met en eux. C'est pourquoi dans une cérémonie solennelle à Isahafa, les soldats prêtent serment de ne pas reculer devant l'ennemi et que « *celui qui lui tournerait le dos, qu'il périsse vif par les feux* ».

Par la suite, on verra que ce serment n'est pas resté lettre morte ni parole vaine. Lors de l'expédition en pays sihanaka, quelques hommes, dont le général Andriankotonavalona lui-même, ont simulé un recul devant l'ennemi qui a l'avantage du nombre. Mais leur attitude n'est pas du tout jugée comme stratégique et tous sont brûlés vifs.

Radama ne cesse de perfectionner son armée jusqu'aux plus minimes détails extérieurs. C'est ainsi qu'en 1823, après la deuxième expédition du Menabe, il ordonne à ses troupes de se faire couper les cheveux, car à l'époque, les hommes ont la chevelure aussi longue que celle de leurs épouses. Cela provoque un trouble, surtout parmi celles-ci qui se refusent à voir un changement physique chez leurs hommes. Cela n'en reste pas là puisque les femmes envisagent d'organiser une manif pour montrer leur mécontentement. Le roi doit intervenir et même les menacer pour qu'elles acceptent malgré elles la nouvelle coiffure de leurs soldats de maris.

Arrêt des négociati[...]

Toutes les consultations pour le rapprochement ont été s[...] la signature de la Feuille de route. Place à l'examen du pl[...]

LES « centristes » ainsi que les médiateurs nationaux ont pris un temps de réflexion après la signature de la Feuille de route, il y plus d'une semaine. Ils ont suspendu leurs consultations auprès des différentes sensibilités en vue de leur rapprochement, pour examiner surtout la mise en application du plan de sortie de crise. Leur travail s'effectue dans la discrétion.

Gilbert Raharizatovo du Groupement des forces centristes (GFC) a confié hier que, pour le moment, chaque structure membre va se livrer à l'observation des faits afin de les vérifier, pour aboutir à la préparation d'une lec[...] la situation.

PHOTO : MAMY MAËL

Les centristes Gilbert Raharizatovo, Saraha Georget Rabeharisoa et Fabien Randrianirina préfèrent ranger leurs affaires pour le moment

taines sensibilités. Mais avec une telle approche, nous essayons de chercher un terrain d'entente », a-t-il expliqué au téléphone.

Le président de la Plate-forme pour la stabilité et la reconnaissance internationa[...] (PSRI) a cependant avan[...] malement, plus [...] tation juri[...]

Pour Gilbert Raharizatovo, il faut positiver le geste de la communauté internationale ayant accepté d'accorder à la Grande île une place dans le concert des Nations. *« Des paramètres, dont entre autres l'appartenance à la société internationale, ne devraient pas être minimisés »*, a-t-il ajouté en soulevant l'importance des [...]tuels déplacements diplo[...] du président de la [...]é de la Transition

[...]sur [...]ituati[...]

[...]xten [...]a mani[...]ge de Zafilahy [...]as, ont évoqué la confir-mation du retour de l'ancien numéro un du pays, en dévoi-lant publiquement la date et l'heure même de son arri-vée. Il n'en a été rien, et les manifestants se sont conten-tés des discours des habi-tuels tribuns. De l'autre côté, les Forces armées malgaches, en particulier la police judi-ciaire en collaboration avec la gendarmerie nationale, ont annoncé du concret pour cette fin de semaine sur le prochain rapatriement de Marc Ravalomanana. Le départ d'une délégation de dix personnes, comprenant cinq officiers de police judi-ciaire et cinq gendarmes afin d'appliquer le mandat d'ar-rêt, a été véhiculé. Jusqu'à hier, aucune action réelle n'est venue de l'un comme

[...]mp.

Contrairement à ce qui était annoncé, ni Marc Ravalomanana, ni un de ses subordonnés, n'ont donné davantage de détails sur son retour volontaire. La semai-ne dernière, Marc Ravalomanana a répliqué aux sbires du régime actuel en annonçant un *« retour volontaire à Madagascar »* pro-chainement, sans donner toutefois de date précise. Il a affirmé *« être prêt à faire face à ce qui devait suivre »*.

Point mort

Cette précision de l'an-cien Chef d'État exilé actuel-lement en Afrique du sud fait suite à une décision des Forces armées d'*« y aller afin de le ramener et de le protéger à Madagascar »*, d'après une précision du Général Ravalo-manana, commandant de la

circo[...] régionale de la gendar[...] nationale pour la région A[...]tananarivo (CIRGN).

Mamy Rakotoarivelo, chef de la délégation Ravalo-manana, nie la nécessité d'une *« protection »* de la part des Fores armées. *« Nous ne croyons pas cette affirmation. Marc Ravalomanana n'a pas besoin de protection car la popu-lation s'en chargera »*, note le secrétaire général du Tiako i Madagasikara. La Justice malgache a en effet remis à jour, juste après la signatu-re de la Feuille de route, le mandat d'arrêt contre l'an-cien président de République condamné aux travaux for-cés à perpétuité en août 2010? avec mandat d'arrêt à l'au-dience.

Le *« bras exécutant »* de la justice, les Forces armées et la police judiciaire en particulier, se heurtent cepen-

Une délégation de la SADC attendue

Sauf changement, une délégation de la SADC est attendue dans les prochains jours à Madaga'scar. Plus précisément, il s'agirait de la Troïka de la SADC, et la date d'aujourd'hui ou de demain a été avancée offi-cieusement par des person-nalités au courant du dossier. Charles Aimé Randriamo-[...]ata, directeur de cabinet

étrangères, confirme en par-tie et précise que l'objet de la mission sera l'établisse-ment du bureau de liaison de la SADC à Madagascar afin de veiller *« de visu »* à l'application et à la mise en oeuvre de la Feuille de route.

Ce retour de la SADC en terre malgache devrait tran-cher sur la multitude d'inter-prétation des partis politiques

de route. Dernièrement, la mouvance Zafy a affirmé *« avoir signé pour pouvoir entamer de nouvelles discus-sions »*, en particulier sur le sort de Andry Rajoelina, pré-sident de la Haute autorité de la transition. Il en est de même de la clé de répartition pour l'établissement de la prochaine transition basée [...]

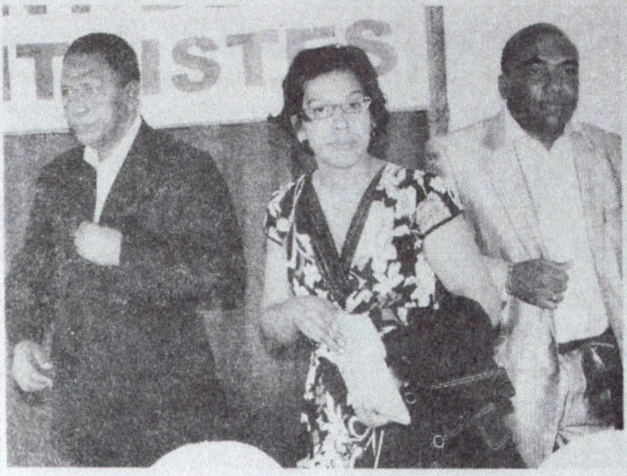

Madagascar MG

ANTANANARIVO | SEPTEMBER 2011

Poverty line MGA 1,284 (USD 0.64 / EUR 0.51)

Madagascar's National Institute of Statistics (INSTAT) is in charge of deriving the poverty line, which has been fixed at MGA 468,800 per person per year. 76.5% of the population was under the poverty line in 2010, rising from 68.7% in 2005. 80% of Madagascar's population lives in rural areas, which have higher poverty levels (82.2%). The income disparity between the urban and rural populations has been increasing. The Gini coefficient is 13% higher for urban areas than for rural areas. Madagascar's Human Development Index (HDI, compiled by the UNDP) was 0.48 in 2010, ranking it 151st among 187 countries.

Besides income thresholds, Madagascar also tries to look into living conditions/subjective welfare analysis during its surveys to understand the poverty situation. Poverty figures are tracked through its five-yearly household survey (Enquête Périodique auprès des Ménages).

GDP and Population, 1960–2017

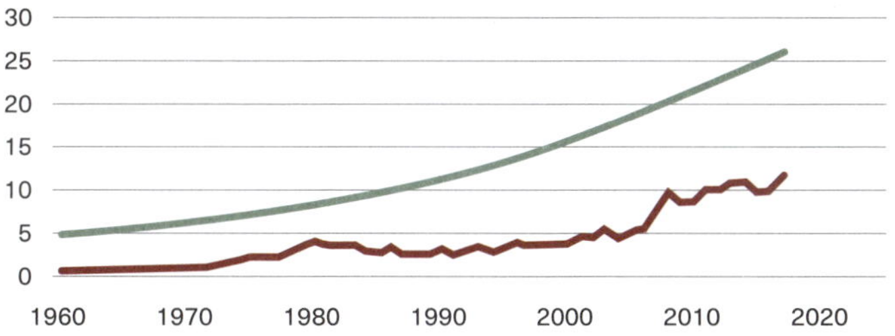

GDP (billion current USD)
Population (millions)

Source: World Bank

GNI per Capita, Atlas Method (Current USD), 1962–2017

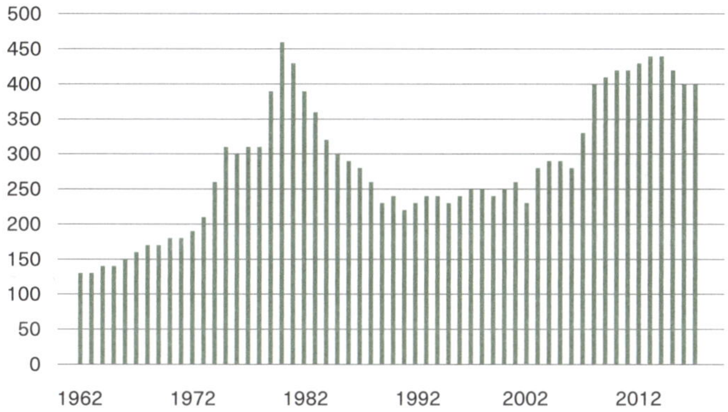

Source: World Bank

Life Expectancy and Primary Education Enrollment, 1960–2016

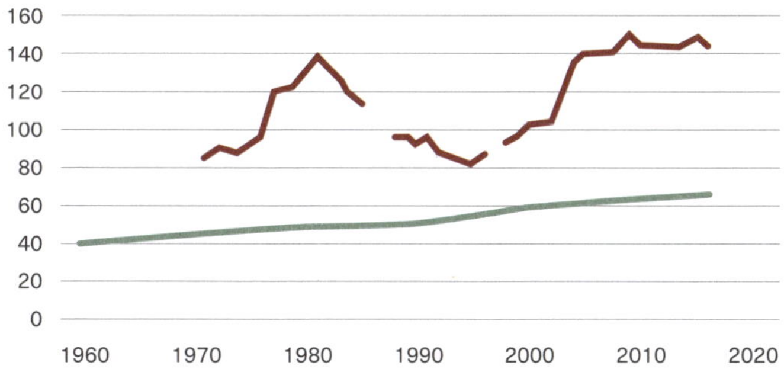

Total life expectancy at birth (years)
Primary-school enrollment (% gross)

Source: World Bank

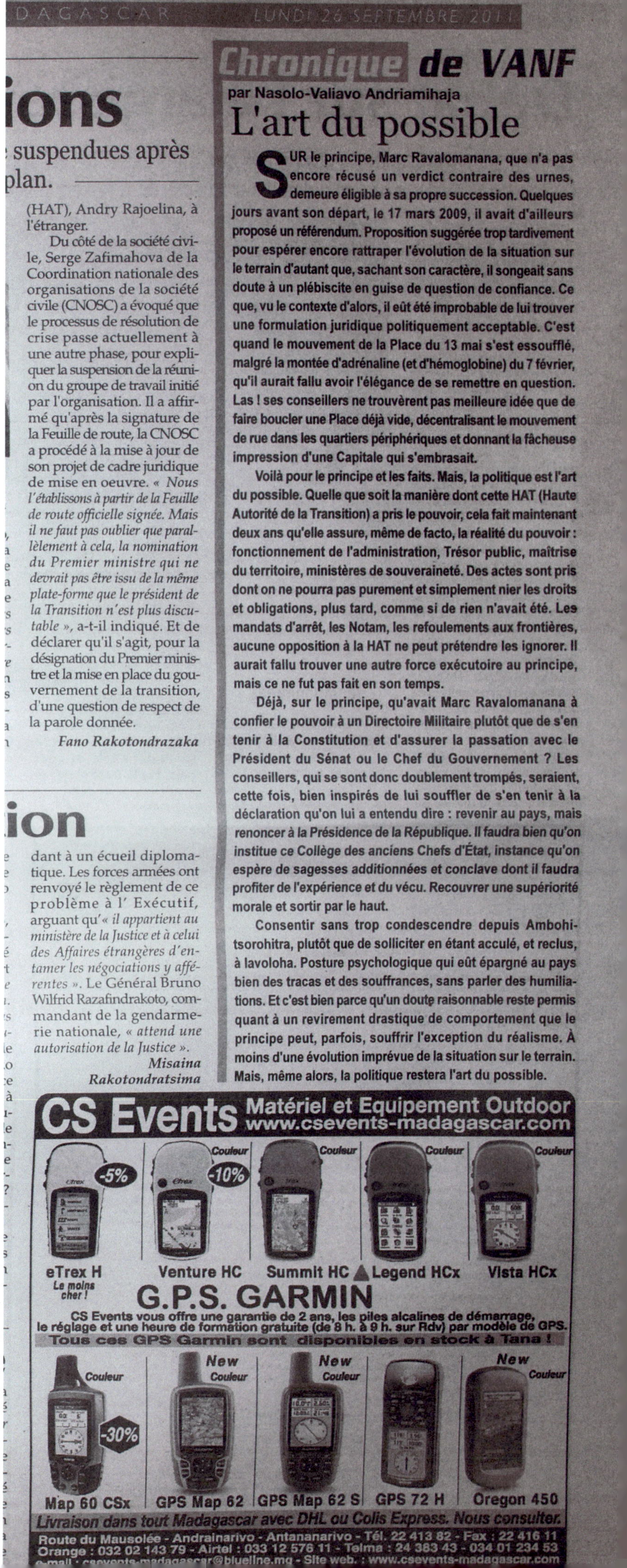

DAGASCAR LUNDI 26 SEPTEMBRE 2011

…ions

…suspendues après …plan.

(HAT), Andry Rajoelina, à l'étranger.

Du côté de la société civile, Serge Zafimahova de la Coordination nationale des organisations de la société civile (CNOSC) a évoqué que le processus de résolution de crise passe actuellement à une autre phase, pour expliquer la suspension de la réunion du groupe de travail initié par l'organisation. Il a affirmé qu'après la signature de la Feuille de route, la CNOSC a procédé à la mise à jour de son projet de cadre juridique de mise en oeuvre. « *Nous l'établissons à partir de la Feuille de route officielle signée. Mais il ne faut pas oublier que parallèlement à cela, la nomination du Premier ministre qui ne devrait pas être issu de la même plate-forme que le président de la Transition n'est plus discutable* », a-t-il indiqué. Et de déclarer qu'il s'agit, pour la désignation du Premier ministre et la mise en place du gouvernement de la transition, d'une question de respect de la parole donnée.

Fano Rakotondrazaka

…ion

dant à un écueil diplomatique. Les forces armées ont renvoyé le règlement de ce problème à l'Exécutif, arguant qu'« *il appartient au ministère de la Justice et à celui des Affaires étrangères d'entamer les négociations y afférentes* ». Le Général Bruno Wilfrid Razafindrakoto, commandant de la gendarmerie nationale, « *attend une autorisation de la Justice* ».

Misaina Rakotondratsima

Chronique de VANF

par Nasolo-Valiavo Andriamihaja

L'art du possible

SUR le principe, Marc Ravalomanana, que n'a pas encore récusé un verdict contraire des urnes, demeure éligible à sa propre succession. Quelques jours avant son départ, le 17 mars 2009, il avait d'ailleurs proposé un référendum. Proposition suggérée trop tardivement pour espérer encore rattraper l'évolution de la situation sur le terrain d'autant que, sachant son caractère, il songeait sans doute à un plébiscite en guise de question de confiance. Ce que, vu le contexte d'alors, il eût été improbable de lui trouver une formulation juridique politiquement acceptable. C'est quand le mouvement de la Place du 13 mai s'est essoufflé, malgré la montée d'adrénaline (et d'hémoglobine) du 7 février, qu'il aurait fallu avoir l'élégance de se remettre en question. Las ! ses conseillers ne trouvèrent pas meilleure idée que de faire boucler une Place déjà vide, décentralisant le mouvement de rue dans les quartiers périphériques et donnant la fâcheuse impression d'une Capitale qui s'embrasait.

Voilà pour le principe et les faits. Mais, la politique est l'art du possible. Quelle que soit la manière dont cette HAT (Haute Autorité de la Transition) a pris le pouvoir, cela fait maintenant deux ans qu'elle assure, même de facto, la réalité du pouvoir : fonctionnement de l'administration, Trésor public, maîtrise du territoire, ministères de souveraineté. Des actes sont pris dont on ne pourra pas purement et simplement nier les droits et obligations, plus tard, comme si de rien n'avait été. Les mandats d'arrêt, les Notam, les refoulements aux frontières, aucune opposition à la HAT ne peut prétendre les ignorer. Il aurait fallu trouver une autre force exécutoire au principe, mais ce ne fut pas fait en son temps.

Déjà, sur le principe, qu'avait Marc Ravalomanana à confier le pouvoir à un Directoire Militaire plutôt que de s'en tenir à la Constitution et d'assurer la passation avec le Président du Sénat ou le Chef du Gouvernement ? Les conseillers, qui se sont donc doublement trompés, seraient, cette fois, bien inspirés de lui souffler de s'en tenir à la déclaration qu'on lui a entendu dire : revenir au pays, mais renoncer à la Présidence de la République. Il faudra bien qu'on institue ce Collège des anciens Chefs d'État, instance qu'on espère de sagesses additionnées et conclave dont il faudra profiter de l'expérience et du vécu. Recouvrer une supériorité morale et sortir par le haut.

Consentir sans trop condescendre depuis Ambohitsorohitra, plutôt que de solliciter en étant acculé, et reclus, à Iavoloha. Posture psychologique qui eût épargné au pays bien des tracas et des souffrances, sans parler des humiliations. Et c'est bien parce qu'un doute raisonnable reste permis quant à un revirement drastique de comportement que le principe peut, parfois, souffrir l'exception du réalisme. À moins d'une évolution imprévue de la situation sur le terrain. Mais, même alors, la politique restera l'art du possible.

CENI
Regroupement de ses démembrements à Alarobia

Depuis hier, les démembrements de la Commission Électorale Nationale Indépendante, depuis les Communes jusqu'aux Régions, dans tout Madagascar se sont regroupés au siège de cette institution à Alarobia. Une occasion pour ces détachements de constater de visu les réalisations et les améliorations à faire au sein de cette institution électorale. Un bilan sera élaboré par Me Yves Herinirina Rakotomanana, président de la CENI lors de la restitution de cet après-midi.

Parti A[...]
Pour [...] de la [...] de re[...]

Le [...] Mich[...] œuvre [...] de s[...] sens[...] acte[...] sign[...] de le [...] fin de [...] ceptib[...] questi[...] memb[...] parlem[...] cette feuille de [...] voie favorable à [...] naissance internationale.

Marc A.

Politique
Monja Roindefo reçoit le réseau des Académiciens Politiques

L'ancien Premier ministre Monja Roindefo a reçu samedi dernier les jeunes membres du Réseau des Académiciens Politiques formés auprès du centre Friedrich Ebert Stiftung. Contrairement à ce que nous avons rapporté hier dans les colonnes de Ma-LAZA, ces jeunes ne font pas partie de la formation YLTP ou Youth Leadership Training Program. Toutefois, ces nouveaux formés sont issus de plusieurs formations politiques du pays et notamment du Monima, de l'Arema, de DHD Madagasikara, du parti Madagasikarantsika ou encore de l'AMP (Ampela Manao Politika).

Marc A.

Application de la feuille de route
La Troïka attendue pour la mise en place des institutions

La délégation de la Troïka de la SADC est attendue cette semaine dans la capitale malgache. Après la signature de la feuille de route, les parties prenantes au processus de sortie de crise, plus précisément les signataires de la feuille de route devraient se pencher sur le partage des portefeuilles ministériels.

La prochaine mission de la troïka de la SADC devrait appuyer cette distribution de ministères entre les protagonistes de la crise. La composition de cette délégation ne devrait pas être modifiée par rapport à celle qui avait mené la signature de la feuille de route.

La composition de trois institutions de la transition sera revue. Il s'agit du gouvernement de la transition, des deux chambres de la transition et de la Commission Electorale Nationale Indépendante (CENI).

[...]gascar, les suren[...]

malgaches. Dans la mesure où un terrain d'entente ne sera pas trouvé, nul doute que cette organisation régionale imposerait sa proposition, estiment les observateurs.

En ce qui concerne les deux chambres de la transition, la prochaine mission de la SADC devra mettre les choses au point. On saura bientôt si le Congrès de la Transition et le Conseil Supérieur de la Transition seront élargis ou recomposés. Quant à la CENI, de laquelle dépendra la neutralité des élections, sa composition actuelle ne fait pas l'unanimité.

processus d'une élection libre, transparente et démocratique. Faut-il rappeler que ses membres actuels sont à la solde du régime en place ?

En attendant, les observateurs estiment que la signature de la feuille de route n'est qu'une première étape de franchie dans le processus de sortie de crise. Les autres étapes, les plus dures, restent à franchir.

Mais avec la force de la notoriété dont a fait preuve l'équipe de la médiation actuelle, les observateurs estiment que la longue route qui devra mener vers la sortie de crise [...]tre rapidement fran[...]

Point de vue

Réflexions autour d'un périple

Il est clair que le problème de la HAT est de trouver une recette pour garder ses acquis, son territoire politique, sans pour autant violer les termes de la feuille de route. Exercice de funambule. Elle ne peut pas déshabiller Pierre pour habiller Paul de cette manière.

La fameuse extradition de Marc Ravalomanana est beaucoup plus une frappe psychologique pour susciter l'effet contraire auprès de l'incriminé. Aucun accord juridique n'existe entre Madagascar et l'Afrique du Sud, qui plus est assume la présidence de la Troïka. Un envoi de commando pour chercher l'ex Chef d'Etat dans la banlieue du Cap relèverait plus d'un film d'action que de la réalité. Arrêtons donc de berner l'opinion et on se demande pourquoi il est si difficile, pour les signataires de la feuille de route, de respecter sans aucune interprétation ses dispositions.

Ce qui aurait dû se passer après la signature aurait été simple : formation du gouvernement d'union nationale très rapidement donc démission de l'actuel gouvernement, que ses membres soient reconduits ou pas, lobbying international pour avoir le déblocage des fonds, remise sur les rails de la machine électorale, recomposition parallèlement des deux chambres parlementaires.

Rajoelina a pris les devants. Le limogeage de quelques ministres qui lui sont proches, il entame son lobbying international. Selon les observateurs, sur les conseils de ses experts, [...]

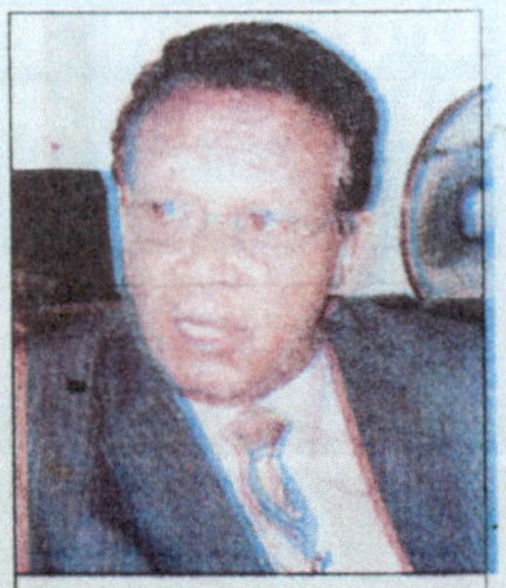

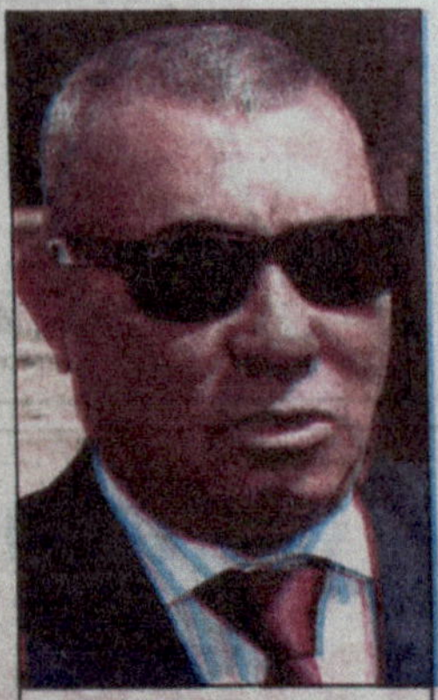

Le PM Camille Vital

PM du consensus
Paris et Prétoria soutiennent des candidats

La France et l'Afrique du Sud appuieraient chacune de son côté des candidats à la Primature. Ces deux pays influents à Madagascar ont leur vision respective de la sortie de crise.

Selon des sources diplomatiques, Paris et Pretoria ont chacun d'eux leur candidat au poste de Premier ministre de consensus. Ces deux pays qui ont tous deux tissé des liens socio-économiques avec Madagascar veulent appuyer des candidats à la Primature.

Depuis quelques jours, les noms des premiers ministrables rcirculent dans les chancelleries étrangères. Une des candidatures potentielles, que la mouvance Zafy aurait l'intention de proposer, est soutenue par la France. D'ailleurs, le Quai d'Orsay aurait déjà donné son avis favorable à la candWidature de cette personnalité. Toutefois, l'Afrique du Sud, elle, aurait émis des réserves à ce sujet.

Les diplomates sud-africains estiment que ce candidat soutenu par la France serait un « homme des Français ». Une hypothèse que les diplomates français récusent énergiquement étant donné que « la France n'a pas de candidat », ont-ils rétorqué. D'autre part, l'Afrique du Sud soutient la candidature de deux autres personnalités politiques qui se positionnent dans la course vers Mahazoarivo. La première avait tissé des liens historiques avec l'Afrique du Sud depuis des années notamment dans le domaine politique. Une personnalité qui serait proche de l'ANC, le plus grand parti politique sud-africain.

La seconde personnalité serait un homme politique qui a beaucoup influencé les pays de la SADC dans la mise en œuvre de la feuille de route. Ce second candidat potentiel à la primature serait l'interlocuteur direct de l'Afrique du Sud dans le processus de sortie de crise malgache.

En tout cas, les groupements politiques signataires de la feuille de route du 17 Septembre 2011 n'ont pas encore soumis officiellement leur proposition de Premier ministre de consensus. Toutefois, certains d'entre eux ont déjà leur préférence et multiplient leurs contacts à l'échelle internationale.

Marc A.

politique présente, le président du CST, le Gal Dolin Rasolosoa en appelle à une réunion d'urgence , axée sur la mise en œuvre de la feuille de route de sortie de crise récemment signée par les différentes entités politiques malgaches. Le numéro un de la chambre haute, pour ce faire, a adressé une lettre ouverte à la Communauté internationale, en particulier à la Troïka de la SADC ainsi qu'aux politiciens malgaches et dont voici la teneur :

« *Devant les interprétations divergentes dans la mise en œuvre de la feuille de route, devant certaines réticences à la réalisation des élections, devant la volonté de trouver les voies et moyens pour aboutir au changement souhaité par le peuple malgache, nous lançons un appel à tous les acteurs impliqués. A la Communauté internationale, par le biais de la SADC, d'apporter de plus amples explications lors d'une réunion urgente avec les acteurs politiques, sur certains articles de la feuille de route afin d'accé-* [...] *sereinement sa mise en œuvre. Aux acteurs politiques malgaches, surtout aux signataires de la feuille de route, de concentrer tous leurs efforts pour aboutir à des élections libres, transparentes et crédibles afin de démontrer à tous qu'une démarche axée sur les échanges et les concertations s'avère meilleure que les guerres intestines. Que nos décisions soient toujours dictées par la recherche constante du bien-être de la population et du développement du pays».*

Vola R

Le Gal Dolin Rasolosoa, président du CST

Affaire DSK
La confrontation entre Strauss-Kahn et Banon prévue jeudi

La confrontation décidée la semaine dernière par le parquet de Paris entre Dominique Strauss-Kahn et Tristane Banon aura lieu après demain. Elle se déroulera au siège de la brigade financière ou dans les locaux de la brigade de répression de la délinquance à la personne, selon les sources. La journaliste et écrivain Tristane Banon accuse DSK de tentative de viol lors d'un entretien en 2003, accusations que l'ex-patron du FMI récuse, qualifiant son récit d'"imaginaire" et de "calomnieux". Il a indiqué aux policiers avoir essayé d'embrasser la jeune femme mais dément toute agression sexuelle. Actuellement au Maroc, Dominique Strauss-Kahn devrait rentrer demain pour le face-à-face annoncé. Une enquête préliminaire est en cours depuis juillet. Les deux protagonistes ont déjà [illisible].

Karachi
Selon Xavier Bertrand, Sarkozy est victime d'une 'chasse à l'homme'

Xavier Bertrand a affirmé hier que le président de la République était victime d'une 'chasse à l'homme' dans le dossier Karachi. 'Karachi me rappelle quelque chose, le début de l'affaire

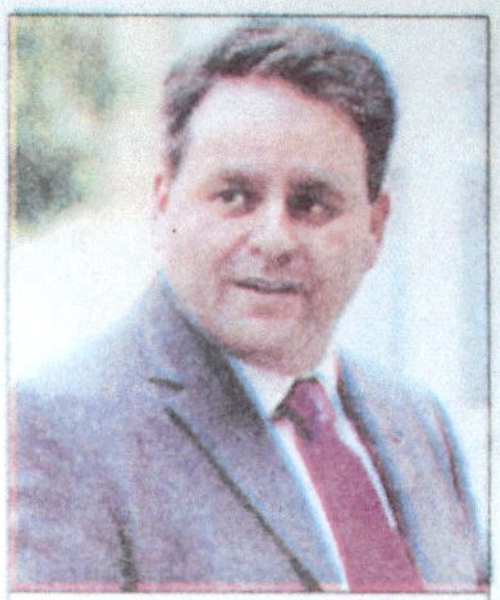

« Karachi me rappelle le début de l'affaire Clearstream », selon Xavier Bertrand

Clearstream : le même emballement, la même attaque, la même chasse à l'homme. Contre qui? Contre Nicolas Sarkozy. On parlait de commission rogatoire et au final, c'était lui la victime', a déclaré le ministre du travail. 'Trop, c'est trop. Je pense qu'il y a un emballement sans pareil de la part de certains journaux' et 'de la part des politiques, du Parti socialiste', a ajouté le ministre, en déplorant 'une violence sans pareille sur la personne du président'. Le ministre de la défense Gérard Longuet avait jugé, hier, 'obscène' le fait de lier la vente de sous-marins au Pakistan et les possibles rétrocommissions pour financer la campagne d'Edouard Balladur en 1995 à l'attentat de Karachi en 2002. 'Karachi, c'est en 2002 et on parle de faits de sept ans antérieurs', a-t-il déclaré.

'Théorie du complot'

'J'aimerais que la théorie du complot ne soit pas défendue et reprise systématiquement. S'il y a eu de l'argent liquide, qu'on le prouve et que ceux qui l'ont apporté en explique les raisons', a ajouté l'ex-ministre d'Edouard Balladur. 'Nous avons 7 % du marché de l'armement. Il n'y a plus de commissions en France depuis quinze ans. Cela n'existe plus. S'il y en avait, c'est délit, c'est pénal, c'est correctionnel', a-t-il dit, estimant que 'la France socialiste comme la France de droite est exemplaire sur ce terrain'.

Espagne
Campagne électorale du 4 au 18 novembre, législatives le 20

Le chef du gouvernement espagnol José Luis Rodrigue [illisible] convo[illisible] velles chambres parlementaires seront constituées le 13 décembre, selon le calendrier décidé lors d'un Conseil [illisible] ordinaire.

se représente pas à l'issue de ses deux mandats mais a toutefois voulu "exprimer (sa) gratitude à tous les citoyens". Le dirigeant socialiste avait décidé fin juillet [illisible].

Yémen
Saleh se dit prêt à une transition par des élections

Le Président yéménite Ali Abdallah Saleh, contesté depuis des mois dans son pays, avait affirmé qu'il était prêt à une transition conformément à l'initiative des monarchies du Golfe mais par des élections. "Nous avons parlé à maintes reprises d'une transition pacifique du pouvoir, à travers les urnes", a déclaré M. Saleh en invitant l'opposition parlementaire au dialogue avec le vice-président Abd Rabbo Mansour Hadi, officiellement mandaté pour négocier et signer le plan du Golfe pour une sortie de crise. Ce mandat "est toujours en vigueur et le vice-président est chargé de négocier et de signer l'initiative ainsi que son mécanisme d'application afin de sortir le pays de sa grave impasse", a-t-il ajouté lors de son discours.

Le président yéménite a toujours refusé de signer lui-même le plan du Golfe, qui prévoit sa démission en échange d'une immunité. Il a pourtant répété qu'il était "engagé par l'initiative du Golfe". Il s'agissait du premier discours télévisé de M. Saleh depuis son retour surprise à Sanaa, après une absence de plus de trois mois pour des soins en Arabie saoudite.

L'opposition et les jeunes refusent le discours du président Saleh

L'opposition yéménite a accusé le président Ali Abdallah Saleh, qui s'est dit prêt à des élections anticipées, de chercher à se dérober à un transfert de pouvoir tandis que des dizaines de milliers de personnes manifestaient contre lui hier à Sanaa.

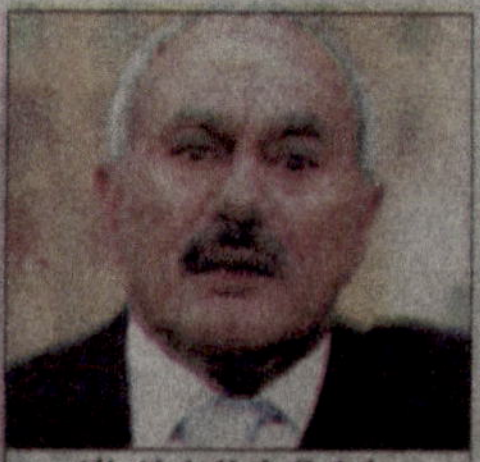

Ali Abdallah Saleh a répété qu'il était "engagé par l'initiative du Golfe"

Etat palestinien
Conseil de sécurité entre en jeu

[illisible] Mahmoud Abbas a entamé une nouvelle phase hier: celle du Conseil de sécurité. Selon les statuts de l'organisation, ce sont en effet ses quinze membres qui décident ou non d'accueillir un nouveau membre. Pour que la Palestine devienne le 194e Etat membre des Nations unies, il lui faudra obtenir le feu vert de neuf des quinze membres du Conseil, sans qu'aucun des cinq membres permanents n'appose son veto. Mais, avant même cette première réunion, tous les protagonistes du dossier savent que ce ne sera pas le cas puisque Barack Obama, soutien d'Israël et partisan de négociations, a déjà fait savoir qu'il mettrait le veto américain.

veto, qui mettrait à mal [illisible] américaine dans le [illisible] musulman, les [illisible] président et font pression [illisible] maximum de pays à l'abstention pour que les Palestiniens butent sur les neuf voix nécessaires. Pour l'instant, six pays ont annoncé qu'ils soutiendraient Mahmoud Abbas : Chine, Russie, Brésil, Inde, Liban et Afrique du Sud. Le Nigeria semble également pencher pour le "oui". A l'opposé, l'Allemagne et la Colombie voteront soit "non" soit s'abstiendront.

Les pour, les contre

Tout l'enjeu des tractations qui vont se dérouler en coulisses concerne donc le nombre de voix que récoltera la demande palestinienne. Pour éviter d'apposer leur

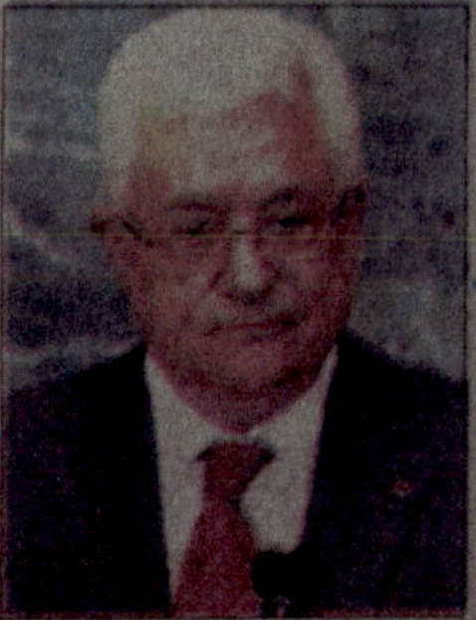

Le jeu de poker menteur entamé par Mahmoud Abbas a entamé une nouvelle phase hier

Nobel de la paix
Wangari Maathai

Wangari Maathai, Prix Nobel de la paix et figure du combat pour la protection de l'environnement, est morte à Nairobi après une longue bataille contre le cancer. Cette femme de 71 ans s'était vu décerner le prix Nobel en 2004 pour son action à la tête du "Mouvement de la ceinture verte", fondé en 1977 et qui avait surtout pour objet la plantation d'arbres en Afrique. Elle est aussi "la première femme d'Afrique orientale et centrale à avoir été titulaire d'un doctorat".

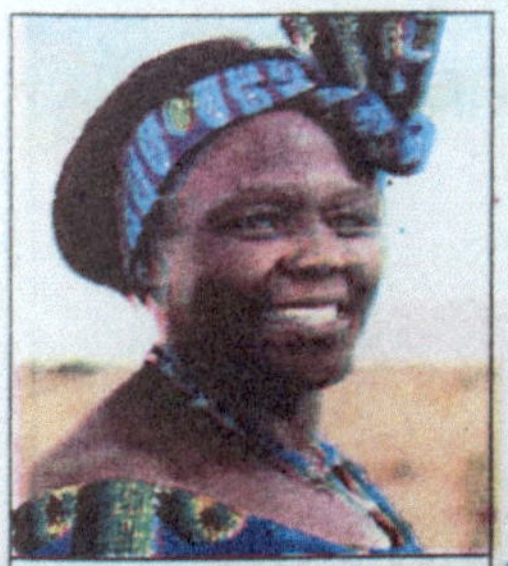

La première femme d'Afrique orientale et centrale à avoir été titulaire d'un doctorat

---

Lavatra ilaina

Pâtes Apollo 1, tongolobe, menaka, voatabia, tongolo maitso, sauce soja, feuilles de pâte de riz

Chef Marius sy Tinasoa
Contact : 032.02.352.98
033.02.352.98
034.02.352.98

FIKARAKARANA

Masaho ao anaty rano mangotraka mandritry ny 3 mn ny pâtes Apollo 1. Tsihifo ao anaty passoira ary atokano.

Teteho ny tongolobe 1. Teteho lavalava manify ny calamar. Teteho ny voatabia. Atambaro ao anaty bol iray ny tongolobe sy ny voatabia ary ny calamar, fafazo tongolo maitso voatetika.

Arotsaho ao koa ny pâtes Apollo efa masaka, sy ny sauce ny Apollo. Asio sauce soja 1 sotro lehibe ary afangaroy tsara.

Lemo rano mangatsiaka ny feuille de pâte de riz roa na telo ary velaro eo ambony servieta madio. Apetraho eo amboniny tsirairay avy ny pâtes misy fangarony tongolo sy voatabia nomanina teo.

Avalony ho toy ny manao nem ny pâte de riz, tandremo tsy hipotsaka ny fangaro pâtes ao anatiny.

Hafanao ao anaty vilany lalina iray ny menaka hanendasana. Rehefa mafana, dia arotsaho ao ny roulade. Avelao ho mendy tsara.

Omano avy hatrany ny bravo maman sy ny ravina céleri ary ny lovia fisaka asiana ny nahandro.

Loary eo ambony servieta madio ny roulades mba hampitsiaka ny menaka. Apetraho eo ambony lovia amin'izay ary arosoy mafana tsara avy hatrany.

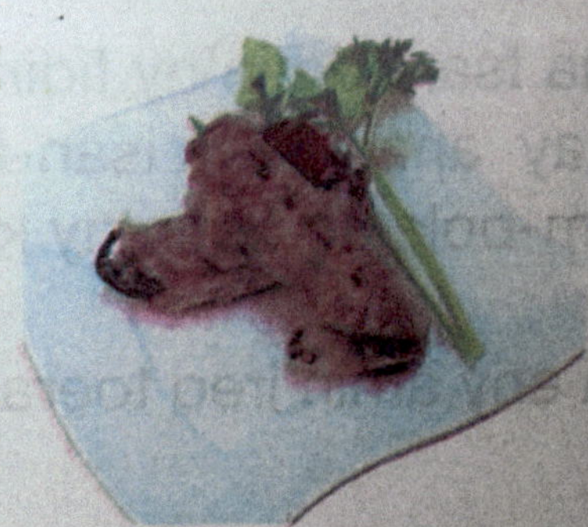

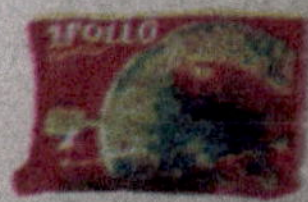

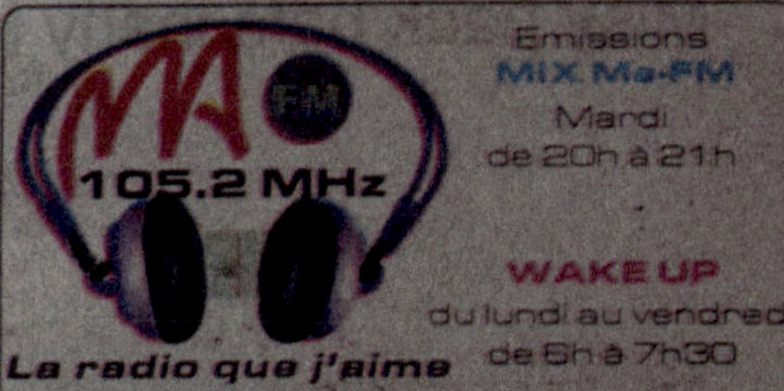

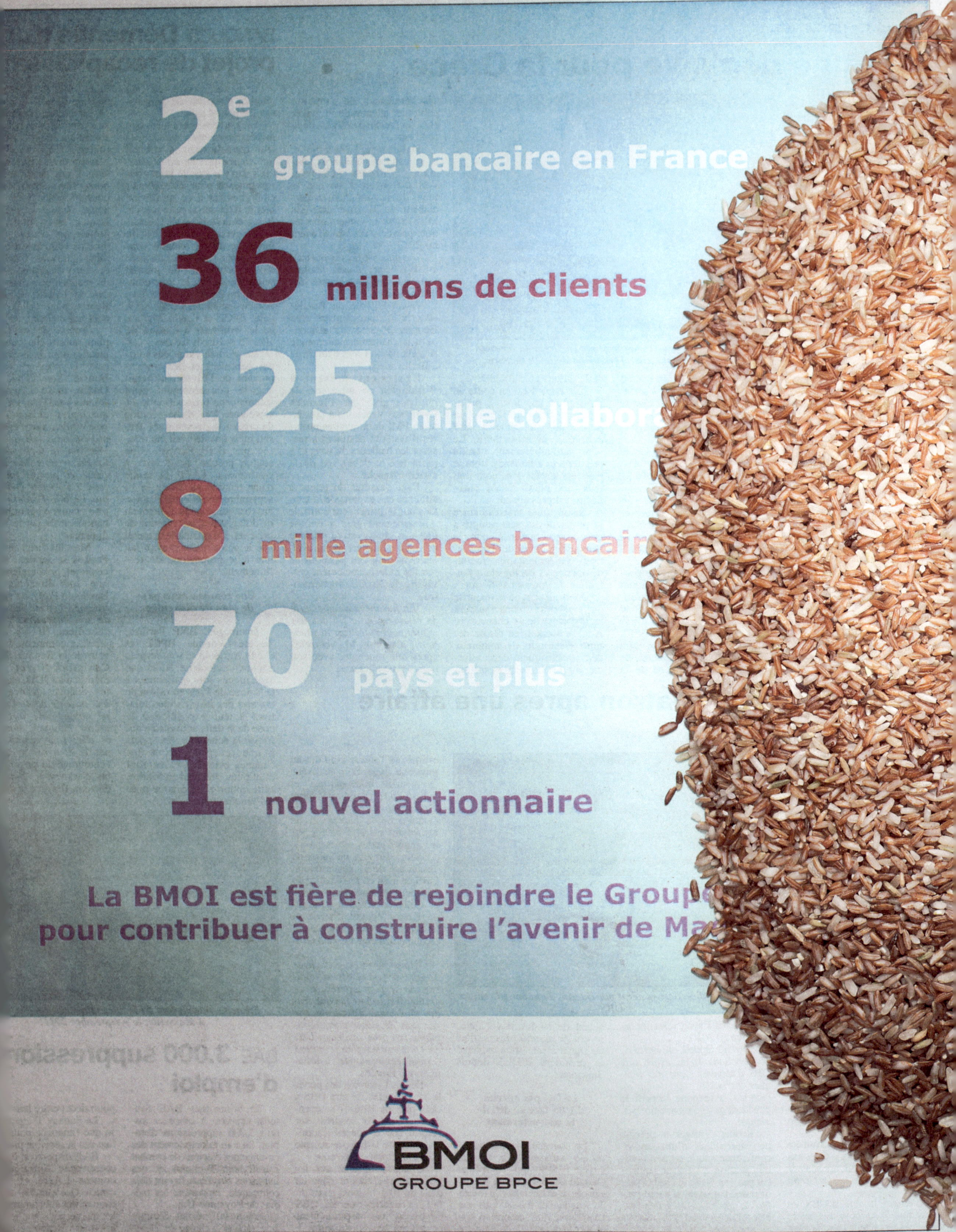
2e groupe bancaire en France
36 millions de clients
125 mille collabora
8 mille agences bancair
70 pays et plus
1 nouvel actionnaire
La BMOI est fière de rejoindre le Group
pour contribuer à construire l'avenir de Ma
BMOI
GROUPE BPCE

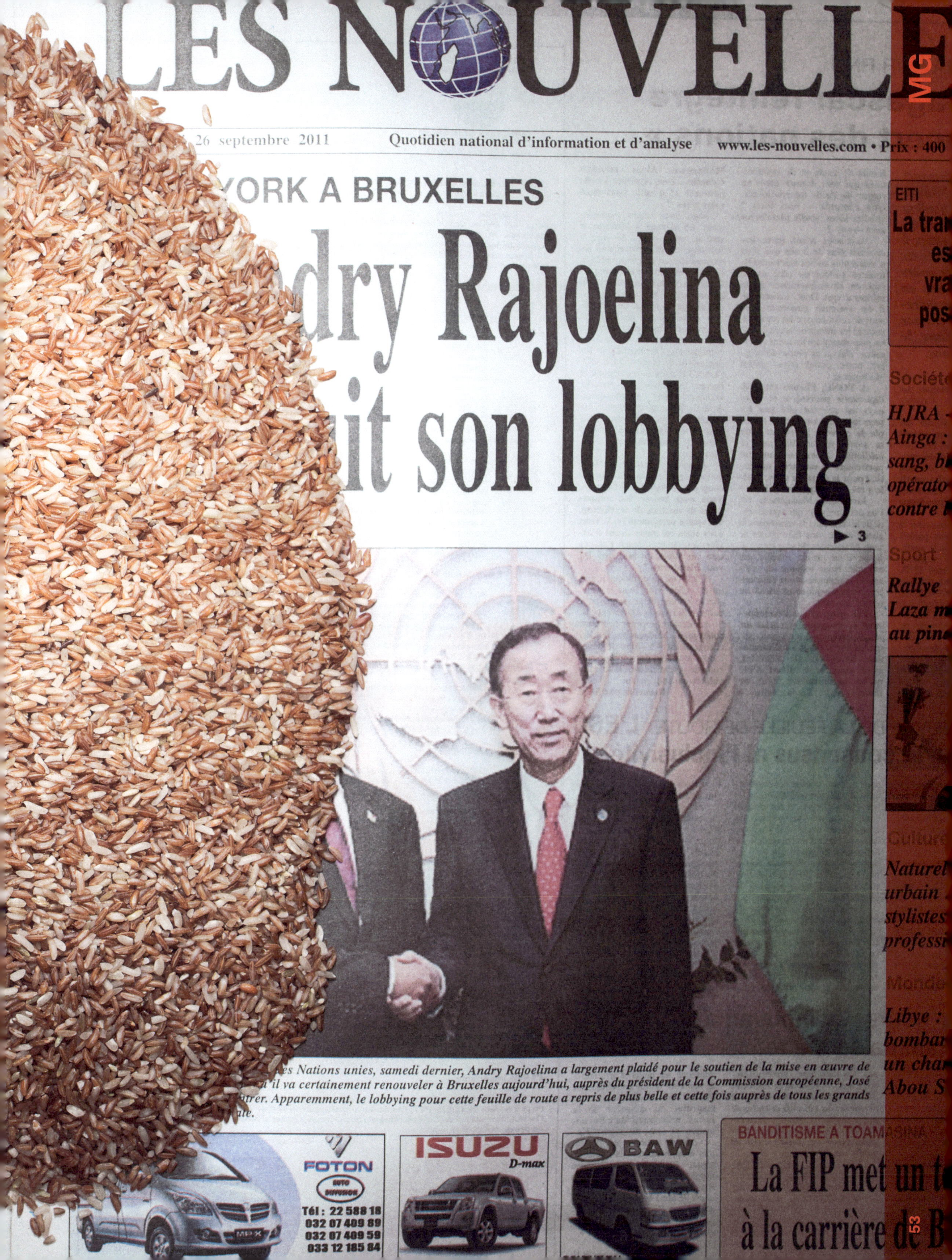

LES NOUVELLES MG

26 septembre 2011 — Quotidien national d'information et d'analyse — www.les-nouvelles.com • Prix : 400

EITI
La tran
es
vra
pos

...YORK A BRUXELLES

...dry Rajoelina
...it son lobbying

▶ 3

Société

HJRA –
Ainga :
sang, b
opérato-
contre

Sport

Rallye
Laza m
au pina

Naturel
urbain
stylistes
professi

Monde

Libye :
bombar
un cha
Abou S

...les Nations unies, samedi dernier, Andry Rajoelina a largement plaidé pour le soutien de la mise en œuvre de ...il va certainement renouveler à Bruxelles aujourd'hui, auprès du président de la Commission européenne, José ...trer. Apparemment, le lobbying pour cette feuille de route a repris de plus belle et cette fois auprès de tous les grands ...te.

La FIP met un t
à la carrière de

CHARLIE HEBDO — LES COUVERTURES AUXQUELLES VOUS AVEZ ÉCHAPPÉ

CHRÉTIENS / MUSULMANS

LA FRANCE CATHO MENACÉE !

FANTICIDE
ÉLECTROMÉNAGER

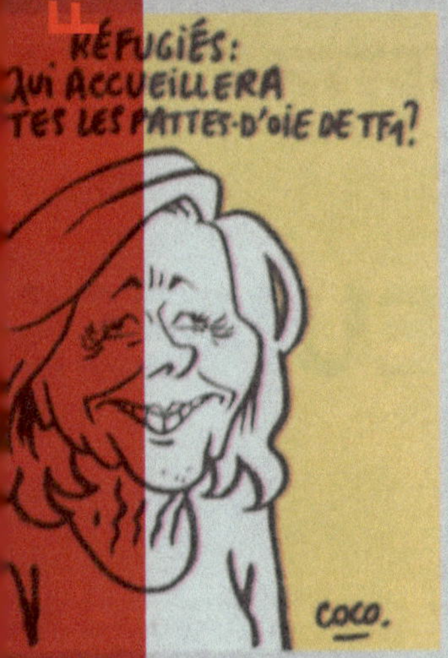

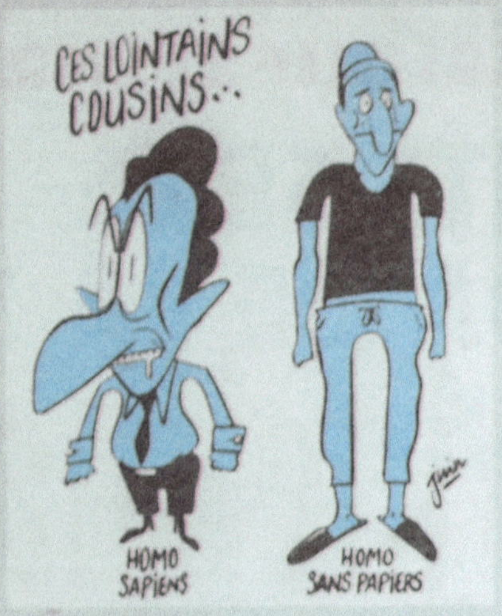

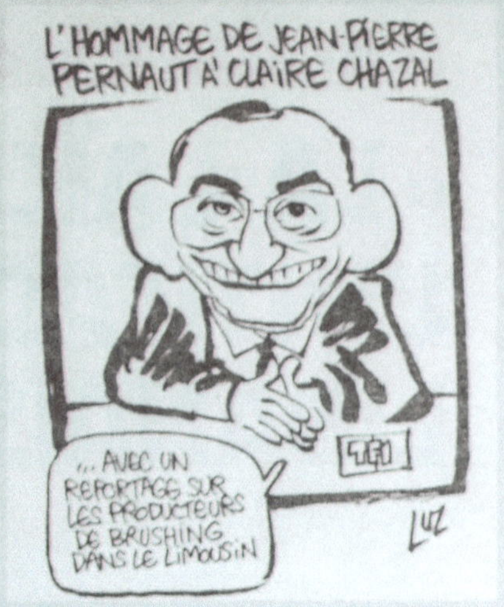

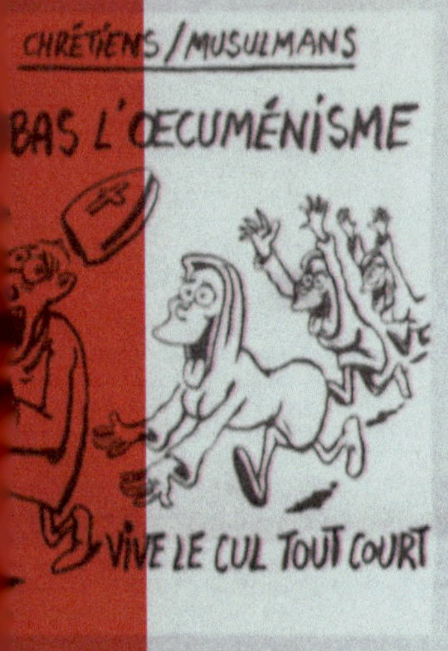

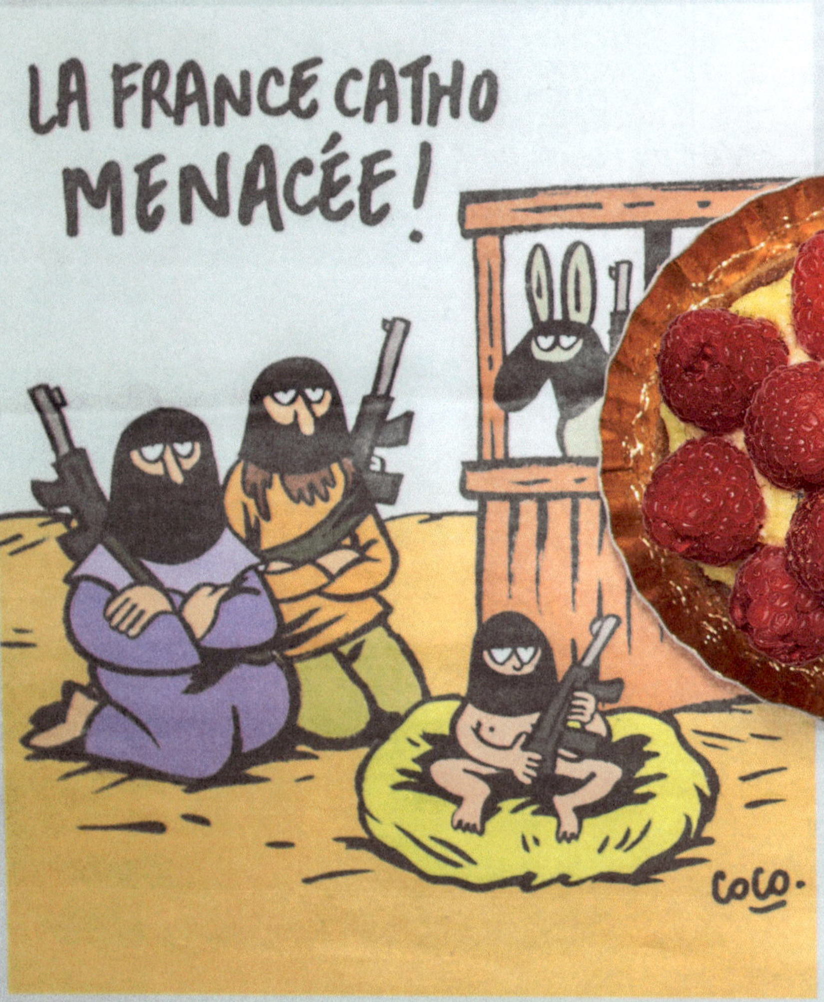

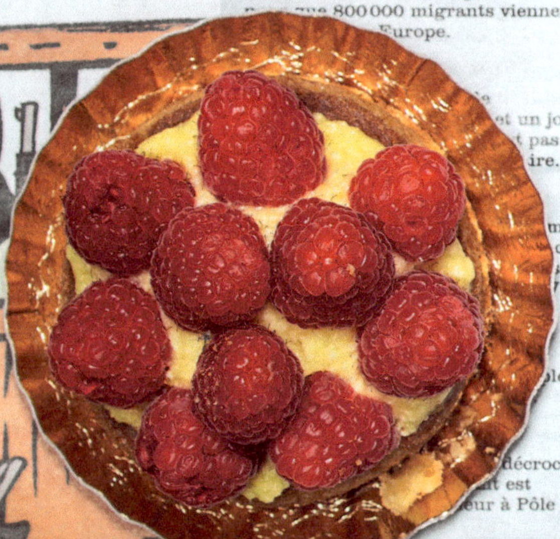

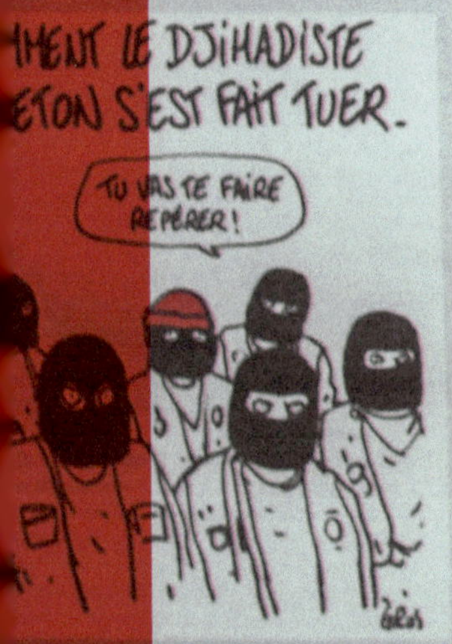

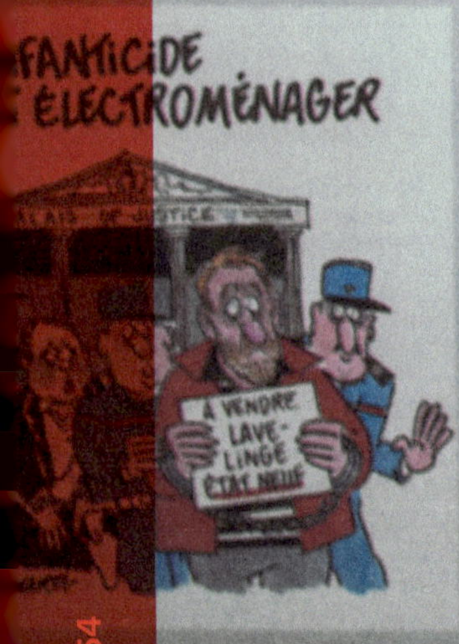

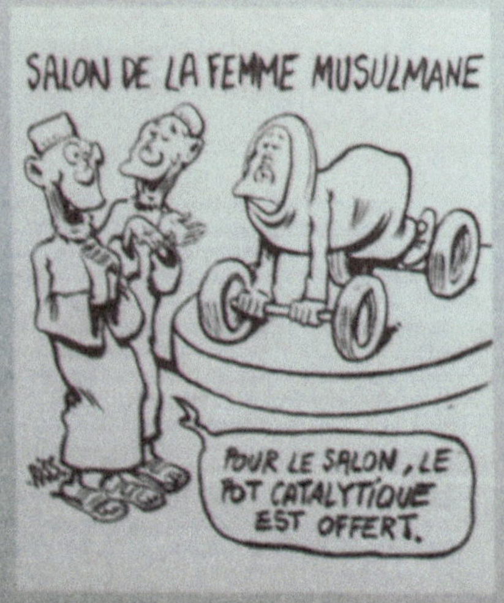

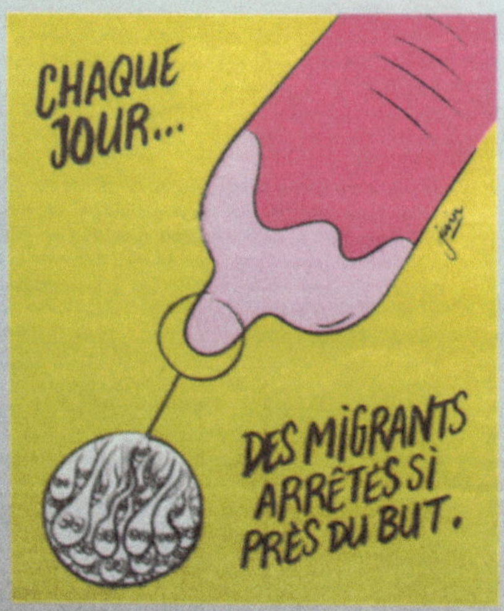

FIGURINES PANINI

Un joueur de l'AS Monaco veut devenir imam. Tous les buts devront être tirés en direction de La Mecque.

ENZYMES GLOUTONS

Procès d'un père qui a tué son fils de 3 ans en le mettant dans la machine à laver. Il n'a pas supporté la berceuse de 1 800 tours/minute.

DÉSESPOIR

Copé prêt à accueillir des réfugiés à Meaux. Faut vraiment que les réfugiés syriens n'aient pas envie de se faire couper la tête pour en arriver là.

VIDE-GRENIERS

La centrale de Fessenheim ne fermera pas avant 2018. Après, elle sera autorisée à exploser quand elle veut.

GUERRE MODERNE

Premier vol de reconnaissance des Rafale en Syrie. Ils ont déjà repéré les rémouleurs qui aiguisent les couteaux pour égorger les otages.

MIGRANTS

Huit morts dans une tempête de sable au Proche-Orient. C'est pas une raison [pour que] 800 000 migrants viennent [en] Europe.

GRANDE GUERRE PATRIOTIQUE

Construction d'une grande base militaire en Russie près de l'Ukraine. Au cas où la Wehrmacht reviendrait.

POLICE

L'affaire Boulin rouverte trente-six ans après. Les frères Kouachi auraient été vus près de son domicile au moment des faits.

JALOUX

Les Américains ont une mauvaise image des Chinois. Ils commencent à devenir aussi gros qu'eux.

NIQUE TA MÈRE

Avec quatre enfants contre neuf, la reine Elisabeth bat le record de la reine Victoria : « J'ai réussi à moins niquer qu'elle. »

DÉCHÉANCE

Carla Bruni fait de la pub pour Ford. Son mari espère décrocher une place de concessionnaire.

LA RUMEUR INTERNET DE LA SEMAINE

Guy Bedos serait fauché. C'est bien la première fois en cinquante ans de carrière qu'il va nous faire rire.

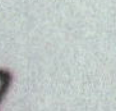

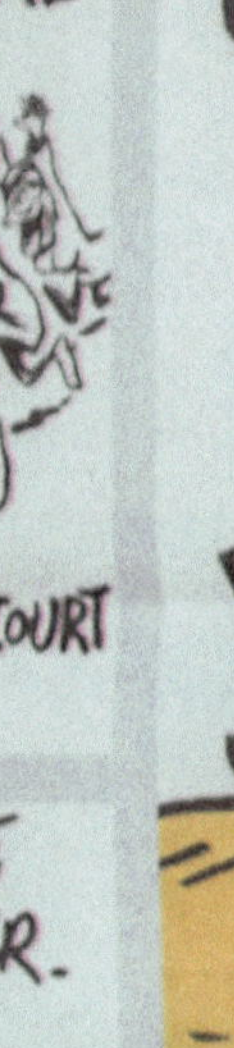

REPORTAGE «CHARLIE» AU SALON MUSULMAN MIGRANTS L'ACCU
AU BANC D'ESSAI RÉFUGIÉS SYRIENS DEVENEZ DE BONS FRANÇA

CHARLIE HEBDO

16 septembre 2015 / N° 120

VIRÉE.
CHAZAL
REJOINT
DAECH

ILS TRAITENT MIEUX
LES FEMMES QUE TF1.

www.charliehebdo.fr

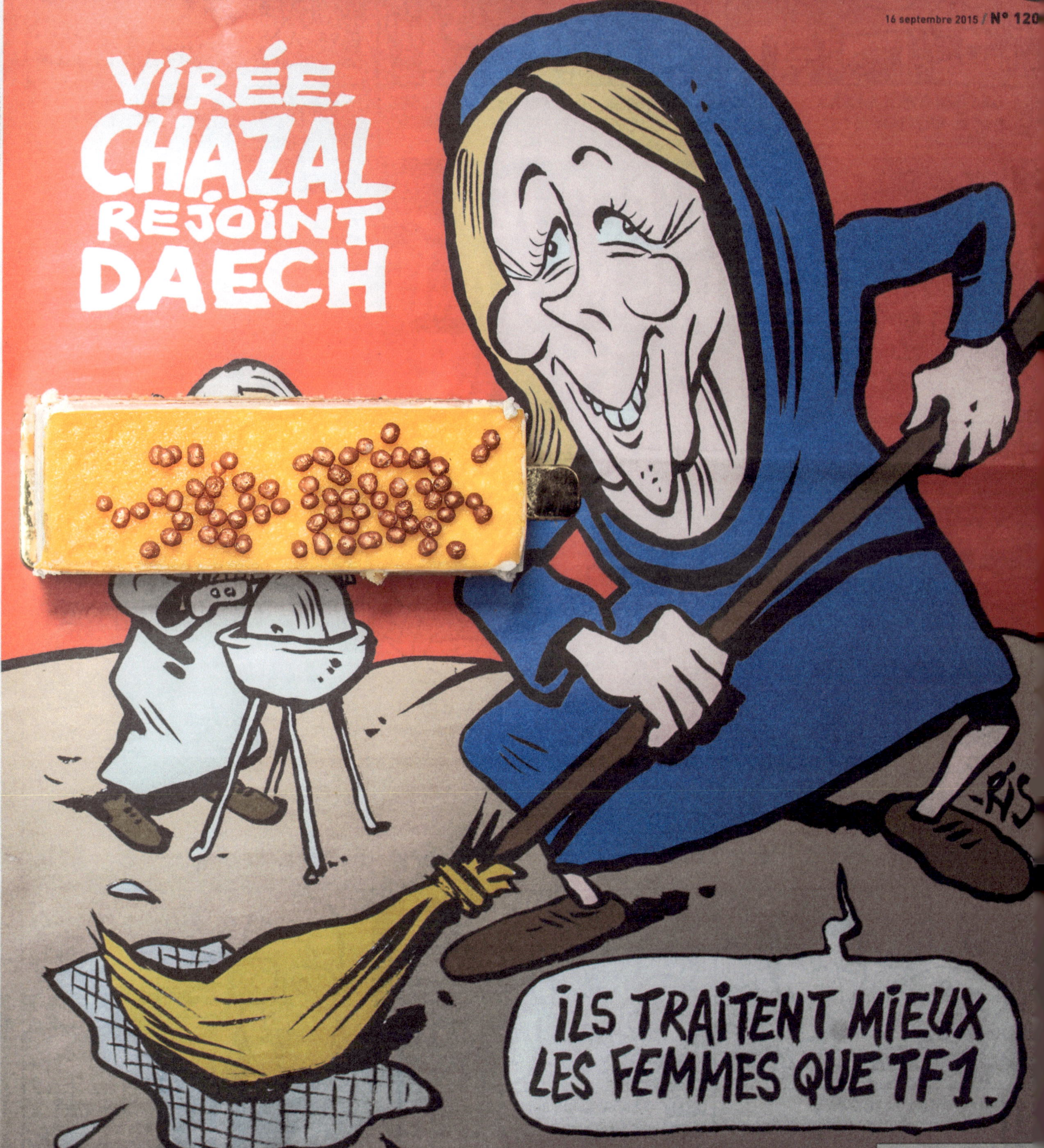

Syriza et les chausse-trapes du pouvoir

*[...]mettant en jeu son mandat de premier ministre après
[avoir] accepté les conditions draconiennes des autorités euro-
[péen]nes, M. Alexis Tsipras a précipité la scission de Syriza.
[La] Plate-forme de gauche s'est aussitôt constituée en un
[mou]vement, Unité populaire, favorable à la sortie de l'euro.
[Les l]eçons que les uns et les autres tirent des six mois de
[pouv]oir de Syriza en Grèce diffèrent…*

PAR BAPTISTE DERICQUEBOURG *

[...], 30 juillet 2015. Dans une [salle] désertée par ses habitants, [le comité cen]tral de Syriza tient l'une des [réunions] les plus importantes de son [histoire. Le] parti, qui a obtenu 36,34 % [et 1]49 députés lors des élections [de] janvier dernier, a ensuite [formé le pre]mier gouvernement grec [à en] finir avec l'austérité et avec [la] « troïka » — Commission [européenne, f]onds monétaire international [et ban]que centrale européenne. [Or], le 13 juillet, le premier [ministre] Tsipras a accepté de signer [un] mémorandum qui [prévoit 86] milliards de prêts supplé[mentaires pour] les trois prochaines années, [notam]ment une recapitalisation [du] pays. Exsangue, [il] impose [de nouvelles] mesures d'austérité et un [train de] privatisations. [...] les réserves que leur [nouv]el arrangement, M. Tsipras [et son entour]age en défendent certains

aspects. Le ministre de l'économie Georges Stathakis déclare par exemple : « *Bien que de nombreuses mesures contenues dans cet accord aient un effet récessif, en aucun cas on ne peut le comparer aux deux premiers mémorandums, qui comprenaient un ajustement budgétaire de 15 % du produit intérieur brut* [PIB] *sur quatre ans et des réductions de retraites et de salaires comprises entre 30 % et 40 %* (1). » Toutefois, le 15 juillet, lors du vote en urgence des « mesures préalables » exigées par les institutions avant tout déboursement d'une partie des 86 milliards de prêts promis, 32 des 149 députés Syriza se sont opposés à un plan qu'ils jugeaient contraire au programme de leur parti ; six se sont abstenus et [...] n'a pas pris part au vote. Le texte n'a pu être approuvé qu'avec le soutien d'une partie de l'opposition. Depuis, Syriza a éclaté. Les deux tendances, l'une favorable à la signature du plan, l'autre, notamment au sein de la Plate-forme de gauche (PG [2]), qui la refuse, se renvoient la responsabilité de la rupture.

[Ma]nque de compétences administratives

[À] la réunion du 30 juillet, [il] demande à ceux qui le criti[quent de] proposer une solution de [rechange. Se]lon lui, une sortie de l'euro [serait] une catastrophe, sans néces[sité de] changer [...] : « *Il n'y a pas de solution* [sans l'eu]*ro ; on applique aussi une* [...] [eu]*ro* (3). » De façon plus pres[sante], [...], le vice-premier ministre [Dr]agasakis estime qu'en cas de [rupture] avec ses « partenaires » euro[péens, le pays] serait incapable de pouvoir [s'approvisionner] du pays pour des biens de [néces]sité, en particulier le pétrole [et les ali]ments. M. Panos Kosmas, de[mande] [...] [ré]plique alors : « *Oui, sinon le* [mini]*stre avait le devoir de* [présenter u]*ne telle solution alternative ?* [N'a-t-e]*lle pas été élaborée ?* » [...] la différence entre une sortie [...] subie et un « Grexit » [ma]îtrisé, auquel avait réfléchi, [...]

parmi d'autres, l'économiste et député Syriza Costas Lapavitsas (4).

Pour expliquer certains des obstacles sur lesquels a buté le gouvernement de gauche, cette question de la préparation revient très souvent dans les discussions avec les cadres du parti et les membres du gouvernement. Après son congrès fondateur de juillet 2013, la coalition de gauche Syriza est devenue un parti unifié comptant entre 30 000 et 35 000 membres (5), qui s'est ensuite organisé à trois niveaux : local, professionnel et thématique. Les comités locaux rassemblent la base du parti. Un tiers des inscrits environ assistent à des réunions mensuelles. Ces comités jouissent d'une liberté presque totale, qui s'épanouie dans des actions de solidarité avec les grévistes. Le parti s'est également doté d'organisations regroupant ses membres par professions, ce qui lui a permis de s'impliquer plus efficacement dans les luttes sectorielles. L'élaboration d'un programme de gouvernement, enfin, a été confiée à des commissions thématiques qui recrutaient par cooptation. Il n'était pas

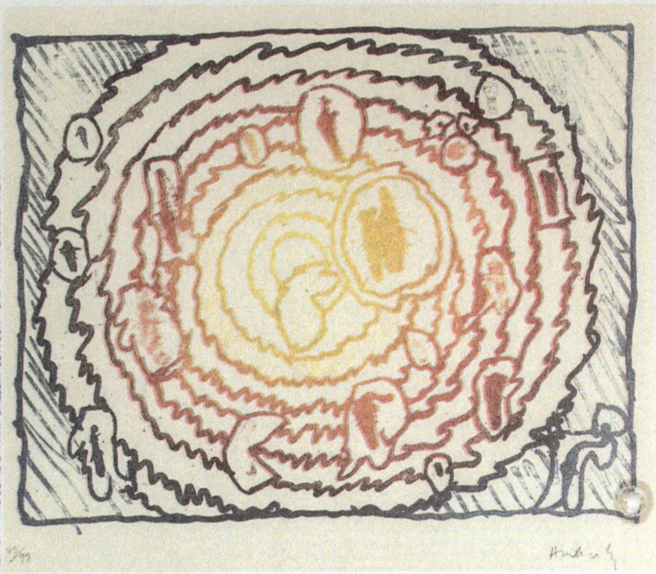

PIERRE ALECHINSKY. – « Astres et désastres », 1969

nécessaire d'être membre du parti pour y participer. « *Après le mouvement des "indignés", j'ai* [illegible] *association pour la réforme* [illegible] *nstitution. C'est pour cela qu'on* [illegible] *roposé de rentrer dans la commission* [illegible] *ur ce thème, et j'ai pris ma carte. J'ai ainsi renoué avec la politique après trente ans de désintérêt* », nous explique M. Vassilis Xidias, professeur de religions à Athènes.

Un constat revient souvent : le parti a manqué des compétences techniques qui auraient pu lui permettre de passer des axes généraux de son programme à des mesures concrètes. Malgré les nouvelles adhésions qui ont suivi la percée électorale de 2012, les cadres [illegible] sont restés les mêmes depuis 20[illegible] succès remportés ces dernières années, des centaines d'entre eux ont été absorbés par d'autres tâches, et il a parfois été difficile de constituer des équipes : 76 députés ont été élus en juin 2012, 6 parlementaires européens en mai 2014, ainsi que, le même mois, 927 conseillers municipaux et 144 élus régionaux, puis enfin, en janvier dernier, 149 députés… Dans son bureau du Parlement, M. Dimitris Triandafyllou, psychologue, nous confie : « *Je suis rentré d'Angleterre pour devenir attaché parlementaire en janvier. Il m'a fallu tout apprendre sur le tas.* » La députée pour laquelle il travaille, M(me) Chrysoula Katsavria, a elle-même fait ses premiers pas à la Vouli en janvier.

Il a également fallu former les équipes gouvernementales. Certes, comme nous le rappelle Stathis Kouvelakis, membre de la PG, « *le parti regorge de jeunes qui ont fait une thèse, y compris d'économie ou d'économétrie* ». Mais, ajoute un haut fonctionnaire au ministère de l'économie qui préfère rester anonyme, « *c'est une chose que d'avoir des idées générales et des connaissances, et c'en est une autre de disposer de compétences techniques au niveau étatique. Il faut savoir faire tourner une équipe, repérer les postes-clés auxquels on doit nommer des gens de confiance, savoir dans quel bureau on peut faire traîner les choses, quels obstacles juridiques vont se présenter, etc., pour arriver à faire ce que l'on veut. Et l'expérience acquise dans les administrations locales n'aide en rien au niveau de l'Etat.* » En somme, le parti compte peu de cadres administratifs opérationnels.

Résultat : on constate partout un énorme retard dans les désignations, dans la prise des décisions et dans leur exécution. Exemple parlant : celui de la loi sur les grands médias d'information. Après des années de laisser-faire au cours desquelles l'oligarchie grecque s'est approprié la totalité des grandes chaînes de télévision, des radios et la majeure partie de la presse écrite (6), le ministre Nikos Pappas a promis de faire

(Pasok) et de la droite. Le changement des critères de recrutement s'intégrait bien dans le cadre que l'équipe dirigeante souhaitait donner aux rapports entre parti et gouvernement, car il permettait de prévenir les remous qu'aurait provoqués un trop large remplacement de personnel. « *Ils voulaient éviter de donner l'impression de se venger des partis précédemment au pouvoir* », nous explique le journaliste Nikos Sverkos. M. Tsipras et son entourage (principalement MM. Pappas, Dragasakis et M. Alekos Flambouraris, ministre d'État pour la coordination gouvernementale) étai[ent en] effet convaincus qu'ils pourrai[ent aboutir] à un meilleur compromis avec [les institu]tions européennes en créant [un climat de] confiance avec elles et en util[isant les diver]gences entre les institution[s], [comme] le FMI contre la Commissi[on] [illegible] les États-Unis contre l'Allem[agne]. [Pour] cela, mieux valait éviter [de créer des] tensions en Grèce et un ém[iettement de la] base du parti.

Parfois, cette modération a [des] conséquences surprenantes. A[insi, le] gouverneur de la Banque de Grè[ce, M.] Stournaras, ancien ministre de [l'économie] du gouvernement de M. Anto[nis Samaras,] n'a pas été [illegible]. [illegible] économi[illegible] travaill[illegible] été [illegible] de la nouvelle équi[pe]

[illegible] pratiques. Dans la [po]lice, les réseaux d'extrême droite, qui [illegible] pas été [...] démantelés, font plan[er] [illegible] [illegible] (7). Dans la [illegible] M. Panayiotis Venetis, psycholog[ue], militant de Syriza à Thessalonique, témoigne du même immobilisme : « *Nous avons attendu en vain que* [les] *administrateurs des hôpitaux* [soient] *remplacés.* » Ces derniers avaie[nt la] réputation d'être souvent corrom[pus et] d'avoir ac[compa]gné l'effondrem[ent du] système [de santé] grec.

Consciente [de ces] problèmes, la d[irection] estime que des critères méritocra[tiques] doivent désormais prévaloir, alors [que les] recrutements étaient [illegible] [illegible]. Cela permettrait d'en finir avec les p[ratiques] du Mouvement socialiste panhellé[nique]

La question du maintien dans la [zone euro]

EN L'OCCURRENCE, pourtant, les cadres de substitution ne manquaient pas : l'organisation du parti pour le personnel du secteur bancaire compte « *plus de 500 membres, parmi lesquels des directeurs d'établissement bancaire ou des administrateurs, avec une expérience technique,* nous indique l'une de ses membres. *Nous avions élaboré un plan de nationalisation des banques et un plan pour les prêts non remboursables. Après les élections, nous attendions des mesures, d'autant que les capitaux avaient déjà commencé à s'enfuir. Mais rien n'a été fait, et Dragasakis n'a fait appel à aucun d'entre nous* ». Or, selon M. Tsipras, ce sont l'asphyxie financière provoquée par la BCE et l'imminence d'un effondrement du système bancaire qui ont conduit à la signature de l'accord du 13 juillet.

Depuis janvier, les habitants du quartier populaire du Village olympique n'ont vu aucun représentant du parti venir les informer ou les solliciter. Certains confient que la formation d'un gouvernement Syriza leur a procuré « *une joie immense* », mais ils estiment néanmoins que les membres du gouvernement demeurent aussi loin du peuple que par le passé, et ne comprennent pas la signature du dernier accord. Contrairement aux attentes de la PG, cependant, ils ne sont pas mobilisés pour s'y opposer. Les affiches pour le « non » au référendum encore visibles sur les murs témoignent d'un intérêt très variable selon les quartiers d'Athènes. « *Ce sont surtout les comités où nous* [la PG] *étions majoritaires qui ont fait la campagne* », assure M. Kouvelakis.

Pour cette tendance, l'équipe de M. Tsipras s'est autonomisée très tôt du parti et a refusé de préparer la population à une éventuelle sortie de l'euro. Faut-il

opposants à l'accord du [13 juil]let, l'idée selon laquelle « *la société grecque n'est pas prête* » [illegible] serait qu'un prétexte : une option n'e[xi]ste réellement que si on la présente, arguent-ils. Quoi qu'il en s[o]it, aujourd'hui enc[ore], si la m[aj]orité des Grecs restent attach[és à la] monnaie unique, c'est souvent parce qu'[il]s espèrent ainsi prévenir un effondrement du système bancaire. M. Dragasakis l'a admis : Berlin était mieux préparé qu'Athènes à un « Grexit » (9).

Lors d'une réunion publique organisée le 27 juillet dernier par le site de la PG, Iskra.gr, autour du slogan « *Le "non" n'a pas été vaincu* », la proposition d'un retour à la monnaie nationale formulée par M. Panagiotis Lafazanis, ministre de la restructuration de la production, de l'énergie et de l'environnement dans le premier gouverne[ment] Tsipras, a été accueillie par un tonnerre [d']applaudissements. Néanmoins, M. [Tsip]ras répète que le « non » du 5 juillet n'a jamais signifié un « oui » à la drachme (10). Désormais, ce débat qui traverse l'ensemble de la société anime la campagne électorale. La scission à l'intérieur de Syriza, la transformation de la PG en un nouveau mouvement, Unité populaire, vont poser ouvertement la question de savoir de quelles armes la gauche grecque entend se doter pour résister au chantage des institutions européennes.

---

(1) *Le Journal des rédacteurs*, Athènes, 1(er) août 2015.

(2) Tendance au sein de Syriza qui défend un programme plus radical, et notamment l'élaboration d'un plan de sortie de l'euro. Un tiers des membres du comité central en sont issus.

(3) Interview à la radio Sto Kokkino, 29 juillet 2015. Le quotidien français *L'Humanité* en a publié des extraits dans son édition du 31 juillet 2015.

(4) Lire Costas Lapavitsas, « Sortie de l'euro, une occasion historique », *Le Monde diplomatique*, juillet 2015.

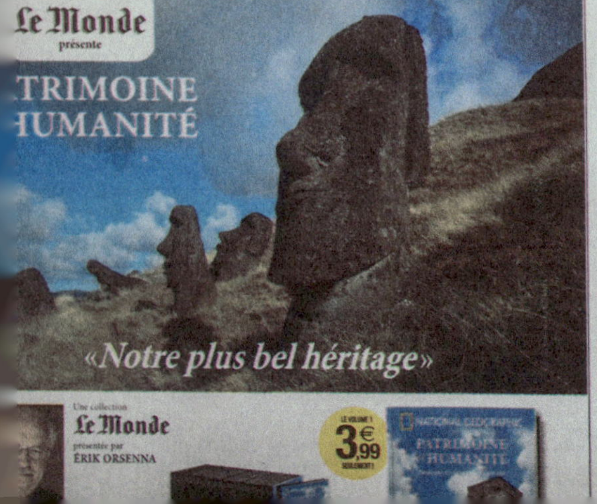

L'ours polaire, animal géopolitique

L'ours polaire est devenu le symbole d'une biodiversité en péril, sous la menace du réchauffement climatique. Impossible toutefois de dissocier la protection de l'espèce des enjeux géopolitiques liés à un territoire convoité, l'Arctique. Une dimension dont les organisations environnementales ne sont pas toujours conscientes, pas plus qu'elles ne mesurent le rôle des peuples autochtones.

PAR FARID BENHAMMOU ET RÉMY MARION *

EN AVRIL 2010, M. Vladimir Poutine, alors premier ministre de la Russie, se faisait photographier avec un ours polaire – une femelle anesthésiée par des scientifiques – sur l'archipel François-Joseph, à l'extrême nord du pays. Le discours écologiste qu'il tenait alors, plaidant pour la protection de l'animal et de l'Arctique, dissimulait mal certaines arrière-pensées.

En septembre 2012, la réduction de la surface des glaces de mer estivales qui couvrent l'océan Arctique a atteint un record, [illegible] celles-ci pourraient avoir totalement [illegible] disparu d'ici à 2050. Un minimum [illegible] glaces hivernales a aussi été atteint [illegible] 2015. Or l'ours polaire [illegible] des Inuits, qui le [illegible] – ne [illegible] ses [illegible]

[illegible] siècle, Hollan[illegible] Danois [illegible] se livrent déjà des conflits armés pour prendre pied en Arctique, dont les ressources prometteuses suscitent la convoitise : animaux à fourrure, phoques, baleines, morues. L'archipel du Svalbard, à l'est du Groenland, est très disputé. La faune, et particulièrement l'ours polaire, seigneur déchu, paie un lourd tribut, subissant une élimination de masse.

Puis, à partir des années 1950, l'Arctique se retrouve au cœur de la guerre froide. Les Etats-Unis mettent en place la ligne DEW (pour « Distant Early Warning line », soit « ligne avancée d'alerte précoce »), un réseau de radars allant des îles Aléoutiennes à l'Islande en passant par l'Alaska, le nord du Canada et le Groenland. Avec pour objectifs d'anticiper l'arrivée par le plus court chemin de missiles ou de bombardiers en provenance d'URSS et d'espionner l'ennemi. Des bases militaires se mettent en place en Arctique, dont celle de Churchill (Manitoba, Canada), l'une des plus importantes. Située sur la route migratoire de l'ours blanc, la ville est aujourd'hui devenue une destination touristique. Au cours d'une guerre froide plutôt calme sous ces hautes latitudes, les soldats désœuvrés se rendent coupables d'une chasse excessive autour des bases : se procurer une peau d'ours à rapporter en souvenir agrémente leur morne quotidien. Cette pression de la chasse est particulièrement forte autour des bases de Resolute (Nunavut) et de Thulé (Groenland).

A cette hécatombe s'ajoutent diverses pollutions durables dans un milieu pourtant réputé immaculé. Les Soviétiques réalisent des essais nucléaires dans l'archipel de la Nouvelle-Zemble et entreposent fûts et réacteurs radioactifs en mer de Kara et en mer de Barents. Mais ils ne sont pas les seuls : les Canadiens abandonnent également sur place des déchets radioactifs qui contaminent les cours d'eau et les populations locales. La plupart des bases, responsables de pollutions aux hydrocarbures, seront démantelées dans les années 1990.

Pourtant, à la même époque, l'ours polaire offre aussi l'occasion d'une coopération internationale faisant fi des frontières Est-Ouest. En 1965, des biologistes travaillant dans l'Arctique s'inquiètent de la diminution de sa population. Les Soviétiques et les Américains posent alors les fondements d'une collaboration indifférente aux tensions politiques. En 1968, un groupe de spécialistes se crée au sein de l'Union internationale pour la conservation de la nature (UICN). L'initiative de fédérer les cinq nations abritant l'animal autour d'un même projet annonce une collaboration plus large, prémices du futur Conseil de l'Arctique. Les représentants de ces pays se réunissent à Oslo en novembre 1973 pour entériner l'Accord sur la protection des ours polaires.

Le Conseil de l'Arctique voit le jour en 1996. Il réunit les nations circumpolaires, si la gravité des conflits est souvent surestimée. Les enjeux de souveraineté et d'exploitation des ressources sont réels ; mais la coopération et la négociation dominent. La plupart des pays circumpolaires règlent leurs litiges en s'appuyant sur le droit international, à commencer par la Convention des Nations unies sur le droit de la mer, signée en 1982 à Montego Bay (Jamaïque). La Russie s'est par exemple appuyée sur les règles régissant le plateau continental pour demander à l'ONU, le 4 août dernier, de lui reconnaître une « zone économique exclusive » de 1,2 million de kilomètres carrés. La Norvège avait obtenu une extension de ce type en 2009.

Les demandes d'exploitation des ressources minérales ne traduisent pas des prétentions d'appropriation hégémonique ; pour reprendre les termes du géographe Frédéric Lasserre, *« c'est une course contre la montre, pas contre les voisins (1) »*. Souvent évoqué, le pétrole revêt une importance bien moindre que le gaz et, surtout, que les autres ressources naturelles : zinc, nickel, cuivre, or, diamant, uranium... Des Etats non polaires s'intéressent également à la zone et à ses ressources, à l'instar de la Chine, du Japon et de Singapour, qui ont obtenu des sièges d'observateur au Conseil de l'Arctique en 2013.

Entre les Etats circumpolaires, les batailles se livrent à fleurets mouchetés, comme en témoigne le statut des routes maritimes. Le passage de l'Est est contrôlé par la Russie, qui a la meilleure pratique de la navigation périlleuse dans les eaux

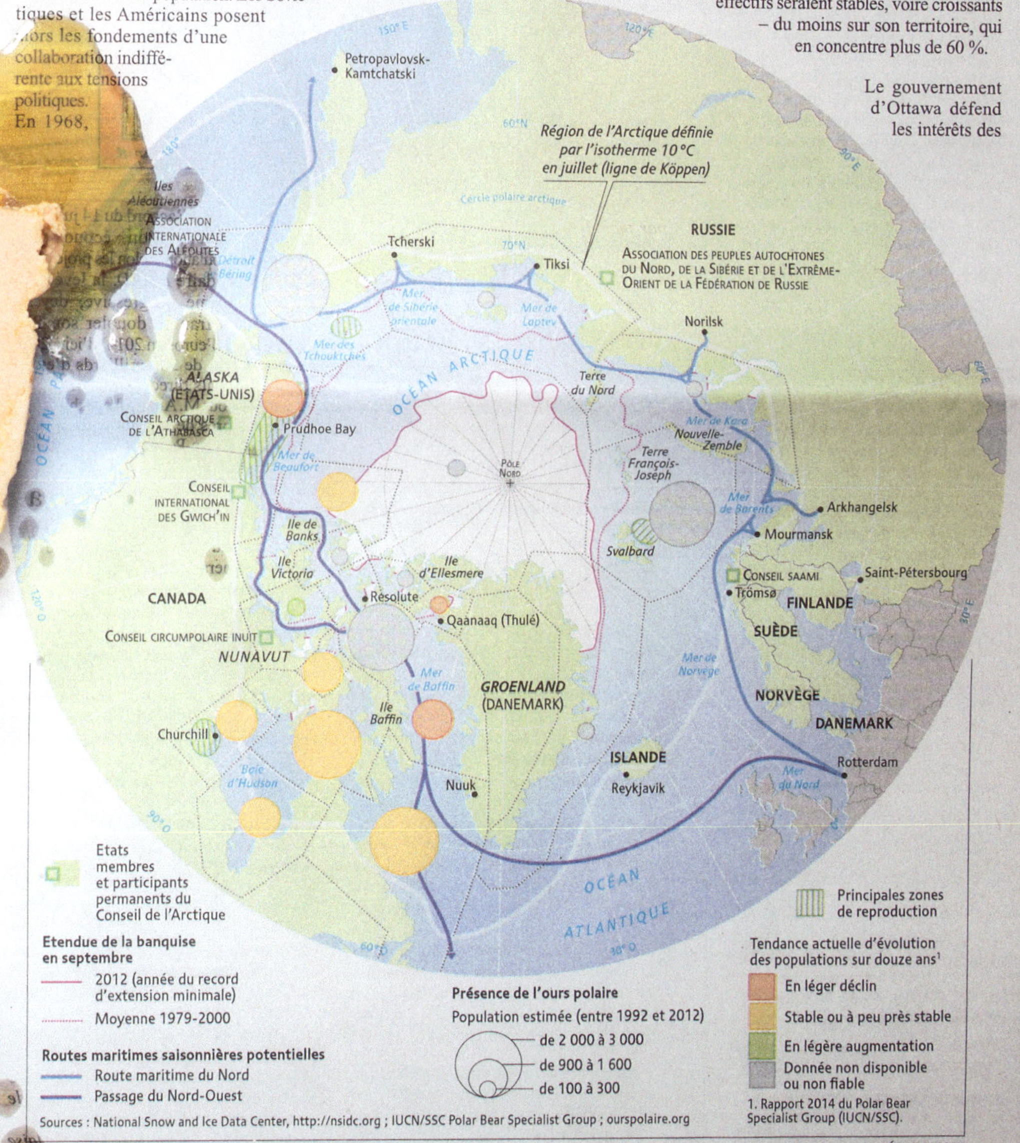

choix. Régulièrement réévaluée, la Convention sur le commerce international des espèces de faune et de flore sauvages menacées d'extinction (Convention on International Trade of Endangered Species, Cites), dite aussi convention de Washington, fixe les règles du commerce d'espèces protégées. Actuellement, l'ours blanc est classé en « annexe II », c'est-à-dire qu'il bénéficie d'une protection forte : très limités, le commerce et l'exportation de produits issus de l'animal ne sont autorisés que pour certaines communautés comme les Inuits du Canada. Mais des Etats signataires tels que les Etats-Unis ou la Russie, soutenus par plusieurs ONG, comme Polar Bear International (PBI) ou le Fonds international pour la protection des animaux (IFAW), militent pour qu'il passe en annexe I, qui implique une protection intégrale et l'interdiction totale du commerce lié à l'animal. Ils arguent que l'espèce serait menacée d'extinction et que l'existence d'une chasse légale encouragerait le braconnage grâce à des certificats d'exportation contrefaits en Russie. Le Canada est vent debout contre ce projet et crie à la désinformation : selon lui, les effectifs seraient stables, voire croissants – du moins sur son territoire, qui en concentre plus de 60 %.

Le gouvernement d'Ottawa défend les intérêts des communautés autochtones qui bénéficient d'un droit de chasse sur des espèces protégées comme les baleines et les ours polaires. Mais, avec les campagnes contre la chasse aux phoques, qui ont débuté à la fin des années 1970, puis l'interdiction par l'Union européenne, en 2009, de l'importation des produits issus de cet animal, leurs rentrées monétaires se sont taries. Dès les années 1980, afin de compenser ces pertes, Ottawa a incité les Inuits à transformer une partie de leurs quotas de prélèvement d'ours en chasses sportives pour des Européens ou

absolument besoin de conser
relations avec les Inuits, car c
le rôle de véritables bornes
territoires de l'Arctique. Il d
se faire pardonner les déporta
En 1953, il a déplacé onze f
originaires du Labrador bea
nord, afin de créer les com
Grise Fjord et de Resolute
inuit, celles-ci ont été rebap
tivement Aujuittuq, « le lieu
jamais », et Qausuittuq, « l'
n'y a pas d'aube »... En 200
nement canadien a présenté
officielles et versé 10 millio
de dédommagements aux su

Sur ces territoires au
rigoureux, aux ressources plu
à la nuit hivernale plus longue,
nautés ont dû s'adapter pour
sont ainsi devenues expertes
l'ours polaire. Pour établir la f
le Nunavut, région inuit auto
1999, et les Territoires du No
zones de chasse ont été déterm
ajoutait l'éventualité d'une
pétrolière et minière, dont c
entités territoriales voulait p
bénéfices potentiels. Depuis
affirmer la souveraineté du
territoires arctiques, l'armée
organise chaque été l'« opérati

Les questions de protectio
environnementale ont créé des
entre des nations circumpolair
européenne. Alors que celle-ci
au Conseil de l'Arctique av
d'observatrice en mai 2013,
obtenu que son intronisation s
à la résolution du contentieux
tions aux importations de pr
du phoque. Cela explique p
que l'Union – ainsi que la F
abstenue lors du vote concer
de l'ours polaire en annex
la même année.

Les discussions sur le dr
masquent les menaces les plu
qui pèsent sur l'ours blanc :
de la banquise, liée au réchauff
tique, et la diffusion de pollua
et mondiaux. Or Etats-Uni
figurent parmi les premiers r
de ces deux phénomènes.

Au Canada et au Groenlan
permet la conservation du
culturel, car les autorités la co
à l'usage d'équipages de traînea
Si elle disparaissait, l'accult
Inuits et leur déconnexion pa
leur territoire, déjà réelles, ne
que s'aggraver. Si la pratique p
des écologistes, surtout quand
sont vendus à des nantis occid
quotas accordés (de 400 à 60
une population estimée à 150
Canada) sont présentés comm
nables et limitent le braconnag

Pour sauver le plantigrade, cer
tifiques comme Steven Amstr
accréditent l'idée plus que discu
laquelle il faudrait capturer da
spécimens et utiliser le
banques génétiques (2
plusieurs zoos ont transf
en produit financier
s'inscrit en partie dans la
américaines animées par de
d'affaires, n'est pas exemp
lisme. De tels propos con
dissocier la cause de l'ours de s
Or, même si des menaces sérieu
sur lui à moyen et long terme,
aussi faire montre de capacité
tation. La situation de ses dix-
populations n'est pas uniforme
déclinent, mais plusieurs autres s
voire en légère croissance.

Communautés locales, ONG, e
et Etats utilisent l'ours à des fin
tiques, car c'est l'usage futur des
de l'Arctique qui est en jeu ; mai

Petropavlovsk-Kamtchatski
Région de l'Arctique définie par l'isotherme 10 °C en juillet (ligne de Köppen)
RUSSIE
Association des peuples autochtones du Nord, de la Sibérie et de l'Extrême-Orient de la Fédération de Russie
Iles Aléoutiennes
Association internationale des Aléoutes
Tcherski
Tiksi
Mer de Sibérie orientale
Mer de Laptev
Mer des Tchouktches
Norilsk
Océan Arctique
Terre du Nord
ALASKA (ETATS-UNIS)
Conseil arctique de l'Athabaska
Prudhoe Bay
Mer de Beaufort
Pôle Nord
Mer de Kara
Nouvelle-Zemble
Terre François-Joseph
Conseil international des Gwich'in
Ile de Banks
Mer de Barents
Arkhangelsk
Mourmansk
Svalbard
Ile Victoria
Ile d'Ellesmere
CANADA
Resolute
Qaanaaq (Thulé)
Conseil Saami
Tromsø
Saint-Pétersbourg
FINLANDE
SUÈDE
Conseil circumpolaire inuit
NUNAVUT
Mer de Baffin
Ile Baffin
GROENLAND (DANEMARK)
Mer de Norvège
NORVÈGE
DANEMARK
Churchill
Baie d'Hudson
ISLANDE
Reykjavik
Nuuk
Rotterdam
Mer du Nord
Océan Atlantique
Océan Pacifique
Etats membres et participants permanents du Conseil de l'Arctique
Etendue de la banquise en septembre
2012 (année du record d'extension minimale)
Moyenne 1979-2000
Routes maritimes saisonnières potentielles
Route maritime du Nord
Passage du Nord-Ouest
Présence de l'ours polaire
Population estimée (entre 1992 et 2012)
de 2 000 à 3 000
de 900 à 1 600
de 100 à 300
Principales zones de reproduction
Tendance actuelle d'évolution des populations sur douze ans[1]
En léger déclin
Stable ou à peu près stable
En légère augmentation
Donnée non disponible ou non fiable
1. Rapport 2014 du Polar Bear Specialist Group (IUCN/SSC).
Sources : National Snow and Ice Data Center, http://nsidc.org ; IUCN/SSC Polar Bear Specialist Group ; ourspolaire.org
CÉCILE MARIN

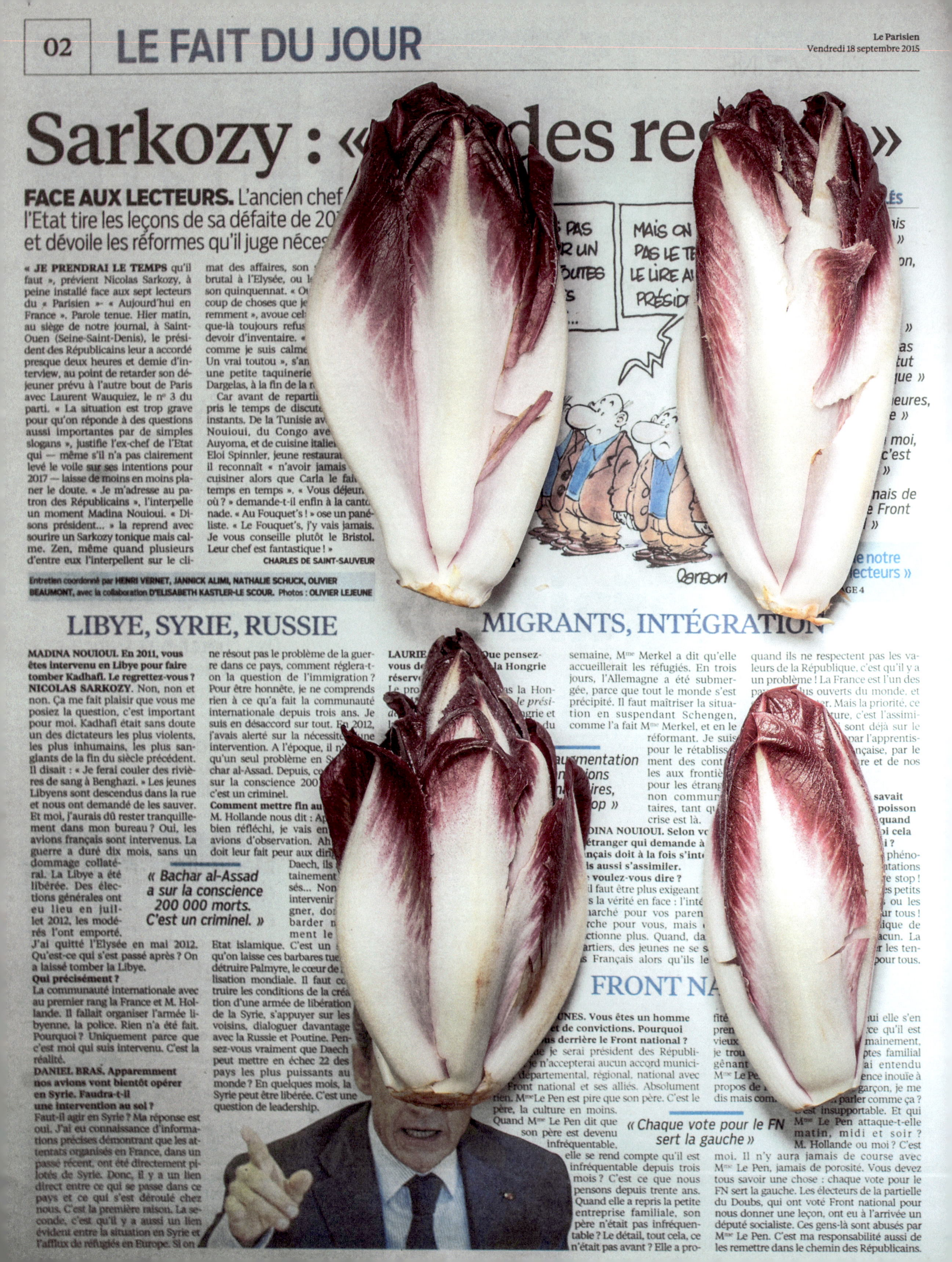

Sarkozy : « [...]des re[...] »

FACE AUX LECTEURS. L'ancien chef [de] l'Etat tire les leçons de sa défaite de 20[...] et dévoile les réformes qu'il juge néces[saires].

« JE PRENDRAI LE TEMPS qu'il faut », prévient Nicolas Sarkozy, à peine installé face aux sept lecteurs du « Parisien ». « Aujourd'hui en France », Parole tenue. Hier matin, au siège de notre journal, à Saint-Ouen (Seine-Saint-Denis), le président des Républicains leur a accordé presque deux heures et demie d'interview, au point de retarder son déjeuner prévu à l'autre bout de Paris avec Laurent Wauquiez, le n° 3 du parti. « La situation est trop grave pour qu'on réponde à des questions aussi importantes par de simples slogans », justifie l'ex-chef de l'Etat qui — même s'il n'a pas clairement levé le voile sur ses intentions pour 2017 — laisse de moins en moins planer le doute. « Je m'adresse au patron des Républicains », l'interpelle un moment Madina Nouioui. « Disons président... » la reprend avec sourire un Sarkozy tonique mais calme. Zen, même quand plusieurs d'entre eux l'interpellent sur le cli-mat des affaires, son [...] brutal à l'Elysée, ou le[...] son quinquennat. « Ou[...] coup de choses que je [...] remment », avoue cel[...] que-là toujours refus[...] devoir d'inventaire. [...] comme je suis calm[...] Un vrai toutou », s'an[...] une petite taquinerie [...] Dargelas, à la fin de la r[...]

Car avant de répart[ir...] pris le temps de discute[r...] instants. De la Tunisie av[ec...] Nouioui, du Congo ave[c...] Auyoma, et de cuisine itali[enne avec] Eloi Spinnler, jeune restaura[teur...] il reconnaît « n'avoir jamais [...] cuisiner alors que Carla le fai[...] temps en temps ». « Vous déjeu[nez...] où ? » demande-t-il enfin à la canto-nade. « Au Fouquet's ! » ose un pané-liste. « Le Fouquet's, j'y vais jamais. Je vous conseille plutôt le Bristol. Leur chef est fantastique ! »

CHARLES DE SAINT-SAUVEUR

Entretien coordonné par **HENRI VERNET, JANNICK ALIMI, NATHALIE SCHUCK, OLIVIER BEAUMONT**, avec la collaboration **D'ELISABETH KASTLER-LE SCOUR. Photos : OLIVIER LEJEUNE**

[...] notre
[...]ecteurs »
PAGE 4

LIBYE, SYRIE, RUSSIE

MADINA NOUIOUI. En 2011, vous êtes intervenu en Libye pour faire tomber Kadhafi. Le regrettez-vous ?
NICOLAS SARKOZY. Non, non et non. Ça me fait plaisir que vous me posiez la question, c'est important pour moi. Kadhafi était sans doute un des dictateurs les plus violents, les plus inhumains, les plus sanglants de la fin du siècle précédent. Il disait : « Je ferai couler des rivières de sang à Benghazi. » Les jeunes Libyens sont descendus dans la rue et nous ont demandé de les sauver. Et moi, j'aurais dû rester tranquillement dans mon bureau ? Oui, les avions français sont intervenus. La guerre a duré dix mois, sans un dommage collaté-ral. La Libye a été libérée. Des élections générales ont eu lieu en juillet 2012, les modérés l'ont emporté. J'ai quitté l'Elysée en mai 2012. Qu'est-ce qui s'est passé après ? On a laissé tomber la Libye.
Qui précisément ?
La communauté internationale avec au premier rang la France et M. Hollande. Il fallait organiser l'armée libyenne, la police. Rien n'a été fait. Pourquoi ? Uniquement parce que c'est moi qui suis intervenu. C'est la réalité.
DANIEL BRAS. Apparemment nos avions vont bientôt opérer en Syrie. Faudra-t-il une intervention au sol ?
Faut-il agir en Syrie ? Ma réponse est oui. J'ai eu connaissance d'informations précises démontrant que les attentats organisés en France, dans un passé récent, ont été directement pilotés de Syrie. Donc, il y a un lien direct entre ce qui se passe dans ce pays et ce qui s'est déroulé chez nous. C'est la première raison. La seconde, c'est qu'il y a aussi un lien évident entre la situation en Syrie et l'afflux de réfugiés en Europe. Si on ne résout pas le problème de la guerre dans ce pays, comment réglera-t-on la question de l'immigration ? Pour être honnête, je ne comprends rien à ce qu'a fait la communauté internationale depuis trois ans. Je suis en désaccord sur tout. En 2012, j'avais alerté sur la nécessité [d']une intervention. A l'époque, il n'[y avait] qu'un seul problème en S[yrie : Ba]char al-Assad. Depuis, ce[la lui pèse] sur la conscience 200 [000 morts,] c'est un criminel.
Comment mettre fin au [conflit ?]
M. Hollande nous dit : Ap[rès avoir] bien réfléchi, je vais en[voyer des] avions d'observation. Ah [...] doit leur fait peur aux diri[geants de] Daech, ils [...] tainement [...] sés... Non [...] intervenir [...] gner, do[...] barder n[...] ment le [...] Etat islamique. C'est un s[candale] qu'on laisse ces barbares tue[r,] détruire Palmyre, le cœur de [la civi]lisation mondiale. Il faut co[ns]truire les conditions de la créa-tion d'une armée de libération de la Syrie, s'appuyer sur les voisins, dialoguer davantage avec la Russie et Poutine. Pensez-vous vraiment que Daech peut mettre en échec 22 des pays les plus puissants au monde ? En quelques mois, la Syrie peut être libérée. C'est une question de leadership.

> « Bachar al-Assad a sur la conscience 200 000 morts. C'est un criminel. »

MIGRANTS, INTÉGRATION

[...]ez-[vous...] [Hon]grie [...] [p]résident [...] [g]rie et [...] du

> « augmentation [...]ions [...]ires, [...]op »

semaine, Mme Merkel a dit qu'elle accueillerait les réfugiés. En trois jours, l'Allemagne a été submergée, parce que tout le monde s'est précipité. Il faut maîtriser la situation en suspendant Schengen, comme l'a fait Mme Merkel, et en le réformant. Je suis [...] pour le rétabliss[ement...] ment des contrôles aux frontiè[res] pour les étrang[ers] non communautaires, tant qu[e la] crise est là.
[MA]DINA NOUIOUI. Selon vo[us, l']étranger qui demande à [...] [fra]nçais doit à la fois s'inté[grer...] [i]ls aussi s'assimiler.
[Que] voulez-vous dire ?
[...]il faut être plus exigeant [...] [...]s la vérité en face : l'inté[gration...] [...]arché pour vos paren[ts...] [...]rche pour vous, mais [...] [...]ctionne plus. Quand, da[ns...] [...]artiers, des jeunes ne se s[entent...] [...] Français alors qu'ils le [sont...] quand ils ne respectent pas les valeurs de la République, c'est qu'il y a un problème ! La France est l'un des pa[ys les] plus ouverts du monde, et [...]er. Mais la priorité, ce [...]ture, c'est l'assimi-[...] sont déjà sur le [...] par l'apprentis-[...]çaise, par le [...]re et de nos [...] savait [...] poisson [...] quand [...]oi cela [...]i ? [...] phéno-[...]ations [...]e stop ! [...]s petits [...] ou les [...]r tous ! [...]ique de [...]acun. La [...]r les ten-[...] pour tous.

FRONT NATIONAL

[JE]UNES. Vous êtes un homme [...] et de convictions. Pourquoi [...]us derrière le Front national ?
[...]de je serai président des Républi-[...] n'accepterai aucun accord munici-[...]partemental, régional, national avec [...] national et ses alliés. Absolument [...] Le Pen est pire que son père. C'est le [...] culture en moins.
[...] Mme Le Pen dit que [...]n père est devenu infréquentable, [...]elle se rend compte qu'il est infréquentable depuis trois mois ? C'est ce que nous pensons depuis trente ans. Quand elle a repris la petite entreprise familiale, son père n'était pas infréquentable ? Le détail, tout cela, ce n'était pas avant ? Elle a profité [...] pren[...] vieux [...] je trou[...] gênant [...] Mme Le Pe[n...] propos de [...] dis mais com[...] [...] qui elle s'en pren[d...] ce qu'il est [...] mainement, [...]ptes familial [...]ai entendu [...]ence inouïe à [...] garçon, je me [...] parler comme ça ? [...]est insupportable. Et qui Mme Le Pen attaque-t-elle matin, midi et soir ? M. Hollande ou moi ? C'est moi. Il n'y aura jamais de course avec Mme Le Pen, jamais de porosité. Vous devez tous savoir une chose : chaque vote pour le FN sert la gauche. Les électeurs de la partielle du Doubs, qui ont voté Front national pour nous donner une leçon, ont eu à l'arrivée un député socialiste. Ces gens-là sont abusés par Mme Le Pen. C'est ma responsabilité aussi de les remettre dans le chemin des Républicains.

> « Chaque vote pour le FN sert la gauche »

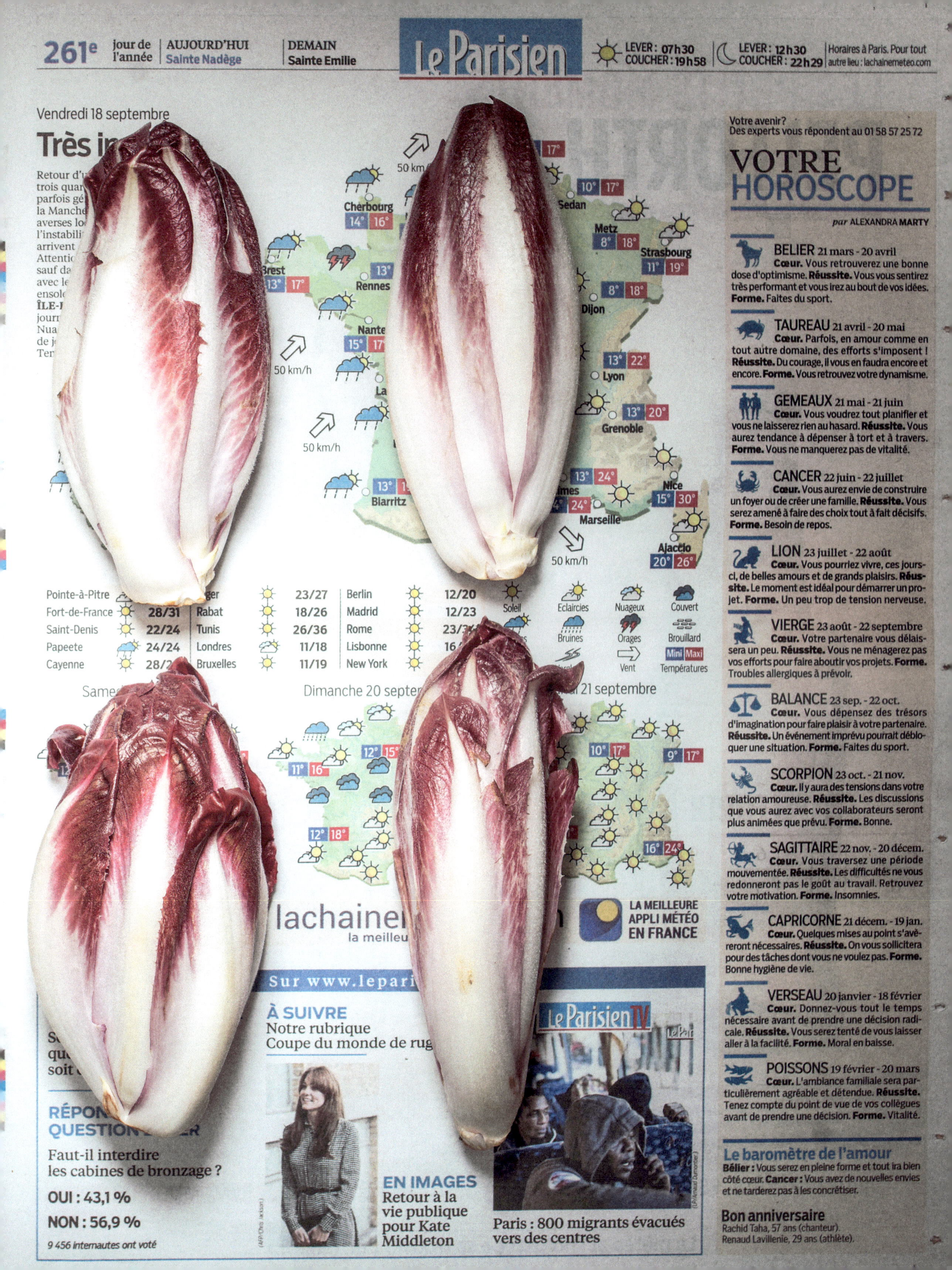

Vendredi 18 septembre

Très i…

Retour d'u…
trois quar…
parfois gé…
la Manche…
averses lo…
l'instabili…
arrivent…
Attentio…
sauf da…
avec le…
ensole…
ÎLE-…
journ…
Nua…
de jo…
Ten…

Pointe-à-Pitre		…ger	23/27	Berlin		12/20
Fort-de-France		28/31	Rabat	18/26	Madrid	12/23
Saint-Denis		22/24	Tunis	26/36	Rome	23/3…
Papeete		24/24	Londres	11/18	Lisbonne	16…
Cayenne		28/2…	Bruxelles	11/19	New York	

Soleil — Eclaircies — Nuageux — Couvert
Brumes — Orages — Brouillard
Vent — Mini Maxi Températures

Same… Dimanche 20 septe… …n 21 septembre

lachaine… la meilleu…

LA MEILLEURE APPLI MÉTÉO EN FRANCE

Sur www.lepari…

À SUIVRE
Notre rubrique
Coupe du monde de rug…

Le Parisien TV

RÉPON…
QUESTION…
Faut-il interdire
les cabines de bronzage ?

OUI : 43,1 %

NON : 56,9 %

9 456 internautes ont voté

EN IMAGES
Retour à la
vie publique
pour Kate
Middleton

Paris : 800 migrants évacués
vers des centres

Votre avenir ?
Des experts vous répondent au 01 58 57 25 72

VOTRE HOROSCOPE
par ALEXANDRA MARTY

BÉLIER 21 mars - 20 avril
Cœur. Vous retrouverez une bonne dose d'optimisme. **Réussite.** Vous vous sentirez très performant et vous irez au bout de vos idées. **Forme.** Faites du sport.

TAUREAU 21 avril - 20 mai
Cœur. Parfois, en amour comme en tout autre domaine, des efforts s'imposent ! **Réussite.** Du courage, il vous en faudra encore et encore. **Forme.** Vous retrouvez votre dynamisme.

GÉMEAUX 21 mai - 21 juin
Cœur. Vous voudrez tout planifier et vous ne laisserez rien au hasard. **Réussite.** Vous aurez tendance à dépenser à tort et à travers. **Forme.** Vous ne manquerez pas de vitalité.

CANCER 22 juin - 22 juillet
Cœur. Vous aurez envie de construire un foyer ou de créer une famille. **Réussite.** Vous serez amené à faire des choix tout à fait décisifs. **Forme.** Besoin de repos.

LION 23 juillet - 22 août
Cœur. Vous pourriez vivre, ces jours-ci, de belles amours et de grands plaisirs. **Réussite.** Le moment est idéal pour démarrer un projet. **Forme.** Un peu trop de tension nerveuse.

VIERGE 23 août - 22 septembre
Cœur. Votre partenaire vous délaissera un peu. **Réussite.** Vous ne ménagerez pas vos efforts pour faire aboutir vos projets. **Forme.** Troubles allergiques à prévoir.

BALANCE 23 sep. - 22 oct.
Cœur. Vous dépensez des trésors d'imagination pour faire plaisir à votre partenaire. **Réussite.** Un événement imprévu pourrait débloquer une situation. **Forme.** Faites du sport.

SCORPION 23 oct. - 21 nov.
Cœur. Il y aura des tensions dans votre relation amoureuse. **Réussite.** Les discussions que vous aurez avec vos collaborateurs seront plus animées que prévu. **Forme.** Bonne.

SAGITTAIRE 22 nov. - 20 décem.
Cœur. Vous traversez une période mouvementée. **Réussite.** Les difficultés ne vous redonneront pas le goût au travail. Retrouvez votre motivation. **Forme.** Insomnies.

CAPRICORNE 21 décem. - 19 jan.
Cœur. Quelques mises au point s'avèreront nécessaires. **Réussite.** On vous sollicitera pour des tâches dont vous ne voulez pas. **Forme.** Bonne hygiène de vie.

VERSEAU 20 janvier - 18 février
Cœur. Donnez-vous tout le temps nécessaire avant de prendre une décision radicale. **Réussite.** Vous serez tenté de vous laisser aller à la facilité. **Forme.** Moral en baisse.

POISSONS 19 février - 20 mars
Cœur. L'ambiance familiale sera particulièrement agréable et détendue. **Réussite.** Tenez compte du point de vue de vos collègues avant de prendre une décision. **Forme.** Vitalité.

Le baromètre de l'amour
Bélier : Vous serez en pleine forme et tout ira bien côté cœur. **Cancer :** Vous avez de nouvelles envies et ne tarderez pas à les concrétiser.

Bon anniversaire
Rachid Taha, 57 ans (chanteur).
Renaud Lavillenie, 29 ans (athlète).

...OMS Quatre mois après le ... de Suddenlink, Patrick Drahi ...roche un deuxième câblo-...teur américain à son tableau ...asse. Cette fois, il s'apprête à ...rser 17,7 milliards de dollars ...milliards d'euros) pour mettre ...n sur Cablevision, numéro 4 ...cteur avec ses 3,1 millions ...nés.

...r cela, Patrick Drahi va à ...au faire appel aux marchés. Il ...er 7 milliards de dollars de ... qui viendront s'ajouter aux ...lliards de dette déjà portés par ...vision. À cela s'ajoutera une ...entation de capital de 3 mil-...de dollars.

...pération donnera naissance au ...ro 4 du secteur, totalisant 4,6 ...ns de clients. Il restera encore loin derrière le numéro 3, Cox, et ses 6 millions d'abonnés, et les deux leaders du marché, ComCast et Time Warner Cable, qui comptent chacun plus de 20 millions de clients.

Le rachat de Cablevision permet à Altice, le groupe de télécoms et médias de Patrick Drahi, de renfor-cer sa présence sur le territoire américain. Lorsque les deux rachats seront bouclés, il y réalisera près du tiers de son chiffre d'affaires. Avec Cablevision, Altice met un pied à New York, une implantation géo-graphique à haute valeur symbo-lique et une excellente vitrine pour se faire connaître outre-Atlantique.

Patrick Drahi a fait aussi de cette acquisition une histoire d'homme. Charles Dolan, président fondateur ...

...ce étend son empire des télécoms

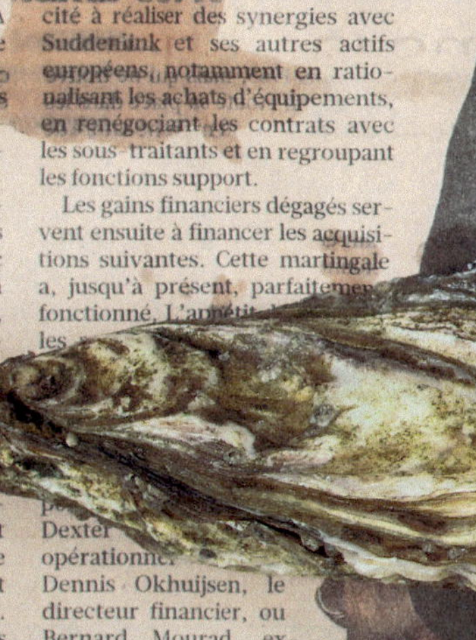

méthode commando d'Altice

DÉCRYPTAGE
Elsa Bembaron
@elsabembaron

...ette de Patrick Drahi pour ...ses rachats est bien rodée et ...ontré son efficacité. Elle ...rte deux ingrédients ma-...une équipe réduite, compo-...hommes de confiance et de ...iers amis d'une part, et, ...e part, un recours massif à la ...Un tel cocktail pourrait in-...r. Patrick Drahi l'utilise, au ...aire, pour rassurer les mar-

...ès une campagne éclair me-...ur SFR, Suddenlink et Ca-...ion, Patrick Drahi a empilé ...illiards d'euros de dette en ...ues années ! Ce chiffre donne ...rnis à de nombreux observa-...Mais le groupe ne se départit ...le son discours rassurant. ...re niveau d'endettement est ...nférieur à celui de notre rival ...national Liberty Global et, ...nous offrons un niveau de ris-...férieur », explique un porte-parole d'Altice. Et ça marche. À chaque fois que le tycoon annonce un nouveau coup d'éclat, les mar-chés applaudissent et les banques se battent pour lui apporter la det-te nécessaire à l'acquisition. Pour-quoi un tel engouement ?

Pour séduire les prêteurs, Pa-trick Drahi avance un postulat très simple : lui et son équipe de choc s'impliquent directement dans la gestion des sociétés rachetées et, en seulement quelques mois, pas-sent les comptes à la paille de fer, taillent dans les coûts et ... les marges. Les cibles, s... gérées avant son arrivée, ... nent des machines à cash, a... Ainsi Cablevision génère actuelle-ment 1,8 milliard d'excédent brut d'exploitation, pour un chiffre d'affaires de 6,525 milliards, soit une marge d'exploitation de 28 %. Altice espère dégager 900 millions de dollars d'économies par an, ce qui lui permettrait de porter la marge de Cablevision à 40 %. « Les marges de progression sont réelles chez Cablevision, qui n'est pas le mieux géré des câblo-opéra-teurs américains », note un ana-lyste. Altice mise aussi sur sa capa-cité à réaliser des synergies avec Suddenlink et ses autres actifs européens, notamment en ratio-nalisant les achats d'équipements, en renégociant les contrats avec les sous-traitants et en regroupant les fonctions support.

Les gains financiers dégagés ser-vent ensuite à financer les acquisi-tions suivantes. Cette martingale a, jusqu'à présent, parfaitement fonctionné. L'appétit ... les ... Dexter ... opérationnel. Dennis Okhuijsen, le directeur financier, ou Bernard Mourad, ex-banquier d'affaires. Une équipe un peu trop restreinte pour gérer le nouvel ensemble. C'est pourquoi Patrick Drahi a ap-pelé à ses côtés son ancien compli-ce Michel Combes pour superviser les opérations télécoms dans le monde. ∎

La stratégie d'Altice sur le marché américain est renforcée avec l'acquisition de Cablevision

Poursuivre l'expansion

Patrick Drahi n'en est qu'au début de sa conquête des États-Unis. Dès le rachat de Suddenlink, il avait an-noncé la couleur, ce n'était qu'un premier pas. La suite n'a pas tardé. Il dispose désormais de l'assise né-cessaire pour poursuivre son rêve ...américain. Cela pour-...ra prep... ...type ...rait aussi conti... racheter de « petits » câblo-opérateurs pour renforcer son em-preinte sur le territoire. L'homme d'affaires est aussi un chantre de la convergence entre le fixe et le mobile. Il pourrait donc se lancer à la conquête d'un opérateur mobile, conformé-ment à la stratégie qu'il applique dans tous les autres pays où il est présent. L'année dernière, Deuts-che Telekom a certes refusé de ven-dre sa filiale américaine T-Mobile à Xavier Niel, mais sans d... ...porte d'autres repren... le troisième r... propriété du jan... pourrait être une...

Patrick Drahi ...ner ses acqui... tant. Il est cel... té des tau... multiplier le... ment. Il a a... structure e... groupe. Ce re... de financer des ...rations par échange d'actions ou moyennant une augmentation de capital tout en conservant le contrôle de son en-treprise. « D'un point de vue de la gouvernance, c'est discutable. D'un point de vue financier, c'est admi-rable, souffle un consultant télé-coms. Patrick Drahi est armé pour poursuivre la conquête. » E.B.

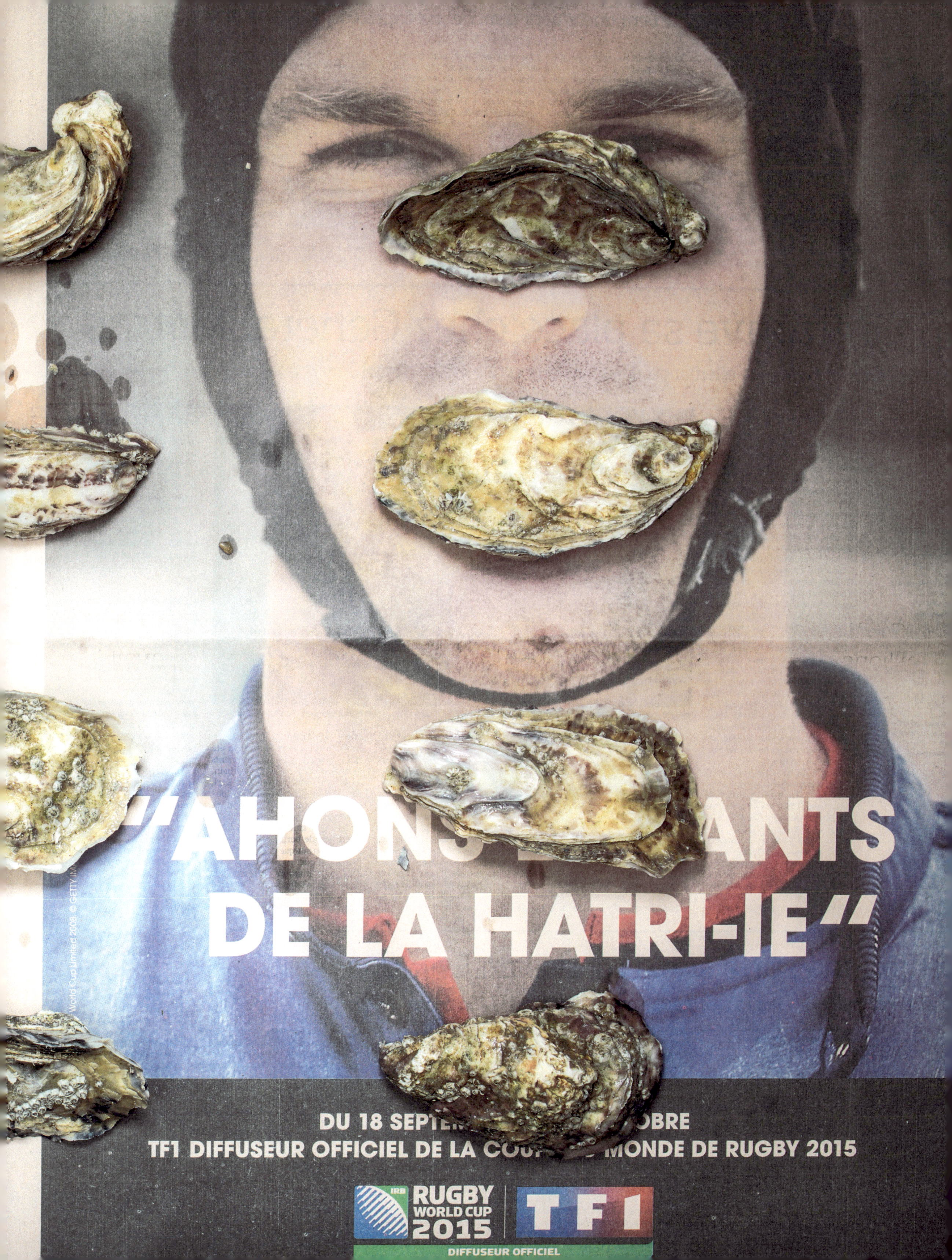
"AHONS
ANTS
DE LA HATRI-IE"
DU 18 SEPTE
OBRE
TF1 DIFFUSEUR OFFICIEL DE LA COU
MONDE DE RUGBY 2015
RUGBY
WORLD CUP
2015
TF1
DIFFUSEUR OFFICIEL

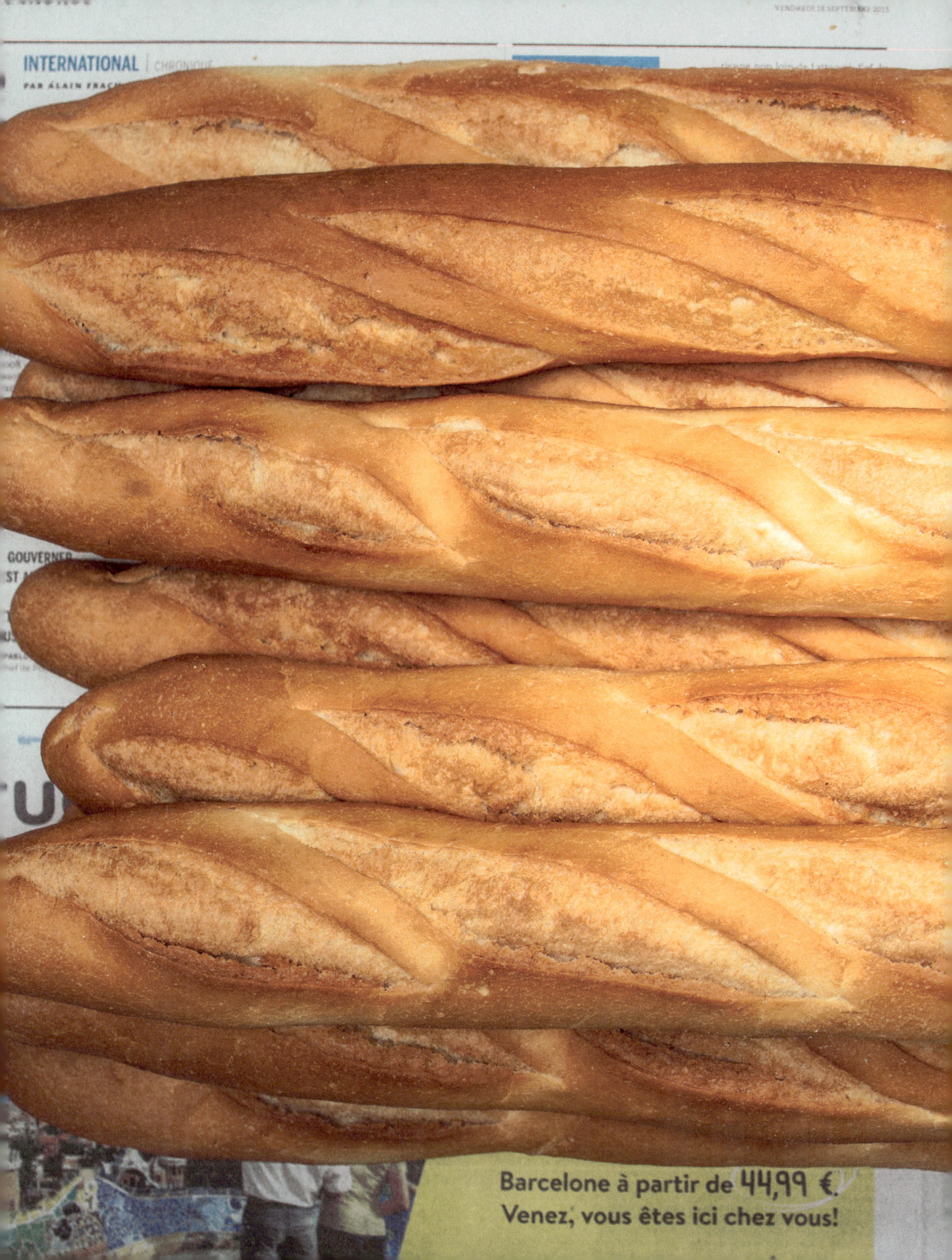
INTERNATIONAL
GOUVERNER
Barcelone à partir de 44,99 €.
Venez, vous êtes ici chez vous!

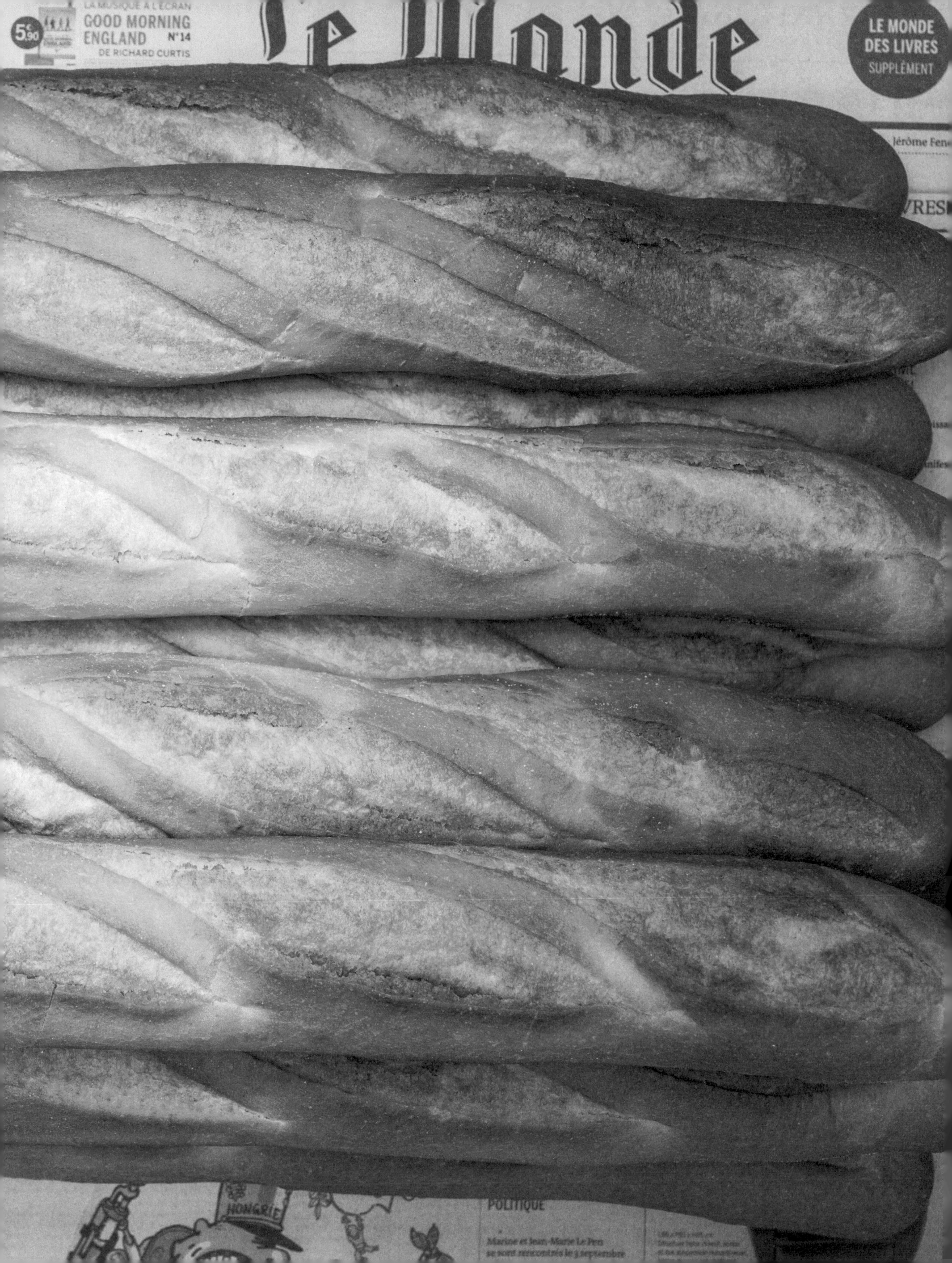

LA MUSIQUE À L'ÉCRAN
GOOD MORNING ENGLAND
N°14
DE RICHARD CURTIS
Le Monde
LE MONDE DES LIVRES
SUPPLÉMENT
HONGRIE
POLITIQUE
Marine et Jean-Marie Le Pen

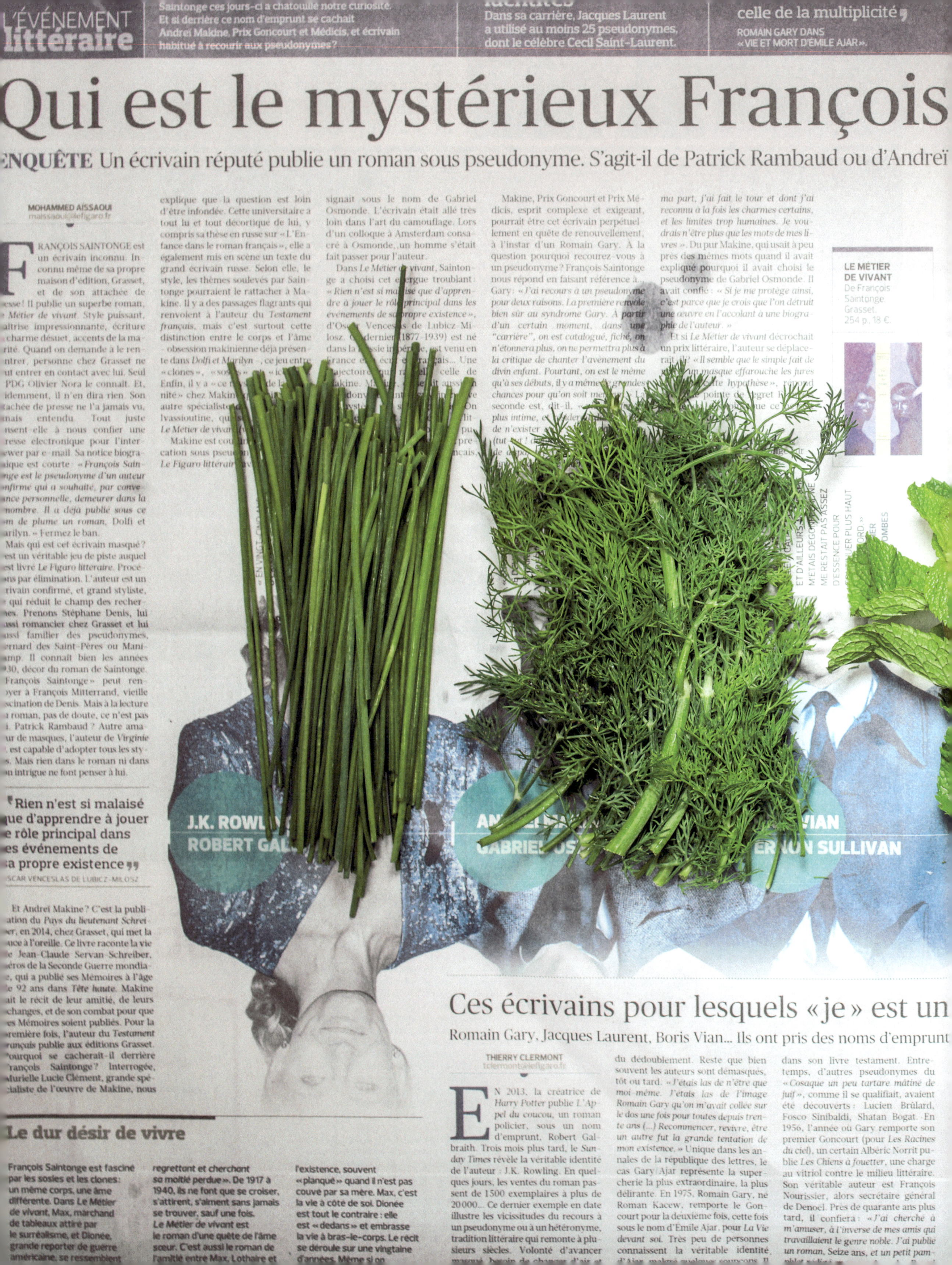

Qui est le mystérieux François

ENQUÊTE Un écrivain réputé publie un roman sous pseudonyme. S'agit-il de Patrick Rambaud ou d'Andreï

MOHAMMED AÏSSAOUI
maissaoui@lefigaro.fr

FRANÇOIS SAINTONGE est un écrivain inconnu. Inconnu même de sa propre maison d'édition, Grasset, et de son attachée de presse ! Il publie un superbe roman, *Le Métier de vivant*. Style puissant, maîtrise impressionnante, écriture ciselée, accents de la maturité. Quand on demande à le rencontrer, personne chez Grasset ne peut entrer en contact avec lui. Seul le PDG Olivier Nora le connaît. Et, évidemment, il n'en dira rien. Son attachée de presse ne l'a jamais vu, jamais entendu. Tout juste consent-elle à nous confier une adresse électronique pour l'interviewer par e-mail. Sa notice biographique est courte : « François Saintonge est le pseudonyme d'un auteur confirmé qui a souhaité, par convenance personnelle, demeurer dans l'ombre. Il a déjà publié sous ce nom de plume un roman, *Dolfi et Marilyn*. » Fermez le ban.

Mais qui est cet écrivain masqué ? C'est un véritable jeu de piste auquel nous invite ce livre *Le Figaro littéraire*. Procédons par élimination. L'auteur est un écrivain confirmé, et grand styliste, ce qui réduit le champ des recherches. Prenons Stéphane Denis, lui aussi romancier chez Grasset et lui aussi familier des pseudonymes, Bernard des Saint-Pères ou Mani-amp. Il connaît bien les années 1930, décor du roman de Saintonge. « François Saintonge » peut renvoyer à François Mitterrand, vieille fascination de Denis. Mais à la lecture du roman, pas de doute, ce n'est pas lui. Patrick Rambaud ? Autre amateur de masques, l'auteur de *Virginie* est capable d'adopter tous les styles. Mais rien dans le roman ni dans son intrigue ne font penser à lui.

« Rien n'est si malaisé que d'apprendre à jouer le rôle principal dans les événements de sa propre existence »

OSCAR VENCESLAS DE LUBICZ-MILOSZ

Et Andreï Makine ? C'est la publication du *Pays du lieutenant Schreiber*, en 2014, chez Grasset, qui met la puce à l'oreille. Ce livre raconte la vie de Jean-Claude Servan-Schreiber, héros de la Seconde Guerre mondiale, qui a publié ses *Mémoires* à l'âge de 92 ans dans *Tête haute*. Makine fait le récit de leur amitié, de leurs échanges, et de son combat pour que ses *Mémoires* soient publiés. Pour la première fois, dans le *Testament français* publié aux éditions Grasset. Pourquoi se cacherait-il derrière François Saintonge ? Interrogée, Murielle Lucie Clément, grande spécialiste de l'œuvre de Makine, nous

explique que la question est loin d'être infondée. Cette universitaire a tout lu et tout décortiqué de lui, y compris sa thèse en russe sur « L'Enfance dans le roman français », elle a également mis en scène un texte du grand écrivain russe. Selon elle, le style, les thèmes soulevés par Saintonge pourraient le rattacher à Makine. Il y a des passages flagrants qui renvoient à l'auteur du *Testament français*, mais c'est surtout cette distinction entre le corps et l'âme — obsession makinienne déjà présente dans *Dolfi et Marilyn* —, ce jeu entre « clones », « sosies » — ici Enfin, il y a « ce culte de la nité » chez Makine, et une autre spécialiste, qu Ivassioutine, qui *Le Métier de vivant* Makine est cou cation sous pseud *Le Figaro littéraire*

signait sous le nom de Gabriel Osmonde. L'écrivain était allé très loin dans l'art du camouflage. Lors d'un colloque à Amsterdam consacré à Osmonde, un homme s'était fait passer pour l'auteur.

Dans *Le Métier de vivant*, Saintonge a choisi cet exergue troublant : « *Rien n'est si malaisé que d'apprendre à jouer le rôle principal dans les événements de sa propre existence* », d'Oscar Venceslas de Lubicz-Milosz. Ce dernier (1877-1939) est né dans la Russie impériale, est venu en France et a écrit en français... Une trajectoire qui rappelle celle de Makine. Makine, peut-être qu'il est aussi pseudonyme mystérieux s On lit pu

Makine, Prix Goncourt et Prix Médicis, esprit complexe et exigeant, pourrait être cet écrivain perpétuellement en quête de renouvellement, à l'instar d'un Romain Gary. À la question pourquoi recourez-vous à un pseudonyme ? François Saintonge nous répond en faisant référence à... Gary : « *J'ai recours à un pseudonyme pour deux raisons. La première renvoie bien sûr au syndrome Gary. À partir d'un certain moment, dans une "carrière", on est catalogué, fiché, on n'étonnera plus, on ne permettra plus à la critique de chanter l'avènement du divin enfant. Pourtant, on est le même qu'à ses débuts, il y a même de grandes chances pour qu'on soit me . La seconde est, dit-il, plus intime, et de n'exister (tut ! d de dép*

ma part, j'ai fait le tour et dont j'ai reconnu à la fois les charmes certains, et les limites trop humaines. Je voudrais n'être plus que les mots de mes livres ». Du pur Makine, qui usait à peu près des mêmes mots quand il avait expliqué pourquoi il avait choisi le pseudonyme de Gabriel Osmonde. Il avait confié : « *Si je me protège ainsi, c'est parce que je crois que l'on détruit une œuvre en l'accolant à une biographie de l'auteur.* »

Et si *Le Métier de vivant* décrochait un prix littéraire, l'auteur se déplacerait-il ? « *Il semble que le simple fait de un masque effarouche les jurés cette hypothèse* », répond pointe de regret que ce

LE MÉTIER DE VIVANT
De François Saintonge.
Grasset.
254 p., 18 €.

Le dur désir de vivre

François Saintonge est fasciné par les sosies et les clones : un même corps, une âme différente. Dans *Le Métier de vivant*, Max, marchand de tableaux attiré par le surréalisme, et Dionée, grande reporter de guerre américaine, se ressemblent

regrettant et cherchant sa moitié perdue ». De 1917 à 1940, ils ne font que se croiser, s'attirent, s'aiment sans jamais se trouver, sauf une fois. *Le Métier de vivant* est le roman d'une quête de l'âme sœur. C'est aussi le roman de l'amitié entre Max, Lothaire et

l'existence, souvent « planqué » quand il n'est pas couvé par sa mère. Max, c'est la vie à côté de soi. Dionée est tout le contraire : elle est « dedans » et embrasse la vie à bras-le-corps. Le récit se déroule sur une vingtaine d'années. Même si on

Ces écrivains pour lesquels « je » est un

Romain Gary, Jacques Laurent, Boris Vian... Ils ont pris des noms d'emprunt

THIERRY CLERMONT
tclermont@lefigaro.fr

EN 2013, la créatrice de *Harry Potter* publie *L'Appel du coucou*, un roman policier, sous un nom d'emprunt, Robert Galbraith. Trois mois plus tard, le *Sunday Times* révèle la véritable identité de l'auteur : J.K. Rowling. En quelques jours, les ventes du roman passent de 1500 exemplaires à plus de 20 000... Ce dernier exemple en date illustre les vicissitudes du recours à un pseudonyme ou à un hétéronyme, tradition littéraire qui remonte à plusieurs siècles. Volonté d'avancer masqué, besoin de changer d'air et

du dédoublement. Reste que bien souvent les auteurs sont démasqués, tôt ou tard. « *J'étais las de n'être que moi-même. J'étais las de l'image Romain Gary qu'on m'avait collée sur le dos une fois pour toutes depuis trente ans (...) Recommencer, revivre, être un autre fut la grande tentation de mon existence* ». Unique dans les annales de la république des lettres, le cas Gary Ajar représente la supercherie la plus extraordinaire, la plus délirante. En 1975, Romain Gary, né Roman Kacew, remporte le Goncourt pour la deuxième fois, cette fois sous le nom d'Émile Ajar, pour *La Vie devant soi*. Très peu de personnes connaissent la véritable identité d'Ajar malgré quelques soupçons. Il

dans son livre testament. Entretemps, d'autres pseudonymes du « *Cosaque un peu tartare mâtiné de juif* », comme il se qualifiait, avaient été découverts : Lucien Brûlard, Fosco Sinibaldi, Shatan Bogat. En 1956, l'année où Gary remporte son premier Goncourt (pour *Les Racines du ciel*), un certain Albéric Norrit publie *Les Chiens à fouetter*, une charge au vitriol contre le milieu littéraire. Son véritable auteur est François Nourissier, alors secrétaire général de Denoël. Près de quarante ans plus tard, il confiera : « *J'ai cherché à m'amuser, à l'inverse de mes amis qui travaillaient le genre noble.* » Il publie un roman, *Seize ans, et un petit pam-*

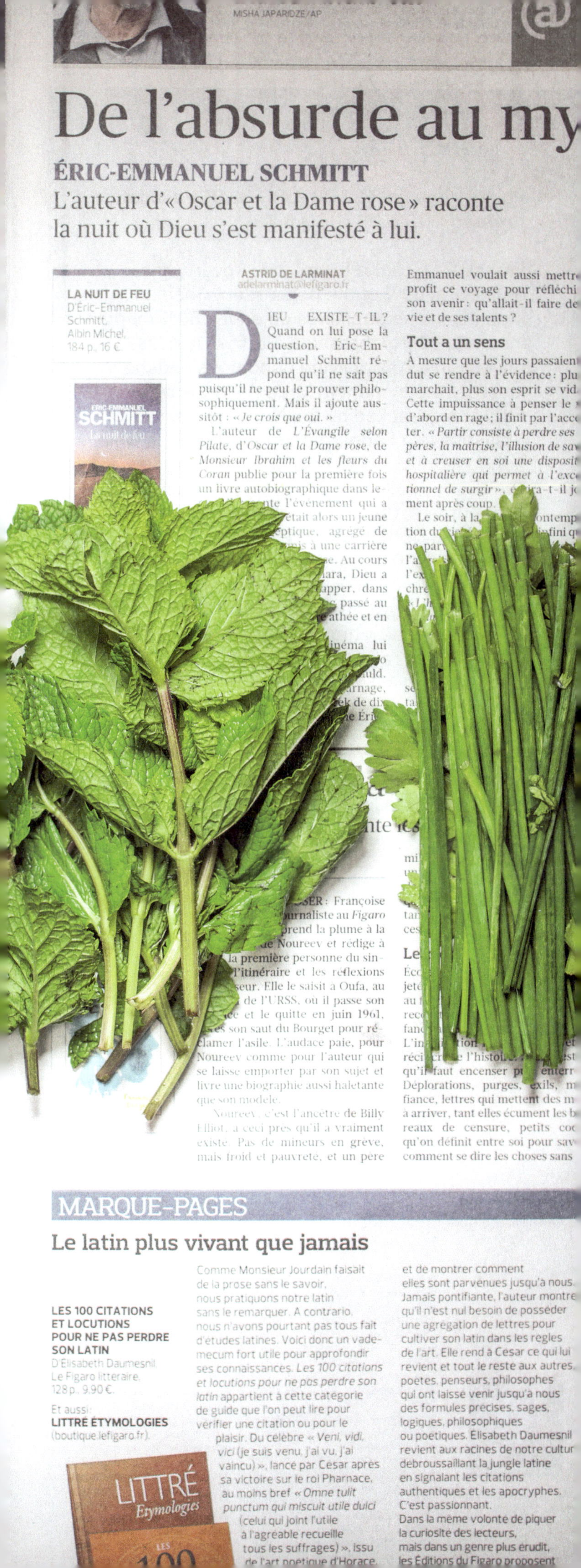

De l'absurde au my

ÉRIC-EMMANUEL SCHMITT

L'auteur d'« Oscar et la Dame rose » raconte
la nuit où Dieu s'est manifesté à lui.

LA NUIT DE FEU
D'Éric-Emmanuel
Schmitt,
Albin Michel,
184 p., 16 €.

ASTRID DE LARMINAT
adelarminat@lefigaro.fr

DIEU EXISTE-T-IL ? Quand on lui pose la question, Éric-Emmanuel Schmitt répond qu'il ne sait pas puisqu'il ne peut le prouver philosophiquement. Mais il ajoute aussitôt : « *Je crois que oui.* »

L'auteur de *L'Évangile selon Pilate*, d'*Oscar et la Dame rose*, de *Monsieur Ibrahim et les fleurs du Coran* publie pour la première fois un livre autobiographique dans le[quel il racon]te l'événement qui a [bouleversé] alors un jeune [homme s]ceptique, agrégé de [philosophie promi]s à une carrière [...]. Au cours [d'une randonnée au Sa]hara, Dieu a [...]pper, dans [...] passé au [...]athée et en [...]

[...]néma lui [...]
[...]uld. [...]rnage, [...]ek de di[...] Éri[...]

[...]SER : Françoise [...]rnaliste au *Figaro* [...]prend la plume à la [place de] Noureev et rédige à [la] première personne du sin[gulier] l'itinéraire et les réflexions [du dan]seur. Elle le saisit à Oufa, au [fin fond] de l'URSS, où il passe son [enfan]ce et le quitte en juin 1961, [apr]ès son saut du Bourget pour réclamer l'asile. L'audace peut, pour Noureev comme pour l'auteur qui se laisse emporter par son sujet et livre une biographie aussi haletante que son modèle.

Noureev, c'est l'ancêtre de Billy Elliot, à ceci près qu'il a vraiment existé. Pas de mineurs en grève, mais froid et pauvreté, et un père

Emmanuel voulait aussi mettr[e à] profit ce voyage pour réfléchi[r à] son avenir : qu'allait-il faire de [sa] vie et de ses talents ?

Tout a un sens

À mesure que les jours passaien[t, il] dut se rendre à l'évidence : plu[s il] marchait, plus son esprit se vid[ait.] Cette impuissance à penser le [mit] d'abord en rage ; il finit par l'acce[p]ter. « *Partir consiste à perdre ses* *pères, la maîtrise, l'illusion de sav[oir]* *et à creuser en soi une disposit[ion]* *hospitalière qui permet à l'exce[p]* *tionnel de surgir* », é[cr]ira-t-il j[uste]ment après coup.

Le soir, à la [...] [c]ontempla-tion du [...] [i]nfini q[ui] ne par[...] l'a[...] l'ex[...] chr[...] *[...]*

[...]
mi[...]
un[...]
q[...]
tan[...]
ces [...]

Le [...]
Éc[...]
jet[...]
au f[...]
rec[...]
fan[...]
L'in[...]tion [...]et réci[...] l'histoi[...] c'est qu'il faut encenser p[our] enterr[er.] Déplorations, purges, exils, m[é]fiance, lettres qui mettent des m[ois] à arriver, tant elles écument les b[u]reaux de censure, petits co[des] qu'on définit entre soi pour sav[oir] comment se dire les choses sans

Le latin plus vivant que jamais

**LES 100 CITATIONS
ET LOCUTIONS
POUR NE PAS PERDRE
SON LATIN**
D'Élisabeth Daumesnil,
Le Figaro littéraire,
128 p., 9,90 €.

Et aussi :
LITTRÉ ÉTYMOLOGIES
(boutique.lefigaro.fr).

Comme Monsieur Jourdain faisait de la prose sans le savoir, nous pratiquons notre latin sans le remarquer. A contrario, nous n'avons pourtant pas tous fait d'études latines. Voici donc un vade-mecum fort utile pour approfondir ses connaissances. *Les 100 citations et locutions pour ne pas perdre son latin* appartient à cette catégorie de guide que l'on peut lire pour vérifier une citation ou pour le plaisir. Du célèbre « *Veni, vidi, vici* (je suis venu, j'ai vu, j'ai vaincu) », lancé par César après sa victoire sur le roi Pharnace, au moins bref « *Omne tulit punctum qui miscuit utile dulci* (celui qui joint l'utile à l'agréable recueille tous les suffrages) », issu de l'art poétique d'Horace,

et de montrer comment elles sont parvenues jusqu'à nous. Jamais pontifiante, l'auteur montre qu'il n'est nul besoin de posséder une agrégation de lettres pour cultiver son latin dans les règles de l'art. Elle rend à César ce qui lui revient et tout le reste aux autres, poètes, penseurs, philosophes qui ont laissé venir jusqu'à nous des formules précises, sages, logiques, philosophiques ou poétiques. Élisabeth Daumesnil revient aux racines de notre cultur[e] débroussaillant la jungle latine en signalant les citations authentiques et les apocryphes. C'est passionnant.
Dans la même volonté de piquer la curiosité des lecteurs, mais dans un genre plus érudit, les Éditions du Figaro proposent

France FR

PARIS | SEPTEMBER 2015

Poverty line EUR 32.90 (USD 36.96); allocation for food EUR 5.99 (USD 6.73)

France follows the EU relative poverty line, defined as 60% of the population's median income. It also publishes data for a 50% median income poverty threshold. Further, it looks at poverty in terms of living conditions and the level of employment in households. Poverty figures are tracked by the National Institute of Statistics and Economic Studies (INSEE), which conducts the annual taxable income survey and five-yearly family budget survey and collaborates with Eurostat on the EU Statistics on Income and Living Conditions (EU-SILC).

France's 2012 poverty rate was 13.9%, totaling 8.5 million people. Geography-wise, the North, Southeast and Seine-Saint-Denis metropolitan areas saw high poverty rates in 2012. Inequality was also most obvious in Paris, Hauts-de-Seine and in Haute-Savoie. By household types, poverty rates are highest among single-parent, large-family and young-family households. UNICEF's report in June 2015 on child poverty highlighted that France had over three million children living in poverty in 2012.

GNI per Capita, Atlas Method (Current USD), 1962–2017

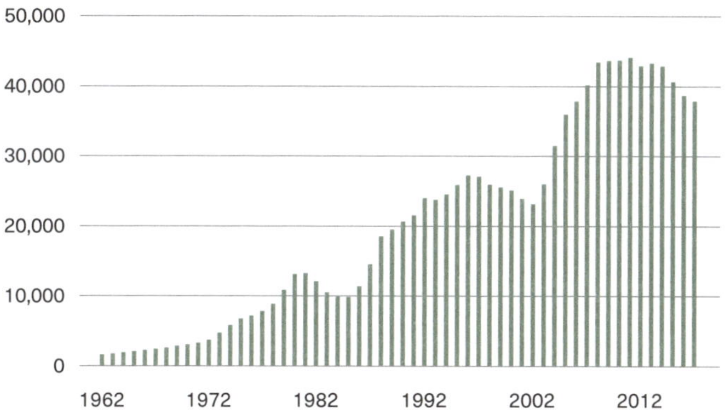

Source: World Bank

Poor Population and Poverty Rate by Poverty Thresholds, 1970–2008

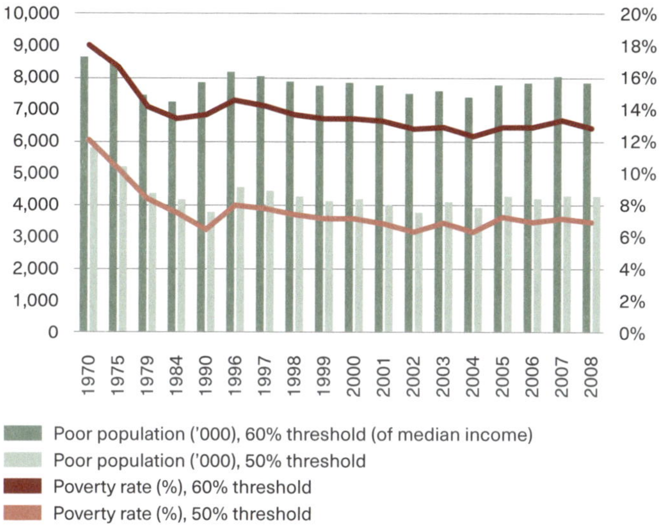

Source: INSEE

Unemployment Rate by Education Level, Percentage of Active Population (20–65 Years Old), 2014–17

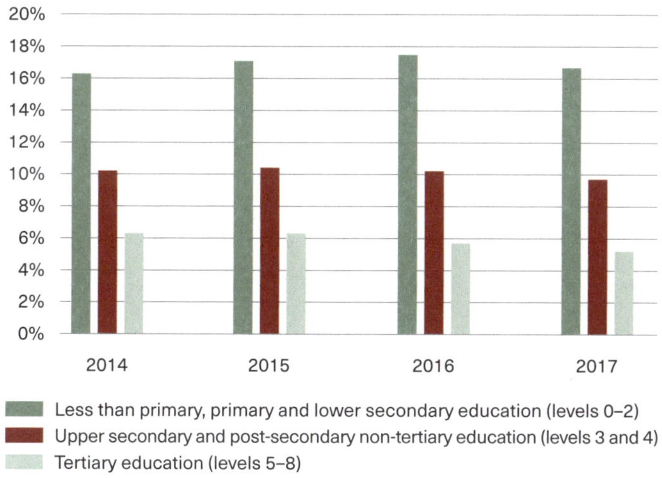

Source: Eurostat

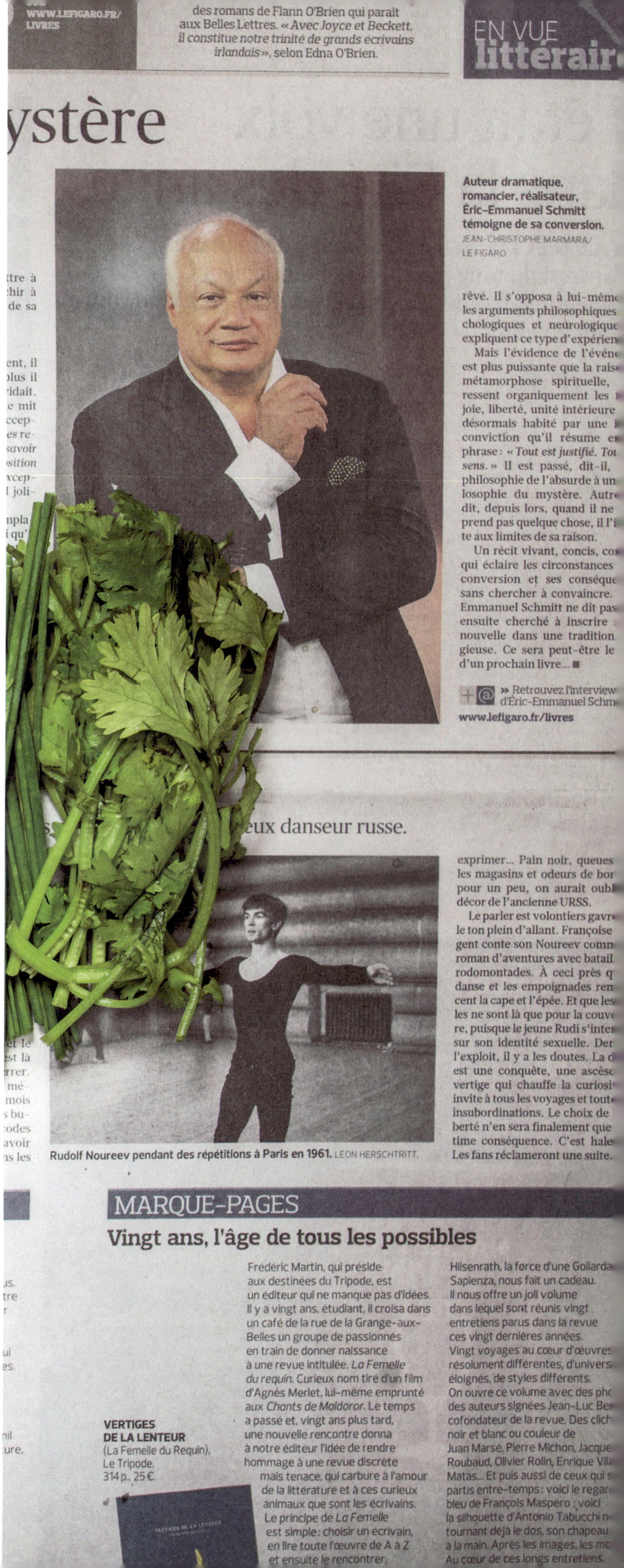

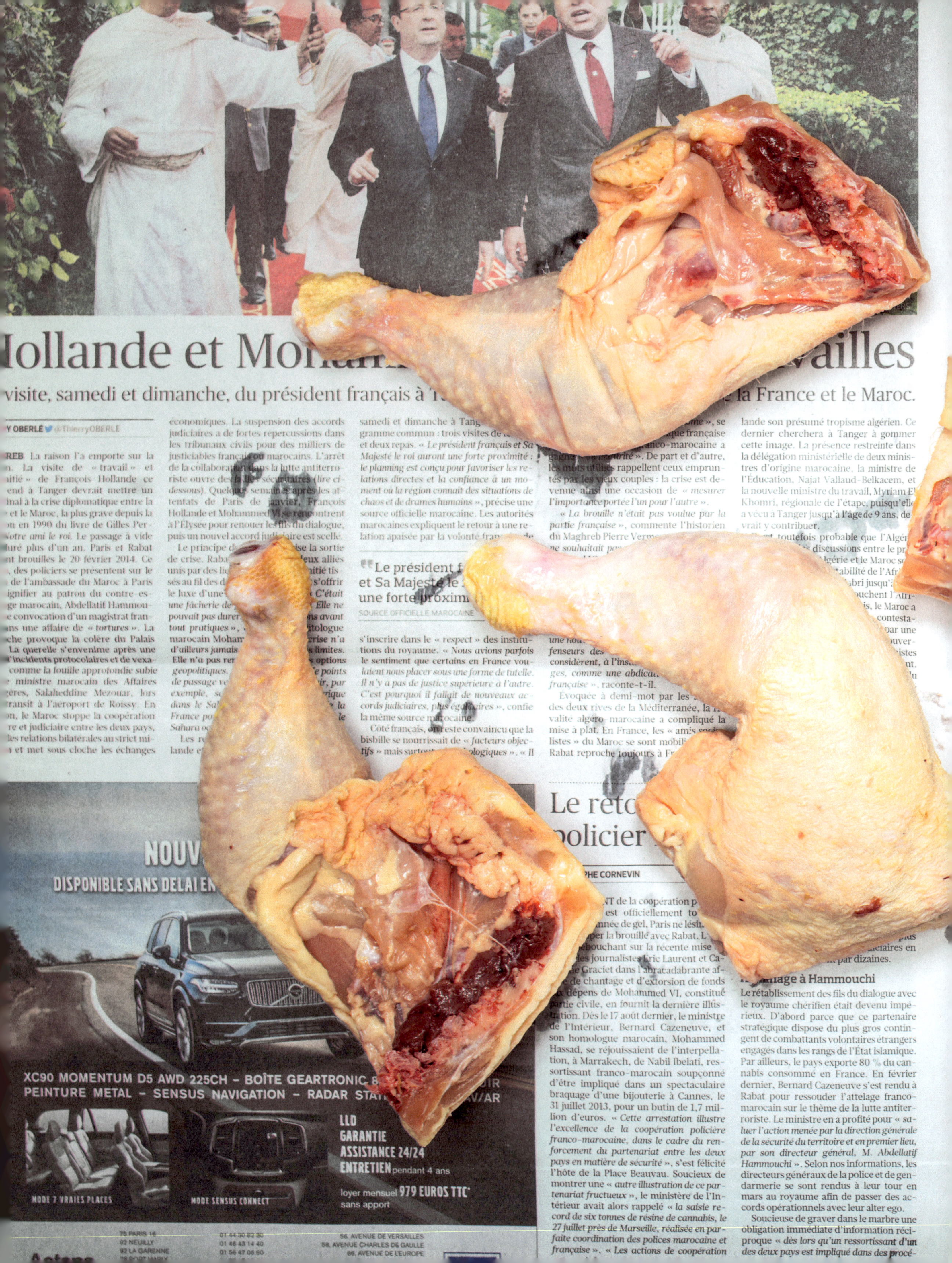

Hollande et Moha[...]vailles

visite, samedi et dimanche, du président français à T[...] la France et le Maroc.

Y OBERLÉ @ThierryOBERLE

[...]REB La raison l'a emporté sur la [...]n. La visite de « travail » et [...]itié » de François Hollande ce [...]end à Tanger devrait mettre un [...]inal à la crise diplomatique entre la [...] et le Maroc, la plus grave depuis la [...]on en 1990 du livre de Gilles Per- [...] *Notre ami le roi*. Le passage à vide [...]uré plus d'un an. Paris et Rabat [...]nt brouillés le 20 février 2014. Ce [...], des policiers se présentent sur le [...] de l'ambassade du Maroc à Paris [...]ignifier au patron du contre-es- [...]ge marocain, Abdellatif Hammou- [...]e convocation d'un magistrat fran- [...]ns une affaire de « tortures ». La [...]che provoque la colère du Palais [...] La querelle s'envenime après une [...] incidents protocolaires et de vexa- [...] comme la fouille approfondie subie [...] ministre marocain des Affaires [...]gères, Salaheddine Mezouar, lors [...]ransit à l'aéroport de Roissy. En [...]on, le Maroc stoppe la coopération [...]re et judiciaire entre les deux pays, [...]les relations bilatérales au strict mi- [...] et met sous cloche les échanges

économiques. La suspension des accords judiciaires a de fortes répercussions dans les tribunaux civils pour des milliers de justiciables français ou marocains. L'arrêt de la collaboration dans la lutte antiterro- riste ouvre des failles sécuritaires (*lire ci- dessous*). Quelques semaines après les at- tentats de Paris de janvier, François Hollande et Mohammed VI se rencontrent à l'Élysée pour renouer les fils du dialogue, puis un nouvel accord judiciaire est scellé.

Le principe d[...]ise la sortie de crise. Raba[...]eux alliés unis par des lie[...]itié tis- sés au fil des d[...]s'offrir le luxe d'une [...] C'était une fâcherie de [...] Elle ne pouvait pas durer [...]ns avant tout pratiques », [...]tologue marocain Moham[...] crise n'a d'ailleurs jamais [...]s limites. Elle n'a pas rer[...]s options géopolitiques. [...]e points de passage ve[...]ir, par exemple, s[...]rique dans le Sa[...] la France po[...] le Sahara o[...]

Les re[...] lande et [...]

samedi et dimanche à Tang[...] gramme commun : trois visite[...] et deux repas. « *Le président fr[...] Majesté le roi auront une forte[...] le planning est conçu pour favo[...] lations directes et la confianc[...] ment ou la région connaît des situations de chaos et de drames humains* », précise une source officielle marocaine. Les autorités marocaines expliquent le retour à une re- lation apaisée par la volonté fran[...]

s'inscrire dans le « respect » des institu- tions du royaume. « Nous avions parfois le sentiment que certains en France vou- laient nous placer sous une forme de tutelle. Il n'y a pas de justice supérieure à l'autre. C'est pourquoi il fallait de nouveaux ac- cords judiciaires, plus égalitaires », confie la même source marocaine.

Côté français, on reste convaincu que la bisbille se nourrissait de « *facteurs objec- tifs* » mais surtout [...]ologiques. « Il

une rou[...] fenseurs des [...] considèrent, à l'ins[...] ges, comme une abdica[...] française », raconte-t-il.

Évoquée à demi-mot par le s[...] des deux rives de la Méditerranée, la [...] valité algéro-marocaine a compliqué [...] mise à plat. En France, les « amis so[...] listes » du Maroc se sont mobili[...] Rabat reproche toujours à F[...]

lande son présumé tropisme algérien. Ce dernier cherchera à Tanger à gommer cette image. La présence restreinte dans la délégation ministérielle de deux minis- tres d'origine marocaine, la ministre de l'Éducation, Najat Vallaud-Belkacem, et la nouvelle ministre du travail, Myriam El Khomri, régionale de l'étape, puisqu'elle a vécu à Tanger jusqu'à l'âge de 9 ans, ne vrait y contribuer.

[...] toutefois probable que l'Algé[...] [...]s discussions entre le pr[...] [...]lgérie et le Maroc so[...] [...]abilité de l'Afr[...] [...]abri jusqu'à[...] [...]ouchent l'Am[...] [...]is, le Maroc a[...] [...]contesta[...] [...]par une[...] [...]ouver[...] [...]istes[...] [...]par[...]

Le reto[...] [...]olicier

[...]PHE CORNEVIN

[...]NT de la coopération p[...] [...]est officiellement to[...] [...]née de gel, Paris ne lési[...] [...]per la brouille sur le[...] [...]bouchant sur la récente mise[...] [...]les journalistes Éric Laurent et Ca[...] [...] Graciet dans l'abracadabrante[...] [...]de chantage et d'extorsion de fonds [...]dépens de Mohammed VI, constitué [...]partie civile, en fournit la dernière illus- [...]ration. Dès le 17 août dernier, le ministre [...]de l'Intérieur, Bernard Cazeneuve, et [...]son homologue marocain, Mohammed [...]Hassad, se réjouissaient de l'interpella- [...]tion, à Marrakech, de Nabil Ibelati, res- [...]sortissant franco-marocain soupçonné [...]d'être impliqué dans un spectaculaire [...]braquage d'une bijouterie à Cannes, le [...]31 juillet 2013, pour un butin de 1,7 mil- [...]lion d'euros. « *Cette arrestation illustre [...]l'excellence de la coopération policière [...]franco-marocaine, dans le cadre du ren- [...]forcement du partenariat entre les deux [...]pays en matière de sécurité* », s'est félicité [...]l'hôte de la Place Beauvau. Soucieux de [...]montrer une « *autre illustration de ce parte- [...]nariat fructueux* », le ministère de l'In- [...]térieur avait alors rappelé « *la saisie re- [...]cord de six tonnes de résine de cannabis, le [...]27 juillet près de Marseille, réalisée en par- [...]faite coordination des polices marocaine et [...]française* ». « *Les actions de coopération*

Hommage à Hammouchi

Le rétablissement des fils du dialogue avec le royaume chérifien était devenu impé- rieux. D'abord parce que ce partenaire stratégique dispose du plus gros contin- gent de combattants volontaires étrangers engagés dans les rangs de l'État islamique. Par ailleurs, le pays exporte 80 % du can- nabis consommé en France. En février dernier, le pays exporte[...] Rabat pour ressouder l'attelage franco- marocain sur le thème de la lutte antiter- roriste. Le ministre en a profité pour « *sa- luer l'action menée par la direction générale de la sécurité du territoire et en premier lieu, par son directeur général, M. Abdellatif Hammouchi* ». Selon nos informations, les directeurs généraux de la police et de gen- darmerie se sont rendus à leur tour en mars au royaume afin de passer des ac- cords opérationnels avec leur alter ego.

Soucieuse de graver dans le marbre une obligation immédiate d'information réci- proque « *dès lors qu'un ressortissant d'un des deux pays est impliqué dans un procé-*

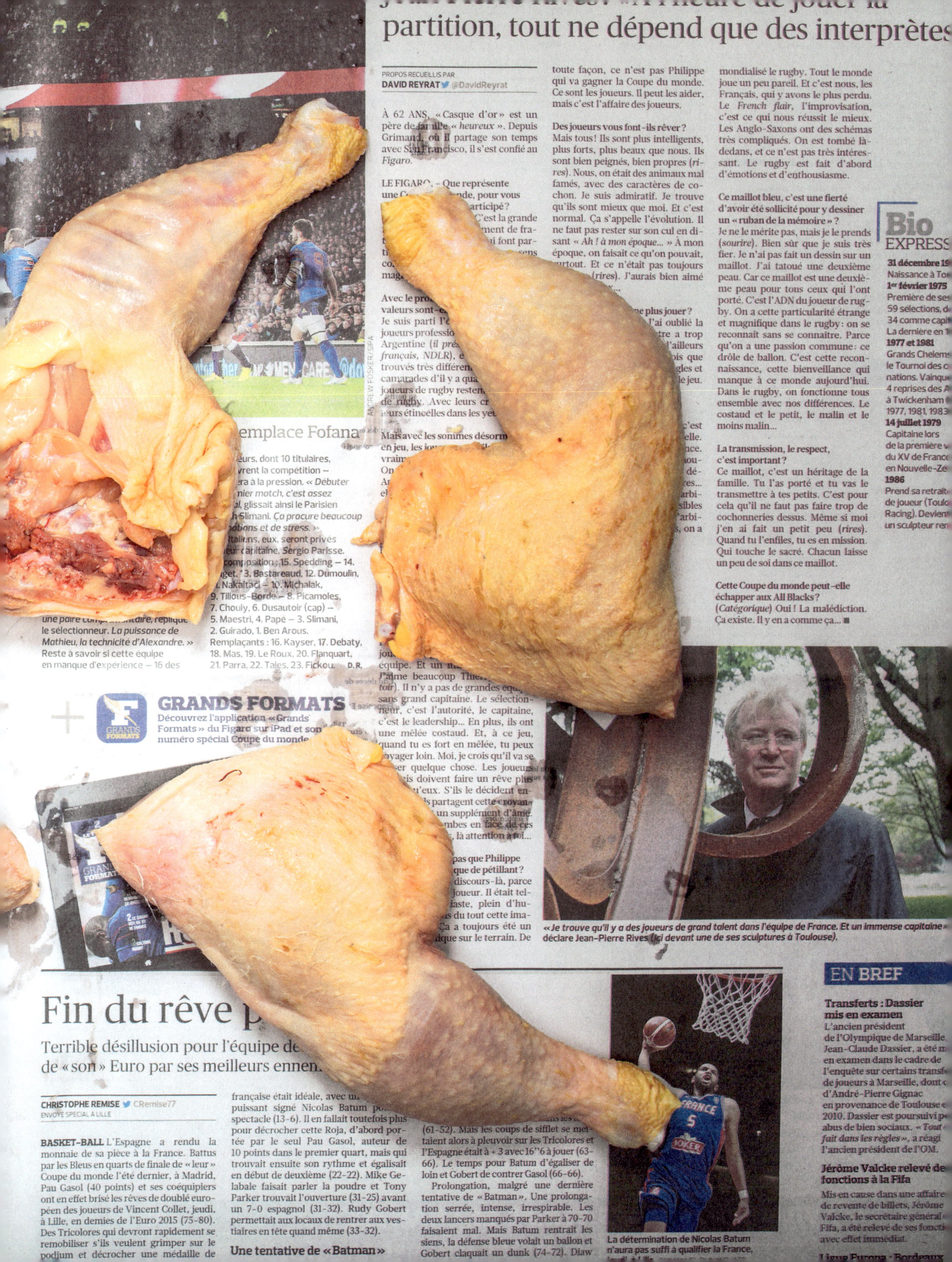

partition, tout ne dépend que des interprètes

PROPOS RECUEILLIS PAR
DAVID REYRAT @DavidReyrat

À 62 ANS, « Casque d'or » est un père de famille « heureux ». Depuis Grimand, où il partage son temps avec San Francisco, il s'est confié au *Figaro*.

LE FIGARO. – Que représente une C[oupe du mon]de, pour vous […] […]rticipé ? […] […] c'est la grande […] […]nt de fras[…] […]i font par[…] […] sens […]co[…] […] mag[…]

Avec le pro[…] valeurs sont–e[…] Je suis parti l'é[…] joueurs professio[…] Argentine (*il pr[…] français, NDLR*), e[…] trouvés très différen[…] camarades d'il y a qua[…] joueurs de rugby resten[…] de rugby. Avec leurs cr[…] […]urs étincelles dans les ye[…]

Mais avec les sommes désorm[…] en jeu, les jou[…] vrain[…] On […] A[…] e[…]

[…]emplace Fofana[…]

toute façon, ce n'est pas Philippe qui va gagner la Coupe du monde. Ce sont les joueurs. Il peut les aider, mais c'est l'affaire des joueurs.

Des joueurs vous font–ils rêver ?
Mais tous ! Ils sont plus intelligents, plus forts, plus beaux que nous. Ils sont bien peignés, bien propres (*rires*). Nous, on était des animaux mal famés, avec des caractères de cochon. Je suis admiratif. Je trouve qu'ils sont mieux que moi. Et c'est normal. Ça s'appelle l'évolution. Il ne faut pas rester sur son cul en disant « *Ah ! à mon époque…* ». À mon époque, on faisait ce qu'on pouvait, […]urtout. Et ce n'était pas toujours […] (*rires*). J'aurais bien aimé […] […] me plus jouer ? […] […]'ai oublié la […] […]tre à trop […] […]ailleurs […] […]ois que […] […]gles et […] […]u jeu.

[…] c'est […]lle. […]ce. […]ou– […] dé– […] […]les […]arbi[…] […]sibles […]'arbi[…] […], on a […]

[…] équipe. Et un […] J'aime beaucoup Thie[…] *toir*) Il n'y a pas de grandes équi[…] sans grand capitaine. Le sélection[…]neur, c'est l'autorité, le capitaine, c'est le leadership… En plus, ils ont une mêlée costaud. Et, à ce jeu, quand tu es fort en mêlée, tu peux voyager loin. Moi, je crois qu'il va […]sser quelque chose. Les joueu[…] […]is doivent faire un rêve plus […] […]x eux. S'ils le décident […] […] partagent cette croyan[…] […] un supplément d'âme […] […]mbes en face, de ces […] […], là attention à toi…

[…]pas que Philippe […]que de pétillant ? […] discours–là, parce […] joueur. Il était tel[…] […]iaste, plein d'hu[…] […]u du tout cette ima[…] […]Ça a toujours été un […]que sur le terrain. De

mondialisé le rugby. Tout le monde joue un peu pareil. Et c'est nous, les Français, qui y avons le plus perdu. Le *French flair*, l'improvisation, c'est ce qui nous réussit le mieux. Les Anglo-Saxons ont des schémas très compliqués. On est tombé là-dedans, et ce n'est pas très intéressant. Le rugby est fait d'abord d'émotions et d'enthousiasme.

Ce maillot bleu, c'est une fierté d'avoir été sollicité pour y dessiner un « ruban de la mémoire » ?
Je ne le mérite pas, mais je le prends (*sourire*). Bien sûr que je suis très fier. Je n'ai pas fait un dessin sur un maillot. J'ai tatoué une deuxième peau. Car ce maillot est une deuxième peau pour tous ceux qui l'ont porté. C'est l'ADN du joueur de rugby. On a cette particularité étrange et magnifique dans le rugby : on se reconnaît sans se connaître. Parce qu'on a une passion commune : ce drôle de ballon. C'est cette reconnaissance, cette bienveillance qui manque à ce monde aujourd'hui. Dans le rugby, on fonctionne tous ensemble avec nos différences. Le costaud et le petit, le malin et le moins malin…

La transmission, le respect, c'est important ?
Ce maillot, c'est un héritage de la famille. Tu l'as porté et tu vas le transmettre à tes petits. C'est pour cela qu'il ne faut pas faire trop de cochonneries dessus. Même si moi j'en ai fait un petit peu (*rires*). Quand tu l'enfiles, tu es en mission. Qui touche le sacré. Chacun laisse un peu de soi dans ce maillot.

Cette Coupe du monde peut-elle échapper aux All Blacks ?
(*Catégorique*) Oui ! La malédiction. Ça existe. Il y en a comme ça… ∎

Bio EXPRESS

31 décembre 19[…]
Naissance à To[…]
1er février 1975
Première de […]
59 sélections, d[…]
34 comme capit[…]
La dernière en 19[…]
1977 et 1981
Grands Chelems […]
le Tournoi des […]
nations. Vainque[…]
4 reprises des A[…]
à Twickenham […]
1977, 1981, 1983[…]
14 juillet 1979
Capitaine lors […]
de la première […]
du XV de Franc[…]
en Nouvelle-Zé[…]
1986
Prend sa retrait[…]
de joueur (Toulo[…]
Racing). Devien[…]
un sculpteur ren[…]

[…]eurs, dont 10 titulaires, […]vrent la compétition. « *Débuter […]nier match, c'est assez […]al*, glissait ainsi le Parisien […]h Slimani. *Ça procure beaucoup […]otions et de stress.* »

[…] Italiens, eux, seront privés […]ur capitaine, Sergio Parisse. […]composition : 15. Spedding – 14. […]get, 3. Bastareaud, 12. Dumoulin, […] Nakaitacti – 10. Michalak, […] 9. Tillous-Borde – 8. Picamoles, 7. Chouly, 6. Dusautoir (cap) – 5. Maestri, 4. Papé – 3. Slimani, 2. Guirado, 1. Ben Arous. Remplaçants : 16. Kayser, 17. Debaty, 18. Mas, 19. Le Roux, 20. Flanquart, 21. Parra, 22. Tales, 23. Fickou.   **D.R.**

une paire compl[…]ntaire, réplique le sélectionneur. *La puissance de Mathieu, la technicité d'Alexandre.* » Reste à savoir si cette équipe en manque d'expérience – 16 des

« Je trouve qu'il y a des joueurs de grand talent dans l'équipe de France. Et un immense capitaine », déclare Jean-Pierre Rives (ici devant une de ses sculptures à Toulouse).

Fin du rêve p[…]

Terrible désillusion pour l'équipe de […] de « son » Euro par ses meilleurs ennen[…]

CHRISTOPHE REMISE CRemise77
ENVOYÉ SPÉCIAL À LILLE

BASKET-BALL L'Espagne a rendu la monnaie de sa pièce à la France. Battus par les Bleus en quarts de finale de « leur » Coupe du monde l'été dernier, à Madrid, Pau Gasol (40 points) et ses coéquipiers ont en effet brisé les rêves de doublé européen des joueurs de Vincent Collet, jeudi, à Lille, en demies de l'Euro 2015 (75-80). Des Tricolores qui devront rapidement se remobiliser s'ils veulent grimper sur le podium et décrocher une médaille de

française était idéale, avec un[…] puissant signé Nicolas Batum po[…] spectacle (13-6). Il en fallait toutefois plu[s] pour décrocher cette Roja, d'abord por- tée par le seul Pau Gasol, auteur d[e] 10 points dans le premier quart, mais qu[i] trouvait ensuite son rythme et égalisai[t] en début de deuxième (22-22). Mike Ge- labale faisait parler la poudre et Tony Parker trouvait l'ouverture (31-25) ava[nt] un 7-0 espagnol (31-32). Rudy Gobe[rt] permettait aux locaux de rentrer aux ves- tiaires en tête quand même (33-32).

Une tentative de « Batman »

(61-52). Mais les coups de sifflet se met- taient alors à pleuvoir sur les Tricolores et l'Espagne était à + 3 avec 16''6 à jouer (63-66). Le temps pour Batum d'égaliser de loin et Gobert de contrer Gasol (66-66).
Prolongation, malgré une dernière tentative de « Batman ». Une prolonga- tion serrée, intense, irrespirable. Les deux lancers manqués par Parker à 70-70 faisaient mal. Mais Batum rentrait les siens, la défense bleue volait un ballon et Gobert claquait un dunk (74-72). Diaw

La détermination de Nicolas Batum n'aura pas suffi à qualifier la France,

EN BREF

Transferts : Dassier mis en examen
L'ancien président de l'Olympique de Marseille Jean-Claude Dassier, a été m[is] en examen dans le cadre de l'enquête sur certains transf[erts] de joueurs à Marseille, dont c[elui] d'André-Pierre Gignac en provenance de Toulouse e[n] 2010. Dassier est poursuivi p[our] abus de bien sociaux. « *Tout […] fait dans les règles* », a réagi l'ancien président de l'OM.

Jérôme Valcke relevé de fonctions à la Fifa
Mis en cause dans une affaire de revente de billets, Jérôme Valcke, le secrétaire général […] Fifa, a été relevé de ses foncti[ons] avec effet immédiat.

Ligue Europa · Bordeaux[…]

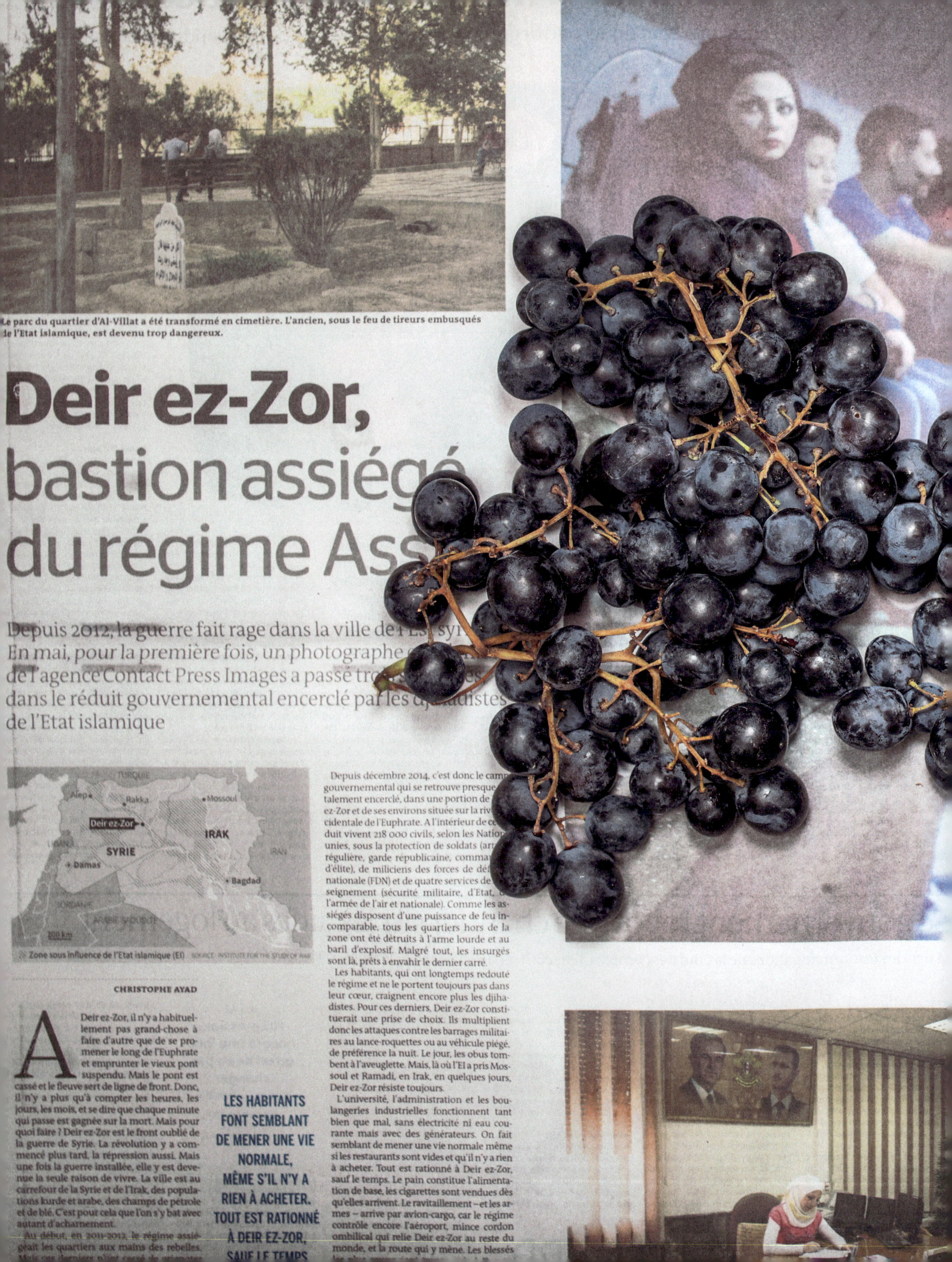

Le parc du quartier d'Al-Villat a été transformé en cimetière. L'ancien, sous le feu de tireurs embusqués de l'Etat islamique, est devenu trop dangereux.

Deir ez-Zor, bastion assiég du régime Ass

Depuis 2012, la guerre fait rage dans la ville de l'E sy En mai, pour la première fois, un photographe de l'agence Contact Press Images a passé tr dans le réduit gouvernemental encerclé par les de l'Etat islamique

TURQUIE
Alep
Rakka
Mossoul
Deir ez-Zor
IRAK
SYRIE
IRAN
Damas
Bagdad
JORDANIE
ARABIE SAOUDITE
200 km
Zone sous influence de l'Etat islamique (EI) SOURCE : INSTITUTE FOR THE STUDY OF WAR

CHRISTOPHE AYAD

A Deir ez-Zor, il n'y a habituellement pas grand-chose à faire d'autre que de se promener le long de l'Euphrate et emprunter le vieux pont suspendu. Mais le pont est cassé et le fleuve sert de ligne de front. Donc, il n'y a plus qu'à compter les heures, les jours, les mois, et se dire que chaque minute qui passe est gagnée sur la mort. Mais pour quoi faire ? Deir ez-Zor est le front oublié de la guerre de Syrie. La révolution y a commencé plus tard, la répression aussi. Mais une fois la guerre installée, elle y est devenue la seule raison de vivre. La ville est au carrefour de la Syrie et de l'Irak, des populations kurde et arabe, des champs de pétrole et de blé. C'est pour cela que l'on s'y bat avec autant d'acharnement.

Au début, en 2011-2012, le régime assiégeait les quartiers aux mains des rebelles.

LES HABITANTS FONT SEMBLANT DE MENER UNE VIE NORMALE, MÊME S'IL N'Y A RIEN À ACHETER. TOUT EST RATIONNÉ À DEIR EZ-ZOR, SAUF LE TEMPS

Depuis décembre 2014, c'est donc le cam gouvernemental qui se retrouve presque talement encerclé, dans une portion de ez-Zor et de ses environs située sur la riv cidentale de l'Euphrate. A l'intérieur de c duit vivent 218 000 civils, selon les Natio unies, sous la protection de soldats (ar régulière, garde républicaine, comma d'élite), de miliciens des forces de dé nationale (FDN) et de quatre services de seignement (sécurité militaire, d'Etat, l'armée de l'air et nationale). Comme les assiégés disposent d'une puissance de feu incomparable, tous les quartiers hors de la zone ont été détruits à l'arme lourde et au baril d'explosif. Malgré tout, les insurgés sont là, prêts à envahir le dernier carré.

Les habitants, qui ont longtemps redouté le régime et ne le portent toujours pas dans leur cœur, craignent encore plus les djihadistes. Pour ces derniers, Deir ez-Zor constituerait une prise de choix. Ils multiplient donc les attaques contre les barrages militaires au lance-roquettes ou au véhicule piégé, de préférence la nuit. Le jour, les obus tombent à l'aveuglette. Mais, là où l'EI a pris Mossoul et Ramadi, en Irak, en quelques jours, Deir ez-Zor résiste toujours.

L'université, l'administration et les boulangeries industrielles fonctionnent tant bien que mal, sans électricité ni eau courante mais avec des générateurs. On fait semblant de mener une vie normale même si les restaurants sont vides et qu'il n'y a rien à acheter. Tout est rationné à Deir ez-Zor, sauf le temps. Le pain constitue l'alimentation de base, les cigarettes sont vendues dès qu'elles arrivent. Le ravitaillement – et les armes – arrive par avion-cargo, car le régime contrôle encore l'aéroport, mince cordon ombilical qui relie Deir ez-Zor au reste du monde, et la route qui y mène. Les blessés

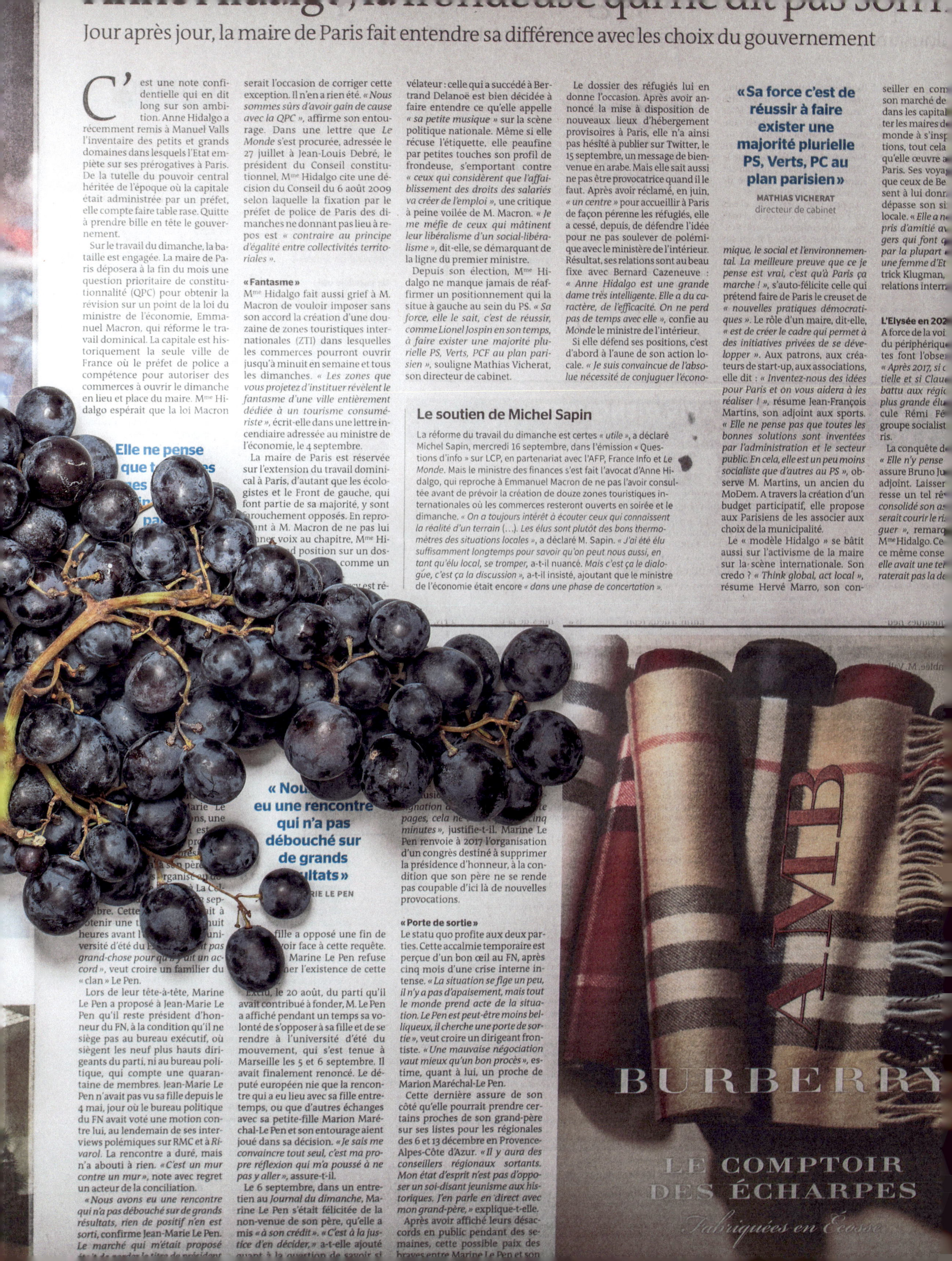

C'est une note confidentielle qui en dit long sur son ambition. Anne Hidalgo a récemment remis à Manuel Valls l'inventaire des petits et grands domaines dans lesquels l'État empiète sur ses prérogatives à Paris. De la tutelle du pouvoir central héritée de l'époque où la capitale était administrée par un préfet, elle compte faire table rase. Quitte à prendre bille en tête le gouvernement.

Sur le travail du dimanche, la bataille est engagée. La maire de Paris déposera à la fin du mois une question prioritaire de constitutionnalité (QPC) pour obtenir la révision sur un point de la loi du ministre de l'économie, Emmanuel Macron, qui réforme le travail dominical. La capitale est historiquement la seule ville de France où le préfet de police a compétence pour autoriser des commerces à ouvrir le dimanche en lieu et place du maire. Mme Hidalgo espérait que la loi Macron serait l'occasion de corriger cette exception. Il n'en a rien été. « Nous sommes sûrs d'avoir gain de cause avec la QPC », affirme son entourage. Dans une lettre que Le Monde s'est procurée, adressée le 27 juillet à Jean-Louis Debré, le président du Conseil constitutionnel, Mme Hidalgo cite une décision du Conseil du 6 août 2009 selon laquelle la fixation par le préfet de police de Paris des dimanches ne donnant pas lieu à repos est « contraire au principe d'égalité entre collectivités territoriales ».

« Fantasme »

Mme Hidalgo fait aussi grief à M. Macron de vouloir imposer sans son accord la création d'une douzaine de zones touristiques internationales (ZTI) dans lesquelles les commerces pourront ouvrir jusqu'à minuit en semaine et tous les dimanches. « Les zones que vous projetez d'instituer révèlent le fantasme d'une ville entièrement dédiée à un tourisme consumériste », écrit-elle dans une lettre incendiaire adressée au ministre de l'économie, le 4 septembre.

La maire de Paris est réservée sur l'extension du travail dominical à Paris, d'autant que les écologistes et le Front de gauche, qui font partie de sa majorité, y sont farouchement opposés. En reprochant à M. Macron de ne pas lui [donner] voix au chapitre, Mme Hidalgo [prend] position sur un dossier... comme un ré-

vélateur : celle qui a succédé à Bertrand Delanoë est bien décidée à faire entendre ce qu'elle appelle « sa petite musique » sur la scène politique nationale. Même si elle récuse l'étiquette, elle peaufine par petites touches son profil de frondeuse, s'emportant contre « ceux qui considèrent que l'affaiblissement des droits des salariés va créer de l'emploi », une critique à peine voilée de M. Macron. « Je me méfie de ceux qui mâtinent leur libéralisme d'un social-libéralisme », dit-elle, se démarquant de la ligne du premier ministre.

Depuis son élection, Mme Hidalgo ne manque jamais de réaffirmer un positionnement qui la situe à gauche au sein du PS. « Sa force, le sait, c'est de réussir, comme Lionel Jospin en son temps, à faire exister une majorité plurielle PS, Verts, PCF au plan parisien », souligne Mathias Vicherat, son directeur de cabinet.

Le soutien de Michel Sapin

La réforme du travail du dimanche est certes « utile », a déclaré Michel Sapin, mercredi 16 septembre, dans l'émission « Questions d'info » sur LCP, en partenariat avec l'AFP, France Info et Le Monde. Mais le ministre des finances s'est fait l'avocat d'Anne Hidalgo, qui reproche à Emmanuel Macron de ne pas l'avoir consultée avant de prévoir la création de douze zones touristiques internationales où les commerces resteront ouverts en soirée et le dimanche. « On a toujours intérêt à écouter ceux qui connaissent la réalité d'un terrain (…). Les élus sont plutôt des bons thermomètres des situations locales », a déclaré M. Sapin. « J'ai été élu suffisamment longtemps pour savoir qu'on peut nous aussi, en tant qu'élu local, se tromper, a-t-il nuancé. Mais c'est ça le dialogue, c'est ça la discussion », a-t-il insisté, ajoutant que le ministre de l'économie était encore « dans une phase de concertation ».

Le dossier des réfugiés lui en donne l'occasion. Après avoir annoncé la mise à disposition de nouveaux lieux d'hébergement provisoires à Paris, elle n'a ainsi pas hésité à publier sur Twitter, le 15 septembre, un message de bienvenue en arabe. Mais elle sait aussi ne pas être provocatrice quand il le faut. Après avoir réclamé, en juin, « un centre » pour accueillir à Paris de façon pérenne les réfugiés, elle a cessé, depuis, de défendre l'idée pour ne pas soulever de polémique avec le ministère de l'intérieur. Résultat, ses relations sont au beau fixe avec Bernard Cazeneuve : « Anne Hidalgo est une grande dame très intelligente. Elle a du caractère, de l'efficacité. On ne perd pas de temps avec elle », confie au Monde le ministre de l'intérieur.

Si elle défend ses positions, c'est d'abord à l'aune de son action locale. « Je suis convaincue de l'absolue nécessité de conjuguer l'écono-mique, le social et l'environnemental. La meilleure preuve que ce je pense est vrai, c'est qu'à Paris ça marche ! », s'auto-félicite celle qui prétend faire de Paris le creuset de « nouvelles pratiques démocratiques ». Le rôle d'un maire, dit-elle, « est de créer le cadre qui permet à des initiatives privées de se développer ». Aux patrons, aux créateurs de start-up, aux associations, elle dit : « Inventez-nous des idées pour Paris et on vous aidera à les réaliser ! », résume Jean-François Martins, son adjoint aux sports. « Elle ne pense pas que toutes les bonnes solutions sont inventées par l'administration et le secteur public. En cela, elle est un peu moins socialiste que d'autres au PS », observe M. Martins, un ancien du MoDem. A travers la création d'un budget participatif, elle propose aux Parisiens de les associer aux choix de la municipalité.

Le « modèle Hidalgo » se bâtit aussi sur l'activisme de la maire sur la scène internationale. Son credo ? « Think global, act local », résume Hervé Marro, son con-seiller en com[munication]... son marché de... dans les capital[es]... ter les monde[s]... monde à s'insp[irer]... tions, tout cela... qu'elle œuvre a... Paris. Ses voya[ges]... que ceux de Be... sent à lui donn[er]... dépasse son si... locale. « Elle a... pris d'amitié av... gers qui font q... une femme d'Et... trick Klugman,... relations interr...

L'Elysée en 202[?]

A force de la voi[r]... du périphérique... tes font l'obser[vation]... « Après 2017, si... tielle et si Clau... battu aux régio[nales]... plus grande élu... cule Rémi Fé... groupe socialist[e]... ris.

La conquête de... « Elle n'y pense... assure Bruno Ju... adjoint. Laisser... resse un tel rê[ve]... consolidé son ac... serait courir le... guer », remarq[ue]... Mme Hidalgo. Ce... ce même conse... elle avait une te... raterait pas la co...

[...] Marie Le [...], une [...] est [...] proposé [...] à son père [...] organisé au [...] à La Cel[...] sep[tem]bre. Cette [...] [fai]t à [...]tenir une t[...] [h]uit heures avant l[...] université d'été du F[N...] pas grand-chose pour qu[il y] [a]it un accord », veut croire un familier du « clan » Le Pen.

Lors de leur tête-à-tête, Marine Le Pen a proposé à Jean-Marie Le Pen qu'il reste président d'honneur du FN, à la condition qu'il ne siège pas au bureau exécutif, où siègent les neuf plus hauts dirigeants du parti, ni au bureau politique, qui compte une quarantaine de membres. Jean-Marie Le Pen n'avait pas vu sa fille depuis le 4 mai, jour où le bureau politique du FN avait voté une motion contre lui, au lendemain de ses interviews polémiques sur RMC et à *Rivarol*. La rencontre a duré, mais n'a abouti à rien. « *C'est un mur contre un mur* », note avec regret un acteur de la conciliation.

« *Nous avons eu une rencontre qui n'a pas débouché sur de grands résultats, rien de positif n'en est sorti*, confirme Jean-Marie Le Pen. *Le marché qui m'était proposé* [...]

[...] fille a opposé une fin de [non-rece]voir face à cette requête. [...] Marine Le Pen refuse [de ni]er l'existence de cette [rencontre.]

Exclu, le 20 août, du parti qu'il avait contribué à fonder, M. Le Pen a affiché pendant un temps sa volonté de s'opposer à sa fille et de se rendre à l'université d'été du mouvement, qui s'est tenue à Marseille les 5 et 6 septembre. Il avait finalement renoncé. Le député européen nie que la rencontre qui a eu lieu avec sa fille entretemps, ou que d'autres échanges avec sa petite-fille Marion Maréchal-Le Pen et son entourage aient joué dans sa décision. « *Je sais me convaincre tout seul, c'est ma propre réflexion qui m'a poussé à ne pas y aller* », assure-t-il.

Le 6 septembre, dans un entretien au *Journal du dimanche*, Marine Le Pen s'était félicitée de la non-venue de son père, qu'elle a mis « *à son crédit* ». « *C'est à la justice d'en décider,* » a-t-elle ajouté [...]

[...] [d]ésignation a[...] pages, cela ne [...] cinq minutes » , justifie-t-il. Marine Le Pen renvoie à 2017 l'organisation d'un congrès destiné à supprimer la présidence d'honneur, à la condition que son père ne se rende pas coupable d'ici là de nouvelles provocations.

« Porte de sortie »

Le statu quo profite aux deux parties. Cette accalmie temporaire est perçue d'un bon œil au FN, après cinq mois d'une crise interne intense. « *La situation se fige un peu, il n'y a pas d'apaisement, mais tout le monde prend acte de la situation. Le Pen est peut-être moins belliqueux, il cherche une porte de sortie* », veut croire un dirigeant frontiste. « *Une mauvaise négociation vaut mieux qu'un bon procès* », estime, quant à lui, un proche de Marion Maréchal-Le Pen.

Cette dernière assure de son côté qu'elle pourrait prendre certains proches de son grand-père sur ses listes pour les régionales des 6 et 13 décembre en Provence-Alpes-Côte d'Azur. « *Il y aura des conseillers régionaux sortants. Mon état d'esprit n'est pas d'opposer un soi-disant jeunisme aux historiques. J'en parle en direct avec mon grand-père,* » explique-t-elle.

Après avoir affiché leurs désaccords en public pendant des semaines, cette possible paix des braves entre Marine Le Pen et son [...]

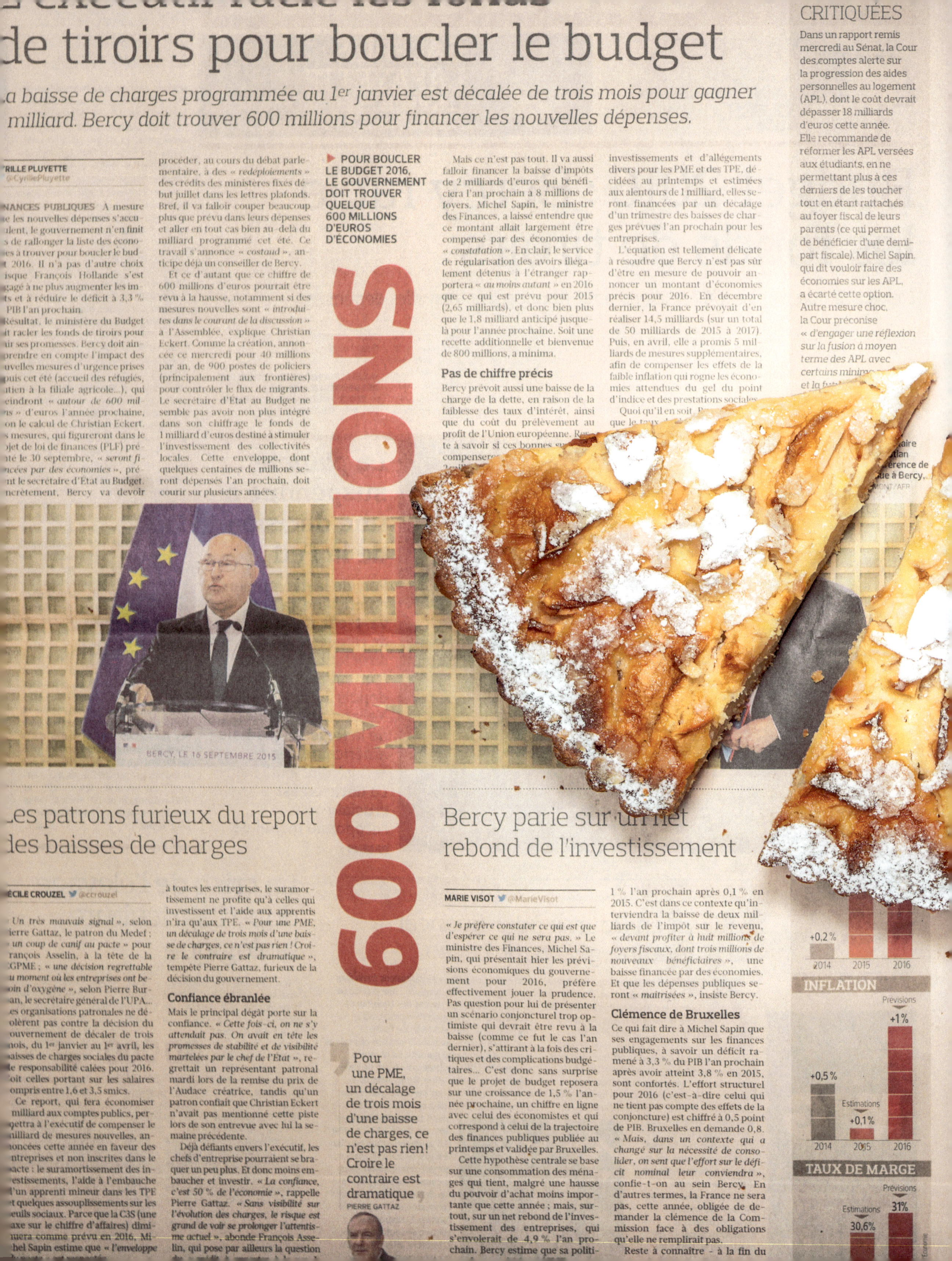

L'exécutif racle les fonds de tiroirs pour boucler le budget

La baisse de charges programmée au 1er janvier est décalée de trois mois pour gagner [un] milliard. Bercy doit trouver 600 millions pour financer les nouvelles dépenses.

CYRILLE PLUYETTE @CyrillePluyette

FINANCES PUBLIQUES À mesure que les nouvelles dépenses s'accumulent, le gouvernement n'en finit plus de rallonger la liste des économies à trouver pour boucler le budget 2016. Il n'a pas d'autre choix puisque François Hollande s'est engagé à ne plus augmenter les impôts et à réduire le déficit à 3,3 % du PIB l'an prochain.

Résultat, le ministère du Budget fait la chasse aux fonds de tiroir pour tenir ses promesses. Bercy doit ainsi prendre en compte l'impact des nouvelles mesures d'urgence prises depuis cet été (accueil des réfugiés, soutien à la filière agricole...), qui atteindront *« autour de 600 millions »* d'euros l'année prochaine, selon le calcul de Christian Eckert. Ces mesures, qui figureront dans le projet de loi de finances (PLF) présenté le 30 septembre, *« seront financées par des économies »*, précise le secrétaire d'État au Budget. Concrètement, Bercy va devoir procéder, au cours du débat parlementaire, à des *« redéploiements »* des crédits des ministères fixés début juillet dans les lettres plafonds. Bref, il va falloir couper beaucoup plus que prévu dans leurs dépenses et aller en tout cas bien au-delà du milliard programmé cet été. Ce travail s'annonce *« costaud »*, anticipe déjà un conseiller de Bercy.

Et c'est d'autant que ce chiffre de 600 millions d'euros pourrait être revu à la hausse, notamment si des mesures nouvelles sont *« introduites dans le courant de la discussion »* à l'Assemblée, explique Christian Eckert. Comme la création, annoncée ce mercredi pour 40 millions par an, de 900 postes de policiers (principalement aux frontières) pour contrôler le flux de migrants. Le secrétaire d'État au Budget ne semble pas avoir non plus intégré dans son chiffrage le fonds de 1 milliard d'euros destiné à stimuler l'investissement des collectivités locales. Cette enveloppe, dont quelques centaines de millions seront dépensés l'an prochain, doit courir sur plusieurs années.

> POUR BOUCLER LE BUDGET 2016, LE GOUVERNEMENT DOIT TROUVER QUELQUE 600 MILLIONS D'EUROS D'ÉCONOMIES

Mais ce n'est pas tout. Il va aussi falloir financer la baisse d'impôts de 2 milliards d'euros qui bénéficiera l'an prochain à 8 millions de foyers. Michel Sapin, le ministre des Finances, a laissé entendre que ce montant allait largement être compensé par des économies de *« constatation »*. En clair, le service de régularisation des avoirs illégalement détenus à l'étranger rapportera *« au moins autant »* en 2016 que ce qui est prévu pour 2015 (2,65 milliards), et donc bien plus que le 1,8 milliard anticipé jusque-là pour l'année prochaine. Soit une recette additionnelle et bienvenue de 800 millions, a minima.

Pas de chiffre précis

Bercy prévoit aussi une baisse de la charge de la dette, en raison de la faiblesse des taux d'intérêt, ainsi que du coût du prélèvement au profit de l'Union européenne. Re[...]té à savoir si ces bonnes [...] compenser [...] [...].

[...] investissements et d'allégements divers pour les PME et des TPE, décidées au printemps et estimées aux alentours de 1 milliard, elles seront financées par un décalage d'un trimestre des baisses de charges prévues l'an prochain pour les entreprises.

L'équation est tellement délicate à résoudre que Bercy n'est pas sûr d'être en mesure de pouvoir annoncer un montant d'économies précis pour 2016. En décembre dernier, la France prévoyait de réaliser 14,5 milliards (sur un total de 50 milliards de 2015 à 2017). Puis, en avril, elle a promis 5 milliards de mesures supplémentaires, afin de compenser les effets de la faible inflation qui rogne les économies attendues du gel du point d'indice et des prestations sociales.

Quoi qu'il en soit, [...] que le taux [...].

600 MILLIONS

CRITIQUÉES

Dans un rapport remis mercredi au Sénat, la Cour des comptes alerte sur la progression des aides personnelles au logement (APL), dont le coût devrait dépasser 18 milliards d'euros cette année. Elle recommande de réformer les APL versées aux étudiants, en ne permettant plus à ces derniers de les toucher tout en étant rattachés au foyer fiscal de leurs parents (ce qui permet de bénéficier d'une demi-part fiscale). Michel Sapin, qui dit vouloir faire des économies sur les APL, a écarté cette option. Autre mesure choc, la Cour préconise *« d'engager une réflexion sur la fusion à moyen terme des APL avec certains minima [...] et la fu[...] »*

Les patrons furieux du report des baisses de charges

CÉCILE CROUZEL @ccrouzel

« Un très mauvais signal », selon Pierre Gattaz, le patron du Medef ; *« un coup de canif au pacte »* pour François Asselin, à la tête de la CGPME ; *« une décision regrettable au moment où les entreprises ont besoin d'oxygène »*, selon Pierre Burban, le secrétaire général de l'UPA... Les organisations patronales ne décolèrent pas contre la décision du gouvernement de décaler de trois mois, du 1er janvier au 1er avril, les baisses de charges sociales du pacte de responsabilité calées pour 2016. Soit celles portant sur les salaires compris entre 1,6 et 3,5 smics.

Ce report, qui fera économiser [1] milliard aux comptes publics, permettra à l'exécutif de compenser le milliard de mesures nouvelles, annoncées cette année en faveur des entreprises et non inscrites dans le pacte : le suramortissement des investissements, l'aide à l'embauche d'un apprenti mineur dans les TPE et quelques assouplissements sur les seuils sociaux. Parce que la C3S (une taxe sur le chiffre d'affaires) diminuera comme prévu en 2016, Michel Sapin estime que *« l'enveloppe »* [...] à toutes les entreprises, le suramortissement ne profite qu'à celles qui investissent et l'aide aux apprentis n'ira qu'aux TPE. *« Pour une PME, un décalage de trois mois d'une baisse de charges, ce n'est pas rien ! Croire le contraire est dramatique »*, tempête Pierre Gattaz, furieux de la décision du gouvernement.

Confiance ébranlée

Mais le principal dégât porte sur la confiance. *« Cette fois-ci, on ne s'y attendait pas. On avait en tête les promesses de stabilité et de visibilité martelées par le chef de l'État »*, regrettait un représentant patronal mardi lors de la remise du prix de l'Audace créatrice, tandis qu'un patron confiait que Christian Eckert n'avait pas mentionné cette piste lors de son entrevue avec lui la semaine précédente.

Déjà défiants envers l'exécutif, les chefs d'entreprise pourraient se braquer un peu plus. Et donc moins embaucher et investir. *« La confiance, c'est 50 % de l'économie »*, rappelle Pierre Gattaz. *« Sans visibilité sur l'évolution des charges, le risque est grand de voir se prolonger l'attentisme actuel »*, abonde François Asselin, qui pose par ailleurs la question [...]

> Pour une PME, un décalage de trois mois d'une baisse de charges, ce n'est pas rien ! Croire le contraire est dramatique
> PIERRE GATTAZ

Bercy parie sur un net rebond de l'investissement

MARIE VISOT @MarieVisot

« Je préfère constater ce qui est que d'espérer ce qui ne sera pas. » Le ministre des Finances, Michel Sapin, qui présentait hier les prévisions économiques du gouvernement pour 2016, préfère effectivement jouer la prudence. Pas question pour lui de présenter un scénario conjoncturel trop optimiste qui devrait être revu à la baisse (comme ce fut le cas l'an dernier), s'attirant à la fois des critiques et des complications budgétaires... C'est donc sans surprise que le projet de budget reposera sur une croissance de 1,5 % l'année prochaine, un chiffre en ligne avec celui des économistes et qui correspond à celui de la trajectoire des finances publiques publiée au printemps et validée par Bruxelles.

Cette hypothèse centrale se base sur une consommation des ménages qui tient, malgré une hausse du pouvoir d'achat moins importante que cette année ; mais, surtout, sur un net rebond de l'investissement des entreprises, qui s'envolerait de +4,9 % l'an prochain. Bercy estime que sa politi[...] 1 % l'an prochain après 0,1 % en 2015. C'est dans ce contexte qu'interviendra la baisse de deux milliards de l'impôt sur le revenu, *« devant profiter à huit millions de foyers fiscaux, dont trois millions de nouveaux bénéficiaires »*, une baisse financée par des économies. Et que les dépenses publiques seront *« maîtrisées »*, insiste Bercy.

Clémence de Bruxelles

Ce qui fait dire à Michel Sapin que ses engagements sur les finances publiques, à savoir un déficit ramené à 3,3 % du PIB l'an prochain après avoir atteint 3,8 % en 2015, sont confortés. L'effort structurel pour 2016 (c'est-à-dire celui qui ne tient pas compte des effets de la conjoncture) est chiffré à 0,5 point de PIB. Bruxelles en demande 0,8. *« Mais, dans un contexte qui a changé sur la nécessité de consolider, on sent que l'effort sur le déficit nominal leur conviendra »*, confie-t-on au sein Bercy. En d'autres termes, la France ne sera pas, cette année, obligée de demander la clémence de la Commission qu'elle ne remplirait pas.

Reste à connaître - à la fin du [...]

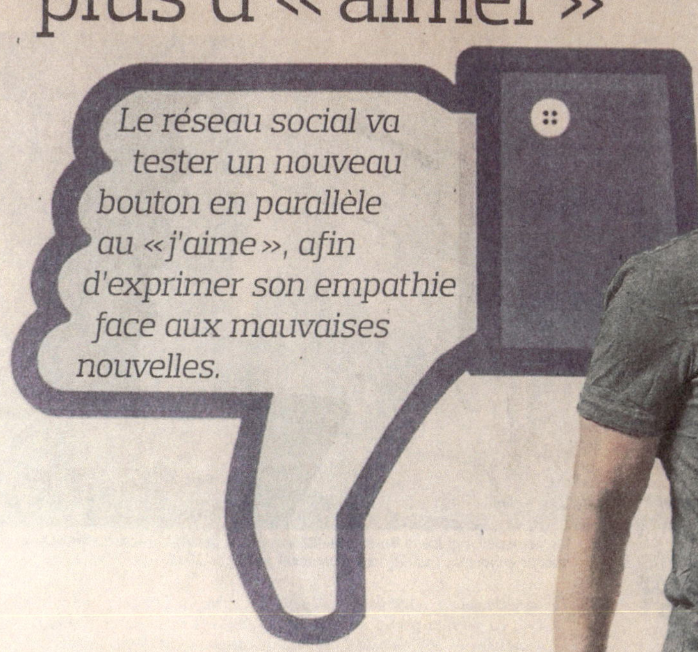

INTERNET Sur Facebook, le changement ne tient qu'à un pouce. Mark Zuckerberg a surpris la presse mardi soir en annonçant qu'il envisageait la création d'un nouveau bouton « j'aime pas » sur le réseau social. Il complétera le fameux « j'aime ». *« Beaucoup de personnes nous réclament un bouton 'je n'aime pas' depuis des années »*, a-t-il affirmé lors d'une conférence. *« Si vous partagez quelque chose de triste, comme un contenu à propos de la crise des réfugiés ou à propos du décès d'un proche, il est difficile d'aimer cette publication. Je pense qu'il est important de donner plus d'options à nos utilisateurs. »* Ce nouveau bouton devra d'abord être testé avant d'envisager une implémentation générale. Mais il ne s'agirait pas, à proprement parler, d'un bouton *« je n'aime pas »*. Cette fonctionnalité aurait pour but de pouvoir exprimer sa compassion face à une publication triste. Elle pourrait par exemple être proposée en option sur certaines publications.

plus d'« aimer »

Ne pa… les m…

Malgr… …rojet est une pe… 2009, cinq a… Face-book, l… de-venu le s… de-un élém… gie. Il sera… liards de fo… timations d… fonctionnalit… l'intérêt des… tains sujets. L… ne page, une p… a donne à l'algo… k de précieux… ses goûts. Le r… ite s'en servir… ité des publicatio… blicités susceptibles de plaire à un internaute en particulier.

…éseau social s'est longtemps …u projet d'un bouton … pourtant réclamé … utilisateurs. … *cela se-* … *tout le* … naute peut afficher son mépris pour leur page ou leurs publicités en appuyant sur un simple bouton ? Le réseau social craint aussi d'encourager les interactions agressives, par exemple dans le cadre de harcèlement en ligne ou de propos haineux. Sur Facebook, on *« aime »* ou l'on se tait.

Cette avalanche de bons sentiments ne plait pas à tout le monde. … difficile d'appuyer sur …und il s'agit de réagir à …'annonce d'une ma-

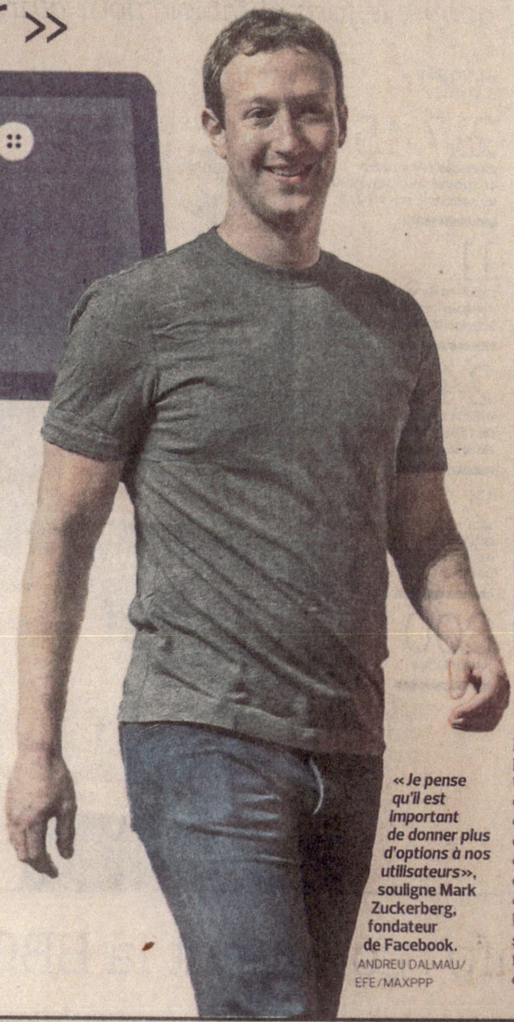

***« Je pense qu'il est important de donner plus d'options à nos utilisateurs »*, souligne Mark Zuckerberg, fondateur de Facebook.** ANDREU DALMAU/ EFE/MAXPPP

social veut suivre ses … tout au long de leur vi… vérité incapable d'en … événements négatifs. M… blème pour r… à l… alors que Fac… m… accords avec …s média… sont toujours contraints… rer le succès d'un articl… vidéo grâce au nombre … ges, de commentaires … kes ». Là encore, il est u… cat d'*« aimer »* une ana… crise des réfugiés ou un … sordide. Cette inadéquat… cebook face aux mauva… velles peut devenir fra… douloureuse. Fin 2014, … social s'était excusé au… utilisateur qui avait vu s'… photo de sa fille décédé… lébrer la nouvelle année… publiée au moment du c… fillette, avait été *« likée…* grand nombre de fois pa… sonnes souhaitant prése… condoléances. L'algorit… donc déduit qu'il s'agi… événement heureux. Pe… l'entreprise de Mark Z… s'adapte au malheur. Ce… tion du réseau social es… lièrement visible dans s… de gérer le décès d'un u… La mort est longtemps … sujet tabou pour Faceb… maintenant possible de … mer le compte d'une … décédée en une page … pour lui rendre homm… peut aussi choisir l'hériti… taines de ses données … disparition. Ce futur bou… cebook serait un nouve… de ce phénomène. Il o… évidemment, à un certa… commercial. Facebook … empire sur des algorith… bles de comprendre les g… sentiments de ses utilis… faudra désormais y pr… compte la compassion. ■

…enic… …ritannique Worldpay

…cialiste… …mé d'augmenter son offre de 6 milliards de livres.

ç… ou… nic… enc… spéc… ment, concu… pay, d… *Financia…* genico a… sur la pro… paiement. …ternet, da… …rcé à rega… …ines à car… qu'on peut trouver e… magasin. Aujourd'hui, Ingenico développe ses activités sur deux autres secteurs très porteurs : les transactions sur les sites d'e-commerce, qu'il sécurise, et le paiement sur mobile. Cette diversification a payé. Depuis 2007, date de l'arrivée de son PDG actuel, Philippe Lazare, le chiffre d'affaires d'Ingenico a triplé. Il s'élevait à 1,6 milliard d'euros en 2014.

Aujourd'hui, Ingenico s'attaque à un gros morceau : le rachat de son principal concurrent britannique, Worldpay. Ancienne filiale de paiement de la Royal Bank of Scotland, cette société est aujourd'hui la propriété de deux fonds d'investissement, Advent International et Bain Capital. Worldpay est plus gros qu'Ingenico : son chiffre d'affaires pour l'année 2014 s'élevait à 3,6 millions de livres (4,9 milliards d'euros). Ses bénéfices s'élèvent à 375 millions de livres (514 millions d'euros, Ebitda), contre 377 millions d'euros pour l'entreprise française.

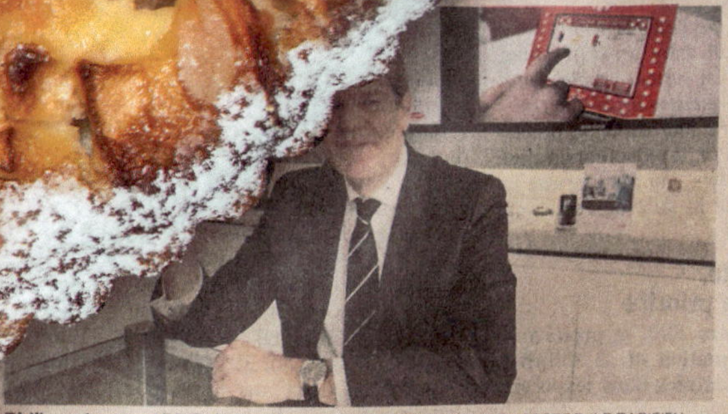

Philippe Lazare, PDG d'Ingenico. DELPHINE GOLDSZTEJN/PHOTOPQR/LE PARISIEN

Augmentation de capital

Pas de quoi effrayer Ingenico, séduit par la stratégie de Worldpay similaire à la sienne. La société anglaise se distingue notamment pour ses solutions à destination des sites d'e-commerce. Ingenico, dont les intérêts pour son rival sont connus depuis le mois d'août, aurait formulé une offre valorisant Worldpay à 6 milliards de livres (environ 8,1 milliards d'euros). Pour garantir le sérieux de son offre, l'entreprise frança… déjà discuté avec les … HSBC, Société générale … pour préparer et finance… tion. Malgré tout, ce rac… un gros morceau pour l'e… française. Elle pourrait p… une augmentation de c… 3 milliards d'euros.

Pas suffisant pour les … taires de Worldpay, qu… faire grimper les enchère… les réactions du marché. … groupes doivent se réunir … di pour discuter des di… offres de rachats déjà reçu… celle d'Ingenico. Parmi le… dats au rachat, on retro… l'allemand Wirecard … consortium mené par l… d'investissement a… Blackstone et Hellman … man.

LA SÉANCE DU MERCREDI 16 SEPTEMBRE 2015

LE CAC

	JOUR	%VAR.	+HAUT JOUR	+BAS JOUR	%CAP.ECH	31/12
ACCOR	42.555	+1.95	42.785	42.065	0.26	+13.97
AIR LIQUIDE ♣	106	+0.62	106.8	105.85	0.229	+3.06
AIRBUS GROUP	55.69	+1.14	55.86	55.02	0.249	+34.68
ALCATEL-LUCENT	3.208	+1.52	3.226	3.182	0.464	+8.01
ALSTOM	28.505	+0.14	28.63	28.235	0.328	+6.12
ARCELORMITTAL	6.314	+1.17	6.318	6.128	0.661	-30.52
AXA	22.45	+0.22	22.69	22.355	0.191	+16.9
BNP PARIBAS ACT A	55.25	+0.31	55.8	54.97	0.233	+12.16
BOUYGUES	34.25	+1.03	34.59	33.97	0.196	+14.24
CAP GEMINI	80.59	+1.78	80.76	79.42	0.366	+35.49
CARREFOUR	27.57	+2.19	27.73	27.14	0.471	+8.97
CREDIT AGRICOLE	11.36	+0.26	11.48	11.285	0.236	+5.58
DANONE	55.01	+2.12	55.31	54.07	0.256	+1.03
EDF	17.305	+2.06	17.32	16.865	0.111	-24.18
ENGIE	15.35	+1.99	15.385	15.04	0.206	-20.1
ESSILOR INTL	108.4	+0.88	108.95	107.7	0.17	+16.96
KERING	151.65	+5.61	151.65	145.2	0.587	-4.92
L'OREAL	150.6	+2.62	151.55	147.4	0.13	+8.11
LAFARGEHOLCIM	53.27	+1.06	53.54	52.83	0.116	-8.28
LEGRAND	50.46	+0.76	50.75	50.28	0.137	+15.88
LVMH	155.55	+3.77	156.3	152.15	0.22	+17.62
MICHELIN ♣	84.59	+1.88	84.86	83.49	0.279	+12.38
ORANGE	14.23	+2.93	14.265	14.075	0.329	+0.57
PERNOD RICARD	91.28	+2.57	92.65	89.66	0.327	-1.06
PEUGEOT	15.75	+0.16	16.12	15.665	0.827	+54.11
PUBLICIS GROUPE SA	61.94	+0.58	62.48	61.49	0.324	+3.86
RENAULT	76.03	+2.47	76.1	74.8	0.295	+25.61
SAFRAN	69.29	+1.35	69.48	67.87	0.328	+35.2
SAINT GOBAIN	41.72	+1.56	41.76	41.195	0.281	+18.42
SANOFI	89.55	+1.77	89.67	88.55	0.156	+18.36
SCHNEIDER ELECTRIC	56.65	+1.83	56.76	56.1	0.277	-6.53
SOCIETE GENERALE ♣	42.195	+0.39	42.645	42.005	0.383	+20.59
SOLVAY	101.05	+0.85	101.75	100.4	0.236	-10.1
TECHNIP ♣	45.475	+3.86	45.55	43.645	0.686	-7.97
TOTAL	42.13	+2.79	42.295	41.005	0.257	-0.92
UNIBAIL-RODAMCO	221.85	+0.64	223.4	221.1	0.26	+4.23
VALEO	119.35	+1.44	120	117.3	0.635	+15.2
VEOLIA ENVIRON.	20.455	+1.29	20.535	20.32	0.496	+38.63
VINCI ♣	58.68	+1.17	58.78	58.04	0.239	+28.94
VIVENDI	21.44	+1.59	21.605	21.2	0.458	+3.62

LES DEVISES

	MONNAIE	1 EURO=	
AUSTRALIE	DOLLAR AUSTRALIEN	1.5677	AUD
CANADA	DOLLAR CANADIEN	1.4877	CAD
GDE BRETAGNE	LIVRE STERLING	0.7267	GBP
HONG KONG	DOLLAR DE HONG KONG	8.7021	HKD
JAPON	YEN	135.45	JPY
SUISSE	FRANC SUISSE	1.0943	CHF
ETATS-UNIS	DOLLAR	1.1228	USD
TUNISIE	DINAR TUNISIEN	2.2045	TND
MAROC	DIHRAM	10.9075	MAD
TURQUIE	NOUVELLE LIVRE TURQUE	3.3706	TRY
EGYPTE	LIVRE EGYPTIENNE	8.8213	EGP
CHINE	YUAN	7.1531	CNY
INDE	ROUPIE	74.6213	INR
ALGERIE	DINAR ALGERIEN	119.4416	DZD

SICAV ET FCP

VALEURS LIQUIDATIVES EN EUROS (OU EN DEVISES), HORS FRAIS

SICAV

	VALEUR LIQUID.	DATE DE VALORISAT.
UNI HOCHE C	243.74	14/09/15

BETELGEUSE	45.76	14/09/15
BELLATRIX C	298.12	14/09/15
VICTOIRE SIRIUS	48.41	14/09/15

L'OR

COTATION QUOTIDIENNE ASSURÉE PAR TESSI-…
www.cpordevises.com

	JOUR	VEILLE
LINGOT DE 1KG ENV	32300	31420
NAPOLEON	187.9	187.9
PIECE 10 DOL USA	510	515
PIECE 10 FLORINS	192	192
PIECE 20 DOLLARS	1087	1051
PIECE 20F TUNISIE	189	182
PIECE 5 DOL US (H)	310	303
PIECE 50 PESOS MEX	1209	1205
PIECE FR 10 FR (H)	107	107
PIECE SUISSE 20F	190.2	186
PIECE LATINE 20F	186	186
SOUVERAIN	240.4	240.5
KRUGERRAND	1025	1027

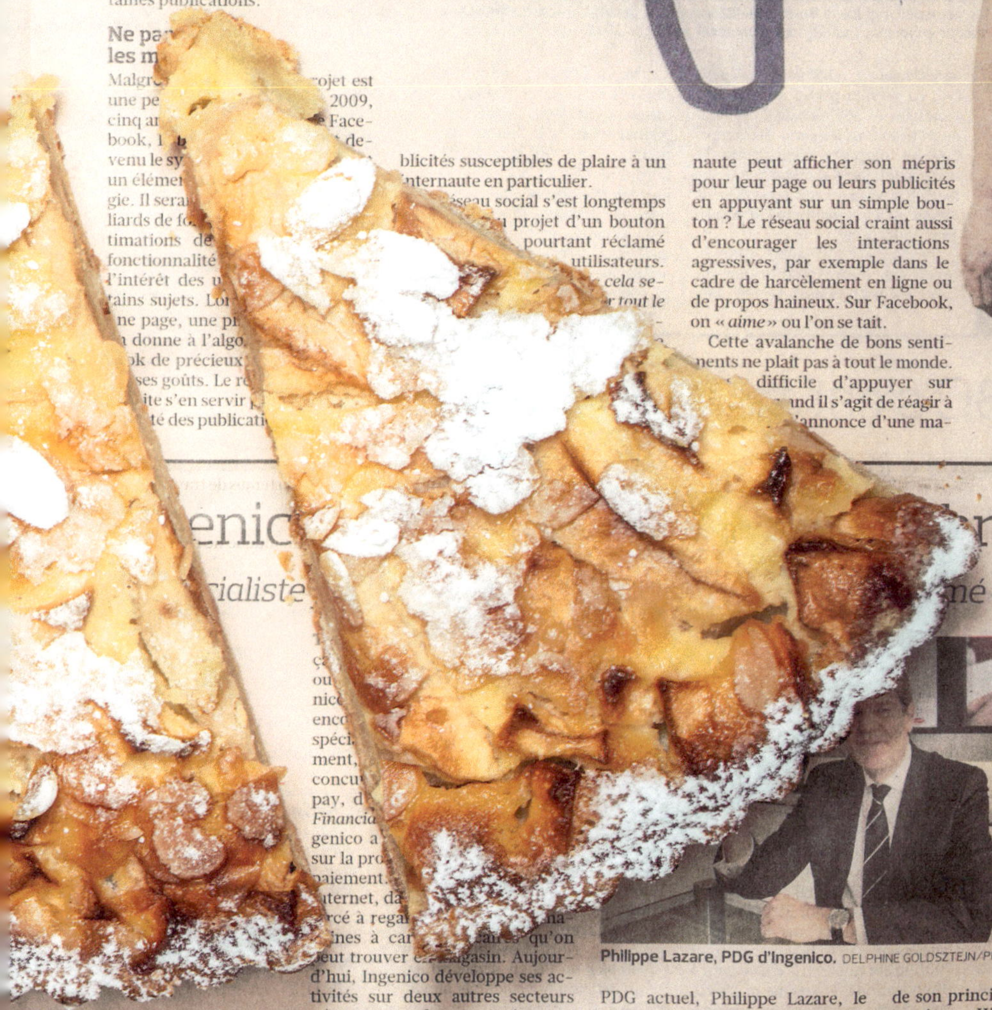

ტოლერანტობის გამო

ლადო გოგიაშვილი
ნია იორქიდან

ამ რამდენიმე წლის წინ, ჩინელები მომრავლდნ საქართველოში. ზოგმა მაღაზია გახსნა და ჩინური, იაფსიანი საქონელი შესთავაზა ქართველ მომხმარებელს.

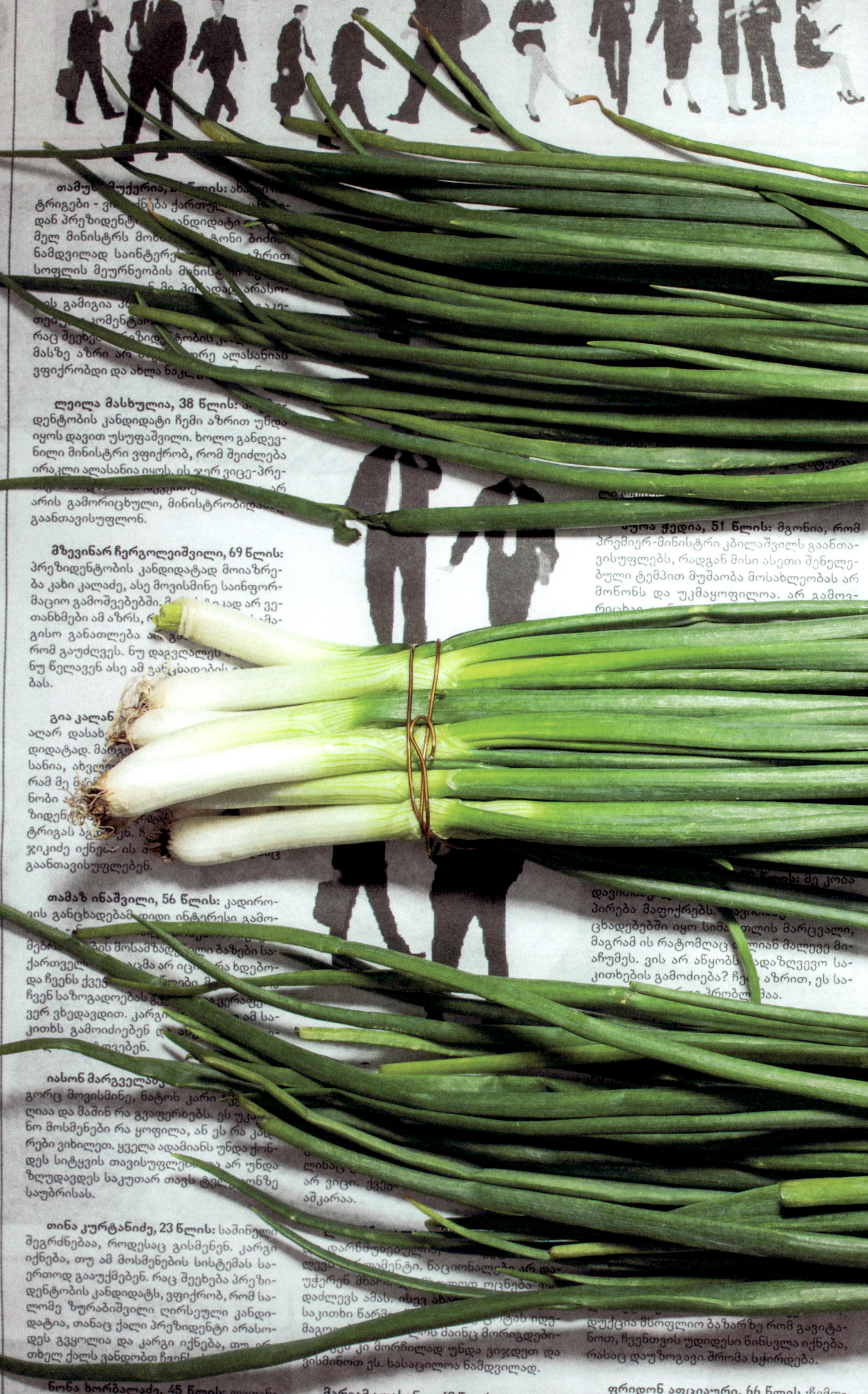

თამუნ მუქერია, ... წლის: ...
ტრიგები - ... ქართუ... დან პრეზიდენტ... ანდიდატი ...
მელ მინისტრს მო... ... ზონი ბიძი... ნამდვილად საინტერ... ...ზრით სოფლის მეურნეობის მინისტ... ...
...ს გამიგია ...მე... ...კომენტარ... რაც მე... ...ზით...გობის... მასზე აზრი არ... ...რე ალასანია ვფიქრობდი და ახლა ნაკ...

ლეილა მასხულია, 38 წლის: ...დენტობის კანდიდატი ჩემი აზრით უნდა იყოს დავით უსუფაშვილი. ხოლო განდევ-ნილი მინისტრი ვფიქრობ, რომ შეიძლება ირაკლი ალასანია იყოს. ეს ჯერ ვიცე-პრე...

მზევინარ ჩერგოლეიშვილი, 69 წლის: პრეზიდენტობის კანდიდატად მოისაზრე-ბა კახი კალაძე, ასე მოვისმინე საინფორ-მაციო გამოშვებაში. ...

გია კალან აჭარ დასახ... დიდიათად. მაგრ... სანია, ახ... რამ მე გ... ნობა... ზიდენ... ტრიგა ა... ...ჯიეჭიე იქნე... ის ...
განათავისუფლებენ.

თამაზ ინაშვილი, 56 წლის: კადირ... ... განსხვავებას თავი ინტერესი გამო...

იასონ მარგველაშ... გორე მოვისმინე, ნატარ კარო... ლია და მაშინ რა გვაფერებ... ნო მოსმენის რა ყოფილ..., ან ... რები ვიახლეს. ყველა ადამიანს უნდა ქ...დეს სიტყვის თავისუფლებ... ...უნდა ზღუდავდეს საკუთარ თავს დ... ...საურისას.

თინა კურტანიძ, 23 წლის: ...შეგრძნებია, რომდისაც გისმენს. კარგ იქნება, თუ ეს მოსმენის სისტემა სა-ერთოდ გააუქმდება. რაც ზღუდავს კან-დიდატობის კანდიდატს, ვფიქრობ, რომ სა-ლომე ზურაბიშვილი ლირისკული კანდი-დატია, თანაც ქალი პრეზიდენტდა არასო-დეს გვყოლია და კარგი იქნება, თუ ამ-ხელ ქალს ვენდობთ ჩაჩ...

ნონა ხორბალაძ, 45 წლის: ...ყურის გამოძიება, სასამართლოს საქმე-ების ღალით ჩარევა, პრევიკაებ მომხ-დება ჩვენ ტერიტორიაზე, ...ნონის მერიოდება და აფხაზეთის რეგიონის გახსნა, ჩვენ ... სავკვე... რუსთ... ...ბოლო დრო... ...

მარიამ ალასანია, 42 წლის: ვეტყვი, რომ 19 აპრილისგან უფურ მეტ ველური კელოების და ბოლოლ ... ...ლიან მშვიდად დამავრდო, რაც ... ...ზიას გვევკენ... ...ფორმაციის ...

ფრიდონ აფციაური, 66 წლის: ...ვის პრეზიდენტობის კანდიდატი თავად ივანიშვილია, ის მიმაჩნია მე ქვეყნის ლი-დერად. ალასანია კარგი კანდიდატია, რასაც ვერ ვიტყოდი სალომე ზურაბიშ-ვილზე. მოხსნას რაც შეეხება, ვფიქრობ, რომ არჩევ... ...

გამომცემელი: გამჟუა ფარეშიშვილი, პაატა ვეუბაიძე. მთავარი რედაქტორი: მაია ჭალაგანიძ. პასუხისმგებელი რედაქტორი: დავით ნინიკაშვილი, ДИЗАЙН: ნინო კჟელაშვილი
...ტელ: 40-94-45 (46, 47, 48). ფაქსი: 31-93-86. ელ-ფოსტა: public@24hours.ge

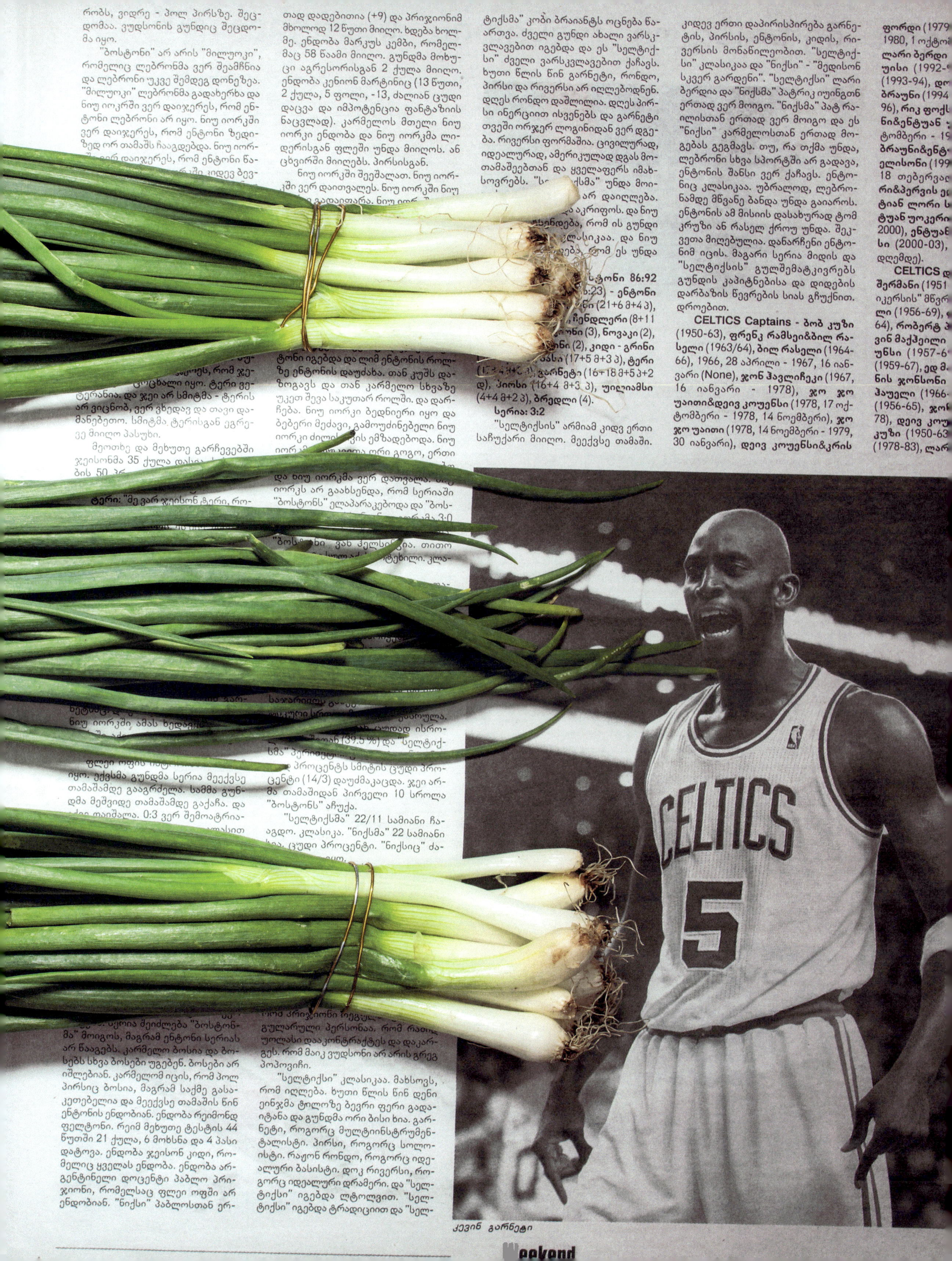
რობს, ვიდრე - პოლ პირსზე. შეცდომაა. ვუდსონის გუნდიც შეცდომა იყო.
"ბოსტონი" არ არის "მილუოკი", რომელიც ლებრონმა ვერ შეამჩნია და ლებრონი უკვე შემდეგ დონეზეა. "მილუოკი" ლებრონმა გადახერხა და ნიუ იოკრში ვერ დაიჯერეს, რომ ენტონი ლებრონი არ იყო. ნიუ იორკში ვერ დაიჯერეს, რომ ენტონი ზედიზედ ორ თამაშს ჩააგდებდა. ნიუ იორ-
თად დადებითია (+9) და პრიჯიონიმ მხოლოდ 12 წუთი მიილო. ხდება ხოლმე. ენდობა მარკუს კემბი, რომელმაც 58 წაამი მიილო. გუნდმა მოხუცი აგრესორისგან 2 ქულა მიილო. ენდობა კენიონ მარტინიც (13 წუთი, 2 ქულა, 5 ფოლი, -13, ძალიან ცუდი დაცვა და იმპოტენცია ფანტაზიის ნაცვლად). კარმელოს მთელი ნიუ იორკი ენდობა და ნიუ იორკმა ლიდერისგან ფლეში უნდა მიილოს. ან ცხვირში მიილებს. პირსისგან.
ნიუ იორკში შეეშალათ. ნიუ იორკში ვერ დაითვალეს. ნიუ იორკში ნიუ
ტიქსმა" კობი ბრაიანტს ოცნება წაართვა. ძველი გუნდი ახალი ვარსკვლავებით იგებდა და ეს "სელტიქსი" ძველი ვარსკვლავებით ქაჩავს. ხუთი წლის წინ გარნეტი, რონდო, პირსი და რივერსი არ ილლებოდნენ. დღეს რონდო დაშლილია. დღეს პირსი ინერციით ისვენებს და გარნეტი თვეში ორჯერ ლოგინიდან ვერ დგება. რივერსი ფორმაშია. ცივილურად, იდეალურად, ამერიკულად დგას მოთამაშეებთან და ყველაფერს იმახსოვრებს.
კიდევ ერთი დაპირისპირება გარნეტის, პირსის, ენტონის, კიდის, რივერსის მონაწილეობით. "სელტიქსი" კლასიკაა და "ნიქსი" - "მედისონ სკვერ გარდენი". "სელტიქსი" ლარი ბერდია და "ნიქსმა" პატრიკ იუინგთნ ერთად ვერ მოიგო. "ნიქსმა" პატ რაილისთან ერთად ვერ მოიგო და ეს "ნიქსი" კარმელოსთან ერთად მოგებას გეგმავს. თუ, რა თქმა უნდა, ლებრონი სხვა სპორტში არ გადავა, ენტონის შანსი ვერ ქაჩავს. ენტონიც კლასიკაა. უბრალოდ, ლებრონამდე მწვანე ბანდა უნდა გაიაროს. ენტონის ამ მისიის დასახურად ტომ კრუზი ან რასელ ქროუ უნდა. შეკვეთა მილებულია. დანარჩენი ენტონიმ იცის. მაგარი სერია მიდის და "სელტიქსის" გულშემატკივრებს გუნდის კაპიტნებისა და დიდების დარბაზის წევრების სიას გჩუქნით. დროებით.
CELTICS Captains - ბობ კუზი (1950-63), ფრენკ რამსეი&ბილ რასელი (1963/64), ბილ რასელი (1964-66), 1966, 28 აპრილი - 1967, 16 იანვარი (None), ჯონ ჰავლიჩეკი (1967, 16 იანვარი - 1978), ჯო ჯო უაითი&დეივ კოუენსი (1978, 17 ოქტომბერი - 1978, 14 ნოემბერი), ჯო ჯო უაითი (1978, 14 ნოემბერი - 1979, 30 იანვარი), დეივ კოუენსი&კრის
ტონი იგებდა და ლიმ ენტონის როლზე ენტონის დაუძახა. თან კუშს დაზოგავს და თან კარმელო სხვაზე უკეთ შევა საკუთარ როლში. და დარჩება. ნიუ იორკი ბედნიერი იყო და ბებერი მეძავი, გამოუძინებელი ნიუ
(4+4 მ+2 პ), ბრედლი (4).
სერია: 3:2
"სელტიქსის" არმიამ კიდევ ერთი საჩუქარი მიილო. მეექვსე თამაში.
და ნიუ იორკმა ვერ დათვალა.
იორკს არ გაახსენდა, რომ სერიაში "ბოსტონს" ელაპარაკებოდა და "ბოს-
იყო. ექვსმა გუნდმა სერია მეექვსე თამაშამდე გააგრძელა. სამმა გუნდმა მეშვიდე თამაშამდე გაქაჩა. და
ცენტი (14/3) დაუძმაკაცდა. ჯეი არმა თამაშიდან პირველი 10 სროლა "ბოსტონს" აჩუქა.
"სელტიქსმა" 22/11 სამიანი ჩააგდო. კლასიკა. "ნიქსმა" 22 სამიანი
მა" მოიგოს, მაგრამ ენტონი სერიას არ წააგებს. კარმელო ბოსია და ბოსებს სხვა ბოსები უგებენ. ბოსები არ იშლებიან. კარმელომ იცის, რომ პოლ პირსიც ბოსია, მაგრამ საქმე გასაკეთებელია და მეექვსე თამაშის წინ ენტონის ენდობიან. ენდობა რეიმონდ ფელტონი. რეიმ მეხუთე ტესტის 44 წუთში 21 ქულა, 6 მოხსნა და 4 პასი დატოვა. ენდობა ჯეისონ კიდი, რომელიც ყველას ენდობა. ენდობა არგენტინელი დოცენტი პაბლო პრიჯიონი, რომელსაც ფლეი ოფში არ ენდობიან. "ნიქსი" პაბლოსთან ერ-
გულარული პერსონაა. რომ რამ
უოლასი დააკონტრაქტეს და დაკარგეს. რომ მაიკ ვუდსონი არ არის გრეგ პოპოვიჩი.
"სელტიქსი" კლასიკაა. მახსოვს, რომ ილლება. ხუთი წლის წინ დენი ეინჯმა ტოლოზე ბევრი ფერი გადაიტანა და გუნდმა ორი ბისი ხია. გარნეტი, როგორც მულტიინსტრუმენტალისტი. პირსი, როგორც სოლოისტი. რაჟონ რონდო, როგორც იდეალური ბასისტი. დოკ რივერსი, როგორც იდეალური დრამერი. და "სელტიქსი" იგებდა ლტოლვით. "სელტიქსი" იგებდა ტრადიციით და "სელ-
CELTICS
CELTICS
5
კევინ გარნეტი
Weekend

განცხადება გამარჯვებული ელექტრონული ტენდერის ჩატარების შესახებ № SPA130010001

	ზუგდიდის მუნიციპალიტეტის გამგეობა
...ცხადების თარიღი	02.05.2013 17:11
...მიღება იწყება	07.05.2013 00:00
...მიღება	10.05.2013 13:00
...აუდო	8633 ლარი
...ხადება იყოს	დღგ-ს გათვალისწინებით
...(CPV) კოდი და ...დანაყოფი	50100000-სატრანსპორტო საშუალებებისა და მათთან დაკავშირებული მოწყობილობების შეკეთება, ტექნიკური მომსახურება და მასთან დაკავშირებული მომსახურებები
...(CPV) კოდი და ...ეტული ობიექტი	50100000-სატრანსპორტო საშუალებებისა და მათთან დაკავშირებული მოწყობილობების შეკეთება, ტექნიკური მომსახურება და მასთან დაკავშირებული მომსახურებები
...ენობა ან	იხ. სატენდერო დოკუმენტაცია
	იხ. სატენდერო დოკუმენტაცია
...ის კლების ბიჯი	50 ლარი
...ობა	86 ლარი

...ორმაცია შეგიძლიათ იხილოთ შემდეგ მისამართზე: www.procurement.gov.ge

განცხადება გამარჯვებული ელექტრონული ტენდერის ჩატარების შესახებ № SPA130009937

შემსყიდველი	შპს სინსილის ქალაქი
ტენდერის გამოცხადების თარიღი	01.05.2013 19:31
წინადადებების მიღება იწყება	07.05.2013 00:00
წინადადებების მიღება მთავრდება	10.05.2013 17:30
შესყიდვის სავარაუდო ღირებულება	46615 ლარი
სატენდერო განცხადება წარმოდგენილი უნდა იყოს	დღგ-ს გარემე
კლასიფიკატორის (CPV) კოდი და კლასიფიკატორის დანაყოფი	09100000-საწვავი
კლასიფიკატორის (CPV) კოდი და შესყიდვის კონკრეტული ობიექტი	09123000-ბუნებრივი აირი
შესყიდვის რაოდენობა ან მოცულობა	იხილეთ სატენდერო დოკუმენტაცია
მოწოდების ვადა	ხელშეკრულების გაფორმებიდან 2013 წლის 31 დეკემბრის ჩათვლით
შეთავაზების ფასის კლების ბიჯი	186 ლარი
გარანტიის ოდენობა	466 ლარი

დეტალური ინფორმაცია შეგიძლიათ იხილოთ შემდეგ მისამართზე: www.procurement.gov.ge

განცხადება გამარჯვებული ელექტრონული ტენდერის ჩატარების შესახებ № SPA130009936

	შემსავლების სამსახური
...ხადების თარიღი	01.05.2013 19:24
...ღება იწყება	07.05.2013 00:00
...ღება მთავრდება	10.05.2013 13:00
...უდო ღირებულება	8300 ლარი
...ადება ...ნდა იყოს	დღგ-ს გათვალისწინებით
...(CPV) კოდი და ...დანაყოფი	32500000-სატელეკომუნიკაციო მოწყობილობები და მარაგები
...(CPV) კოდი და ...ეტული ობიექტი	32522000-სატელეკომუნიკაციო მოწყობილობა, 32551000-სატელეფონო კაბელები და დაკავშირებული მოწყობილობები
...ნობა ან მოცულობა	იხილეთ ტექნიკური დოკუმენტაცია
	ხელშეკრულების გაფორმებიდან 20 დღე.
...ს კლების ბიჯი	83 ლარი
...ბა	83 ლარი

...ორმაცია შეგიძლიათ იხილოთ შემდეგ მისამართზე: www.procurement.gov.ge

განცხადება ელექტრონული ტენდერის ჩატარების შესახებ № SPA130009957

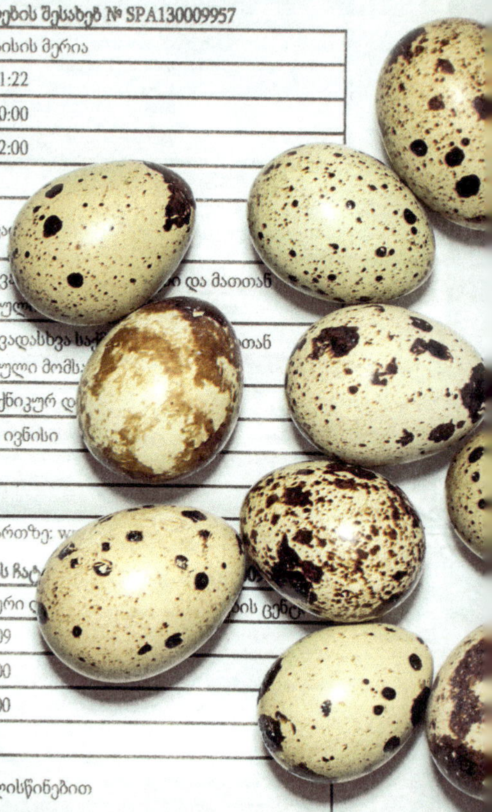

შემსყიდველი	ქალაქ ქუთაისის მერია
ტენდერის გამოცხადების თარიღი	02.05.2013 11:22
წინადადებების მიღება იწყება	18.05.2013 00:00
წინადადებების მიღება მთავრდება	23.05.2013 12:00
შესყიდვის სავარაუდო ღირებულება	5000 ლარი
სატენდერო განცხადება წარმოდგენილი უნდა იყოს	დღგ-ს გათვა...
კლასიფიკატორის (CPV) კოდი და კლასიფიკატორის დანაყოფი	79900000-სხვ... და მათთან დაკავშირებ...
კლასიფიკატორის (CPV) კოდი და შესყიდვის კონკრეტული ობიექტი	79900000-სხვადასხვა ს... ...თან დაკავშირებული მომ...
შესყიდვის რაოდენობა ან მოცულობა	იხილეთ ტექნიკურ დ...
მოწოდების ვადა	2013 წლის 1 ივნისი
შეთავაზების ფასის კლების ბიჯი	50 ლარი
გარანტიის ოდენობა	50 ლარი

დეტალური ინფორმაცია შეგიძლიათ იხილოთ შემდეგ მისამართზე: w...

განცხადება ელექტრონული ტენდერის ჩატარების შესახებ № SPA130009935

	შემსავლების სამსახური
...ადის თარიღი	01.05.2013 19:23
...ლება იწყება	18.05.2013 00:00
...ლება მთავრდება	23.05.2013 15:00
...უდი ღირებულება	2000 ლარი
...ადება წარმოდგენილი უნდა იყოს	დღგ-ს გათვალისწინებით
...(CPV) კოდი და კლასიფიკატორის	39200000-ავეჯეულობა
...(CPV) კოდი და შესყიდვის კონკრეტული	39222120-ერთჯერადი ჭიქები
...ნობა ან მოცულობა	200 000 ცალი
	ხელშეკრულების გაფორმებიდან 10 სამუშაო დღე
...ს კლების ბიჯი	20 ლარი
...ბა	20 ლარი

...ორმაცია შეგიძლიათ იხილოთ შემდეგ მისამართზე: www.procurement.gov.ge

განცხადება გამარჯვებული ელექტრონული ტენდერის ჩატარების შესახებ № ...

შემსყიდველი	შსს სპეციალური ს... ...ცენტ...
ტენდერის გამოცხადების თარიღი	02.05.2013 11:09
წინადადებების მიღება იწყება	07.05.2013 00:00
წინადადებების მიღება მთავრდება	10.05.2013 12:00
შესყიდვის სავარაუდო ღირებულება	9117 ლარი
სატენდერო განცხადება წარმოდგენილი უნდა იყოს	დღგ-ს გათვალისწინებით
კლასიფიკატორის (CPV) კოდი და კლასიფიკატორის დანაყოფი	44800000-საღებავები, ლაქები და მ...
კლასიფიკატორის (CPV) კოდი და შესყიდვის კონკრეტული ობიექტი	44800000-საღებავები, ლაქები და მ... საღებავები, 44820000-ლაქები
შესყიდვის რაოდენობა ან მოცულობა	იხ. სატენდერო დოკუმენტაციაში
მოწოდების ვადა	იხ. სატენდერო დოკუმენტაციაში
შეთავაზების ფასის კლების ბიჯი	50 ლარი
გარანტიის ოდენობა	91 ლარი

დეტალური ინფორმაცია შეგიძლიათ იხილოთ შემდეგ მისამართზე: www.procurem...

განცხადება გამარჯვებული ელექტრონული ტენდერის ჩატარების შესახებ № SPA130009938

	საქართველოს გარემოს დაცვის სამინისტროს ცენტრალური აპარატი
...ადების თარიღი	01.05.2013 19:37
...ლება იწყება	07.05.2013 00:00
...ლება	10.05.2013 17:00
...უდო	8448 ლარი
...ადება ...ნდა იყოს	დღგ-ს გათვალისწინებით
...(CPV) კოდი და ...დანაყოფი	50100000-სატრანსპორტო საშუალებებისა და მათთან დაკავშირებული მოწყობილობების შეკეთება, ტექნიკური მომსახურება და მასთან დაკავშირებული მომსახურებები
...(CPV) კოდი და ...ეტული ობიექტი	50112300-მანქანის რეცხვა და მსგავსი მომსახურებები
...ენობა ან	იხილეთ სატენდერო დოკუმენტაცია

განცხადება გამარჯვებული ელექტრონული ტენდერის ჩატარების შესახებ № SPA130009939

შემსყიდველი	თვითმმართველი ქალაქი რუსთავი
ტენდერის გამოცხადების თარიღი	01.05.2013 19:40
წინადადებების მიღება იწყება	07.05.2013 00:00
წინადადებების მიღება მთავრდება	10.05.2013 13:30
შესყიდვის სავარაუდო ღირებულება	10210 ლარი
სატენდერო განცხადება წარმოდგენილი უნდა იყოს	დღგ-ს გათვალისწინებით
კლასიფიკატორის (CPV) კოდი და კლასიფიკატორის დანაყოფი	71300000-საინჟინრო მომსახურებები
კლასიფიკატორის (CPV) კოდი და შესყიდვის კონკრეტული ობიექტი	71300000-საინჟინრო მომსახურებები, 71320000-საინჟინრო-საპროექტო მომსახურება
შესყიდვის რაოდენობა ან მოცულობა	იხილეთ სატენდერო დოკუმენტაციაში
მოწოდების ვადა	ხელშეკრულების გაფორმებიდან...

განცხადება გამარტივებული ელექტრონული ტენდერის ჩატარების შესახებ № SPA130009981

შემსყიდველი	ბოლნისის მუნიციპალიტეტი
ტენდერის გამოცხადების თარიღი	02.05.2013 15:36
წინადადებების მიღება იწყება	07.05.2013 00:00
წინადადებების მიღება მთავრდება	10.05.2013 14:00
შესყიდვის სავარაუდო ღირებულება	13400 ლარი
სატენდერო განცხადება წარმოდგენილი უნდა იყოს	დღგ-ს გათვალისწინებით
კლასიფიკატორის (CPV) კოდი და კლასიფიკატორის დანაყოფი	39700000-საოჯახო ტექნიკა
კლასიფიკატორის (CPV) კოდი და შესყიდვის კონკრეტული ობიექტი	39700000-საოჯახო ტექნიკა
შესყიდვის რაოდენობა ან მოცულობა	იხილეთ სატენდერო დოკუმენტაციაში
მოწოდების ვადა	ხელშეკრულების გაფორმებიდან -- 5 კალენდარული დღე
შეთავაზების ფასის კლების ბიჯი	134 ლარი
გარანტიის ოდენობა	134 ლარი

დეტალური ინფორმაცია შეგიძლიათ იხილოთ შემდეგ მისამართზე: www.procurement.gov.ge

განცხადება გამარტივებული ელექტრონული ტენდერის ჩატარების შესახებ № SPA130010

შემსყიდველი	მარტვილის მუნიციპალიტეტი გამგეობა
ტენდერის გამოცხადების თარიღი	02.05.2013 17:46
წინადადებების მიღება იწყება	07.05.2013 00:00
წინადადებების მიღება მთავრდება	10.05.2013 13:00
შესყიდვის სავარაუდო ღირებულება	38200 ლარი
სატენდერო განცხადება წარმოდგენილი უნდა იყოს	დღგ-ს გათვალისწინებით
კლასიფიკატორის (CPV) კოდი და კლასიფიკატორის დანაყოფი	71300000-საინჟინრო მომსახურ
კლასიფიკატორის (CPV) კოდი და შესყიდვის კონკრეტული ობიექტი	71300000-საინჟინრო მომსახურ
შესყიდვის რაოდენობა ან მოცულობა	იხ. სატენდერო დოკუმენტაცია
მოწოდების ვადა	ხელშეკრულების გაფორმებიდა დღე
შეთავაზების ფასის კლების ბიჯი	400 ლარი
გარანტიის ოდენობა	382 ლარი

დეტალური ინფორმაცია შეგიძლიათ იხილოთ შემდეგ მისამართზე: www.procurement.gov.ge

განცხადება ელექტრონული ტენდერის ჩატარების შესახებ № SPA130010000

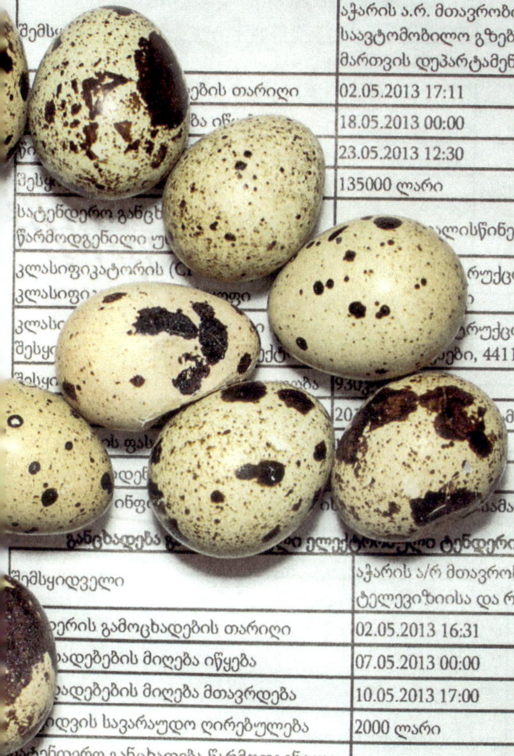

შემს...	აჭარის ა.რ. მთავრობის საქვეუწყებო დაწესებულება საავტომობილო გზებისა და სამელიორაციო სისტემების მართვის დეპარტამენტი
...ების თარიღი	02.05.2013 17:11
...ბა იწ...	18.05.2013 00:00
[illegible]	23.05.2013 12:30
შესყ...	135000 ლარი
სატენდერო განცხ... წარმოდგენილი უ...	...ალისწინებით
კლასიფიკატორის (C... კლასიფი... ...ფი	...რუქციის მასალები და ანალოგიური ...
კლასი... შესყ... ...ექტ...	...რუქციის მასალები და ანალოგიური ...ები, 44114100-მზა ბეტონის ნარევი
შესყი... ...ობა	930...
[illegible]	20... ...მდე
...ის ფას...	[illegible]
...ოდენ...	[illegible]

... ინფო... ...ამართზე: www.procurement.gov.ge

განცხადება გამარტივებული ელექტრონული ტენდერის ჩატარების შესახებ № SPA13000993

შემსყიდველი	საქართველოს სტატისტიკის ეროვნული სამსახური (საქსტატი)
ტენდერის გამოცხადების თარიღი	01.05.2013 19:16
წინადადებების მიღება იწყება	07.05.2013 00:00
წინადადებების მიღება მთავრდება	10.05.2013 12:30
შესყიდვის სავარაუდო ღირებულება	11750 ლარი
სატენდერო განცხადება წარმოდგენილი უნდა იყოს	დღგ-ს გარეშე
კლასიფიკატორის (CPV) კოდი და კლასიფიკატორის დანაყოფი	30200000-კომპიუტერული მოწყობილობები და მარაგი
კლასიფიკატორის (CPV) კოდი და შესყიდვის კონკრეტული ობიექტი	30213100-პორტაბელური/სატარებელი კომპიუტერები, 30231310-ბრ პანელიანი მონიტორები, 30237134-გრაფიკული დამაჩქარებლის ბარათები, 30237280-ენერგომომარაგების აქსესუარები, 30237410-კომპიუტერის მაუსი . . .
შესყიდვის რაოდენობა ან მოცულობა	იხ.სატენდერო დოკუმენტაცია
მოწოდების ვადა	იხ.სატენდერო დოკუმენტაცია
შეთავაზების ფასის კლების ბიჯი	59 ლარი
გარანტიის ოდენობა	118 ლარი

დეტალური ინფორმაცია შეგიძლიათ იხილოთ შემდეგ მისამართზე: www.procurement.gov.ge

განცხადება გ... ელექ... ტენდერის ჩატარების შესახებ № SPA130009988

შემსყიდველი	აჭარის ა/რ მთავრობის საქვეუწყებო დაწესებულება - ტელევიზიისა და რადიომაუწყებლობის დეპარტამენტი
...ერის გამოცხადების თარიღი	02.05.2013 16:31
...ადებების მიღება იწყება	07.05.2013 00:00
...ადებების მიღება მთავრდება	10.05.2013 17:00
...იდვის სავარაუდო ღირებულება	2000 ლარი
...ატენდერო განცხადება წარმოდგენილი უნდა იყოს	დღგ-ს გათვალისწინებით
კლასიფიკატორის (CPV) კოდი და კლასიფიკატორის დანაყოფი	32300000-ტელე და რადიო მიმღებები, და ხმის ან ვიდეო ჩამწერები ან რეპროდუცირების აპარატურა
კლასიფიკატორის (CPV) კოდი და შესყიდვის კონკრეტული ობიექტი	32332100-დიქტოფონები
შესყიდვის რაოდენობა ან მოცულობა	4 ცალი დიქტოფონი
მოწოდების ვადა	45 კალენდარული დღე
შეთავაზების ფასის კლების ბიჯი	20 ლარი
გარანტიის ოდენობა	20 ლარი

დეტალური ინფორმაცია შეგიძლიათ იხილოთ შემდეგ მისამართზე: www.procurement.gov.ge

განცხადება გამარტივებული ელექტრონული ტენდერის ჩატარების შესახებ № SPA13000994

შემსყიდველი	შუახევის მუნიციპალიტეტი
ტენდერის გამოცხადების თარიღი	01.05.2013 22:45
წინადადებების მიღება იწყება	07.05.2013 00:00
წინადადებების მიღება მთავრდება	10.05.2013 12:00
შესყიდვის სავარაუდო ღირებულება	49100 ლარი
სატენდერო განცხადება წარმოდგენილი უნდა იყოს	დღგ-ს გათვალისწინებით
კლასიფიკატორის (CPV) კოდი და კლასიფიკატორის დანაყოფი	90600000-ქალაქის ან სოფლის ზონების დასუფთავება და სანიტალური მომსახურება, ასევე მათთან დაკავშირებული მომსახურებები
კლასიფიკატორის (CPV) კოდი და შესყიდვის კონკრეტული ობიექტი	90641000-წყალსადინარი არხების გაწმენდა
შესყიდვის რაოდენობა ან მოცულობა	იხილეთ სატენდერო დოკუმენტაციაში
მოწოდების ვადა	ხელშეკრულების გაფორმებიდან ოთხი თვე
შეთავაზების ფასის კლების ბიჯი	200 ლარი
გარანტიის ოდენობა	491 ლარი

დეტალური ინფორმაცია შეგიძლიათ იხილოთ შემდეგ მისამართზე: www.procurement.gov.ge

განცხადება ელექტრონული ტენდერის ჩატარების შესახებ № SPA130010013

შემსყიდველი	ქ.თბილისის ისნის რაიონის გამგეობა
ტენდერის გამოცხადების თარიღი	02.05.2013 17:41
წინადადებების მიღება იწყება	18.05.2013 00:00
წინადადებების მიღება მთავრდება	23.05.2013 12:00
შესყიდვის სავარაუდო ღირებულება	35353 ლარი
სატენდერო განცხადება წარმოდგენილი უნდა იყოს	დღგ-ს გათვალისწინებით
კლასიფიკატორის (CPV) კოდი და კლასიფიკატორის დანაყოფი	55500000-სასადილოებისა და საზოგადოებრივი კვების საწარმოების მომსახურებები
კლასიფიკატორის (CPV) კოდი და შესყიდვის კონკრეტული ობიექტი	55500000-სასადილოებისა და საზოგადოებრივი კვების საწარმოების მომსახურებები
შესყიდვის რაოდენობა ან მოცულობა	140 ბენეფიციარი

განცხადება გამარტივებული ელექტრონული ტენდერის ჩატარების შესახებ № SPA130009976

შემსყიდველი	საქართველოს შრომის, ჯანმრთელობისა და სოციალური დაცვის სამინისტრო
ტენდერის გამოცხადების თარიღი	02.05.2013 14:24
წინადადებების მიღება იწყება	07.05.2013 00:00
წინადადებების მიღება მთავრდება	10.05.2013 12:30
შესყიდვის სავარაუდო ღირებულება	200 ლარი
სატენდერო განცხადება წარმოდგენილი უნდა იყოს	დღგ-ს გათვალისწინებით
კლასიფიკატორის (CPV) კოდი და კლასიფიკატორის დანაყოფი	79800000-ბეჭდვა და მასთან დაკავშირებული მომსახურებები
კლასიფიკატორის (CPV) კოდი და შესყიდვის კონკრეტული ობიექტი	79800000-ბეჭდვა და მასთან დაკავშირებული მომსახურებები
შესყიდვის რაოდენობა ან მოცულობა	[illegible]

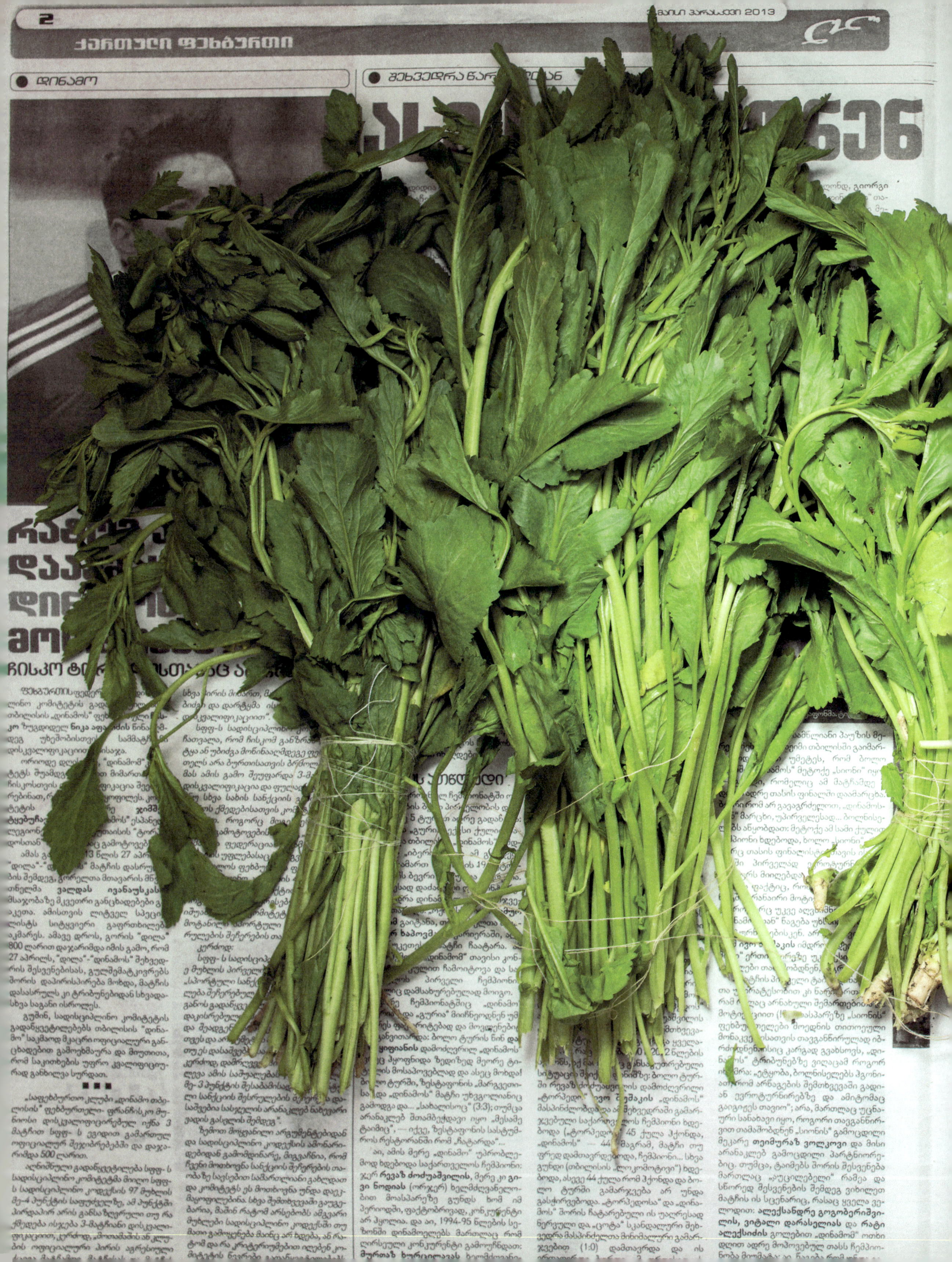

ქართული ფეხბურთი
დინამო

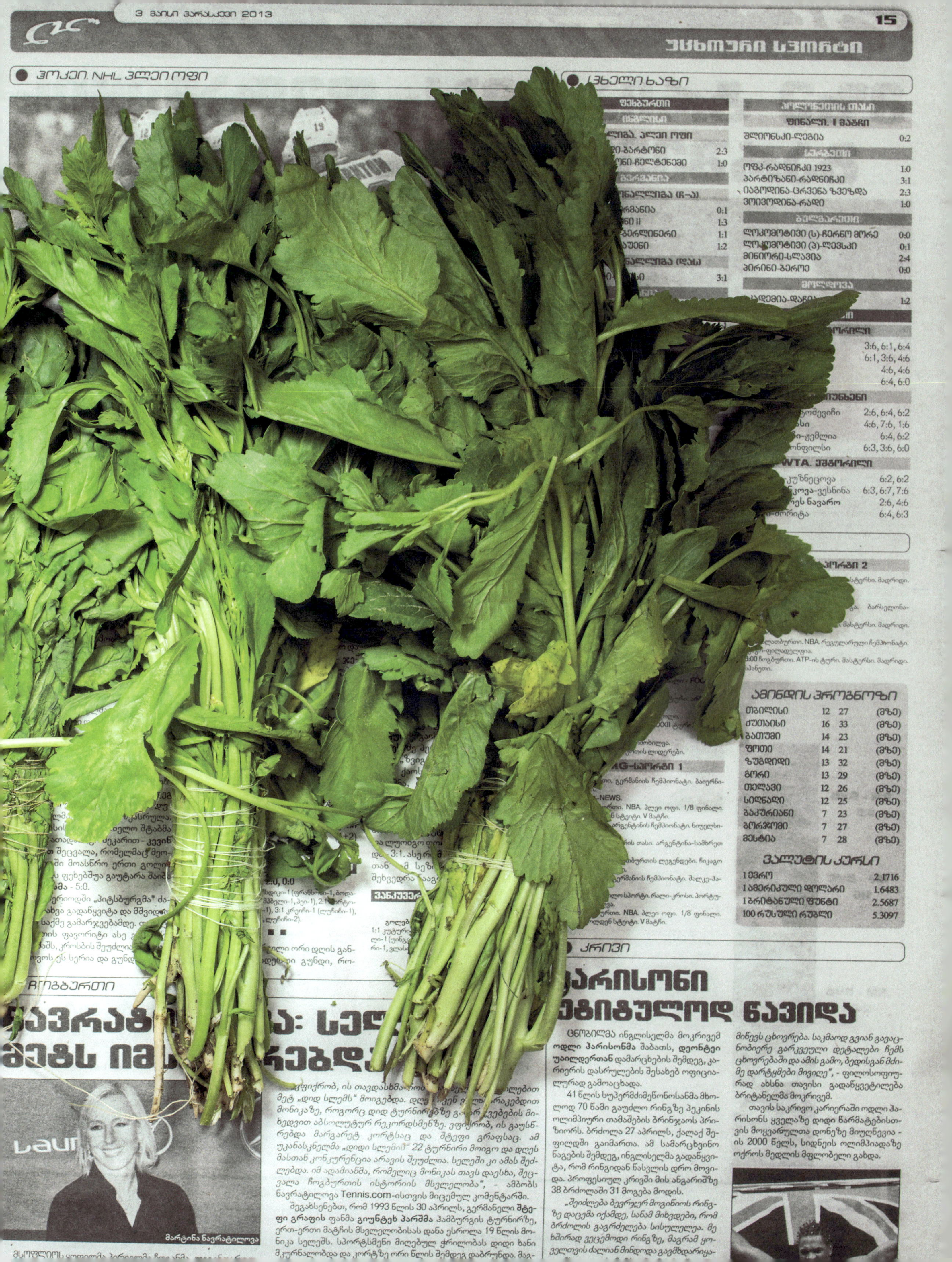

● ჰოკეი. NHL. პლეი ოფი   ● ცხელი ხაზი

ფებერვარი

იტალია
...ება. პლეი ოფი   2:3
...ი-ჩელენთემი   1:0

გერმანია (რ-ა)
...რგანია   0:1
...60 II   1:3
...ლუნგინერი   1:1
...ცენი   1:2

...ალგება (დას)   3:1

პოლონეთის თასი
ფინალი. I ვაჩი
ვლიონსკი-ლეგია   0:2

ესპანეთი
ოსკ-რაცნიკი 1923   1:0
პარტიზანი-რადნიკი   3:1
იაგოდინა-ცრკვენა ზვეზდა   2:3
ვოიოვოდინა-რადი   1:0

ბელარუსი
ლოკომოტივი (ს)-ჩერნო მორე   0:0
ლოკომოტივი (პ)-ლევსკი   0:1
მინორი-სლავია   2:4
პირინი-გაგრი   ...

მოლდოვა
...ადემია-დაჭი...   1:2

...ორიელი
3:6, 6:1, 6:4
6:1, 3:6, 4:6
4:6, 4:6
6:4, 6:0

...ოუენხენი
...ღომშევიში   2:6, 6:4, 6:2
...სი   4:6, 7:6, 1:6
...ში-ჩემლია   6:4, 6:2
...ონფილსი   6:3, 3:6, 6:0

WTA. ეჭგორიელი
...კუზნეცოვა   6:2, 6:2
...კოვა-ვესნინა   6:3, 6:7, 7:6
...ეს ნავარო   2:6, 4:6
...-თორიტა   6:4, 6:3

...ორტი 2
...სტერსი. მადრიდი.
...გა. ბარსელონა-
...სტერსი. მადრიდი.
...რთი. NBA. რეგულარული ჩემპიონატი.
...გი-ფილადელფია.
...3:00 ჩოგბურთი. ATP-ის ტური. მასტერსი. მადრიდი.
...პანეთი.

ამინდის პროგნოზი

თბილისი	12	27	(მზე)
ქუთაისი	16	33	(მზე)
ბათუმი	14	23	(მზე)
ფოთი	14	21	(მზე)
ზუგდიდი	13	32	(მზე)
გორი	13	29	(მზე)
თელავი	12	26	(მზე)
სიღნაღი	12	25	(მზე)
ბაკურიანი	7	23	(მზე)
გორჯომი	7	27	(მზე)
მესტია	7	28	(მზე)

ვალუტის კურსი

1 ევრო	2.1716
1 ამერიკული დოლარი	1.6483
1 ბრიტანული ფუნტი	2.5687
100 რუსული რუბლი	5.3097

● კრივი

...არისონი ...ებიტგულოდ ნავიდა

ცნობილმა ინგლისელმა მოკრივე ოდლი ჰარისონმა შაბათს, **დეონტეი უაილდერთან** დამარცხების შემდეგ, კარიერის დასრულების შესახებ ოფიციალურად გამოაცხადა.

41 წლის სუპერმძიმეწონოსანმა მხოლოდ 70 წამი გაუძლო რინგზე პეკინის ოლიმპიური თამაშების ბრინჯაოს პრიზიორს. ბრძოლა 27 აპრილს, ქალაქ შეფილდში გაიმართა. ამ სამარცხვინო ნაგების შემდეგ, ინგლისელმა გადაწყვიტა, რომ რინგიდან ნასვლის დრო მოვიდა. პროფესიულ კრივში მის ანგარიშზე 38 ბრძოლაში 31 მოგება მოდის.

„შეიძლება ბევრჯერ მოვიანოს რინ

მინევს ცხოვრება. საკმაოდ გვიან გავაცნობიერე გარკვეული დეტალები ჩემს ცხოვრებაში და ამის გამო, ბედისგან მძიმე დარტყმები მივიღე", - ფილოსოფიურად ახსნა თავისი გადაწყვეტილება ბრიტანელმა მოკრივემ.

თავის საკრივო კარიერაში ოდლი ჰარისონს ყველაზე დიდი წარმატებისთვის მოყვარულთა დონეზე მიულნევიაის 2000 წელს, სიდნეის ოლიმპიადაზე ოქროს მედლის მფლობელი გახდა.

● ჩოგბურთი

...ავრაგ... ...: სელ... ...მეგს იმ... ...რებდ...

...ფიცრო, ის თავისახმა... ...ებით
მეტ „დიდ სლემს" მოიგება. დღე... ...რაცკებით
მონიკაზე, როგორც დიდ ტურნირებ... ...ვები...
...ხედვით ამხიდგაქცი ...ე ...ვებდი...
... რებს მარცაქუ კორესსა და მ... ...ალს... ამ
...უკანასკნელმა „დიდი სლემის" 22 ტურნირი მოიგო და ...
...ო, ს... ...ჯეს და გუნდ...

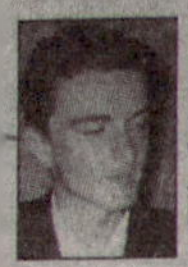 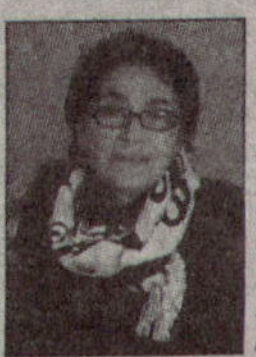 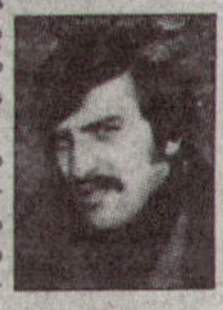 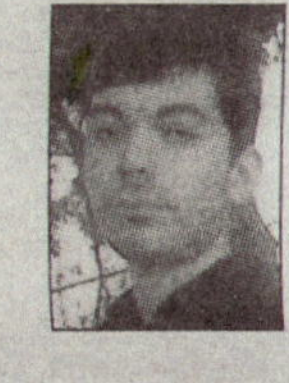 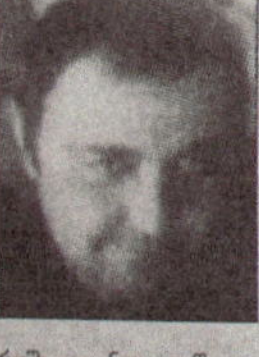 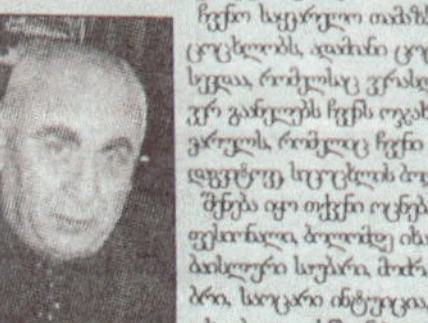

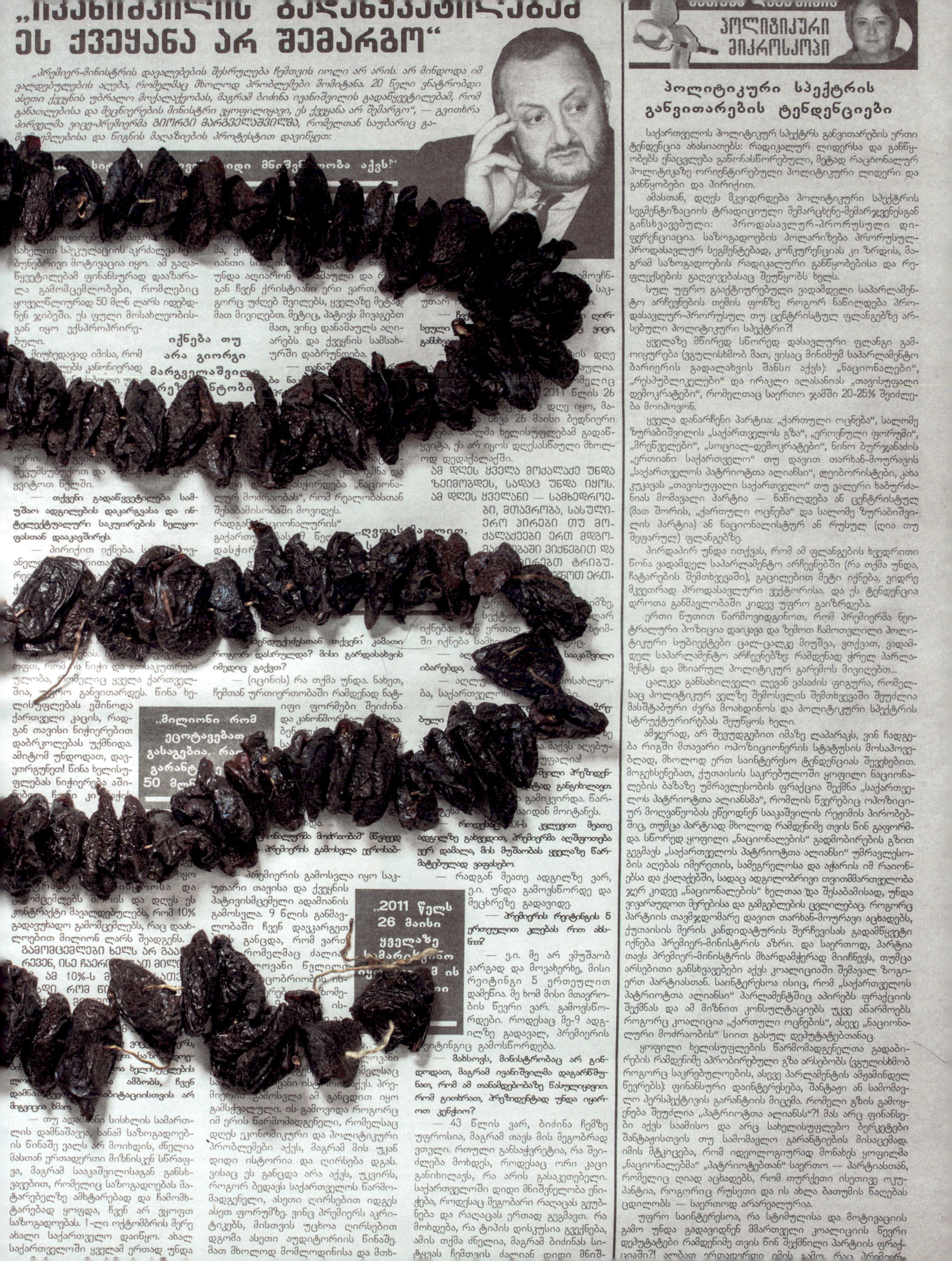

„ივანიშვილის გადანჭკაპუნებამ ეს ქვეყანა არ შემარგო"

„პრემიერ-მინისტრის დაკისრებების შესრულება ჩემებივით იოლი არ არის. არ მინდოდა იმ გალდევანელების აცდა, რომლებიც მხოლოდ პროგრამებს მოჰყავდათ. 20 წელი ვნატრობ... ამ ქვეყნის უმრავლეს მოქცევაქებას, მაგრამ ბიძინა ივანიშვილის გადაწყვეტილებამ, რომ გაახილოს და მეცნიერების მინისტრი გყოფილიყავი, ეს ქვეყანა არ შემარგო" — გვითხრა ვიცე-პრემიერმა გიორგი მარგველაშვილმა, რომელთან საუბრის გაგრძელებასა და ნიგების მალახების პროტესტით დავიწყეთ.

პოლიტიკური სპექტრის განვითარების ტენდენციები

საქართველოს პოლიტიკური სპექტრის განვითარების ერთ ტენდენცია ახასიათებს: რადიკალურ ლიდერებისა და განწყობების ენასავლეს განირასხმისავდე, ორიენტირებ... პოლიტიკური ლიდერი და განწყობები ... პირობით...

...ფლექსიაცია. საზოგადოების პოლარიზება პროორუსულ-პროდასავლურ სეგმენტებად, კონკურენციას კი ზრდის, მაგრამ საზოგადოების რადიკალური განწყობებისა და რეფლექსების გაღვივებასაც შეუწყობს ხელს.

სულ უფრო გააქტიურებული ვადამდელი საპარლამენტო არჩევნების თემის ფონზე როგორ ნაწილდება პროდასავლურ-პროორუსულ თუ ცენტრისტულ ფლანგებზე არსებული პოლიტიკური სპექტრი?!

ყველაზე მშირედ სნორედ დასავლური ფლანგი გამოიყურება (ვგულისხმობ მათ, ვისაც მინიმუმ საპარლამენტო ბარიერის გადალახვის შანსი აქვს): „ნაციონალები", „რესპუბლიკელები" და ირაკლი ალასანიას „თავისუფალი დემოკრატები", რომელთაც საერთო ჯამში 20-25% შეიძლება მოიპოვონ.

ყველა დანარჩენი პარტია: „ქართული ოცნება", სალომე ზურაბიშვილის „საქართველოს გზა", „ეროვნული ფორუმი", „მრეწველები", „სოციალ-დემოკრატები", ნინო ბურჯანაძის „ერთიანი საქართველო" თუ დავით თართან-მოურავის „საქართველოს პატრიოტთა ალიანსი", ლეიბორისტები, კახა კუკავას „თავისუფალი საქართველო" თუ ვალერი ხაბურდანის მომავალი პარტია — ნაწილდება ან ცენტრისტულ (მათ შორის, „ქართული ოცნება" და სალომე ზურაბიშვილის პარტია) ან ნაციონალისტურ ან რუსულ (ლია თუ შეფარულ) ფლანგებზე.

პირდაპირ უნდა ითქვას, რომ ამ ფლანგების ხვედრითი წონა ვადამდელ საპარლამენტო არჩევნებში (რა თქმა უნდა, ჩატარების შემთხვევაში), გაცილებით მეტი იქნება, ვიდრე მკვეთრად პროდასავლური ვექტორისა. და ეს ტენდენცია დროთა განმავლობაში კიდევ უფრო გაიზრდება.

ერთი ნუთით წარმოვიდგინოთ, რომ პრემიერმა ნეიტრალური პოზიცია დაიკავა და ზემოთ ჩამოთვლილი პოლიტიკური სუბიექტები ცალ-ცალკე მიუშვა, ვთქვათ, ვადამდელ საპარლამენტო არჩევნებზე: რამდენად ჭრელ პარლამენტს და მხიარულ პოლიტიკურ გარემოს მივიღებთ...

ცალკეა განსახილველი ლევან ვასაძის ფიგურა, რომელსაც პოლიტიკურ ველზე შემოსვლის შემთხვევაში შეუძლია მასშტაბური ძვრა მოახდინოს და პოლიტიკური სპექტრის სტრუქტურირებას შეუწყოს ხელი.

ამჯერად, არ შევუდგებით იმაზე ლაპარაკს, ვინ ჩადგება რიგში მთავარი ოპოზიციონერის სტატუსის მოსაპოვებლად, მხოლოდ ერთ საინტერესო ტენდენციას შევეხებით. მოგეხსენებათ, ქუთაისის საკრებულოში ყოფილი ნაციონალების ბაზაზე უმრავლესობის ფრაქცია შექმნა „საქართველოს პატრიოტთა ალიანსმა", რომლის ნვერებიც ოპოზიციურ მოლვანეობას ენეოდნენ სააკაშვილის რეჟიმის პირობებშიც, თუმცა პარტიად მხოლოდ რამდენიმე თვის ნინ გააფორმეს. თავს პრემიერ-მინისტრის მხარდაჭერად მიიჩნევს, თუმცა არსებითი განსხვავებები აქვს კოალიციაში შემავალ ზოგიერთ პარტიასთან. საინტერესოა ისიც, რომ „საქართველოს პატრიოტთა ალიანსი" პარლამენტშიც აპირებს ფრაქციის შექმნას და ამ მიზნით კონსულტაციებს უკვე ანარმოებს როგორც კოალიცია „ქართული ოცნების", ასევე „ნაციონალური მოძრაობის" სიით გასულ დეპუტატებთანაც.

ყოფილი ხელისუფლების ნარმომადგენელთა გადაბირების რამდენიმე აპრობირებული გზა არსებობს (ვგულისხმობ როგორც საკრებულოების, ასევე პარლამენტის ამჟამინდელ ნევრებს): ფინანსური დაინტერესება, შანტაჟი ან სამომავლო პერსპექტივის გარანტიის მიცემა. რომელი გზის გამოყენება შეუძლია „პატრიოტთა ალიანსს"?! მას არც ფინანსები აქვს საამისო და არც სახელისუფლებო ბერკეტები შანტაჟისთვის თუ სამომავლო გარანტიების მისაცემად. იმის მტკიცება, რომ იდეოლოგიურად მონახეს ყოფილმა „ნაციონალებმა" „პატრიოტებთან" საერთო — პარტიასთან, რომელიც ლიად აცხადებს, რომ თურქეთი ისეთივე ოკუპანტია, როგორიც რუსეთი და ის ახლა ბათუმის ნალებს ცდილობს — საერთოდ არარეალურია.

უფრო საინტერესოა, რა სტიმულისა და მოტივაციის გამო უნდა გადავიდნენ მმართველი კოალიციის ნევრი დეპუტატები რამდენიმე თვის ნინ შექმნილი პარტიის ფრაქციაში?! ალბათ ერთადერთი იმის გამო, რაა პრემიერ...

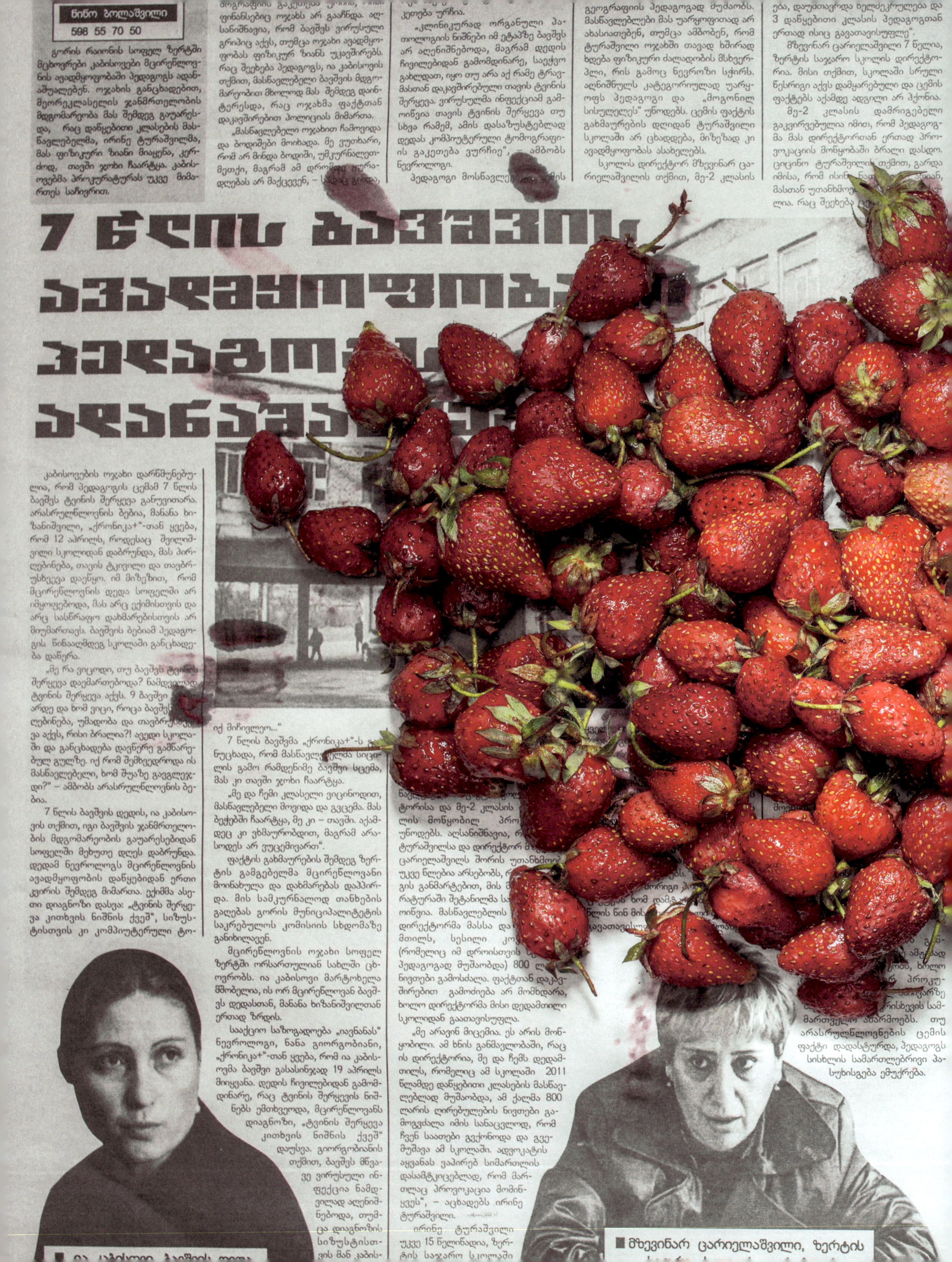

ნინო ბოლაშვილი
598 55 70 50

7 წლის ბავშვის ავადმყოფობაზე პედაგოგის ადანაშაული

გორის რაიონის სოფელ ზერტში მცხოვრები კაბისხოვები მცირეწლოვანის ავადმყოფობაში პედაგოგს ადანაშაულებენ. უჯახის განცხადებით, მცირეწლასიოლის ჯანმრთელობის...

...ეს მიჩნეული...

7 წლის ბავშვმა „ქრონიკა+"-ს ... ცხადად, რომ მასწავლებელ ... ლის გამო რამდენიმე ბავშ... მას კი თავში ჯოხი ჩაარტყა.

მცირეწლოვანის უჯახი სოფელ ზერტში ორსართულიან სახლში ცხოვრობს. ...

მშევინარ ცარიელაშვილი 7 წელია, ზერტის საჯარო სკოლის დირექტორია. მისი თქმით, სკოლაში სრული წესრიგი აქვს დამყარებული და ცემის ფაქტებს აქამდე ადგილი არ ჰქონია.

მე-2 კლასის დამრიგებელი გაკვირვებულია იმით, რომ პედაგოგმა მას დირექტორთან ერთად პროვოკაციის მონყობაში ბრალი დასდო. ციცინო ტურაშვილის თქმით, გარდა იმისა, რომ ისინი ნათ... ...ნთიან, მასთან უთანხმოე... ...ლია. რაც შეეხება ...

...ება, დაუქთავრდა ხელძეკრულება და 3 დანყებითი კლასის პედაგოგთან ერთად ისიც გავათავისუფლე".

...მართვე... აბარმოებს. თუ არასრულნლოვნების ცემის ფაქტი დადასტურდა, პედაგოგს სისხლის სამართლებრივი პასუხისგება ემუქრება.

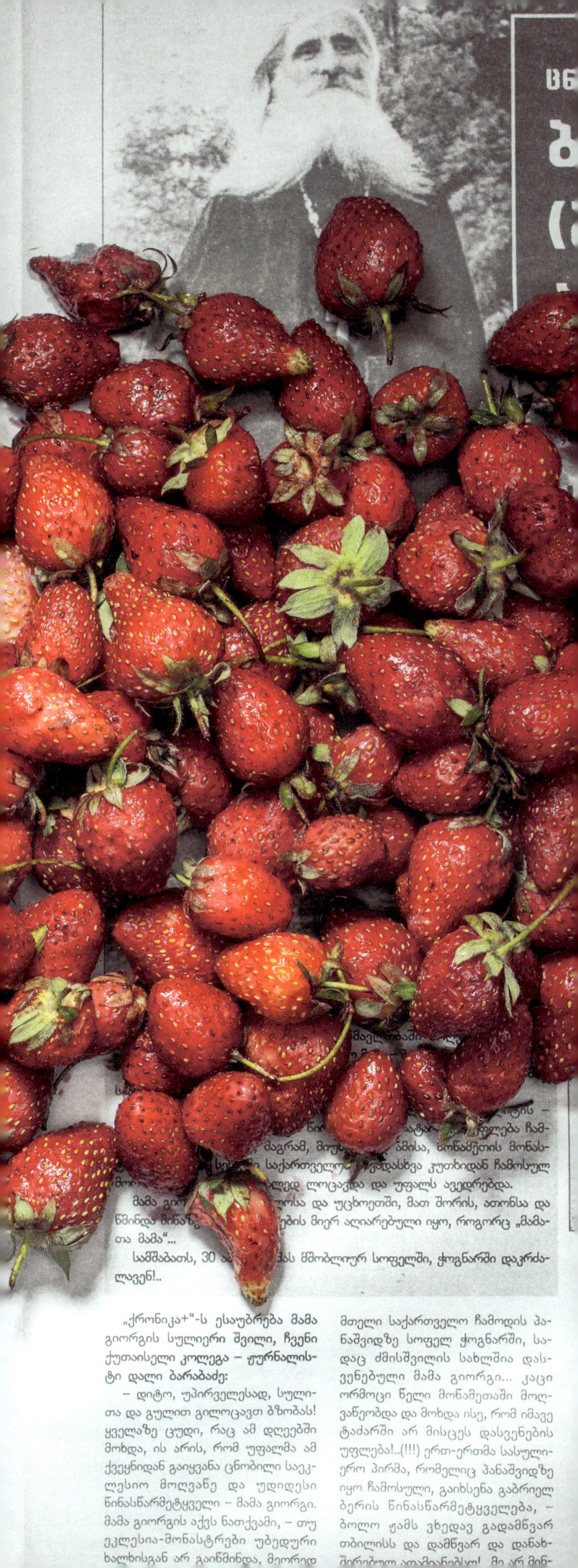

...მაგრამ, მოუ... ...ამისა, წინამძღვრის მონას...
...სეი... საქართველო... ...დასხვა კუთხიდან ჩამ...
მო... ...ლედ ლოცავდა და უფალს ავედრებდა.
მამა გი... ...ლოსა და უცხოეთში, მათ შორის, ათონსა და
წმინდა მინა... ...ების მიერ ალიარებული იყო, როგორც „მამა-
თა მამა"...
სამშაბათს, 30 ა... ...ას მშობლიურ სოფელში, ჭოგნარში და...
ლავენ!..

„ქრონიკა+"-ს ესაუბრება მამა გიორგის სულიერი შვილი, ჩვენი ქუთაისელი კოლეგა – ჟურნალისტი დალი ბარაბაძე:

– დიტო, უპირველესად, სულითა და გულით გილოცავთ ზზობას! ყველაზე ცუდი, რაც ამ დღეებში მოხდა, ის არის, რომ უფალმა ამ ქვეყნიდან გაიყვანა ცნობილი საეკლესიო მოლვანე და უდიდესი წინასწარმეტყველი – მამა გიორგი. მამა გიორგის აქვს ნათქვამი, – თუ ეკლესია-მონასტრები უბედური ხალხისგან არ გაინწმინდა, მეორედ

მთელი საქართველო ჩამოდი... ნაშვიდზე სოფელ ჭოგნარში, სადაც ძმისშვილის სახლშია დასვენებული მამა გიორგი... კაცი ორმოცი წელი მონამეთაში მოლვანებდა და მოხდა ისე, რომ იმავე ტაძარში არ მისცეს დასვენების უფლება!..(!!!) ერთ-ერთმა სასულიერო პირმა, რომელიც პანაშვიდზე იყო ჩამოსული, გაიხსენა გაბრიელ ბერის წინასწარმეტყველება; ბოლო ჟამს ვხედავ გადამჯვარ თბილისს და დამნჯვარ და დანახშირებულ ათამიანებს! მი...

Georgia GE

TBILISI | MAY 2013

Poverty line GEL 3.64 (USD 2.20 / EUR 1.69)

21% of Georgia's population was at or below the relative poverty line in 2009. The National Statistics Office of Georgia uses a relative poverty threshold at 60% of median consumption, though other local and international organizations like the World Bank and UNICEF are tracking and pushing for absolute poverty lines.

Poverty risk groups include subsistence agriculture farmers, the unemployed, self-employed and children. The government uses a means-tested program to distribute a subsistence benefit, which is GEL 30 (EUR 12.90) for single-person families. 9.3% of people surveyed by UNICEF in 2009 had no access to a water supply. The government introduced Targeted Social Assistance (TSA) in 2006; the social program reached 12.8% of households in 2011.

Absolute and Relative Poverty Levels by Different Agencies, Georgia, 2000–2009

Year	Relative poverty level *(Georgia Govt.)*	Official subsistence min. *(Georgia Govt.)*
2009	21.0%	--
2008	22.1%	--
2007	21.3%	--
2006	23.3%	--
2005	24.1%	--
2004	24.6%	--
2003	--	54.5%
2002	--	52.1%
2001	--	51.1%
2000	--	52.0%

Source: Caucasus Analytical Digest

GNI per Capita, Atlas Method (Current USD) and Inflation (Consumer Prices, Percentage), Georgia, 2000–2015

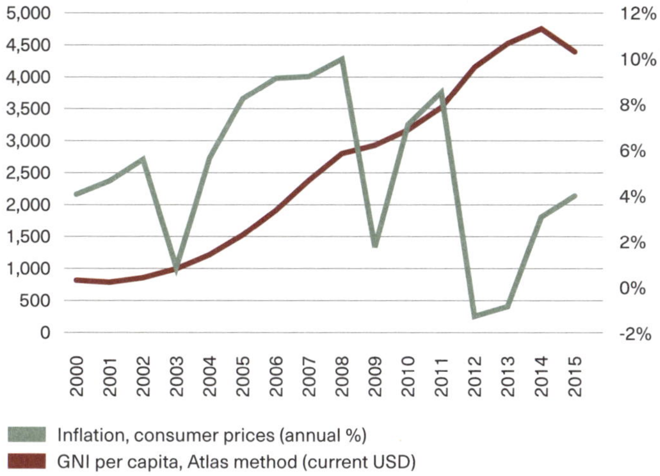

Source: World Bank

Monthly GEL 122.2 UNICEF (2010), UNDP (2004)	Official subsistence min. (EC 2011)	Recommended poverty line (World Bank)
41.5%	41.2%	--
--	40.4%	--
--	46.0%	--
--	43.0%	--
--	41.1%	--
--	--	--
--	--	--
--	--	--
--	--	--
--	--	23.1%

იცის... კიდევ ერთხელ ვაცხადებ, – ქუთაისში „მარშრუტკა" №50 ეკუთვნის მიტროპოლიტ კალის-ტრატეს!..(!!!) მძღოლები ტირიან, კალისტრატე ორმოცდაათპროცენ-ტიან ნილში უზის, თურმე!..(!!!) ...აისში არის ასეთი პიროვნება – ...ატონი ჟანა მუჟირი. რამდენ-...ლის ნინათ მიტროპოლიტ ...სტრატეს ქალაქის ცენტრში მიტოვებული შენობა გადასცეს... ქალბატონი ჟანა მივიდა კალის-ტრატესთან, – გავარემონტოთ ეს შენობა და უპატრონო ბავშვთა ინ-...ტერნატი გავხსნათო!.. – მერე მე ...მეჩნებაო? – უპა-სუხა ...

...ი, მივუ-...ელი მამა ...ჩვენში... ...ნულში ...მაგრამ მიუხედავად ამისა, ...ვერი ეტყობა... გამოიყურე-...ოგორც წმინდანი. სხვათა ...ოცა თავის ქალას ტრეპ-... იყო საუბარი, მისმა ...მ დახმარება ექიმებს, – ...მებს უთქვამთ კიდ-...მამა გიორგი უძლებს, ...ელებრივი ადამიანი ...გაუძლებდაო!.. მე ექვი ...ება, რომ მამა გაბრიელის ...ესად მამა გიორგისაც შერაცხ-... ქართული ეკლესია წმინდან-ად!.. ქართველმა ხალხმა ვერც მამა გაბრიელი და ვერც მამა გიორგი, თავის დროზე, ვერ იცნო!.. კიდევ ერთხელ ვიმეორებ, უამრავი ადამი-ანი ჩამოდის საქართველოს სხვა-დასხვა კუთხიდან მამა გიორგის პანაშვიდზე და, ალბათ, თითოეუ-ლი ჩვენგანის სულისკვეთება და აზრი გამოხატა ერთ-ერთმა მორნ-მუნე ქალბატონმა, რომელმაც აუარება ხალხის თვალწინ დაიჩო-ქა და ხმამალა განაცხადა, – ვერ დაგიცავით და გვაპატიეთ, მამაო!.. თუ ვისგან ვერ დავიცავით ჩვენ მამა გიორგი, ეს უკვე, მგონი, ძნე-ლი მისახვედრი არ უნდა იყოს!.. ისე, ერთი რამეც უნდა გითხრათ, – ქუთაისში სალორიაზე ადრე იყო ცნობილი საავადმყოფო, რომელიც ახლა საპატრიარქოს დაქვემდე-ბარებაშია. აი, მაგ საავადმყოფო-ში, სადაც ექიმებს ხელოვასებს არ აძლევენ და პერსონალი უკიდურეს მდგომარეობაშია, ჩემი ინფორ-მაციით, მეუფვე კალისტრატეჭ მთა-ვარ ექიმად დაინიშნა თავი!..(!!!)
– ქალბატონო დალი...
– კი, მე ასეთი ინფორმაცია ...

ნლის ოქტომბერში დიდი სამე-ბიდან მამა გიორგისთან ჩამოსუ-ლან სქიმით შემოსილი ბერები... მამა გიორგის მათთვის უთქვამს, – ძალიან მალე გავალ ამ ქვეყნიდან და მე უნდა დავსაფლავდე არა მონამეთაში, სადაც ორმოცი ნელი გავატარე, არამედ ჩემს მშობლიურ ჭოგნარში, ამაღლების ტაძრის ეზომში, იმ ადამიანების გარემოცვა-ში, ვისაც მე ვუყვარდიო!.. როგორც ამბობენ, სიკვდილის წინ მამა გიორგი მიტროპოლიტ კალის-ტრატეს უნახავს და მისთვის შენ-დობა უთხოვია...(!!!)
– ეს უკვე საინტერესოა!..
– კი, სიტყვებით კი, თორემ ...ამო რასაც აკეთებს მიტრო-...

PrimerInf

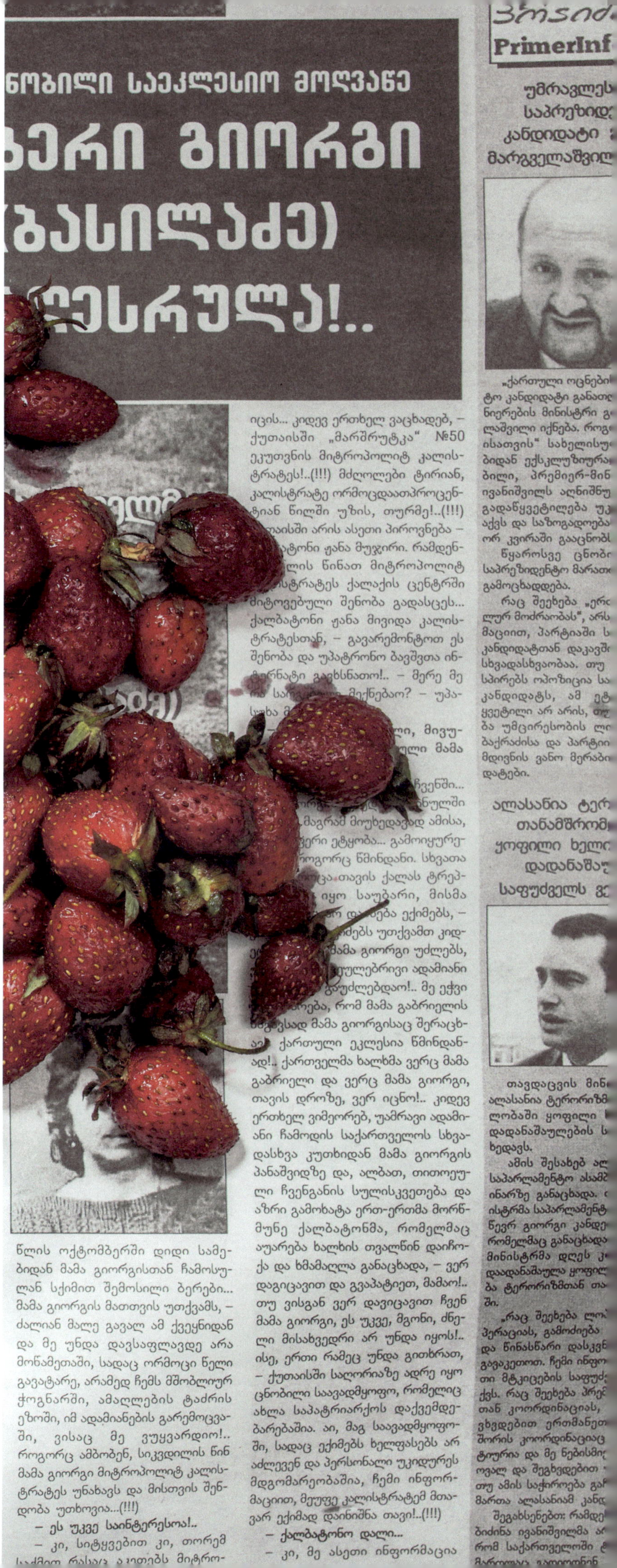

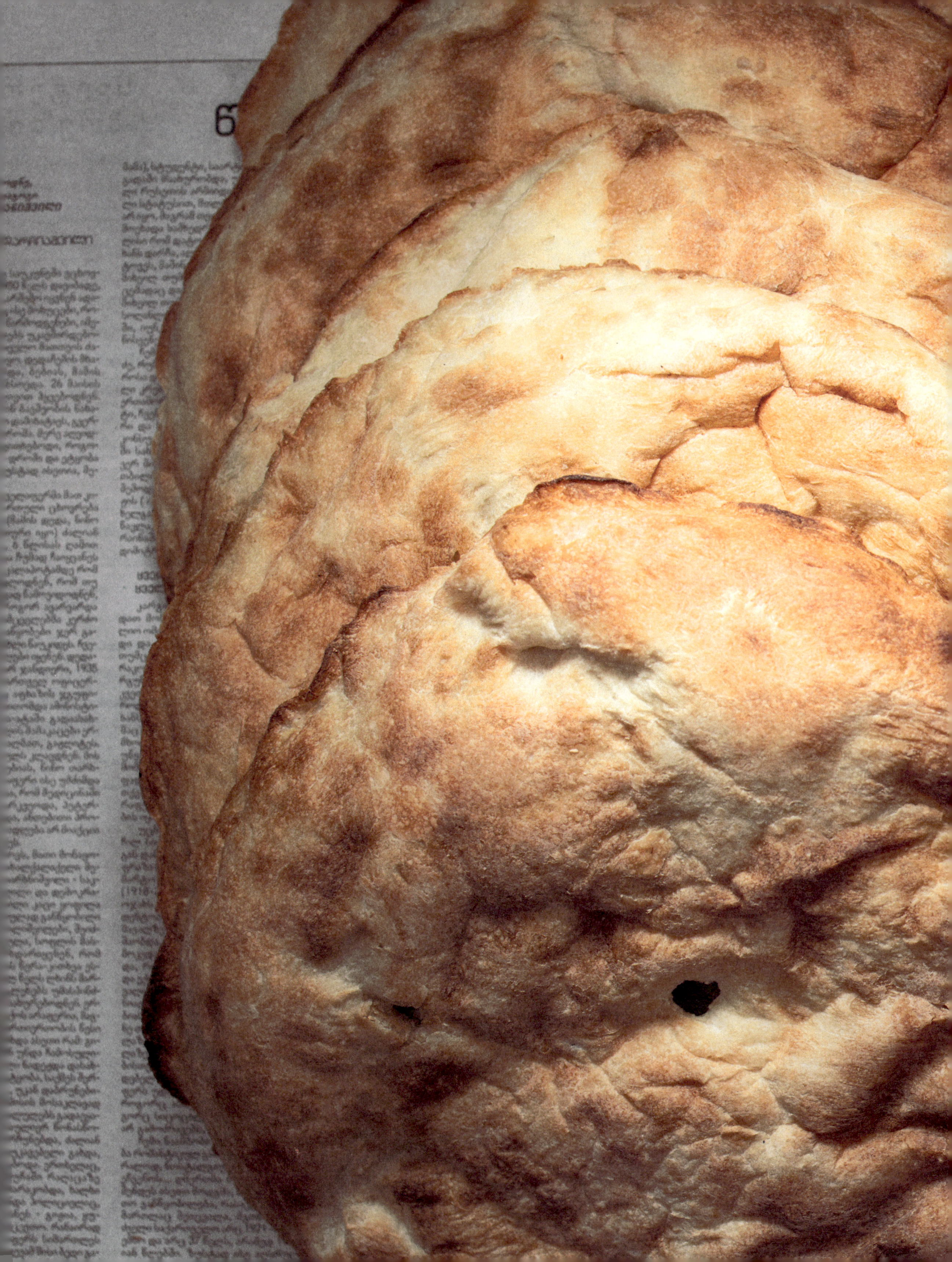

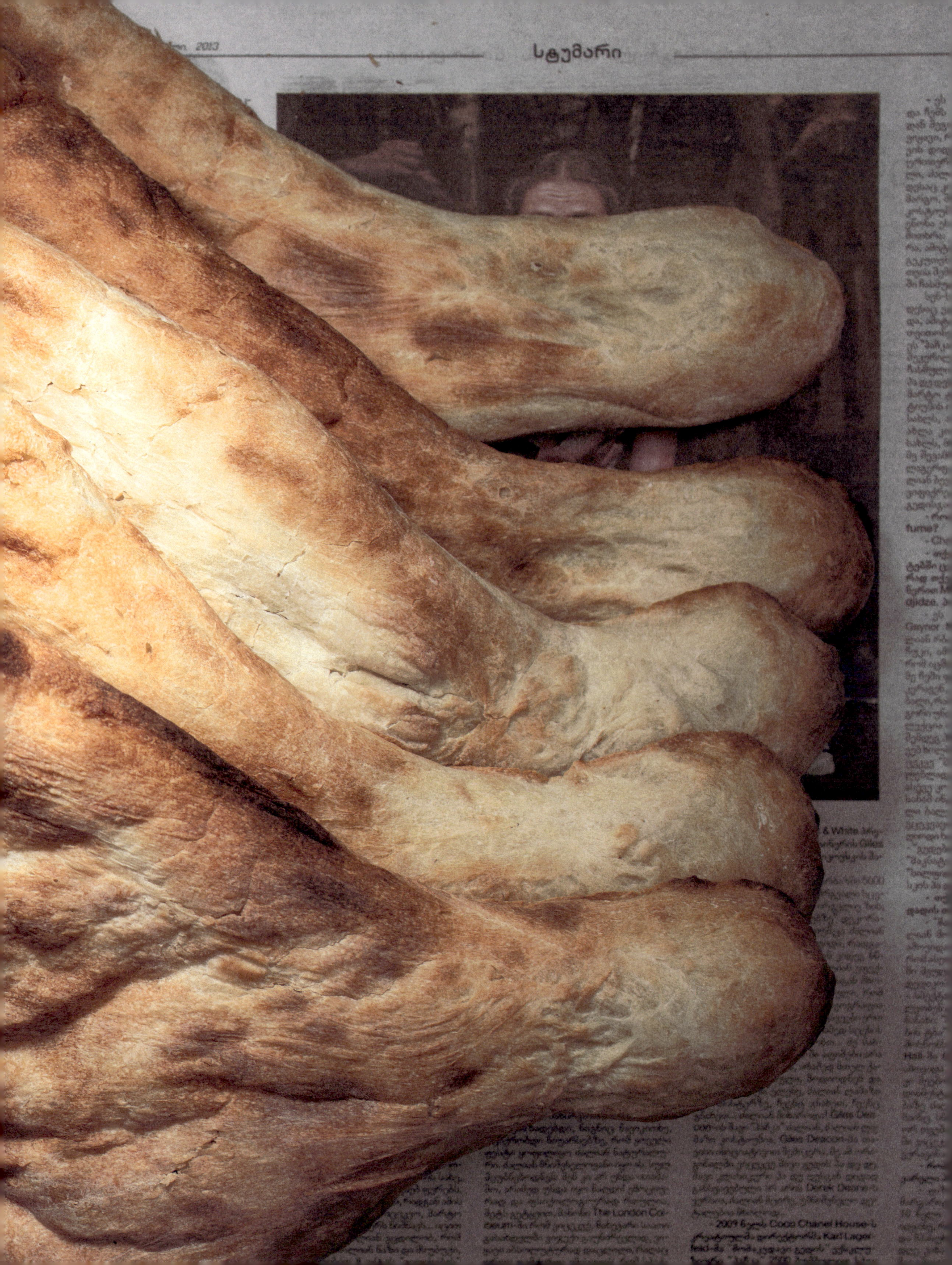
სტუმარი

...სორის" "ლამბორგინი ავენტადორი" - მკურნალობა კარბონით

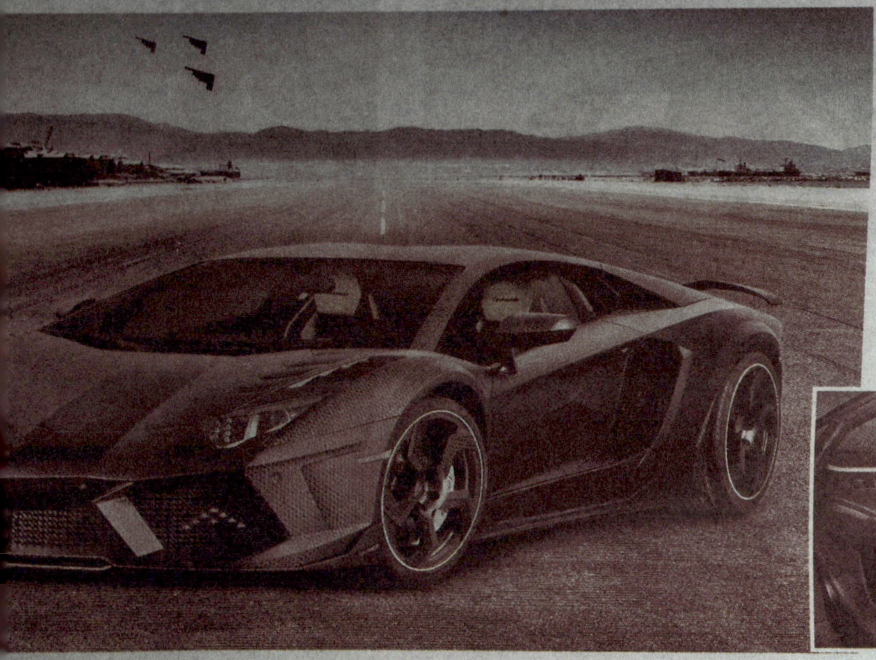

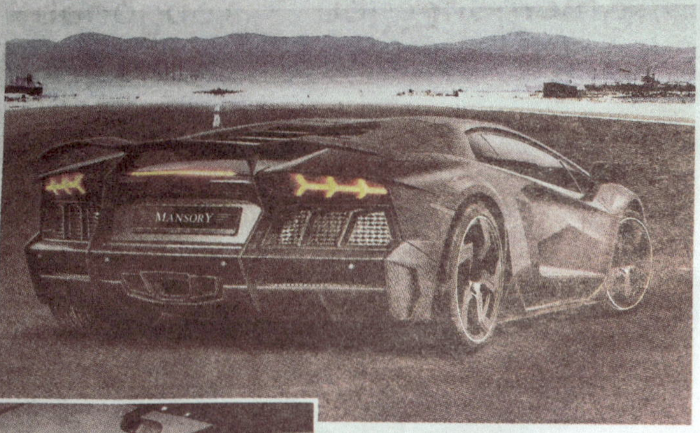

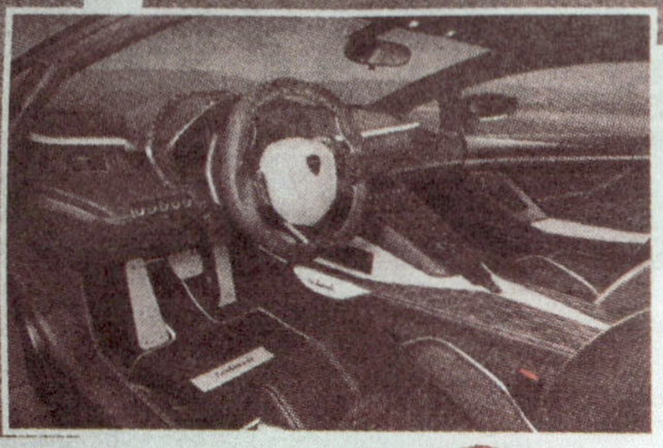

და ძრავს ახალი კონფიგურაციის გამოსახულებული სისტემა დაუყენეს. ეს კი საკმარისი გამოდგა იმისათვის, რომ სიმძლავრე 691-დან 744 ცხენის ძალამდე გაზრდილიყო, მაქსიმალური მაბრუნი მომენტი 690-დან 750 ნიუტონმეტრამდის, თუ ადრე მაქსიმალურ ნიშნულს ძრავა 8300 ... ლეოდა, ...

აგტუნინგო კომპანიამ საუკეთესოდ "ლამბორგინი" მისეული აგრამ როგორც ... ... მოგვარებულობდ ვერ დანახვევაში, ...სანახავი სა... ვერსიის ... მდიდარ მყიდ

ავტომობილს მეტსახელად "კარბონდო" შეარქვეს. მასში ისევ ის საგუნინგო პაკეტი გამოყენებული, რაც წინა ავტომობილს. მთავარი ცვლილება ძარას ეხება. უფრო სწორედ, ის მთლიანად შეცვალილია და კარბონის კომპოზიტისაგან დამზადებულია. ასე განსაჯეთ, ვიზუალურად, კარბონის ქსოვილის ფაქტურაც კი ჩანს. რა თქმა უნდა, ძარა მხოლოდ შავია.

ახალი კომპლექტის გამოყენე

ბით, მანქანის ძარის წინა ნაწილის სიგანი 40 მილიმეტრით გაიზარდა, უკანისა კი - 50 მილიმეტრით. გარდა ამისა, ძარას რამდენიმე ახალი ელემენტი დაემატა, როგორიცაა გვერდითა კალთა. მთლიანობაში, ავტომობილის ისედაც აგრესიული გარეგნობა კიდევ უფრო "გაბრაზებულია".

კარბონიზაცია ბორბლებსაც შეეხო. თუმცა, ისინი ამ მასალისგან არ დაუმზადებიათ. უბრალოდ, ბორ

ბლებში ... მოჩნდა. ... ZR20, უკანამის საბურავი დევ, ძარის ... შევებაში გამოჩხედ ნიითელი ფერი და ზოლები ასლისებს.

"მანსორის" თერაპია "ავენტადორის" V12 ძრაჩა. პირველ რიგში, შეელექტრონული ტვინ ...

...ნდ როვერი" თავის ყველაზე პატარა ავტ...

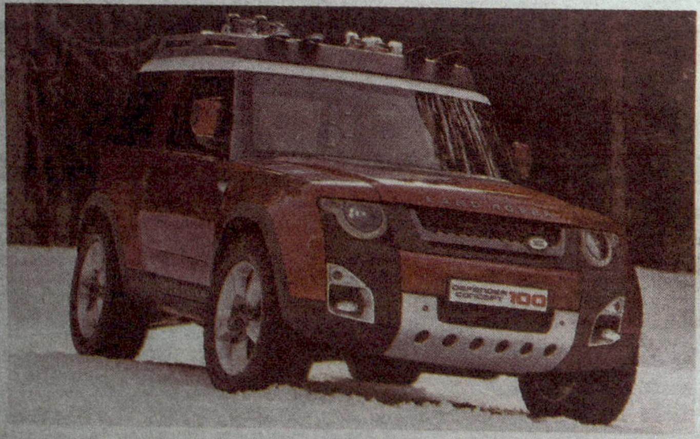

... შესახებ, რომ ...ის ისტორიაში ...ომობილის გაროდადრო გაავტომობილო ... ეს დადასტ... ახალბანა, ეს ... ... ტელერხმა, რომ... ...ლებულ წყაროს... ...ვუნყკა, რომ... "...რი" უკვე მუშ...

... ილის შესახებ, ... კონგრესუ... ებობს, გავრცე...

ლებული ვერსიით, გარ... კონცეპტუალური "ლ... DC100-ის" სტილში შ... ადრე გავრცელებული ი..., ეს კონცეპცია, სრუ... "დიფენდრის" წინამორბედი უნდა ყოფილიყო. მაგრამ შემდეგ დაინა, რომ ასე არას და ახალ "დიფენდერს" განსხვავებულ დიზაინით შეასრულებენ.

იმავე ტელეარხის ინფორმაციით, ახალ ავტომობილს მუშამა ბრიტანეთში მიმდინარეობს და ამ პროცესში "ტატა მოტორზის" (იაგუარ ლენდ როვერი ინდურ კომპანია ჯგუფში შედის) სპეციალისტებიც არიან ჩართულნი. ვარაუდით

... 2.0 ლიტრა ი... არა გამოირცხული, რომ ა... ტომობილი ბრიტანეთის გარდა, ინდოეთში აწარმოონ. ამის მიზეზი ისაა, რომ ხელმისაწვდომ ფასია გამო, ის კარგად უნდა გაიყიდოს განვითარებად ქვეყნებში, როგორიცცა ინდოეთი და ჩინეთი. ამავე ავტომობილს ბრაზილიასა და ახალ ...ელათაცში შეიტანენ. დიდი ა... ...ისაა, რომ ამ პატარა ლენდ როვერი", ჩინურ "ჩერისთან" ერთად, ცისქვეშეთში გამოუშვან.

"თხევადი სიზუსტე" - შემდეგი "სონატასთვის"

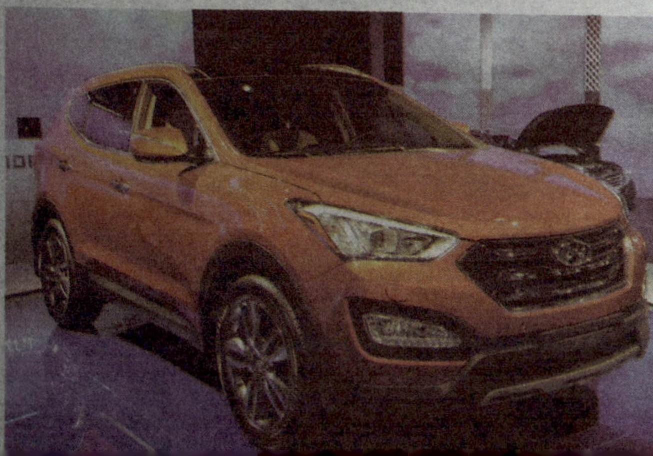

...ული ტემპებით ...ლევაში, მის გა...ისახება. რაც ... ლოიალობის ...რელად მატუ...კომპანიის მო...ის დიდი ხნით ...არეა.

..." ეს სრულ... და არ არის მ... ... ერთ-ერთ... ... რომ კორე...ნართმქმნ... ...ი სტილს, რო... ...რტქტურის" სა...

ნია "თხევადი სკულპტურის" ერთ ადგილზე გაჩერებას არ აპირებ და რომ ეს სტილი, დროთა განმავლობაში, ბაზარზე ახალი და განახლებული ავტომობილების გამოჩენ პარალელურად განვითარდება.

"მალე ნახავთ, რომ "სანტა ფე" (ფოტოზე) ტექვ ძ თვალწინ უფრო დასრულებულ სახეს მიიღებს. ჩვენი სტილის განვითარების შემდეგ ეტაპზე ჩვენ "თხევად სიზუსტეს" ვუნოდებ და მას მალე ახალ ავტომობილებზე იხილავთ. შესაძლოა, ამ სტილში ზოგიერთი დეტალი დამ ... გაიშიფროთ ... თქო, ... შემდეგ "სონტაზე" იხილავთ, რომ...ს დიზაინის განვითარება, მისი ...ნარმატებულობის გამო, შუქჩ...

მანვე განაცხადა, რომ მცუდელს შემდგომ "ჯენესისს" ...ანი ტრანსმისიითაც შ... საგურაუდოდ, ამ ავტომობილ... ...ვატუალურ ვერსიას ნ... ...ლავთ (ლოს ანჯელესის მ... ...უში). შემდეგ ეტაპი "სონა..." გაუ...ობა, რათა ამ ავტომობილ... ...ბევის მე-3 ...კურენცია შ...

კრაფჩიკმა ა... ...ლი მისი ......მიუშ ქრომი... მაგიერად, კ... ...კაპორლე... ...პიკ... შევს... ...ოლიჰეს ...

By საშა პრიშვინი

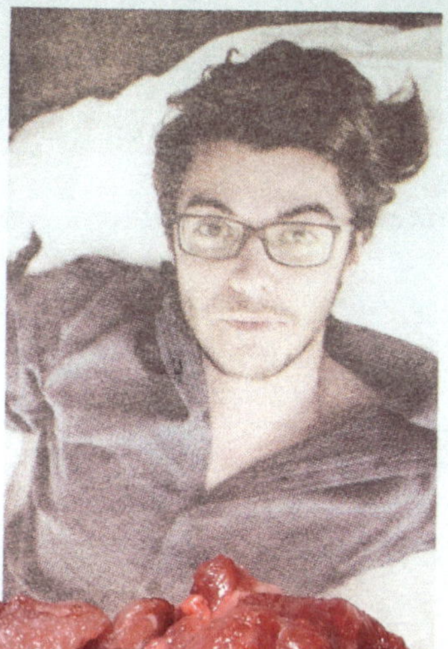

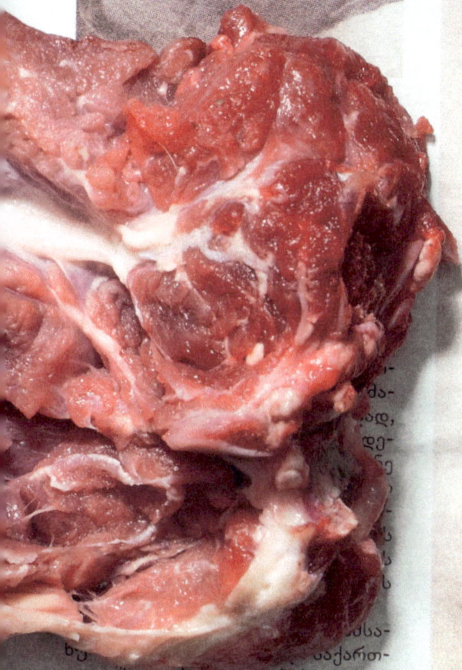

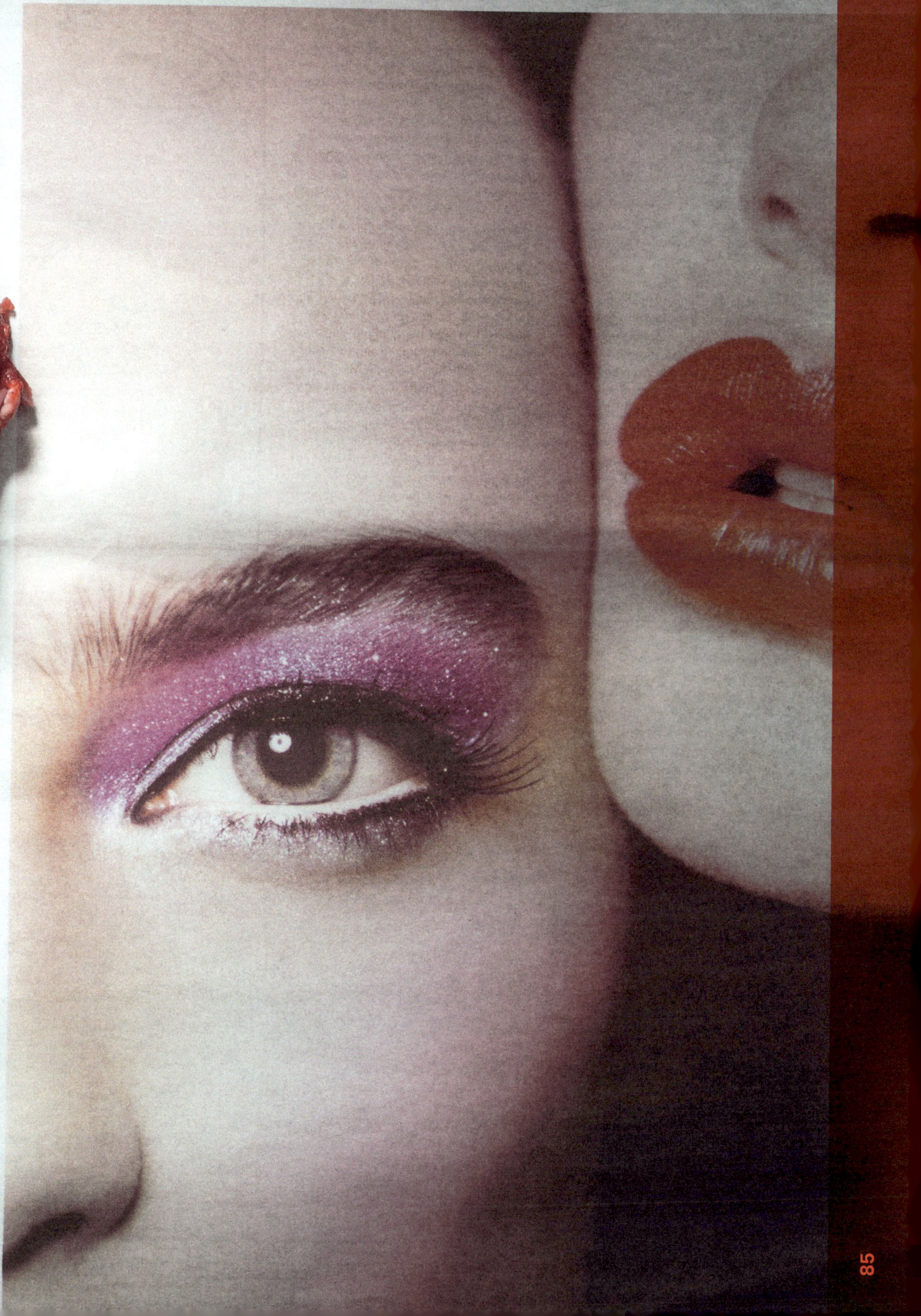

... საქართ-ველოში, აქ ქართველი ბებია გაიცნო, ოჯახი შექმნა და საცხოვრებლად თბილისში დარჩა. მამაჩემი ერთი წლის იყო მამა რომ დაელუპა, ნახევარ წელიწადში კი დედაც დაკარგა, ამიტომ მათი ცხოვრების შესახებ მისგანაც არ ვიცი ბევრი რამ.

მამა თბილისში დაიბადა, სკოლაც აქ დაამთავრა, შემდეგ მოსკოვში წავიდა სასწავლებლად, შემდეგ ისევ დაბრუნდა და დედაჩემი გაიცნო - ასე დავიბადე და შემდეგ უკვე გავიზარდე თბილისში.

*

საშა პრიშვინი პროფესიით არქიტექტორია. არქიტექტორის ხედვა აქვს, რაც ფოტოგრაფიაშიც ეხმარება. ფოტოს გადაღება კი დაახლოებით ოთხი წლის წინ დაიწყო. ამბობს, რომ ეს ძალიან მცირე დროა ამ სფეროსთვის. როდესაც "დასაწყისს" იხსენებს, ყველაფერი უცნაურად და მარტივად ეჩვენება...

დიდხანს ცხოვრობდა სანკტ-პეტერბურგში, უნივერსიტეტიც იქ დაამთავრა, 21 წლის იყო, როდესაც თბილისში დაბრუნდა და სამხატვრო აკადემიაში ჩააბარა.

"ჩემი ჯგუფელი იყო მოდელი ელენე ძაძუა, რომელმაც თვითონ შემომთავაზა იქნებ რამე გადავიღოთო. ფოტოაპარატი მქონდა და სულ ვიღებდი, ოღონდ მოყვარულის

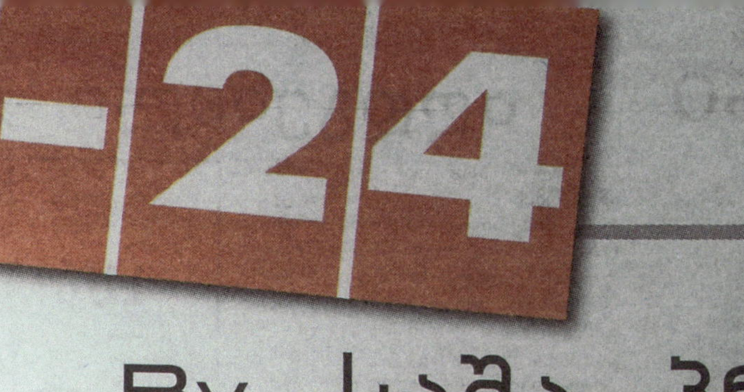

an. To work at this
vel, it's the pinnacle'

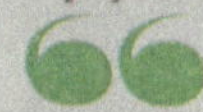

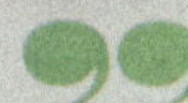

drid's English coach
ement reveals all
fe in Spain as he
Monday's draw

lcony at Valdebebas you can
s. To one side stands the new
Barajas airport with its huge
ne. Further round, the *sierra*
ordering Madrid to the north
now settling on the peaks. And
e city, Figo, Zidane, Ronaldo
um tower above everything –
nes given to the four skyscrap-
cted on Real Madrid's former
und – while below, maybe 10
rn, lie the immaculate pitches
Madrid train now. And from
lement smiles, looking right,
st about make out his new

en some journey. The pitches
ut not for long. It's mid-after-
aining begins in little under an
iano Ronaldo and Gareth Bale
ned by Xabi Alonso and Isco,
azema and Iker Casillas. Clement
e middle, leading them. The
QPR player Dave Clement but
ofessional himself, Paul Clem-
Londoner who followed Carlo
from Chelsea to Paris Saint-
where he worked with Zlatan
ic. Now he's assistant coach at
t club in the world, alongside
idane.

were a couple of opportuni-
ing one abroad and one in the
aship," he admits. "But I was
ited about coming here. It's an
to be head coach] but I'll stay
ng as I can. It's a great experience
this level; it's the pinnacle."
rd to disagree: in Monday's
ns League draw, no one will
drid, who finished on 16 points,
ored 20 goals in six games with
Ronaldo getting a record nine
he group phase. Since losing
o, Madrid have scored 24 in five
mes. But it is right here, on those
hat the difference really strikes
English coach.
think of one particular exercise
ne at all three clubs. The play-
doing it here very early on, and
nd Carlo just looked at each other.
n't believe the level," Clement
s tone conveying the impact.
had fantastic players but they
ferent: mature, powerful, very
hysically. Paris Saint-Germain
ix of the old PSG and the new,

and Ibra would do things that were just
unbelievable, things I've never, ever seen
before, but there was a big range. Here,
from young players to old, the technique
is so good. The thing I noticed from day
one was that the execution is at a higher
level. *Much* higher.

"You have to keep challenging them,
so you reduce time and space so that they
have to think quicker, act quicker."

That ability is especially evident at
Madrid but Clement believes it runs
throughout the Spanish game. "When
you go down to teams in 18th, 19th or
20th they all try to play, they have good
creative players: wingers, players off the
front. There's a higher technical level than
the lower levels in England and in France
as well."

Is there an explanation for that? Clem-
ent ponders. "I think it's a cultural thing, a
belief in a certain way of playing. You see it
in the national team and the academies. At
seven or eight, they're already developing
two-footedness, they're not so concerned
about the physical side or winning. They
believed in that and now they're reaping
the rewards. English clubs are now more
interested in that [approach] and are
working hard to improve but it is a long
process."

It is a process Clement has seen with
different eyes, having embarked on a
coaching career from the age of 23 and
taken the opportunity to work abroad
with Ancelotti. He concedes that he
might have been offered jobs sooner had
he played but would not necessarily have

> ## What I like about Gareth Bale is that he's down to earth in the dressing room. He's quiet, he's humble

been a better coach. "Signing ex-players is
a safer bet in terms of the pressure, but the
thing about playing is you're often think-
ing about yourself; when you're learning
to be a coach you are thinking about big-
ger things and I have been doing that for a
long time now." Instead, he has watched,
studied, and developed.

Much is said about the result of the work
players undertake; rather less is said about
the work itself. Clement believes in "open,
attractive football", with the emphasis
on intelligence and technique, even as
he accepts that it carries some risks: the
short blanket theory. As he explains the
mechanisms, the methods and ideas that
underpin what he, Carlo Ancelotti and
their players actually do, the drills and the
lessons, it's clear that these are processes
that have been thought and re-thought,
discussed, applied and adapted over
time; it's clear too that Clement believes
in coaching.

Yet the knowledge is worn lightly and
presented simply; there is no mystifica-
tion of the manager and no possessive-
ness. He says it's natural to watch England
games, for example, and wonder what
he'd change, who he'd play. But asked

what he would do in Roy Hodgson's posi-
tion he laughs a laugh that says "nice try"
and responds: "Roy's doing a great job."
He talks naturally about shifting Madrid's
shape from 4-4-2 to 4-3-3 and 4-2-3-1
depending on the players available; about
the discussions that led them to their cur-
rent formation. And about what the daily
work entails.

"Today, for example, because the play-
ers have had two days off we won't work
hard," he explains. "The old style in Eng-
land would be the first day in after a day
off you'd kill the players, but there's more
knowledge about how to train effectively
now. What we do is conditioned by and
focused on the next game, aided by the
work from the scouting team which you
incorporate as quickly as possible.

"You work from the game and come
backwards to the sessions. You don't
invent things for the sake of it. All the
drills, even the warm ups, which are
always with the ball, emphasize good
control and passing: diagonal passing.
Not playing straight, not playing lateral;
always an open body position, trying to
play forward, playing on angles.

"But football is not complicated; it's
simple. We don't make up things. It's
not a circus. We try to keep things simple
and related to the game. Coaches like to
be guarded and I certainly wouldn't put
my set plays up in the opposition's dress-
ing room but I'm not sure there are that
many secrets. Take set plays: when you're
defending: individual marking, it's *your*
responsibility. When you're attacking, I
always say to the players: 'guys, it's about
the ball you put in'.

"At this high level, it's about the little
marginal gains, whether that's having an
excellent nutritionist or someone to help
recovery: those things can make a differ-
ence. That's down to both the players and
the club."

Ronaldo is the obvious example. "Cris-
tiano's a senior player and has had a great
upbringing, working under Ferguson,"
Clement agrees. "He's at a stage of his
career where he's made mistakes and
learned and he manages himself really
well. There was a game we arrived back
from at 3am and he went off for an ice bath.
Another time, we got back from Istanbul
at 6am and the physio's giving him a rub
down." You might be thinking that it's the
physio you feel sorry for. Clement laughs:
"Yeah exactly. He's alright, he's just got to
lie there!"

"As for Gareth [Bale], what I like about
him is that he's down-to-earth in the dress-
ing room," the Englishman continues.
"He's quiet, he's humble. On the training
field he knuckles down. He's young still so
it's very exciting. He's coachable …"

Coachable? Are there players who
aren't? "Oh yeah, without doubt," Clem-
ent grins. "Gareth wants to improve. A
couple of games ago, he got into good scor-
ing positions and wasn't finishing. So the
next day he says: 'can we do extra shoot-
ing?' After training, he's one of the last to
leave, whether it's having additional treat-
ment, the gym, or ice baths. His food is
right. He's a very, very good professional.
In my experience of working with play-
ers like Frank [Lampard], John [Terry],
or Ashley Cole at Chelsea, Zlatan at PSG,
or Cristiano or Gareth here, what stands
out is that they are top professionals. They
have the talent but they do all those other
things that make the difference.

Some have seen in Bale a clone of Ron-
aldo. "Do you think so?" Clement asks.
There is surprise in his voice. "Cristiano's
an incredible player: at the moment
in my opinion the best there is in the
world. Listen, there are similarities, no
question: both are good with dead balls,
both are wingers who score an incredible
amount of goals, both are athletes … but I
think Gareth comes in between the lines
more. Cristiano is very direct in his style,
whereas Gareth will come inside and play

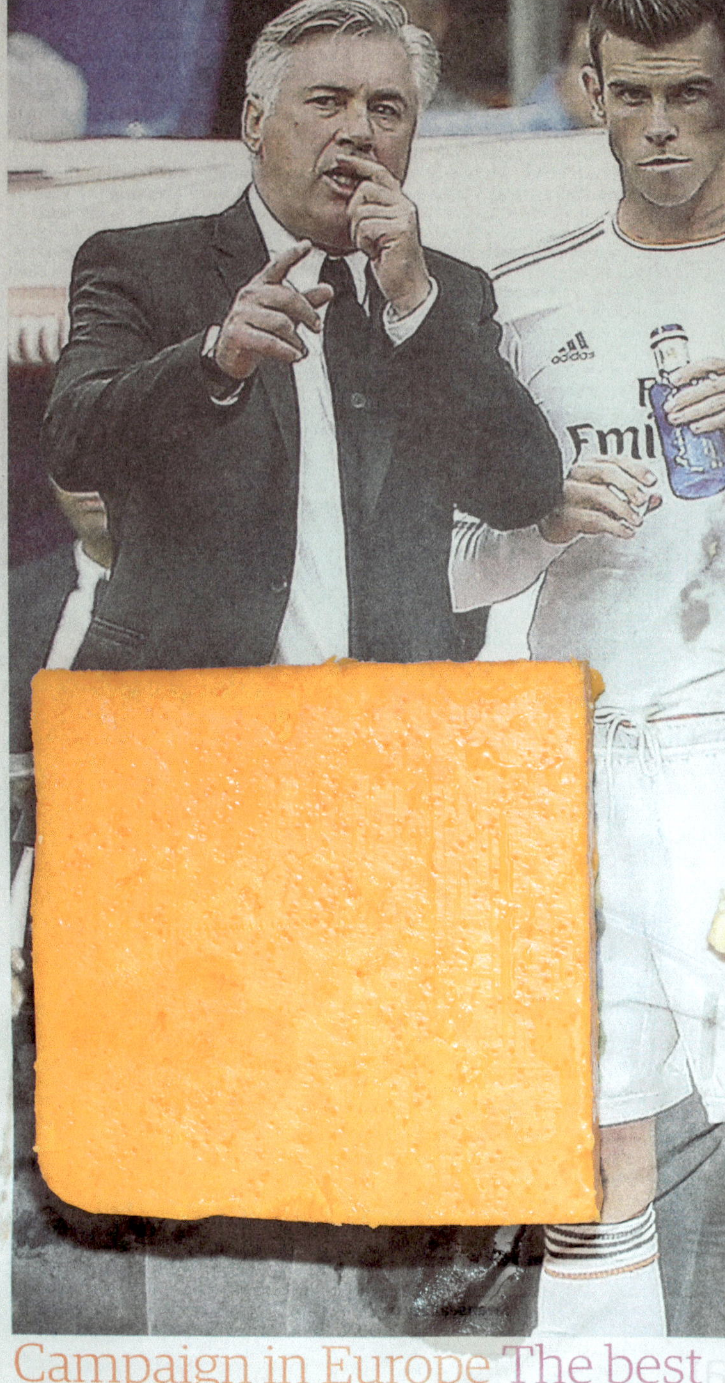

Paul Clement, right, has worked with
Carlo Ancelotti at Paris Saint-Germain,
Chelsea and now at the Bernabéu
Angel Martínez/Real Madrid via Getty

Campaign in Europe The best

Best goal **Aaron Ramsey**
Zlatan Ibrahimovic's 30-yard blooter
against Anderlecht was the most
spectacular but in the context of his
personal portfolio it was a tap-in.
Ramsey's header in Dortmund wasn't
exactly in the same aesthetic ballpark,
but it was heard around the world: no
other goal turned a team's campaign on
its head like this. Arsenal were under
the cosh when it occurred, staring the
Europa League in the face; after it went
in, qualification for the second round
was suddenly a realistic possibility.

Man of the groups **David Moyes**
The poor bloke is getting brickbats
for Manchester United's dismal
performances in the Premier League,
so it's only fair he should be thrown a
sweet-smelling bouquet for guiding
his new club through Group A. Bayer
Leverkusen were thrashed 9-1 on
aggregate, no small feat as Sami
Hyypia's men are currently ahead of
last year's Champions League finalists
Borussia Dortmund in the Bundesliga.
The hairdryer turned on against
Shakhtar Donetsk in the final game
is worthy of note too, sending the
Ukrainians out. Moyes's achievement
has been underplayed: even Sir Alex
Ferguson failed to make it through the
groups on occasion.

Lowest moment **CSKA Moscow v
Manchester City**
I'm very, very disappointed
about what those fans
have done today. For me,
as captain, I was wearing
an armband which said
'No to racism' and I was
totally disappointed." The
reaction from CSKA was
unedifying. Though the
manager, Leonid Slutsky,
made it clear the club
were against all
racism, he described
the fallout as "an
overreaction."

42

Best team **Atlético Madrid**
The La Liga side had one of the easier
draws – Porto, Zenit and the debutants
Austria Vienna – but the old adage of
having to beat the team in front of you
holds true. At home they won all three
of their matches and away they only
dropped points at Zenit, who were
runners-up. Diego Simeone's side also
went through with a goal difference of
12 – second only to Real Madrid, equal
with Bayern, and scored by a team put
together for a fraction of the cost.

Individual performance **Kostas
Mitroglou v Anderlecht**
The Belgians are the side to play should
you be looking to impress. Zlatan
Ibrahimovic scored four past them,
one of them a 30-yard piledriver and
the other a clipped, backheeled flick

l Clement assesses our home hopes

are going
gh that transition period
ir Alex Ferguson and
are now too: it's not a
l José Mourinho team
ared to his last spell
amford Bridge. Frank
ard, John Terry
shley Cole are
 there though. My
ience of working
hem is that the
that sets them
is that they are so
petitive; they're
ry every day and
shows in training.
gh for the first time

Manuel Pellegrini but they are a more
mature team having come off the
back of winning the league and two
disappointing runs in the Champions
League. **Arsenal** are looking good as
well. They took Mesut Özil from here
at Real Madrid and that was really
good signing. I went through
their team and the amount of
creative, technical midfielders
they have got is striking. They
look strong. With Özil, left,
they got a player who has great
experience of playing four years
here at a very, very big club with
a lot of pressure. He now goes
into a club that has probably
underachieved, he goes into a
dressing room where he is going

force Apple to release 59 tracks

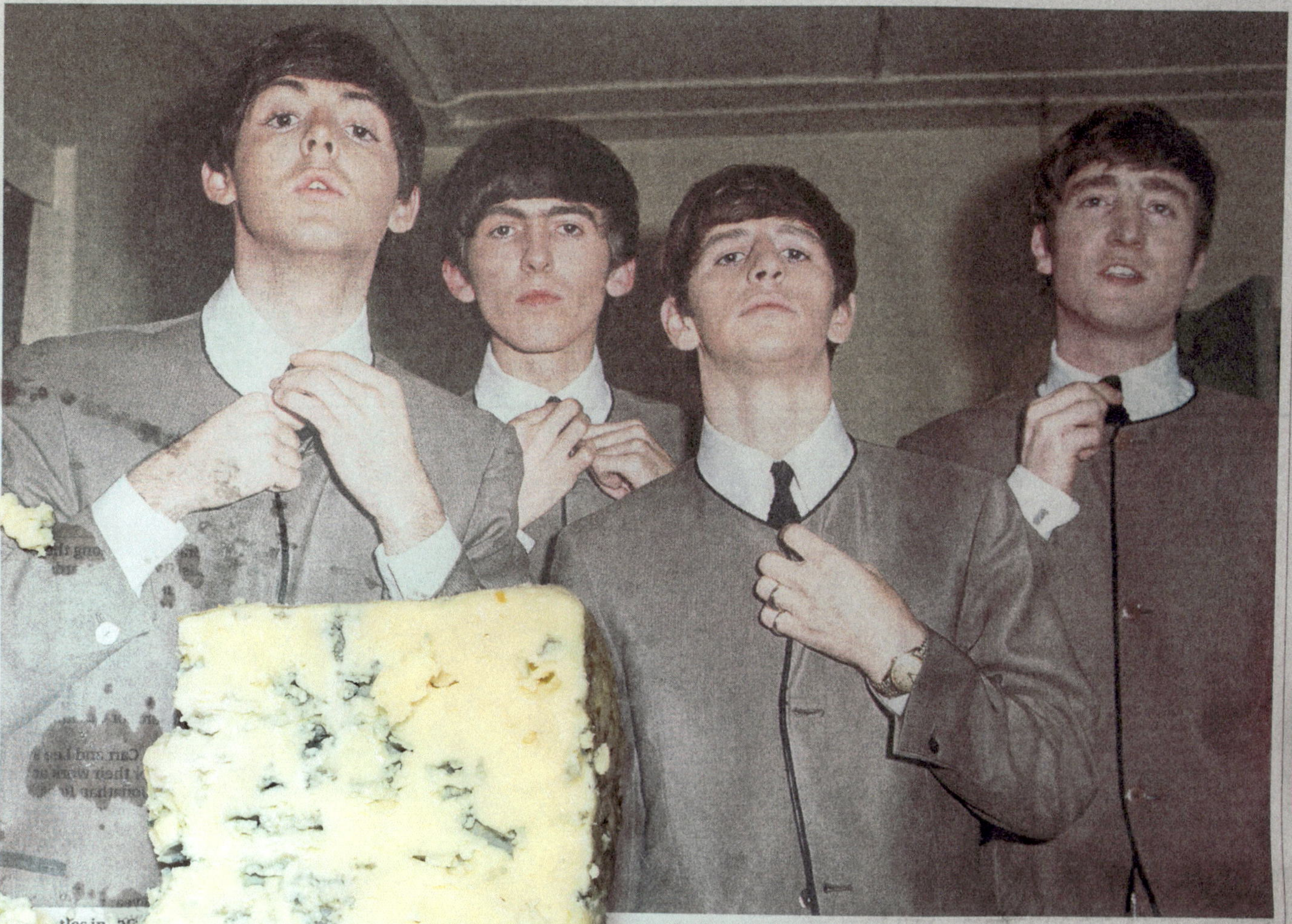

Robert Booth

David Cameron was critic[ised by a]
court judge yesterday for p[raising]
Nigella Lawson in the mi[ddle of the]
trial in which she is a ma[jor]
witness.

The rebuke came as the [trial]
of the TV chef's former pers[onal assistants]
heard claims that she did n[ot object]
when she said under oath [she had]
used cocaine on seven occa[sions.]

Debris from drug-takin[g,]
paper wraps, rolled up £[notes,]
credit cards with white po[wder]
- were found around the [house]
she shared with her ex-hu[sband]
Saatchi as often as every t[ime]
court was told.

The evidence from Elis[abetta Grillo,]
a 41-year old Italian, whom[she]
described as her "rock" an[d who]
emerged after Cameron dec[lared himself]
"a massive fan" of the chef i[n an interview]
with the Spectator publishe[d yesterday.]

Asked if he was "on Tear[m Nigella" he]
said "I am", describing Law[son as a]
funny and warm person". Th[e min-]
ister's comments were rep[orted]
yesterday, causing Judge R[obin Johnson]
to give the jury at Isleworth [a]
special direction to ignore th[em.]

Lawso[n]
the jur[y]
David C[ameron's]
comme[nts, but]
the pri[me minister]
said he [was a]
'massiv[e fan'

The judge said it was "of[concern that]
people in public office comm[ent on a case]
person who is involved in a [trial in]
progress" and said it had wa[sted]
an entire morning of cou[rt time that]
should have been devoted to [the facts]
and issues in this trial".

He continued: "The defe[nce has]
aggrieved as the comments [were favour-]
able to Miss Lawson. The fa[mily are]
aggrieved is not without ju[stification.]
You will realise what you [are being asked to]
say or feel about a witness in t[his trial has]
no bearing on matters that yo[u decide."]

Elisabetta Grillo and her s[ister Fran-]
esca, 36, are accused of d[efrauding]
the Lawson and Saatchi ho[usehold of]
£685,000 over a four-year peri[od through]
the unauthorised use of credi[t cards for]
household accounts.

Elisabetta, accused of a £105[,000 spree,]
was the first of the sisters to tak[e the stand]
and denied the charge, saying[: "They]
told me I was not allowed to tak[e or]
use the card." She said she w[as irri-]
tated" by the allegations from [Mrs Lawson]
had come to consider family.

She said she never saw Law[son take]
drugs, but when asked how oft[en she saw]
evidence of cocaine use, she s[aid about]
every three days, regularly."

Asked about life with Saat[chi, she]
said Lawson once told her she [described]
it as like living in a "gold cage", b[ut she]
opposed her going out with frie[nds. "He was]
a very difficult person," said G[rillo. "He]
was very shouty. It was not a v[ery happy]
marriage." The case continues.

...sold legally

download...uld set a
...end for annual releases

Mar... wn
Arts ...respondent

With the absolute minimum of fanfare and the greatest of reluctance, 59 Beatles songs are being released next week by Apple Records.

There won't be the often talked about 28-minute version of Helter Skelter, nor the "holy grail" 1967 performance of Carnival of Light. But there will be four extra versions of She Loves You, five A Taste of Honeys, three outtakes of There's a Place and two demos of songs given to other artists.

On Tuesday Apple will release the downloads of Beatles recordings which have long been bootlegged but never been made legally available. They include outtakes, demos and live BBC radio performances. A spokeswoman for Apple would only confirm that the 59 tracks are being

...gs recorded by the Fab Four that year for the BBC Photograph: Popperfoto/Getty Images

released on [publication]:
"No comment." Is it because of the copyright issues? "No comment."

The reason for that, says Beatle blogger [Roger] Stormo, is that the record companies not really want to release the material in the first place - its hand is being forced. "The only reason why they are doing this is to retain the copyright of this material," he said.

The release is because of recent changes in European Union copyright laws. Previously artists would retain copyright for 50 years after a song was released. That was increased to 70 years but another change makes unreleased material free of copyright - and therefore in the public domain - 50 years after it has been recorded.

Industry observers say the Beatles release could be one of many annual issuings of previously unreleased recordings.

The new - or old - Beatles recordings include 44 unreleased songs recorded for BBC programmes in 1963. It includes I Saw Her Standing There recorded live for Saturday Club, presented by Brian Matthew, in March; You Really Got A Hold On Me recorded for Pop Goes the Beatles in September; and Love Me Do recorded on the BBC's Sunday morning programme Easy Beat in October.

Then there are unused takes from recording sessions of songs including There's a Place, A Taste of Honey, Do You Want to Know a Secret and Misery (takes 1 and 7). The final tracks are of demos of songs the band recorded and then gave to other artists: Bad To Me, which was a No 1 hit for Billy J Kramer and the Dakotas, and I'm In Love, which went to No 17 for the Merseybeat group the Fourmost.

The release could well become a trend. Last January Sony released a four-CD set of 86 Bob Dylan tracks and was unashamed about the reason, giving it the subtitle The Copyright Extension Collection Vol 1.

It was clearly not for general consumption, however, because Sony released only 100 copies and you would now have to pay more than £700 on eBay if you wanted one.

Sony followed that up recently with the release of The 50th Anniversary Collection: 1963. Again it is only 100 copies - this time on six vinyl LPs - and it contains unreleased recordings and outtakes which now benefit from copyright.

Many Beatles fans will be delighted at the opportunity to get their hands on the tracks although it remains to be seen how keen Apple will be - and how long they will be available. Stormo, based in Norway, runs the "WogBlog - all things Beatle" blog. He said he was lukewarm about the release. "They are only releasing what they know is floating about and they are keeping the rest for their vaults - they are kind of doing the fans a bit. It's only material that people already have in their bootleg collections ... we're getting the least possible material."

He said he would be extremely excited if Carnival of Light, which was performed just once at the Roundhouse in north London, was released. Then there is the 28-minute version of Helter Skelter, recorded in the autumn of 1968.

Even more fans would love to see the 1977 EMI LP Live at the Hollywood Bowl released on CD or download. "People are asking: why aren't they releasing this?" said Stormo.

Another question is how good the newly released tracks will sound.

"The hardcore Beatles collectors who are trying to obtain everything will already have these," said Stormo.

The "official" versions should sound better if they are from the record company's original tapes - rather than the more likely copies of copies of copies which have circulated over the years. Whether they do will be discovered on Tuesday.

North Korean leader has uncle executed

« continued from page 1

he was 18 he would still be a genius. It's the divine right of Kims."

Kim has made sweeping changes to the hierarchy in North Korea, changing key military personnel repeatedly as well as removing civilian members. But Jang's execution is unprecedented because family members are normally dealt with more leniently and quietly.

It is unclear whether the position of his wife Kim Kyong-hui, who has also been

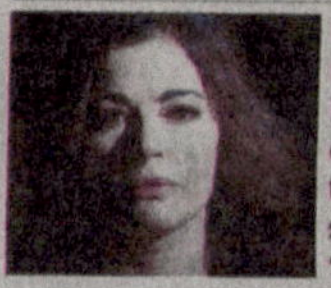

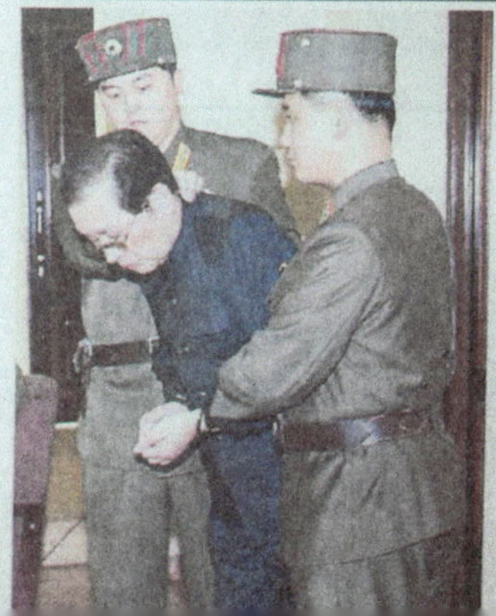

this and the sense of a bit of improvisation going on - that's somewhat alarming," said Cathcart.

But he added: "Kim has been very lucky in the external environment and I think he will continue to be. For all the bile directed from South Korea, Japan and the US and even China, none of those countries are interested in grabbing this hornet's nest and shaking it right now."

The KCNA report accuses Jang of letting people who had been previously dismissed return to work for the party as he sought to form a faction.

It attacked Jang as "worse than a dog" and accused him of working in earnest to claim power after Kim Jong-il's death two years ago.

He was also criticised for trying to project himself "as a special being on a par" with the leader and for only "half-heart-

---

Billions more to be cut from welfare budget

« continued from page 1

current financial year and will reach 20% by 2018-19.

"That assumption is based on an erroneous assumption about what the political system would do," Osborne said as he announced that next year's budget would be held on 19 March. "On current plans that is what it shows, but the next government will want to undertake further reductions in the welfare budget. If it does

accepted they would run into "[bil-]
lions" of pounds. The Institute [for Fiscal]
Studies (IFS), the UK's leading t[hink tank]
on government spending, has sai[d that]
cuts or tax increases totalling £12[bn were]
needed to avoid a stepping-up o[f cuts]
to government departments.

Osborne said he agreed wit[h that]
analysis, adding that politician[s should]
be honest with the public. Osbor[ne said]
as it emerged that the autumn st[atement]
included £600m worth of cut[s in]
terms to Universal Credit, leaving [some]
of working families worse off. Th[e]
support is referred to in two sent[ences of]
Osborne's statement, but its full [implica-]
tions have been drawn out by th[e Resolu-]
tion Foundation thinktank.

The cut comes because Univer[sal Credit]
work allowances will now be ma[de]
at their current cash levels rather [than]"
\n

mixed results, after all. Worshipping
trees was a form of idolatry, in
Islam as well as Christianity.
"Christmas trees are pagan in
origin," says Jim Robbins,
American author of The Man Who
Plants Trees. "The question is, why
did the pagans worship trees?
"Many cultures thought trees
were antennae for divine energies.
If you look at the culture of Ireland,
they had the Brehon law of the
forest, and had all these rules about
how to treat it. The forest was a
sacred place." Though it sounds
almost hippyish, "there have been
studies of Sitka spruce trees in
Scotland that suggest they bear
traces of exploding supernovae in
their trunks. There is a persistent
idea in mythology all over the world
that trees are related to the heavens.
It looks as though early societies
might have been on to something."
The yew tree was sacred to Celts,
who would gather in glades for
Special Offer

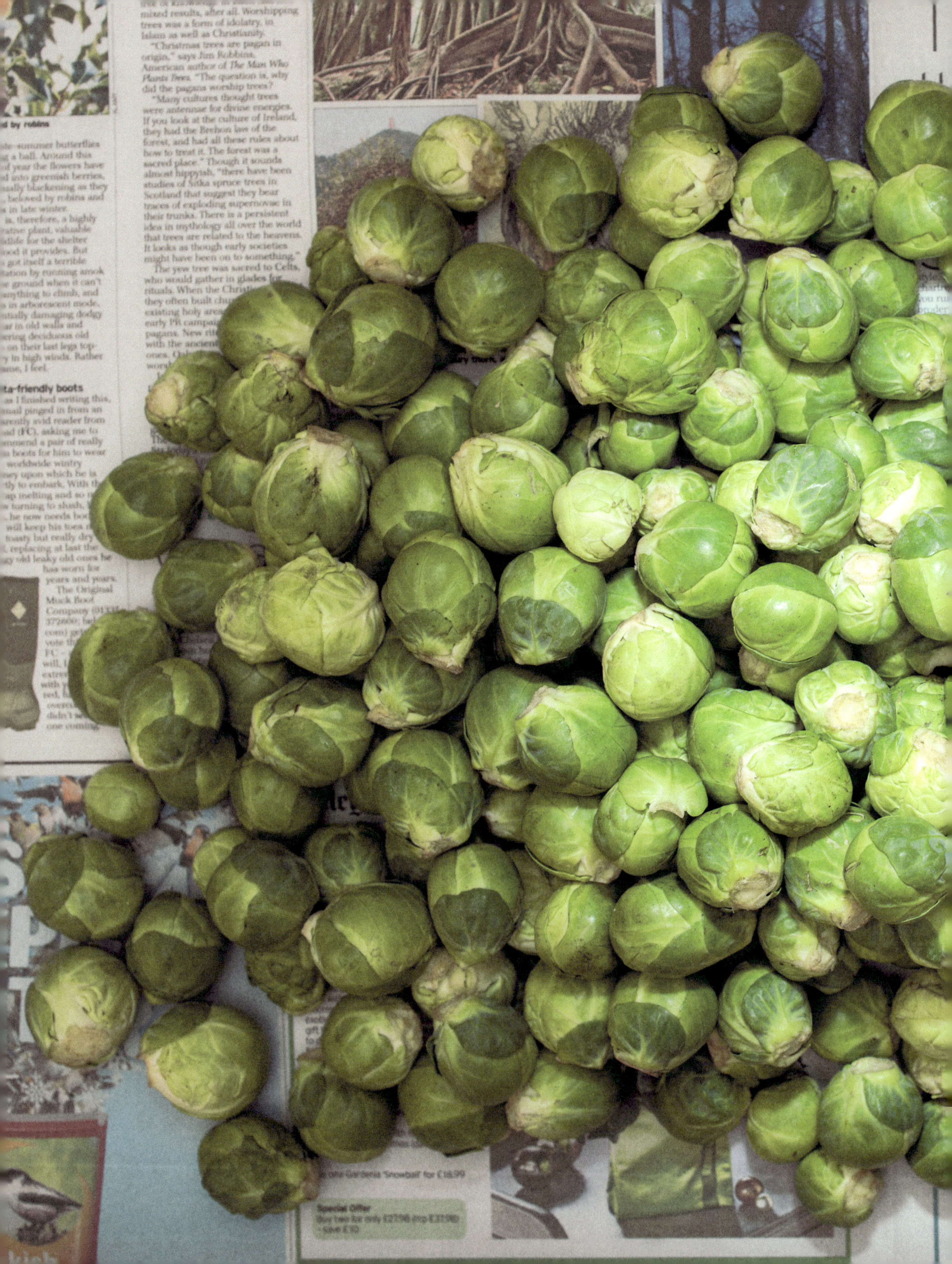

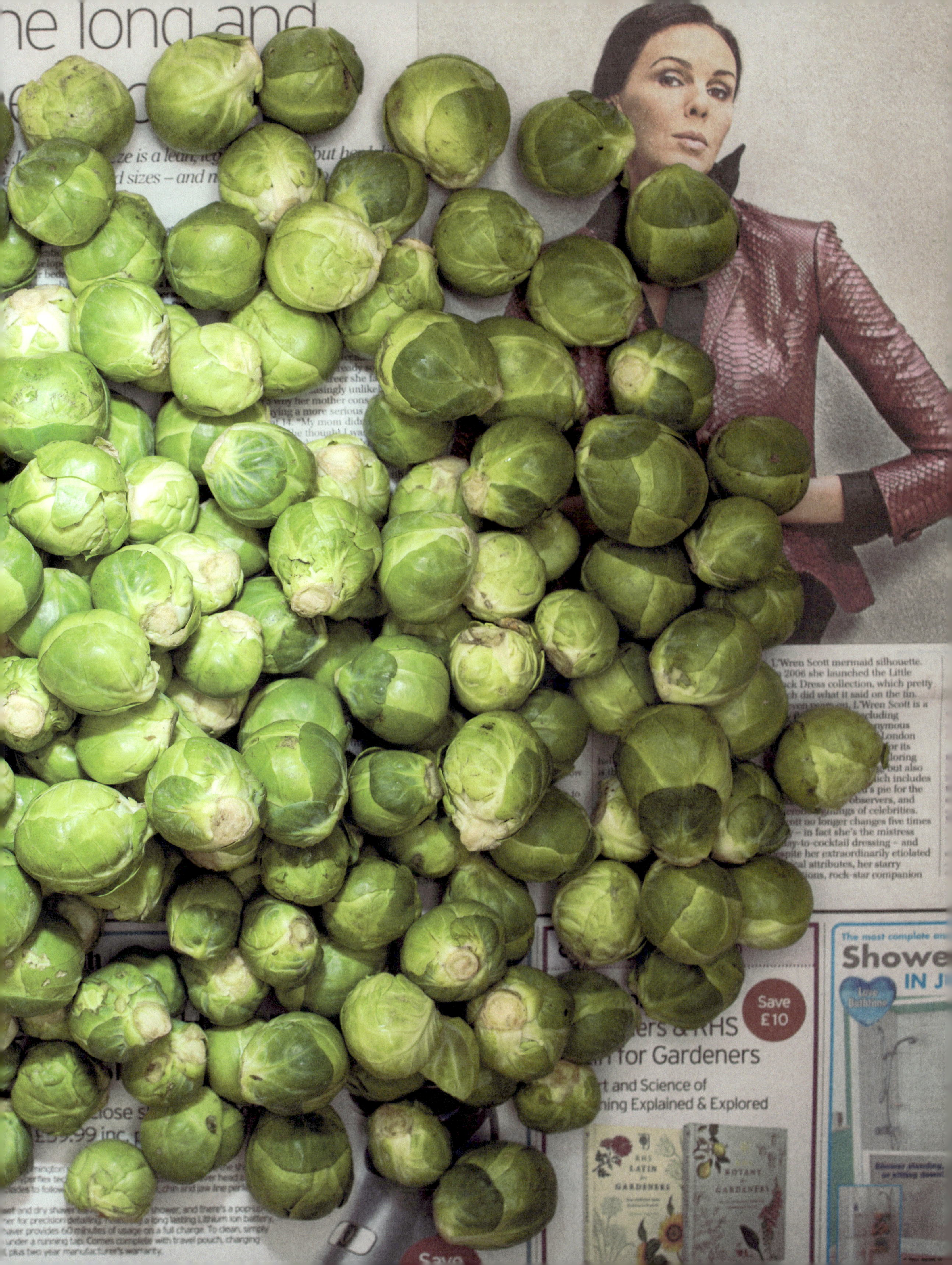

he long and
Save £10
& RHS
for Gardeners
and Science of
Explained & Explored
RHS LATIN for GARDENERS
BOTANY for GARDENERS
The most complete
Shower
IN J

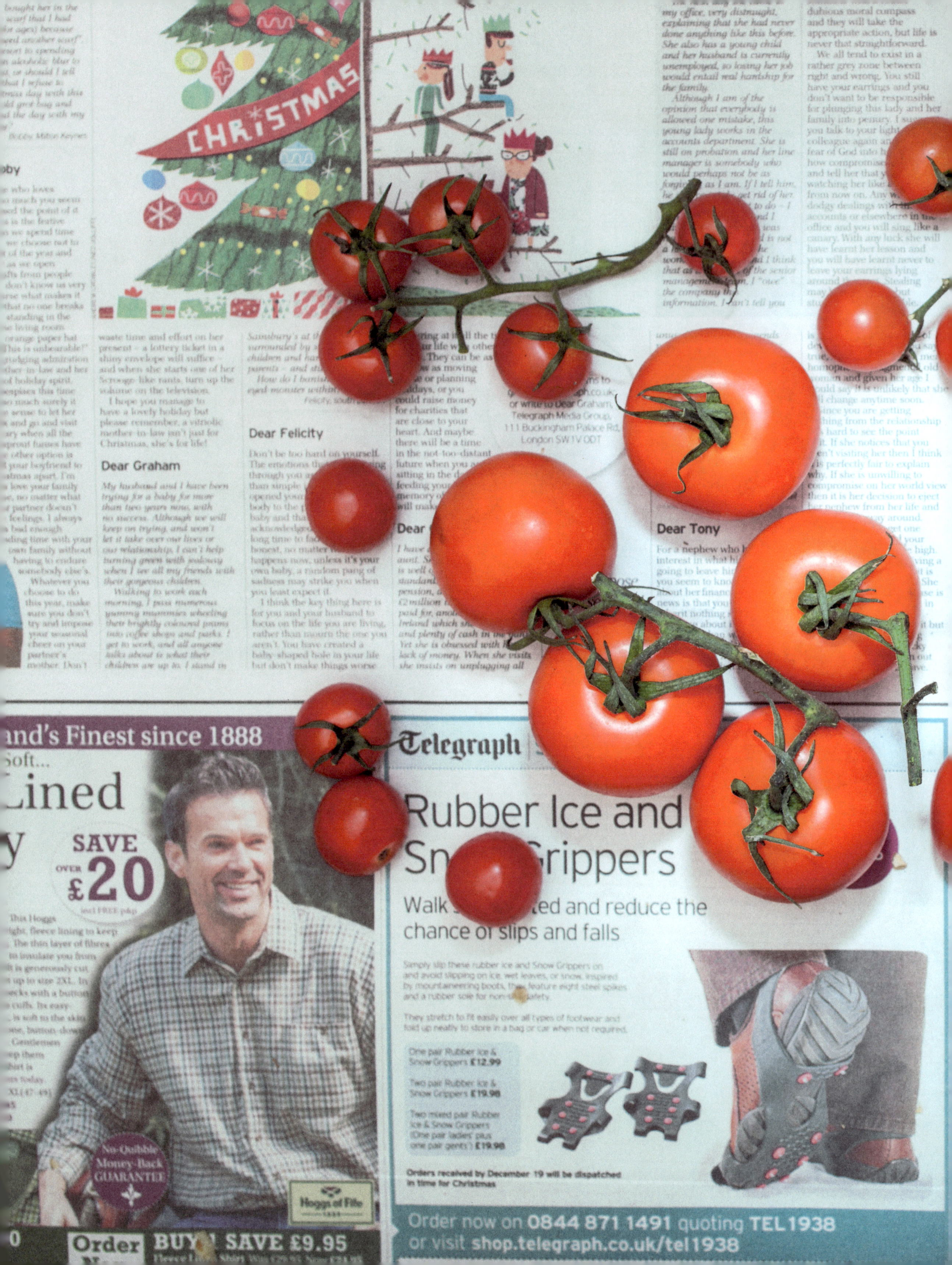

Dear Graham

My husband and I have been trying for a baby for more than two years now, with no success. Although we will keep on trying, and won't let it take over our lives or our relationship, I can't help turning green with jealousy when I see all my friends with their gorgeous children.

Walking to work each morning, I pass numerous yummy mummies wheeling their brightly coloured prams into coffee shops and parks. I get to work, and all anyone talks about is what their children are up to. I stand in

Dear Felicity

Don't be too hard on yourself. The emotions that are going through you are more than simple […] opened your body to the […] baby and that […] acknowledges […] long time to fade […] honest, no matter […] happens now, unless it's your own baby, a random pang of sadness may strike you when you least expect it.

I think the key thing here is for you and your husband to focus on the life you are living, rather than mourn the one you aren't. You have created a baby-shaped hole in your life but don't make things worse

Dear Tony

For a nephew who h[…] interest in what h[…] going to leave hi[…] you seem to kno[…] about her financ[…] news is that you[…] nothing […] about […]

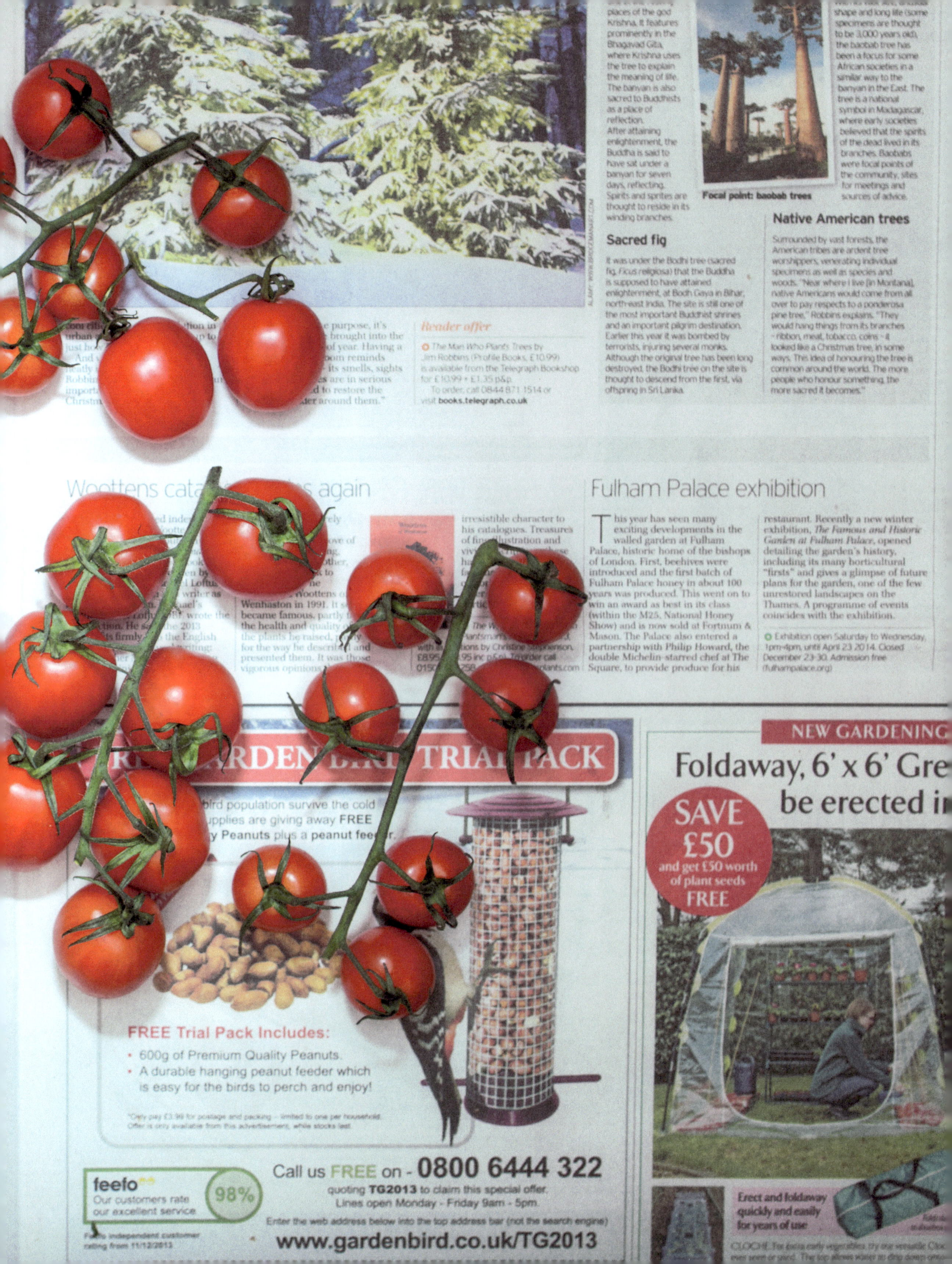

Focal point: baobab trees

...tion in ... e purpose, it's
urban ... n to ... brought into the
just h... ... of year. Having a
And ... ...oom reminds
... its smells, sights
Robbin... ...es are in serious
importa... ...d to restore the
Christm... ...er around them."

Sacred fig

It was under the Bodhi tree (sacred
fig, *Ficus religiosa*) that the Buddha
is supposed to have attained
enlightenment, at Bodh Gaya in Bihar,
north-east India. The site is still one of
the most important Buddhist shrines
and an important pilgrim destination.
Earlier this year it was bombed by
terrorists, injuring several monks.
Although the original tree has been long
destroyed, the Bodhi tree on the site is
thought to descend from the first, via
offspring in Sri Lanka.

Native American trees

Surrounded by vast forests, the
American tribes are ardent tree
worshippers, venerating individual
specimens as well as species and
woods. "Near where I live [in Montana],
native Americans would come from all
over to pay respects to a ponderosa
pine tree," Robbins explains. "They
would hang things from its branches
– ribbon, meat, tobacco, coins – it
looked like a Christmas tree, in some
ways. This idea of honouring the tree is
common around the world. The more
people who honour something, the
more sacred it becomes."

Woottens cata... ...s again

...d inde...   ...rely
...ottens   ...
...   ...ove of
...book...   ...ing,
...en by   ...ther,
...d Loftus   ...k to
...writer as   Wenhaston in 1991. It s...
Rael's   became famous, partly f...
... full... wrote the   the health and quality...
...ction. He s... the 2013   the plants he raised, ...y
...s firmly... the English   for the way he describ... and
...riting: presented them. It was those
...   vigorous opinions ...

irresistible character to
his catalogues. Treasures
of fine illustration and
vivi...

The W...
...Plantsm...
with ...tions by *Christine Stephenson*,
£8.95... ...95 inc p&p. To order call
0150... ...258 ...nts.com

Fulham Palace exhibition

This year has seen many
exciting developments in the
walled garden at Fulham
Palace, historic home of the bishops
of London. First, beehives were
introduced and the first batch of
Fulham Palace honey in about 100
years was produced. This went on to
win an award as best in its class
(within the M25, National Honey
Show) and is now sold at Fortnum &
Mason. The Palace also entered a
partnership with Philip Howard, the
double Michelin-starred chef at The
Square, to provide produce for his
restaurant. Recently a new winter
exhibition, *The Famous and Historic
Garden at Fulham Palace*, opened
detailing the garden's history,
including its many horticultural
"firsts" and gives a glimpse of future
plans for the garden, one of the few
unrestored landscapes on the
Thames. A programme of events
coincides with the exhibition.

⊙ Exhibition open Saturday to Wednesday,
1pm–4pm, until April 23 2014. Closed
December 23-30. Admission free
(fulhampalace.org)

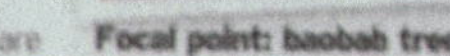

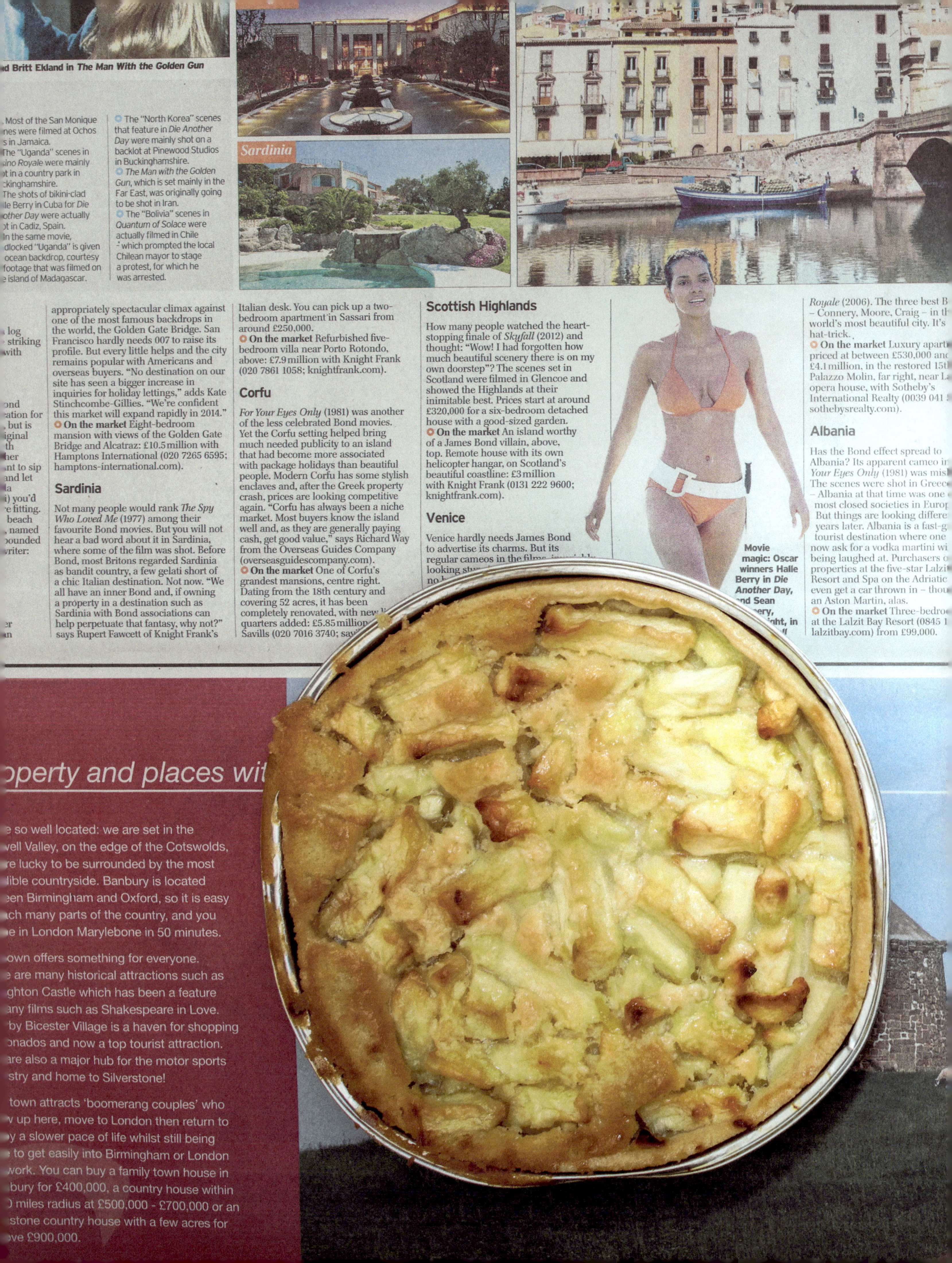

...d Britt Ekland in *The Man With the Golden Gun*

- ...Most of the San Monique ...nes were filmed at Ochos ...s in Jamaica.
- The "Uganda" scenes in ...ino *Royale* were mainly ...ot in a country park in ...ckinghamshire.
- The shots of bikini-clad ...le Berry in Cuba for *Die ...other Day* were actually ...ot in Cadiz, Spain. In the same movie, ...dlocked "Uganda" is given ...ocean backdrop, courtesy ...footage that was filmed on ...e island of Madagascar.
- The "North Korea" scenes that feature in *Die Another Day* were mainly shot on a backlot at Pinewood Studios in Buckinghamshire.
- *The Man with the Golden Gun*, which is set mainly in the Far East, was originally going to be shot in Iran.
- The "Bolivia" scenes in *Quantum of Solace* were actually filmed in Chile – which prompted the local Chilean mayor to stage a protest, for which he was arrested.

appropriately spectacular climax against one of the most famous backdrops in the world, the Golden Gate Bridge. San Francisco hardly needs 007 to raise its profile. But every little helps and the city remains popular with Americans and overseas buyers. "No destination on our site has seen a bigger increase in inquiries for holiday lettings," adds Kate Stinchcombe-Gillies. "We're confident this market will expand rapidly in 2014."
- **On the market** Eight-bedroom mansion with views of the Golden Gate Bridge and Alcatraz: £10.5 million with Hamptons International (020 7265 6595; hamptons-international.com).

Sardinia

Not many people would rank *The Spy Who Loved Me* (1977) among their favourite Bond movies. But you will not hear a bad word about it in Sardinia, where some of the film was shot. Before Bond, most Britons regarded Sardinia as bandit country, a few gelati short of a chic Italian destination. Not now. "We all have an inner Bond and, if owning a property in a destination such as Sardinia with Bond associations can help perpetuate that fantasy, why not?" says Rupert Fawcett of Knight Frank's Italian desk. You can pick up a two-bedroom apartment in Sassari from around £250,000.
- **On the market** Refurbished five-bedroom villa near Porto Rotondo, above: £7.9 million with Knight Frank (020 7861 1058; knightfrank.com).

Corfu

For Your Eyes Only (1981) was another of the less celebrated Bond movies. Yet the Corfu setting helped bring much needed publicity to an island that had become more associated with package holidays than beautiful people. Modern Corfu has some stylish enclaves and, after the Greek property crash, prices are looking competitive again. "Corfu has always been a niche market. Most buyers know the island well and, as they are generally paying cash, get good value," says Richard Way from the Overseas Guides Company (overseasguidescompany.com).
- **On the market** One of Corfu's grandest mansions, centre right. Dating from the 18th century and covering 52 acres, it has been completely renovated, with new ... quarters added: £5.85 million ... Savills (020 7016 3740; sav...

Scottish Highlands

How many people watched the heart-stopping finale of *Skyfall* (2012) and thought: "Wow! I had forgotten how much beautiful scenery there is on my own doorstep"? The scenes set in Scotland were filmed in Glencoe and showed the Highlands at their inimitable best. Prices start at around £320,000 for a six-bedroom detached house with a good-sized garden.
- **On the market** An island worthy of a James Bond villain, above, top. Remote house with its own helicopter hangar, on Scotland's beautiful coastline: £3 million with Knight Frank (0131 222 9600; knightfrank.com).

Venice

Venice hardly needs James Bond to advertise its charms. But its regular cameos in the films, in ... looking sh... no l...

Royale (2006). The three best B... – Connery, Moore, Craig – in th... world's most beautiful city. It's ... hat-trick.
- **On the market** Luxury apart... priced at between £530,000 and £4.1 million, in the restored 15th Palazzo Molin, far right, near L... opera house, with Sotheby's International Realty (0039 041 ... sothebysrealty.com).

Albania

Has the Bond effect spread to Albania? Its apparent cameo in ... *Your Eyes Only* (1981) was mis... The scenes were shot in Greece – Albania at that time was one ... most closed societies in Europ... But things are looking differe... years later. Albania is a fast-g... tourist destination where one ... now ask for a vodka martini wi... being laughed at. Purchasers o... properties at the five-star Lalzi... Resort and Spa on the Adriatic ... even get a car thrown in – thou... an Aston Martin, alas.
- **On the market** Three-bedro... at the Lalzit Bay Resort (0845 1... lalzitbay.com) from £99,000.

Movie magic: Oscar winners Halle Berry in *Die Another Day*, ...nd Sean ...ery, ...ght, in ...

...operty and places wit...

...e so well located: we are set in the ...well Valley, on the edge of the Cotswolds, ...re lucky to be surrounded by the most ...dible countryside. Banbury is located ...een Birmingham and Oxford, so it is easy ...ch many parts of the country, and you ...e in London Marylebone in 50 minutes.

...own offers something for everyone. ...e are many historical attractions such as ...ghton Castle which has been a feature ...any films such as *Shakespeare in Love*. ...by Bicester Village is a haven for shopping ...onados and now a top tourist attraction. ...re also a major hub for the motor sports ...stry and home to Silverstone!

...town attracts 'boomerang couples' who ...w up here, move to London then return to ...y a slower pace of life whilst still being ...e to get easily into Birmingham or London ...work. You can buy a family town house in ...bury for £400,000, a country house within ...0 miles radius at £500,000 – £700,000 or an ...stone country house with a few acres for ...£900,000.

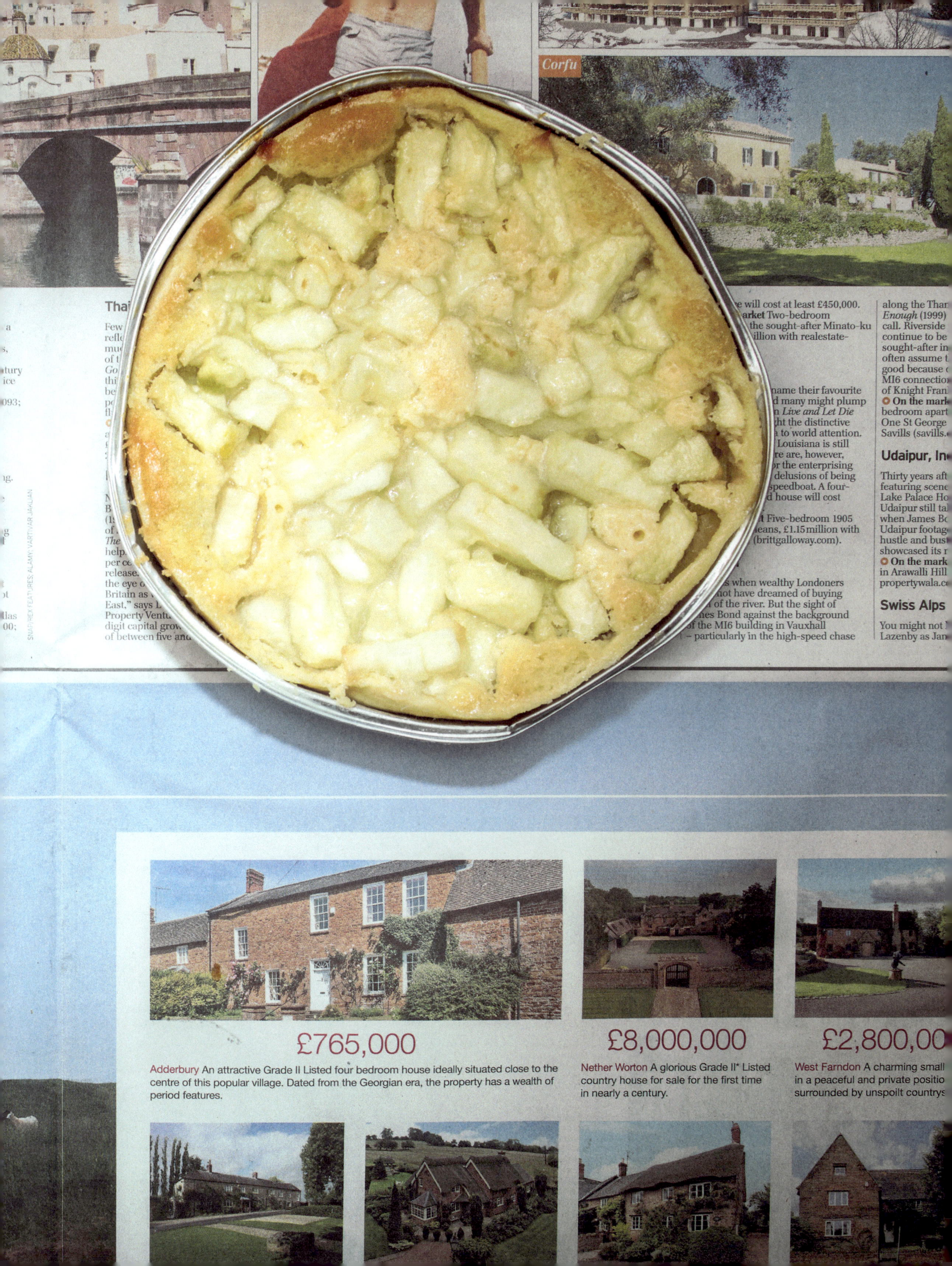

Thai...

Few...
refle...
muc...
of t...
Go...
thi...
be...
po...
fl...

N...
B...
(15...
of...
The...
help.
per ce...
release.
the eye o...
Britain as...
East," says L...
Property Ventu...
digit capital grow...
of between five and...

...re will cost at least £450,000.
...market Two-bedroom
...the sought-after Minato-ku
...illion with realestate-

...name their favourite
...d many might plump
...n *Live and Let Die*
...ht the distinctive
...a to world attention.
...Louisiana is still
...re are, however,
...r the enterprising
...delusions of being
...speedboat. A four-
...d house will cost

...t Five-bedroom 1905
...eans, £1.15million with
...(brittgalloway.com).

...s when wealthy Londoners
...not have dreamed of buying
...of the river. But the sight of
...es Bond against the background
...of the MI6 building in Vauxhall
...particularly in the high-speed chase

along the Thar...
Enough (1999)...
call. Riverside...
continue to be...
sought-after in...
often assume t...
good because c...
MI6 connectio...
of Knight Fran...
○ **On the mark**
bedroom apart...
One St George...
Savills (savills....

Udaipur, In...

Thirty years aft...
featuring scene...
Lake Palace Ho...
Udaipur still ta...
when James Bc...
Udaipur footag...
hustle and bus...
showcased its r...
○ **On the mark**
in Arawalli Hill...
propertywala.c...

Swiss Alps

You might not...
Lazenby as Jan...

£765,000

Adderbury An attractive Grade II Listed four bedroom house ideally situated close to the centre of this popular village. Dated from the Georgian era, the property has a wealth of period features.

£8,000,000

Nether Worton A glorious Grade II* Listed country house for sale for the first time in nearly a century.

£2,800,00

West Farndon A charming small...
in a peaceful and private positio...
surrounded by unspoilt countrys...

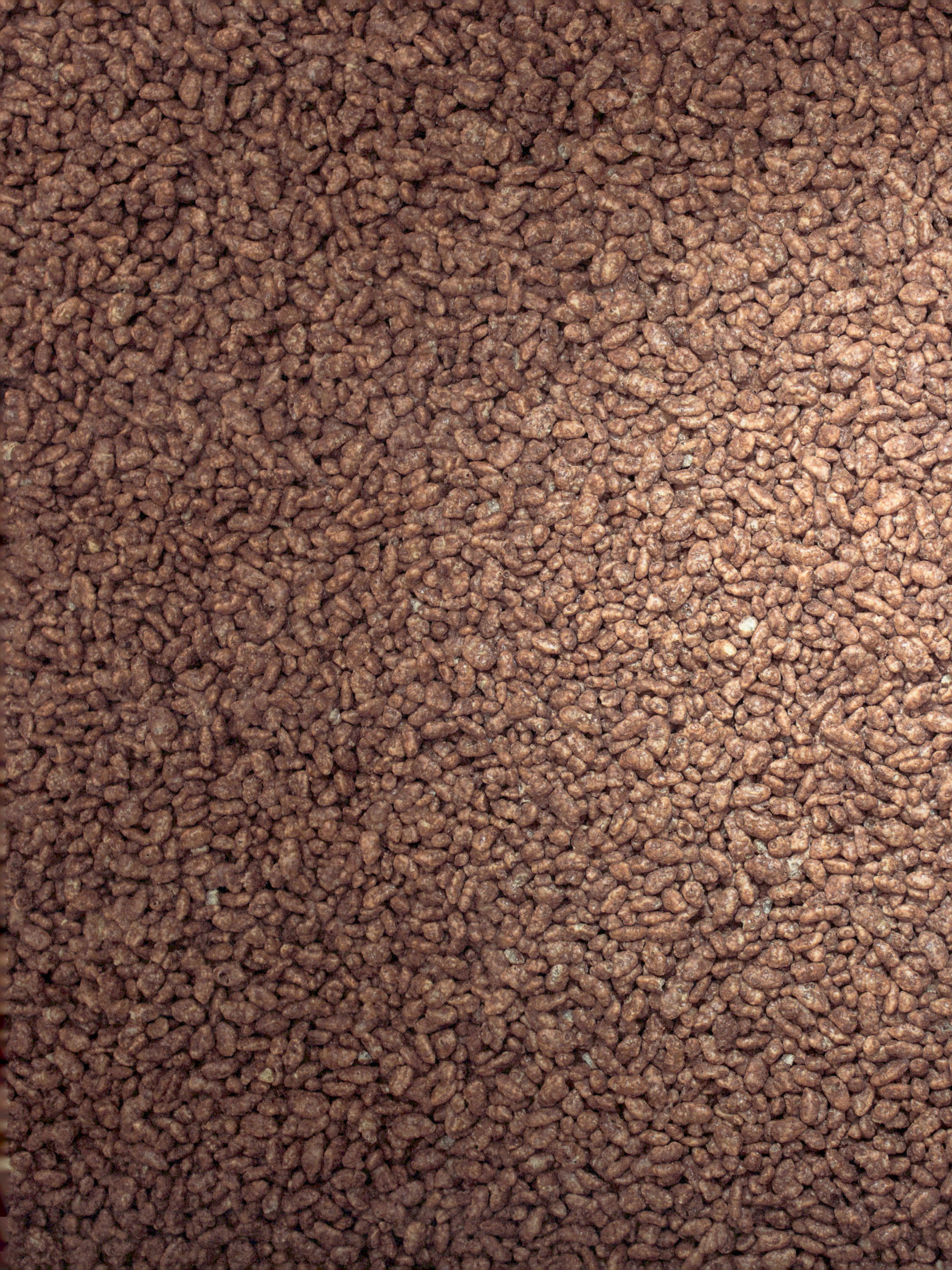

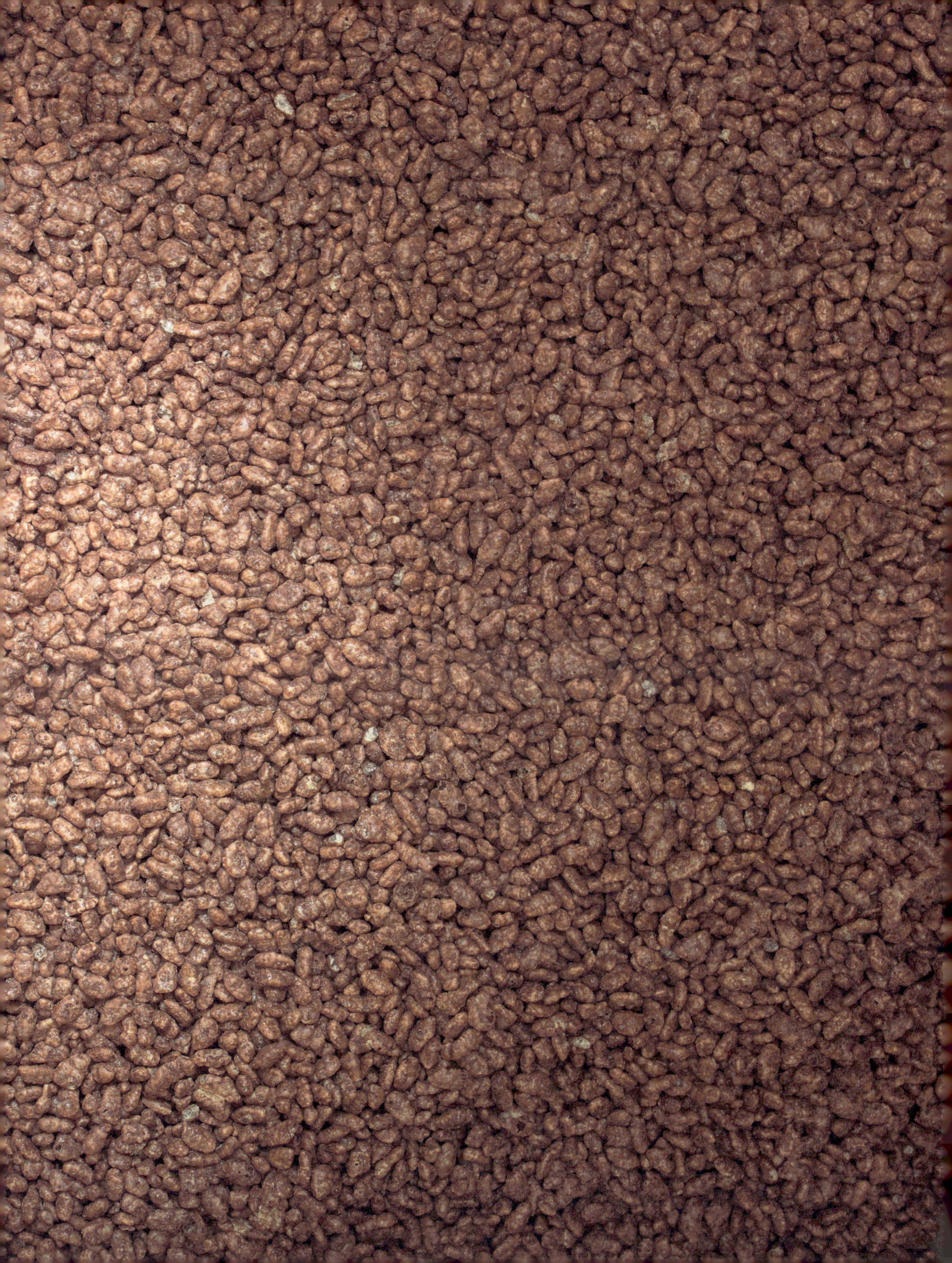

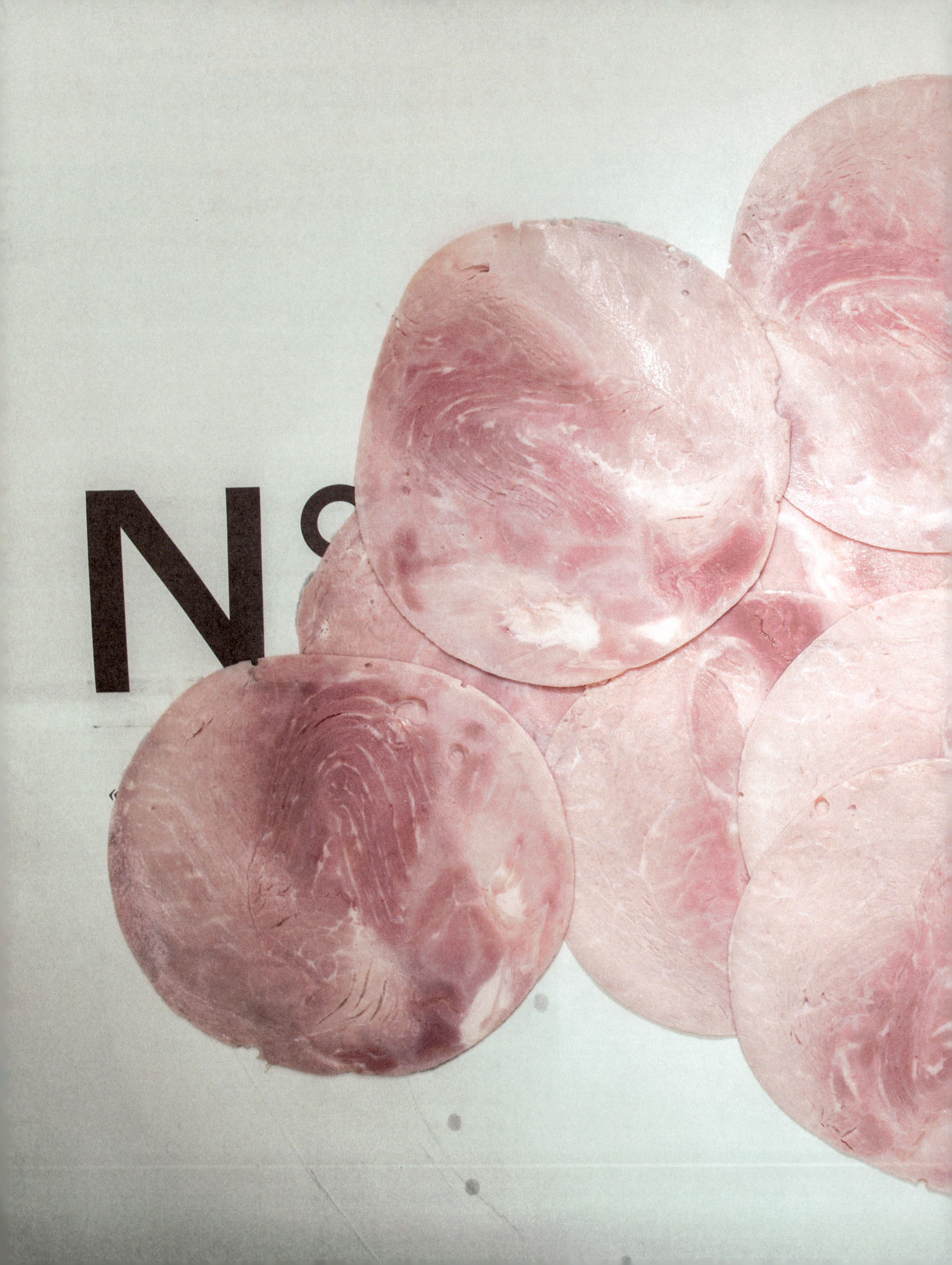
N

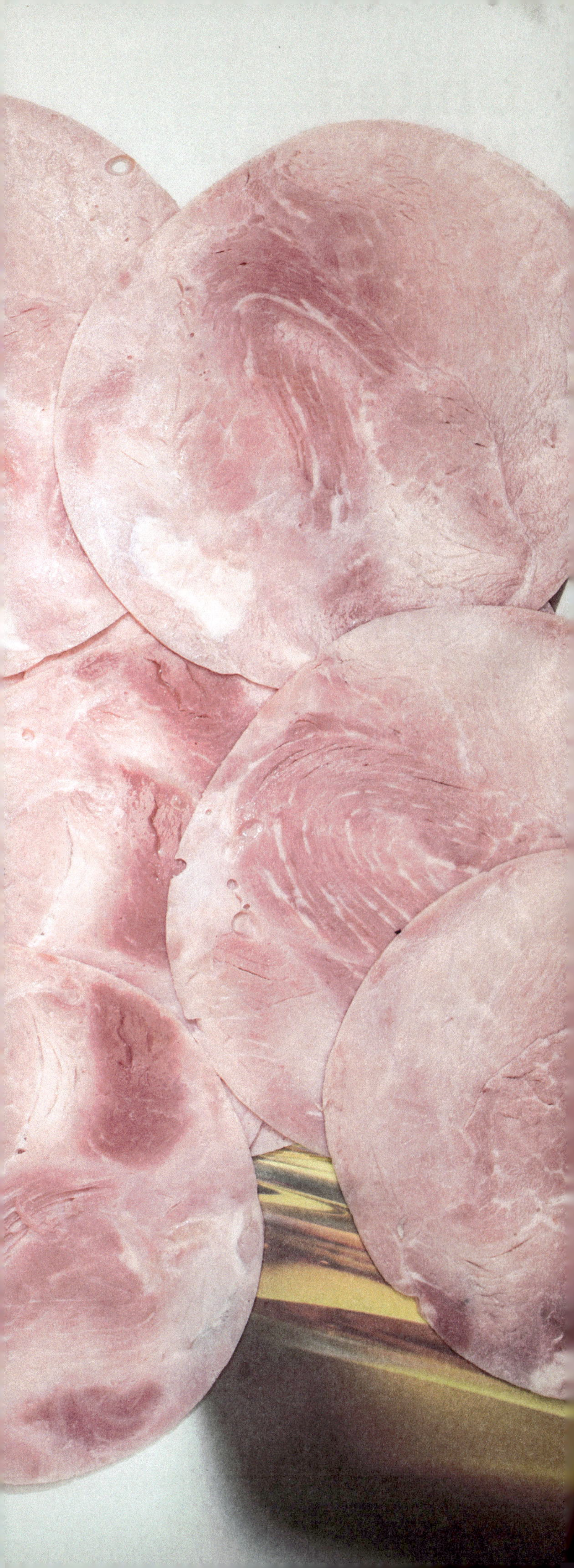

United Kingdom UK

London | December 2013

Poverty line GBP 36.57 (USD 59.17 / EUR 43.78); allocation for food GBP 5.85 (USD 9.47 / EUR 7.01)

The UK uses a relative definition of low income, which is 60% of the median net household equivalized income before housing costs (households below average income). The UK Statistics Agency conducts surveys on Family Resources and Living Costs and Food.

In 2011–12, the UK's poverty rate was 16%, with 9.8 million people earning below the poverty line. Child poverty is a widely argued issue, with 17% of children among those with relatively low income in 2011–12. Another related issue is fuel poverty, which is defined as when more than 10% of income is spent on fuel to keep warm. More than five million UK households are living in fuel poverty.

Annual national statistics on people living in low-income households are released by the UK Department for Work and Pensions, which works with the UK Statistics Agency.

Median Equivalized Disposable Income (PPS), Selected European Economies, 2016 and 2008–16 Growth

Country	2016 Median Equivalized Disposable Income (PPS)	Cumulative Growth, 2008–16
United Kingdom	17,521	-5.5%
Norway	28,616	23.7%
Luxembourg	28,071	4.2%
Switzerland	27,087	25.5%
Austria	22,524	19.0%
Germany	21,210	17.8%
Denmark	21,120	20.0%
Netherlands	20,994	9.7%
Belgium	20,820	24.4%
France	20,750	18.6%
Sweden	20,706	16.3%
Finland	19,766	19.4%
Ireland	18,158	-0.1%
Italy	16,232	6.3%
Cyprus	15,985	-12.4%
Spain	15,175	0.9%
Portugal	10,714	12.7%
Greece	8,828	-26.6%

Source: Eurostat

Labor Productivity Growth, G7 Countries, 2008–17

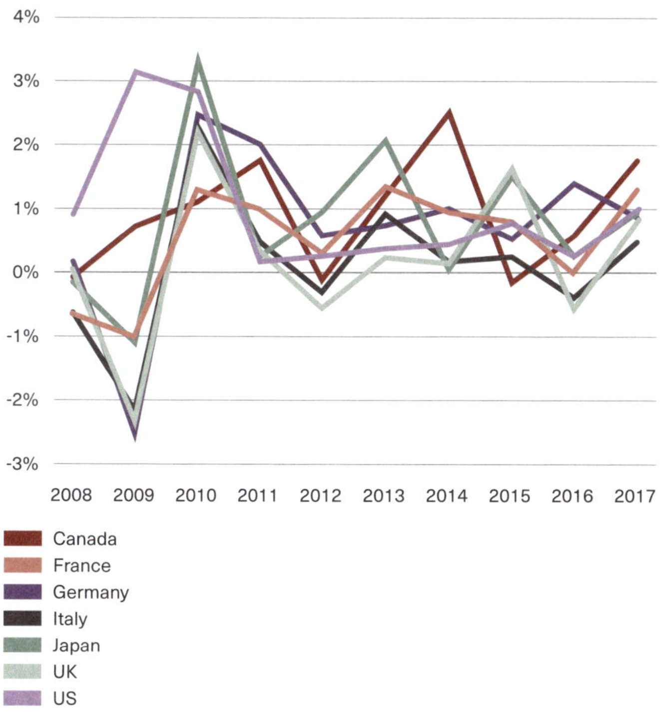

Source: OECD

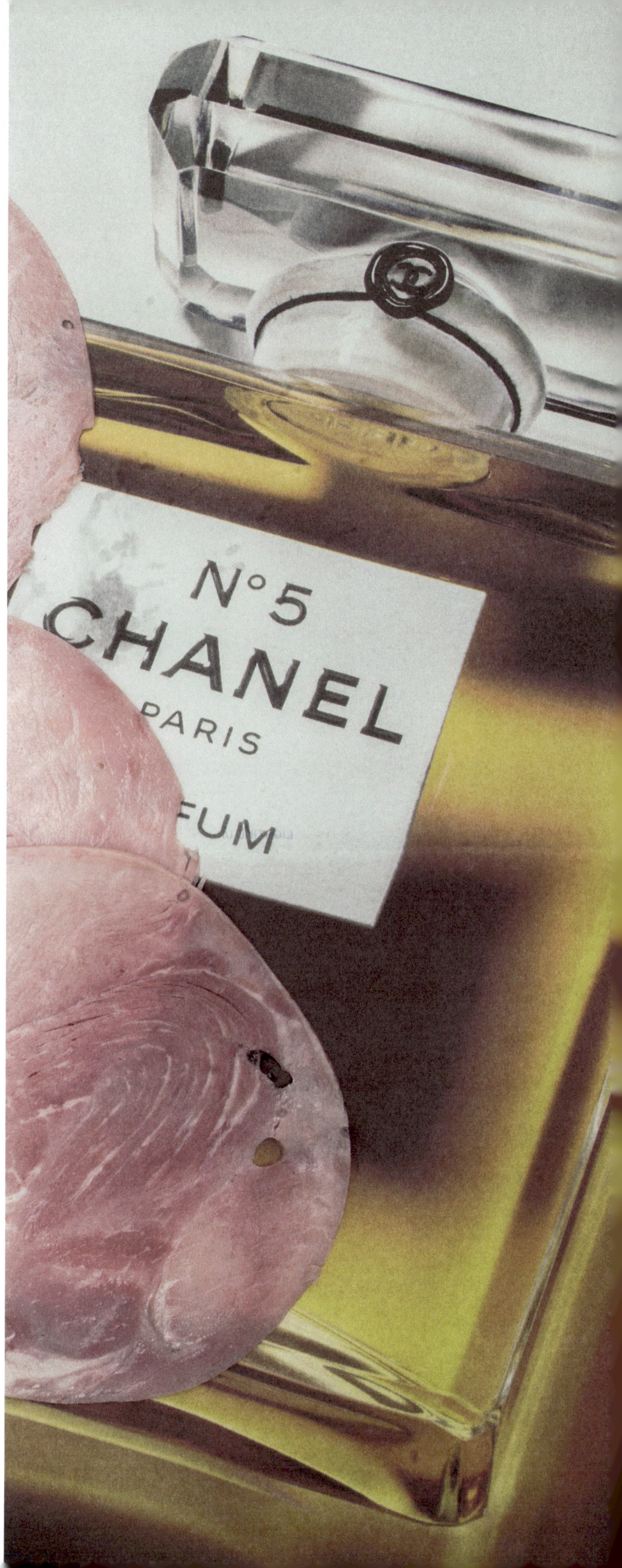

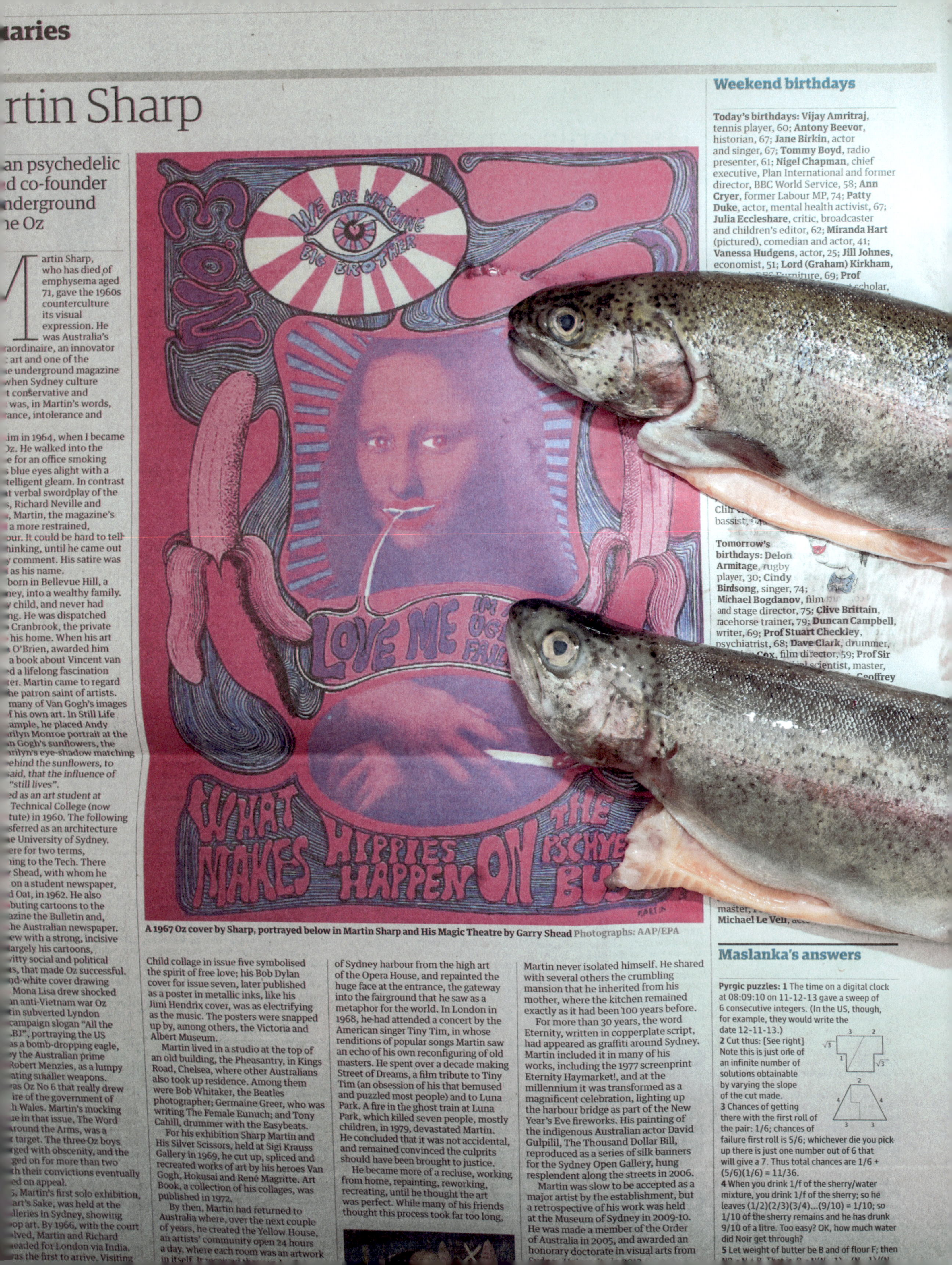

…rtin Sharp

…an psychedelic
…d co-founder
…nderground
…e Oz

Martin Sharp, who has died of emphysema aged 71, gave the 1960s counterculture its visual expression. He was Australia's …raordinaire, an innovator … art and one of the …e underground magazine … when Sydney culture … conservative and … was, in Martin's words, …ance, intolerance and …

…im in 1964, when I became …Oz. He walked into the …e for an office smoking …blue eyes alight with a …telligent gleam. In contrast …t verbal swordplay of the …s, Richard Neville and …, Martin, the magazine's … a more restrained, …our. It could be hard to tell …hinking, until he came out …y comment. His satire was … as his name.

…born in Bellevue Hill, a …ney, into a wealthy family. …y child, and never had …ng. He was dispatched …Cranbrook, the private …his home. When his art …O'Brien, awarded him … a book about Vincent van …d a lifelong fascination …ter. Martin came to regard …he patron saint of artists. … many of Van Gogh's images …f his own art. In Still Life …ample, he placed Andy …rilyn Monroe portrait at the …n Gogh's sunflowers, the …rilyn's eye-shadow matching …ehind the sunflowers, to …aid, that the influence of … "still lives".

…ed as an art student at …Technical College (now …tute) in 1960. The following …sferred as an architecture …e University of Sydney, …ere for two terms, …ing to the Tech. There …Shead, with whom he … on a student newspaper, …d Oat, in 1962. He also …buting cartoons to the …azine the Bulletin and, …he Australian newspaper. …ew with a strong, incisive …argely his cartoons, …itty social and political …s, that made Oz successful. …nd-white cover drawing …Mona Lisa drew shocked …an anti-Vietnam war Oz …tin subverted the US …campaign slogan "All the …as a bomb-dropping eagle, …by the Australian prime …Robert Menzies, as a lumpy …ating smaller weapons. …as Oz No 6 that really drew …ire of the government of …h Wales. Martin's mocking …ue in that issue, The Word …around the Arms, was a …target. The three Oz boys …ged with obscenity, and the …ged on for more than two …th their convictions eventually …ed on appeal.

…s, Martin's first solo exhibition, …art's Sake, was held at the …lleries in Sydney, showing …op art. By 1966, with the court …lved, Martin and Richard …eaded for London via India. …as the first to arrive. Visiting

A 1967 Oz cover by Sharp, portrayed below in Martin Sharp and His Magic Theatre by Garry Shead **Photographs: AAP/EPA**

Child collage in issue five symbolised the spirit of free love; his Bob Dylan cover for issue seven, later published as a poster in metallic inks, like his Jimi Hendrix cover, was as electrifying as the music. The posters were snapped up by, among others, the Victoria and Albert Museum.

Martin lived in a studio at the top of an old building, the Pheasantry, in Kings Road, Chelsea, where other Australians also took up residence. Among them were Bob Whitaker, the Beatles photographer; Germaine Greer, who was writing The Female Eunuch; and Tony Cahill, drummer with the Easybeats.

For his exhibition Sharp Martin and His Silver Scissors, held at Sigi Krauss Gallery in 1969, he cut up, spliced and recreated works of art by his heroes Van Gogh, Hokusai and René Magritte. Art Book, a collection of his collages, was published in 1972.

By then, Martin had returned to Australia where, over the next couple of years, he created the Yellow House, an artists' community open 24 hours a day, where each room was an artwork in itself. It received…

of Sydney harbour from the high art of the Opera House, and repainted the huge face at the entrance, the gateway into the fairground that he saw as a metaphor for the world. In London in 1968, he had attended a concert by the American singer Tiny Tim, in whose renditions of popular songs Martin saw an echo of his own reconfiguring of old masters. He spent over a decade making Street of Dreams, a film tribute to Tiny Tim (an obsession of his that bemused and puzzled most people) and to Luna Park. A fire in the ghost train at Luna Park, which killed seven people, mostly children, in 1979, devastated Martin. He concluded that it was not accidental, and remained convinced the culprits should have been brought to justice.

He became more of a recluse, working from home, repainting, reworking, recreating, until he thought the art was perfect. While many of his friends thought this process took far too long,

Martin never isolated himself. He shared with several others the crumbling mansion that he inherited from his mother, where the kitchen remained exactly as it had been 100 years before.

For more than 30 years, the word Eternity, written in copperplate script, had appeared as graffiti around Sydney. Martin included it in many of his works, including the 1977 screenprint Eternity Haymarket!, and at the millennium it was transformed as a magnificent celebration, lighting up the harbour bridge as part of the New Year's Eve fireworks. His painting of the indigenous Australian actor David Gulpilil, The Thousand Dollar Bill, reproduced as a series of silk banners for the Sydney Open Gallery, hung resplendent along the streets in 2006.

Martin was slow to be accepted as a major artist by the establishment, but a retrospective of his work was held at the Museum of Sydney in 2009-10. He was made a member of the Order of Australia in 2005, and awarded an honorary doctorate in visual arts from

Maslanka's answers

Pyrgic puzzles: 1 The time on a digital clock at 08:09:10 on 11-12-13 gave a sweep of 6 consecutive integers. (In the US, though, for example, they would write the date 12-11-13.) **2** Cut thus: [See right] Note this is just one of an infinite number of solutions obtainable by varying the slope of the cut made. **3** Chances of getting there with the first roll of the pair: 1/6; chances of failure first roll is 5/6; whichever die you pick up there is just one number out of 6 that will give a 7. Thus total chances are 1/6 + (5/6)(1/6) = 11/36. **4** When you drink 1/f of the sherry/water mixture, you drink 1/f of the sherry; so he leaves (1/2)(2/3)(3/4)…(9/10) = 1/10; so 1/10 of the sherry remains and he has drunk 9/10 of a litre. Too easy? OK, how much water did Noir get through? **5** Let weight of butter be B and of flour F; then …

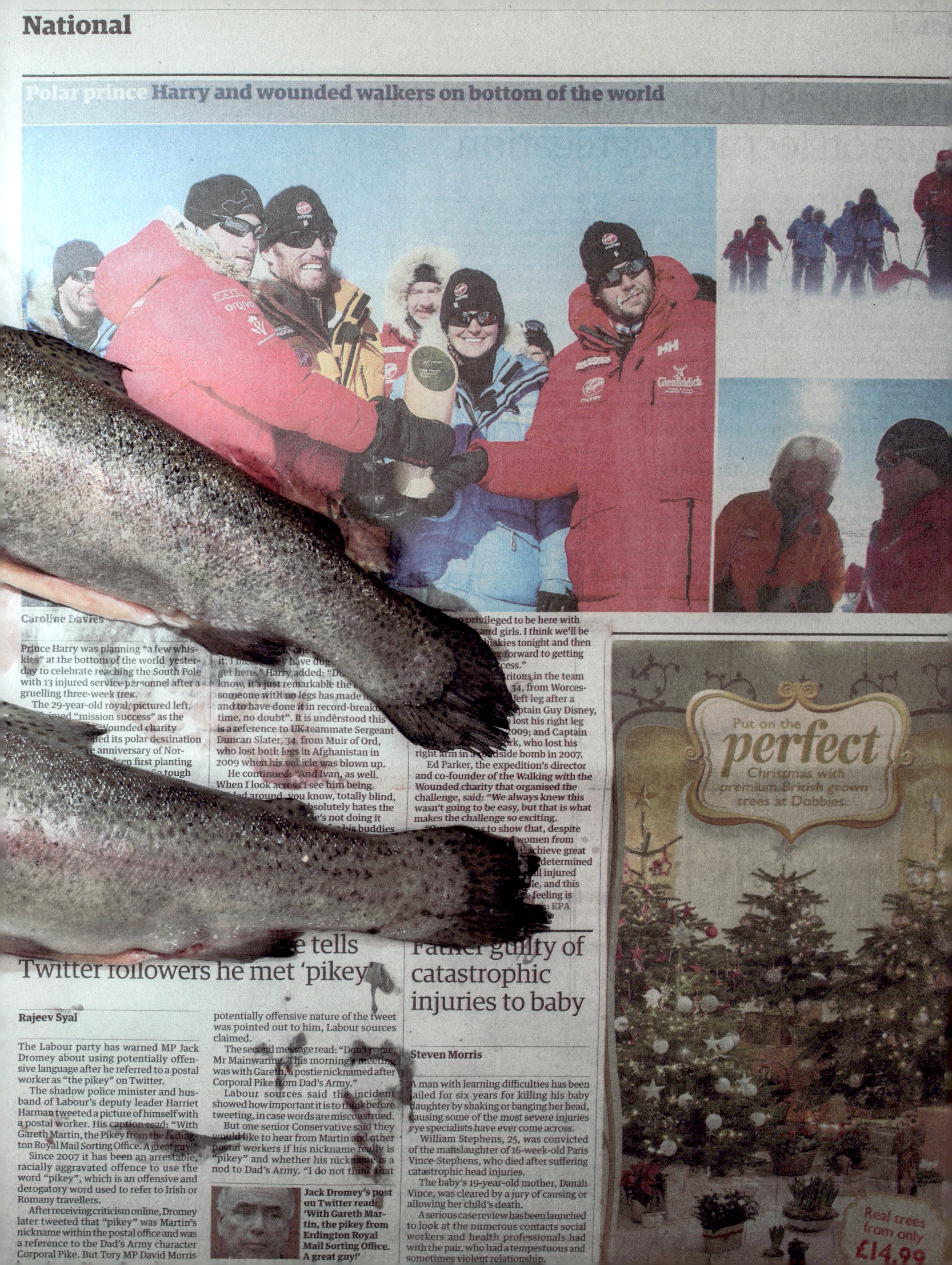

National

Polar prince Harry and wounded walkers on bottom of the world

Caroline Davies

Prince Harry was planning "a few whiskies" at the bottom of the world yesterday to celebrate reaching the South Pole with 13 injured service personnel after a gruelling three-week trek.

The 29-year-old royal, pictured left, … "mission success" as the … Wounded charity … ed its polar destination … e anniversary of Nor- … sen first planting … tough

… one … it. I … y have dug … get here." Harry added: "D… know, it's just remarkable the … someone with no legs has made … and to have done it in record-break… time, no doubt". It is understood this is a reference to UK teammate Sergeant Duncan Slater, 34, from Muir of Ord, who lost both legs in Afghanistan in 2009 when his vehicle was blown up.

He continued: "And Ivan, as well. When I look across I see him being … around, you know, totally blind, … bsolutely hates the … e's not doing it … his buddies

… privileged to be here with … and girls. I think we'll be … iskies tonight and then … forward to getting … cess."

… ritons in the team … 34, from Worces- … left leg after a … ptain Guy Disney, … lost his right leg … 2009; and Captain … rk, who lost his right arm in a … dside bomb in 2007.

Ed Parker, the expedition's director and co-founder of the Walking with the Wounded charity that organised the challenge, said: "We always knew this wasn't going to be easy, but that is what makes the challenge so exciting.

"… s to show that, despite … women from … achieve great … determined … l injured … le, and this … feeling is

… : EPA

… e tells Twitter followers he met 'pikey'

Rajeev Syal

The Labour party has warned MP Jack Dromey about using potentially offensive language after he referred to a postal worker as "the pikey" on Twitter.

The shadow police minister and husband of Labour's deputy leader Harriet Harman tweeted a picture of himself with a postal worker. His caption read: "With Gareth Martin, the Pikey from the Erdington Royal Mail Sorting Office. A great guy!"

Since 2007 it has been an arrestable, racially aggravated offence to use the word "pikey", which is an offensive and derogatory word used to refer to Irish or Romany travellers.

After receiving criticism online, Dromey later tweeted that "pikey" was Martin's nickname within the postal office and was a reference to the Dad's Army character Corporal Pike. But Tory MP David Morris

potentially offensive nature of the tweet was pointed out to him, Labour sources claimed.

The second message read: "Don't panic, Mr Mainwaring. This morning's meeting was with Gareth, a postie nicknamed after Corporal Pike from Dad's Army."

Labour sources said the incident showed how important it is to think before tweeting, in case words are misconstrued.

But one senior Conservative said they would like to hear from Martin and other postal workers if his nickname really is "pikey" and whether his nickname is a nod to Dad's Army. "I do not think that

Jack Dromey's post on Twitter read: 'With Gareth Martin, the pikey from Erdington Royal Mail Sorting Office. A great guy!'

Father guilty of catastrophic injuries to baby

Steven Morris

A man with learning difficulties has been jailed for six years for killing his baby daughter by shaking or banging her head, causing some of the most severe injuries eye specialists have ever come across.

William Stephens, 25, was convicted of the manslaughter of 16-week-old Paris Vince-Stephens, who died after suffering catastrophic head injuries.

The baby's 19-year-old mother, Danah Vince, was cleared by a jury of causing or allowing her child's death.

A serious case review has been launched to look at the numerous contacts social workers and health professionals had with the pair, who had a tempestuous and sometimes violent relationship.

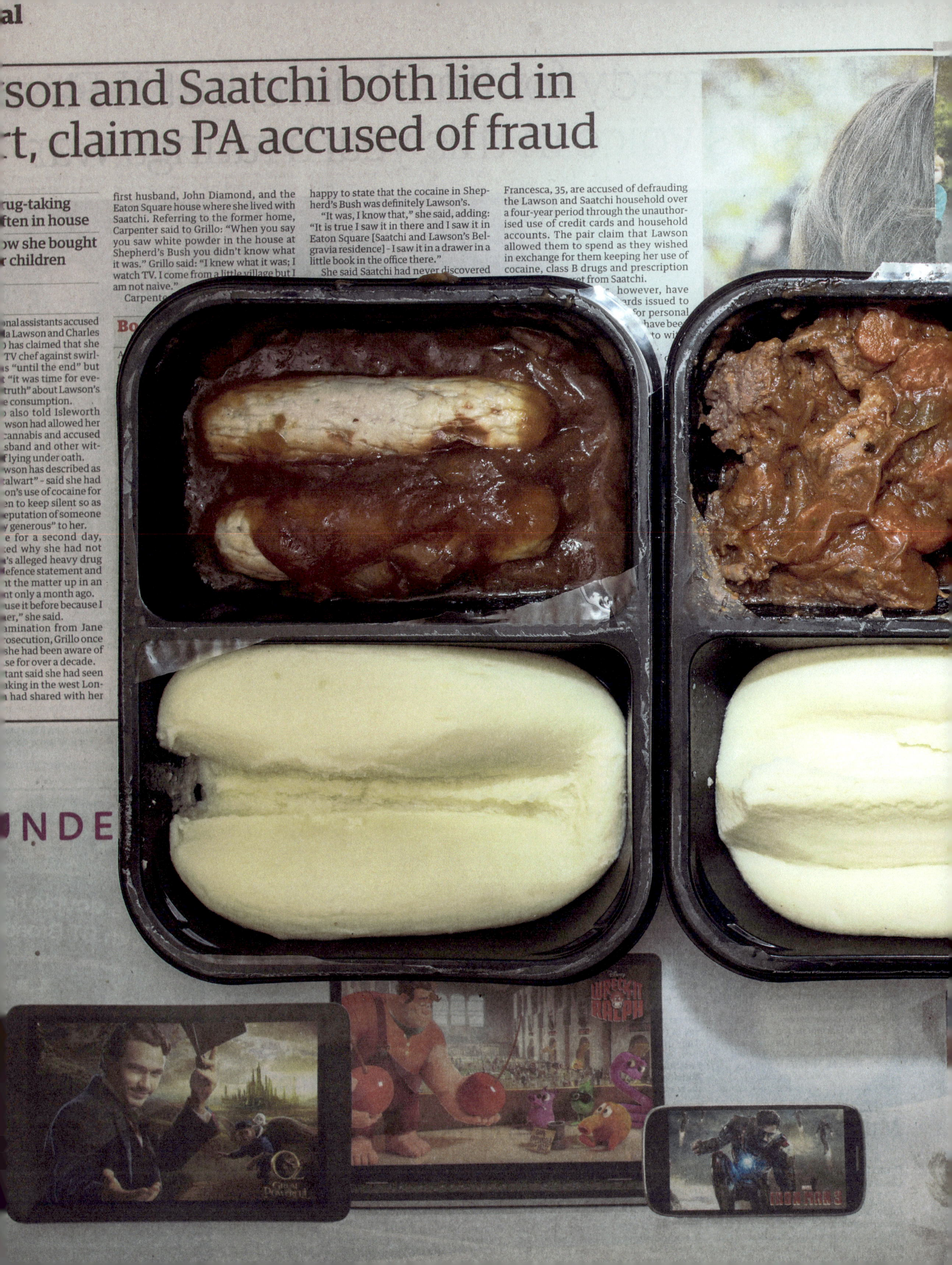

son and Saatchi both lied in
rt, claims PA accused of fraud

rug-taking
ften in house

w she bought
r children

nal assistants accused
la Lawson and Charles
has claimed that she
TV chef against swirl-
s "until the end" but
"it was time for eve-
truth" about Lawson's
e consumption.
also told Isleworth
wson had allowed her
cannabis and accused
sband and other wit-
f lying under oath.
wson has described as
talwart" - said she had
on's use of cocaine for
en to keep silent so as
eputation of someone
y generous" to her.
e for a second day,
ed why she had not
's alleged heavy drug
efence statement and
nt the matter up in an
nt only a month ago.
use it before because I
er," she said.
amination from Jane
osecution, Grillo once
she had been aware of
se for over a decade.
tant said she had seen
king in the west Lon-
had shared with her

first husband, John Diamond, and the
Eaton Square house where she lived with
Saatchi. Referring to the former home,
Carpenter said to Grillo: "When you say
you saw white powder in the house at
Shepherd's Bush you didn't know what
it was." Grillo said: "I knew what it was; I
watch TV. I come from a little village but I
am not naive."
Carpente

happy to state that the cocaine in Shep-
herd's Bush was definitely Lawson's.
"It was, I know that," she said, adding:
"It is true I saw it in there and I saw it in
Eaton Square [Saatchi and Lawson's Bel-
gravia residence] - I saw it in a drawer in a
little book in the office there."
She said Saatchi had never discovered

Francesca, 35, are accused of defrauding
the Lawson and Saatchi household over
a four-year period through the unauthor-
ised use of credit cards and household
accounts. The pair claim that Lawson
allowed them to spend as they wished
in exchange for them keeping her use of
cocaine, class B drugs and prescription
ret from Saatchi.
however, have
ards issued to
for personal
have bee
to wi

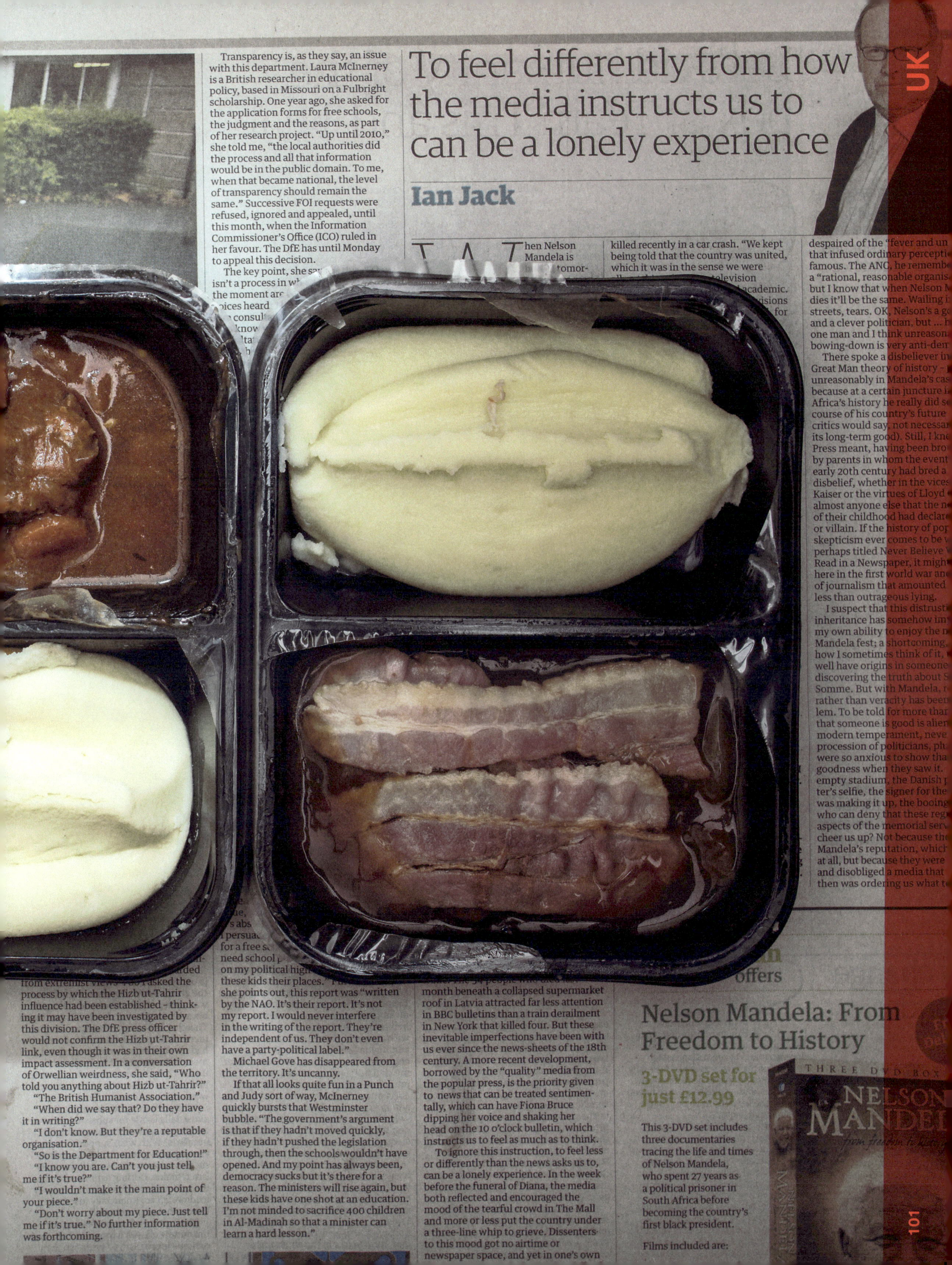
Transparency is, as they say, an issue with this department. Laura McInerney is a British researcher in educational policy, based in Missouri on a Fulbright scholarship. One year ago, she asked for the application forms for free schools, the judgment and the reasons, as part of her research project. "Up until 2010," she told me, "the local authorities did the process and all that information would be in the public domain. To me, when that became national, the level of transparency should remain the same." Successive FOI requests were refused, ignored and appealed, until this month, when the Information Commissioner's Office (ICO) ruled in her favour. The DfE has until Monday to appeal this decision.
To feel differently from how the media instructs us to can be a lonely experience
Ian Jack
killed recently in a car crash. "We kept being told that the country was united, which it was in the sense we were
process by which the Hizb ut-Tahrir influence had been established – thinking it may have been investigated by this division. The DfE press officer would not confirm the Hizb ut-Tahrir link, even though it was in their own impact assessment. In a conversation of Orwellian weirdness, she said, "Who told you anything about Hizb ut-Tahrir?"
"The British Humanist Association."
"When did we say that? Do they have it in writing?"
"I don't know. But they're a reputable organisation."
"So is the Department for Education!"
"I know you are. Can't you just tell me if it's true?"
"I wouldn't make it the main point of your piece."
"Don't worry about my piece. Just tell me if it's true." No further information was forthcoming.
she points out, this report was "written by the NAO. It's their report. It's not my report. I would never interfere in the writing of the report. They're independent of us. They don't even have a party-political label."
Michael Gove has disappeared from the territory. It's uncanny.
If that all looks quite fun in a Punch and Judy sort of way, McInerney quickly bursts that Westminster bubble. "The government's argument is that if they hadn't moved quickly, if they hadn't pushed the legislation through, then the schools wouldn't have opened. And my point has always been, democracy sucks but it's there for a reason. The ministers will rise again, but these kids have one shot at an education. I'm not minded to sacrifice 400 children in Al-Madinah so that a minister can learn a hard lesson."
month beneath a collapsed supermarket roof in Latvia attracted far less attention in BBC bulletins than a train derailment in New York that killed four. But these inevitable imperfections have been with us ever since the news-sheets of the 18th century. A more recent development, borrowed by the "quality" media from the popular press, is the priority given to news that can be treated sentimentally, which can have Fiona Bruce dipping her voice and shaking her head on the 10 o'clock bulletin, which instructs us to feel as much as to think.
To ignore this instruction, to feel less or differently than the news asks us to, can be a lonely experience. In the week before the funeral of Diana, the media both reflected and encouraged the mood of the tearful crowd in The Mall and more or less put the country under a three-line whip to grieve. Dissenters to this mood got no airtime or newspaper space, and yet in one's own
offers
Nelson Mandela: From Freedom to History
3-DVD set for just £12.99
This 3-DVD set includes three documentaries tracing the life and times of Nelson Mandela, who spent 27 years as a political prisoner in South Africa before becoming the country's first black president.
Films included are:
THREE DVD BOX
NELSON MANDELA

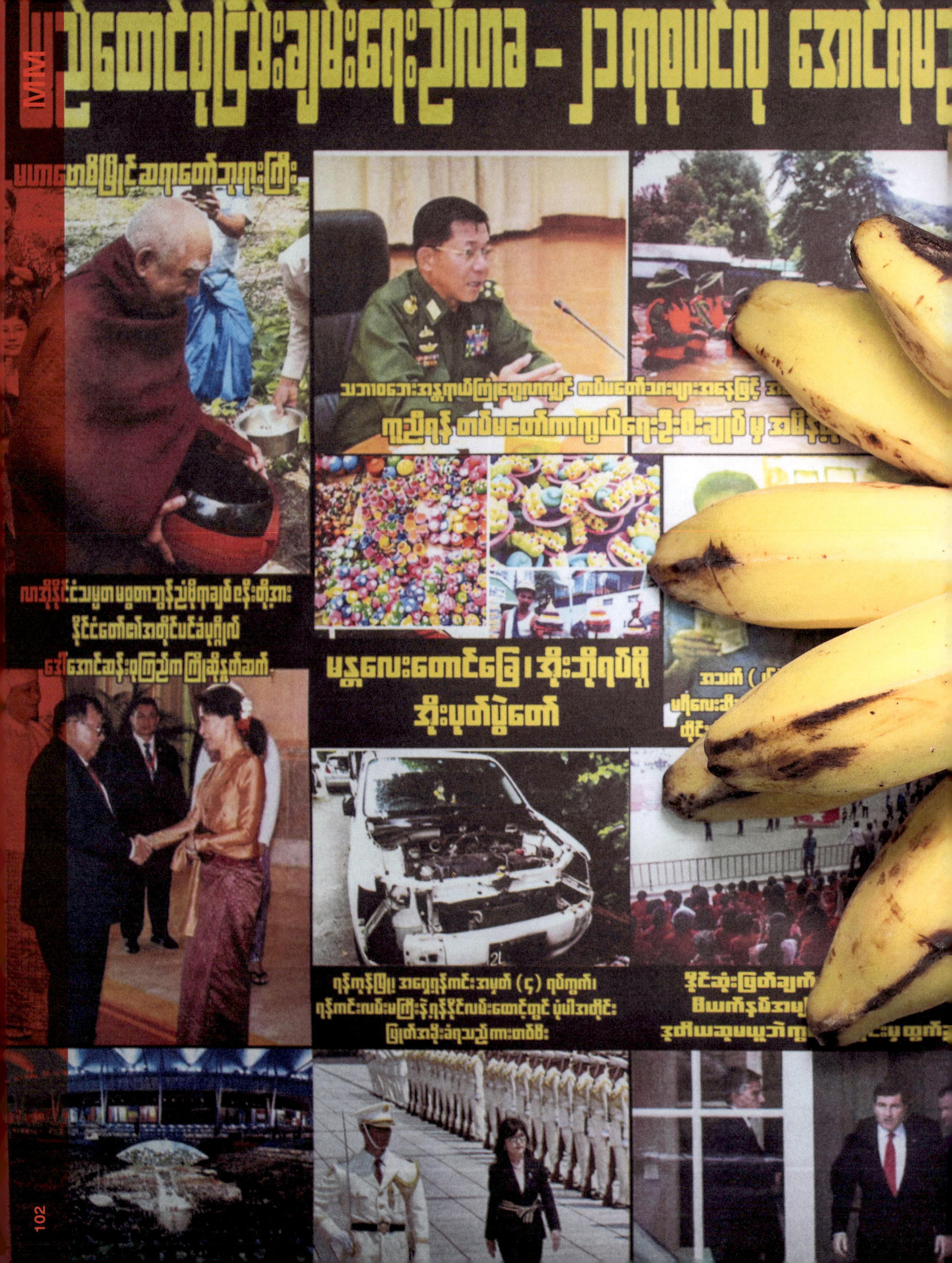

မဟာစည်မြိုင် ဆရာတော်ဘုရားကြီး

သဘာဝဘေးအန္တရာယ်ကြုံတွေ့လာလျှင် တပ်မတော်သားများအနေဖြင့် အ
ကူညီရန် တပ်မတော်ကာကွယ်ရေးဦးစီးချုပ် မှ အမိန့်...

ဟာ့နိုင်ငံသမ္မတ မဒ္ဒတာဘွန်ဥုမိုကုချစ် နန်းတိုအား
နိုင်ငံတော်၏အတိုင်ပင်ခံပုဂ္ဂိုလ်
ဒေါ်အောင်ဆန်းစုကြည်က ကြိုဆိုနှုတ်ဆက်

မန္တလေးတောင်ခြေ၊ ဆိုးဘိုရပ်ရှိ
ဆိုးပုတ်ပွဲတော်

ရန်ကုန်မြို့ အရှေ့ရန်ကင်းအမှတ် (၄) ရပ်ကွက်၊
ရန်ကင်းလမ်းမကြီးနှင့် ရွှင်နိုင်လမ်းထောင့်တွင် ပုံပါအတိုင်း
ဖြစ်အာဆိုးခဲ့သည့်ကားတစ်စီး

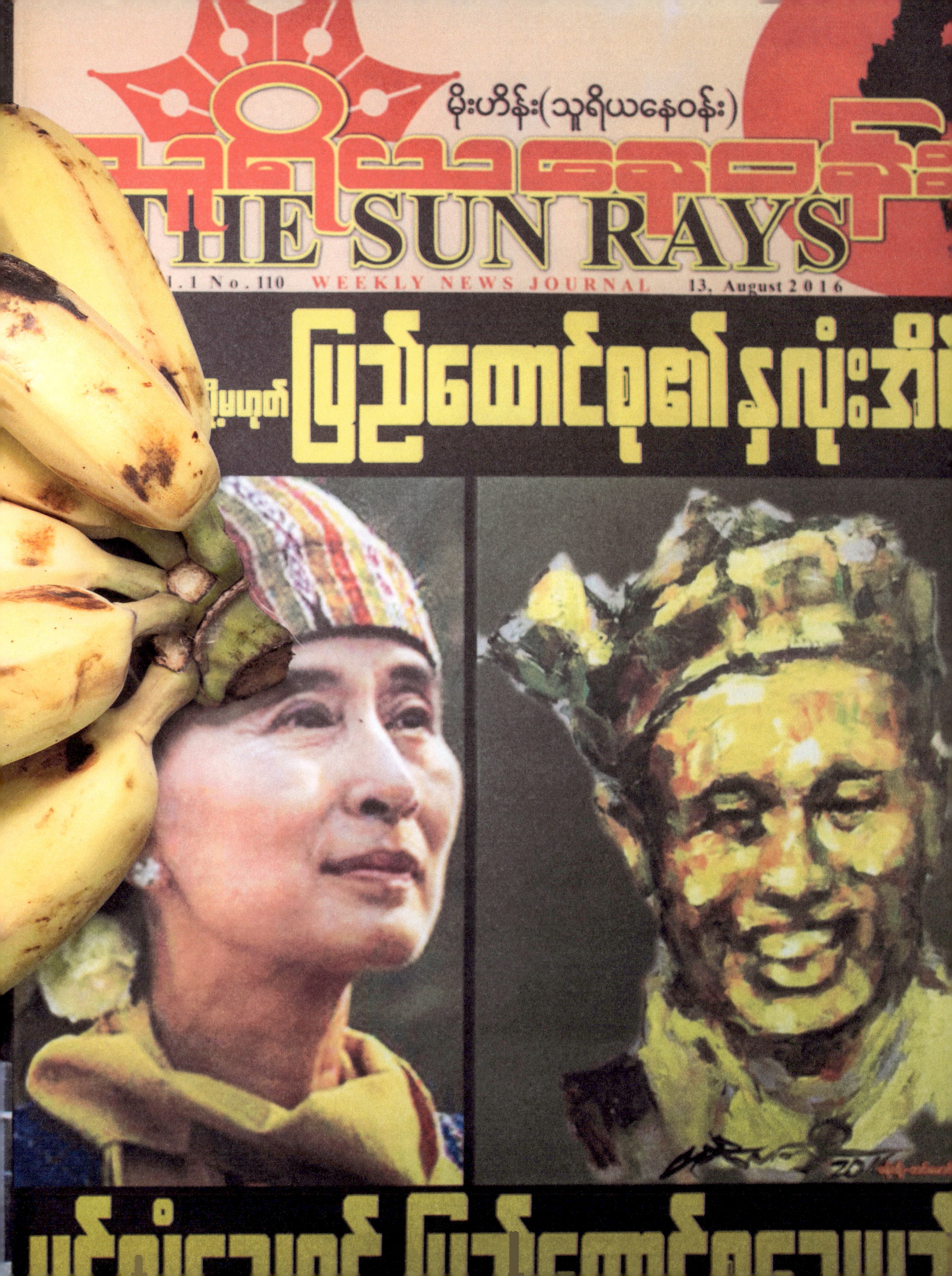

မိုးဟိန်း(သူရိယနေဝန်း)
THE SUN RAYS
Vol.1 No. 110   WEEKLY NEWS JOURNAL   13, August 2016
မဟုတ် ပြည်ထောင်စုစွာ် နှလုံးအိ

THE MYANMAR REVIEW

အုပ်ချုပ်မှုဒါရိုက်တာ
ရဲဝင်းထွဋ်
တာဝန်ခံအယ်ဒီတာ
နေရီ
အယ်ဒီတာအဖွဲ့
ကောက်နွယ်ကနောင်
ဝဏ္ဏဖေသော်
သတင်းထောက်ချုပ်
ထူးမြတ်
ဒုသတင်းထောက်ချုပ်
မင်းနိုင်စိုး
သတင်းအဖွဲ့
မင်းသုခ
မြင့်မြတ်ထက်
နိုင်ငံတကာသတင်း
လင်းလင်းဟန်
အနုပညာသတင်း
နွယ်ဏီ
အုပ်ချုပ်မှုအဖွဲ့
ဆုဆုသော်
ငွေစာရင်း
အိမွန်ထွေး
ဒီဇိုင်း
ထွန်းဝင်းအောင်၊ မိုးဆန်း
ကွန်ပျူတာစာစီ
ကောင်းထက်၊ သုတမြတ်နိုး
ကြော်ငြာ
နီလာခိုင်၊ ဝင်းမြင့်ကျော်
ဖြန့်ချိရေး
ကျော်သူရအောင်
အောင်ကိုကို
ထုတ်ဝေသူ
ဦးရဲဝင်းထွဋ်(ဝဝဝဝ၄)
ပုံနှိပ်သူ
ဆုလာဘ်ပုံနှိပ်တိုက်
(၀၁၃၂၄)
တိုက် (20)E,
မြေညီထပ်၊ ၅၆ လမ်း၊
ပုဇွန်တောင်မြို့နယ်
ဆက်သွယ်ရန်လိပ်စာ
အမှတ် (၄၉၈) ပထမထပ်(ဝဲ)
ကမ်းနားလမ်း၊ သီတာရပ်ကွက်
ကြည့်မြင်တိုင်မြို့နယ်
themyanmarreviews@gmail.com

The Myanmar Review Journal ၏ ရပ်တည်ချက်

၁။ သတင်းများကို မှန်ကန်တိကျစွာဖြင့် ပကတိအတိုင်းဖော်ပြမည်။
၂။ အများပြည်သူ သိသင့်သိထိုက်သော မည်သည့်သတင်းနှင့် ဆောင်းပါးမျိုးကိုမဆို ဘက်မလိုက်ဘဲဖော်ပြသွားမည်။
၃။ ဒီမိုကရေစီ နိုင်ငံတော်သစ်ဆီသို့ငြိမ်းချမ်းစွာ အသွင်ကူးပြောင်းနိုင်ရေးအတွက်မီဒီယာကဏ္ဍမှတာဝန်ယူမ်း

၂၁ ပင်လုံဟု ဆိုကြရာဝယ်

၂၀၁၆ ခုနှစ်၊ ဧပြီလ တစ်ရက်နေ့တွင် ဒေါ်အောင်ဆန်းစုကြည်ခေါင်းဆောင်သော အမျိုးသားဒီမိုကရေစီအဖွဲ့ချုပ်အစိုးရ တက်လာခဲ့ပါသည်။ အစိုးရသစ်၏ ငြိမ်းချမ်းရေးလုပ်ငန်းစဉ်မှာ ၂၁ ရာစု ပင်လုံညီလာခံဟူသော ငြိမ်းချမ်းရေးညီလာခံတစ်ရပ်ကျင်းပပြီး ငြိမ်းချမ်းရေးလုပ်ငန်းစဉ်ကို ဆက်လက်ဆောင်ရွက်သွားမည်ဖြစ်ပါသည်။ ထို ၂၁ ရာစုပင်လုံညီလာခံတွင် တိုင်းရင်းသားလက်နက်ကိုင်အဖွဲ့အားလုံးပါဝင်နိုင်ရေး ကြိုးပမ်းဆောင်ရွက်သွားမည်ဖြစ်ကြောင်း အစိုးရသစ်ကထုတ်ဖော်ပြောကြားခဲ့သည်။

ဦးသိန်းစိန်အစိုးရလက်ထက်တွင်လည်း အပစ်အခတ်ရပ်စဲရေးနှင့် ငြိမ်းချမ်းရေးရရှိရေးကို အာရုံစိုက်ဆောင်ရွက်ခဲ့ပါသည်။ အောင်မြင်မှုများရှိခဲ့သလို စိန်ခေါ်မှုပြဿနာအသစ်များလည်းပေါ်ပေါက်ခဲ့ပါသည်။ တိုင်းရင်းသားလက်နက် ကိုင်အဖွဲ့များအနက် သက်တမ်းအရှည်ဆုံးနှင့် တိုက်ရည်ခိုက်ရည်အရှိဆုံးဟုဆိုနိုင်သော ကေအန်ယူအဖွဲ့ကြီးနှင့် အပစ်အခတ်ရပ်စဲနိုင်ခဲ့ပြီး NCA သဘောတူစာချုပ်ကို လက်မှတ်ရေးထိုးနိုင်ခဲ့ပါသည်။

သို့သော် လက်မှတ်ရေးထိုးရာတွင် အဖွဲ့ရှစ်ဖွဲ့က လက်မှတ်ရေးထိုးခဲ့ပြီး ရှစ်ဖွဲ့က လက်မှတ်ရေးထိုးခြင်းမပြုခဲ့ပါ။ လက်မှတ်မထိုးရသော အကြောင်းအရင်းမှာ MNDAA၊ TNLAနှင့် AA အဖွဲ့သုံးဖွဲ့အား ဆွေးနွေးပွဲတွင် ပါဝင်ခွင့်မပြု၍ဖြစ်ပါသည်။ ဦးသိန်းစိန်အစိုးရနှင့်တပ်မတော်အနေဖြင့်မူ MNDAA ကိုးကန့်အဖွဲ့သည် လောလောလတ်လတ် လောက်ကိုင်ကိုဝင်တိုက်ခဲ့သောအဖွဲ့ဖြစ်ပြီး ကျန်အဖွဲ့နှစ်ဖွဲ့သည် ပေါ်ပေါ်တင်တင်ကူညီခဲ့သည့်အဖွဲ့များ ဖြစ်နေပါသည်။ ထို့ပြင် AA အဖွဲ့သည် ငြိမ်းချမ်းရေးဆွေးနွေးမှုများ စတင်စဉ်က မရှိသေးဘဲ နောက်ပိုင်းမှသာ KIA ၏အထောက်အပံ့ဖြင့် ထပ်မံဖွဲ့စည်းလိုက်သည့်အဖွဲ့ဖြစ်နေပါသည်။ TNLA အဖွဲ့သည်လည်း KIA ၏အထောက်အပံ့ဖြင့်ပင် နောက်ပိုင်းမှ ကြီးထွားလာသောအဖွဲ့ဖြစ်ပါသည်။ သို့ဖြစ်ရာထိုအဖွဲ့များအားကျန်သည့်အဖွဲ့များနှင့် တန်းတူပါဝင်ဆွေးနွေးခွင့်ပြုရေးဟူသည့်ကိစ္စကို လက်မခံနိုင်ဘဲ အကျပ်အတည်းတစ်ခုအဖြစ် ရှိနေခဲ့ခြင်းဖြစ်ပါသည်။

ဒေါ်အောင်ဆန်းစုကြည်၏ ၂၁ ရာစုပင်လုံညီလာခံတွင်တော့ ထိုအဖွဲ့သုံးဖွဲ့ကိုလည်း ပါဝင်ခွင့်ရရှိအောင် ဆောင်ရွက်နေပြီဖြစ်ပါသည်။ ဩဂုတ်လ ၈ ရက်နေ့က အစိုးရ၏ညှိနှိုင်းရေးမစ်ရှင်တစ်ခု ထိုအဖွဲ့များထံထွက်ခွာသွားခဲ့ပြီး ညီလာခံတွင် ပါဝင်နိုင်ရေးညှိနှိုင်းဆောင်ရွက်လျက်ရှိနေပါသည်။ တပ်မတော်ဘက်ကမူ တပ်မတော်နှင့်လက်ရှိ တိုက်ပွဲဖြစ်ပွားနေသော ထိုအဖွဲ့သုံးဖွဲ့အနေဖြင့် ယခုချက်ချင်းလက်နက်မစွန့်သေးသော်လည်း လက်နက်စွန့်လိုသည့်သဘောထားရှိကြောင်း ပြသရန်လိုအပ်သည်ဟု ပြောဆိုထားပါသည်။ ထိုအဖွဲ့သုံးဖွဲ့အနေဖြင့် လက်နက်စွန့်လိုသော သဘောထားရှိကြောင်း အားလုံးလက်ခံနိုင်မည့် နည်းလမ်းတစ်ခုခုဖြင့် ပြသနိုင်လျှင်မူ ဩဂုတ်လ ၃၁ ရက်နေ့တွင် ကျင်းပမည့် ၂၁ ရာစု ပင်လုံညီလာခံတွင် အဖွဲ့အားလုံးပါဝင်ရေးကိစ္စအထမြောက်ပြီဟု ဆိုရမည်ဖြစ်ပါသည်။

သို့သော် ၇. ၈. ၂၀၁၆ ရက်နေ့ ညနေ သုံးနာရီခွဲခန့်အချိန် ကချင်ပြည်နယ်တွင် ဖြစ်စဉ်တစ်ခုဖြစ်ပွားခဲ့ပါသည်။ နယ်မြေလုံခြုံရေးပုံမှန်ဆောင်ရွက်နေသည့် တပ်မတော်စစ်ကြောင်းတစ်ခုအား ကေအိုင်အေအဖွဲ့မှ ချောင်းမြောင်းတိုက်ခိုက်ခဲ့ရာ တပ်မတော်ဆေးတက္ကသိုလ်ဆင်း အသက် ၂၆ နှစ်ခန့် ဗိုလ်အဆင့်ရှိ ဆေးမှူးတစ်ဦး ကျဆုံးသွားခဲ့ပါသည်။ တစ်ဆက်တည်းမှာပင် လမ်းကြောင်းပေါ်တွင် သွားလာနေသည့် ရဲတပ်ဖွဲ့ယာဉ်တန်းတစ်ခုအား ကေအိုင်အေက မိုင်းဖောက်ခွဲတိုက်ခိုက်ခဲ့ရာ ဒုတိယရဲမှူးကြီးတစ်ဦးအပါအဝင် ရဲတပ်ဖွဲ့ဝင် ခြောက်ဦးခန့်ဒဏ်ရာရရှိခဲ့ပါသည်။

ပုံမှန်အားဖြင့်ဆိုလျှင်တော့ ထိုကဲ့သို့သော တိုက်ခိုက်မှုများဖြစ်ပေါ်ခဲ့လျှင် တပ်မတော်မှ ခြေမြန်တပ်မများက ထိုဒေသအား ချက်ချင်းဝင်ရောက်ရှင်းလင်းလေ့ရှိပါသည်။ ထို့ပြင် ဒေသအတွင်းရှိ ကေအိုင်အေစခန်းများအား အမြောက်များဖြင့် ပစ်ခတ်ခြင်း၊ ခြေလျင်စစ်ကြောင်းများမှ ဝင်ရောက်ရှင်းလင်းခြင်း၊ လိုအပ်ပါက လေကြောင်းတိုက်ခိုက်မှုများပါ ပြုလုပ်ခြင်းဖြင့် လက်တုံ့ပြန်တိုက်ခိုက်လေ့ရှိပါသည်။ ထပ်မံလိုအပ်လျှင်မူ တပ်အင်အားအများအပြားဖြင့် စစ်ဆင်ရေးအကြီးစားကြီးများပြုလုပ်ကာ နယ်မြေရှင်းလင်းလေ့ရှိပါသည်။

ယခုမူ ထိုကဲ့သို့ပြုလုပ်ရန် တပ်မတော်အနေဖြင့် အခွင့်မသာပါ။ အဘယ်ကြောင့်ဆိုသော် ဒေါ်အောင်ဆန်းစုကြည်၏ ၂၁ ရာစုပင်လုံငြိမ်းချမ်းရေးညီလာခံအားမထိခိုက်အောင်ချင့်ချိန်နေရသည့် အနေအထားဖြစ်နေဟန်ရှိပါသည်။ ထိုအခါ လူမှုကွန်ရက်စာမျက်နှာများတွင် တပ်မတော်မိသားစုအသိုင်းအဝိုင်းများ၏ ဒေါသတကြီး ပြောဆိုတုံ့ပြန်မှုများချက်ချင်းပြင်းထန်လာခဲ့ပါသည်။

ထိုကဲ့သို့သော ဖြစ်စဉ်မျိုးသည် ဦးသိန်းစိန်အစိုးရလက်ထက်ကလည်း ဖြစ်ပွားခဲ့ဖူးပါသည်။ ဦးသိန်းစိန် အစိုးရမှထိုးစစ်များရပ်ဆိုင်းရန် အမိန့်ထုတ်လိုက်သည့်အခါ ကချင်ပြည်နယ်အတွင်း ရှိတပ်များအနေဖြင့် ထိုးစစ်များရပ်ဆိုင်းလိုက်ကြပါသည်။ အချို့တပ်များမှာ ကေအိုင်အေဌာနချုပ် လိုင်ဇာအဝသို့ပင် ရောက်ရှိနေခဲ့ပြီဖြစ်ရာ တပ်မတော်၏စစ်ဆင်ရေးများအောက်တွင် ထိန်းချုပ်ခံထားရသောကေအိုင်အေတပ်ဖွဲ့များမှာ ဦးသိန်းစိန်၏ အမိန့်ကြောင့်များစွာ အသက်ရှူချောင်သွားခဲ့ရပါသည်။

အကျိုးဆက်အဖြစ် ကေအိုင်အေပြောက်ကျားအဖွဲ့များပြန်လည် ခေါင်းထောင်လာနိုင်ခဲ့ပြီး ငှက်ဖျားလူနာများပို့ဆောင်သော ခလရ ၂၁ ယာဉ်တန်းအား ချုံခိုတိုက်ခိုက်ရာ အရာရှိစစ်သည်အများအပြားကျဆုံးသွားခဲ့ပါသည်။ လူနာအချို့မှာ ကားပေါ်တွင် မီးလောင်သေဆုံးခဲ့ပြီး အရာရှိအပါအဝင် စစ်သည်အချို့ဖမ်းဆီးခံခဲ့ရပါသည်။ ထိုဖြစ်စဉ် ဗွီဒီယိုဖိုင်အား ကေအိုင်အေအဖွဲ့က Youtube တွင် ထုတ်လွှင့်ခဲ့ရာ တပ်မတော်အသိုင်းအဝိုင်းမှ ဒေါသတကြီးဖြစ်ခဲ့ကြပြီး ထိုးစစ်ရပ်ရန် အမိန့်ထုတ်ခဲ့သည့် ဗိုလ်ချုပ်ကြီးဟောင်းသမ္မတဦးသိန်းစိန်ကိုပင် လူမှုကွန်ရက်တွင် အကြီးအကျယ်ဝေဖန်အပြစ်တင်ခဲ့ကြပါသည်။

ငြိမ်းချ… အဖွဲ့ပေါင်းများစွာနှင့် ဆောင်ရွက်ကြရာ… ရှိုးသ… သာ အဖွဲ့များလည်းများစွာ ရှိကြ… အ… ထန်လာသည်နှင့် ငြိမ်းချမ်… ဆန္ဒပြမှုများ ပြုလုပ်… ပ်ကာ ငြိမ်းချမ်းရေးက… မတော်၏ စစ်ရေးလုပ်… အရယူကာ လူ၊ လက်နက်… ရန်ကြိုးစားခြင်း၊ အပစ်ရပ်ထ… တပ်မ… ည်တိုက်ခိုက်ခြင်း စသည်တို့ကို အ… တလဲလဲပြု…

ဦးသိန်းစိန်အစိုးရလက်ထက်တွင် ထိုကဲ့သို့သော ဖြစ်ရပ်မျိုးဖြင့် အနာတရဖြစ်ခဲ့သည့် တပ်မတော်သားများ၊ ရဲတပ်ဖွဲ့ဝင်များသည် ယခုအစိုးရသစ်၏ ၂၁ ရာစုပင်လုံညီလာခံကျင်းပရန် ရက် ၂၀ ခန့်အလိုအတွင် ထိုဖော်ပြလာအတိုင်းပင် ထပ်မံအတိုက်ခိုက်ခံရပြန်ပါသည်။ ပင်လုံညီလာခံလည်း ကျင်းပ၊ တစ်ဖက်က လည်း ယာဉ်တန်းများ၊ စစ်ကြောင်းများအားမိုင်းဆွဲတိုက်ခိုက်နေလျှင်တော့ ၂၁ ပင်လုံညီလာခံဟူသည် တိုင်းရင်းသားလက်နက်ကိုင်အဖွဲ့များမှ ဒေါ်အောင် ဆန်းစုကြည်အပေါ် နိုင်ငံရေးအမြတ်ထုတ်သည့်ပွဲတစ်ခုသာဖြစ်လာမည်ဖြစ်ပြီး ထိုကိစ္စသည် ညီလာခံ၏ အနှစ်သာရကို ကောင်းစွာခြိမ်းခြောက်လာနိုင်သည့် အန္တရာယ်တစ်ခုဖြစ် နေပါသည်။

အရေးအကြီးဆုံးမေးခွန်းတစ်ခုမှာ ၂၁ ရာစုပင်လုံငြိမ်းချမ်းရေးညီလာခံကျင်းပနေစဉ်အတွင်း ထပ်မံ၍ တပ်မတော်သားအများအပြား တိုက်ခိုက်ခံရပြီး ကျဆုံးခဲ့ပါက ဒေါ်အောင်ဆန်းစုကြည်အနေဖြင့် မည်သို့ဖြေရှင်းဆောင်ရွက်ပါမည်နည်းဟူသည့် မေးခွန်းဖြစ်ပါသည်။

၂၁ ရာစုပင်လုံညီလာခံနှင့်ငြိမ်းချမ်းရေးအားကြီးစွာ အနှောင့်အယှက်ပေးနိုင်သည့် ထိုကဲ့သို့သောအခြေအနေမျိုး ရောက်ရှိမလာစေရန် လွန်စွာအရေးကြီးလှပါကြောင်း The Myanmar Review Journal မှဝေဖန်ထောက်ပြ အကြံပြုအပ်ပါသည်။

အယ်ဒီတာ

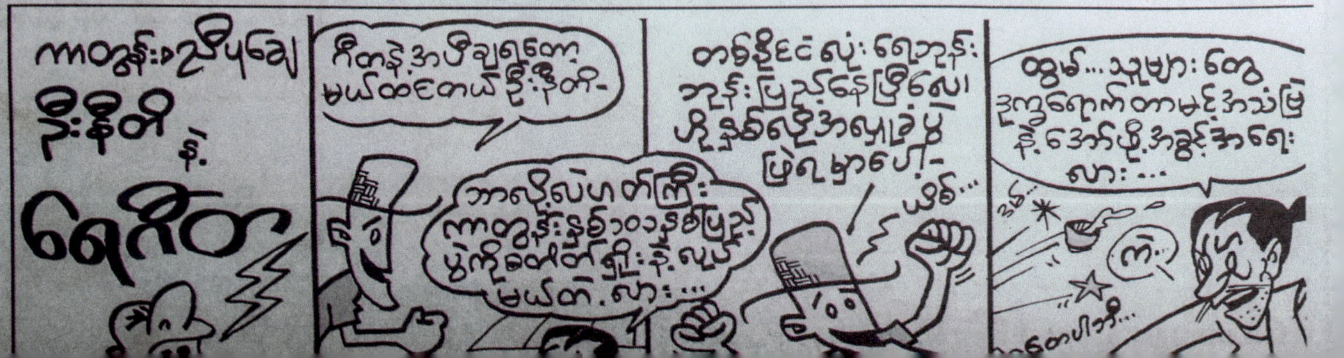

အလက်ပိုတွင် ဆီးရီးယားအစိုးရ လေကြောင်းက အပြင်းအထန် ဗုံးကြဲတိုက်ခိုက်

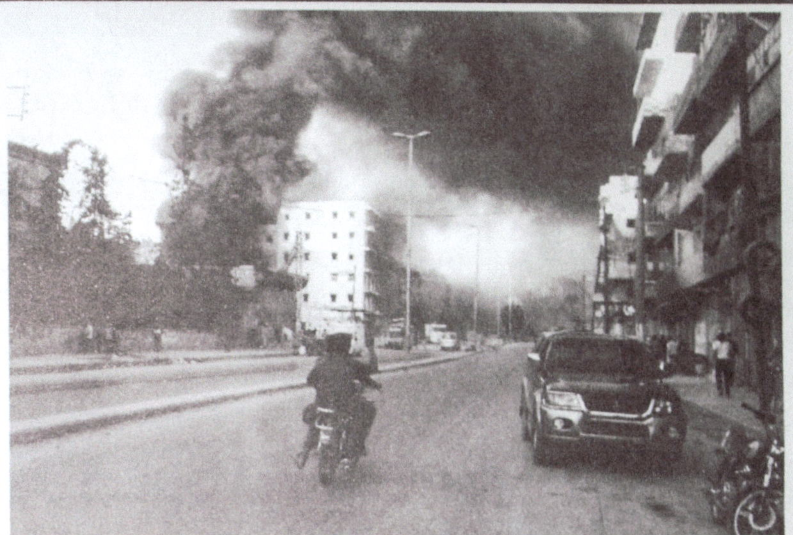

ဩဂုတ်(၈)ရက် နေ့လည်နေ့ က ရုရှားတ်လေသွား တူပုလ Tu-22M3 ညှိုလေယာဉ်(၆)စင်း အလက်ပိုမြို့၊ တောင်ပိုင်း

Ref: AFP

... တန်ဆေးရုံ အေ... မှုတွင် လူ(၇...

ရုရှားနှင့်ဆက်ဆံရေး ပြန်လည်ထူထောင်ရန် တူရကီသမ္မတ မော်စကိုသို့ သွားရောက်

Ref: BBC

အာဖဂန်တွင် အမေရိကန်နှင့်ဩစတြေးလျ ပါမောက္ခနစ်ဦး ပြန်ပေးဆွဲခံရ

အာဖဂန်နစ္စတန်နိုင်ငံ မြို့တော်ကတ်ဘူးလ်တွင် အမေရိကန်နှင့် ဩစတြေးလျနိုင်ငံဖွ့ တက္ကသိုလ်ပါမောက္ခနစ်ဦး ဩဂုတ်(၇)ရက်ည့နေ့ပိုင်း ပြန်ပေးဆွဲခံခဲ့ရကြောင်း အာဖဂန်အရာရှိများ ပြောကြားခဲ့သည်။ အဆိုပါ ပါမောက္ခနစ်ဦးသည် အာဖဂန်၍ အမေရိကန်တက္ကသိုလ်စ်တွင်ဖ တာဝန်ထမ်းဆောင်နေသူများဖြစ်ကာ ၌င်းတို့ည့ရိ်ပ်သာသို့ ကားဖြင့်ပြန်လာစဉ် သေနတ်သမားများတိုက်ခိုက်မှု ကြဲခဲ့ခြင်းဖြစ်ပါ။ အာဖဂန်တွင် တဗီဘန်တို့၏ပြန်ကန်တိုက်ခိုက်မှုများ ဆက်တက်ရှိနေဆဲဖြစ်ပြီ...

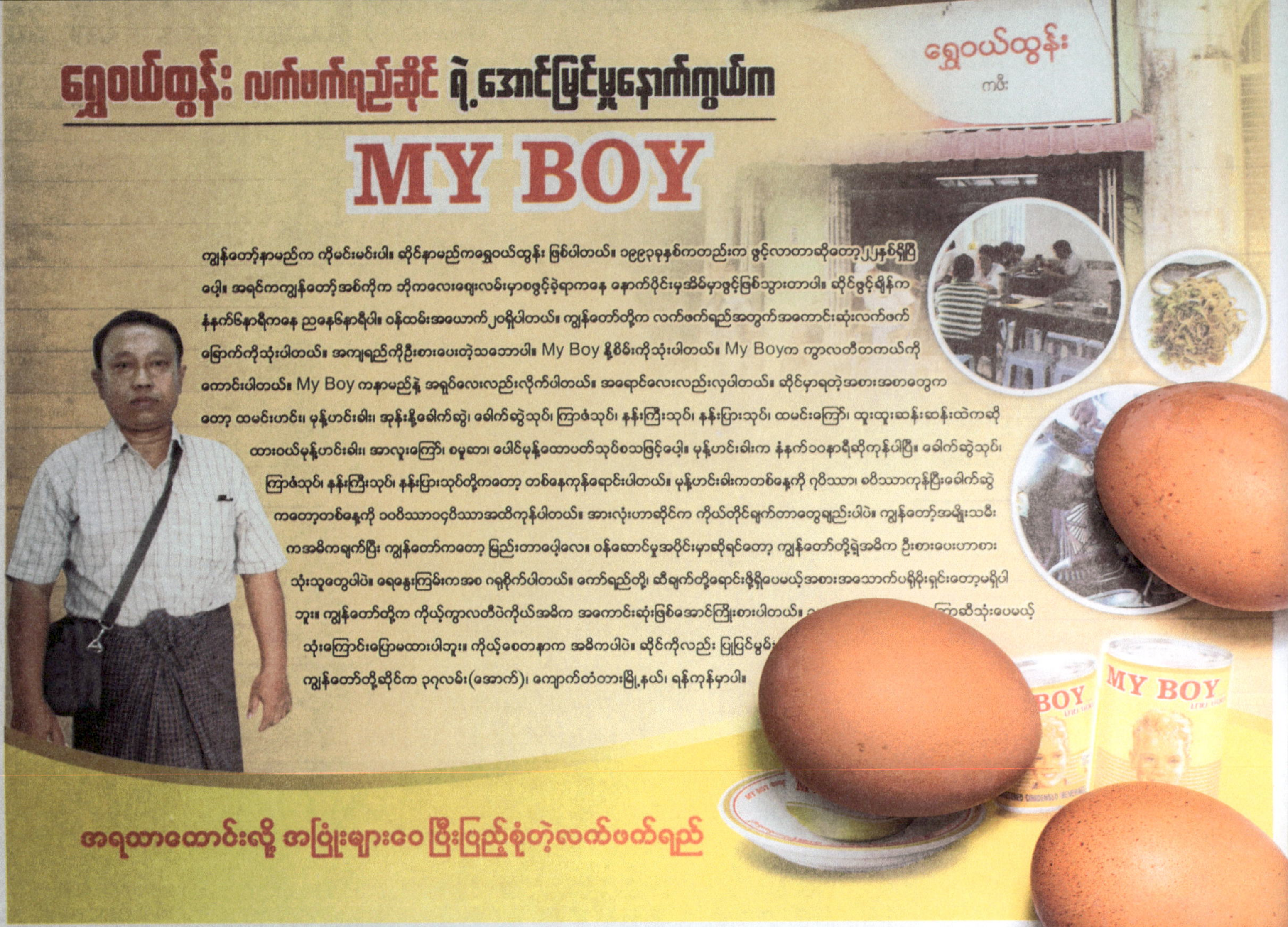

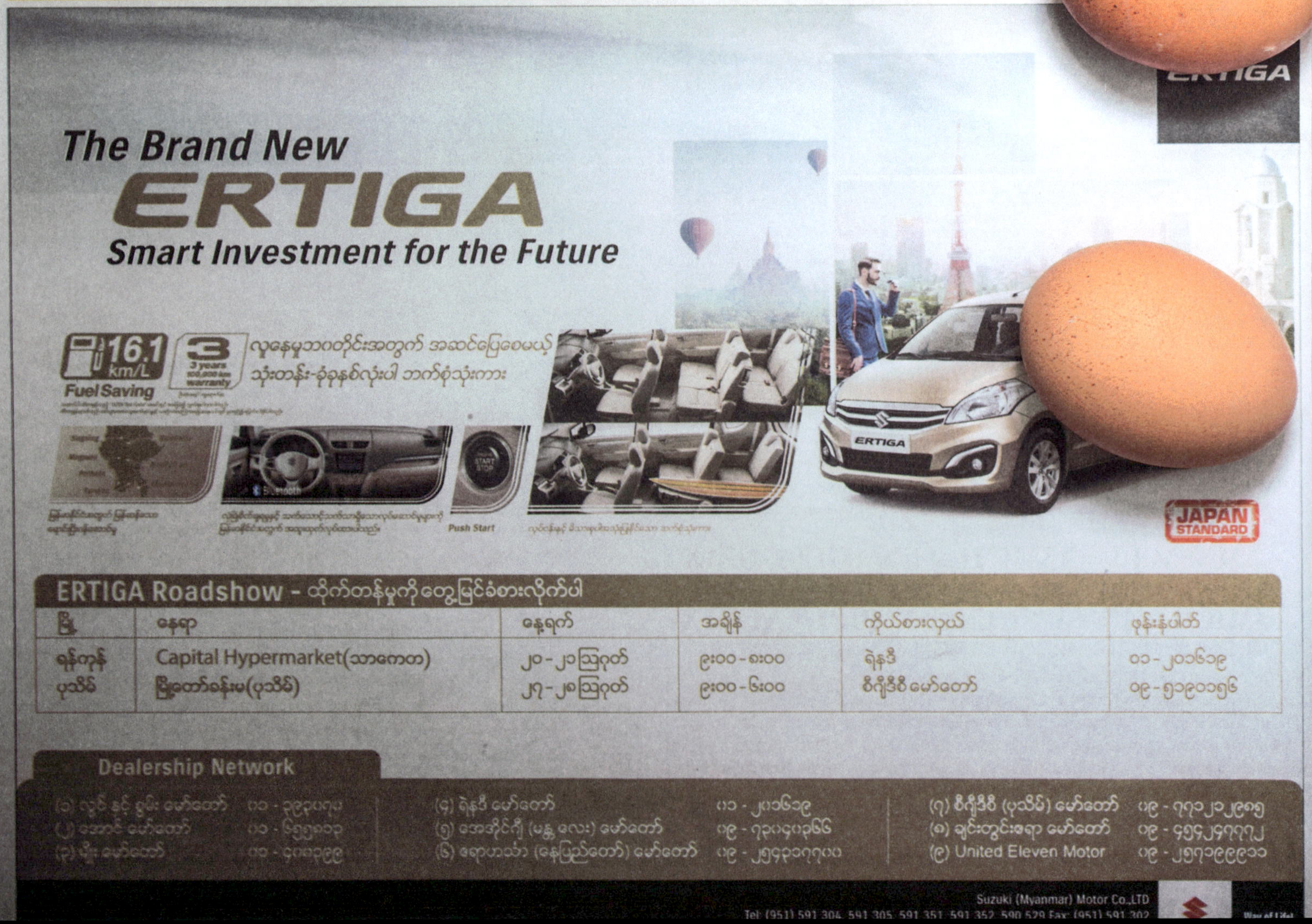

MY BOY
BOY

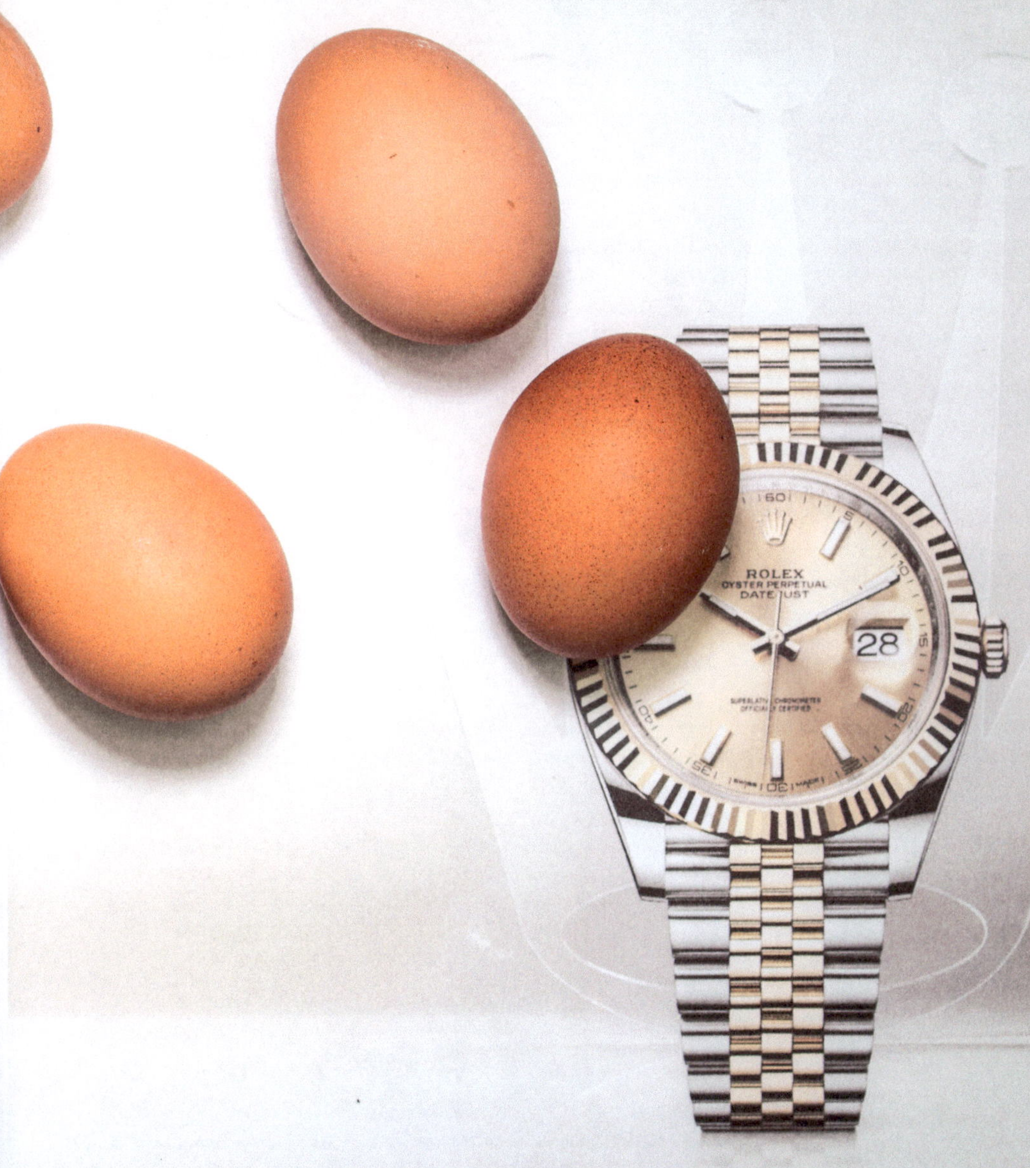

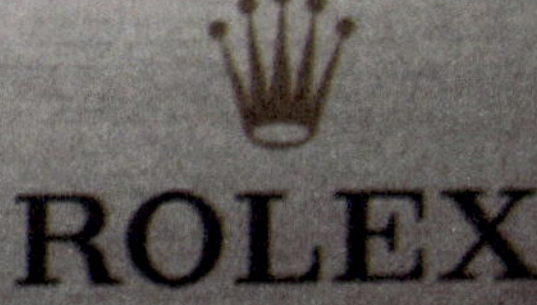

၂၀၁၆ ခုနှစ်အတွက်

ကမ္ဘာ့အလှပဆုံး အမျိုးသမီး ၁၀ ဦး

မောင်အောင်နိုင်

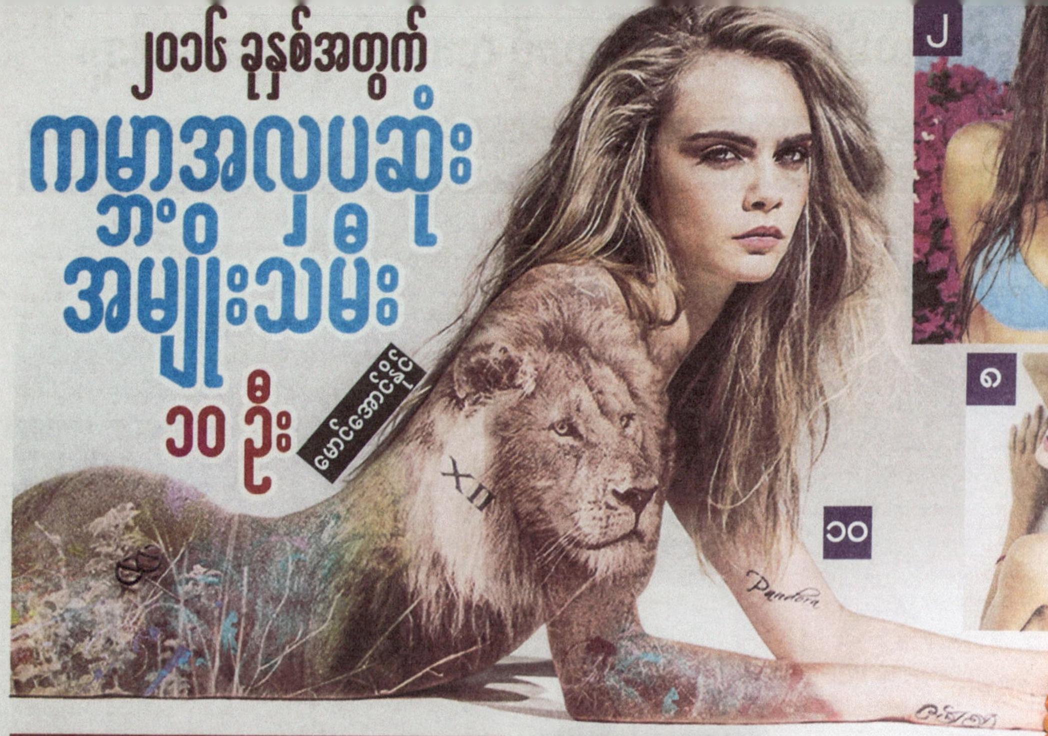

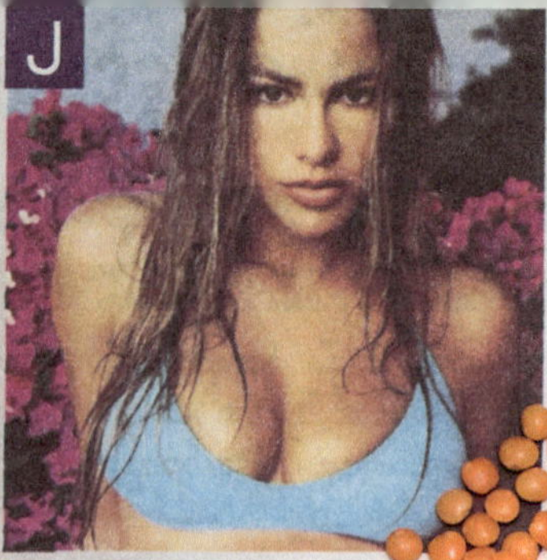

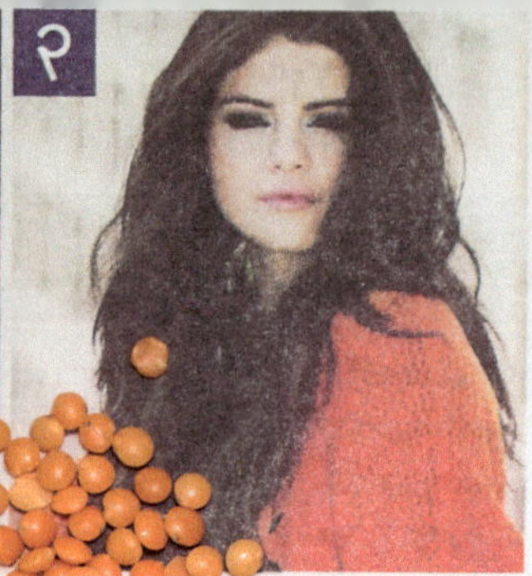

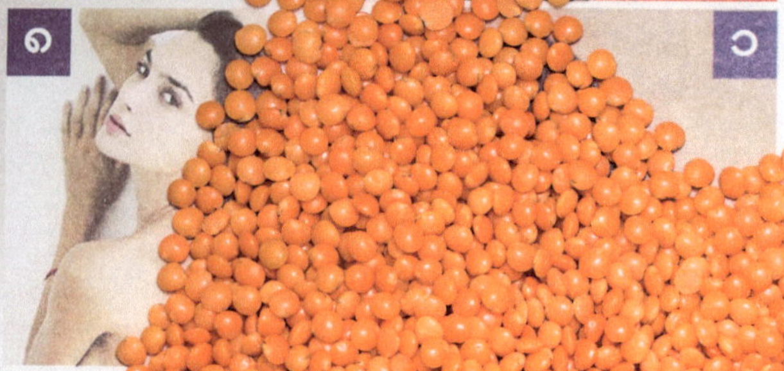

၁။ ဂျန်နီဖာအနစ္စတန် (Jennifer Aniston)

ဂျန်နီဖာအနစ္စတန်သည် "သူငယ်ချင်းများ" (Friends) ဟူသော ရုပ်သံစီးရီးတွဲ၌ သရုပ်ဆောင်ရာမှ အောင်မြင်မှုရရှိခဲ့ပြီး ဟော်လီဝုဒ်၏ ကြယ်ပွင့်ဖြစ်လာခဲ့သည်။ ချစ်သူသက်တမ်း ကြာမြင့်ပြီဖြစ်သော သူဌေးတစ်ဦးဖြစ်သူ "ဂျက်စတင်သီရောက်စ်" နှင့် ၂၀၁၅ ခုနှစ်တွင် လက်ထပ်ခဲ့သောကြောင့် မီဒီယာများကြား၌ ဟိုးလေးတကျော်ဖြစ်ခဲ့သည်။ အနစ္စတန်သည် သရုပ်ဆောင်ကြေးကြီးသော မင်းသမီးတစ်ဦးလည်းဖြစ်သည်။

၂။ ဆိုဖီယာ ဗာဂရာ (Sofia Vergara)

ဆိုဖီယာဗာဂဗ ရာသည် အကောင်းဆုံးရုပ်သံစီးရီးတွဲဆု ရခဲ့သော "မော်ဒန်မိသားစု" (Modern Family) စီးရီးတွဲ၌ ဂလော်ရီယာဆိုသော ဇာတ်ကောင်နေရာ၌ သရုပ်ဆောင်ရာမှ နာမည်ကြီးလာပြီး အင်တာနေရှင်နယ်စူပါစတားတစ်ဦးဖြစ်လာသည့်အပြင် သူမ၏အလှတရားကြောင့် အလှဘုရင်မဟုပင် တင်စားခေါ်ဝေါ်ခံရသူဖြစ်သည်။ သူမသည် "ဂျိုးမန်ဂန်နီအိုလာ"နှင့် အိမ်ထောင်ကျခဲ့သည်။

၃။ စလီနာဂိုးမက်ဇ် (Selena Gomez)

စလီနာဂိုးမက်ဇ်သည် "ဝစ်ဇာတ်အော့ဖ်ဝေဗာလီပလေ့စ်" (Wizards of Waverly Place) ဆိုသော ရုပ်သံစီးရီးတွဲ၌ ပါဝင်ခဲ့ရာမှာ နာမည်စတင်ကျော်ကြားလာခဲ့သည်။ ထို့နောက် သူမသည် ဂီတလောကဘက်သို့ ကူးပြောင်းကာ အဆိုတော်အဖြစ် လုပ်ကိုင်ရာတွင်လည်း ကမ္ဘာတစ်ဝန်း အောင်မြင်ကျော်ကြားမှု ရရှိခဲ့သည်။

၄။ ပရီရန်ခါချိုပရာ (Priyanka Chopra)

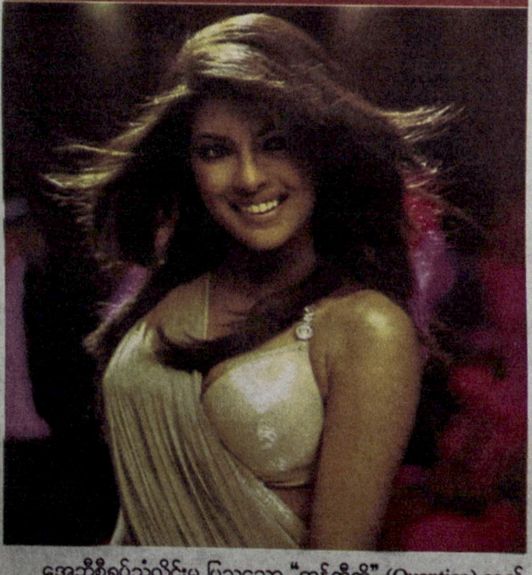

အေဘီစီရုပ်သံလိုင်းမှ ပြသသော "ကွန်တီကို" (Quantico) ဇာတ်ကားစီးရီး၌ ပါဝင်သရုပ်ဆောင်ခွင့်ရသော တောင်အာရှမှ ပထမဦးဆုံး အမျိုးသမီးသရုပ်ဆောင်ဖြစ်သည်။ တိုင်းမ်မဂ္ဂဇင်းက သူမ၏အပြုသဘောဆောင်မှုနှင့် အရည်အချင်းကြောင့် သူမအား ကမ္ဘာ့အလွှမ်းမိုးဆုံးလူ ၁၀၀ စာရင်း၌ ထည့်သွင်းဖော်ပြခဲ့သည်။ သူမသည် ဟော်လီဝုဒ်မတိုင်မီက ဘော်လီဝုဒ်၌ အောင်မြင်ကျော်ကြားသော သရုပ်ဆောင်တစ်ဦးဖြစ်သည့်

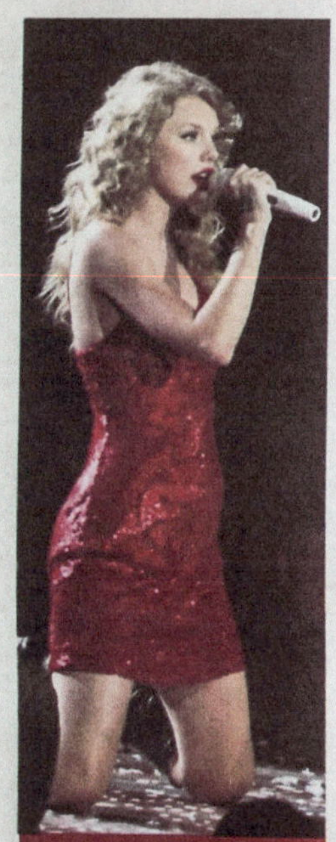

၅။ တေလာဆွစ်ဖ်
(Taylor Swift)

တေလာဆွစ်ဖ်သည် ငယ်ရွယ်ချောမောလှပပြီး ဂီတလောက၌ အောင်မြင်ကျော်ကြားသူဖြစ်ပြီး သူမ၏ သီချင်းများသည် လူငယ်များအကြား၌ အသည်းစွဲဖြစ်သည်။ ထို့အပြင် သူမသည် ဂီတလောက၌လည်း ဆုပေါင်းများစွာ ရရှိထားသူတစ်ဦးလည်း ဖြစ်သည်။

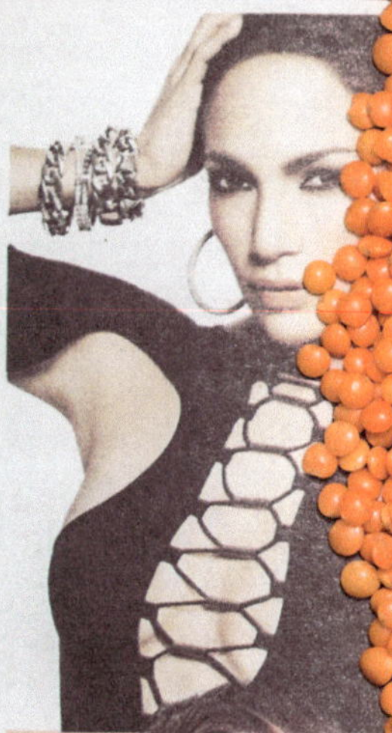

၇။ အမ်မာဝက်စင်
(Emma Watson)

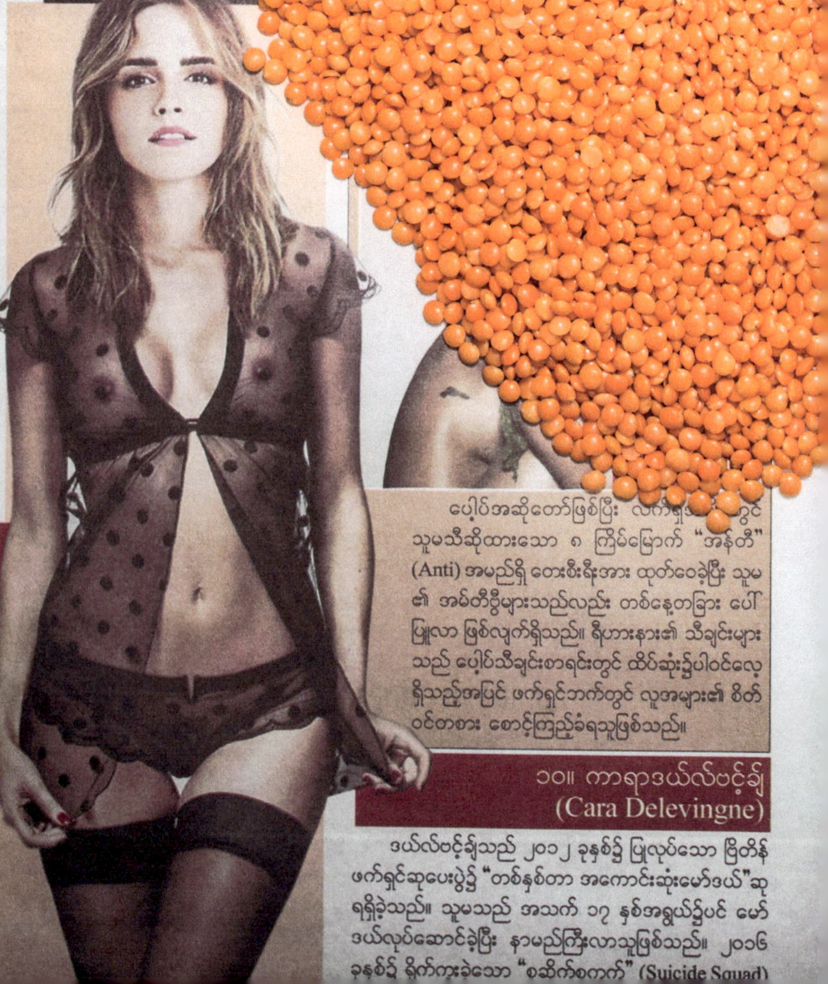

နာမည်ကျော် "ဟယ်ရီပေါ်တာ" (Harry Potter) ရုပ်ရှင်ကားများ၌ ပါဝင်သရုပ်ဆောင်ခဲ့သော အမ်မာဝက်စင်သည် ယခုအခါတွင် အသက် ၂၆ နှစ်အရွယ်ရှိပြီဖြစ်ပြီး ဟောလီဝုဒ် ရုပ်ရှင်လောက၌ နာမည်ကြီးစာရင်းဝင်သူတစ်ဦးလည်းဖြစ်သည်။ သူမသည် ဝတ်စားဆင်ယင်မှုနှင့် ဆံပင်ပိုင်းတွင်လည်း ကိုယ်ပိုင်စတိုင်ဖြင့် နေသူတစ်ဦးဖြစ်သောကြောင့် ဖက်ရှင်မဂ္ဂဇင်းများ၌လည်း မကြာခဏ ဖော်ပြခံ

ပေါ့ပ်အဆိုတော်ဖြစ်ပြီး လက်ရှ[illegible]တွင် သူမသီဆိုထားသော ၈ ကြိမ်မြောက် "အန်တီ" (Anti) အမည်ရှိ တေးစီးရီးအား ထုတ်ဝေခဲ့ပြီး သူမ၏ အမ်တီဗွီများသည်လည်း တစ်နေ့တခြား ပေါ်ပြူလာ ဖြစ်လျက်ရှိသည်။ ရီဟားနား၏ သီချင်းများသည် ပေါ့ပ်သီချင်းစာရင်းတွင် ထိပ်ဆုံး၌ပါဝင်လေ့ရှိသည့်အပြင် ဖက်ရှင်ဘက်တွင် လူအများ၏ စိတ်ဝင်တစား စောင့်ကြည့်ခံရသူဖြစ်သည်။

၁၀။ ကာရာဒယ်လ်ဗင့်ချ်
(Cara Delevingne)

ဒယ်လ်ဗင့်ချ်သည် ၂၀၁၂ ခုနှစ်၌ ပြုလုပ်သော ဗြိတိန်ဖက်ရှင်ဆုပေးပွဲ၌ "တစ်နှစ်တာ အကောင်းဆုံးမော်ဒယ်"ဆု ရရှိခဲ့သည်။ သူမသည် အသက် ၁၇ နှစ်အရွယ်၌ပင် မော်ဒယ်လုပ်ဆောင်ခဲ့ပြီး နာမည်ကြီးလာသူဖြစ်သည်။ ၂၀၁၆ ခုနှစ်၌ ရိုက်ကူးခဲ့သော "စဆိုက်စကက်" (Suicide Squad)

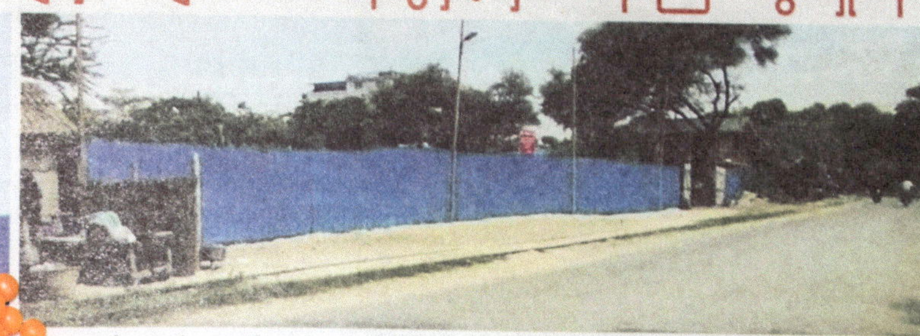

မန္တလေးတွင် အစိုးရအကူးအပြောင်းကာလ၌ မြေကွက်ကို တစ်စတုရန်းပေလျှင် ကျပ်ခြောက်ထောင်နှုန်းဖြင့် ရောင်းချခဲ့ကြောင်း စိစစ်တွေ့ရှိ

ကာလပေါက်ဈေးမှာ ကျပ် တစ်သိန်းခွဲနှင့် နှစ်သိန်းကြားတွင်ရှိနေ

တစ်စတုရန်းပေလျှင် ကျပ် (ခြောက်ထောင်)နှုန်းဖြင့် မြေကွက်ကို စ၀ (၂၀၁၆)ခုနှစ် အစိုးရအကူးအပြောင်းသိန်း နှစ်သိန်းခြောက်သောင်း ငါးရာ ခြောက်ထောင် ငွေပေးငယာ ရယူရန် ဖြစ်သည်။

ကျော်နှင့် ရန်ကုန်တိုင်း တစ်ဝက်ချ ထားပေးပြီးကြောင်း စိစစ်ချက် အသိရရှိကြောင်း ပြန်လည်စိစစ် ရေးကော်မတီမှ တာဝန်ရှိသူ တိုင်း ဒေသကြီး လွှတ်တော်ကိုယ်စား လှယ် ဦးမြင့်အောင်မိုးက ပြော ကြားခဲ့သည်။

"တစ်စတုရန်းပေပေါက် ခြောက် ထောင်နှုန်းနဲ့ ချထားပေးလိုက် တယ်ဆိုတာ အဲဒါရှာအလွန် ကောင်ပါတယ်။ ဒီဘက်မှာ ရန်ကုန် မြေအားလုံး တစ်စတုရန်းပေပေါက် တစ်သိန်းနဲ့ နှစ်သိန်းလောက် ရတဲ့ နေရာပါ။ အခု အဲဒီနေရာကို ခြ စည်းရိုးခတ်ပြီး လုပ်ရှုအောင် စည် ပင်သာယာဆိုင်ဘဘာပါ တပ်ဆင် သေးတယ်။ အခု NLD အစိုးရ အနေနဲ့ ဖော်ထုတ်အရေးယူဆောင် ရွက်ပေးစေချင်ပါတယ်"ဟု ဒေသခံ

တစ်ဦးက ပြောကြားခဲ့သည်။

ထို့ကြောင့် မန္တလေးမြို့တော် စည်းပသာယာရေကော်မတီ အနေ နှင့် ယင်းမြေကွက်များနှင့်ပတ်သက် ၍ ရန်ခုတ်ထုတ်ခြင်းလုပ်ငန်း ရပ်ဆိုင်းထားသည်။ ပြန်လည်စိစစ် ရေးကော်မတီ၏ စစ်ဆေးခြင်းကို ခံယူရမည်ကြောင်း သိရသည်။

မန္တလေးမြို့တွင် အစိုးရအကူး အပြောင်းကာလ၌ လူမှုဝိုင်အမည် များနှင့် မြေကွက်များ အမြန်ဆုံးချ ထားရေးမှုများ၍ စုံစမ်းစစ်ဆေး ရန် မန္တလေးတိုင်းဒေသကြီး လွှတ် တော် ဒုဥက္ကဋ္ဌပါဝင်သည့် အဖွဲ့ဝင် ၁၇ ဦးအဖွဲ့ကို သြဂုတ် ၃ ရက်နေ့ က ဖွဲ့စည်းကာ စုံစမ်းစစ်ဆေးမှုများ စတင်ဆောင်ရွက်ခြင်းဖြစ်ကြောင်း သိရသည်။

ဆွေနိုင်စစ်

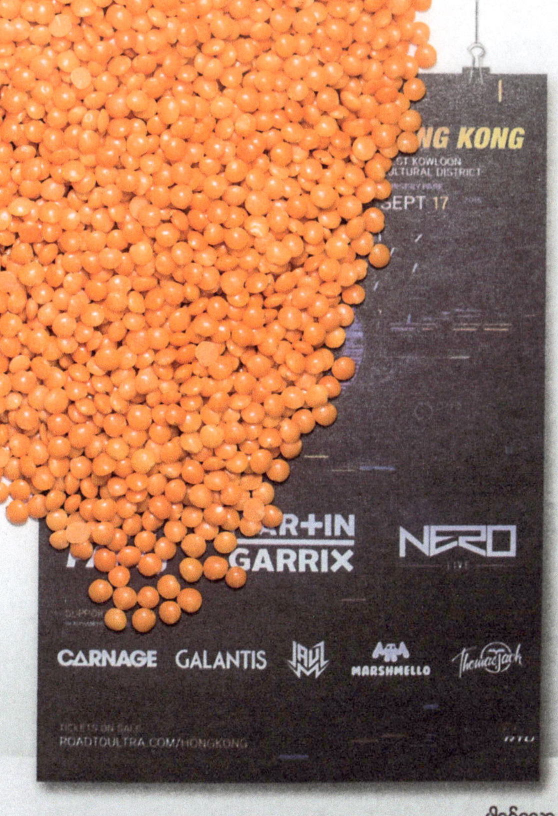

တောင်ကြီးမြို့ အိမ်တော်လမ်းရှိ ထင်းရှူးပင်များ အခုတ်မခံရစေရန် သက်နှံစည်းနှောင်ပေး

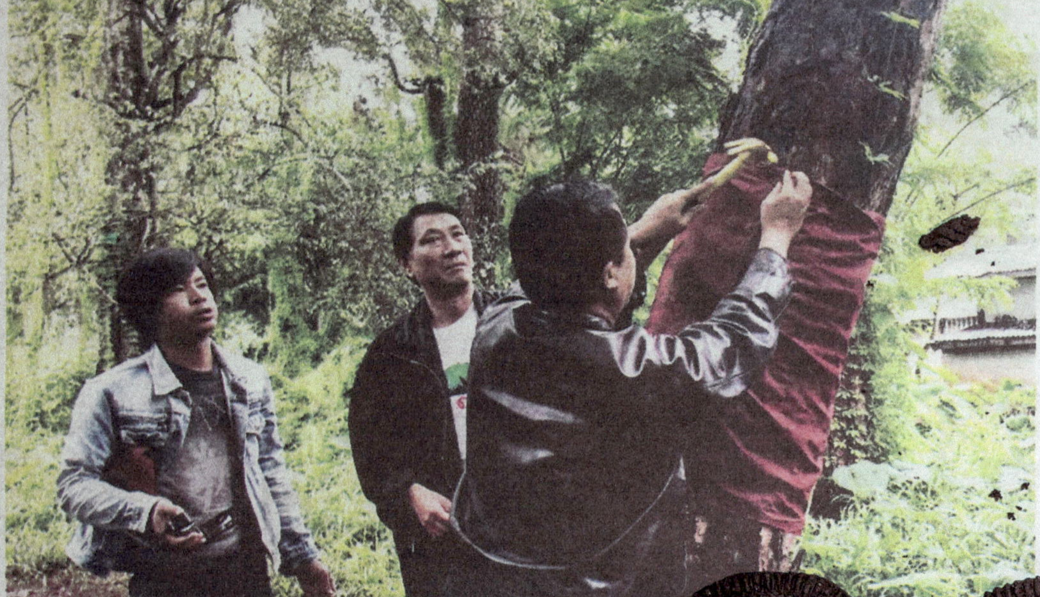

ထင်းရှူးပင်များကို သက်နှံစည်းနှောင်ပေးနေစဉ်

ဉာဏ်ချစ်ငြိမ်း

တောင်ကြီး — တောင်ကြီးမြို့တွင် နှစ်ရှည်ထင်းရှူးပင်များကို ခုတ်ထွင်၍ ရှမ်းပြည်နယ်လွှတ်တော် အဆောက်အအုံအသစ် တည်ဆောက်ရန် ပြင်ဆင်နေမှုကို ကန့်ကွက်ခြင်း အဖြစ် အဆိုပါထင်းရှူးပင်များ အန္တရာယ်ကင်းစေရန် ရည်ရွယ်ပြီး သက်နှံစည်းနှောင်ပေး သော လှုပ်ရှားမှုတစ်ရပ်ကို ဩ ဂုတ် ၁၄ ရက်က ပြုလုပ်ခဲ့ကြ သည်။

အဆိုပါလှုပ်ရှားမှုကိုတောင်ကြီးဒေသခံ အရပ်ဘက်အဖွဲ့ အစည်းများ — လူမှုအဖွဲ့အစည်းများ နိုင်ငံရေးပါတီများက ပူ ပေါင်းလုပ်ဆောင်ခဲ့ခြင်းဖြစ်သည်။ တောင်ကြီးမြို့ သစ်တောရပ် ကွက်အိမ်တော်လမ်းအတွင်းရှိ နှစ်ရှည်ထင်းရှူးတောကို ခုတ် ထွင်ပြီး ရှမ်းပြည်နယ် လွှတ်တော် ရုံးသစ် တည်ဆောက်မည်ကို ကန့်ကွက်သည့်အနေဖြင့် ပြုလုပ် ခြင်းဖြစ်ကြောင်း ဦးဆောင်လုပ် ရှားသူ တောင်ကြီးဒေသခံ ဒေါ်ချို မြိုးက ပြောသည်။

"အစ်မတို့ဗုဒ္ဓဘာသာမြန်မာ လူမျိုးတွေရဲ့ ထုံးတမ်းစဉ်လာအရ ကိုယ့်အိမ်မှာ အန္တရာယ်ကင်း အောင် ဘုန်းကြီးပင့် ပရိတ်တရား နာတာတွေ၊ အိမ်သစ်တည် ဆောက်ရင် သက်နှံစည်းပေးတာ တွေ့ရပါတယ်။ အခုလည်း ထင်း ရှူးပင်တွေ ခုတ်ထွင်ခံရမှာကို ကန့်ကွက်တဲ့အနေနဲ့ အန္တရာယ် ကင်းအောင် ဒီလှုပ်ရှားမှုကို လုပ်ဆောင်တာပါ"ဟု ဒေါ်ချိုမြိုး က ပြောသည်။

အဆိုပါလမ်းအတွင်းရှိ နှစ် ရှည်ထင်းရှူးအပင်ကြီး ၈၀ ကျော် ကို သက်နှံစည်းချည်နှောင်ပေး ခဲ့ခြင်းဖြစ်ပြီး လွှတ်တော်ရုံးသစ်

ခံရမည်ဟု တောင်ကြီးဒေသခံ အရပ်ဘက်အဖွဲ့ အစည်းများက ပြောသည်။

"လွှတ်တော်ဆိုတာ ပြည်သူ့ အသံတွေ နားထောင်ဖို့ပါ။ ပြည် သူ့ကိုယ်စားလှယ်တွေထိုင်ဖို့ ဒီလို အဆောက်အအုံ လုပ်မယ်ဆိုတာ ပြည်သူတွေ့ သဘောဆန္ဒမယူတဲ့ အသံမပေးတဲ့အတွက် ကန့်ကွက်တဲ့ ပါတာပါ"ဟု ဒေါ်ချိုမြိုးကပြော သည်။

လက်ရှိ ရှမ်းပြည်နယ် လွှတ် တော် အဆောက်အအုံသည် အသစ်တည်ဆောက်ရန်မှ မမှန် တကယ် လိုအပ်ခြင်းမရှိသေးဘဲ ရှိနေသည့် လွှတ်တော်ကိုသာ လှပ်ဦးရေးနှင့် အဆောက်အအုံ သည် အဆင်ပြေနေသည်ကို တွေ့ရှိကြောင်းတောင်ကြီးရပ် မိရပ်ဖ ဒီမိုကရေစီအဖွဲ့ ချုပ် ဥက္ကဋ္ဌ ဦးတင်မောင်တိုးကလည်း ပြောသည်။

"လက်ရှိ လွှတ်တော်ရုံးနေ ရာတာလည်း အမြင့်တင်ငယ်ပြီ သားပါ။ ရှိနေတဲ့ ကိုယ်စားလှယ် ဦးရေနဲ့ ကွက်တိပါပဲ။ ဒီလွှတ် တော်ရုံး တည်ဆောက်မှာကို လုံး၀ သဘောမတူပါဘူး"ဟု ဦးတင်မောင်တိုးက ပြောသည်။

ရှမ်းပြည်နယ် လွှတ်တော်ရုံ အသစ်တည်ဆောက်ရန် စီစဉ်မှု နှင့်ပတ်သက်ပြီး လွှတ်တော်ရုံးသို့

7DAY DAILY CARTOON

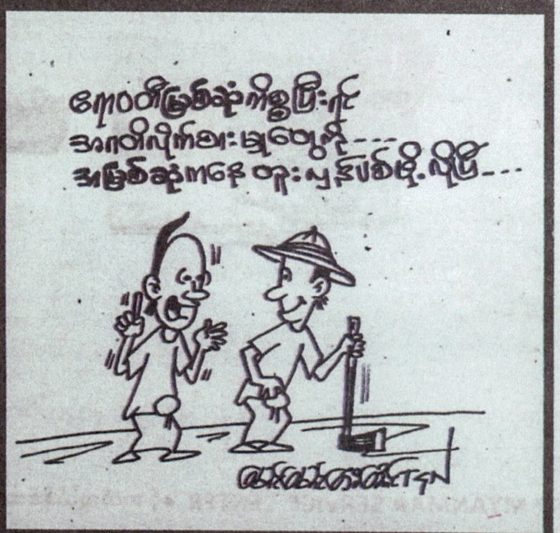

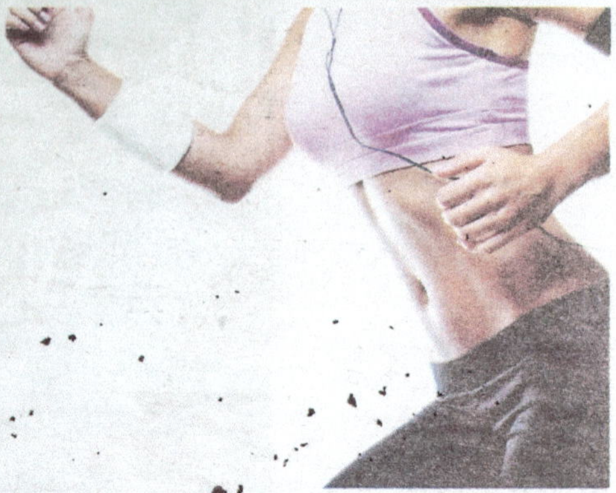

ကြက်ငှက်တုပ်ကွေးကြောင့် ကြက်မွေးမြူရေး လုပ်ငန်းရှင်အချို့ လုပ်ငန်းပြောင်းလဲလုပ်ကိုင်

မျိုးမင်းဦး

ပုသိမ် - ပုသိမ်မြို့တွင် ကြက်ငှက် တုပ်ကွေးရောဂါ ဖြစ်ပွားခဲ့မှုများ ကြောင့် ကြက်မွေးမြူရေးလုပ်ငန်း ရှင်အချို့သည် အခြားလုပ်ငန်း များသို့ ပြောင်းလဲလုပ်ကိုင်လာ ကြကြောင်း ပုသိမ်မြို့ ကြက်မွေးမြူ ရေးလုပ်ငန်းရှင်အတွင်း နေထိုင်သူများထံ မှ သိရသည်။

ပုသိမ်မြို့တွင် ကြက်ငှက်တုပ် ကွေးရောဂါ ဖြစ်ပွားခဲ့မှုများ ကြောင့် ကြက်မွေးမြူရေးလုပ်ငန်း ရှင်များ အရှုံးနှင့်ရင်ဆိုင်ခဲ့ရသည့် နောက်ပိုင်း တစ်နှိုင်တစ်ပိုင် ပုံ စိုက်ပျိုးရေး၊ ရက်ကန်းလုပ်ငန်း နှင့် လက်သမားလုပ်ငန်းများ သို့ ပြောင်းလဲလုပ်ကိုင်လာကြောင်း မွေးမြူရေးလုပ်ငန်းရှင်များကပြော သည်။

"ကြက်ငှက်တုပ်ကွေးရောဂါ ကြောင့် မွေးမြူရေး လုပ်ငန်းမှာ မန်နိုင်တာ ထောက်ပံ့ကြေးရကာက

ကြက်မွေးတဲ့သူတွေလည်း မှိုစိုက် တဲ့သူစိုက်၊ ရက်ကန်းရက်တဲ့သူက ရက်ကန်းလုပ်၊ လက်သမားပညာ တတ်တဲ့သူက လက်သမားဝင် လုပ်နဲ့ ရတဲ့လုပ်ငန်းတွေ ပြောင်း လုပ်ကြတာပါ" ဟု ပုသိမ်မြို့ ကြက် မွေးမြူရေးအတွင်းရပ်ကွက်အတွင်း နေ ထိုင်သော မွေးမြူရေးလုပ်ငန်းရှင် ဦးအေးမင်းထွန်းကပြောသည်။

ပုသိမ်မြို့ ကြက်မွေးမြူရေး အထူးရပ်ကွက်အတွင်း မွေးမြူရေးလုပ် ငန်းရှင်များအနက် ရက်ကန်းလုပ် ငန်း လုပ်ကိုင်သူ ၄၀ ခန့်၊ မှို စိုက်ပျိုးသူ ၂၅ ဦးနှင့် လက်သမား လုပ်ငန်း လုပ်ကိုင်သူ ၁၀ ဦးခန့်ရှိ နေပြီဖြစ်ကြောင်း ဦးအေးမင်း ထွန်းက ပြောသည်။

"ပြီးခဲ့တဲ့ ၂၀၁၅ ဖေဖော်ဝါရီ မှာကြက်ငှက်တုပ်ကွေးဖြစ်တယ်။

ကုန်မှာ ကြက်ငှက်တုပ်ကွေးထပ် ဖြစ်တော့ မွေးမြူရေးသမားတွေ လည်း ပြန်လည်ထူထောင်ဖို့ ခက် ကုန်တယ်။ ဒါကြောင့် တစ်ဖက် တစ်လမ်းကနေ ငွေရမယ့် တစ်နိုင် တစ်ပိုင်လုပ်ငန်းလေးတွေ ပြောင်း လုပ်ကြတာပါ" ဟုပုသိမ်မြို့ ကြက် မွေးမြူရေးရပ်ကွက် စီမံခန့်ခွဲမှု ကော်မတီ ဒုဥက္ကဋ္ဌ ဦးကျော်ငွေ ကပြောသည်။

ယခုနှစ်ဆန်းက ပုသိမ်မြို့ ကြက်မွေးမြူရေး အထူးရပ်ကွက်တွင် ဥစားကြက် မွေးမြူသူပိုင်ရှင် ၁၃၅ ဦး၊ ခြံရေအတွက် ၂၅၀နှင့်ဥစား ကြက် ကောင်ရေပေါင်း ၁၃၂,၀၀၀ ကောင် မွေးမြူထားရှိခဲ့သည်။ယခု နှစ်တွင်ကြက်ငှက်တုပ်ကွေးရော ဂါကြောင့် ဖေဖ ၃ ရက်မှ မေလ ကုန်အထိ ကြက်မွေးမြူရေးလုပ် ငန်းရှင် ၉၈ ဦးနှင့်ကြက်အကောင်

အရ သိရသည်။

၂၀၁၆ ကလည်း ပုသိမ်တွင် ကြက်ငှက် တုပ်ကွေးရောဂါ ဖြစ် ပွားခဲ့သဖြင့် မြို့ပေါ်ရပ်ကွက်များ အတွင်း ကြက်ခြံများ ပြောင်းရွှေ့ ၍ မွေးမြူရေးအထူးရပ်ကွက်အဖြစ် ၂၀၁၇ ၌ ပုသိမ်မြို့ ကျောက်စစ်ပုံ ကောင်ကျေးရွာအနီးတွင် တည် ဆောက်ခဲ့သည်။

၂၀၁၁ တွင် ကြက်မွေးမြူ ရေးအထူးရပ်ကွက်တွင် မွေးမြူရေး ခြံအားလုံး၏ ထက်ဝက်နီးပါး ကြက်ငှက်တုပ်ကွေးရောဂါ ဖြစ် ပွားခဲ့သည်။ ထို့နောက် ၂၀၁၅ ဖေဖော်ဝါရီအတွင်း ကြက်ငှက် တုပ်ကွေးရောဂါ H5N1 ဖြစ်ပွား သဖြင့် ကြက်ကောင်ရေ ၁၁,၂၆၅ ကောင်၊ ဥးကောင်ရေ ၂၁,၁၀၀ ကိုသတ်သင်ရှင်းလင်းပြီးကာလ တန်ဖိုးကျပ် ၆၀ သန်း ပျက်စီး

ဩဂုတ်လ (၁၃) ရက်တွင် ဘုရင့်နောင်ကုန်စည်ဒိုင်မှ ကောက်ယူထားသောကုန်စည် ဒိုင်ပေါက်ဈေး လက်ကားဈေးများဖြစ်ပါသည်။ တနင်္ဂနွေနေ့တိုင်း ဒိုင်ပိတ်သည်။

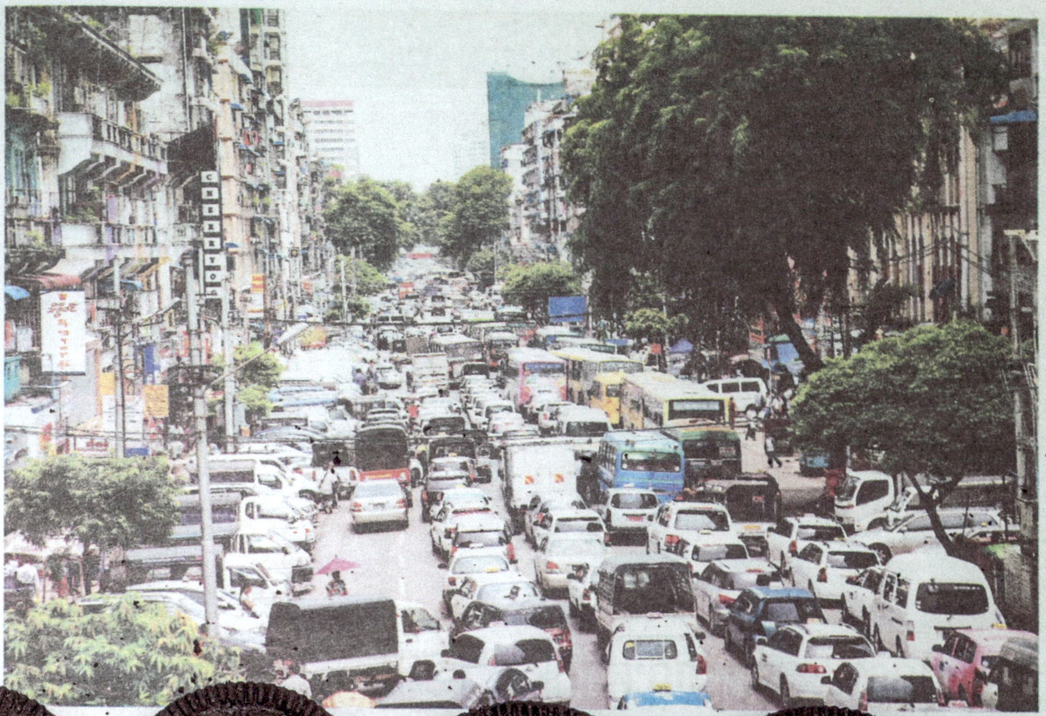

ဘုရင့်နောင် ကုန်စည်ဒိုင်ဈေးနှုန်းများ

အမျိုးအစား	ရေတွက်ပုံ	ဈေးနှုန်း(ကျပ်)
ပဲစင်းငုံနီ RC အသစ်	တစ်တန်	၁,၁၂၅,၀၀၀
ပဲတီစိမ်းခရမ်း	တစ်တန်	၁,၆၅၉,၀၀၀–၁,၇၀၀,၀၀၀
ပြောင်းဆန်	တစ်အိတ်	၇၈,၀၀၀
မတ်ပဲ FAQ/RC (2015)	တစ်တန်	၁,၆၅၁,၀၀၀
မတ်ပဲ SQ/RC (2015)	တစ်တန်	၁,၆၅၁,၀၀၀
ဆိပ်ဖြူပြယ်(သစ်)(ကြာသွန်နီ)	တစ်ပိဿာ	၅၅၀
ဆိပ်ဖြူလတ်ကြီး (ကြာသွန်နီ)	တစ်ပိဿာ	၅၅၀
ဆိပ်ဖြူလတ်သန့်(ကြာသွန်နီ)	တစ်ပိဿာ	၅၉၀
ဆိပ်ဖြူလတ်ချော(ကြာသွန်နီ)	တစ်ပိဿာ	၅၅၀
ဆင်ငြိမ့်ကျွဲ A1 အလုံး	တစ်ပိဿာ	၃၂၀
ဆင်ငြိမ့်ကျွဲ S1 အလုံး	တစ်ပိဿာ	၃၆၀
ကျောက်ပန်းတောင်း(မန်ကျည်းသီးအသား)	တစ်ပိဿာ	၂,၆၀၀–၂၆၀၀
ဖျာပုံရွှေဖရုံ(ရှယ်)	တစ်ပိဿာ	၄၅,၀၀၀–၄၇,၀၀၀
ဖျာပုံရွှေဖရုံ(ရိုးရိုး)	တစ်ပိဿာ	၂၅,၀၀၀–၃၇,၀၀၀
မိုးထောင် (ငရုတ်)	တစ်ပိဿာ	၂၉၀၀
ငရုတ်ပွစိစ်ားး	တစ်ပိဿာ	၄,၂၀၀–၄,၆၀၀
သဘက(ရှယ်)	တစ်ပိဿာ	၁,၂၅၀–၁,၂၇၅
သဘက(ရိုးရိုး)	တစ်ပိဿာ	၁,၁၅၀
ငါးကျည်းကျပ်တိုက်ကြီး	တစ်ပိဿာ	၃၀,၀၀၀–၃၂,၀၀၀
ငါးမြွေထိုး	တစ်ပိဿာ	၁၀,၀၀၀–၁၂,၀၀၀
ငါးရံ့ခြောက်ကြီး	တစ်ပိဿာ	၃၀,၀၀၀–၃၂,၀၀၀
ငါးရံ့ခြောက်လတ်	တစ်ပိဿာ	၂၀,၀၀၀–၂၅,၀၀၀
ငါးကွမ်းရှပ်	တစ်ပိဿာ	၁၅,၀၀၀–၁၆,၀၀၀
ငါးနှပ်ချို	တစ်ပိဿာ	၇,၀၀၀–၈,၀၀၀

စားသောက်ကုန် ဈေးနှုန်းများ

အမျိုးအစား	ရေတွက်ပုံ	ဈေးနှုန်း(ကျပ်)
ဆန်(ပေါ်ဆန်းမွှေး)	တစ်ပြည်	၁,၅၀၀–၂,၅၀၀
ဆန်(တောင်ပျံ)	တစ်ပြည်	၁,၃၀၀–၂,၀၀၀
ဆန်(ဇီယာ)	တစ်ပြည်	၁,၀၀၀–၁,၂၀၀
ဆီ(ပဲဆီရှယ်)	တစ်ပိဿာ	၆,၅၀၀
ဆီ(စားအုန်းဆီ)	တစ်ပိဿာ	၁,၆၀၀
ဆီ(ရန်ကုန်ပဲဆီ)	တစ်ပိဿာ	၅,၀၀၀
ဆား(အိုင်အိုဒင်း)	တစ်ထုပ်	၂၀၀
ကြက်သွန်နီ	တစ်ပိဿာ	၈၀၀–၁,၀၀၀
ကြက်သွန်ဖြူ	တစ်ပိဿာ	၄,၀၀၀–၅,၀၀၀
သကြား	တစ်ပိဿာ	၁,၃၀၀–၁,၄၀၀
မန်ကျည်းမှည့်(အစေ့လွတ်)	တစ်ပိဿာ	၃,၀၀၀–၄,၀၀၀
အာလူး	တစ်ပိဿာ	၁,၀၀၀–၁၂၀၀
နို့ဆီ	တစ်ဘူး	၇၀၀–၈၅၀
နို့စိမ်း	တစ်ဘူး	၆၀၀–၇၀၀
ကြက်ဥ/ဘဲဥ	တစ်လုံး	၁၂၀–၁၅၀
ကုလားပဲခြမ်း	တစ်ပိဿာ	၂,၇၅၀
ကြက်သား(မွေးမြူရေး)	တစ်ပိဿာ	၈,၀၀၀–၉,၀၀၀
ကြက်သား(ဗမာ)	တစ်ပိဿာ	၉,၀၀၀–၁၀,၀၀၀
ဝက်သား	တစ်ပိဿာ	၉,၀၀၀–၁၀,၀၀၀
အမဲသား	တစ်ပိဿာ	၉,၀၀၀–၁၀,၀၀၀
ခရမ်းချဉ်သီး (အင်းသီး)	တစ်ပိဿာ	၂,၀၀၀
ဂေါ်ဖီထုပ်	တစ်ထုပ်	၇၀၀–၁,၀၀၀
ရှောက်သီး(အပု)	တစ်ပိဿာ	၅,၀၀၀
ငါးမြစ်ချင်း	တစ်ပိဿာ	၄,၀၀၀–၄,၅၀၀
ငါးကြင်း	တစ်ပိဿာ	၅,၀၀၀–၇,၀၀၀
ငါးမြင်း	တစ်ပိဿာ	၄,၅၀၀–၅,၀၀၀

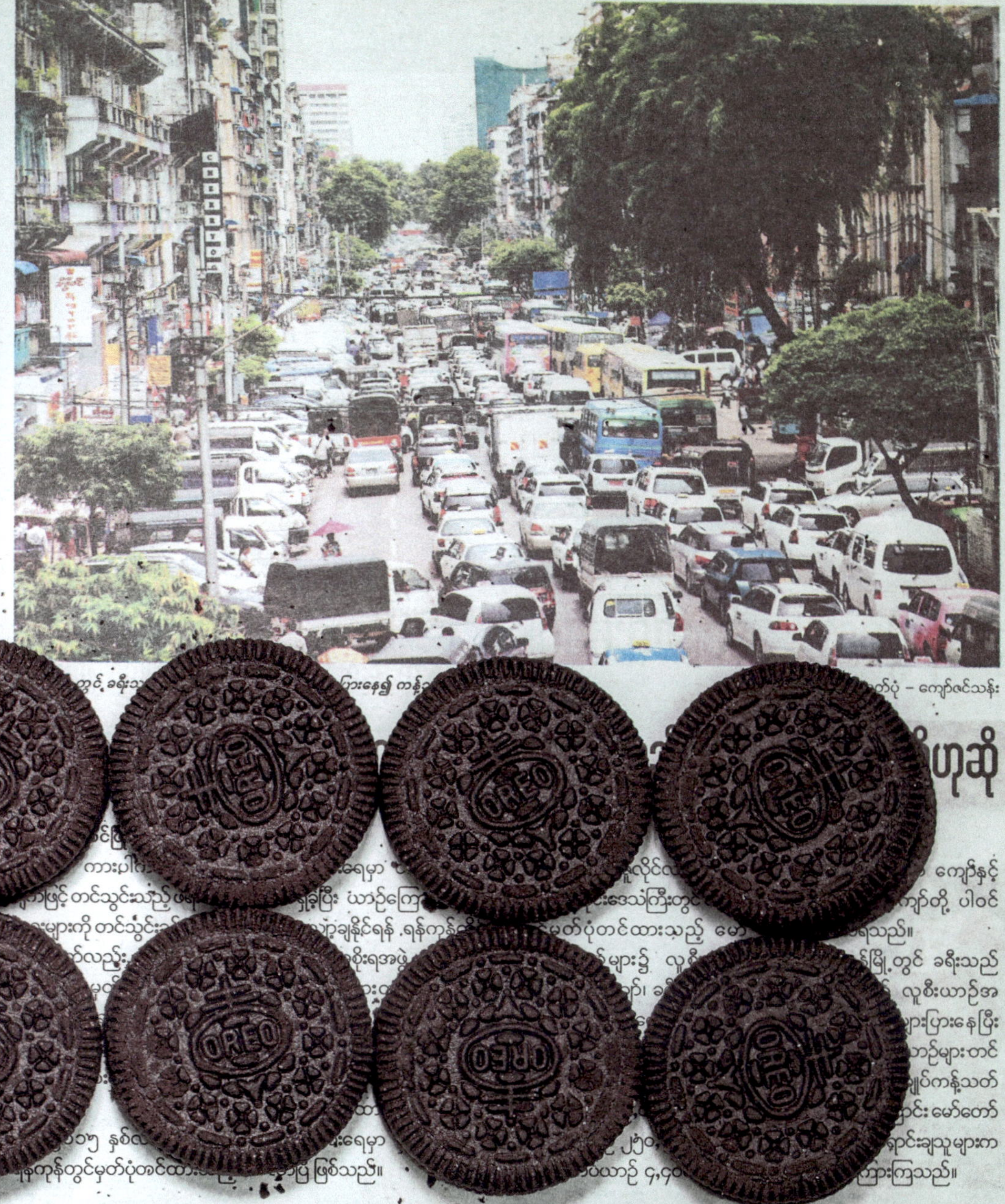

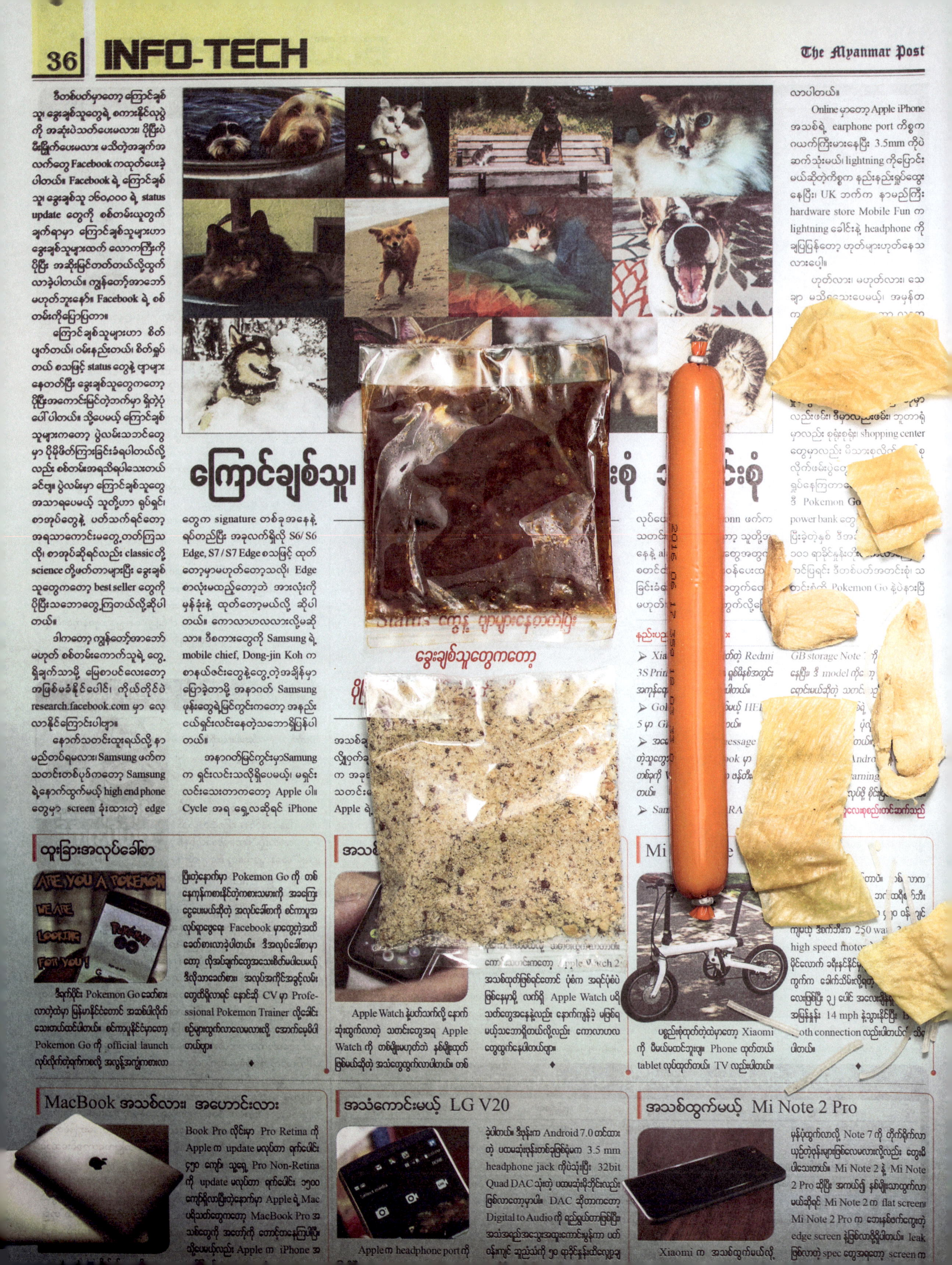

ကြောင်ချစ်သူ

ထူးခြားအလုပ်ခေါ်စာ

MacBook အသစ်လား၊ အဟောင်းလား

အသံကောင်းမယ့် LG V20

Apple က headphone port ကို

အသစ်ထွက်မယ့် Mi Note 2 Pro

မုန့်ကန့်သော
သို့...
ဇင်...

စာရေးသူပြီးခဲ့သောလက မန္တ
လေးသို့သွားခဲ့သည်။ နံနက် ၇ နာရီ
တွင် မန္တလာရွှေပြည်ကားနှင့်သပိတ်
ကျင်းမှ မန္တလေးသို့ထွက်ခဲ့သည်။ မိုး
ရာသီမို့ မိုးလေးက တဖွဲဖွဲကျနေ
သည်။ စာရေးသူနှင့်လိုက်ပါလာ
ခဲ့သော စွပ်ပါကာစတန်ကားလေးက
တရှိပ်ရှိပ်ပြေးလွှားနေပါသည်။ တစ်
နာရီခန့်အကြာ သပိတ်ကျင်း မန္တလေး
လမ်းမပေါ်ရှိ ဇရပ်ကွင်းကျေးရွာအ
ရောက်တွင် ကားလေးစထွက်စဉ်က
အရှိန်ထက် နှေးကွေးစွာမောင်သည်
ကို သတိထားမိလိုက်သည်။ ချော်
ဇရပ်ကွင်းရွာသို့ရောက်ပါပြီလားဟု
တွေးမိပြီး မေးနေသောမျက်စိကို ဖွင့်
ကြည့်မိသည်။ မြင်ကွင်းတစ်ခုကို သ
တိထားမိသည်။ သည်မြင်ကွင်းကား
ကျောင်း ရှေ့တွင် အရပ်လေးမျက်နှာ
မှ သူ့အုပ်စုကို့ယ်အုပ်စုလာနေကြ
သော ကျောင်းသားကျောင်း
တွေ့ရသည်။ လူငယ်များ...
သောအပြုံးများကို ... ဘွဲ့လို
သည်အောက် အလ ... ဆုံး အ
... ထိန်း ကို...
... ဝါတော် သည်...
... တ်ကျင် မျိုး ...
... ။ ... ဆ ...

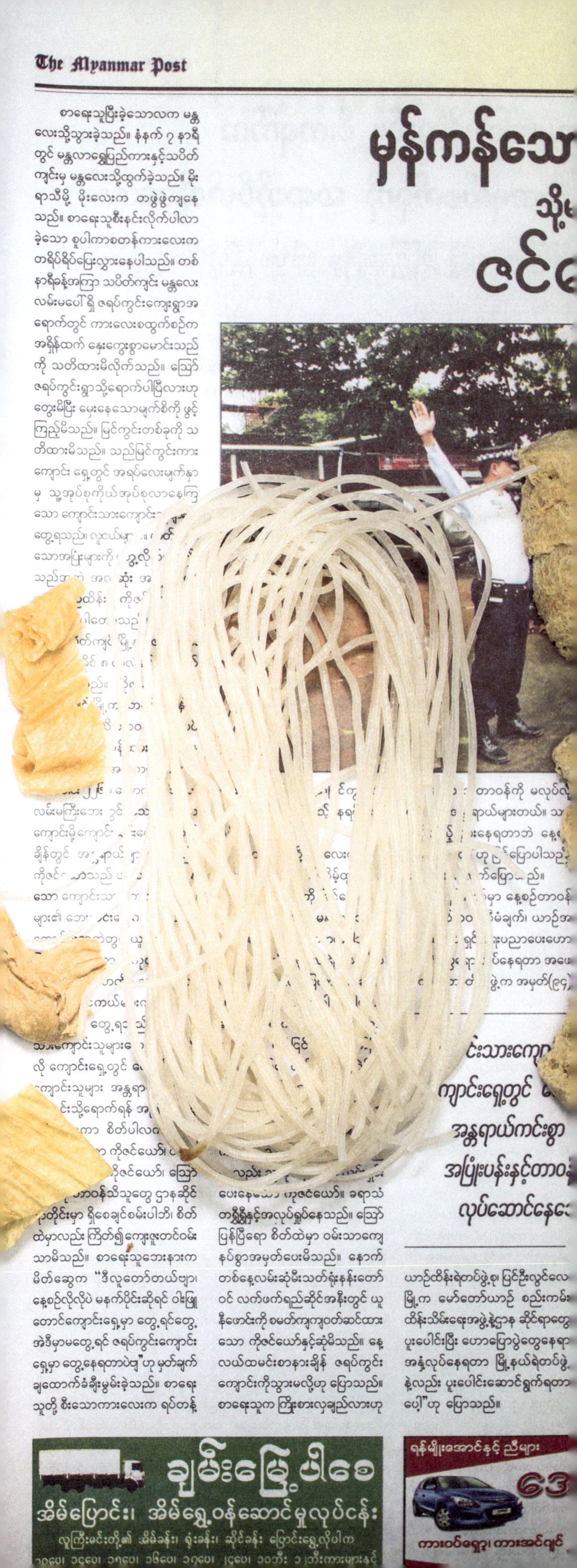

Myanmar MM

YANGON | AUGUST 2016

Poverty line MMK 1,030 (USD 0.88 / EUR 0.80)

The national poverty line is based on the 2009–10 household survey. It is an absolute poverty line, based on a food poverty rate (2,100 calories daily) and an allowance for non-food expenditure. The rate of poverty incidence was 25.6%. The incidence of poverty is around twice as high in rural as in urban areas, at 29% and 15% respectively. Rural areas account for almost 85% of total poverty.

In 2014, the World Bank proposed revising the poverty line definition upwards, to MMK 440,345 per year. They had used a higher calorific level (2,300 calories). This would mean a higher poverty incidence at 37.5%, also based on the 2009–10 household survey. However, the UNDP, which has been working with the Myanmar government on statistical methods and poverty alleviation, objected publicly to the proposed revision; the government and all official lines to it have retained the 25.6% / 26% rate of poverty incidence.

Life Expectancy at Birth and Years of Schooling, Myanmar, 1980–2014

Year	Life expectancy at birth	Mean years of schooling
1980	55.0	1.7
1985	56.9	2.3
1990	58.7	2.4
1995	60.5	2.7
2000	62.1	3.1
2005	63.6	3.6
2010	65.0	4.1
2011	65.3	4.1
2012	65.5	4.1
2013	65.7	4.1
2014	65.9	4.1

Source: UNDP

GNI per Capita, Atlas Method (Current USD), 2002–17

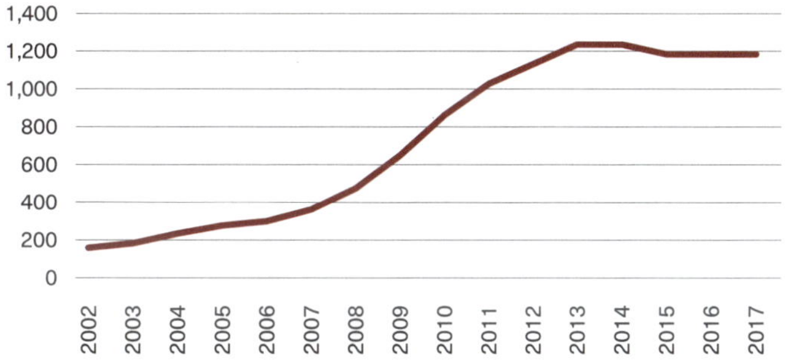

Source: World Bank

Annual Inflation, 1960–2017

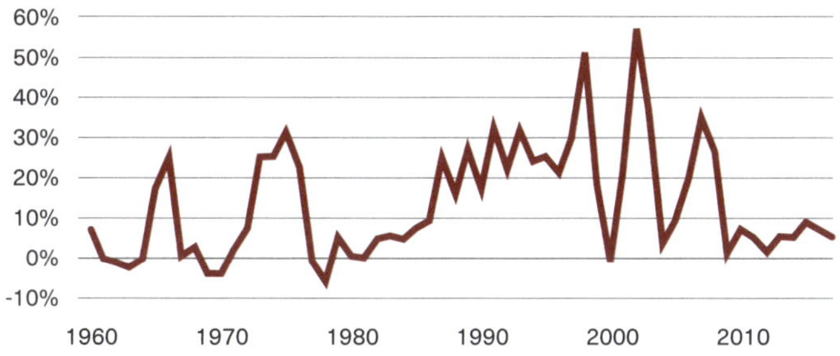

Source: World Bank

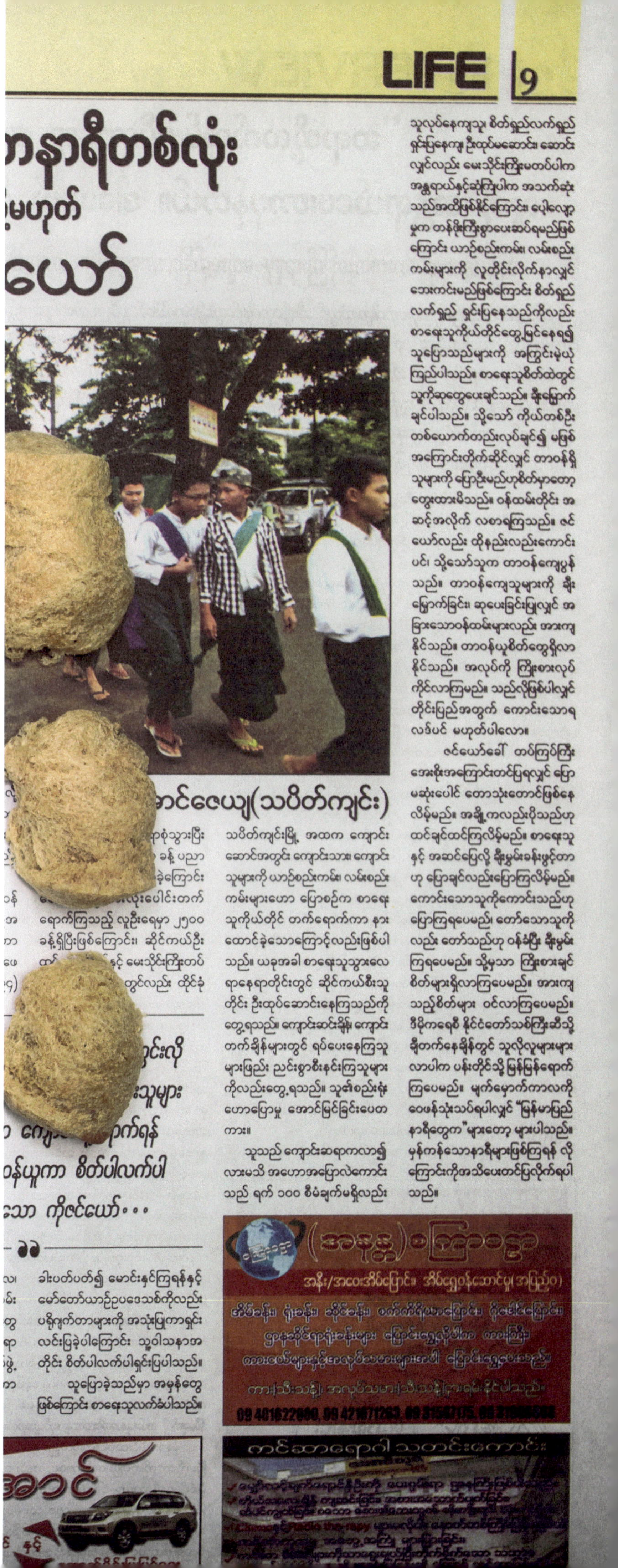

ရာဟုလာသံကိစ္စည်း
ဇန်နဝါရီ ၁၉ - ၁၈၉၃

ဗော်လဂါ မှ ဂင်္ဂါ သို့

"ဗော်လဂါမှဂင်္ဂါသို့"

ရာဟုလာသံကိစ္စည်း ရေးသားပြုစုခဲ့သည့် စာအုပ်အနက် 'ဗော်လဂါမှ ဂင်္ဂါသို့' လူမှုသမိုင်းဆိုင်ရာ စာအုပ်သည် အကောင်းဆုံးလက်ရာဖြစ်သည်ဟု စာပေပညာရှင် သက်မှတ်ဆုံးဖြတ်ကြသည်။ 'ဗော်လဂါမှဂင်္ဂါသို့' ၁၉ ရာစုည၌ ဝတ္ထုများဖြစ်သကဲ့သို့ ခေတ်တစ်ခေတ်၏ ဖော်ပြ...

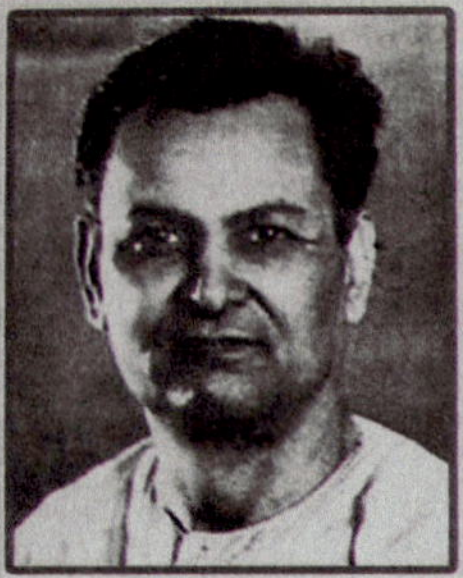

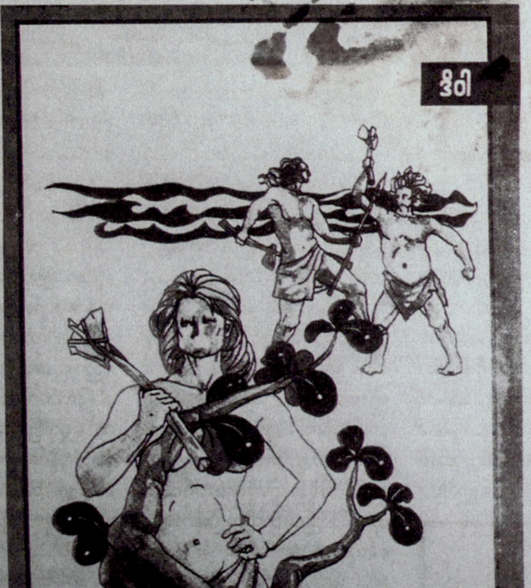

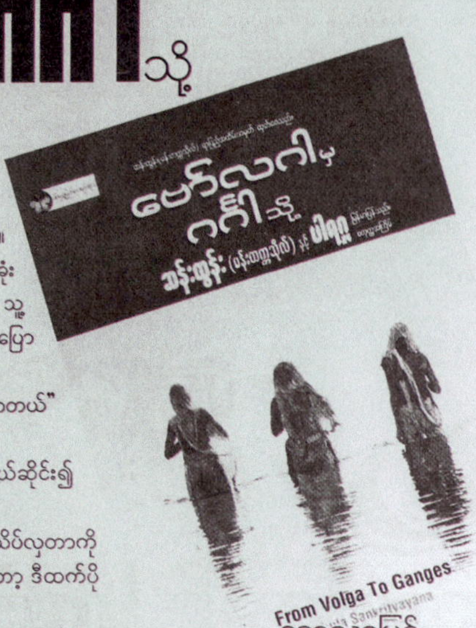

ဘာသာပြန်

ဆန်းထွန်း(မန်းတက္ကသိုလ်)နှင့်ပါရဂူ

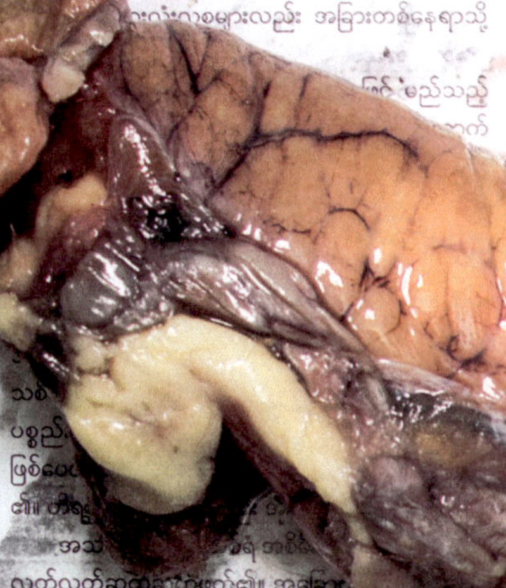

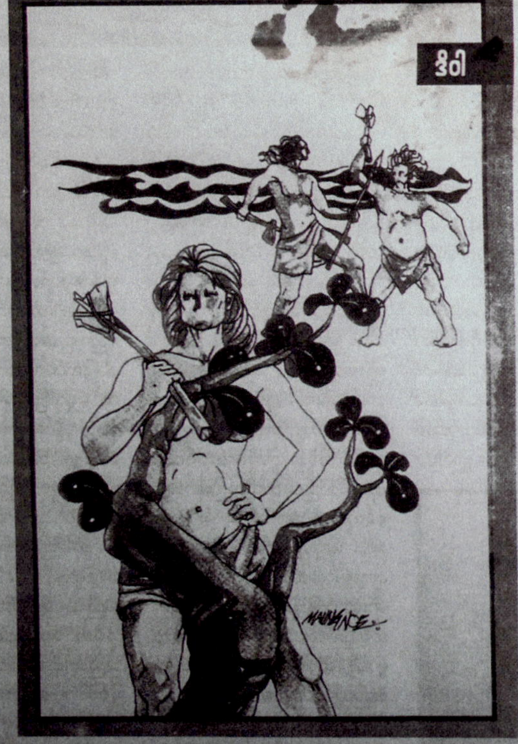

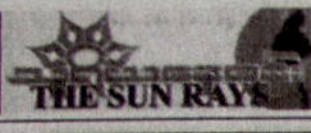

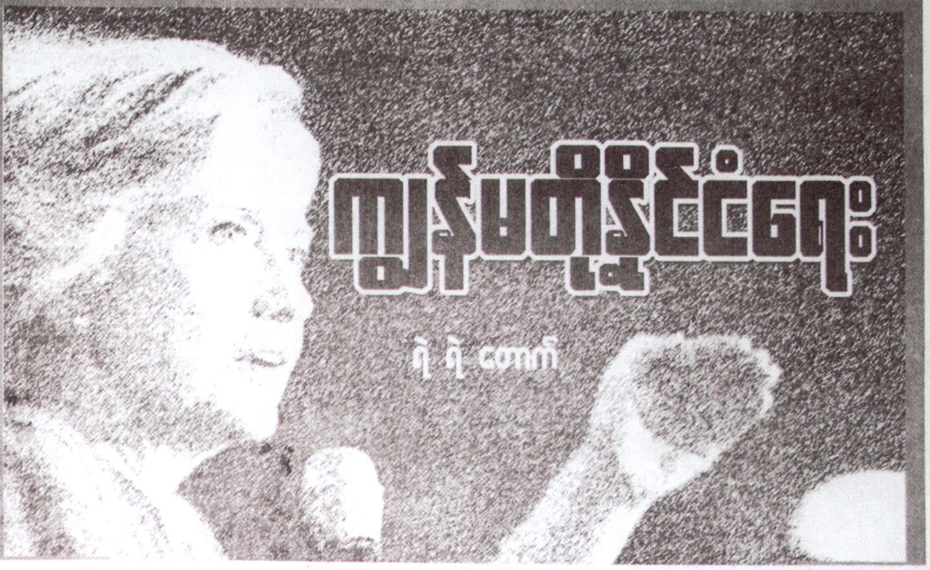

ကျွန်မတို့နိုင်ငံရေး
ရဲ ရဲ တောက်

...မှာ မြန်မာသူကြီးဖြစ်ချင်လာတဲ့ဇာတာက ခု-၂၀၁၆
...တယ်ထင်ပါရဲ့ပျာ။ မြန်မာသူကြီးမကြီးရဲ့နောက်မှာ
...ရဲ့ပြောက်အရပ်က သူကြီးမင်းတို့အရောက်လာပုံကိုကပဲ
"ဘက်မလိုက်မှုဝါဒကြီး" ရဲ့ တစ်ဆုပ်တစ်ခဲရလိုက်တဲ့
ဆုလာဘ်ကြီးတွေပဲပျာ . . .

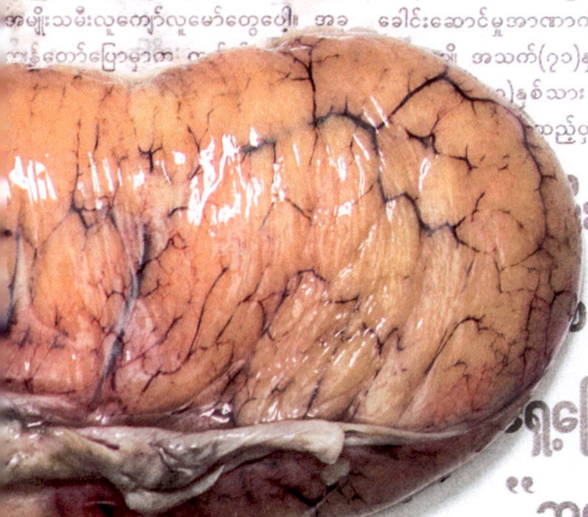

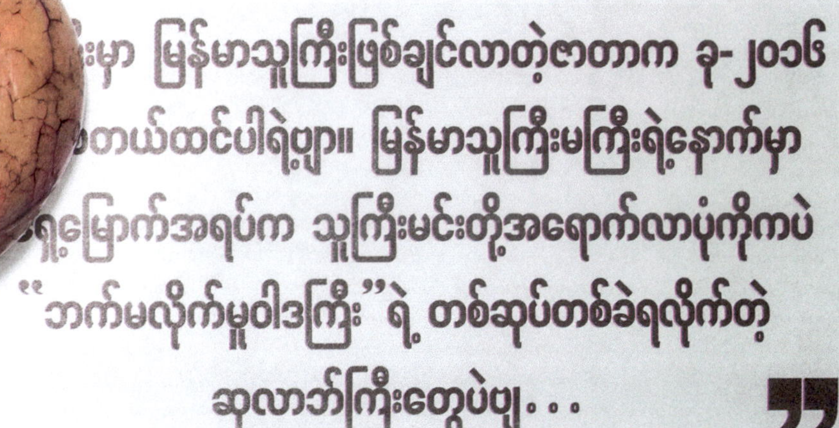

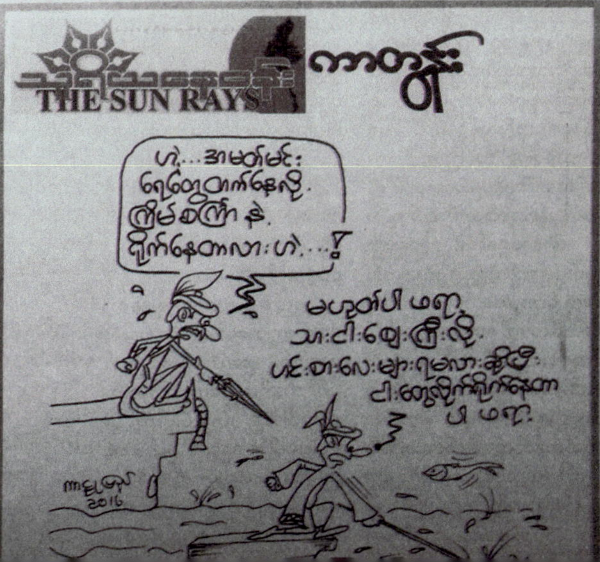

တပင်ရွှေထီး နယ်ပယ်များကို ဆက်လက်ချဲ့ထွင်ခြင်း

ဟံသာဝတီသို့ပြန်ရောက်ပြီးနောက် မွန်မင်း သုရှင် ကကာရွှတ်ပိ၏အမှုထမ်း၊မှူးမတ်ဟောင်းများလာရောက် သစ္စာခံသည်ကို ရှုတ်ချဆက်ဆံခြင်းမရှိစေဘဲ စည်းစိမ် များ ပေးမြှပေးစေကာ စည်းရုံးစေပြီး မွန်-မြန်မာ ဟူ၍ ခြားခြင်းအလျှင်းမရှိဘဲ တန်းတူပင် မြှောက်စားသည်။ ပုသိမ် ၃၂ မြို့သို့လည်းသစ္စာတော်ခံများ စေလွှတ် ကာ သစ္စာပေးသည်။ နောက်ရှေးမွန်ဘုရင်များလက် ထက်ကရှိခဲ့သည့် နန်းတော်ဧရိယာကိုတောင်ဘက်သို့ ထပ်မံတိုးချဲ့စေကာ ရွှေမော်ဓောဘုရားခြေရင်းတိုင် ရောက်စေသည်။

(ရှေးမွန်တို့၏ နန်းတော်မှာ ယခုကမ္ဘောဇသာဒီ နန်းတော်နေရာဟုတ်ပါ၊ ကမ္ဘောဇသာဒီ နန်းတော်မှာ ဘုရင့်နောင်မင်းတရားလက်ထက်မှာတည်ခဲ့သောနန်း တော်ဖြစ်သည်။)

နောက် သက္ကရာဇ် ၉၀၁ တွင် ယောဖဒတော် ဘုရင့်နောင်အားမိဖုရင့်ထပ်တူအာဏာကုန်ပေးအပ်လျက် နိုင်ငံအားအုပ်ချုပ်စေသည်။ ထိုအတွဘုရင့်နောင်၏ဖခင် အားသိမ်သို့(မင်းကြီးဆွေ)အား မိဖ၏ဌာနခတောင်ငူ ၌ အုပ်ချုပ်ရန်ရှ အင်္ခန်းရုံးပြန်သည်၊ ဘွဲ့အမည်ကိုလည်း ၎င်းရဲသိဟသူ့ တိုးမြှင့်ပေးသည်။

မှူးမတ် သိမ်ပဲကဲခြင်း

သက္ကရာဇ် ၉၀၂ တွင် မွှုမမင်း စောဗညားမှာ သဲ့ဒေသံရိုၼ်းအေန္နုဘ္တက်တစ်လွှာတွင်အင်အားကြီး လာသည့်အတွက် ချိုတ်ဒၼ်းနှိမ်နင်းရန် ပြင်ဆင်လေသည်။ စောညည်းမှာ သုရှင်ကကာရွှတ်ဖိန်းလည်းကောင်း၊ ဟော်လမှိုင်းစား ပညာဉ်နှင့်လည်းကောင်း ယောက်ဟ တော်ဆက်ဆံသည့်မျိုး မွှမ္ပမှာလည်း ပင်လယ်ဆိပ် ကမ်းမြို့များဖြစ်တွက် ကူးသန်းရောင်းဝယ်ရေးခွဲ့ပြီး သူ့အုပ်စိုးနိုင်ငြားသားမ၏ တိုက်ထိုတ်ကိုလည်းအလိ၍ဘိ ကြပ်ဖွဲ့ကာ ကြေးအားအမှုထမ်းစေသည်။

ထိုအချက်များကြောင့် ဟံသာဝတီရို့ တပင်ရွှေ အားကြွဇ၀ဘဲအဲခွဲ့ဖြစ်ဒ္ဒီ၍ဥးစသ်မနံစေကာ ဒ္ဒံချဒ္ဒဟ္ဂ လက်အောက်ခံရန်ကြီးပမ်းသော်လည်း စောဗညားမင်းပါရာမူ စစ်ခင်ရန် အကြောင်းဖန် ကြာသည်။ တပ်ပေါင်း ၁၂ တပ်တွင် ဆင် ၁၀ မြင် ၂၀၀၊ စစ်သူရဲ ၅၀၀၀ ယ၌ စစ်သူ ၁၃၀၀၀ ဖြစ်ကာ မြင်းတပ် ၃ ၀၀ဖင့် ချဲ့ပြေးဆံ့ချိုစေသည်။

ဟံသာဝတီအားစောင်ရန် အသိင်နတော်၊ သတိုး မွှရာတ်(ရှင်ရောင်)ကိုတာဝန်ပေးသည်၊တစ်လကျော်မှု ဘွဲ့ကို ဝန်းရံ၍လည်း အကြောင်းမထွ၍ပြီ မြို့တွင်းမှ အခွဲတ်များနှင့် မြို့ပြင်မှ ပေါ်ဟုတ်ပြရ တိုတ္ဒလတ် ဘာင်သင်္တောရ်ရန်ခ့ဘာင်မ္ဗရ ဿ္ရ အ အထိ အပါ။ ကျဆုံးသူများလှ ၍ ၍ တုစ်လှေ၍ဟ္တက်ဆုံးရန် ၍ ဘ္တိုတ္ဘ်ရန်ခ္ဗ္ဗေးတ်

ထို့ကြောင့် စားနှင့်လှူကျား၍စားပေါ်ရန် မြှို့ရီ့ဂ္ခ ၌ဝံဂ္ဂ်ခြင်း။ မော်လ္ဂြိင်းဂ္ဂား ပည္ဗာ၌၌ စည်းရုံးလ္ဂုက် ဒ္ဒ ၌စ္ဗေရ္ဗ့ဖိ္ဗ္ဇ့္ဂ ဦးဂ္ဂျပ္ဗ္ဗ္တည္ဗ္ခ မွ္ဗ္တ္ဘ္ဗ္ဗ္ဝ္ဗ္ အဂ္ဂ္ဘ္ဗ္ ဏ္ဗ္ဗ္ သဘ္တ္ဗ္ဗ္ ဖ္ဗ္ဗ္တ္ဗ္ဗ္ ၍ တ္ဗ္ဗ္ဗ္

သစ္ဓ္တ္ဗ္ဗ္ အ သ္တ္ဗ္ ၍ ဗ္ဗ္

တပင်ရွှေထီး ပြည်သို့ချီခြင်း

ဝါကျတ်လွှင် ပြည်သို့ချိုတ်လေသည်။ ပြည်သို့ ချိုသည့် တပ်များမှာ တပင်ရွှေထီး ကိုယ်တိုင်တော်ထ ၍ ရောင်ပို တ၌ တပ်ဖွဲ့ လောဂၼ္တ၊ ၍ ၍ ၌ ၌ ၍ ၍ ၍ ၌ ၅၀၊ ကမ္ဘ်လွန်ဂ္တးကြိုဂ္ဂ္ဗ ၈၀၀ စစ်သူရဲ ၉၀၀၀ ၍ ၍ ၍ ၅၀၀ စစ်သူ ၉၀၀၀ ၍ မြင်၊ ၂၅၀၊ စစ်မြှ ၇၀၀၀ ၍ ၌ ၌ ဿ နေ့တပ်ပေါ်ရ၌ နန်း ၍ ၍ ၍

သိုဟန်ဘွား ပြည်ဘုရင် မင်း ချိုတ်လာသည်ကြ

ဝါကျတ်လွှင် ပြည်သို့ချိုတ်လေသည်။ ပြည်သို့ ချီသည့် ဒ္ဒရ္ဗ္ဗ ၍ ၌ ၌ ၍ ၍ ၍ ၍ ၌ ၅၀၊ ၌ ၌ ၍ ၍ ၌ ၍ ၌ ဗ္ဒ္ဗ္ဗ ၍ ၌ ဗ္ဗ္ဗ္ ၍ ၌ ၍ ၌ ၌

မြို့ကို တိုက်ရာမှ၌ မိုးကာ တိုင်းရမှင့်ပြ မြို့ကို စောညများလည်း ၌ ကြား၌ ဖောက်ထွက်ရန်၍ ၌ အမတ် အမတ်များဝံရဲ၍ၼ်ဆော်လည်း၍ သ္ညံသင်၌လု့ဒ္ဘ မဖမ်းနိုင်ရှိ၍ ဘုရင့်နောင်၏ညီသ္ည နန္ဒကျော်သူ စွယ်လကော အမည်ရှိဆင်နှင့်တို့မှ ထွက်ပြေ လေရာ၌ ၌ ဖမ်းမိလေသည်။

ရက်ၼ္တ ၌ ၌ ၌ ၌ ဟံသာဝတီ တပ်သားမ ၌ ၍ ၌ ၌ ၌ ၌ ၌ ရ၌နှင့် လှယ်ဟ ၌ ၌ ၌ ၌ မဏ္ဗဆ္မြို့ ၌ ၌ ရဲ၍ စေပြီးရေတပ် အကြ ၌ ၌ ၌ ၌ ၌ ၌ တိုင်နိုင်သည် အ ၌ ၌ ၍ ၌ ၌ သောကြောင့် ၍ ၌ ၌ ၌ ၌ ၍ ပြည်သို့ပြန်လေသည်။ အ ၍ ၌ ၌ ၍ ၌ ၌ ၍ ဝင်ကာ ရွှေဂုံဘုရား ၌ ၌ ၌ ၌ တ ၌ ၍ ၍ ၌ များကို ၇ ရက်ပတ်လုံ ဆွမ်းကပ်၌ ၌ ၍ ၌ စွာလေသည်။ဟံသာဝတီ ရောက်လျှင်ဖြစ်၍ ၍ဝ္လျှ၍ ပြည်သို့ပြန်လေသည်။ ၌ဆ္ဒ္ဒ္ဒ ၍ ၌ ၍ ၍ ၍ ၍ ဒ္ဒ ၌ စစ်ရေးအ၍၍ ၍ ၌ ၌ ၌ ၌ အ၌ ၌ အ၌ ၌ ၌ ၌ ၌ ဗ္ဒ ၍ ၌ အ ၌ ၌ ၌ ၌ ၌ အစ်ဒ်ဒ္ဒ ၍ အ၍ တပ်၌ ၌ ၌ ၌ ၌ ၌ အ ၌ ၌ ၌ ၌ ၌ ၌ ၌ ၌ ၌ ၌ ၌ ၌ ၌

မြင်မမသက်ဖြစ်နေရသည်။

ထို့ကြောင့် မြန်မာအမတ်ကြီးဖြစ်သူ မင်းကြီးရန် နောင်က သိုဟန်ဘွားအား သက္ကြန်မဂ်လာပြုဟန်လှ့ည့် ဖျားပြီး ကိုယ်တိုင်ပင် ဓားဖြင့်သတ်လေသည်။

မှူးမတ်များက မင်းကြီးရန်နောင်အား နန်းတက် ဝိုင်းလျှောက်ကြသော်လည်း လက်မခံဘဲ ရှမ်းလူပါ ဘောင်စော်ဘွား ခုံမှိုင်းအား နန်းအပ်၍ ရ တောထွက်သွားခဲ့သည်။

သို့ဖြင့် သက္ကရာဇ် ၉၀၄ တွင် အင်း အင်းဝထီးနန်းနန်းကို သိမ်းယူစိုးစံလေ ၍ ဘွားအပေါင်းအားစည်းရုံးကာ ရ တောင်ငူကို သိမ်းပိုက်ရန်စီမံ၍ သက္ကရာဇ် ၉၀၇ တွင် ၍

ရောက်လာ ဝှက်ထားစေပြီ၊ ကျန်တပ်များကို စစ် ကြောင်းခွဲ၍ကာဆိုတ်တက်စေသည်။ နောက် မြင်း ၍ ရှေ့မှစစ်ဝန်မီးစေရာ သိုဟန်ဘွားတပ်လည်း သံသာဝတီတပ်ကို တွေ့ပြုအမှတ်နှင့် အင်တင်လိုက်လံ တိုက်ခိုက်ရာ ကျန်တပ်များနှင့်တက္တ တောတွင်းရှိ ဆင် များပါထွက်တိုက်ခုဖြင့်သိုဟန်ဘွားတို့ဖ္ၜကာ သုံးဆယ်စားရောက်စောင်စားနှင့်မွန်စားစောဘွား ဆင်နှင့်တက္တရှိ၍ ဆင် ၆၀၊ မြင် ၃၀၀၀ကျော် ၍ ကာ၍တော်ကိုသွဲ့ရ၍အမှုဖရလေသည်။

ယောဖ္ဇဒတော်ဘုရင့်နောင်ကို ၍ ၍ ၍ ၍ ၍ ၍ ၍ တိုတ်ထိုအမတ်မှ ဖမ်းမိ၌ ၍ ၌ ၍ ၍ ခ္ဘုန်၍ရ ၍ ၍ ၍ ၍ ၍ ၍ ရှင်ဒ္ဒ ၍ ၍ ၍ ၍ ၍ ၌ ၍ ၍ ရ ၍ ၍ ၍ ၍ ၍ ၍ ၍ ၌ ၍ ၍ ၍ ၍

မြင်မမသက်ဖြစ်နေရသည်။

ထိုသတ်ကို ကြားလျှင် ပုသိမ်၊ ၍ ၍ ၍ ၍ များသို့ ရောက်နေသည့်ရှင်ရ၌အိမ်ရှေ့မင်းဝ ၍ ၍ ၌ ၍ ၍ ၍ ၍ ၍ ၍ ၍ ၍ ၍ ပြည်ဘုရင်၍အ၍ ၍ ၍ ၍ ပြည်ဘုရင်၍အ၌ ၍ ၍ ၍ ၍ ၍ ၍ ၍ ၍ ၍ ၍ ၍ ၍ ၍ ၍ ၍ ၍ ၍ ၍

ရန်ဆုံးတွင် ပြည်ဘုရင်မင်းဒေါင်ကအသက်တော် ၍ ၍ လျှင် အၼ္ဒခံမည်အကြောင်းကို ဆရာတော်များ ၌ ၌ တစ်ဆင်ရေးဆိုၼ္ရာတ္ဒ္ဓ၌ ၍ ၍ ၍ ၍ ၌ ၍ ၍ ၍ ၍ ၍ ၍ ၍ ၍ ၌

သိုဟန်ဘွား လည်း အ၌ ၍ တ္တ္တလွှ၍ ဿ ရှင်စော် ဘွားပေါင်းတို့ ၍ စုစည်းကာ တိုက်ခိုက် ၍ ၈၀၁ မြင် ၍ ၍ ၌ စစ်သည်အင်အား ၁၆၀၀၀၀ပါဝၼ္ကြီ၍ ၍ ဖြ ၍ ၍ ချုပ်သည်။

ထိုထ္တင်ကိုကြားသော ဘုရင့်နောင်က တ၌ ၍ ဝၼ္ဘ္ဗ၍ တပင်ရွှေ၍ဒ္ဒ နယ်ၼ္တ္တ တ္တ္တ ၍ ၍ ၌

မင်ငိမ်းမသက်ဖြစ်နေရသည်။

ထို့ကြောင့် မြန်မာအမတ်ကြီးဖြစ်သူ မင်းကြီးရန် နောင်က သိုဟန်ဘွားအား သက္ကြြ်မဂ်လာလ၍ဟန်လ့ှ ဖျားပြီး ကိုယ်တိုင်ပင် ဓားဖြင့်သတ်လေသည်။

သို့ဖြင့် သက္ကရာဇ် ၉၀၅ တွင်ဒ္ဒ ၌ ၌ ၍ ၍ ၌ ၌ ၍ ၍ ၍ ၌ ၍ ၌ ၍ ၌ ၌ ၍ ၍ ၍ ၍ ၍

ထိုခါစော်ဘွားတို့လည်း၌ ၍ အင်အားစုၼ္တ္တ ၌ ၍ ၌ ၍ ၍ ၍ ၍ ၌ ၍ ၍ ၍ ၍ ၌ ၌ ၍ ၌ ၍ ၌ ၌ ၍ ၍ ၌ ၍ ၍ ၌ ၍ ၌ ၌ ၌ ၌ ၌ ၌ ၍ ၌ ၌ ၌ ၌ ၌ ၌ ၌ ၍ ၌ ၌ ၌ ၌ ၌ ၍

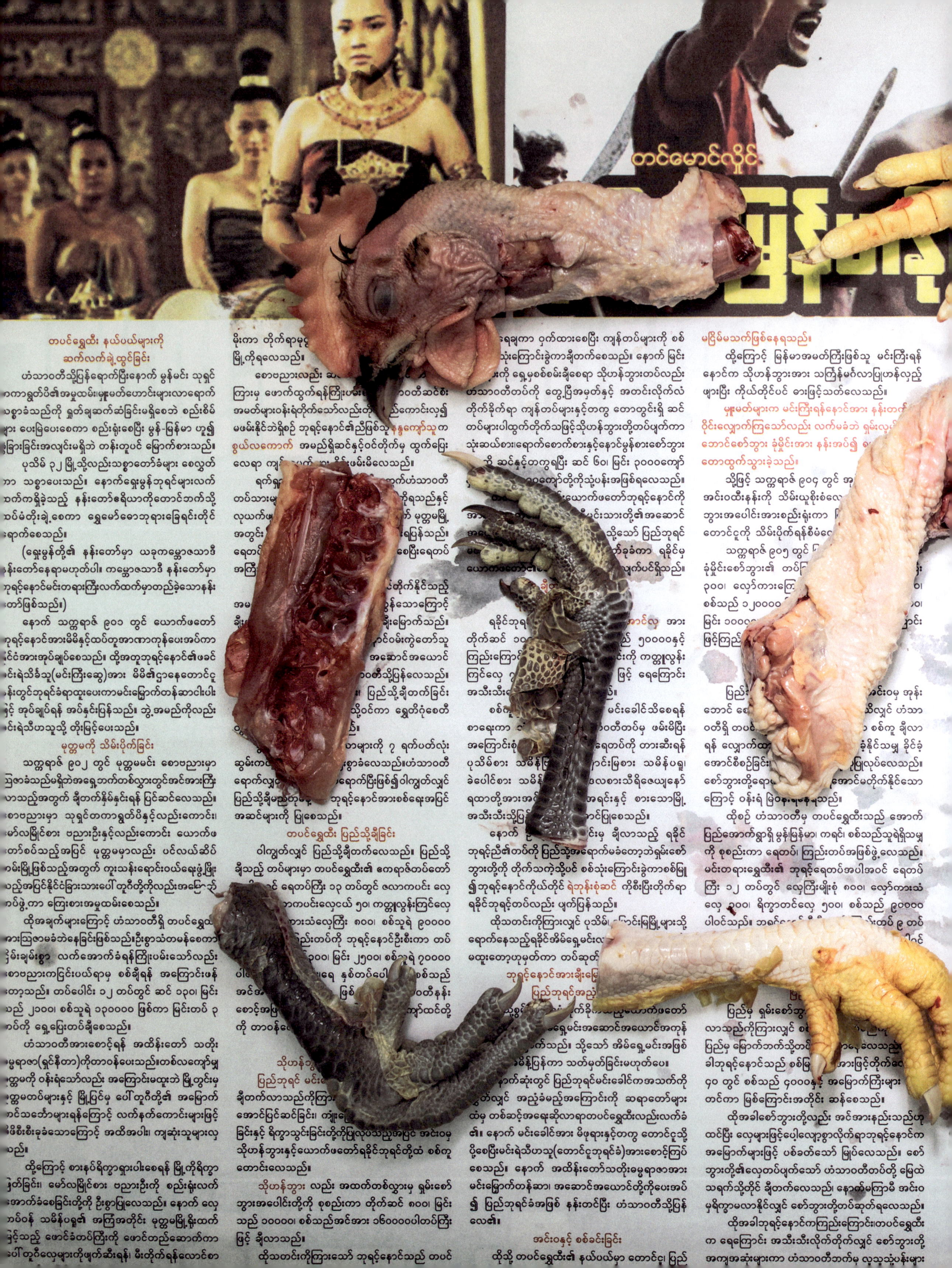

မွေးဖွားခြင်း

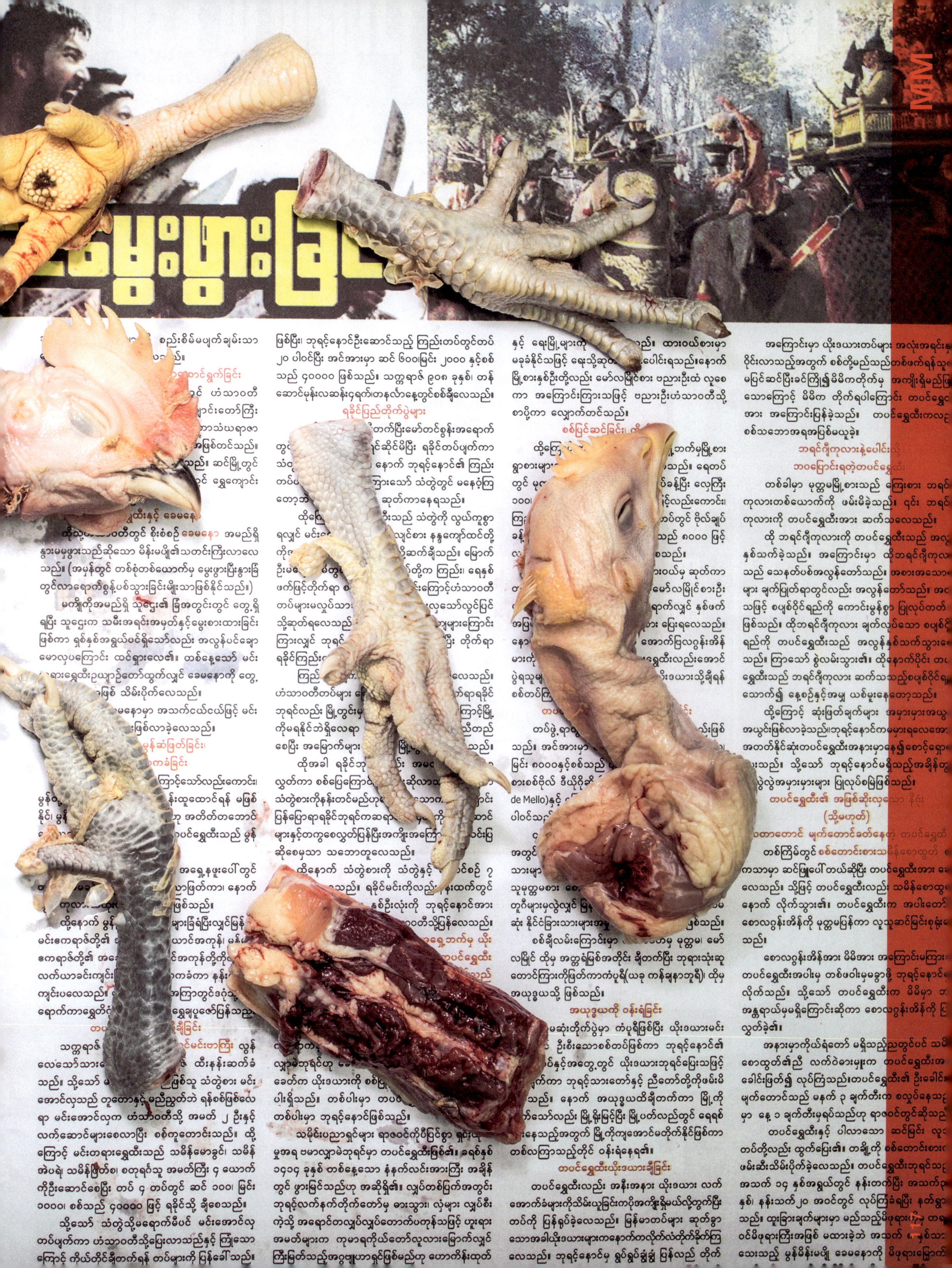

The PUNCH

Notes from a roundtable on xenophobia, Afrophobia

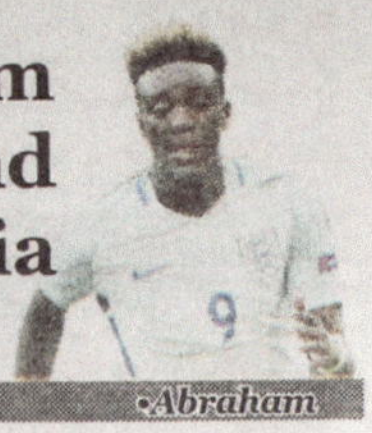

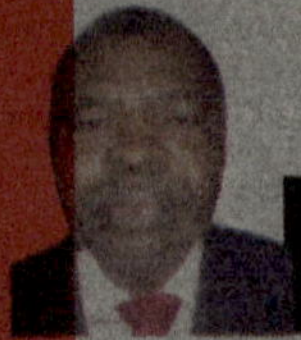

Friday Musings with ▪ Ayo Olukotun

"When your hosts begin to insinuate that the rough, almost inedible end of a yam tuber is all the food that they have left at home, then, the visitor should plan his exit without delay"
– Yoruba proverb

"Inflammatory headlines and negative stereotyping of other Africans by the South African media did not help matters. A sample would include: 'Illegals in South Africa add to decay of cities,' 'Africa floods into Cape Town', 'six million migrants headed our way'"
–Presentation by Dr Olubunmi Akande, Durban University of Technology on Thursday, September 26, 2019.

As suggested by President Muhammadu Buhari's ongoing visit to South Africa, the country is still very much in the traumatising and humbling wake of the recent xenophobic outburst in Nelson Madela's country, resulting in the dislocation and journeying back home of hundreds of Nigerians. It was appropriate and topical, therefore, that a roundtable was held last week by the *African Journal of International Affairs and Development*, in collaboration with the Department of Politics and International Relations, of Lead City University, Ibadan, on the subject, in honour of one of its oldest and distinguished professors, Alaba Ogunsanwo, who turned 77 years earlier this year. Ogunsanwo had joined the university after his retirement from the University of Lagos 12 years ago, when he turned 65 years, and according to the institution's Pro-Chancellor and Chairman of Council, Prof. Babajide Owoeye, had been a remarkable asset to the institution, role model scholar, whose modesty and simple lifestyle directly contradict his fame. On the panel of discussants were Prof. Olawale Albert, a former director of the Institute of Peace and Strategic Studies, University of Ibadan; Prof. Tunji Olaopa, Executive Vice-chairman of the Ibadan School of Government and Public Policy; Dr Akeem Amodu, an associate professor at the host university; Dr Olubunmi Akande, from the Durban University of Technology, South Africa, as well as this columnist.

Kick-starting the event, the head of department of Politics and International Relations, Dr Tunde Oseni, provided a rationale for the roundtable, in terms of the need to honour Ogunsanwo, and the imperative to provide policy remedies and initiatives for the issues of xenophobia and Afrophobia. Of course, analysis must precede prescription, therefore, it is important that egg-heads collate insights from the perspective of their respective disciplines. Lamenting the xenophobic and Afrophobic downturn in South Africa, Albert quoted a 2018 World Bank report which suggested that rather than being a drain on the economy, every immigrant worker in South Africa generated two jobs for South Africans, considering that their diverse skills set resulted in productivity gains and had multiplier effects for the economy. In other words, propaganda, hate speech and stereotypes have replaced sober analyses regarding the actual effect of immigration on the South African economy. That, of course, is only one side of the matter, because there is a seamy underside populated by criminals and immigrants with little or no skills, who had escaped their countries illegally, in order to forage for a living. Albert, while maintaining that discourse on the subject has been dominated by this underside, which are a minority of the immigrant population, went on to provide disturbing statistics about Nigerian immigrants in that country. For example, 10,000 Nigerians are reportedly trapped in South African prisons; 40,000 have been convicted for stealing, drugs, human trafficking and visa racketeering, while 6,000 other Nigerians are awaiting trial for other offences. So, it would appear that the negative and horrible impact of Nigerians engaged in crime, created the stereotypes, embellished by politicians and the media, giving rise to xenophobia and Afrophobia. Rummaging for solutions, Albert underpins the imperative of the African Union, which, he insists, should not only condemn the outrage, but should convene a special summit, to come up with policy guidelines.

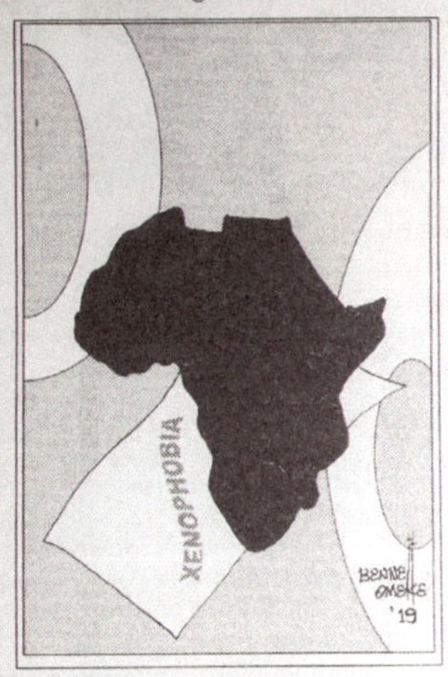

The insights provided in the two quotations in the opening paragraph, concerns the need for early warning systems and possible deterrents against xenophobic media attacks on foreigners. This brings us to the paper by Olaopa, which makes a distinction between xenophobic violence and xenophobia, the latter being, "an attitudinal orientation of hostility against non-natives", while the former speaks to specific acts of violence targeted at immigrants. Obviously, as the paper points out, the two are related because violence feeds on pre-existing hostility and relentlessly negative stereotyping in public discourse. One of the interesting reasons why Nigerians have been frequently targeted in the recurrent xenophobic attacks concerns, as Olaopa narrated it, the vanity and opulent lifestyles of Nigerians, and their being preferred by South African women, because they are big spenders. Predictably, this is an area that is difficult to capture by policy, but one can appeal to the good sense of Nigerian immigrants who succeed to be sensitive, for survival reasons, to the context and contestations of their new environment. Olaopa's suggestions of better intelligence gathering, mapping out potential hotspots for attacks, the use of technology-based hotline systems and social media platforms, should reward further study by policymakers.

Of interest is the paper by Dr Olubunmi Akande, who brings to bear on the subject, the perspective of her experience as a recent doctoral graduate from one of South African universities. For example, she indicates typical examples of xenophobic perception by South African workers such as, "They should go because we have no jobs. I may want to work for 150 Rands a day, but foreigners settle for 70 Rands a day". There is also, she mentioned, the depiction in the media, of African immigrants as illegal, buttressed by the association of Nigerians with drug trafficking, Congolese with passport racketeering and smuggling. That is not all. A preexisting high crime rate means that there is a culture of violence in place, which ensures that prejudice easily turns to hate speech, and hate speech to direct violence. As panaceas, she suggested the increased commitment from the South African government to underlying factors, and the need for other African governments to make their countries more habitable in order to stem the exodus. Hopefully, Buhari may be able to extract more frontal remedial measures from President [Ramaphosa] even at that, its implementation will depend on the swings of political moods.

To underline this point, and as this [columnist noted,] politicians eternally bound to swing [...] unsurprisingly, stoke xenophobic fires [...] of right-wing xenophobic parties, in Eu[rope ...] symbiosis between anti-immigrant sen[timent and ...] handling or mishandling of the situatio[n ...] There is a qualification, however, that [...] parties become more acceptable and cen[trist ...] some of their more offensive rhetoric, by tra[...] insertion into the mainstream. The point [...] is that xenophobia and Afrophobia will not [...] because they are amenable to politicisation. [...]

To end on a positive note, let me refer to t[...] Amodu, who envisages that the bonds of African bro[...] be so stimulated by African leaders, under the AU, th[at ...] Afrophobia and xenophobia, we would be talking about [...] and xenophilia, capturing thereby, a need to move bey[ond ...] current fractured mien to notions of African brotherhood a[nd ...] fraternity.

e-mail:yourviews@punchng.com
Feedback by text? Send SMS of not more than 100 words (not abbreviations, please) to 08055923429 with your full name and address.

Salvo

"Ekiti State is the most neglected in this country in terms of roads. Look at the road between Ilesha and Ado Ekiti, it was made over 100 years ago. This road from Ado Ekiti to Ijan to Ode Ekiti to Ikare Akoko (Ondo State) to Lokoja (Kogi State) was built before I was born. That narrow bridge which collapsed on Monday night was built over 100 years ago"
— The founder of Afe Babalola University, Ado Ekiti, Chief Afe Babalola, on the state of road infrastructure in Ekiti State

Ethical Complaints?

•We, Punch Nigeria Limited, do not demand or accept gifts or gratification to publish articles or photographs, neither do our journalists. Therefore, we implore you not to offer any to our journalists.

In the event that a PUNCH journalist demands such, please send your complaint(s) to ethics@punchng.com or 08168214977.

PUNCH Advert lines Every day

Head Office
Tel: 08116759808
09085020325
09080655213

Opebi Office
55, Opebi Road, Ikeja, Lagos.
Tel: 09053631548,
08066416659

Ikoyi Office
38, Awolowo Road, Ikoyi, Lagos.
Tel: 09053631731,
07013430987

Abuja Office
Plot 743, Sani A. Mashi Crescent, off Mohammed Namadi Sambo Way, Cadastral Zone C 16, adjacent Salini Nigeria Limited, Idu Industrial Layout, Abuja. Tel: 09085020332

Puzzle

Read the clues at the side to figure out the answers

ACROSS
1. When you count and keep the beat, you are using __________. 2. The __________ clef sign is for notes that are mostly below middle C.
3. A __________ note gets two beats.
4. When you play three notes at the same time, you are playing a __________. 5. Eight notes apart means you're playing an

DOWN
1. The __________ clef sign is for notes that are mostly above middle C. 2. A dot underneath a note that means to play it short.
3. A fermata above a note means to __________ it for longer than it's counted. 4. The Italian word for "loud".
5. The Italian word for "medium" (Example: __________ piano means "medium soft.")

NOTE:
Solution to Thursday puzzle on Page 19

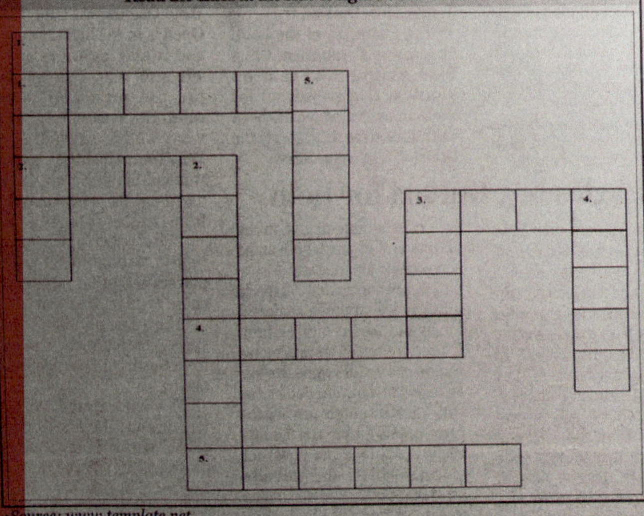

– Source: www.template.net

Printed and Published by: PUNCH (Nig.) Limited 1, Olu Aboderin Street, Onipetesi, Ikeja, Lagos. Circulation: 09053631732 ADVERT: 08065711871; The PUNCH 09086211321; Abuja Office: Plot 743, Sani A. Mashi Crescent, off Mohammed Namadi Sambo Way, Cadastral Zone C16, adjacent Salini Nigeria Limited, Idu Industrial Layout, Abuja Phone: 09085020332, 09053631540; Saturday PUNCH 08038235719; Sunday PUNCH 08039514091; E-mail: punchlagos@punchng.com; advert@punchng.com; Ikoyi Office: 38, Awolowo Road, Ikoyi, Lagos. Phone: 09053631546; Opebi Office, 55, Opebi Road, Ikeja, Lagos. Phone: 09053631548. A Member of the Newspaper Proprietors' Association of Nigeria. **Editor: ADEMOLA ONI**. All correspondence to P.M.B 21204, Ikeja, Lagos. ISSN 0331-2666

Car raid'll continue until dealers obey law – Customs
– Page 27

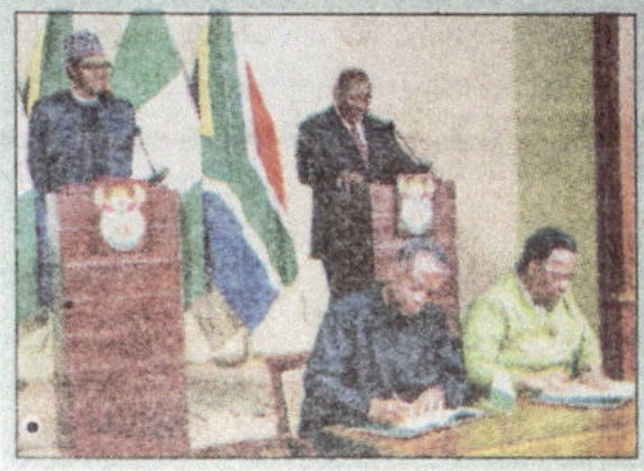

Repay our support, open your economy, Buhari tells S'Africa
Page 2

Osinbajo alleged cabal behind corruption allegations – Bishop
Page 19

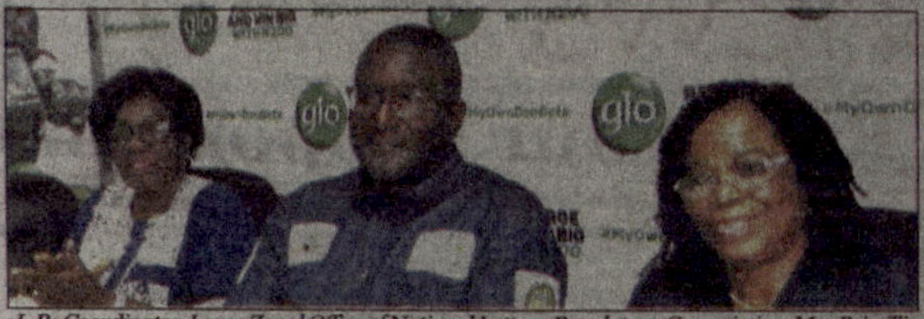

•L-R: Coordinator, Lagos Zonal Office of National Lottery Regulatory Commission, Mrs Priscillia Oriuzulu; Retail/Consumer Sales Chief, Globacom, Mr David Maji; and Director, Consumer Affairs Bureau, Nigerian Communication Commission, Abuja, Mrs Felicia Onuwegbuchulem, during Globacom's inauguration of 'Recharge and Win Big' promo, in Lagos...on Thursday. Photo: Globacom

The PUNCH

Senate raises 2020 budget to N10.7tn, Buhari presents estimates Tuesday
Page 33

Positioning oneself for 2023 is playing God – Oshiomhole
Page 10

FRIDAY, OCTOBER 4, 2019 VOL 43 NO. 22,041 www.punchng.com The Punch Newspapers @mobilepunch @+Punchng1 N200

igeria's fresh appeal won't p assets' seizure – P&ID
Page 2

must pay $200m security deposit, £250,000 cost, says firm

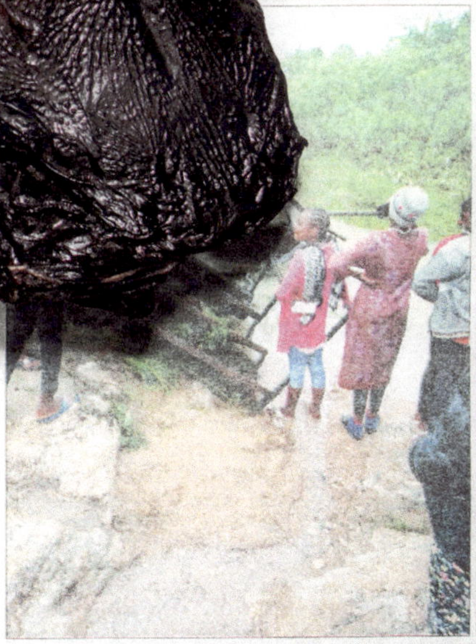

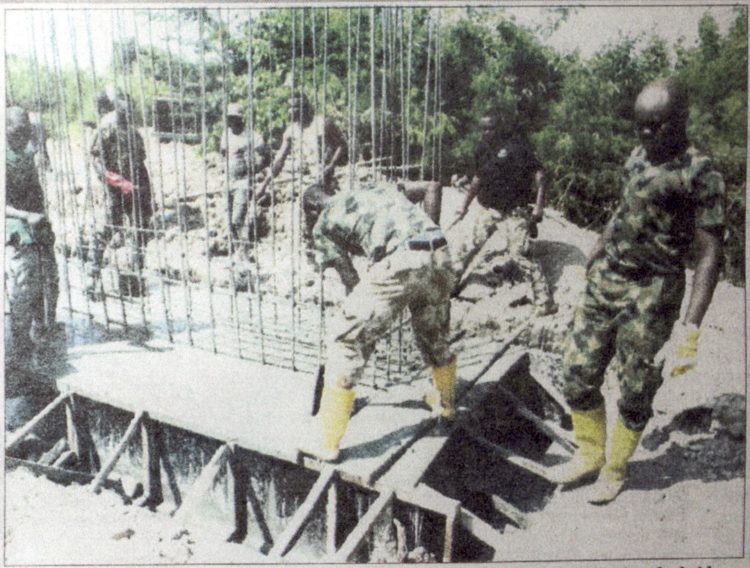

•Bridge of Abubakar Tafawa Balewa University, Bauchi, which collapsed in August (left) and Nigerian Army engineers reconstructing the bridge... on Thursday. Photos: Armstrong Bakam

Assembly accuses Amosun of tampering with LG funds
Page 19

Gunmen kidnap six pupils, two teachers in Kaduna
Page 14

Cows' death: Ondo monarch, herdsmen sign peace deal
Page 11

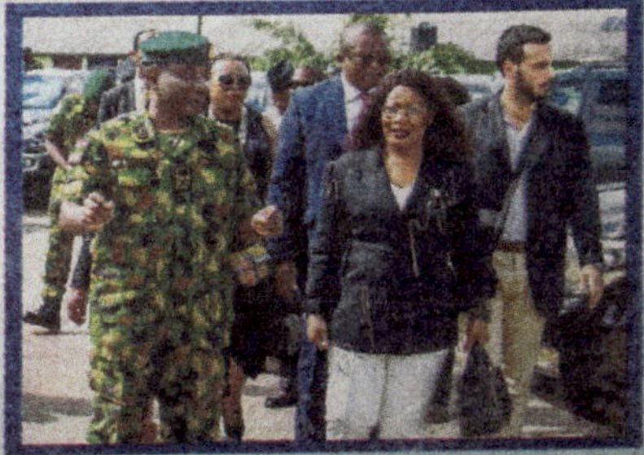

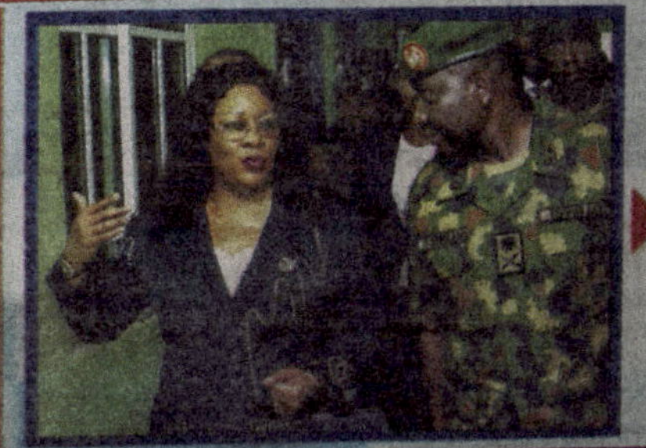

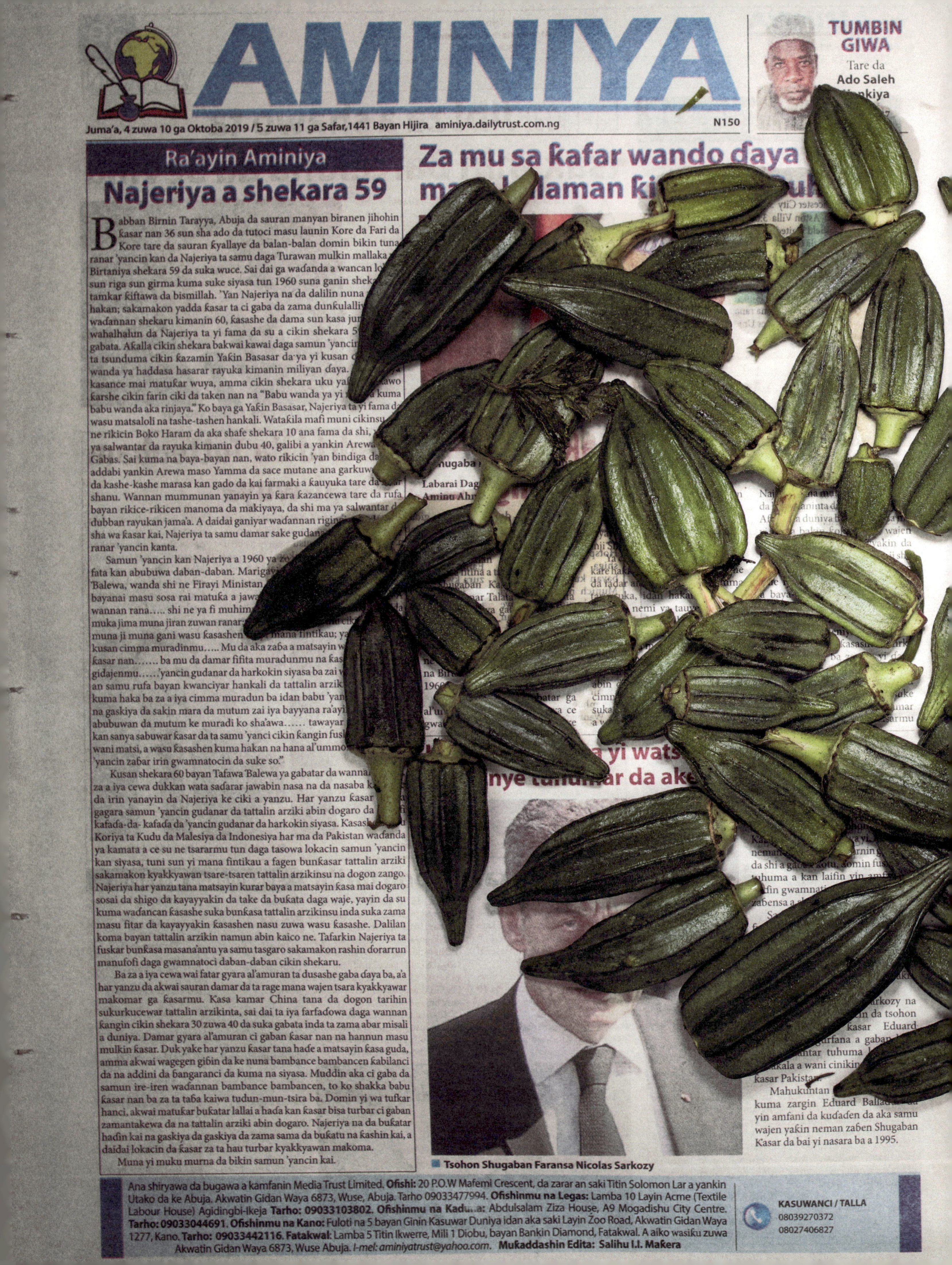

Ra'ayin Aminiya

Najeriya a shekara 59

Babban Birnin Tarayya, Abuja da sauran manyan biranen jihohin ƙasar nan 36 sun sha ado da tutoci masu launin Kore da Fari da Kore tare da sauran ƙyallaye da balan-balan domin bikin tuna ranar 'yancin kan da Najeriya ta samu daga Turawan mulkin mallaka, Birtaniya shekara 59 da suka wuce. Sai dai ga waɗanda a wancan lokaci sun riga sun girma kuma suke siyasa tun 1960 suna ganin shekara tamkar ƙiftawa da bismillah. 'Yan Najeriya na da dalilin nuna hakan; sakamakon yadda ƙasar ta ci gaba da zama dunƙulalliya waɗannan shekaru kimanin 60, ƙasashe da dama sun kasa jure wahalhalun da Najeriya ta yi fama da su a cikin shekara 59 da suka gabata. Aƙalla cikin shekara bakwai kawai daga samun 'yancin kai ta tsunduma cikin ƙazamin Yaƙin Basasar da ya yi kusan daya wanda ya haddasa hasarar rayuka kimanin miliyan ɗaya. Wannan ƙasance mai matuƙar wuya, amma cikin shekara uku yaƙin ya kawo ƙarshe cikin farin ciki da taken nan na "Babu wanda ya yi nasara kuma babu wanda aka rinjaya." Ko baya ga Yaƙin Basasar, Najeriya ta yi fama da wasu matsaloli na tashe-tashen hankali. Wataƙila mafi muni cikinsu ne rikicin Boko Haram da aka shafe shekara 10 ana fama da shi, wanda ya salwantar da rayuka kimanin dubu 40, galibi a yankin Arewa maso Gabas. Sai kuma na baya-bayan nan, wato rikicin 'yan bindiga da 'yan ta'addabi yankin Arewa maso Yamma da sace mutane ana garkuwa da su da kashe-kashe marasa kan gado da kai farmaki a ƙauyuka tare da sacewar shanu. Wannan mummunan yanayin ya ƙara ƙazancewa tare da rufa-rufa bayan rikice-rikicen manoma da makiyaya, da shi ma ya salwantar da dubban rayukan jama'a. A daidai ganiyar waɗannan rigingimu ko tashin hankali da kasar kai, Najeriya ta samu damar sake gudanar da ranar 'yancin kanta.

Samun 'yancin kan Najeriya a 1960 ya zo wa wasu da fata kan abubuwa daban-daban. Marigayi Sir Abubakar Tafawa 'Balewa, wanda shi ne Firayi Ministan Najeriya na farko, ya ba da bayanai masu sosa rai matuƙa a jawabinsa na wannan rana….. shi ne ya fi muhimmanci a garemu a yau: "A muka jima muna jiran zuwan ranar; muna roƙon Allah ne muna ji muna gani wasu ƙasashen da suka sami mana fintikau; yanzu muna kusan cimma muradinmu….. Mu da aka zaɓa a matsayin wakilan mutanen ƙasar nan……. ba mu da damar fifita muradunmu na kashin kai a gaban na gidajenmu……'yancin gudanar da harkokin siyasa ba zai wadatar ba idan ba an samu rufa bayan kwanciyar hankali da tattalin arziki abin dogaro, kuma haka ba za a iya cimma muradun ba idan babu 'yancin faɗar albarkacin baki na gaskiya da sakin mara da mutum zai iya bayyana ra'ayinsa ba tare da tsoro a kan abubuwan da mutum ke muradi ko sha'awa…… tawayar da aka yi kan sanya sabuwar ƙasar da ta samu 'yanci cikin ƙangin fuskantar wani matsi, a wasu ƙasashen kuma hakan na hana al'umma samun 'yancin zaɓar irin gwamnatocin da suke so."

Kusan shekara 60 bayan Tafawa 'Balewa ya gabatar da wannan jawabi, babu shakka za a iya cewa dukkan wata saɗarar jawabin nasa na da nasaba kai tsaye da irin yanayin da Najeriya ke ciki a yanzu. Har yanzu ƙasar na gagara samun 'yancin gudanar da tattalin arziki abin dogaro da gudanar da ita kafaɗa-da-kafaɗa da 'yancin gudanar da harkokin siyasa. Kasashen Koriya ta Kudu da Malesiya da Indonesiya har ma da Pakistan waɗanda ya kamata a ce su ne tsararmu tun daga tasowa lokacin samun 'yancin kan siyasa, tuni sun yi mana fintikau a fagen bunƙasar tattalin arziki sakamakon kyakkyawan tsare-tsaren tattalin arzikinsu na dogon zango. Najeriya har yanzu tana matsayin kurar baya a matsayin ƙasa mai dogaro sosai da shigo da kayayyakin da take da buƙata daga waje, yayin da su kuma waɗancan ƙasashe suka bunƙasa tattalin arzikinsu inda suka zama masu fitar da kayayyakin ƙasashen nasu zuwa wasu ƙasashe. Dalilan koma bayan tattalin arzikin namun abin kaico ne. Tafarkin Najeriya ta fuskar bunƙasa masana'antu ya samu tasgaro sakamakon rashin ɗorarrun manufofi daga gwamnatoci daban-daban cikin shekaru.

Ba za a iya cewa wai fatar gyara al'amuran ta ɗusashe gaba ɗaya ba, a'a har yanzu da akwai sauran damar da ta rage mana wajen tsara kyakkyawar makomar ga ƙasarmu. Kasa kamar China tana da dogon tarihin sukurkucewar tattalin arzikinta, sai dai ta iya farfaɗowa daga wannan ƙangin cikin shekara 30 zuwa 40 da suka gabata inda ta zama abar misali a duniya. Damar gyara al'amuran ci gaban ƙasar nan na hannun masu mulkin ƙasar. Duk yake har yanzu ƙasar tana haɗe a matsayin ƙasa guda, amma akwai wagegen giɓin da ke nuna bambance bambancen ƙabilanci da na addini da ɓangaranci da kuma na siyasa. Muddin aka ci gaba da samun ire-iren waɗannan bambance bambancen, to ko shakka babu ƙasar nan ba za ta taɓa kaiwa tudun-mun-tsira ba. Domin yi wa tufka hanci, akwai matuƙar buƙatar lallai a haɗa kan ƙasar bisa turbar ci gaban zamantakewa da na tattalin arziki abin dogaro. Najeriya na da buƙatar haɗin kai na gaskiya da gaskiya da zama sama da buƙatu na ƙashin kai, a daidai lokacin da ƙasar za ta hau turbar kyakkyawan makoma.

Muna yi muku murna da bikin samun 'yancin kai.

■ Tsohon Shugaban Faransa Nicolas Sarkozy

Ana shiryawa da bugawa a kamfanin Media Trust Limited. **Ofishi:** 20 P.O.W Mafemi Crescent, da zarar an saki Titin Solomon Lar a yankin Utako da ke Abuja. Akwatin Gidan Waya 6873, Wuse, Abuja. Tarho 09033477994. **Ofishinmu na Legas:** Lamba 10 Layin Acme (Textile Labour House) Agidingbi-Ikeja **Tarho: 09033103802. Ofishinmu na Kaduna:** Abdulsalam Ziza House, A9 Mogadishu City Centre. **Tarho: 09033044691. Ofishinmu na Kano:** Fuloti na 5 bayan Ginin Kasuwar Duniya idan aka saki Layin Zoo Road, Akwatin Gidan Waya 1277, Kano. **Tarho: 09033442116. Fatakwal:** Lamba 5 Titin Ikwerre, Mili 1 Diobu, bayan Bankin Diamond, Fatakwal. A aiko wasiƙu zuwa Akwatin Gidan Waya 6873, Wuse Abuja. *I-mel: aminiyatrust@yahoo.com.* **Mukaddashin Edita: Salihu I.I. Maƙera**

KASUWANCI / TALLA
08039270372
08027406827

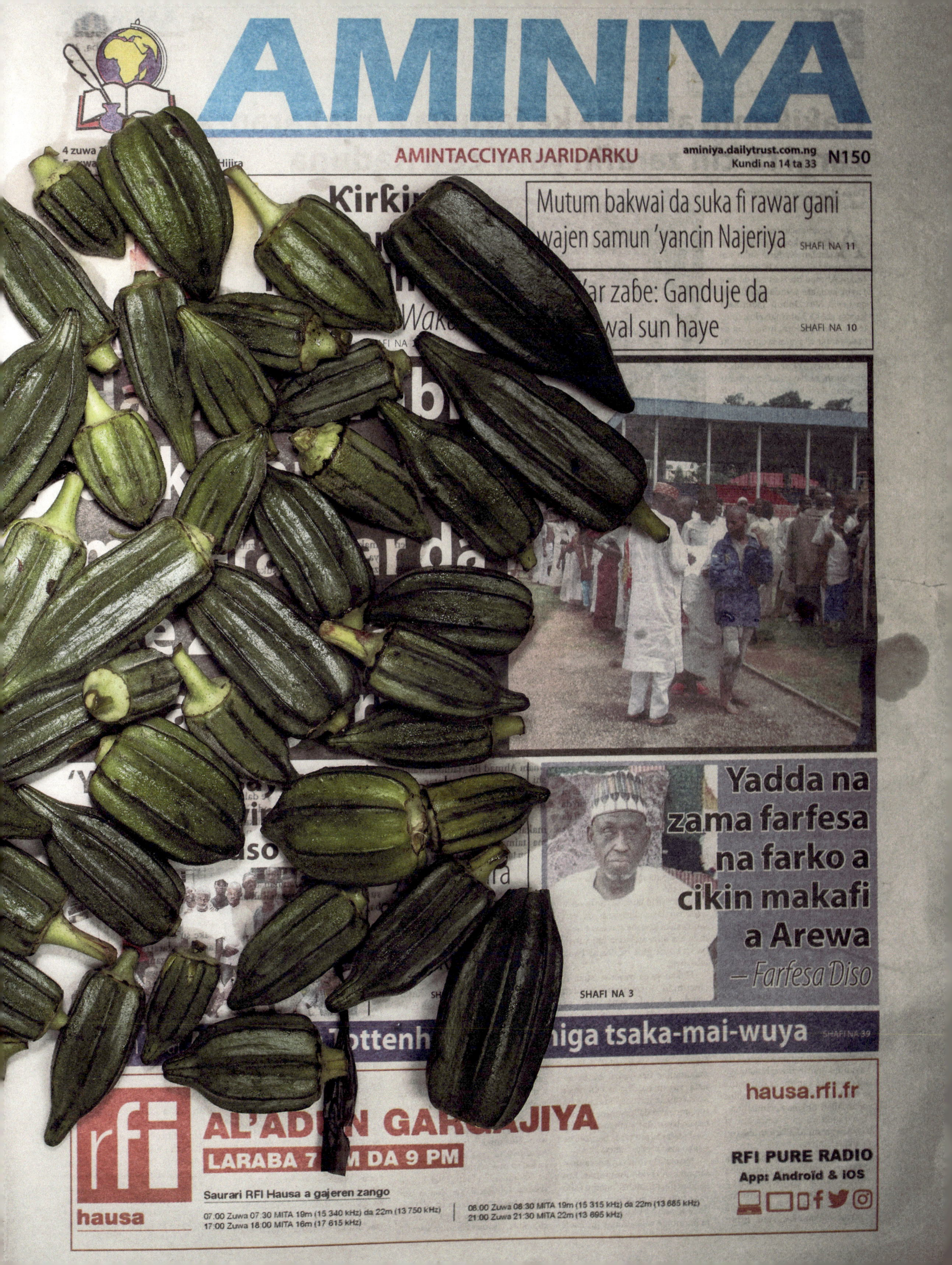

AMINIYA
AMINTACCIYAR JARIDARKU
aminiya.dailytrust.com.ng
Kundi na 14 ta 33
N150
Mutum bakwai da suka fi rawar gani
wajen samun 'yancin Najeriya
SHAFI NA 11
Yar zabe: Ganduje da
wal sun haye
SHAFI NA 10
Yadda na
zama farfesa
na farko a
cikin makafi
a Arewa
— Farfesa Diso
SHAFI NA 3
Tottenh   niga tsaka-mai-wuya
SHAFI NA 39
hausa.rfi.fr
rfi
hausa
AL'ADUN GARGAJIYA
LARABA 7   M DA 9 PM
Saurari RFI Hausa a gajeren zango
07:00 Zuwa 07:30 MITA 19m (15 340 kHz) da 22m (13 750 kHz)
17:00 Zuwa 18:00 MITA 16m (17 615 kHz)
06:00 Zuwa 06:30 MITA 19m (15 315 kHz) da 22m (13 685 kHz)
21:00 Zuwa 21:30 MITA 22m (13 695 kHz)
RFI PURE RADIO
App: Androïd & iOS

>>PAGETWO

Compiled by

JAMIL H. SALIM

WEATHER

ABUJA	KADUNA	KANO	MAIDUGURI	JOS
THUNDER STORM	THUNDER STORM	THUNDER STORM	PARTIALLY CLOUDY	THUNDER STORM
28 MAX / 21 MIN	28 MAX / 21 MIN	32 MAX / 23 MIN	32 MAX / 23 MIN	24 MAX / 17 MIN
SOKOTO	**IBADAN**	**ENUGU**	**P/HARCOURT**	**LAGOS**
PARTIALLY CLOUDY	THUNDER STORM	THUNDER STORM	THUNDER STORM	THUNDER STORM
33 MAX / 24 MIN	29 MAX / 22 MIN	30 MAX / 22 MIN	23 MAX / 17 MIN	29 MAX / 24 MIN

(Temperature in centigrade)

AFRICANSAYINGS>>

The mouth of an elder may stink but out of it comes wisdom.

(Zambia)

Source: BBC collection of listeners' proverbs

FOOD FOR THOUGHT>>

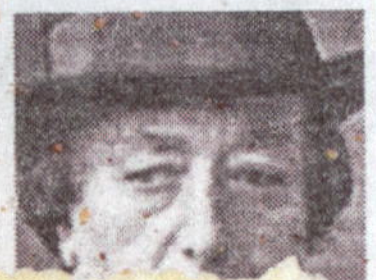

The secret of success in life is for a man to be ready for his opportunity

PHOTO OF THE DAY>>

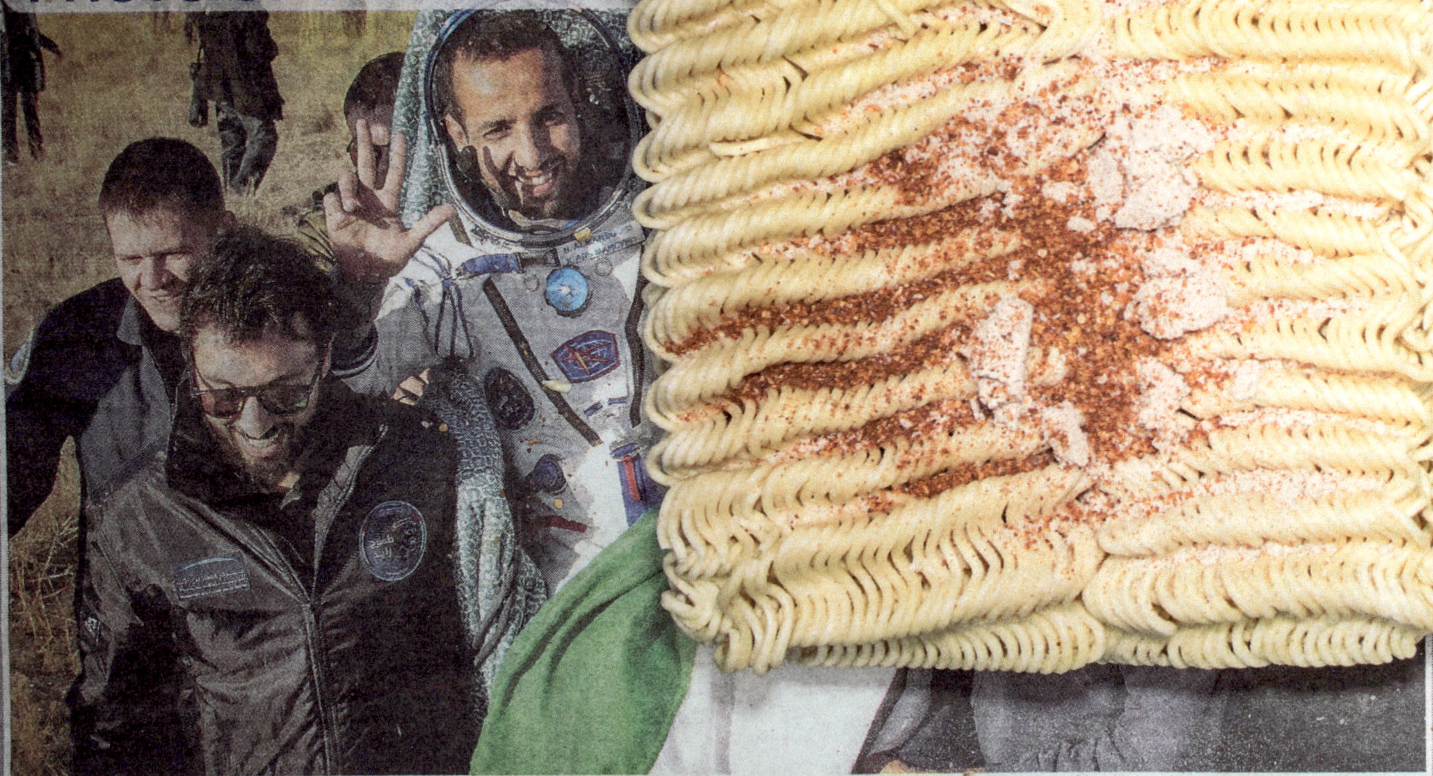

PRAYER TIMES

CITIES	FAJR	DHUHR	ASR	MAGHRIB	ISHA
ABUJA	5:09	12:26	3:39	6:23	7:26
ENUGU	5:11	12:24	3:37	6:18	7:21
KADUNA	5:08	12:25	3:33	6:21	7:24
KANO	5:03	12:20	3:3[illegible]	6:17	7:20
KATSINA	5:05	12:26	[illegible]:39	6:25	7:28
LAGOS	5:26	12:42	3:55	6:36	7:39
MAIDUGURI	4:46	12:03	[illegible]16	5:59	7:02
P/HARCOURT	5:22	12:34	3:47	6:23	7:26
SOKOTO	5:16	12:34	3:47	6:31	7:34

SOURCE: Society for the propagation of Islam, Kaduna

STOCK INDEX AS AT THURSDA[illegible]3, 2019

GAINERS	NIGERINS	NEIMETH	CAVERTON	ETI	LAWUNION
OPEN	0.22	0.48	2.60	7.85	0.42
CLOSE	0.02	0.04	0.20	0.60	0.[illegible]3
CHANGE	10.00	9.09	8.33	8.28	7.69
LOSERS	**NESTLE**	**BETAGLAS**	**COURTVILLE**	**UNILEVER**	**UCAP**
OPEN	1,255.50	53.80	0.20	24.65	2.00
CLOSE	-139.40	-5.95	-0.02	-2.05	-0.09
CHANGE	-9.99	-9.96	-9.09	-7.68	-4.31

Man United held to goalless draw at Alkmaar

Manchester United's lean goalscoring form continued in a turgid 0-0 draw away to Dutch club AZ Alkmaar in their second Group L match in the Europa League on Thursday.

United never looked like scoring for most of the evening on the plastic surface of the Kyocera Stadium in The Hague and failed to produce one effort on target.

The hosts were playing 70 miles away from home because of a roof

get excited about, however, with defences on top on the slick surface.

United will be happier with the point which puts them on four points from two games, level with Partizan Belgrade who won 2-1 in Astana in an earlier kickoff.

"The conditions were tough but I thought we did very well. It puts us in a good position," Solskjaer, who had criticised the state of the artificial pitch in the build-up, said.

While United defended well, the paucity of their attacking options was

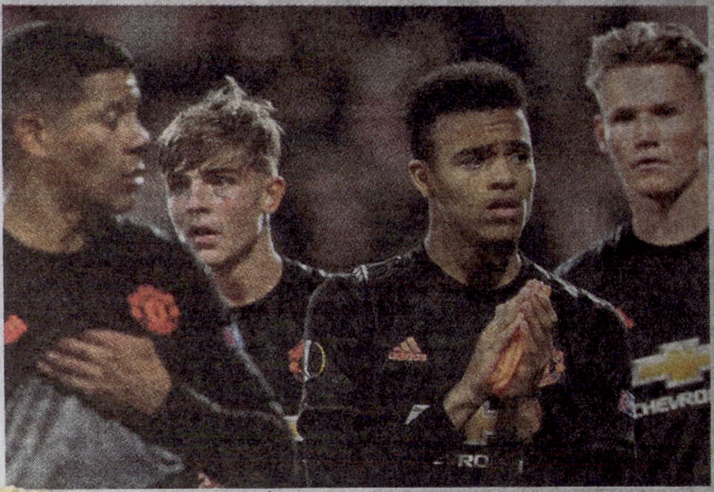

...ter United youngsters after yesterday's Europa Cup tie with

...ecathlon title bid ends in tears

...holder ...rance the ...onship six ...ursday what pulled ...e 110

...d in a ...nadian ...or the ...ade his ...ttempt through stood on ...w a kiss

The Frenchman wiped away a tear, then sat down and buried his head in his arms.

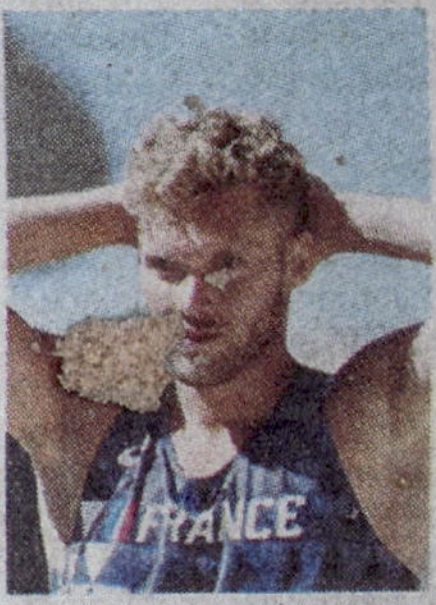

■ Kevin Mayer.

Warner began the second day with a 27-point lead over teammate Pierce LePage and 30 points clear of Mayer.

But the Canadian gave notice that he meant business on day two by clocking the top time of 13.56 seconds in the 110m hurdles to increase his advantage to 71 points.

Mayer clocked 13.87 but clutched his left hamstring and grimaced as he crossed the line.

...and Wozniacki surge into ...na Open quarterfinals

...t exciting ...his will ...time on ...i Osaka ...dreescu ...a Open

... what ...a long ...year-old ...e 19-year-old Canadian "an amazing player" and said "I have to learn from her".

The Japanese, on the upswing after a slump following her triumph at the Australian Open at the start of the year, smiled: "I'm older than her, very much so.

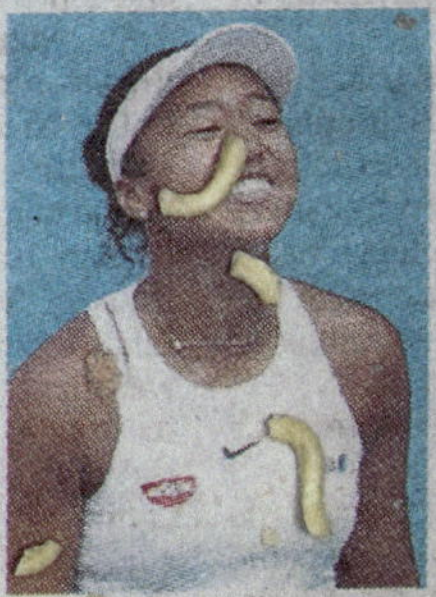

■ Naomi Osaka

"I noticed that she seems to be very... just focused."

Osaka, yet to drop a set in three matches in Beijing and fresh from winning the Pan Pacific Open in Japan, earned her place in the last eight in style.

The two-time Grand Slam champion said she was "angry relaxed" after a dominant 6-4, 6-0, win over unseeded American Alison Riske.

Osaka, the world No 4, reeled off 10 games in a row to seal victory.

... will hold ... will converge on the Indoor Sports Hall of the Ahmadu Bello University, Zaria between October 12and 22.

The second phase will take place from November 2to 12 with all points scored in the first phase carried over.

The Savannah Conference train will move to Package B of the National Stadium, Abuja while Atlantic Conference Teams will battle for supremacy at the Indoor Sports Hall of the Ilorin Township stadium.

... (Lagos), Islanders (Lagos) who hope to rekindle their rivalry alongside newly promoted Invaders (Ekiti), Coal City (Enugu), and Akure Raiders (Akure).

In the Savannah Conference, Kano Pillars (Kano), Bauchi Nets (Bauchi), Gombe Bulls (Gombe), Kada Stars (Kaduna), Defender, (Abuja), Niger Potters (Minna), Mark Mentors (Abuja), Plateau Peaks (Jos), Nigeria Army (Zaria) and Benue Braves (Makurdi) are the 10 teams which make up the conference.

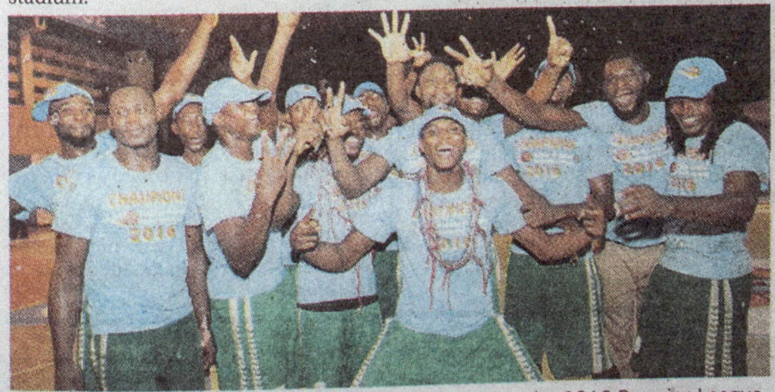

■ Kano Pillars basketball team celebrate after winning the 2016 Premier League

O... ...ma satisfied with FCT's performance at 2019 Youth Games

By Olusola Jide @jide_olusola

The Director of Sports in Federal Capital Territory (FCT) Mrs. Dili Onyedinma has praised Team FCT for their improved performances at the just concluded 5th National Youth Games.

The FCT contingent placed 9th on the medals table with 6 gold, 4 silver and 12 bronze medals.

According to Onyedinma, FCT won more gold medals this year than previous years.

"We went, we saw and we conquered. We went with a very moderate contingent and came out with a good result, she said.

Mrs. Onyedinma disclosed that new talents were discovered particularly in gymnastics where the FCT won five gold medals which was an unprecedented accomplishment.

"The kids are about 8-10 years old. New talents were also discovered amongst those that played Badminton. FCT coaches are on them to monitor their talent in badminton and gymnastics," she said.

Onyedinma further maintained that there were plans to increase the number of sports FCT will participate in future competitions which will however be subject to availability of funds.

FCT participated in 26 out of 34 events competed for at the games.

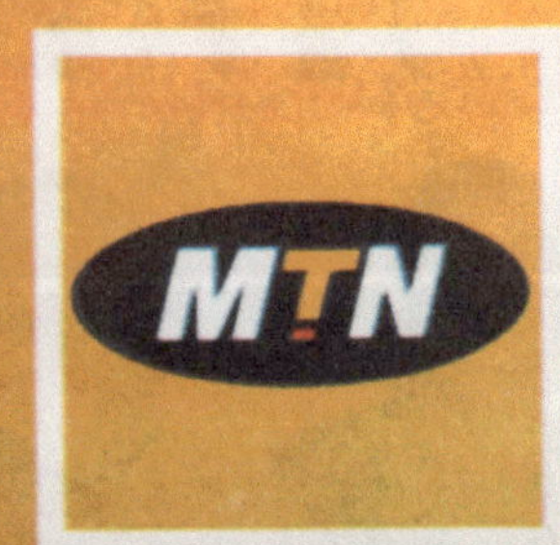

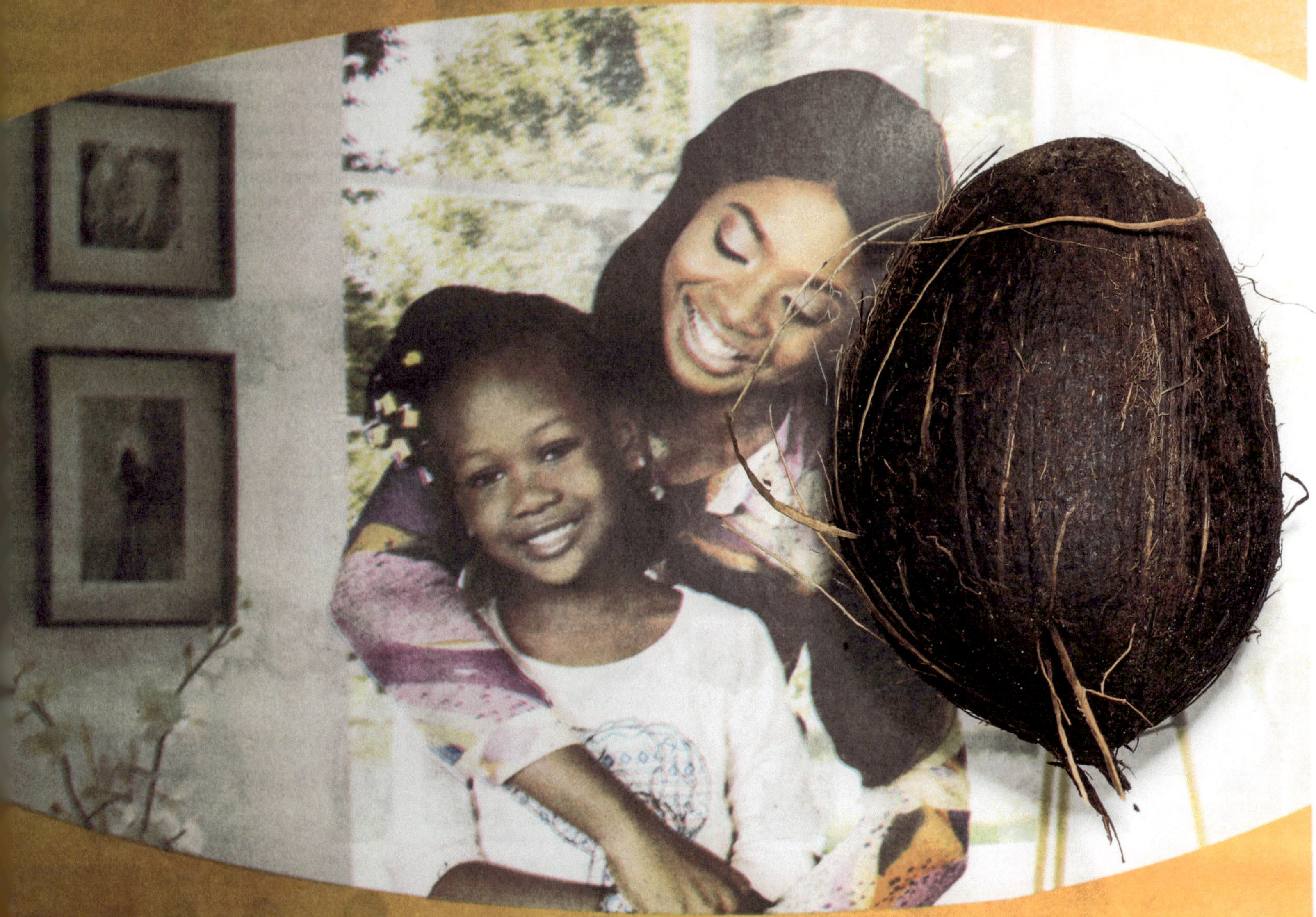

WORLD EXCLUSIVE:
SHOLAYE JEREMI Begs LINDA IKEJI Over His Son

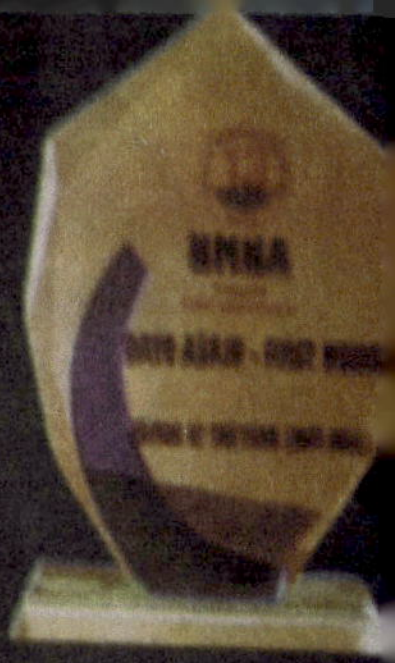

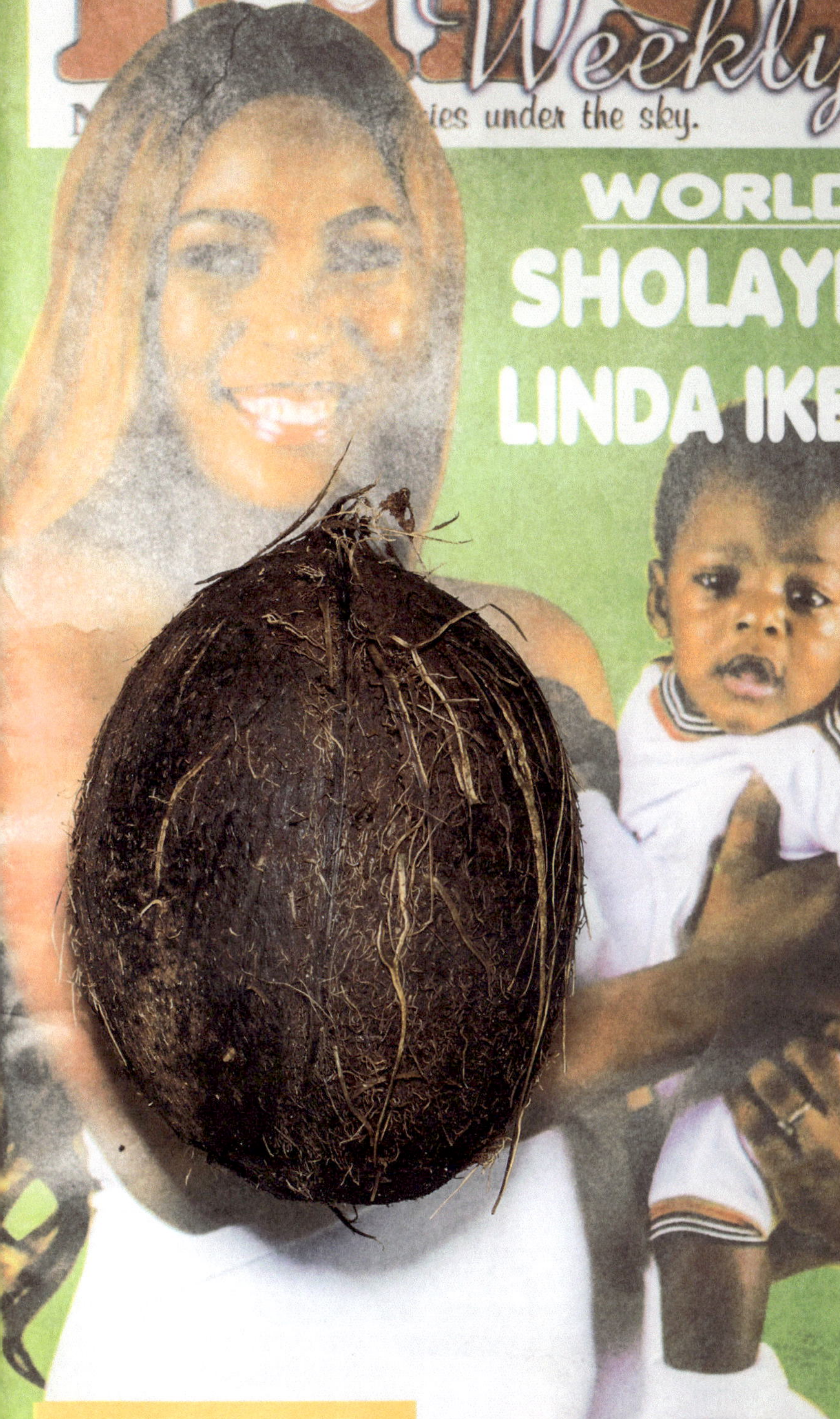

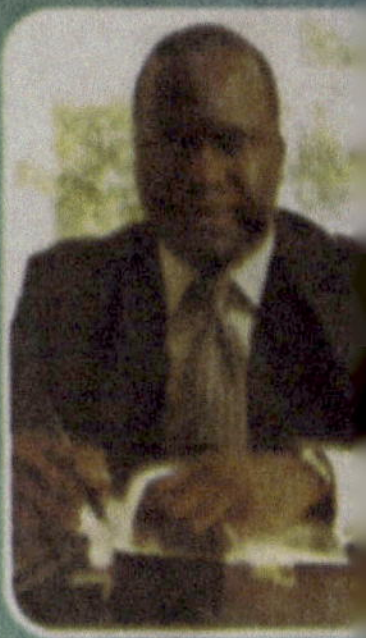

EXCLUSIVE:
Lagos Socialite, DEMOLA ELETU-ODIBO Sends Wife Packing Over Affair With BIMBO KASHAMU

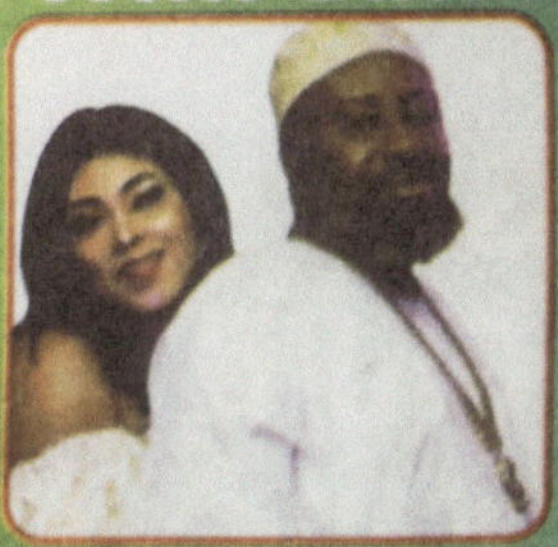

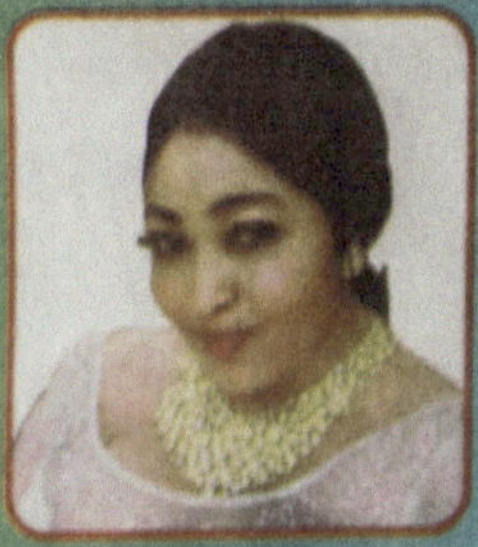

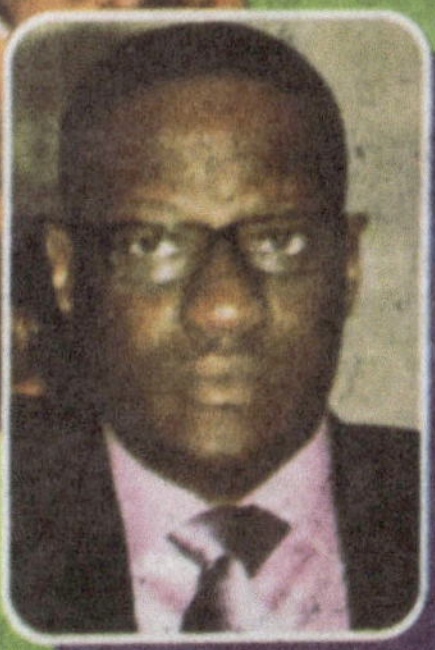

Ex-Kwara State Governor ABDULFATAH AHMED In Trouble
— EFCC Seizes His International Passport

I Married REGINA DANIELS For Love
- NED NWOKO

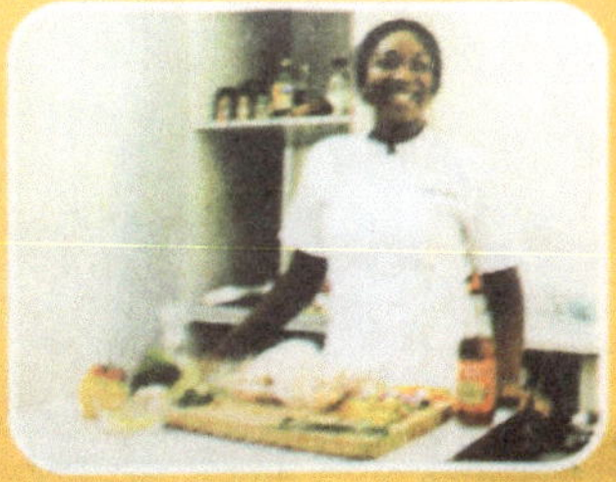

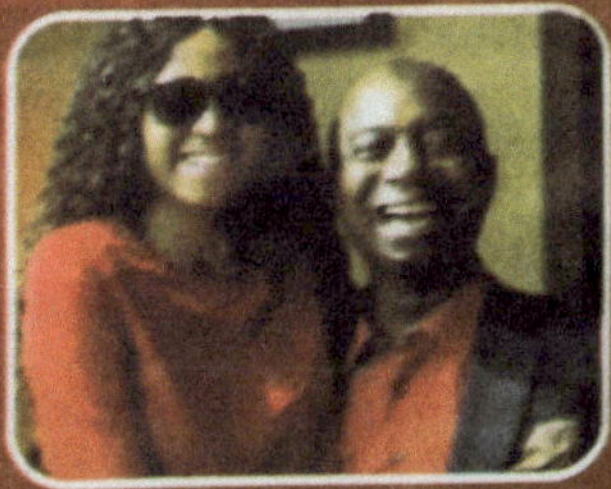

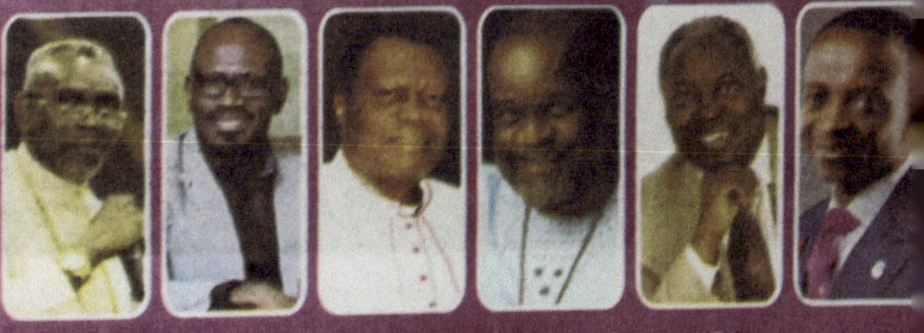

Meet 6 Popular Nigerian Pastors Who Found Love Again After Their First Wives Died

Iyara Development Movement celebrates 2019 'Iyara Day'

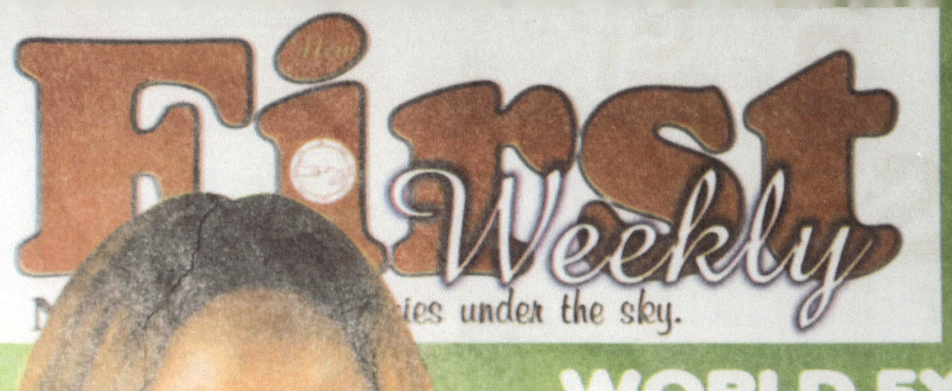

Nigeria Earned N35tn From Tax In Eight Years - FIRS

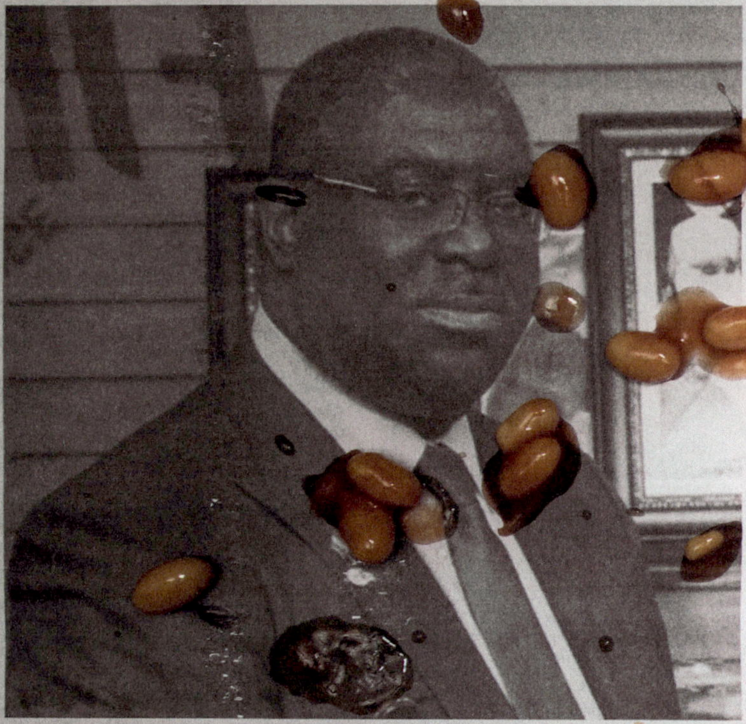

Within an eight-year period covering 2011 and 2018, the country earned a total of N35.56tn as tax revenue, statistics obtained from the Federal Inland Revenue Service have revealed. An analysis of the tax revenue statistics showed that the tax income was earned in two major tax revenue items.

They are oil tax which is generated through the Petroleum Profit Tax and non-oil tax which is generated from sever tax revenue components. They Company Income Tax, Gas Inco Capital Gains Tax, Stamp Duty, Va Added Tax, Education Tax and Nige Information Tech Develop Fund.

An analysis of the N35.56tn tax collection showed that about N17.97tn was earned during the eight-year period from Petroleum Profit Tax. This represents about 50.53 per cent of the entire revenue generated during the eight-year period.

From non-oil tax, the federation earned about N17.59th which is about 49.47 per cent of the tax revenue for the period under review. Further analysis of the non-oil tax revenue showed that a huge chunk of the collection was made through Companies Income Tax.

Revenue from this tax component during the period was estimated at N8.75tn representing about 49.74per cent of the non-oil revenue tax collections. This was followed by VAT revenue collection with N6.68tn. The revenue from VAT accounted for 37.93 per cent of the N17.59 non-oil revenue. From education tax, N1.58tn was collected, accounting for about 8.98 per cent of the total non-oil revenue.

Other collections were gas income N256.5bn which accounted for about 3.15 per cent of non-oil tax revenue, Capital Gains Tax N174.5, Stamp Duty N78.18bn and Information Technology N74.51bn.

Further analysis eight-year period N4.63tn was earned 2013 and 2014 tax revenue of N4.71tn respectively N3.74tn in N4.03tn in collection Findings s tax collec owing to adopted b collection came up initiative number taxpay taxpayers burden by m convenient. One of them FIRS portal with the Corporate Affa ission. This, it was learnt, had be reduce the process of stamp du payment from three days to just few hours. Other initiatives were the deployment of electronic payment channels for registration, filing, payment, receipt and tax clearance certificate to facilitate easy remittance of taxes by taxpayers.

The service also came up with information exchange for third party databases which was implemented in collaboration with government agencies such as the Nigeria Customs Service and the Corporate Affairs Commission among others. Since the implementation of the reforms, the number of registered tax payers had increased from 10 million in 2015 to about 19 million in 2018 with the figure estimated to hit 45 million tax payers soon.

The Executive Chairman, Federal Inland Revenue Service, Mr Babatunde Fowler, had said that the service would this year surpass the N5.3tn revenue generated in the 2018 fiscal period. Fowler said that the service had embarked reforms aimed making taxpayers to their taxes He said the reform yielding the se

Airlines Face Fuel Scarcity As Price Goes Up

Domestic airlines are currently facing some scarcity of aviation fuel which has pushed up prices, investigation has shown. Our correspondent gathered on Monday that in the last four days, there had been scarcity of aviation fuel otherwise known as Jet A1.

An airline source said that the price had also gone up from N200 to N220 to between N250 and N255 or N270 depending on the marketer. It was gathered that Abuja had been worse hit as airlines had to prepay and wait to be allocated the product before their flight operations. A source in one of the airlines alleged that marketers preferred to sell to airlines that more.

"Price has and domestic airline when they want Abuja, have to prepa and to be allocate in Lagos, it is cheaper than outstations because of the time it takes for trucks to get to those places," the source said.

Our correspondent learnt that the problem was already causing flight delays while airlines were still observing the situation. A few days ago, the Chief Executive Officer of Skypower Express Airlines, Capt. Muhammed Joji, had said about 265 pilgrims who were supposed to be airlifted by the carrier were stranded in

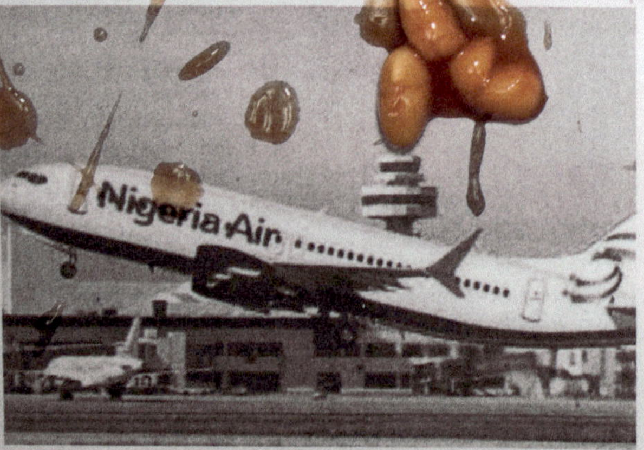

Saudi Arabia as scarcity of aviation fuel disrupted their planned return.

Joji said the carrier's outbound flight was disrupted as attempts to purchase aviation fuel in Lagos and Kano were futile.

Although efforts to get reactions from the Major Oil Marketers Association of Nigeria failed, a marketer who craved anonymity told The PUNCH that aviation fuel market was deregulated and could be affected by market forces. The marketer, who stated that he was not certain about what caused the current rise in the price of the product, said a lot of factors could be responsible.

"We don't produce aviation fuel. So if something happens at the point of importing it, the marketers can spread the cost," he said. Aviation analyst, Mr Olumide Ohunayo, said aviation fuel had been a recurring challenge that airlines would continue to deal with as it accounted for 30 to 40 per cent of their operation costs.

GLOBAL Fashion

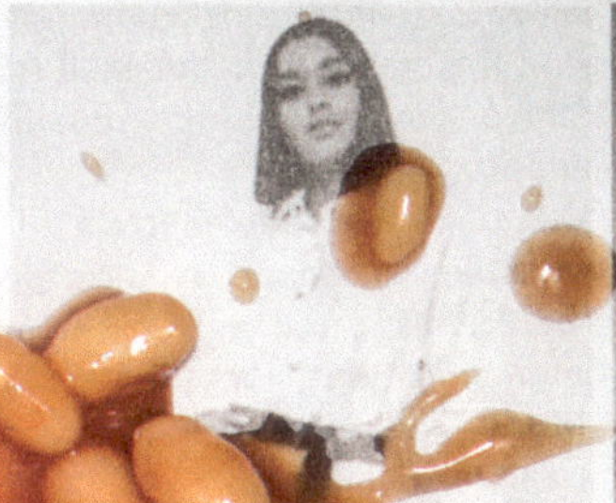

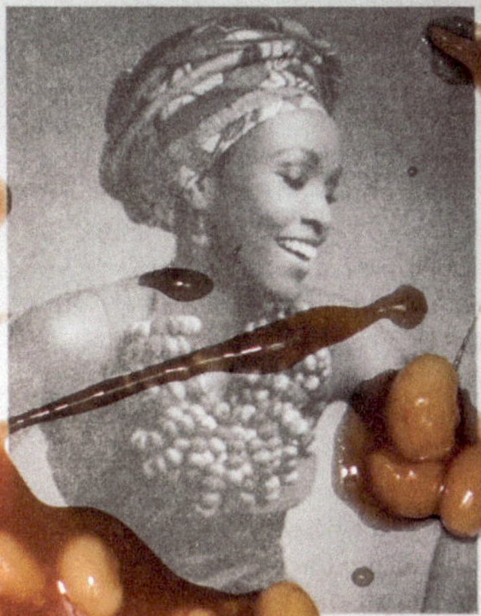

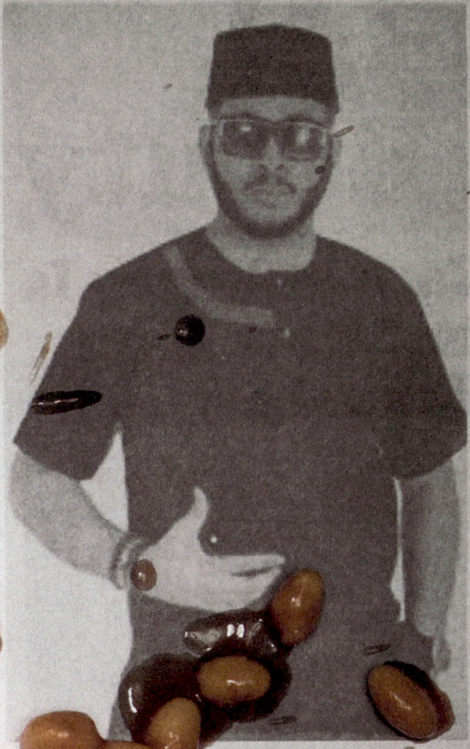

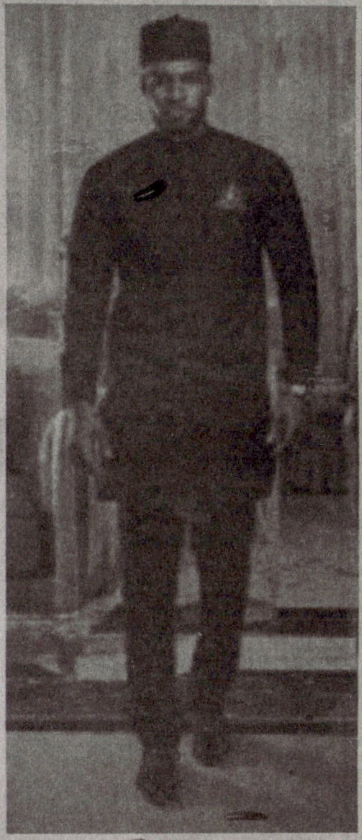

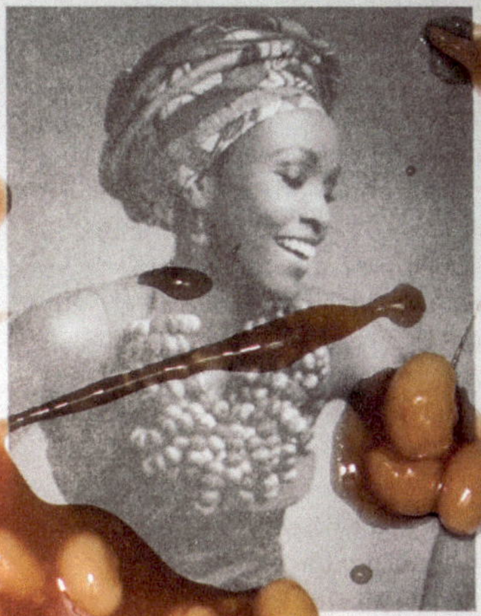

...nny

...jewelries as ...gives you a ...so don't be ...e bangles, ...es.

... a generally busy ...eat for slim girls as ... volume to the ... is key. ... are also ... they create room for a ... which also creates volume ...er region. These necklines ...be paired with bus...

...colours ...d ...lours and patterns are ...great trends which slim girls ...or...

...n ge... ...ieve ... various c... ones and pa... dresses for ... looking wai... hips.

Peplum dresses...

Peplum style has been saving skinny girls from time immemorial and that is one of the many reasons this trend is not going anywhere anytime soon. You can add curves with peplum style dresses and tops as the fitted top and flared out bottom pattern of these out... make for perfect styling as th... provide additional layers which are key for the slim girl.

Accessories

Diamonds may be a girl's best friend but all types of jewellery are the skinny girl's best friend.

...len's Design

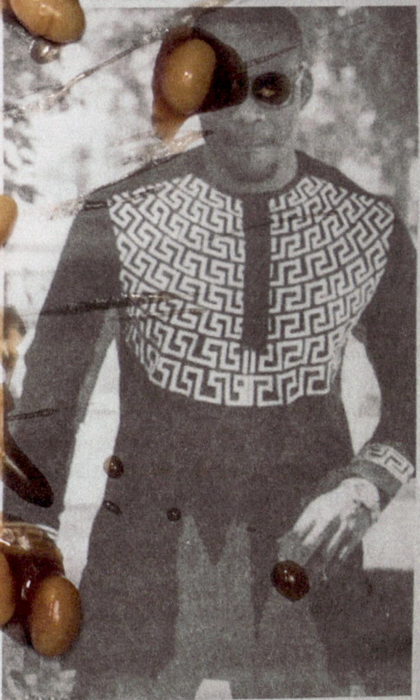

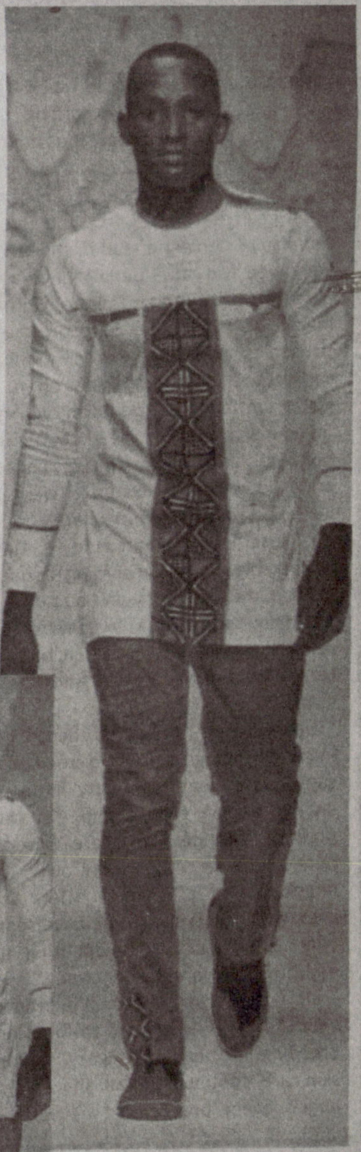

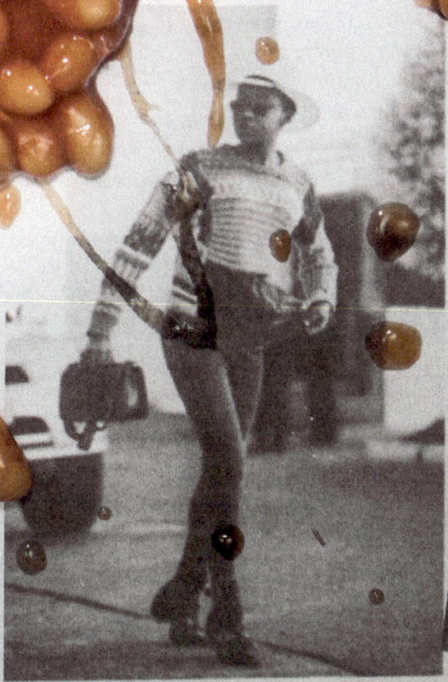

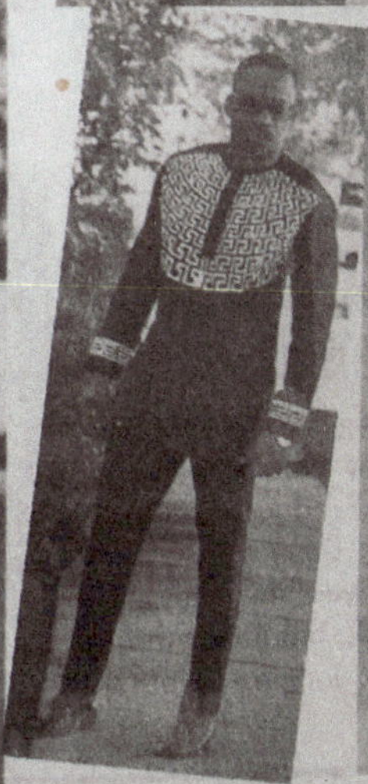

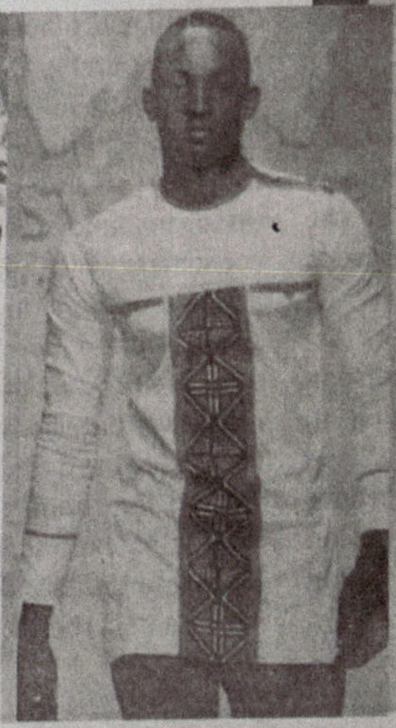

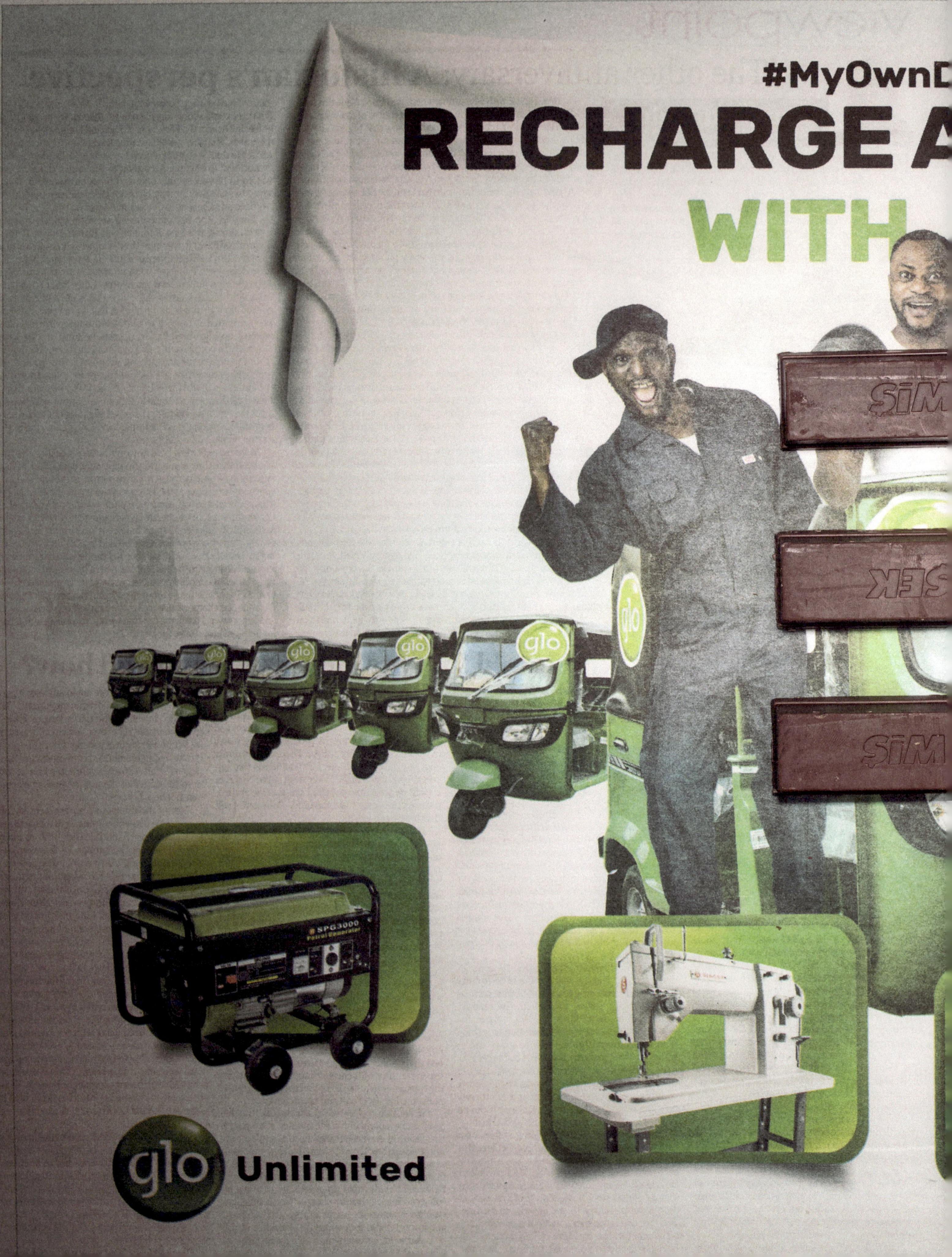
#MyOwnD
RECHARGE A
WITH
SIM
SEK
SIM
SPG3000
Petrol Generator
glo Unlimited

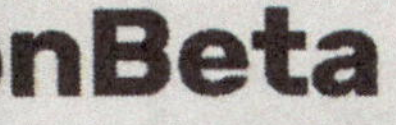

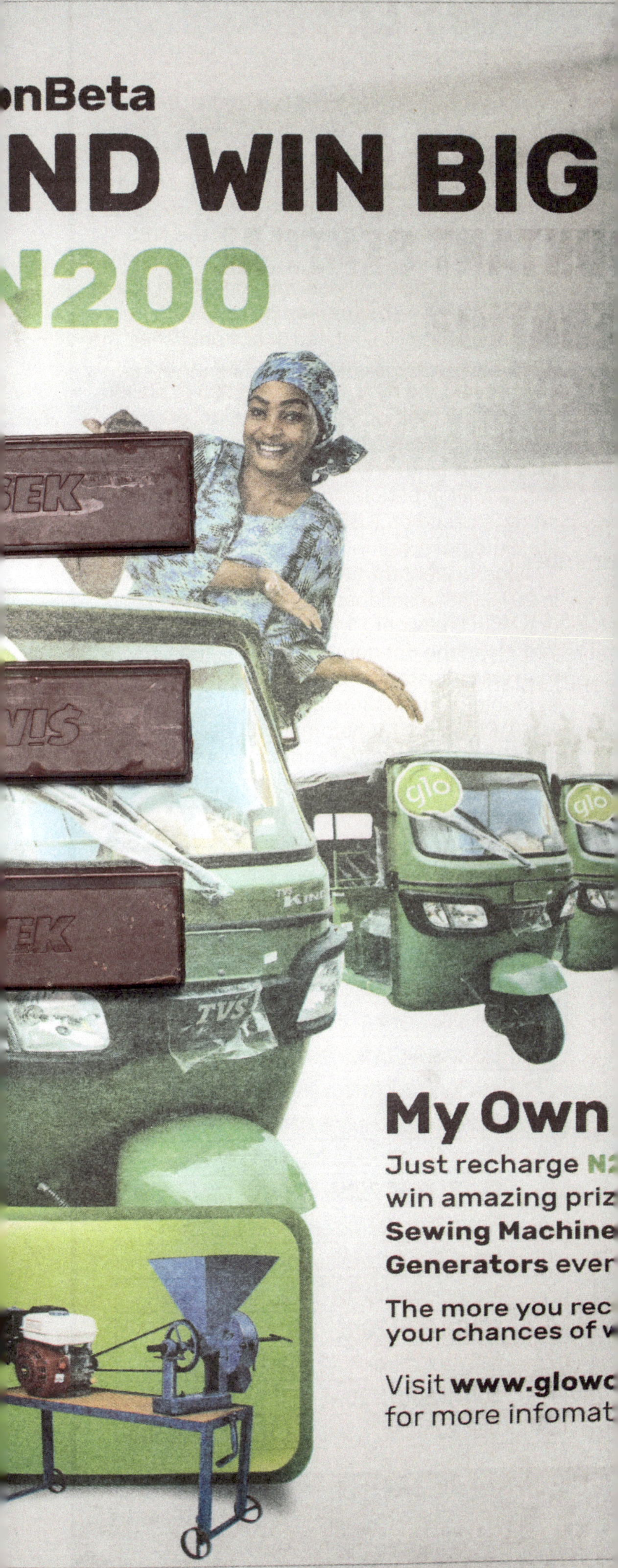

Nigeria NG

Lagos | October 2019

Poverty line NGN 363 (USD 0.99 / EUR 0.90)

Nigeria's National Bureau of Statistics (NBS) has been using a relative poverty measure based on household expenditure. To be able to compare it to other countries' poverty rates, the NBS announced plans to change over to an absolute measure that will set basic minimum food needs at 3,000 calories per person per day, with non-food needs also calculated. It has published the Absolute Poverty Measurement for 2009–10 and applied the new method to 2003–4. Based on this new method, the absolute poverty line was NGN 55,235.20 per person per year, and the absolute poverty incidence was 62.6% (102.2 million people) for 2009–10. This case study is based on NBS' 2009–10 national absolute poverty line, adjusted for inflation.

Nigeria went through an economic recession in 2016 with a collapse in global oil prices and unrest in the Niger Delta region. It recovered in 2017, and the Economic Recovery and Growth Plan was initiated for 2017–22. Nigeria has had a double-digit inflation rate since 2016. In June 2019, President Muhammadu Buhari said in his second-term inaugural address that he aimed to lift at least 100 million Nigerians out of poverty within the next decade.

Proportion of Poor Population and Number of Absolute Poor in Rural and Urban Areas, 2003–4 and 2009–10

	Proportion of population		Number of absolute poor (millions)	
	2003–4	2009–10	2003–4	2009–10
National	100%	100%	80.0	102.2
Rural	56.3%	63.8%	51.5	71.9
Urban	43.7%	36.2%	28.5	30.3

Source: National Bureau of Statistics, Nigeria

Inflation (Year-on-Year), Nigeria, January 2015 – October 2019

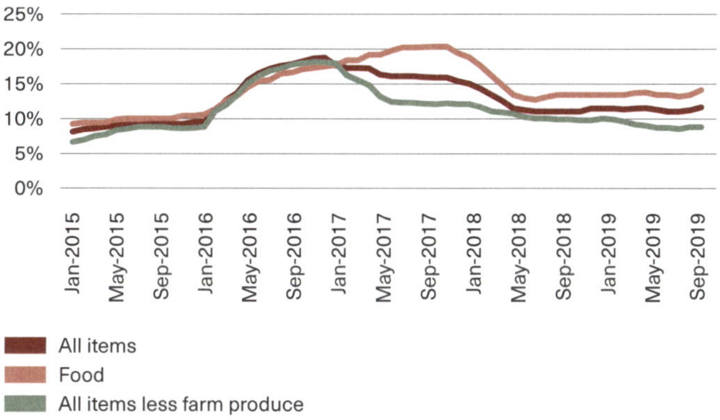

Source: Central Bank of Nigeria

Human Development Indicators, Nigeria, 1990–2017

	Life expectancy at birth (years)	Expected years of schooling	GNI per capita (2011 PPP USD)
1990	45.9	6.7	2,797
1995	45.9	7.2	2,569
2000	46.3	8.0	2,451
2005	48.2	9.0	3,669
2010	50.8	8.4	4,862
2015	53.0	10.0	5,527
2016	53.4	10.0	5,326
2017	53.9	10.0	5,231

Source: United Nations Development Program

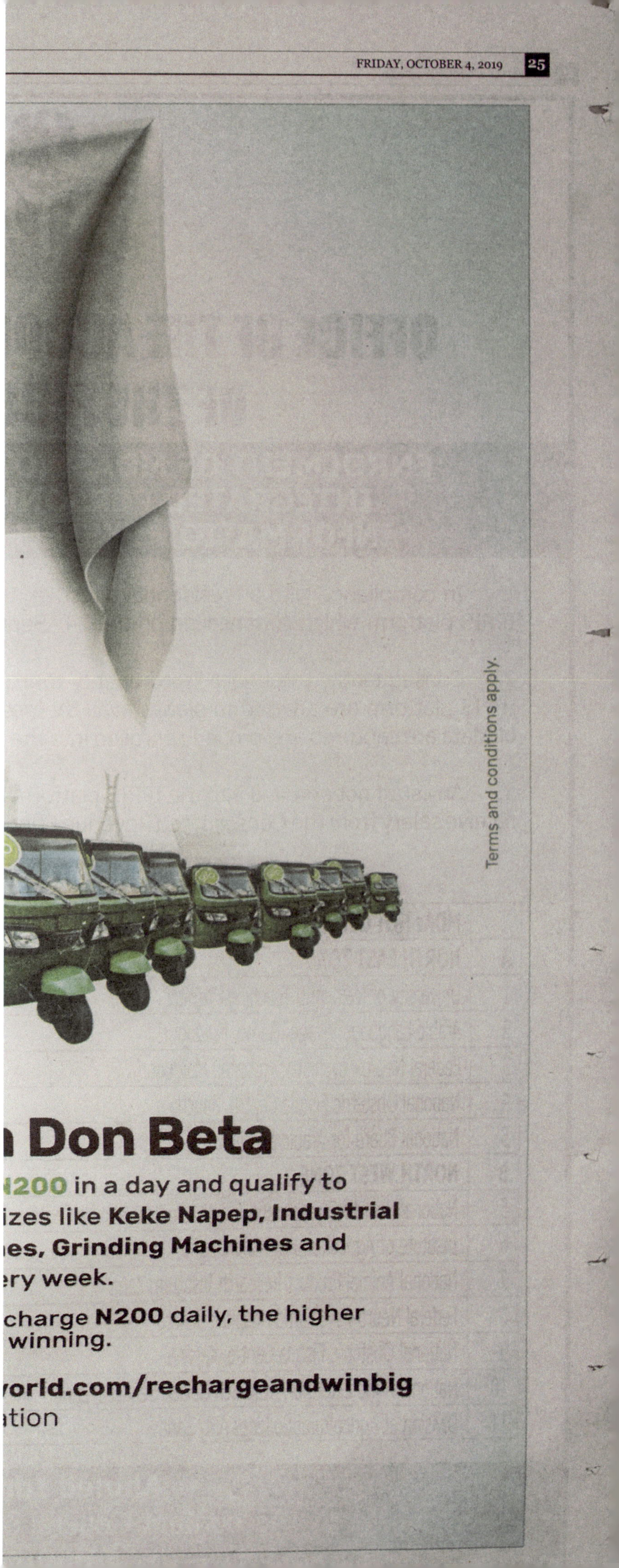

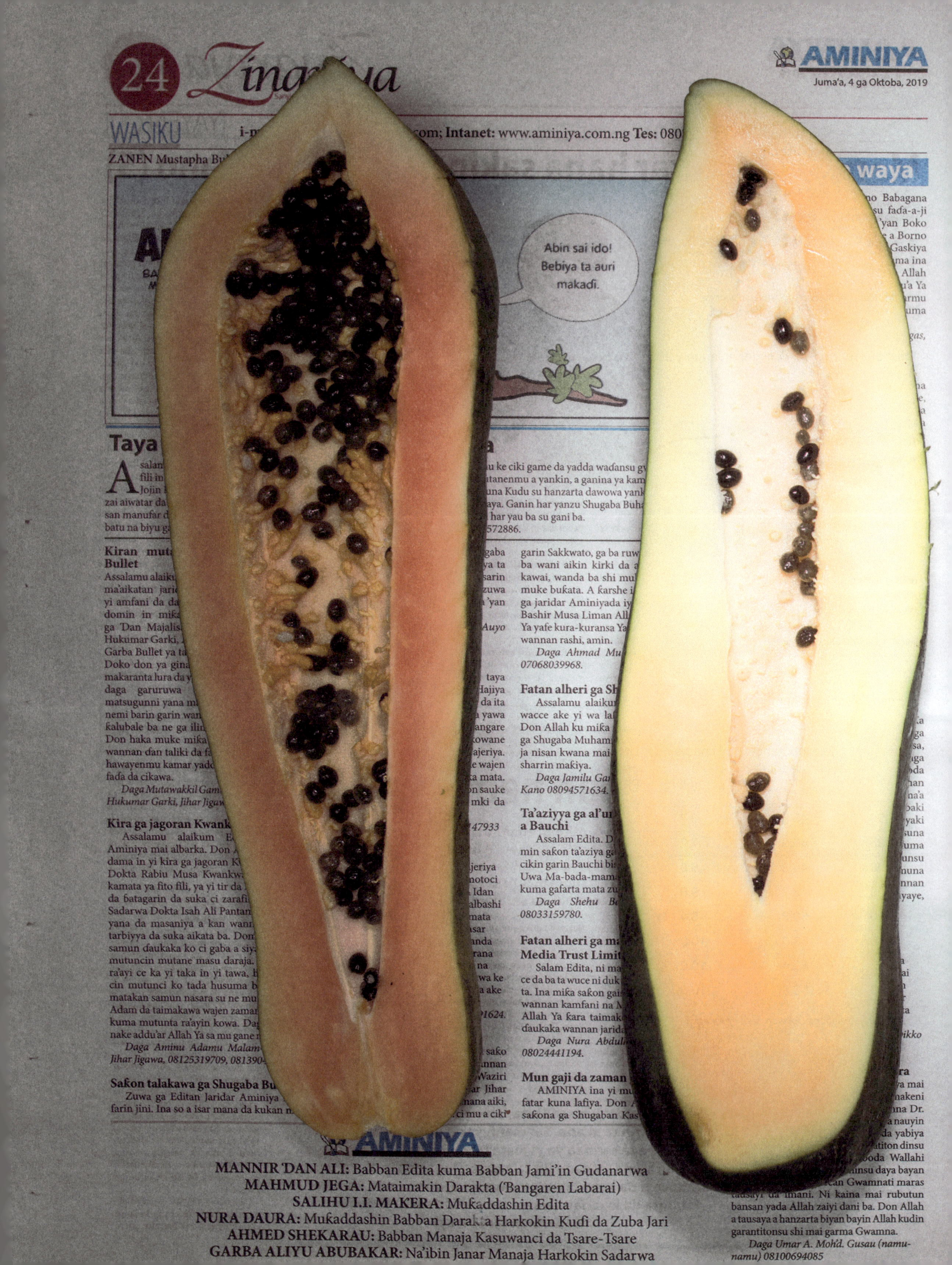

24
Zinariya
WASIKU
ZANEN Mustapha Bu…
i-m…com; Intanet: www.aminiya.com.ng Tes: 080…
AMINIYA
Juma'a, 4 ga Oktoba, 2019
…waya
Abin sai ido!
Bebiya ta auri
makaɗi.
AMINIYA
MANNIR 'DAN ALI: Babban Edita kuma Babban Jami'in Gudanarwa
MAHMUD JEGA: Mataimakin Darakta (Ɓangaren Labarai)
SALIHU I.I. MAKERA: Mukaddashin Edita
NURA DAURA: Mukaddashin Babban Darakta Harkokin Kuɗi da Zuba Jari
AHMED SHEKARAU: Babban Manaja Kasuwanci da Tsare-Tsare
GARBA ALIYU ABUBAKAR: Na'ibin Janar Manaja Harkokin Sadarwa

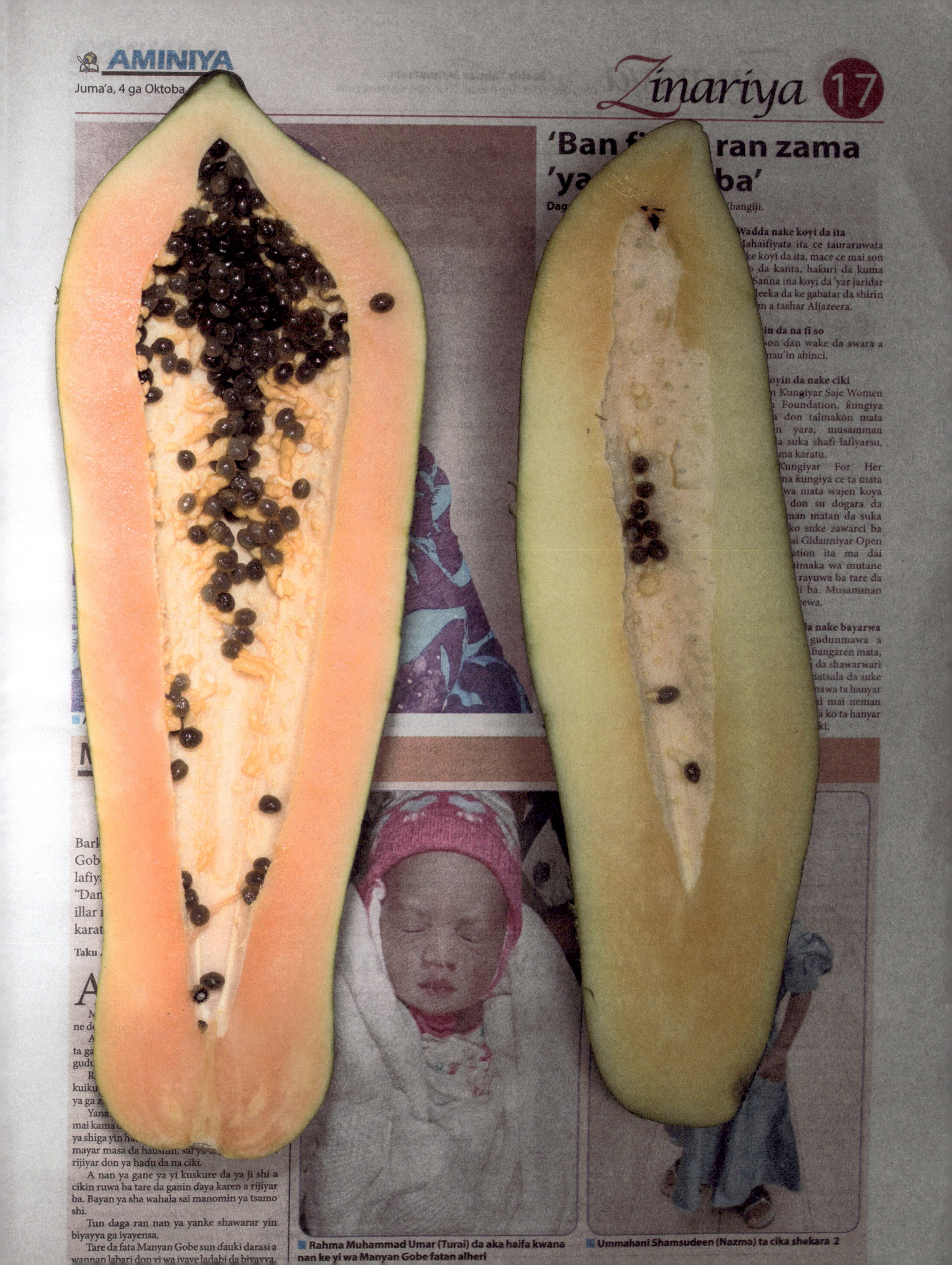

AMINIYA
Juma'a, 4 ga Oktoba
Zinariya 17
'Ban fi... ran zama 'ya... ba'
Wadda nake koyi da ita
Mahaifiyata ita ce tauraruwata ke koyi da ita, mace ce mai son ... da kanta, hakuri da kuma ... Sanna ina koyi da 'yar jaridar ...eeka da ke gabatar da shirin ...m a tashar Aljazeera.
...in da na fi so
...son dan wake da awara a ...nau'in abinci.
...oyin da nake ciki
...n Kungiyar Saje Women ... Foundation, kungiya ...a don taimakon mata ...n yara, musamman ...a suka shafi lafiyarsu, ...ma karatu. ...Kungiyar For Her ...na kungiya ce ta mata ...wa mata wajen koya ...don su dogara da ...man matan da suka ...ko suke zawarci ba ...ai Gidauniyar Open ...ation ita ma dai ...imaka wa mutane ...rayuwa ba tare da ...i ba. Musamman ...ewa.
...a nake bayarwa ...gudunmawa a ...bangaren mata, ...da shawarwari ...matsala da suke ...nawa ta hanyar ...i mai neman ...a ko ta hanyar ...ki.
Rahma Muhammad Umar (Turai) da aka haifa kwana nan ke yi wa Manyan Gobe fatan alheri
Ummahani Shamsudeen (Nazma) ta cika shekara 2

AMINIYA
Juma'a, 4 ga Oktoba, 2019

Potiskum: Garin da arzikin mutum yawan tirelolinsa

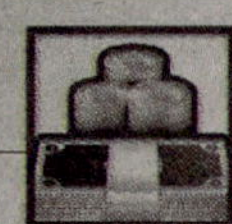

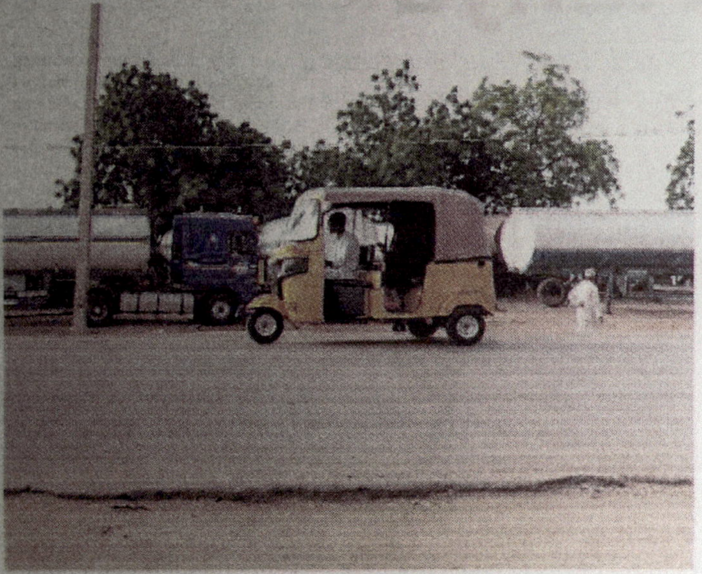

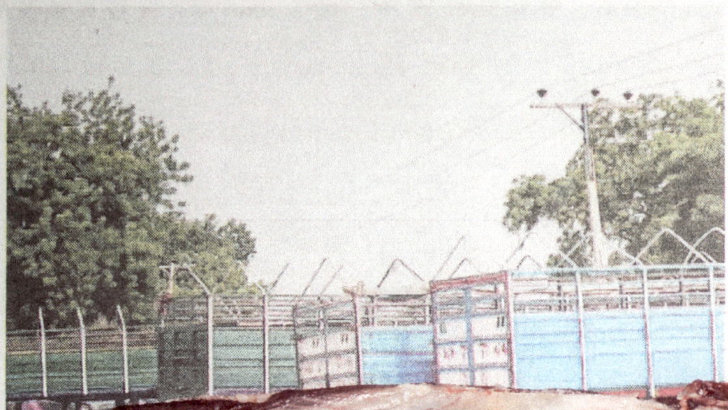

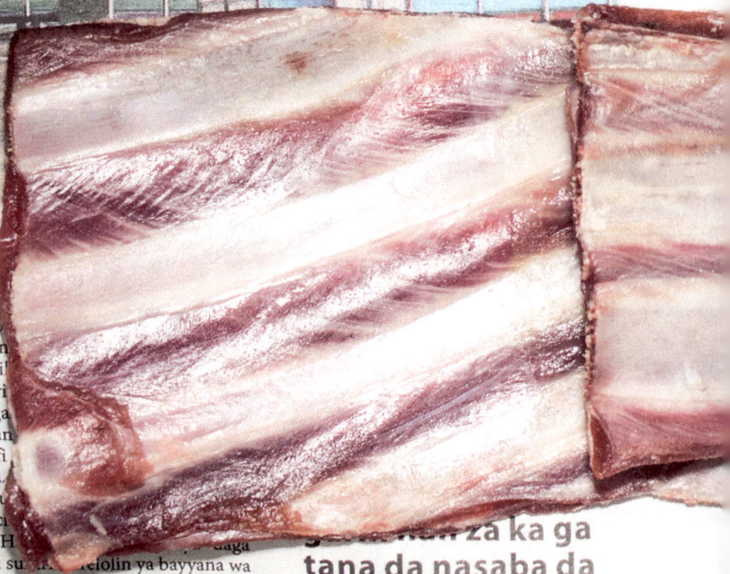

Wani jerin tiriloli a Potiskum

Daga Hamisu Kabir Matazu, Damaturu

A garin Potiskum da ke Jihar Yobe, harkar sufurin manyan motoci wato tireloli ta kasance jigon tattalin arzikin yankin, inda bisa hasashen da aka yi, kashi biyu cikin uku na harkokin kasuwanci a garin sun ta'allaka ne da ita.

Haka kuma, idan aka yi lura da irin hada-hadar harkokin da suka ta'allaka da sufurin manyan motocin, za a iya cewa sana'ar ta wadatar da mutanen garin da ayyukan yi iri daban-daban.

Waɗannan sana'o'in sun hada da masu motocin da direbobinsu da yaran mota da makanikai da masu ƙirar bodi da masu sayar da kayayyakin gyara da masu abinci da sauran masu sanao'in daban-daban na hannu.

A taƙaitacen tarihi da Shugaban Kungiyar Masu Motocin Safara ta Kasa (NARTO), reshen Jihar Yobe, Alhaji Ɗanjuma Barada, ya bayar, ya bayyana cewa harkar safara da tireloli a garin ta samo asali ne shekaru da dama da suka wuce.

"Manya-manyan manoma da masu safarar kayan gona da shanu su suka ƙirƙiro wannan harka ta sufurin tereloli. Da farko sun shiga harkar ce domin su sauƙaƙa safarar kayansu zuwa yankuna da ƙasashe daban-daban a cikin Nijeriya da Jamhuriyar Nijar da Chadi da Kamaru da sauransu," inji Barada.

Ya ci gaba da bayyana cewa, bayan da waɗanda suka fara harkar suka fahimci cewa harkar sufurin tana kawo kuɗi, da yawa daga cikinsu sai suka raja'a a kanta.

Ya ce, a wancan lokaci, garin Potiskum na ɗaya daga cikin garuruwan da suka yi fice wajen arzikin kayan noma, hasali ma har dalar gyaɗa suke yi, ga kuma arzikin dabbobi, musamman shanu, wanda hakan ya sa garin yake ɗaya daga cikin manyan-mayan kasuwannin shanu da ke Afirka ta Yamma.

Waɗansu daga cikin tsofaffin attajiran da suka yi fice a wannan harka, tsufa ko mutuwa ta riske su, kamar su marigayi Alhaji Barau Potiskum da Alhaji Hamza Ɗan Agalan, da Alhaji Babayo Ɗan Soja da Alhaji Yusuf Maidabino Alhaji Hassan Bogocho da sauransu.

Shugaban ƙungiyar, ya ce waɗannan mutane kusan duk sun rasu amma har yanzu kasuwar na damawa da 'ya'yansu da jikokinsu da direbobinsu da sauran mutanen garin da suka yi sha'awar sufurin daga bisani.

Alhaji Ɗanjuma ya ci gaba da bayyana wa Aminiya cewa mutanen Potiskum suna da motocin tirela fiye da 700 da ake safara da su a hanyoyin ƙasar nan.

"Ina mai tabbatar maka cewa akwai sama da mutum 30 da suke da tireloli tsakanin 30 zuwa 50 a wannan gari. Waɗansu suna da fiye da haka, kuma ban isa in faɗi yawan waɗanda suka mallaki daga 5 zuwa 15 ba, saboda yawansu. Wannan shi ya sa mutane suke auna dukiyar mutane da yawan tirelolin da suka mallaka," inji shi.

Ya kuma bayyana cewa a lokacin da Gwamnatin Tarayya ta ƙudiri anniyar biyan sabon tsarin albashi, ƙungiyarsu ce a sahun farko wajen aiwatar da shi.

Ya ce, a yanzu suna biyan direba sabon ɗauka Naira dubu 30, haka kuma a duk lokacin da suka dawo daga tafiya ana biyansu alawus ɗin Naira dubu 30 da kuma kuɗin hutu da bonas na Naira dubu 40 a ƙarshen shekara ga duk direban da bai yi haɗari da motarsa ba.

Sai dai kuma Shugaban Kungiyar ta a wannan lo… tabarbarew… Arewa maso…

"Wannan… Gwamnan Ji… kan yunƙuri… Tireloli da ga… da matattun… kwanon rufi… da sauransu… wajen samu… sana'armu c…

Alhaji H… daga cikin masu su… tirelolin ya bayyana wa Aminiya cewa suna da akalla motoci 80 da suka haɗa da tankokin mai 60 da shorido fiye da 20.

Haka kuma ya cewa suna da gidajen mai da sauran hulɗoɗin kasuwanci, amma harkar sufurin tirelolin ta fi ƙarfi.

"Da haka ne muke yi wa Mai girma Gwamnan Jihar Yobe, Alhaji Mai Mala Buni godiya bisa hangen nesan da ya yi na ganin ya kyautata wannan sana'a tamu, wadda akalla kashi tamanin na mazauna Potiskum ke cin abinci da ita.

A yau muna da tireloli feye da dubu a garin Potiskum, kuma duk inda ka duba ana wata sana'a a garin nan za ka ga tana da nasaba da tirela. Haka kuma muna matuƙar murna da yunƙurin gina garejin tirelolin saboda cinkoso zai ragu matuƙa, masu ajiye motoci a gefen titi za su samu wajen ajiye motocinsu," inji shi.

Alhaji Hassan Abdullahi (Baffa), ya bayyana wa Aminiya cewa ya fara harkar sufuri da tirela ne shekara 15 da suka gabata.

Ya ce harkar tirela ita ce babbar hanyar neman arziki da mutanen garin suka fi na'am da ita.

"Hakan ya sa, kowace irin sana'a mutum ke yi in har ya kasance ba ya da tirela to arzikinsa bai kai ya kawo ba. Idan kuwa har yana da kuɗin sayen tirela to tabbas sai ya saya. Ni ma daga wata sana'a na shigo wannan harkar shekara 15 da suka gabata," inji shi.

A zagayawar da wakilinmu ya yi a cikin garin na Potiskum, ya gane wa idonsa wurare daban-daban da harkokinsu suka ta'allaƙa da tirelolin.

A yayin tattaunawarsa da ɗaya daga cikin

Ina mai tabbatar maka cewa akwai sama da mutum 30 da suke da tireloli tsakanin 30 zuwa 50 a wannan gari. Waɗansu suna da fiye da haka, kuma ban isa in faɗi yawan waɗanda suka mallaki daga 5 zuwa 15 ba, saboda yawansu.

… za ka ga tana da nasaba da tirela. Haka kuma muna matuƙar murna da yunƙurin gina garejin tirelolin saboda cinkoso zai ragu matuƙa

Salisu ya ce bisa ƙididdigar da suka gudanar ranar 15 ga Janairun shekarar 2016, suna da wuraren ƙere-ƙeren ƙarafa guda 870 a garin Potiskum.

Ya ce sun kuma tabbatar da cewa 120 daga cikin wuraren, ana ƙera bodin tireloli ne zalla, wanda hakan ya samar wa mutum akalla dubu 15 ayyukan yi.

Daga ƙarshe ya buƙaci gwanmati ta taimaka musu wajen ganin cewa an hana shigowa da bodin tirela cikin ƙasar nan saboda za su iya wadata Najeriya da bodin tirela ko nawa ake buƙata idan aka ba su dama.

"Na fara wannan harka ce tun 1973, amma ban taɓa samun tallafi daga gwamnati ba. Saboda, da za mu samu tallafi da mutanen da za mu samar wa aikin yi Allah ne kaɗai zai san iya yawansu," inji shi.

Haka kuma ya koka cewa mafi yawan ƙarafan da suke amfani da su na ƙasar waje ne, inda ya yi kira ga Shugaban Kasa Muhammadu Buhari ya taimaka wajen farfaɗo masana'antun ƙarafa da ke Katsina

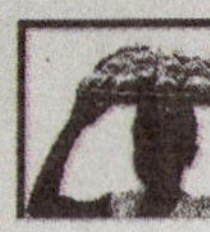

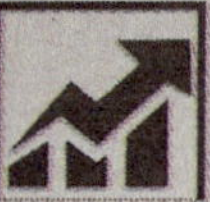

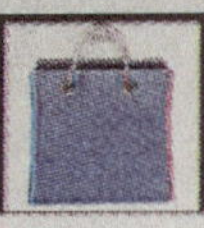

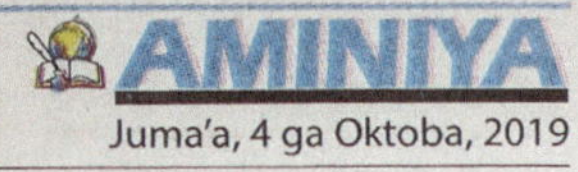

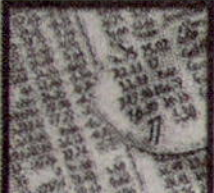

Xi ya yi alwashin mutunta matsayin Hong Kong

Shugaban kasar China Xi Jinping ya sha alwashin ci gaba da mutunta matsayi na musamman da Hong Kong ke da shi, ya bayyana haka ne lokacin da kasar ta yi bikin cika shekara 70 a ranar Talata.

Shugaban ya ce suna da yakinin cewa da goyon bayan China da kuma Sinawa mazauna Hong Kong da Macau da ke da kishin kasarsu, Hong Kong za ta samu ci gaba kamar yadda China ke samu.

Yayin da China ke bikin cika shekara 70 da mulkin Kwaminisanci a waje guda tana fama da kalubalen siyasa da na tattalin arziki sakamakon takaddamar kasuwanci da Amurka, lamarin da ya shafi safarar kayayyakin kasar zuwa kasuwannin duniya.

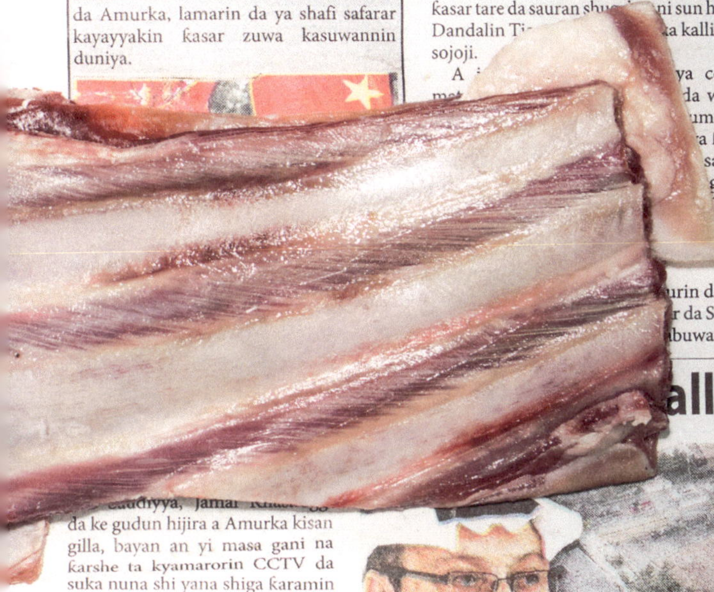

Shekara 70 na mulkin Kwaminis ya sauya China

Kasar China ta gudanar da wani kasaitaccen biki domin zagayowar ranar da aka kafa Jamhuriyyar Jama'ar China shekara 70 da suka gabata.

Ranar 1 ga Oktoban 1949 ne Mista Mao Zedong - wanda aka fi sani da Ciyaman Mao - ya sanar da kafuwar sabuwar Jamhuriyyar China. Wannan ya biyo bayan nasarar da sojoji masu ra'ayin Kwaminisanci suka yi a Yakin Bsasar kasar da aka yi.

Shugaban Xi Jinping wanda har ila yau shi ne Sakataren Koli na Jam'iyyar Kwaminis ta China kuma Shugaban Hukumar Sojin kasar tare da sauran shugabanni sun hallara a Dandalin Ti[...] da kalli fareti[n] sojoji.

[...] ya ce suna met[...] da wannan [...]mummin [...] kasarsu [...] sannu a [...] gaba da [...] China a [...] Hong [...] zanga

[...]urin da aka yi [...]r da Shugaba [...]buwar China

ranar 1 ga Oktoban 1949.

Makasudin wannan biki

Shekara 70 da suka gabata, Ciyaman Mao ya sanar da kafuwar sabuwar Jamhuriyyar Jama'ar China bayan da Jam'iyyar Kwaminis ta samu galaba kan jam'iyya mai mulkin kasar a wancan zamanin mai suna Kuomintang. Tun shekarun 1920 bangarorin biyu suka yi ta gwabza Yakin Basasa har zuwa 1949.

Wannan muhimmin mataki ne ya samar wa China alkiblar da ta ke kai a yanzu, kuma ta sami karuwar arziki da ikon fada a ji a duniya. China ta ce tana samar da wani sabon tsarin siyasa ne - wato tsarin gurguzu amma irin na China - kuma tsarin ya fitar da miliyoyi daga kangin talauci.

An shirya kasaitaccen fareti

China ta baje kolin makaman yaki masu yawa, ciki har da motoci masu sulke da makamai masu linzami. Fiye da jiragen yaki 150, cikinsu akwai masu fasahar boyewa daga abokan gaba, suka rika watayawa a sararin samaniyar birnin Beijing. Daga baya kuma fararen hula dubu 100, suka gudanar da wasanni masu kayatarwa, inda suka saki tantanbaru dubu 70 da balan-balai dubu 70 kafin wasan wutar da aka yi. Cikinsu akwai manoma da likitoci da daliban makaranta. Bayan rana ta fadi kuma aka yi wani bikin wake-wake a Dandalin Tiananmen. Yayin faretin a Dandalin Tianiamen da ke tsakiyar birnin Beijing, dakarun sojoji dubu 15 sun gwada ci gaban da suka samu na makamai domin karfafa tsaron kasa, inda suka baje kolin sababbin makamai na zamani don duniya ta gani a wani yunkurin tauna tsakuwa da kuma nuna karfin da take da shi.

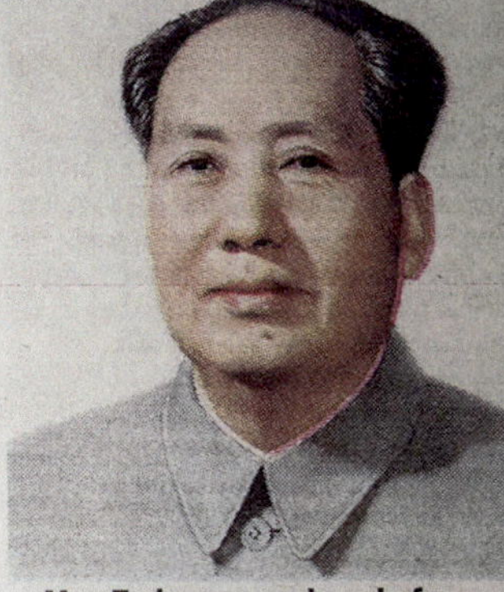

■ **Mao Zedong, wanda ya kafa sabuwar China a 1949**

...alla-dallar yadda aka kashe Khashoggi

[...] Saudiyya, jamal [...] da ke gudun hijira a Amurka kisan gilla, bayan an yi masa gani na karshe ta kyamarorin CCTV da suka nuna uwar yana shiga karamin ofishin Jakadancin Saudiyya a birnin Instanbul. Bayan shigarsa ofishin ne wani gungun 'yan-ina-da-kisa suka yi masa kisan gilla.

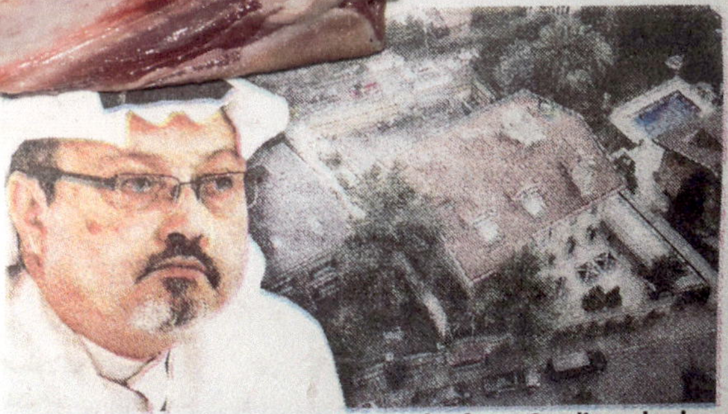

Dama Hukumar Leken Asiri ta Turkiyya ta kakkafa na'urorin nadar murya a boye a ofishin, inda ya nadi duk abin da ya auku kama daga yadda aka kitsa da aiwatar da kisan gillar. Wadansu mutane kadan ne kawai suka saurari muryar da aka nada. Biyu daga cikinsu sun yi hira da shirin BBC Panorama.

Wata lauya 'yar Birtaniya Baroness Helena Kennedy ta saurari sa'o'in karshe na muryar Jamal Khashoggi.

"Akwai tashin hankali a saurarar muryar wanda yake kan gargara, kuma a ce na gaske ne, hakan zai sanya tsikar jikinka tashi," inji ta.

Ta yi bayani dalla-dalla game da zantukan da suka gudana tsakanin 'yan tawagar ina-da-kisan na Saudiyyar.

"Za ka ji suna ta dariya. Al'amarin mai dimautarwa ne. Suna jiran isowarsa, sakamakon sun hakkake da zuwansa wurin kuma za su kashe shi," inji ta.

An gayyaci Misis Kennedy don shiga cikin ayarin Agnes Callamard, jami'ar Majalisar 'Dinkin Duniya mai bincikar kisan gilla ba tare da shari'a ba.

Sai da ta shafe mako guda tana lallabar Hukumar Asiri ta Turkiyya don ta ba su damar sauraren muryoyin tare da wani tafintansu na harshen Larabci.

A karshe sun saurari muryoyin suka fi muhimmanci a aika-aikar mai tsawon minti 45.

Mai shekara 59, Khashoggi yana 'ya'ya hudu, ya rabu da matarsa kuma a lokacin yake zawarcin wata malamar jami'a a Turkiyyar mai suna Hatice Cengiz ya hadu da ajalinsa.

Sun kasance suna dokin fara wata sabuwar rayuwa a birnin Instanbul; amma kafin su auri juna lallai ne sai Khashoggi ya samu takardun shaidar mutuwar aurensa.

A ranar 28 ga Satumba tare da rakiyar Cengiz sun ziyarci ofishin hukumar birnin Instanbul amma sai aka umarce su da su je ofishin Jakandancin Saudiyyar don samun takardar shaidar.

"Wannan shi ne damarmu ta karshe... lallai ne ya je ofishin jakadancin domin samun takardun kafin mu iya daura aure, domin ba zai iya zuwa kasarsa Saudiyya ba," abin da Cengiz ta gaya mini ke nan lokacin da muka hadu da ita a wani shagon Intanet.

Khashoggi ya kasance mai sukar Masarautar Saudiyya a mukalolin da yake rubutawa a jaridar Washington Post, inda ya yake yi yana karkata ne ga tasirin Saudiyya Mohammed Bn Salman. An taba sallamarsa daga aiki lokacin da yake Edita a wata jaridar Saudiyya, sakamakon yadda yake wuce gona da iri.

Ana ganin hakan ya tunzura Yariman, wanda ya yi ta tuntubar makusantansa kan yadda zai bullo wa Khashoggin. A Istanbul, an bukaci jami'an Saudiyya su "san na yi" kan Khashoggi.

A ranar farko da ya ziyarci ofishin, Cengiz ta kasance a waje tana jiransa. Ta tuna yadda ya fito daga ofishin cikin fara'a, inda ya ce mata jami'an sun yi mamakin ganinsa tare da ba shi shayi da gahawa.

An gaya masa ya dawo ofishin cikin kwanaki. Jim kadan da barinsa ofishin, sai jami'an suka buga waya ga hukumomin Riyadh - kuma Hukumar Leken Asirin Turkiyyar ta nadi dukkan tattaunawar.

"Wani abin sha'awa a nan shi ne dukkan hirar ta ta'allaka ce kan yadda za a kawar da Khashoggi," inji Callamard.

An yi imanin kiran farko, an kira wani hadimin ofishin sadarwa na INTERPOL, mutumin kama shi don mayar da shi Saudiyya.

"Wani jami'i a ofishin ne ya bayar da umarnin kisan gillar. Kuma ba za a yi kuskure ba idan a ka nasabta abin da Saud al-Kahtani," inji Callamard.

A rubuce-rubucensa, Khashoggi ya taba zargin al-Kahtani da zama kanwa uwar gamin da yake adana bayanan wadanda Yariman yake dauka abokan gabarsa.

A ranar 1 ga Oktoba, jami'an asiri uku na Saudiyya sun sauka a Instanbul. An yi imanin suna aiki ne karkashin Yariman. Sun binciki ofishin ne domin nazartar yadda yake.

Da jijjifin safiyar ranar 2 ga Oktoban, wani jirgin da ba na kasuwa ba ya sauka tashar jiragen Instanbul. Ciki akwai 'yan Saudiyya tara tare da wani likita masanin cututtuka Dokta Salah al-Tubaiq.

Mintuna kadan kafin karfe 10:00 na safe, na'urorin CCTV sun nuna guda cikin ayarin yana shiga ofishin.

Bayan nan, a ranar 2 ga Oktoban sai aka kira Khashoggi domin ya ziyarci ofishin don karbar takardun nasa.

"An jiyo likitan na bayanin yadda yake aiwatar da binciken gawawwaki, yana ta dariya, inda ya ce wasu lokutan yakan kunna kade-kade tare da sigari yayin aikin binciken," inji Kennedy.

"Ya ce karon farko ke nan a rayuwarsa da zai daddatse jikin gawa a kasa, kuma ko da kai mahauci ne sai ka rataye dabba kafin ka yi haka," inji ta.

"Sun yi magana a kan yaushe dabbar da za a yi watandarta za ta iso," kamar yadda suke kiran Khashoggi.

Da misalin karfe 13:15 na rana, na'urorin CCTV sun nuna Khashoggi yana sanya kafarsa cikin ofishin. Da isarsa ciki, sai aka shaida masa an bai wa jami'an [...]

don mayar da shi Saudiyya.

Daga nan ne aka fara jin sanyin muryarsa, "Akwai abin tayar da hankali sosai daga yadda muryarsa ta yi ta sauyawa. Yana tambayar cewa ko za ku yi mini allura, sai suka ce eh."

Ta ce ta ji Khashoggi ya fada sau biyu cewa ko dai za a yi garkuwa da shi ne, kuma hakan ya faru a ofishin Jakadanci?"

"Karar da ta biyo bayan hakan na nuna yiyuwar an toshe masa fuska baya iya shakar iska, watakila da wata robako leda aka toshe fuskar. An kuma toshe bakinsa da karfin tsiya."

Kennedy ta ce ta yi imani daga nan ne likitan ya fara aikinsa, bayan ya samu umarnin haka daga jagoran aika-aikar.

"Za ka ji wata murya na cewa "Bari ya sassare tako daddatse....." kuma muryar ta yi kama da ta Mutreb."

"An ji wani yana kururuwar an kammala aikin," wata muryar kuma na cewa 'ku dauke shi daga nan, ku dauka. Ku sanya kansa cikin nan. Ku nannade shi.' Ta yi zaton lallai ne sun datse kansa."

Da misalin karfe 15:00, kyamarorin CCTV sun nuno motocin ofishin jakadancin wasu na fita yayin da wasu ke shiga babban gidan Jakadacin Kasar, mai nisan tituna biyu daga ofishin.

An ga mutum uku na shiga rike da wasu jakunkunan leda, wadanda Callamard din ta yi imanin suna kunshe ne da gawar Khashoggi da aka daddatsa.

Da misalin karfe 15.53, kyamarorin CCTV sun gwada yadda wasu jami'ai biyu na ofishin ke ficewa daga ciki.

Da karfe 18:30, 'yan ina-da-kisan sun hau jirgin saman da suka taho da shi, inda suka nufi Riyadh, kasa [...]

釣り情報

名栗湖 ボート釣り

横浜・名栗湖のボート釣りが自、独特の情緒が魅力だ。

「昨日、100匹釣った」と言う。……ベテラン竹田洋一郎さん。

近隣図：秩父方面／所沢方面／カヌー工房／名栗湖入口信号／さわらびの湯／埼玉県／東京都／名栗湖／カヌー工房／飯能／青梅／新宿へ／拝島へ／奥多摩へ／国道299・411・41

釣り場からダム方面を見る
赤岩橋からの岸釣り

竹田和也さん、という。今後に期待したい。

関東釣り場情報（1日）

横浜新山下	須崎	入間	南六郷	浦安
シーバス	メジナ	アダイ	スミイカ	オニ
56〜80チン	32〜40チン	フカセ釣り	ウオとのリレーでも出船	定休日
0〜1匹	1人2匹	左畳根他 餌ヒジキ	今後も大鯛沖を狙う 他アオリ	前日は洲ノ崎沖
10.6	14.2	出船6時半 5千円	9500円 共に出船7時半	25〜41センが3〜5匹
薄濁	澄み			

☆渡辺釣／三信屋／入間往／ミナミ京急色／吉久 東西線浦安

※このほか、勝浦・松部港・太海・吉浦・洲ノ崎・館山・勝山・金谷・富津・大井川港・清水・下田・網代・真鶴・平塚・腰越・鎧越・久留和・佐島・小網代・江奈港・剣崎・間口港・松輪・久比里・大室港・鴫居・鴨居・京急大津・八景・小柴・川崎・浦安 各港の釣果欄を掲載。

テレビ欄

6 TBSテレビ ☎03(3746)6666

Nバード◇S早ズバ／みのもんた朝ズバ▽N&天気／はなまるマーケット▽生活情報とくまる 岡江久美子ほか／ひるおび！▽いま起きている事に最大限こだわる生放送▽最新N&天気予報ほか 恵俊彰 八代英輝 杉尾秀哉 小倉弘子／S自治会長・糸井緋芽子社宅の事件簿（再）泉ピン子 高田純次 鶴田忍 筒井真理子／字大岡越前（再）加藤剛 小松政夫ほか／字SNスタ 長峰由紀 佐古忠彦 堀尾正明／字S総体重418キロからの激変ダイエット5連発ミラクルチェンジSP／字Sくらべるくらべら 志村けん 中山秀征 バナナマン 小林麻耶 山崎弘也／S風が◇30N23クロス／字おもろゲ◇Sクルマ 有田マツ スジナシ／S寶物◇4:40玉木旅へ

8 フジテレビ ☎03(5531)1111

4:00 Nめざにゅ〜／5:25 めざましテレビN天 最新ニュース&芸能 とくダネ！スクープ▽政治経済&事件事故▽情報ほか／9:55 S知りたがり！朝の情報番組大研究／11:30 字Nスピーク 奥寺健 島田彩夏／0:00 笑っていいとも！／1:00 字Sごきげんよう／1:30 字Sさくら心中／2:00 字はじめて記念日◇N／2:07 目ベートーベン・ウィルス／3:57 字S月の恋人（再）木村拓哉 篠原涼子／4:53 字Nスーパーニュース 安藤優子 木村太郎 長野翼 境鶴丸ほか／7:00 字SクイズヘキサゴンⅡ 司会・島田紳助／7:57 字Sはねるのトびら ロバートほか◇字N天／9:00 字ホンマでっか!?TV 加藤綾子◇字ベイビ／10:00 字Sベストハウス123 本上まなみ◇字一杯／11:00 字Sグータン◇30N／0:35 Sヤマ◇その顔◇志村／1:40 S音楽◇S3Dドラマ／2:40 S香取クーザ◇SDJ

10 テレビ朝日 ☎03(6406)5555

4:55 やじうまテレビ！マルごと生活情報局▽"わかる天気"ほか／8:00 スーパーモーニング▽朝からオキテやぶりのニュースショー／9:55 字ちい散歩 地井武男／10:30 字S八丁堀の七人（再）片岡鶴太郎ほか／11:25 ワイド！スクランブル 政治芸能を追跡／1:05 字S上沼◇20 字S徹子／1:55 字S東京サイト／1:59 字Sマイガール特別編〜8話◇2:55 字N／3:00 字Sおとり捜査官北見志穂（再）松下由樹 蟹江敬三 秋野暢子／4:53 SN Jチャンネル▽全国のニュース▽スポーツほか／7:00 字ナニコレ珍百景SP「御礼！投稿25万通突破」ネプチューン◇街道／9:00 字S相棒 水谷豊 及川光博ほか／9:54 S報道ステ◇11:10車窓／11:15 字シルシルミシル／0:20 お願い！ランキング／1:15 S前説王◇26学生H！／1:41 Sすっぽん女◇S通販／2:45 Sショッピングモール

12 テレビ東京 ☎03(5470)7777

5:05 SJナビ◇買物◇買物／5:45 Nモーサテライト／6:45 Sおはスタ 山寺宏一／7:30 字Sのりスタピッピ／8:04 SものスタMOVE／8:56 SEモニ▽9:00 N▽27ショッピング▽11:00 N／11:30 字目新韓ドラ・Xマスに雪は降るの？コ・スほか／0:30 S7スタBratch！P・ハーランド／1:30 字目映ディープエンド・オブ・オーシャン M・ファイファー／3:30 FINE！35N／佐々木明子▽4:00ディス4▽52字N／5:30 字Sナルト少年篇／6:00 字S遊戯王◇30ビラメ／7:00 字S毎日かあさん／7:26 字Sイナズマイレブ／8:00 字Sいい旅夢気分 野真弓 多岐川華／9:00 字S料理の怪人 司・長野博 久本雅／10:00 字Sやりすぎコージ 今田耕司 東野幸／11:00 NWBS◇58V7／1:20 S買物◇50新神アプ／2:20 Sおねマス◇50A×／3:05 Sマジ（再）◇三国◇買

NHK衛星第1 BS7 ☎0570-066066

S おはよう日本／字S世界の最新／S世界ドキュ選 スラムのオーケストラ・ベネズエラ◇N／11:00 字SCNN◇ABC／11:25 Sマーケット情報ほか／Sワールド日報／BS列島ニュース〈各地から〉◇50N／字Sアメリカ・PBSニュースアワー◇アジア／3:25 Sマーケット情報／Sジャーニーズ選 アジアクロスロード／S大リーグ◇30学生ひろば／Sサッカーアジア決勝◇Nフォト575／S世界ドキュ◇N／S世界紀行◇S／NBA・バスケ「スパーズ・トレイルブレイザーズ」ウインターX◇S／NEWS◇SN／N世界アジア◇N

NHK衛星第2 BS11 ☎0570-066066

S おはよう日本／字Sフォト575／字S歴史秘話ヒストリア「大岡政前」国会中継〈衆議院予算委員会質疑〉◇中継ている時／字N◇字Sマーケット情報◇字S／17BS◇30酒席 アニメベリーズ物語／S食材◇S◇50N／月刊やさい通信／S生活族百科／Sテストの花道／第35回国際写真選 第3局・1日目／S山劇場◇45数珠／S字でっぱん／SJ放◇40日本舗／S趣味の恋人 ジョニ（字再）／10:45 S江（こう）誕生／Sアグリーんにゃん茶館／クローズアップ現代／S映画「追憶の切符」／S路面電車◇30小選／Sハンド・学校◇自然

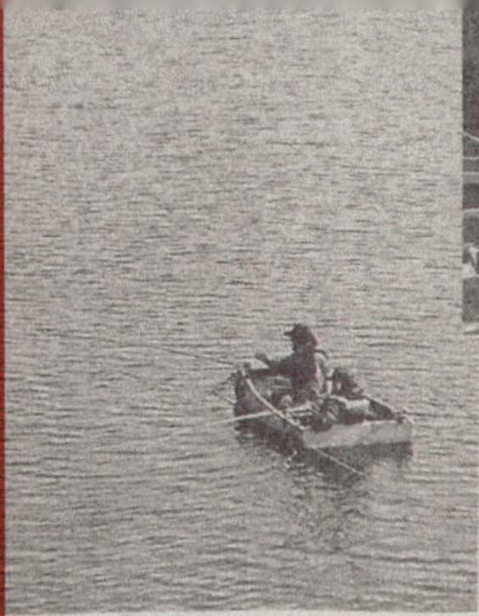

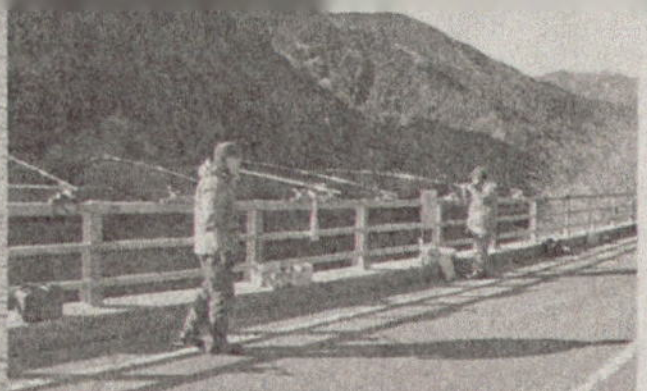

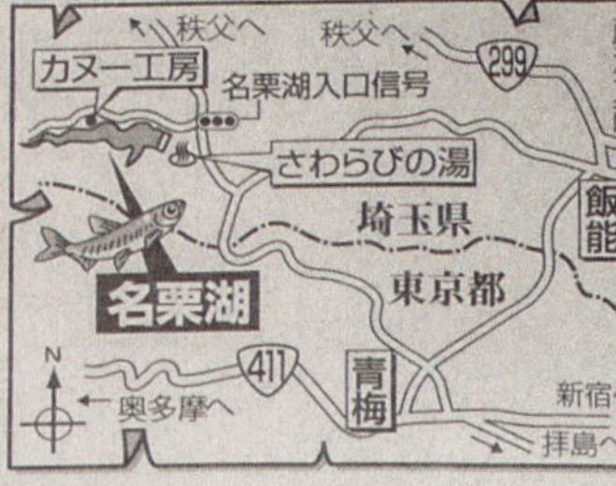

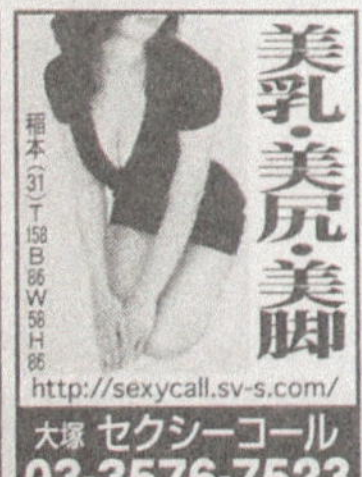

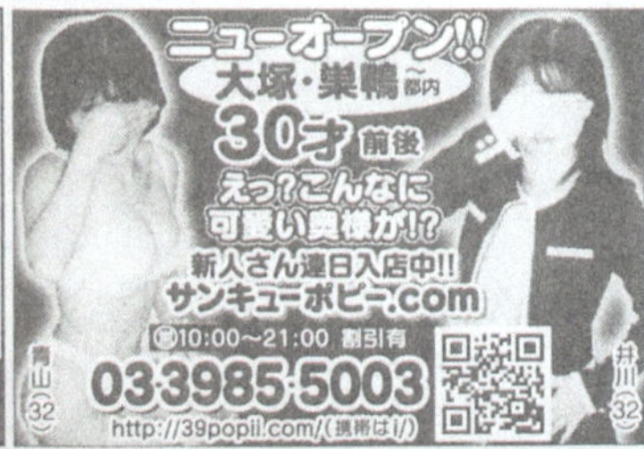

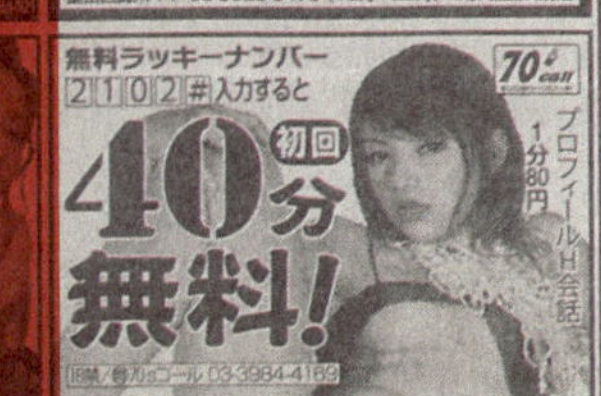

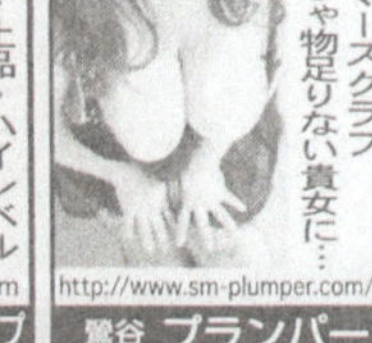

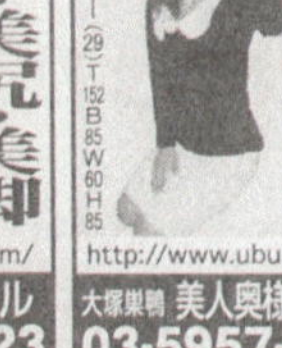

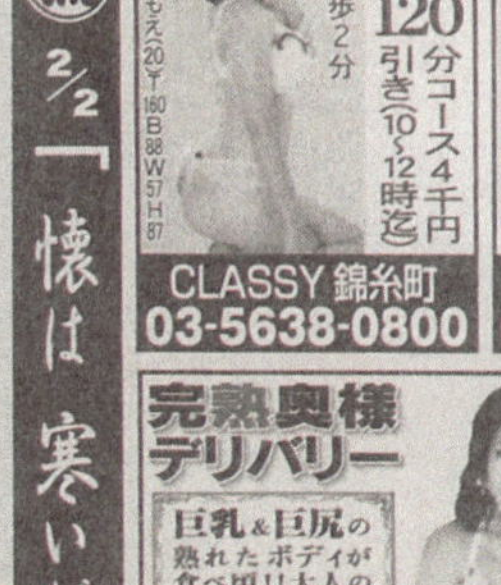

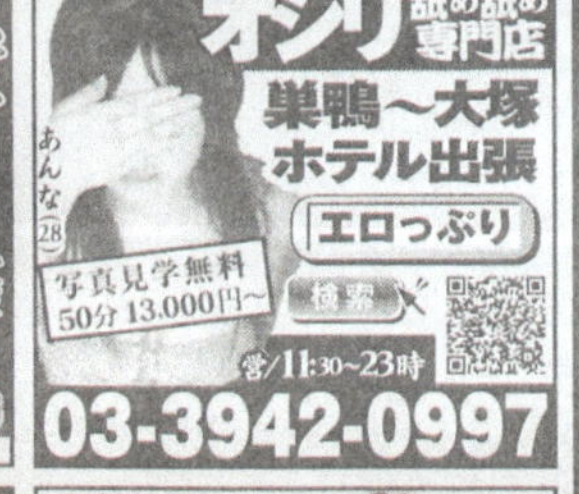

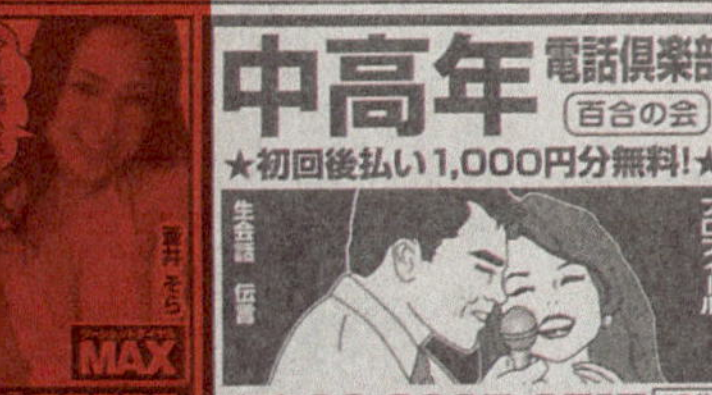

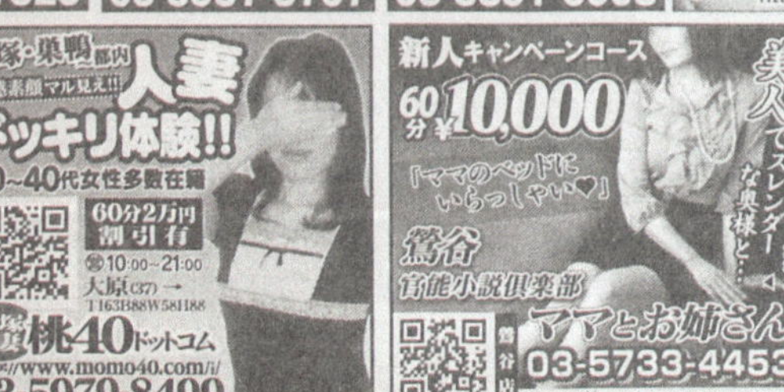

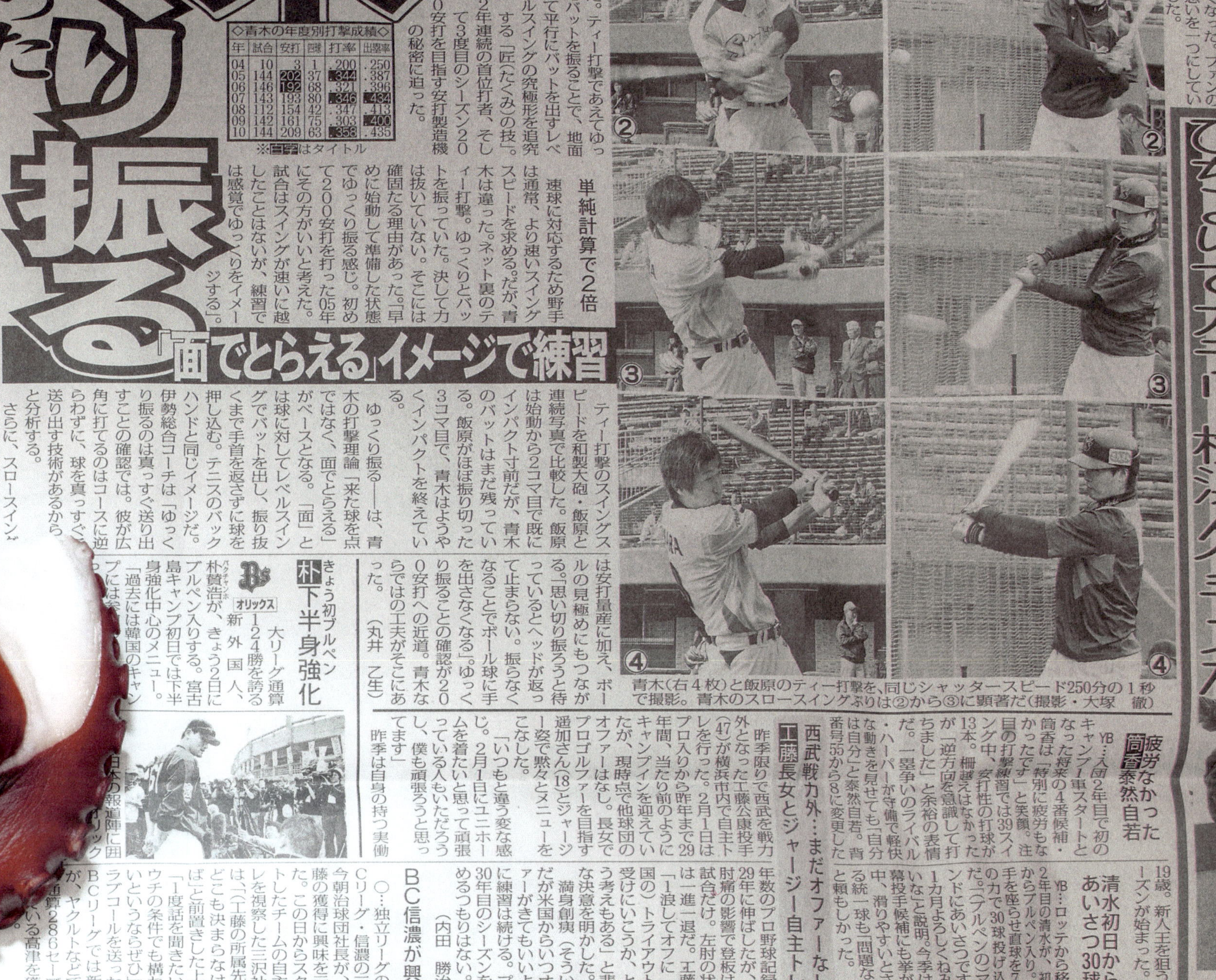

くり振る

「面でとらえる」イメージで練習

単純計算で2倍

青木の年度別打撃成績					
年	試合	安打	打率	本塁打	出塁率
04	10	3	.200	1	.250
05	144	202	.344	3	.387
06	146	192	.321	13	.424
07	143	193	.346	20	.434
08	148	180	.347	9	.413
09	142	161	.303	16	.400
10	144	209	.358	14	.435

※■字はタイトル

ティー打撃であえてゆっくりバットを振ることで、地面に対してバットを平行に保ち、レベルスイングの究極形を追求する「匠(たくみ)の技」。2年目の首位打者、そして3度目のシーズン200安打を目指す安打製造機の秘密に迫った。

速球に対応するため野手は通常、より速いスイングスピードを求めるが、青木は違った。ゆっくりとバットを振っていた。ネット裏のテレビ局のカメラが回り始めると2コマ目で既に、インパクト寸前だが、青木のバットはまだ残っている。3コマ目で、青木はようやくインパクトを終えている。

ゆっくり振る—は、青木の打撃理論「来た球を点ではなく、面でとらえる」がベースとなる。「面」という角度で手首を返さずに球を長く押し込む。テニスのバックハンドと同じイメージだ。

さらに、スローイン

「面でとらえる」

きょう初ブルペン

朴 下半身強化

きょう初ブルペン、きょう自らブルペン入りする。宮古島キャンプ初日では下半身強化中心のメニューだ。

BC信濃が興味

西武戦力外…まだオファーなし

工藤長女とジャージー自主トレ

疲労なかった高音泰然自若

清水初日からあいさつ30球

19歳。新人王を狙うシーズンが始まった。

独から帰国

シュツット岡崎「自分で」突破狙う

ドイツ1部シュツットガルトに移籍したFW岡崎が1日、成田着の航空機で帰国した。

代表参戦 今野FC東京

フル参戦した日本代表DF今野泰幸(28)が際Aマッチのフル合も国際Aマッチデー。

J初公式サイト スマホ3社対応

キャンプ代替地 Jステップ決定

Jリーグ登録選手発表 44歳カズ最年少

Fトーレス英史上最高66億円

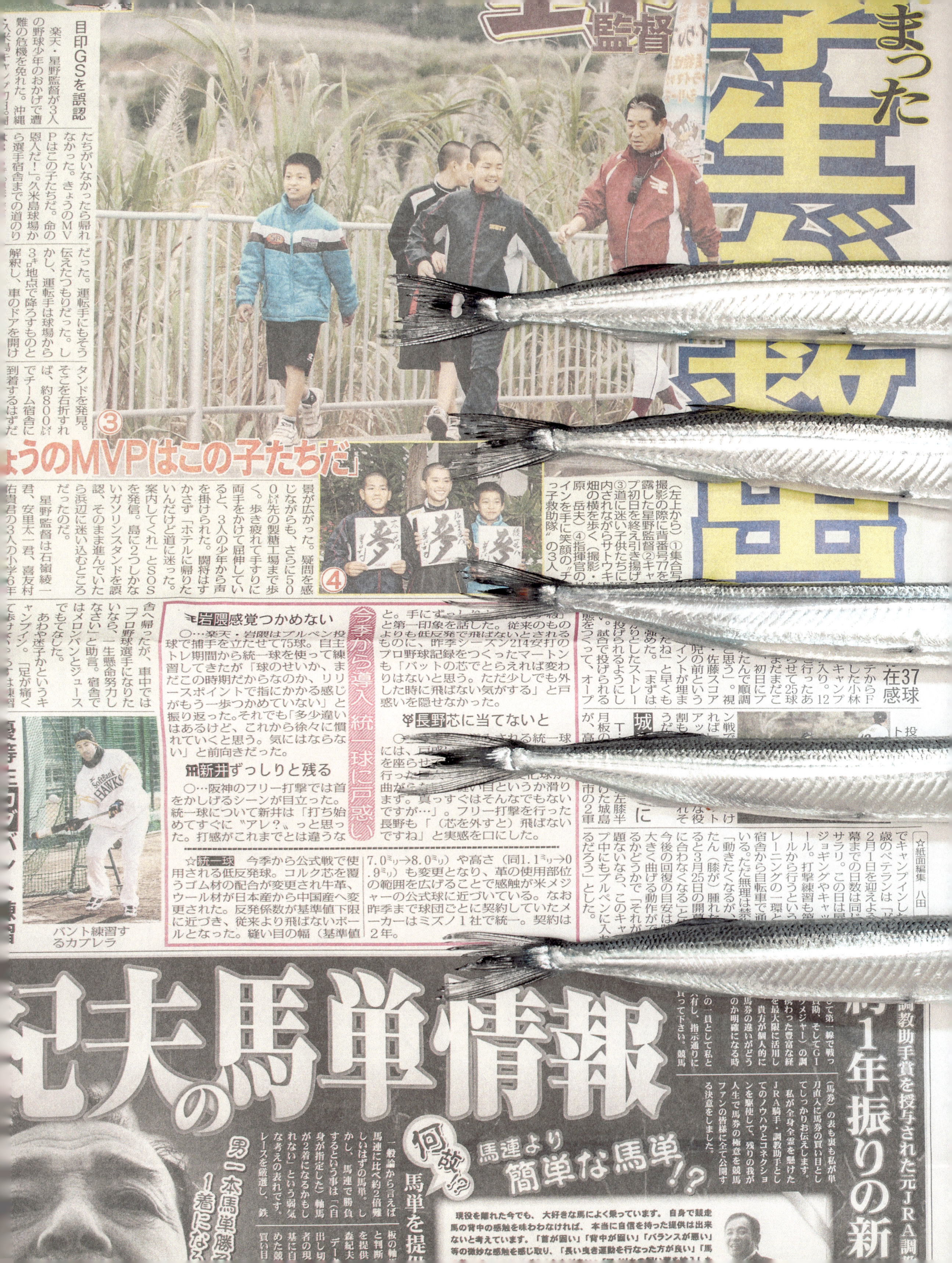

「きょうのMVPはこの子たちだ」 ③

たちがいなかったら帰れなかった。運転手にもそう伝えたつもりだった。しかし、運転手は球場から約800㍍先で右折すれば、そこを右折すれば、約800㍍で到着するはずだった。命の恩人だ！」久米島球場から3㌔地点で降ろすものと解釈し、車のドアを開けでチーム宿舎に到着するはずだ

目印GSを誤認

楽天・星野監督が3人Pのこの子たちだ。きょうのMVPを誤認なかった。

スポーツ・ヤングアワー

難の危機を免れた。沖縄ら選手宿舎までの道のり

星野監督は、石嶺綾一君、安里太一君、喜友名君の3人の小学6年生だったのだ。

かさず「ホテルに帰りたいんだけど道に迷った。案内してくれ」とSOSを発信。島に2つしかないガソリンスタンドを誤認、そのまま進んでいたら浜辺に迷い込むところだったのだ。闘将はすあわや迷子かというキャンプイン。

景が広がった。疑問を感じながらも、さらに500㍍先の製糖工場まで歩いた。島に2つしかこの時期だからなのか、両手をかけて屈伸しているると、3人の少年から声を掛けられた。

④

① 集合写真番号77を② キャ監督②引き上げ供たちに宮サトウキビ畑内の横を歩く岳夫〟③撮影初日を終え引き上げるイ原畑の横を歩く（撮影・岳夫）③指揮官の“チっ子救助隊”の3人

④

岩隈感覚つかめない

○…楽天・岩隈はブルペン投で捕手を立たせて75球。自主トレ期間から統一球を使って練習してきたが「球のせいか、まだこの時期だからなのか、リリースポイントで指にかかる感じがもう一歩つかめていない」と振り返った。それでも「多少違いはあるけど、これから徐々に慣れていくと思う。気にはならない」と前向きだった。

新井ずっしりと残る

○…阪神のフリー打撃では首をかしげるシーンが目立った。統一球について新井は「打ち始めてすぐに〝アレ？〟っと思った。打感がこれまでとは違うな

（今季から導入 統一球に戸惑い）

と。手にずっしりと第一印象を話した。従来のものよりも低反発で飛ばないとされるものに、昨季シーズン214安打のプロ野球記録をつくったマートンも「バットの芯でとらえれば変わりはないと思う。ただ少しでも外した時に飛ばない気がする」と戸惑いを隠せなかった。

長野芯に当てないと

○…される統一球には、戸惑いを座らせて行った曲がり、縫い目というか滑ります。真っすぐはそんなでもないですが…」。フリー打撃を行った長野も「（芯を外すと）飛ばないですね」と実感を口にした。

☆統一球　今季から公式戦で使用される低反発球。コルク芯を覆うゴム材の配合が変更され牛革、ウール材が日本産から中国産へ変更された。反発係数が基準値下限に近づき、従来より飛ばないボールとなった。縫い目の幅（基準値7.0㍉→8.0㍉）や高さ（同1.1㍉→0.9㍉）も変更となり、革の使用部位の範囲を広げることで感触が米メジャーの公式球に近づいている。なお昨季まで球団ごとに契約していたメーカーはミズノ1社で統一。契約は2年。

まだまだこ初日にブたんで順調と思う」。視児の前というイントが埋まアッれば強めた。「まずは」と早くも〟らとしたストレー投げられるように試合で投げられるオープが、高まだまだアキャンプ入り。視調12プ在37感球

T城に左膝半いた城島市の2軍

レーニングの一環と宿舎から自転車で通いる。ただ無理は禁「動きたくなるが、たん（膝が）腫れるると3月25日の開幕今後の回復の目安はに合わなくなるかどうかで「それが大きく曲げる動作がるかどうで、このキャプ中にもブルペンに入るだろう」とした。

バント練習するカブレラ

○夫の馬単情報

馬連より簡単な馬単!?

何故!? 馬単を提唱

調教助手賞を授与された元JRA調

約1年振りの新

現役を離れた今でも、大好きな馬によく乗っています。自身で競走馬の背中の感触を味わわなければ、本当に信頼を持った提供は出来ないと考えています。「首が痛い」「背中が痛い」「バランスが悪い」等の微妙な感覚を感じ取り、「長い曳き運動を行なった方が良い」「馬

☆紙面編集　八田

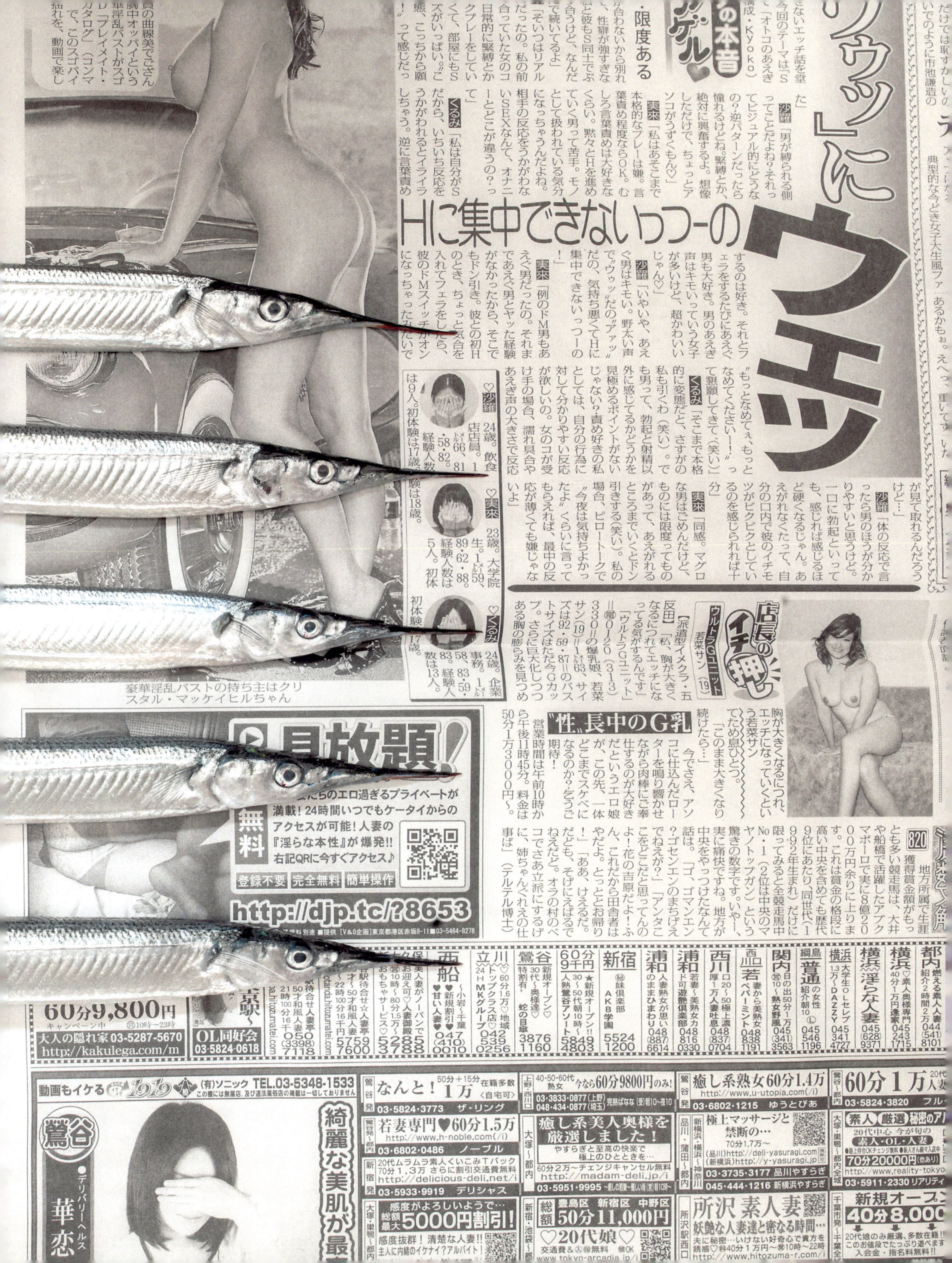

「ウツ」にウェッ
Hに集中できないフツーの
性・長中のG乳
店長のイチ押し
ウルトラGユニット　若菜サン 19
見・目放題！
無料
登録不要　完全無料　簡単操作
http://djp.tc/?8653
豪華淫乱バスト の持ち主はクリスタル・マッケイヒルちゃん
綺麗な美肌が最
華恋
鴬谷　デリバリーヘルス
動画もイケる 1919　(有)ソニック　TEL.03-5348-1533
60分9,800円
大人の隠れ家 03-5287-5670
http://kakulega.com/m
OL同好会 03-5824-0618
なんと！1万　ザ・リング
03-5824-3773
若妻専門 60分1.5万
http://www.h-noble.com/i
03-6802-0486　ノーブル
デリシャス
03-5933-9919
癒し系美人奥様を厳選しました！
60分2万～チェンジキャンセル無料
madam-deli.jp/i
極上マッサージと禁断の…
20代中心 今が旬の…
http://deli-yasuragi.jp/i
癒し系熟女 60分1.4万
http://www.u-utopia.com/i
ゆうとぴあ
60分1万
03-5824-3820
所沢素人人妻
40分8,000
新規オープ
感謝祭 5000円割引!!
20代娘
50分11,000円

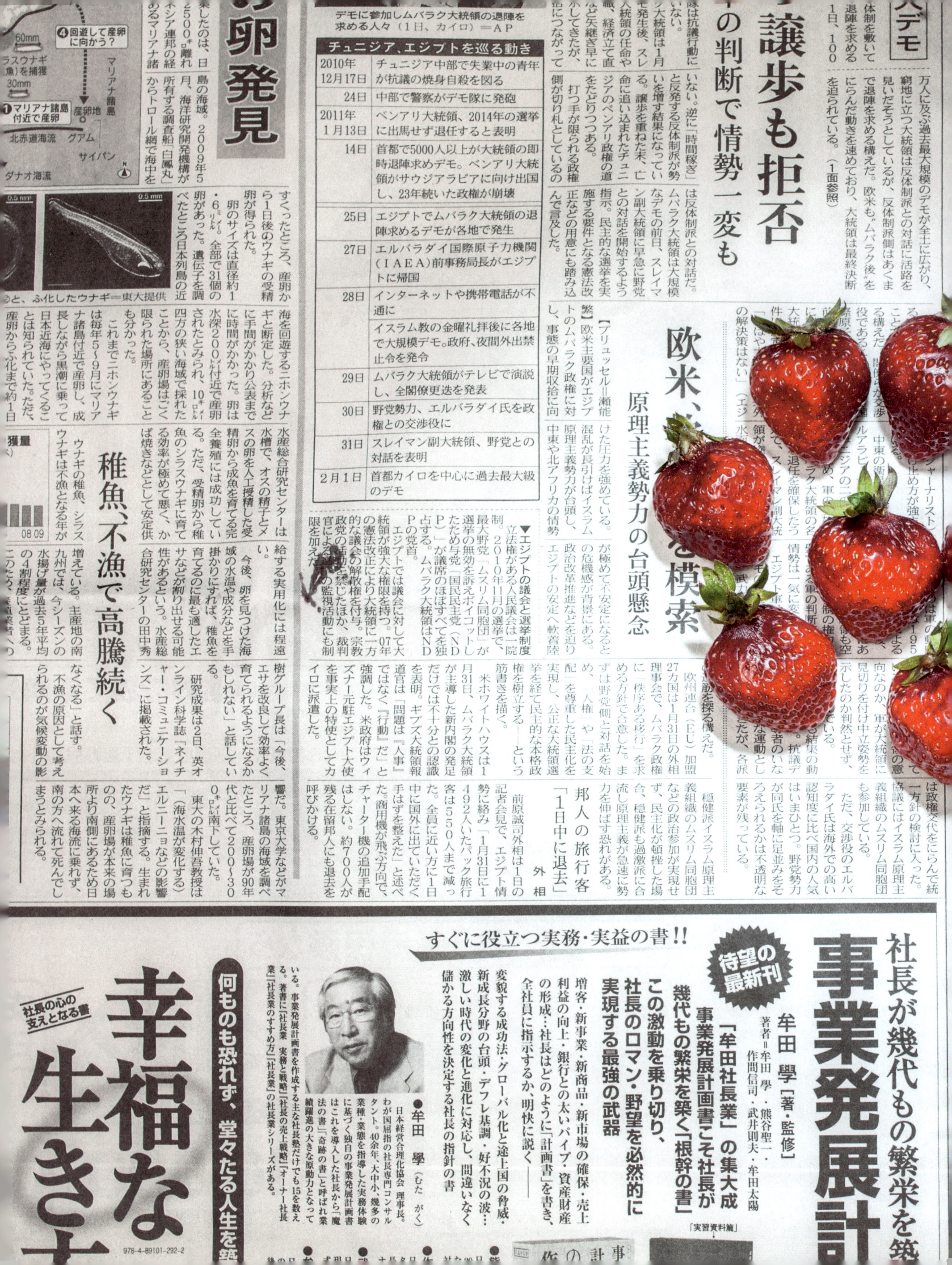

卵発見

○と、ふ化したウナギ＝東大提供

水産総合研究センターは、オスの精子とメスの卵を人工授精した受精卵から成魚を育てる完全養殖には成功しているが、受精卵から稚魚を育てるのに最も適したエサなどが割り出せる可能性があるという。水産総合研究センターの田中秀樹グループ長は「今後、エサを改良して効率よく育てられるようになるかもしれない」と話している。

研究成果は2日、英オンライン科学誌「ネイチャー・コミュニケーションズ」に掲載された。

海を回遊するニホンウナギと断定した。分析などに手間がかかり公表までに時間がかかった。卵は水深200メートル付近で産卵されたとみられ、10キロメートル四方の狭い海域で採れた魚のシラスウナギに育てる効率が極めて悪く、かば焼きなどとして安定供給する実用化には程遠い。

今後、卵を見つけた海域の水温や成分などを手掛かりにすれば、稚魚を育てることから、産卵場はごく限られた場所にあることも分かった。

これまでニホンウナギは毎年5〜9月にマリアナ諸島付近で産卵し、成長しながら黒潮に乗って日本近海にやってくることは知られていた。ただ、産卵からふ化まで約1日...

すくったところ、産卵から1日後のウナギの受精卵が得られた。卵のサイズは直径約1・6ミリリットル。全部で31個の卵があった。遺伝子を調べたところ日本列島の近くの海域。2009年5月、海洋研究開発機構が所有する調査船「白鳳丸」からトロール網で海中をすくった。

稚魚、不漁で高騰続く

東大の木村伸吾教授は「（海水温が変化する）エルニーニョなどの影響だ」と指摘する。生まれたウナギは稚魚に育つものの、産卵場が本来の場所より南側にあるため日本へ来る海流に乗れず、南の方へ流れて死んでしまうとみられる。

ウナギの稚魚、シラスウナギは不漁となる年が増えている。主産地の南九州では、今シーズンの水揚げ量が過去5年平均の4割程度にとどまる。

「不漁の原因として考えられるのが気候変動の影響だ」と話す。

チュニジア、エジプトを巡る動き	
2010年12月17日	チュニジア中部で失業中の青年が抗議の焼身自殺を図る
24日	中部で警察がデモ隊に発砲
2011年1月13日	ベンアリ大統領、2014年の選挙に出馬せず退任すると表明
14日	首都で5000人以上が大統領の即時退陣求めデモ。ベンアリ大統領がサウジアラビアに向け出国し、23年続いた政権が崩壊
25日	エジプトでムバラク大統領の退陣求めるデモが各地で発生
27日	エルバラダイ国際原子力機関（IAEA）前事務局長がエジプトに帰国
28日	インターネットや携帯電話が不通に。イスラム教の金曜礼拝後に各地で大規模デモ。政府、夜間外出禁止令を発令
29日	ムバラク大統領がテレビで演説し、全閣僚更迭を発表
30日	野党勢力、エルバラダイ氏を政権との交渉役に
31日	スレイマン副大統領、野党との対話を表明
2月1日	首都カイロを中心に過去最大級のデモ

デモに参加しムバラク大統領の退陣を求める人々（1日、カイロ）＝AP

譲歩も拒否

の判断で情勢一変も

欧米、　　模索

原理主義勢力の台頭懸念

【ブリュッセル＝瀬能】欧米主要国がエジプトの混乱が長引けばイスラム原理主義勢力が台頭し、エジプトの安定や中東や北アフリカの情勢...

邦人の旅行客「1日中に退去」

外相

前原誠司外相は1日の記者会見で、エジプト情勢に絡み「1月31日に1492人いたパック旅行客は550人まで減った。全員に近い形で1日中に国外に出ていただく手はずを整えた」と述べた。商用機が飛ぶ方向で残る在留邦人にも退去を呼びかける。

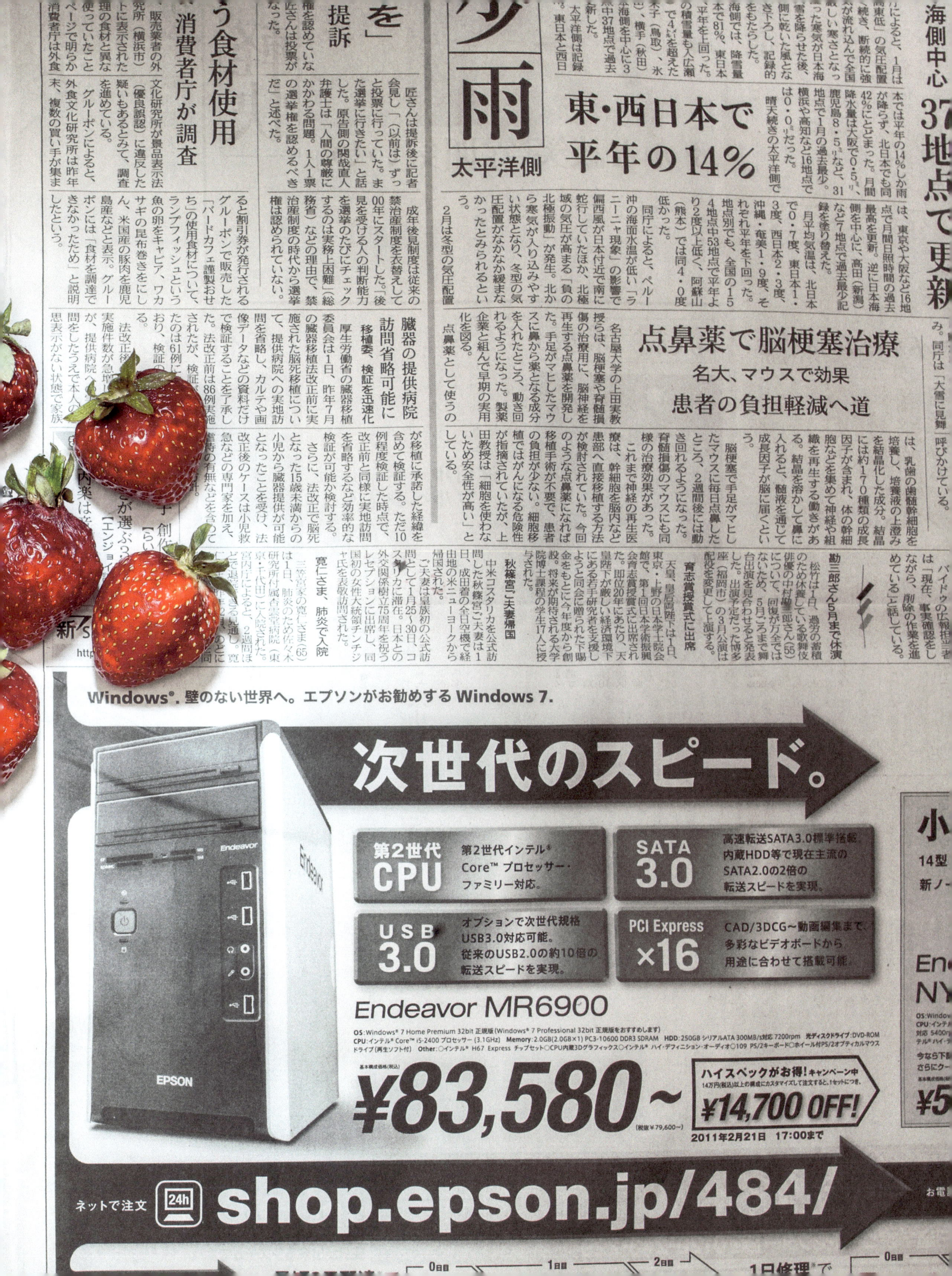

海側中心 37地点で更新

少雨 太平洋側

東・西日本で平年の14%

…庁によると、1月は…高東低」の気圧配置…続き、断続的に強…気が流れ込んで全国…厳しい寒さとなっ…った寒気が日本海…雪を降らせた後、…側に乾いた風とな…き下ろし、記録的…をもたらした。…海側では、降雪量…本で81%、東日本…平年を上回った。…の積雪量も入広瀬…で4㍍を超えた…米子（鳥取）、氷…見）、横手（秋田）…海側を中心に3…点中37地点で過去…新した。…太平洋側は記録…。東日本と西日本では平年の14%しか雨が降らず、北日本でも同42%にとどまった。月間降水量は大阪で0・5㍉、鹿児島8・5㍉など、31地点で1月の過去最少。横浜や高知など16地点では0・0㍉だった。

晴天続きの太平洋側では、東京や大阪など16地点で月間日照時間の過去最高を更新。逆に日本海側を中心に、高田（新潟）など7地点で過去最少記録を塗り替えた。

月平均気温は、北日本で0・7度、東日本1・3度、西日本2・3度、沖縄・奄美1・9度、それぞれ平年を下回った。地点別でも、全国の154地点中53地点で平年より2度以上低く、阿蘇山（熊本）では同4・0度低かった。

同庁によると、ペルー沖の海面水温が低い「ラニーニャ現象」の影響で偏西風が日本付近で南に蛇行していたほか、北極域の気圧が高まる「負の北極振動」が発生。北から寒気が入り込みやすい状態となり、冬型の気圧配置がなかなか緩まなかったとみられるという。

2月は冬型の気圧配置…

…み。同庁は「大雪に見舞…呼びかけている。

点鼻薬で脳梗塞治療

名大、マウスで効果 患者の負担軽減へ道

名古屋大学の上田実教授らは、脳梗塞や脊髄損傷の治療用に、脳神経を再生する点鼻薬を開発した。手足がマヒしたマウスに鼻から薬となる成分を入れたところ、動き回れるようになった。製薬企業と組んで早期の実用化を図る。

点鼻薬として使うのは、乳歯の歯髄幹細胞を培養し、培養液の上澄みを結晶化した成分。結晶には約170種類の成長因子が含まれ、体の幹細胞などを集めて神経や組織を再生する働きがある。結晶を溶かして鼻に入れると、髄液を通じて成長因子が脳に届くという。

脳梗塞で手足がマヒしたマウスに毎日点鼻したところ、2週間後には動き回れるようになった。脊髄損傷のマウスにも同様の治療効果があった。

これまで神経の再生医療は、幹細胞を脳内など患部へ直接移植する方法が検討されていた。今回のような点鼻薬になれば移植手術が不要で、患者の負担が少ない。細胞移植ではがんになる危険性が指摘されていたが、上田教授は「細胞を使わないため安全性が高い」としている。

…バイドゥの広報担当者は「現在、事実確認をしながら、削除の作業を進めている」と話している。

勘三郎さん5月まで休演

松竹は1日、過労の蓄積のため休養している歌舞伎俳優の中村勘三郎さん(55)について、回復が万全ではないため、5月ごろまで舞台出演を見合わせると発表した。出演予定だった博多座（福岡市）の3月公演は配役を変更して上演する。

育志賞授賞式に出席

天皇、皇后両陛下は1日、東京・上野の日本学士院会館で、第1回日本学術振興会育志賞授賞式に出席された。即位20年にあたり、天皇陛下が厳しい経済環境下にある若手研究者を支援しようと同会に贈られた下賜金をもとに今年度から創設。将来が期待される大学院博士課程の学生17人に授与された。

秋篠宮ご夫妻帰国

中米コスタリカを公式訪問した秋篠宮ご夫妻は1日、成田着の全日空機で経由地の米ニューヨークから帰国された。

ご夫妻は皇族初の公式訪問として1月25～30日、コスタリカに滞在。日本との外交関係樹立75周年を祝うレセプションに出席し、同国初の女性大統領チンチジャ氏を表敬訪問された。

寛仁さま、肺炎で入院

三笠宮家の寛仁さま(65)は1日、肺炎のため佐々木研究所付属杏雲堂病院（東京・千代田）に入院された。宮内庁によると、2週間ほどで退院できる見通し。寛…

…を」 提訴

…権を認めていな…匠さんは投票が…なった。

匠さんは提訴後に記者会見し「（以前は）ずっと投票に行っていた。また選挙に行きたい」と話した。原告側の関哉直人弁護士は「人間の尊厳にかかわる問題。1人1票の選挙権を認めるべきだ」と述べた。

成年後見制度は従来の禁治産制度を衣替えして00年にスタートした。「後見を受ける人の判断能力を選挙のたびにチェックするのは実務上困難」（総務省）などの理由で、禁治産制度の時代から選挙権は認められていない。

臓器の提供病院 訪問省略可能に

移植委、検証を迅速化

厚生労働省の臓器移植委員会は1日、昨年7月の臓器移植法改正前に実施された脳死移植について、提供病院への実地訪問を省略し、カルテや画像データなどの資料だけで検証することを了承した。法改正前は86例実施されたが、検証…たのは61例に…おり、検証の…る。

法改正後…実施件数が急増…が、提供病院へ…問をしたうえで本人の…思表示がない状態で家族…が移植に承諾した経緯を含めて検証する。ただ10例程度検証した時点で、改正前と同様に実地訪問を省略するなど効率的な検証が可能か検討する。

さらに、法改正で脳死となった15歳未満からの小児から臓器提供が可能となったことを受け、法改正後のケースは小児救急などの専門家を加え、虐待の有無などを含めて…

…う食材使用 消費者庁が調査

…販売業者の外…究所（横浜市）…トに表示された…理の食材と異な…使っていたこと…ページで明らか…消費者庁は外食文化研究所が景品表示法（優良誤認）に違反した疑いもあるとみて、調査を進めている。

グルーポンによると、外食文化研究所は昨年末、複数の買い手が集まると割引券が発行されるグルーポンで販売した「バードカフェ謹製おせち」の使用食材について、ランプフィッシュという魚の卵をキャビア、ワカサギの昆布巻きをにしん、米国産の豚肉を鹿児島産などと表示。グルーポンには「食材を調達できなかったため」と説明したという。

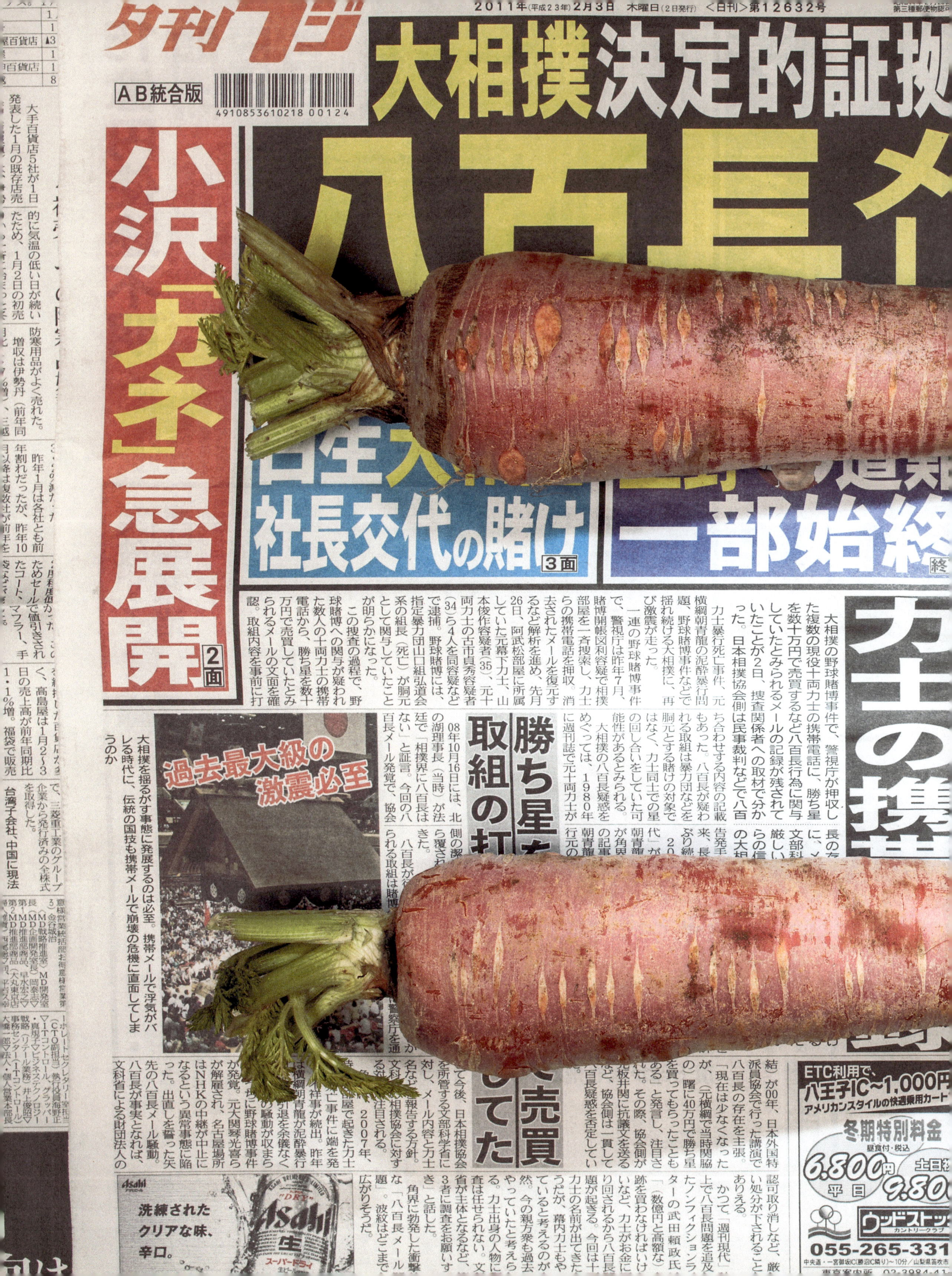

夕刊フジ

大手百貨店5社が1日に発表した1月の既存店売上高で、気温の低い日が続いたため、防寒用品がよく売れた。増収は伊勢丹（前年同月比三・三％）、三越（同一・三％）など各社とも前年割れだったが、昨年10月…

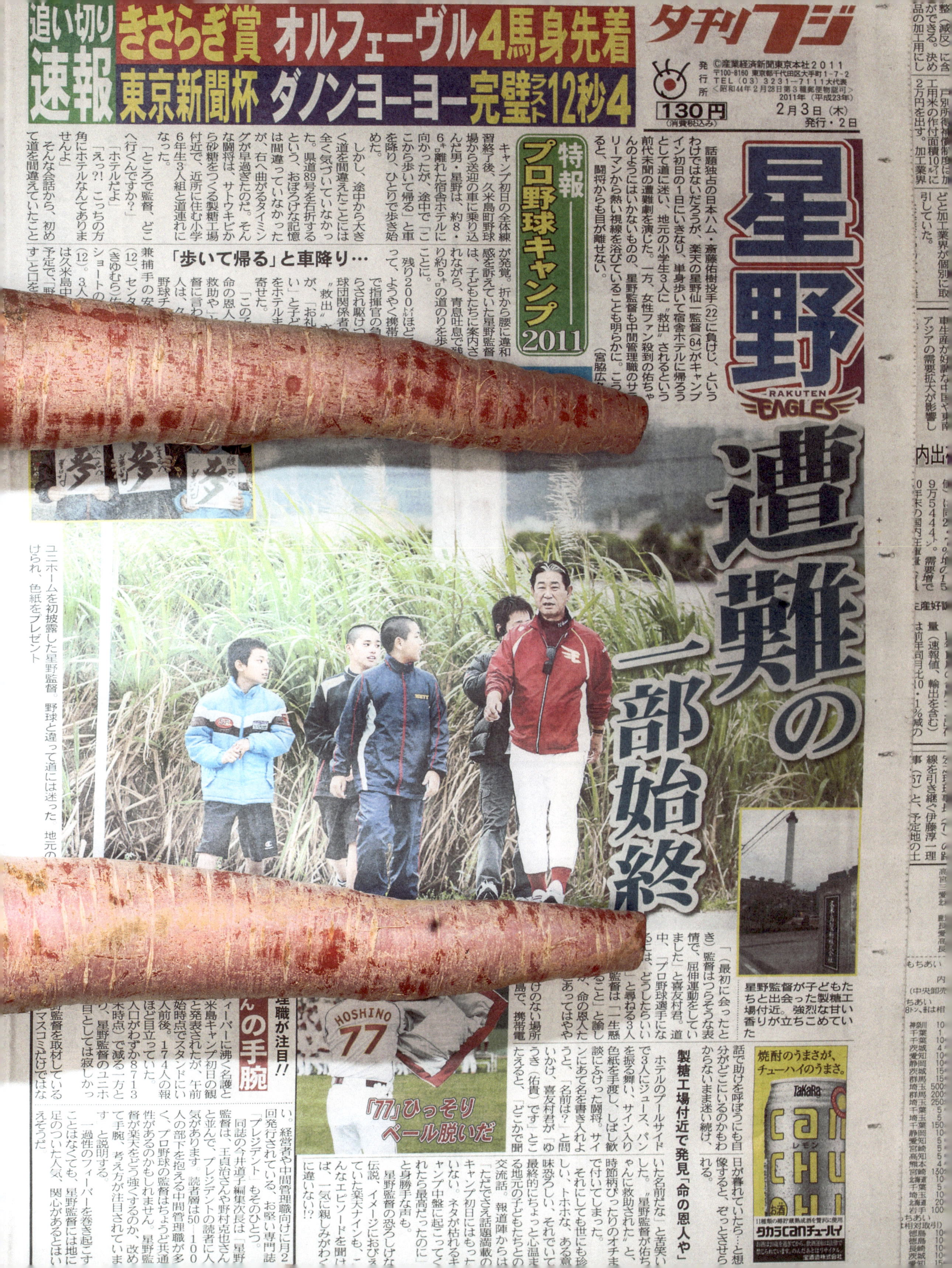

特報──
プロ野球キャンプ
２０１１

星野
RAKUTEN EAGLES

遭難の一部始終

「歩いて帰る」と車降り…

「77」ひっそりベール脱いだ

星野監督が子どもたちと出会った製糖工場付近。強烈な甘い香りが立ちこめて

製糖工場付近で発見「命の恩人や」

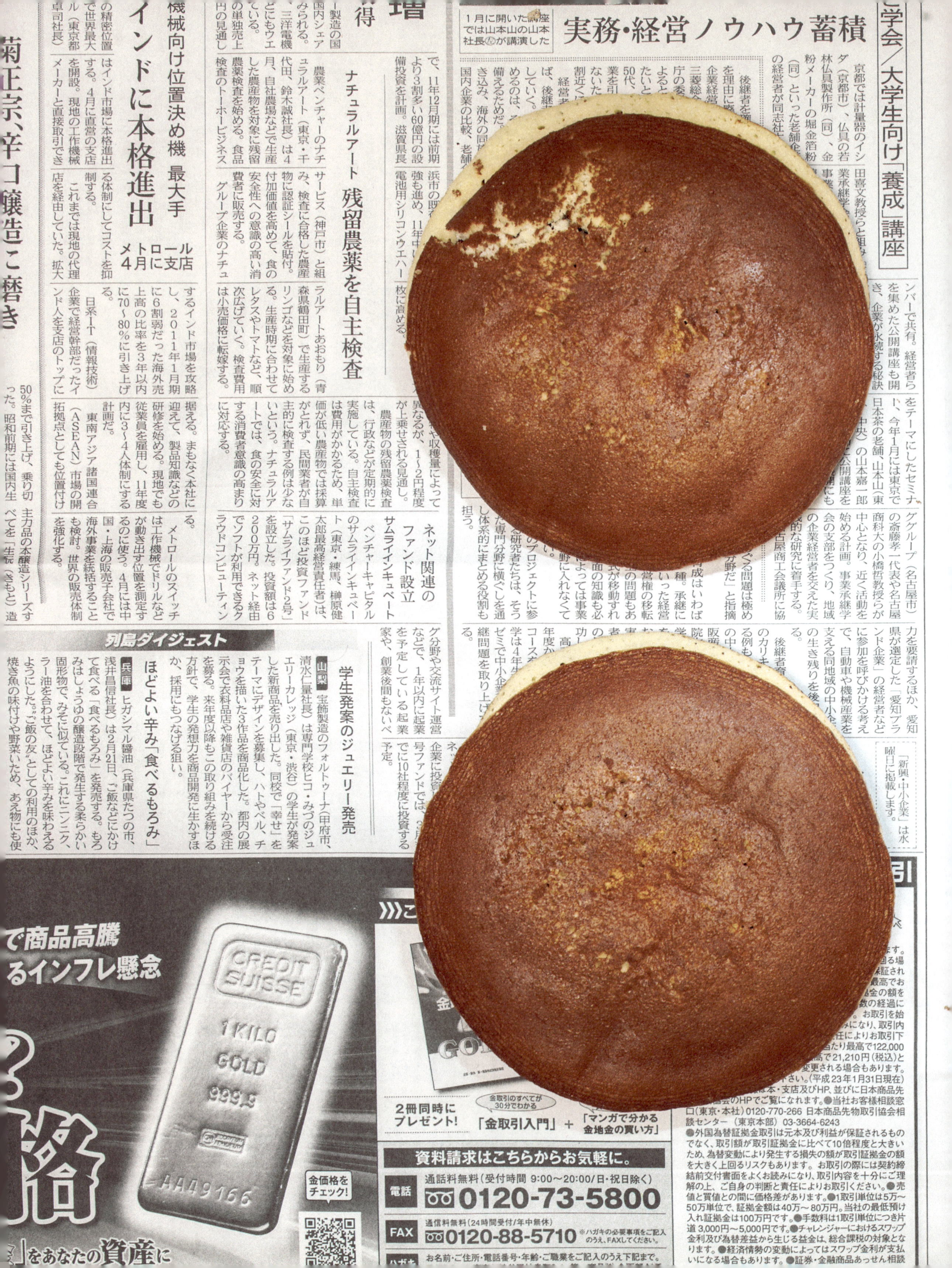

実務・経営ノウハウ蓄積
大学生向け「養成」講座
1月に開いた講座では山本山の山本社長⒧が講演した

ナチュラルアート 残留農薬を自主検査

インドに本格進出 最大手
機械向け位置決め機

菊正宗、辛口嬢告に椿き

列島ダイジェスト
ほどよい辛み「食べるもろみ」
学生発案のジュエリー発売

で商品高騰 るインフレ懸念
CREDIT SUISSE
1KILO
GOLD
999.9
AA49166

2冊同時にプレゼント！
金取引のすべてが30分でわかる
「金取引入門」＋「マンガで分かる金地金の買い方」

資料請求はこちらからお気軽に。
電話 通話料無料（受付時間 9:00〜20:00／日・祝日除く）
0120-73-5800
FAX 通信料無料（24時間受付／年中無休）
0120-88-5710
※ハガキの必要事項をご記入のうえ、FAXしてください。
お名前・ご住所・電話番号・年齢・ご職業をご記入のうえ下記まで。

（平成23年1月31日現在）
当社お客様相談窓口（東京・本社）0120-770-266 日本商品先物取引協会相談センター（東京本部）03-3664-6243

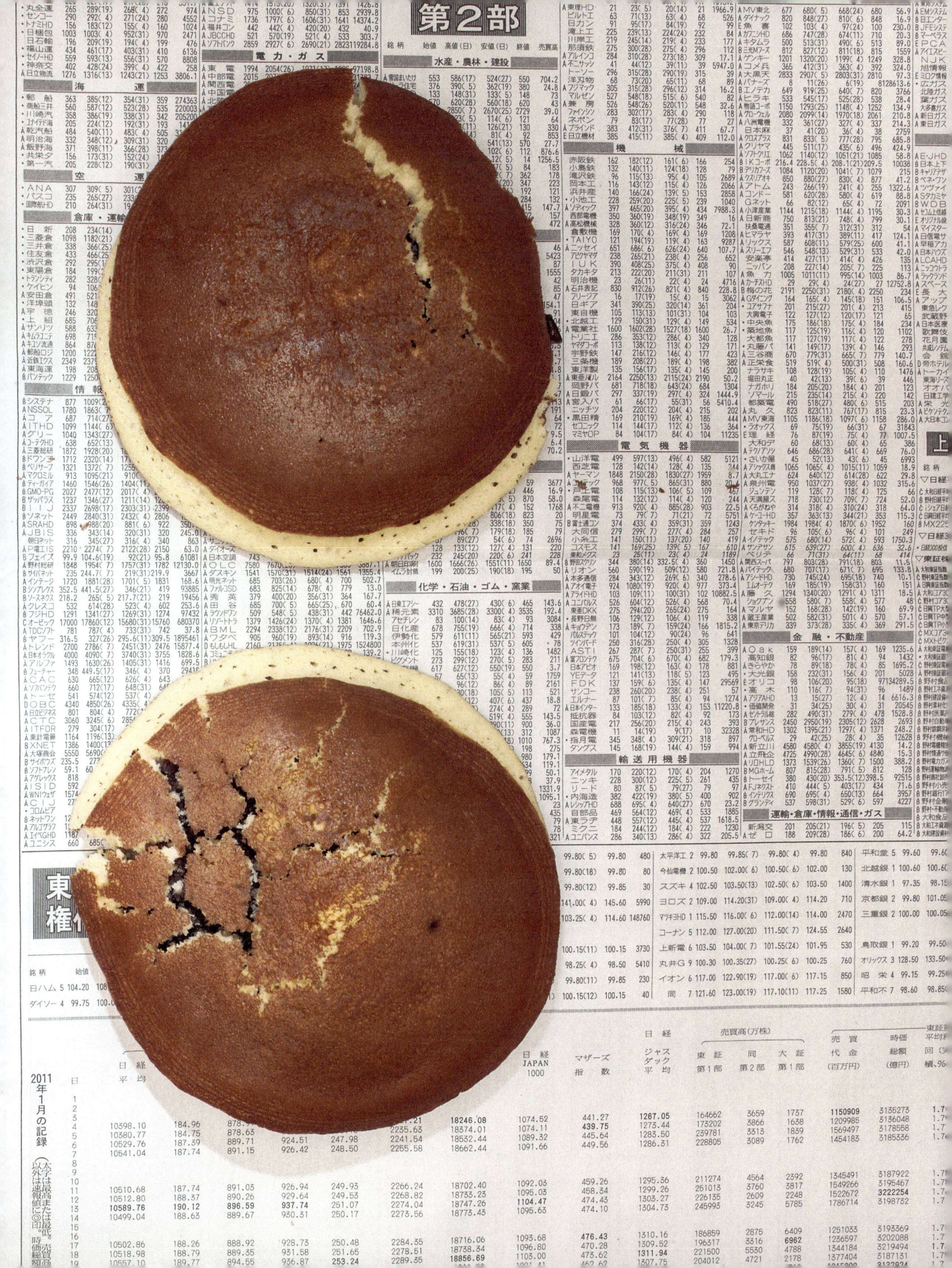

第2部
水産・農林・建設
機械
電気機器
化学・石油・ゴム・窯業
金融・不動産
輸送用機器
運輸・倉庫・情報・通信・ガス

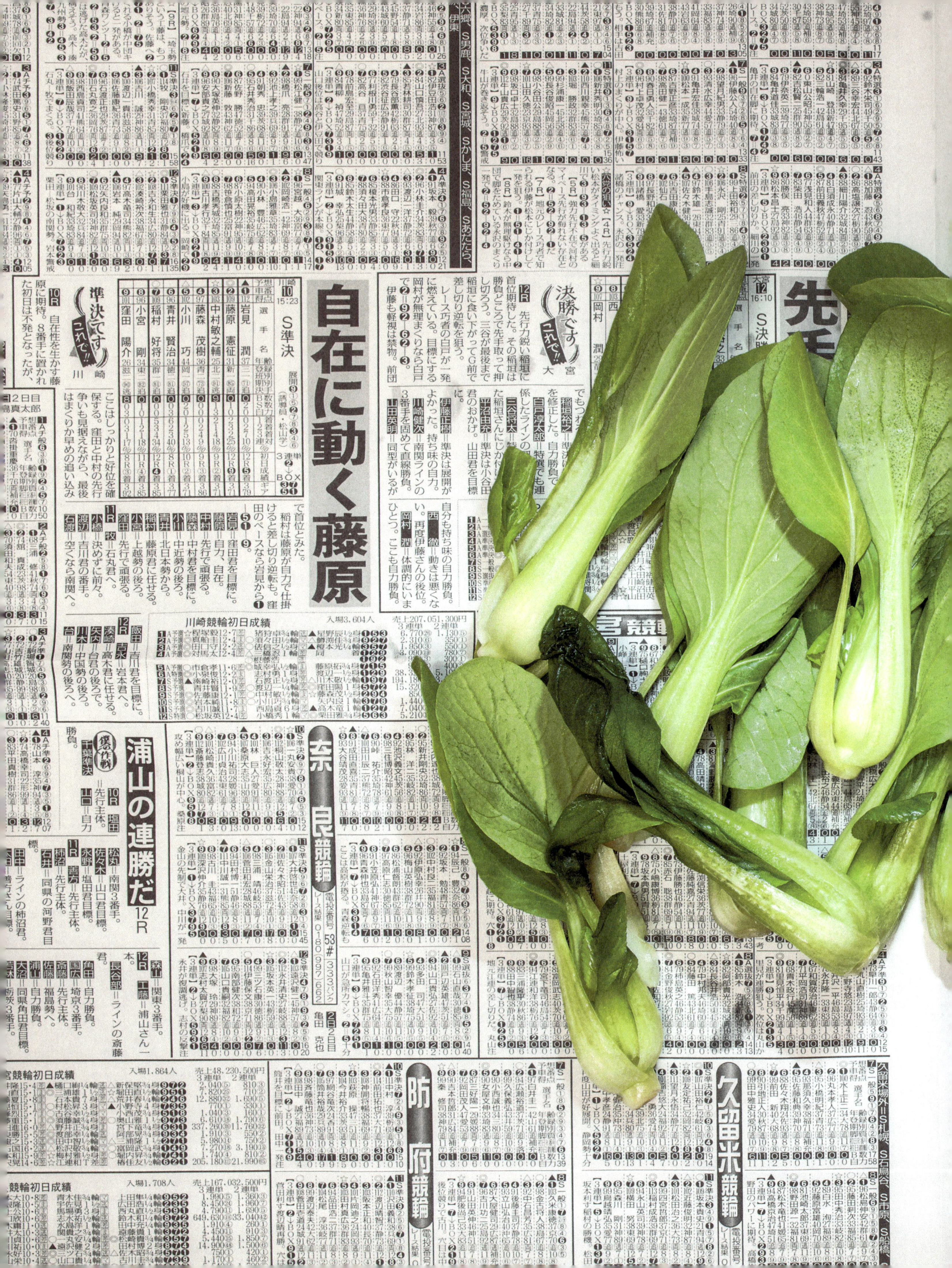
自在に動く藤原
浦山の連勝だ
奈良競輪
防府競輪
久留米競輪
川崎競輪初日成績

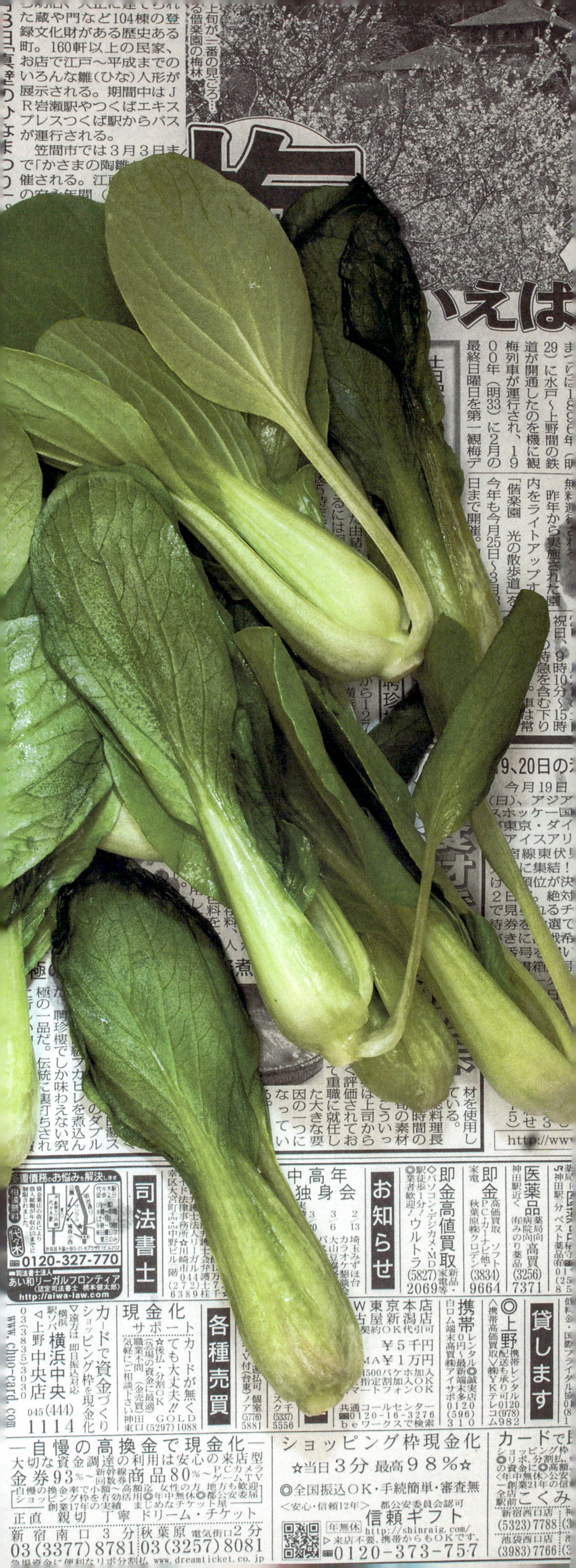

蔵や門など104棟の登
録文化財がある歴史ある
町。160軒以上の民家、
お店で江戸～平成までの
いろんな雛（ひな）人形が
展示される。期間中はＪ
Ｒ岩瀬駅やつくばエキス
プレスつくば駅からバス
が運行される。
笠間市では３月３日ま
で「かさまの陶雛
催される。
司法書士
お知らせ
各種売買
貸します
一自慢の高換金で現金化一
正直　親切　丁寧　ドリーム・チケット
ショッピング枠現金化
☆当日３分　最高９８％☆
◎全国振込ＯＫ・手続簡単・審査無
信頼ギフト
0120-373-757

Japan JP

TOKYO | FEBRUARY 2011

Poverty line JPY 1,679 (USD 20.62 / EUR 14.96); allocation for food JPY 394 (USD 4.84 / EUR 3.51)

Japan follows the relative poverty line defined by the Organization for Economic Cooperation and Development (OECD), which is half of the median national disposable income. The figures above are based on the poverty line and on average low-income household disposable income spent on food (excluding beverages, eating out and cooked meals).

Japan announced its poverty rate for the first time in October 2009, stating that in 2006, 15.7% of the population fell below the poverty line, rising from 14.9% in 2003. The relative poverty rate for children was 14.2%.

Japan's social security expenditure was 24.4% of its national income in 2009; about 70% of this was for elderly benefits. The elderly are also helped by a long-term-care insurance system, which has over 3.8 million users. All citizens belong to a public medical insurance system.

Population Growth, 1961–2017

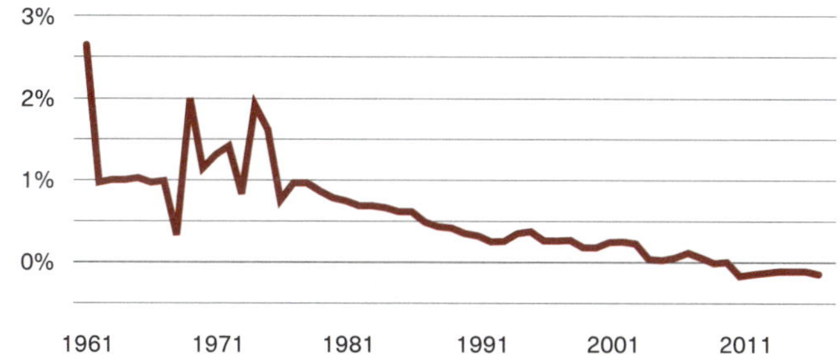

Source: World Bank

Growth in Labor Compensation per Hour and Labor Productivity, 2007–16

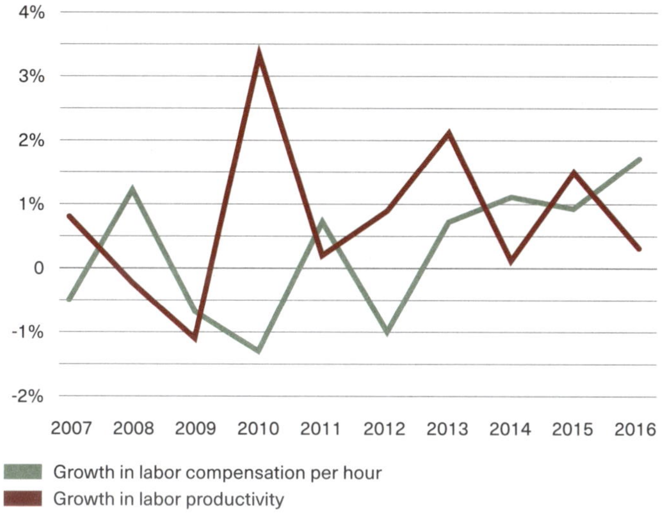

Source: OECD

Household Savings as a Proportion of Household Disposable Income, 1994–2016

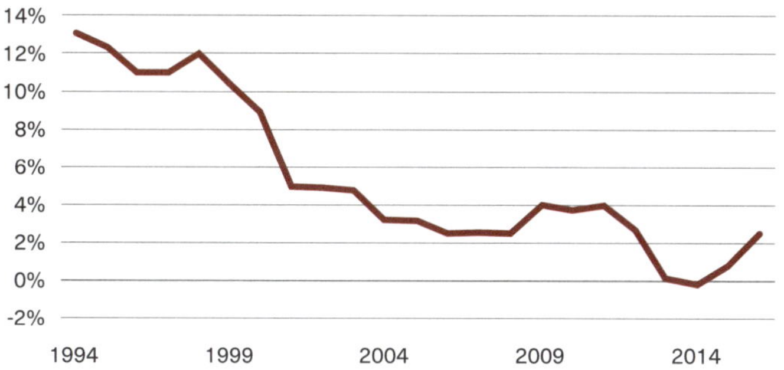

Source: OECD

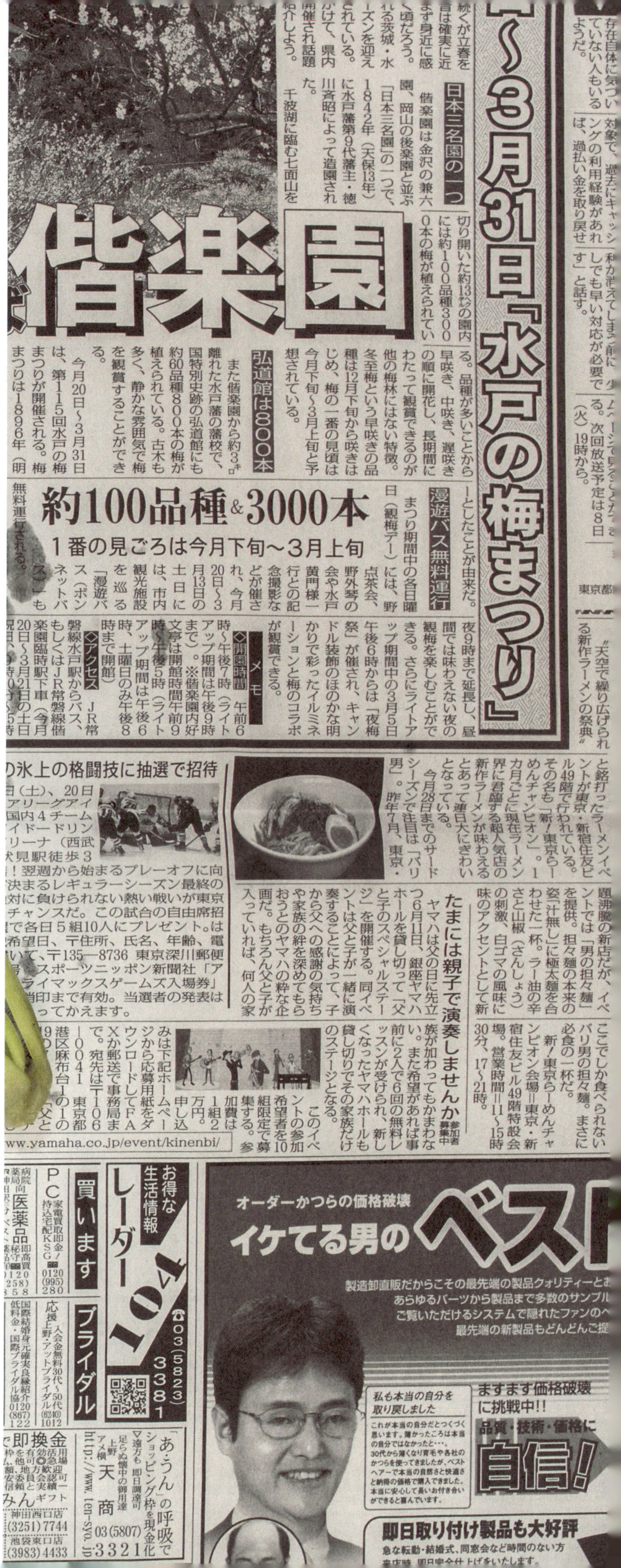

偕楽園

~3月31日『水戸の梅まつり』

日本三名園の一つ

偕楽園は金沢の兼六園、岡山の後楽園と並ぶ「日本三名園」の一つで、1842年（天保13年）に水戸藩第9代藩主・徳川斉昭によって造園された。千波湖に臨む七面山を切り開いた約13㌶の園内には約100品種3000本の梅が植えられている。品種が多いことから早咲き、中咲き、遅咲きの順に開花し、長期間にわたって観賞できるのが他の梅林にはない特徴。冬至梅という早咲きの品種は12月下旬から咲きはじめ、梅の一番の見頃は今月下旬～3月上旬と予想されている。

弘道館は800本

また偕楽園から約3㌔離れた水戸藩の藩校で、国特別史跡の弘道館にも約60品種800本の梅が植えられている。古木も多く、静かな雰囲気で梅を観賞することができる。

今月20日～3月31日は、第115回水戸の梅まつりが開催される。梅まつりは1896年（明

約100品種&3000本

1番の見ごろは今月下旬～3月上旬

漫遊バス無料運行

メモ

たまには親子で演奏しませんか

オーダーかつらの価格破壊

イケてる男のベスト

ますます価格破壊に挑戦中!!

品質・技術・価格に自信!

即日取り付け製品も大好評

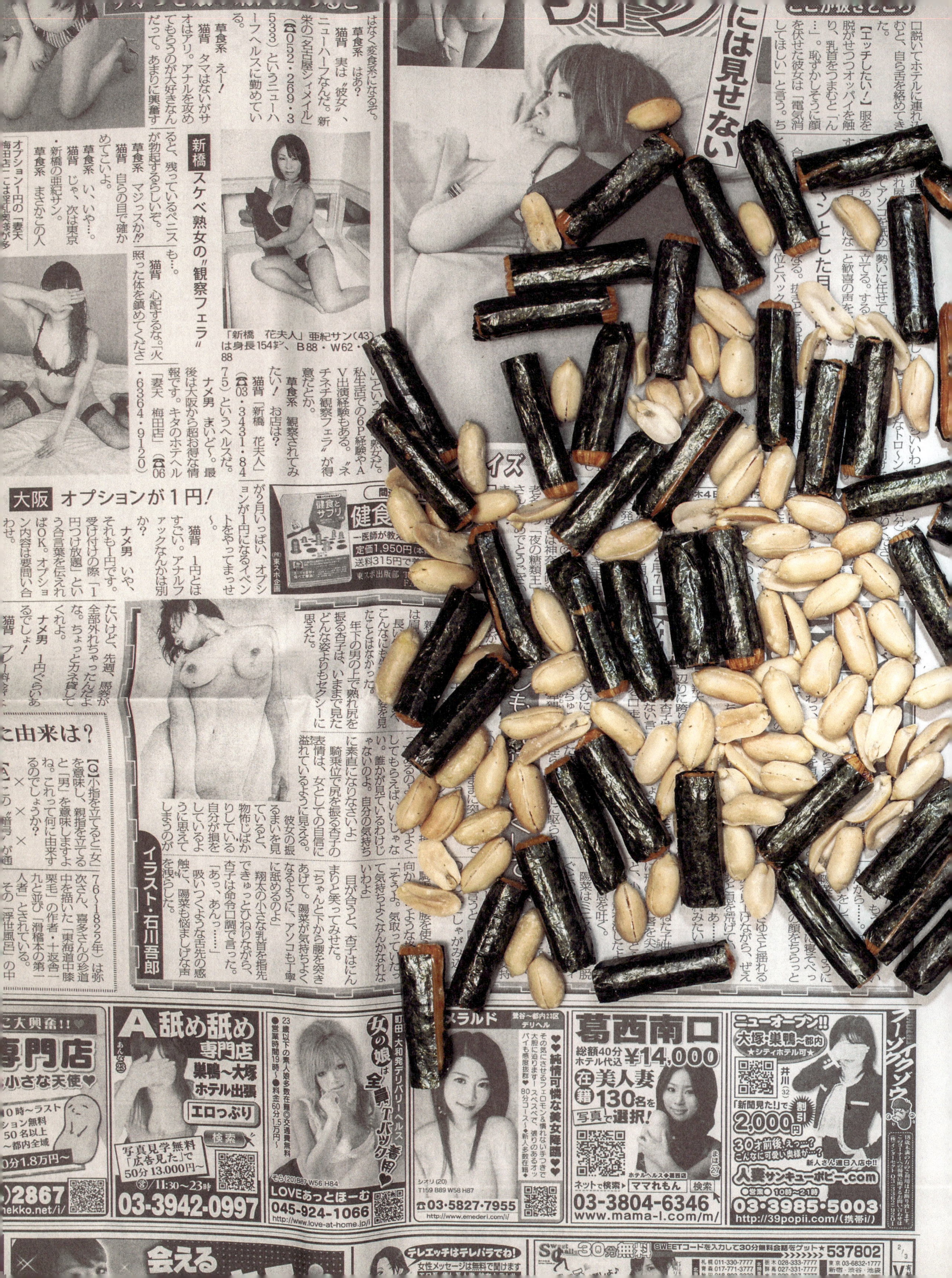

新橋 スケベ熟女の"観察フェラ"
大阪 オプションが1円!
イラスト・石川吾郎
A舐め舐め専門店
巣鴨～大塚 ホテル出張
エロっぷり
03-3942-0997
女の娘は全員Tバック着用
LOVEあっとほーむ
045-924-1066
http://www.love-at-home.jp/i/
03-5827-7955
葛西南口
総額40分 ホテル代込 ¥14,000
在籍 美人妻130名を写真で選択!
ママれもん
03-3804-6346
www.mama-l.com/m/
ニューオープン!!
大塚・巣鴨～都内
2,000円 割引
30才前後 えっ…?こんなに可愛い奥様が…?
人妻サンキューポピー.com
03-3985-5003
http://39popii.com/(携帯i/)

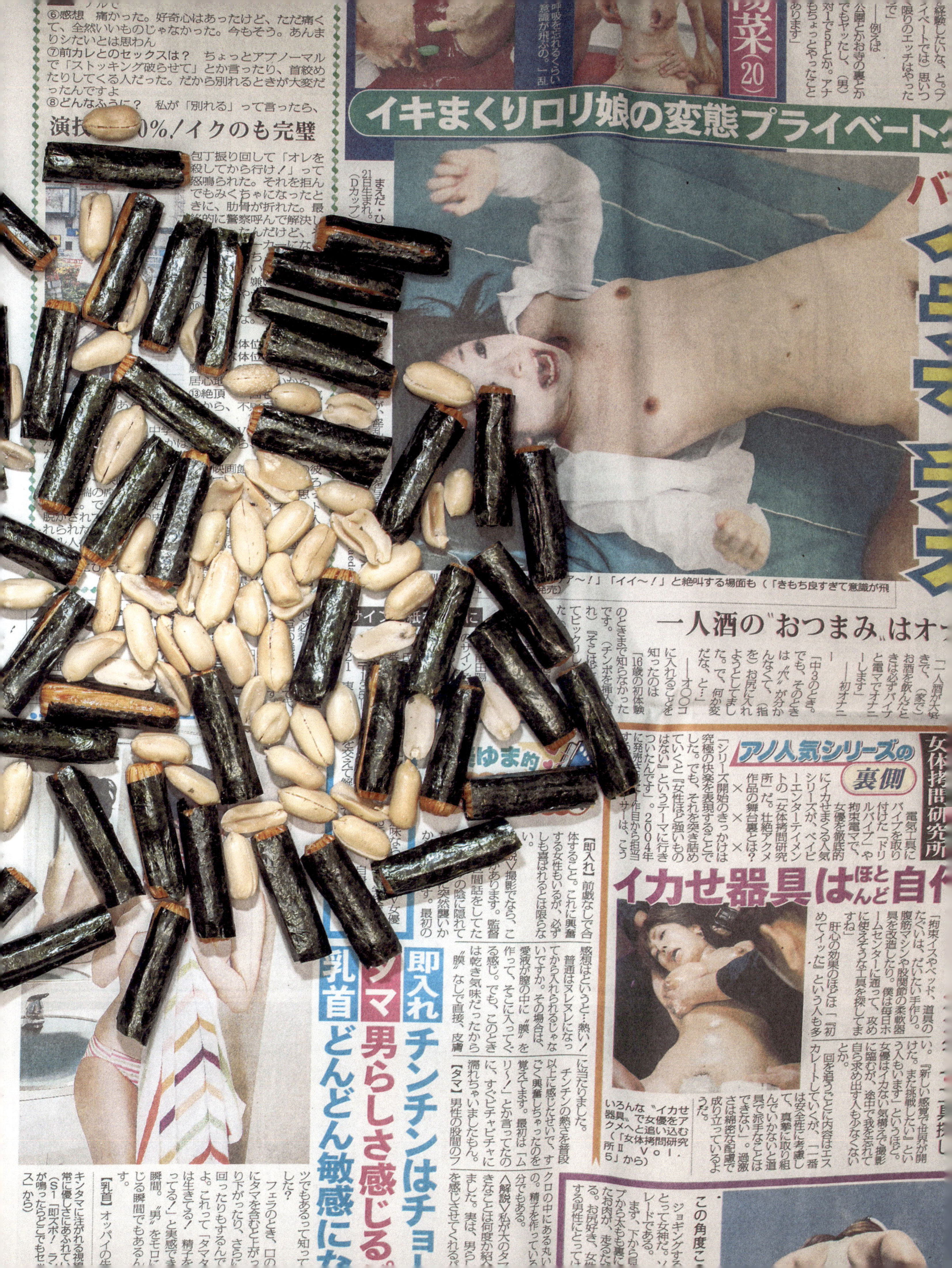

イキまくりロリ娘の変態プライベート！
一人酒の"おつまみ"はオ
女体拷問研究所
アノ人気シリーズの裏側
イカせ器具はほとんど自作
即入れ チンチンはチョー
乳首 どんどん敏感に
男らしさ感じる
タマ
演技 ％！イクのも完璧

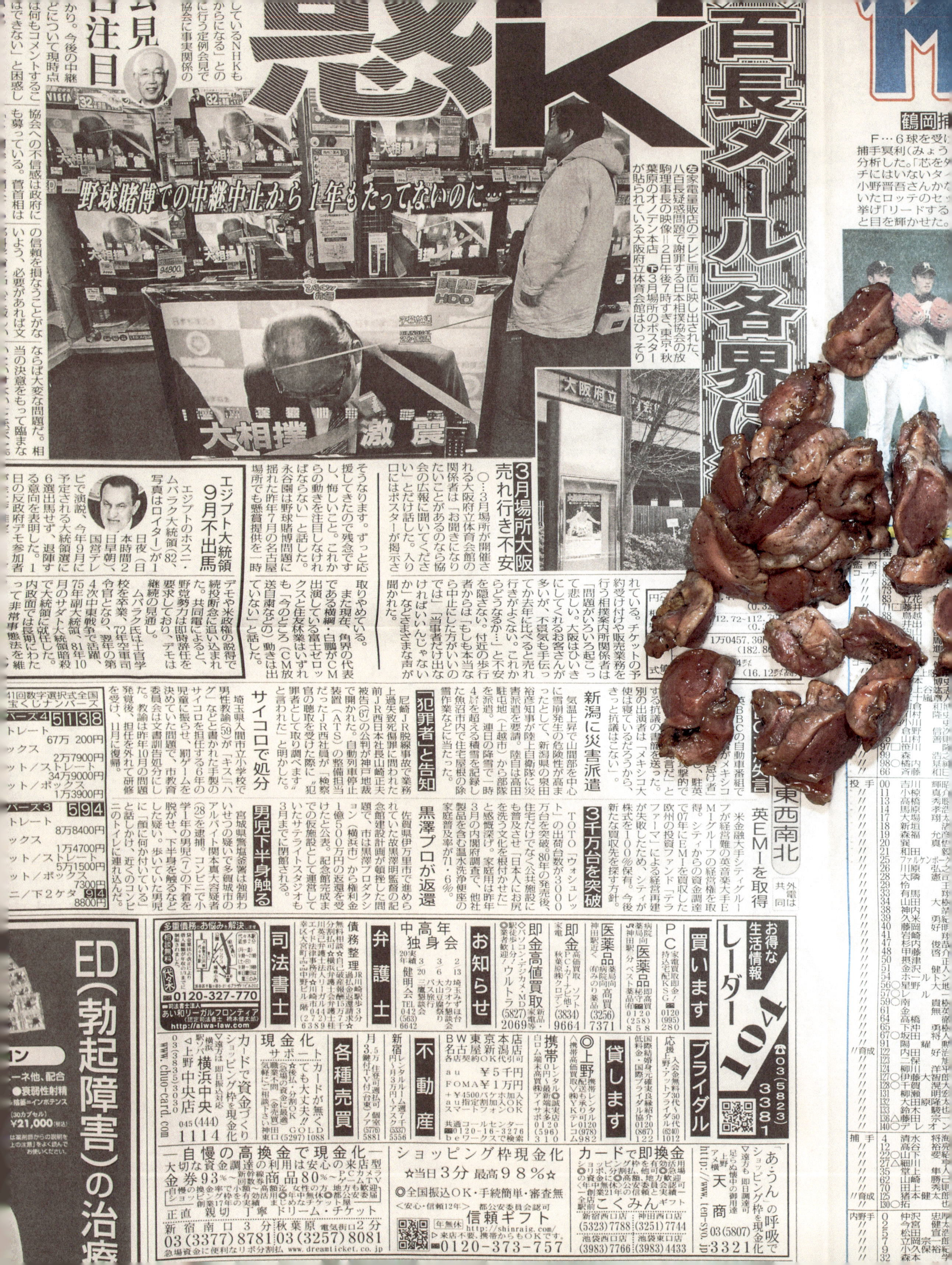

惑　NHK

3月場所大阪　売れ行き不安

○…3月場所が開催される大阪府立体育会館の関係者は「お聞きになりたいことがあるのなら協会の広報に聞いていただきたい」とだけ話した。入り口にはポスターが掲示されていた。

そうなります。ずっと応援してきたので残念ですし、悔しいです。これから彼らの動きを注目しなければならない」と話した。

永谷園は昨年7月の名古屋場所でも懸賞提供を一時取りやめました。また現在、角界の代表である横綱・白鵬がCM出演している富士ゼロックスと住友林業もCM放送を自粛している。

エジプト大統領　9月不出馬

エジプトのホスニ・ムバラク大統領（82、写真はロイター）は1日夜（日本時間2日）、9月の大統領選に月のサダト大統領暗殺で4次中東戦争を経て、75年間、6選出馬せず退陣する意向を表明した。

ムバラク氏は士官学校を卒業、空軍司令官となり、翌年の副大統領に就任した。81年10月内政面では長期にわたって非常事態令を継続している。

デモや反政府勢力の退陣を要求しており、デモは継続の見通し。

男児下半身触る

埼玉県さいたま市立小学校で男性教論（59）が「キス」ハグなどと書かれた手製のアルバイト関係の大容疑者（28）を男児（7）に着せた6年の男児の脱がせて、下半身を触るなどした疑い。歩いていた男児を近くのコンビニのトイレに連れ込んだ。

サイコロで処分

宮城県警塩釜署は県職員の（男性教論59）が「キス」ハグなどと書かれた前、JR西日本社員山崎正夫被告（67）の刑事責任を問われた装置（ATS）の整備担当者。自動列車停止前のJR西日本社長山崎正夫。

犯罪者と告知

尼崎JR宝塚線事故で業務上過失致死傷罪に問われた前JR西日本社長山崎正夫被告（67）は神戸地裁で開かれた。自動列車停止装置（ATS）の整備担当者。

黒澤プロが返還

佐賀県伊万里市は故黒澤明監督の記念館建設計画が白紙となったとして、黒澤プロダクション（横浜市）から権利金1億500万円の返還を受ける。記念館完成まで運営してきた仮施設として運営していたサテライトスタジオも3月までに閉鎖される。

新潟に災害派遣

気温上昇で雪崩の危険性が高まっているとして、新潟県は陸上自衛隊に災害派遣を要請。陸自は高田駐屯地から部隊を派遣。道川の除雪や家屋を洗う文化を持つ公共施設に3月の内閣府調査で、住宅だけでなく他社製品を含む家庭用水洗浄便座の家庭普及率が71・6％。

TOTO「ウォシュレット」3千万台を突破

TOTO「ウォシュレット」の出荷台数が3000万台を突破。80年の発売から、新たな買収先を探す方針。

英西南北　英EMIを取得

米金融大手シティグループが経営難の英音楽大手EMIグループを取得。シティからの資金調達で07年にEMIを買収したが、欧州の投資ファンド「テラファーマ」による経営再建が失敗したため、シティが株式を100％取得し、新たな買収先を探す方針。

さすがよ！！

大先輩に挟まれてもリズム崩さず

（元ロッテ投手）

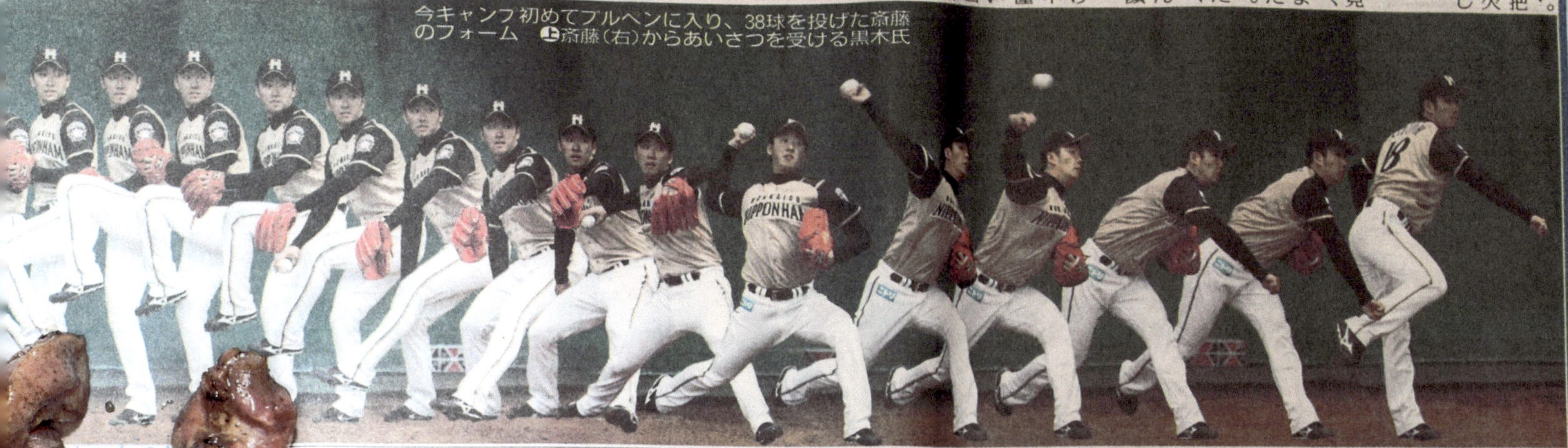

今キャンプ初めてブルペンに入り、38球を投げた斎藤のフォーム　（上）斎藤（右）からあいさつを受ける黒木氏

メジャー吉井コーチ　メジャー流実践に驚く

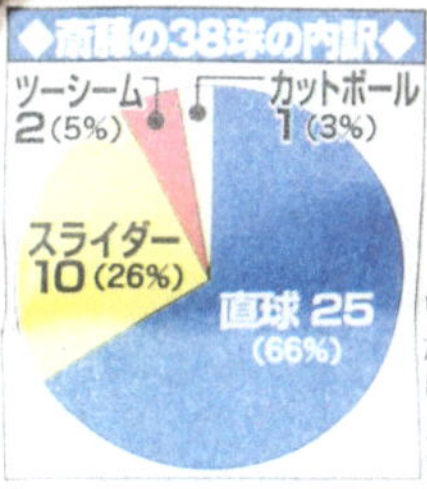

ワンバウンド変化球

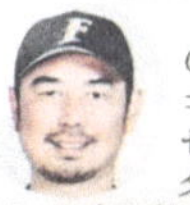

日米通算121勝の吉井投手コーチ＝写真＝をうならせたのは、スライダーを全てワンバウンド気味に抑えた投球だった。早実時代から意識して投げていたことを本人に確認した上で「真っすぐは上から、変化球は下から上へ投げ始めるのが理にかなっている。でも俺が気づいたのは米国に行ってからだよ」と感じた。

直球は捕手を立たせたまま投げ始め、徐々に角度をつけて低めへ制球していくのが定石。対して高めに抜ける球が致命傷となる変化球は、ワンバウンドするくらいの低めを意識するのがメジャー流という。98年からメッツなどメジャー3球団で身につけたブルペン術を、斎藤が実践していたことが驚きだった。

◆斎藤の38球の内訳◆

球種	球数	割合
直球	25	(66%)
スライダー	10	(26%)
ツーシーム	2	(5%)
カットボール	1	(3%)

スカウト"スルー"

F…中日の石井、中原、米村スカウトが偵察に訪れたが、斎藤がブルペンに行かずに直接チェックはせず。技術的なアドバイスは06年夏の甲子園決勝以来、フォームを見ていないため、実戦登板を重ねて以降だという。「ドラフト1位で入ったし、技術的な部分で直すことはない。そのままの佑ちゃんで成長してほしい」。ブルペンでの出来より常に実戦を重視している吉井コーチが、斎藤の底知れぬ才能にほくそ笑んだ。

（伊藤　幸男）

カブ350号あと4

○…オリックスから移籍のカブレラは通算350本塁打にあと4本。過去、外国人で350本塁打以上はローズ（オ=464本）がいるだけ。達成すれば2人目の快挙になる。昨年までカブレラは1142試合に出場。350本塁打の最速到達は90年落合博満（中）の1257試合で、この記録を大幅に更新しそうだ。また今季カブレラは40歳を迎える。この年齢での最多本塁打は88年門田博光（南海）の44本。外国人では08年ローズ（オ）の40本となっているが、カブレラはどうか。

次回は阪神

◇今季達成が予想される記録◇

選手名	達成記録	現在	あと	昨季	過去
小久保裕紀	2000試合出場	1856	144	112	42人
〃	2000安打	1870	130	119	37人
〃	400本塁打	399	1	15	15人
〃	350二塁打	349	1	22	29人
〃	3500塁打	3464	36	186	24人
〃	1500三振	1377	123	69	10人
松中　信彦	1000得点	936	64	28	37人
〃	350本塁打	336	14	11	24人
〃	350二塁打	311	39	5	29人
〃	3000塁打	2998	2	96	47人
柴原　洋	1500試合出場	1441	59	69	168人
〃	1500安打	1381	119	29	106人
〃	1000三振	875	125	22	49人
多村　仁志	1000試合出場	990	10	140	439人
〃	1000安打	931	69	166	262人
〃	200本塁打	171	29	27	95人
内川　聖一	1000安打	945	55	182	262人
〃	100本塁打	79	21	9	262人
カブレラ	350本塁打	346	4	24	24人
〃	1000打点	911	89	82	37人
オーティス	150本塁打	119	31	24	154人
細川　亨	200犠打	158	42	23	29人
川﨑　宗則	250盗塁	236	14	30	40人
〃	200犠打	167	33	10	29人
本多　雄一	200盗塁	167	33	59	70人
杉内　俊哉	100勝	95	5	16	127人
〃	1500投球回	1349	151	182⅔	163人
〃	1500奪三振	1420	80	218	49人
和田　毅	100勝	91	9	17	127人
新垣　渚	1000投球回	855	145	―	323人
〃	1000奪三振	842	158	―	128人
馬原　孝浩	200セーブ	161	39	32	4人

初ブルペン25球　さすが朴賛浩

オリックス…メジャー12勝の右腕が4勝の右腕がベールを脱いだ。初めてブルペンに入り25球を投げた朴賛浩。

俊介が"変化"

ロッテ…位の伊志嶺（東海大）が早出特打、33打点。

伊志嶺振る！！

細川に"極意"　細川が秋山監督から打撃の直接指導を受け

M…ドラフト1

隠しキャンプマイク

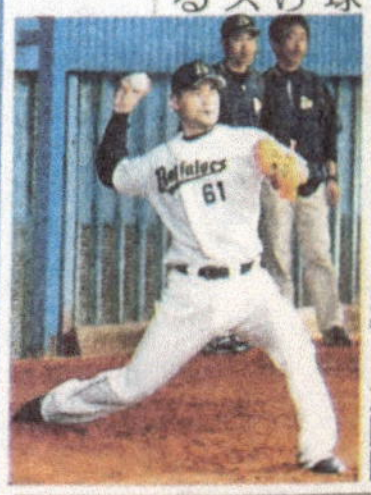

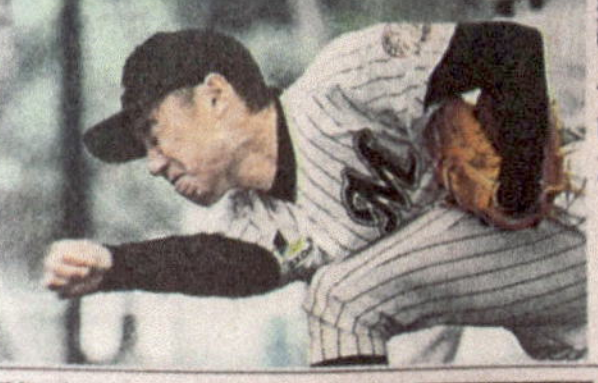

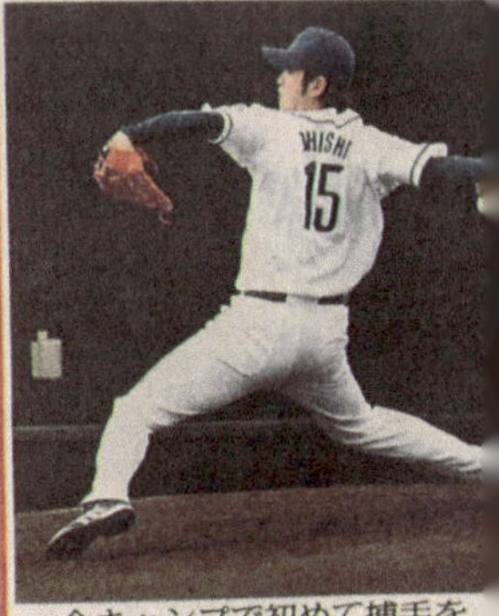

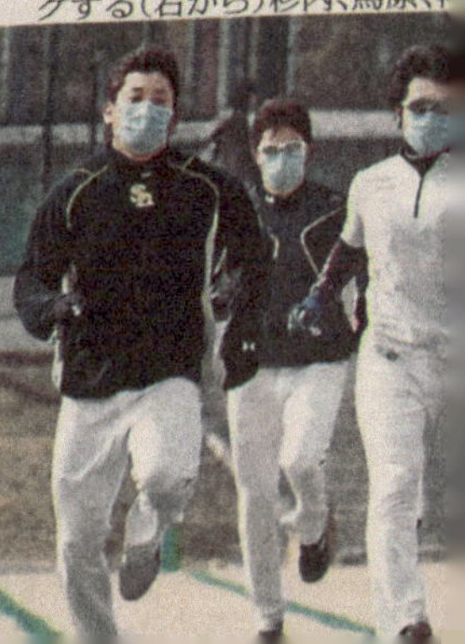

ホテル花月

「地のものでおもてなし」

　主将、中でも対局室からは、真下にホテル花川、遠望すれば山々が連なりすむ創、落ち着いて勝負に集中できる舗だ。

望め、4代目の田代彰彦総支配人

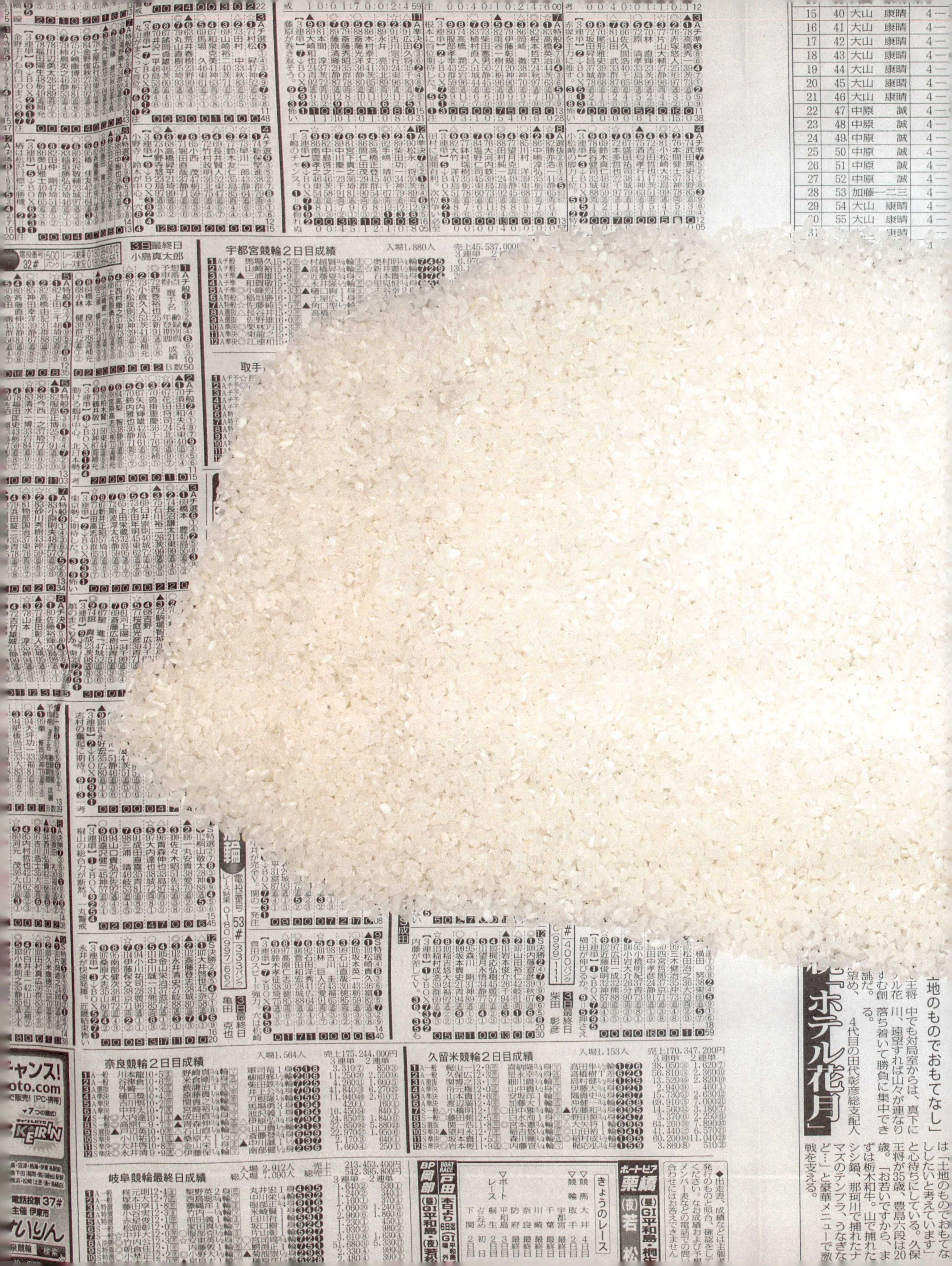

宇都宮競輪2日目成績

奈良競輪2日目成績

久留米競輪2日目成績

岐阜競輪最終日成績

きょうのレース

ボートピア栗橋

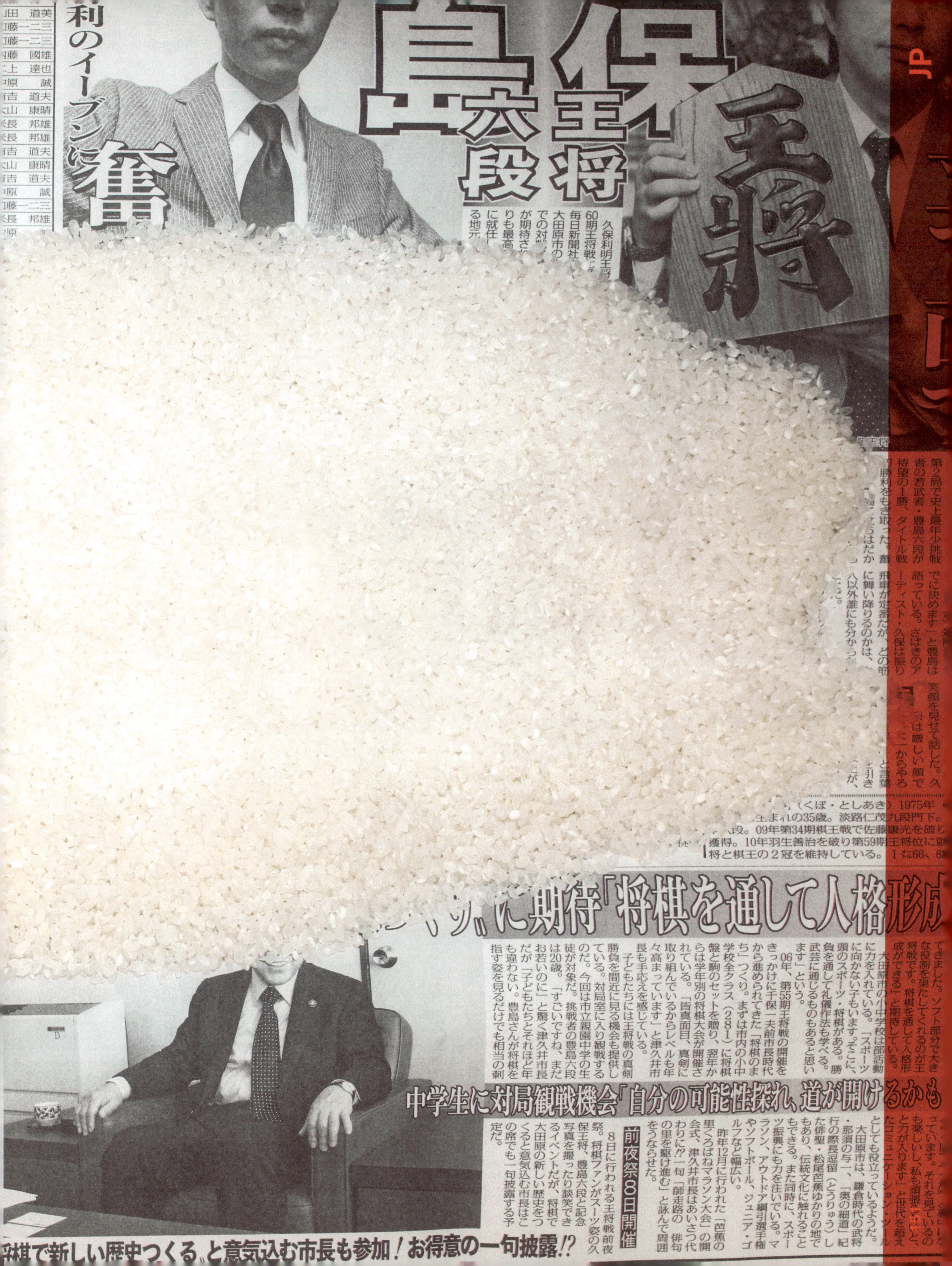

田　道美
藤一二三
藤一二三
藤　國雄
上　達也
原　　誠
吉　道夫
山　康晴
長　邦雄
長　邦雄
吉　道夫
山　康晴
吉　道夫
原　　誠
藤一二三
長　邦雄

第2局で史上最年少挑戦者の若武者・豊島六段が語っている。さばきのア待望の1勝、タイトル戦　アーティスト・久保は振り勝利をもぎ取った。奮飛車が定番だが、どの筋に舞い降りるのかは、一人以外誰にも分か

「でに決めます」と豊島は笑顔を見せて話した。久「　　は厳しい顔で　　一からやろ　」と言葉　引き、が、

（くぼ・としあき）1975年生まれの35歳。淡路仁茂九段門下。09年第34期棋王戦で佐藤康光を破り獲得。10年羽生善治を破り第59期王将位に就き将と棋王の2冠を維持している。1　66、6

ソに期待「将棋を通して人格形成

取り組んでいるからレベルも年々高まっています」と津久井市長も手応えを感じている。子どもたちには王将戦の真剣勝負を間近に見る機会も提供している。対局室に入り観戦するのだ。今回は市立親園中学の生徒が対象だ。挑戦者の豊島六段は20歳。「すごいですね、まだお若いのに」と驚く津久井市長だが「子どもたちとそれほど年も違わない。豊島さんが将棋を指す姿を見るだけでも相当の刺

06年、第らは学年別学校全クラ盤と駒のセち」つくり。から進められ「　　　　　　　ます」という。武芸に通じ　　負を通し頭のスポに力を入れ大田原

中学生に対局観戦機会「自分の可能性探れ」道が開けるかも

前夜祭8日開催
8日に行われる王将戦前夜祭。将棋ファンがスーツ姿の久保王将、豊島六段と記念写真を撮ったり談笑できるイベントだが、将棋で大田原の新しい歴史をつくると意気込む市長はこの席でも一句披露する予定だ。

の里を駆け進む」と詠んで周囲をうならせた。

棋で新しい歴史つくる」と意気込む市長も参加！お得意の一句披露！？

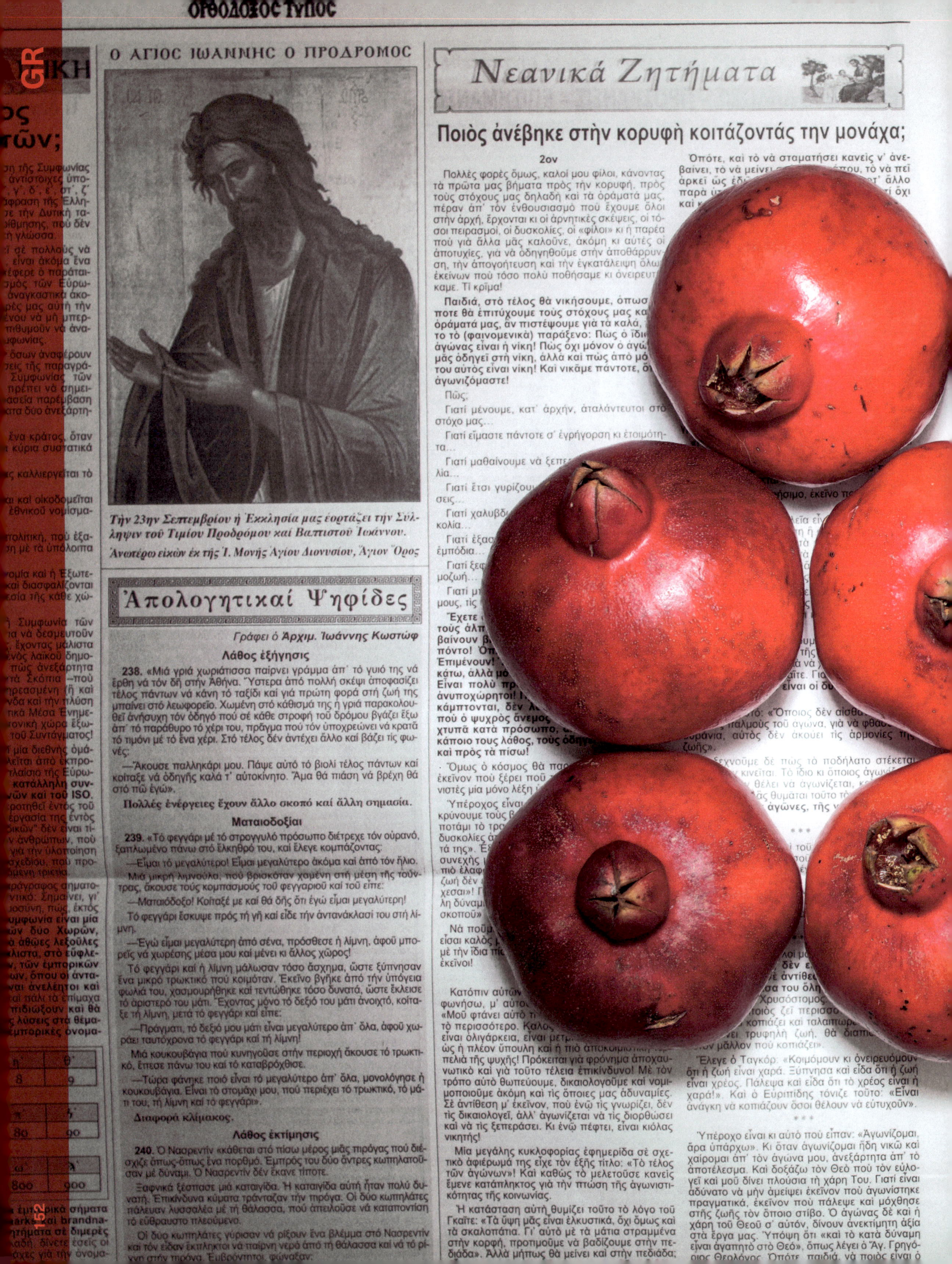

Ο ΑΓΙΟΣ ΙΩΑΝΝΗΣ Ο ΠΡΟΔΡΟΜΟΣ

Τήν 23ην Σεπτεμβρίου ἡ Ἐκκλησία μας ἑορτάζει τήν Σύλληψιν τοῦ Τιμίου Προδρόμου καί Βαπτιστοῦ Ἰωάννου.
Ἀνωτέρω εἰκών ἐκ τῆς Ἱ. Μονῆς Ἁγίου Διονυσίου, Ἅγιον Ὄρος.

Ἀπολογητικαί Ψηφίδες

Γράφει ὁ Ἀρχιμ. Ἰωάννης Κωστώφ

Λάθος ἐξήγησις

238. «Μιά γριά χωριάτισσα παίρνει γράμμα ἀπ' τό γυιό της νά ἔρθη νά τόν δῆ στήν Ἀθήνα. Ὕστερα ἀπό πολλή σκέψι ἀποφασίζει τέλος πάντων νά κάνη τό ταξίδι καί γιά πρώτη φορά στή ζωή της μπαίνει στό λεωφορεῖο. Χωμένη στό κάθισμά της ἡ γριά παρακολουθεῖ ἀνήσυχη τόν ὁδηγό πού σέ κάθε στροφή τοῦ δρόμου βγάζει ἔξω ἀπ' τό παράθυρο τό χέρι του, πρᾶγμα πού τόν ὑποχρεώνει νά κρατᾶ τό τιμόνι μέ τό ἕνα χέρι. Στό τέλος δέν ἀντέχει ἄλλο καί βάζει τίς φωνές:

—Ἄκουσε παλληκάρι μου. Πάψε αὐτό τό βιολί τέλος πάντων καί κοίταξε νά ὁδηγῆς καλά τ' αὐτοκίνητο. Ἄμα θά πιάση νά βρέχη θά στό πῶ ἐγώ».

Πολλές ἐνέργειες ἔχουν ἄλλο σκοπό καί ἄλλη σημασία.

Ματαιοδοξίαι

239. «Τό φεγγάρι μέ τό στρογγυλό πρόσωπο διέτρεχε τόν οὐρανό, ξαπλωμένο πάνω στό ἕλκηθρό του, καί ἔλεγε κομπάζοντας:

—Εἶμαι τό μεγαλύτερο! Εἶμαι μεγαλύτερο ἀκόμα καί ἀπό τόν ἥλιο.

Μιά μικρή λιμνούλα, πού βρισκόταν χαμένη στή μέση τῆς τούντρας, ἄκουσε τούς κομπασμούς τοῦ φεγγαριοῦ καί τοῦ εἶπε:

—Ματαιόδοξο! Κοίταξέ με καί θά δῆς ὅτι ἐγώ εἶμαι μεγαλύτερη!

Τό φεγγάρι ἔσκυψε πρός τή γῆ καί εἶδε τήν ἀντανάκλασί του στή λίμνη.

—Ἐγώ εἶμαι μεγαλύτερη ἀπό σένα, πρόσθεσε ἡ λίμνη, ἀφοῦ μπορεῖς νά χωρέσης μέσα μου καί μένει κι ἄλλος χῶρος!

Τό φεγγάρι καί ἡ λίμνη μάλωσαν τόσο ἄσχημα, ὥστε ξύπνησαν ἕνα μικρό τρωκτικό πού κοιμόταν. Ἐκεῖνο βγῆκε ἀπό τήν ὑπόγεια φωλιά του, χασμουρήθηκε καί τεντώθηκε τόσο δυνατά, ὥστε ἔκλεισε τό ἀριστερό του μάτι. Ἔχοντας μόνο τό δεξιό του μάτι ἀνοιχτό, κοίταξε τή λίμνη, μετά τό φεγγάρι καί εἶπε:

—Πράγματι, τό δεξιό μου μάτι εἶναι μεγαλύτερο ἀπ' ὅλα, ἀφοῦ χωράει ταυτόχρονα τό φεγγάρι καί τή λίμνη!

Μιά κουκουβάγια πού κυνηγοῦσε στήν περιοχή ἄκουσε τό τρωκτικό, ἔπεσε πάνω του καί τό καταβρόχθισε.

—Τώρα φάνηκε ποιό εἶναι τό μεγαλύτερο ἀπ' ὅλα, μονολόγησε ἡ κουκουβάγια. Εἶναι τό στομάχι μου, πού περιέχει τό τρωκτικό, τό μάτι του, τή λίμνη καί τό φεγγάρι».

Διαφορά κλίμακος.

Λάθος ἐκτίμησις

240. Ὁ Νασρεντίν «κάθεται στό πίσω μέρος μιᾶς πιρόγας πού διέσχιζε ὅπως-ὅπως ἕνα πορθμό. Ἐμπρός του δύο ἄντρες κωπηλατοῦσαν μέ δύναμι. Ὁ Νασρεντίν δέν ἔκανε τίποτε.

Ξαφνικά ξέσπασε μιά καταιγίδα. Ἡ καταιγίδα αὐτή ἦταν πολύ δυνατή. Ἐπικίνδυνα κύματα τράνταζαν τήν πιρόγα. Οἱ δύο κωπηλάτες πάλευαν λυσσαλέα μέ τή θάλασσα, πού ἀπειλοῦσε νά καταποντίση τό εὔθραυστο πλεούμενο.

Οἱ δύο κωπηλάτες γύρισαν νά ρίξουν ἕνα βλέμμα στό Νασρεντίν καί τόν εἶδαν ἔκπληκτοι νά παίρνη νερό ἀπό τή θάλασσα καί νά τό ρίχνη στήν πιρόγα. Ἐμβρόντητοι φώναξαν:

Ποιός ἀνέβηκε στήν κορυφή κοιτάζοντας την μονάχα;

2ον

Πολλές φορές ὅμως, καλοί μου φίλοι, κάνοντας τά πρῶτα μας βήματα πρός τήν κορυφή, πρός τούς στόχους μας δηλαδή καί τά ὀράματά μας, πέραν ἀπ' τόν ἐνθουσιασμό πού ἔχουμε ὅλοι στήν ἀρχή, ἔρχονται κι οἱ ἀρνητικές σκέψεις, οἱ τόσοι πειρασμοί, οἱ δυσκολίες, οἱ «φίλοι» κι ἡ παρέα πού γιά ἄλλα μᾶς καλοῦνε, ἀκόμη κι αὐτές οἱ ἀποτυχίες, γιά νά ὁδηγηθοῦμε στήν ἀποθάρρυνση, τήν ἀπογοήτευση καί τήν ἐγκατάλειψη ὅλων ἐκείνων πού τόσο πολύ ποθήσαμε κι ὀνειρευτήκαμε. Τί κρίμα!

Παιδιά, στό τέλος θά νικήσουμε, ὅπως ποτέ θά ἐπιτύχουμε τούς στόχους μας καί τά ὀράματά μας, ἄν πιστέψουμε γιά τά καλά, τό τό (φαινομενικά) παράξενο: Πῶς ὁ ἴδιος ὁ ἀγώνας εἶναι ἡ νίκη! Πῶς ὄχι μόνον ὁ ἀγώνας μᾶς ὁδηγεῖ στή νίκη, ἀλλά καί πῶς ἀπό μόνος του αὐτός εἶναι νίκη! Καί νικᾶμε πάντοτε, ὅ... ἀγωνιζόμαστε!

Πῶς;

Γιατί μένουμε, κατ' ἀρχήν, ἀταλάντευτοι στό στόχο μας...

Γιατί εἴμαστε πάντοτε σ' ἐγρήγορση κι ἑτοιμότητα...

Γιατί μαθαίνουμε νά ξεπερ... λια...

Γιατί ἔτσι γυρίζουμε... σεις...

Γιατί χαλυβδ... κολια...

Γιατί ἐξασ... ἐμπόδια...

Γιατί ξεπ... μοχλή...

Γιατί ξεπ... μους, τίς...

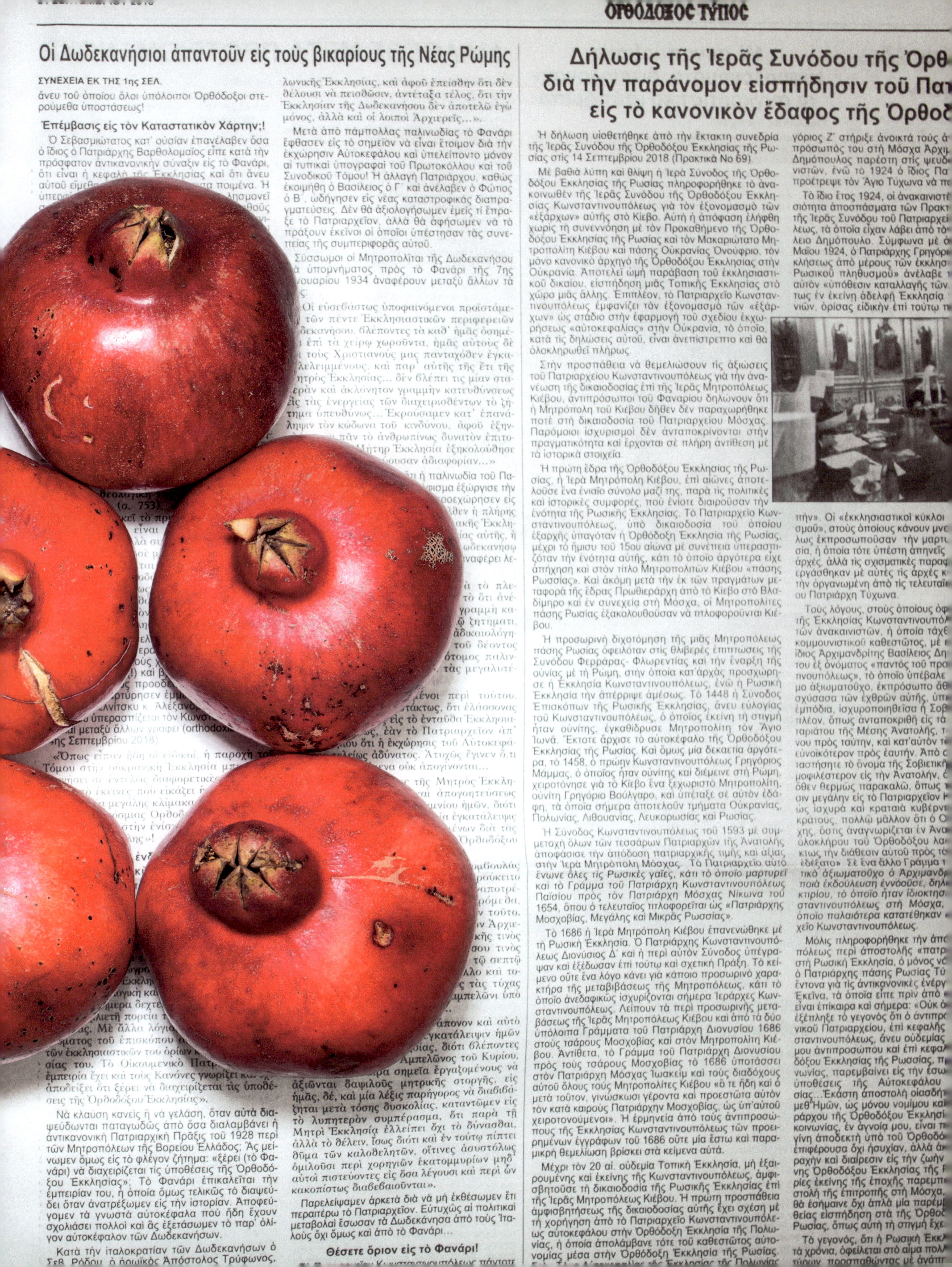

Οἱ Δωδεκανήσιοι ἀπαντοῦν εἰς τοὺς βικαρίους τῆς Νέας Ρώμης

ΣΥΝΕΧΕΙΑ ΕΚ ΤΗΣ 1ης ΣΕΛ.

ἄνευ τοῦ ὁποίου ὅλοι ὑπόλοιποι Ὀρθόδοξοι στερούμεθα ὑποστάσεως!

Ἐπέμβασις εἰς τὸν Καταστατικὸν Χάρτην;!

Ὁ Σεβασμιώτατος κατ' οὐσίαν ἐπανέλαβεν ὅσα ὁ ἴδιος ὁ Πατριάρχης Βαρθολομαῖος εἶπε κατὰ τὴν πρόσφατον ἀντικανονικὴν σύναξιν εἰς τὸ Φανάρι, ὅτι εἶναι ἡ κεφαλὴ τῆς Ἐκκλησίας καὶ ὅτι ἄνευ αὐτοῦ εἴμεθα [...]τα ποιμένα. Ἡ ὑπερο[...] λησμονεῖ [...]

λωνικῆς Ἐκκλησίας, καὶ ἀφοῦ ἐπείσθην ὅτι δὲν θέλουσι νὰ πεισθῶσιν, ἀντέταξα τέλος, ὅτι τὴν Ἐκκλησίαν τῆς Δωδεκανήσου δὲν ἀποτελῶ ἐγὼ μόνος, ἀλλὰ καὶ οἱ λοιποὶ Ἀρχιερεῖς...».

Μετὰ ἀπὸ πάμπολλας παλινωδίας τὸ Φανάρι ἔφθασεν εἰς τὸ σημεῖον νὰ εἶναι ἕτοιμον διὰ τὴν ἐκχώρησιν Αὐτοκεφάλου καὶ ὑπελείποντο μόνο αἱ τυπικαὶ ὑπογραφαὶ τοῦ Πρωτοκόλλου καὶ το Συνοδικοῦ Τόμου! Ἡ ἀλλαγὴ Πατριάρχου, καθὼ ἐκοιμήθη ὁ Βασίλειος ὁ Γ' καὶ ἀνέλαβεν ὁ Φώτιο ὁ Β', ὡδήγησεν εἰς νέας καταστροφικὰς διαπραγματεύσεις. Δὲν θὰ ἀξιολογήσωμεν ἐμεῖς τί ἔπραξε τὸ Πατριαρχεῖον, ἀλλὰ θὰ ἀφήσωμεν νὰ πράξουν ἐκεῖνοι οἱ ὁποῖοι ὑπέστησαν τὰς συνεπείας τῆς συμπεριφορᾶς αὐτοῦ.

Σύσσωμοι οἱ Μητροπολῖται τῆς Δωδεκανήσου [δι]ὰ ὑπομνήματος πρὸς τὸ Φανάρι τῆς 7ης [Ἰα]νουαρίου 1934 ἀναφέρουν μεταξὺ ἄλλων [τὰ ἑξῆ]ς:

«Οἱ εὐσεβάστως ὑποφαινόμενοι προϊστάμ[ενοι] τῶν πέντε Ἐκκλησιαστικῶν περιφερειῶ[ν Δω]δεκανήσου, βλέποντες τὰ καθ' ἡμᾶς ὀσημ[έραι ἐπ]ὶ τὰ χείρω χωροῦντα, ἡμᾶς αὐτοὺς [δὲ καὶ] τοὺς Χριστιανούς μας πανταχόθεν ἐγκ[ατα]λελειμμένους, καὶ παρ' αὐτῆς τῆς ἔτι τ[ῆς Μ]ητρὸς Ἐκκλησίας... δὲν βλέπει τις μίαν στ[αθ]ερὰν καὶ ἀκλόνητον γραμμὴν κατευθύνσε[ως εἰ]ς τὰς ἐνεργείας τῶν διαχειρισθέντων τὸ ζ[ή]τημα ὑπευθύνως... Ἐκρούσαμεν κατ' ἐπαν[ά]ληψιν τὸν κώδωνα τοῦ κινδύνου, ἀφοῦ ἐξη[...] πᾶν τὸ ἀνθρωπίνως δυνατὸν ἐπιτ[...] Μήτηρ Ἐκκλησία ἐξηκολούθη[σε...] [...]ουσαν ἀδιαφορίαν...»

[...] ὅτι ἡ παλινωδία τοῦ Π[ατριαρχείου...] [...]φισμα ἐξώργισε τ[...] [...]ροεχώρησεν [...] [...]δεν ἡ πλήρ[ης...] [...]ακῆς Ἐκκ[λησίας...]

Δήλωσις τῆς Ἱερᾶς Συνόδου τῆς Ὀρθ[οδόξου Ἐκκλησίας τῆς Ρωσίας] διὰ τὴν παράνομον εἰσπήδησιν τοῦ Πα[τριαρχείου Κωνσταντινουπόλεως] εἰς τὸ κανονικὸν ἔδαφος τῆς Ὀρθοδ[όξου Ἐκκλησίας τῆς Ρωσίας]

Ἡ δήλωση υἱοθετήθηκε ἀπὸ τὴν ἔκτακτη συνεδρία τῆς Ἱερᾶς Συνόδου τῆς Ὀρθοδόξου Ἐκκλησίας τῆς Ρωσίας στὶς 14 Σεπτεμβρίου 2018 (Πρακτικά Νο 69).

Μὲ βαθιὰ λύπη καὶ θλίψη ἡ Ἱερὰ Σύνοδος τῆς Ὀρθοδόξου Ἐκκλησίας τῆς Ρωσίας πληροφορήθηκε τὸ ἀνακοινωθὲν τῆς Ἱερᾶς Συνόδου τῆς Ὀρθοδόξου Ἐκκλησίας Κωνσταντινουπόλεως γιὰ τὸν ἐξονομασμὸ τῶν «ἐξάρχων» αὐτῆς στὸ Κίεβο. Αὐτὴ ἡ ἀπόφαση ἐλήφθη χωρὶς τὴ συνεννόηση μὲ τὸν Προκαθήμενο τῆς Ὀρθοδόξου Ἐκκλησίας τῆς Ρωσίας καὶ τὸν Μακαριώτατο Μητροπολίτη Κιέβου καὶ πάσης Οὐκρανίας Ὀνούφριο, τὸν μόνο κανονικὸ ἀρχηγὸ τῆς Ὀρθοδόξου Ἐκκλησίας στὴν Οὐκρανία. Ἀποτελεῖ ὠμὴ παράβαση τοῦ ἐκκλησιαστικοῦ δικαίου, εἰσπήδηση μιᾶς Τοπικῆς Ἐκκλησίας στὸ χῶρο μιᾶς ἄλλης. Ἐπιπλέον, τὸ Πατριαρχεῖο Κωνσταντινουπόλεως ἐμφανίζει τὸν ἐξονομασμὸ τῶν «ἐξάρχων» ὡς στάδιο στὴν ἐφαρμογὴ τοῦ σχεδίου ἐκχωρήσεως «αὐτοκεφαλίας» στὴν Οὐκρανία, τὸ ὁποῖο, κατὰ τὶς δηλώσεις αὐτοῦ, εἶναι ἀνεπίστρεπτο καὶ θὰ ὁλοκληρωθεῖ πλήρως.

Στὴν προσπάθεια νὰ θεμελιώσουν τὶς ἀξιώσεις τοῦ Πατριαρχείου Κωνσταντινουπόλεως γιὰ τὴν ἀνάνεωση τῆς δικαιοδοσίας ἐπὶ τῆς Ἱερᾶς Μητροπόλεως Κιέβου, ἀντιπρόσωποι τοῦ Φαναρίου δηλώνουν ὅτι ἡ Μητρόπολη τοῦ Κιέβου δῆθεν δὲν παραχωρήθηκε ποτὲ στὴ δικαιοδοσία τοῦ Πατριαρχείου Μόσχας. Παρόμοιοι ἰσχυρισμοὶ δὲν ἀνταποκρίνονται στὴν πραγματικότητα καὶ ἔρχονται σὲ πλήρη ἀντίθεση μὲ τὰ ἱστορικὰ στοιχεῖα.

Ἡ πρώτη ἕδρα τῆς Ὀρθοδόξου Ἐκκλησίας τῆς Ρωσίας, ἡ Ἱερὰ Μητρόπολη Κιέβου, ἐπὶ αἰῶνες ἀποτελοῦσε ἕνα ἑνιαῖο σύνολο μαζὶ της, παρὰ τὶς πολιτικὲς καὶ ἱστορικὲς συμφορές, ποὺ ἐνίοτε διαιροῦσαν τὴν ἑνότητα τῆς Ρωσικῆς Ἐκκλησίας. Τὸ Πατριαρχεῖο Κωνσταντινουπόλεως, ὑπὸ δικαιοδοσία τοῦ ὁποίου ἐξαρχῆς ὑπαγόταν ἡ Ὀρθόδοξη Ἐκκλησία τῆς Ρωσίας μέχρι τὸ ἥμισυ τοῦ 15ου αἰώνα (τὸ συνέπεσε ὑπερασπιζόταν τὴν ἑνότητα αὐτῆς, κάτι τὸ ὁποῖο ἀργότερα εἶχε ἀπήξηση καὶ στὸν τίτλο Μητροπολίτη Κιέβου «πάσης Ρωσίας». Καὶ ἀκόμη μετὰ τὴν ἐκ τῶν πραγμάτων μεταφορὰ τῆς ἕδρας Πρωθιεράρχη ἀπὸ τὸ Κίεβο στὸ Βλαδίμηρο καὶ ἐν συνεχείᾳ στὴ Μόσχα, οἱ Μητροπολίτες πάσης Ρωσίας ἐξακολουθοῦσαν νὰ τιτλοφοροῦνται Κιέβου.

Ἡ προσωρινὴ διχοτόμηση τῆς μιᾶς Μητροπόλεως πάσης Ρωσίας ὀφείλεται στὶς θλιβερὲς ἐπιπτώσεις τῆς Συνόδου Φερράρας- Φλωρεντίας καὶ τὴν ἔναρξη τῆς οὐνίας μὲ τὴ Ρώμη, στὴν ὁποία κατ' ἀρχὰς προσχώρησε ἡ Ἐκκλησία Κωνσταντινουπόλεως, ἐνῶ ἡ Ρωσικὴ Ἐκκλησία τὴν ἀπέρριψε ἀμέσως. Τὸ 1448 ἡ Σύνοδος Ἐπισκόπων τῆς Ρωσικῆς Ἐκκλησίας, ἄνευ εὐλογίας τοῦ Κωνσταντινουπόλεως, ὁ ὁποῖος ἐκείνη τὴ στιγμὴ ἦταν οὐνίτης, ἐγκαθίδρυσε Μητροπολίτη τὸν Ἅγιο Ἰωνᾶ. Ἔκτοτε ἄρχισε τὸ αὐτοκέφαλο τῆς Ὀρθοδόξου Ἐκκλησίας τῆς Ρωσίας. Καὶ ὅμως μία δεκαετία ἀργότερα, τὸ 1458, ὁ πρώην Κωνσταντινουπόλεως Γρηγόριος Μάμμας, ὁ ὁποῖος ἦταν οὐνίτης καὶ διέμενε στὴ Ρώμη, χειροτόνησε γιὰ τὸ Κίεβο ἕνα ξεχωριστὸ Μητροπολίτη, οὐνίτη Γρηγόριο Βούλγαρο, καὶ ὑπέταξε σὲ αὐτὸν ἐδάφη, τὰ ὁποία σήμερα ἀποτελοῦν τμῆμα Οὐκρανίας, Πολωνίας, Λιθουανίας, Λευκορωσίας καὶ Ρωσίας.

Ἡ Σύνοδος Κωνσταντινουπόλεως τοῦ 1593 μὲ συμμετοχὴ ὅλων τῶν τεσσάρων Πατριαρχῶν τῆς Ἀνατολῆς ἀποφάσισε τὴν ἀπόδοση πατριαρχικῆς τιμῆς καὶ ἀξίας στὴν Ἱερὰ Μητρόπολη Μόσχας. Τὸ Πατριαρχεῖο αὐτὸ ἕνωσε ὅλες τὶς Ρωσικὲς γαῖες, κάτι τὸ ὁποῖο μαρτυρεῖ καὶ τὸ Γράμμα τοῦ Πατριάρχη Κωνσταντινουπόλεως Παΐσιου πρὸς τὸν Πατριάρχη Μόσχας Νίκωνα τοῦ 1654, ὅπου ὁ τελευταῖος τιτλοφορεῖται ὡς «Πατριάρχης Μοσχοβίας, Μεγάλης καὶ Μικρᾶς Ρωσίας».

Τὸ 1686 ἡ Ἱερὰ Μητρόπολη Κιέβου ἐπανενώθηκε μὲ τὴ Ρωσικὴ Ἐκκλησία. Ὁ Πατριάρχης Κωνσταντινουπόλεως Διονύσιος Δ' καὶ ἡ περὶ αὐτὸν Σύνοδος ὑπέγραψαν καὶ ἐξέδωσαν ἐπὶ τούτου καὶ σχετικὴ Πράξη. Τὸ κείμενο οὔτε σὲ ἕνα λόγο κάνει γιὰ κάποιο προσωρινὸ χαρακτήρα τῆς μεταβιβάσεως τῆς Μητροπόλεως, κάτι τὸ ὁποῖο ἀνεδαφικῶς ἰσχυρίζονται σήμερα Ἱεράρχες Κωνσταντινουπόλεως. Λείπουν τὰ περὶ προσωρινῆς μεταβάσεως τῆς Ἱερᾶς Μητροπόλεως Κιέβου καὶ ἀπὸ τὰ δύο ὑπόλοιπα Γράμματα τοῦ Πατριάρχη Διονύσιου 1686 στοὺς τσάρους Μοσχοβίας καὶ στὸν Μητροπολίτη Κιέβου. Ἀντίθετα, τὸ Γράμμα τοῦ Πατριάρχη Διονύσιου πρὸς τοὺς τσάρους Μοσχοβίας τὸ 1686 ὑποτάσσει στὸν Πατριάρχη Μόσχας Ἰωακεὶμ καὶ τοὺς διαδόχους του ὅλους τοὺς Μητροπολίτες Κιέβου «ὅ τε ἤδη καὶ ὁ μετὰ τοῦτον, γινώσκωσι γέροντα καὶ προεστῶτα αὐτῶν τὸν κατὰ καιροὺς Πατριάρχην Μοσχοβίας, ὡς ὑπ' αὐτοῦ χειροτονούμενοι». Ἡ ἐρμηνεία αὐτὴ τοῦ ἀντιπρόσωπους τῆς Ἐκκλησίας Κωνσταντινουπόλεως τῶν προειρημένων ἐγγράφων τοῦ 1686 οὔτε μία ἔστω καὶ παραμικρὴ βεβαίωση βρίσκεις στὰ κείμενα αὐτά.

Μέχρι τὸν 20 αἰ. οὐδεμία Τοπικὴ Ἐκκλησία, μὴ ἐξαιρουμένης καὶ ἐκείνης τῆς Κωνσταντινουπόλεως, ἀμφισβητοῦσε τὴ δικαιοδοσία τῆς Ρωσικῆς Ἐκκλησίας ἐπὶ τῆς Ἱερᾶς Μητροπόλεως Κιέβου. Ἡ πρώτη παραβίαση τῆς δικαιοδοσίας αὐτῆς ἔχει σχέση μὲ τὴ χορήγηση ἀπὸ τὸ Πατριαρχεῖο Κωνσταντινουπόλεως τῆς αὐτοκεφαλίας στὴν Ὀρθόδοξη Ἐκκλησία τῆς Πολωνίας, ἡ ὁποία ἀπολάμβανε τότε τοῦ καθεστῶτος αὐτονομίας μέσα στὴν Ὀρθόδοξη Ἐκκλησία τῆς Πολωνίας.

γόριος Ζ' στήριξε ἀνοικτὰ τοὺς ἀ[...] πρόσωπός του στὴ Μόσχα Ἀρχιμ[ανδρίτης] Δημόπουλος παρέστη στὶς ψευδο[...] νιστῶν, ἐνῶ τὸ 1924 ὁ ἴδιος Πα[...] προέτρεψε τὸν Ἅγιο Τύχωνα νὰ π[...]

Τὸ ἴδιο ἔτος 1924, οἱ ἀνακαινιστ[ὲς...] σιότητα ἀποσπάσματα τῶν Πρακτ[ικῶν] τῆς Ἱερᾶς Συνόδου τοῦ Πατριαρχεί[ου Κωνσταντινουπό]λεως, τὰ ὁποῖα εἶχαν λάβει ἀπὸ τὸ[ν...] λειο Δημόπουλο. Σύμφωνα μὲ ὁ [...] Μαΐου 1924, ὁ Πατριάρχης Γρηγόρι[ος...] κλήσεως ἀπὸ μέρους τῶν ἐκκλησ[ιαστικῶν] Ρωσικοῦ πληθυσμοῦ» ἀνέλαβε [...] αὐτὸν «ὑπόθεσιν καταλλαγῆς τῶν [...] τως ἐν ἐκείνη ἀδελφῆ Ἐκκλησία [...] νιῶν, ὁρίσας εἰδικὴν ἐπὶ τούτω τ[...]

τήν». Οἱ «ἐκκλησιαστικοὶ κύκλοι [ἀνακαινι]σμοῦ», στοὺς ὁποίους κάνουν μνε[ία,] λως ἐκπροσωποῦσαν τὴν μαρτ[υρικὴ Ἐκκλη]σία, ἡ ὁποία τότε ὑπέστη ἀπηνεῖς [διωγμοὺς ἀπὸ τὶς] ἀρχές, ἀλλὰ τὶς σχισματικὲς παρα[τάξεις] ἐργάσθηκαν μὲ αὐτὲς τὶς ἀρχὲς κ[αὶ...] τὴν ὀργανωμένη ἀπὸ τὶς τελευταῖ[ες...] ου Πατριάρχη Τύχωνα.

Τοὺς λόγους, στοὺς ὁποίους ὀφ[είλεται ἡ ἀπόφαση] τῆς Ἐκκλησίας Κωνσταντινουπόλ[εως ὑπὲρ] τῶν ἀνακαινιστῶν, ἡ ὁποία τάχα [ἐχθρὸς τοῦ] κομμουνιστικοῦ καθεστῶτος, μὲ ε[ἰλικρίνεια ὁ] ἴδιος Ἀρχιμανδρίτης Βασίλειος Δη[μόπουλος...] τοῦ ἐξ ὀνόματος «παντὸς τοῦ προ[τεσταντισμοῦ Κωνστα]ντινουπόλεως», τὸ ὁποῖο ὑπέβαλε [...] μο ἀξιωματοῦχο, ἐκπρόσωπο ἀθ[...] σχύσασα τῶν ἐχθρῶν αὐτῆς, ὑπ[...] ἐμπόδια, ἰσχυροποιηθεῖσα ἡ Σοβ[ιετικὴ...] πλέον, ὅπως ἀνταποκριθῆ εἰς τὰ [...] ταριάτου τῆς Μέσης Ἀνατολῆς. τ[...] νου πρὸς ταύτην, καὶ κατ' αὐτὸν τ[...] εὐνοϊκότερον πρὸς ἑαυτήν. Ἀπὸ ς [...] ταστήσητε τὸ ὄνομα τῆς Σοβιετικῆ[ς...] μοφιλέστερον εἰς τὴν Ἀνατολήν, ὁ [...] ὅθεν θερμῶς παρακαλῶ, ὅπως ν [...] σιν μεγάλην εἰς τὸ Πατριαρχεῖον Ι[...] ὡς ἰσχυρὰ καὶ κραταιὰ κυβέρνη[σις...] κράτους, πολλῷ μᾶλλον ὅτι ὁ Ο [...] χης, ὅστις ἀναγνωρίζεται ἐν Ἀνα[τολῇ...] ὁλοκλήρου τοῦ Ὀρθοδόξου λα[οῦ...] κτως τὴν διάθεσιν αὐτοῦ πρὸς τὸ [...] ἐδέξατο» Σὲ ἕνα ἄλλο Γράμμα τ[...] τικὸ ἀξιωματοῦχο ὁ Ἀρχιμανδρ[ίτης...] ποιά ἐκδούλευση ἐννόουσε, δηλ[...] κτιρίου, τὸ ὁποῖο ἦταν ἰδιοκτησ[ία Κων]σταντινουπόλεως στὴ Μόσχα, [τὸ] ὁποῖο παλαιότερα κατατέθηκαν [ἀρ]χεῖο Κωνσταντινουπόλεως.

Μόλις πληροφορήθηκε τὴν ἀπ[όφαση Κωνσταντινου]πόλεως περὶ ἀποστολῆς «πατρ[ιαρχικοῦ ἐξάρχου] στὴ Ρωσικὴ Ἐκκλησία, ὁ μόνος νό[μιμος...] ὁ Πατριάρχης πάσης Ρωσίας Τύ[χων...] ἔντονα γιὰ τὶς ἀντικανονικὲς ἐνέργ[ειες] Ἐκεῖνα, τὰ ὁποῖα εἶπε πρὶν ἀπὸ [...] εἶναι ἐπίκαιρα καὶ σήμερα: «Οὐκ ὀ[...] ἐξέπληξε τὸ γεγονὸς ὅτι ὁ ἀντιπρ[όσωπος τοῦ] νικοῦ Πατριαρχείου, ἐπὶ κεφαλῆς [...]

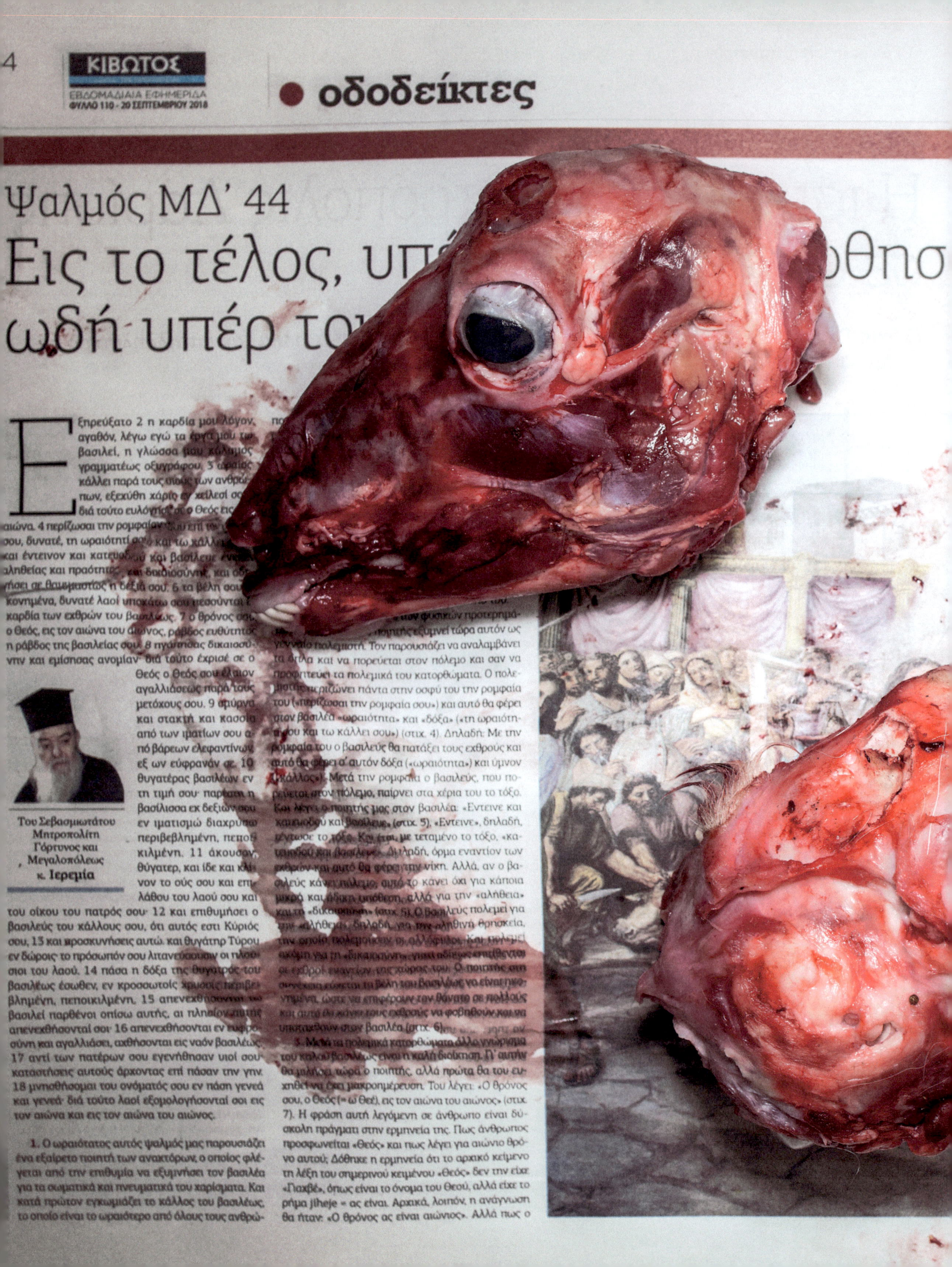

Ψαλμός ΜΔ' 44

Εις το τέλος, υπέ[ρ...]θησ[...] ωδή υπέρ το[υ...]

Του Σεβασμιωτάτου Μητροπολίτη Γόρτυνος και Μεγαλοπόλεως κ. Ιερεμία

Εξηρεύξατο 2 η καρδία μου λόγον αγαθόν, λέγω εγώ τα έργα μου τω βασιλεί, η γλώσσα μου κάλαμος γραμματέως οξυγράφου. 3 ωραίος κάλλει παρά τους υιούς των ανθρώπων, εξεχύθη χάρις εν χείλεσί σου, διά τούτο ευλόγησέ σε ο Θεός εις τον αιώνα. 4 περίζωσαι την ρομφαίαν σου επί τον μηρόν σου, δυνατέ, τη ωραιότητί σου και τω κάλλει σου και έντεινον και κατευοδού και βασίλευε ένεκεν αληθείας και πραότητος και δικαιοσύνης, και οδηγήσει σε θαυμαστώς η δεξιά σου. 6 τα βέλη σου ηκονημένα, δυνατέ λαοί υποκάτω σου πεσούνται εν καρδία των εχθρών του βασιλέως. 7 ο θρόνος σου ο Θεός, εις τον αιώνα του αιώνος, ράβδος ευθύτητος η ράβδος της βασιλείας σου. 8 ηγάπησας δικαιοσύνην και εμίσησας ανομίαν· διά τούτο έχρισέ σε ο Θεός ο Θεός σου έλαιον αγαλλιάσεως παρά τους μετόχους σου. 9 σμύρνα και στακτή και κασσία από των ιματίων σου από βάρεων ελεφαντίνων, εξ ων εύφρανάν σε. 10 θυγατέρας βασιλέων εν τη τιμή σου· παρέστη η βασίλισσα εκ δεξιών σου εν ιματισμώ διαχρύσω περιβεβλημένη, πεποικιλμένη. 11 άκουσον, θύγατερ, και ίδε και κλίνον το ους σου και επιλάθου του λαού σου και του οίκου του πατρός σου 12 και επιθυμήσει ο βασιλεύς του κάλλους σου, ότι αυτός εστι Κύριός σου. 13 και προσκυνήσεις αυτώ. και θυγάτηρ Τύρου εν δώροις το πρόσωπόν σου λιτανεύσουσιν οι πλούσιοι του λαού. 14 πάσα η δόξα της θυγατρός του βασιλέως έσωθεν, εν κροσσωτοίς χρυσοίς περιβεβλημένη, πεποικιλμένη. 15 απενεχθήσονται τω βασιλεί παρθένοι οπίσω αυτής, αι πλησίον αυτής απενεχθήσονταί σοι 16 απενεχθήσονται εν ευφροσύνη και αγαλλιάσει, αχθήσονται εις ναόν βασιλέως. 17 αντί των πατέρων σου εγενήθησαν υιοί σου κατέστησεις αυτούς άρχοντας επί πάσαν την γην. 18 μνησθήσομαι του ονόματός σου εν πάση γενεά και γενεά διά τούτο λαοί εξομολογήσονταί σοι εις τον αιώνα και εις τον αιώνα του αιώνος.

1. Ο ωραιότατος αυτός ψαλμός μας παρουσιάζει ένα εξαίρετο ποιητή των ανακτόρων, ο οποίος φλέγεται από την επιθυμία να εξυμνήσει τον βασιλέα για τα σωματικά και πνευματικά του χαρίσματα. Και κατά πρώτον εγκωμιάζει το κάλλος του βασιλέως, το οποίο είναι το ωραιότερο από όλους τους ανθρώ-

[...] των φυσικών προτερημά- [...] γενναίο πολεμιστή. Τον παρουσιάζει να αναλαμβάνει τα όπλα και να πορεύεται στον πόλεμο και σαν να προφητεύει τα πολεμικά του κατορθώματα. Ο πολε- μιστής ριζώνει πάντα στην οσφύ του την ρομφαία του («περίζωσαι την ρομφαία σου») και αυτό θα φέρει στον βασιλέα «ωραιότητα» και «δόξα» («τη ωραιότη- τά σου και τω κάλλει σου») (στιχ. 4). Δηλαδή: Με την ρομφαία του ο βασιλεύς θα πατάξει τους εχθρούς και αυτό θα φέρει σ' αυτόν δόξα («ωραιότητα») και ύμνον («κάλλος»). Μετά την ρομφαία ο βασιλεύς, που πο- ρεύεται στον πόλεμο, παίρνει στα χέρια του το τόξο. Και λέγει ο ποιητής μας στον βασιλέα: «Έντεινε και κατευοδού και βασίλευε» (στιχ. 5), «Έντεινε», δηλαδή, έντωσε το τόξο. Και έτσι, με τεταμένο το τόξο, «κα- τευοδού και βασίλευε». Δηλαδή, όρμα εναντίον των εχθρών και αυτό θα φέρει την νίκη. Αλλά, αν ο βα- σιλεύς κάνει πόλεμο, αυτό το κάνει όχι για κάποια μικρά και άδικη υπόθεση, αλλά για την «αλήθεια» και τη «δικαιοσύνη» (στιχ. 5). Ο βασιλεύς πολεμεί για την «αλήθεια», δηλαδή, για την αληθινή θρησκεία, την οποία πολεμούσαν οι αλλόφυλοι. Και πολεμεί ακόμη για τη «δικαιοσύνη», γιατί αδίκως επιτίθενται σε εχθροί εναντίον της χώρας του. Ο ποιητής επι- συνεχίζει εύχεται τα βέλη του βασιλέως να είναι ηκο- νημένα, ώστε να επιφέρουν τον θάνατο σε πολλούς και αυτά θα κάνει τους εχθρούς να φοβηθούν και να υποταχθούν στον βασιλέα (στιχ. 6).

3. Μετά τα πολεμικά κατορθώματα άλλο γνώρισμα του καλού βασιλέως είναι η καλή διοίκηση. Γι' αυτήν θα μιλήσει τώρα ο ποιητής, αλλά πρώτα θα του ευ- χηθεί να έχει μακροημέρευση. Του λέγει: «Ο θρόνος σου, ο Θεός (= ω Θεέ), εις τον αιώνα του αιώνος» (στιχ. 7). Η φράση αυτή λεγόμενη σε άνθρωπο είναι δύ- σκολη πράγματι στην ερμηνεία της. Πως άνθρωπος προσφωνείται «Θεός» και πως λέγει για αιώνιο θρό- νο αυτού; Δόθηκε η ερμηνεία ότι το αρχικό κείμενο τη λέξη του σημερινού κειμένου «Θεός» δεν την είχε «Γιαχβέ», όπως είναι το όνομα του Θεού, αλλά είχε το ρήμα jiheje = ας είναι. Αρχικά, λοιπόν, η ανάγνωση θα ήταν: «Ο θρόνος ας είναι αιώνιος». Αλλά πως ο

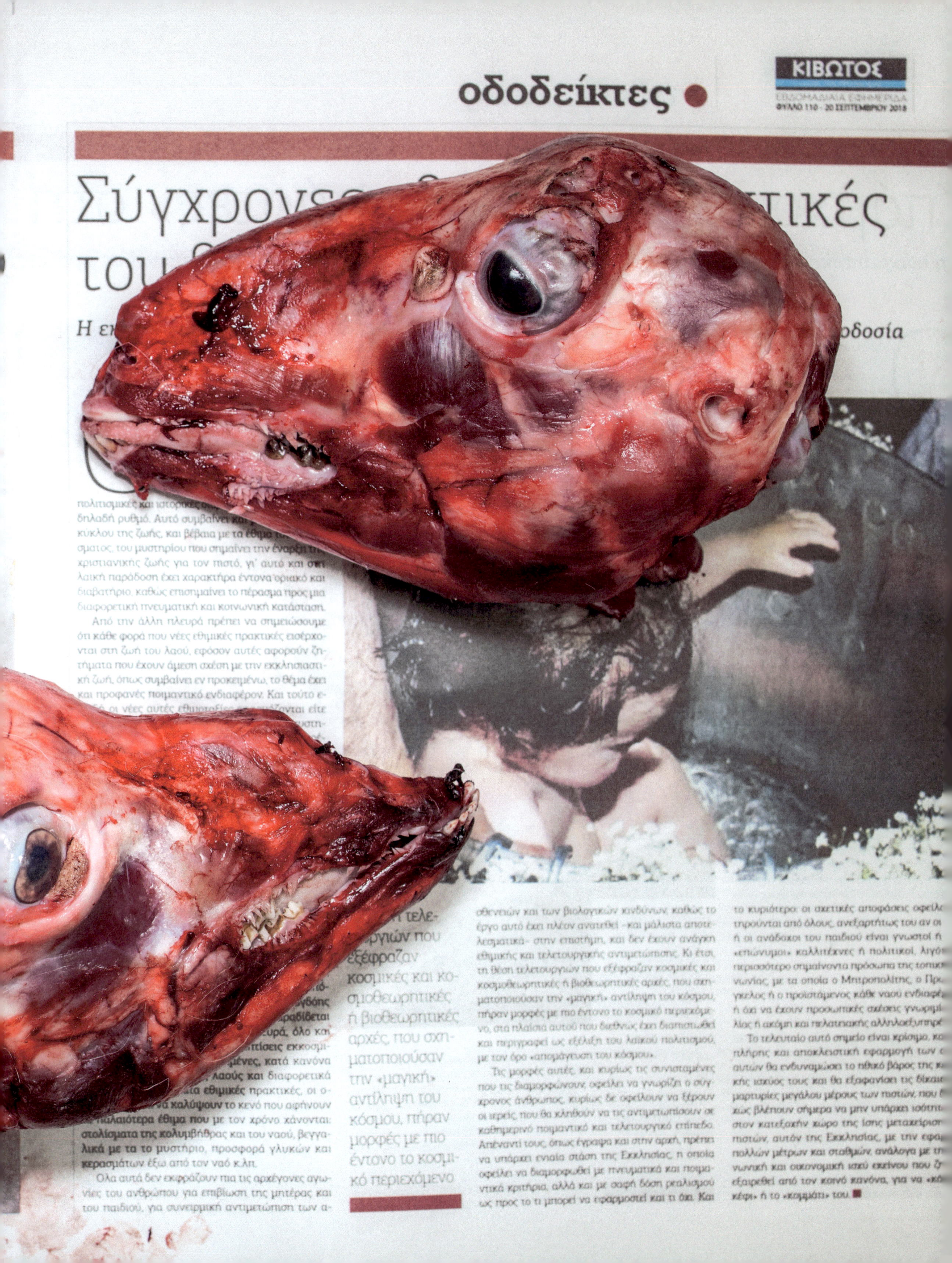

Σύγχρονες ... τικές
του θ...

Η εκ... οδοσία

πολιτισμικές και ιστορικές ...
δηλαδή ρυθμό. Αυτό συμβαίνει ...
κύκλου της ζωής, και βέβαια με τα έθιμα ...
σματος, του μυστηρίου που σημαίνει την έναρξη ...
χριστιανικής ζωής για τον πιστό, γι' αυτό και ση...
λαϊκή παράδοση έχει χαρακτήρα έντονα οριακό και
διαβατήριο, καθώς επισημαίνει το πέρασμα προς μια
διαφορετική πνευματική και κοινωνική κατάσταση.

Από την άλλη πλευρά πρέπει να σημειώσουμε
ότι κάθε φορά που νέες εθιμικές πρακτικές εισέρχο-
νται στη ζωή του λαού, εφόσον αυτές αφορούν ζη-
τήματα που έχουν άμεση σχέση με την εκκλησιαστι-
κή ζωή, όπως συμβαίνει εν προκειμένω, το θέμα έχει
και προφανές ποιμαντικό ενδιαφέρον. Και τούτο ε...
οι νέες αυτές εθιμοπρακτικές ...ζονται είτε ...

...ερά, όλο και
...πίσεις εκκοσμι-
...μένες, κατά κανόνα
...λαούς και διαφορετικά
...τα εθιμικές πρακτικές, οι ο-
...ά καλύψουν το κενό που αφήνουν
...παλαιότερα έθιμα που με τον χρόνο χάνονται:
στολίσματα της κολυμβήθρας και του ναού, βεγγα-
λικά με τα το μυστήριο, προσφορά γλυκών και
κερασμάτων έξω από τον ναό κ.λπ.

Όλα αυτά δεν εκφράζουν πια τις αρχέγονες αγω-
νίες του ανθρώπου για επιβίωση της μητέρας και
του παιδιού, για συνεργική αντιμετώπιση των α-

...τελε-
...ργιών που
εξέφραζαν
κοσμικές και κο-
σμοθεωρητικές
ή βιοθεωρητικές
αρχές, που σχη-
ματοποιούσαν
την «μαγική»
αντίληψη του
κόσμου, πήραν
μορφές με πιο
έντονο το κοσμι-
κό περιεχόμενο

σθενειών και των βιολογικών κινδύνων, καθώς το
έργο αυτό έχει πλέον ανατεθεί –και μάλιστα αποτε-
λεσματικά– στην επιστήμη, και δεν έχουν ανάγκη
εθιμικής και τελετουργικής αντιμετώπισης. Κι έτσι
τη θέση τελετουργιών που εξέφραζαν κοσμικές και
κοσμοθεωρητικές ή βιοθεωρητικές αρχές, που σχη-
ματοποιούσαν την «μαγική» αντίληψη τ...
πήραν μορφές με πιο έντονο το κοσμικ...
νο, στα πλαίσια αυτού που διεθνώς έχει δ...
και περιγράφεται ως εξέλιξη του λαϊκού ...
με τον όρο «απομάγευση του κόσμου».

Τις μορφές αυτές, και κυρίως τις συνισταμένες
που τις διαμορφώνουν, οφείλει να γνωρίζη ο σύγ-
χρονος άνθρωπος, κυρίως δε οφείλουν να ξέρουν
οι ιερείς, που θα κληθούν να τις αντιμετωπίσουν σε
καθημερινό ποιμαντικό και τελετουργικό επίπεδο.
Απέναντί τους, όπως έγραψα και στην αρχή, πρέπει
να υπάρχει ενιαία στάση της Εκκλησίας, η οποία
οφείλει να διαμορφωθεί με πνευματικά και ποιμα-
ντικά κριτήρια, αλλά και με σαφή δόση ρεαλισμού
ως προς το τι μπορεί να εφαρμοστεί και τι όχι. Και

το κυριότερα: οι σχετικές αποφάσεις οφείλ...
τηρούνται από όλους, ανεξαρτήτως του αν οι
ή οι ανάδοχοι του παιδιού είναι γνωστοί ή
«επώνυμοι» καλλιτέχνες ή πολιτικοί, λιγότ...
περισσότερο σημαίνοντα πρόσωπα της τοπικ...
νωνίας, με τα οποία ο Μητροπολίτης, ο Πρω...
γκελος ή ο προϊστάμενος κάθε ναού ενδιαφέ...
ή όσα να έχουν προσωπικές σχέσεις γνωριμ...
λίας ή ακόμη και πελατειακής αλληλοεξυπηρέ...

Το τελευταίο αυτό σημείο είναι κρίσιμο, κα...
πλήρης και αποκλειστική εφαρμογή των σ...
αυτών θα ενδυναμώσει το ηθικό βάρος της κ...
κής ισχύος τους και θα εξαφανίσει τις δίκαιε...
μαρτυρίες μεγάλου μέρους των πιστών, που β...
κως βλέπουν σήμερα να μην υπάρχει ισότητ...
στον κατεξοχήν χώρο της ίσης μεταχείρισ...
πιστών, αυτόν της Εκκλησίας, με την εφαρ...
πολλών μέτρων και σταθμών, ανάλογα με τη...
νωνική και οικονομική ισχύ εκείνου που ξ...
εξαιρεθεί από τον κοινό κανόνα, για να «κά...
κέφι» ή το «κομμάτι» του. ∎

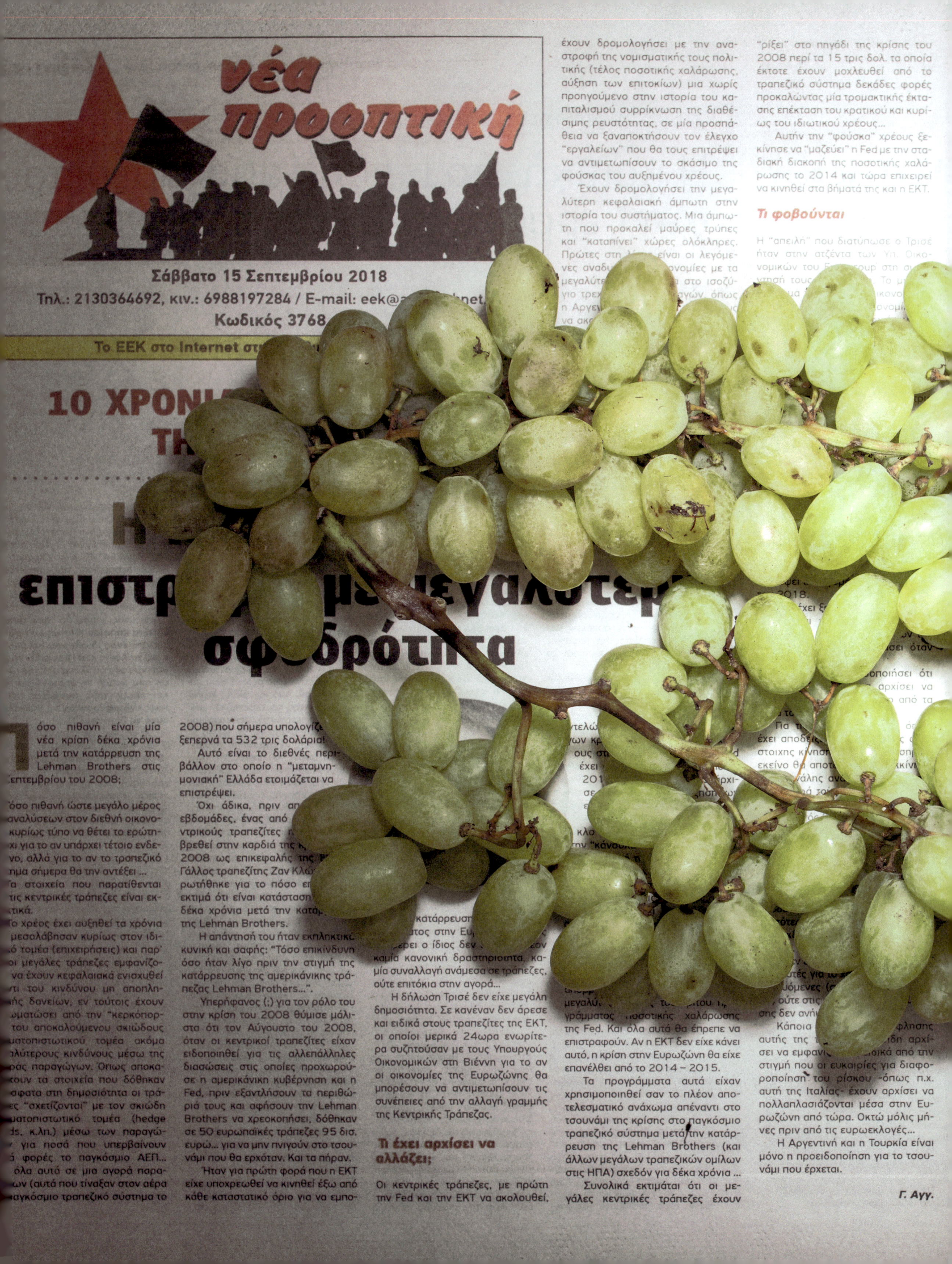

νέα προοπτική

Σάββατο 15 Σεπτεμβρίου 2018

Τηλ.: 2130364692, κιν.: 6988197284 / E-mail: eek@a______net.__

Κωδικός 3768

Το ΕΕΚ στο Internet στ_______

10 ΧΡΟΝΙΑ
ΤΗ_

Η _________ επιστρ______ με μεγαλύτερη σφοδρότητα

[1] όσο πιθανή είναι μία νέα κρίση δέκα χρόνια μετά την κατάρρευση της Lehman Brothers στις _επτεμβρίου του 2008;

Όσο πιθανή ώστε μεγάλο μέρος αναλύσεων στον διεθνή οικονο- κυρίως τύπο να θέτει το ερώτη- _χι για το αν υπάρχει τέτοιο ενδε- _ο, αλλά για το αν το τραπεζικό _ημα σήμερα θα την αντέξει ... _α στοιχεία που παρατίθενται _τις κεντρικές τράπεζες είναι εκ- _τικά.

_ο χρέος έχει αυξηθεί τα χρόνια _μεσολάβησαν κυρίως στον ιδι- _ό τομέα (επιχειρήσεις) και παρ' _ι μεγάλες τράπεζες εμφανίζο- _να έχουν κεφαλαιακά ενισχυθεί _τι του κινδύνου μη αποπλη- _ής δανείων, εν τούτοις έχουν _ωματώσει από την "κερκόπορ- _του αποκαλούμενου σκιώδους _ματοπιστωτικού τομέα ακόμα _αλύτερους κινδύνους μέσω της _άς παραγώγων. Όπως αποκα- _ουν τα στοιχεία που δόθηκαν _σφατα στη δημοσιότητα οι τρά- _ες "σχετίζονται" με τον σκιώδη _ματοπιστωτικό τομέα (hedge _ds. κ.λπ.) μέσω των παραγώ- _ για ποσά που υπερβαίνουν _ά φορές το παγκόσμιο ΑΕΠ... _όλα αυτά σε μια αγορά παρα- _γκόσμιο τραπεζικό σύστημα το

2008) που σήμερα υπολογίζε_ ξεπερνά τα 532 τρις δολάρια!

Αυτό είναι το διεθνές περι- βάλλον στο οποίο η "μεταμνη- μονιακή" Ελλάδα ετοιμάζεται να επιστρέψει.

Όχι άδικα, πριν απ_ εβδομάδες, ένας από _ ντρικούς τραπεζίτες _ βρεθεί στην καρδιά της _ 2008 ως επικεφαλής της _ Γάλλος τραπεζίτης Ζαν Κλώ_ ρωτήθηκε για το πόσο ε_ εκτιμά ότι είναι κατάσταση _ δέκα χρόνια μετά την κατά_ της Lehman Brothers.

Η απάντησή του ήταν εκπληκτικ_ κυνική και σαφής: "Τόσο επικίνδυνη όσο ήταν λίγο πριν την στιγμή της κατάρρευσης της αμερικάνικης τρά- πεζας Lehman Brothers...".

Υπερήφανος (;) για τον ρόλο του στην κρίση του 2008 θύμισε μάλι- στα ότι τον Αύγουστο του 2008, όταν οι κεντρικοί τραπεζίτες είχαν ειδοποιηθεί για τις αλλεπάλληλες διασώσεις στις οποίες προχωρού- σε η αμερικάνικη κυβέρνηση και η Fed, πριν εξαντλήσουν τα περιθώ- ριά τους και αφήσουν την Lehman Brothers να χρεοκοπήσει, δόθηκαν σε 50 ευρωπαϊκές τράπεζες 95 δισ. ευρώ... για να μην πνιγούν στο τσου- νάμι που θα ερχόταν. Και τα πήραν.

Ήταν για πρώτη φορά που η ΕΚΤ είχε υποχρεωθεί να κινηθεί έξω από κάθε καταστατικό όριο για να εμπο-

_κατάρρευση _τος στην Ευ_ _ερει ο ίδιος δεν _ _ον καμία κανονική δραστηριότητα, κα- μία συναλλαγή ανάμεσα σε τράπεζες, ούτε επιτόκια στην αγορά...

Η δήλωση Τρισέ δεν είχε μεγάλη δημοσιότητα. Σε κανέναν δεν άρεσε και ειδικά στους τραπεζίτες της ΕΚΤ, οι οποίοι μερικά 24ωρα ενωρίτε- ρα συζητούσαν με τους Υπουργούς Οικονομικών στη Βιέννη για το αν οι οικονομίες της Ευρωζώνης θα μπορέσουν να αντιμετωπίσουν τις συνέπειες από την αλλαγή γραμμής της Κεντρικής Τράπεζας.

Τι έχει αρχίσει να αλλάζει;

Οι κεντρικές τράπεζες, με πρώτη την Fed και την ΕΚΤ να ακολουθεί, έχουν δρομολογήσει με την ανα- στροφή της νομισματικής τους πολι- τικής (τέλος ποσοτικής χαλάρωσης, αύξηση των επιτοκίων) μια χωρίς προηγούμενο στην ιστορία του κα- πιταλισμού συρρίκνωση της διαθέ- σιμης ρευστότητας, σε μία προσπά- θεια να ξαναποκτήσουν τον έλεγχο "εργαλείων" που θα τους επιτρέψει να αντιμετωπίσουν το σκάσιμο της φούσκας του αυξημένου χρέους.

Έχουν δρομολογήσει την μεγα- λύτερη κεφαλαιακή άμπωτη στην ιστορία του συστήματος. Μια άμπω- τη που προκαλεί μαύρες τρύπες και "καταπίνει" χώρες ολόκληρες. Πρώτες στη ___ είναι οι λεγόμε- νες αναδ__ οικονομίες με τα μεγαλύτε__ χρέη στο ισοζύ- γιο τρεχ______ γων όπως η Αργεντ________ να ακ______

κατάρρευση _ ___τος στην Ευ_ κλ_ την "κάνου_

ημερ _ 2018. _ _χει ε_ 201_ σε_ ___π__ ___ αρχί_ _ αρχ_ ___ από τ_ Για τη_ _τές για το _ έχει αποδε__ στοιχης κιν__ εκείνο θα απο___ __ άλης ανα___

μεγαλύ_____ _ του 1_ γράμματος ποσοτικής χαλάρωσης της Fed. Και όλα αυτά θα έπρεπε να επιστραφούν. Αν η ΕΚΤ δεν είχε κάνει αυτό, η κρίση στην Ευρωζώνη θα είχε επανέλθει από το 2014 – 2015.

Τα προγράμματα αυτά είχαν χρησιμοποιηθεί σαν το πλέον απο- τελεσματικό ανάχωμα απέναντι στο τσουνάμι της κρίσης στο παγκόσμιο τραπεζικό σύστημα μετά την κατάρ- ρευση της Lehman Brothers (και άλλων μεγάλων τραπεζικών ομίλων στις ΗΠΑ) σχεδόν για δέκα χρόνια ...

Συνολικά εκτιμάται ότι οι με- γάλες κεντρικές τράπεζες έχουν

"ρίξει" στο πηγάδι της κρίσης του 2008 περί τα 15 τρις δολ. τα οποία έκτοτε έχουν μοχλευθεί από το τραπεζικό σύστημα δεκάδες φορές προκαλώντας μία τρομακτικής έκτα- σης επέκταση του κρατικού και κυρί- ως του ιδιωτικού χρέους...

Αυτήν την "φούσκα" χρέους ξεκί- νησε να "μαζεύει" η Fed με την στα- διακή διακοπή της ποσοτικής χαλά- ρωσης το 2014 και τώρα επιχειρεί να κινηθεί στα βήματά της και ΕΚΤ.

Τι φοβούνται

Η "απειλή" που διατύπωσε ο Τρισέ ήταν στην ατζέντα των Υπ. Οικο- νομικών του _____ στη α_ _πτησή τους ___ ___κονο_ __ _οικονομι_ _οποιήσει ότι _ _ αρχίσει να _ _ από __

__τές για το κ_ _όμενες (σ_ _ούτε στις _ _ης δεν ανή__

Κάποια _____φλησης αυτής της τ_____ιδη αρχί- σει να εμφανι____οϊκά από την στιγμή που οι ευκαιρίες για διαφο- ροποίηση του ρίσκου -όπως π.χ. αυτή της Ιταλίας- έχουν αρχίσει να πολλαπλασιάζονται μέσα στην Ευ- ρωζώνη από τώρα. Οκτώ μόλις μή- νες πριν από τις ευρωεκλογές...

Η Αργεντινή και η Τουρκία είναι μόνο η προειδοποίηση για το τσου- νάμι που έρχεται.

Γ. Αγγ.

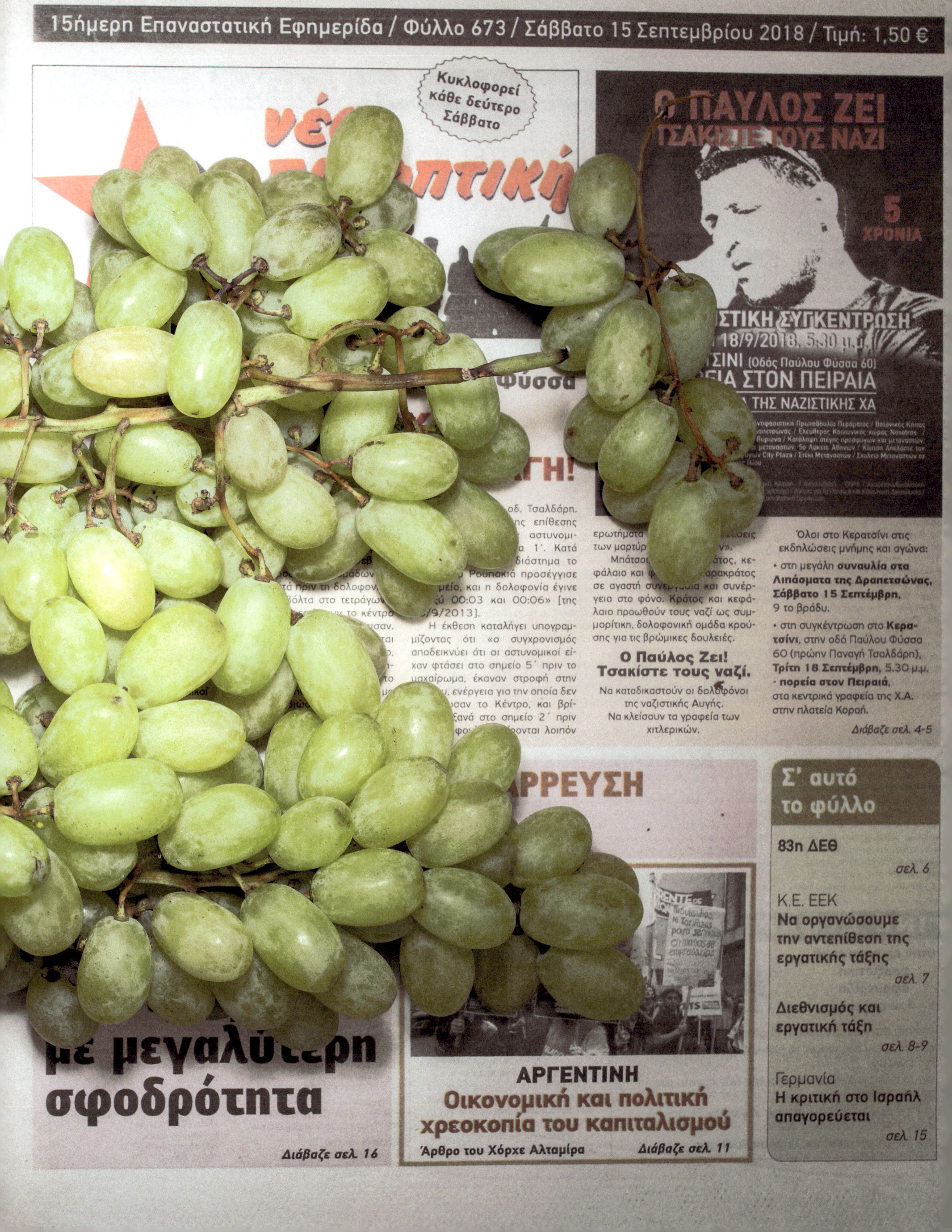

Μπάτσοι ... κράτος, κεφάλαιο και ...αρακράτος σε αγαστή συνε...γεια και συνέργεια στο φόνο. Κράτος και κεφάλαιο προωθούν τους ναζί ως συμμοριτική, δολοφονική ομάδα κρούσης για τις βρώμικες δουλειές.

**Ο Παύλος Ζει!
Τσακίστε τους ναζί.**

Να καταδικαστούν οι δολοφόνοι της ναζιστικής Αυγής.
Να κλείσουν τα γραφεία των χιτλερικών.

Όλοι στο Κερατσίνι στις εκδηλώσεις μνήμης και αγώνα:

• στη μεγάλη **συναυλία στα Λιπάσματα της Δραπετσώνας**, Σάββατο 15 Σεπτέμβρη, 9 το βράδυ.

• στη συγκέντρωση στο **Κερατσίνι**, στην οδό Παύλου Φύσσα 60 (πρώην Παναγή Τσαλδάρη), Τρίτη 18 Σεπτέμβρη, 5.30 μ.μ., **πορεία στον Πειραιά**, στα κεντρικά γραφεία της Χ.Α. στην πλατεία Κοραή.

Διάβαζε σελ. 4-5

...οδ. Τσαλδάρη.
...της επίθεσης ...αστυνομι... ...α 1΄. Κατά ...διάστημα το ...ο Ρουπακιά προσέγγισε ...τά πριν τη δολοφον... ...μείο, και η δολοφονία έγινε ...βόλτα στο τετράγω... ...ύ 00:03 και 00:06» [της ...φού το κέντρο ...σαν. ...9/2013].

Η έκθεση καταλήγει υπογραμμίζοντας ότι «ο συγχρονισμός αποδεικνύει ότι οι αστυνομικοί είχαν φτάσει στο σημείο 5΄ πριν το μαχαίρωμα, έκαναν στροφή στην ...ου Κέντρο, ...οσαν το Κέντρο, και βρί... ...ανά στο σημείο 2΄ πριν ...φο...ονται λοιπόν

ερωτήματα ... ...ευσεις των μαρτύρ... ...ων».

με μεγαλύτερη
σφοδρότητα

Διάβαζε σελ. 16

...ΡΡΕΥΣΗ

ΑΡΓΕΝΤΙΝΗ
Οικονομική και πολιτική
χρεοκοπία του καπιταλισμού

Άρθρο του Χόρχε Αλταμίρα

Διάβαζε σελ. 11

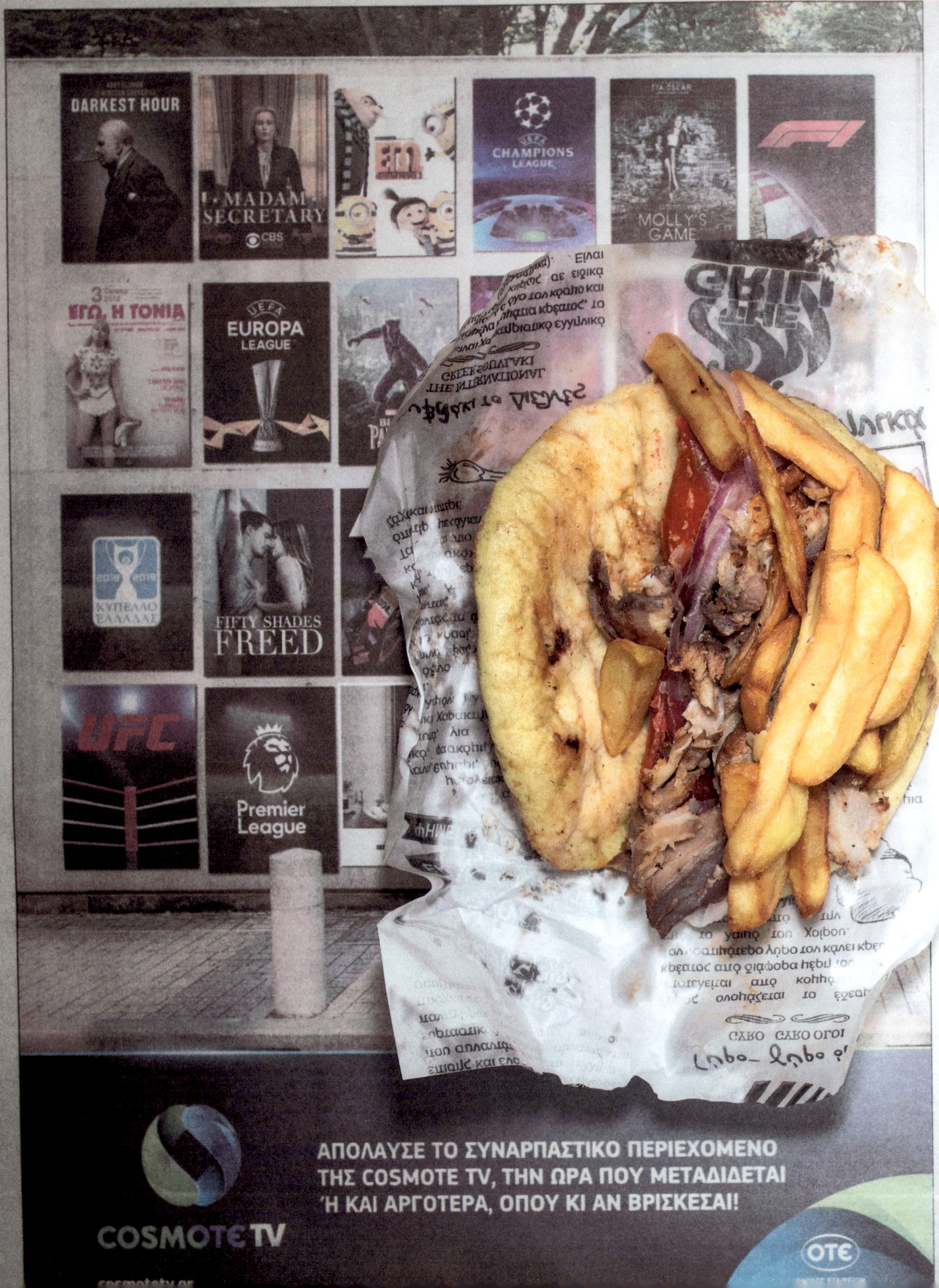
DARKEST HOUR
MADAM SECRETARY
CBS
CHAMPIONS LEAGUE
MOLLY'S GAME
ΕΓΩ, Η ΤΟΝΙΑ
EUROPA LEAGUE
ΚΥΠΕΛΛΟ ΕΛΛΑΔΑΣ
FIFTY SHADES FREED
UFC
Premier League
ΑΠΟΛΑΥΣΕ ΤΟ ΣΥΝΑΡΠΑΣΤΙΚΟ ΠΕΡΙΕΧΟΜΕΝΟ
ΤΗΣ COSMOTE TV, ΤΗΝ ΩΡΑ ΠΟΥ ΜΕΤΑΔΙΔΕΤΑΙ
Ή ΚΑΙ ΑΡΓΟΤΕΡΑ, ΟΠΟΥ ΚΙ ΑΝ ΒΡΙΣΚΕΣΑΙ!
COSMOTE TV
ΟΤΕ

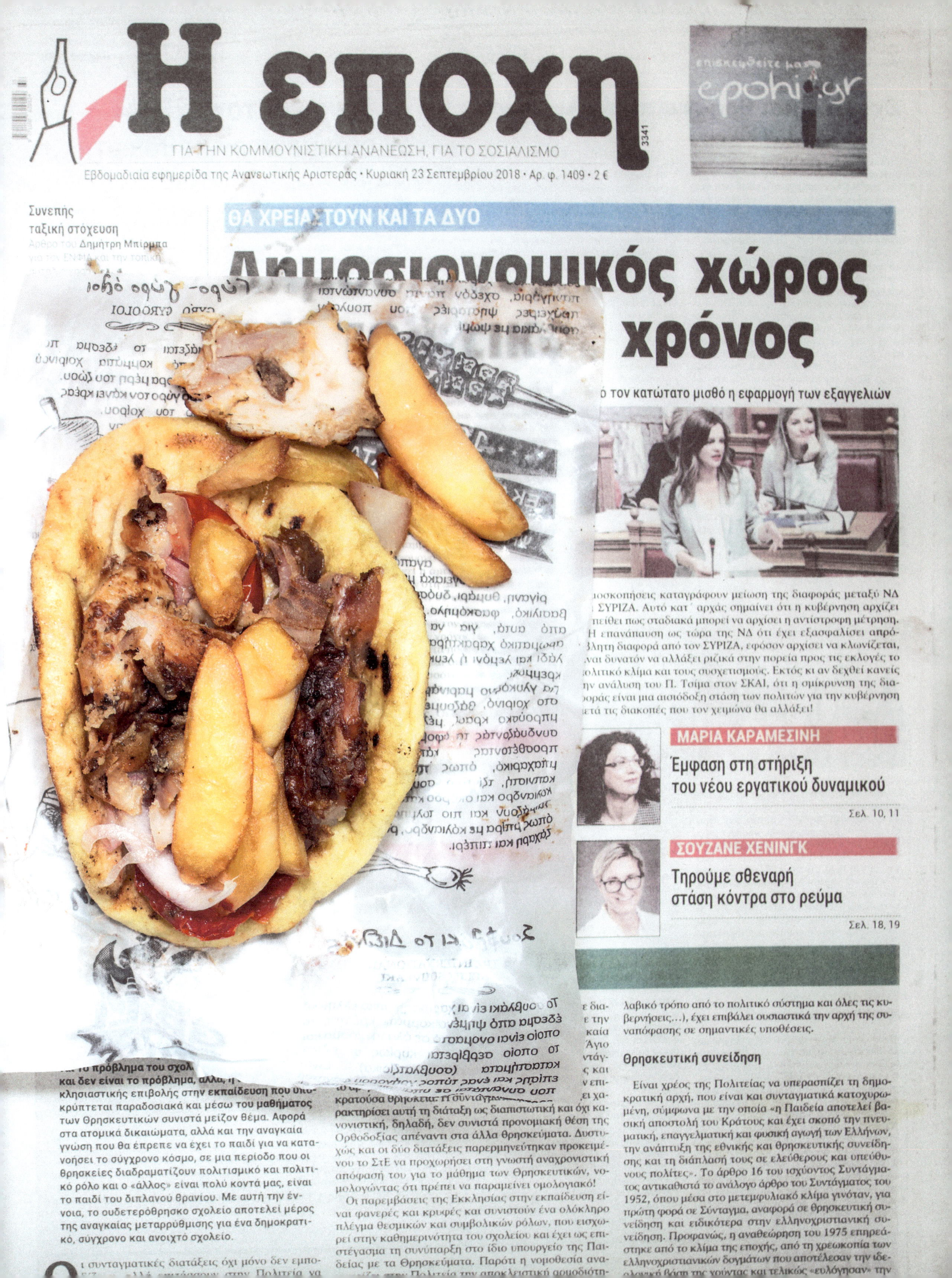

Δημοσιονομικός χώρος χρόνος

ό τον κατώτατο μισθό η εφαρμογή των εξαγγελιών

..οσκοπήσεις καταγράφουν μείωση της διαφοράς μεταξύ ΝΔ ..ΣΥΡΙΖΑ. Αυτό κατ᾽ αρχάς σημαίνει ότι η κυβέρνηση αρχίζει ..πείθει πως σταδιακά μπορεί να αρχίσει η αντίστροφη μέτρηση. ..Η επανάπαυση ως τώρα της ΝΔ ότι έχει εξασφαλίσει απρό- ..βλητη διαφορά από τον ΣΥΡΙΖΑ, εφόσον αρχίσει να κλονίζεται, ..ναι δυνατόν να αλλάξει ριζικά στην πορεία προς τις εκλογές το ..ολιτικό κλίμα και τους συσχετισμούς. Εκτός κι αν δεχθεί κανείς ..ην ανάλυση του Π. Τσίμα στον ΣΚΑΙ, ότι η σμίκρυνση της δια- ..οράς είναι μια αισιόδοξη στάση των πολιτών για την κυβέρνηση ..ετά τις διακοπές που τον χειμώνα θα αλλάξει!

ΜΑΡΙΑ ΚΑΡΑΜΕΣΙΝΗ

Έμφαση στη στήριξη του νέου εργατικού δυναμικού

Σελ. 10, 11

ΣΟΥΖΑΝΕ ΧΕΝΙΝΓΚ

Τηρούμε σθεναρή στάση κόντρα στο ρεύμα

Σελ. 18, 19

...πρόβλημα του σχολ... και δεν είναι το πρόβλημα, αλλά, η ..κλησιαστικής επιβολής στην **εκπαίδευση** που υπο- κρύπτεται παραδοσιακά και μέσω του **μαθήματος** των Θρησκευτικών συνιστά μείζον θέμα. Αφορά στα ατομικά δικαιώματα, αλλά και την αναγκαία γνώση που θα έπρεπε να έχει το παιδί για να κατα- νοήσει το σύγχρονο κόσμο, σε μια περίοδο που οι θρησκείες διαδραματίζουν πολιτισμικό και πολιτι- κό ρόλο και ο «άλλος» είναι πολύ κοντά μας, είναι το παιδί του διπλανού θρανίου. Με αυτή την έν- νοια, το ουδετερόθρησκο σχολείο αποτελεί μέρος της αναγκαίας μεταρρύθμισης για ένα δημοκρατι- κό, σύγχρονο και ανοιχτό σχολείο.

...ι συνταγματικές διατάξεις όχι μόνο δεν εμπο-

...κρατούσα θρησκεία. Η «Σύνταγμα ..ρακτηρίσει αυτή τη διάταξη ως διαπιστωτική και όχι κα- νονιστική, δηλαδή, δεν συνιστά προνομιακή θέση της Ορθοδοξίας απέναντι στα άλλα θρησκεύματα. Δυστυ- χώς και οι δύο διατάξεις παρερμηνεύτηκαν προκειμέ- νου το ΣτΕ να προχωρήσει στη γνωστή αναχρονιστική απόφασή του για το μάθημα των Θρησκευτικών, νο- μολογώντας ότι πρέπει να παραμείνει ομολογιακό!

Οι παρεμβάσεις της Εκκλησίας στην εκπαίδευση εί- ναι φανερές και κρυφές και συνιστούν ένα ολόκληρο πλέγμα θεσμικών και συμβολικών ρόλων, που εισχω- ρεί στην καθημερινότητα του σχολείου και έχει ως επι- στέγασμα τη συνύπαρξη στο ίδιο υπουργείο της Παι- δείας με τα Θρησκεύματα. Παρότι η νομοθεσία ανα-

...λαβικό τρόπο από το πολιτικό σύστημα και όλες τις κυ- βερνήσεις...), έχει επιβάλει ουσιαστικά την αρχή της συ- ναπόφασης σε σημαντικές υποθέσεις.

Θρησκευτική συνείδηση

Είναι χρέος της Πολιτείας να υπερασπίζει τη δημο- κρατική αρχή, που είναι και συνταγματικά κατοχυρω- μένη, σύμφωνα με την οποία «η Παιδεία αποτελεί βα- σική αποστολή του Κράτους και έχει σκοπό την πνευ- ματική, επαγγελματική και φυσική αγωγή των Ελλήνων, την ανάπτυξη της εθνικής και θρησκευτικής συνείδη- σης και τη διάπλασή τους σε ελεύθερους και υπεύθυ- νους πολίτες». Το άρθρο 16 του ισχύοντος Συντάγμα- τος αντικαθιστά το ανάλογο άρθρο του Συντάγματος του 1952, όπου μέσα στο μετεμφυλιακό κλίμα γινόταν, για πρώτη φορά σε Σύνταγμα, αναφορά σε θρησκευτική συ- νείδηση και ειδικότερα στην ελληνοχριστιανική συ- νείδηση. Προφανώς, η αναθεώρηση του 1975 επηρεά- στηκε από το κλίμα της εποχής, από τη χρεωκοπία των ελληνοχριστιανικών δογμάτων που αποτέλεσαν την ιδε-

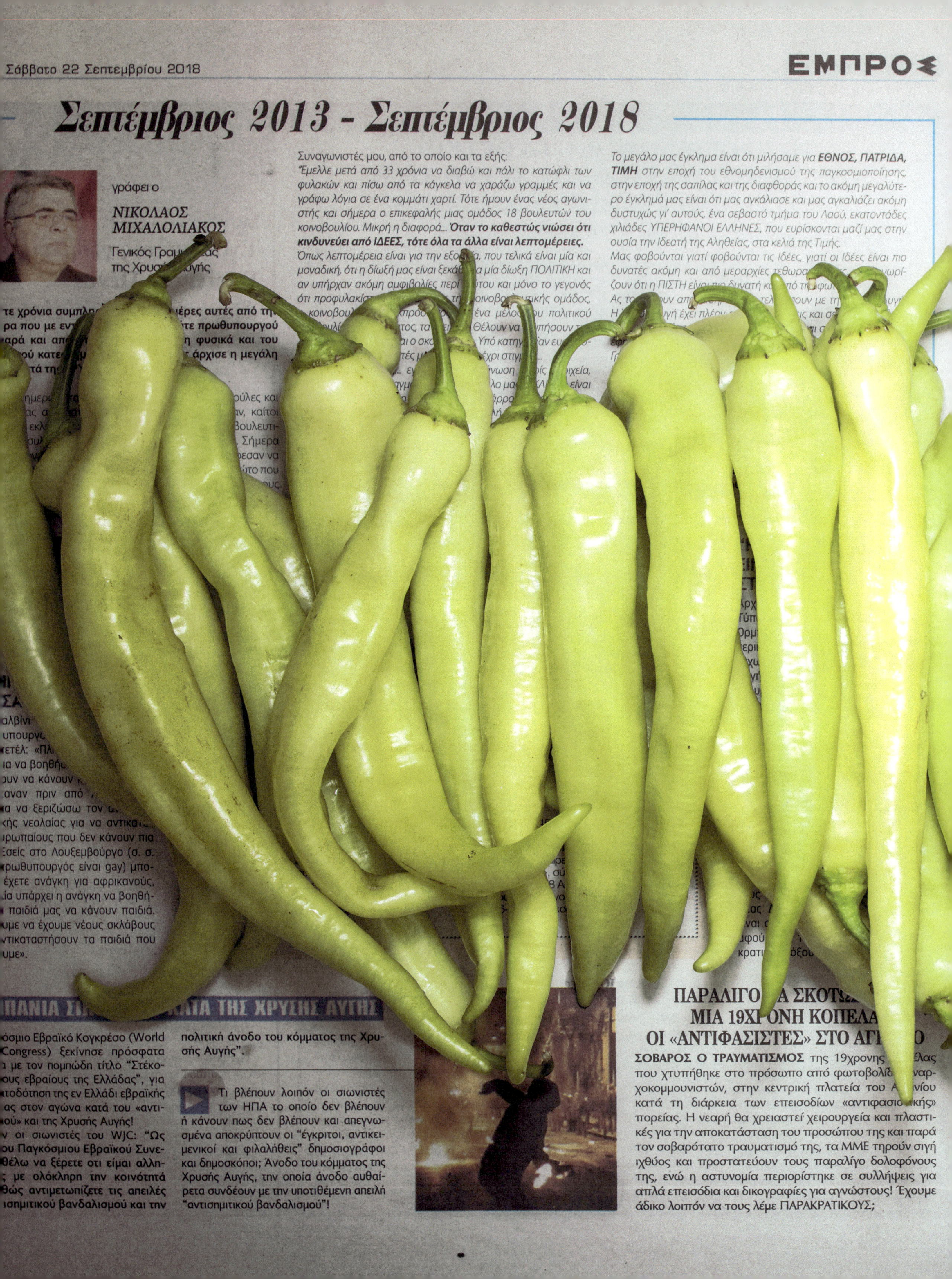

Σεπτέμβριος 2013 - Σεπτέμβριος 2018

γράφει ο

ΝΙΚΟΛΑΟΣ ΜΙΧΑΛΟΛΙΑΚΟΣ

Γενικός Γραμματέας
της Χρυσής Αυγής

Συναγωνιστές μου, από το οποίο και τα εξής:
"Έμελλε μετά από 33 χρόνια να διαβώ και πάλι το κατώφλι των φυλακών και πίσω από τα κάγκελα να χαράζω γραμμές και να γράφω λόγια σε ένα κομμάτι χαρτί. Τότε ήμουν ένας νέος αγωνιστής και σήμερα ο επικεφαλής μιας ομάδος 18 βουλευτών του κοινοβουλίου. Μικρή η διαφορά... **Όταν το καθεστώς νιώσει ότι κινδυνεύει από ΙΔΕΕΣ, τότε όλα τα άλλα είναι λεπτομέρειες.**
Όπως λεπτομέρεια είναι για την εξουσία, που τελικά είναι μία και μοναδική, ότι η δίωξή μας είναι ξεκάθαρα μία δίωξη ΠΟΛΙΤΙΚΗ και αν υπήρχαν ακόμη αμφιβολίες περί αυτού και μόνο το γεγονός ότι προφυλακίστηκε [...] της κοινοβουλευτικής ομάδος, [...] κοινοβουλ[...] ένα μέλος του πολιτικού [...] Θέλουν να [...] Υπό κατηγ[...]

Το μεγάλο μας έγκλημα είναι ότι μιλήσαμε για **ΕΘΝΟΣ, ΠΑΤΡΙΔΑ, ΤΙΜΗ** στην εποχή του εθνομηδενισμού της παγκοσμιοποίησης, στην εποχή της σαπίλας και της διαφθοράς και το ακόμη μεγαλύτερο έγκλημά μας είναι ότι μας αγκάλιασε και μας αγκαλιάζει ακόμη δυστυχώς γι' αυτούς, ένα σεβαστό τμήμα του Λαού, εκατοντάδες χιλιάδες ΥΠΕΡΗΦΑΝΟΙ ΕΛΛΗΝΕΣ, που ευρίσκονται μαζί μας στην ουσία την Ιδεατή της Αληθείας, στα κελιά της Τιμής.
Μας φοβούνται γιατί φοβούνται τις Ιδέες, γιατί οι Ιδέες είναι πιο δυνατές ακόμη και από μεραρχίες τεθωρα[...] γνωρίζουν ότι η ΠΙΣΤΗ είναι πιο δυνατή κ[...] από τη φω[...]
Ας το[...] ουν απ[...] τελ[...] ουν με τη[...] Αυγ[...]
Η [...] υγή έχει πλέον [...] ις και σ[...]

(συνέχεια στήλης αριστερά)

[...] ρα που με εντ[...]
[...] αρά και απ[...]
[...] ού κατε[...] αμ[...]
[...] τά της [...]

[...] ημερι[...] τα[...]
[...] ας α[...] [...]
[...] εκλ[...]
[...] ου[...]

...αλβίνι[...]
υπουργ[...]
[...] ετέλ: «Πλ[...]
[...] ια να βοηθή[...]
[...] ουν να κάνουν [...]
[...] αναν πριν από [...]
[...] α να ξεριζώσω τον α[...]
[...] κής νεολαίας για να αντικα[...]
[...] ρωπαίους που δεν κάνουν πια
[...] σείς στο Λουξεμβούργο (σ. σ.
[...] ρωθυπουργός είναι gay) μπο-
[...] έχετε ανάγκη για αφρικανούς,
[...] ια υπάρχει η ανάγκη να βοηθή-
[...] παιδιά μας να κάνουν παιδιά.
[...] υμε να έχουμε νέους σκλάβους
[...] ντικαταστήσουν τα παιδιά που
[...] υμε».

[Π]ΑΝΙΑ ΣΤ[...] [...]ΛΑΤΑ ΤΗΣ ΧΡΥΣΗΣ ΑΥΓΗΣ

[...] όσμιο Εβραϊκό Κογκρέσο (World [...] Congress) ξεκίνησε πρόσφατα [...] με τον πομπώδη τίτλο "Στέκο- [...] ους εβραίους της Ελλάδας", για [...] ατοδότηση της εν Ελλάδι εβραϊκής [...] ας στον αγώνα κατά του «αντι- [...] ού» και της Χρυσής Αυγής! [...] ν οι σιωνιστές του WJC: "Ως [...] ου Παγκόσμιου Εβραϊκού Συνε- [...] Θέλω να ξέρετε ότι είμαι αλλη- [...] ; με ολόκληρη την κοινότητά [...] θώς αντιμετωπίζετε τις απειλές [...] ισημιτικού βανδαλισμού και την

πολιτική άνοδο του κόμματος της Χρυσής Αυγής".

▶ Τι βλέπουν λοιπόν οι σιωνιστές των ΗΠΑ το οποίο δεν βλέπουν ή κάνουν πως δεν βλέπουν και απεγνωσμένα αποκρύπτουν οι "έγκριτοι, αντικειμενικοί και φιλαλήθεις" δημοσιογράφοι και δημοσκόποι; Άνοδο του κόμματος της Χρυσής Αυγής, την οποία άνοδο αυθαίρετα συνδέουν με την υποτιθέμενη απειλή "αντισημιτικού βανδαλισμού"!

ΠΑΡΑΛΙΓΟ [Ν]Α ΣΚΟΤΩ[ΣΟΥΝ] ΜΙΑ 19ΧΡΟΝΗ ΚΟΠΕΛΑ [...] ΟΙ «ΑΝΤΙΦΑΣΙΣΤΕΣ» ΣΤΟ ΑΓ[ΡΙΝΙ]Ο

ΣΟΒΑΡΟΣ Ο ΤΡΑΥΜΑΤΙΣΜΟΣ της 19χρονης [κοπ]έλας που χτυπήθηκε στο πρόσωπο από φωτοβολίδ[α α]ναρχοκομμουνιστών, στην κεντρική πλατεία του Α[γρι]νίου κατά τη διάρκεια των επεισοδίων «αντιφασιο[τι]κής» πορείας. Η νεαρή θα χρειαστεί χειρουργεία και πλαστικές για την αποκατάσταση του προσώπου της και παρά τον σοβαρότατο τραυματισμό της, τα ΜΜΕ τηρούν σιγή ιχθύος και προστατεύουν τους παραλίγο δολοφόνους της, ενώ η αστυνομία περιορίστηκε σε συλλήψεις για απλά επεισόδια και δικογραφίες για αγνώστους! Έχουμε άδικο λοιπόν να τους λέμε ΠΑΡΑΚΡΑΤΙΚΟΥΣ;

ΜΑ
Πο
απ
τα

ΠΑΝΤΩΝ ΤΙΜ

ΕΠ
Έρχ
χώρ
για

2241-6528

ΜΑΤΙ 23 ΙΟΥΛΙΟΥ

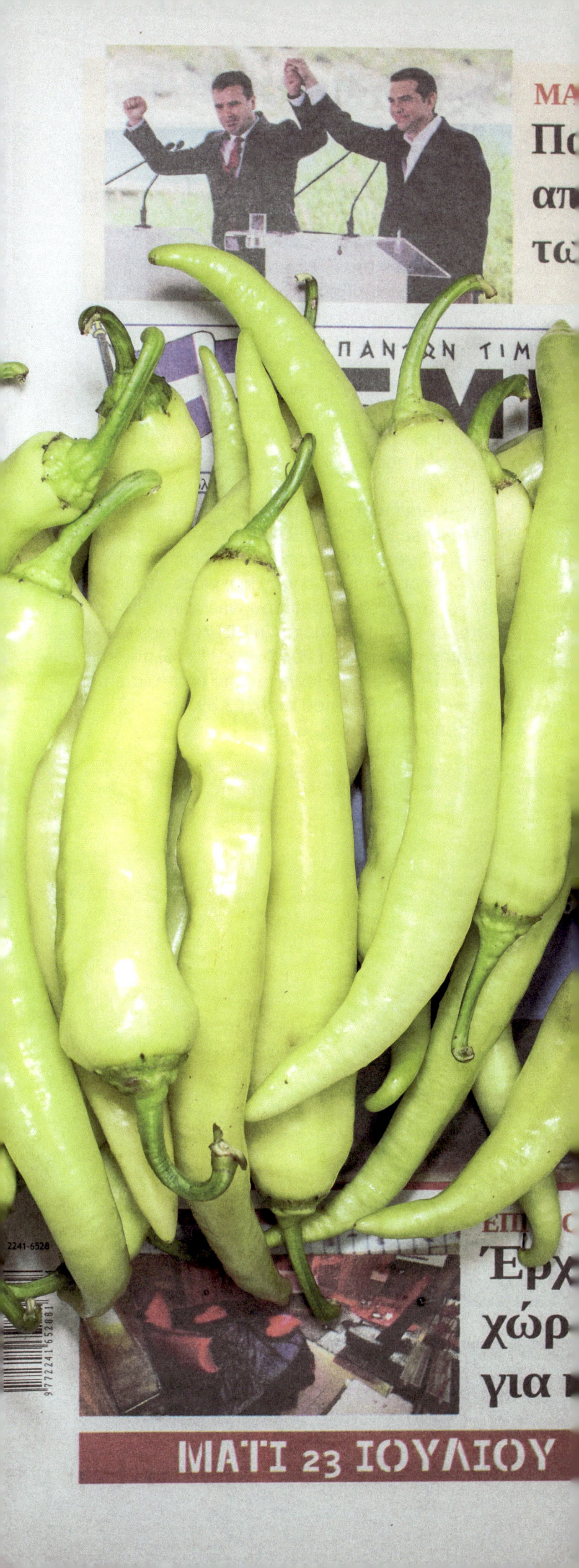

Greece GR

THESSALONIKI | SEPTEMBER 2018

Poverty line EUR 12.49 (USD 14.54); allocation for food EUR 4.02 (USD 4.68)

Greece follows the EU's poverty definition, where the at-risk-of-poverty threshold is 60% of the national median equivalized disposable income after social transfers. The figure for the case study is based on a per-capita per-day basis of the at-risk-of-poverty threshold for single-person households, and lowest quintile households' average proportion of expenditure on food and non-alcoholic beverages (excluding restaurants).

The overall monetary poverty rate in 2017 was 20.2%. Greece (and the EU) also tracks at-risk-of-poverty together with social exclusion (severe material deprivation and very low work intensity); 34.8% of Greece's population was at risk of poverty or social exclusion in 2017. Greece's unemployment rate in 2017 was 21.5%, down from 27.5% in 2013. However, the youth unemployment rate remained high: 43.6% in 2017, the highest in the euro area.

Median Equivalized Net Income Before and After Social Transfers by Household Type, Selected European Economies, 2016 (PPS)

	Before Social Transfers		
	Single adult with dependent children	Two or more adults with dependent children	Two or more adults without dependent children
Greece	5,584	2,819	6,607
Spain	8,891	7,975	12,201
EU-28	8,487	10,141	13,815
Germany	10,921	13,867	18,746
France	10,076	10,160	17,972
UK	3,635	14,238	15,472

Source: Eurostat

Unemployment Rate, Selected Economies, 2007–17

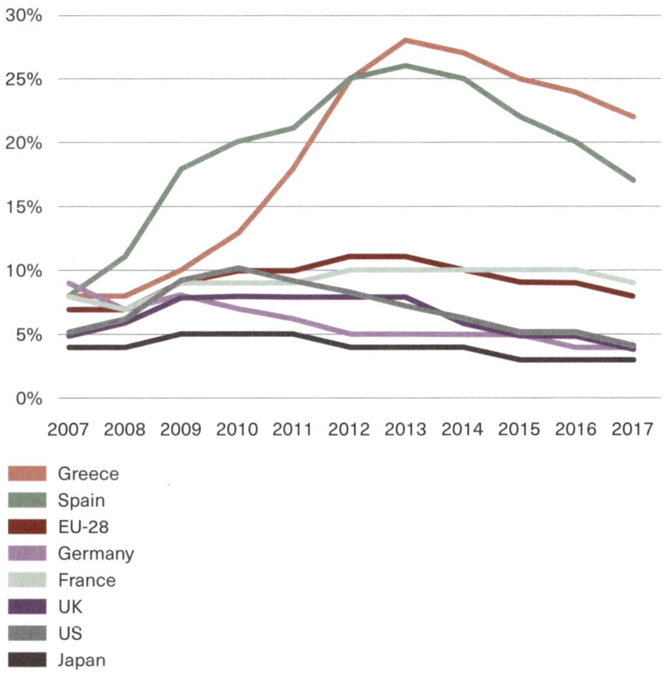

Source: Eurostat

GNI per Capita, Atlas Method (Current USD), Greece, 1962–2017

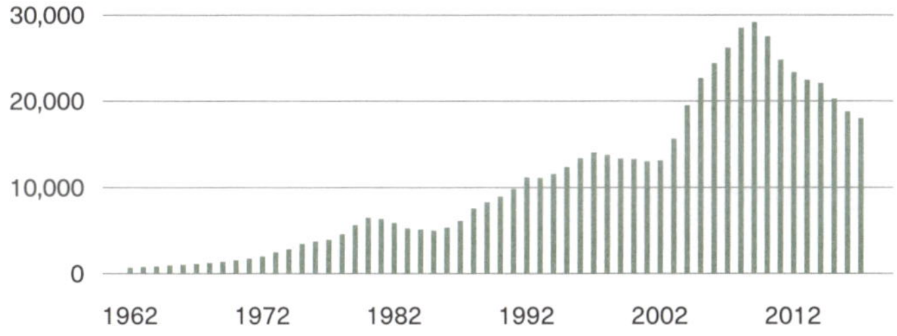

Source: World Bank

After Social Transfers

Single adult with dependent children	Two or more adults with dependent children	Two or more adults without dependent children
6,861	9,592	8,070
10,487	16,720	14,297
13,165	18,492	15,887
15,021	23,197	21,915
14,197	23,041	20,578
11,891	20,997	17,051

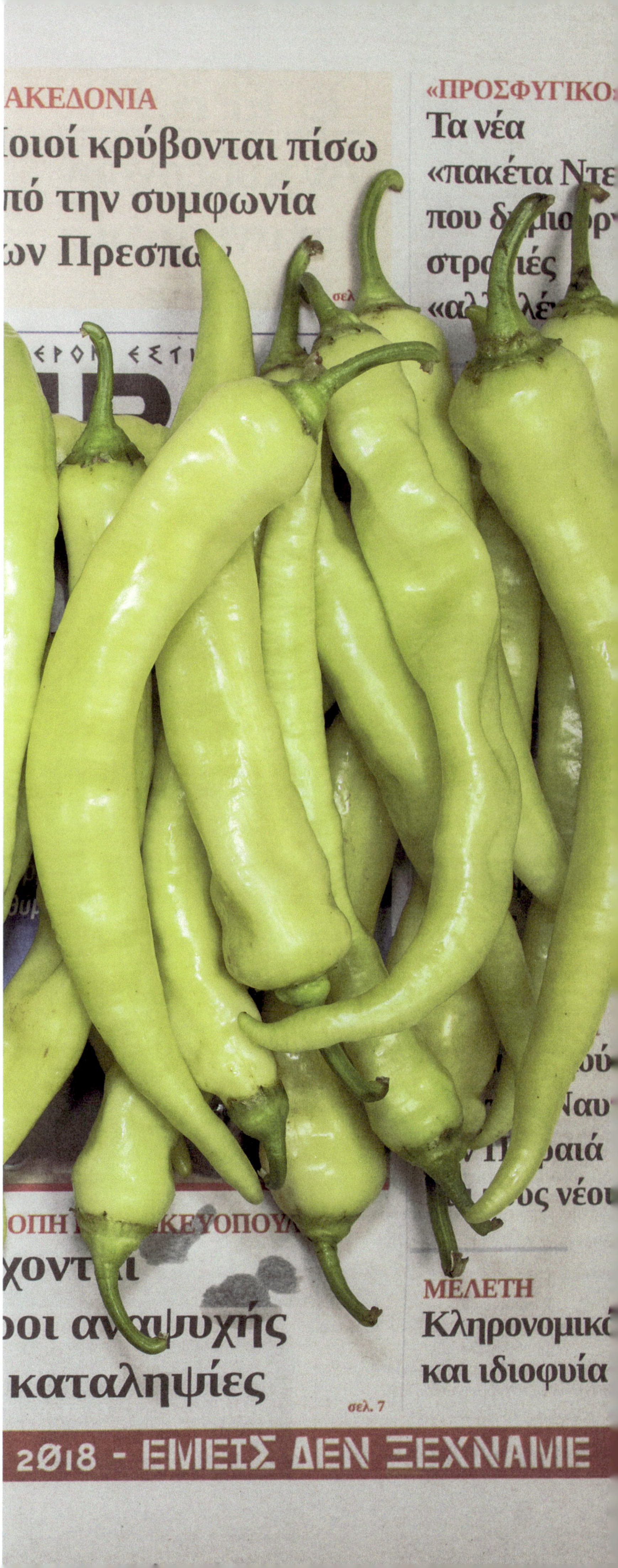

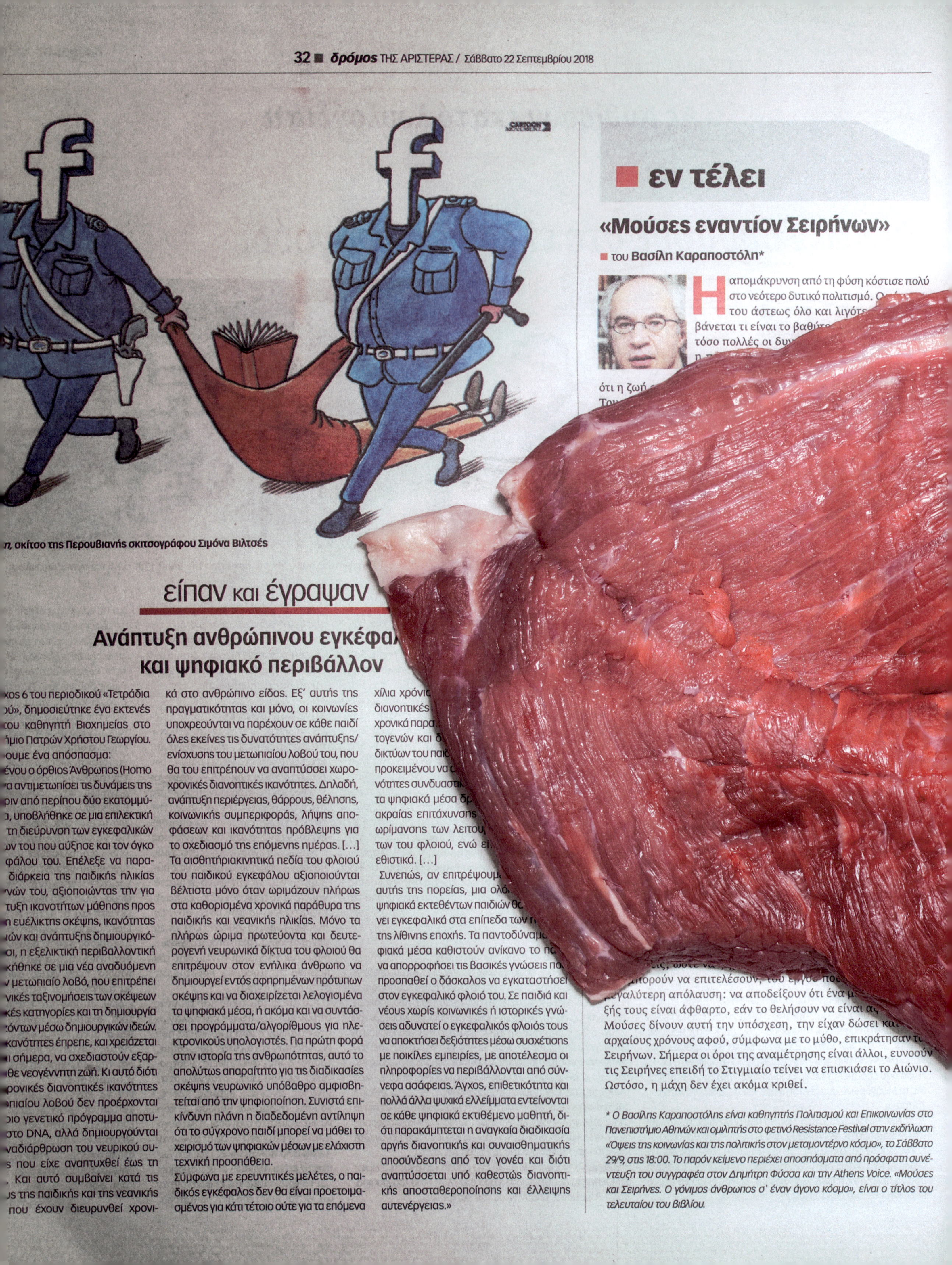

..η, σκίτσο της Περουβιανής σκιτσογράφου Σιμόνα Βιλτσές

είπαν και έγραψαν

Ανάπτυξη ανθρώπινου εγκέφα...
και ψηφιακό περιβάλλον

...χος 6 του περιοδικού «Τετράδια ...ού», δημοσιεύτηκε ένα εκτενές ...ου καθηγητή Βιοχημείας στο ...ήμιο Πατρών Χρήστου Γεωργίου. ...ουμε ένα απόσπασμα: ...ένου ο όρθιος Άνθρωπος (Homo ...α αντιμετωπίσει τις δυνάμεις της ...ιν από περίπου δύο εκατομμύ- ...α, υποβλήθηκε σε μια επιλεκτική ...τη διεύρυνση των εγκεφαλικών ...ων του που αύξησε και τον όγκο ...φάλου του. Επέλεξε να παρα- ...διάρκεια της παιδικής ηλικίας ...νών του, αξιοποιώντας την για ...τυξη ικανοτήτων μάθησης προς ...η ευέλικτης σκέψης, ικανότητας ...ιών και ανάπτυξης δημιουργικό- ...οι, η εξελικτική περιβαλλοντική ...κήθηκε σε μια νέα αναδυόμενη ...ν μετωπιαίο λοβό, που επιτρέπει ...νικές ταξινομήσεις των σκέψεων ...κές κατηγορίες και τη δημιουργία ...όντων μέσω δημιουργικών ιδεών. ...κανότητες έπρεπε, και χρειάζεται ...ι σήμερα, να σχεδιαστούν εξαρ- ...θε νεογέννητη ζωή. Κι αυτό διότι ...ρονικές διανοητικές ικανότητες ...πιαίου λοβού δεν προέρχονται ...ιο γενετικό πρόγραμμα αποτυ- ...στο DNA, αλλά δημιουργούνται ...ναδιάρθρωση του νευρικού συ- ...ς που είχε αναπτυχθεί έως τη ... Και αυτό συμβαίνει κατά τις ...ς της παιδικής και της νεανικής ...που έχουν διευρυνθεί χρονι-

κά στο ανθρώπινο είδος. Εξ' αυτής της πραγματικότητας και μόνο, οι κοινωνίες υποχρεούνται να παρέχουν σε κάθε παιδί όλες εκείνες τις δυνατότητες ανάπτυξης/ ενίσχυσης του μετωπιαίου λοβού του, που θα του επιτρέπουν να αναπτύσσει χωρο- χρονικές διανοητικές ικανότητες. Δηλαδή, ανάπτυξη περιέργειας, θάρρους, θέλησης, κοινωνικής συμπεριφοράς, λήψης απο- φάσεων και ικανότητας πρόβλεψης για το σχεδιασμό της επόμενης ημέρας. [...] Τα αισθητηριακινητικά πεδία του φλοιού του παιδικού εγκεφάλου αξιοποιούνται βέλτιστα μόνο όταν ωριμάζουν πλήρως στα καθορισμένα χρονικά παράθυρα της παιδικής και νεανικής ηλικίας. Μόνο τα πλήρως ώριμα πρωτεύοντα και δευτε- ρογενή νευρωνικά δίκτυα του φλοιού θα επιτρέψουν στον ενήλικα άνθρωπο να δημιουργεί εντός αφηρημένων πρότυπων σκέψης και να διαχειρίζεται λελογισμένα τα ψηφιακά μέσα, ή ακόμα και να συντάσ- σει προγράμματα/αλγορίθμους για ηλε- κτρονικούς υπολογιστές. Για πρώτη φορά στην ιστορία της ανθρωπότητας, αυτό το απολύτως απαραίτητο για τις διαδικασίες σκέψης νευρωνικό υπόβαθρο αμφισβη- τείται από την ψηφιοποίηση. Συνιστά επι- κίνδυνη πλάνη η διαδεδομένη αντίληψη ότι το σύγχρονο παιδί μπορεί να μάθει το χειρισμό των ψηφιακών μέσων με ελάχιστη τεχνική προσπάθεια. Σύμφωνα με ερευνητικές μελέτες, ο παι- δικός εγκέφαλος δεν θα είναι προετοιμα- σμένος για κάτι τέτοιο ούτε για τα επόμενα

χίλια χρόνια διανοητικές χρονικά παρα... τογενών και δ... δικτύων του παιδ... προκειμένου να α... νότητες συνδυαστικ... τα ψηφιακά μέσα δρ... ακραίας επιτάχυνσης ωρίμανσης των λειτου... των του φλοιού, ενώ εί... εθιστικά. [...]
Συνεπώς, αν επιτρέψουμε... αυτής της πορείας, μια ολό... ψηφιακά εκτεθέντων παιδιών θα... νει εγκεφαλικά στα επίπεδα των π... της λίθινης εποχής. Τα παντοδύναμα... φιακά μέσα καθιστούν ανίκανο το πα... να απορροφήσει τις βασικές γνώσεις πο... προσπαθεί ο δάσκαλος να εγκαταστήσει στον εγκεφαλικό φλοιό του. Σε παιδιά και νέους χωρίς κοινωνικές ή ιστορικές γνώ- σεις αδυνατεί ο εγκεφαλικός φλοιός τους να αποκτήσει δεξιότητες μέσω συσχέτισης με ποικίλες εμπειρίες, με αποτέλεσμα οι πληροφορίες να περιβάλλονται από σύν- νεφα ασάφειας. Άγχος, επιθετικότητα και πολλά άλλα ψυχικά ελλείμματα εντείνονται σε κάθε ψηφιακά εκτιθέμενο μαθητή, δι- ότι παρακάμπτεται η αναγκαία διαδικασία αργής διανοητικής και συναισθηματικής αποσύνδεσης από τον γονέα και διότι αναπτύσσεται υπό καθεστώς διανοητι- κής αποσταθεροποίησης και έλλειψης αυτενέργειας.»

■ εν τέλει

«Μούσες εναντίον Σειρήνων»

■ του **Βασίλη Καραποστόλη***

Η απομάκρυνση από τη φύση κόστισε πολύ στο νεότερο δυτικό πολιτισμό. Ο... του άστεως όλο και λιγότε... βάνεται τι είναι το βαθύτε... τόσο πολλές οι δυ...

ότι η ζωή... Του...

...μπορούν να επιτελέσουν, του έργου που... ...εγαλύτερη απόλαυση: να αποδείξουν ότι ένα μ... ξής τους είναι άφθαρτο, εάν το θελήσουν να είναι α... Μούσες δίνουν αυτή την υπόσχεση, την είχαν δώσει και... αρχαίους χρόνους αφού, σύμφωνα με το μύθο, επικράτησαν τ... Σειρήνων. Σήμερα οι όροι της αναμέτρησης είναι άλλοι, ευνοούν τις Σειρήνες επειδή το Στιγμιαίο τείνει να επισκιάσει το Αιώνιο. Ωστόσο, η μάχη δεν έχει ακόμα κριθεί.

*Ο Βασίλης Καραποστόλης είναι καθηγητής Πολιτισμού και Επικοινωνίας στο Πανεπιστήμιο Αθηνών και ομιλητής στο φετινό Resistance Festival στην εκδήλωση «Όψεις της κοινωνίας και της πολιτικής στον μεταμοντέρνο κόσμο», το Σάββατο 29/9, στις 18:00. Το παρόν κείμενο περιέχει αποσπάσματα από πρόσφατη συνέ- ντευξη του συγγραφέα στον Δημήτρη Φύσσα και την Athens Voice. «Μούσες και Σειρήνες. Ο γόνιμος άνθρωπος σ' έναν άγονο κόσμο», είναι ο τίτλος του τελευταίου του βιβλίου.

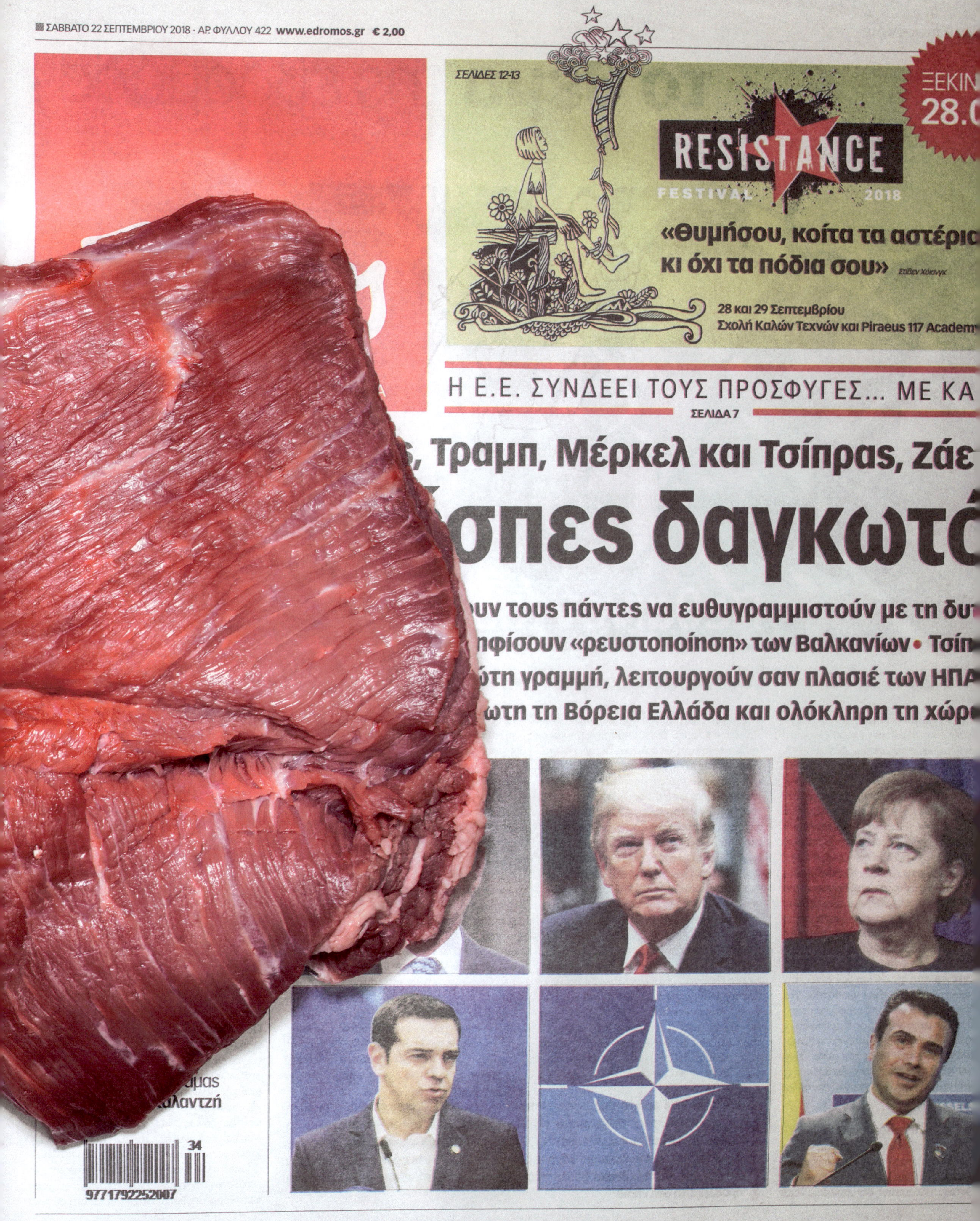

ΣΑΒΒΑΤΟ 22 ΣΕΠΤΕΜΒΡΙΟΥ 2018 · ΑΡ. ΦΥΛΛΟΥ 422   www.edromos.gr   € 2,00
ΣΕΛΙΔΕΣ 12-13
RESISTANCE
FESTIVAL 2018
«Θυμήσου, κοίτα τα αστέρια
κι όχι τα πόδια σου» Στίβεν Χόκινγκ
28 και 29 Σεπτεμβρίου
Σχολή Καλών Τεχνών και Piraeus 117 Academy
ΞΕΚΙΝ
28.0
Η Ε.Ε. ΣΥΝΔΕΕΙ ΤΟΥΣ ΠΡΟΣΦΥΓΕΣ... ΜΕ ΚΑ
ΣΕΛΙΔΑ 7
, Τραμπ, Μέρκελ και Τσίπρας, Ζάε
σπες δαγκωτό
υν τους πάντες να ευθυγραμμιστούν με τη δυτ
ηφίσουν «ρευστοποίηση» των Βαλκανίων • Τσίπ
ότι γραμμή, λειτουργούν σαν πλασιέ των ΗΠΑ
ότι τη Βόρεια Ελλάδα και ολόκληρη τη χώρα
 ας
αλαντζή

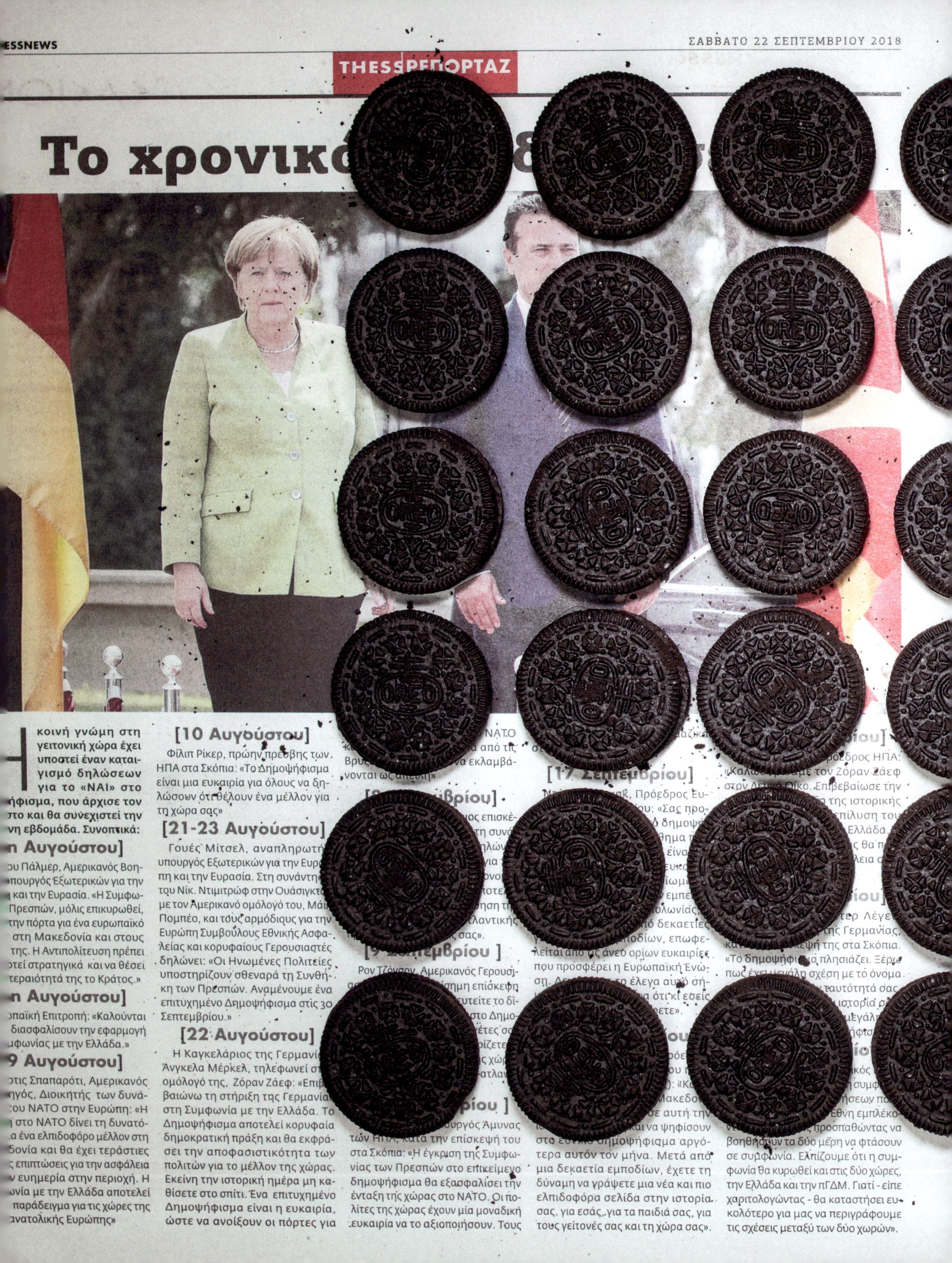

THESS ΡΕΠΟΡΤΑΖ

Το χρονικό...

...κοινή γνώμη στη γειτονική χώρα έχει υποστεί έναν καται-γισμό δηλώσεων για το «ΝΑΙ» στο ...ήφισμα, που άρχισε τον ...το και θα συνεχιστεί την ...νη εβδομάδα. Συνοπτικά:

[...η Αυγούστου]

...ου Πάλμερ, Αμερικανός Βοη-...πουργός Εξωτερικών για την ... και την Ευρασία. «Η Συμφω-...Πρεσπών, μόλις επικυρωθεί, ...την πόρτα για ένα ευρωπαϊκό ...στη Μακεδονία και στους ...της. Η Αντιπολίτευση πρέπει ...τεί στρατηγικά και να θέσει ...τεραιότητά της το Κράτος.»

[...η Αυγούστου]

...παϊκή Επιτροπή: «Καλούνται ...διασφαλίσουν την εφαρμογή ...μφωνίας με την Ελλάδα.»

[...9 Αυγούστου]

...τις Σπαπαρότι, Αμερικανός ...ηγός, Διοικητής των δυνά-...ου ΝΑΤΟ στην Ευρώπη: «Η ...ή στο ΝΑΤΟ δίνει τη δυνατό-...α ένα ελπιδοφόρο μέλλον στη ...δονία και θα έχει τεράστιες ...ς επιπτώσεις για την ασφάλεια ...ν ευημερία στην περιοχή. Η ...ωνία με την Ελλάδα αποτελεί ...παράδειγμα για τις χώρες της ...ανατολικής Ευρώπης»

[10 Αυγούστου]

Φίλιπ Ρίκερ, πρώην πρέσβης των ΗΠΑ στα Σκόπια: «Το Δημοψήφισμα είναι μια ευκαιρία για όλους να δη-λώσουν ότι θέλουν ένα μέλλον για τη χώρα σας»

[21-23 Αυγούστου]

Γουές Μίτσελ, αναπληρωτή... υπουργός Εξωτερικών για την Ευρώ... πη και την Ευρασία. Στη συνάντη... του Νίκ. Ντιμιτρώφ στην Ουάσιγκτ... με τον Αμερικανό ομόλογό του, Μάι... Πομπέο, και τους αρμόδιους για την Ευρώπη Συμβούλους Εθνικής Ασφα-λείας και κορυφαίους Γερουσιαστές δηλώνει: «Οι Ηνωμένες Πολιτείες υποστηρίζουν σθεναρά τη Συνθή-κη των Πρεσπών. Αναμένουμε ένα επιτυχημένο Δημοψήφισμα στις 30 Σεπτεμβρίου.»

[22 Αυγούστου]

Η Καγκελάριος της Γερμανί... Άνγκελα Μέρκελ, τηλεφωνεί στ... ομόλογό της, Ζόραν Ζάεφ: «Επιβ...βαιώνω τη στήριξη της Γερμανία... στη Συμφωνία με την Ελλάδα. Το Δημοψήφισμα αποτελεί κορυφαία δημοκρατική πράξη και θα εκφρά-σει την αποφασιστικότητα των πολιτών για το μέλλον της χώρας. Εκείνη την ιστορική ημέρα μη κα-θίσετε στο σπίτι. Ένα επιτυχημένο Δημοψήφισμα είναι η ευκαιρία, ώστε να ανοίξουν οι πόρτες για

[17 Σεπτεμβρίου]

...πρόεδρος ΗΠΑ: «Καλωσορίσαμε τον Ζόραν Ζάεφ στον Λευκό Οίκο. Επιβεβαίωσε την ...ση της ιστορικής ...επίλυση του... Ελλάδα...

...τερ Λέγε... της Γερμανίας, κα... κεψή της στα Σκόπια. «Το δημοψήφισμα πλησιάζει. Ξέρω πως έχει μεγάλη σχέση με το όνομα ...ταυτότητά σας ...ιστορία σ...

...κός ...η συμφ...ήσεων π... Έθνη εμπλέκο-...προσπαθώντας να βοηθήσουν τα δύο μέρη να φτάσουν σε συμφωνία. Ελπίζουμε ότι η συμφωνία θα κυρωθεί και στις δύο χώρες, την Ελλάδα και την πΓΔΜ. Γιατί - είπε χαριτολογώντας - θα καταστήσει ευ-κολότερο για μας να περιγράφουμε τις σχέσεις μεταξύ των δύο χωρών».

...στο εθνικό δημοψήφισμα αργό-τερα αυτόν τον μήνα. Μετά από ...έχετε τη δύναμη να γράψετε μια νέα και πιο ελπιδοφόρα σελίδα στην ιστορία σας, για εσάς, για τα παιδιά σας, για τους γείτονές σας και τη χώρα σας».

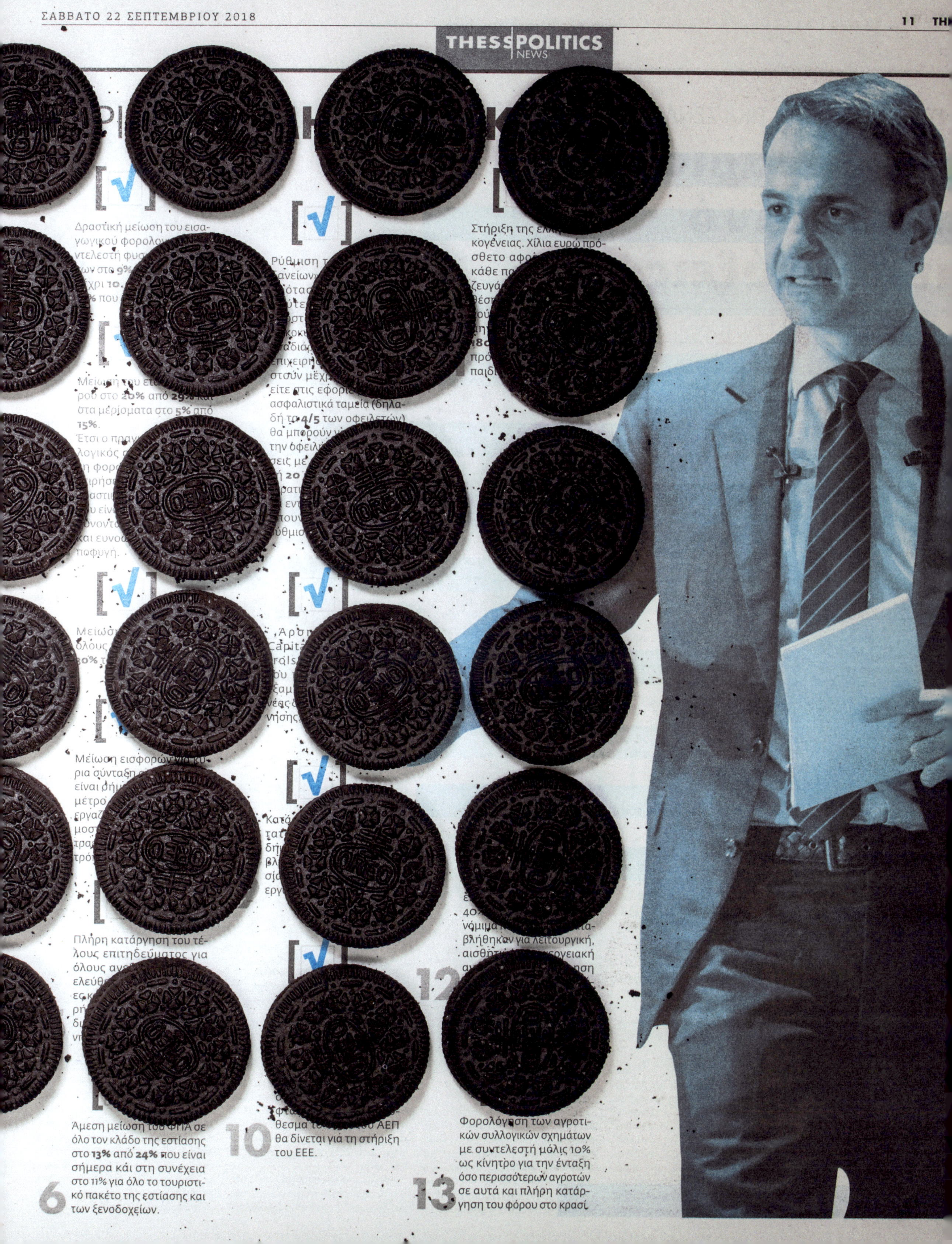

[√] Δραστική μείωση του εισα-
γωγικού φορολο...
...ντελεστή φυσ...
...ων στο **9%**
...χρι **10**...
...% που...

[√] Μείωσ... ου ε...
...ρου στο **20%** από **29%** και
στα μερίσματα στο **5%** από
15%.
Έτσι ο πραγ...
...λογικός φόρο...
...η φορ...
...ωρησ...
...αστικ...
...υ είν...
...ονότη...
και ευνοά...
...ποφυγή.

[√] Μείωσ...
όλους...
30% τ...

[√] Μείωση εισφορών για κυ-
ρια σύνταξη ο...
είναι δήμ...
μέτρο...
εργαζ...
μος...
πρα...
τρό...

[√] Πλήρη κατάργηση του τέ-
λους επιτηδεύματος για
όλους αν...
ελεύθ...
εςκ...
ρή...
δι...
νη...

6 Άμεση μείωση του ΦΠΑ σε
όλο τον κλάδο της εστίασης
στο **13%** από **24%** που είναι
σήμερα και στη συνέχεια
στο 11% για όλο το τουριστι-
κό πακέτο της εστίασης και
των ξενοδοχείων.

Ρύθμιση τ...
...ανείων...
...ότα...
...ρτ...
...κοκ...
...διάκρ...
...στών μέχρι...
είτε στις εφορ...
ασφαλιστικά ταμεία (δηλα-
δή τα **4/5** των οφειλετών)
θα μπορούν να...
την οφειλ...
...σεις με...
...**20**...
...ρα...
...εν...
...τους...
...ρύθμιση...

[√] Άρσ...
Capita...
rαls...
...ού...
...ξαμ...
νέας δ...
νήσης...

[√] Κατά...
τατ...
δημ...
βλ...
σία...
εργ...

10 ...θεσμα του ... ΑΕΠ
θα δίνεται για τη στήριξη
του ΕΕΕ.

Στήριξη της ελ...
κογένειας. Χίλια ευρώ πρό-
σθετο αφο...
κάθε πα...
ζευγά...
θέσ...
...ού...
...18ο...
πρό...
παιδί...

12 ...ε...
...40...
νόμιμα ... κατα-
βλήθηκαν για λειτουργική,
αισθητ... νεργειακή
αν... ση

13 Φορολόγηση των αγροτι-
κών συλλογικών σχημάτων
με συντελεστή μόλις 10%
ως κίνητρο για την ένταξη
όσο περισσότερων αγροτών
σε αυτά και πλήρη κατάρ-
γηση του φόρου στο κρασί

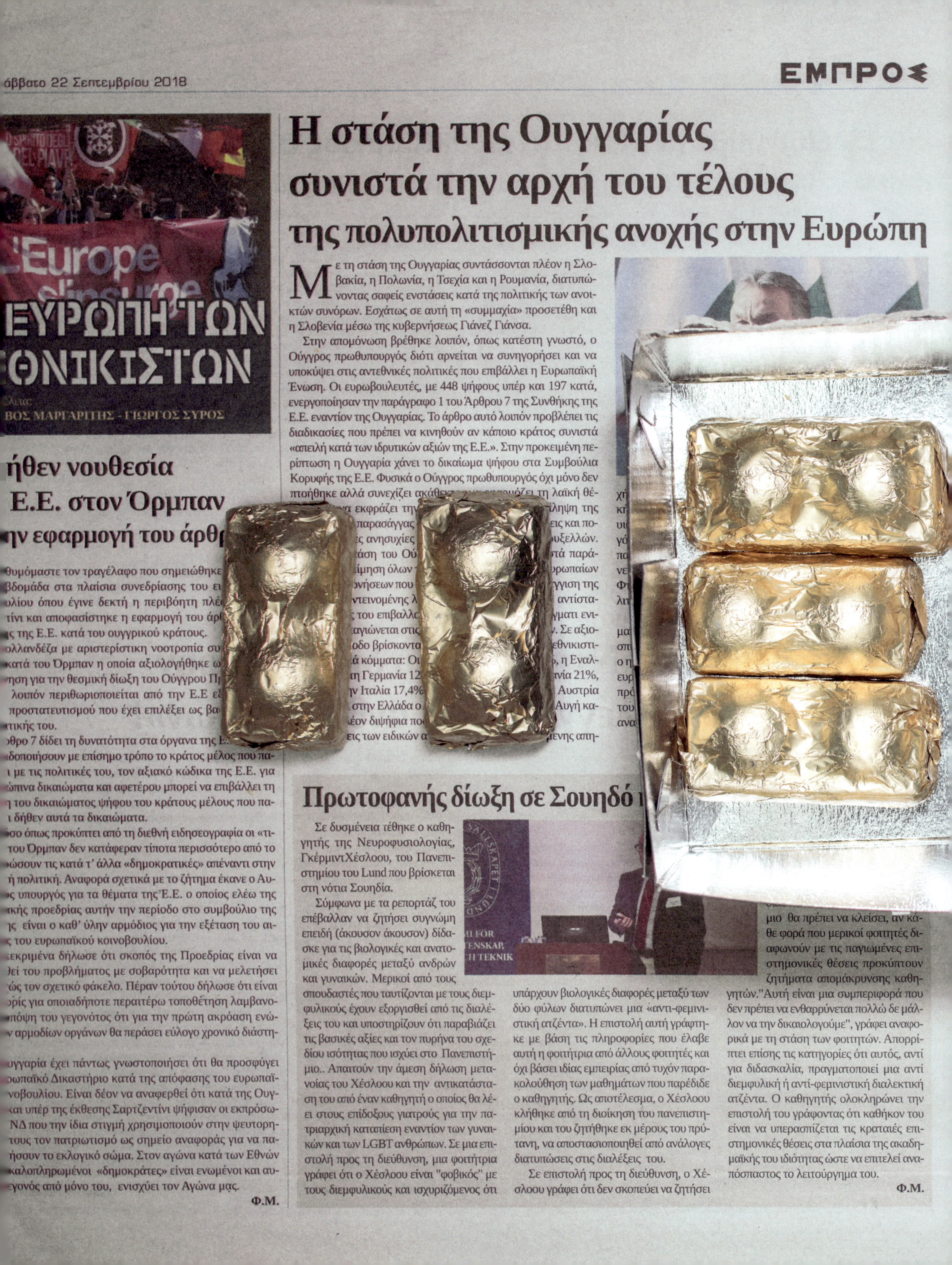

άββατο 22 Σεπτεμβρίου 2018 ΕΜΠΡΟΣ

ήθεν νουθεσία Ε.Ε. στον Όρμπαν

ην εφαρμογή του άρθ

θυμόμαστε τον τραγέλαφο που σημειώθηκε
βδομάδα στα πλαίσια συνεδρίασης του ει
υλίου όπου έγινε δεκτή η περιβόητη πλέ
τίνι και αποφασίστηκε η εφαρμογή του άρ
ς της Ε.Ε. κατά του ουγγρικού κράτους.
ολλανδέζα με αριστερίστικη νοοτροπία συ
κατά του Όρμπαν η οποία αξιολογήθηκε ω
ηση για την θεσμική δίωξη του Ούγγρου Π
λοιπόν περιθωριοποιείται από την Ε.Ε ε
προστατευτισμού που έχει επιλέξει ως βα
τικής του.
θρο 7 δίδει τη δυνατότητα στα όργανα της Ε
δοποιήσουν με επίσημο τρόπο το κράτος μέλος που πα-
ι με τις πολιτικές του, τον αξιακό κώδικα της Ε.Ε. για
ώπινα δικαιώματα και αφετέρου μπορεί να επιβάλλει τη
η του δικαιώματος ψήφου του κράτους μέλους που πα-
ι δήθεν αυτά τα δικαιώματα.
σο όπως προκύπτει από τη διεθνή ειδησεογραφία οι «τι-
του Όρμπαν δεν κατάφεραν τίποτα περισσότερο από το
ώσουν τις κατά τ' άλλα «δημοκρατικές» απέναντι στην
ή πολιτική. Αναφορά σχετικά με το ζήτημα έκανε ο Αυ-
ς υπουργός για τα θέματα της Ε.Ε. ο οποίος ελέω της
ικής προεδρίας αυτήν την περίοδο στο συμβούλιο της
ς είναι ο καθ' ύλην αρμόδιος για την εξέταση του αι-
ς του ευρωπαϊκού κοινοβουλίου.
κεκριμένα δήλωσε ότι σκοπός της Προεδρίας είναι να
θεί του προβλήματος με σοβαρότητα και να μελετήσει
ώς τον σχετικό φάκελο. Πέραν τούτου δήλωσε ότι είναι
ρίς για οποιαδήποτε περαιτέρω τοποθέτηση λαμβανο-
πόψη του γεγονότος ότι για την πρώτη ακρόαση ενώ-
ν αρμοδίων οργάνων θα περάσει εύλογο χρονικό διάστη-

υγγαρία έχει πάντως γνωστοποιήσει ότι θα προσφύγει
ωπαϊκό Δικαστήριο κατά της απόφασης του ευρωπαϊ-
νοβουλίου. Είναι δέον να αναφερθεί ότι κατά της Ουγ-
και υπέρ της έκθεσης Σαρτζεντίνι ψήφισαν οι εκπρόσω-
ΝΔ που την ίδια στιγμή χρησιμοποιούν στην ψευτορη-
τους τον πατριωτισμό ως σημείο αναφοράς για να πα-
ήσουν το εκλογικό σώμα. Στον αγώνα κατά των Εθνών
καλοπληρωμένοι «δημοκράτες» είναι ενωμένοι και αυ-
γονός από μόνο του, ενισχύει τον Αγώνα μας.

Φ.Μ.

Η στάση της Ουγγαρίας συνιστά την αρχή του τέλους

της πολυπολιτισμικής ανοχής στην Ευρώπη

Με τη στάση της Ουγγαρίας συντάσσονται πλέον η Σλοβακία, η Πολωνία, η Τσεχία και η Ρουμανία, διατυπώνοντας σαφείς ενστάσεις κατά της πολιτικής των ανοικτών συνόρων. Εσχάτως σε αυτή τη «συμμαχία» προσετέθη και η Σλοβενία μέσω της κυβερνήσεως Γιάνεζ Γιάνσα.

Στην απομόνωση βρέθηκε λοιπόν, όπως κατέστη γνωστό, ο Ούγγρος πρωθυπουργός διότι αρνείται να συνηγορήσει και να υποκύψει στις αντεθνικές πολιτικές που επιβάλλει η Ευρωπαϊκή Ένωση. Οι ευρωβουλευτές, με 448 ψήφους υπέρ και 197 κατά, ενεργοποίησαν την παράγραφο 1 του Άρθρου 7 της Συνθήκης της Ε.Ε. εναντίον της Ουγγαρίας. Το άρθρο αυτό λοιπόν προβλέπει τις διαδικασίες που πρέπει να κινηθούν αν κάποιο κράτος συνιστά «απειλή κατά των ιδρυτικών αξιών της Ε.Ε.». Στην προκειμένη περίπτωση η Ουγγαρία χάνει το δικαίωμα ψήφου στα Συμβούλια Κορυφής της Ε.Ε. Φυσικά ο Ούγγρος πρωθυπουργός όχι μόνο δεν πτοήθηκε αλλά συνεχίζει ακάθ... τη λαϊκή θέ-
...α εκφράζει την ... ληψη της
...παρασάγγας ... εις και πο-
...ς ανησυχίες ... υξελλών.
...άση του Ού... στά παρά-
...ίμηση όλων ... ρωπαίων
...νήσεων που ... γγιση της
...ντεινομένης λ... αντίστα-
...ς του επιβαλλ... γματι ενι-
...αγιώνεται στις ... . Σε αξιο-
...οδο βρίσκοντα... εθνικιστι-
...ά κόμματα: Οι ... , η Εναλ-
...η Γερμανία 12... νία 21%,
...ν Ιταλία 17,4%... Αυστρία
... στην Ελλάδα ο ... Αυγή κα-
...λέον διψήφια πο...
...εις των ειδικών α... μενης απη-

χή... κτ... υι... γό... πα... νε... Φ... λιτ... μα... σπ... ο η... ευρ... πρό... του... ανα...

Πρωτοφανής δίωξη σε Σουηδό ...

Σε δυσμένεια τέθηκε ο καθηγητής της Νευροφυσιολογίας, Γκέρμιντ Χέσλοου, του Πανεπιστημίου του Lund που βρίσκεται στη νότια Σουηδία.

Σύμφωνα με τα ρεπορτάζ του επέβαλλαν να ζητήσει συγγνώμη επειδή (άκουσον άκουσον) δίδασκε για τις βιολογικές και ανατομικές διαφορές μεταξύ ανδρών και γυναικών. Μερικοί από τους σπουδαστές που ταυτίζονται με τους διεμφυλικούς έχουν εξοργισθεί από τις διαλέξεις του και υποστηρίζουν ότι παραβιάζει τις βασικές αξίες και τον πυρήνα του σχεδίου ισότητας που ισχύει στο Πανεπιστήμιο.. Απαιτούν την άμεση δήλωση μετανοίας του Χέσλοου και την αντικατάσταση του από έναν καθηγητή ο οποίος θα λέει στους επίδοξους γιατρούς για την πατριαρχική καταπίεση εναντίον των γυναικών και των LGBT ανθρώπων. Σε μια επιστολή προς τη διεύθυνση, μια φοιτήτρια γράφει ότι ο Χέσλοου είναι "φοβικός" με τους διεμφυλικούς και ισχυριζόμενος ότι υπάρχουν βιολογικές διαφορές μεταξύ των δύο φύλων διατυπώνει μια «αντι-φεμινιστική ατζέντα». Η επιστολή αυτή γράφτηκε με βάση τις πληροφορίες που έλαβε αυτή η φοιτήτρια από άλλους φοιτητές και όχι βάσει ιδίας εμπειρίας από τυχόν παρακολούθηση των μαθημάτων που παρέδιδε ο καθηγητής. Ως αποτέλεσμα, ο Χέσλοου κλήθηκε από τη διοίκηση του πανεπιστημίου και του ζητήθηκε εκ μέρους του πρύτανη, να αποστασιοποιηθεί από ανάλογες διατυπώσεις στις διαλέξεις του.

Σε επιστολή προς τη διεύθυνση, ο Χέσλοου γράφει ότι δεν σκοπεύει να ζητήσει ...

... μιο θα πρέπει να κλείσει, αν κάθε φορά που μερικοί φοιτητές διαφωνούν με τις παγιωμένες επιστημονικές θέσεις προκύπτουν ζητήματα απομάκρυνσης καθηγητών."Αυτή είναι μια συμπεριφορά που δεν πρέπει να ενθαρρύνεται πολλώ δε μάλλον να την δικαιολογούμε", γράφει αναφορικά με τη στάση των φοιτητών. Απορρίπτει επίσης τις κατηγορίες ότι αυτός, αντί για διδασκαλία, πραγματοποιεί μια αντί διεμφυλική ή αντί-φεμινιστική διαλεκτική ατζέντα. Ο καθηγητής ολοκληρώνει την επιστολή του γράφοντας ότι καθήκον του είναι να υπερασπίζεται τις κραταιές επιστημονικές θέσεις στα πλαίσια της ακαδημαϊκής του ιδιότητας ώστε να επιτελεί αναπόσπαστος το λειτούργημα του.

Φ.Μ.

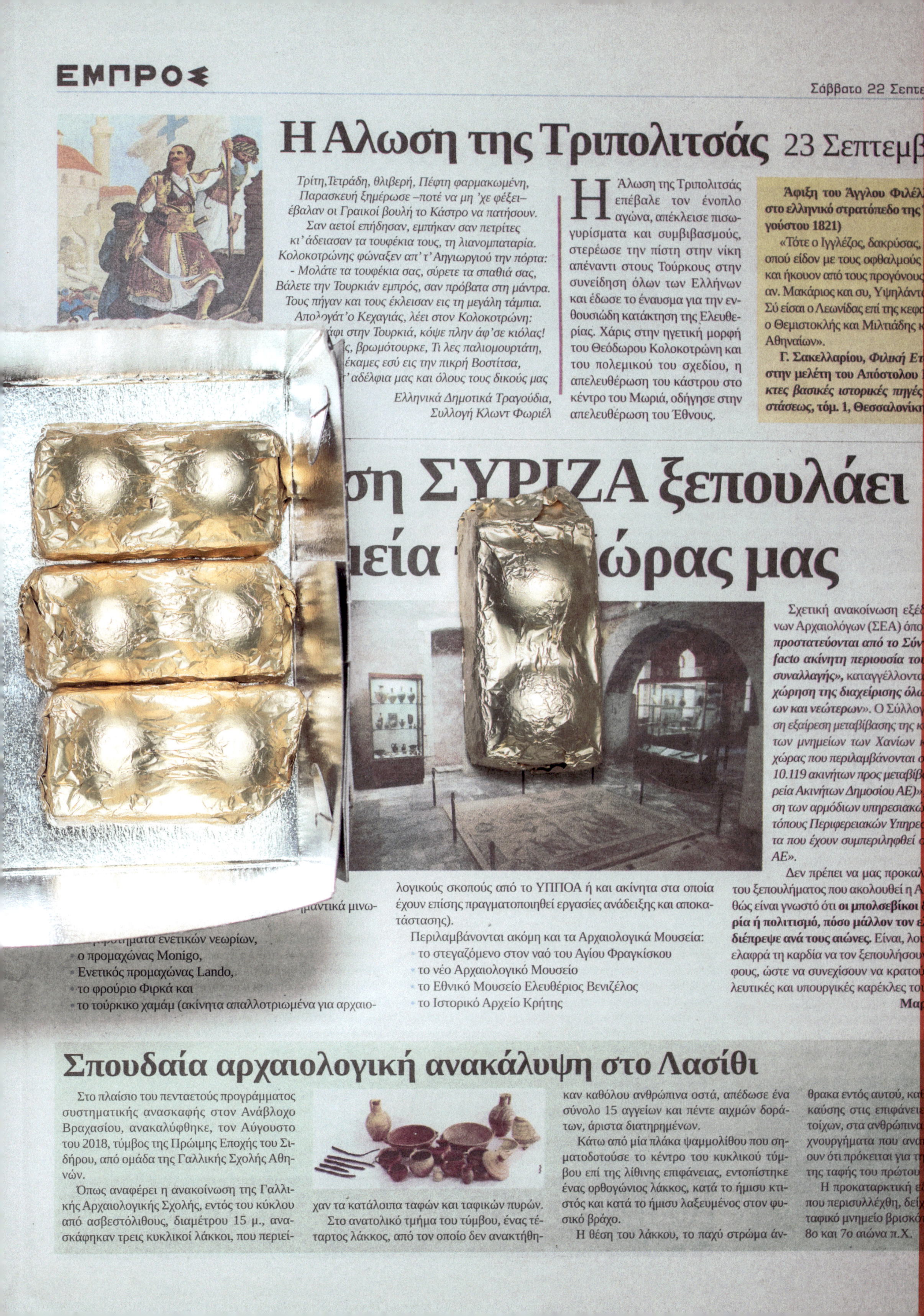

Η Αλωση της Τριπολιτσάς 23 Σεπτεμβρίου

Τρίτη, Τετράδη, θλιβερή, Πέφτη φαρμακωμένη,
Παρασκευή ξημέρωσε –ποτέ να μη 'χε φέξει–
έβαλαν οι Γραικοί βουλή το Κάστρο να πατήσουν.
Σαν αετοί επήδησαν, εμπήκαν σαν πετρίτες
κι' άδειασαν τα τουφέκια τους, τη λιανομπαταρία.
Κολοκοτρώνης φώναξεν απ' τ' Αηγιωργιού την πόρτα:
- Μολάτε τα τουφέκια σας, σύρετε τα σπαθιά σας,
Βάλετε την Τουρκιάν εμπρός, σαν πρόβατα στη μάντρα.
Τους πήγαν και τους έκλεισαν εις τη μεγάλη τάμπια.
Απολογάτ' ο Κεχαγιάς, λέει στον Κολοκοτρώνη:
…άφι στην Τουρκιά, κόψε πλην άφ' σε κιόλας!
…ς, βρωμότουρκε, Τι λες παλιομουρτάτη,
…έκαμες εσύ εις την πικρή Βοστίτσα,
…' αδέλφια μας και όλους τους δικούς μας

Ελληνικά Δημοτικά Τραγούδια,
Συλλογή Κλωντ Φωριέλ

Η Άλωση της Τριπολιτσάς επέβαλε τον ένοπλο αγώνα, απέκλεισε πισωγυρίσματα και συμβιβασμούς, στερέωσε την πίστη στην νίκη απέναντι στους Τούρκους στην συνείδηση όλων των Ελλήνων και έδωσε το έναυσμα για την ενθουσιώδη κατάκτηση της Ελευθερίας. Χάρις στην ηγετική μορφή του Θεόδωρου Κολοκοτρώνη και του πολεμικού του σχεδίου, η απελευθέρωση του κάστρου στο κέντρο του Μωριά, οδήγησε στην απελευθέρωση του Έθνους.

Άφιξη του Άγγλου Φιλέλλην[α] στο ελληνικό στρατόπεδο της Τρι[πολιτσάς … Αυ]γούστου 1821)

«Τότε ο Ιγγλέζος, δακρύσας, εφώ[ναξεν:] … οπού είδον με τους οφθαλμούς μου … και ήκουον από τους προγόνους μου … αν. Μακάριος και συ, Υψηλάντα, εί… Σύ είσαι ο Λεωνίδας επί της κεφαλής … ο Θεμιστοκλής και Μιλτιάδης και Π… Αθηναίων».

Γ. Σακελλαρίου, Φιλική Εταιρε[ία] … στην μελέτη του Απόστολου Βακ[αλόπουλου] … κτες βασικές ιστορικές πηγές της … στάσεως, τόμ. 1, Θεσσαλονίκη 199[0].

…ση ΣΥΡΙΖΑ ξεπουλάει …εία τ… ώρας μας

Σχετική ανακοίνωση εξέδ[ωσε ο Σύλλογος Ελλή]νων Αρχαιολόγων (ΣΕΑ) όπου [τονίζει ότι] *προστατεύονται από το Σύντ[αγμα και η de] facto ακίνητη περιουσία του [Δημοσίου, συναλλαγής»,* καταγγέλλοντας *«την επι]χώρηση της διαχείρισης όλω[ν των μνημεί]ων και νεώτερων».* Ο Σύλλογ[ος ζητά επί]ση εξαίρεση μεταβίβασης της κυ[ριότητας κ…] *των μνημείων των Χανίων κα[ι άλλων τ…] χώρας που περιλαμβάνονται στ[ον… 10.119 ακινήτων προς μεταβίβα[ση στην ΕΤ]ρεία Ακινήτων Δημοσίου ΑΕ)»,* [όπως και…] ση των αρμόδιων υπηρεσιακών [… τόπους Περιφερειακών Υπηρεσι[ών… τα που έχουν συμπεριληφθεί στ[ον κατάλ… ΑΕ».

Δεν πρέπει να μας προκαλε[ί …] του ξεπουλήματος που ακολουθεί η Αρ[ιστερή κυ…] θώς είναι γνωστό ότι **οι μπολσεβίκοι δ[εν αναγ…] ρία ή πολιτισμό, πόσο μάλλον τον ελ[ληνικό πο…] διέπρεψε ανά τους αιώνες.** Είναι, λοιπ[όν, φυσικό…] ελαφρά τη καρδία να τον ξεπουλήσουν [στους ξέν]ους, ώστε να συνεχίσουν να κρατούν [τις πολυ]λευτικές και υπουργικές καρέκλες του[ς].

Μαρι[λένα Κατ…]

λογικούς σκοπούς από το ΥΠΠΟΑ ή και ακίνητα στα οποία έχουν επίσης πραγματοποιηθεί εργασίες ανάδειξης και αποκατάστασης).

Περιλαμβάνονται ακόμη και τα Αρχαιολογικά Μουσεία:
- το στεγαζόμενο στον ναό του Αγίου Φραγκίσκου
- το νέο Αρχαιολογικό Μουσείο
- το Εθνικό Μουσείο Ελευθέριος Βενιζέλος
- το Ιστορικό Αρχείο Κρήτης

…ιμαντικά μινω… …ρτώματα ενετικών νεωρίων,
- ο προμαχώνας Monigo,
- Ενετικός προμαχώνας Lando,
- το φρούριο Φιρκά και
- το τούρκικο χαμάμ (ακίνητα απαλλοτριωμένα για αρχαιο-

Σπουδαία αρχαιολογική ανακάλυψη στο Λασίθι

Στο πλαίσιο του πενταετούς προγράμματος συστηματικής ανασκαφής στον Ανάβλοχο Βραχασίου, ανακαλύφθηκε, τον Αύγουστο του 2018, τύμβος της Πρώιμης Εποχής του Σιδήρου, από ομάδα της Γαλλικής Σχολής Αθηνών.

Όπως αναφέρει η ανακοίνωση της Γαλλικής Αρχαιολογικής Σχολής, εντός του κύκλου από ασβεστόλιθους, διαμέτρου 15 μ., ανασκάφηκαν τρεις κυκλικοί λάκκοι, που περιεί-

χαν τα κατάλοιπα ταφών και ταφικών πυρών.

Στο ανατολικό τμήμα του τύμβου, ένας τέταρτος λάκκος, από τον οποίο δεν ανακτήθη-καν καθόλου ανθρώπινα οστά, απέδωσε ένα σύνολο 15 αγγείων και πέντε αιχμών δοράτων, άριστα διατηρημένων.

Κάτω από μια πλάκα ψαμμολίθου που σηματοδοτούσε το κέντρο του κυκλικού τύμβου επί της λίθινης επιφάνειας, εντοπίστηκε ένας ορθογώνιος λάκκος, κατά το ήμισυ κτιστός και κατά το ήμισυ λαξευμένος στον φυσικό βράχο.

Η θέση του λάκκου, το παχύ στρώμα αν-θρακα εντός αυτού, καθώς και τα … καύσης στις επιφάνειες των πλευ… τοίχων, στα ανθρώπινα κατάλοιπα … χνουργήματα που ανακτήθηκαν, … νουν ότι πρόκειται για τη θέση της … της ταφής του πρώτου νεκρού του …

Η προκαταρκτική εξέταση της … που περισυλλέχθη, δείχνει πως το … ταφικό μνημείο βρισκόταν σε χρήσ… 8ο και 7ο αιώνα π.Χ.

실력-카리스마 '한 수 보인' 골프 맏언니

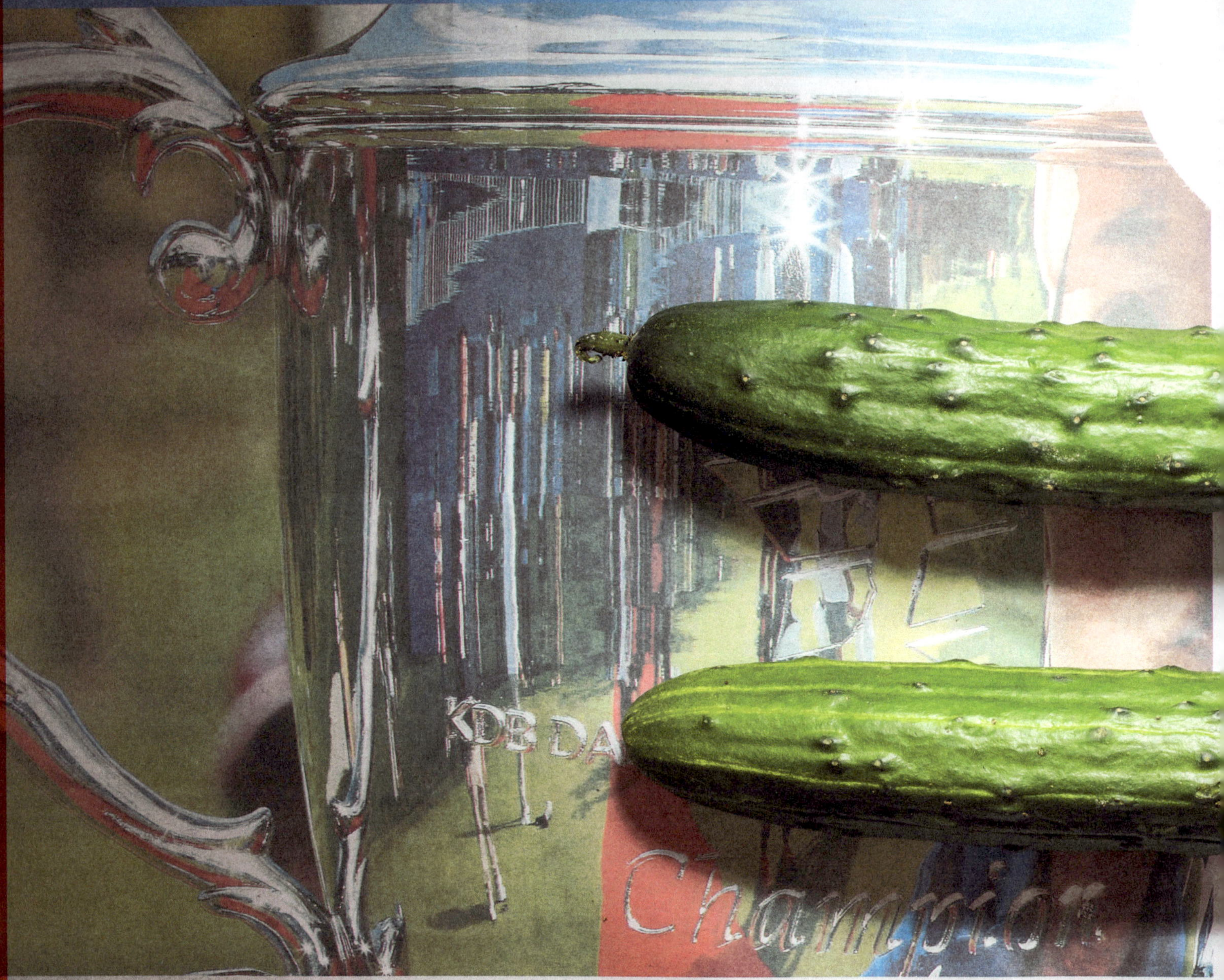

그는 한국여자프로골프의 살아있는 전설이었다. 아마추어 시절부터 프로무대를 평정한 그는 1996년 한국여자프로골프(KLPGA) 투어에 입회한 이후 신인왕과 상금왕을 휩쓸었다. 이후 1997년 미국여자프로골프(LPGA) 투어에 도전을 선언한 이후 1998년 시즌 4승(메이저대회 2승 포함)을 거두며 LPGA 투어에 혜성같이 등장했다. 1998년 LPGA 투어 신인왕도 그의 차지였다. LPGA 투어 데뷔 10년만인 2007년에는 LPGA 명예의 전당에 입성하며 '살아있는 전설' 대열에 합류했다. 2012년까지 LPGA 투어에서 거둔 승수는 '25'였다.

박세리(35·KDB금융). LPGA 무대를 휩쓸었던 그는 2008년부터 2년간 우승을 기록하지 못하며 하락세를 보이더니 어느덧 한국 여자골프의 '맏언니'라는 수식어가 더 익숙해진 평범한 선수가 됐다. 그러나 2012년 KLPGA 투어에서 '맏언니'의 위력을 마음껏 뽐냈다. 전성기 시절을 방불케 할 정도로 완벽한 퍼트감과 과감한 샷으로 자신을 보고 자란 '세리 키즈'에게 한 수 보여줬다.

박세리가 지난 23일 강원도 평창 휘닉스파크골프장(파72·6416야드)에서 열린 한국여자프로골프(KLPGA) 투어 KDB대우증권 클래식 최종라운드에서 버디를 9개나 쏟아내며 7타를 줄여 최종합계 16언더파 200타를 적어내 우승을 차지했다. 2위 허윤경(22·현대스위스)을 3타차로 따돌린 그는 2003년 KLPGA 투어에서 우승을 차지한 이후 9년만에 국내 무대에서 우승컵을 들어올리며 환한 미소를 지었다. 박세리가 국내 투어에서 따낸 승수는 14승(아마추어 우승 포함)으로 늘어났다. LPGA 투어까지 포함하면 통산 25번째 우승으로 2010년 5월 벨마이크로 클래식 이후 2년4개월만에 다시 우승과 인연을 맺었다. 이번 우승으로 갖가지 기록도 새롭게 쓰여졌다. 2000년대 들어 KLPGA 투어 정규대회에서 30대 선수가 우승한 것은 박세리가 처음이다.

또 박세리의 합계 성적(16언더파 200타)은 김하늘(24·비씨카드) 등 3명이 보유한 54홀 코스레코드(12언더파 204타)를 4타 줄인 새로운 기록이며 최소타 신기록(18언더파)에도 2타 모자란 빼어난 스코어였다. 여기에 자신의 후원사인 KDB주최 대회에서 우승컵을 따내 기쁨은 두 배가 됐다.

말 그대로 신들린 듯한 샷감각이었다. 호쾌한 드라이버샷과, 정확한 아이언샷, 정교한 퍼트까지 3박자가 완벽했다. 특히 대회 최종라운드에서는 3m 내외의 버디 퍼팅을 잇따라 성공시켜 최고의 감각을 뽐냈다.

"미국에서 우승한 것과는 감회가 다르다. 훨씬 뿌듯하고 자랑스럽다"며 환한 미소를 보인 박세리는 "겨울 동계훈련을 아버지와 아주 재미있게 했다. 첫 스승이자 코치이고 나를 잘 아시는 분이다. 작은 것 하나하나 부터 기본기까지 잘 잡아주셔서 우승하는데 도움이 됐다"며 우승 원동력을 밝혔다. 이어 "지금 컨디션이면 너무 좋다. 남은 미국 대회들을 잘 마무리하고 싶다"며 잔여시즌에 대한 기대감을 드러냈다.

'세리 키즈'들도 '맏언니'의 우승에 환호했다. 박세리가 챔피언 퍼트를 하자, '세리

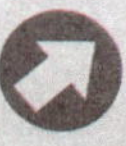

Contents

▶주상욱-박한별 복근커플 등극

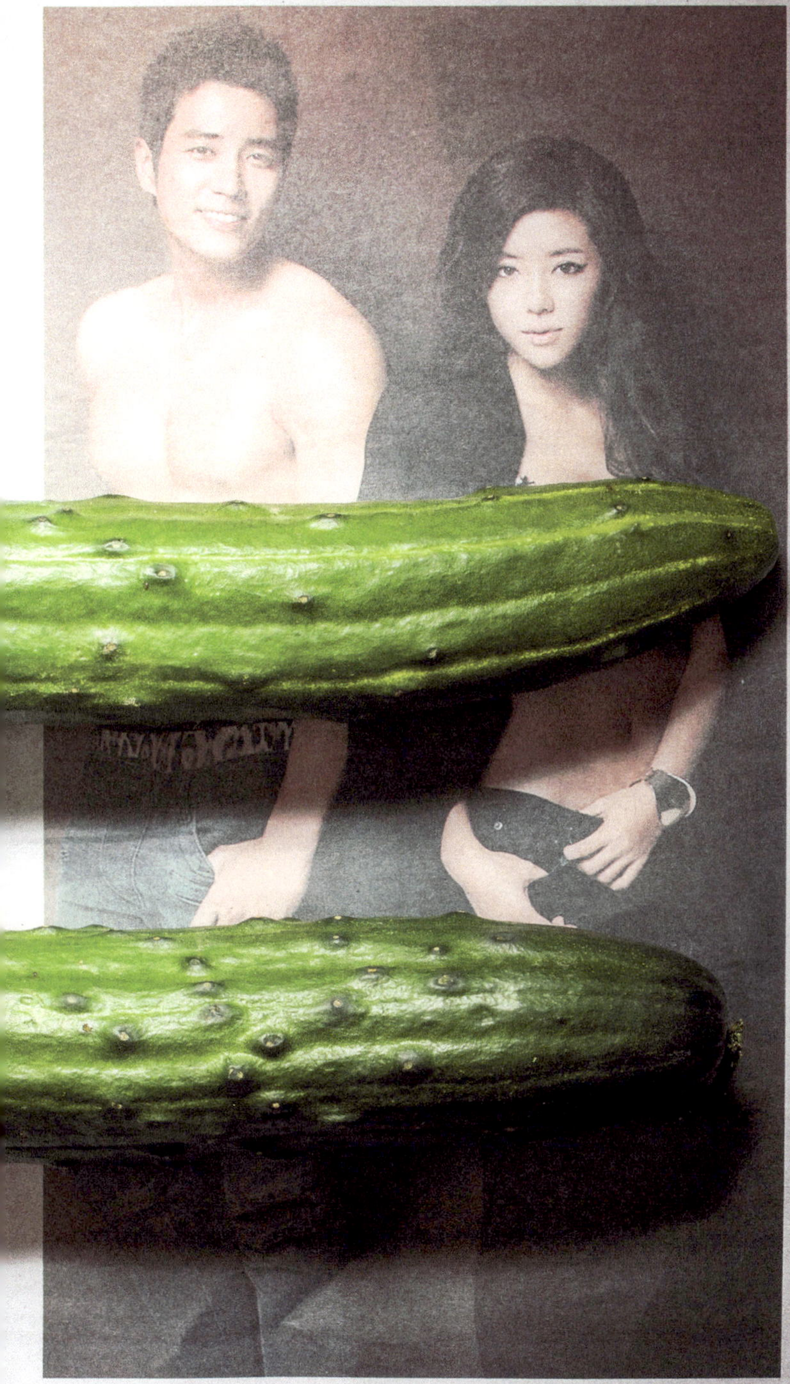

주상욱과 박한별이 '복근커플'에 등극했다. 주상욱과 박한별은 패션 언더웨어 브랜드 보디가드의 2012년 가을 시즌 화보에서 남다른 우월한 몸매를 자랑하며 탄탄한 복근을 공개했다. 올 시즌 보디가드가 추구하는 '탄력에 주목하라, 어텐션 (ATENSION = Attention + Tension)'이라는 컨셉트를 완벽하게 소화해 내며 운동으로 다져진 군살 없는 몸매임을 증명했다. 특히 올 가을 유행 아이템인 과감한 애니멀 프린트의 언더웨어를 상의를 탈의한 채 청바지와 매치한 포즈는 감탄을 자아낸다. 두 배우는 편안한 캐주얼부터 포멀한 정장 스타일까지 각 촬영 컨셉트에 맞는 팔색조 매력을 뽐내며 촬영장을 압도했다는 후문이다.

이정혁 기자 jjangga@sportschosun.com

scpaperzine | www.sportschosun.com

스포츠조선 : 1990년 3월 21일 창간 | 1990년 3월 7일 등록번호 가-97

대표이사 : 방성훈 | 발행·인쇄인 : 방준식 | 편집인·편집국장 : 최재성

(100-791) 서울특별시 중구 중림동 441 | 전화안내 (02) 3219-8114

구독문의 (02) 3219-8282, 광고문의 (02) 3219-8484, 구독료 한달 2,500원, 1부 700원

본지는 신문윤리 강령 및 그 실천 요강을 준수한다. 2000년 12월 12일 국유철도 특별급 승인 192호

편집-제작대행 : SC컴즈 (02)3219-8101, 8116

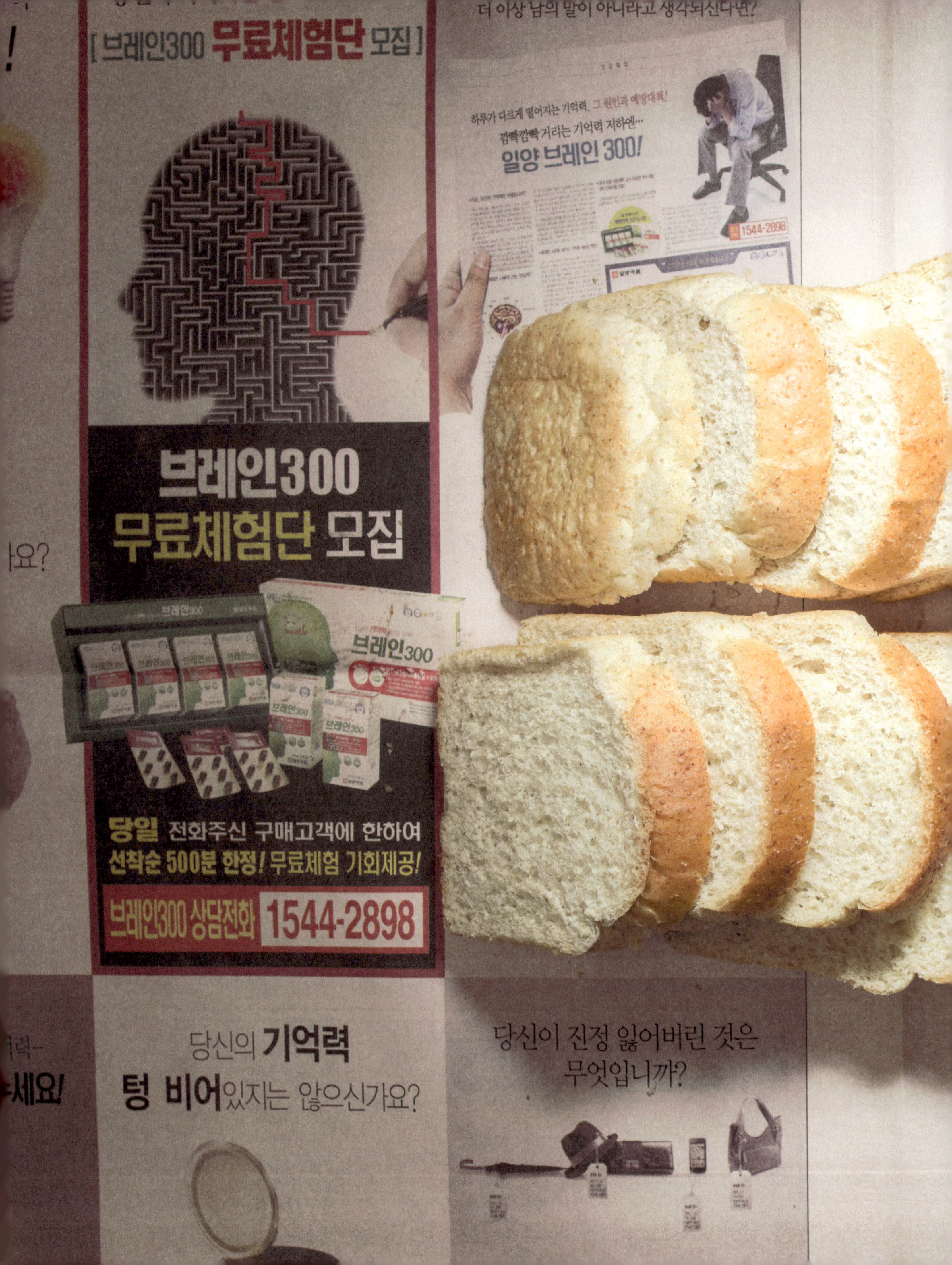
더 이상 남의 말이 아니라고 생각되신다면?
[브레인300 무료체험단 모집]
하루가 다르게 떨어지는 기억력, 그 원인과 예방대책!
깜빡깜빡 거리는 기억력 저하엔…
일양 브레인 300!
브레인300
무료체험단 모집
당일 전화주신 구매고객에 한하여
선착순 500분 한정! 무료체험 기회제공!
브레인300 상담전화 1544-2898
당신의 기억력
텅 비어있지는 않으신가요?
당신이 진정 잃어버린 것은
무엇입니까?

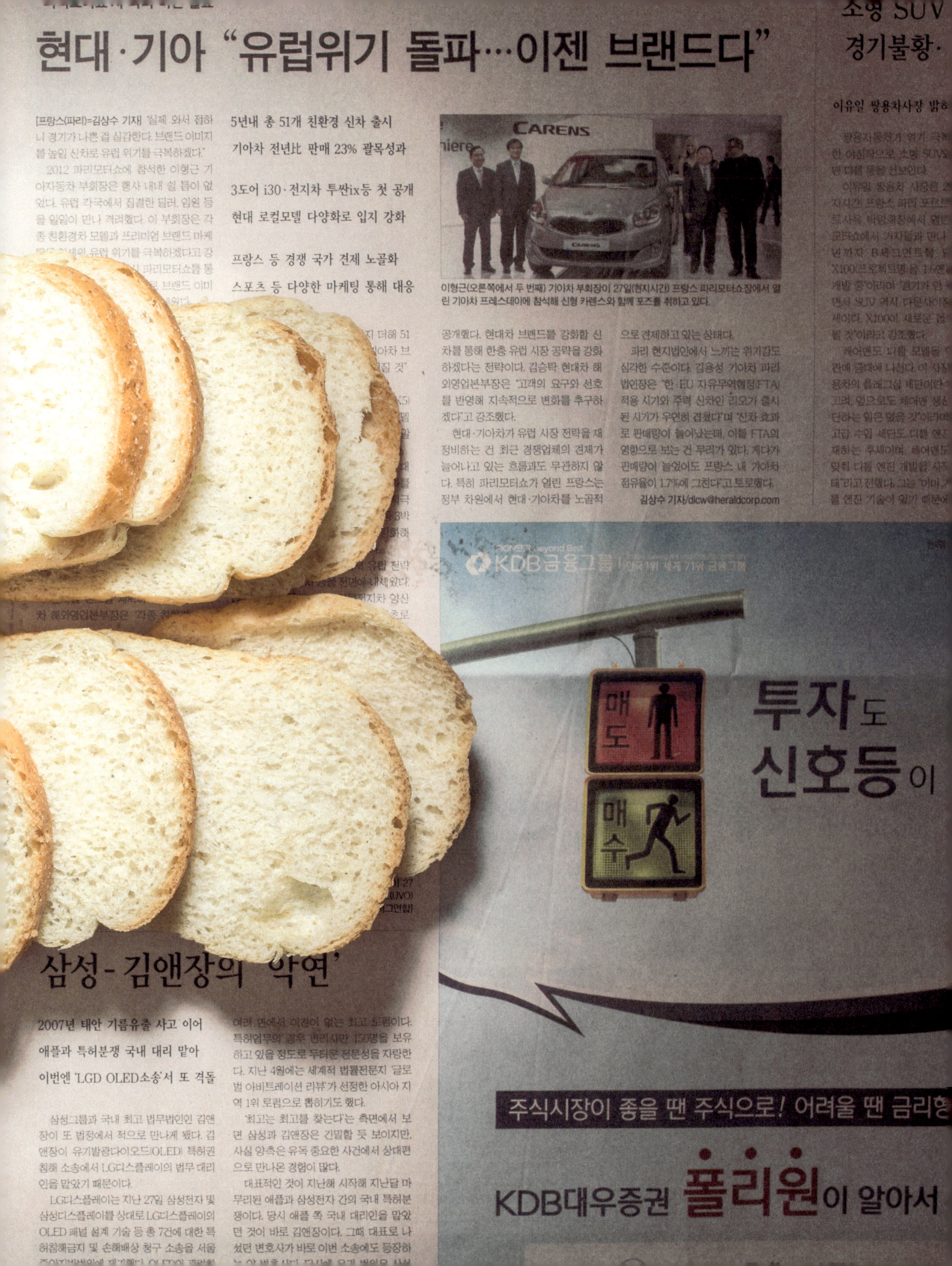

현대·기아 "유럽위기 돌파…이젠 브랜드다"

이유일 쌍용차사장 밝ㅎ

5년내 총 51개 친환경 신차 출시

기아차 전년比 판매 23% 괄목성과

3도어 i30·전지차 투싼ix등 첫 공개

현대 로컬모델 다양화로 입지 강화

프랑스 등 경쟁 국가 견제 노골화

스포츠 등 다양한 마케팅 통해 대응

[프랑스(파리)=김상수 기재 "실제 와서 접하니 경기가 나쁜 걸 실감한다. 브랜드 이미지를 높일 신차로 유럽 위기를 극복하겠다."

2012 파리모터쇼에 참석한 이형근 기아자동차 부회장은 행사 내내 쉴 틈이 없었다. 유럽 각국에서 집결한 딜러, 임원 등을 일일이 만나 격려했다. 이 부회장은 각종 친환경차 모델과 프리미엄 브랜드 마케…

이형근(오른쪽에서 두 번째) 기아차 부회장이 27일(현지시간) 프랑스 파리모터쇼장에서 열린 기아차 프레스데이에 참석해 신형 카렌스와 함께 포즈를 취하고 있다.

공개했다. 현대차 브랜드를 강화할 신차를 통해 한층 유럽 시장 공략을 강화하겠다는 전략이다. 김승탁 현대차 해외영업본부장은 "고객의 요구와 선호를 반영해 지속적으로 변화를 추구하겠다"고 강조했다.

현대·기아차가 유럽 시장 전략을 재정비하는 건 최근 경쟁업체의 견제가 늘어나고 있는 흐름과도 무관하지 않다. 특히 파리모터쇼가 열린 프랑스는 정부 차원에서 현대·기아차를 노골적으로 견제하고 있는 상태다.

파리 현지법인에서 느끼는 위기감도 심각한 수준이다. 김용성 기아차 파리법인장은 "한·EU 자유무역협정(FTA) 적용 시기와 주력 신차인 리오가 출시된 시기가 우연히 겹쳤다"며 "신차 효과로 판매량이 늘어났는데, 이를 FTA의 영향으로 보는 건 무리가 있다. 게다가 판매량이 늘었어도 프랑스 내 기아차 점유율이 1.7%에 그친다"고 토로했다.

김상수 기자/dlcw@heraldcorp.com

삼성-김앤장의 '악연'

2007년 태안 기름유출 사고 이어

애플과 특허분쟁 국내 대리 맡아

이번엔 'LGD OLED소송'서 또 격돌

삼성그룹과 국내 최고 법무법인인 김앤장이 또 법정에서 적으로 만나게 됐다. 김앤장이 유기발광다이오드(OLED) 특허권 침해 소송에서 LG디스플레이의 법무 대리인을 맡았기 때문이다.

LG디스플레이는 지난 27일 삼성전자 및 삼성디스플레이를 상대로 LG디스플레이의 OLED 패널 설계 기술 등 총 7건에 대한 특허해금지 및 손해배상 청구 소송을 서울

여러 면에서 이견이 없는 최고 로펌이다. 특허업무의 경우 변리사만 150명을 보유하고 있을 정도로 두터운 전문성을 자랑한다. 지난 4월에는 세계적 법률전문지 글로벌 아비트레이션 리뷰가 선정한 아시아 지역 1위 로펌으로 꼽히기도 했다.

'최고'는 최고를 찾는다는 측면에서 보면 삼성과 김앤장은 긴밀한 듯 보이지만, 사실 양측은 유독 중요한 사건에서 상대편으로 만나온 경험이 많다.

대표적인 것이 지난해 시작해 지난달 마무리된 애플과 삼성전자 간의 국내 특허분쟁이다. 당시 애플 쪽 국내 대리인을 맡았던 것이 바로 김앤장이다. 그때 대표로 나섰던 변호사가 바로 이번 소송에도 등장한

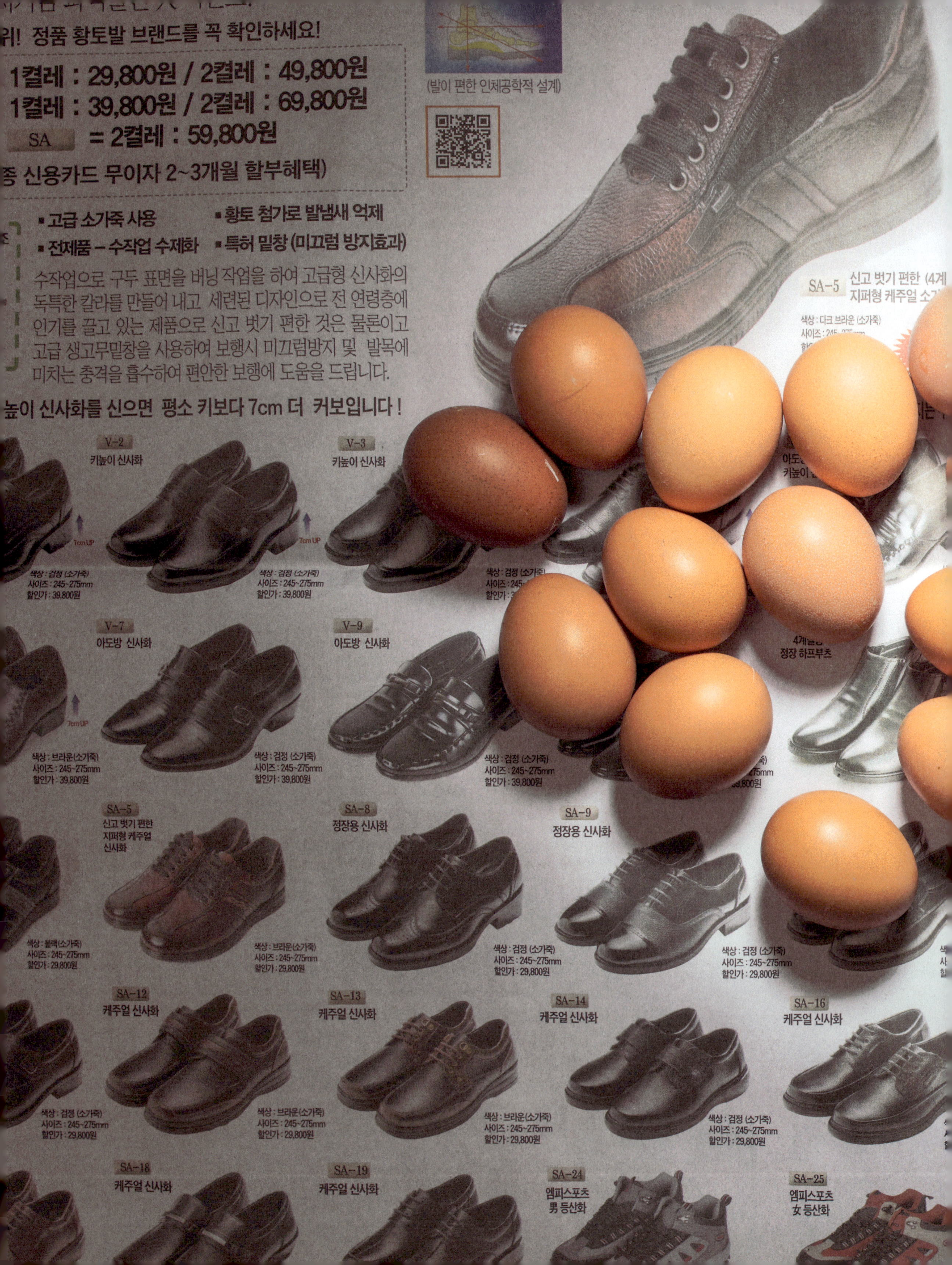

정품 황토발 브랜드를 꼭 확인하세요!
1켤레 : 29,800원 / 2켤레 : 49,800원
1켤레 : 39,800원 / 2켤레 : 69,800원
SA = 2켤레 : 59,800원
종 신용카드 무이자 2~3개월 할부혜택)
고급 소가죽 사용
전제품 - 수작업 수제화
황토 첨가로 발냄새 억제
특허 밑창 (미끄럼 방지효과)
수작업으로 구두 표면을 버닝 작업을 하여 고급형 신사화의
독특한 칼라를 만들어 내고 세련된 디자인으로 전 연령층에
인기를 끌고 있는 제품으로 신고 벗기 편한 것은 물론이고
고급 생고무밑창을 사용하여 보행시 미끄럼방지 및 발목에
미치는 충격을 흡수하여 편안한 보행에 도움을 드립니다.
높이 신사화를 신으면 평소 키보다 7cm 더 커보입니다 !
(발이 편한 인체공학적 설계)
SA-5 신고 벗기 편한 (4계
지퍼형 케주얼 소가
색상 : 다크 브라운 (소가죽)
사이즈 : 245~275mm
V-2
키높이 신사화
7cm UP
색상 : 검정 (소가죽)
사이즈 : 245~275mm
할인가 : 39,800원
V-3
키높이 신사화
7cm UP
색상 : 검정 (소가죽)
사이즈 : 245~
할인가 :
V-7
아도방 신사화
7cm UP
색상 : 브라운(소가죽)
사이즈 : 245~275mm
할인가 : 39,800원
V-9
아도방 신사화
색상 : 검정 (소가죽)
사이즈 : 245~275mm
할인가 : 39,800원
4계절
정장 하프부츠
SA-5
신고 벗기 편한
지퍼형 케주얼
신사화
색상 : 불랙(소가죽)
사이즈 : 245~275mm
할인가 : 29,800원
SA-8
정장용 신사화
색상 : 브라운(소가죽)
사이즈 : 245~275mm
할인가 : 29,800원
SA-9
정장용 신사화
색상 : 검정 (소가죽)
사이즈 : 245~275mm
할인가 : 29,800원
SA-12
케주얼 신사화
색상 : 검정 (소가죽)
사이즈 : 245~275mm
할인가 : 29,800원
SA-13
케주얼 신사화
색상 : 브라운(소가죽)
사이즈 : 245~275mm
할인가 : 29,800원
SA-14
케주얼 신사화
색상 : 브라운(소가죽)
사이즈 : 245~275mm
할인가 : 29,800원
SA-16
케주얼 신사화
색상 : 검정 (소가죽)
사이즈 : 245~275mm
할인가 : 29,800원
SA-18
케주얼 신사화
SA-19
케주얼 신사화
SA-24
엠피스포츠
男 등산화
SA-25
엠피스포츠
女 등산화

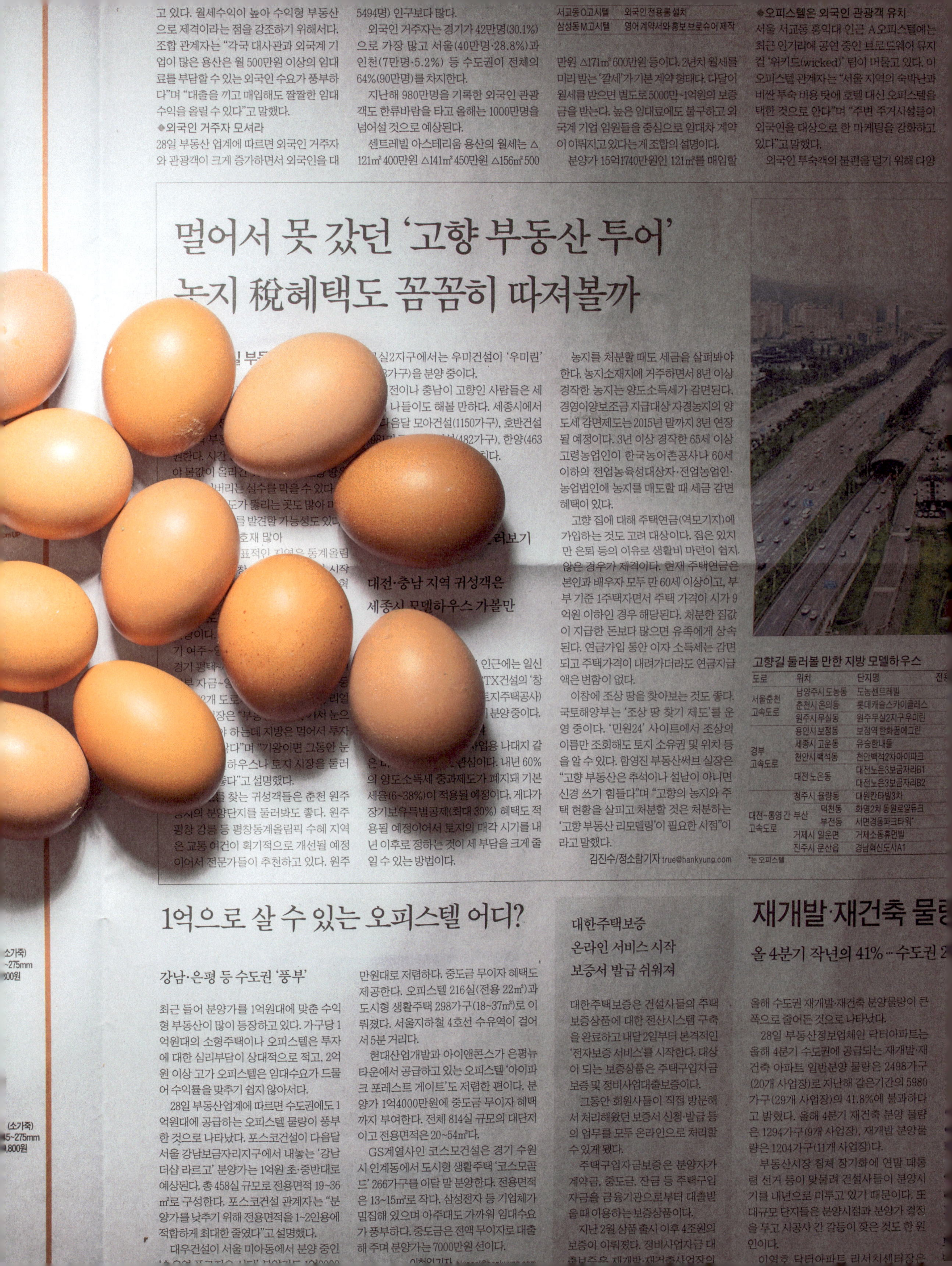

고 있다. 월세수익이 높아 수익형 부동산으로 제격이라는 점을 강조하기 위해서다. 조합 관계자는 "각국 대사관과 외국계 기업이 많은 용산은 월 500만원 이상의 임대료를 부담할 수 있는 외국인 수요가 풍부하다"며 "대출을 끼고 매입해도 짤짤한 임대수익을 올릴 수 있다"고 말했다.

◈외국인 거주자 모셔라

28일 부동산 업계에 따르면 외국인 거주자와 관광객이 크게 증가하면서 외국인을 대 … 5494명) 인구보다 많다.

외국인 거주자는 경기가 42만명(30.1%)으로 가장 많고 서울(40만명·28.8%)과 인천(7만명·5.2%) 등 수도권이 전체의 64%(90만명)를 차지한다.

지난해 980만명을 기록한 외국인 관광객도 한류바람을 타고 올해는 1000만명을 넘어설 것으로 예상된다.

센트레빌 아스테리움 용산의 월세는 △121㎡ 400만원 △141㎡ 450만원 △156㎡ 500만원 △171㎡ 600만원 등이다. 2년치 월세를 미리 받는 '깔세'가 기본 계약 형태다. 다달이 월세를 받으면 별도로 5000만~1억원의 보증금을 받는다. 높은 임대료에도 불구하고 외국계 기업 임원들을 중심으로 임대차 계약이 이뤄지고 있다는 게 조합의 설명이다.

분양가 15억1740만원인 121㎡를 매입할

서교동 O고시텔	외국인 전용룸 설치
삼성동 M고시텔	영어 계약서와 홍보 브로슈어 제작

◈오피스텔은 외국인 관광객 유치

서울 서교동 홍익대 인근 A오피스텔에는 최근 인기리에 공연 중인 브로드웨이 뮤지컬 '위키드(wicked)' 팀이 머물고 있다. 이 오피스텔 관계자는 "서울 지역의 숙박난과 비싼 투숙 비용 탓에 호텔 대신 오피스텔을 택한 것으로 안다"며 "주변 주거시설들이 외국인을 대상으로 한 마케팅을 강화하고 있다"고 말했다.

외국인 투숙객의 불편을 덜기 위해 다양

멀어서 못 갔던 '고향 부동산 투어' 농지 稅혜택도 꼼꼼히 따져볼까

… 실2지구에서는 우미건설이 '우미린' (…3가구)을 분양 중이다.

…전이나 충남이 고향인 사람들은 세… 나들이도 해볼 만하다. 세종시에서 … 다음달 모아건설(1150가구), 호반건설 … (482가구), 한양(463 … 다.

대전·충남 지역 귀성객은 세종시 모델하우스 가볼만

… 인근에는 일신 … TX건설의 '창 … 토지주택공사) … 분양중이다.

… 업용 나대지 갈 … 관심이다. 내년 60%의 양도소득세 중과제도가 폐지돼 기본세율(6~38%)이 적용될 예정이다. 게다가 장기보유특별공제(최대 30%) 혜택도 적용될 예정이어서 토지의 매각 시기를 내년 이후로 정하는 것이 세 부담을 크게 줄일 수 있는 방법이다.

… 평창 강릉 등 평창동계올림픽 수혜 지역은 교통 여건이 획기적으로 개선될 예정이어서 전문가들이 추천하고 있다. 원주

농지를 처분할 때도 세금을 살펴봐야 한다. 농지소재지에 거주하면서 8년 이상 경작한 농지는 양도소득세가 감면된다. 경영이양보조금 지급대상 자경농지의 양도세 감면제도는 2015년 말까지 3년 연장될 예정이다. 3년 이상 경작한 65세 이상 고령농업인이 한국농어촌공사나 60세 이하의 전업농육성대상자·전업농업인·농업법인에 농지를 매도할 때 세금 감면 혜택이 있다.

고향 집에 대해 주택연금(역모기지)에 가입하는 것도 고려 대상이다. 집은 있지만 은퇴 등의 이유로 생활비 마련이 쉽지 않은 경우가 제격이다. 현재 주택연금은 본인과 배우자 모두 만 60세 이상이고, 부부 기준 1주택자면서 주택 가격이 시가 9억원 이하인 경우 해당된다. 처분한 집값이 지급한 돈보다 많으면 유족에게 상속된다. 연금가입 동안 이자 소득세는 감면되고 주택가격이 내려가더라도 연금지급액은 변함이 없다.

이참에 조상 땅을 찾아보는 것도 좋다. 국토해양부는 '조상 땅 찾기 제도'를 운영 중이다. '민원24' 사이트에서 조상의 이름만 조회해도 토지 소유권 및 위치 등을 알 수 있다. 함영진 부동산써브 실장은 "고향 부동산은 추석이나 설날이 아니면 신경 쓰기 힘들다"며 "고향의 농지와 주택 현황을 살피고 처분할 것은 처분하는 '고향 부동산 리모델링'이 필요한 시점"이라고 말했다.

김진수/정소람 기자 true@hankyung.com

고향길 둘러볼 만한 지방 모델하우스

도로	위치		단지명
서울춘천 고속도로	남양주시 도농동		도농센트레빌
	춘천시 온의동		롯데캐슬스카이클래스
	원주시 무실동		원주무실2지구우미린
경부 고속도로	용인시 보정동		보정역 한화꿈에그린
	세종시 고운동		유승한내들
	천안시 백석동		천안백석2차아이파크
	대전 노은동		대전노은3보금자리B1
			대전노은3보금자리B2
대전~통영간 고속도로	청주시 율량동		대원칸타빌3차
	부산	덕천동	화명2차 동원로얄듀크
		부전동	서면경동파크타워*
	거제시 일운면		거제소동휴먼빌
	진주시 문산읍		경남혁신도시A1

*는 오피스텔

1억으로 살 수 있는 오피스텔 어디?

강남·은평 등 수도권 '풍부'

최근 들어 분양가를 1억원대에 맞춘 수익형 부동산이 많이 등장하고 있다. 가구당 1억원대의 소형주택이나 오피스텔은 투자에 대한 심리부담이 상대적으로 적고, 2억원 이상 고가 오피스텔은 임대수요가 드물어 수익률을 맞추기 쉽지 않아서다.

28일 부동산업계에 따르면 수도권에도 1억원대에 공급하는 오피스텔 물량이 풍부한 것으로 나타났다. 포스코건설이 다음달 서울 강남보금자리지구에서 내놓는 '강남 더샵 라르고' 분양가는 1억원 초·중반대로 예상된다. 총 458실 규모로 전용면적 19~36㎡로 구성한다. 포스코건설 관계자는 "분양가를 낮추기 위해 전용면적을 1~2인용에 적합하게 최대한 줄였다"고 설명했다.

대우건설이 서울 미아동에서 분양 중인 … 만원대로 저렴하다. 중도금 무이자 혜택도 제공한다. 오피스텔 216실(전용 22㎡)과 도시형 생활주택 298가구(18~37㎡)로 이뤄졌다. 서울지하철 4호선 수유역이 걸어서 5분 거리다.

현대산업개발과 아이앤콘스가 은평뉴타운에서 공급하고 있는 오피스텔 '아이파크 포레스트 게이트'도 저렴한 편이다. 분양가 1억4000만원에 중도금 무이자 혜택까지 부여한다. 전체 814실 규모의 대단지이고 전용면적은 20~54㎡다.

GS계열사인 코스모건설은 경기 수원시 인계동에서 도시형 생활주택 '코스모골드' 266가구를 이달 말 분양한다. 전용면적은 13~15㎡로 작다. 삼성전자 등 기업체가 밀집해 있으며 아주대도 가까워 임대수요가 풍부하다. 중도금은 전액 무이자로 대출해 주며 분양가는 7000만원 선이다.

대한주택보증 온라인 서비스 시작 보증서 발급 쉬워져

대한주택보증은 건설사들의 주택보증상품에 대한 전산시스템 구축을 완료하고 내달 2일부터 본격적인 '전자보증 서비스'를 시작한다. 대상이 되는 보증상품은 주택구입자금보증 및 정비사업대출보증이다.

그동안 회원사들이 직접 방문해서 처리해왔던 보증서 신청·발급 등의 업무를 모두 온라인으로 처리할 수 있게 됐다.

주택구입자금보증은 분양자가 계약금, 중도금, 잔금 등 주택구입자금을 금융기관으로부터 대출받을 때 이용하는 보증상품이다.

지난 2월 상품 출시 이후 4조원의 보증이 이뤄졌다. 정비사업자금 대 …

재개발·재건축 물…

올 4분기 작년의 41%…수도권 2…

올해 수도권 재개발·재건축 분양물량이 큰 폭으로 줄어든 것으로 나타났다.

28일 부동산정보업체인 닥터아파트는 올해 4분기 수도권에 공급되는 재개발·재건축 아파트 일반분양 물량은 2498가구(20개 사업장)로 지난해 같은기간의 5980가구(29개 사업장)의 41.8%에 불과하다고 밝혔다. 올해 4분기 재건축 분양 물량은 1294가구(9개 사업장), 재개발 분양물량은 1204가구(11개 사업장)다.

부동산시장 침체 장기화에 연말 대통령 선거 등이 맞물려 건설사들이 분양시기를 내년으로 미루고 있기 때문이다. 또 대규모 단지들은 분양시점과 분양가 결정을 두고 시공사 간 갈등이 잦은 것도 한 원인이다.

이영호 닥터아파트 리서치센터장은 …

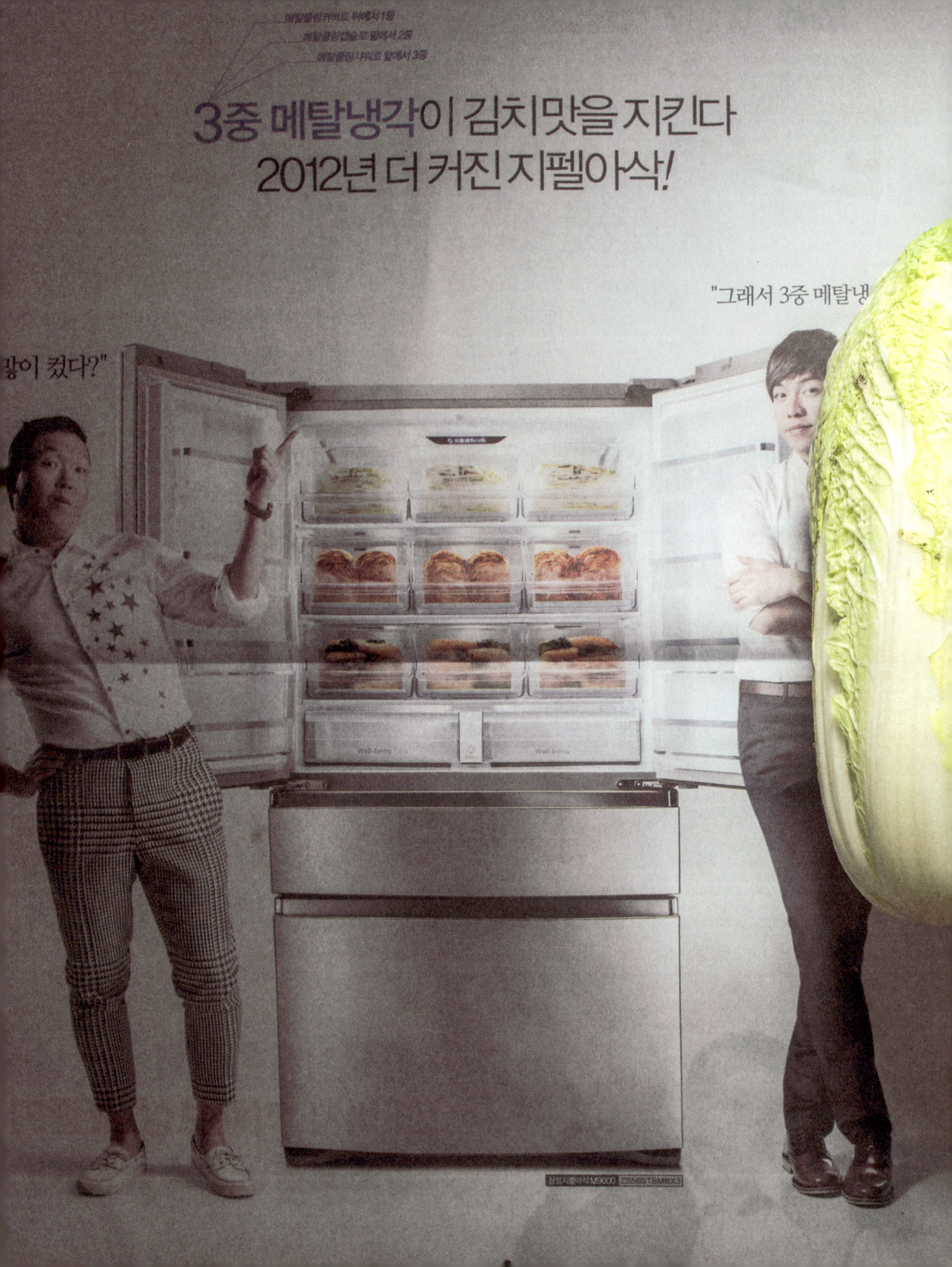

메탈쿨링커버로 뒤에서 1중
메탈쿨링덕승로 앞에서 2중
메탈쿨링사위로 앞에서 3중
3중 메탈냉각이 김치맛을 지킨다
2012년 더 커진 지펠아삭!
많이 컸다?"
"그래서 3중 메탈냉
Well-being
Well-being
삼성지펠아삭 M9000 ZS56STSMBX3

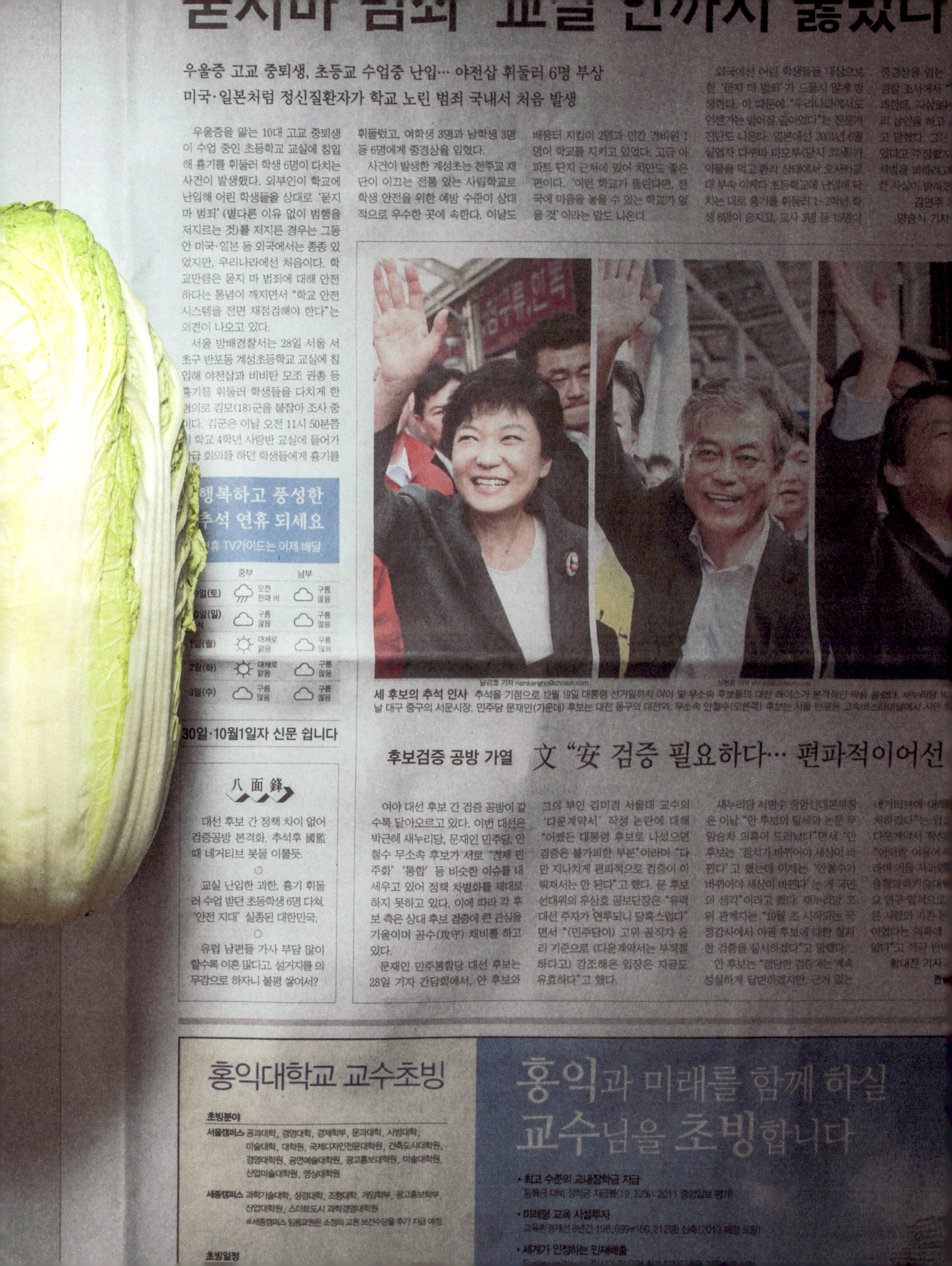

우울증 고교 중퇴생, 초등교 수업중 난입… 야전삽 휘둘러 6명 부상
미국·일본처럼 정신질환자가 학교 노린 범죄 국내서 처음 발생

우울증을 앓는 10대 고교 중퇴생이 수업 중인 초등학교 교실에 침입해 흉기를 휘둘러 학생 6명이 다치는 사건이 발생했다. 외부인이 학교에 난입해 어린 학생들을 상대로 '묻지마 범죄'(별다른 이유 없이 범행을 저지르는 것)를 저지른 경우는 그동안 미국·일본 등 외국에서는 종종 있었지만, 우리나라에선 처음이다. 학교만큼은 묻지 마 범죄에 대해 안전하다는 통념이 깨지면서 "학교 안전 시스템을 전면 재점검해야 한다"는 의견이 나오고 있다.

서울 방배경찰서는 28일 서울 서초구 반포동 계성초등학교 교실에 침입해 야전삽과 비비탄 모조 권총 등 흉기를 휘둘러 학생들을 다치게 한 혐의로 김모(18)군을 붙잡아 조사 중이다. 김군은 이날 오전 11시 50분쯤 이 학교 4학년 사랑반 교실에 들어가 학급 회의를 하던 학생들에게 흉기를 휘둘렀고, 여학생 3명과 남학생 3명 등 6명에게 중경상을 입혔다.

사건이 발생한 계성초는 천주교 재단이 이끄는 전통 있는 사립학교로 학생 안전을 위한 예방 수준이 상대적으로 우수한 곳에 속한다. 이날도 배움터 지킴이 2명과 민간 경비원 1명이 학교를 지키고 있었다. 고급 아파트 단지 근처에 있어 치안도 좋은 편이다. '어린 학교가 뚫린다면, 전국에 마음을 놓을 수 있는 학교가 없을 것'이라는 말도 나온다.

외국에선 어린 학생들을 대상으로 한 '묻지 마 범죄'가 드물지 않게 발생한다. 이 때문에 "우리나라에서도 언젠가는 벌어질 일이었다"는 전문가 진단도 나온다. 일본에선 2001년 6월 실업자 다쿠마 마모루(당시 37세)가 약물을 먹고 환각 상태에서 오사카의 한 부속 이케다 초등학교에 난입해 닥치는 대로 흉기를 휘둘러 1~2학년 학생 8명이 숨지고 교사 3명 등 15명이

남강호 기자 namkangho@chosun.com
신현종 기자

세 후보의 추석 인사 추석을 기점으로 12월 19일 대통령 선거일까지 여야 및 무소속 후보들의 대선 레이스가 본격적인 막을 올렸다. 새누리당 박근혜(왼쪽) 후보는 이날 대구 중구의 서문시장, 민주당 문재인(가운데) 후보는 대전 동구의 대전역, 무소속 안철수(오른쪽) 후보는 서울 반포동 고속버스터미널에서 시민들과 인사를 나누고 있다.

후보검증 공방 가열   文 "安 검증 필요하다… 편파적이어선

여야 대선 후보 간 검증 공방이 갈수록 달아오르고 있다. 이번 대선은 박근혜 새누리당, 문재인 민주당, 안철수 무소속 후보가 서로 '경제 민주화' '통합' 등 비슷한 이슈를 내세우고 있어 정책 차별화를 제대로 하지 못하고 있다. 이에 따라 각 후보 측은 상대 후보 검증에 큰 관심을 기울이며 공수(攻守) 채비를 하고 있다.

문재인 민주통합당 대선 후보는 28일 기자 간담회에서, 안 후보와 그의 부인 김미경 서울대 교수의 '다운계약서' 작성 논란에 대해 "어쨌든 대통령 후보로 나섰으면 검증은 불가피한 부분"이라며 "다만 지나치게 편파적으로 검증이 이뤄져서는 안 된다"고 했다. 문 후보 선대위의 우상호 공보단장은 "유력 대선 주자가 연루되니 당혹스럽다"면서 "(민주당이) 고위 공직자 윤리 기준으로 (다운계약서는 부적절하다고) 강조해온 입장은 지금도 유효하다"고 했다.

새누리당 서병수 중앙선대본부장은 이날 "안 후보의 탈세와 논문 무임승차 의혹이 드러났다"면서 "안 후보는 '정치가 바뀌어야 세상이 바뀐다'고 했는데 이제는 '안철수가 바뀌어야 세상이 바뀐다'는 게 국민의 생각"이라고 했다. 새누리당 고위 관계자는 "10월 초 시작되는 국정감사에서 야권 후보에 대한 철저한 검증을 실시하겠다"고 말했다.

안 후보는 "정당한 검증에는 계속 성실하게 답변하겠지만, 근거 없는 네거티브에 대해서는 강력히 대처하겠다"는 입장이다. 다운계약서 작성에 대해서는 "어떠한 이유에서라며 기록 서류와 여건 업격으로 문제 서류에 기록 있었다는 의혹은 없다"고 적극 해명했다.
황대진 기자

八面鋒

대선 후보 간 정책 차이 없어 검증공방 본격화. 추석후 國監 때 네거티브 봇물 이물듯.

○

교실 난입한 괴한. 흉기 휘둘러 수업 받던 초등학생 6명 다쳐. '안전 지대' 실종된 대한민국.

○

유럽 남편들 가사 부담 많이 할수록 이혼 많다고 설거지를 의무감으로 하자니 불평 쌓여서?

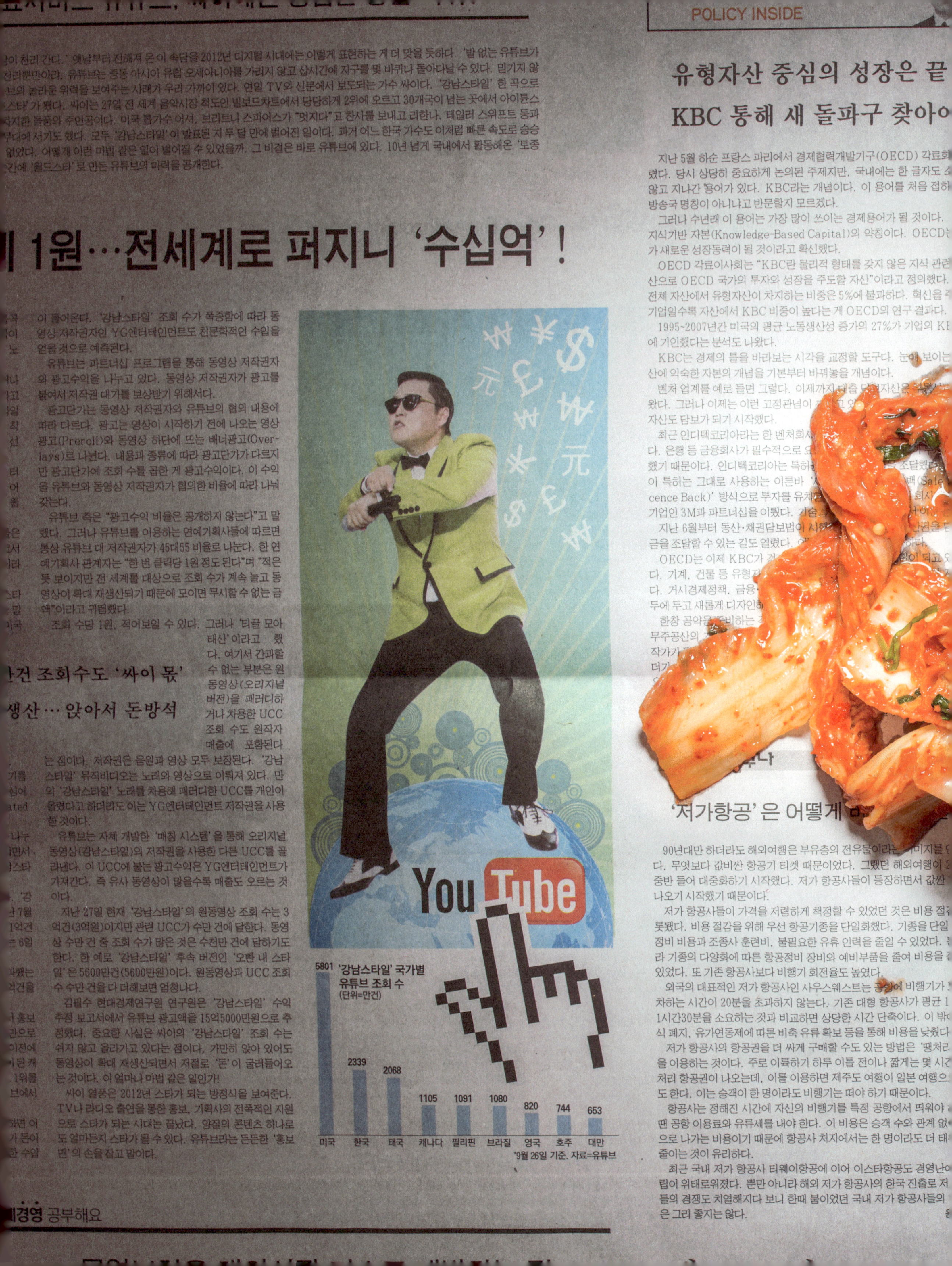

삯이 천리 간다.' 옛날부터 전해져 온 이 속담을 2012년 디지털 시대에는 이렇게 표현하는 게 더 맞을 듯하다. '발 없는 유튜브가 천리뿐만이랴. 유튜브는 중동 아시아 유럽 오세아니아를 가리지 않고 삽시간에 지구를 몇 바퀴나 돌아다닐 수 있다. 믿기지 않 브의 놀라운 위력을 보여주는 사례가 우리 가까이 있다. 연일 TV와 신문에서 보도되는 가수 싸이다. '강남스타일' 한 곡으로 스타'가 됐다. 싸이는 27일 전 세계 음악시장 척도인 빌보드차트에서 당당하게 2위에 오르고 30개국이 넘는 곳에서 아이튠스 차지한 돌풍의 주인공이다. 미국 팝가수 어셔, 브리트니 스피어스가 "멋지다"고 찬사를 보내고 리한나, 테일러 스위프트 등과 무대에 서기도 했다. 모두 '강남스타일'이 발표된 지 두 달 만에 벌어진 일이다. 과거 어느 한국 가수도 이처럼 빠른 속도로 승승 없었다. 어떻게 이런 마법 같은 일이 벌어질 수 있었을까. 그 비결은 바로 유튜브에 있다. 10년 넘게 국내에서 활동해온 '토종 간에 '월드스타'로 만든 유튜브의 마력을 공개한다.

1원…전세계로 퍼지니 '수십억'!

건 조회수도 '싸이 몫'

생산… 앉아서 돈방석

이 들어온다. '강남스타일' 조회 수가 폭증함에 따라 동영상 저작권자인 YG엔터테인먼트도 천문학적인 수입을 얻을 것으로 예측된다.

유튜브는 파트너십 프로그램을 통해 동영상 저작권자와 광고수익을 나누고 있다. 동영상 저작권자가 광고를 붙여서 저작권 대가를 보상받기 위해서다.

광고단가는 동영상 저작권자와 유튜브의 협의 내용에 따라 다르다. 광고는 영상이 시작하기 전에 나오는 영상 광고(Preroll)와 동영상 하단에 뜨는 배너광고(Overlays)로 나뉜다. 내용과 종류에 따라 광고단가가 다르지만 광고단가에 조회 수를 곱한 게 광고수익이다. 이 수익을 유튜브와 동영상 저작권자가 협의한 비율에 따라 나눠 갖는다.

유튜브 측은 "광고수익 비율은 공개하지 않는다"고 말했다. 그러나 유튜브를 이용하는 연예기획사들에 따르면 통상 유튜브 대 저작권자가 45대55 비율로 나눈다. 한 연예기획사 관계자는 "한 번 클릭당 1원 정도 된다"며 "적은 듯 보이지만 전 세계를 대상으로 조회 수가 계속 늘고 동영상이 확대 재생산되기 때문에 모이면 무시할 수 없는 금액"이라고 귀띔했다.

조회 수당 1원, 적어보일 수 있다. 그러나 '티끌 모아 태산'이라고 했다. 여기서 간과할 수 없는 부분은 원동영상(오리지널 버전)을 패러디하거나 차용한 UCC 조회 수도 원작자 매출에 포함된다는 점이다. 저작권은 음원과 영상 모두 보장된다. '강남스타일' 뮤직비디오는 노래와 영상으로 이뤄져 있다. 만약 '강남스타일' 노래를 차용해 패러디한 UCC를 개인이 올렸다고 하더라도 이는 YG엔터테인먼트 저작권을 사용한 것이다.

유튜브는 자체 개발한 '매칭 시스템'을 통해 오리지널 동영상(강남스타일)의 저작권을 사용한 다른 UCC를 골라낸다. 이 UCC에 붙는 광고수익은 YG엔터테인먼트가 가져간다. 즉 유사 동영상이 많을수록 매출도 오르는 것이다.

지난 27일 현재 '강남스타일'의 원동영상 조회 수는 3억건(3억원)이지만 관련 UCC가 수만 건에 달한다. 동영상 수만 건 중 조회 수가 많은 것은 수천만 건에 달하기도 한다. 한 예로 '강남스타일' 후속 버전인 '오빤 내 스타일'은 5600만건(5600만원)이다. 원동영상과 UCC 조회 수 수만 건을 다 더해보면 엄청나다.

김필수 현대경제연구원 연구원은 '강남스타일' 수익 추정 보고서에서 유튜브 광고액을 15억5000만원으로 추정했다. 중요한 사실은 싸이의 '강남스타일' 조회 수는 쉬지 않고 올라가고 있다는 점이다. 가만히 앉아 있어도 동영상이 확대 재생산되면서 저절로 '돈'이 굴러들어오는 것이다. 이 얼마나 마법 같은 일인가!

싸이 열풍은 2012년 스타가 되는 방정식을 보여준다. TV나 라디오 출연을 통한 홍보, 기획사의 전폭적인 지원으로 스타가 되는 시대는 끝났다. 양질의 콘텐츠 하나로도 얼마든지 스타가 될 수 있다. 유튜브라는 든든한 '홍보맨'의 손을 잡고 말이다.

'강남스타일' 국가별 유튜브 조회 수 (단위=만건)

미국	한국	태국	캐나다	필리핀	브라질	영국	호주	대만
5801	2339	2068	1105	1091	1080	820	744	653

'9월 26일 기준. 자료=유튜브

경영 공부해요

POLICY INSIDE

유형자산 중심의 성장은 끝

KBC 통해 새 돌파구 찾아

지난 5월 하순 프랑스 파리에서 경제협력개발기구(OECD) 각료회
렸다. 당시 상당히 중요하게 논의된 주제지만, 국내에는 한 글자도 소
않고 지나간 용어가 있다. KBC라는 개념이다. 이 용어를 처음 접하
방송국 명칭이 아니냐고 반문할지 모르겠다.

그러나 수년래 이 용어는 가장 많이 쓰이는 경제용어가 될 것이다.
지식기반 자본(Knowledge-Based Capital)의 약칭이다. OECD는
가 새로운 성장동력이 될 것이라고 확신했다.

OECD 각료이사회는 "KBC란 물리적 형태를 갖지 않은 지식 관련
산으로 OECD 국가의 투자와 성장을 주도할 자산"이라고 정의했다.
전체 자산에서 유형자산이 차지하는 비중은 5%에 불과하다. 혁신을
기업일수록 자산에서 KBC 비중이 높다는 게 OECD의 연구 결과다.
1995~2007년간 미국의 평균 노동생산성 증가의 27%가 기업의 K
에 기인했다는 분석도 나왔다.

KBC는 경제의 틀을 바라보는 시각을 교정할 도구다. 눈에 보이는
산에 익숙한 자본의 개념을 기본부터 바꿔놓을 개념이다.

벤처 업계를 예로 들면 그렇다. 이제까지 대출
왔다. 그러나 이제는 이런 고정관념이
자산도 담보가 되기 시작했다.

최근 인디텍코리아라는 한 벤처회사
다. 은행 등 금융회사가 필수적으로 요
했기 때문이다. 인디텍코리아는 특허
이 특허는 그대로 사용하는 이른바
cence Back)' 방식으로 투자를 유치
기업인 3M과 파트너십을 이뤘다.

지난 6월부터 동산·채권담보법이 시행
금을 조달할 수 있는 길도 열렸다.

OECD는 이제 KBC가
다. 기계, 건물 등 유형
다. 거시경제정책, 금융
두에 두고 새롭게 디자인하

한창 공약을 준비하는
무주공산의
작가가
더가

'저가항공'은 어떻게

90년대만 하더라도 해외여행은 부유층의 전유물이라는 이미지를
다. 무엇보다 값비싼 항공기 티켓 때문이었다. 그랬던 해외여행이
중반 들어 대중화하기 시작했다. 저가 항공사들이 등장하면서 값싼
나오기 시작했기 때문이다.

저가 항공사들이 가격을 저렴하게 책정할 수 있었던 것은 비용 절
롯됐다. 비용 절감을 위해 우선 항공기종을 단일화했다. 기종을 단일
정비 비용과 조종사 훈련비, 불필요한 유휴 인력을 줄일 수 있었다.
라 기종의 다양화에 따른 항공정비 장비와 예비부품을 줄여 비용을
있었다. 또 기존 항공사보다 비행기 회전율도 높였다.

외국의 대표적인 저가 항공사인 사우스웨스트는 공항에 비행기가
차하는 시간이 20분을 초과하지 않는다. 기존 대형 항공사가 평균 1
1시간30분을 소요하는 것과 비교하면 상당한 시간 단축이다. 이 밖에
식 폐지, 유가연동제에 따른 비축 유류 확보 등을 통해 비용을 낮췄다

저가 항공사의 항공권을 더 싸게 구매할 수도 있는 방법은 '땡처리
을 이용하는 것이다. 주로 이륙하기 하루 이틀 전이나 짧게는 몇 시간
처리 항공권이 나오는데, 이를 이용하면 제주도 여행이 일본 여행으
도 한다. 이는 승객이 한 명이라도 비행기는 떠야 하기 때문이다.

항공사는 정해진 시간에 자신의 비행기를 특정 공항에서 띄워야
땐 공항 이용료와 유류세를 내야 한다. 이 비용은 승객 수와 관계 없
으로 나가는 비용이기 때문에 항공사 처지에서는 한 명이라도 더 태
줄이는 것이 유리하다.

최근 국내 저가 항공사 티웨이항공에 이어 이스타항공도 경영난
립이 위태로워졌다. 뿐만 아니라 해외 저가 항공사의 한국 진출로 저
들의 경쟁도 치열해지다 보니 한때 붐이었던 국내 저가 항공사들의
은 그리 좋지는 않다.

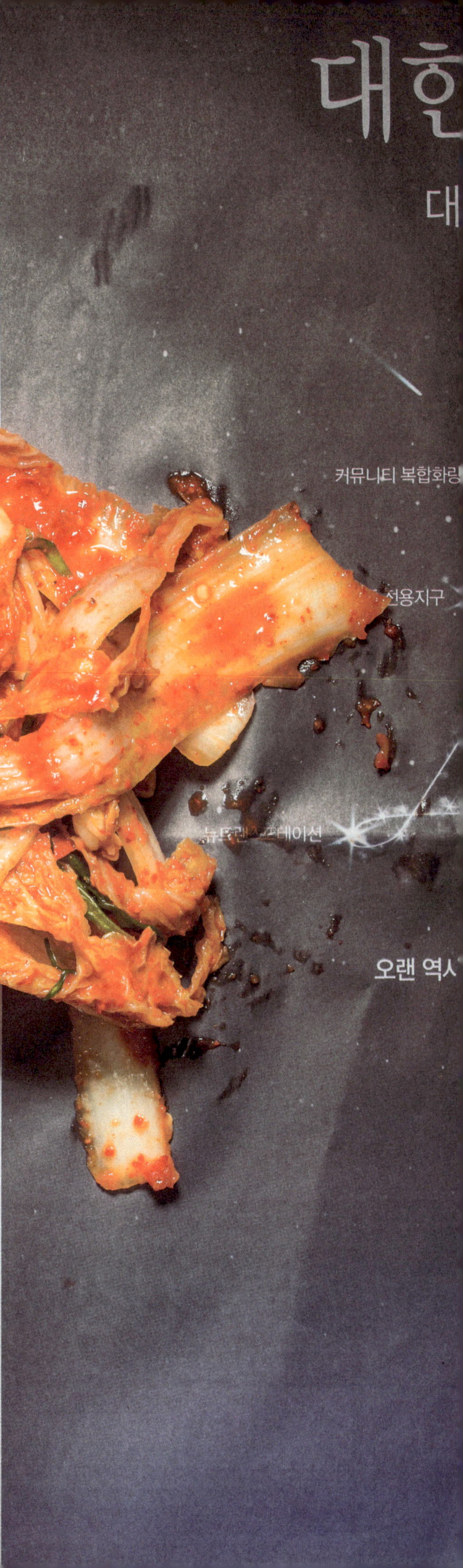
대한
대
커뮤니티 복합화랑
선용지구
오랜 역시

South Korea KR

Seoul | October 2012

Poverty line KRW 11,667 (USD 10.39 / EUR 8.13); allocation for food KRW 2,415 (USD 2.15 / EUR 1.68)

Korea's poverty line is set by the Ministry of Health and Welfare, based on a minimum cost of living for its citizens. As part of the OECD, Korea also monitors a relative poverty line, which is at 50% of the population's median income. Data on household income and expenditure measures are collected by Statistics Korea.

Korea had 3.2% of its population, or 1.5 million people, living under the national poverty line in 2010. Another 1.8 million people lived just above the poverty line (less than 120% of the poverty wage level), and do not qualify for governmental support. More than two-thirds of those living under or just above the poverty line were jobless. The country's Gini coefficient of households reached 0.311 in 2011. The elderly are seen as being vulnerable to falling into poverty, due to the public pension system and the large number of self-employed.

Average Annual Hours Worked per Worker, Selected OECD Countries, 2017

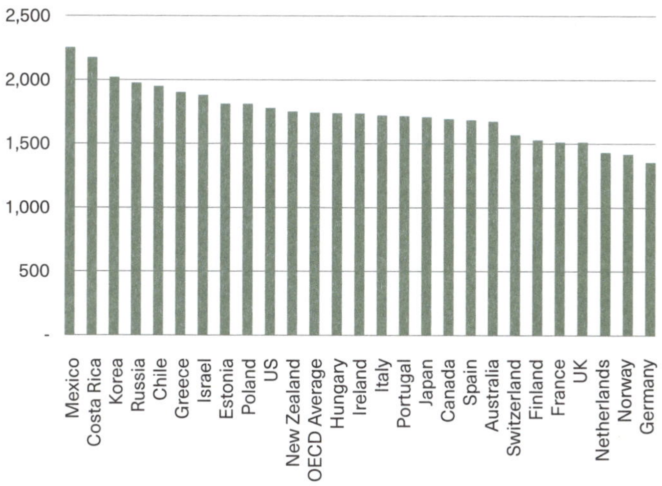

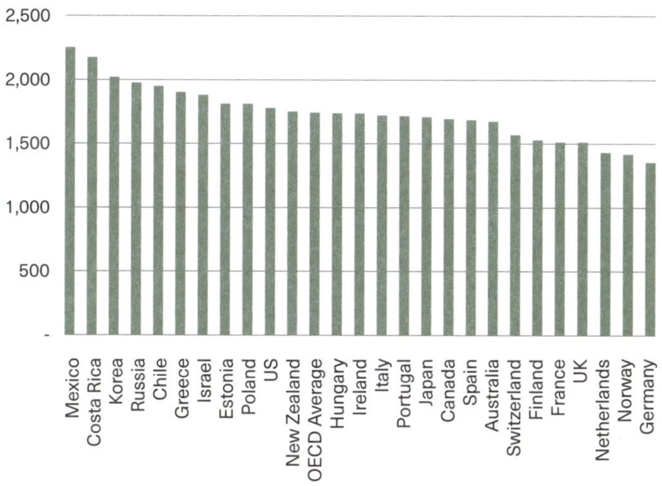

Source: OECD

Labor Force Participation of Population Aged 65 Years or Over, Selected OECD Countries, 2017

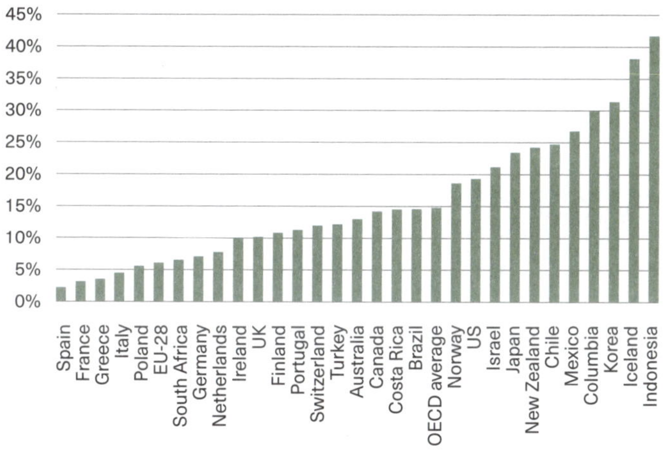

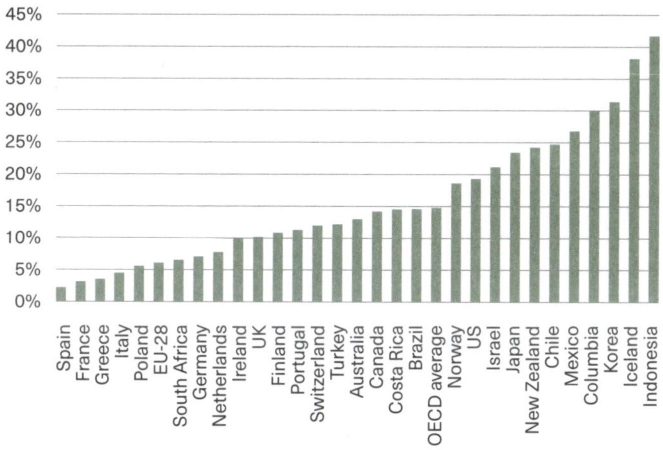

Source: OECD

Gini Coefficient, Using Disposable Equivalized Income, 2006–16

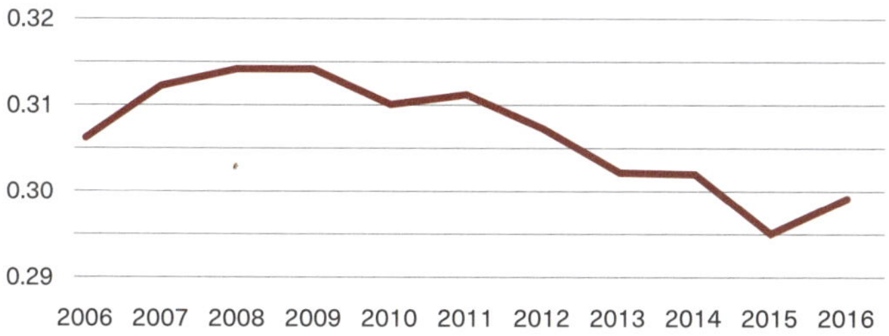

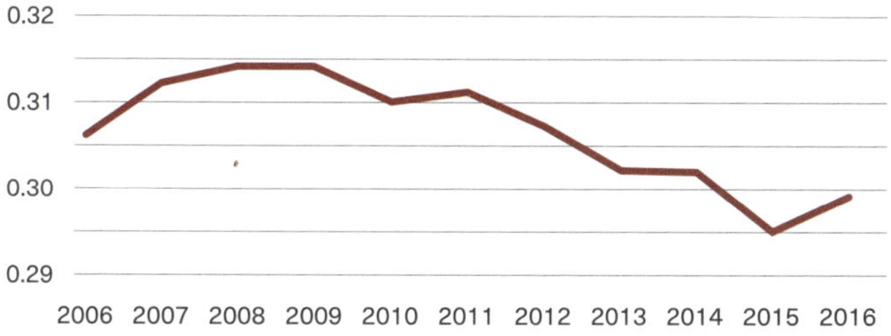

Source: Statistics Korea

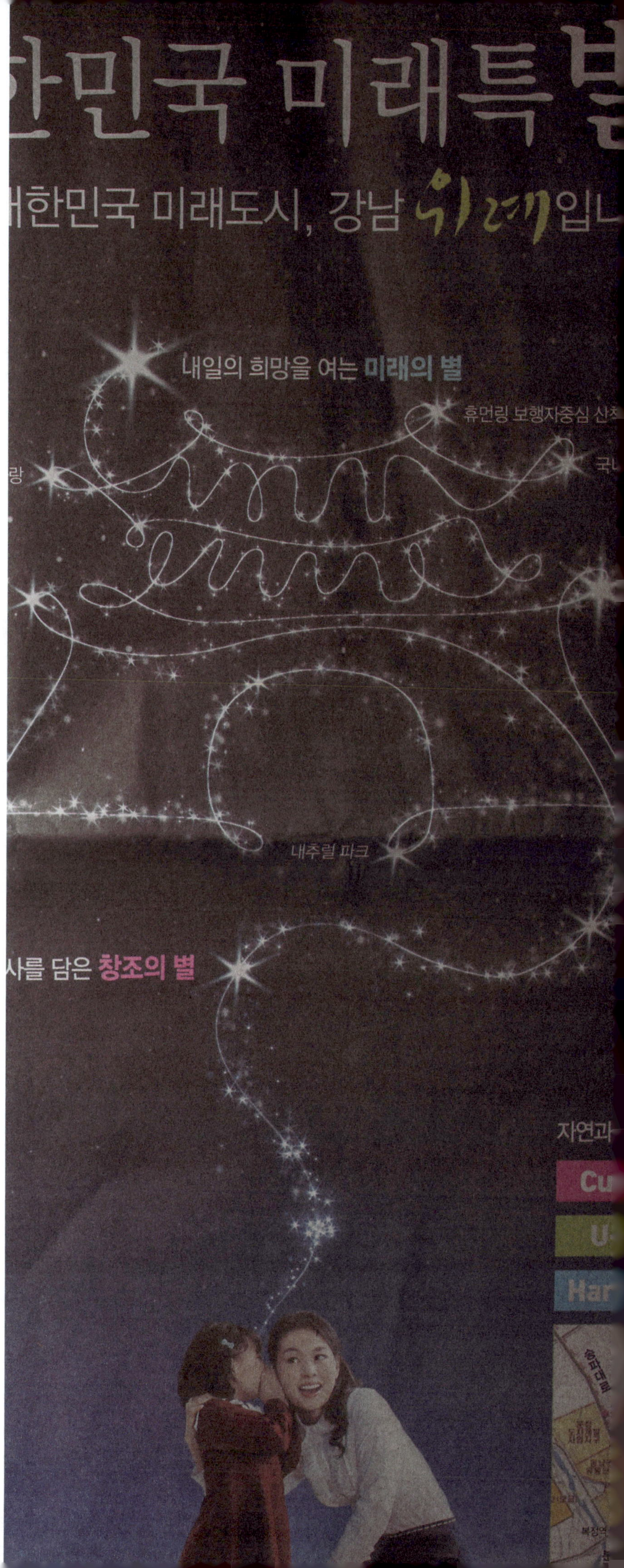

다. 박 후보는 한 번 약속한 말은 반드시 지킨다는 이미지를 가지고 있다. 세종시 문제부터 해서 박 후보가 원칙을 세우고 신뢰 이미지를 보인 것이 한두 차례가 아니다. 최근 과거사 문제에 명쾌하게 사과한 박 후보에 대해 반응이 호의적인 것도 그 기저에 '신뢰와 약속'이란 키워드를 깔고 보기 때문이라는 분석이다.

이런 장점은 박 후보가 나라를 맡으면 국정운영에 안정감을 줄 수 있음을 국민에게 던져주는 또 다른 장점도 있다.

하지만 이는 역설적으로 약점으로도 연결된다. 너무 원칙을 고수하다 보니 다소 고루한 이미지가 박 후보를 감싸고 있기 때문이다. 이는 박 후보의 최대 약점인 불통 이미지로 연계된다.

박 후보 대선 캠프에서도 이 문제 해법에 대한 고심이 깊다. 친박캠프 한 관계자는 "박 후보가 내건 경제민주화 등은 우리 사회 변화를 기대하는 목소리를 그대로 담고 있다"면서 "하지만 원칙만 지키는 이미지가 너무 부각된다면 '변화'란 키워드가 좀 묻히는 느낌"이라고 토로했다. 박 후보가 집권하기 위해서 이 약점은 반드시 극복해야 할 부분임에 틀림없다.

박 후보가 넘어야 할 또 다른 위협 요소들도

이 관계자는 "최근 홍사덕·송영선 전 의원의 금품수수 비리 혐의 등으로 박 후보 지지율이 일정 부분 타격을 입은 측면도 있다"고 꼬집었다. 이런 맥락에서 최근 중앙선대위 일부 인선 발표에서 측근들이 하나같이 전면에 재등장하고 있는 것에 우려의 목소리가 높다. 문재인 민주통합당 후보와 안철수 무소속 후보 단일화 여부도 박 후보를 위협하는 요소 중 하나임이 분명하다는 분석이 지배적이다.

물론 이번 대선이 박 후보에게는 더할 나위 없는 기회이기도 하다. 우리 사회가 첫 여성 대통령을 기대할 정도로 변화의 흐름을 타고 있기 때문이다.

여권 정치권에서 보수·진보진영에 상관없이 인재 영입에 애를 쓰는 분위기에서 볼 수 있듯이 영역 파괴를 통한 융합은 대세적 '신조류'다.

새누리당 관계자는 "대한민국 국민이면 대부분 다 아는 박 후보의 지난 과거를 볼 때 제대로 된 '융합'만 해낸다면 그보다 더 큰 시너지를 낼 후보는 없지 않겠느냐"고 말했다. 박 후보는 이 이슈를 다른 후보보다 먼저 제기해 선점한 상태다.

문수인 기자

도덕적 이미지의 덫

安 엄격한 잣대 최대위협

안철수 후보는 정당 기반이 없는 무소속이다.

특정 정당을 배경으로 하지 않는 만큼 박근혜·문재인 후보보다는 다른 강점과 기회가 있지만 동시에 외부 공격에 더 취약할 수밖에 없다.

안 후보의 최대 강점은 참신성이다. 정치인으로 활동한 적이 없어서 기성 정치인과는 다른 도덕적 이미지가 강하며 정치적인 부채 또한 없다.

전국을 돌며 청춘콘서트를 하면서 인기를 쌓아 20~30대의 전폭적인 지지를 받고 있다. 영남(부산) 출신이면서 호남에서 높은 지지도를 확보하고 있는 것도 강점이다.

많은 유권자들이 정당을 배경으로 한 기존 정치를 불신하고 싫증을 느끼고 있는 것은 무소속인 안 후보에게는 가장 큰 기회 요인이다. 최근 불거진 새누리당의 공천헌금 파문 등도 안 후보에게는 유리하게 작용한다.

그러나 안 후보에게는 약점도 많다. 정치 초년생인 만큼 경험이나 경륜이 부족하다. 국민은 과연 안 후보가 정권을 잡으면 제대로 국정을 운영해나갈지 불안해할 수 있다.

대선을 치르거나 정권을 잡기 위해 필요한

훈련되고 조율된 인재가 부족한 것도 약점이다. 급하게 외인구단식으로 하다 보니 한두 명씩만 제공되는 각종...수 없는 것도 약점이다.

위협 요인도 많다...로 꼽히는 참신한...심각한 위협 요소로...안 안 후보가 강연...통해 보여준 윤리...을 보이고 끌렸다.

이를 뒤집어서 얘기하...른 대선후보들에 비해 더 엄...를 들이댈 수 있다. 이는 최근...리당 검증과 언론 심층보도를...할 수 있다.

여권 일각에서 흘리는 것으로...보와 안 후보 부인의 아파트 다운...약서 작성, 안 후보가 서울대에 제출한 논문의 재탕 의혹 등이 대표적이다. 참신함이나 도덕성은 외부 공격에 취약하면 큰 상처를 입으면 완상태로 회복하기도 어렵다.

대통령 선거일이 가까워질수록 이 같은 네거티브 공격이 더욱 거세질 것인 만큼 안 후보 측이 대응하는 데 얼마나 선방할지가 이번 대선의 중요한 관전 포인트다.

김대영 기자

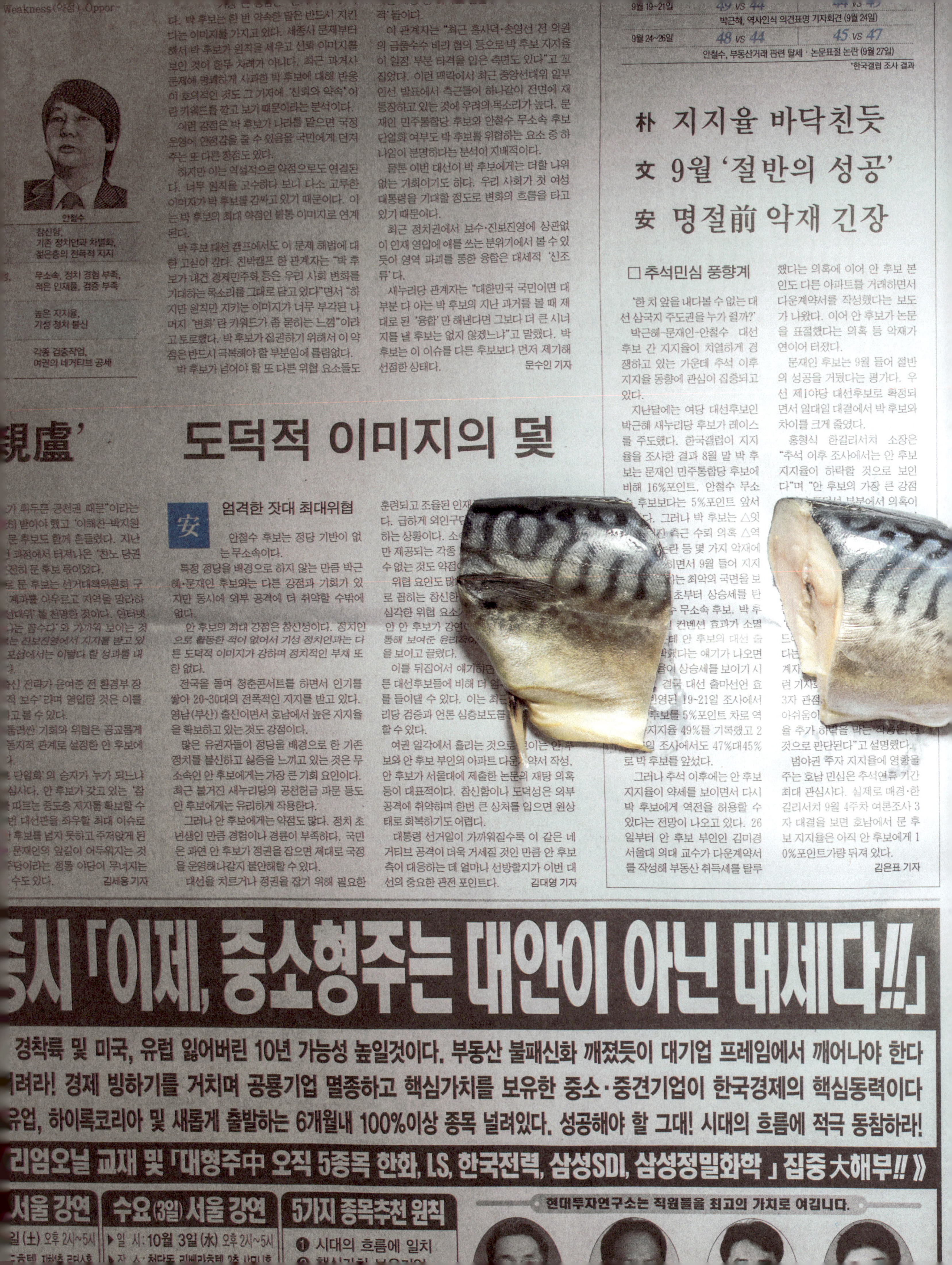

朴 지지율 바닥친듯
文 9월 '절반의 성공'
安 명절前 악재 긴장

□ 추석민심 풍향계

'한 치 앞을 내다볼 수 없는 대선 삼국지 주도권을 누가 쥘까?'

박근혜·문재인·안철수 대선 후보 간 지지율이 치열하게 경쟁하고 있는 가운데 추석 이후 지지율 동향에 관심이 집중되고 있다.

지난달에는 여당 대선후보인 박근혜 새누리당 후보가 레이스를 주도했다. 한국갤럽이 지지율을 조사한 결과 8월 말 박 후보는 문재인 민주통합당 후보에 비해 16%포인트, 안철수 무소속 후보보다는 5%포인트 앞서 있다. 그러나 박 후보는 △잇...진 측근 수뢰 의혹 △역...란 등 몇 가지 악재에...되면서 9월 들어 지지...

...는 최악의 국면을 보...초부터 상승세를 탄...무소속 후보. 박 후...컨벤션 효과가 소멸...에 안 후보가 다운 계...이라는 얘기가 나오면...이 상승세를 보이기 시...결국 대선 출마선언 효...영된 19~21일 조사에서...5%포인트 차로 역...지지율 49%를 기록했고 2...일 조사에서도 47%대45%...로 박 후보를 앞섰다.

그러나 추석 이후에는 안 후보 지지율이 약세를 보이면서 다시 박 후보에게 역전을 허용할 수 있다는 전망이 나오고 있다. 26일부터 안 후보 부인인 김미경 서울대 의대 교수가 다운계약서를 작성해 부동산 취득세를 탈루

했다는 의혹에 이어 안 후보 본인도 자신의 아파트를 거래하면서 다운계약서를 작성했다는 보도가 나왔다. 이어 안 후보가 논문을 표절했다는 의혹 등 악재가 연이어 터졌다.

문재인 후보는 9월 들어 절반의 성공을 거뒀다는 평가다. 우선 제1야당 대선후보로 확정되면서 일대일 대결에서 박 후보와 차이를 크게 줄였다.

홍형식 한길리서치 소장은 "추석 이후 조사에서는 안 후보 지지율이 하락할 것으로 보인다"며 "안 후보의 가장 큰 강점...전반 부분에서 의혹이...다는...계자...런 기자...3자 관계...아쉬움의...율 추가 하락을 막는 작용을 한 것으로 판단된다"고 설명했다.

범야권 주자 지지율에 영향을 주는 호남 민심은 추석연휴 기간 최대 관심사다. 실제로 매경·한길리서치 9월 4주차 여론조사 3자 대결을 보면 호남에서 문 후보 지지율은 아직 안 후보에게 10%포인트가량 뒤져 있다.

김은표 기자

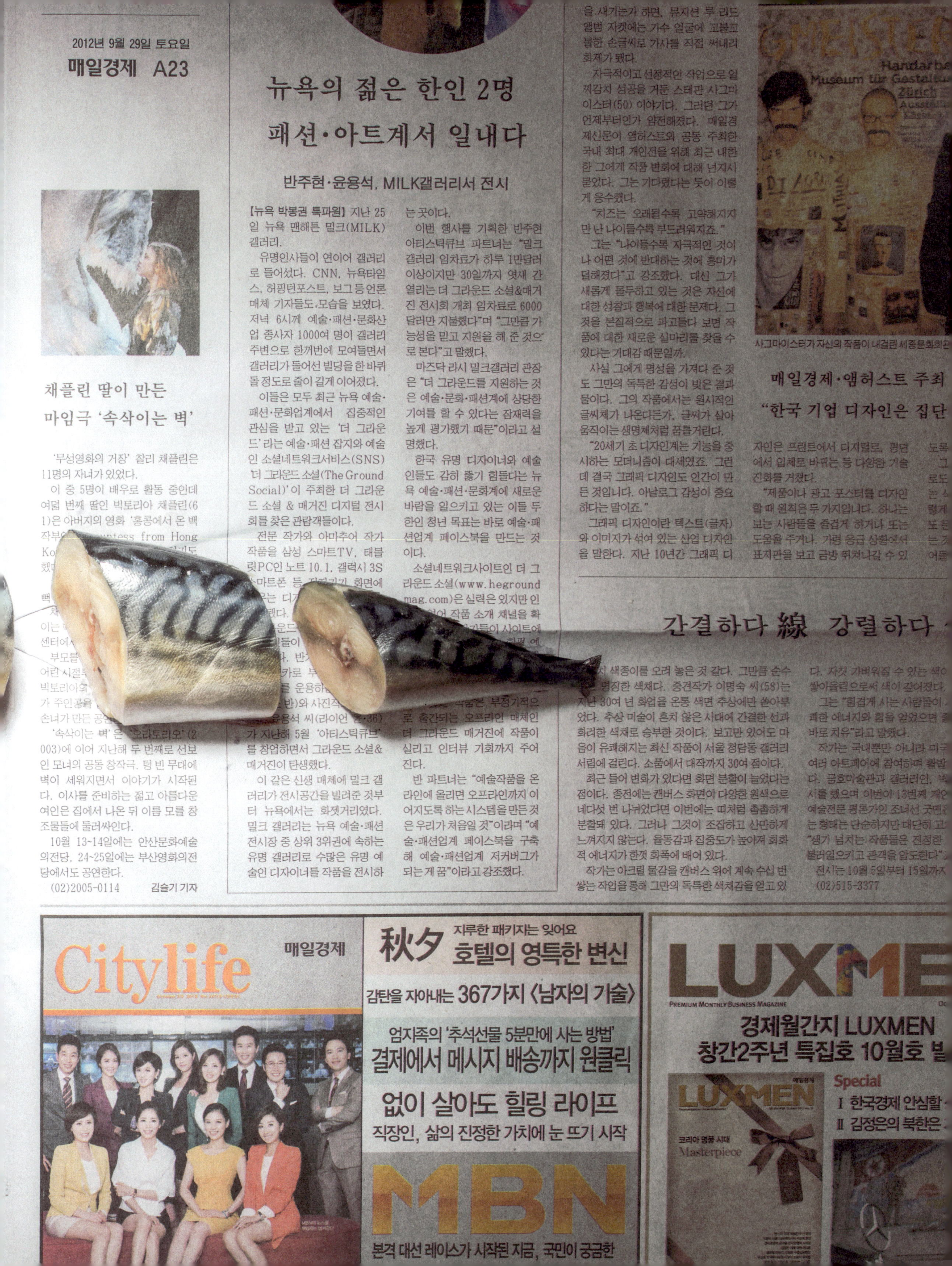

2012년 9월 29일 토요일

매일경제 A23

뉴욕의 젊은 한인 2명 패션·아트계서 일내다

반주현·윤용석, MILK갤러리서 전시

【뉴욕 박봉권 특파원】 지난 25일 뉴욕 맨해튼 밀크(MILK) 갤러리.

유명인사들이 연이어 갤러리로 들어섰다. CNN, 뉴욕타임스, 허핑턴포스트, 보그 등 언론매체 기자들도 모습을 보였다. 저녁 6시께 예술·패션·문화산업 종사자 1000여 명이 갤러리 주변으로 한꺼번에 모여들면서 갤러리가 들어선 빌딩을 한 바퀴 돌 정도로 줄이 길게 이어졌다.

이들은 모두 최근 뉴욕 예술·패션·문화업계에서 집중적인 관심을 받고 있는 '더 그라운드'라는 예술·패션 잡지와 예술인 소셜네트워크서비스(SNS) '더 그라운드 소셜(The Ground Social)'이 주최한 더 그라운드 소셜 & 매거진 디지털 전시회를 찾은 관람객들이다.

전문 작가와 아마추어 작가 작품을 삼성 스마트TV, 태블릿PC인 노트 10.1, 갤럭시 3S 스마트폰 등 …기기 화면에 …는 디…

…했다.

…운드…

…들이 …다. 반…

…카로 부…

…를 운용하…

…반)와 사진작… 윤용석 씨(라이언 윤·36)가 지난해 5월 '아티스틱큐브'를 창업하면서 그라운드 소셜& 매거진이 탄생했다.

이 같은 신생 매체에 밀크 갤러리가 전시공간을 빌려준 것부터 뉴욕에서는 화젯거리였다. 밀크 갤러리는 뉴욕 예술·패션 전시장 중 상위 3위권에 속하는 유명 갤러리로 수많은 유명 예술인 디자이너들 작품을 전시하는 곳이다.

이번 행사를 기획한 반주현 아티스틱큐브 파트너는 "밀크 갤러리 임차료가 하루 1만달러 이상이지만 30일까지 엿새 간 열리는 더 그라운드 소셜&매거진 전시회 개최 임차료로 6000달러만 지불했다"며 "그만큼 가능성을 믿고 지원을 해 준 것으로 본다"고 말했다.

마즈닥 라시 밀크갤러리 관장은 "더 그라운드를 지원하는 것은 예술·문화·패션계에 상당한 기여를 할 수 있다는 잠재력을 높게 평가했기 때문"이라고 설명했다.

한국 유명 디자이너와 예술인들도 감히 뚫기 힘들다는 뉴욕 예술·패션·문화계에 새로운 바람을 일으키고 있는 이들 두 한인 청년 목표는 바로 예술·패션업계 페이스북을 만드는 것이다.

소셜네트워크사이트인 더 그라운드 소셜(www.heground mag.com)은 실력은 있지만 인…어 작품 소개 채널을 확…가들이 사이트에 … 한편 예… …작품은 부정기적으로 출간되는 오프라인 매체인 더 그라운드 매거진에 작품이 실리고 인터뷰 기회까지 주어진다.

반 파트너는 "예술작품을 온라인에 올리면 오프라인까지 이어지도록 하는 시스템을 만든 것은 우리가 처음일 것"이라며 "예술·패션업계 페이스북을 구축해 예술·패션업계 저커버그가 되는 게 꿈"이라고 강조했다.

채플린 딸이 만든 마임극 '속삭이는 벽'

'무성영화의 거장' 찰리 채플린은 11명의 자녀가 있었다.

이 중 5명이 배우로 활동 중인데 여덟 번째 딸인 빅토리아 채플린(61)은 아버지의 영화 '홍콩에서 온 백작부…ountess from Hong Ko…기도 했…

뻐…

채…이는 …센터에…

부모를 …어린 시절부… 빅토리아의 …가 주인공을 … 손녀가 만든 공연…

'속삭이는 벽'은 '오라토리오'(2003)에 이어 지난해 두 번째로 선보인 모녀의 공동 창작극. 텅 빈 무대에 벽이 세워지면서 이야기가 시작된다. 이사를 준비하는 젊고 아름다운 여인은 집에서 나온 뒤 이름 모를 창조물들에 둘러싸인다.

10월 13~14일에는 안산문화예술의전당, 24~25일에는 부산영화의전당에서도 공연한다.

(02)2005-0114 김슬기 기자

…을 새기는가 하면, 뮤지션 루 리드 앨범 자켓에는 가수 얼굴에 꼬불꼬불한 손글씨로 가사를 직접 써내려 화제가 됐다.

자극적이고 선정적인 작업으로 일찌감치 성공을 거둔 스테판 사그마이스터(50) 이야기다. 그러던 그가 언제부터인가 얌전해졌다. 매일경제신문이 앰허스트와 공동 주최한 국내 최대 개인전을 위해 최근 내한한 그에게 작품 변화에 대해 넌지시 물었다. 그는 기다렸다는 듯이 이렇게 응수했다.

"치즈는 오래될수록 고약해지지만 난 나이들수록 부드러워지죠."

그는 "나이들수록 자극적인 것이나 어떤 것에 반대하는 것에 흥미가 덜해졌다"고 강조했다. 대신 그가 새롭게 몰두하고 있는 것은 자신에 대한 성찰과 행복에 대한 문제다. 그것을 본질적으로 파고들다 보면 작품에 대한 새로운 실마리를 찾을 수 있다는 기대감 때문일까.

사실 그에게 명성을 가져다 준 것도 그만의 독특한 감성이 빚은 결과물이다. 그의 작품에서는 원시적인 글씨체가 나온다든가, 글씨가 살아 움직이는 생명체처럼 꿈틀거린다.

"20세기 초 디자인계는 기능을 중시하는 모더니즘이 대세였죠. 그런데 결국 그래픽 디자인도 인간이 만든 것입니다. 아날로그 감성이 중요하다는 말이죠."

그래픽 디자인이란 텍스트(글자)와 이미지가 섞여 있는 산업 디자인을 말한다. 지난 10년간 그래픽 디…

사그마이스터가 자신의 작품이 내걸린 세종문화회관…

매일경제·앰허스트 주최

"한국 기업 디자인은 집단…

자인은 프린트에서 디지털로, 평면에서 입체로 바뀌는 등 다양한 기술 진화를 거쳤다.

"제품이나 광고 포스터를 디자인할 때 원칙은 두 가지입니다. 하나는 보는 사람들을 즐겁게 하거나 또는 도움을 주거나. 가령 응급 상황에서 표지판을 보고 금방 뛰쳐나갈 수 있…

간결하다 線 강렬하다

…치 색종이를 오려 놓은 것 같다. 그만큼 순수… 명징한 색채다. 중견작가 이명숙 씨(58)는 지난 30여 년 화업을 온통 색면 추상에만 쏟아부었다. 추상 미술이 흔치 않은 시대에 간결한 선과 화려한 색채로 승부한 것이다. 보고만 있어도 마음이 유쾌해지는 최신 작품이 서울 청담동 갤러리 서림에 걸린다. 소품에서 대작까지 30여 점이다.

최근 들어 변화가 있다면 화면 분할이 늘었다는 점이다. 종전에는 캔버스 화면이 다양한 원색으로 네다섯 번 나뉘었다면 이번에는 띠처럼 촘촘하게 분할돼 있다. 그러나 그것이 조잡하고 산만하게 느껴지지 않는다. 율동감과 집중도가 높아져 회화적 에너지가 한껏 화폭에 배어 있다.

작가는 아크릴 물감을 캔버스 위에 계속 수십 번 쌓는 작업을 통해 그만의 독특한 색채감을 얻고 있다. 자칫 가벼워질 수 있는 색이 쌓아올림으로써 색이 깊어졌다.

그는 "힘겹게 사는 사람들이 … 쾌한 에너지와 힘을 얻었으면 … 바로 치유"라고 말했다.

작가는 국내뿐만 아니라 미국 … 여러 아트페어에 참여하며 활발… 다. 금호미술관과 갤러리인, 박… 시를 했으며 이번이 13번째 개인… 예술전문 평론가인 조너선 굿맨… 는 형태는 단순하지만 대단히 고… "생기 넘치는 작품들은 진정한 … 불러일으키고 관객을 압도한다"…

전시는 10월 5일부터 15일까지 … (02)515-3377

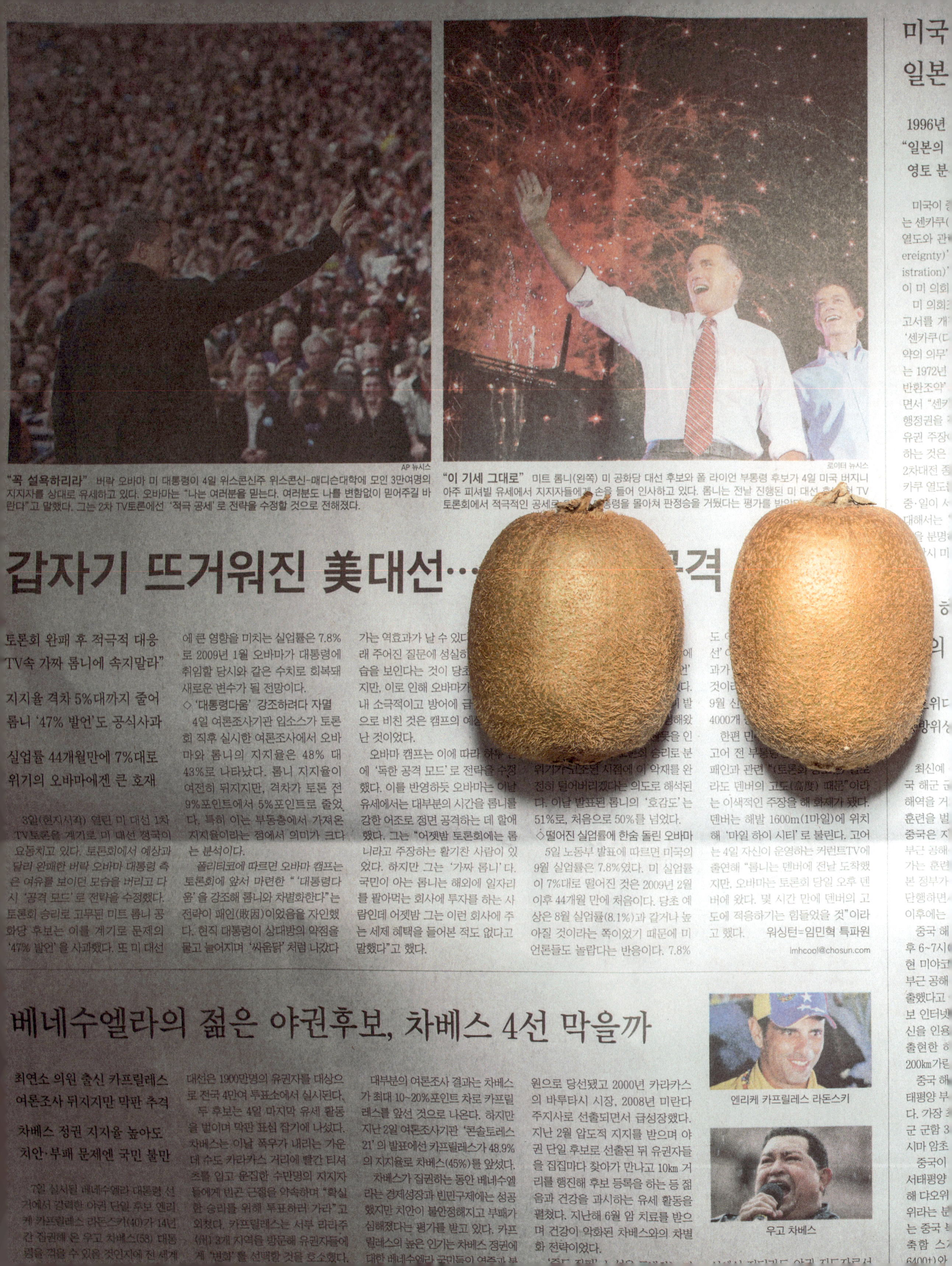
AP 뉴시스

“꼭 설욕하리라” 버락 오바마 미 대통령이 4일 위스콘신주 위스콘신-매디슨대학에 모인 3만여명의 지지자를 상대로 유세하고 있다. 오바마는 “나는 여러분을 믿는다. 여러분도 나를 변함없이 믿어주길 바란다”고 말했다. 그는 2차 TV토론에선 ‘적극 공세’로 전략을 수정할 것으로 전해졌다.

로이터 뉴시스

“이 기세 그대로” 미트 롬니(왼쪽) 미 공화당 대선 후보와 폴 라이언 부통령 후보가 4일 미국 버지니아주 피셔빌 유세에서 지지자들에게 손을 들어 인사하고 있다. 롬니는 전날 진행된 미 대선 … TV 토론회에서 적극적인 공세로 … 통령을 몰아쳐 판정승을 거뒀다는 평가를 받았다.

갑자기 뜨거워진 美대선… …격

토론회 완패 후 적극적 대응
TV속 가짜 롬니에 속지말라”

지지율 격차 5%대까지 줄어
롬니 ‘47% 발언’도 공식사과

실업률 44개월만에 7%대로
위기의 오바마에겐 큰 호재

3일(현지시각) 열린 미 대선 1차 TV토론을 계기로 미 대선 정국이 요동치고 있다. 토론회에서 예상과 달리 완패한 버락 오바마 대통령 측은 여유를 보이던 모습을 버리고 다시 ‘공격 모드’로 전략을 수정했다. 토론회 승리로 고무된 미트 롬니 공화당 후보는 이를 계기로 문제의 ‘47% 발언’을 사과했다. 또 미 대선에 큰 영향을 미치는 실업률은 7.8%로 2009년 1월 오바마가 대통령에 취임할 당시와 같은 수치로 회복돼 새로운 변수가 될 전망이다.

◇‘대통령다움’ 강조하려다 자멸

4일 여론조사기관 입소스가 토론회 직후 실시한 여론조사에서 오바마와 롬니의 지지율은 48% 대 43%로 나타났다. 롬니 지지율이 여전히 뒤지지만, 격차가 토론 전 9%포인트에서 5%포인트로 줄었다. 특히 이는 부동층에서 가져온 지지율이라는 점에서 의미가 크다는 분석이다.

폴리티코에 따르면 오바마 캠프는 토론회에 앞서 마련한 “‘대통령다움’을 강조해 롬니와 차별화한다”는 전략이 패인(敗因)이었음을 자인했다. 현직 대통령이 상대방의 약점을 물고 늘어지며 ‘싸움닭’처럼 나갔다가는 역효과가 날 수 있다 … 래 주어진 질문에 성실히 … 습을 보인다는 것이 당초 … 지만, 이로 인해 오바마가 … 내 소극적이고 방어에 급 … 으로 비친 것은 캠프의 예상 … 난 것이었다.

오바마 캠프는 이에 따라 하루 … 에 ‘독한 공격 모드’로 전략을 수정했다. 이를 반영하듯 오바마는 이날 유세에서는 대부분의 시간을 롬니를 강한 어조로 정면 공격하는 데 할애했다. 그는 “어젯밤 토론회에는 롬니라고 주장하는 활기찬 사람이 있었다. 하지만 그는 ‘가짜 롬니’다. 국민이 아는 롬니는 해외에 일자리를 팔아먹는 회사에 투자를 하는 사람인데 어젯밤 그는 이런 회사에 주는 세제 혜택을 들어본 적도 없다고 말했다”고 했다.

… 에 … 언’ … 다. … 발 … 해왔 … 을 인 … 승리로 분위기가 고조된 시점에 이 악재를 완전히 털어버리겠다는 의도로 해석된다. 이날 발표된 롬니의 ‘호감도’는 51%로, 처음으로 50%를 넘었다.

◇떨어진 실업률에 한숨 돌린 오바마

5일 노동부 발표에 따르면 미국의 9월 실업률은 7.8%였다. 미 실업률이 7%대로 떨어진 것은 2009년 2월 이후 44개월 만에 처음이다. 당초 예상은 8월 실업률(8.1%)과 같거나 높아질 것이라는 쪽이었기 때문에 미 언론들도 놀랍다는 반응이다. 7.8% 도 … 선’ … 과가 … 것이라 … 9월 신 … 4000개 …

한편 민 … 고어 전 부통령 … 패인과 관련 “(토론회 …) 라도 덴버의 고도(高度) 때문”이라는 이색적인 주장을 해 화제가 됐다. 덴버는 해발 1600m(1마일)에 위치해 ‘마일 하이 시티’로 불린다. 고어는 4일 자신이 운영하는 커런트TV에 출연해 “롬니는 덴버에 전날 도착했지만, 오바마는 토론회 당일 오후 덴버에 왔다. 몇 시간 만에 덴버의 고도에 적응하기는 힘들었을 것”이라고 했다.

워싱턴=임민혁 특파원

lmhcool@chosun.com

베네수엘라의 젊은 야권후보, 차베스 4선 막을까

최연소 의원 출신 카프릴레스
여론조사 뒤지지만 막판 추격

차베스 정권 지지율 높아도
치안·부패 문제엔 국민 불만

7일 실시될 베네수엘라 대통령 선거에서 강력한 야권 단일 후보 엔리케 카프릴레스 라돈스키(40)가 14년간 집권해 온 우고 차베스(58) 대통령을 꺾을 수 있을 것인지에 전 세계 … 대선은 1900만명의 유권자를 대상으로 전국 4만여 투표소에서 실시된다.

두 후보는 4일 마지막 유세 활동을 벌이며 막판 표심 잡기에 나섰다. 차베스는 이날 폭우가 내리는 가운데 수도 카라카스 거리에 빨간 티셔츠를 입고 운집한 수만명의 지지자들에게 빈곤 근절을 약속하며 “확실한 승리를 위해 투표하러 가라”고 외쳤다. 카프릴레스는 서부 라라주(州) 3개 지역을 방문해 유권자들에게 ‘변화’를 선택할 것을 호소했다.

대부분의 여론조사 결과는 차베스가 최대 10~20%포인트 차로 카프릴레스를 앞선 것으로 나온다. 하지만 지난 2일 여론조사기관 ‘콘솔토레스 21’의 발표에선 카프릴레스가 48.9%의 지지율로 차베스(45%)를 앞섰다.

차베스가 집권하는 동안 베네수엘라는 경제성장과 빈민구제에는 성공했지만 치안이 불안정해지고 부패가 심해졌다는 평가를 받고 있다. 카프릴레스의 높은 인기는 차베스 정권에 대한 베네수엘라 국민들의 염증과 불 … 원으로 당선됐고 2000년 카라카스의 바루타시 시장, 2008년 미란다 주지사로 선출되면서 급성장했다. 지난 2월 압도적 지지를 받으며 야권 단일 후보로 선출된 뒤 유권자들을 집집마다 찾아가 만나고 10㎞ 거리를 행진해 후보 등록을 하는 등 젊음과 건강을 과시하는 유세 활동을 펼쳤다. 지난해 6월 암 치료를 받으며 건강이 악화된 차베스와의 차별화 전략이었다.

엔리케 카프릴레스 라돈스키

우고 차베스

미국 …
일본 …

1996년 …
“일본의 …
영토 분 …

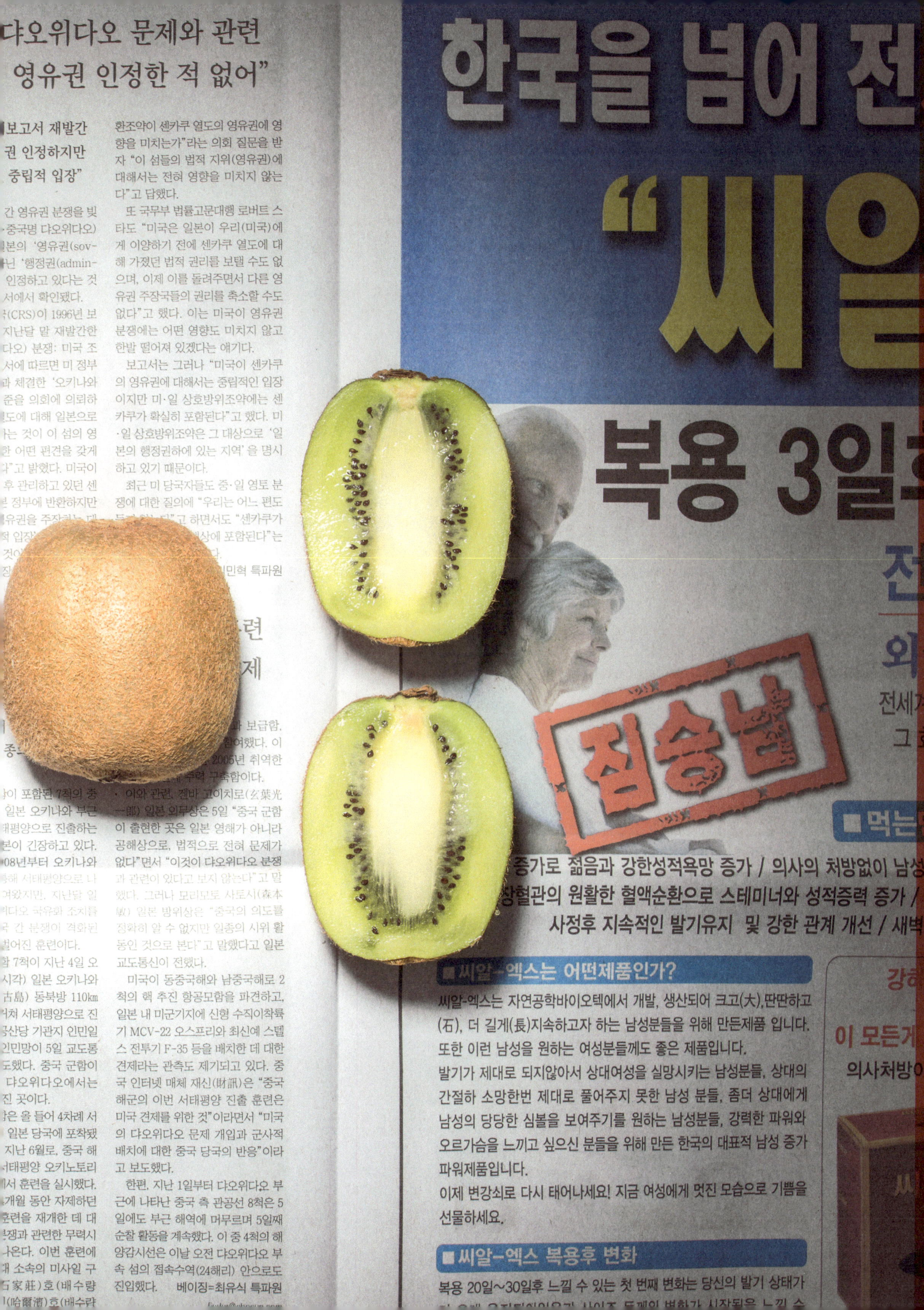

댜오위다오 문제와 관련
영유권 인정한 적 없어"

보고서 재발간 권 인정하지만 중립적 입장"

간 영유권 분쟁을 빚·중국명 댜오위다오)·본의 '영유권(sov-·닌 '행정권(admin- 인정하고 있다는 것 서에서 확인됐다.

(CRS)이 1996년 보 지난달 말 재발간한 다오) 분쟁: 미국 조서에 따르면 미 정부 과 체결한 '오키나와 준을 의회에 의뢰하 도에 대해 일본으로 는 것이 이 섬의 영 한 어떤 편견을 갖게 다'고 밝혔다. 미국이 후 관리하고 있던 센 정부에 반환하지만 유권을 주장하는 것 적 입장 것이

환조약이 센카쿠 열도의 영유권에 영향을 미치는가"라는 의회 질문을 받자 "이 섬들의 법적 지위(영유권)에 대해서는 전혀 영향을 미치지 않는다"고 답했다.

또 국무부 법률고문대행 로버트 스타도 "미국은 일본이 우리(미국)에게 이양하기 전에 센카쿠 열도에 대해 가졌던 법적 권리를 보탤 수도 없으며, 이제 이를 돌려주면서 다른 영유권 주장국들의 권리를 축소할 수도 없다"고 했다. 이는 미국이 영유권 분쟁에는 어떤 영향도 미치지 않고 한발 떨어져 있겠다는 얘기다.

보고서는 그러나 "미국이 센카쿠의 영유권에 대해서는 중립적인 입장이지만 미·일 상호방위조약에는 센카쿠가 확실히 포함된다"고 했다. 미·일 상호방위조약은 그 대상으로 '일본의 행정권하에 있는 지역'을 명시하고 있기 때문이다.

최근 미 당국자들도 중·일 영토 분쟁에 대한 질의에 "우리는 어느 편도" 고 하면서도 "센카쿠가 ...상에 포함된다"는

...민혁 특파원

한국을 넘어 전세
"씨알
복용 3일후

전반
외국

전세계 및 한... 그 효과 및

■ 먹는만큼

증가로 젊음과 강한성적욕망 증가 / 의사의 처방없이 남성사이즈 ...장혈관의 원활한 혈액순환으로 스테미너와 성적증력 증가 / 정액량... 사정후 지속적인 발기유지 및 강한 관계 개선 / 새벽의 발기

■ 씨알-엑스는 어떤제품인가?

씨알-엑스는 자연공학바이오텍에서 개발, 생산되어 크고(大),딴딴하고 (石), 더 길게(長)지속하고자 하는 남성분들을 위해 만든제품 입니다. 또한 이런 남성을 원하는 여성분들께도 좋은 제품입니다.
발기가 제대로 되지않아서 상대여성을 실망시키는 남성분들, 상대의 간절하 소망한번 제대로 풀어주지 못한 남성 분들, 좀더 상대에게 남성의 당당한 심볼을 보여주기를 원하는 남성분들, 강력한 파워와 오르가슴을 느끼고 싶으신 분들을 위해 만든 한국의 대표적 남성 증가 파워제품입니다.
이제 변강쇠로 다시 태어나세요! 지금 여성에게 멋진 모습으로 기쁨을 선물하세요.

■ 씨알-엑스 복용후 변화

복용 20일~30일후 느낄 수 있는 첫 번째 변화는 당신의 발기 상태가

강하
이 모든거
의사처방이 필요없

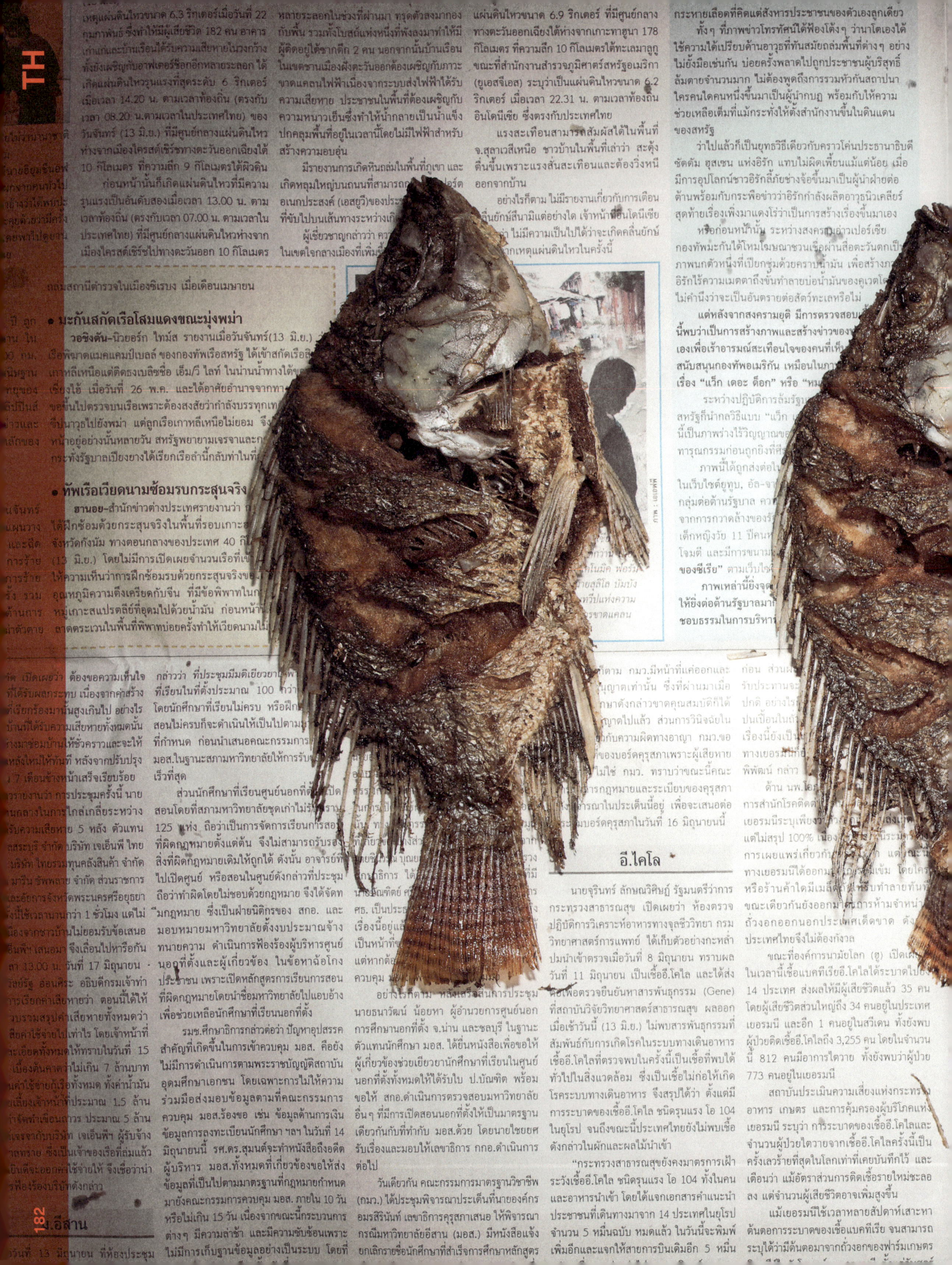

เมืองไครสต์เชิร์ชไปทางตะวันออก 10 กิโลเมตร ในเขตใจกลางเมือง

ถล่มสถานีตำรวจในเมืองชิเรบง เมื่อเดือนเมษายน

• มะกันสกัดเรือโสมแดงขณะมุ่งพม่า

วอชิงตัน–นิวยอร์ก ไทม์ส รายงานเมื่อวันจันทร์(13 มิ.ย.) เรือพิฆาตแมคแคมป์เบลล์ ของกองทัพเรือสหรัฐ ได้เข้าสกัดเรือสิ… เกาหลีเหนือแต่ติดธงเบลิซชื่อ เอ็ม/วี ไลท์ ในน่านน้ำทางใต้ข… เซี่ยงไฮ้ เมื่อวันที่ 26 พ.ค. และได้อาศัยอำนาจจากทา… ขอขึ้นไปตรวจบนเรือเพราะต้องสงสัยว่ากำลังบรรทุกเท… ขีปนาวุธไปยังพม่า แต่ลูกเรือเกาหลีเหนือไม่ยอม จึง… หน้าอยู่อย่างนั้นหลายวัน สหรัฐพยายามเจรจาและก… กระทั่งรัฐบาลเปียงยางได้เรียกเรือลำนี้กลับท่าในที่…

• ทัพเรือเวียดนามซ้อมรบกระสุนจริง

ฮานอย–สำนักข่าวต่างประเทศรายงานว่า ก… ได้ฝึกซ้อมด้วยกระสุนจริงในพื้นที่รอบเกาะ… จังหวัดกังนัม ทางตอนกลางของประเทศ 40 กิ… (13 มิ.ย.) โดยไม่มีการเปิดเผยจำนวนเรือที่เข้า…

อี.ไคโล

นายจุรินทร์ ลักษณวิศิษฏ์ รัฐมนตรีว่าการ กระทรวงสาธารณสุข เปิดเผยว่า ห้องตรวจ ปฏิบัติการวิเคราะห์อาหารทางเดินอาหาร วิทยาศาสตร์การแพทย์ ได้เก็บตัวอย่างกะหล่ำ ปลีมาเข้าตรวจเมื่อวันที่ 8 มิถุนายน ทราบผล วันที่ 11 มิถุนายน เป็นเชื้ออี.ไคโล และได้ส่ง ตัวไปตรวจยืนยันหาสารพันธุกรรม (Gene) ที่สถาบันวิจัยวิทยาศาสตร์สาธารณสุข ผลออก เมื่อเช้าวันนี้ (13 มิ.ย.) ไม่พบสารพันธุกรรมที่ สัมพันธ์กับการเกิดโรคในระบบทางเดินอาหาร อี.ไคโลที่พบจากในครั้งนี้เป็นเชื้อที่พบได้ ทั่วไปในสิ่งแวดล้อม เช่น ดินเชื้อไม่ก่อให้เกิด โรคระบบทางเดินอาหาร จึงสรุปได้ว่า ตั้งแต่มี การระบาดของเชื้ออี.ไคโล ชนิดรุนแรง โอ 104 ในยุโรป จนถึงขณะนี้ประเทศไทยยังไม่พบเชื้อ ดังกล่าวในผักและผลไม้นำเข้า

"กระทรวงสาธารณสุขยังคงมาตรการเฝ้า ระวังเชื้ออี.ไคโล ชนิดรุนแรง โอ 104 ทั้งในผู้ ประชาชนที่เดินทางมาจาก 14 ประเทศในยุโรป จำนวน 5 หมื่นกว่าคน หมดแล้ว ในวันนี้จะพิมพ์ เพิ่มอีกและแจกให้สายการบินเติมอีก 5 หมื่น

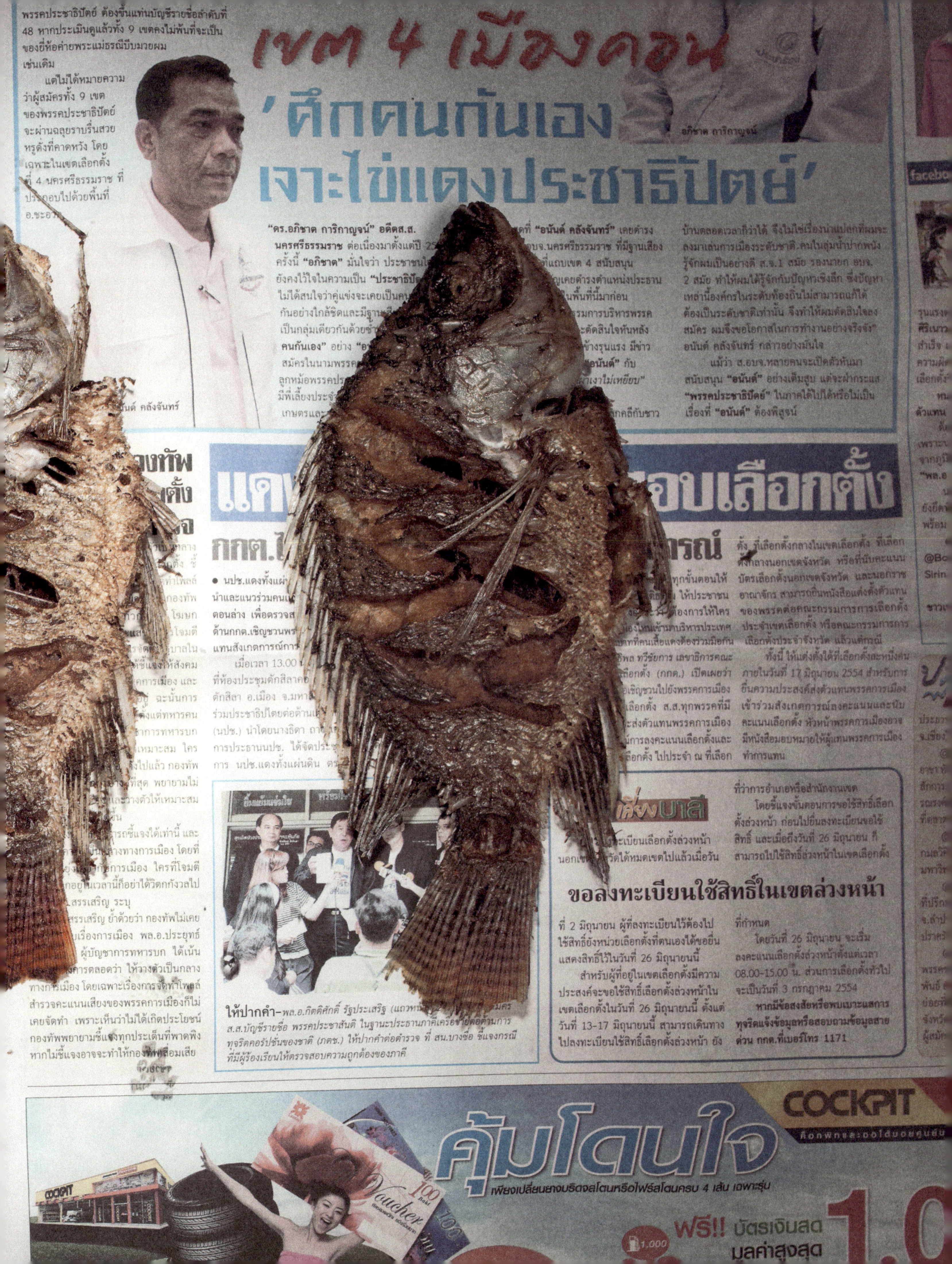
เขต 4 เมืองคอน
'ศึกคนกันเอง
เจาะไข่แดงประชาธิปัตย์'
ขอลงทะเบียนใช้สิทธิ์ในเขตล่วงหน้า
COCKPIT
คุ้มโดนใจ
ฟรี!! บัตรเงินสด
มูลค่าสูงสุด

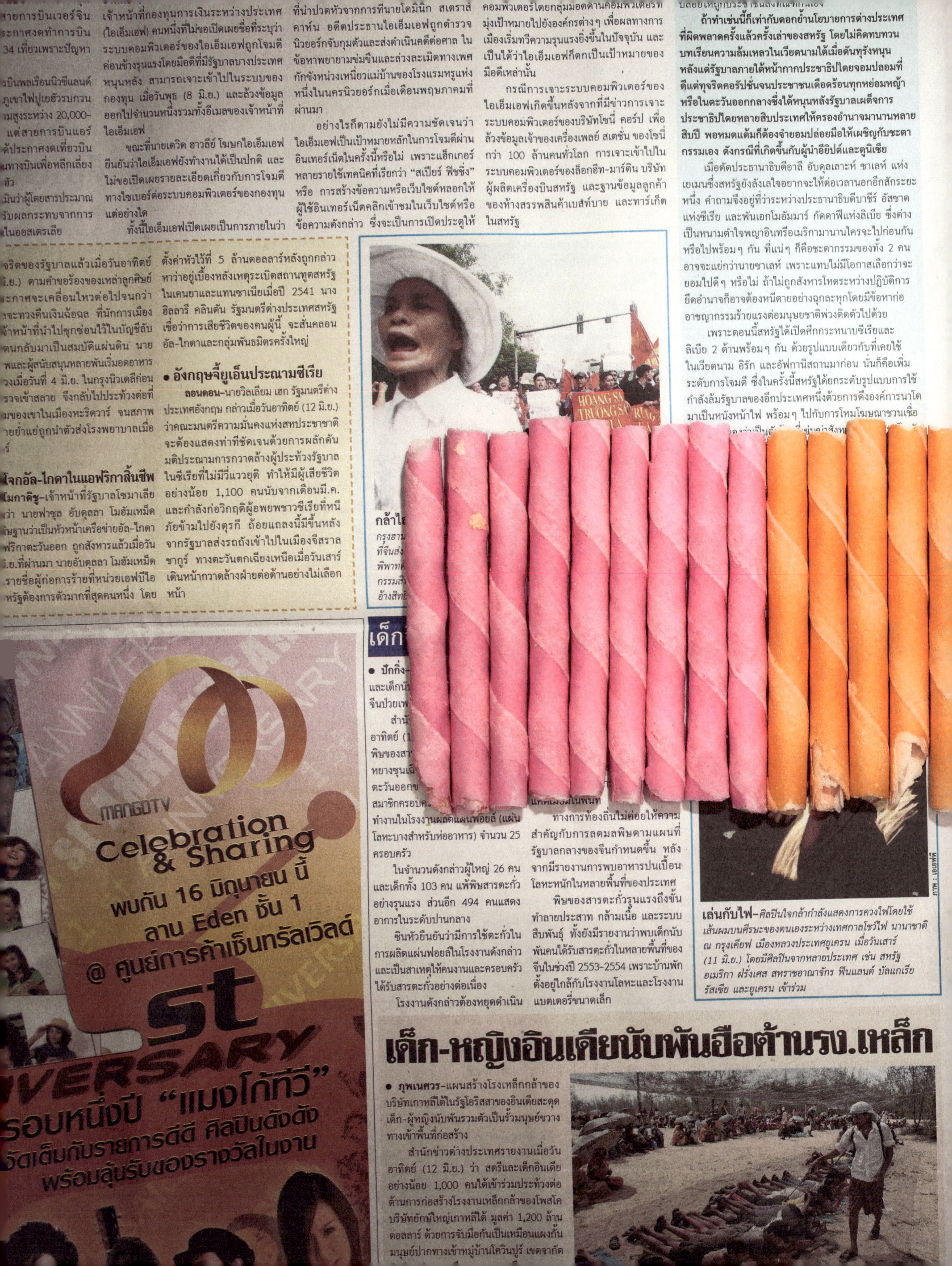
อังกฤษจี้ยูเอ็นประณามซีเรีย
ไอจกอัล-ไกดาในแอฟริกาสิ้นชีพ
MANGOTV
Celebration & Sharing
พบกัน 16 มิถุนายน นี้
ลาน Eden ชั้น 1
@ ศูนย์การค้าเซ็นทรัลเวิลด์
st
VERSARY
รอบหนึ่งปี "แมงโก้ทีวี"
จัดเต็มกับรายการดีดี ศิลปินดังดัง
พร้อมลุ้นรับของรางวัลในงาน
HOANG SA
TRUONG SA
เล่นกับไฟ-
เด็ก-หญิงอินเดียนับพันฮือต้านรง.เหล็ก

ทำให้น่าลุ้นว่า ก่อนเข้าโค้งสุดท้าย ในอีกไม่กี่วันข้างหน้า โอกาสจะพลิกผันเป็นเช่นใด

ชลบุรีตำนานแห่งการเปลี่ยนแปลง

หากพิจารณาจากจำนวน ส.ส.ในการเลือกตั้งกรกฎาคม 2554 ด้วยสัดส่วนรวม 8 ที่นั่ง ไม่สามารถปฏิเสธได้ว่า สำหรับชลบุรีแล้ว นี่คือเมืองหลวงของภาคกลางและภาคตะวันออก เป็นเมืองหลวงที่การเลือกตั้งในเดือนธันวาคม 2550 คือชัยชนะอันงดงามของพรรคประชาธิปัตย์ทั้ง 8 ที่นั่ง เป็นการยึดครองของประชาธิปัตย์แบบเบ็ดเสร็จ เป็นภาพของการล้มพรรคพลังประชาชน (ในขณะนั้น) ที่ทำงานการเมืองผ่านเครือข่ายตระกูลคุณปลื้ม และบดขยี้ผู้สมัครจากพรรคชาติไทย ที่สร้างฐานทางการเมืองในพื้นที่มานับตั้งแต่การเลือกตั้งปี 2538 ได้อย่างราบคาบ

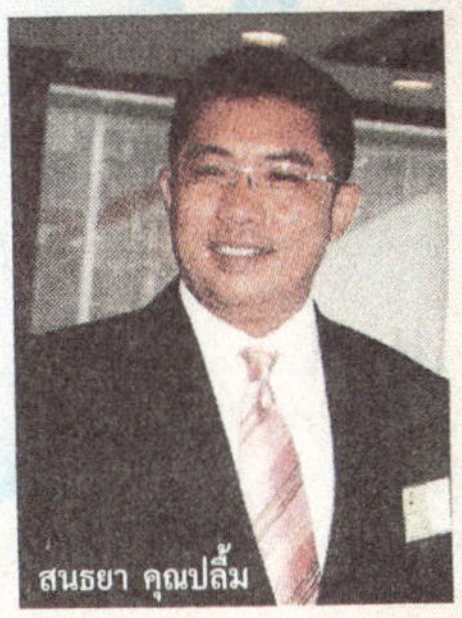

สนธยา คุณปลื้ม

ความน่าสนใจของสนามเลือกตั้งชลบุรี อยู่ในประเด็นที่ว่านี่คือพัฒนาการทางการเมืองในรูปแบบของการแทรกซึมก่อนที่จะยึดครอง เป็นการแทรกซึมที่ยกระดับจากการเลือกตั้งกรกฎาคม 25

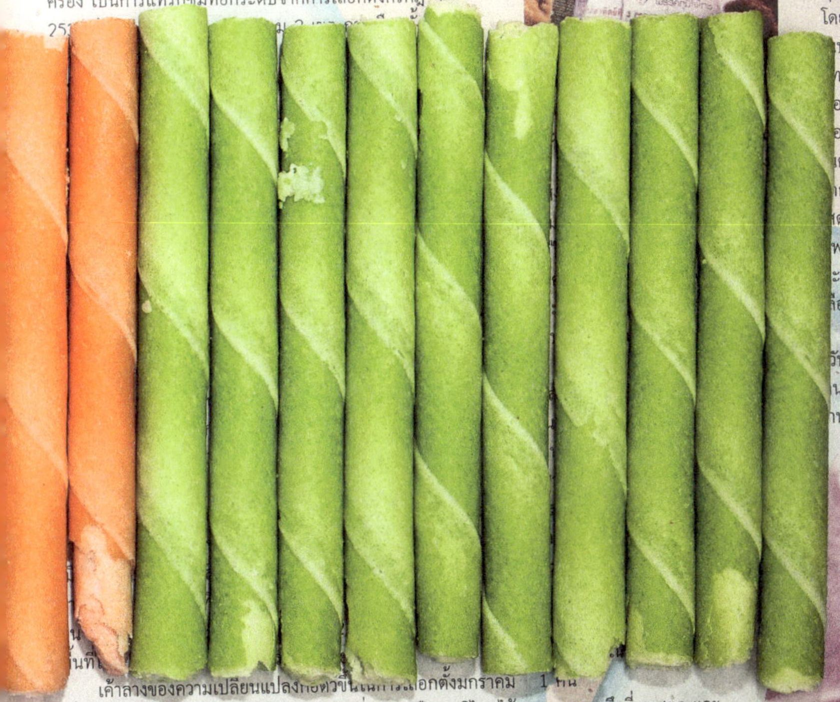

เค้าลางของความเปลี่ยนแปลงก่อตัวขึ้นในการเลือกตั้งมกราคม 2544 แบ่งออกเป็น 7 เขต ส.ส. 7 คน ผลที่ออกมาคือ ชาติไทยได้ไป 6 เขต และ 1 เขต คือการเข้ามาของ **พรรคไทยรักไทย** ขณะเดียวกันการนำพาสมาชิกในเครือข่ายตระกูลคุณปลื้มออกจากพรรคชาติไทยของ **"สนธยา คุณปลื้ม"** ที่มีบทบาทเป็นเลขาธิการพรรค (ในขณะนั้น) ก่อนหันมาทำงานการเมืองให้แก่พรรคไทยรักไทยในการเลือกตั้งกุมภาพันธ์ 2544 จึงเป็นชัยชนะให้แก่พรรคไทยรักไทยทั้ง 7 เขต

จากนั้นเลือกตั้งในเดือนกุมภาพันธ์ 2548 ชัยชนะยังคงเกิดขึ้นกับผู้สมัครของไทยรักไทยทั้ง 7 เขต และด้านหนึ่งนั่นคือการเข้ามาสู่สนามการเมืองของ **อิทธิพล คุณปลื้ม** ถัดจากสนธยา และวิทยาที่ก้าวนำหน้ามาก่อน เมษายน 2549 พื้นที่การเมืองที่เพิ่มเป็น 8 เขต ชลบุรียังคงเป็นพื้นที่ทางการเมืองให้แก่ไทยรักไทยอย่างมั่นคง เป็นความมั่นคงที่ต่อเนื่องมาถึงธันวาคม 2550 จึงเป็นการปิดฉากลงของตระกูลคุณปลื้ม ที่ทำงานการเมืองผ่านพรรคพลังประชาชน เพราะการพ่ายแพ้อย่างหมดรูป และนี่คือเริ่มต้นสู่การปักหลักยึดครองของพรรคประชาธิปัตย์ จากการยึดกุม 3 เขต รวม 8 ที่นั่งเอาไว้ได้

ประชาธิปัตย์ทั้ง 8 คน คือ เขต 1 **ประมวล เอมเปีย, บรรจบ รุ่งโรจน์** และ **มานิตย์ ภาวสุทธิ์** เขต 2 **พจนารถ แก้วผลึก, ธนโรจน์ โรจนกุลเสฏฐ์** และ **ไมตรี สอยเหลือง** เขต 3 **พล.ต.ต.วีระ อนันตกูล** และ **สรวุฒิ เนื่องจำนงค์** เลือกตั้งกรกฎาคม 2554 ความเปลี่ยนแปลงเกิดขึ้นคือ มานิตย์ ภาวสุทธิ์ ถอนตัวจากประชาธิปัตย์ ไปลงสมัครในนาม**เพื่อไทย** ขณะที่เครือข่ายคุณปลื้ม กลับเข้าสู่สนามการเมืองอีกครั้ง ภายใต้พรรคการเมืองชื่อ **"พลังชล"**

ยุทธศาสตร์ของ **"พลังชล"** ต่อการเลือกตั้งครั้งนี้ก็คือ การสร้างความแข็งแกร่งผ่านการยึดกุมองค์กรส่วนท้องถิ่น ทั้งองค์การ

ตรวจแนวรบผ่านระบบบัญชีรายชื่อ

การเลือกตั้งภาคใต้ 3 กรกฎาคม 2554 **"พรรคประชาธิปัตย์"** จะยังรักษาแชมป์ไว้ได้เหมือนเดิม แต่ปัญหาก็คือจำนวน ส.ส.ลดลงเหลือ 53 คน จากทั้งหมด 56 คน กลายเป็นโจทย์ให้ต้องหาทางแก้ด้วยการเพิ่มคะแนนระบบบัญชีรายชื่อ (ปาร์ตี้ลิสต์) ชดเชย แต่จะเพิ่มคะแนนปาร์ตี้ลิสต์ในการเลือกตั้งครั้งนี้คงไม่ง่ายอย่างที่คิด เพราะทุกพรรคที่ส่งผู้สมัครก็หาเสียงด้วยการขอคะแนนปาร์ตี้ลิสต์ทุกพรรค

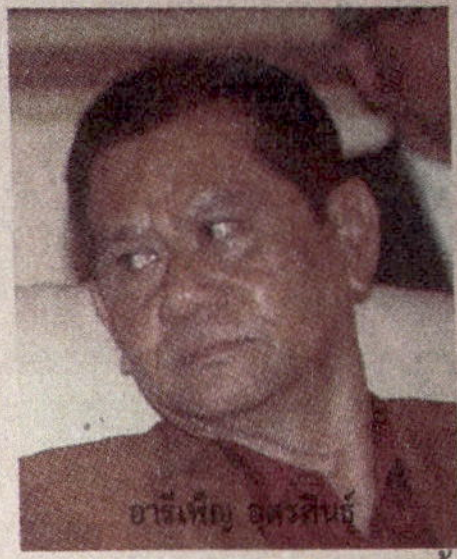

อารีเพ็ญ อุตรสินธุ์

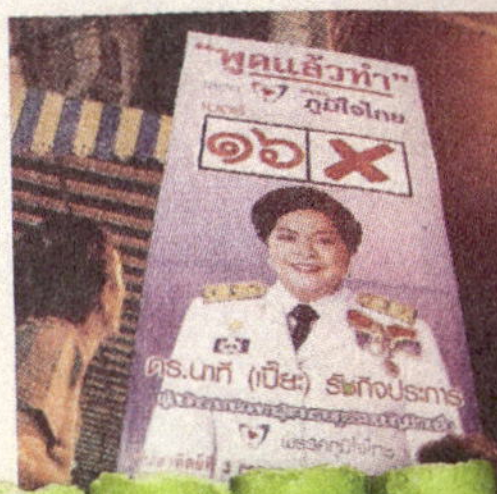

พรรคภูมิใจไทย ชัดเจนที่สุด เมื่อ **ดร.นาที รัชกิจประการ** ผู้สมัคร ส.ส.แบบบัญชีรายชื่อลำดับที่ 4 อ้อนขอคะแนนจากประชาชนในพื้นที่ จ.พัทลุง ขอเป็น ส.ส.คนที่ 4 ของ จ.พัทลุง

โดยพื้นที่หวังผลสำหรับ ...ปาร์ตี้ลิสต์ ของพรรค ...ทย จะอยู่ที่ จ.พัทลุง ...องสามี ตระกูลรัชกิจ ...องระดับชาติอยู่ ...ครศรีธรรมราช ...การหาเสียงแนว ...ต์เป็นกอบเป็นกำ ...พรรคประชาธิปัตย์ ...ะยังไงทั้ง 2 พรรค ...ลือกตั้ง โดย ...วันเปิดตัวผู้สมัคร ...นที่มั่นของ ...าน ... 1 คน

รวมถึงที่ จ.สตูล และ จ.ตรัง ซึ่งเป็นพื้นที่หวังผลคะแนนปาร์ตี้ลิสต์ของพรรคเพื่อไทยครั้งนี้ ในขณะที่ 3 จังหวัดก็ปล่อยให้เป็นหน้าที่ของ **ซูการ์โน มะทา** ผู้สมัครเขตเลือกตั้งที่ 2 จ.ยะลา รับผิดชอบไป เพราะยังไงยังเชื่อว่า ด้วยบารมีของ **วันมูหะมัดนอร์ มะทา** สามารถยังช่วยให้มีคะแนนปาร์ตี้ลิสต์จาก 3 จังหวัดชายแดนภาคใต้แม้จะไม่มากก็ตาม เพราะภาพของพรรคเพื่อไทยสำหรับ 3 จังหวัดยังติดลบ

ส่วนที่พรรคที่มาแรงสำหรับการช่วงชิงคะแนนปาร์ตี้ลิสต์การเลือกตั้งครั้งนี้ในพื้นที่ 3 จังหวัดชายแดนภาคใต้ที่มี 3 ประสานคือ **อารีเพ็ญ อุตรสินธุ์, ไพศาล ยิ่งสมาน,** และ **เด่น โต๊ะมีนา** แกนนำกลุ่มวาดะห์ และคนในของพรรคเพื่อไทย โดยเฉพาะอารีเพ็ญ ผู้สมัครในระบบบัญชีรายชื่อพรรคมาตุภูมิ หวังโกยคะแนนปาร์ตี้ลิสต์กับ ส.ส.เขตให้มากที่สุดในพื้นที่นี้

และดูจากการลงพื้นที่หาเสียง การวางตัวผู้สมัคร ทำให้พรรคมาตุภูมิเป็นพรรคที่คาดว่าผู้สมัครระบบแบ่งเขต และคะแนนปาร์ตี้ลิสต์ เป็นพรรคที่มีโอกาสได้รับเลือกตั้งมากที่สุดใน 3 จังหวัด รวมถึงคะแนนปาร์ตี้ลิสต์ที่ได้จากบารมีของ 3 ประสานคนสำคัญ

มาที่พรรคน้องใหม่ ของ "หมอแว" **นพ.แวมาฮาดี แวดาโอะ** ซึ่งการเลือกตั้งครั้งนี้ ประเมินว่า หากลงในระบบเขตโอกาสได้รับเลือกยากมาก จึงตัดสินใจตั้งสำนักพรรคแทนคุณแผ่นดินขึ้นมา และจัดลำดับตัวเองปาร์ตี้ลิสต์ลำดับที่ 1

เพื่อหวังขอแบ่งคะแนนปาร์ตี้ลิสต์ในพื้นที่ 3 จังหวัดได้ ขณะเดียวกันก็ขยายฐานไปยังหัวเมืองที่มีพี่น้องชาวไทยมุสลิมอาศัย เช่น

ส.ส.แบบบัญชีรายชื่อลำดับที่ 2 ต่อจากสุวิทย์ ก็เริ่มภารกิจลงพื้นที่ภาคอีสาน ประเดิมที่ประตูสู่เมืองอีสานอย่างนครราชสีมา ต่อเนื่องมาจนถึงขอนแก่น อันเป็นฐานที่มั่นเดิม

การลงพื้นที่หาเสียงครั้งนี้ ถือเป็นครั้งแรกของสุวิทย์ ในนามพรรคกิจสังคม เพราะหลังจากมีการสมัครผ่านไป สุวิทย์และผู้หลักผู้ใหญ่ในพรรค ไม่ว่าจะเป็นหัวหน้าพรรคอย่าง **พยุง นพสุวรรณ** ก็ยังไม่เคยมีโอกาสมาหาเสียงในพื้นที่ภาคอีสาน

สำหรับ **"พรรคกิจสังคม"** และ **สุวิทย์** ในพื้นที่การเมืองขณะนี้ กล่าวได้ว่าหาพื้นที่รองรับได้ยาก เพราะกระแสเสื้อสารพัดสีที่เข้ามายึดครองพื้นที่อีสานจึงเป็นแรงกดดันอย่างยิ่ง แม้จะมีการยกนโยบายสมัยร่วมรัฐบาลกับ พ.ต.ท.ทักษิณ ชินวัตร มานำเสนอ ทั้งกองทุนหมู่บ้าน และชลประทานระบบท่อ ก็ไม่สามารถดึงคะแนนเสียงให้ขยับขึ้นได้

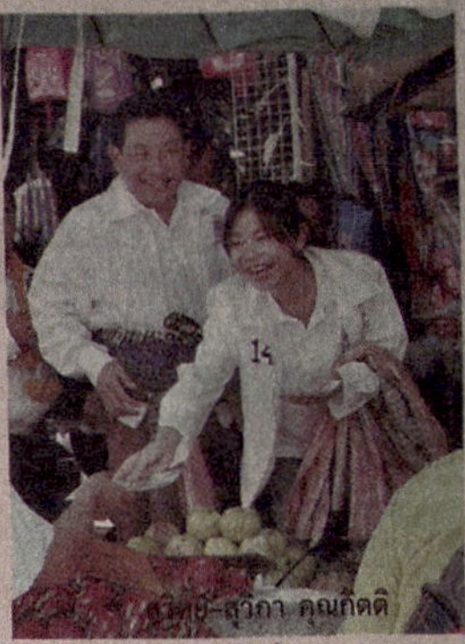

สุวิทย์-สุวิภา คุณกิตติ

ฐานเสียงที่คาดว่า **"สุวิทย์"** จะอาศัยเพื่อดันให้ได้ ส.ส.ระบบบัญชีรายชื่อนั่นคือ ฐานเสียงจากชนเผ่า ที่หากินอยู่ในพื้นที่ป่าและภูเขา เพราะจากการเป็นรัฐมนตรีว่าการกระทรวงทรัพยากรธรรมชาติและสิ่งแวดล้อมมา 2 สมัย ทำให้เขามีมวลชนในกลุ่มนี้พอสมควร และยิ่งการทำงานกับกรมป่าไม้มาอย่างต่อเนื่อง ทำให้สุวิทย์มั่นใจกับฐานคะแนนเสียงจากกลุ่มป่าไม้และลูกจ้างป่าไม้ ที่มีอยู่หลายแสนคนทั่วประเทศ ประกอบกับหัวหน้าพรรคกิจสังคมคนปัจจุบันอย่าง **พยุง นพสุวรรณ** ก็น่าจะทำให้คนสีเขียวกลุ่มนี้ กาคะแนนพรรคให้แก่เขา พอจะได้ ส.ส.ปาร์ตี้ลิสต์เข้าไปบ้างไม่ต่ำกว่า 3-4 คน

ส่วน ส.ส.ระบบเขตนั้น เรียกว่า **"หืดจับแน่"** เพราะผู้สมัครแต่ละราย ที่ส่งลงสมัครอยู่ในระดับที่ไม่โดดเด่นพอ แม้ว่าจะมี

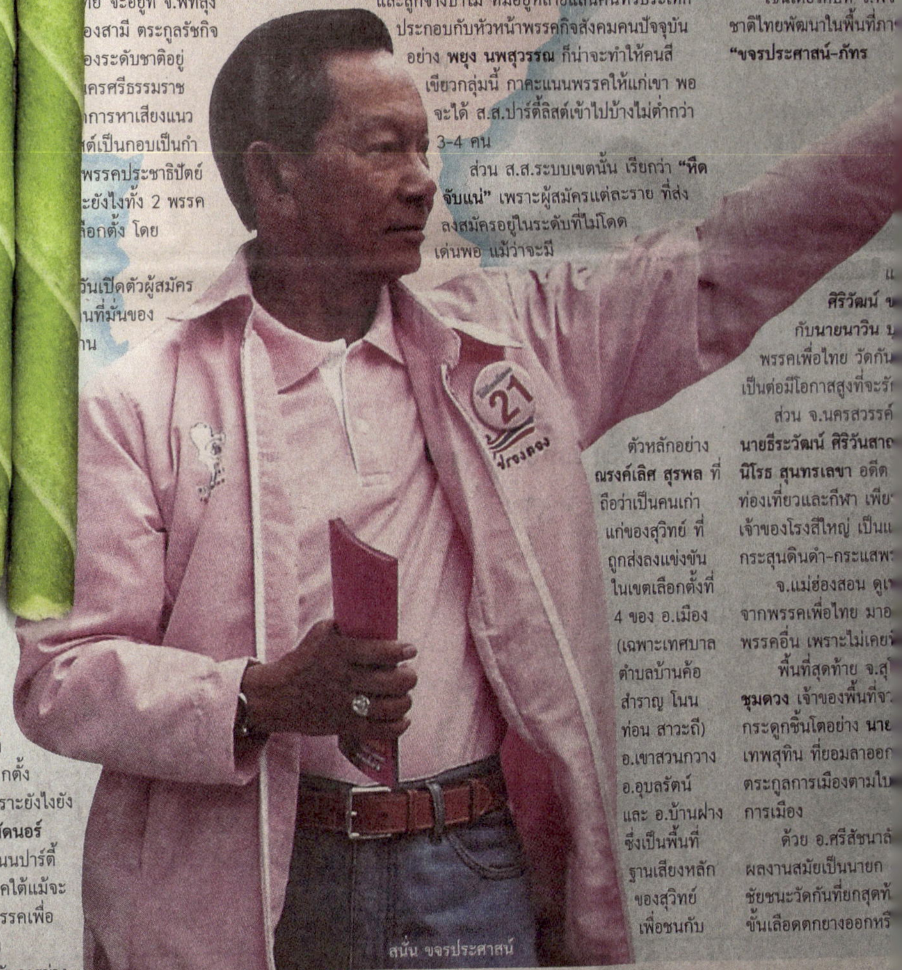

สนั่น ขจรประศาสน์

ตัวหลักอย่าง **ณรงค์เลิศ สุรพล** ที่ถือว่าเป็นคนเก่าแก่ของสุวิทย์ ที่ถูกส่งลงแข่งขันในเขตเลือกตั้งที่ 4 ของ อ.เมือง (เฉพาะเทศบาลตำบลบ้านค้อ สำราญ โนนท่อน สาวะถี) อ.เขาสวนกวาง อ.อุบลรัตน์ และ อ.บ้านฝาง ซึ่งเป็นพื้นที่ฐานเสียงหลักของสุวิทย์ เพื่อชนกับ

การเลือกตั้งครั้งนี้ สาห... **หวังต่อการที่จะปักธงลงบนพื้...** **ระบบบัญชีรายชื่อ ที่จะดึงให้...** **เข้ามาก็ถือเป็นความท้าทาย...**

"ชาติไทยพั...

ด้วยกระแสและก... ว่า 16 จังหวัดภาคเหนือ พ... ลอนเหมือนเดิม ส่วนพรรค... กับหลายองค์ประกอบ

เลือกตั้งครั้งนี้ภาคเหนื... ที่นั่ง ช่วงสัปดาห์ที่ผ่านมาจ... "พล.ต.สนั่น ขจรประศาส... เกษมสันต์ วีระกุล ในพื้นที่... เชียงใหม่

พรรคชาติไทยพัฒนา... ชิงดำระหว่างเพื่อไทย-ประ... ที่ จ.เชียงใหม่ เขต 5 ได้... อดีต ส.ส.จากพรรครวมใจ... ประดิษฐ์ ภัทรประสิทธิ์ มา... คนจนและคนชายขอบตัว... สามารถพาถึงฝั่งฝันได้ไม่...

กระแส "นำทักษิณปี... ตัดขา อาจทำให้ **นายประ...** ส.ส.เชียงใหม่ พรรคเพื่อไ...

เช่นเดียวกันที่ จ.พิจ... ชาติไทยพัฒนาในพื้นที่ภา... **"ขจรประศาสน์-ภัทร...**

แ... **ศิริวัฒน์ ข...** กับนายนาวิน บ... พรรคเพื่อไทย วัดกัน... เป็นต่อมีโอกาสสูงที่จะรั...

ส่วน จ.นครสวรรค์ **นายธีระวัฒน์ ศิริวันสาง...** **นิโรธ สุนทรเลขา** อดีต... ท่องเที่ยวและกีฬา เพีย... เจ้าของโรงสีใหญ่ เป็นแ... กระสุนดินดำ-กระแสพ...

จ.แม่ฮ่องสอน ดูเ... จากพรรคเพื่อไทย มาอ... พรรคอื่น เพราะไม่เคย...

พื้นที่สุดท้าย จ.สุ... **ชุมดวง** เจ้าของพื้นที่จ... กระดูกชิ้นโตอย่าง **นาย...** เทพสุทิน ที่ยอมลาออก... ตระกูลการเมืองตามใบ... การเมือง

ด้วย อ.ศรีสัชนาลั... ผลงานสมัยเป็นนายก... ชัยชนะวัดกันที่ยกสุดท้... ขั้นเลือดตกยางออกหรื...

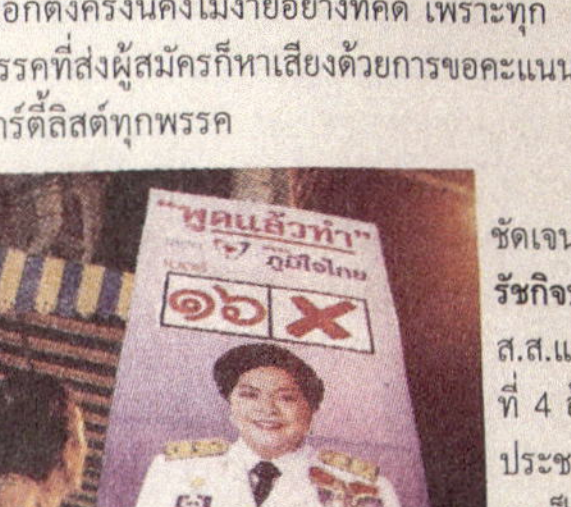

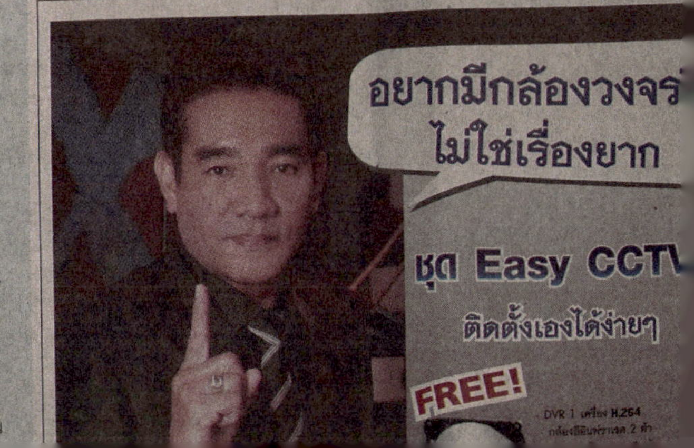

ปีนขนาด 9 มม. ที่เข่าทั้งสองข้าง
ลางหลัง 4 นัด ท้ายทอย 1 นัด
.อ.ใหม่ จำปาแดง อายุ 38 ปี ผู้
จ.ขอนแก่น นอนหายใจรวยริน
รุ่น 19 ขนาด 9 มม. ตกอยู่ข้าง
จ้าหน้าที่จึงเก็บไว้เป็นหลักฐาน
่าที่มูลนิธิขอนแก่นสามัคคีอุทิศ
ยาบาลศูนย์ขอนแก่น
พื่อนสนิทของผู้ตายทราบว่า
นักงานขายทองประจำร้านทอง
เซ็นทรัล และจดทะเบียนสมรส
อ 2 ปีก่อน ทั้งนี้ น.ส.ศุทธดา
มีลูกติดฝ่ายละ 1 คน ระหว่างใช้
งมีปากเสียงกันตลอด เนื่องจาก
ที่ภรรยาออกไปเที่ยวเตร่ กระทั่ง
ะคู่ตัดสินใจหย่ากัน แต่ ส.อ.ใหม่
อยครั้ง ก่อนเกิดเหตุ น.ส.ศุทธดา
ส.อ.ใหม่มานอนค้างที่ห้องพัก
อกุญแจอันใหม่มาล็อกประตูห้อง
ทธดากลับเข้าห้องพักประมาณ
ได้ยินเสียงทะเลาะ ต่อมาเสียง
ประมาณ 7-8 นัด จึงโทรศัพท์
รวจสอบ พบว่า น.ส.ศุทธดา
นสาเหตุสันนิษฐานว่าฝ่ายหญิง
าวร แต่ ส.อ.ใหม่ไม่ยอมจึงใช้
งศีรษะตัวเองเพื่อหนีความผิด
ใหม่ยังไม่พ้นขีดอันตราย
เหตุเกิดเมื่อเวลา 11.00 น.
ร.ต.อ.คำรณ เกณฑ์กระโทก
สน.ชนะสงคราม รับแจ้งเหตุ
เตี๋ยวเนื้อชื่อ "นายโส่ย" เลขที่
นพระอาทิตย์ แขวงชนะสงคราม
ม.จึงประสานเจ้าหน้าที่สำนัก
าสาธารณภัย กทม. หน่วย
ธีระ เข้าตรวจสอบ
นอาคารพาณิชย์ 5 ชั้น ปลูกติด
ล่างเป็นร้านก๋วยเตี๋ยวเนื้อ ส่วน
ห้องเช่ารายเดือน โดยพบกลุ่ม
งพวยพุ่งออกมาจากห้องพักชั้น
ระสานรถดับเพลิงกว่า 10 คัน
งเป็นเวลาประมาณ 30 นาที
เพลิงไว้ในวงจำกัด
นภัทร์ เลิศสวภาคย์ อายุ 32 ปี
ยว "นายโส่ย" ให้การว่า ก่อน
าณ 11.00 น. ปรากฏว่าชายไม่
งพักบริเวณชั้น 2 ของร้าน เกิด
าวของลงมาด้านล่าง ตนจึงให้
เพราะเกรงจะโดนรถยนต์ของ
ำร้าน แต่ชายคนดังกล่าวกลับ
ห้แม่บ้านของอาคารเข้าไปช่วย
จับผีในห้องพัก หลังจากนั้นก็เกิดแสงเพลิงและกลุ่มควันออกมาจากห้องพักดังกล่าว ทำให้ลูกค้าในร้านซึ่งขณะนั้นเป็นกลุ่มนักท่องเที่ยวชาวเกาหลีได้ประมาณ 30 คน และคนไทยอีกกว่า 10 คน ต่างพากันวิ่งหลบหนีออกจากร้านกันจ้าละหวั่น ขณะที่เพลิงเริ่มลุกลามอย่างรวดเร็ว ตนและลูกจ้างจึงรีบหนีออกจากร้านและโทรศัพท์แจ้งเจ้าหน้าที่ตำรวจ

ภายหลังเพลิงสงบเจ้าหน้าที่ได้เข้าตรวจสอบในห้องต้นเพลิง พบศพผู้เสียชีวิต 1 ศพ สภาพนอนเปลือยอยู่ที่พื้นห้อง ถูกไฟคลอกดำเป็นตอตะโก ทราบชื่อต่อมาคือนายศิริพงษ์ สุวรรณภูมิ อายุ 32 ปี อยู่บ้านเลขที่ 450/22 ถนนเทพารักษ์ ต.ในเมือง อ.เมือง จ.ขอนแก่น อาชีพพ่อครัวของร้านอาหารแอปเปิ้ล เรสเตอรองท์ใกล้ที่เกิดเหตุ

จากการสอบสวนทราบว่า เมื่อคืนที่ผ่านมา ผู้ตายเกิดมีปากเสียงกับภรรยาจนภรรยาขอหย่า และเก็บเสื้อผ้าออกจากห้องไป จึงน่าจะเป็นเหตุให้ผู้ตายดื่มเหล้าจนคลุ้มคลั่งและก่อเหตุดังกล่าว

หมากัด

จากกรณีนายมานะ เทศฤทธิ์ อายุ 51 ปี ถูก "ปีเตอร์" สุนัขสายพันธุ์โกลเด้น รีทรีฟเวอร์ อายุ 3 ปี ที่เลี้ยงไว้ กัดตามร่างกายหลายแห่ง หลังเข้ารักษาบาดแผลจากการถูกสุนัขกัดแล้วเสียชีวิต โดยแพทย์เจ้าของไข้ระบุสาเหตุการเสียชีวิตว่า "ติดเชื้อในกระแสเลือด" นั้น

ล่าสุด เมื่อวันที่ 12 มิถุนายน นสพ.ชิษณุ ดิยะเจริญศรี รองประธานมูลนิธิช่วยชีวิตสัตว์ป่าแห่งประเทศไทย ตั้งข้อสังเกตการเสียชีวิตของนายมานะว่า สุนัขกัดไม่น่าจะทำให้เสียชีวิตจากการติดเชื้อในกระแสเลือด เพราะการติดเชื้อในกระแสเลือดจะใช้เวลาประมาณ 3 วัน จึงเป็นไปได้ว่าอาจเกิดจากสาเหตุอื่นๆ ผู้ตายอาจจะมีโรคประจำตัวอยู่แล้วหรือไม่ อย่างเช่น เบาหวาน หรือโรคแทรกซ้อนอื่นๆ ส่วนกรณีที่ภรรยาออกมาระบุว่า สามีเคยทำร้ายสุนัขตั้งแต่ยังเล็กๆ นั้น คิดว่าสุนัขไม่น่าจะสะสมความแค้นไว้นานขนาดนั้น

"น่าสงสัยว่า คนที่ถูกสุนัขกัดแล้วเสียชีวิตในเวลาต่อมานั้น อาจมีโรคประจำตัวอยู่ก่อนแล้วหรือไม่ ขณะที่ถูกสุนัขกัดมีสติสัมปชัญญะอยู่หรือไม่ จึงป้องกันตัวเองและควบคุมสุนัขไม่ได้ และกรณีเสียชีวิตจากการติดเชื้อในกระแสเลือดนั้นต้องใช้เวลา 3 วัน แต่นี่ถูกสุนัขกัดเพียงแค่วันเดียว แต่ต้องรอผลการชันสูตรพลิกศพ เพื่อให้ได้ความกระจ่างในเรื่องนี้" นสพ.ชิษณุระบุ

สัตวแพทย์อีกรายหนึ่งวิเคราะห์สาเหตุการเสียชีวิตว่า อาจจะไม่ได้เสียชีวิตจากการถูกสุนัขกัด แต่อาจจะเกิดอาการแพ้ยาหรือวัคซีนต่างๆ เช่น วัคซีนป้องกันพิษสุนัขบ้า วัคซีนป้องกันบาดทะยัก ที่ได้รับหลังจากเข้ารักษาและทำแผลจากการถูกสุนัขกัดหรือไม่ ซึ่งอาการแพ้วัคซีนเหล่านี้จะแสดงอาการแพ้ในลักษณะต่างๆ หลังการรับวัคซีนภายใน 12 ชั่วโมง ในอดีตเคยมีผู้แพ้วัคซีนป้องกันบาดทะยักจำนวนมาก หรืออาจเป็นไปได้ว่า ผู้เสียชีวิตอาจมีโรคประจำตัวอยู่ก่อนก็เป็นได้

ขณะที่ ศ.นพ.ธีระวัฒน์ เหมะจุฑา ผู้อำนวยการศูนย์ความร่วมมือองค์กรอนามัยโลกด้านค้นคว้าและอบรมโรคติดเชื้อไวรัสสัตว์สู่คน คณะแพทยศาสตร์ จุฬาลงกรณ์มหาวิทยาลัย ชี้ว่า ตามลักษณะหากถูกสุนัขกัดปกติจะไม่เสียชีวิตเร็วขนาดนี้ นอกจากบาดแผลฉกรรจ์ทนพิษไม่ไหว คาดว่าผู้เสียชีวิตจะมีโรคประจำตัว หรือมีภาวะสุ่มเสี่ยงที่จะเป็นโรคอยู่แล้ว จึงทำให้แบคทีเรียหรือไวรัสเข้าในกระแสเลือดทำปฏิกิริยากันเร็วขึ้น หากเป็นคนปกติไวรัสจะต้องเข้าไปฝังตัวในกล้ามเนื้อ แล้วค่อยๆ ซึมเข้าไปในเซลล์ประสาท และเข้าสมองในที่สุด ซึ่งต้องใช้เวลาถึง 7 วัน จึงจะเสียชีวิต ส่วนไวรัสพิษสุนัขบ้าต้องใช้เวลา 3-5 วัน ไวรัสจึงจะเข้าสู่เส้นประสาทโดยตรง ส่วนแบคทีเรียที่อยู่ในปากสุนัขตามปกติ จะอยู่ที่บาดแผล ซึ่งต้องใช้เวลานานพอสมควร จึงจะเกิดอาการ

"หากติดเชื้อในกระแสเลือดจริงก็มีความเป็นไปได้ที่ทำให้เสียชีวิตเร็วกว่าปกติ เพราะเชื้อโรคที่อยู่ในปากหรือฟันของสุนัข และเชื้อโรคที่อยู่ในดินเวลาที่สุนัขเลีย หากถูกสุนัขกัดแล้วเชื้อโรคเข้าสู่กระแสเลือด อาจจะมีอาการไข้ หรือขั้นรุนแรงที่สุดคือช็อก" ศ.นพ.ธีระวัฒน์กล่าว

ส่วนกระแสข่าวญาติไม่พอใจการรักษา ที่อ้างว่าโรงพยาบาลรักษาล่าช้าไม่ทันการณ์นั้น พล.ร.ต.พันเลิศ แกล้วทนงค์ ผู้อำนวย[illegible] พยาบาลสมเด็จพระนางเจ้าสิริกิติ์ กรม[illegible] เรือ ต.พลูตาหลวง อ.สัตหีบ กล่าวว่าได้สอบ[illegible] เจ้าหน้าที่ แพทย์ พยาบาลที่เข้าเวร แต่เนื่องจากเป็นวันหยุดราชการ และทุกคนยังไม่ทราบว่า นายมานะเสียชีวิตที่โรงพยาบาลชลบุรี เพราะญาติได้นำตัวส่งรักษาต่อที่โรงพยาบาลสัตหีบ กม.10 และโรงพยาบาลชลบุรี โดยไม่ได้แจ้งให้โรงพยาบาลทราบหรือใช้บริการรถกู้ชีพของโรงพยาบาล ทราบว่าขณะส่งตัวเข้าห้องฉุกเฉิน พยาบาลได้ช่วยกันทำความสะอาดบาดแผล ฉีดยาป้องกันบาดทะยักให้แล้ว ส่วนขั้นตอนอื่นๆ จะดำเนินการสอบสวนหาข้อเท็จจริงว่าเกิดจากสาเหตุใด ขณะนี้ได้มอบหมายให้รองผู้อำนวยการฝ่ายการแพทย์ประสานกับญาติผู้เสียชีวิต พร้อมแสดงความเสียใจด้วยการไปร่วมงานศพ และดูแลทางด้านจิตใจให้เต็มที่

จับนศ.ขนยาบ้า12,800เม็ดยาไอซ์1กก.

● **ตำรวจเชียงรายโชว์ผลงาน** วันเดียวรวบผู้ต้องหาค้ายาบ้า 2 ราย ได้ผู้ต้องหา 3 คน พร้อมของกลาง 16,840 เม็ด ยาไอซ์อีก 1 กก. รายแรกจับได้ที่สถานีขนส่งเชียงราย แห่งที่ 2 โดยเมื่อเวลา 20.00 น. วันที่ 11 มิถุนายนที่ผ่านมา ด.ต.ปฏิวัติ ภูมิพลับ ผบ.หมู่งาน ป.สภ.เมืองเชียงราย นำกำลังไปตรวจเพื่อรักษาความปลอดภัยที่สถานีขนส่งเชียงราย แห่งที่ 2 กระทั่งได้ขึ้นไปตรวจสอบบนรถทัวร์ของเอกชนที่วิ่งระหว่าง อ.แม่สาย-กทม.ที่จอดอยู่ชานชาลาที่ 13 พบกระเป๋าเดินทางต้องสงสัยอยู่ใต้โถชักโครกภายในห้องน้ำบนรถทัวร์ โดยมีนายเกียรติบดินทร์ รัตนปรัชญากุล อายุ 23 ปี ชาวเขาเผ่าอาข่า อยู่บ้านเลขที่ 312 หมู่ 10 อ.เมือง จ.เชียงราย รับเป็นเจ้าของกระเป๋า

เมื่อเจ้าหน้าที่เปิดกระเป๋าดูพบยาบ้า 12,800 เม็ด ยาไอซ์อีก 1 กิโลกรัม จึงนำตัวนายเกียรติบดินทร์ ส่งให้ พ.ต.ต.ผดุงพล กิจชนะไพบูลย์ สวส.สภ.เมืองเชียงราย สอบสวน นายเกียรติบดินทร์รับสารภาพว่า เป็นนักศึกษา ปวส.สาขาพืชศาสตร์ ที่วิทยาลัยเกษตรแห่งหนึ่งในภาคเหนือ ได้รับการจ้างจากชาวดอยคนหนึ่งเป็นเงิน 4 หมื่นบาทให้นำยาบ้าและยาไอซ์ไปส่งที่ กทม. หลังสอบปากคำเสร็จเจ้าหน้าที่จึงแจ้งข้อหามียาเสพติดไว้ในครอบครองเพื่อจำหน่าย

ต่อมาเมื่อเวลา 21.00 น.วันเดียวกัน พ.ต.ท.บัญชา อินถา รอง ผกก.กก.สส.ภ.จว.เชียงราย ได้รับแจ้งจากเจ้าหน้าที่ศุลกากร อ.แม่สาย ประจำอยู่ที่ท่าอากาศยานแม่ฟ้าหลวง อ.เมือง ว่า มีหญิงต้องสงสัย 2 คน ท่าทางมีพิรุธเหมือนมีของผิดซุกไว้ระหว่างขา หลังรับแจ้ง จึงนำกำลังตำรวจชุดสืบสวน จ.เชียงราย ไปตรวจที่เกิดเหตุ พบ น.ส.สุมลฑา เชอมือ อายุ 23 ปี และน.ส.จินตนา ปอแช อายุ 21 ปี ทั้งคู่เป็นชาว อ.แม่จัน กำลังเดินไปขึ้นเครื่องบิน ตำรวจจึงเชิญตัวไปที่โรงพยาบาลโอเวอร์บรุ๊ค เพื่อให้แพทย์ตรวจร่างกายด้วยการเอกซเรย์ พบสิ่งของต้องสงสัยเป็นแท่งยาวซ่อนอยู่ในช่องคลอดของทั้งคู่ จึงให้ผู้ต้องสงสัยทั้ง 2 คนดึงออกมา พบเป็นยาบ้าบรรจุอยู่ในถุงพลาสติกหุ้มด้วยถุงยางอนามัยอีกชั้น บรรจุถุงละ 2,020 เม็ด รวมทั้งสิ้น 4,040 เม็ด

จากการสอบสวนผู้ต้องหาให้การรับสารภาพว่า ได้รับค่าจ้างคนละ 1 หมื่นบาทให้นำยาบ้าไปส่งที่กรุงเทพฯ ผู้จ้างซื้อตั๋วเครื่องบินให้คนละ 1 ใบ เจ้าหน้าที่จึงควบคุมตัวพร้อมของกลางยาบ้า สำเนาตั๋วเครื่องบินและมือถือ 2 เครื่อง นำส่งตำรวจดำเนินคดีต่อไป

เนชั่น เจาะข่าว ทั่วไทย
คม·ชั
ข่าวยอดเยี่ยม 2 ราง
เหรียญเงินดีไซน์ยอดเยี่ยม WAN
ปีที่ 10 ฉบับที่ 3524 วันอังคาร
ISSN 16851390

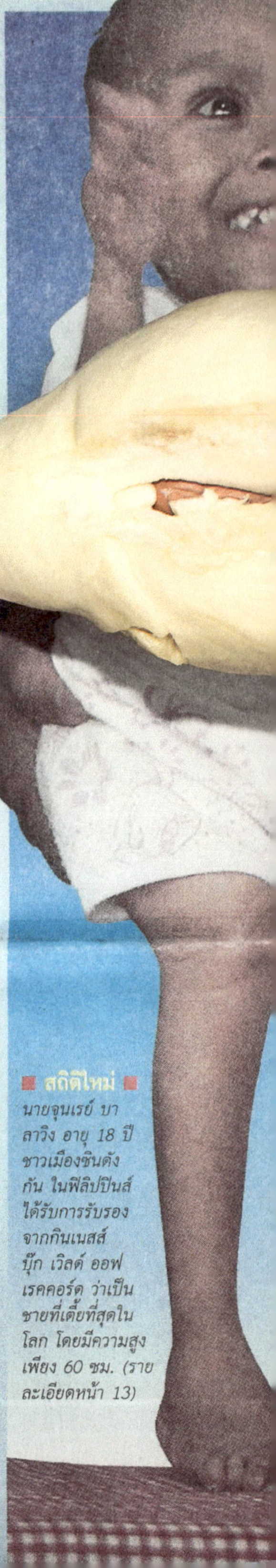

■ สถิติใหม่ ■
นายจุนเรย์ บาลาวิง อายุ 18 ปี ชาวเมืองซินดังกัน ในฟิลิปปินส์ ได้รับการรับรองจากกินเนสส์ บุ๊ก เวิลด์ ออฟ เรคคอร์ด ว่าเป็นชายที่เตี้ยที่สุดในโลก โดยมีความสูงเพียง 60 ซม. (รายละเอียดหน้า 13)

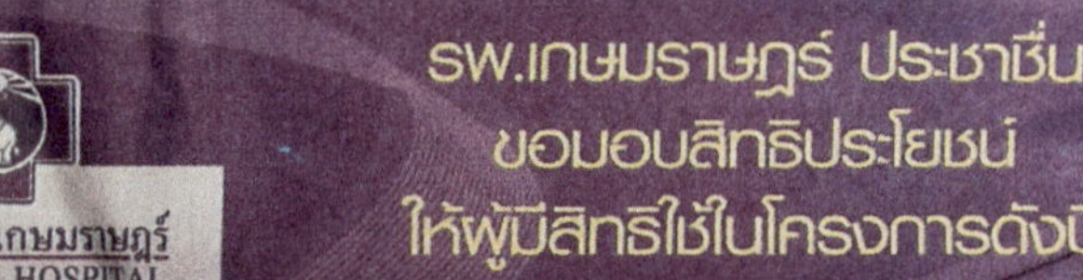

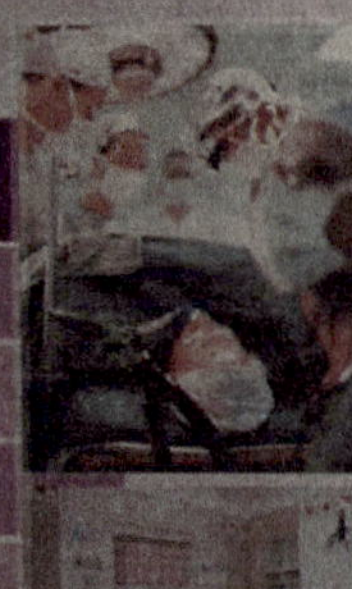

...ลุล่วงแล้ว

www.komchadluek.net
คม ชัด ลึก
อิศรา อมันตกุล ปี2553
FRA ASIA MEDIA AWARDS 2011
ที่ 14 มิถุนายน พ.ศ.2554 • 10 บาท

กรอบบ่าย

'สาทิตย์'คาด ชดเชยเสร็จ สัปดาห์หน้า

ชาวบ้านเฮ จนท.กู้เรือบรรทุกน้ำตาลสำเร็จ "สาทิตย์" คาดสัปดาห์หน้าจ่ายค่าชดเชยได้ ทั้งหมด "เกื้อกูล" เผย ต้องเร่งสร้างเขื่อน ป้องกัน

อ่านต่อหน้า 15

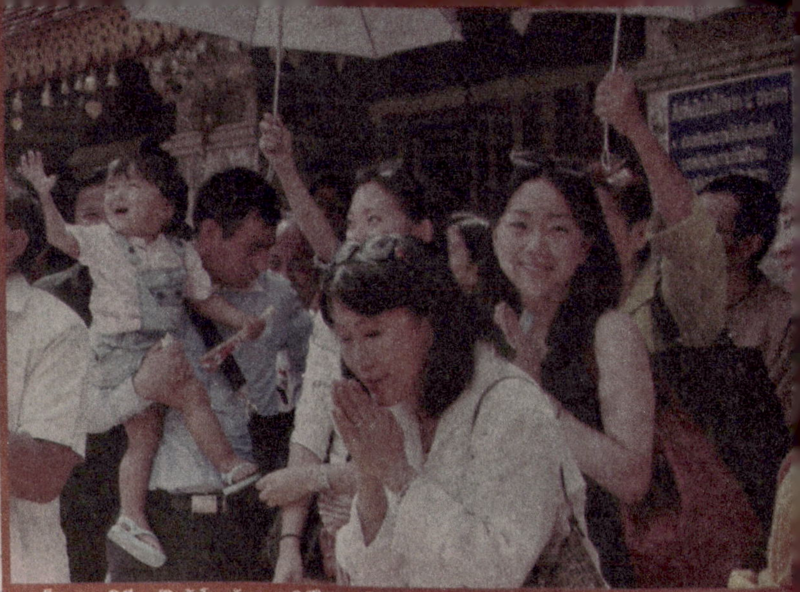

สมเด็จพระราชินีดอร์จิ วังโม วังชุก ราชินีในสมเด็จพระราชาธิบดีจิกมี ซิงเย วังชุกแห่งภูฏาน เสด็จพระราชดำเนินพร้อมด้วยเจ้าหญิงโซนัม เดเชน พระเจ้าลูกเธอพระองค์ใหญ่ และเจ้าชายจิกเย พระนัดดา ไปทรงสักการะพระบรมสารีริกธาตุ ณ วัดพระธาตุดอยสุเทพวรวิหาร อ.เมือง จ.เชียงใหม่ เป็นการส่วนพระองค์ เมื่อวันที่ 12 มิ.ย.

เลือกตั้ง 54 อนาคต เรากำหนดได้

ตั้งโต๊ะรับแทง หวย ส.ส.คึกคัก...หน้า 2 | **เจาะสนามเลือกตั้ง 4 ภาค ...หน้า**

เศธ.หนั่นชี้เป็นไปได้แต่ต้องรอจังหวะ

โยนนิรโทษ ถกกับ'ตัวจริง'

แดงป่วนมาร์ครายวัน ฤาษีดังฝันธง'ปู'นายก

"ชวรัตน์" อ้อนจับขั้ว พท. "ปู" อ้างมติพรรคปัดทัน ควัน ปรับกลยุทธ์หลัง ปชป.กระเตื้องที่อีสาน "มาร์ค" เดินหน้าถกปรองดองไม่รอหลังเลือกตั้ง "สนั่น" ชี้ นิรโทษต้องรอจังหวะเหมาะ กรุงเทพโพลล์ย้ำ พท.นำ ห่าง ปชป. 21 ต่อ 6 เขต สู้สีอีก 6 เขต

อ่านต่อหน้า 13

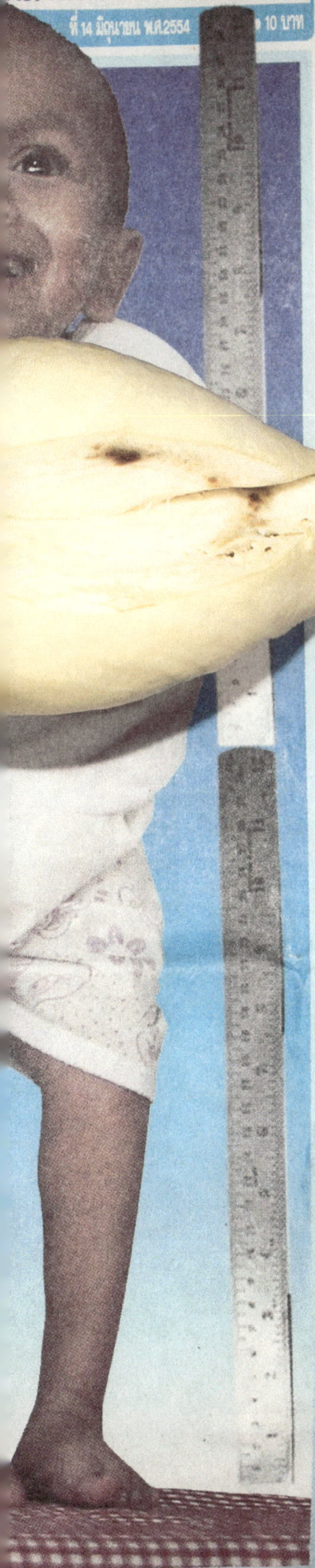

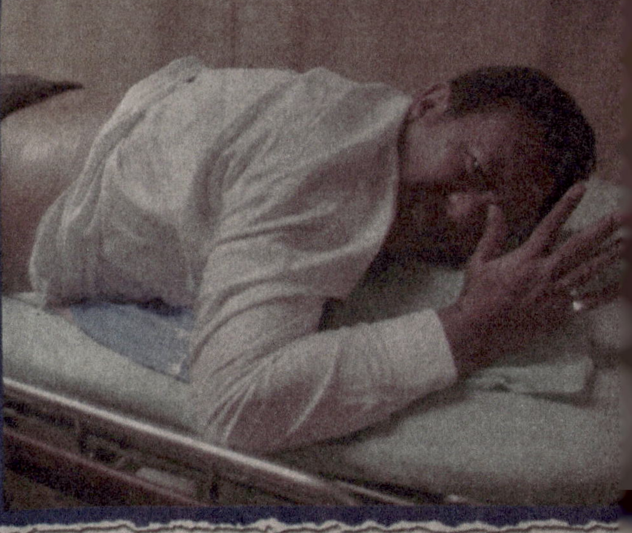

ยังไหว นายชูวิทย์ กมลวิศิษฎ์ หัวหน้าพรรครักประเทศไทยถูกกระแทกที่ รพ.ศักดิ์ทอง อ.ธารวาริน เหตุเกิดอุบัติเหตุรถล้มระหว่างการทุนตัวเทียบในพื้นที่ ต.เสาหลา อ.ชัด จ.นครศรีธรรมราช เมื่อวันที่ 12 มิ.ย.

ผวาไข้โป้งพุ่ง 319ผู้สมัคร ขอกำลังคุ้มกัน

เมืองคอนเดือด ยิงถล่มรถตู้ ผู้สมัคร ส.ส.ภูมิใจไทย ไฟลุกวอดทั้งคัน เผยผวาไข้โป้ง ขอ ตร.คุ้มกันพุ่ง 319 คน พท.เชียงใหม่แจ้งความมือมืด แอบอ้างชื่อแจกเงินติดใบปลิว หาเสียง

อ่านต่อหน้า 15

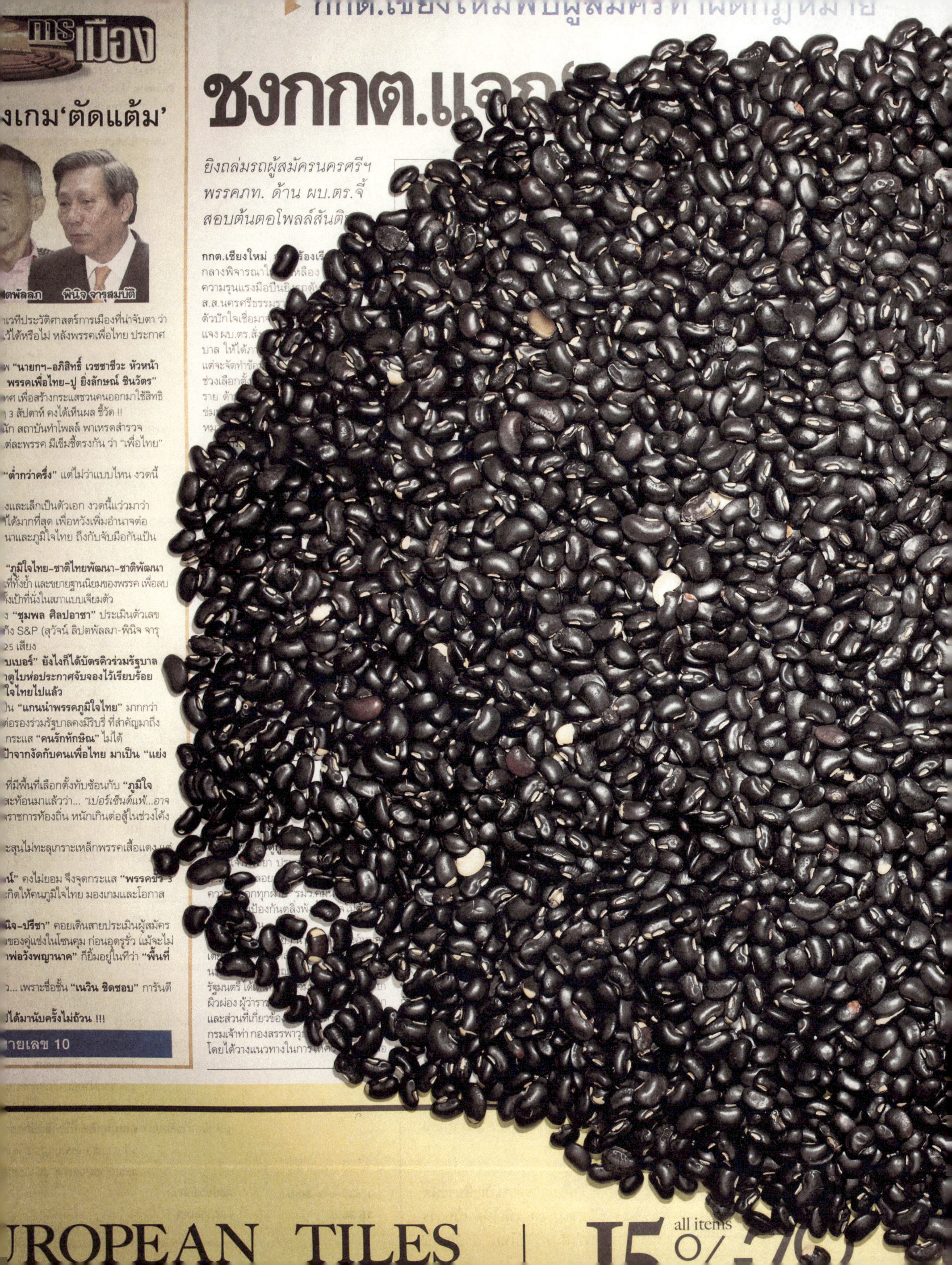

การเมือง

ชงกกต.แจ

งเกม ‘ตัดแต้ม’

ตพัลลภ พินิจ จารุสมบัติ

ยิงถล่มรถผู้สมัครนครศรีฯ
พรรคภท. ด้าน ผบ.ตร.จี้
สอบต้นตอโพลล์สันติ

กกต.เชียงใหม่ ร้องเรี
กลางพิจารณาใ หลือง
ความรุนแรงมือปืนยิงรถต้
ส.ส.นครศรีธรรมรา
ตัวปักใจเชื่อมาจ
แจง ผบ.ตร.สั่ง
บาล ให้ได้ภา
แต่จะจัดทำข้อ
ช่วงเลือกตั้ง
ราย ด้า
ข่ม
หม

เวทีประวัติศาสตร์การเมืองที่น่าจับตา ว่า
ได้หรือไม่ หลังพรรคเพื่อไทย ประกาศ

พ “นายกฯ–อภิสิทธิ์ เวชชาชีวะ หัวหน้า
พรรคเพื่อไทย–ปู ยิ่งลักษณ์ ชินวัตร”
ทศ เพื่อสร้างกระแสชวนคนออกมาใช้สิทธิ
3 สัปดาห์ คงได้เห็นผล ชี้วัด !!
นัก สถาบันทำโพลล์ พาเหรดสำรวจ
ต่ละพรรค มีเข็มชี้ตรงกัน ว่า “เพื่อไทย”

“ต่ำกว่าครึ่ง” แต่ไม่ว่าแบบไหน งวดนี้

งและเล็กเป็นตัวเอก งวดนี้แว่วมาว่า
ได้มากที่สุด เพื่อหวังเพิ่มอำนาจต่อ
นาและภูมิใจไทย ถึงกับจับมือกันเป็น

“ภูมิใจไทย–ชาติไทยพัฒนา–ชาติพัฒนา
ที่ทั้งย้ำ และขยายฐานนิยมของพรรค เพื่อลบ
รั้งเป้าที่นั่งในสภาแบบเจียมตัว
ง **“ชุมพล ศิลปอาชา”** ประเมินตัวเลข
ก้ง S&P (สุวัจน์ ลิปตพัลลภ–พินิจ จารุ
25 เสียง
บเบอร์” ยังไงก็ได้บัตรคิวร่วมรัฐบาล
ดูใบห่อประกาศจับจองไว้เรียบร้อย
ใจไทยไปแล้ว
น **“แกนนำพรรคภูมิใจไทย”** มากกว่า
ต่อรองร่วมรัฐบาลคงมีรีบรี่ ที่สำคัญมาถึง
กระแส **“คนรักทักษิณ”** ไม่ได้
ป้าจากัดกับคนเพื่อไทย มาเป็น “แย่ง

ที่มีพื้นที่เลือกตั้งทับซ้อนกับ **“ภูมิใจ**
สะท้อนมาแล้วว่า... “เปอร์เซ็นต์แพ้...อาจ
ราชการท้องถิ่น หนักเกินต่อสู้ในช่วงโค้ง

ะสุนไม่ทะลุเกราะเหล็กพรรคเสื้อแดง แต่

น์” คงไม่ยอม จึงจุดกระแส **“พรรคขัว 3**
กิดให้คนภูมิใจไทย มองเกมและโอกาส

นิจ–ปรีชา” คอยเดินสายประเมินผู้สมัคร
ของคู่แข่งในโซนคุม ก่อนอุดรูรั่ว แม้จะไม่
พ่อวังพญานาค” ก็ยิ้มอยู่ในทีว่า **“พื้นที่**

ว... เพราะชื่อชั้น **“เนวิน ชิดชอบ”** การันตี

ได้มานับครั้งไม่ถ้วน !!!

ายเลข 10

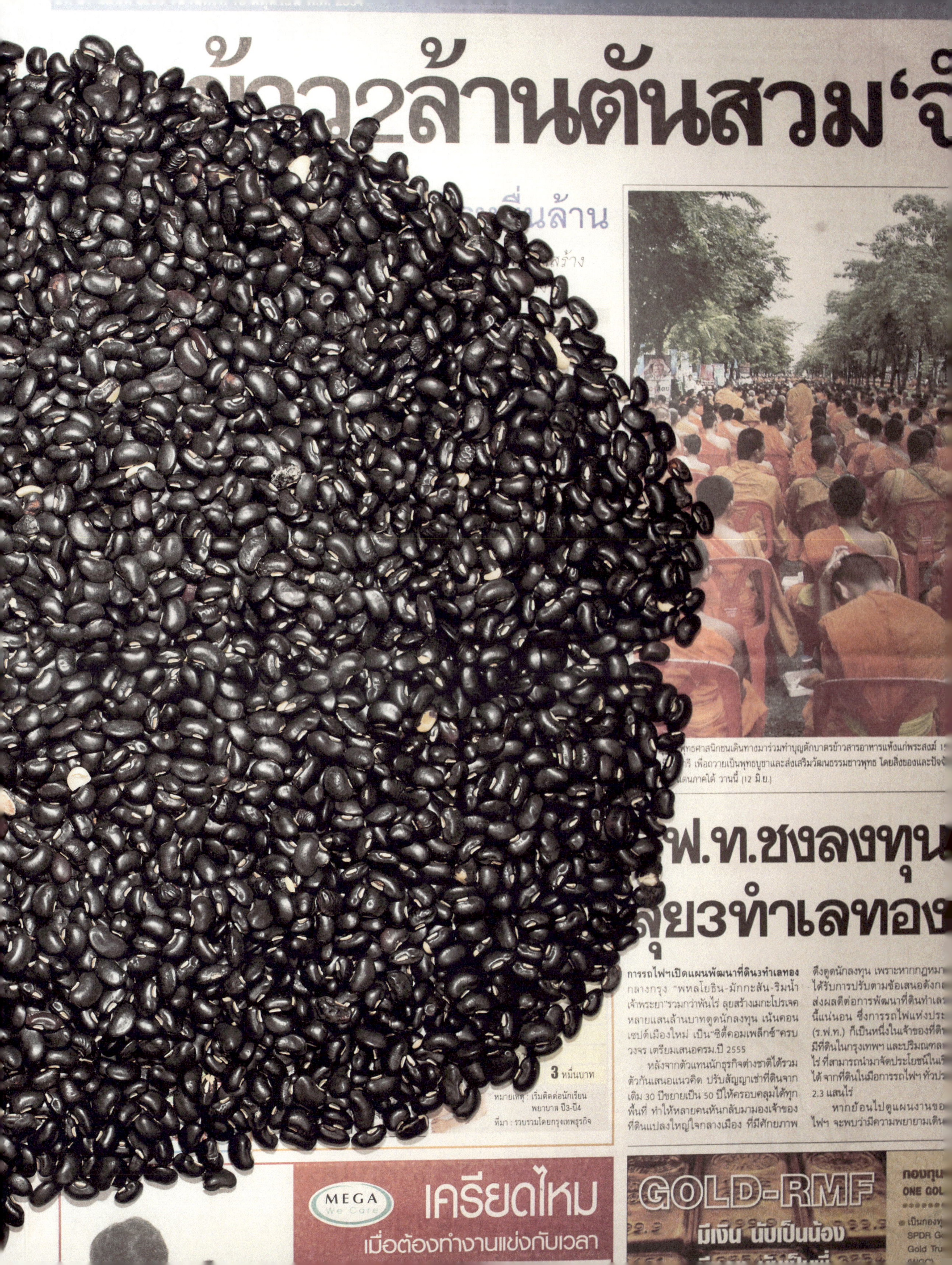

ข้าว2ล้านต้นสวม'จ
รื่นล้าน
ร้าง
พุทธศาสนิกชนเดินทางมาร่วมทำบุญตักบาตรข้าวสารอาหารแห้งแก่พระสงฆ์ 1
รี เพื่อถวายเป็นพุทธบูชาและส่งเสริมวัฒนธรรมชาวพุทธ โดยสิ่งของและปัจจ
แดนภาคใต้ วานนี้ (12 มิ.ย.)
ฟ.ท.ชงลงทุน
ลุยทำเลทอง
การรถไฟฯเปิดแผนพัฒนาที่ดิน3ทำเลทอง
กลางกรุง "พหลโยธิน-มักกะสัน-ริมน้ำ
เจ้าพระยา"รวมกว่าพันไร่ ดุยสร้างเมกะโปรเจค
หลายแสนล้านบาทดูดนักลงทุน เน้นคอน
เซ็ปต์เมืองใหม่ เป็น "ซิตี้คอมเพล็กซ์"ครบ
วงจร เตรียมเสนอครม.ปี 2555
หลังจากตัวแทนนักธุรกิจต่างชาติได้รวม
ตัวกันเสนอแนวคิด ปรับสัญญาเช่าที่ดินจาก
เดิม 30 ปีขยายเป็น 50 ปีให้ครอบคลุมได้ทุก
พื้นที่ ทำให้หลายคนหันกลับมามองเจ้าของ
ที่ดินแปลงใหญ่ใจกลางเมือง ที่มีศักยภาพ
ดึงดูดนักลงทุน เพราะหากกฎหมา
ได้รับการปรับตามข้อเสนอดังกล
ส่งผลดีต่อการพัฒนาที่ดินทำเล
นี้แน่นอน ซึ่งการรถไฟแห่งประ
(ร.ฟ.ท.) ก็เป็นหนึ่งในเจ้าของที่ดิ
มีที่ดินในเขตเทพฯ และปริมณฑล
ไร่ ที่สามารถนำมาจัดประโยชน์ใก
ได้จากที่ดินในมือการรถไฟฯ หัวป
2.3 แสนไร่
หากย้อนไปดูแผนงานข
ไฟฯ จะพบว่ามีความพยายามเดิ
3 หมื่นบาท
หมายเหตุ: เริ่มติดต่อนักเรียน
พยาบาล ปี3-ปี4
ที่มา: รวบรวมโดยกรุงเทพธุรกิจ
MEGA We Care
เครียดไหม
เมื่อต้องทำงานแข่งกับเวลา
GOLD-RMF
มีเงิน นับเป็นน้อง
กองทุน
ONE GOL

ทีซีแอล-ไฮเออร์บุกรอบใหม่!!!

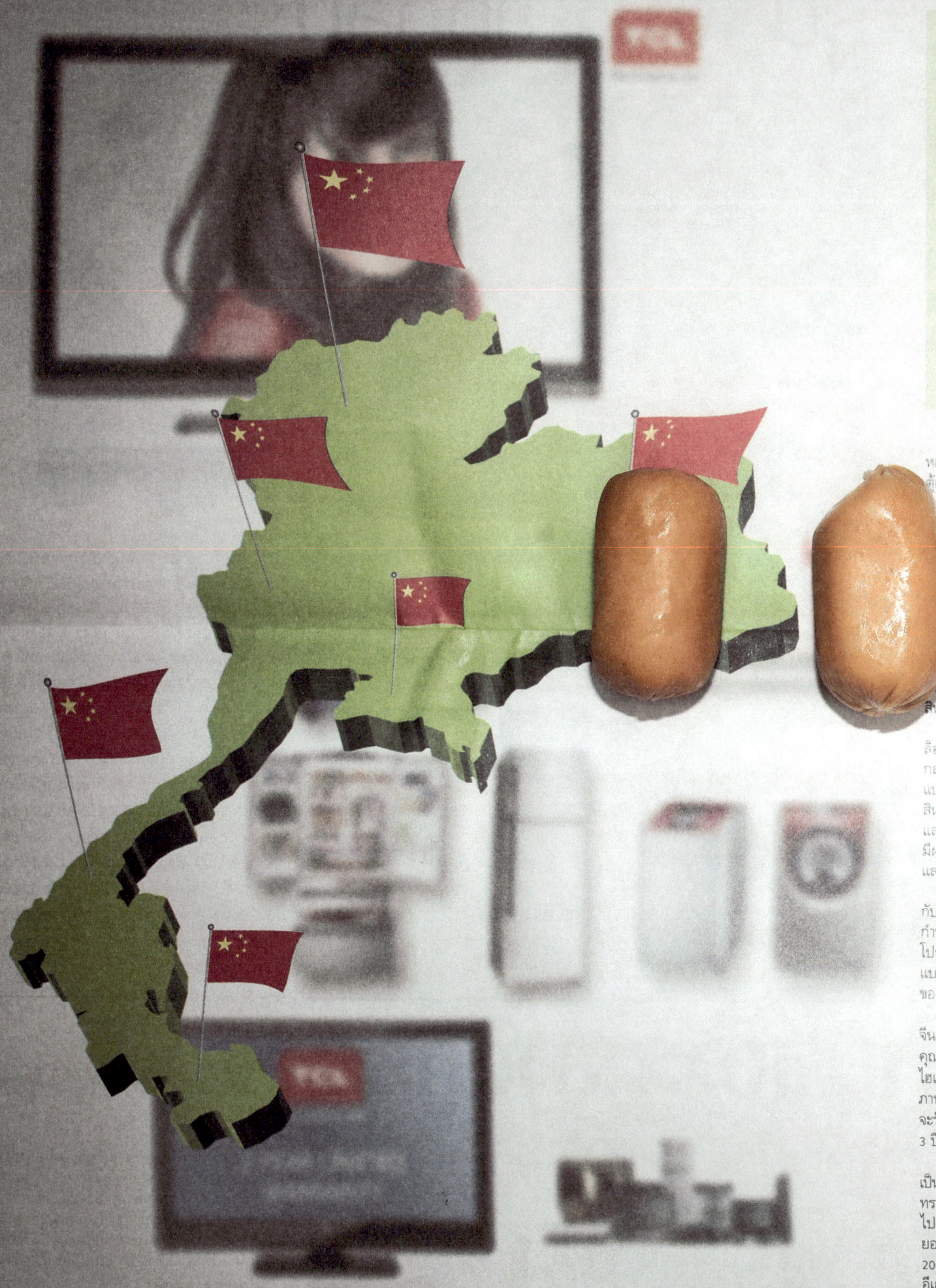

5 กลยุทธ์ไฮเออร์เจาะตลาด

1.มุ่งทำตลาดเครื่องใช้ไฟฟ้าภายในบ้านและให้ความสำคัญกับสินค้าเซกเมนต์นี้ก่อนจะขยายไลน์สินค้าไปเซกเมนต์อื่นๆ

2.ให้ความสำคัญกับคุณภาพสินค้าอย่างต่อเนื่อง ตั้งแต่เริ่มกระบวนการผลิตจนกระทั่งส่งตรงถึงผู้บริโภค

3.ไฮเออร์มุ่งมั่นผลิตสินค้าเพื่อตอบสนองความต้องการผู้บริโภคอย่างแท้จริง โดยยึดความต้องการผู้บริโภคเป็นหลัก

4.กลยุทธ์ Win-Win ในการทำงานร่วมกับลูกค้าหรือผู้แทนจำหน่ายของไฮเออร์ที่พร้อมจะก้าวเดินไปอย่างมั่นคงกับไฮเออร์ โดยพร้อมจะสนับสนุนการทำงานและการค้าขายทุกรูปแบบเพื่อความสำเร็จของทั้งสองฝ่าย

5.ใช้กลยุทธ์ Word of Mouth โดยเชื่อว่ากลยุทธ์นี้ได้ผลมากกว่าการทำโฆษณาประชาสัมพันธ์ในรูปแบบอื่นๆ เพราะเชื่อว่าหากผู้บริโภคพอใจในคุณภาพสินค้าและบริการของไฮเออร์ ก็จะบอกต่อๆ กันไป จนทำให้สินค้าไฮเออร์มีผู้ใช้เพิ่มมากขึ้น

ทางด้านไฮเออร์ มีแผนการรุกตลาดอย่างหนักเช่นกัน โดยมีหัวหอกในปีนี้ 3 ตัว ได้แก่ ตู้เย็น เครื่องซักผ้า และเครื่องปรับอากาศ โดยตู้เย็นมีรุ่นแคร์แอนด์คูล (C... ...ตัวไปต้นปี ตามด้วย ...เครื่องปรับอากาศรุ่นไอ ฟี... ...เครื่องซักผ้ารุ่น Power ...w และปลายปีก็คาดว่า... ...ออกมาเช่นกัน โดยจุด ...แบรนด์ไฮเออร์นั้น ... ...และเทคโนโลยีได้ถูก ...และพัฒนามาเป็นอย...

...รลัดปั้นแบรนด์...

ตลอดระยะเวลาที่... ...ผู้บริหารของแบรนด์ ...เออร์ ตระหนักดีว่า ใน... ...ค้าของประเทศญี่ปุ่น ...ที่ยอมรับมากทั่วโลก ... ...ของประเทศเกาหลี ...ได้รับการยกระดับขึ้นมาให้... ...ดังนั้น สินค้าจีนก็จะเป็นสินค้าที่มีศักยภาพต่อไปได้นับตั้งแต่บัดนี้

ข้อสำคัญ คือ ภารกิจใหญ่ที่ทั้งทีซีแอลและไฮเออร์ จำต้องปลดล็อกทางตลาดให้ได้ก่อน คือ การล้างภาพสินค้าด้อยคุณภาพ โดยกลยุทธ์หนึ่งที่ทีซีแอลใช้ในการยกระดับตลาด คือ เข้าซื้อกิจการของแบรนด์ที่แข็งแกร่งกว่า เพื่อเรียนลัดพัฒนาด้านเทคโนโลยีและคุณภาพสินค้า ดังกรณีของทีวี บริษัทแม่ได้เข้าซื้อกิจการของบริษัท THOMSON และ ACATEL ซึ่งเป็นบริษัทชั้นนำทางด้านอิเล็กทรอนิกส์ของโลก มีผลทำให้ TCL เป็นบริษัทผู้ผลิตด้านอิเล็กทรอนิกส์ที่ใหญ่ที่สุดในโลก และมีเทคโนโลยีไม่ด้อยไปกว่าบริษัทผลิตโทรทัศน์ชั้นนำของโลก

ไม่เพียงเท่านี้ ยังได้ร่วมลงทุนเปิดโรงงานผลิตจอ LCD และ LED กับซัมซุง ด้วยทุนกว่า 4 พันล้านดอลลาร์สหรัฐ โดยมีซัมซุงร่วมหุ้นด้วย กำหนดเดินเครื่องผลิตในไตรมาสที่ 4 ของปีนี้ ส่งผลให้คุณภาพของโปรดักส์เซกเมนต์จอสองประเภทดังกล่าวสามารถแข่งขันกับคู่แข่งแบรนด์เกาหลีและญี่ปุ่นได้ไม่ยาก อีกทั้งน่าจะตอบสนองความต้องการของตลาดในประเทศไทยได้เป็นอย่างดี

ขณะที่แผนการสร้างแบรนด์และภาพลักษณ์ของแบรนด์สายพันธุ์จีน ซึ่งในตลาดเมืองไทยอาจยังใหม่และถูกมองว่าเป็นสินค้าแบรนด์ที่คุณภาพน้อยกว่าแบรนด์จากญี่ปุ่นและเกาหลีในเซกเมนต์เครื่องใช้ไฟฟ้า ไฮเออร์ ยังคงมุ่งเน้นทำกิจกรรมทางการตลาดอย่างต่อเนื่องเพื่อสร้างภาพลักษณ์ที่ดีขึ้น และเน้นเรื่องคุณภาพของสินค้าเป็นหลัก โดยพร้อมจะรับประกันคุณภาพสินค้าที่ระยะเวลานานกว่าแบรนด์อื่นๆ อย่างน้อย 3 ปี อีกทั้งเตรียมพร้อมศูนย์บริการทั่วประเทศ

"ไฮเออร์ยังคงเป็นแบรนด์ใหม่และคงต้องใช้เวลาในการขึ้นแท่นเป็นผู้นำเครื่องใช้ไฟฟ้าภายในบ้านในไทย เวลาจะช่วยพิสูจน์ให้ผู้บริโภคทราบว่าสินค้าของไฮเออร์นั้นมีคุณภาพดีได้มาตรฐานระดับโลก ไม่ต่างไปจากสินค้าจากประเทศญี่ปุ่นหรือเกาหลี ซึ่งในต่างประเทศนั้นยอดขายเครื่องใช้ไฟฟ้าของไฮเออร์ขึ้นเป็นอันดับหนึ่ง 2 ปีซ้อนในปี 2009-2010 มาแล้ว" มร.อู่หย่ง กรรมการผู้จัดการ บริษัท ไฮเออร์ อีเลคทริคอล แอพพลายแอนซ์ (ประเทศไทย) กล่าวในตอนท้าย

...-แท็บเลตสุดฮิต!!!

...ดเงิน 1.4 พันล้าน

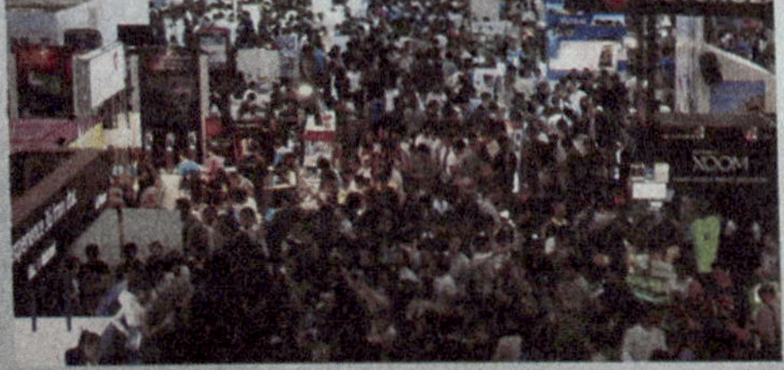

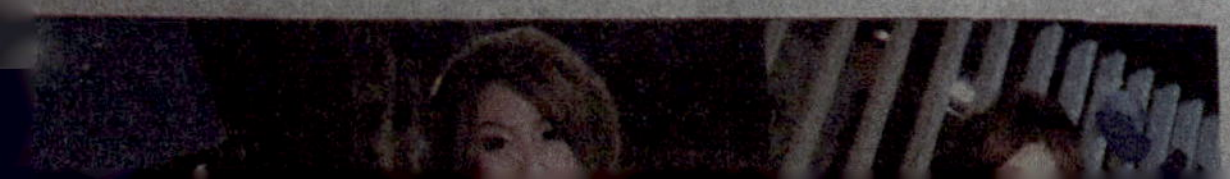

โปรโมชั่นบัตรเครดิตและส่วนลดพิเศษต่างๆ ก็ยังมีในส่วนของการปรับลดระดับเพดานราคาสมาร์ทโฟนลงทั้งตลาดมือถือ ทำให้สามารถเป็นเจ้าของสมาร์ทโฟนระดับ Hi-End ได้ในราคาไม่ถึง 2 หมื่นบาท และในส่วนของสมาร์ทโฟนระดับ Mid-End จะมีราคาอยู่ในช่วง 12,000-15,000 บาทเพียงเท่านั้น

อีกทั้งเทคโนโลยีใหม่ๆ ของสมาร์ทโฟนที่เข้ามาเปิดตัวและวางจำหน่ายก็เป็นแรงดึงดูดที่น่าสนใจ อาทิ สมาร์ทโฟนที่มีหน่วยประมวลผลแบบ Dual Core, สมาร์ทโฟนที่มีหน้าจอและกล้อง 3 มิติ และแท็บเลตที่มาพร้อมระบบปฏิบัติการแอนดรอยด์ตัวใหม่ล่าสุดอย่าง Honeycomb ซึ่งต้องยอมรับว่ากระแสของแท็บเลตนั้นกำลังมาแรงด้วย

เจ้าสัว "ทศ" รวยจริงจริ๊ง...

เอ่ยชื่อของกลุ่ม "เซ็นทรัล" ไม่มีใครไม่รู้จักในฐานะเจ้าพ่อห้างสรรพสินค้า

แต่วันนี้เซ็นทรัลก้าวไปไกล กางปีกไปต่างแดน สร้างความฮือฮาด้วยการซื้อกิจการห้างหรู **"ลา รีนาเชนเต"** ประเทศอิตาลี

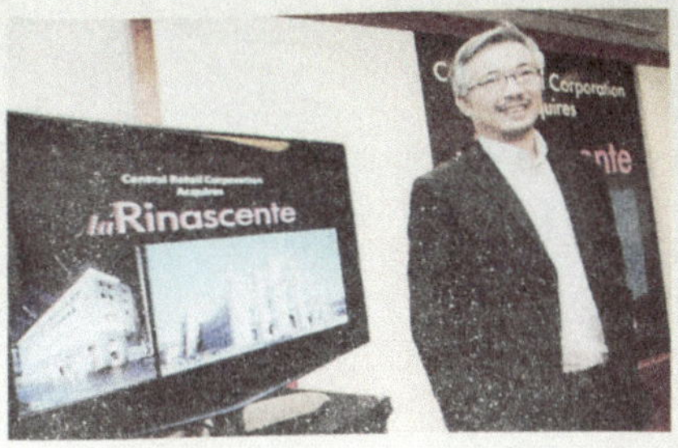

ถึงขนาดที่ **"ทศ จิราธิวัฒน์"** ถึงกับบอกว่านี่คือก้าวสำคัญก้าวแห่งประวัติศาสตร์ของธุรกิจค้าปลีกเอเชียที่จะก้าวไปสู่ระดับโลก

ฟังอย่างนี้แล้วเห็นภาพความมั่งคั่งที่จะเกิดขึ้นกับเจ้าสัวทศจริงจริ๊ง

ยิ่งไปรับรู้ว่าการซื้อกิจการ ลา รีนาเชนเต ครั้งนี้ เซ็นทรัลรีเทลควักเงินสดสดหมื่นกว่าล้านบาทในการสยายปีกธุรกิจครั้งสำคัญ

กระจอกข่าวหลายสำ... เงินในกระเป๋า ...เซ็นทรัลจะลดน้อย... สินมาขยาย ...ใหม่ๆ และรีโนเวต...

...คิดไม่ถึงว่าเจ้าสัวท... กระเป๋ายัง อีกตั้ง 2 หมื่นกว่า... งอะไรใหม่มาก

...พร้อมสำทับต่อว่า ...นี้ เซ็นทรัล ...มีเงินสดไหลเข้ามาในค...

งานนี้บอกได้คำเดียว... ครับท่าน

อย่างงี้ไม่รู้ว่าคู่แข่งจะมีเงินบนหน้าตักไว้ถมสร้างขยายธุรกิจเหมือนกลุ่มเซ็นทรัลหรือเปล่าน้อ...

อาร์เอส vs แก

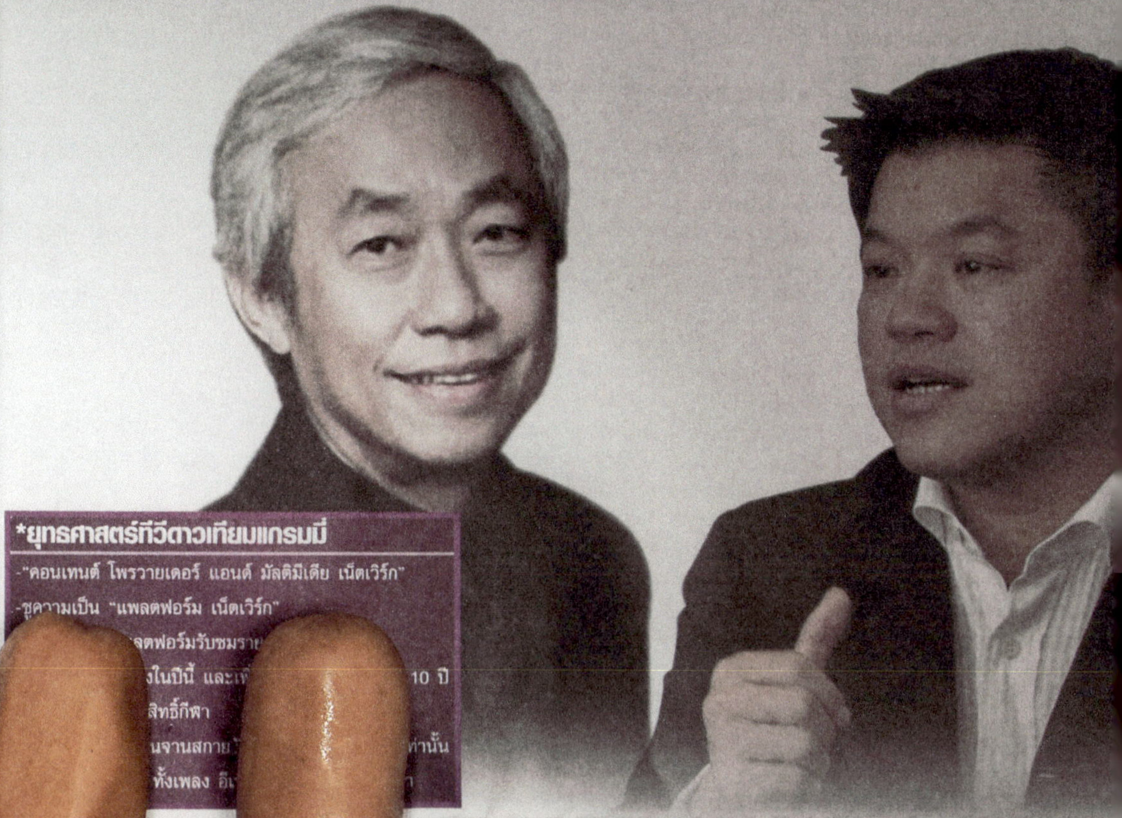

***ยุทธศาสตร์ทีวีดาวเทียมแกรมมี่**

-"คอนเทนต์ โพรวายเดอร์ แอนด์ มัลติมีเดีย เน็ตเวิร์ก"

-ชูความเป็น "แพลตฟอร์ม เน็ตเวิร์ก"

...ลตฟอร์มรับชมราย...

...งในปีนี้ และเ... 10 ปี

...สิทธิ์กีฬา

...นจานสกาย... ท่านั้น

...ทั้งเพลง อี...

- ...ละยุทธศ... ดาวเทียมแกรมมี่-อาร์เอส
- ...มมี่ขึ้นสู่แพล...เน็ตเวิร์กมุ่งเปิดทีวี 100 ช่อง
- อาร์เอส ลั่น ไม่เน้นปริมาณ ขอช่องน้อยแต่มีคุณภาพ
- นายกสมาคมดาวเทียม ระบุเรตติ้งไม่ใช่คำตอบสุดท้าย

ดูเหมือนว่าสมรภูมิแห่งใหม่ของ 2 ค... ย้ายจากหน้าปัดวิทยุและทีวีจอตู้มาเป็นทีวี...

"ในอดีต 2 ค่ายยักษ์เหล่านี้ต้องเสียเงิ... เพราะพวกเขาต้องการเอาต์เลตเพื่อโชว์สินค้...

Viral Marketing สไตล์หลับดี

Marketing Insight

"51,967 Views ในเว็บไซต์ You tube เพียงแค่ 2 สัปดาห์ เป็นเพียงส่วนหนึ่งของความสำเร็จ (ไม่นับกระทู้หรือบอร์ดตามเว็บต่างๆทั้งไทยและเทศอีกจำนวนมาก) ของแคมเปญโฆษณาออนไลน์ที่ในโลกไซเบอร์ที่ถูกพูดถึงแบบปากต่อปาก ส่งคลิปแนะนำให้เพื่อนๆกันต่อเป็นลูกโซ่

ที่สำคัญเมื่อใครได้ดู อดอมยิ้มอย่างอารมณ์fuไม่ได้ ไม่ว่าคนดูจะเป็นคนไทยหรือชาวต่างชาติที่เพื่อนๆแนะนำกันมา

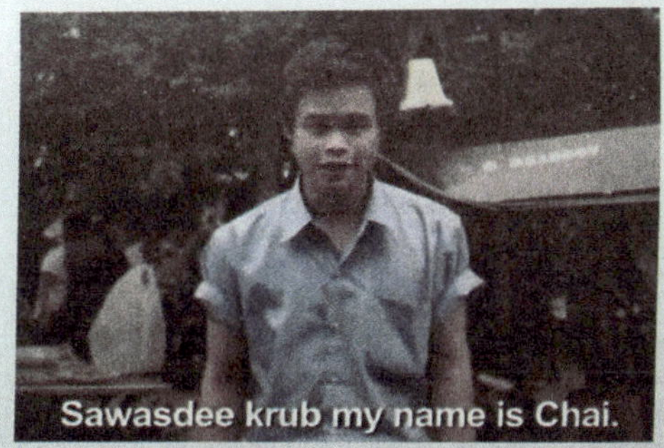

และเหนือสิ่งอื่นๆ ใดเป็นการแบรนดิ้งสร้างการรับรู้แบรนด์ให้กับคนดูคลิปโฆษณาแบบเนียนๆ ราคาถูกและทรงพลังมากที่สุด

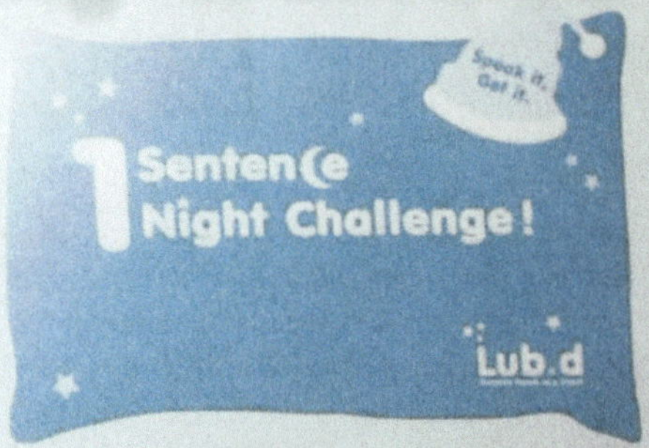

Viral Marketing ที่สอดคล้องกับโจทย์กลุ่มเป้าหมายชาวต่างชาติกลุ่ม Backpacker กับการสร้างกระแสบอกต่อในโลกอินเทอร์เน็ตและโซเชียลเน็ตเวิร์กที่ทรงพลังอย่างมากในปัจจุบัน

"ปัจจุบัน สังคมเข้าสู่ยุค Consumer Generated Contents ซึ่งบางคนเรียกว่าเป็นยุค CGC กล่าวคือคนเดียวกัน สามารถเป็นได้ทั้ง Consumer และ Producer เนื่องจากในปัจจุบันคนใช้เวลากับอินเทอร์เน็ตและออนไลน์ในแต่ละวันนานมาก หรือบางคนเดินทาง มีประสบการณ์หรือพบเจอเรื่องราวต่างๆ ไม่ว่าจะไปร้านอาหาร ก็มักถ่ายรูปและเอามาเขียน หรือโพสต์บนเฟซบุ๊กและมีคนติดตาม ดังนั้นจึงส่งผลต่อความเชื่อในการรับข้อมูลข่าวสารในสื่อดังกล่าวก็เพิ่มมากขึ้นเช่นกัน ขณะเดียวกันผู้บริโภคเป็นทั้งผู้ให้และผู้สร้างข้อมูลและข่าวสาร ทำให้มีอิทธิพลยิ่งขึ้น"

ทั้งนี้ หากจำกันได้เมื่อปีก่อน เคยมีแคมเปญออนไลน์ Tried and Tell ของบัตรเครดิตเคทีซี เคยทำการตลาดแบบ

"สินค้าไทยไม่แพ้

ย้ำยุทธศาสตร์ "ส

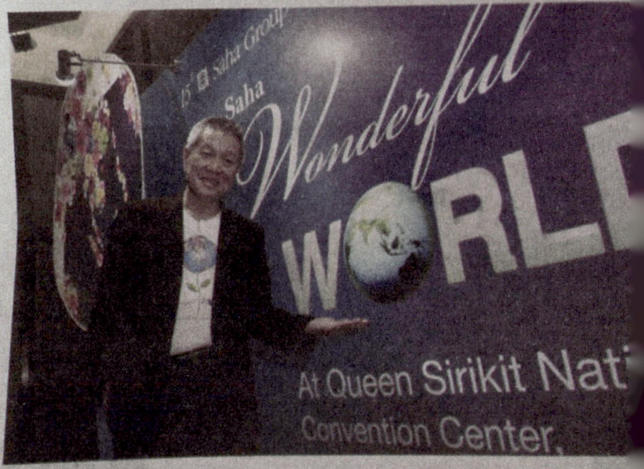

เครือสหพัฒน์ตอกย้ำคำว่า "ไทยแลนด์เบสต์" ผ่านงานสหกรุ๊ปแฟร์ ครั้งที่ 15 ที่จะเริ่มขึ้นปลายเดือนมิถุนายนนี้ มหกรรมเซลสินค้าที่แฝงไปด้วยการนำเสนอสินค้าคุณภาพในราคาพิเศษ และการเปิดตัวสินค้าใหม่ๆ ครั้งแรกที่จะสร้างปรากฏการณ์เขย่าวงการกลุ่มสินค้าเสื้อผ้า เครื่องแต่งกาย

ที่สินค้าในประ... เป็นไทยแลนด์...

เป็นคำกล่... และประธานก... จำกัด (มหาชน...

044-242137
นาฬิกาโชคดีการแว่น สกลนคร
042-736091-2
ศรีทองนาฬิกา โคราช
081-9674225
เจี๊ยบคูณ สุพรรณบุรี
035-511535
วีเต็ก เยาวราช
02-2211617
ศรีทองพาณิชย์ เยาวราช
02-2235516. 6232207
บจก.แสงดีเทรดดิ้งแอนด์ซันส์ เยาวราช
02-2253221
ORIGINAL CHRONOGRAPH / WWW.RADO.COM
พรรค
ชาติพัฒนาเพื่อแผ่นดิน
พัฒนาแหล่งท่
ทั่วประเทศ
เช่น ไดโนพ

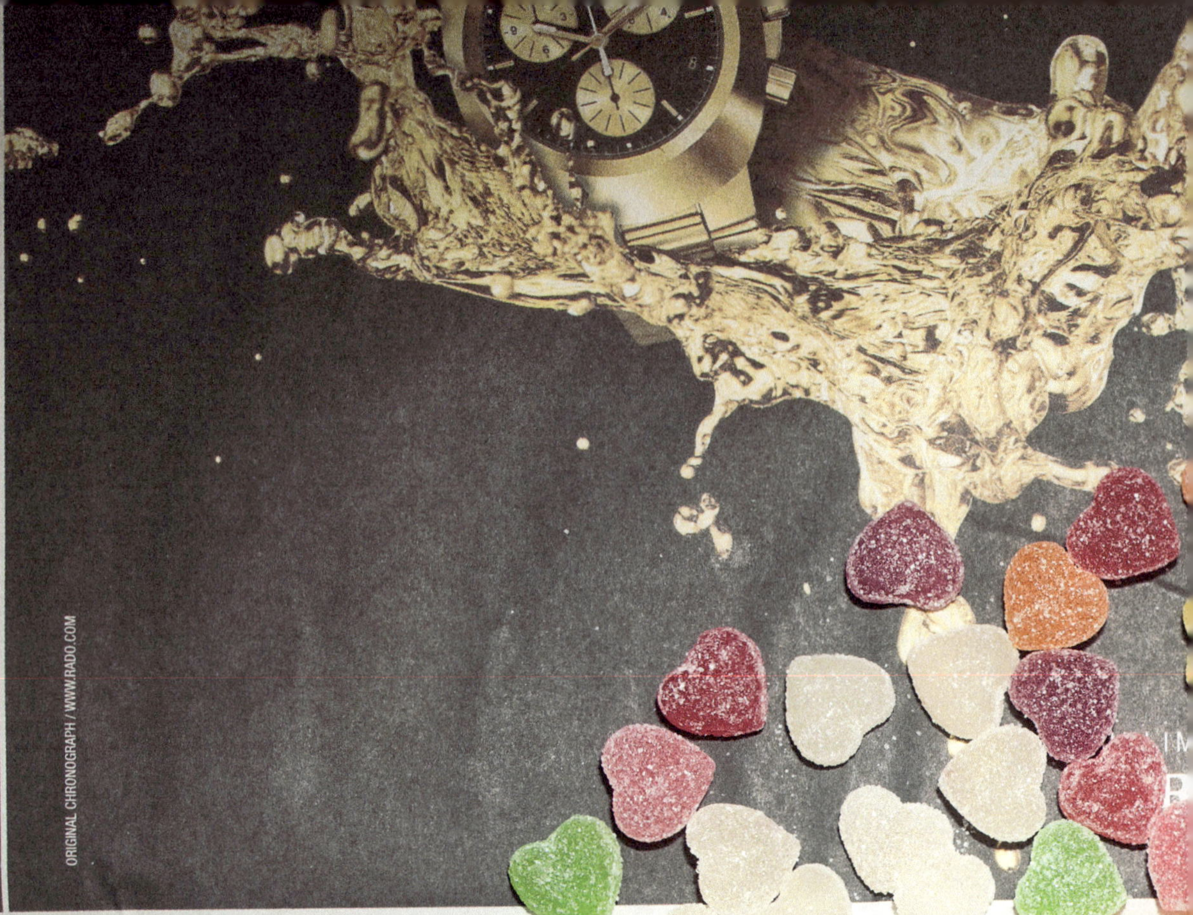

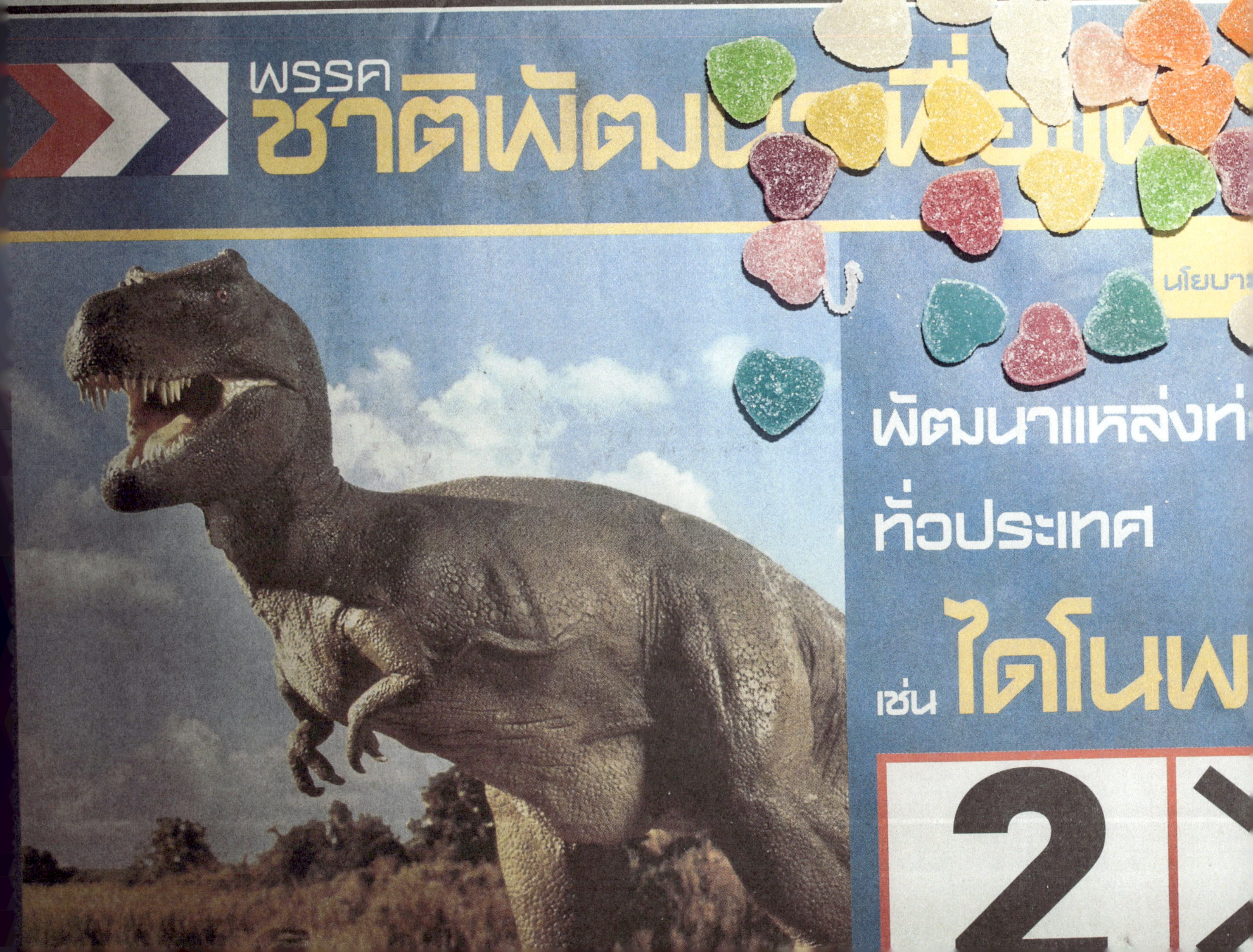

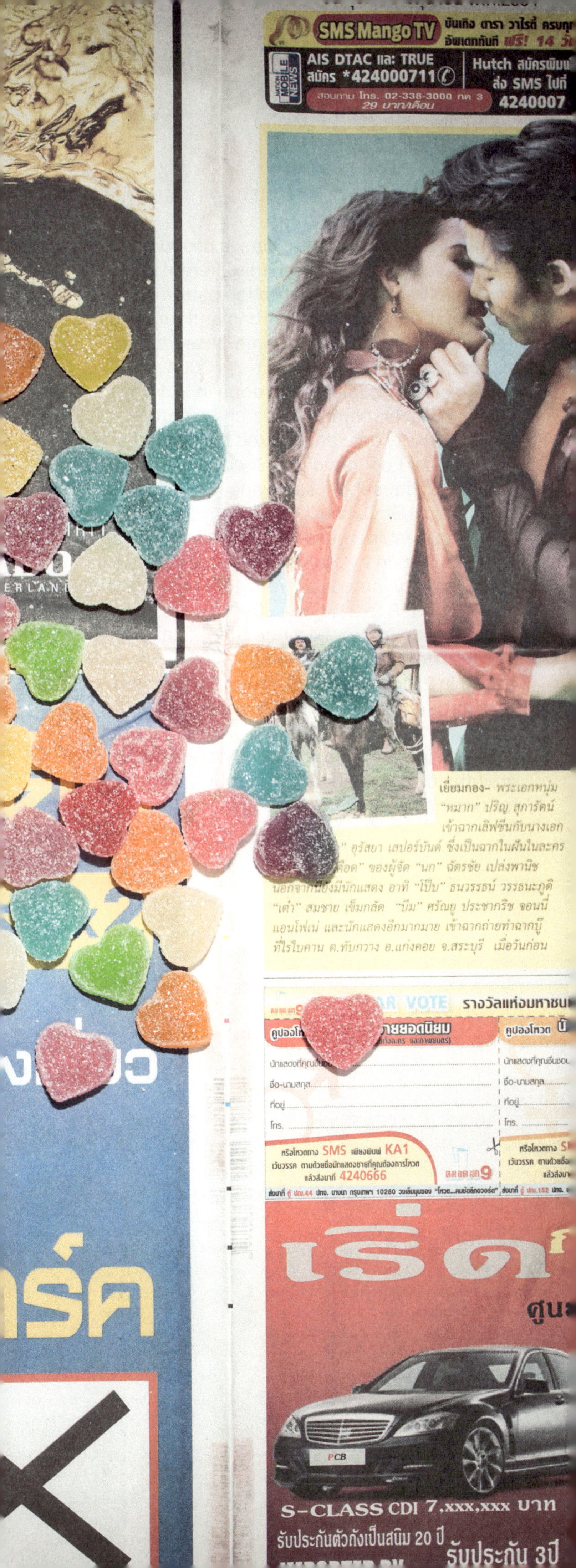

SMS Mango TV
บันเทิง ดารา วาไรตี้ ครบทุก
อัพเดททันที ฟรี! 14 วัน
AIS DTAC และ TRUE
สมัคร *424000711
Hutch สมัครพิมพ์
ส่ง SMS ไปที่
4240007
สอบถาม โทร. 02-338-3000 กด 3
29 บาท/เดือน

เยี่ยมกอง– พระเอกหนุ่ม "หมาก" ปริญ สุภารัตน์ เข้าฉากเลิฟซีนกับนางเอก "" อุรัสยา เสปอร์บันต์ ซึ่งเป็นฉากในฝันในละคร "คือต" ของผู้จัด "นก" ฉัตรชัย เปล่งพานิช นอกจากนี้ยังมีนักแสดง อาทิ "โป๊ป" ธนวรรธน์ วรรธนะภูติ "เต่า" สมชาย เข็มกลัด "บีม" ศรัณยู ประชากริช จอนนี่ แอนโฟเน่ และนักแสดงอีกมากมาย เข้าฉากถ่ายทำฉากบู๊ ที่ไร่ใบคาน ต.ทับกวาง อ.แก่งคอย จ.สระบุรี เมื่อวันก่อน

STAR VOTE รางวัลแห่งมหาชน
คูปองโหวต ...ฉายยอดนิยม
นักแสดงที่คุณชื่นชอบ
ชื่อ-นามสกุล
ที่อยู่
โทร.
คูปองโหวต น้ำ
นักแสดงที่คุณชื่นชอบ
ชื่อ-นามสกุล
ที่อยู่
โทร.
หรือโหวตทาง SMS เพียงพิมพ์ KA1
เว้นวรรค ตามด้วยชื่อนักแสดงชายที่คุณต้องการโหวต
แล้วส่งมาที่ 4240666
หรือโหวตทาง SM
เว้นวรรค ตามด้วยชื่อ
แล้วส่งมา
ส่งมาที่ ตู้ ปณ.44 นัคร. มายา กรุงเทพฯ 10260 วงเล็บมุมของ "โหวต...คนฆ่อลึกขวงร์ต"
ส่งมาที่ ตู้ ปณ.152 นัคร.

เริ่ด
ศูนย์
S-CLASS CDI 7,xxx,xxx บาท
รับประกันตัวถังเป็นสนิม 20 ปี
รับประกัน 3 ปี
PCB

Thailand TH

Bangkok | June 2011

Poverty line THB 52.87 (USD 1.71 / EUR 1.19)

Thailand's national poverty line is based on food and non-food requirements for different regions, population groups, consumption patterns, and consumer price indices in urban and rural areas. It was changed from an income-based to an expenditure-based poverty line in 2004. Another update of methodology was done in 2011 by the Thailand Development Research Institute and UNDP. Poverty data are tracked by the Office of the National Economic and Social Development Board, and household surveying is conducted by the National Statistical Office.

The largest increase in poverty incidence was brought on by the Asian economic crisis, when poverty increased from 17% in 1996 to 18.8% in 1998 to 21.3% in 2000. The poverty situation has improved since then. Thailand's national poverty rate reached its lowest level of 7.21% in 2015. It is noted, though, that there were recent increases in the poverty rate in 2016 and 2018 (9.85%); the worsening poverty situation is attributed to slower economic growth, tourism decline, and drought impacting farmer income.

Gini Index (Latest Year) for Selected ASEAN Countries, 2011–16

	Gini index (latest year)
Indonesia	39.5 (2013)
Malaysia	41.0 (2015)
Myanmar	38.1 (2015)
Thailand	36.0 (2015)
Vietnam	35.3 (2016)

Source: World Bank

Top Food-Supply Items, 2013

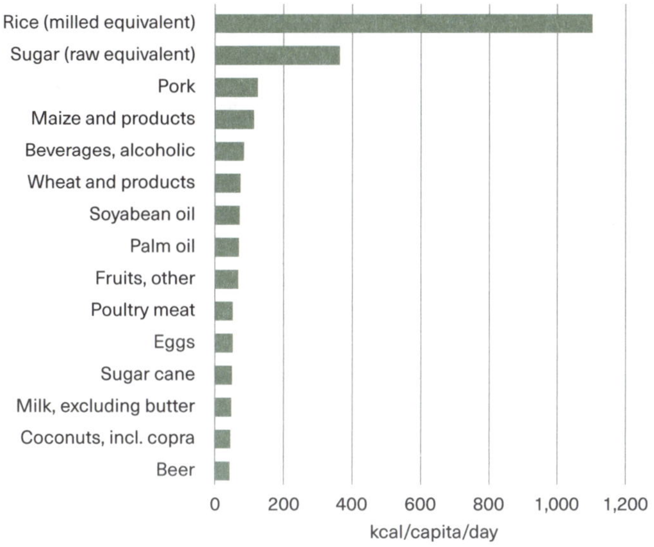

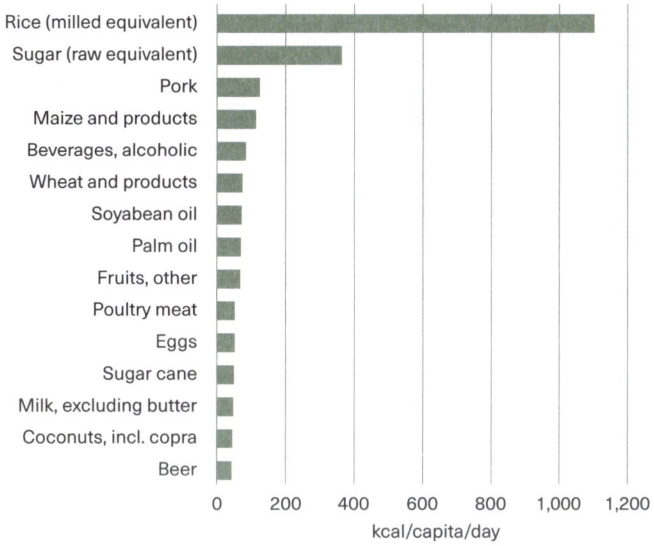

Source: Food and Agriculture Organization of the United Nations

GNI per Capita, Atlas Method (Current USD), Thailand, 1990–2017

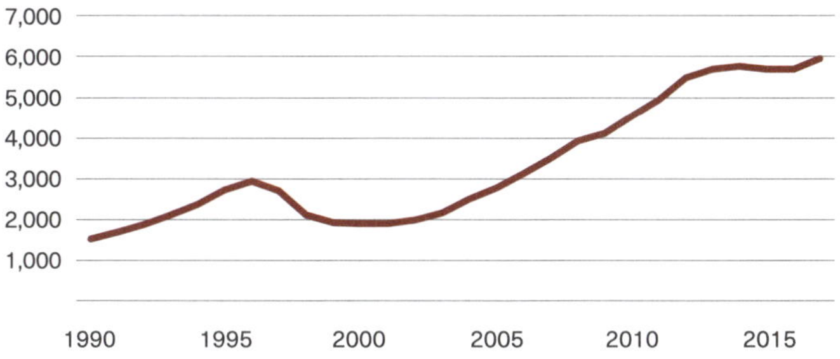

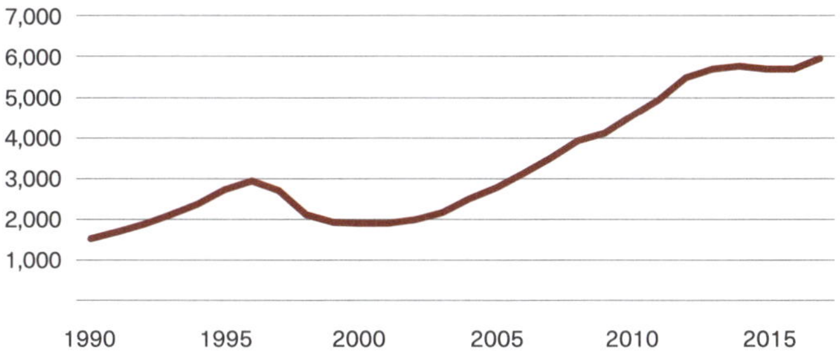

Source: World Bank

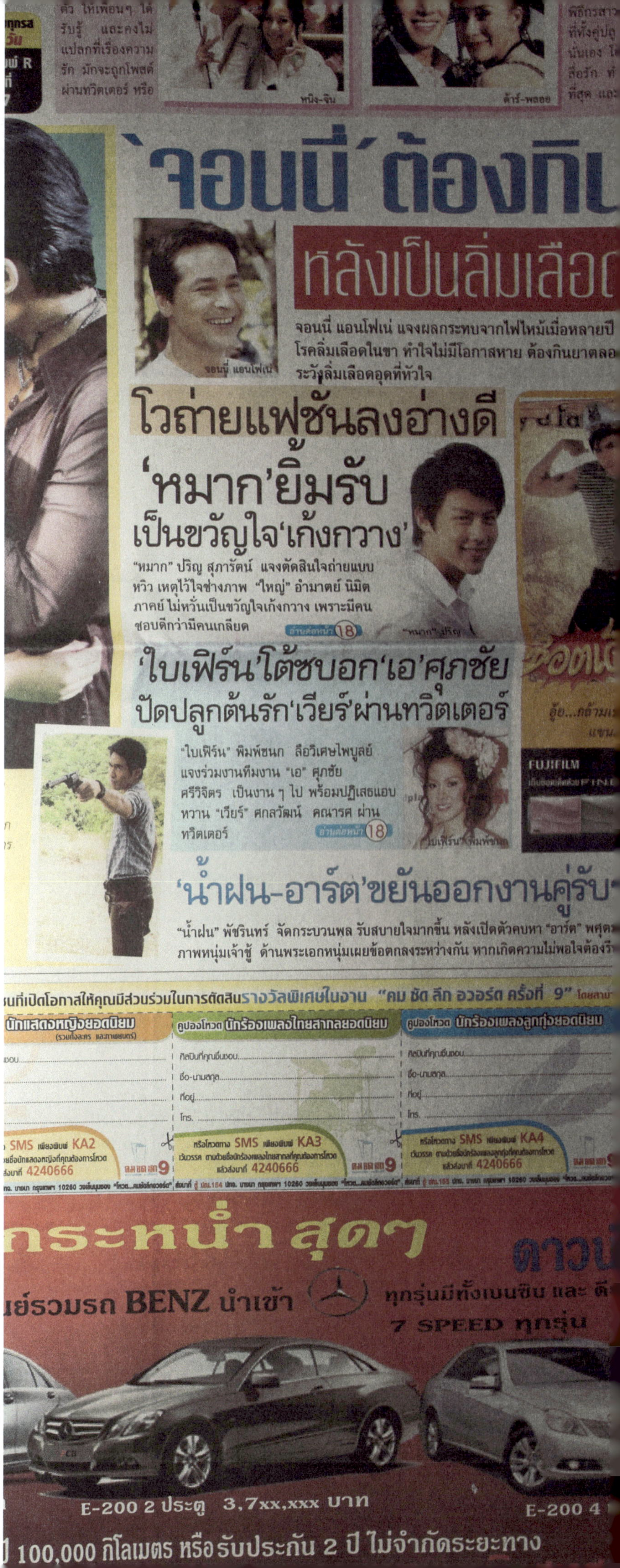

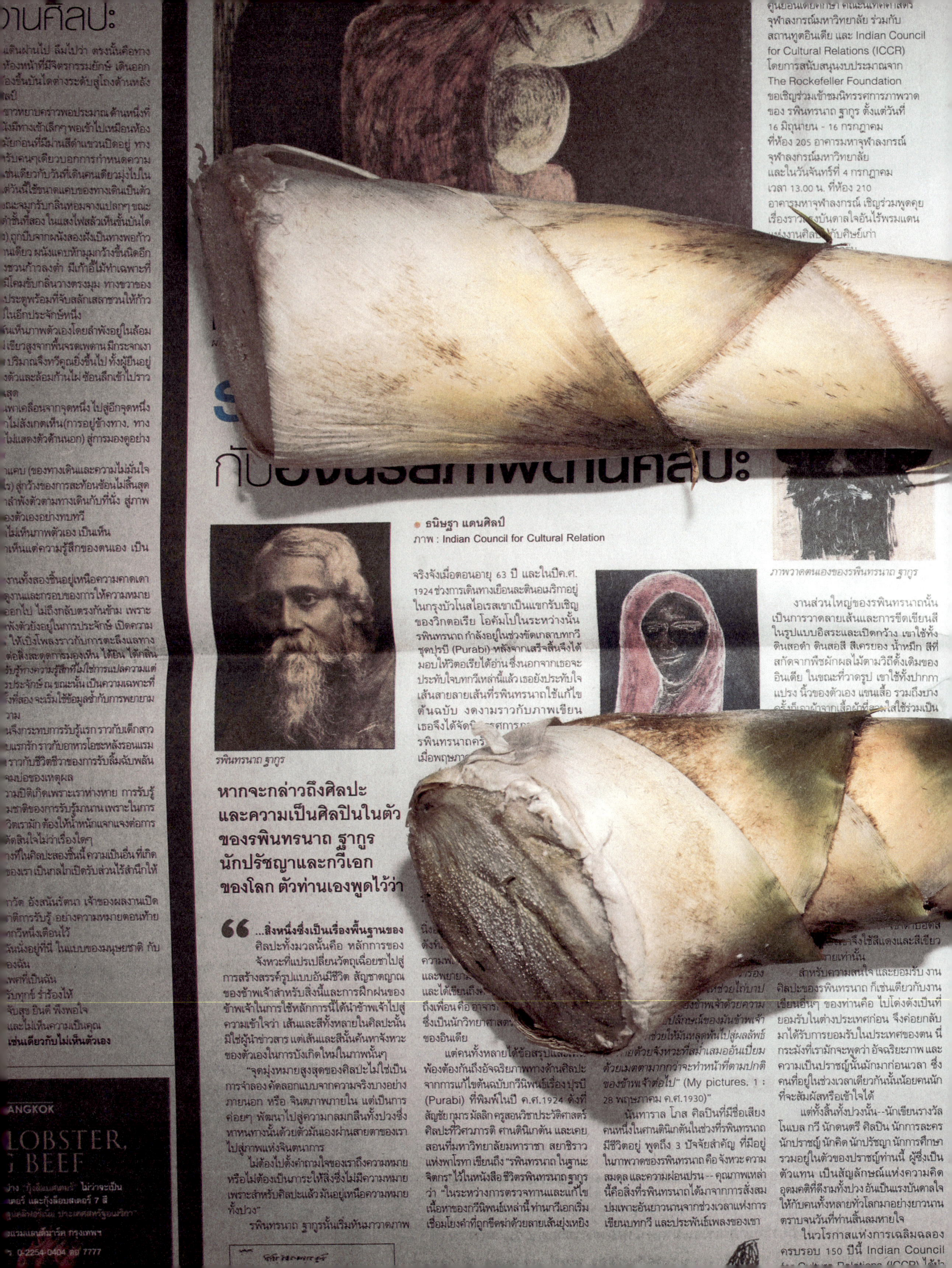

● ธนิษฐา แดนศิลป์
ภาพ : Indian Council for Cultural Relation

หากจะกล่าวถึงศิลปะ
และความเป็นศิลปินในตัว
ของรพินทรนาถ ฐากูร
นักปรัชญาและกวีเอก
ของโลก ตัวท่านเองพูดไว้ว่า

" ...สิ่งหนึ่งซึ่งเป็นเรื่องพื้นฐานของ
ศิลปะทั้งมวลนั้นคือ หลักการของ
จังหวะที่แปรเปลี่ยนวัตถุเฉื่อยชาไปสู่
การสร้างสรรค์รูปอันมีชีวิต สัญญาณ
ของข้าพเจ้าสำหรับสิ่งนี้และการฝึกฝนของ
ข้าพเจ้าในการใช้หลักการนี้ได้นำพาข้าพเจ้าไปสู่
ความแน่ใจว่า เส้นและสีทั้งหลายในศิลปะนั้น
มิใช่ผู้นำข่าวสาร แต่เส้นและสีนั้นเหาะทางจังหวะ
ของตัวเองในการบังเกิดใหม่ในภาพนั้น"

"จุดมุ่งหมายสูงสุดของศิลปะไม่ใช่เป็น
การจำลอง คัดลอกแบบจากความจริงบางอย่าง
ภายนอก หรือ จินตภาพภายใน แต่เป็นการ
ค่อยๆ พัฒนาไปสู่ความกลมกลืนทั้งปวงซึ่ง
หาทางนั้นด้วยตัวมันเองผ่านสายตาของเรา
ไปสู่การแห่งจินตนาการ

ไม่ต้องไปตั้งคำถามใจของเราถึงความหมาย
หรือว่าต้องเป็นภาระให้สิ่งใดซึ่งไม่มีความหมาย
เพราะสำหรับศิลปะแล้ว มันอยู่เหนือความหมาย
ทั้งปวง"

รพินทรนาถ ฐากูรนั้นเริ่มหันมาวาดภาพ

จริงจังเมื่อตอนอายุ 63 ปี และในปีค.ศ.
1924 ช่วงการเดินทางเยือนละตินอเมริกาอยู่
ในกรุงบัวโนสไอเรสเขาเป็นแขกรับเชิญ
ของวิกตอเรีย โอคัมโปในระหว่างนั้น
รพินทรนาถ กำลังอยู่ในช่วงขัดเกลาบทกวี
ชุดปุรบี (Purabi) หลังจากเสร็จสิ้นจึงได้
มอบให้วิตอเรียได้อ่าน ซึ่งนอกจากเธอจะ
ประทับใจบทกวีเหล่านี้แล้ว เธอยังประทับใจ
เส้นสายลายเส้นที่รพินทรนาถใช้แก้ไข
ต้นฉบับ งดงามราวกับภาพเขียน
เธอจึงได้จัด...รศการ...
รพินทรนาถคร...
เมื่อพฤษภา...

แต่ถึงแม้หลายได้ข้อสรุปและ...
พ้องต้องกันได้อัจฉริยะทางด้านศิลปะ
จากการแก้ไขต้นฉบับวินิจพันธ์เรื่อง ปุรบี
(Purabi) ที่พิมพ์ในปี ค.ศ.1924 ดังที่
สัญชัย กุมาร มัลลิก ครูของวิชาประวัติศาสตร์
ศิลปะประวัติศวภารติ ศานตินิเกตน และเคย
สอนที่มหาวิทยาลัยมหาราชา สยามชิราวา
แห่งพโรทา เขียนเล็ก "รพินทรนาถในฐานะ
จิตรกร" ไว้ในหนังสือ ชีวิตรพินทรนาถ ฐากูร
ว่า "ในระหว่างการตรวจทานและแก้ไข
เนื้อหาของวินิจพันธ์เหล่านี้ ท่านกวีเอกเริ่ม
เชื่อมโยงคำที่ถูกขีดฆ่าด้วยลายเส้นยุ่งเหยิง

พ้อง...
ความ...
และพยายาม...
และได้เขียนถึง...
ถึงเขื่อน คือ อาจารย์...
ซึ่งเป็นนักวิทยาศาสตร์...
ของอินเดีย

...เรื่อง
...ไถ่บาป
...ด้วยความ
...ข้าพเจ้า
...สู่ผลลัพธ์
...อันเปี่ยม
...ที่ตามปกติ
...ures, 1 :
ข้าพเจ้าด้วยความ...
...ช่วยให้มันหลุดพ้นไปสู่ผลลัพธ์
...ด้วยจังหวะที่สม่ำเสมออันเปี่ยม
ด้วยเมตตามากกว่าว่าทำหน้าที่ตามปกติ
ของข้าพเจ้าต่อไป" (My pictures, 1 :
28 พฤษภาคม ค.ศ.1930)

นันทราวะ โภส ศิลปินที่มีชื่อเสียง
คนหนึ่งในศานตินิเกตน์ในช่วงที่รพินทรนาถ
มีชีวิตอยู่ พูดถึง 3 ปัจจัยสำคัญ ที่มีอยู่
ในภาพวาดของรพินทรนาถคือ จังหวะ ความ
สมดุล และความผ่อนปรน -- คุณภาพเหล่า
นี้เผชิญอันยาวนานจากช่วงเวลาแห่งการ
เขียนบทกวี และประพันธ์เพลงของเขา

ภาพวาดตนเองของรพินทรนาถ ฐากูร

งานส่วนใหญ่ของรพินทรนาถนั้น
เป็นการวาดลายเส้นและการขีดเขียนสี
ในรูปแบบอิสระและเปิดกว้าง เขาใช้ทั้ง
ดินสอดำ ดินสอสี สีเครยอง น้ำหมึก สีที่
สกัดจากพืชผักผลไม้ตามวิถีดั้งเดิมของ
อินเดีย ในขณะที่วาดรูป เขาใช้ทั้งปากกา
แปรง นิ้วของตัวเอง แขนเสื้อ รวมถึงบาง
ครั้งก็เอาผ้าจากเสื้อผ้าที่สวมใส่ใช้ร่วมเป็น
...เขา...บอดส...
...จึงใช้สีแดงและสีเขียว
...ลายเท่านั้น

สำหรับความสนใจ และยอมรับ งาน
ศิลปะของรพินทรนาถ ก็เช่นเดียวกับงาน
เขียนอื่นๆ ของท่านคือ ไปโด่งดังเป็นที่
ยอมรับในต่างประเทศก่อน จึงค่อยกลับ
มาได้รับการยอมรับในประเทศของตน นี่
กระมังที่เรามักจะพูดว่า อัจฉริยะภาพ และ
ความเป็นปราชญ์นั้นมักมาก่อนเวลา ซึ่ง
คนที่อยู่ในช่วงเวลาเดียวกันนั้นน้อยคนนัก
ที่จะสัมผัสหรือเข้าใจได้

แต่ทั้งสิ้นทั้งปวงนั้น--นักเขียนรางวัล
โนเบล กวี นักดนตรี ศิลปิน นักการละคร
นักปราชญ์ นักคิด นักปรัชญา นักการศึกษา
รวมอยู่ในตัวของปราชญ์ท่านนี้ ผู้ซึ่งเป็น
ตัวแทน เป็นสัญลักษณ์แห่งความคิด
อุดมคติที่ดีงามทั้งปวง อันเป็นแรงบันดาลใจ
ให้กับคนทั้งหลายทั่วโลกมาอย่างยาวนาน
ตราบจนวันที่ท่านสิ้นลมหายใจ

ในวโรกาสแห่งการเฉลิมฉลอง
ครบรอบ 150 ปีนี้ Indian Council
for Cultural Relations (ICCR) ได้...

ศูนย์อินเดียศึกษา คณะอักษรศาสตร์
จุฬาลงกรณ์มหาวิทยาลัย ร่วมกับ
สถานทูตอินเดีย และ Indian Council
for Cultural Relations (ICCR)
โดยการสนับสนุนงบประมาณจาก
The Rockefeller Foundation
ขอเชิญร่วมเข้าชมนิทรรศการภาพวาด
ของ รพินทรนาถ ฐากูร ตั้งแต่วันที่
16 มิถุนายน - 16 กรกฎาคม
ที่ห้อง 205 อาคารมหาจุฬาลงกรณ์
จุฬาลงกรณ์มหาวิทยาลัย
และในวันจันทร์ที่ 4 กรกฎาคม
เวลา 13.00 น. ที่ห้อง 210
อาคารมหาจุฬาลงกรณ์ เชิญร่วมพูดคุย
เรื่องราว...งบันดาลใจอันไร้พรมแดน
แห่งงานศิลป...กับศิษย์เก่า

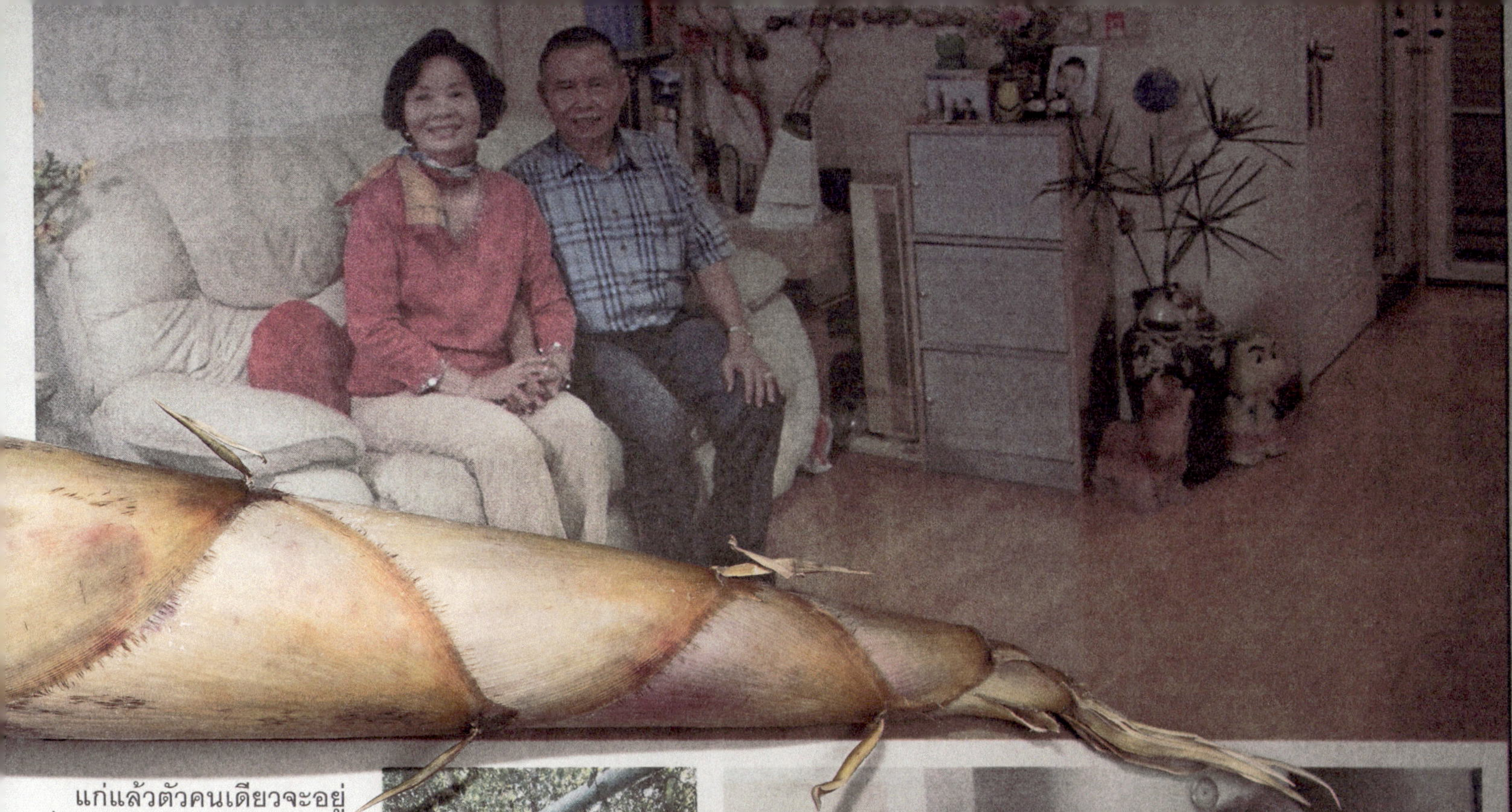

แก่แล้วตัวคนเดียวจะอยู่
ที่ไหน..อยู่กับใคร..อยู่อย่างไร
ไม่ให้เป็นภาระ?

"รุ่นน้อง"คนไหนที่หัวใจ
ยังสับสน..ลองฟังคำแนะนำ
จาก "รุ่นพี่" ทั้งคนมีคู่และ
คนไร้คู่ที่ไม่คิดจะหวังพึ่งใคร
ยามชรา

เผื่ออยากหิ้วกระเป๋า
เข้ามาเป็น "น้องใหม่"
ใต้ชายคา "สวางคนิเวศ เฟส 2"
ที่มี..รับสมัครคนวัยเดียวกัน

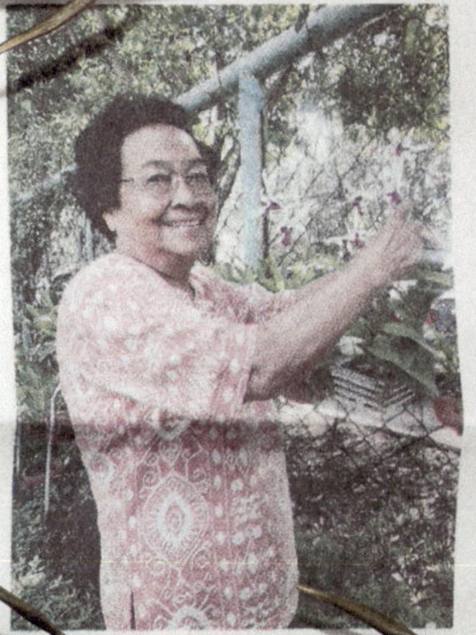

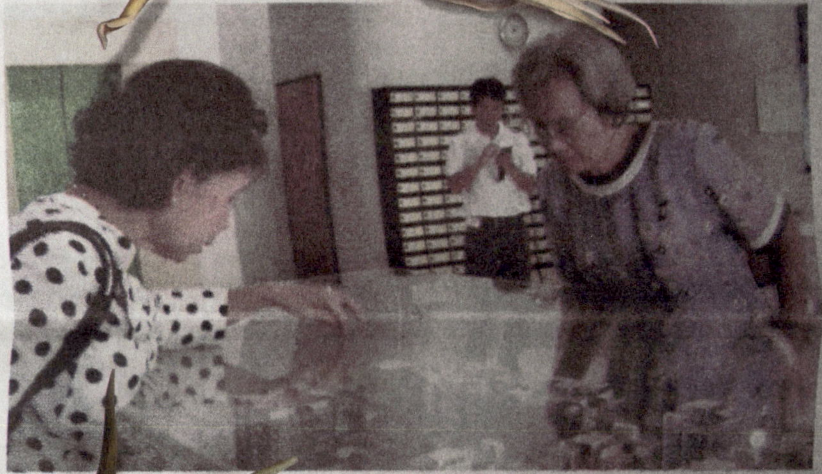

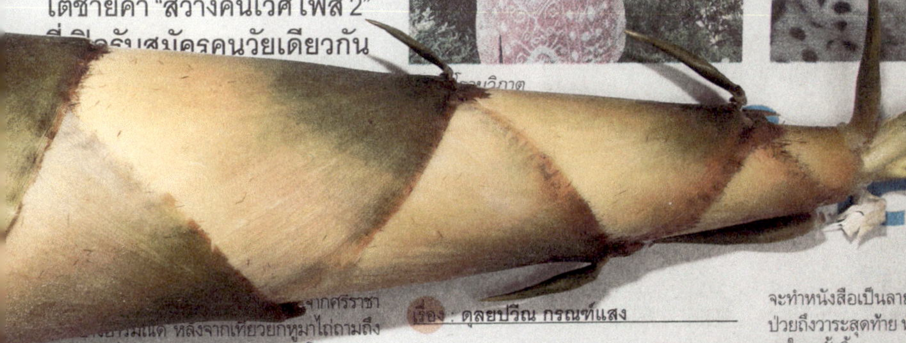

...พึ่ง'...ไม่หวังพึ่...

เรื่อง : ดุลยปวีณ กรณฑ์แสง

...จากศรีราชา
...รวมใหญ่ หลังจากเที่ยวยกหมู่มาไถ่ถามถึง
2-3 ปีว่าเมื่อไหร่ "สวางคนิเวศ" คอนโดผู้สูงอายุ
ของสภากาชาดไทย จะเปิดเฟสใหม่

ไม่ใช่แค่ป้าน้อยที่รอคอยโอกาสนี้มานาน แต่ยังมีผู้สนใจที่ขึ้นบัญชีเข้าคิวไว้อีกถึงราวๆ 600 คน หลังจากเปิดเฟสแรก 168 ยูนิต ปี 2539

ในที่สุดสภากาชาดไทยจึงตัดสินใจทำโครงการ ส่วนต่อขยายเฟส 2 บนพื้นที่ติดกัน เป็นคอนโดมิเนียม 6 ชั้น 8 อาคาร จำนวน 300 ยูนิต พื้นที่โครงการ 23 ไร่ เพื่อเป็นต้นแบบโครงการที่อยู่อาศัยสำหรับผู้สูงอายุ โดยเฉพาะ ภายในห้องออกแบบให้มีสัญญาณฉุกเฉิน บริเวณเตียงนอนและห้องน้ำ, พื้นวัสดุที่ไม่ลื่น ไม่มี พื้นต่างระดับป้องกันการสะดุดล้ม เป็นต้น โดย ตั้งอยู่ในสวางคนิวาสของสภากาชาดไทย ด้านหน้า ติดถนนสุขุมวิทยาวลึกเข้าไปจรดป่าชายเลน บริเวณ ชายทะเลบางปู

ป้าน้อยเล่าว่าตั้งใจอยากมาใช้ชีวิตบั้นปลาย ที่นี่ เพราะเป็นคนรักอิสระ อยากใช้ชีวิตตามลำพัง เมื่อสามีเสียชีวิตไปเมื่อปีก่อน ชีวิตก็ไม่มีอะไรให้ต้อง ห่วง เพราะไม่มีลูกด้วยกัน จริงๆแล้วชีวิตที่ศรีราชา ของป้าใช่ว่าจะตัวคนเดียวไม่เหลือใคร ความเป็น คนอารมณ์ดีสนุกสนานทำให้ป้าน้อยเป็นที่รักใคร่ ของคนรอบข้าง แถมยังมีแก๊งค์เพื่อนๆ กลุ่มใหญ่ ที่ศรีราชา ชวนกันไปกิน ไปเที่ยว ไปทำบุญ มีนัดโต๊ะ อาหารโดยกัน..เป็นประจำ

ป้าต้องจ้างคนใช้มาทำงานและอยู่เป็นเพื่อน เดือนละ 6,000 รวมค่าใช้จ่ายอื่นๆอีกจิปาถะไม่ต่ำ กว่าเดือนละ 30,000 เลยคิดย้ายมาอยู่ที่นี่ลำพัง อย่างน้อยค่าใช้จ่ายน่าจะประหยัดขึ้น แถมยังสบายใจ ว่าป่วยไข้ยังมีคนคอยดูแล และไม่เหงาเพราะเต็ม ไปด้วยเพื่อนวัยเดียวกัน"

นางสาวทั้งนั้น

สังคมผู้สูงอายุในโครงการสวางคนิเวศ 80 เปอร์เซ็นต์เป็นคนโสด และคู่สมรสที่ไม่มีบุตร หรือเป็นหม้าย นอกจากนี้ อีกส่วนหนึ่งคือผู้สูงอายุ ที่มีหัวคิดสมัยใหม่ ถึงจะมีครอบครัวแต่อยากมา อยู่เป็นส่วนตัว ไม่อยากเป็นภาระลูกหลาน เพราะ สามารถดูแลตัวเองได้ อยากมีชีวิตอิสระพึ่งพา ตัวเองได้ ใช้ชีวิตที่เป็นตัวของตัวเอง

"อันดับหนึ่ง คือ สาวโสดที่ไม่มีครอบครัว อาจเป็นเพราะสังคมสมัยนี้ที่ผู้หญิงมุ่งมั่นกับการทำ แต่งงาน พึ่งพาตัวเองได้ แต่ถึงจุดหนึ่งเมื่ออายุ 55-60 เริ่มคิดว่าจะเลือกใช้ชีวิตอย่างไร บางคน เป็น 'ลูกคนเดียว' คุณพ่อคุณแม่เสียแล้วที่บ้านก็ไม่มี ใคร เลยคิดว่าน่าจะย้ายมาอยู่ที่นี่" นภาพรรณ วิภาคพันธุ์ คณะกรรมการบริหารอาคารสวางคนิเวศ

จะทำหนังสือเป็นลายลักษณ์อักษรไว้เลยว่า หาก ป่วยถึงวาระสุดท้าย ห้ามใส่ท่อ ห้ามเสียบ ห้ามเจาะ คอใดๆ ทั้งสิ้น

นภาพรรณ เล่าว่า คนกลุ่มนี้อาจจะไม่ได้ด้อย โอกาสทางการเงิน แต่ "ด้อยโอกาส" ในแง่ไม่มี ใครดูแล เป็นช่องว่างทางสังคมที่ยังขาดการ เติมเต็ม โครงการนี้จึงทำขึ้นเพื่อเป็นโปรเจ็ค ต้นแบบ จุดประกายภาคเอกชนหรือหน่วยงานที่ สนใจพัฒนาโครงการ เพื่อเป็นทางเลือกที่มากขึ้น ที่ผ่านมาก็มีศิริราช และมหาวิทยาลัยเชียงใหม่มา ศึกษาดูงาน

"หลายคนแก่แล้วไม่อยากอยู่บ้านคนเดียว กังวลเรื่องความปลอดภัย หรือเจ็บไข้ขึ้นมาใครจะ ดูจะไปโรงพยาบาลยังไง หากเป็นอะไรไปคนเดียว ในบ้าน ใครจะช่วยจัดการตามประเพณี มากกว่า นั้น คือ ทุกคนยังอยากได้ความรู้สึกเหมือนใช้ชีวิต 'อยู่บ้าน' ไม่ใช่โรงพยาบาล หรือ สถานพักคนชรา เพราะถึงจะมีเงียบเหงาได้ แต่หลายคนยังสดชื่น สดใส แอ็คทีฟ ยังมีชีวิตยืนยาวไกล จะไปอยู่แบบมอง ไปอีกทึกหินๆเห็นคนนอนป่วยเสียบท่ออยู่ มันคงเป็น ความหดหู่ในชีวิต

คุณสมบัติของผู้มีสิทธิต้องมีอายุตั้งแต่ 55 ปี สามารถพักอาศัยอยู่ได้ตลอดชีวิต โดยไม่สามารถ สืบทอดสิทธิในการพักอาศัย ขนาดห้องพักเริ่มต้น ที่ 42 ตร.ม. สนนราคาตั้งแต่ 850,000 บาท ไปถึง ล้านเศษๆ มีให้เลือกแบบชั้นละ 4 ยูนิต กับชั้นละ

กลับมาอยู่หอพักกับเพื่อนๆ แถมยังเป็น "เฟรชชี่" ในวัย 60 เมื่อเทียบกับพี่ใหญ่อายุมากที่สุดของ โครงการวัย 90 ปี

โสดอย่างมีสุข

"ที่นี่ฉันไม่เคยได้ยินใครบ่นว่าเหงา เขาอาจจะ รู้สึกแต่อาจจะไม่พูดหรือเปล่าฉันไม่รู้ ส่วนตัวเอง ไม่เหงา เพราะว่าในชีวิตเดินทางทำงานต่างประเทศ คนเดียวมาตลอดสิบปี เหงาเป็นอย่างไรฉันไม่รู้ เพราะฉันก็มีวีซู มีสวนมีต้นไม้ให้ดูแลทุกวัน" คุณป้าสุรภา โรจนวิภาต วัย 81 ปี บอกเช่นนั้น

คุณป้าถือเป็นสมาชิกคนแรกๆ ที่ย้ายเข้าอยู่ ที่สวางคนิเวศ ตั้งแต่สร้างเสร็จในเดือนพฤษภาคม 2541 หรือ 13 ปีกลาว สมัยแรกๆ ยังมีคนน้อย แต่ 5-6 ยูนิต สมัยสาวๆ คุณป้าเคยเป็นครู ก่อนจะ ผันตัวเองมาเป็นครูสอนภาษาไทยให้กับหน่วย สันติภาพอเมริกัน และหน่วยสันติภาพให้ญี่ปุ่น ทำงานเก็บเงิน สะสมฝากธนาคารไว้เรื่อยๆ มีรายได้จากดอกเบี้ย และรายได้จากห้องแถว ให้เช่าอยู่โดยไม่เดือดร้อน

"ตัดสินใจมาอยู่ที่นี่เพราะเรารักที่จะมาอยู่ คนเดียว เพราะชีวิตของเราคนเดียวมานาน อีกอย่าง คือเป็นโครงการของสภากาชาด และอยู่บนที่ดิน บริจาคของมูลนิธิชื่อบุญเหลี่ยมเวชรักษ์ ฉัน เป็นคนหนึ่งที่ไม่แต่งงาน และที่นี่มีอยู่ใกล้ๆ น้อยเลยที่เป็นคนโสดเหมือนกัน บางคนสามีเสีย

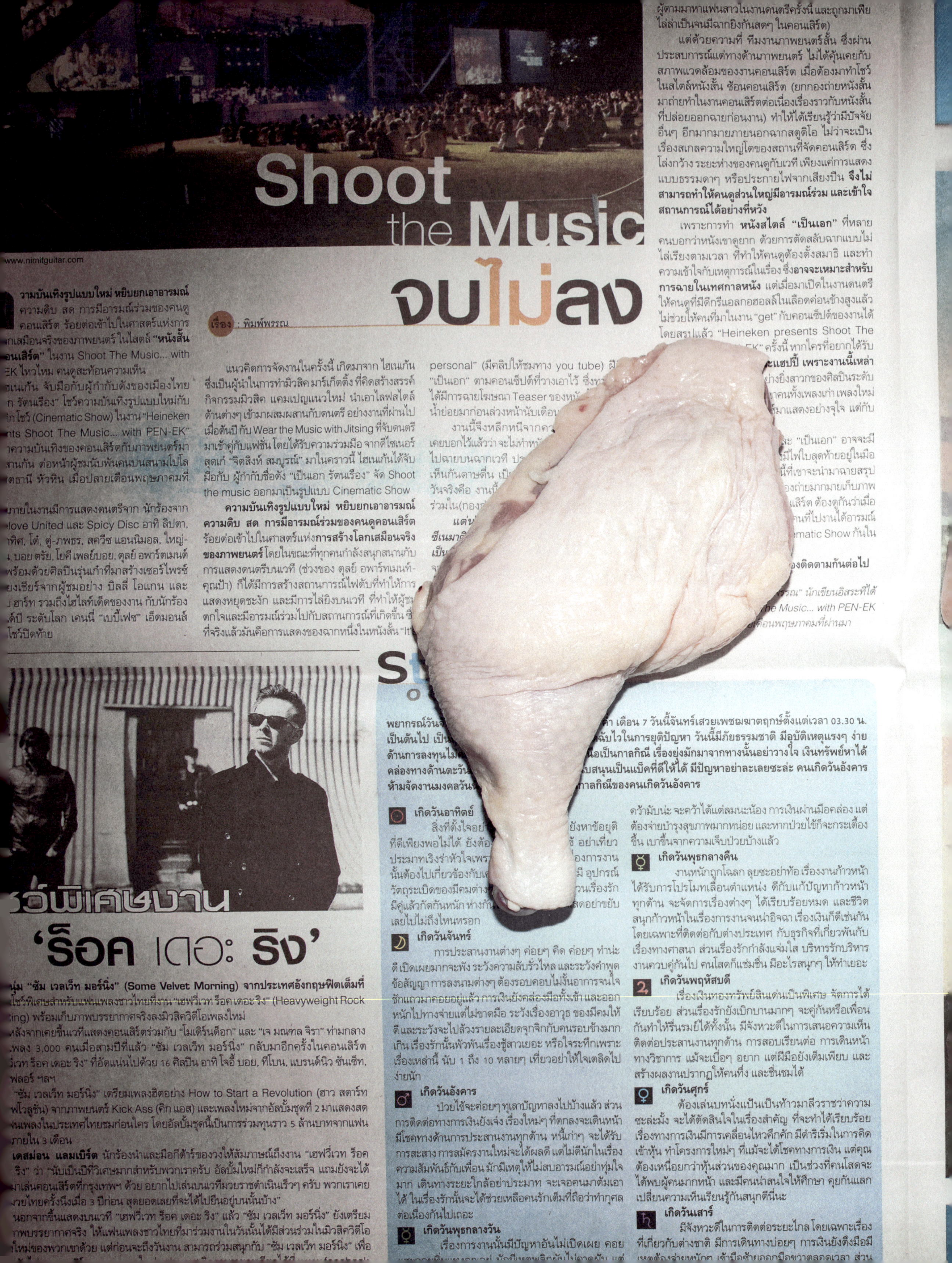

Shoot
the Music
จบไม่ลง

วามบันเทิงรูปแบบใหม่ หยิบยกเอาอารมณ์

ความดิบ สด การมีอารมณ์ร่วมของคนดู คอนเสิร์ต ร้อยต่อเนื่องเข้าไปในศาสตร์แห่งการ ...เสมือนจริงของภาพยนตร์ ในสไตล์ **"หนังสั้น อนเสิร์ต"** ในงาน Shoot The Music... with EK ไงว่าไหม คนดูสะท้อนความเห็น

...เน้น จับมือกับผู้กำกับดังของเมืองไทย ก รัตนเรือง" โชว์ความบันเทิงรูปแบบใหม่ ...ในโชว์ (Cinematic Show) ในงาน "Heineken ...nts Shoot The Music... with PEN-EK" ...ความบันเทิงของคอนเสิร์ตกับภาพยนตร์มา ...งานกัน ต่อหน้าผู้ชมนับพันบนสนามโปโล ...ตานี หัวหิน เมื่อปลายเดือนพฤษภาคมที่

...ภายในงานมีการแสดงดนตรีจาก นักร้องจาก ...love United และ Spicy Disc อาทิ ลิปตา, ...ทิศ, โต่, ตู่-ภพธร, สครูซ แอนนิมอล, ใหญ่-..., บอย ตรัย, โยคี เพลย์บอย, ตุลย์ อพาร์ทเมนท์ ...พร้อมด้วยศิลปินรุ่นเก๋าที่มาสร้างเซอร์ไพรซ์ ...ยงเซียร์จากผู้ชมอย่าง บิลลี่ โอแกน และ ...ฮาร์ต รวมถึงไฮไลท์เด็ดของงาน กับนักร้อง ...ดี ระดับโลก เคนนี่ "เบบี้เฟซ" เอ็ดมอนส์ ...โชว์ปิดท้าย

แนวคิดการจัดงานในครั้งนี้ เกิดมาจาก ไฮเนเก้น ซึ่งเป็นผู้นำในการทำมิวสิค มาร์เก็ตติ้ง ที่คิดสร้างสรรค์ กิจกรรมมิวสิค แคมเปญแนวใหม่ และอาไลฟ์สไตล์ ด้านต่างๆ เข้ามาผสมผสานกับดนตรี อย่างงานที่ผ่านไป เมื่อต้นปี กับ Wear the Music with Jitsing ที่จับดนตรี มาเข้าคู่กับแฟชั่นโดยได้รับความร่วมมือ จากดีไซเนอร์ สุดเก๋ "จิตสิงห์ สมบูรณ์" มาในคราวนี้ ไฮเนเก้นได้จับ มือกับ ผู้กำกับชื่อดัง "เป็นเอก รัตนเรือง" จัด Shoot the music ออกมาเป็นรูปแบบ Cinematic Show

ความบันเทิงรูปแบบใหม่ หยิบยกเอาอารมณ์ ความดิบ สด การมีอารมณ์ร่วมของคนดูคอนเสิร์ต ร้อยต่อเนื่องไปในศาสตร์แห่ง **การสร้างโลกเสมือนจริง ของภาพยนตร์**โดยในขณะที่ทุกคนกำลังสนุกสนานกับ การแสดงดนตรีบนเวที (ช่วงของ ตุลย์ อพาร์ทเมนท์ -คุณป้า) ก็ได้มีการสร้างสถานการณ์ไฟดับที่ทำให้การ แสดงหยุดชะงัก และมีการไล่ยิงบนเวที ที่ทำให้ผู้ชม ตกใจและมีอารมณ์ร่วมไปกับสถานการณ์ที่เกิดขึ้น ที่จริงแล้วมันคือการแสดงของฉากหนึ่งในหนังสั้น "It

...personal" (มีคลิปให้ชมทาง you tube) ...
..."เป็นเอก" ตามคอนเซ็ปต์ที่ทางเอาไว้ ซึ่งท...
...ได้มีการฉายโฆษณา Teaser ของหนัง...
...น้ำอยู่มาก่อนล่วงหน้าก่อนเดือน...
...งานนี้จึงหลีกหนีจากค...
...เคยบอกไว้แล้วว่าจะไม่ทำห...
...ไปลอยบนฉากเวที ป...
...วันจริงคือ อาจจ...
...ร่วมใน (กอ...
...แต่...
...ซีเนมาโท...
...เป็น...

ว์พิเศษงาน
'ร็อค เดอะ ริง'

...ุ่ม **"ซัม เวลเว็ท มอร์นิ่ง"** (Some Velvet Morning) จากประเทศอังกฤษฟิตเต็มที่ ...โชว์พิเศษสำหรับแฟนเพลงชาวไทยที่งาน **"เฮฟวี่เวท ร็อค เดอะ ริง"** (Heavyweight Rock ...ring) พร้อมเก็บภาพบรรยากาศจริงลงมิวสิควิดีโอเพลงใหม่

...หลังจากเคยขึ้นเวทีแสดงคอนเสิร์ตร่วมกับ "ไมเดิ้นต๊อก" และ เจ มณฑล จิรา" ท่ามกลาง ...เพลง 3,000 คนเมื่อสามปีที่แล้ว "ซัม เวลเว็ท มอร์นิ่ง" กลับมาอีกครั้งในคอนเสิร์ต ...ว์เว็ท ร็อค เดอะ ริง" ที่อัดแน่นไปด้วย 16 ศิลปิน อาทิ โอ๊ บอย, ทีโบน, แบรนนิว ซันเซ็ท, ...ฟลอร์ ฯลฯ

..."ซัม เวลเว็ท มอร์นิ่ง" เตรียมเพลงฮิตอย่าง How to Start a Revolution (ฮาว สตาร์ท ...รีโวลูชั่น) จากภาพยนตร์ Kick Ass (คิก แอส) และเพลงใหม่จากอัลบั้มชุดที่ 2 มาแสดงสด ...งเพลงในประเทศไทยชมก่อนใคร โดยอัดบั้มชุดนี้มีการร่วมทุนราว 5 ล้านบาทจากแฟน ...ภายใน 3 เดือน

เดสม่อน แลมเบิร์ธ นักร้องนำและมือกีต้าร์ของวงให้สัมภาษณ์ถึงงาน "เฮฟวี่เวท ร็อค ...ริง" ว่า "นับเป็นทีวีที่เศษมากสำหรับพวกเราครับ อีกทั้งไหนก็กำลังจะเสร็จ แคมยังจะไ ...คอนเสิร์ตที่ทรูพเจทจา ด้วย อยากไปเล่นงานราชดำเนินจะเร็วๆ ครับ พวกเราเคย ...วยโชว์ครั้งนึงเมื่อ 3 ปีมาแล้ว สุดยอดเลยที่จะได้ไปยืนอยู่บนนั้นบ้าง"

...นอกจากขึ้นแสดงบนเวที "เฮฟวี่เวท ร็อค เดอะ ริง" แล้ว "ซัม เวลเว็ท มอร์นิ่ง" ยังเตรียม ...ภาพบรรยากาศจริง ให้แฟนเพลงชาวไทยที่มาร่วมงานในวันนั้นได้มีส่วนร่วมในมิวสิควิดีโอ ...ใหม่ของพวกเขาด้วย แต่ก่อนจะถึงวันงาน สามารถร่วมสนุกกับ "ซัม เวลเว็ท มอร์นิ่ง" เพื่อ

พยากรณ์วัน...ค เดือน 7 วันนี้จันทร์เสวยเพชฌฆาตฤกษ์ตั้งแต่เวลา 03.30 น. เป็นต้นไป เป็น...รับไว้ในการยุติปัญหา วันนี้ภัยธรรมชาติ มือบันดาตแรงๆ ง่าย ด้านการลงทุนราไม่...อเป็นกาลกิณี เรื่องยุ่งมักมาจากทางนั้นอย่าวางใจ เงินทรัพย์หาได้ คล่องทางด้านตะวัน...สนับสนุนเป็นแบ็คที่ดีนี่ได้ มีปัญหาอย่าละเลยชะล่ะ คนเกิดวันอังคาร ห้ามจัดงานมงคลวัน...กาลกิณีของคนเกิดวันอังคาร

⊙ เกิดวันอาทิตย์
สิ่งที่ตั้งใจอยู่...ยังหาข้อมูล ที่ดีเพียงพอไม่ได้ ยังต้อ...อย่างเที่ยว ประมาทเริงรั่วหัวใจเพราะ...องการงาน นั้นต้องไปเกี่ยวข้องกับการ...ดี อุปกรณ์ วัตถุระเบิดของมีคมต่างๆ...อเรื่องรัก มีคู่แล้วกันดันให้ท่าง...อย่างขับ เลยไปไม่ถึงไหนดอกหรอก

☽ เกิดวันจันทร์
การประสานงานต่างๆ ค่อยๆ คิด ค่อยๆ ทำมาก ดี เปิดเผยอกพะพัง ระวังความลับรั่วไหล และระวังคำพูด ข้อสัญญา คอยอยู่อยู่แล้ว การเงินยังคล่องมือทั้งเข้า และออก หน้าไปหน้าจ่ายแต่ไม่ขาดมือ ระวังเรื่องอาวุธ ของมีคมให้ ดี และระวังไปปล่อยรายละเอียดจุกจิกกับคนรอบข้างมาก เกิน เรื่องรักพัวพันเรื่องชู้สาวมากเยอะ หรือใจระทึกเพราะ เรื่องเล่านี้ นับ 1 ถึง 10 หลายๆ เที่ยวอย่าให้ใจเตลิดไป ง่ายนัก

♂ เกิดวันอังคาร
ป่วยไข้อย่าค่อยๆ ทุเลาปัญหาลงไปบ้างแล้ว ส่วน การติดต่อทางการเงินเจ็งเง รื่องใหม่ๆ ที่ตกลงจะเดินหน้า มีโชคทางด้านการประสานงานทุกด้าน หนี้เก่าๆ จะได้รับ การสะสางราคามีครวราไหละชังไต่แลดดิ ไม่ได้มือในเรื่อง ความสัมพันธ์กับเพื่อน มักมีเหตุให้ไม่สบอารมณ์อย่างทุ่มมาก มาก เดินทางระยะใกล้อ้อมไปรอบๆ ประมาท จะเจอคนมาตุ้มเอา ได้ ในเรื่องรักนั้นเองได้ช่วยเหลือคนรักเต็มที่ถือว่าทุกสิ่ง ต่อเนื่องกันไปเถอะ

☿ เกิดวันพุธกลางวัน
เรื่องการงานนั้นมีปัญหาอันไม่สู่เปิดเผย คอย ...ได้

คว้าม...จะคว้าได้แต่สมณะน้อง การเงินผ่านมือคล่อง แต่ ต้องจ่ายบำรุงสุขภาพมากหน่อย และหากป่วยไข้ก็จะกระเตื้อง ขึ้น เบาขึ้นจากความเจ็บป่วยบ้างแล้ว

☿ เกิดวันพุธกลางคืน
งานหนักถูกโฉลก ลุยชะยเข้าท้อ เรื่องงานก้าวหน้า ได้รับการโปรโมเลื่อนตำแหน่ง ดีทับแก้ปัญหาก้าวหน้า ทุกด้าน จะจัดการเรื่องต่างๆ ได้เรียบร้อยหมด และชีวิต สนุกก้าวหน้าในเรื่องการงานน่าอิจฉา เรื่องเงินดีก็เช่นกัน โดยเฉพาะที่ติดต่อกับต่างประเทศ กับธุรกิจที่เกี่ยวพันกับ เรื่องทางศาสนา ส่วนเรื่องรักกำลังแจ่มใส บริหารรักบริหาร งานควบคู่กันไป ผลโสดที่แซ่มชื่น มือจะไรสนุกๆ ให้ทำเยอะ

2. เกิดวันพฤหัสบดี
เรื่องเงินทองทรัพย์สินเด่นเป็นพิเศษ จัดการได้ เรียบร้อย ส่วนเรื่องรักนั้นเป็นกามมากอยู่ จะคู่กันเหรียญเพื่อน กันทำให้รื่นรมย์ได้ทั้งนั้น มีจังหวะดีในการเสนอความเห็น ติดต่อประสานงานทุกด้าน การสอบเรียนต่อ การเดินหน้า ทางวิชาการ แม้จะเบื่อๆ อยาก แต่ผู้ใหญ่เต็มเพียง และ สร้างผลงานปรากฏให้คนทั้ง และชื่นชมได้

♀ เกิดวันศุกร์
ต้องเดินบนหนังที่เป็นท้าวมาสีวราชวาความ ซะล่ะมั้ง จะได้ตัดสินใจในเรื่องสำคัญ ที่จะทำได้เรียบร้อย เรื่องทางการเงินมีการเคลื่อนไหวดีคึกคก มีตัวเริ่มในการคิด เข้าจับ วางโอกาส แต่โครงการในบั้น เป็นในเรื่องนี้ แต่คุณ ต้องเหนือกว่าหุ้นส่วนของคุณมาก เป็นช่วงคนเริ่มจะ ได้พบผู้หลากหลายก และมีคนน่าสนใจให้ศึกษา คุยกันจน เปลี่ยนความเห็นเรียนรู้กันสนุกดีนี่ะ

♄ เกิดวันเสาร์
มีจังหวะดีในการติดต่อระยะไกล โดยเฉพาะเรื่อง ที่เกี่ยวกับต่างแดน มีการเดินทางบ่อยๆ การเงินยังติดมือ เหตุต้องจ่ายหน้ามือ เข้าปิดเข้าลด เปิดความสะดวกเวลา ส่วน

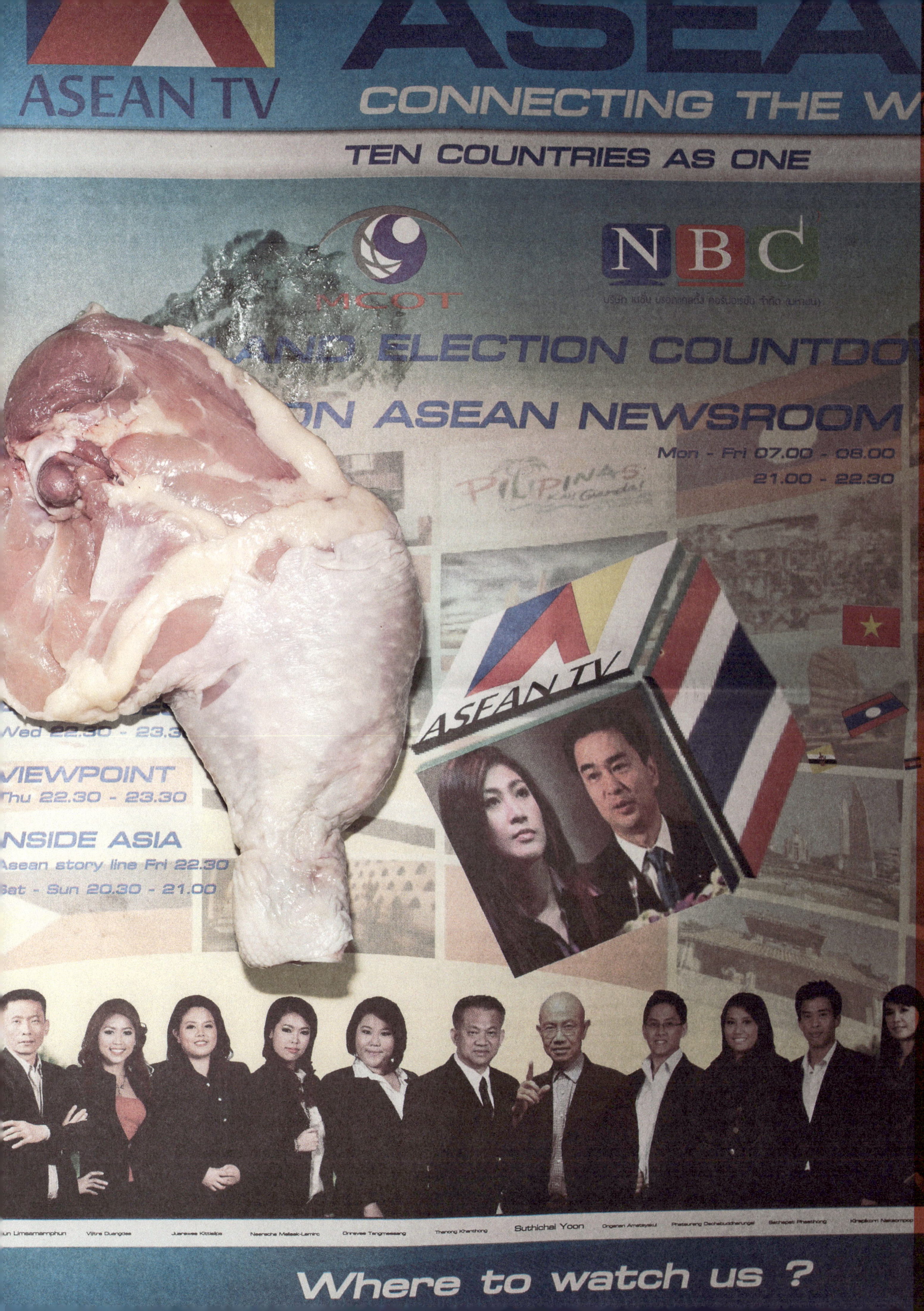

NBC

ASEAN TV
CONNECTING THE WORLD
TEN COUNTRIES AS ONE
MCOT
NBC
THAILAND ELECTION COUNTDOWN
ON ASEAN NEWSROOM
Mon - Fri 07.00 - 08.00
21.00 - 22.30
PILIPINAS
ASEAN TV
Wed 22.30 - 23.30
VIEWPOINT
Thu 22.30 - 23.30
INSIDE ASIA
Asean story line Fri 22.30
Sat - Sun 20.30 - 21.00
Where to watch us ?

NO

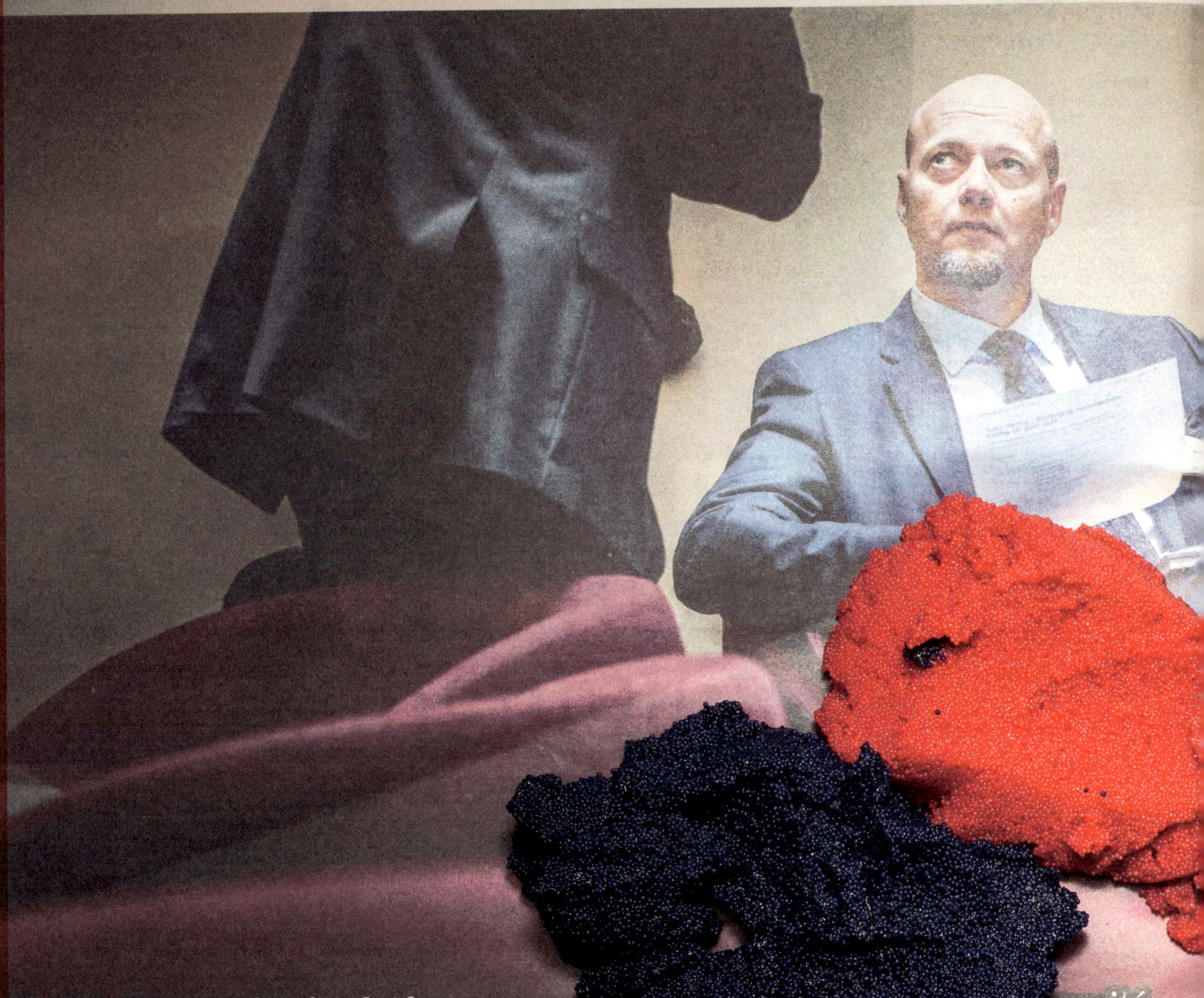

Dobbelt opp: Oljefondet har investert titall millioner i Golar LNG samtidig som oljefondsjefen privat har eid aksjer i det samme selskapet. …skomité- leder … mener invest… …ematisk, og ber om en… …ing av reglene.

Kritisk til Slyngsta

FINANS

STIG ARILD PETTERSEN
LINN KAREN RAVN
OSLO

Senest 31. desember 2013 eide Statens pensjonsfond utland, populært kalt Oljefondet, aksjer i selskapene Golar LNG og Royal Caribbean Cruise Lines (RCCL), for henholdsvis 233 og 351 millioner kroner. Sjefen for Oljefondet, Yngve Slyngstad eide da også aksjer i de to selskapene. Hvor mye Slyngstad har investert i de to selskapene, ønsker ikke

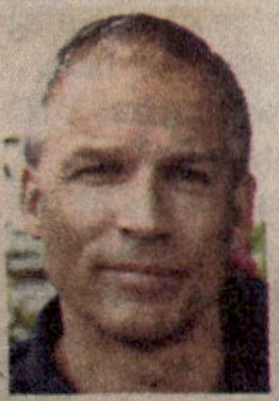

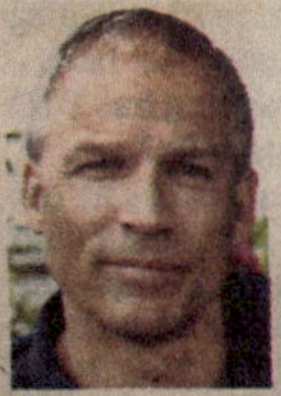

«GRUNN TIL Å TA EN EVALUERING». Hans Olav Syversen (KrF), leder for Stortingets finanskomité

Bank Investment Management (NBIM), å oppgi.

Det var NRK og Aftenposten som for en uke siden først omtalte Slyngstads private aksjebeholdning, og at den på et tidspunkt hadde inkludert de to selskapene på henholdsvis Nasdaq og New York Stock Exhcange.

Nå opplyser NBIM til DN at Slyngstad senest ved nyttår eide aksjer i selskapene samtidig med Oljefondet. De andre aksjene Slyngstad har investert i privat, er norske selskaper, som fondet ikke har lov til å eie aksjer i.

Mulig interessekonflikt

I reglene for private verdipapirkjøp for ansatte i Norges Bank, som NBIM er underlagt, heter det: «Ansatte må gjennomføre privat handel i finansielle instrumenter på en måte som unngår interessekonflikt». Leder for Stortingets finanskomité, Hans Olav Syversen (KrF), vil være forsiktig med å felle dom over hvorvidt Slyngstad med sine aksjeposter bryter reglene, men forstår at dette reiser spørsmål om en interessekonflikt.

– Ja, det kan potensielt være det, særlig der det blir vurdert å bruke eiermakten i selskapet i en bestemt retning, sier Syversen.

Sjeføkonom Knut Anton Mork i Handelsbanken, forfatter av årets utgave av rapporten Norges Bank Watch, ser at det kan være en interessekonflikt i investor både privat og på vegne av Oljefondet i samme selskaper.

– Jeg har ikke noe vanskelig for å se det potensialet. Som borger skulle jeg ønske at dette ikke hadde skjedd, sier Mork, som understreker at han ikke er noen jurist.

Kjøpt seg opp

Mork sier det finnes flere tenkelige interessekonflikter rundt et slikt samtidig eierskap. Blant annet kan det være fristende for en forvalter med private aksjer i et selskap, å kjøpe aksjer i samme selskap på vegne av

AKSJER PÅ OSLO BØRS – PRISER KL. 16

Selskapsnavn	Omsatt		Endring	Volumveid snittpris	NOK Lav	NOK Høy	NOK Lav i år	NOK Høy i år	NOK Høyeste noensinne	I tusen Volum	Sektor	Avkastning i % (kursendring + utbytte) 1D	1M	YTD	Utbytte Kroner	Dato eks. utbytte	I %	Nøkkeltall P/E	Pris/Bok	Beta 24M	Mill. Utestående aksjer	MNOK Markedsverdi	Ticker
Aker Philadelphia Shipyard ASA	155		0	152,85	150,5	156	107,19	207,9	207,9	6,31	Industri	0	0	24,61	19	23.07.14	12,26	12,56	1,67	0,67	12,57	1949,1	AKPS
Aqua Bio Technology ASA	14,1	▼	-0,15	14,1	14,1	14,1	13,85	28,2	196,9	1	Material	-1,05	-11,9	-42,4	-	–	-	-	1,44	0,39	6,94	97,91	ABT
Aurora LPG Holding ASA	65	▼	-2,5	66,12	65	67,5	38	69	69	12,06	Energi	-3,7	3,17	-	-	–	-	-	-	0,65	29,68	1928,1	AURLPG
Awilco Drilling PLC	110	▼	-4	110,38	109,5	113,5	97,5	159,42	159,4	60,79	Energi	-3,51	-22,3	-0,87	4,5	19.08.14	24,77	3,98	2,75	0,3	30,03	3303,5	AWDR
Awilco LNG AS	12,75	▼	-0,65	12,88	12,75	13	10,65	17,7	32,2	20	Energi	-4,85	6,25	-31,5	-	–	-	-	0,72	0,11	67,79	864,3	ALNG
Badger Explorer ASA	5,44	▼	-0,81	5,44	5,44	5,44	5,17	9,5	50	3	Energi	-12,96	-9,33	-36,7	-	–	-	-	1,05	0,42	18,54	100,8	BXPL
Cecon ASA	0,61		0	0,61	-	-	0,4	1,5	18	43,05	Energi	0	-28,2	-47	-	–	-	-	2,38	0	181,31	110,6	CECON
Cellcura ASA	1,2		0	1,2	1,2	1,2	1,12	4,79	83,95	1,91	Helse	0	-84,1	-72,7	-	–	-	-	-0,43	-0,55	6,52	7,82	CELL
Cxense ASA	113		0	113	-	-	102	140	140	0,00	IT	0	-4,24	-	-	–	-	-	-	1,42	3,68	416,0	CXENSE
Dannemora Mineral AB, ser. B	1		0	1	-	-	0,21	3,5	65,14	0,1	Material	0	-	-	-	–	-	-	-	1,47	33,36	18,23	DMABB
EAM Solar ASA	71,5		0	71,5	-	-	71,25	87,27	96,91	0,25	Forsyning	0	-4,67	-17,6	3	12.05.14	4,2	-	0,83	0,11	5,07	362,5	EAM
Eqology ASA	2,48		0	2,48	-	-	1,55	3	5	2	Forbruksvare	0	18,1	-17,3	-	–	-	-	1,66	-0,37	21,31	52,85	EQO
Flex LNG Limited	7,84	▼	-0,16	8,08	7,84	8,39	5	8,39	65	42,84	Energi	-2	14,45	14,45	-	–	-	0,74	0,77	0,57	126,72	993,5	FLNG
Hofseth BioCare ASA	3,51	▼	-0,01	3,58	3,51	3,78	3,49	5,44	5,44	50,59	Helse	-0,28	-10,5	-28,4	-	–	-	-	5,63	0,55	98,04	344,1	HBC
Idex ASA	3,37	▲	0,01	3,37	3,36	3,55	3,2	8,15	24,17	163,6	IT	0,3	-24,8	-45,1	-	–	-	-	4,52	1,16	412,45	1389,9	IDEX
Link Mobility Group ASA	20		0	20	-	-	15,5	26,5	26,5	0,6	Telekom	0	5,82	11,11	-	–	-	-	-	0,69	7,76	155,2	LINK
MagSeis AS	28,9		0	28,9	-	-	18,5	31,5	31,5	5	Energi	0	-2,69	28,44	-	–	-	-	-	0,4	26,15	755,8	MSEIS
MultiClient Geophysical ASA	1,65		0	1,37	-	-	1,01	3	4,45	55,66	Energi	0	-12,7	-22,5	-	–	-	-	-	0,14	92,84	153,2	MCG
NattoPharma ASA	11,65	▼	-0,85	11,95	11,65	12,5	11,65	22,5	450,5	3,68	Helse	-6,8	-16,2	-20,7	-	–	-	-	3,8	0,77	13,57	158,1	NATTO
Next Biometrics Group AS	63		0	63,17	63	70	55	90	100	3,60	IT	0	-3,08	-16	-	–	-	-	3,47	0,33	11,19	704,8	NEXT
Nordic Financials ASA	2,89	▼	-0,31	2,01	2	2,89	1,18	7,23	8,25	13,9	Finans	-9,69	94,1	103,9	42	22.09.14	1 453,29	-	0,07	0,26	2,21	6,38	NOFIN
Nordic Mining	1,14	▲	0,04	1,14	[illegible]	1,17	0,76	1,5	2,67	313,2	Material	3,64	-3,39	-10,2	-	–	-	-	12,17	1,14	280,5	319,8	NOM
North Energy ASA	3,78	▼	[illegible]	[illegible]	[illegible]	3,78	3,35	5,25	26,4	15,26	Energi	-5,03	-16	12,84	-	–	-	-	0,88	-0,17	119,05	450,0	NORTH
PCI Biotech Holding ASA	21,3	[illegible]	[illegible]	[illegible]	[illegible]	[illegible]	19,5	40	64	3,79	Helse	-0,93	-15,1	-3,18	-	–	-	-	6,09	0,52	7,73	164,6	PCIB
Prospector Offshore Drilling S.A.	[illegible]	[illegible]	[illegible]	[illegible]	[illegible]	[illegible]	12,85	25	114,3	11,90	Energi	-0,65	-12,6	-38,3	-	–	-	-	1,34	0,5	94,6	1447,3	PROS
Rem Offshore	[illegible]	[illegible]	[illegible]	[illegible]	[illegible]	[illegible]	62,25	67,25	69,5	0,22	Energi	0	-	-	1,5	23.05.14	2,43	4,07	0,67	-0,07	20,32	1254,6	REM
RomReal Ltd	[illegible]	[illegible]	[illegible]	[illegible]	[illegible]	[illegible]	0,8	1,87	70,51	0,5	Finans	0	6,29	44,19	-	–	-	-	0,43	-1,58	41,37	76,94	ROM
S.D. Standard Drilling Plc	[illegible]	[illegible]	[illegible]	[illegible]	[illegible]	[illegible]	1,1	1,49	4,56	26	Energi	-10,4	-20,6	-24,8	-	–	-	0,66	0,69	0,77	262	293,4	SDSD
Saga Tankers ASA	[illegible]	[illegible]	[illegible]	[illegible]	[illegible]	[illegible]	[illegible]	2,7	13,25	0,8	Energi	0	-18,4	-30,2	-	–	-	35,97	0,72	-0,1	175,83	272,5	SAGA
Scanship Holding ASA	[illegible]	[illegible]	[illegible]	[illegible]	[illegible]	[illegible]	[illegible]	3,2	3,2	2,50	Industri	-2,72	-13,8	-	-	–	-	-	12,41	0,88	95,51	238,8	SSHIP
[illegible]dex Pharmaceuticals A/S	[illegible]	[illegible]	[illegible]	[illegible]	[illegible]	[illegible]	[illegible]	18	18	2,94	Helse	-2,15	-8,61	-	-	–	-	-	-	0,83	15,06	116,7	SENDEX
[illegible]	[illegible]	[illegible]	[illegible]	[illegible]	[illegible]	[illegible]	[illegible]	5,5	7,4	30	Helse	-6,98	33,33	-9,09	-	–	-	-	-	0,57	27,5	110,0	SER
[illegible]tronics A[illegible]	[illegible]	[illegible]	[illegible]	[illegible]	[illegible]	[illegible]	[illegible]	6,55	6,73	72,59	IT	0	5,69	-21,9	-	–	-	-	10,84	0,49	477,51	2215,6	THIN
[illegible]	[illegible]	[illegible]	[illegible]	[illegible]	[illegible]	[illegible]	[illegible]	2,93	3,31	3,96	Finans	0	-	-	0,6	17.06.14	46,88	-	0,23	0,18	14,9	19,07	ZONC

[illegible]ud til selskaper som ønsker notering på en regulert markedsplass, men som ikke er kvalifisert til børsnotering.

[illegible]	[illegible]	[illegible]	[illegible]	[illegible]	[illegible]	[illegible]	[illegible]	88
[illegible]	[illegible]	[illegible]	[illegible]	[illegible]	[illegible]	[illegible]	[illegible]	0
[illegible]	[illegible]	[illegible]	[illegible]	[illegible]	[illegible]	[illegible]	[illegible]	23 480
[illegible]harvest	[illegible]	[illegible]	[illegible]	[illegible]	[illegible]	1 157	30	3 083
[illegible]rsk Hy[illegible]	[illegible]	239[illegible]	[illegible]	86 270	400	72 480	1 500	81 135
[illegible]era Sftw	[illegible]	4 635	50	3 495	30	1 140	[illegible]	0
[illegible]a	10	71 918	10	1 103	0	955	0	69 860
[illegible] Geo-Svcs	4 070	46 838	4 050	24 595	[illegible]	3 678	[illegible]	18 565
REC Silicon	250	144 699	250	39 690	0	28 860	0	76 149
Seadrill	86	15 100	0	6 296	17	8 318	69	486
Statoil	150	43 560	0	12 533	150	28 820	0	2 207
Storebrand	100	121 899	100	9 435	0	109 314	0	3 150
[illegible]bsea 7 SA	902	17 423	800	4 548	102	10 065	0	2 810
[illegible]nor	678	12 707	3	4 013	425	4 704	250	3 990
[illegible]	1 476	17 746	580	12 215	736	5 011	160	520

[illegible]SPRESS PÅ OSLO BØRS

[illegible]/CALL-RATIO. Forholdet mellom [illegible]sopsjoner (put) og kjøpsopsjoner [illegible]call). Tall over 1 indikerer salgspress.

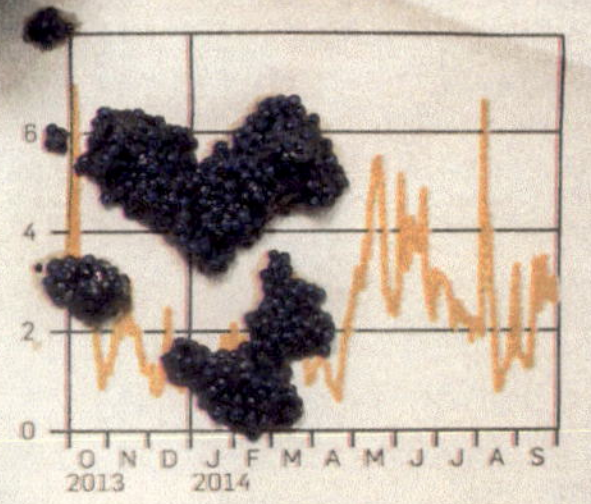

©14 DagensNæringsliv

UROINDEKSER PÅ OSLO BØRS

VOLATILITET FOR OBX-INDEKSEN. Implisitt er forventede svingninger i fremtiden. Historisk er svingninger basert på daglig avkastning siste 30 dager.

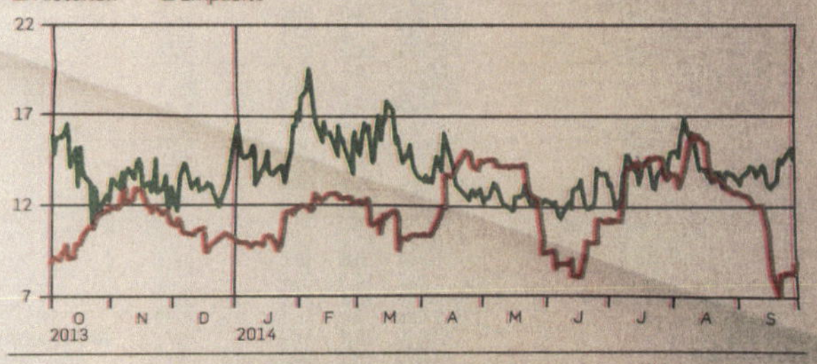

20©14 DagensNæringsliv

[illegible]TNING OPSJONER

Opsjon	Omsatt antall	Åpen balanse
PGS4L59	850	14030
NHY4K36	600	10100
REC5C6,00	400	0
DNB5O100	350	145
MHGAD4X84,01	300	84
NHY4L38	300	19250
REC5C2,50	300	50
DNB5O105	150	100
DNB5O110	150	250
NHY4V36	150	400

OBX DERIVATER

Opsjon /Futures	Omsatt antall	Åpen balanse
OBX4J551,30	2104	65057
OBX4L559,94	–	22920
OBX4V540	10	4410
OBX4X540	60	3260
OBX4X500	20	2807
OBX4X520	100	2725
OBX4V520	300	2300
OBX4W550	310	2175
OBX4V500	300	1900
OBX4L620	–	1870

[illegible]AKSJEOPSJONER STØRST ÅPEN BALANSE

Aksjeopsjoner	Omsatt antall	Åpen balanse	Aksjeopsjoner	Omsatt antall	Åpen balanse	Aksjeopsjoner	Omsatt antall	Åpen balanse
STB4X35	–	46167	PGS4L59	850	14030	STL4V175	110	6595
STB4X32	50	40270	NHY4X36	200	11140	REC4L3,00	100	6583
REC4W2,50	20100	20000	NHY4K36	600	10100	PGS4L38	1800	6200
STB5O35	150	20000	NHY4L28	–	10100	DNO4X15	4600	5500
NHY4L38	300	19250	NHY4X24	–	10000	NHY4X34	50	5420
NHY4L40	50	18290	NHY5F34	200	8020	SUBC4X105	–	5160
NHY5C34	40	15540	NHY5R30	–	7500	REC5F2,50	5000	5000
NHY5O34	100	15200	NHY4X38	–	6670	PGS5C44	2100	4050

■ Slik leses kodene for derivater: De første bokstavene angir relevant ticker for aksje eller indeks. Påfølgende tall angir bortfallsår for derivatet. Bokstaven etter angir bortfallsmåned og type opsjon/termin. Kjøpsopsjoner og futures angis med bokstavene A (januar) til L (desember). Salgsopsjoner og forwards angis med M (januar) til X (desember). Siste tall er innløsningskurs (strike). STL7L180 er for eksempel en kjøpsopsjon i Statoil med forfall i desember 2007 til kurs 180 kroner.

UNOTERTE AKSJER (OTC-LISTEN) FRA NORGES FONDSMEGLERFORBUND

SELSKAP	Oms. siste	Endring 1D Kr.	1D %	1M %	Dato Tid	Dette år Lav	Høy	Laveste noensinne	Høyeste noensinne	Aksjer mill.	Verdi mill.
A-listan											
Agrinos	2	0	0	-33,33	25.9.14	2	7,5	2	47	64,9	129,8
Aladdin Oil&Gas Company	**0,92**	**0**	**0**	**-38,67**	**1.10.14**	**0,02**	**1,7**	**0,02**	**1120**	**1,44**	**58,95**
Altona Mining Limited	-	-	-	-	–	-	-	-	-	532,58	65,97
Asker og Bærums Budstikke	25	0	0	0	22.9.14	25	37	18,5	61	9,7	242,5
Atlantica Tender Drilling	8,8	-	-	-	13.5.14	8,8	8,8	5	12,07	123,07	-
Cortendo AB	5,05	0	0	-1,94	30.9.14	3,9	5,5	0,05	440	61,87	414,9
DOF Installer	15	-	-	-	12.6.13	-	-	10	131	33,93	-
Dorian LPG Ltd	114,5	0	0	-	24.9.14	100	132	70	132	49,78	5699,5
Eiendomsspar	194	0	0	6,01	30.9.14	153	198	0,12	198	41,31	8017,1
Epic Gas Ltd	48,5	0	0	-2,81	30.9.14	44	52	44	52	30,29	1468,9
Etman International	1,75	0	0	-36,36	4.9.14	1,75	2,75	0,5	6	24,36	42,64
Frontline 2012 Ltd	**40**	**1,5**	**3,9**	**-9,09**	**1.10.14**	**37**	**52,7**	**17,5**	**52,7**	**246,84**	**9964**
Golar LNG	445	0	0	15,89	25.9.14	200	450	16,25	450	93,28	41509,5
Greenship Bulk Trust	10,5	-	-	-	30.7.14	9,5	10,5	6,85	10,5	158,36	-
Guard Systems	2,25	0	0	50	29.9.14	1,5	2,25	1	14	35,42	79,69
Hafnia Tankers Inc	57	-	-	-	25.6.14	57	64	57	64	32,5	-
High Density Devices AS	**2,8**	**0**	**0**	**-**	**1.10.14**	**2,8**	**4**	**2,8**	**4**	**14,29**	**40,01**
HitecVision	79	0	0	5,33	30.9.14	75	85	4	85	18,98	1499,4
Hval Sjokoladefabrikk	4	0	0	73,91	8.9.14	2	4	0,7	7	20	80
Independent Oil & Resources	0,08	0	0	-20	17.9.14	0,06	0,11	0,01	3,35	958,57	76,69
Independent Tankers Corp	0,2	0	0	-69,23	26.9.14	0,18	0,71	0,04	11	74,83	14,97
Island Drilling	12,75	0	0	-8,93	5.9.14	12,75	17	10	2800	82,52	1052,1
Mosvold Supply	0,05	-	-	-	3.3.14	0,05	0,05	0,05	16,5	109,47	-
Navig8 Chemical Tankers INC	-	-	-	-	–	-	-	-	-	32,79	-
Navig8 Crude Tankers Inc	80	0	0	-3,61	29.9.14	70	90	61,2	90	16,74	1339,5
Navig8 Product Tankers Inc	75	0	0	0	20.8.14	61	75	59	75	31,68	2375,7
NHST Media Group	380	0	0	-5	15.9.14	380	400	375	1166	1,29	489,4
Norda ASA	6,5	0	0	0	23.9.14	6	6,5	4	3299	2,8	18,19

A-listen: Selskapene skal informere opplysninger som må anses å være av vesentlig betydning for en riktig prisvurdering av aksjene i selskapet. Selskapene skal publisere årsrapporter og eventuelt delårsrapporter i den grad slike rapporter utarbeides av selskapet. **B-listen:** Selskapene har ingen informasjonsplikt. DN publiserer ikke B-listen. Kurser finnes på www.nfmf.no

SELSKAP	Oms. siste	Endring 1D Kr.	1D %	1M %	Dato Tid	Dette år Lav	Høy	Laveste noensinne	Høyeste noensinne	Aksjer mill.	Verdi mill.
Nordic American Offshore Ltd	93	0	0	0	21.8.14	93	125	93	125	23,43	2179,1
Nordic Nanovector AS	**30**	**-0,9**	**-2,91**	**-11,24**	**1.10.14**	**28**	**35**	**28**	**35**	**11,15**	**684,6**
Nordic Petroleum	**0,07**	**0,01**	**16,67**	**16,67**	**1.10.14**	**0,02**	**0,12**	**0,01**	**1,39**	**397,37**	**27,82**
Nordic Seafarms	0,4	-	-	-	11.8.14	0,35	1,1	0,2	13	306	-
Norshore Holding AS	10	-	-	-	28.7.14	10	20	10	20	68,37	-
North Atlantic Drilling	**42**	**2**	**5**	**-35,38**	**1.10.14**	**40**	**67**	**29,89**	**67**	**241,14**	**10128,0**
Norway Seafoods Group AS	0,55	0	0	0	23.9.14	0,5	0,7	0,25	1	85,6	47,08
Norwegian Finans Holding ASA	**18,2**	**-0,8**	**-4,21**	**-6,67**	**1.10.14**	**17**	**20**	**17**	**20**	**172,59**	**3141,2**
Ocean Rig UDW Inc	124	-	-	-	8.4.14	124	124	72	126	131,83	1366,5
On & Offshore Holding	3	0	0	-33,33	17.9.14	3	6	3	6,5	18,3	54,90
Onshore Petroleum Co AS	110	-	-	-	12.8.14	110	110	110	110	117,58	-
Oslo Børs VPS Holding	79	0	0	8,22	30.9.14	61	80	13,47	131,3	43	3397,3
Pacific Drilling	61	-	-	-	27.6.14	59,5	66,5	35	67,6	217,32	1102,9
Pareto Bank ASA	1 205	0	0	-3,6	30.9.14	970	1 390	970	1390	0,85	1024,3
Philly Tankers AS	-	-	-	-	–	-	-	-	-	-	-
Pioneer Marine Inc	77	-	-	-	6.8.14	77	80	77	80	23,19	-
Playsafe Holding	**0,47**	**0**	**0**	**0**	**1.10.14**	**0,32**	**0,47**	**0,1**	**23,2**	**33,77**	**15,87**
Prospector Offshore Drilling	11,8	-	-	-	15.11.12	-	-	9,5	11,8	36	-
Remora	0,75	-	-	-	14.5.13	-	-	0,6	77,5	82,4	-
Sea Production Ltd	0,05	0	0	-64,29	29.9.14	0,05	0,14	0,05	24,25	90	4,5
Ship Finance International	115	0	0	8,49	8.9.14	90	115	10,05	134,2	93,26	10724,9
Targovax AS	19,5	0	0	-13,33	29.9.14	19,5	25,75	19,5	25,75	-	-
The Containership Company	0,01	-	-	-	28.2.14	0,01	0,01	0,01	16	13,5	-
Torghatten	210	0	0	11,7	26.9.14	170	212	33,41	675	9,12	1915,0
Victoria Eiendom	298	0	0	5,3	24.9.14	230	310	21,97	310	14,32	4346,2
Winder	1,6	-	-	-	21.3.12	-	-	0,6	16	50,38	-
World Wide Supply AS	2	-	-	-	13.8.14	2	2	2	2	152	-
yA Holding	19,5	0	0	-0,31	16.9.14	13	41	0,5	41	27,94	544,9

■ Bloomberg er en global flermedial distributør av informasjonstjenester, som tilbyr nyheter, data og analyse for finansielle markeder og bedrifter. Bloomberg leverer finansiell informasjon til Dagens Næringslivs markedssider. Bloomberg har bedrifter, utstedere, finansinstitusjonerog profesjonelle investorer verden over som kunder. For mer informasjon, se: www.bloomberg.com

Bloomberg

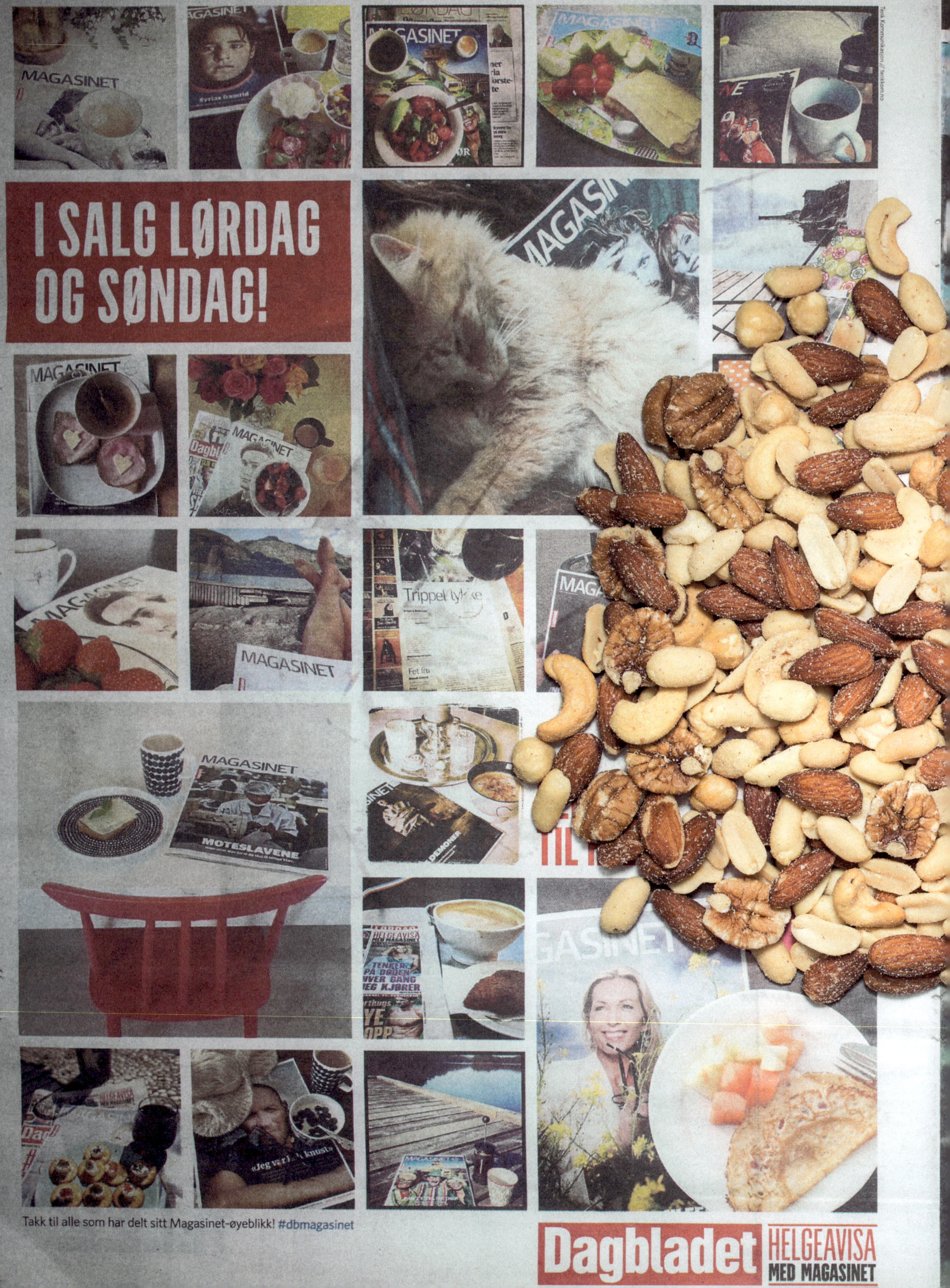

Takk til alle som har delt sitt Magasinet-øyeblikk! #dbmagasinet

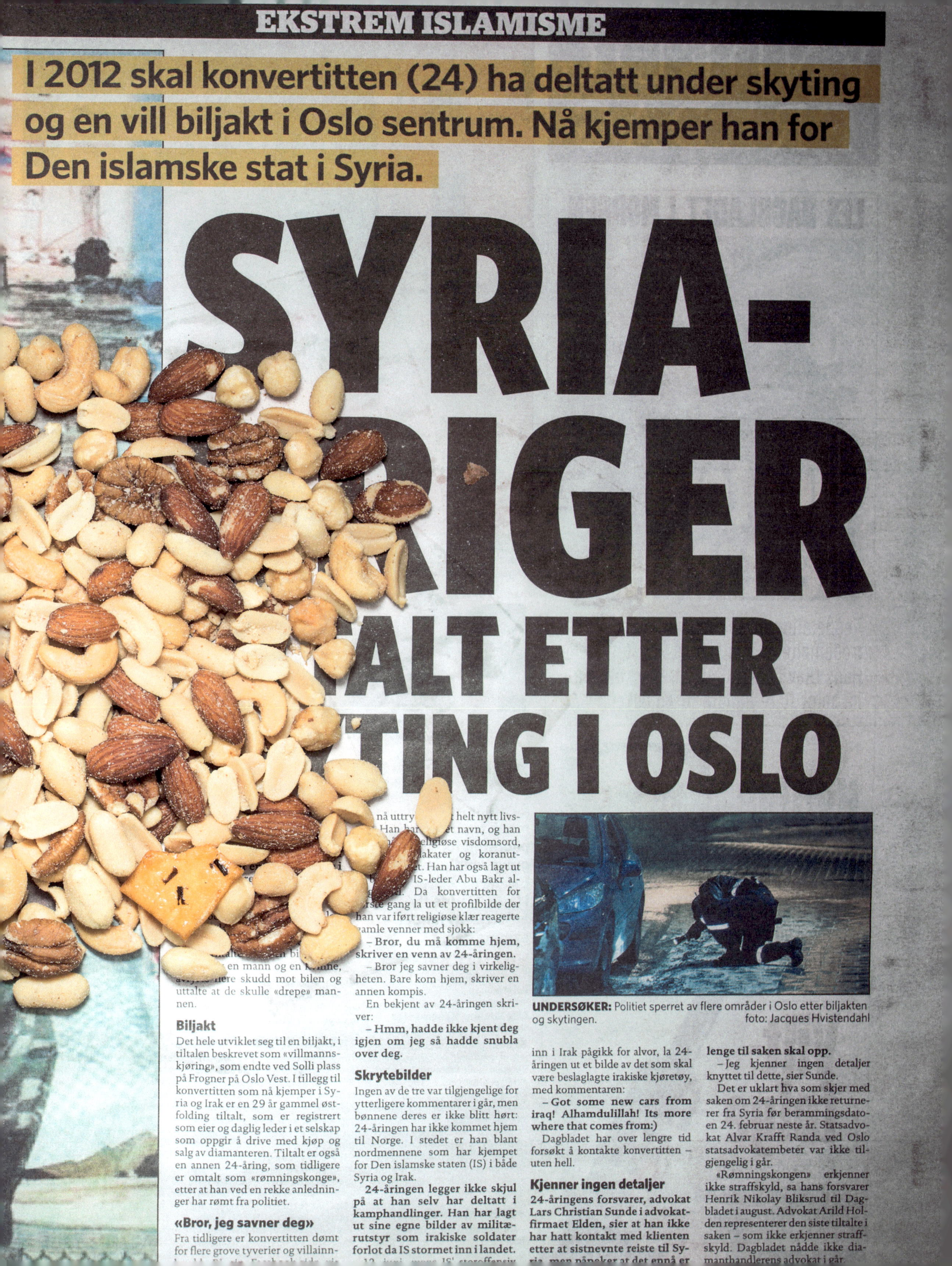

I 2012 skal konvertitten (24) ha deltatt under skyting og en vill biljakt i Oslo sentrum. Nå kjemper han for Den islamske stat i Syria.

SYRIA-KRIGER TILTALT ETTER SKYTING I OSLO

uttalte at de skulle «drepe» mannen.

Biljakt

Det hele utviklet seg til en biljakt, i tiltalen beskrevet som «villmannskjøring», som endte ved Solli plass på Frogner på Oslo Vest. I tillegg til konvertitten som nå kjemper i Syria og Irak er en 29 år gammel østfolding tiltalt, som er registrert som eier og daglig leder i et selskap som oppgir å drive med kjøp og salg av diamanteren. Tiltalt er også en annen 24-åring, som tidligere er omtalt som «rømningskonge», etter at han ved en rekke anledninger har rømt fra politiet.

«Bror, jeg savner deg»

Fra tidligere er konvertitten dømt for flere grove tyverier og villainn-

nå uttrykker et helt nytt livs-. Han har et navn, og han religiøse visdomsord, plakater og koranut-. Han har også lagt ut IS-leder Abu Bakr al-. Da konvertitten for første gang la ut et profilbilde der han var iført religiøse klær reagerte gamle venner med sjokk:

– Bror, du må komme hjem, skriver en venn av 24-åringen.

– Bror jeg savner deg i virkeligheten. Bare kom hjem, skriver en annen kompis.

En bekjent av 24-åringen skriver:

– Hmm, hadde ikke kjent deg igjen om jeg så hadde snubla over deg.

Skrytebilder

Ingen av de tre var tilgjengelige for ytterligere kommentarer i går, men bønnene deres er ikke blitt hørt: 24-åringen har ikke kommet hjem til Norge. I stedet er han blant nordmennene som har kjempet for Den islamske staten (IS) i både Syria og Irak.

24-åringen legger ikke skjul på at han selv har deltatt i kamphandlinger. Han har lagt ut sine egne bilder av militærutstyr som irakiske soldater forlot da IS stormet inn i landet.

12. juni, mens IS' storoffensiv inn i Irak pågikk for alvor, la 24-åringen ut et bilde av det som skal være beslaglagte irakiske kjøretøy, med kommentaren:

– Got some new cars from iraq! Alhamdulillah! Its more where that comes from:)

Dagbladet har over lengre tid forsøkt å kontakte konvertitten – uten hell.

Kjenner ingen detaljer

24-åringens forsvarer, advokat Lars Christian Sunde i advokatfirmaet Elden, sier at han ikke har hatt kontakt med klienten etter at sistnevnte reiste til Syria, men påpeker at det ennå er

UNDERSØKER: Politiet sperret av flere områder i Oslo etter biljakten og skytingen. foto: Jacques Hvistendahl

lenge til saken skal opp.

– Jeg kjenner ingen detaljer knyttet til dette, sier Sunde.

Det er uklart hva som skjer med saken om 24-åringen ikke returnerer fra Syria før berammingsdatoen 24. februar neste år. Statsadvokat Alvar Krafft Randa ved Oslo statsadvokatembeter var ikke tilgjengelig i går.

«Rømningskongen» erkjenner ikke straffskyld, sa hans forsvarer Henrik Nikolay Bliksrud til Dagbladet i august. Advokat Arild Holden representerer den siste tiltalte i saken – som ikke erkjenner straffskyld. Dagbladet nådde ikke diamanthandlerens advokat i går.

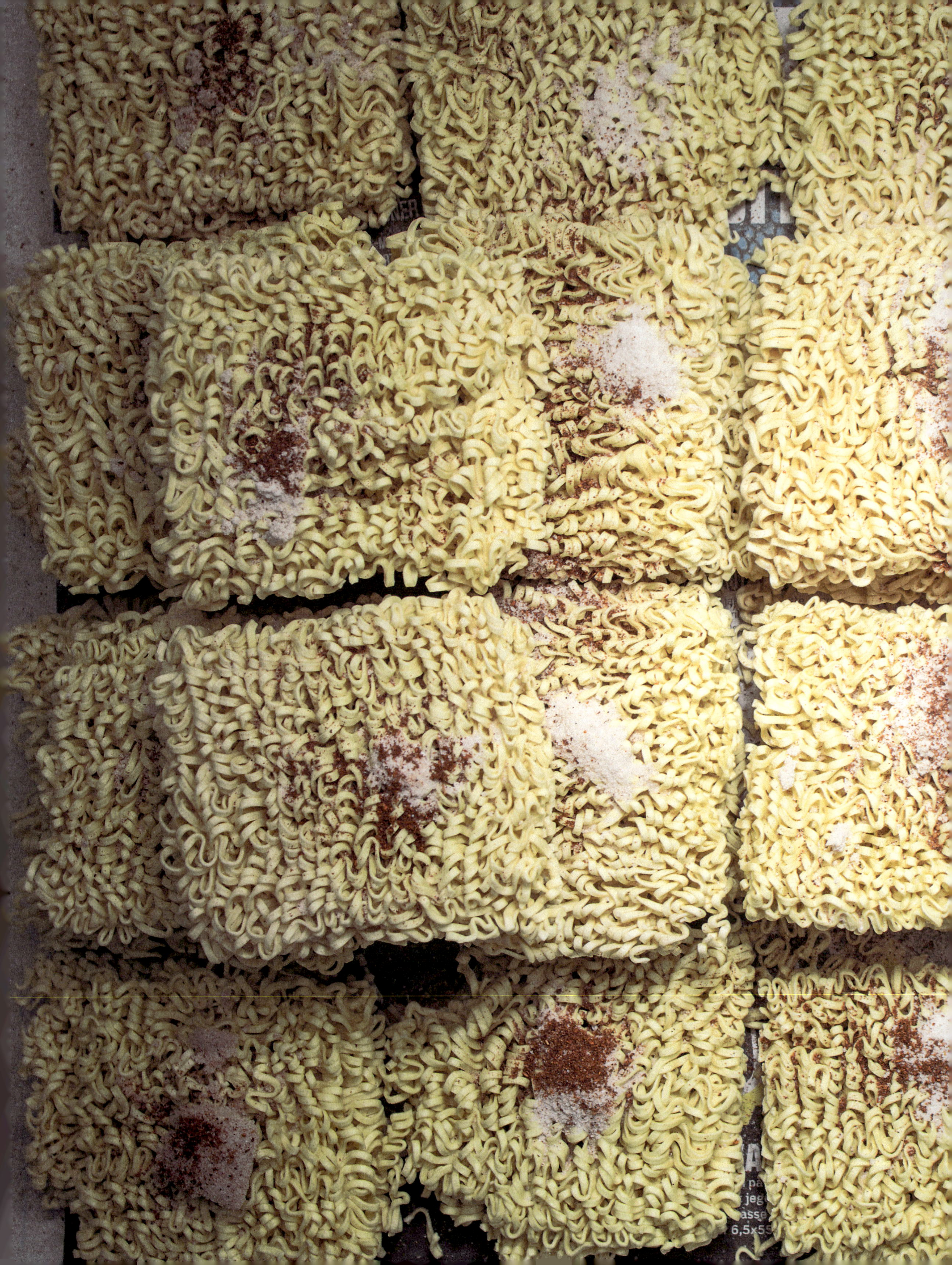

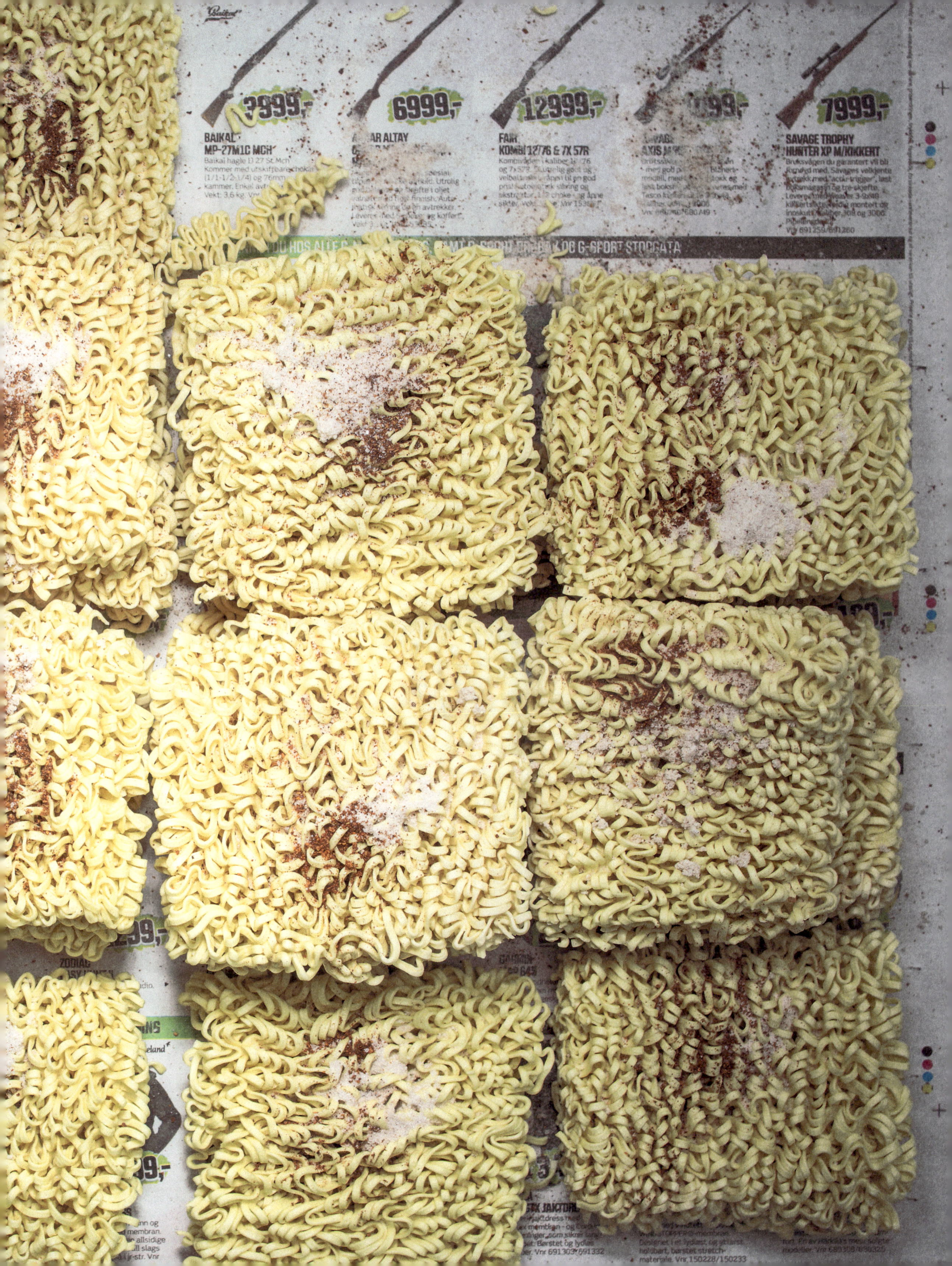
3999,-
6999,-
12999,-
7999,-
BAIKAL
MP-27M1C MCH
FAIR
KOMBI 12/76 & 7X 57R
SAVAGE TROPHY
HUNTER XP M/KIKKERT

STÅLBYGG
AV TOPP KVALITET
LLENTAB group
www.llentab.no
Oslo - Bergen - Trondheim
☎ 97 70 73 00

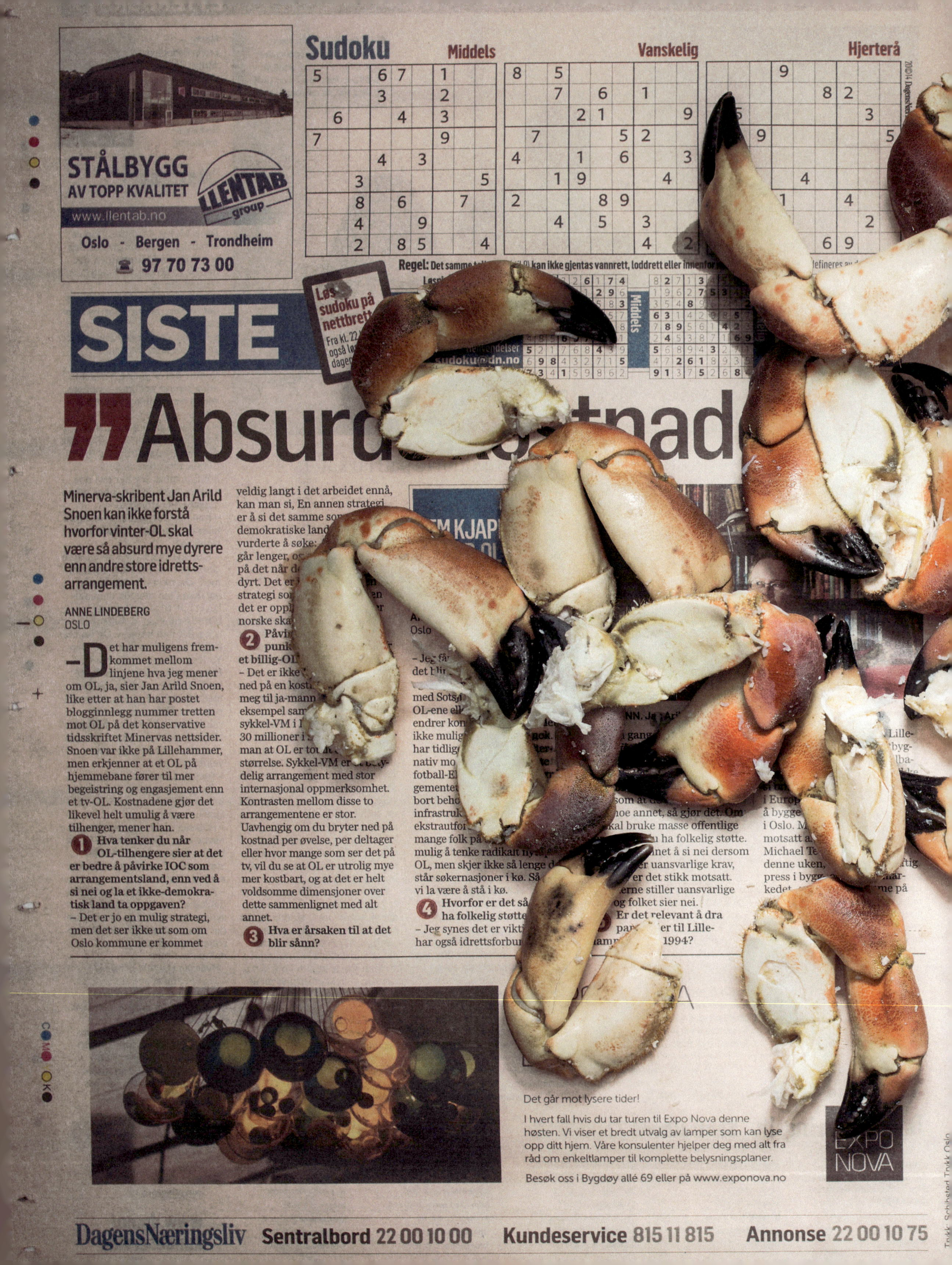

Sudoku   Middels   Vanskelig   Hjerterå

Regel: Det samme tall [...] kan ikke gjentas vannrett, loddrett eller innenfor [...]

Løs sudoku på nettbrett
Fra kl. 22 også [...] dagens [...]
sudoku@dn.no

SISTE

,,Absurde kostnade[r]

Minerva-skribent Jan Arild Snoen kan ikke forstå hvorfor vinter-OL skal være så absurd mye dyrere enn andre store idretts-arrangement.

ANNE LINDEBERG
OSLO

—Det har muligens fremkommet mellom linjene hva jeg mener om OL, ja, sier Jan Arild Snoen, like etter at han har postet blogginnlegg nummer tretten mot OL på det konservative tidsskriftet Minervas nettsider. Snoen var ikke på Lillehammer, men erkjenner at et OL på hjemmebane fører til mer begeistring og engasjement enn et tv-OL. Kostnadene gjør det likevel helt umulig å være tilhenger, mener han.

1 Hva tenker du når OL-tilhengere sier at det er bedre å påvirke IOC som arrangementsland, enn ved å si nei og la et ikke-demokratisk land ta oppgaven?
– Det er jo en mulig strategi, men det ser ikke ut som om Oslo kommune er kommet veldig langt i det arbeidet ennå, kan man si, En annen strategi er å si det samme so[m] demokratiske land[...] vurderte å søke: går lenger, o[...] på det når d[...] dyrt. Det er [...] strategi so[m...] det er opp[...] norske ska[...]

2 Påvi[rk...] punk[...] et billig-OL[...]
– Det er ikke [...] ned på en kost[...] meg til ja-mann [...] eksempel sam[...] sykkel-VM i [...] 30 millioner i [...] man at OL er to[...] størrelse. Sykkel-VM er et bety-delig arrangement med stor internasjonal oppmerksomhet. Kontrasten mellom disse to arrangementene er stor. Uavhengig om du bryter ned på kostnad per øvelse, per deltager eller hvor mange som ser det på tv, vil du se at OL er utrolig mye mer kostbart, og at det er helt voldsomme dimensjoner over dette sammenlignet med alt annet.

3 Hva er årsaken til at det blir sånn?

A[...]
Oslo
– Jeg få[r...] det blir [...]
med Sotsj[...] OL-ene ell[...] endrer kon[...] ikke mulig[...] har tidlig[...] nativ mo[...] fotball-E[...] gementet[...] bort beho[...] infrastruk[...] ekstrautfor[...] mange folk på [...] mulig å tenke radikalt ny[...] OL, men skjer ikke så lenge [...] står søkernasjoner i kø. Så [...] vi la være å stå i kø.

4 Hvorfor er det så [...] ha folkelig støtte[...]
– Jeg synes det er vikti[...] har også idrettsforbu[...]

Det går mot lysere tider!
I hvert fall hvis du tar turen til Expo Nova denne høsten. Vi viser et bredt utvalg av lamper som kan lyse opp ditt hjem. Våre konsulenter hjelper deg med alt fra råd om enkeltlamper til komplette belysningsplaner.
Besøk oss i Bygdøy allé 69 eller på www.exponova.no
EXPO NOVA

DagensNæringsliv   Sentralbord 22 00 10 00   Kundeservice 815 11 815   Annonse 22 00 10 75

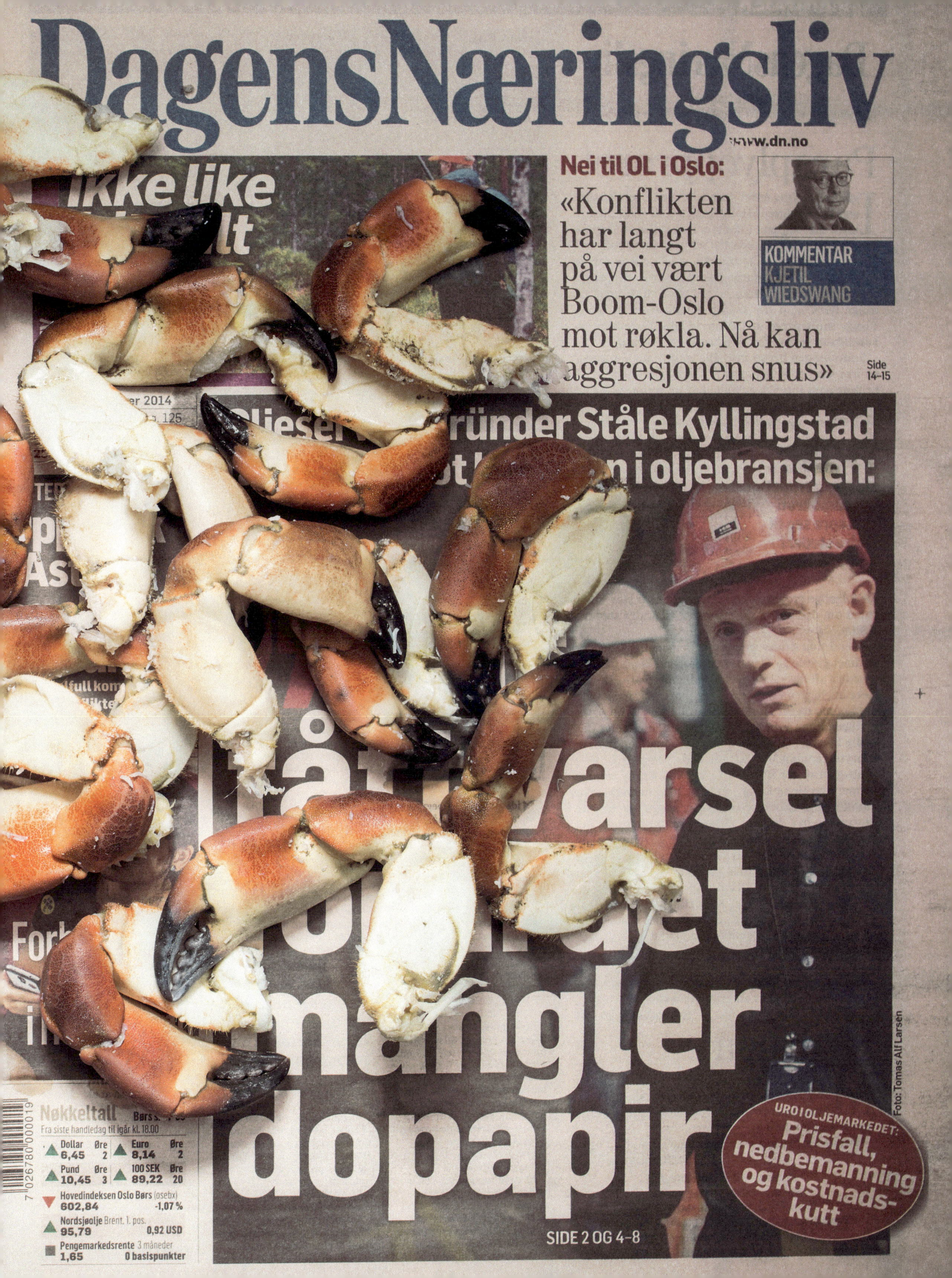

DagensNæringsliv

www.dn.no

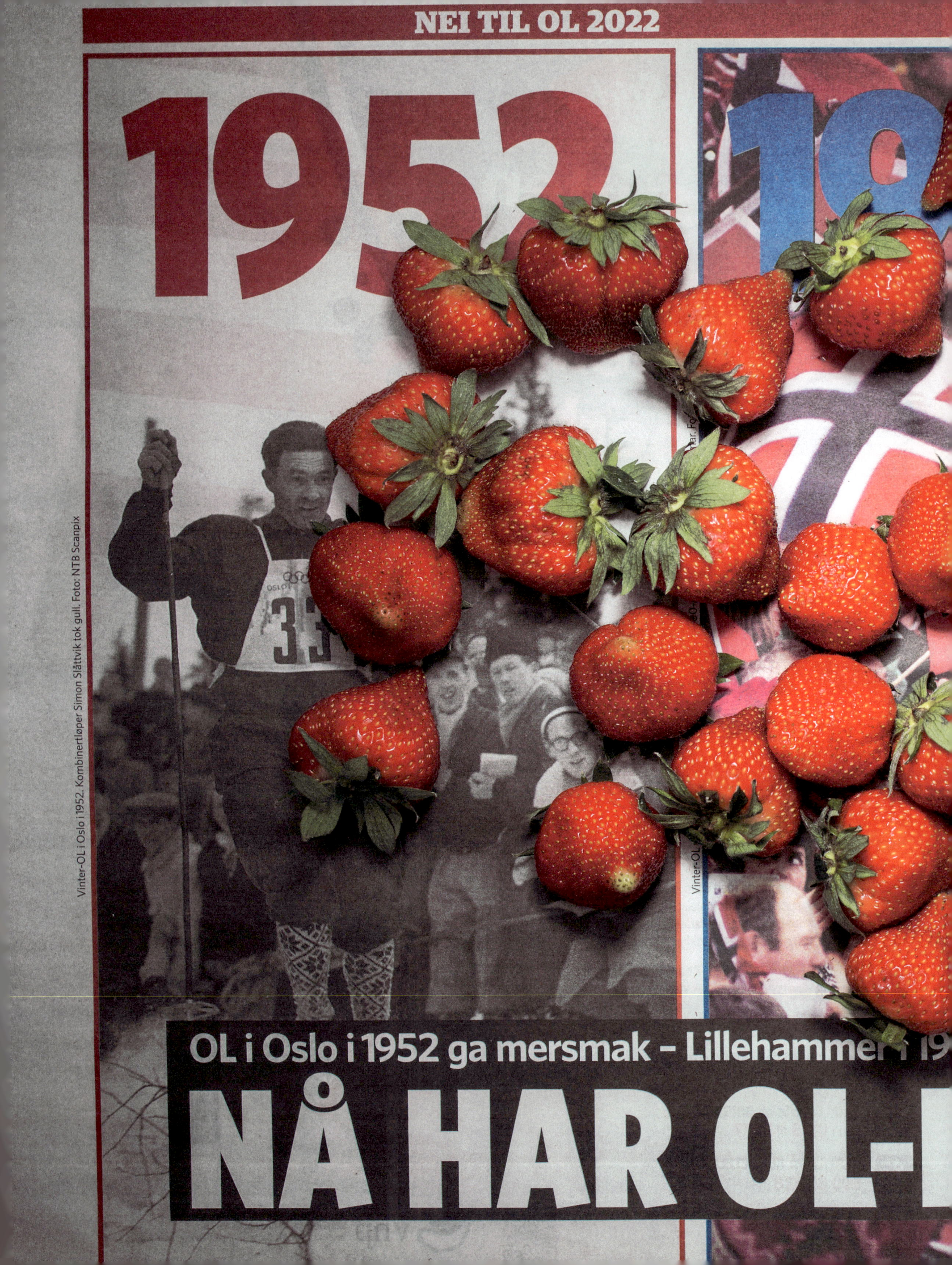

1952

OL i Oslo i 1952 ga mersmak – Lillehammer i 19

NÅ HAR OL-

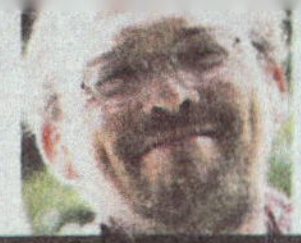

JO-YU CHEN HAR kontrakt med Sony, og utkommer på OKeh-etiketten som ledes av Wulf Muller. Muller er kjent i Norge fra arbeid med Bugge Wesseltoft, Silje Nergaard, Beady Belle, Ketil Bjørnstad, Nils Petter Molvær, Mari Boine og Rebekka Bakken.

DAGENS KVITTER

«Vi må bort fra det norske fenomenet dugnad", sier Helge Lund til Dagens Næringsliv. Slik taler en mann som har bygget Statoil helt alene.

@SA_Pitter

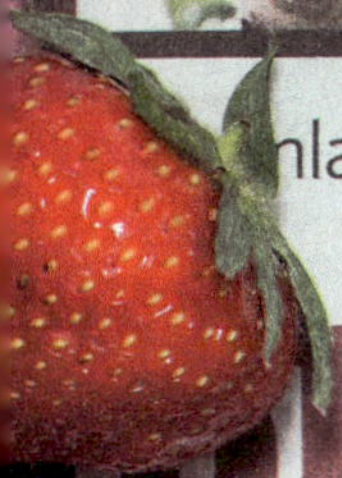

nlandet Kina, rommer jazzhistorien knapt et kjent kinesisk navn.

le tatt av jazzen

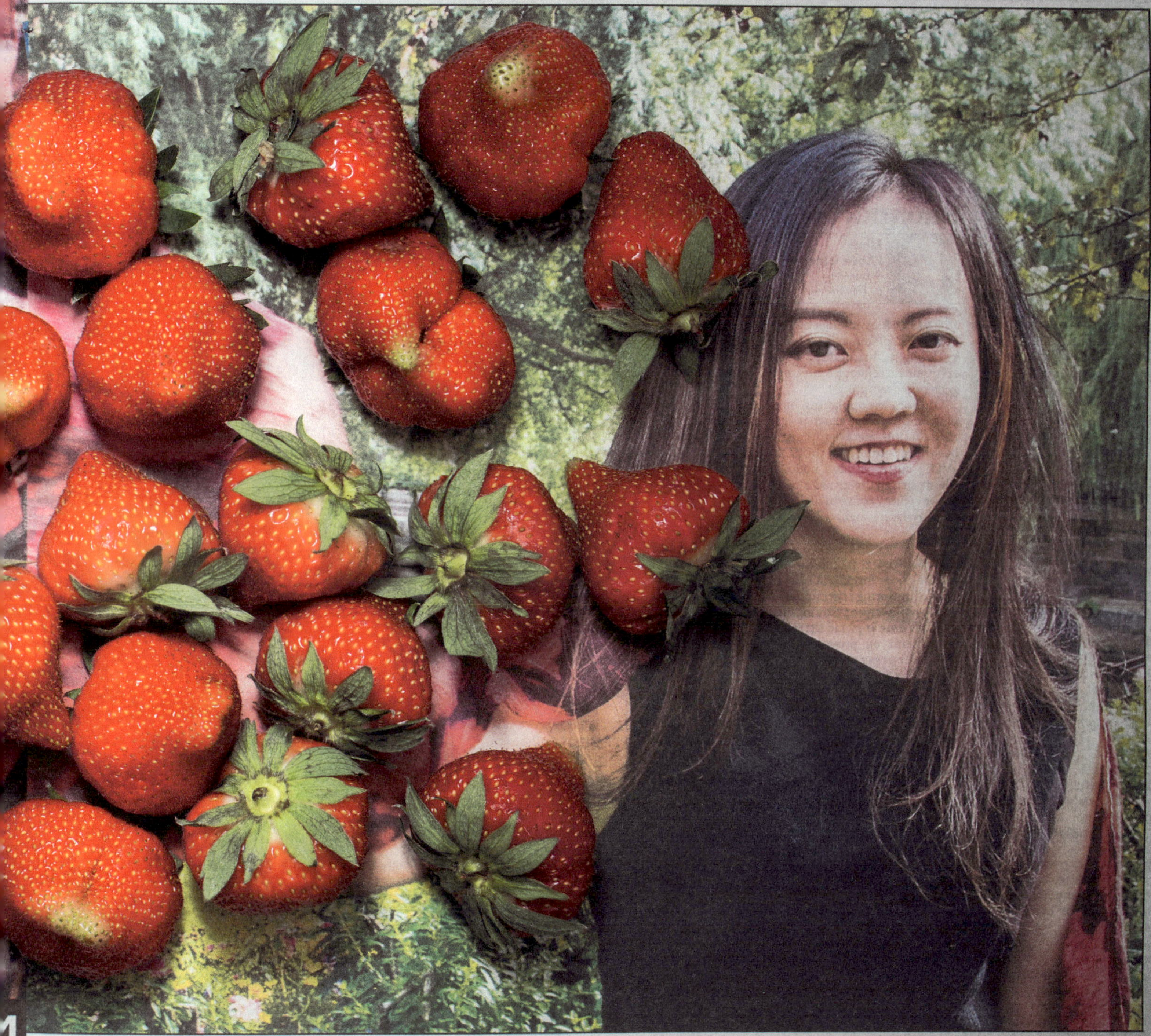

ske Jo-Yu Chen har asiatisk bakgrunn, europeisk klassisk musikalsk bakgrunn og bor og arbeider på Manhattan. Musikken hennes er moderne, melodibasert og lyrisk, men kan også
eller basere seg på tradisjonelle sanger fra hjemlandet. Foto: Terje Mosnes

4

– Det var...jeg vet ikke som jeg skal si *terrible*. Det foregikk i en liten bar i Brooklyn med tre publikummere. Eieren av baren ga alltid nykommerne den verste spilletida, og jeg fikk fra fem til seks på ettermiddagen mens alle fortsatt var på jobb.

Men det var en nyttig opplevelse. For ikke lenge siden spilte jeg to utsolgte triokonserter på Blue Note (en av de ledende jazzklubbene på Manhattan, red.anm.), og når du ser så mange mennesker komme for å høre på deg og husker at det bare var tre på den første jobben, føles det ganske bra.

DEN KLASSISKE musikken har opplevd en tidevannsbølge av asiatiske utøvere, og det hevdes at Lang Langs suksess har fått 40 millioner unge kinesere til å studere piano. Er Jo-Yu Chen i front av en liknende asiatisk invasjon i jazzen?

– Ikke en invasjon, ser hun. - Men jazz blir stadig mer populært på Taiwan, og i kinesiske byer som Hong Kong, Shanghai og Beijing. Jeg er kanskje den første som blir lansert internasjonalt, men det kommer flere.

I TAKT MED AT ØKONOMIEN utvikler seg, søker folk mot ulike grader av status, og i Kina er det foreløpig knyttet mest prestisje til de klassiske konsertsalene. Men om noen år tror jeg jazz, som for de fleste kinesere er noe helt nytt, vil være å høre over alt.

– **Blir «Stranger» utgitt i Kina?**

– I Hong Kong og på Taiwan, men foreløpig ikke i Folkerepublikken Kina på grunn av copyrightproblemer. Det er vrient å komme inn på det kinesiske markedet, men når det åpner seg, har jeg iallfall den fordelen at jeg snakker mandarin og vil bli forstått.

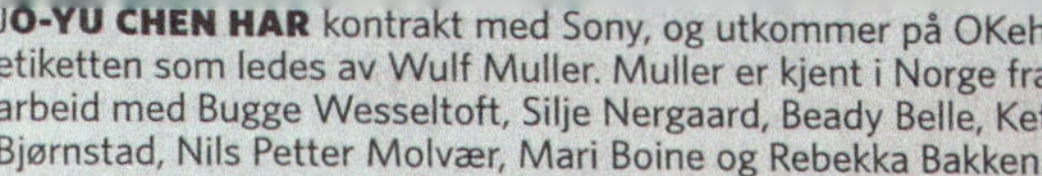

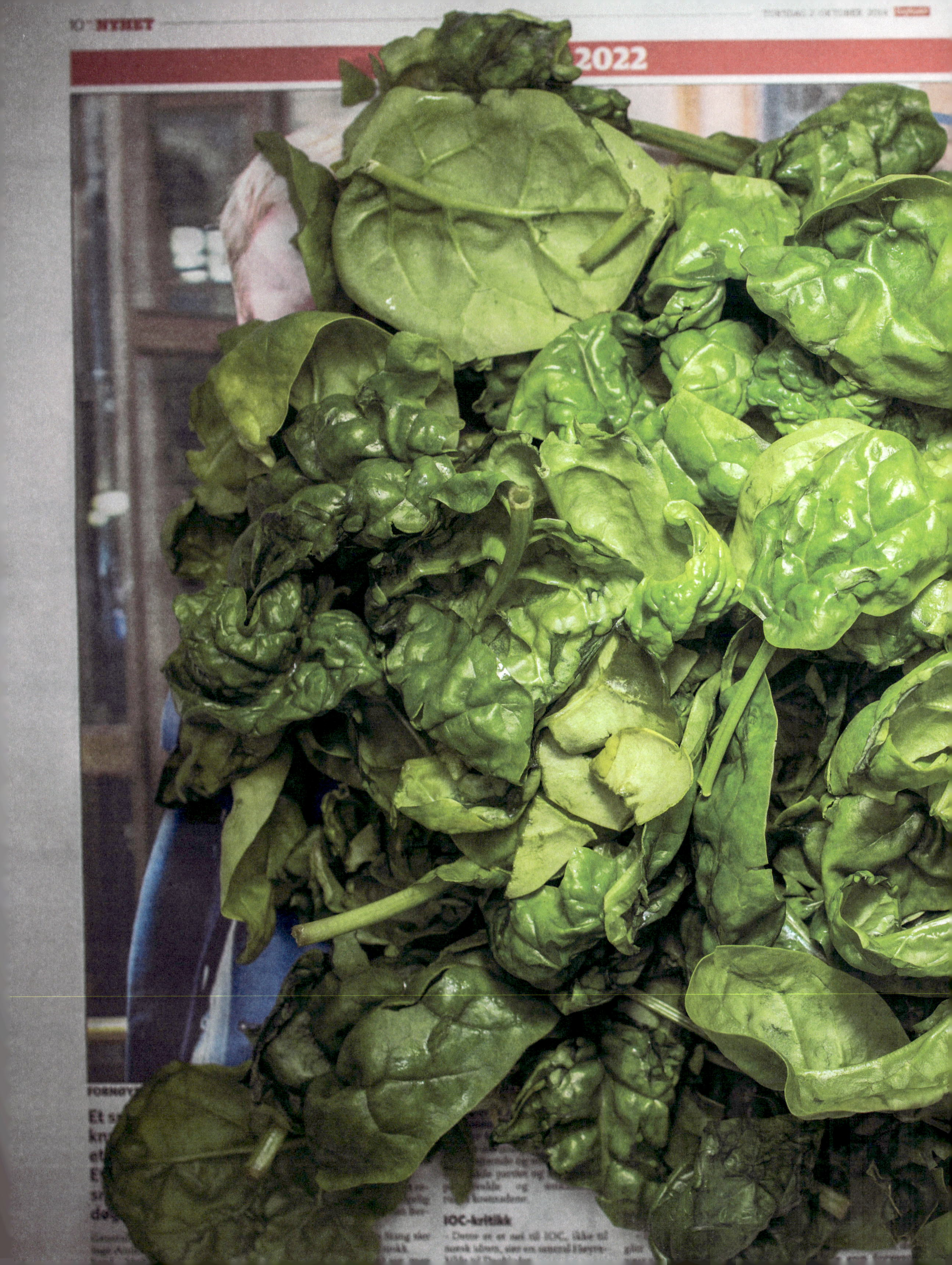
NYHET
2022
IOC-kritikk

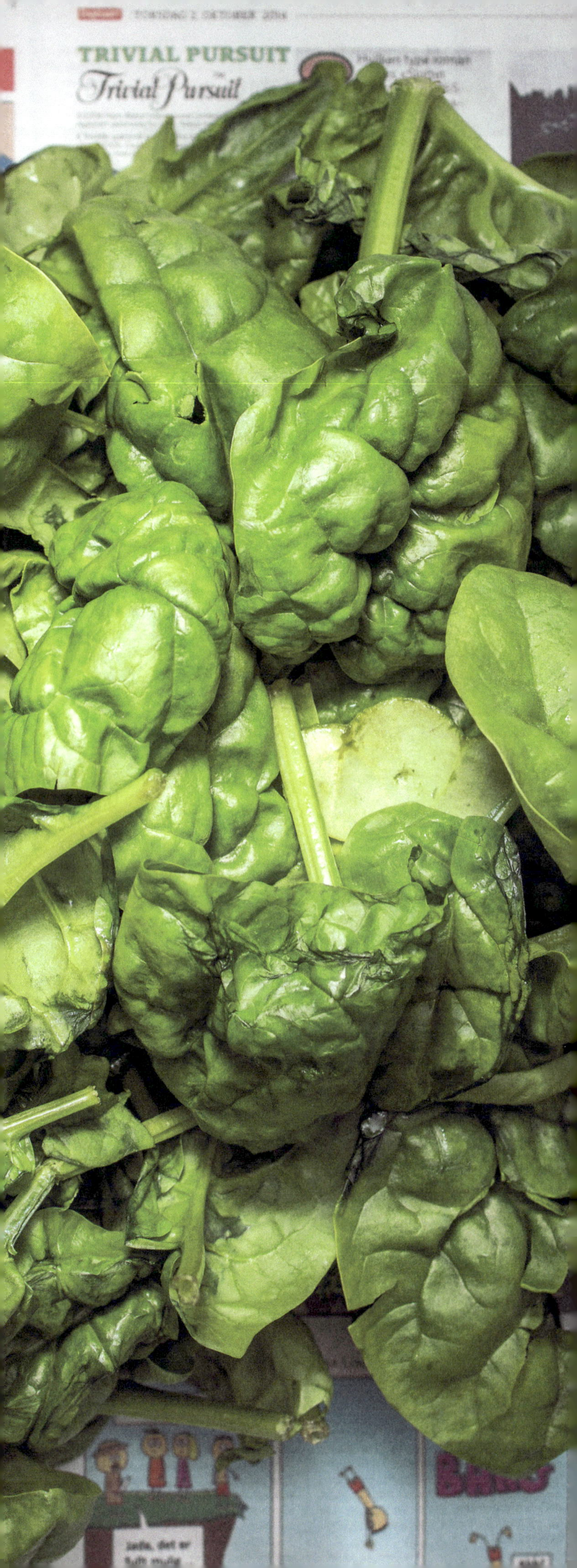
TRIVIAL PURSUIT
Trivial Pursuit

Norway NO

OSLO | OCTOBER 2014

Poverty line NOK 529 (USD 83.50 / EUR 64.70); allocation for food NOK 65 (USD 10.26 / EUR 7.95)

Norway uses a relative poverty-line approach. It tracks both definitions used by the OECD (50% of median income) and the EU (60% of median income) – the latter is more often used for national reports on low-income statistics and is also most frequently used in Europe. The figure for this case study is also based on the EU definition and on low-income household food and non-alcoholic beverage expenditure.

9.6% of Norway's population was considered poor in 2011, based on the EU definition. Tracking persistent low-income incidence (for at least the three most recent years), 7.7% of the population were considered persistently low-income from 2009 to 2011. Norway also tracks panel data to understand social mobility, and it is found that young single individuals and single parents have the strongest income mobility. Low-income thresholds, household income and expenditure data are tracked by SSB (Statistics Norway).

At-Risk-of-Poverty Rate by Household Type, 2016

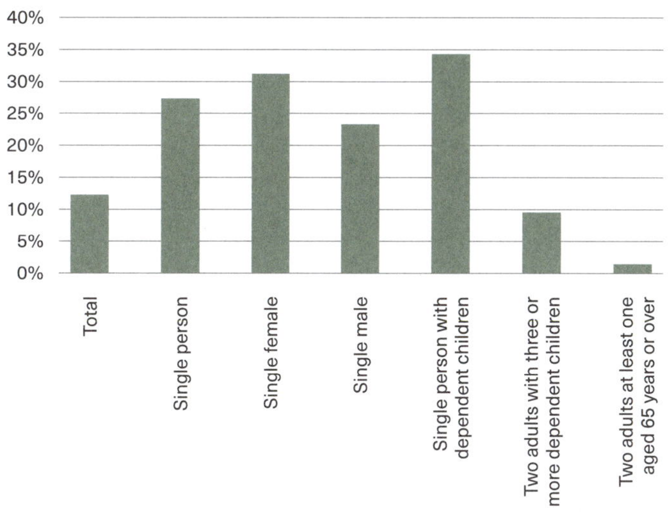

Source: Eurostat

Price Level Index for Food and Non-Alcoholic Beverages, 2017

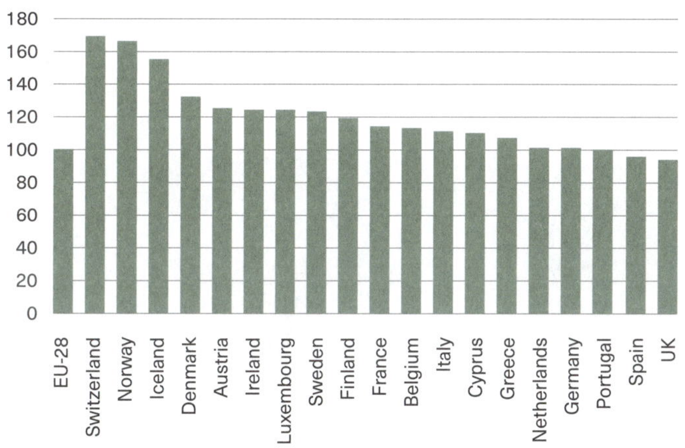

Source: Eurostat

GNI per Capita, Atlas Method (Current USD), 1962–2017

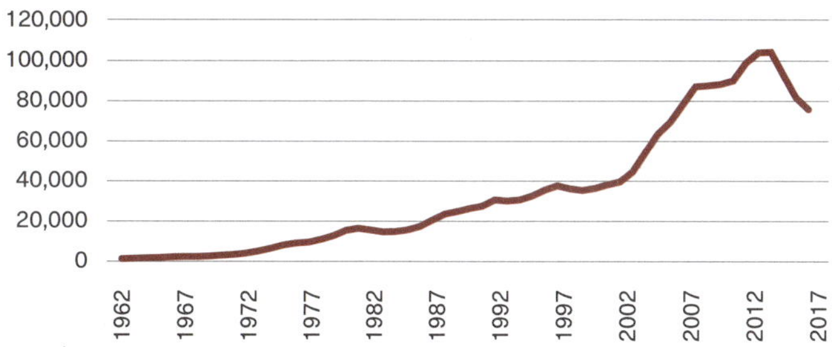

Source: World Bank

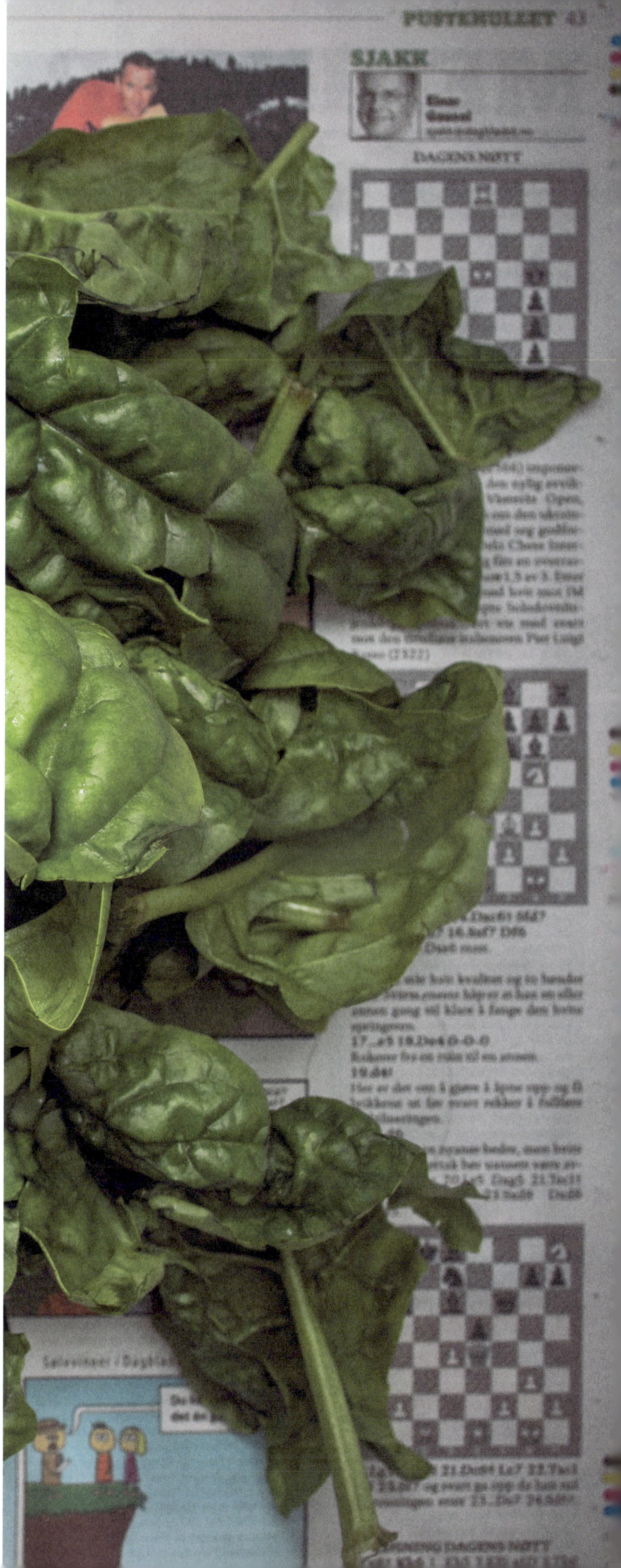

Malmö måtte endre stadionnavnet

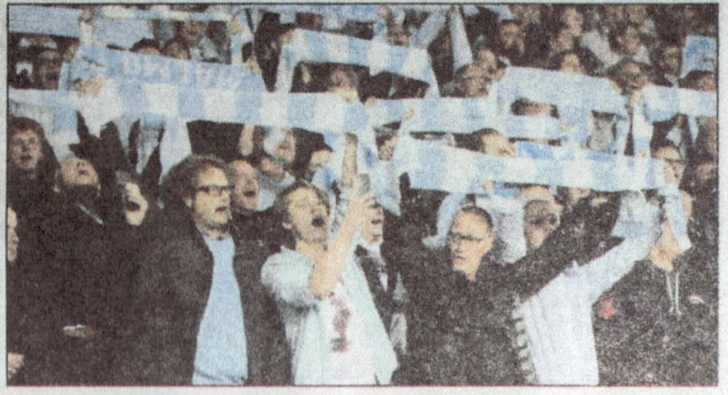

MALMÖ: Malmö FF fikk i går streng beskjed fra UEFA om å endre stadionnavnet sitt før avspark mot Olympiakos i mesterligaen. UEFA har mange krav til klubbene som skal delta i mesterligaen, ett av kravene er at all reklame og annonsering skal gå via forbundet. Det betyr, blant annet, at klubber som har et sponset stadionnavn må dekke til dette, og omdøpe stadionets navn til disse kampene. UEFA har gjort tilsvarende grep på flere stadioner i mesterligaen. For Åge Hareides klubb betydde det at «Swedbank Stadion» ble til «Malmö Nya Stadion» da kampen ble spilt i går kveld. Swedbank betaler 5 millioner i året i ti år for å ha sitt navn i Malmös stadionnavn. (NTB)

OL-ilden slukket av Hei

● Kan bli mange tiår til Norge søker igjen

OL-NEI: Oslo søker ikke vinter-OL i 2022. Gerhard Heiberg gikk fra folkehelt på Lillehammer 1994 til folkefiende for Oslo 2022. I idretten blir det etterspill.

REIDAR SOLLIE
Leder for sportsavdelingen
KOMMENTAR
Twitter: @reidarsollie

Gårsdagens vedtak på Høyres gruppemøte var et mildt sjokk for toppledelsen i norsk idrett. Oslo kommune har brukt 180 millioner kroner for å fronte en norsk OL-søknad. Et nesten samlet Idrettsting gikk inn for det. 18 av 19 idrettskretser sa ja. Men folket sa nei. Hvorfor?

Hovedårsaken er 16 ødeleggende dager i Sotsji i februar i år. Det hjalp ikke at norske medaljer rant inn igjen. Mesterskapet i seg selv var for stort og IOCs opptreden arrogant. Gerhard Heiberg ble hentet av daværende Høyre-statsminister Jan P. Syse for å redde planleggingen og gjennomføringen av Lillehammer-OL i 1994. Han gjorde det til olympisk gull. «The best games ever» er blitt et varemerke for Lillehammer. Slik havnet Gerhard Heiberg i IOC og er delvis blitt spist opp av systemet. Hans offentlige opptreden under OL i Sotsji var en katastrofe for Oslos OL-kampanje, og han innså det faktisk selv. Han forsvant fra offentligheten. Men skaden var skjedd.

Siden har Oslo-organisasjonen jobbet i sterk motvind. OL og toppidrettens vesen ble politisert. Uansett om Oslos prislapp var en tidel av Sotsji, ble konseptet alt for dyrt. Det hjalp ikke å prøve å barbere det ned. En hel landsdel ble bitterheten i Nord-Norge økende da Tromsø ble vraket for en lavere prislapp enn det Oslo endte på. En hel landsdel ble innbitte OL-motstandere. Norge kan ikke arrangere et OL som flertallet i nasjonen ikke vil ha.

Det er sjelden kost at olympiske søkerbyer trekker seg så sent i prosessen. Men det har skjedd en gang at en by som har fått tildelt lekene, ga fra seg etter motstand fra folket. Denver i Coloroda sa nei til lekene de hadde fått i 1976. Innsbruck overtok. Nå har Oslo fått sitt endelige nei fra politikerne og IOC mottar budskapet. Flertallet i IOC er langt fra sjokkert, men tar det til etterretning. OL i 2022 står mellom Almaty i Kasakhstan og Beijing i Kina. Hadde Oslo søkt, hadde det heller ikke vært opplagt at de hadde vunnet fram. Til det er de asiatiske kreftene i IOC for sterke. I 2026 er amerikanske kandidater i tenkeboksen, paradoksalt nok også Denver.

Så nå kan norsk idrett slå seg til ro med at OL i sin nåværende form er blitt for

det noensinne kommer ned på et slikt nivå at land på Norges størrelse kan arrangere det. Det er ikke opplagt. Og sommer-OL er definitivt utenfor rekkevidde selv om både Stockholm (1912) og Helsingfors (1952) har klart det i Norden.

Det blir ikke mangel på store norske idrettsarrangementer etter gårsdagens nei. Det blir VM i skiskyting i Holmenkollen om to år, det blir sykkel-VM i Bergen året etter, det blir VM i håndball og neste ski-VM i 2021. Dessuten får vi besøk av IOC også. Ungdoms-OL planlegges på Lillehammer i 2016. Lekene vil gi en viss internasjonal deltagelse. Men medieinteressen er nesten fraværende.

For idretten blir det et grundig etterspill i hvordan denne OL-kampanjen kunne gå så galt. For hver dag som har gått i høst har motstanden vokst. Selv i går var det Høyre-representanter som snudde på bakgrunn av et VG-oppslag med gamle nyheter om IOC-toppenes kravlister. Den som tok nederlaget mest med fatning var OL-direktør Eli Grimsby, som ble satt på denne jobben av Oslo kommune. Nå kan OL-hovedkvarteret ved siden av Klingenberg kino avvikles. Planene kan legges i skuffen. Det er gode og svært detaljerte planer for et nøkternt OL i Oslo. Blir de noengang tatt fram igjen?

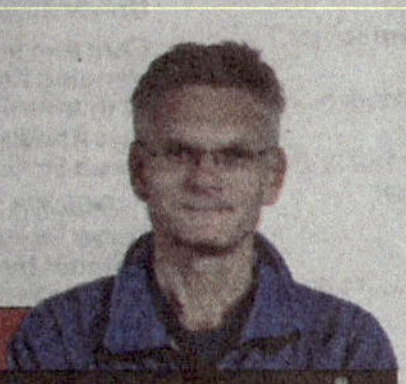

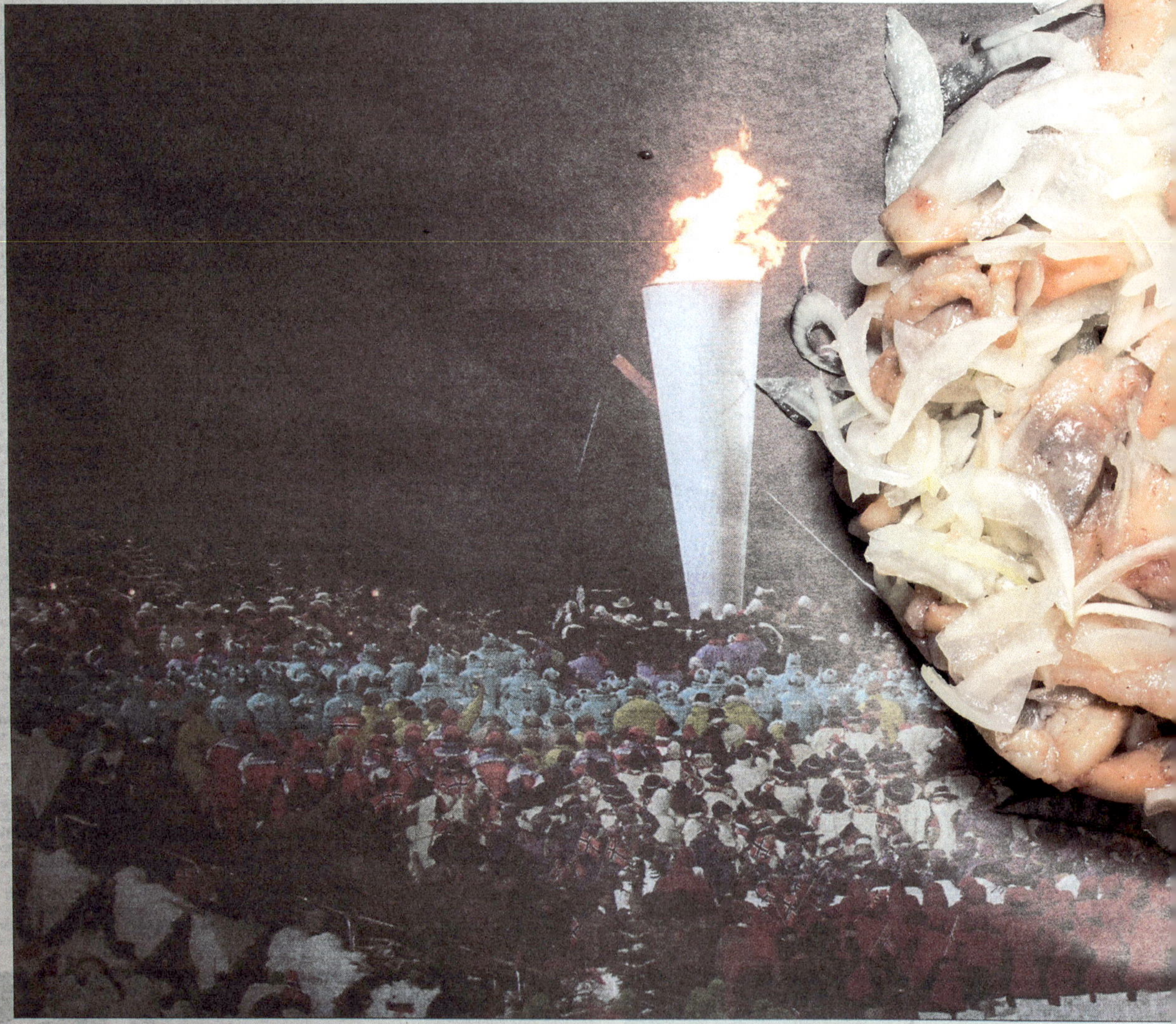

ILDEN: Kronprins Haakon har akkurat tent OL-ilden på Lillehammer i 1994. Det kan ha vært siste gang vinterlekene ble arrangert i Norge.

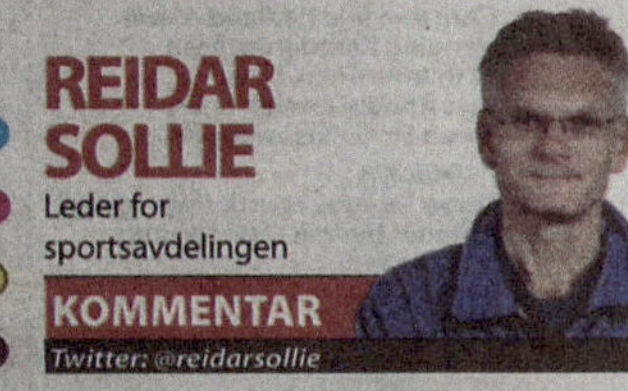

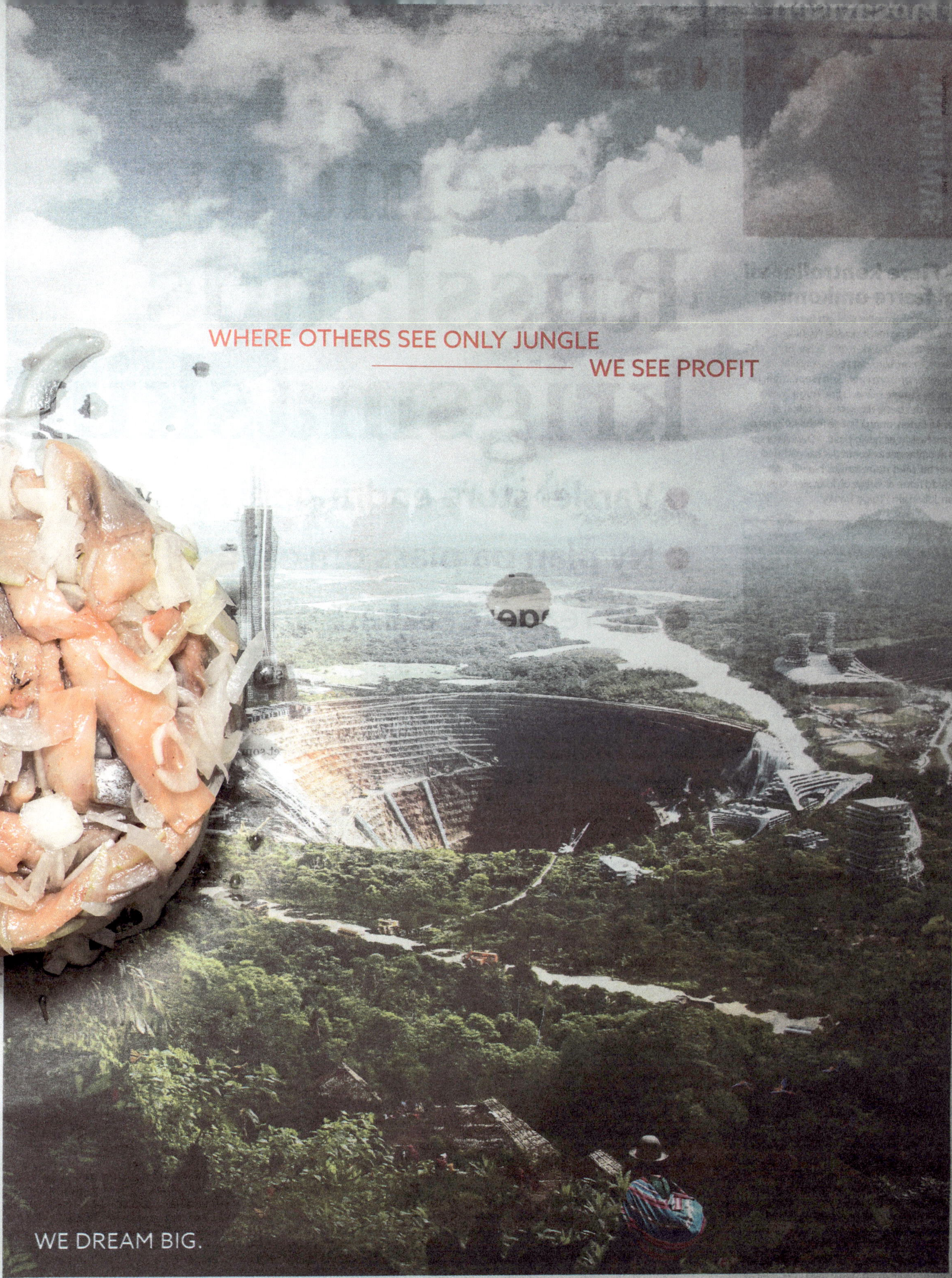

We are proud to introduce western civilization to remote areas of Latin-America. Our investment partners are turning underdeveloped places into profitable operations.

One day the oil will run out and the rainforest will be gone, but the Oil Fund will continue to ensure the wealth of the Norwegian people. You are welcome.

NORWEGIAN OIL FUND
CHANGING THE CLIMATE

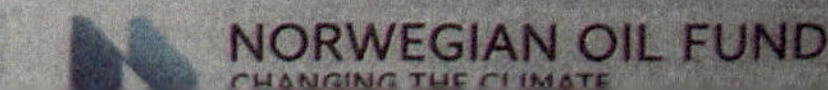

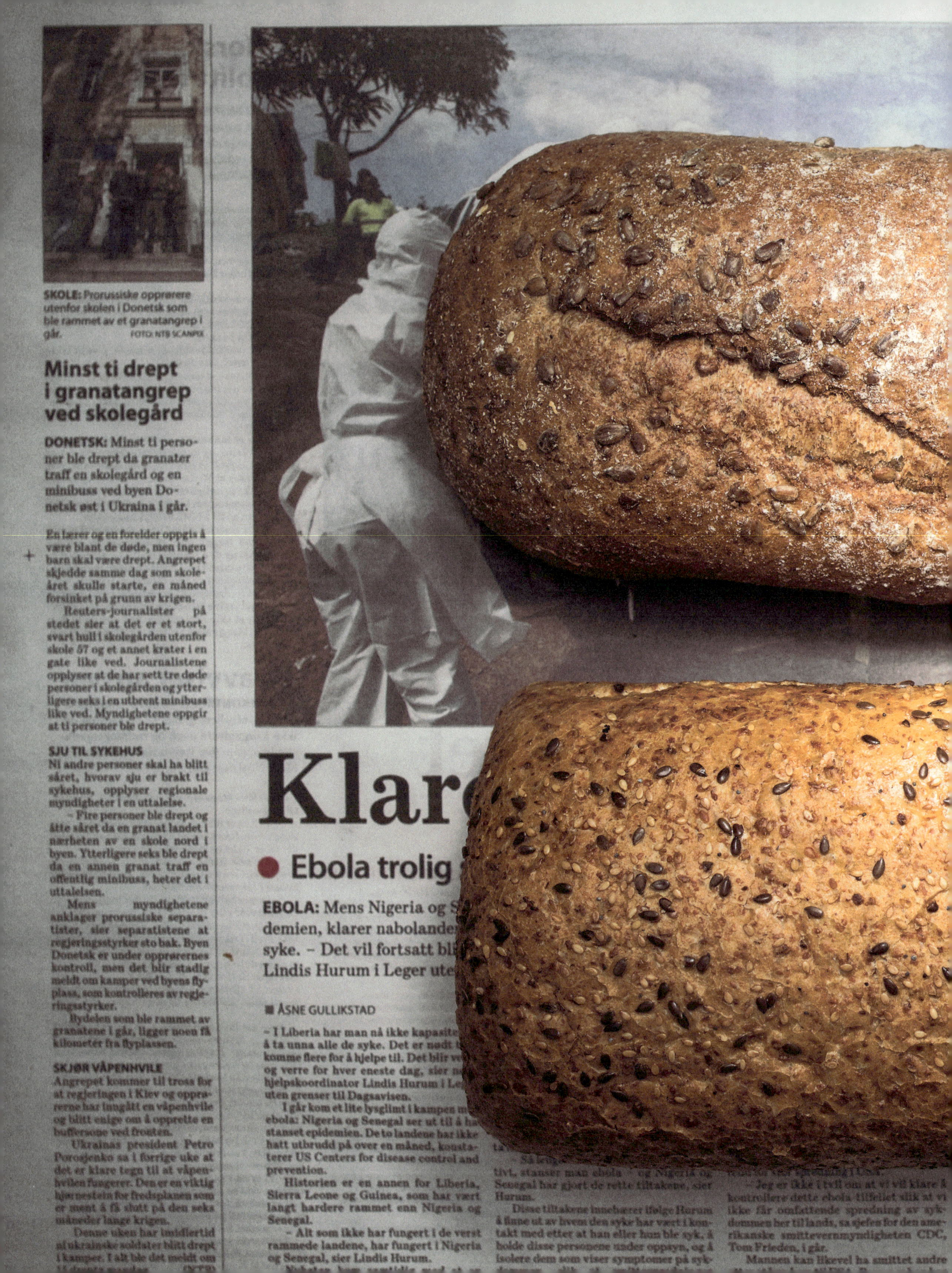

Minst ti drept i granatangrep ved skolegård

DONETSK: Minst ti personer ble drept da granater traff en skolegård og en minibuss ved byen Donetsk øst i Ukraina i går.

En lærer og en forelder oppgis å være blant de døde, men ingen barn skal være drept. Angrepet skjedde samme dag som skoleåret skulle starte, en måned forsinket på grunn av krigen.

Reuters-journalister på stedet sier at det er et stort, svart hull i skolegården utenfor skole 57 og et annet krater i en gate like ved. Journalistene opplyser at de har sett tre døde personer i skolegården og ytterligere seks i en utbrent minibuss like ved. Myndighetene oppgir at ti personer ble drept.

SJU TIL SYKEHUS

Ni andre personer skal ha blitt såret, hvorav sju er brakt til sykehus, opplyser regionale myndigheter i en uttalelse.

– Fire personer ble drept og åtte såret da en granat landet i nærheten av en skole nord i byen. Ytterligere seks ble drept da en annen granat traff en offentlig minibuss, heter det i uttalelsen.

Mens myndighetene anklager prorussiske separatister, sier separatistene at regjeringsstyrker sto bak. Byen Donetsk er under opprørernes kontroll, men det blir stadig meldt om kamper ved byens flyplass, som kontrolleres av regjeringsstyrker.

Bydelen som ble rammet av granatene i går, ligger noen få kilometer fra flyplassen.

SKJØR VÅPENHVILE

Angrepet kommer til tross for at regjeringen i Kiev og opprørerne har inngått en våpenhvile og blitt enige om å opprette en buffersone ved fronten.

Ukrainas president Petro Porosjenko sa i forrige uke at det er klare tegn til at våpenhvilen fungerer. Den er en viktig hjørnestein for fredsplanen som er ment å få slutt på den seks måneder lange krigen.

Denne uken har imidlertid ni ukrainske soldater blitt drept i kamper. I alt ble det meldt om 16 drepte mandag. (NTB)

Klare

● Ebola trolig

EBOLA: Mens Nigeria og S[...] demien, klarer nabolander[...] syke. – Det vil fortsatt bli[...] Lindis Hurum i Leger ute[...]

■ ÅSNE GULLIKSTAD

– I Liberia har man nå ikke kapasite[...] å ta unna alle de syke. Det er nødt t[...] komme flere for å hjelpe til. Det blir ve[...] og verre for hver eneste dag, sier n[...] hjelpskoordinator Lindis Hurum i Le[...] uten grenser til Dagsavisen.

I går kom et lite lysglimt i kampen m[...] ebola: Nigeria og Senegal ser ut til å ha[...] stanset epidemien. De to landene har ikke[...] hatt utbrudd på over en måned, konsta[...] terer US Centers for disease control and prevention.

Historien er en annen for Liberia, Sierra Leone og Guinea, som har vært langt hardere rammet enn Nigeria og Senegal.

– Alt som ikke har fungert i de verst rammede landene, har fungert i Nigeria og Senegal, sier Lindis Hurum.

Nabolaget kom samtidig med at m[...]

– Så lenge [...] tivt, stanser man ebola[...] Senegal har gjort de rette tiltakene, sier Hurum.

Disse tiltakene innebærer ifølge Hurum å finne ut av hvem den syke har vært i kontakt med etter at han eller hun ble syk, å holde disse personene under oppsyn, og å isolere dem som viser symptomer på syk[...]

– Jeg er ikke i tvil om at vi vil klare å kontrollere dette ebola-tilfellet slik at vi ikke får omfattende spredning av sykdommen her til lands, sa sjefen for den amerikanske smittevernmyndigheten CDC, Tom Frieden, i går.

Mannen kan likevel ha smittet andre [...]

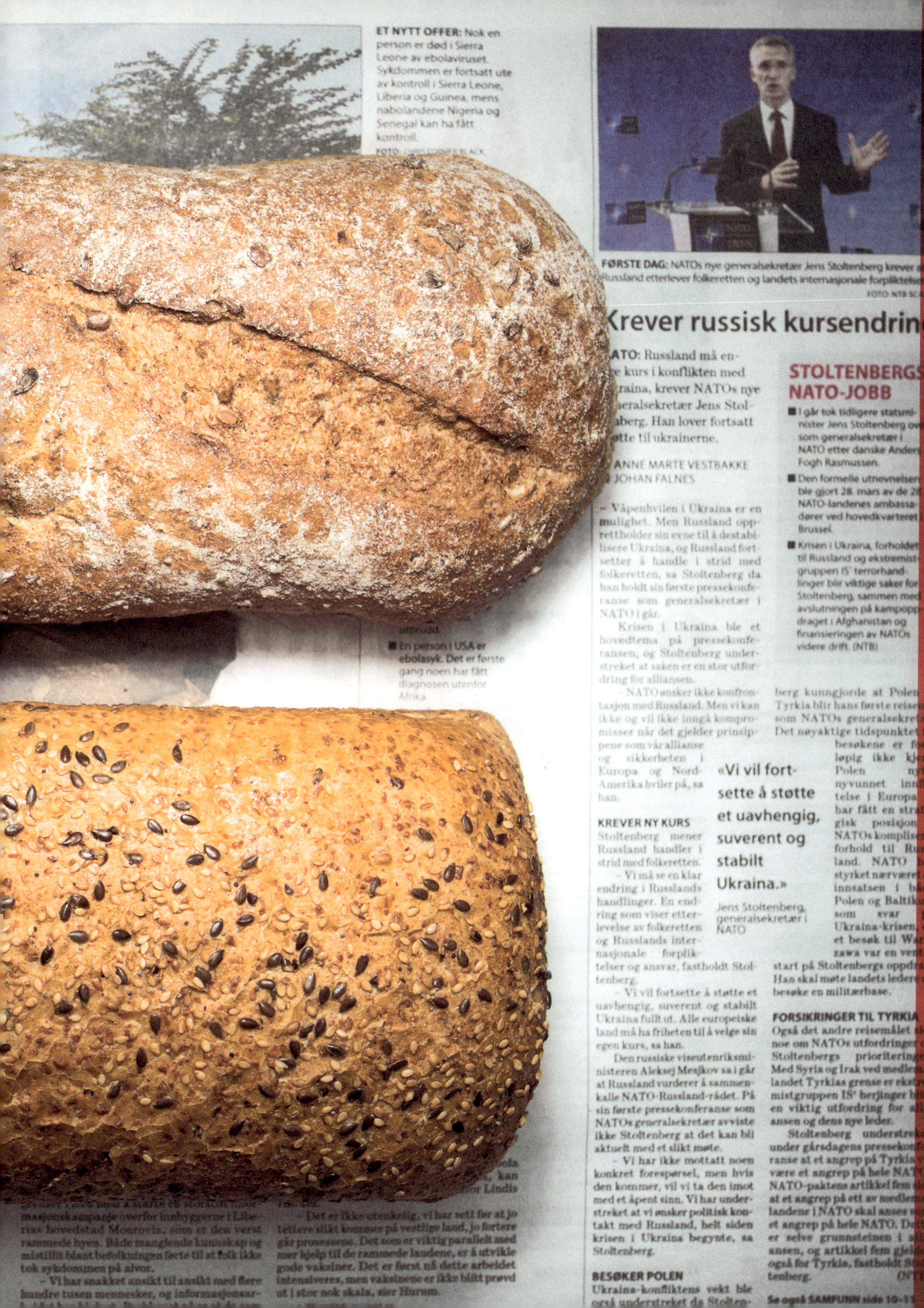

■ En person i USA er ebolasyk. Det er første gang noen har fått diagnosen utenfor Afrika.

FØRSTE DAG: NATOs nye generalsekretær Jens Stoltenberg krever at Russland etterlever folkeretten og landets internasjonale forpliktelser.
FOTO: NTB SCANPIX

Krever russisk kursendring

NATO: Russland må endre kurs i konflikten med Ukraina, krever NATOs nye generalsekretær Jens Stoltenberg. Han lover fortsatt støtte til ukrainerne.

ANNE MARTE VESTBAKKE OG JOHAN FALNES

– Våpenhvilen i Ukraina er en mulighet. Men Russland opprettholder sin evne til å destabilisere Ukraina, og Russland fortsetter å handle i strid med folkeretten, sa Stoltenberg da han holdt sin første pressekonferanse som generalsekretær i NATO i går.

Krisen i Ukraina ble et hovedtema på pressekonferansen, og Stoltenberg understreket at saken er en stor utfordring for alliansen.

– NATO ønsker ikke konfrontasjon med Russland. Men vi kan ikke og vil ikke inngå kompromisser når det gjelder prinsippene som vår allianse og sikkerheten i Europa og Nord-Amerika hviler på, sa han.

KREVER NY KURS

Stoltenberg mener Russland handler i strid med folkeretten.

– Vi må se en klar endring i Russlands handlinger. En endring som viser etterlevelse av folkeretten og Russlands internasjonale forpliktelser og ansvar, fastholdt Stoltenberg.

– Vi vil fortsette å støtte et uavhengig, suverent og stabilt Ukraina fullt ut. Alle europeiske land må ha friheten til å velge sin egen kurs, sa han.

Den russiske viseutenriksministeren Aleksej Mesjkov sa i går at Russland vurderer å sammenkalle NATO-Russland-rådet. På sin første pressekonferanse som NATOs generalsekretær avviste ikke Stoltenberg at det kan bli aktuelt med et slikt møte.

– Vi har ikke mottatt noen konkret forespørsel, men hvis den kommer, vil vi ta den imot med et åpent sinn. Vi har understreket at vi ønsker politisk kontakt med Russland, helt siden krisen i Ukraina begynte, sa Stoltenberg.

BESØKER POLEN

Ukraina-konfliktens vekt ble også understreket da Stoltenberg kunngjorde at Polen og Tyrkia blir hans første reisemål som NATOs generalsekretær. Det nøyaktige tidspunktet for besøkene er foreløpig ikke kjent. Polen nyter nyvunnet innflytelse i Europa og har fått en strategisk posisjon i NATOs kompliserte forhold til Russland. NATO har styrket nærværet og innsatsen i både Polen og Baltikum som svar på Ukraina-krisen, og et besøk til Warszawa var en ventet start på Stoltenbergs oppdrag. Han skal møte landets ledere og besøke en militærbase.

FORSIKRINGER TIL TYRKIA

Også det andre reisemålet sier noe om NATOs utfordringer og Stoltenbergs prioriteringer. Med Syria og Irak ved medlemslandet Tyrkias grense er ekstremistgruppen IS' herjinger blitt en viktig utfordring for alliansen og dens nye leder.

Stoltenberg understreket under gårsdagens pressekonferanse at et angrep på Tyrkia vil være et angrep på hele NATO. NATO-paktens artikkel fem sier at et angrep på ett av medlemslandene i NATO skal anses som et angrep på hele NATO. Dette er selve grunnsteinen i alliansen, og artikkel fem gjelder også for Tyrkia, fastholdt Stoltenberg. (NTB)

> «Vi vil fortsette å støtte et uavhengig, suverent og stabilt Ukraina.»
>
> Jens Stoltenberg, generalsekretær i NATO

STOLTENBERGS NATO-JOBB

■ I går tok tidligere statsminister Jens Stoltenberg over som generalsekretær i NATO etter danske Anders Fogh Rasmussen.

■ Den formelle utnevnelsen ble gjort 28. mars av de 28 NATO-landenes ambassadører ved hovedkvarteret i Brussel.

■ Krisen i Ukraina, forholdet til Russland og ekstremistgruppen IS' terrorhandlinger blir viktige saker for Stoltenberg, sammen med avslutningen på kampoppdraget i Afghanistan og finansieringen av NATOs videre drift. (NTB)

Se også SAMFUNN side 10–11

...masjonskampanje overfor innbyggerne i Liberias hovedstad Monrovia, som er den verst rammede byen. Både manglende kunnskap og mistillit blant befolkningen førte til at folk ikke tok sykdommen på alvor.

– Vi har snakket ansikt til ansikt med flere hundre tusen mennesker, og informasjonskar-

– Det er ikke utenkelig, vi har sett før at jo tettere slikt kommer på vestlige land, jo fortere går prosessene. Det som er viktig parallelt med mer hjelp til de rammede landene, er å utvikle gode vaksiner. Det er først nå dette arbeidet intensiveres, men vaksinene er ikke blitt prøvd ut i stor nok skala, sier Hurum.

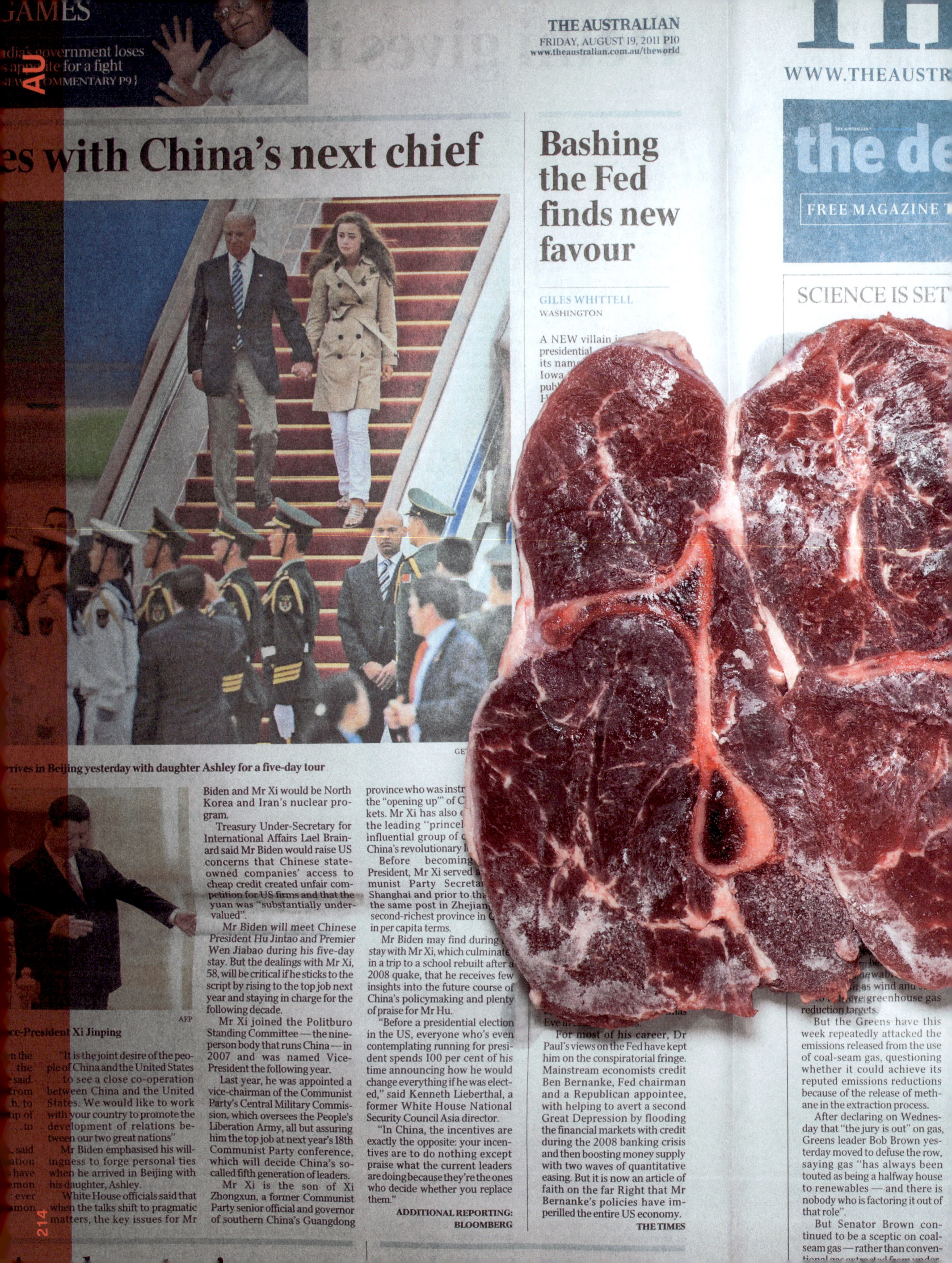

GAMES
India's government loses its appetite for a fight
COMMENTARY P9
THE AUSTRALIAN
FRIDAY, AUGUST 19, 2011 P10
www.theaustralian.com.au/theworld
WWW.THEAUSTR
the de
FREE MAGAZINE
es with China's next chief
rrives in Beijing yesterday with daughter Ashley for a five-day tour
ce-President Xi Jinping
"It is the joint desire of the people of China and the United States ... to see a close co-operation between China and the United States. We would like to work with your country to promote the development of relations between our two great nations"
Mr Biden emphasised his willingness to forge personal ties when he arrived in Beijing with his daughter, Ashley.
White House officials said that when the talks shift to pragmatic matters, the key issues for Mr Biden and Mr Xi would be North Korea and Iran's nuclear program.
Treasury Under-Secretary for International Affairs Lael Brainard said Mr Biden would raise US concerns that Chinese state-owned companies' access to cheap credit created unfair competition for US firms and that the yuan was "substantially undervalued".
Mr Biden will meet Chinese President Hu Jintao and Premier Wen Jiabao during his five-day stay. But the dealings with Mr Xi, 58, will be critical if he sticks to the script by rising to the top job next year and staying in charge for the following decade.
Mr Xi joined the Politburo Standing Committee — the nine-person body that runs China — in 2007 and was named Vice-President the following year.
Last year, he was appointed a vice-chairman of the Communist Party's Central Military Commission, which oversees the People's Liberation Army, all but assuring him the top job at next year's 18th Communist Party conference, which will decide China's so-called fifth generation of leaders.
Mr Xi is the son of Xi Zhongxun, a former Communist Party senior official and governor of southern China's Guangdong province who was instr... the "opening up" of C... kets. Mr Xi has also e... the leading "princel... influential group of c... China's revolutionary l...
Before becoming... President, Mr Xi served a... munist Party Secretar... Shanghai and prior to tha... the same post in Zhejian... second-richest province in C... in per capita terms.
Mr Biden may find during... stay with Mr Xi, which culminate... in a trip to a school rebuilt after a... 2008 quake, that he receives few insights into the future course of China's policymaking and plenty of praise for Mr Hu.
"Before a presidential election in the US, everyone who's even contemplating running for president spends 100 per cent of his time announcing how he would change everything if he was elected," said Kenneth Lieberthal, a former White House National Security Council Asia director.
"In China, the incentives are exactly the opposite: your incentives are to do nothing except praise what the current leaders are doing because they're the ones who decide whether you replace them."
ADDITIONAL REPORTING: BLOOMBERG
Bashing the Fed finds new favour
GILES WHITTELL
WASHINGTON
A NEW villain i... presidential... its nam... Iowa...
For most of his career, Dr Paul's views on the Fed have kept him on the conspiratorial fringe. Mainstream economists credit Ben Bernanke, Fed chairman and a Republican appointee, with helping to avert a second Great Depression by flooding the financial markets with credit during the 2008 banking crisis and then boosting money supply with two waves of quantitative easing. But it is now an article of faith on the far Right that Mr Bernanke's policies have imperilled the entire US economy.
THE TIMES
SCIENCE IS SET
...gas wind and ... greenhouse gas reduction targets.
But the Greens have this week repeatedly attacked the emissions released from the use of coal-seam gas, questioning whether it could achieve its reputed emissions reductions because of the release of methane in the extraction process.
After declaring on Wednesday that "the jury is out" on gas, Greens leader Bob Brown yesterday moved to defuse the row, saying gas "has always been touted as being a halfway house to renewables — and there is nobody who is factoring it out of that role".
But Senator Brown continued to be a sceptic on coal-seam gas — rather than conven...

AU

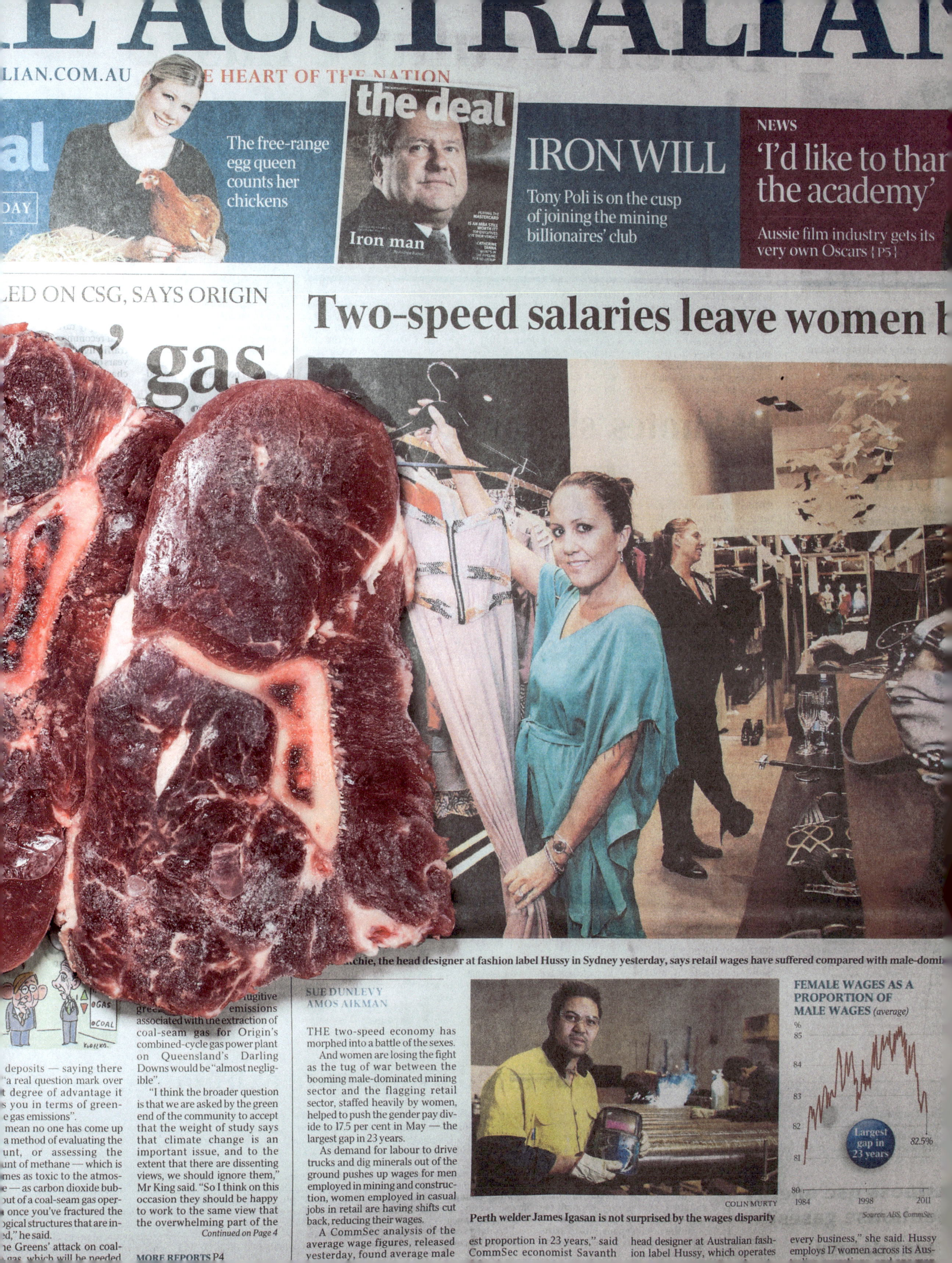

...LED ON CSG, SAYS ORIGIN

's gas

Two-speed salaries leave women b

...chie, the head designer at fashion label Hussy in Sydney yesterday, says retail wages have suffered compared with male-domi...

deposits — saying there "a real question mark over t degree of advantage it s you in terms of green- e gas emissions".

mean no one has come up a method of evaluating the unt, or assessing the unt of methane — which is mes as toxic to the atmos- e — as carbon dioxide bub- out of a coal-seam gas oper- once you've fractured the gical structures that are in- d," he said.

he Greens' attack on coal- gas which will be needed

...fugitive green... emissions associated with the extraction of coal-seam gas for Origin's combined-cycle gas power plant on Queensland's Darling Downs would be "almost negligible".

"I think the broader question is that we are asked by the green end of the community to accept that the weight of study says that climate change is an important issue, and to the extent that there are dissenting views, we should ignore them," Mr King said. "So I think on this occasion they should be happy to work to the same view that the overwhelming part of the

Continued on Page 4

MORE REPORTS P4

SUE DUNLEVY
AMOS AIKMAN

THE two-speed economy has morphed into a battle of the sexes.

And women are losing the fight as the tug of war between the booming male-dominated mining sector and the flagging retail sector, staffed heavily by women, helped to push the gender pay divide to 17.5 per cent in May — the largest gap in 23 years.

As demand for labour to drive trucks and dig minerals out of the ground pushes up wages for men employed in mining and construction, women employed in casual jobs in retail are having shifts cut back, reducing their wages.

A CommSec analysis of the average wage figures, released yesterday, found average male

est proportion in 23 years," said CommSec economist Savanth

head designer at Australian fashion label Hussy, which operates

every business," she said. Hussy employs 17 women across its Aus-

COLIN MURTY

Perth welder James Igasan is not surprised by the wages disparity

FEMALE WAGES AS A PROPORTION OF MALE WAGES (average)

complex scheme.
The government insists the
just terms compensation, but a
property is created by legislation
offering too few permits for for-
ward sale, we need all the for-
Oakeshott, Andrew Wilkie and
Tony Windsor.
Lenore Taylor
to press the matter in Parl
yesterday, the Herald wa
that the NSW Labor
broker Graham Richards
urged Mr Thomson in Fe
last year to drop his defa
case against Fairfax Medi
lisher of the Herald.
The action was launche
the Herald first published
ations that Mr Thomson,
national secretary of the
Services Union, had mad
withdrawals using his
supplied credit card amo

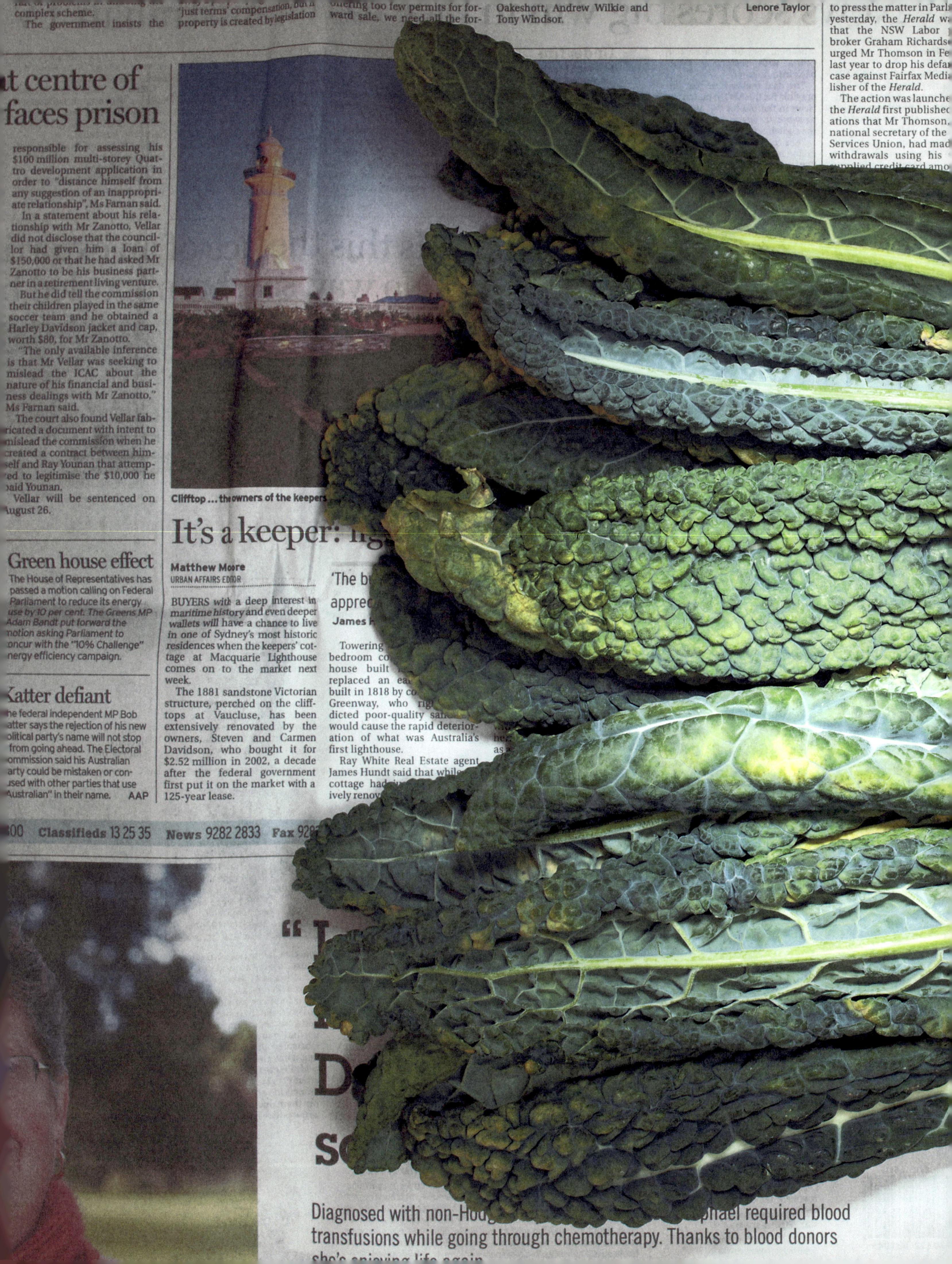

t centre of
faces prison
responsible for assessing his
$100 million multi-storey Quat-
tro development application in
order to "distance himself from
any suggestion of an inappropri-
ate relationship", Ms Farnan said.
In a statement about his rela-
tionship with Mr Zanotto, Vellar
did not disclose that the council-
lor had given him a loan of
$150,000 or that he had asked Mr
Zanotto to be his business part-
ner in a retirement living venture.
But he did tell the commission
their children played in the same
soccer team and he obtained a
Harley Davidson jacket and cap,
worth $80, for Mr Zanotto.
"The only available inference
is that Mr Vellar was seeking to
mislead the ICAC about the
nature of his financial and busi-
ness dealings with Mr Zanotto,"
Ms Farnan said.
The court also found Vellar fab-
ricated a document with intent to
mislead the commission when he
created a contract between him-
self and Ray Younan that attemp-
ted to legitimise the $10,000 he
paid Younan.
Vellar will be sentenced on
August 26.

Clifftop ... the owners of the keepers

It's a keeper: lig

Matthew Moore
URBAN AFFAIRS EDITOR

BUYERS with a deep interest in
maritime history and even deeper
wallets will have a chance to live
in one of Sydney's most historic
residences when the keepers' cot-
tage at Macquarie Lighthouse
comes on to the market next
week.
The 1881 sandstone Victorian
structure, perched on the cliff-
tops at Vaucluse, has been
extensively renovated by the
owners, Steven and Carmen
Davidson, who bought it for
$2.52 million in 2002, a decade
after the federal government
first put it on the market with a
125-year lease.

'The bu
appre
James

Towering
bedroom co
house built
replaced an ea
built in 1818 by co
Greenway, who rig
dicted poor-quality san
would cause the rapid deterior-
ation of what was Australia's
first lighthouse.
Ray White Real Estate agent
James Hundt said that while
cottage had
ively renov

Green house effect
The House of Representatives has
passed a motion calling on Federal
Parliament to reduce its energy
use by 10 per cent. The Greens MP
Adam Bandt put forward the
motion asking Parliament to
concur with the "10% Challenge"
energy efficiency campaign.

Katter defiant
The federal independent MP Bob
Katter says the rejection of his new
political party's name will not stop
from going ahead. The Electoral
Commission said his Australian
party could be mistaken or con-
fused with other parties that use
"Australian" in their name.   AAP

Classifieds 13 25 35   News 9282 2833   Fax 928

Diagnosed with non-Hod   hael required blood
transfusions while going through chemotherapy. Thanks to blood donors

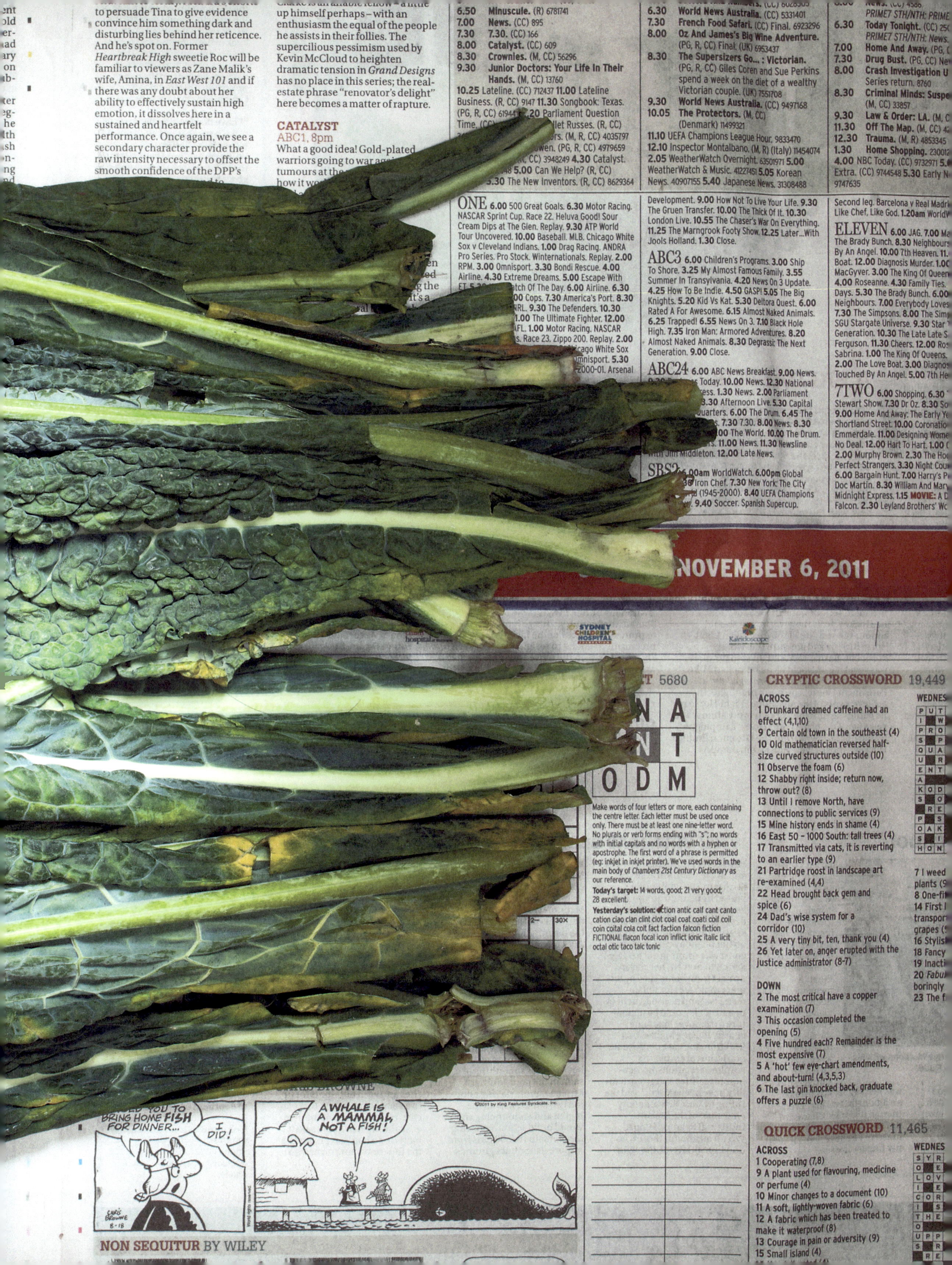

NOVEMBER 6, 2011
CATALYST
ABC1, 8pm
What a good idea! Gold-plated warriors going to war against tumours at the...
CRYPTIC CROSSWORD 19,449
ACROSS
1 Drunkard dreamed caffeine had an effect (4,1,10)
9 Certain old town in the southeast (4)
10 Old mathematician reversed half-size curved structures outside (10)
11 Observe the foam (6)
12 Shabby right inside; return now, throw out? (8)
13 Until I remove North, have connections to public services (9)
15 Mine history ends in shame (4)
16 East 50 - 1000 South: tall trees (4)
17 Transmitted via cats, it is reverting to an earlier type (9)
21 Partridge roost in landscape art re-examined (4,4)
22 Head brought back gem and spice (6)
24 Dad's wise system for a corridor (10)
25 A very tiny bit, ten, thank you (4)
26 Yet later on, anger erupted with the justice administrator (8-7)
DOWN
2 The most critical have a copper examination (7)
3 This occasion completed the opening (5)
4 Five hundred each? Remainder is the most expensive (7)
5 A 'hot' few eye-chart amendments, and about-turn! (4,3,5,3)
6 The last gin knocked back, graduate offers a puzzle (6)
7 I weed plants
8 One-fi
14 First
16 Stylis
18 Fancy
19 Inacti
20 Fabu boringly
23 The f
QUICK CROSSWORD 11,465
ACROSS
1 Cooperating (7,8)
9 A plant used for flavouring, medicine or perfume (4)
10 Minor changes to a document (10)
11 A soft, lightly-woven fabric (6)
12 A fabric which has been treated to make it waterproof (8)
13 Courage in pain or adversity (9)
15 Small island (4)
A WHALE IS A MAMMAL, NOT A FISH!
I DID!
NON SEQUITUR BY WILEY

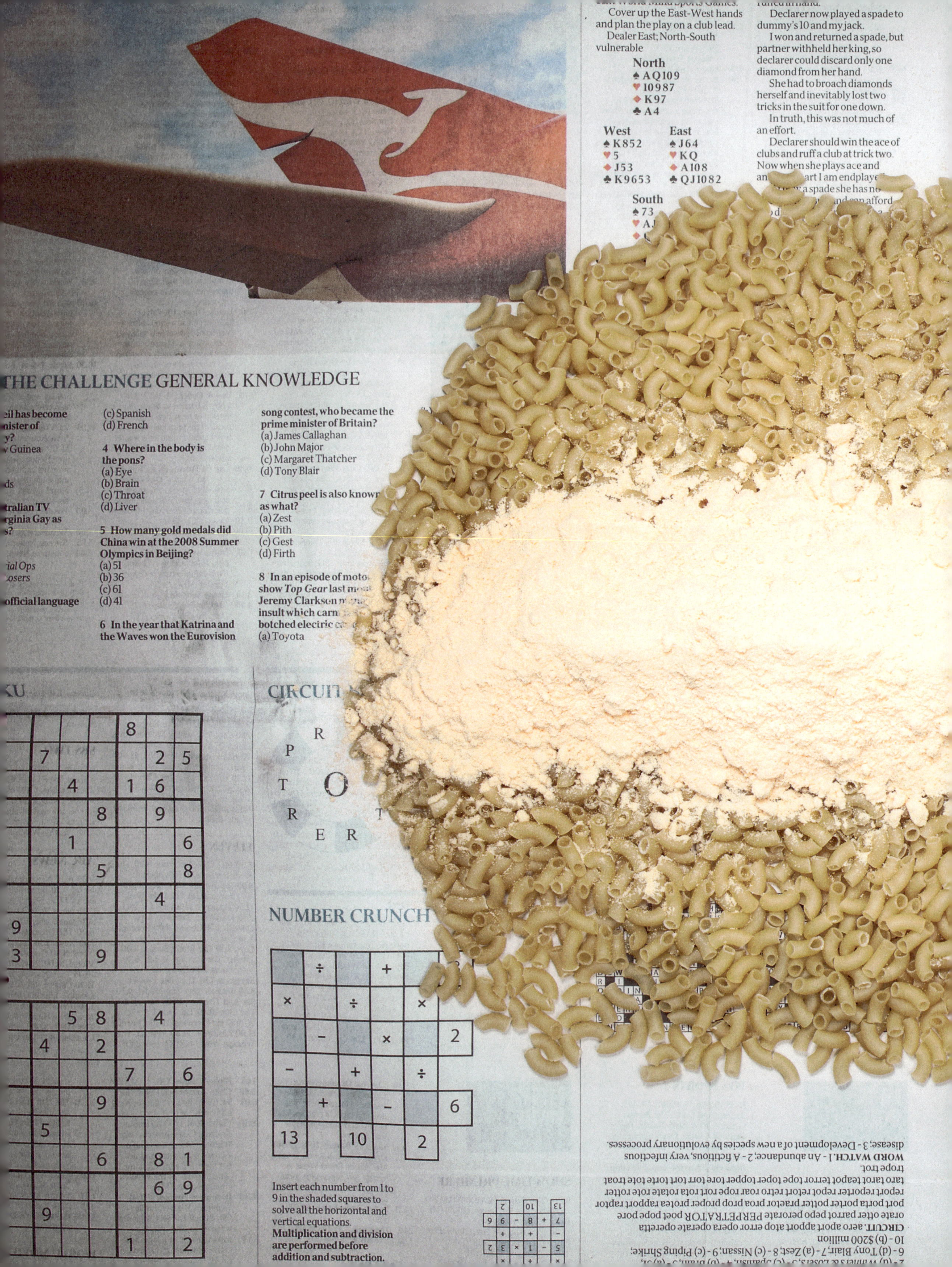

Cover up the East-West hands and plan the play on a club lead.
Dealer East; North-South vulnerable
North
♠ A Q 10 9
♥ 10 9 8 7
♦ K 97
♣ A 4
West
♠ K 852
♥ 5
♦ J 53
♣ K 9653
East
♠ J 64
♥ K Q
♦ A 10 8
♣ Q J 10 8 2
South
♠ 73
♥ A J

Declarer now played a spade to dummy's 10 and my jack.
I won and returned a spade, but partner withheld her king, so declarer could discard only one diamond from her hand.
She had to broach diamonds herself and inevitably lost two tricks in the suit for one down.
In truth, this was not much of an effort.
Declarer should win the ace of clubs and ruff a club at trick two. Now when she plays ace and

THE CHALLENGE GENERAL KNOWLEDGE

(c) Spanish
(d) French

4 Where in the body is the pons?
(a) Eye
(b) Brain
(c) Throat
(d) Liver

5 How many gold medals did China win at the 2008 Summer Olympics in Beijing?
(a) 51
(b) 36
(c) 61
(d) 41

6 In the year that Katrina and the Waves won the Eurovision

song contest, who became the prime minister of Britain?
(a) James Callaghan
(b) John Major
(c) Margaret Thatcher
(d) Tony Blair

7 Citrus peel is also known as what?
(a) Zest
(b) Pith
(c) Gest
(d) Firth

8 In an episode of motoring show Top Gear last night Jeremy Clarkson
botched electric car
(a) Toyota

CIRCUIT

NUMBER CRUNCH

Insert each number from 1 to 9 in the shaded squares to solve all the horizontal and vertical equations.
Multiplication and division are performed before addition and subtraction.

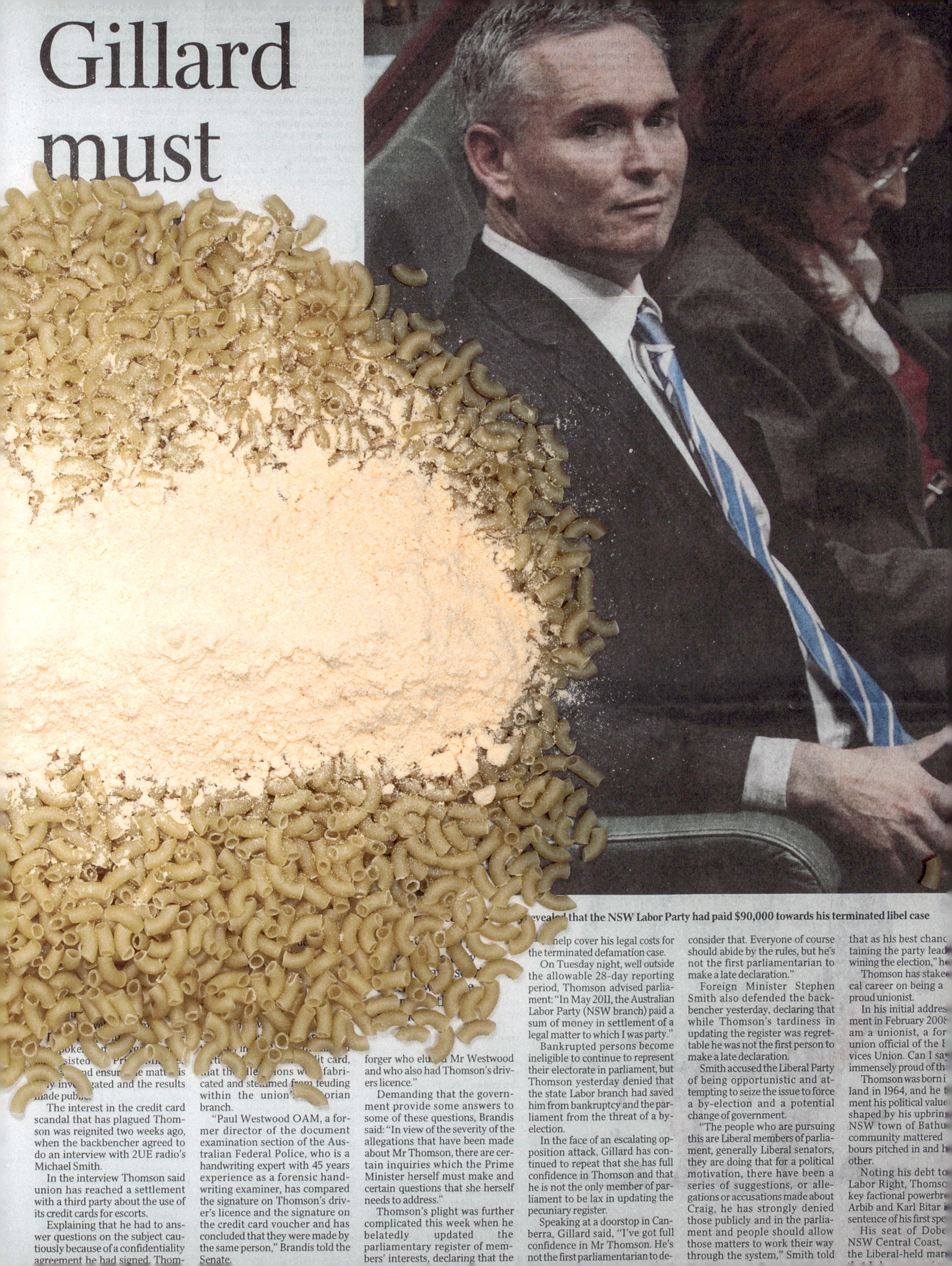

Gillard must

The interest in the credit card scandal that has plagued Thomson was reignited two weeks ago, when the backbencher agreed to do an interview with 2UE radio's Michael Smith.

In the interview Thomson said union has reached a settlement with a third party about the use of its credit cards for escorts.

Explaining that he had to answer questions on the subject cautiously because of a confidentiality agreement he had signed. Thom-

spoke[illegible] Pri[illegible] [illegible]it card, [illegible]sisted [illegible] [illegible]that th[illegible] [illegible]le[illegible] ons w[illegible] fabri- and ensur[illegible] [illegible]e matt[illegible] is cated and ste[illegible]med from feuding [illegible]y inve[illegible]gated and the results within the union'[illegible] [illegible]orian made pub[illegible] branch.

"Paul Westwood OAM, a former director of the document examination section of the Australian Federal Police, who is a handwriting expert with 45 years experience as a forensic handwriting examiner, has compared the signature on Thomson's driver's licence and the signature on the credit card voucher and has concluded that they were made by the same person," Brandis told the Senate.

forger who elu[illegible] d Mr Westwood and who also had Thomson's drivers licence."

Demanding that the government provide some answers to some of these questions, Brandis said: "In view of the severity of the allegations that have been made about Mr Thomson, there are certain inquiries which the Prime Minister herself must make and certain questions that she herself needs to address."

Thomson's plight was further complicated this week when he belatedly updated the parliamentary register of members' interests, declaring that the

help cover his legal costs for the terminated defamation case.

On Tuesday night, well outside the allowable 28-day reporting period, Thomson advised parliament: "In May 2011, the Australian Labor Party (NSW branch) paid a sum of money in settlement of a legal matter to which I was party."

Bankrupted persons become ineligible to continue to represent their electorate in parliament, but Thomson yesterday denied that the state Labor branch had saved him from bankruptcy and the parliament from the threat of a by-election.

In the face of an escalating opposition attack, Gillard has continued to repeat that she has full confidence in Thomson and that he is not the only member of parliament to be lax in updating the pecuniary register.

Speaking at a doorstop in Canberra, Gillard said, "I've got full confidence in Mr Thomson. He's not the first parliamentarian to de-

consider that. Everyone of course should abide by the rules, but he's not the first parliamentarian to make a late declaration."

Foreign Minister Stephen Smith also defended the backbencher yesterday, declaring that while Thomson's tardiness in updating the register was regrettable he was not the first person to make a late declaration.

Smith accused the Liberal Party of being opportunistic and attempting to seize the issue to force a by-election and a potential change of government.

"The people who are pursuing this are Liberal members of parliament, generally Liberal senators, they are doing that for a political motivation, there have been a series of suggestions, or allegations or accusations made about Craig, he has strongly denied those publicly and in the parliament and people should allow those matters to work their way through the system," Smith told

that as his best chanc[illegible] taining the party lead[illegible] wining the election," he[illegible]

Thomson has stake[illegible] cal career on being a proud unionist.

In his initial addres[illegible] ment in February 2008[illegible] am a unionist, a for[illegible] union official of the [illegible] vices Union. Can I sa[illegible] immensely proud of th[illegible]

Thomson was born i[illegible] land in 1964, and he t[illegible] ment his political value[illegible] shaped by his upbrin[illegible] NSW town of Bathu[illegible] community mattered [illegible] bours pitched in and h[illegible] other.

Noting his debt to [illegible] Labor Right, Thomso[illegible] key factional powerbre[illegible] Arbib and Karl Bitar [illegible] sentence of his first spe[illegible]

His seat of Dobe[illegible] NSW Central Coast, [illegible] the Liberal-held mar[illegible]

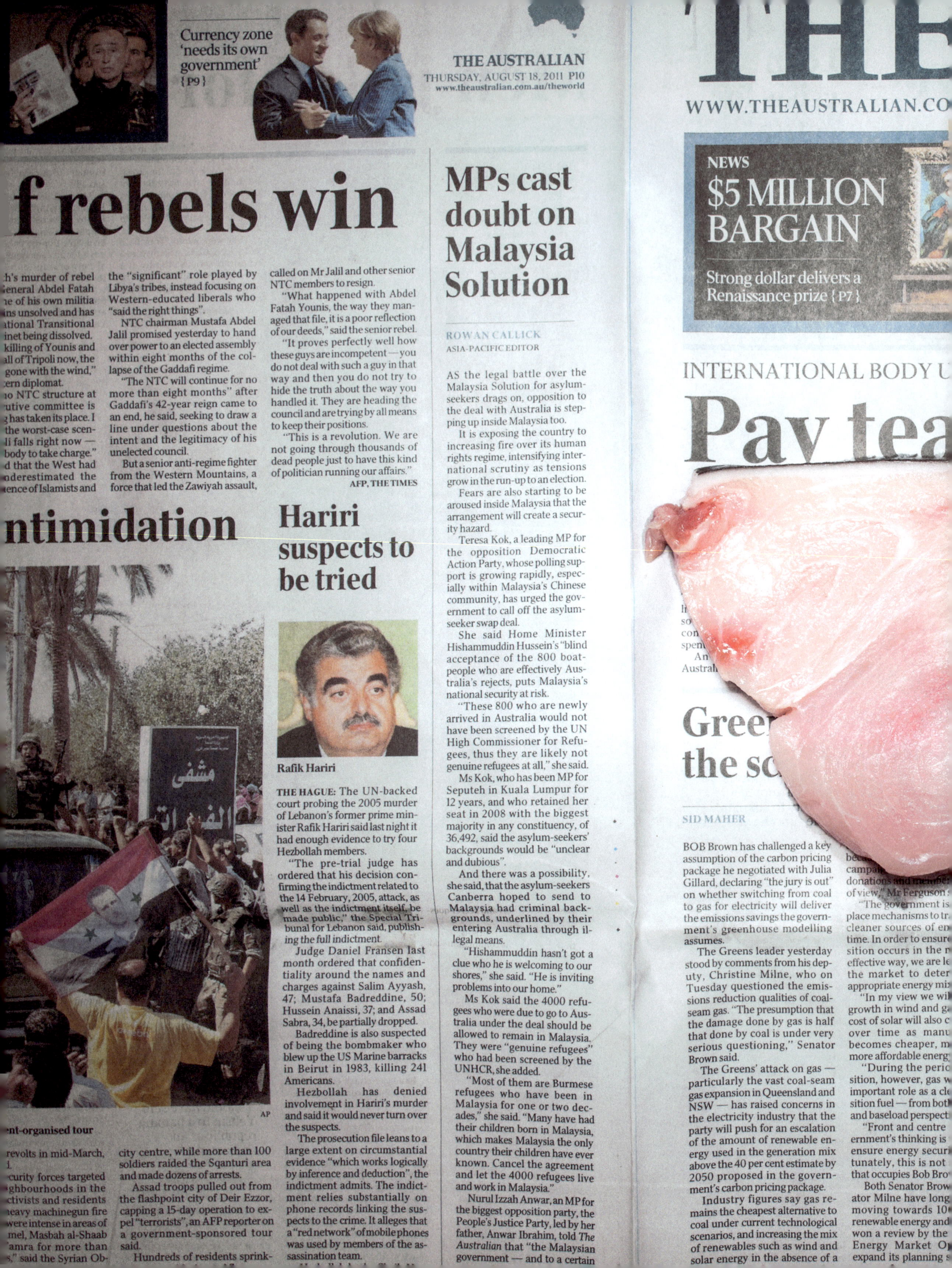

f rebels win

h's murder of rebel
General Abdel Fatah
ne of his own militia
ins unsolved and has
ational Transitional
inet being dissolved.
killing of Younis and
all of Tripoli now, the
gone with the wind,"
ern diplomat.

io NTC structure at
utive committee is
g has taken its place. I
the worst-case scen-
li falls right now —
body to take charge.
d that the West had
nderestimated the
ence of Islamists and

the "significant" role played by
Libya's tribes, instead focusing on
Western-educated liberals who
"said the right things".

NTC chairman Mustafa Abdel
Jalil promised yesterday to hand
over power to an elected assembly
within eight months of the col-
lapse of the Gaddafi regime.

"The NTC will continue for no
more than eight months" after
Gaddafi's 42-year reign came to
an end, he said, seeking to draw a
line under questions about the
intent and the legitimacy of his
unelected council.

But a senior anti-regime fighter
from the Western Mountains, a
force that led the Zawiyah assault,

called on Mr Jalil and other senior
NTC members to resign.

"What happened with Abdel
Fatah Younis, the way they man-
aged that file, it is a poor reflection
of our deeds," said the senior rebel.

"It proves perfectly well how
these guys are incompetent — you
do not deal with such a guy in that
way and then you do not try to
hide the truth about the way you
handled it. They are heading the
council and are trying by all means
to keep their positions.

"This is a revolution. We are
not going through thousands of
dead people just to have this kind
of politician running our affairs."
AFP, THE TIMES

ntimidation

AP

nt-organised tour

revolts in mid-March,
l.

curity forces targeted
ghbourhoods in the
ctivists and residents
heavy machinegun fire
were intense in areas of
mel, Masbah al-Shaab
amra for more than
," said the Syrian Ob-

city centre, while more than 100
soldiers raided the Sqanturi area
and made dozens of arrests.

Assad troops pulled out from
the flashpoint city of Deir Ezzor,
capping a 15-day operation to ex-
pel "terrorists", an AFP reporter on
a government-sponsored tour
said.

Hundreds of residents sprink-

Hariri
suspects to
be tried

Rafik Hariri

THE HAGUE: The UN-backed
court probing the 2005 murder
of Lebanon's former prime min-
ister Rafik Hariri said last night it
had enough evidence to try four
Hezbollah members.

"The pre-trial judge has
ordered that his decision con-
firming the indictment related to
the 14 February, 2005, attack, as
well as the indictment itself, be
made public," the Special Tri-
bunal for Lebanon said, publish-
ing the full indictment.

Judge Daniel Fransen last
month ordered that confiden-
tiality around the names and
charges against Salim Ayyash,
47; Mustafa Badreddine, 50;
Hussein Anaissi, 37; and Assad
Sabra, 34, be partially dropped.

Badreddine is also suspected
of being the bombmaker who
blew up the US Marine barracks
in Beirut in 1983, killing 241
Americans.

Hezbollah has denied
involvement in Hariri's murder
and said it would never turn over
the suspects.

The prosecution file leans to a
large extent on circumstantial
evidence "which works logically
by inference and deduction", the
indictment admits. The indict-
ment relies substantially on
phone records linking the sus-
pects to the crime. It alleges that
a "red network" of mobile phones
was used by members of the as-
sassination team.

MPs cast
doubt on
Malaysia
Solution

ROWAN CALLICK
ASIA-PACIFIC EDITOR

AS the legal battle over the
Malaysia Solution for asylum-
seekers drags on, opposition to
the deal with Australia is step-
ping up inside Malaysia too.

It is exposing the country to
increasing fire over its human
rights regime, intensifying inter-
national scrutiny as tensions
grow in the run-up to an election.

Fears are also starting to be
aroused inside Malaysia that the
arrangement will create a secur-
ity hazard.

Teresa Kok, a leading MP for
the opposition Democratic
Action Party, whose polling sup-
port is growing rapidly, espec-
ially within Malaysia's Chinese
community, has urged the gov-
ernment to call off the asylum-
seeker swap deal.

She said Home Minister
Hishammuddin Hussein's "blind
acceptance of the 800 boat-
people who are effectively Aus-
tralia's rejects, puts Malaysia's
national security at risk.

"These 800 who are newly
arrived in Australia would not
have been screened by the UN
High Commissioner for Refu-
gees, thus they are likely not
genuine refugees at all," she said.

Ms Kok, who has been MP for
Seputeh in Kuala Lumpur for
12 years, and who retained her
seat in 2008 with the biggest
majority in any constituency, of
36,492, said the asylum-seekers'
backgrounds would be "unclear
and dubious".

And there was a possibility,
she said, that the asylum-seekers
Canberra hoped to send to
Malaysia had criminal back-
grounds, underlined by their
entering Australia through il-
legal means.

"Hishammuddin hasn't got a
clue who he is welcoming to our
shores," she said. "He is inviting
problems into our home."

Ms Kok said the 4000 refu-
gees who were due to go to Aus-
tralia under the deal should be
allowed to remain in Malaysia.
They were "genuine refugees"
who had been screened by the
UNHCR, she added.

"Most of them are Burmese
refugees who have been in
Malaysia for one or two dec-
ades," she said. "Many have had
their children born in Malaysia,
which makes Malaysia the only
country their children have ever
known. Cancel the agreement
and let the 4000 refugees live
and work in Malaysia."

Nurul Izzah Anwar, an MP for
the biggest opposition party, the
People's Justice Party, led by her
father, Anwar Ibrahim, told The
Australian that "the Malaysian
government — and to a certain

WWW.THEAUSTRALIAN.CO

THE

INTERNATIONAL BODY U

Pay tea

Green
the sc

SID MAHER

BOB Brown has challenged a key
assumption of the carbon pricing
package he negotiated with Julia
Gillard, declaring "the jury is out"
on whether switching from coal
to gas for electricity will deliver
the emissions savings the govern-
ment's greenhouse modelling
assumes.

The Greens leader yesterday
stood by comments from his dep-
uty, Christine Milne, who on
Tuesday questioned the emis-
sions reduction qualities of coal-
seam gas. "The presumption that
the damage done by gas is half
that done by coal is under very
serious questioning," Senator
Brown said.

The Greens' attack on gas —
particularly the vast coal-seam
gas expansion in Queensland and
NSW — has raised concerns in
the electricity industry that the
party will push for an escalation
of the amount of renewable en-
ergy used in the generation mix
above the 40 per cent estimate by
2050 proposed in the govern-
ment's carbon pricing package.

Industry figures say gas re-
mains the cheapest alternative to
coal under current technological
scenarios, and increasing the mix
of renewables such as wind and
solar energy in the absence of a

bec
campa
donations and member
of view," Mr Ferguson s

"The government is
place mechanisms to tr
cleaner sources of en
time. In order to ensure
sition occurs in the r
effective way, we are le
the market to deter
appropriate energy mix

"In my view we wil
growth in wind and ga
cost of solar will also c
over time as manu
becomes cheaper, m
more affordable energ

"During the perio
sition, however, gas w
important role as a cle
sition fuel — from bot
and baseload perspect

"Front and centre
ernment's thinking is
ensure energy securi
tunately, this is not
that occupies Bob Bro

Both Senator Brow
ator Milne have long
moving towards 100
renewable energy and
won a review by the
Energy Market Op
expand its planning s

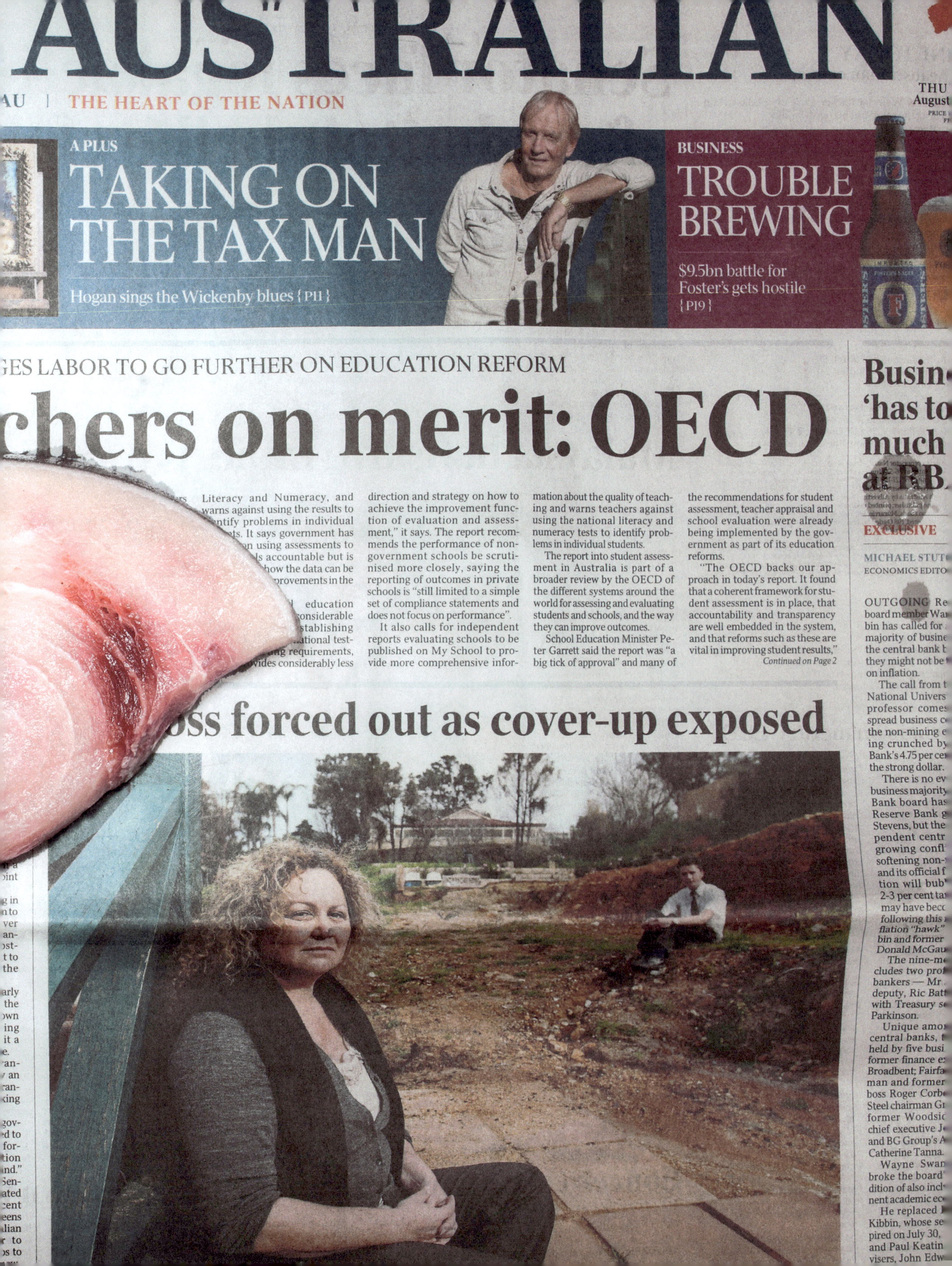

AUSTRALIAN

THU
August
PRICE

A PLUS

TAKING ON THE TAX MAN

Hogan sings the Wickenby blues { P11 }

BUSINESS

TROUBLE BREWING

$9.5bn battle for
Foster's gets hostile
{ P19 }

GES LABOR TO GO FURTHER ON EDUCATION REFORM

chers on merit: OECD

Literacy and Numeracy, and warns against using the results to entify problems in individual ts. It says government has on using assessments to s accountable but is how the data can be provements in the

l education considerable stablishing ational test-ing requirements, vides considerably less

direction and strategy on how to achieve the improvement function of evaluation and assessment," it says. The report recommends the performance of non-government schools be scrutinised more closely, saying the reporting of outcomes in private schools is "still limited to a simple set of compliance statements and does not focus on performance".

It also calls for independent reports evaluating schools to be published on My School to provide more comprehensive information about the quality of teaching and warns teachers against using the national literacy and numeracy tests to identify problems in individual students.

The report into student assessment in Australia is part of a broader review by the OECD of the different systems around the world for assessing and evaluating students and schools, and the way they can improve outcomes.

School Education Minister Peter Garrett said the report was "a big tick of approval" and many of

the recommendations for student assessment, teacher appraisal and school evaluation were already being implemented by the government as part of its education reforms.

"The OECD backs our approach in today's report. It found that a coherent framework for student assessment is in place, that accountability and transparency are well embedded in the system, and that reforms such as these are vital in improving student results,"

Continued on Page 2

Busine 'has to much at R.B.

OUTGOING Re board member Wa bin has called for majority of busine the central bank b they might not be on inflation.

The call from t National Univers professor comes spread business c the non-mining e ing crunched by Bank's 4.75 per ce the strong dollar.

There is no ev business majority Bank board has Reserve Bank g Stevens, but the pendent centr growing confl softening non-and its official f tion will bub 2-3 per cent tax may have beco following this i flation "hawk bin and former Donald McGau

The nine-me cludes two prof bankers — Mr deputy, Ric Batt with Treasury se Parkinson.

Unique amo central banks, held by five busi former finance e Broadbent; Fairfa man and former boss Roger Corbe Steel chairman Gr former Woodsic chief executive J and BG Group's A Catherine Tanna.

Wayne Swan broke the board dition of also incl nent academic ec

He replaced Kibbin, whose se pired on July 30, and Paul Keatin visers, John Edw

---

oss forced out as cover-up exposed

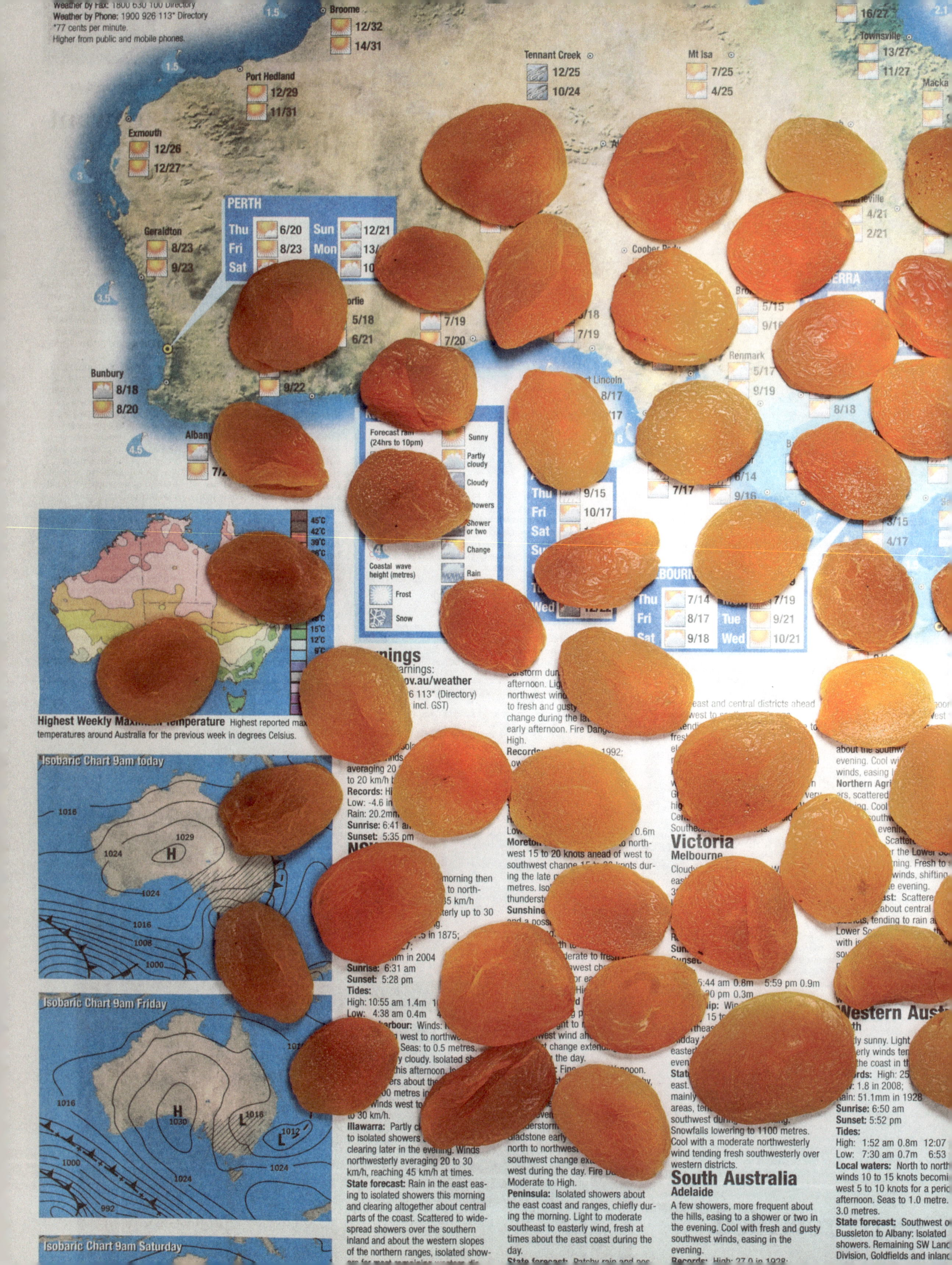

Weather by Fax: 1800 630 100 Directory
Weather by Phone: 1900 926 113* Directory
*77 cents per minute.
Higher from public and mobile phones.
Broome
12/32
14/31
Port Hedland
12/29
11/31
Exmouth
12/26
12/27
Geraldton
8/23
9/23
Tennant Creek
12/25
10/24
Mt Isa
7/25
4/25
Townsville
13/27
11/27
Mackay
PERTH
Thu 6/20 Sun 12/21
Fri 8/23 Mon 13/21
Sat 9/23
4/21
2/21
Coober Pedy
CANBERRA
5/15
5/17
9/19
8/18
Renmark
5/17
9/19
Bunbury
8/18
8/20
Kalgoorlie
5/18
6/21
7/19
7/20
Port Lincoln
8/17
Albany
7/17
7/17
9/16
3/15
4/17
Forecast rain
(24hrs to 10pm)
Sunny
Partly cloudy
Cloudy
Showers
Shower or two
Change
Rain
Coastal wave height (metres)
Frost
Snow
Thu 9/15
Fri 10/17
Sat 8/17
Sun
MELBOURNE
Thu 7/14 7/19
Fri 8/17 Tue 9/21
Sat 9/18 Wed 10/21
45°C
42°C
39°C
36°C
18°C
15°C
12°C
9°C
Highest Weekly Maximum Temperature Highest reported max temperatures around Australia for the previous week in degrees Celsius.
Isobaric Chart 9am today
1016
1024
1029
H
1024
1016
1008
1000
Isobaric Chart 9am Friday
1016
H
1030
L 1018
L
1012
1000
1024
992
Isobaric Chart 9am Saturday
Warnings:
ov.au/weather
6 113* (Directory)
incl. GST)
averaging 20
to 20 km/h
Records: Hi
Low: -4.6 in
Rain: 20.2mm
Sunrise: 6:41 am
Sunset: 5:35 pm
NSW
Sunrise: 6:31 am
Sunset: 5:28 pm
Tides:
High: 10:55 am 1.4m
Low: 4:38 am 0.4m
Illawarra: Partly cl
to isolated showers
clearing later in the evening. Winds
northwesterly averaging 20 to 30
km/h, reaching 45 km/h at times.
State forecast: Rain in the east eas-
ing to isolated showers this morning
and clearing altogether about central
parts of the coast. Scattered to wide-
spread showers over the southern
inland and about the western slopes
of the northern ranges, isolated show-
Victoria
Melbourne
Victoria
South Australia
Adelaide
A few showers, more frequent about
the hills, easing to a shower or two in
the evening. Cool with fresh and gusty
southwest winds, easing in the
evening.
Western Australia
Sunrise: 6:50 am
Sunset: 5:52 pm
Tides:
High: 1:52 am 0.8m 12:07
Low: 7:30 am 0.7m 6:53
Local waters: North to north
winds 10 to 15 knots becoming
west 5 to 10 knots for a peri
afternoon. Seas to 1.0 metre.
3.0 metres.
State forecast: Southwest o
Busselton to Albany: Isolated
showers. Remaining SW Land
Division, Goldfields and inland

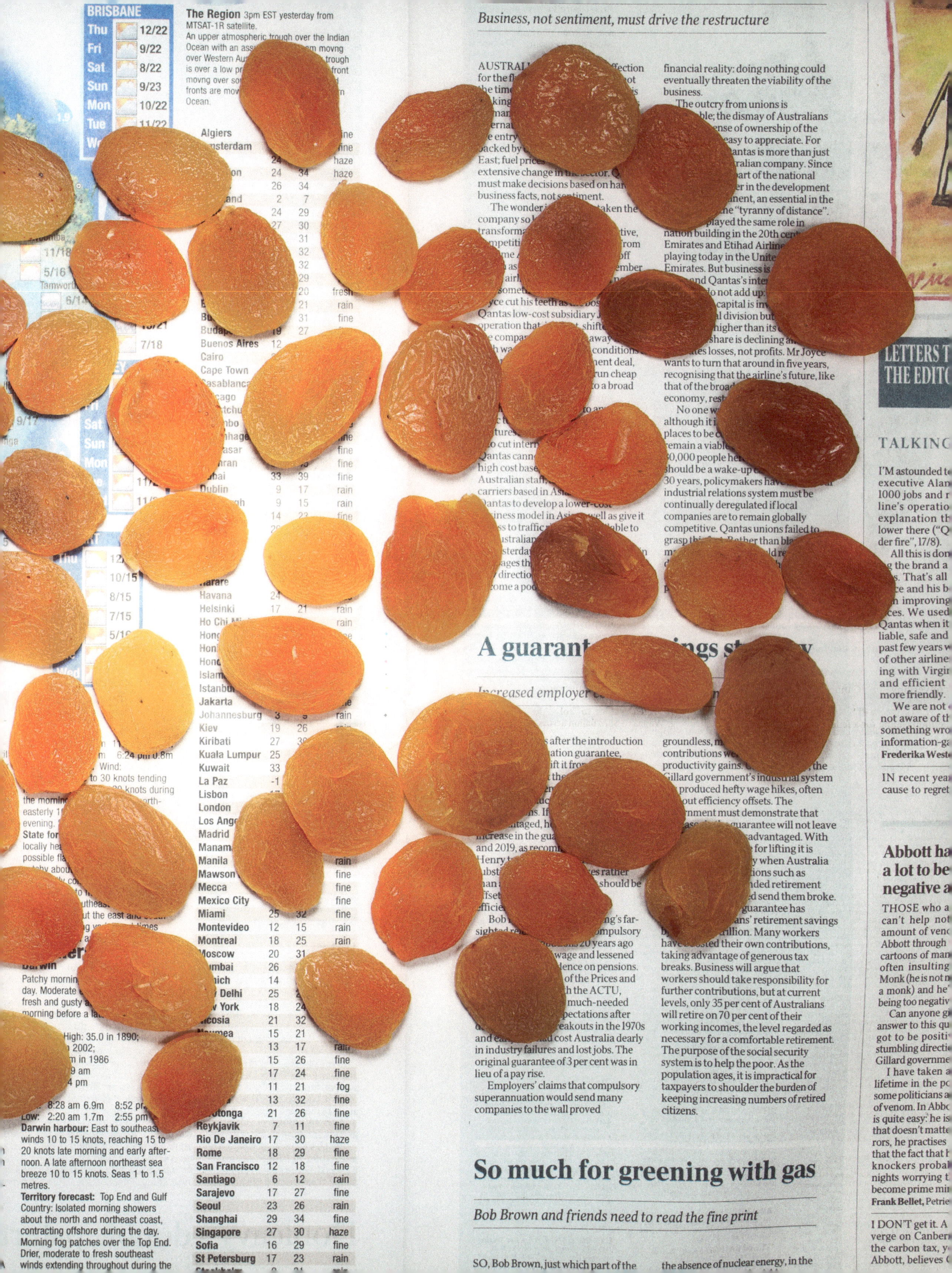

Business, not sentiment, must drive the restructure

AUSTRALIA... ffection for the fl... not the time... king... man... ernat... e entry... backed by... East; fuel prices... extensive change in the sector. Q... must make decisions based on har... business facts, not sentiment.

The wonder i... taken the company so... transforma... tive, competiti... from... me... off... as... ember...

financial reality: doing nothing could eventually threaten the viability of the business.

The outcry from unions is... ble; the dismay of Australians... nse of ownership of the... easy to appreciate. For... Qantas is more than just... ralian company. Since... art of the national... er in the development... nt, an essential in the... e "tyranny of distance"... played the same role in nation building in the 20th cent... Emirates and Etihad Airline... playing today in the Unite... Emirates. But business is... and Qantas's inter... do not add up... capital is inv... al division but... higher than its... share is declining... tes losses, not profits. Mr Joyce wants to turn that around in five years, recognising that the airline's future, like that of the broad... economy, rest...

No one w... although it i... places to be... remain a viable... 50,000 people her... should be a wake-up... 30 years, policymakers hav... industrial relations system must be continually deregulated if local companies are to remain globally competitive. Qantas unions failed to grasp th... Rather than bla... m... ld re... d...

A guarant... ings st... y

Increased employer...

...s after the introduction... ation guarantee,... ift it from... at the... nuc... ns. If... taged, he... increase in the guar... and 2019, as recomm... Henry t... abst... han i... s should be... effici... Bob... ng's far-sighted r... ompulsory... 20 years ago... idence on pensions... of the Prices and... th the ACTU... much-needed... ectations after... eakouts in the 1970s and cast Australia dearly in industry failures and lost jobs. The original guarantee of 3 per cent was in lieu of a pay rise.

Employers' claims that compulsory superannuation would send many companies to the wall proved

groundless, m... contributions we... productivity gains... the Gillard government's industrial system... produced hefty wage hikes, often... out efficiency offsets. The... nment must demonstrate that... ase... guarantee will not leave... disadvantaged. With... for lifting it is... y when Australia... ions such as... ded retirement... d send them broke... guarantee has... ns' retirement savings... illion. Many workers have boosted their own contributions, taking advantage of generous tax breaks. Business will argue that workers should take responsibility for further contributions, but at current levels, only 35 per cent of Australians will retire on 70 per cent of their working incomes, the level regarded as necessary for a comfortable retirement. The purpose of the social security system is to help the poor. As the population ages, it is impractical for taxpayers to shoulder the burden of keeping increasing numbers of retired citizens.

So much for greening with gas

Bob Brown and friends need to read the fine print

SO, Bob Brown, just which part of the... the absence of nuclear energy, in the...

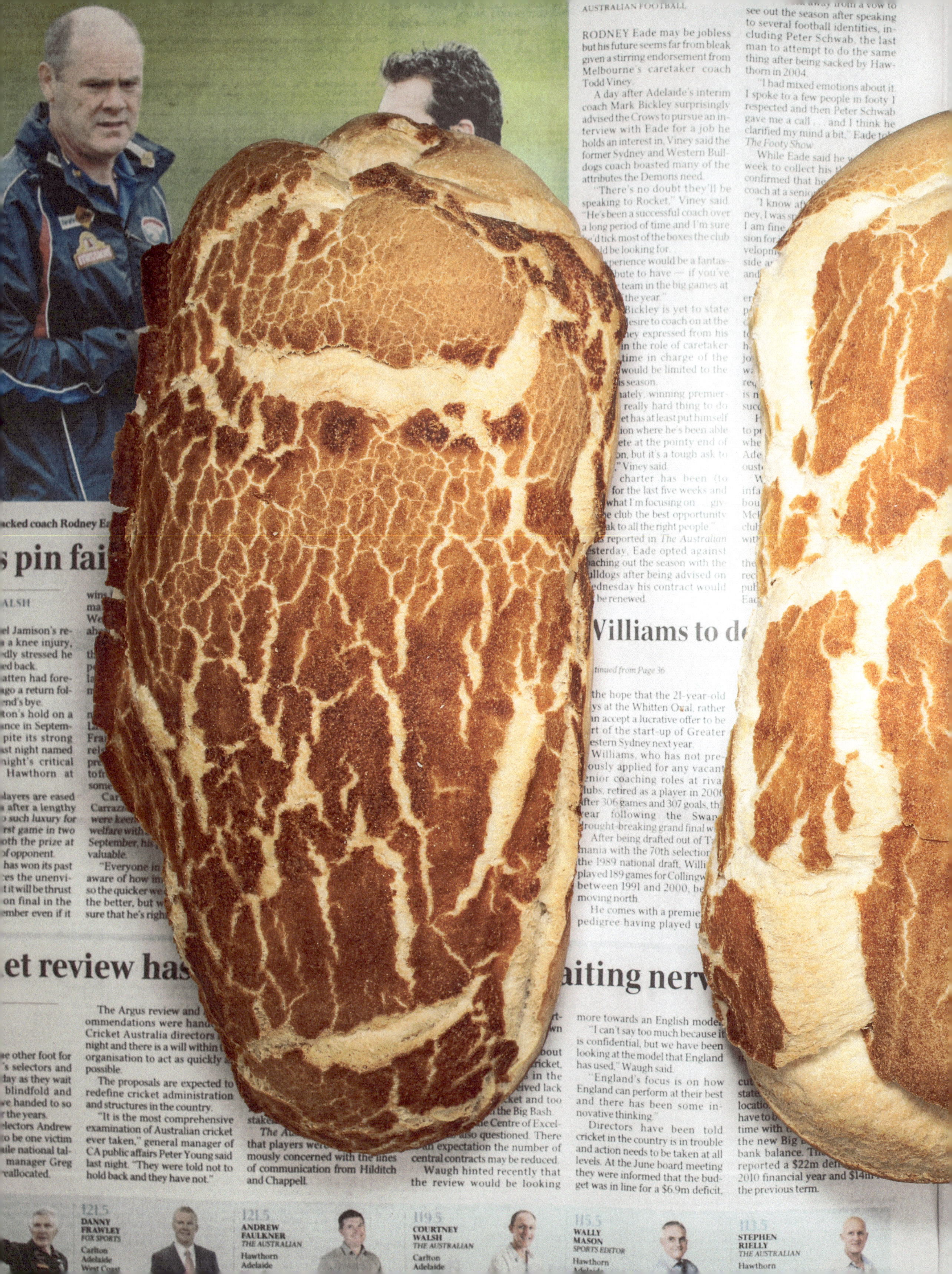

AUSTRALIAN FOOTBALL

RODNEY Eade may be jobless but his future seems far from bleak given a stirring endorsement from Melbourne's caretaker coach Todd Viney.

A day after Adelaide's interim coach Mark Bickley surprisingly advised the Crows to pursue an interview with Eade for a job he holds an interest in, Viney said the former Sydney and Western Bulldogs coach boasted many of the attributes the Demons need.

"There's no doubt they'll be speaking to Rocket," Viney said. "He's been a successful coach over a long period of time and I'm sure he'd tick most of the boxes the club would be looking for.

experience would be a fantastic attribute to have — if you've team in the big games at the year."

Bickley is yet to state desire to coach on at the ney expressed from his in the role of caretaker time in charge of the would be limited to the this season.

ately, winning premier really hard thing to do et has at least put himself ion where he's been able ete at the pointy end of on, but it's a tough ask to Viney said.

charter has been (to for the last five weeks and what I'm focusing on giv e club the best opportunity ak to all the right people reported in The Australian esterday, Eade opted against aching out the season with the ulldogs after being advised on ednesday his contract would be renewed.

see out the season after speaking to several football identities, including Peter Schwab, the last man to attempt to do the same thing after being sacked by Hawthorn in 2004.

"I had mixed emotions about it. I spoke to a few people in footy I respected and then Peter Schwab gave me a call ... and I think he clarified my mind a bit," Eade to The Footy Show.

While Eade said he week to collect his confirmed that he coach at a senio

"I know af ney, I was s I am fine sion for velopm side a and

Williams to de

continued from Page 36

the hope that the 21-year-old ys at the Whitten Oval, rather an accept a lucrative offer to be rt of the start-up of Greater estern Sydney next year.

Williams, who has not previously applied for any vacant enior coaching roles at rival lubs, retired as a player in 2006 fter 306 games and 307 goals, th year following the Swa rought-breaking grand final w

After being drafted out of Ta mania with the 70th selection the 1989 national draft, Willi played 189 games for Collingw between 1991 and 2000, be moving north.

He comes with a premie pedigree having played u

et review has

The Argus review and ommendations were hand Cricket Australia directors night and there is a will within organisation to act as quickly possible.

The proposals are expected to redefine cricket administration and structures in the country.

"It is the most comprehensive examination of Australian cricket ever taken," general manager of CA public affairs Peter Young said last night. "They were told not to hold back and they have not."

that players were mously concerned with the lines of communication from Hilditch and Chappell.

aiting nerv

more towards an English mode "I can't say too much because it is confidential, but we have been looking at the model that England has used," Waugh said.

"England's focus is on how England can perform at their best and there has been some innovative thinking."

Directors have been told cricket in the country is in trouble and action needs to be taken at all levels. At the June board meeting they were informed that the budget was in line for a $6.9m deficit,

the Big Bash. e Centre of Excel also questioned. There an expectation the number of central contracts may be reduced.

Waugh hinted recently that the review would be looking

have to time with the new Big bank balance. Th reported a $22m def 2010 financial year and $14m the previous term.

121.5
DANNY
FRAWLEY
FOX SPORTS

Carlton
Adelaide
West Coast

121.5
ANDREW
FAULKNER
THE AUSTRALIAN

Hawthorn
Adelaide

119.5
COURTNEY
WALSH
THE AUSTRALIAN

Carlton
Adelaide

115.5
WALLY
MASON
SPORTS EDITOR

Hawthorn
Adelaide

113.5
STEPHEN
RIELLY
THE AUSTRALIAN

Hawthorn

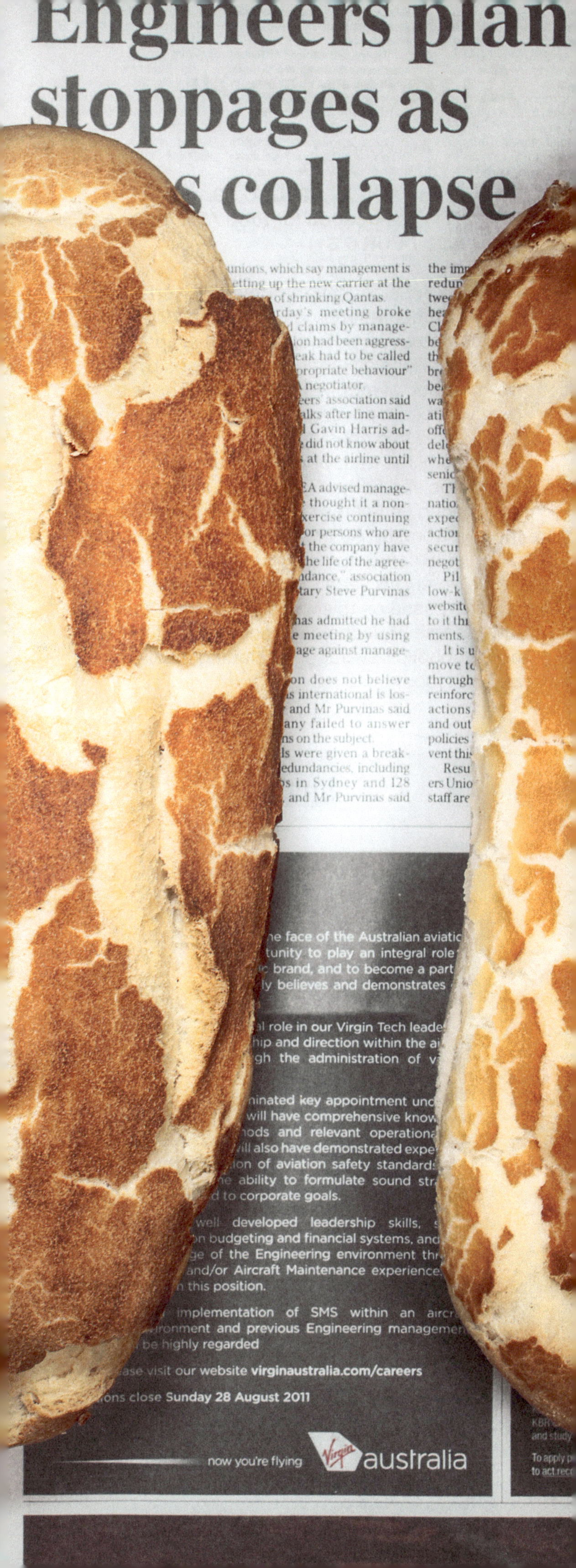

...unions, which say management is
...etting up the new carrier at the
... of shrinking Qantas.
...rday's meeting broke
...d claims by manage-
...ion had been aggress-
...eak had to be called
...propriate behaviour"
... negotiator.
...eers' association said
...alks after line main-
...d Gavin Harris ad-
...did not know about
... at the airline until

...EA advised manage-
... thought it a non-
...xercise continuing
...or persons who are
... the company have
...he life of the agree-
...ndance," association
...tary Steve Purvinas

...has admitted he had
...e meeting by using
...age against manage-

...on does not believe
...s international is los-
... and Mr Purvinas said
...any failed to answer
...ns on the subject.
...ls were given a break-
...edundancies, including
...s in Sydney and 128
... and Mr Purvinas said

the imp...
redun...
twee...
hea...
Cl...
be...
th...
bre...
bea...
wa...
ati...
offe...
dele...
whe...
senio...

Th...
natio...
exped...
action...
secur...
negot...

Pil...
low-k...
websit...
to it thr...
ments.
It is u...
move to...
through...
reinforc...
actions...
and out...
policies...
vent this...

Resu...
ers Unio...
staff are...

...he face of the Australian aviatio...
...tunity to play an integral role...
...c brand, and to become a part...
...ly believes and demonstrates...

...al role in our Virgin Tech leade...
...hip and direction within the ai...
...gh the administration of v...

...minated key appointment und...
...will have comprehensive know...
...nods and relevant operationa...
...ill also have demonstrated expe...
...ion of aviation safety standards...
...he ability to formulate sound str...
...d to corporate goals.

...well developed leadership skills, s...
...on budgeting and financial systems, and...
...ge of the Engineering environment thr...
...and/or Aircraft Maintenance experience...
...n this position.

...implementation of SMS within an aircr...
...ronment and previous Engineering managemen...
...n be highly regarded

...ase visit our website virginaustralia.com/careers

...ons close Sunday 28 August 2011

KBR...
and study...

To apply p...
to act rec...

Australia AU

Sydney | August 2011

Poverty line AUD 31.08 (USD 33.13 / EUR 23.17); allocation for food AUD 7.52 (USD 8.02 / EUR 5.61)

Australia does not have an official poverty line, but a common reference used is the 1973 Henderson poverty inquiry line, developed by Professor Ronald Henderson and used by the Commission of Inquiry into Poverty. This is a relative income poverty line that takes different family sizes into consideration. This has been updated by the Melbourne Institute of Applied Economic and Social Research on a quarterly basis using estimates of household disposable income from the Australian Bureau of Statistics (ABS). ABS conducts the Household Expenditure Survey every six years. The figure for this case study is based on this calculation along with low-income household expenditure on food and non-alcoholic beverages (including meals out and fast food).

Household Economic Well-Being Indicators, Australia, 2005–6, 2013–14 and 2015–16

Economic Indicator
Gini coefficient for equivalized disposable household income
Gini coefficient for gross household income
Mean weekly equivalized disposable household income
Mean weekly gross household income
Median weekly equivalized disposable household income
Median weekly gross household income
Gini coefficient for household net worth
Mean household net worth
Median household net worth
Proportion of households with debt
Proportion of households with debt three or more times income

Source: Australian Bureau of Statistics

Homeless Rate (per 10,000 Persons) by State and Territory of Usual Residence, 2001, 2006, 2011 and 2016

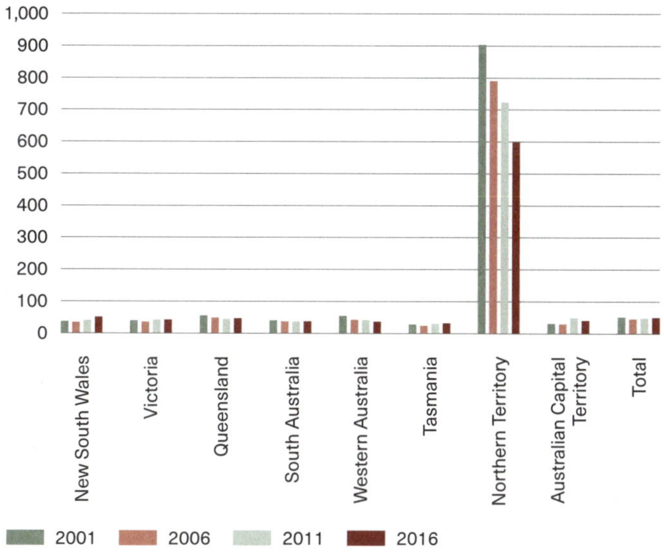
1,000
900
800
700
600
500
400
300
200
100
0
New South Wales
Victoria
Queensland
South Australia
Western Australia
Tasmania
Northern Territory
Australian Capital Territory
Total
2001
2006
2011
2016

Source: Australian Bureau of Statistics

Household Consumer Debt by Employment Status, 2014

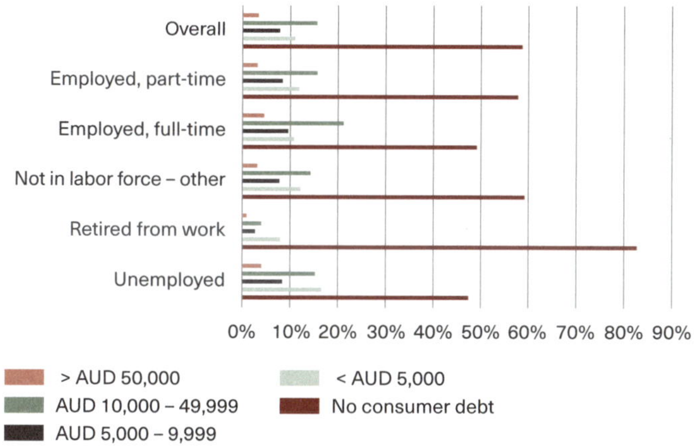
Overall
Employed, part-time
Employed, full-time
Not in labor force – other
Retired from work
Unemployed
0% 10% 20% 30% 40% 50% 60% 70% 80% 90%
> AUD 50,000
AUD 10,000 – 49,999
AUD 5,000 – 9,999
< AUD 5,000
No consumer debt

Source: Australian Bureau of Statistics

2005–6	2013–14	2015–16
0.314	0.333	0.323
0.425	0.446	0.434
AUD 843	AUD 1,029	AUD 1,009
AUD 1,713	AUD 2,128	AUD 2,109
AUD 729	AUD 870	AUD 853
AUD 1,346	AUD 1,596	AUD 1,616
0.593	0.605	0.605
AUD 722,200	AUD 835,300	AUD 929,400
AUD 436,000	AUD 476,000	AUD 527,000
72.20%	71.17%	73.60%
23.9%	26.0%	27.2%

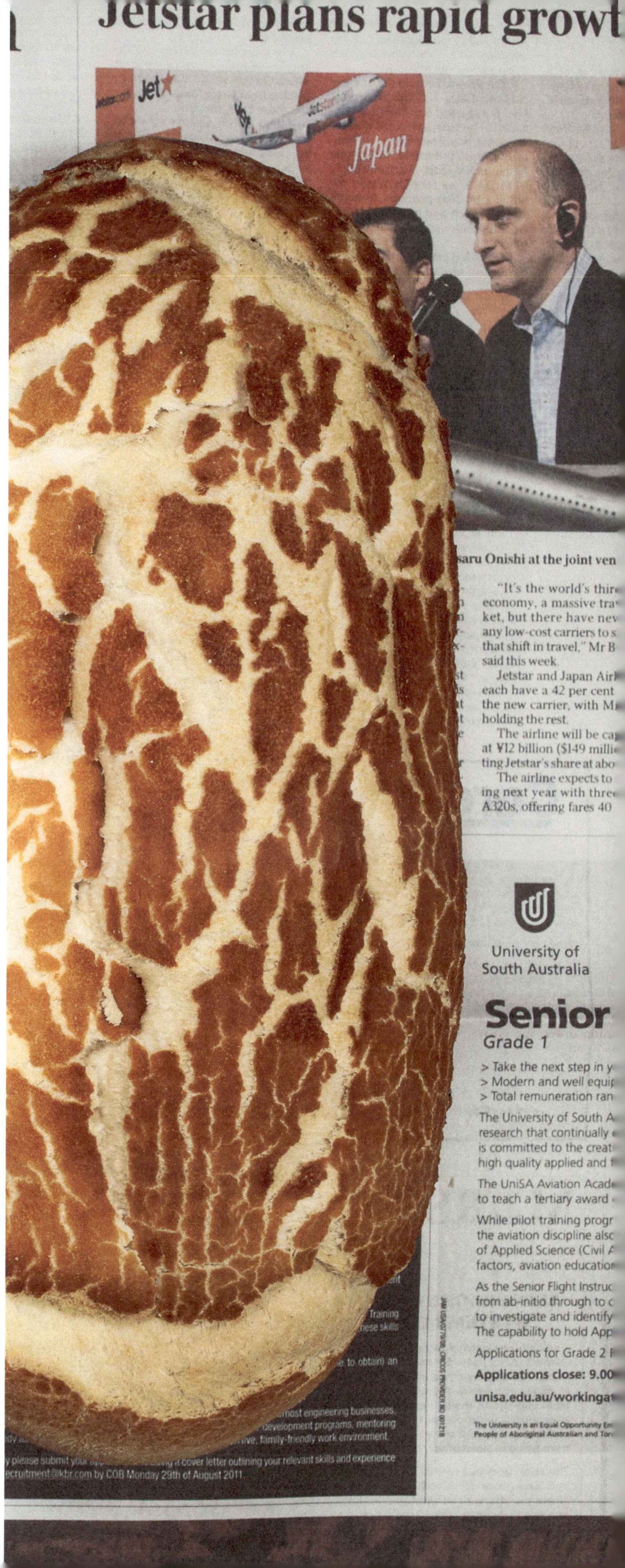
Jetstar plans rapid growt
Jet★
Japan
saru Onishi at the joint ven
"It's the world's thir
economy, a massive tra
ket, but there have nev
any low-cost carriers to s
that shift in travel," Mr B
said this week.
Jetstar and Japan Air
each have a 42 per cent
the new carrier, with M
holding the rest.
The airline will be ca
at ¥12 billion ($149 milli
ting Jetstar's share at abo
The airline expects to
ing next year with thre
A320s, offering fares 40
University of South Australia
Senior
Grade 1
> Take the next step in y
> Modern and well equi
> Total remuneration ran
The University of South A
research that continually
is committed to the creat
high quality applied and
The UniSA Aviation Acad
to teach a tertiary award
While pilot training progr
the aviation discipline als
of Applied Science (Civil
factors, aviation educatio
As the Senior Flight Instruc
from ab-initio through to
to investigate and identify
The capability to hold App
Applications for Grade 2
Applications close: 9.00
unisa.edu.au/workinga
Training
to obtain an
most engineering businesses,
development programs, mentoring
family-friendly work environment.
please submit your
a cover letter outlining your relevant skills and experience
ecruitment@kbr.com by COB Monday 29th of August 2011

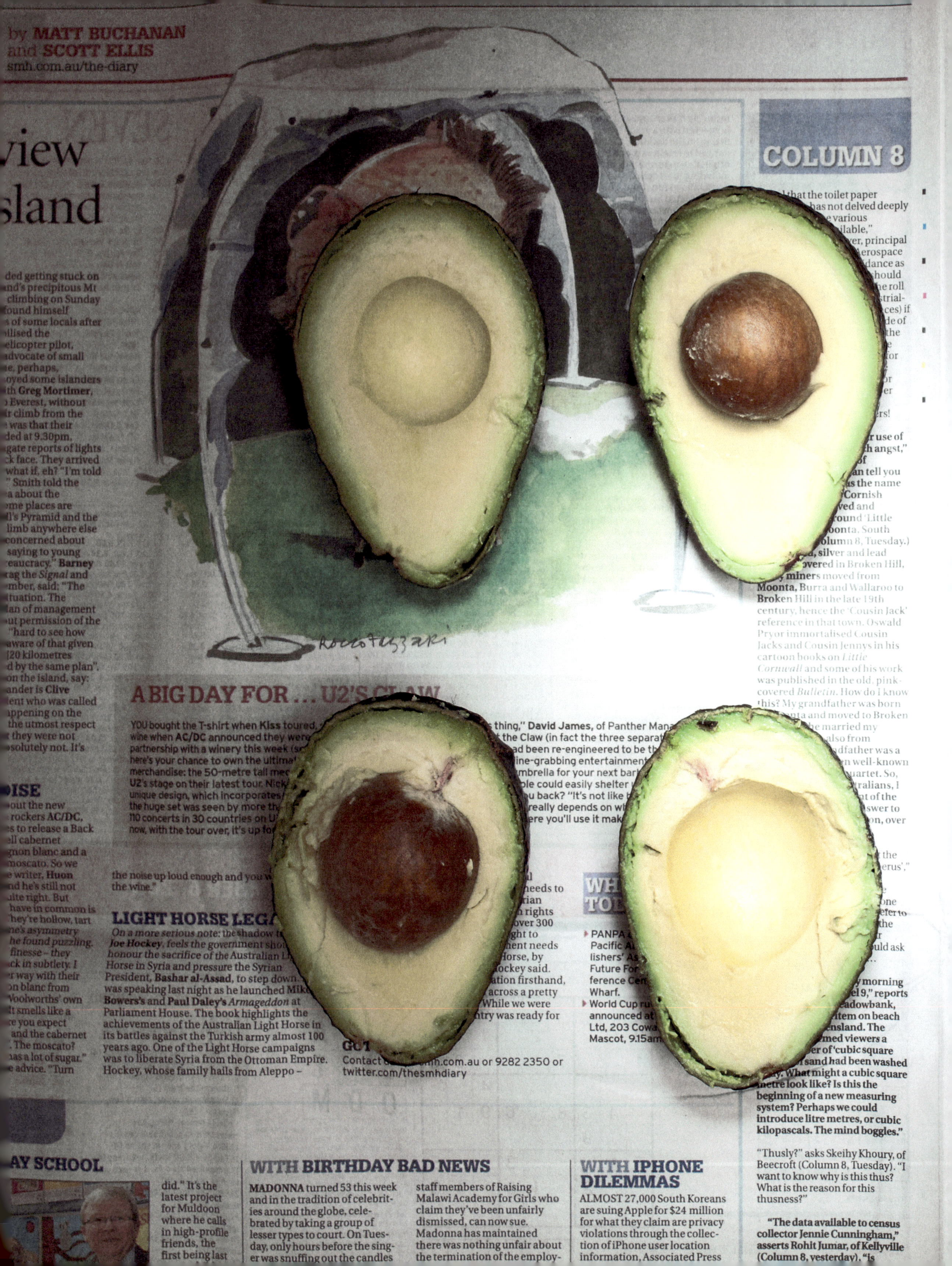

view
sland

ded getting stuck on
nd's precipitous Mt
climbing on Sunday
found himself
s of some locals after
illised the
elicopter pilot,
advocate of small
e, perhaps,
oyed some islanders
th **Greg Mortimer**,
Everest, without
r climb from the
was that their
ded at 9.30pm,
gate reports of lights
ck face. They arrived
what if, eh? "I'm told
" Smith told the
a about the
me places are
l's Pyramid and the
limb anywhere else
concerned about
saying to young
eaucracy." **Barney**
ag the *Signal* and
mber, said; "The
tuation. The
an of management
ut permission of the
"hard to see how
aware of that given
20 kilometres
d by the same plan",
on the island, say:
ander is **Clive**
ent who was called
ppening on the
the utmost respect
they were not
solutely not. It's

OISE

out the new
rockers **AC/DC**,
es to release a Back
ll cabernet
gnon blanc and a
moscato. So we
e writer, **Huon**
nd he's still not
ite right. But
have in common is
they're hollow, tart
ne's asymmetry
he found puzzling.
finesse – they
ck in subtlety. I
r way with their
on blanc from
Woolworths' own
t smells like a
re you expect
and the cabernet
. The moscato?
as a lot of sugar."
e advice. "Turn

A BIG DAY FOR … U2'S CLAW

YOU bought the T-shirt when **Kiss** toured,
wine when **AC/DC** announced they were
partnership with a winery this week (so
here's your chance to own the ultimate
merchandise: the 50-metre tall mec
U2's stage on their latest tour. Nick
unique design, which incorporates
the huge set was seen by more th
110 concerts in 30 countries on U
now, with the tour over, it's up fo

the noise up loud enough and you w
the wine."

thing," **David James**, of Panther Mana
t the Claw (in fact the three separat
ad been re-engineered to be th
ine-grabbing entertainment
mbrella for your next bar
ple could easily shelter
u back? "It's not like t
really depends on wh
ere you'll use it mak

LIGHT HORSE LEGA

On a more serious note: the shadow tr
Joe Hockey, feels the government sho
honour the sacrifice of the Australian L
Horse in Syria and pressure the Syrian
President, **Bashar al-Assad**, to step down
was speaking last night as he launched Mike
Bowers's and **Paul Daley's** *Armageddon* at
Parliament House. The book highlights the
achievements of the Australian Light Horse in
its battles against the Turkish army almost 100
years ago. One of the Light Horse campaigns
was to liberate Syria from the Ottoman Empire.
Hockey, whose family hails from Aleppo –

needs to
tian
h rights
over 300
ght to
ent needs
Horse, by
ockey said.
ation firsthand,
across a pretty
While we were
ntry was ready for

GC1
Contact …mh.com.au or 9282 2350 or
twitter.com/thesmhdiary

WH…
TO…

▸ PANPA
Pacific A
lishers' As
Future For
ference Cen
Wharf.
▸ World Cup ru
announced at
Ltd, 203 Cowa
Mascot, 9.15am

that the toilet paper
has not delved deeply
e various
ilable,"
er, principal
erospace
dance as
hould
he roll
strial-
ces) if
de of
the
e
for
or
er
rs!
r use of
h angst,"
of
an tell you
s the name
Cornish
ved and
ound 'Little
onta, South
olumn 8, Tuesday.)
d, **silver** and lead
overed in Broken Hill,
miners moved from
Moonta, Burra and Wallaroo to
Broken Hill in the late 19th
century, hence the 'Cousin Jack'
reference in that town. Oswald
Pryor immortalised Cousin
Jacks and Cousin Jennys in his
cartoon books on *Little
Cornwall* and some of his work
was published in the old, pink-
covered *Bulletin*. How do I know
this? My grandfather was born
nta and moved to Broken
he married my
also from
dfather was a
n well-known
uartet. So,
ralians, I
t of the
swer to
on, over
t the
erus',"
e
one
efer to
the
r
uld ask
…
morning
el 9," reports
adowbank,
item on beach
nsland. The
med viewers a
er of 'cubic square
sand had been washed
y. What might a cubic square
netre look like? Is this the
beginning of a new measuring
system? Perhaps we could
introduce litre metres, or cubic
kilopascals. The mind boggles."

"Thusly?" asks Skeihy Khoury, of
Beecroft (Column 8, Tuesday). "I
want to know why is this thus?
What is the reason for this
thusness?"

**"The data available to census
collector Jennie Cunningham,"**
asserts Rohit Jumar, of Kellyville
(Column 8, yesterday), "is

AY SCHOOL

did." It's the
latest project
for Muldoon
where he calls
in high-profile
friends, the
first being last

WITH BIRTHDAY BAD NEWS

MADONNA turned 53 this week
and in the tradition of celebrit-
ies around the globe, cele-
brated by taking a group of
lesser types to court. On Tues-
day, only hours before the sing-
er was snuffing out the candles

staff members of Raising
Malawi Academy for Girls who
claim they've been unfairly
dismissed, can now sue.
Madonna has maintained
there was nothing unfair about
the termination of the employ-

WITH IPHONE DILEMMAS

ALMOST 27,000 South Koreans
are suing Apple for $24 million
for what they claim are privacy
violations through the collec-
tion of iPhone user location
information, Associated Press

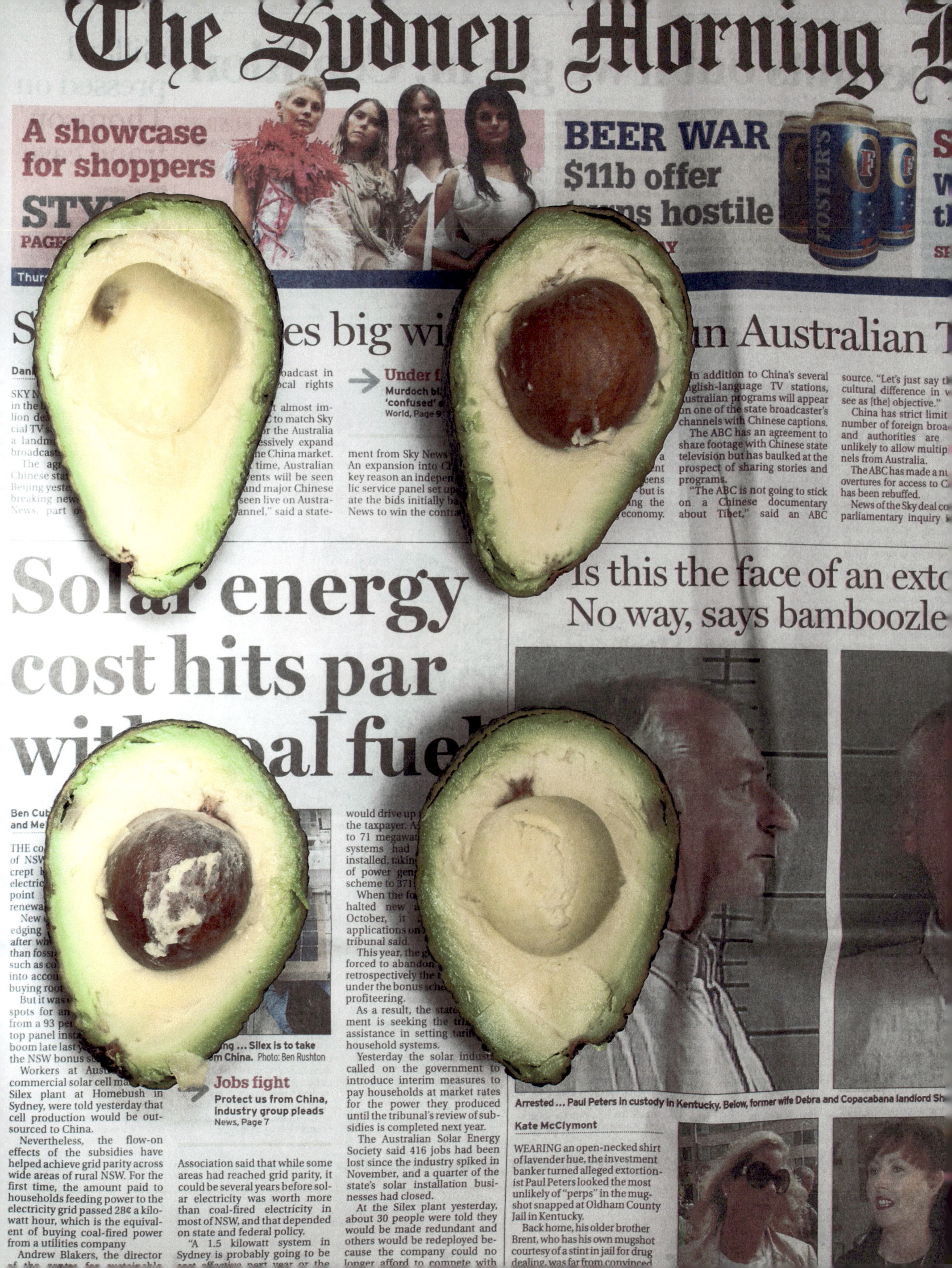

The Sydney Morning
A showcase
for shoppers
STYLE
PAGES
BEER WAR
$11b offer
looms hostile
FOSTER'S
Solar energy
cost hits par
with coal fuel
Is this the face of an exto
No way, says bamboozle
Jobs fight
Protect us from China,
industry group pleads
News, Page 7
Arrested ... Paul Peters in custody in Kentucky. Below, former wife Debra and Copacabana landlord Sh
Kate McClymont
WEARING an open-necked shirt
of lavender hue, the investment
banker turned alleged extortion-
ist Paul Peters looked the most
unlikely of "perps" in the mug-
shot snapped at Oldham County
Jail in Kentucky.
Back home, his older brother
Brent, who has his own mugshot
courtesy of a stint in jail for drug
dealing, was far from convinced

the face of David
Clooney's hooked
e, even **Dr Harry**
Frontline flea care
akes those
; he is getting paid
e group of
des of promotion
ar certain labels.
red, a television
reality series best
described as an
execrable parade
of ignorance and
rash populated by
cartoon-like
'Guidos and
Guidettes' (their
own words, not
ours), are
apparently being
offered cash and
ree products by
companies
desperate to see
Abercrombie &
ed a "substantial
hael "The
wearing their
e show is for
atement from the
ve this
spirational
e distressing to
icole "Snooki"
esented with
cently in the
ed carrying them
sition's bags by
stop toting
or PEPP (Pre-
marketing
urer **Jeremy**
say to *The Ethics*
e long-winded
to this: Some
an be associated
re team, that
er.

APPY

a car park trying
the jalopy on
1st near the lifts
about it for half
ved ones/self/all
er. Westfield is
op at its Bondi
ain, centres that
car spaces are
will also locate the
centre
ndant] executive,
eeting this week
will take the
g to park at, a
neral manager
old the Diary at
ook Check In

Deals, that the car park app was the first in the world to be offered by a retail mall and would surely be one of the more useful for a shopper.

BANKING ON FACEBOOK

Another member of the old establishment embracing the new is the Commonwealth Bank, which has joined forces with Facebook to tempt fresh customers. Walk in to a Commonwealth branch, their offer goes, check yourself in via Facebook Places then open an Everyday Accounts and you'll get free movie passes for a year. To be accurate, it's a double pass per month for a year and you have to use the debit card that comes with your new account and keep the account open for 12 months, but that's still a long way from the Facebook," Murray said. "We're finding it's a great way to interact with our customers, communicate offers and provide customer service." And yes, Murray said he is aware of the possibility of a wayward teen going viral on their Facebook page and inviting thousands of kids to a party at their nearest branch. "[We've] always get to watch the...

▶ The Run Diamond epic: Seb Perhauz to run 118km from Palm Beach to Cronulla to raise $10,000 for Sydney Children's Hospital at Randwick
▶ 52 Suburbs photographic exhibition, Museum of Sydney,

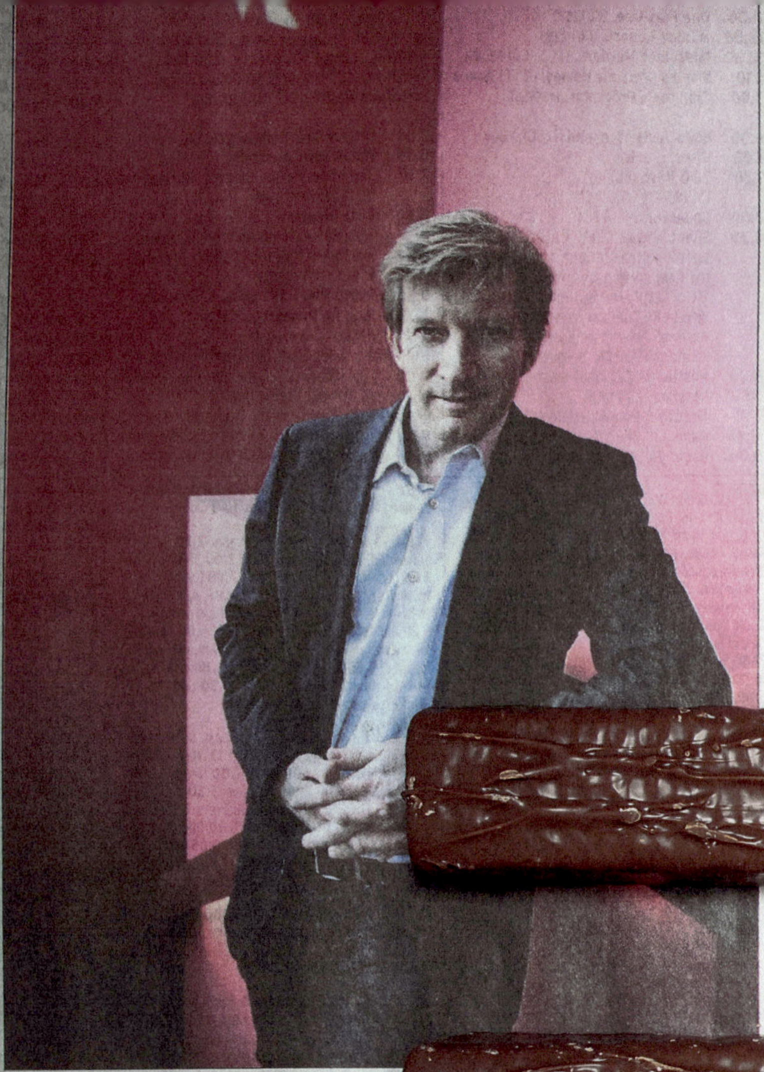

below, with the cast of *Voices from the Wayside*). "As a young boy my father used to take me to see theatre productions … and one of the places he took me was the Wayside. And there was this little theatre in the building that was just about derelict. And, on quite a few Sundays throughout my early life we'd hop up there and put ourselves in that very little theatre and see incredible things occur before our eyes. It was influential." Wenham told The Diary that his father, who worked for St

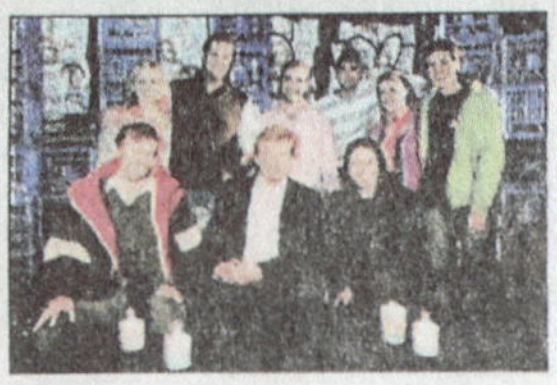

Vincent de Paul for more than 50 years, was a great admirer of the work of Ted Noffs. When Wenham moved into Potts Point, he carried on some of the spirit of his father's work when he accepted the Wayside Chapel's offer to become one of its ... big one ... eight actors, using the actual words, obviously, of visitors, volunteers and people who work here, and I understand it's very affecting, amusing and moving," Wenham said. *Voices from the Wayside* runs until August 28.

WITH DEPARDIEU BEHAVING BADLY

IT COULD have been a scene from a scatological French farce – one of the many films that have made him France's best-known actor, reports the London *Telegraph*. A drunken **Gerard Depardieu**, right, is caught short on a Paris-to-Dublin flight after the seat-belt sign has been switched on for take-off. With the lavatories closed, the 62-year-old calls out: "I need to p---, I need to p---." But the cabin crew says "non", he will have to wait until the plane is airborne. So the star of *Cyrano de Bergerac*, *Jean de Florette* and *Green Card* decides to take matters into his own hands: he stands up, unzips his fly and relieves himself in the cabin. While the scene may have brought the house down in French cinema theatres, the real-life incident failed to raise a laugh from irate passengers of the Dublin-based CityJet airline on Tuesday; they were told Mr Depardieu's antics meant the plane would be grounded for two hours while staff cleaned the carpet. The French star, who was travelling with two companions, was thrown off the flight and told to book another. An outraged female passenger told France's Europe 1 radio station: "Mr Depardieu got up, calling out: 'I need to p---, I need to p---' " as the plane was heading to the runway. "The air hostess replied: 'I am sorry, you'll have to wait 15 minutes until we are in the air. Everyone is strapped in, the toilets are shut, I can do nothing for you." If only they had said "oui" instead.

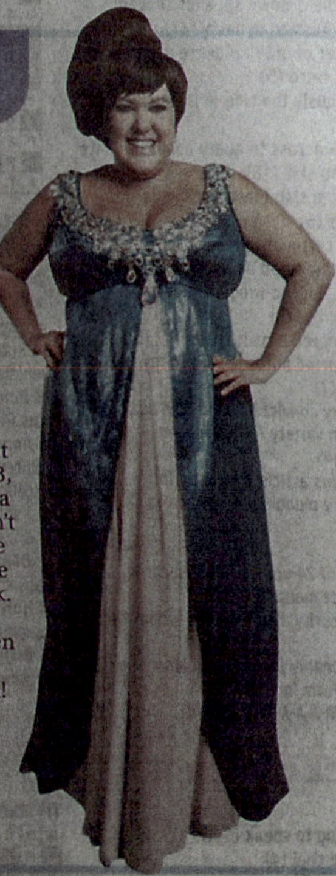

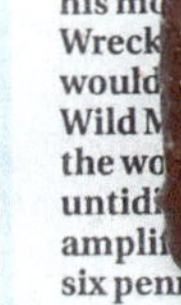

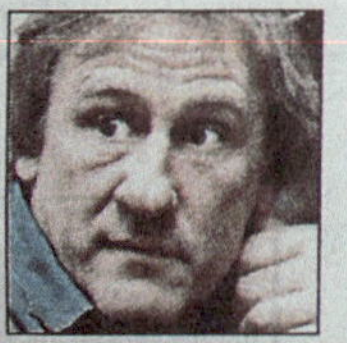

WITH A LACK OF WISDOM

JULIAN CRIBB, a writer for *Nature* has appealed to the magazine's readers to come up with a new name for humanity on the ground that Homo Sapiens Sapiens rather overrates our species' sapience, or wisdom. He writes: "Homo sapiens was the name Carl Linnaeus assigned to our species in 1758, when humanity may indeed have seemed 'wise' relative to others. Today, this name is up for debate, given our questionable ability to control the potential disasters we have unleashed. An animal that imperils its own future and that of most other life forms and ecosystems does not merit a single 'sapiens', let alone the two we now bear." His proposition, though a shade masochistic, is hard to fault. Might we suggest Homer-Simpsonicus?

similar noise." This is not helpful, and it gets worse. "At the risk of appearing heartless and unfeeling," hazards Greg Oehm, of Goulburn, "is there a possibility that your original flanger wasn't nicked back in 1977, but confiscated by the music style police?" Hurrumph. More tomorrow …

"When speaking of singular occurrences of vowels, why are a, e, i and o referred to as 'an', and u referred to as 'a'?" asks Denis Peadon, of Baulkham Hills. "Eg, 'cat' has AN 'a' in it, while 'cut' has A 'u' in it."

"Regarding Bruce's washing machine question," writes Lyndle Hardstaff, of Ubud, Bali, Indonesia (Column 8, Wednesday), "I'm fairly certain that the holes are diagonally shaped because as the washing machine goes into its spin cycle, water droplets stream out of the laundry in a spiral travelling away from the clothes. Diagonal holes are probably better at catching those droplets. And why left/right? My front-loader always did a spin in each direction (clockwise and anti-), perhaps top-loaders do the same."

"Nev... Off... pow... of H... We... pu... sudd... syndr... vellous proclamation printed on the side: 'Welcome to the wonderful world of winter!' What were they thinking?"

"The title of Henry Wadsworth Longfellow's famous poem *The Wreck* ... in our ... feeling ... especially ... men... deca... of Ea... yesterday ... was a ... poem was based on the wreck of a different ship altogether, when Longfellow was fascinated by an account of a female body with streaming hair found lashed to a broken mast."

Rod McFarlane, of Willoughby, also rec... his m... Wreck ... would... Wild M... the wo... untidi... amplif... six penn...

"Oh dear, references to Lydia the Tattooed Lady now means, I imagine, an entire column devoted to Longfellow and Groucho Marx, and probably the Battle of Waterloo, too," frets Kevin Sadlier, of Kogarah, "with scant space for any other items. Although, when I think of it, no more loo paper references would be a good thing." Agreed. Consider the subject flushed.

"The little grey cells of Hercule Poirot have weighed in on the global warming debate," reports Patricia Egan, of Malabar, "on the deniers' side. In the umpteenth re-run of the episode *Double Sin*, he declared that the world becomes three degrees cooler every 12,000 years. Can we expect to see this unlikely source quoted by the nay-sayers in future?"

Column8@smh.com.au *(no attachments please). Phone 9282 2207 fax 9282 2772. (include name, suburb, daytime phone)*

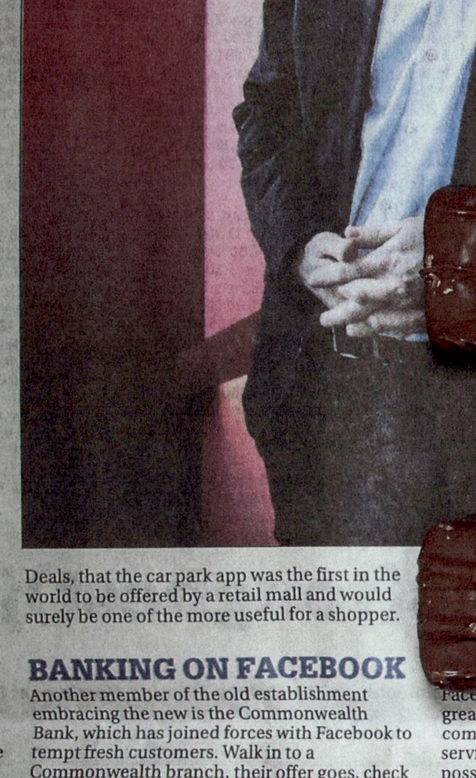

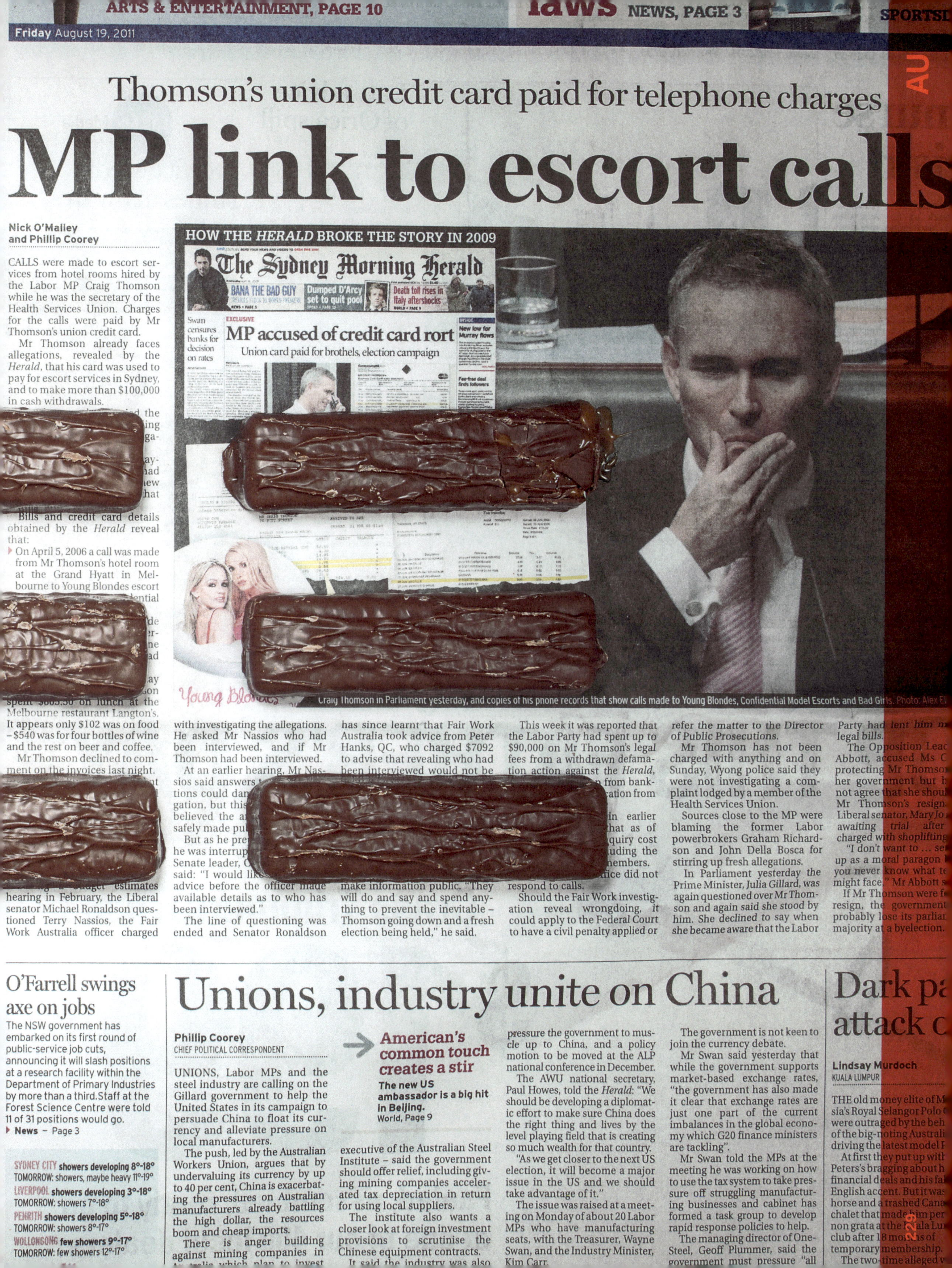

Thomson's union credit card paid for telephone charges

MP link to escort calls

**Nick O'Malley
and Phillip Coorey**

CALLS were made to escort services from hotel rooms hired by the Labor MP Craig Thomson while he was the secretary of the Health Services Union. Charges for the calls were paid by Mr Thomson's union credit card.

Mr Thomson already faces allegations, revealed by the *Herald*, that his card was used to pay for escort services in Sydney, and to make more than $100,000 in cash withdrawals.

Bills and credit card details obtained by the *Herald* reveal that:
▶ On April 5, 2006 a call was made from Mr Thomson's hotel room at the Grand Hyatt in Melbourne to Young Blondes escort

spent $603.00 on lunch at the Melbourne restaurant Langton's. It appears only $102 was on food – $540 was for four bottles of wine and the rest on beer and coffee.

Mr Thomson declined to comment on the invoices last night.

estimates hearing in February, the Liberal senator Michael Ronaldson questioned Terry Nassios, the Fair Work Australia officer charged

with investigating the allegations. He asked Mr Nassios who had been interviewed, and if Mr Thomson had been interviewed.

At an earlier hearing, Mr Nassios said answers to questions could damage the investigation, but this week he believed the answers could be safely made public.

But as he prepared to speak he was interrupted by the Senate leader, Chris Evans, who said: "I would like to take advice before the officer made available details as to who has been interviewed."

The line of questioning was ended and Senator Ronaldson

has since learnt that Fair Work Australia took advice from Peter Hanks, QC, who charged $7092 to advise that revealing who had been interviewed would not be make information public. "They will do and say and spend anything to prevent the inevitable – Thomson going down and a fresh election being held," he said.

This week it was reported that the Labor Party had spent up to $90,000 on Mr Thomson's legal fees from a withdrawn defamation action against the *Herald*, in earlier that as of inquiry cost including members. office did not respond to calls.

Should the Fair Work investigation reveal wrongdoing, it could apply to the Federal Court to have a civil penalty applied or refer the matter to the Director of Public Prosecutions.

Mr Thomson has not been charged with anything and on Sunday, Wyong police said they were not investigating a complaint lodged by a member of the Health Services Union.

Sources close to the MP were blaming the former Labor powerbrokers Graham Richardson and John Della Bosca for stirring up fresh allegations.

In Parliament yesterday the Prime Minister, Julia Gillard, was again questioned over Mr Thomson and again said she stood by him. She declined to say when she became aware that the Labor Party had lent him money for his legal bills.

The Opposition Leader, Tony Abbott, accused Ms Gillard of protecting Mr Thomson and her government but he did not agree that she should call for Mr Thomson's resignation. Liberal senator, Mary Jo is awaiting trial after being charged with shoplifting.

"I don't want to ... set myself up as a moral paragon because you never know what trouble you might face," Mr Abbott said.

If Mr Thomson were forced to resign, the government would probably lose its parliamentary majority at a byelection.

HOW THE *HERALD* BROKE THE STORY IN 2009

The Sydney Morning Herald

Craig Thomson in Parliament yesterday, and copies of his phone records that show calls made to Young Blondes, Confidential Model Escorts and Bad Girls. Photo: Alex El[...]

O'Farrell swings axe on jobs

The NSW government has embarked on its first round of public-service job cuts, announcing it will slash positions at a research facility within the Department of Primary Industries by more than a third. Staff at the Forest Science Centre were told 11 of 31 positions would go.
▶ **News** – Page 3

Unions, industry unite on China

Phillip Coorey
CHIEF POLITICAL CORRESPONDENT

UNIONS, Labor MPs and the steel industry are calling on the Gillard government to help the United States in its campaign to persuade China to float its currency and alleviate pressure on local manufacturers.

The push, led by the Australian Workers Union, argues that by undervaluing its currency by up to 40 per cent, China is exacerbating the pressures on Australian manufacturers already battling the high dollar, the resources boom and cheap imports.

There is anger building against mining companies in Australia which plan to invest executive of the Australian Steel Institute – said the government should offer relief, including giving mining companies accelerated tax depreciation in return for using local suppliers.

The institute also wants a closer look at foreign investment provisions to scrutinise the Chinese equipment contracts.

It said the industry was also pressure the government to muscle up to China, and a policy motion to be moved at the ALP national conference in December.

The AWU national secretary, Paul Howes, told the *Herald*: "We should be developing a diplomatic effort to make sure China does the right thing and lives by the level playing field that is creating so much wealth for that country.

"As we get closer to the next US election, it will become a major issue in the US and we should take advantage of it."

The issue was raised at a meeting on Monday of about 20 Labor MPs who have manufacturing seats, with the Treasurer, Wayne Swan, and the Industry Minister, Kim Carr.

The government is not keen to join the currency debate.

Mr Swan said yesterday that while the government supports market-based exchange rates, "the government has also made it clear that exchange rates are just one part of the current imbalances in the global economy which G20 finance ministers are tackling".

Mr Swan told the MPs at the meeting he was working on how to use the tax system to take pressure off struggling manufacturing businesses and cabinet has formed a task group to develop rapid response policies to help.

The managing director of One-Steel, Geoff Plummer, said the government must pressure "all

> **American's common touch creates a stir**
> The new US ambassador is a big hit in Beijing.
> World, Page 9

Dark pa[...] attack c[...]

Lindsay Murdoch
KUALA LUMPUR

THE old money elite of Malaysia's Royal Selangor Polo Club were outraged by the behaviour of the big-noting Australian driving the latest model Ferrari.

At first they put up with Peters's bragging about his financial deals and his fake English accent. But it was a horse and a trashed Canadian chalet that made him persona non grata at the Kuala Lumpur club after 18 months of temporary membership.

The two-time alleged v[...]

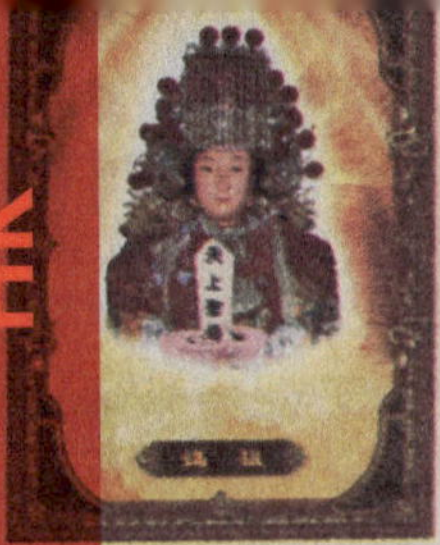

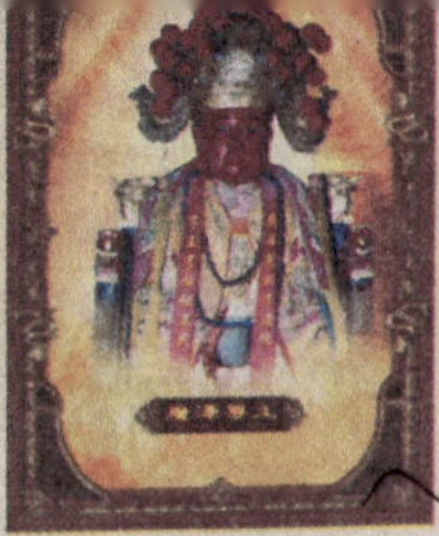

廣澤尊王

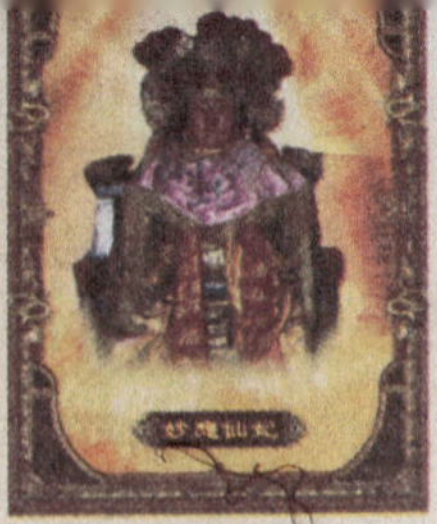

妙應仙妃

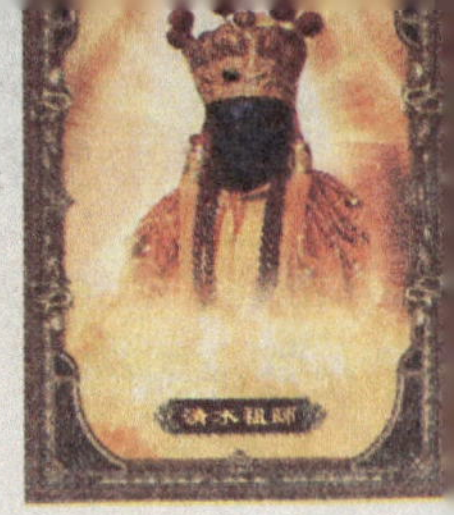

清水祖師

天上聖母、娘媽，是歷代海洋貿易者、和漁民共同信奉的神祇，尤其是在福建、東南亞中有廣泛的媽祖信仰，許多沿海的真名為林默，又稱林默娘，於宋代生於莆田縣湄洲島，宋太宗雍熙四年。

媽祖資料中最早的一篇，南宋廖鵬飛撰《聖墩記》中記載：媽祖生前是位女巫，每應驗，深受當地沿海百姓的信賴與愛戴。後屢顯靈應於海上，渡海者皆禱。

的寧海聖墩廟被特賜廟號「順濟」。其後歷代褒封，復而有加，從1156年起至清朝，歷代皇帝先後36次冊封，封號由「夫人」、「妃」、「天妃」，48年）封「天后」，再到嘉慶七年母無疆元君」，封號已達無以復加的地步，進行春秋祭祀。

康熙二十二年（1683年），在台南建首座官方媽祖廟，隨後全島各地媽祖廟信仰十分普遍，台胞三分之一以上信仰，媽祖廟510座，其中台南一地即有116座，有的叫天妃宮、天后宮、媽祖廟；有的叫宮壇；也有的叫文元宮、朝天宮、雙慈亭、紛陽殿、提標館等。福建、台灣、廣東稱媽祖廟：「姑婆」、「姑婆祖」、「母姑婆」等。據不完全統計，全世界台灣就有信眾1700多萬。

媽祖廟是世界上20多個國家和地區的廟。每年的農曆三月廿三媽祖誕辰，海內外的媽祖信徒紛紛前來進朝。

廣澤尊王 又稱「郭聖王」、「聖公」、「聖王公」、「白眼佛」等，原是五代時期的一位小牧童，一生出名孝子，坐化後成靈顯赫，有求必應，香火逐漸演變成閩南地區有影響的一尊民間神祇，至今在福建、台灣及東南亞一些地區擁有數以百計的分爐和眾多的信仰者。

目前有關廣澤尊王最早的材料為南宋寶慶二年（1226年）的惠州教授王胄所撰《郭山廟記》碑，據考證，廣澤尊王歷史上確有其人，姓郭，名忠福，福建泉州南安縣十二都人，生於同光四年（923年），卒於天福元年（938年）。少小時，因家貧而為人牧牛，雖離家較遠，但仍每天傍晚回家祀奉雙親。不久，其父去世，郭忠福想辦法埋葬父親後，攜母親居住於待山郭山下，李順母親為故。10歲時，牽牛帶酒登上郭山絕頂，坐而不歸。翌日，鄉人找到他時，只見他蛻化於古籐上，牛也只剩下一堆骨頭。鄉人感到驚異，就立廟祭祀，稱郭山廟，或叫將軍廟，又名鳳山寺。

由於郭忠福去世時的情景與道教所謂的「蛻化」相似，故百姓用道教的理論來塑造他，使郭忠福逐從一個牧童逐漸演化為道教俗神，並成為南安的保護神。南宋紹興六年（1136年）11月，泉州南安縣的郭將軍祠被賜廟額為「威鎮」；紹興十三年（1143年）12月，郭將軍被封為「忠應侯」；清同治九年（1870年）四月，又被朝廷賜封「保安」二字。

明清時期，廣澤尊王的影響超出南安縣，南安縣僅十一都、十二都、十三都這三個地方就至少有13座廣澤尊王廟，泉州府的城隍廟、承天寺、開元寺、天后宮等宮廟也供奉有廣澤尊王的神像，晉江陳埭、安海、深滬、惠安洛陽橋北，同安縣城外，永春縣西門外，廈門、漳州、東山、福州、安溪、福安、寧德、連蘇、尤溪、龍岩、漳平等地也有廣澤尊王廟或供奉廣澤尊王的神像。同時，廣澤尊王隨移民傳到台灣省和東南亞一些國家，當時台南的西門外，以及新加坡、馬來西亞也有廣澤尊王廟。

妙應仙妃 就是保安廣澤尊王的妻室，民間傳說，廣澤尊王得道升天之後，娶妻妙應仙妃，妙應仙妃就是保安廣澤尊王的妻子，即是尊王夫人，大部分主祀廣澤尊王的廟宇都有配祀。廣澤尊王夫人俗稱：「聖媽」。

尊王夫人俗姓陳名依娘，號懿德，尤溪陳法師之女，生於五代晉開運甲辰年（公元九四四年）正月十三日。北宋太祖干德年間一日，依娘之母陳氏至鳳山寺進香，見尊王塑像才貌豐雅，不禁脫口而出：「尊王，可惜你是神不是人，若是人，願將吾女依娘許配與你。」次日，依娘隨溪邊洗衣，見一小盒浮水逆流而來，漂至面前，依娘心中疑惑不敢拾取，遂以洗棒推送而去，如此漂來推去者再三。

依娘告訴其母，母囑依娘「今後再有此事，拾回便是」，次日依娘遵母囑，果將逆流而來之小盒拾取，打開一看，內有金釵一支（乃為尊王定情之物），依娘遂藏之於梳妝盒。

北宋干德乙丑年（公元九六五年）五月廿三日，女婚之日，路過鳳山下，花轎被大風捲入廟內，轎夫入廟尋找，發現依娘已座化於尊王之側。依娘之父心有不甘，便施展法術，化成洶湧洪水欲沖毀尊王之廟，尊王亦不甘示弱，化成壯漢，挑一擔碗碟與對陣，當時水以淹至桌下，壯漢便攀坐桌上，隨手拋碗拋碟；拋下一個碗，水即退一分，拋下一個碟，水又減一分，後來索性將所有碗碟一齊倒下，果然滴水不剩，洪水完全退去。

依娘之父在人神大戰後，一病不起，臨終時囑其妻在棺內四隅置炭火，以便鳳山寺燒暖。尊王為白髮老者，力勸其妻，死者不能復生？勿讓死者不安寧。

「聖媽」有屢次顯靈救世後，追封為妙應仙妃。有次姑丈在睡眠中聽見嬰兒哭聲傳出，定眼一看，又無見嬰兒，經過數次情景，向「聖公、聖媽」請示，才知「太保」出世，直到「十三太保」後，嬰兒聲才停息，因此得知有「十三太保」之故。

清水祖師 又稱「麻章上人」。閩南、台灣地區民間都尊稱為「祖師公」。由於其面色可分為：「金面祖師」、「紅面祖師」、「烏面祖師」。民間又稱「蓬鼻祖師」，據說每逢天災人禍變故時，他的鼻子會掉落，暗示災禍的來臨，故得此名。清水祖師是宋代的一名僧人，圓寂後逐漸演變成閩南地區有影響的神祇，至今仍在福建、台灣及東南亞一些地區數千計的分爐和眾多的信仰者。

據宋陳浩然撰寫的……清水祖師俗姓陳，法名普足，宋仁宗景祐四年（10……）（1101年），享年……院，長而結庵於高泰……師，達成業就後……在47都前……雨，……蓬萊人……水巖……溪時…… [部分文字被遮蓋]

二零一一年七月三日（農曆辛卯年六月初三）星期日假座香港銅鑼灣維多利亞公園隆重舉辦恭迎湄洲媽祖金身、保生大帝金身、保安廣澤尊王金身、妙應仙妃金身、□□□身、漳州三平祖師金身、閩西定光古佛金身、南安惠澤尊王金身暨【福建神明佑香江祈福和平大法會】開幕典禮

□□工作部部長	吳仰偉
□戰部副部長	莊奕賢
□議員	譚耀宗
社團聯會主席	林樹哲
□務專員	許英揚
□合會副會長	曾忠南
□協會會長	謝榮增

主禮

藉增榮寵

【福建神明佑香江 祈福和平大法會】籌委會
大會主席：李建超　執行主席：羅清源
籌委會主席：陳勇生

敬邀

「福建神明佑香江 祈福和平大法會」籌委會
大會架構及芳名

□兆	楊孫西	施子清	林銘森	盧文端	陳金烈	陳守仁	吳天賜	吳良好	楊東成	盧溫勝	李賢義 蔡黃玲玲
吳健南	吳達鎔	吳歷田	吳智雄	邱季端	沈秀蓮	呂梓煌	呂輝寶	李小冰	李衍煌	李應生	周珊珊
林煥彰	林經緯	林黎明	林懷宣	姚明摺	姜玉堆	施世築	施展望	施學概	柯捷思	柯達權	洪良華
徐□福	翁雄宇	郭寶良	陳小川	陳天堆	陳永斌	陳亨利	陳君萍	陳奕福（新加坡）		陳通費	陳國雄
陳□□	陳麗云	高閩	張上頂	張克強	張春曉	張國江	張麗明	梅寶鴻	黃少玉	黃仕群	黃結
董吳玲玲	馮郁君	黃正順	黃均瑜	黃志堅	黃亞南（台灣）		黃建國	黃振昌	黃書法	黃琪華	黃蒼煌
楊玉真	楊連嘉	楊萬里	楊鴻耀	蔡世亮	趙華明	鄧錦雄	劉官正	駱志鴻	戴新民（菲律賓）		戴錦文

活

活動時間：2011年7月2日至4日
　　　　　2日上午9時到4日下午
活動地點：香港維多利亞公園
恭請神明：
　內地：莆田湄洲媽祖金身
　　　　閩西武平定光古佛金身
　香港：保生大帝金身　廣澤
活動內容：信眾朝拜福建民間信仰
　　　　派平安米活動 文藝節目表演
主辦單位：【福建神明佑香江 祈福和平大法會】籌委會
承辦單位：中華鳳山廣澤尊王文化交流協會　香港廣澤尊王慈善基金會
協辦單位：

香港莆仙同鄉聯合會	香港漳州同鄉總會　香港閩西聯會
香港安溪同鄉會	香港奎霞同鄉會　南安市社壇雲龍寺

支持單位：

香港圓玄學院	柴灣區街坊福利會
香港三玄宮	寶石事務促進會
香港福建商會	香港福建體育會
香港廈門聯誼總會	香港寧德同鄉誼誼總會
香港南安公會	香港福建三明聯會
香港福建永安聯誼會	港澳南安競豐同鄉會
香港葛州鄉親聯誼會	廣澤尊王龍山慈善總會
連城同鄉聯誼會	香港惠安同鄉總會
香港磁灶同鄉總會	福建泉州藝術學校

三天活動流程

7月2日流程：

時間	內容
07:00-14:00	內容：場地佈置
14:00-17:00	內容：恭請各神明入場儀式
17:00-18:30	內容：安神、淨壇科儀、派平安米科儀、福建式的晚課宗教科儀
19:30-22:00	內容：文藝表演開幕式及泉州藝術學校文藝表演

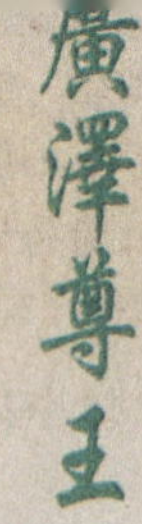

平祖師

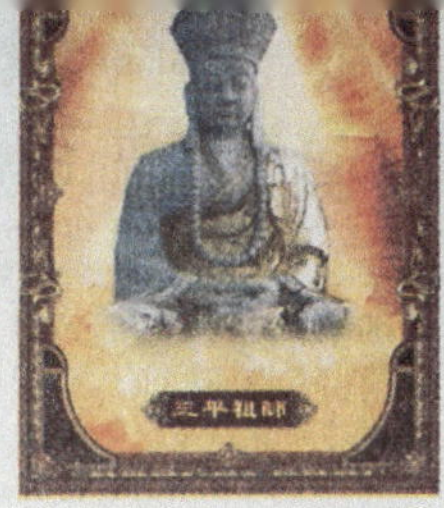

三平祖師又稱廣濟大師，俗名楊義中，原是唐代的一名高僧，死後逐漸演化成佛教俗神，不但在漳州一帶頗有影響，而且在台灣和海外也有眾多的信仰者。他生前創建的漳州市平和縣三平寺，迄今香火鼎盛，每年春秋二季，從海內外來三平寺進香禮拜者，多達數十[illegible]

[illegible]撰寫的《漳州三平大師碑銘並序》是現存最[illegible]中生平的資料：三平祖師俗姓楊，名義[illegible]聞，義中出生於福[illegible]（今泉州），[illegible]受具足戒。[illegible]雲遊天[illegible]到虔州[illegible]海禪師[illegible]的高[illegible]後又[illegible]謁大顛[illegible]於寶[illegible]的三[illegible]宗毀[illegible]和縣三[illegible]宣[illegible]漳州[illegible]十三年[illegible]。

[illegible]已[illegible]傳[illegible]」之[illegible]六月初[illegible]家日和[illegible]行隆重[illegible]

光古佛

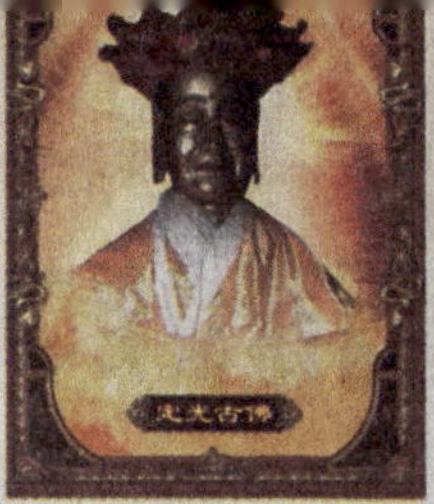

定光古佛又稱定光佛、定光大佛、定光菩薩、定應大師、聖翁等，俗姓鄭，名自嚴，同安人，生前是北宋時期的一名高僧，死後成為閩西地區最有影響的佛教俗神。

《臨汀志》是福建僅存的三部宋修方志之一，是現存較早而且比較詳細記載定光古佛生平和信仰的史書。《臨汀志》載：定光古佛，俗姓鄭，法名自嚴，同安縣人。祖父仕於唐，為四門斬砍使，父任同安令。後唐同光二年（924年）鄭自嚴出生，11歲時出家，依本郡建興寺契緣法師席下。17歲時遊歷江西豫章、廬陵，拜高僧西峰圓淨為師。五年後，告別圓淨法師，雲遊天下。乾德二年（954年），來到武平縣南安巖，見這裡石壁陡峭，巖穴天成，遂結庵於此。景德初（1004年），應邀往江西南康盤古山弘法，住持禪院。三年後返回南安巖。大中祥符四年（1011年），汀州郡守趙遂良慕名延請鄭自嚴到汀州府城，建寺廟於州府後供其居住，以便往來請教。大中祥符八年（1015）正月初六圓寂，享年82歲。

鄭自嚴生前，百姓把他看成是定光佛托胎轉世，死後民間流傳許多關於其除蛟伏虎、疏通航道、祈雨尋泉、為民請命、神通廣大等傳説，因而被百姓正式確認為定光佛的化身，並徑稱「定光古佛」，百姓收集其遺骨和舍利，「塑為真像」，頂禮膜拜。

北宋時期，定光佛成為百姓崇拜的重要對象，認為定光佛除了舊式外，只要虔誠地信奉它，就可以免去各種災難。朝廷也敕封「定光圓應」封號。南宋時期，定光古佛多次被敕封，累封至八字，為「定光圓應普慈通聖大師」，州後庵被賜「定光院額」。明清以來，定光古佛信仰的影響進一步擴大，奉祀定光佛的寺廟增多分佈廣，與定光古佛傳説有關係的「勝跡」遍佈閩西、閩北，與定光古佛有關的某些宗教活動轉化為民俗。

澤尊王

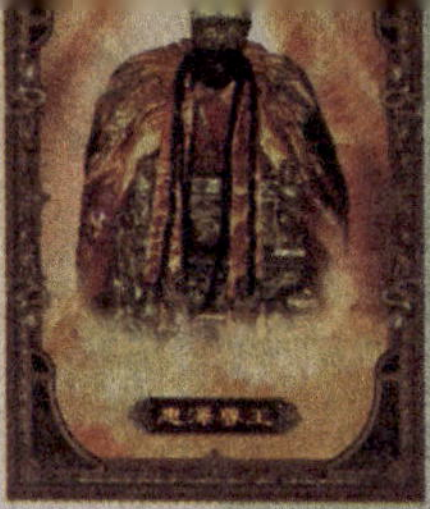

廣澤尊王葉聖王者、南安高田人也。諱森謚廣德侯。有宋教諭葉三翁第十一世孫、父廷顯元君母大仙陳氏、弟三復、昆仲二人王居其長。初太王樂善好施、積德甚厚。嘗夜三桂交柯、飛星入室。晨興異香撲鼻紫氣迎眸。心竊奇之！乃未幾而太妃娠矣。於宋淳熙十六年己酉十二月初十日誕生王、名之曰森、其以此歟。王生而穎異、少而豪傑。獨居凌雲堂、不茹葷、不受室、亦不與庸俗、偶吉凶禍福、所言多奇中。嘉定元年戊辰王年二十歲、一旦沐浴更衣，端坐而兑。鄉人德之、立廟上宮。今慈濟宮其故址也。後屢著靈異、凡有祈禱如谷受響。嘉定末有功於朝、寧宗遣官繼敕封之授其秩曰：威武惠澤尊王、並賜祀典。夫立功大者、爵必高。賜爵高者、澤必長。受封以來神光愈熾、水火盜賊、王則捍之。災殃疾疫、王則御之。歷今數百年，其所以護國裨民者、功難殫述……宜乎懋德音懋著、英聲爛然祝朝曛者、歌載道焉、暴牲者、人如雲也！於戲懿哉、神傑亦由地靈哉！高田之山半插雲日嶄巖乎、南之北、安之東、而葉聖王產焉、文章為泉名、岫峭撥乎、南之北、永之南、而郭聖王居焉。二山雖離三十里許，其胍同發天柱雄鎮對峙、正氣特鍾。二王一以慈聞一以孝著。報國同時、榮封同爵。其神光普照、兩地如同一轍、亦可知山嶽之鍾毓者大也則後此億萬斯年。而王之聲靈赫濯、亦將與日月經天江河緯地同垂。永久則勿替也夫！

生大帝

保生大帝又稱吳真人、大[illegible]花橋公等，原名吳本，生[illegible]醫術高明、醫德高尚的醫[illegible]有影響的醫神。

根據楊志、莊夏《慈[illegible]人。生於太平興國四年(9[illegible]宗景祐三年(1036年)五月[illegible]學醫，長而醫術精湛，醫[illegible]為了紀念吳本，自發在吳[illegible]建簡易小祠——龍湫庵，[illegible]真人」，虔加祭禱。南宋[illegible]窄小的龍湫庵擴建為巍[illegible]宮）。同年，白礁民眾也[illegible]礁慈濟宮（慈濟西宮），[illegible]年，為漳州、泉州兩地民[illegible]

最初人民對吳本的崇[illegible]德色彩，到了南宋時期，[illegible]但能以各種「靈異」治癒[illegible]也勝過靈丹妙藥。同時，[illegible]建築物的規制不斷擴大，[illegible]區。南宋乾道元年以後，[illegible]有文獻記載的就達14次之[illegible]

進入明清，吳本的神[illegible]次誥封，達到「大帝」的[illegible]並不多見。期間，保生大[illegible]圍不斷擴大，各地奉祀保[illegible]同時，保生大帝信仰還隨[illegible]及東南亞一帶。此後，鄭[illegible]後帶來的多次閩人移台高[illegible]信仰在台灣的傳播。時至[illegible]台灣的一種強勢地方神信[illegible]

[illegible]江 祈福和平大法會」捐獻平安米贊助人

註解：以下為截止到6月29日，通過籌委會財務組確認收取以及賓信[illegible]
在6月29日之後直到大會結束，籌委會將會對此場活動的數[illegible]
承辦單位香港廣澤尊王慈善基金會刊物《廣澤尊王報》刊登[illegible]

稱謂	善信芳名	平安米包數
[illegible]	[illegible]呂　榕	[illegible]
	楊玉真	5,000
	安泰國際發展	5,000
	江蘇港龍地產開發公司	5,000
協辦贊助人	香港漳州同鄉總會	5,000
	葉少鳴/葉培輝	5,000
	香港莆仙同鄉聯合會	5,000
	香港安溪同鄉會	5,000
	林　春	1,000
	香港閩西聯會	1,000
	林忠豪	600
	董吳玲玲	500
	韓國龍	500
	顏金煒	500
	張春曉	400
大會贊助人	洪培慶	3,000
	黃惠山	3,000
	黃正體	3,000
	呂錦堙	3,000
	陳小川	2,500
	吳智雄	2,500
	戴錦文	2,000
	戴錦春	2,000
	陳天堆	1,000
	黃書法	1,000
	梁強寶	1,000
	林煥彰	1,000
	蘇金本	1,000
贊助人	陳金財	800
	黃志堅	800
	香港廈門聯誼總會	800
	蔡建平	600
	顏培增伉儷	600
	姚明摺	600
	陳君萍	500
	陳章仁	500
	港澳南安競豐同鄉會	500
	洪良華	500
	黃蒼媓	500

稱謂	善信芳名	平安米包數
[illegible]	林民盾	300
	駱志鴻	300
	施世築	300
	施展望	300
	施子清	300
	香港寧德同鄉聯誼總會	300
	蔡淑好	200
	陳建鴻	200
	陳銘[illegible]	200
	陳仕[illegible]	200
	陳向陽	200
	陳禎祥	200
	丁良輝	200
	傅天雨	200
	傅英漢	200
	郭金發	200
	郭仁杰	200
	漢順公司	200
	洪金鑣	200
	黃少玉	200
	黃水生	200
	黃永達	200
	黃祖文	200
	李　勐	200
	李國耀	200
	李金聰	200
	李謀任	200
	李樹林	200
	李躍進	200
	林錦雯	200
	林鵬高	200
	林清華	200
	林仁誼	200
	劉勝賀	200
	盧錦欽	200
	呂百楷	200
	呂輝寶	200
	呂麗吟	200
	邱祥坤	200
	施若龍	200
	施學概	200
	蘇景梅	200
	萬碧璉	200
	吳思團	200
	香港福建永安聯誼會	200
	謝燕川	200
	徐許秀燕	200
	楊佰成	200
	姚淑麗	200
	葉立三	200

稱謂	善信芳名	平安米包數
贊助人	梁成富/方碧麗	100
	梁孫顯	100
	林廣兆	100
	林雙來	100
	林振旋	100
	劉美華	100
	劉泉源	100
	呂志強	100
	羅清平/林麗慧	100
	羅清山/呂宛燊	100
	羅謝淑英	100
	邱禮德/許美玲	100
	沈洛以/何家儀	100
	聖公廟	100
	蘇焯錦	100
	蘇錦全	100
	吳英杰	100
	伍澤森	100
	葉希達	100
	葉希杰	100
	余城垣	100
	余麗玉	100
	余清海	100
	張麗卿	100
	鄭勝杰	100
	周學鋒	100
	陳培德	80
	洪楝美	60
	黃志燦	55
	蔡聲和	50
	陳福義	50
	陳鶴鳴	50
	陳嘉茂	50
	陳立人	50
	陳麗玲	50
	陳少蕙	50
	陳昭容	50
	洪明智	50
	洪家和	50
	洪施秀華	50
	黃河南	50
	黃江葉	50
	黃敬全	50
	黃秀碧	50
	黃堯生	50
	黃祖甲	50
	柯嶂金	50
	梁蔓青	50
	梁孫瑜	50
	廖淑蘭	50

稱謂	善信芳名	平安米包數
贊助人	梁成全	30
	聯成地產	30
	林秀桂	30
	劉立端	30
	喬魯明	30
	葉順程	30
	葉玉柱	30
	葉謀選	30
	余文謙	30
	余振鑾	30
	元極之友	30
	戴德潤	25
	潘麗芬	25
	陳迪海	23
	余清吉	23
	寶麗珠寶行	20
	蔡明純	20
	陳東紅	20
	陳嘉升	20
	陳金順	20
	陳錦延	20
	陳錦枝	20
	陳勵生	20
	陳僑模/黃麗霞	20
	陳泉安	20
	陳淑珍	20
	陳蔚玲	20
	陳文達	20
	陳幼蘭	20
	陳毓平	20
	陳重吟	20
	鄭　旭	20
	傅南僑	20
	郭琦斌	20
	洪益輝	20
	洪錦水	20
	洪玉霜	20
	洪安聯	20
	侯金土	20
	黃德正	20
	黃高益	20
	黃漢民	20
	黃鐵謀/蘇秀緞	20
	黃自然/李瑞端	20
	黃捷桂	20
	黃立亭	20
	黃蓮山	20
	黃培德	20
	黃榮欣	20
	黃世飛	20

稱謂	善信芳名	平安米包數
贊助人	陳潔瑜	10
	陳金華	10
	陳麗梅	10
	陳麗玉	10
	陳良源	10
	陳培植	10
	陳佩蓮	10
	陳瑞湧	10
	陳少明	10
	陳少明	10
	陳曙暉	10
	陳婉珍	10
	陳新偉	10
	陳興意	10
	陳燕芬	10
	陳燕龍	10
	陳奕輝	10
	陳幼系	10
	陳泰山	10
	陳振強	10
	陳朱煌	10
	戴愛娣	10
	戴愛英	10
	戴德麗	10
	戴桂蘭	10
	董帝東	10
	戴祖榮	10
	展藝玩具實業有限公司	10
	方秀蓮	10
	高長河	10
	高清林	10
	洪聰從	10
	洪葛珠	10
	洪佳貴	10
	洪建信	10
	洪來賓	10
	洪小玲	10
	洪珍治	10
	黃朝輝	10
	黃成安	10
	黃成良	10
	黃聰輝	10
	黃德威	10
	黃楝良	10
	黃國防	10
	黃建平	10
	黃禀花	10
	黃明強	10
	黃培元	10
	黃天從	10

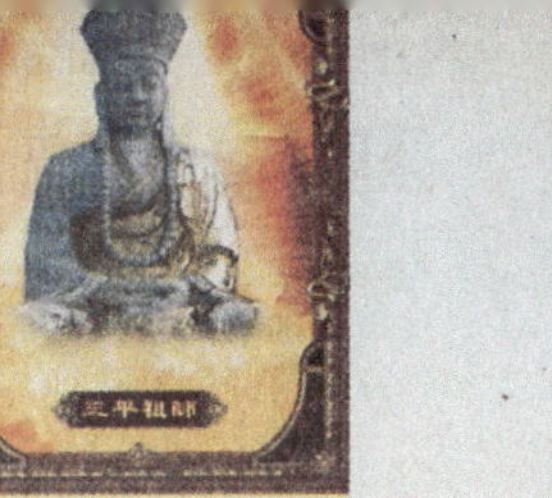

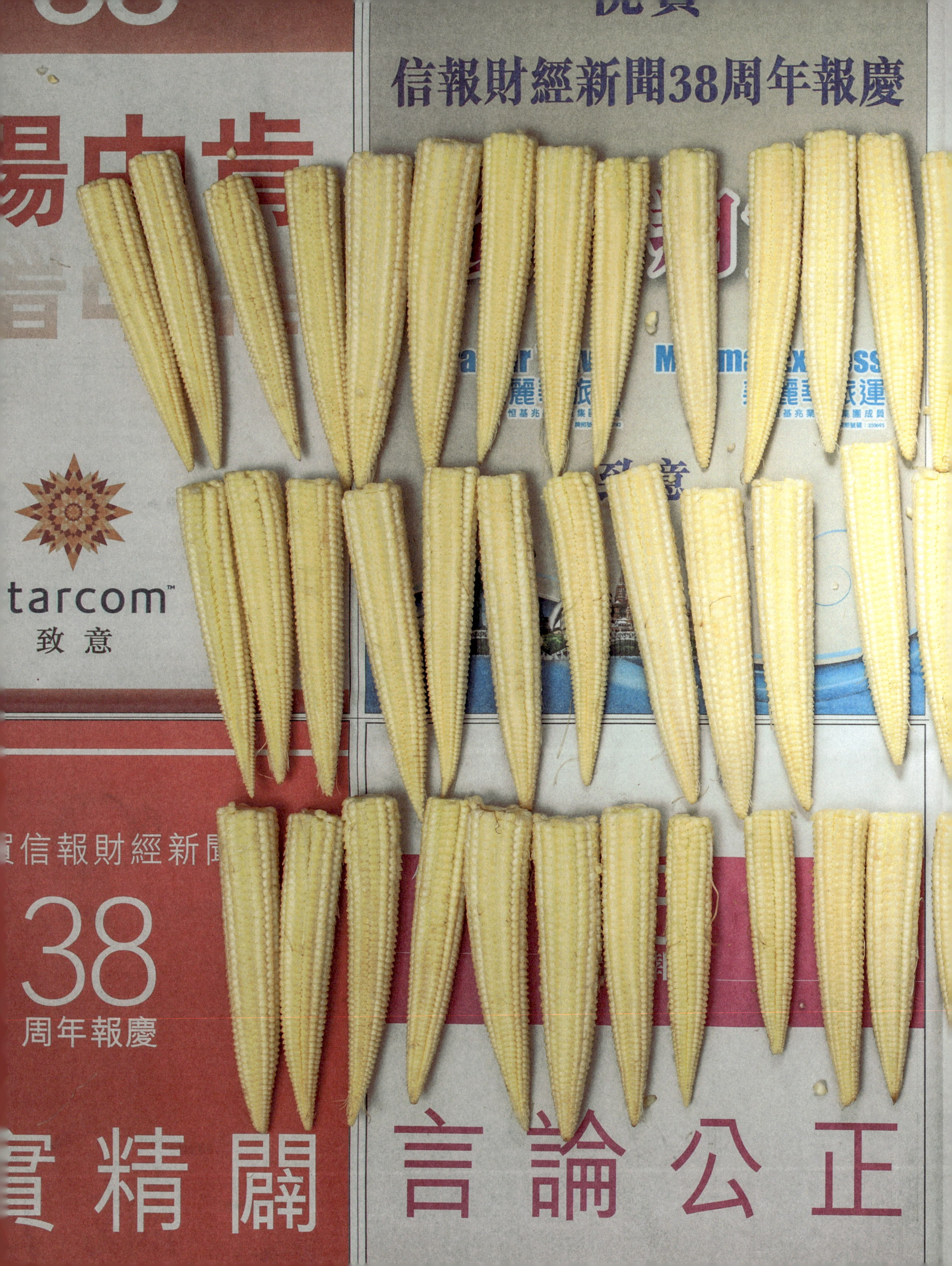

信報財經新聞38周年報慶
tarcom™
致 意
信報財經新聞
38
周年報慶
精 闢
言 論 公 正

家的感覺
有專業可靠嘅利嘉閣，幫您搵個理想家。
恭賀信報財經新聞
業翹楚
專業可靠嘅利嘉閣，幫您搵個理想家。

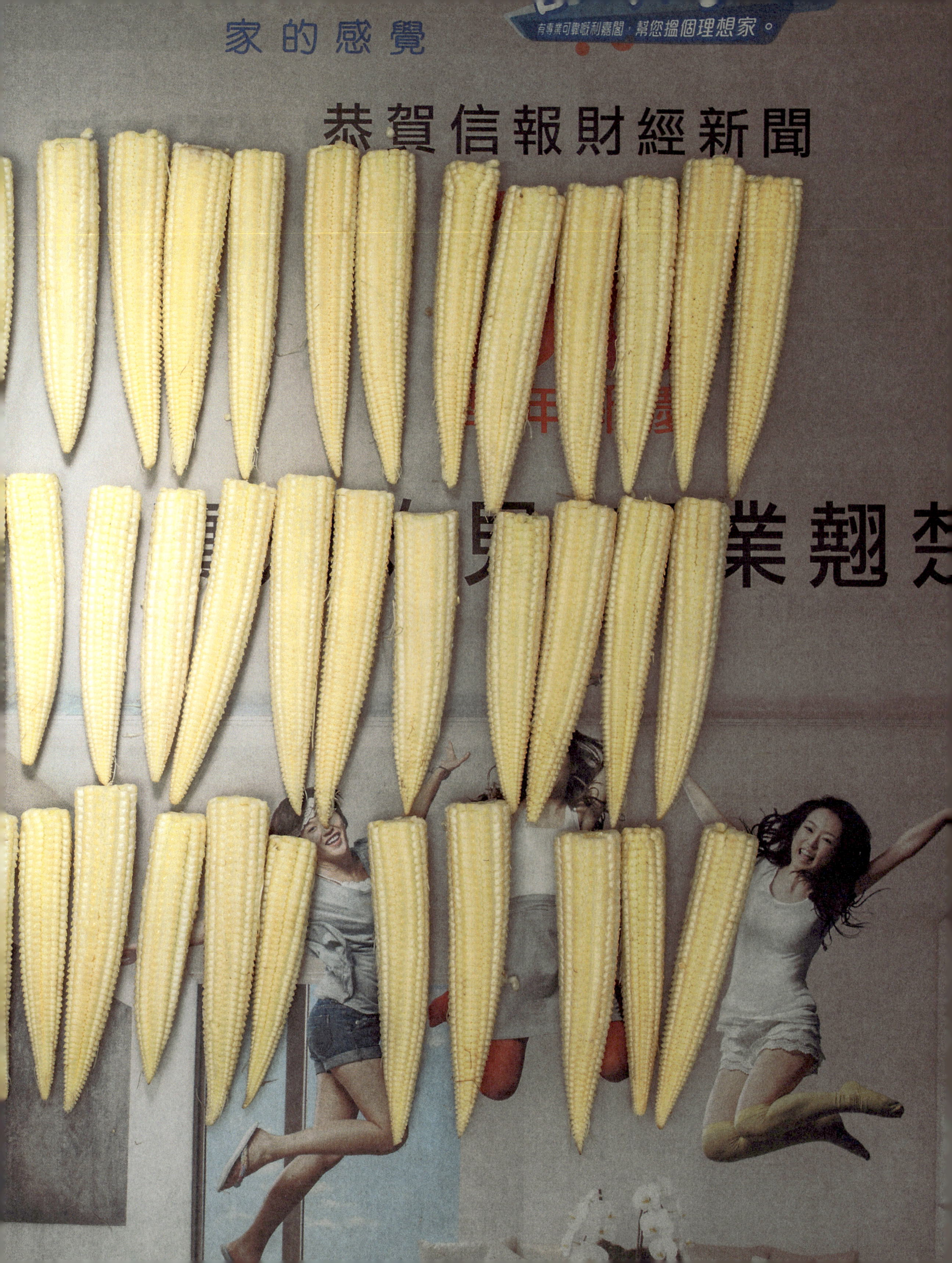

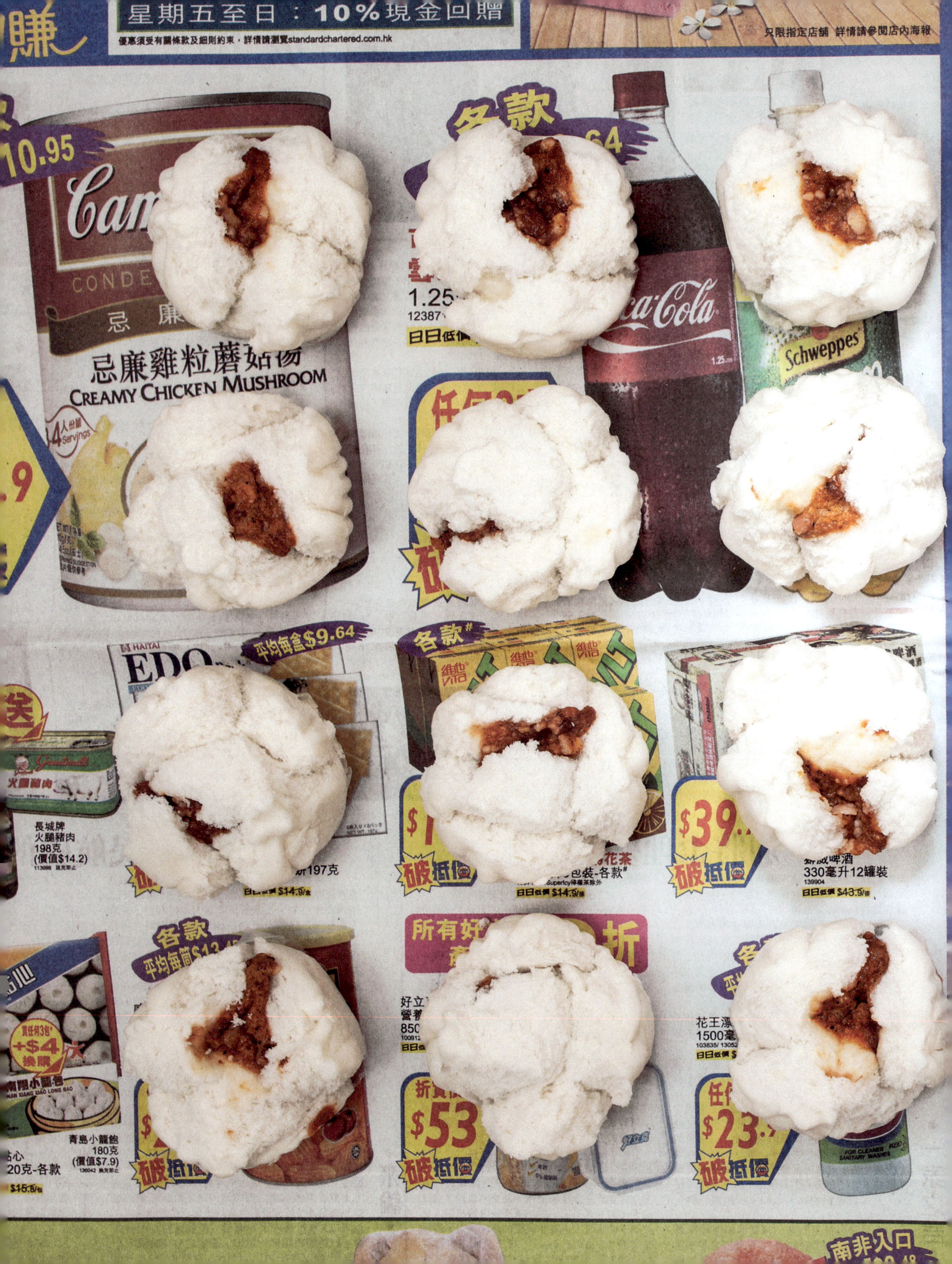

星期五至日：10% 現金回贈
優惠須受有關條款及細則約束，詳情請瀏覽standardchartered.com.hk
只限指定店舖 詳情請參閱店內海報

$10.95
Campbell's
CONDENSED
忌廉
忌廉雞粒蘑菇湯
CREAMY CHICKEN MUSHROOM
4人份量
Servings

各款
$1.25
12387
Coca-Cola
Schweppes
任何
日日低價

送
Greatwall
火腿豬肉
長城牌
火腿豬肉
198克
(價值$14.2)
113096
至197克
日日低價 $14.9/盒

各款#
平均每盒$9.64
HAITAI
EDO
維他
維他
$1
花茶
包裝-各款#
Superloy檸檬系列除外
破抵價
日日低價 $14.9/盒

啤酒
嘉士啤酒
330毫升12罐裝
139904
$39.
破抵價
日日低價 $43.9/排

各款
平均每籠$13
買任何3包
+$4
換購
有翔小籠包
XIAN XIANG XIAO LONG BAO
青島 小籠包
180克
(價值$7.9)
136042
點心
20克-各款
$15.8/包

所有好立克
產品
折
好立克
營養
850
100912
日日低
折實
$53
破抵價
好立克

各款
平均
花王漂
1500毫
103835/ 13052
日日低價 $
任何
$23.
FOR CLEANER
SANITARY WASHES
KAO
破抵價
南非入口

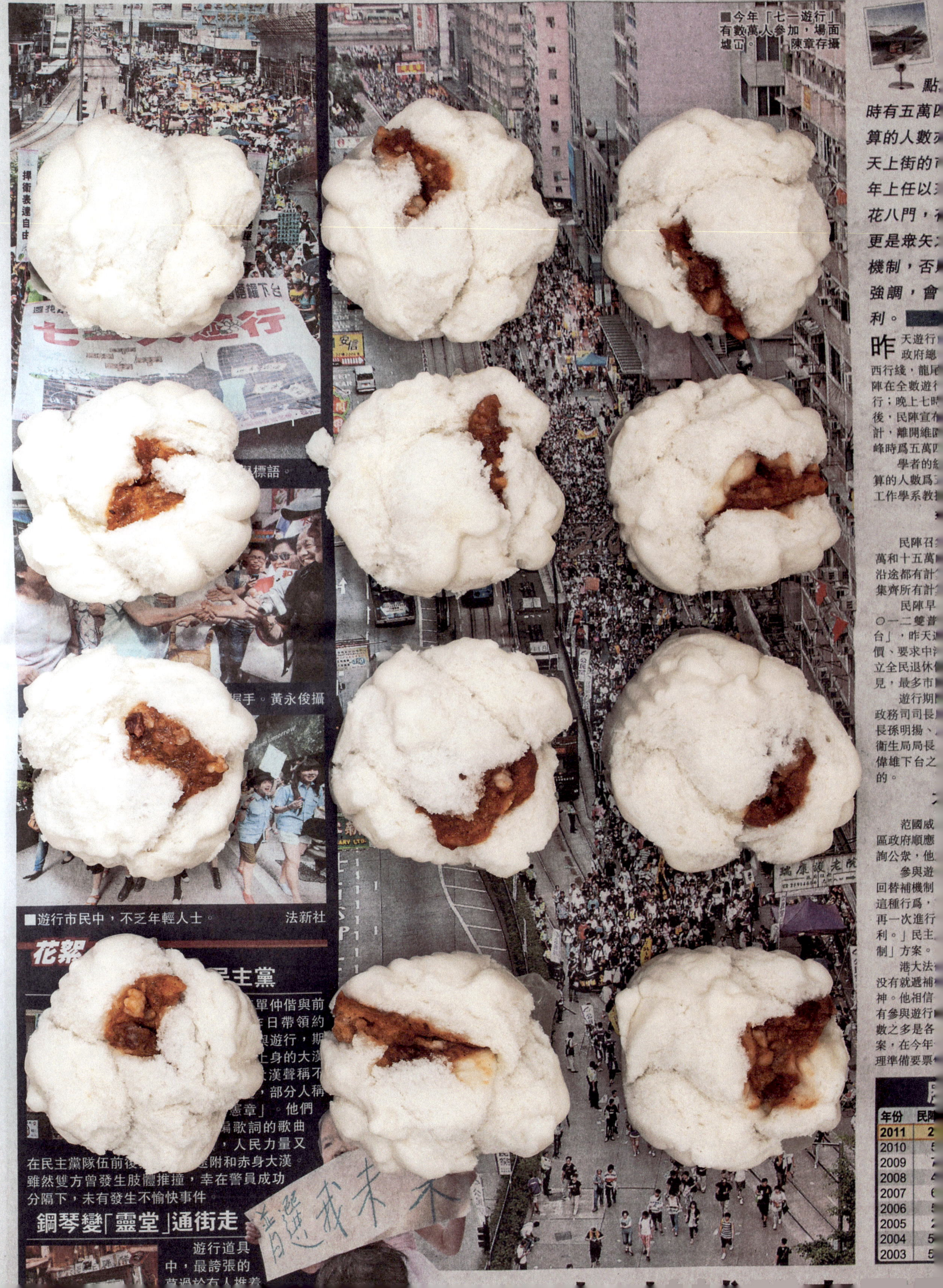

年份	民陣
2011	2
2010	5
2009	7
2008	6
2007	6
2006	5
2005	2
2004	5
2003	

蘋夏
果日
APPLE DAIL
2011年7月2日
只售港幣六元　人民幣六

22萬人上街

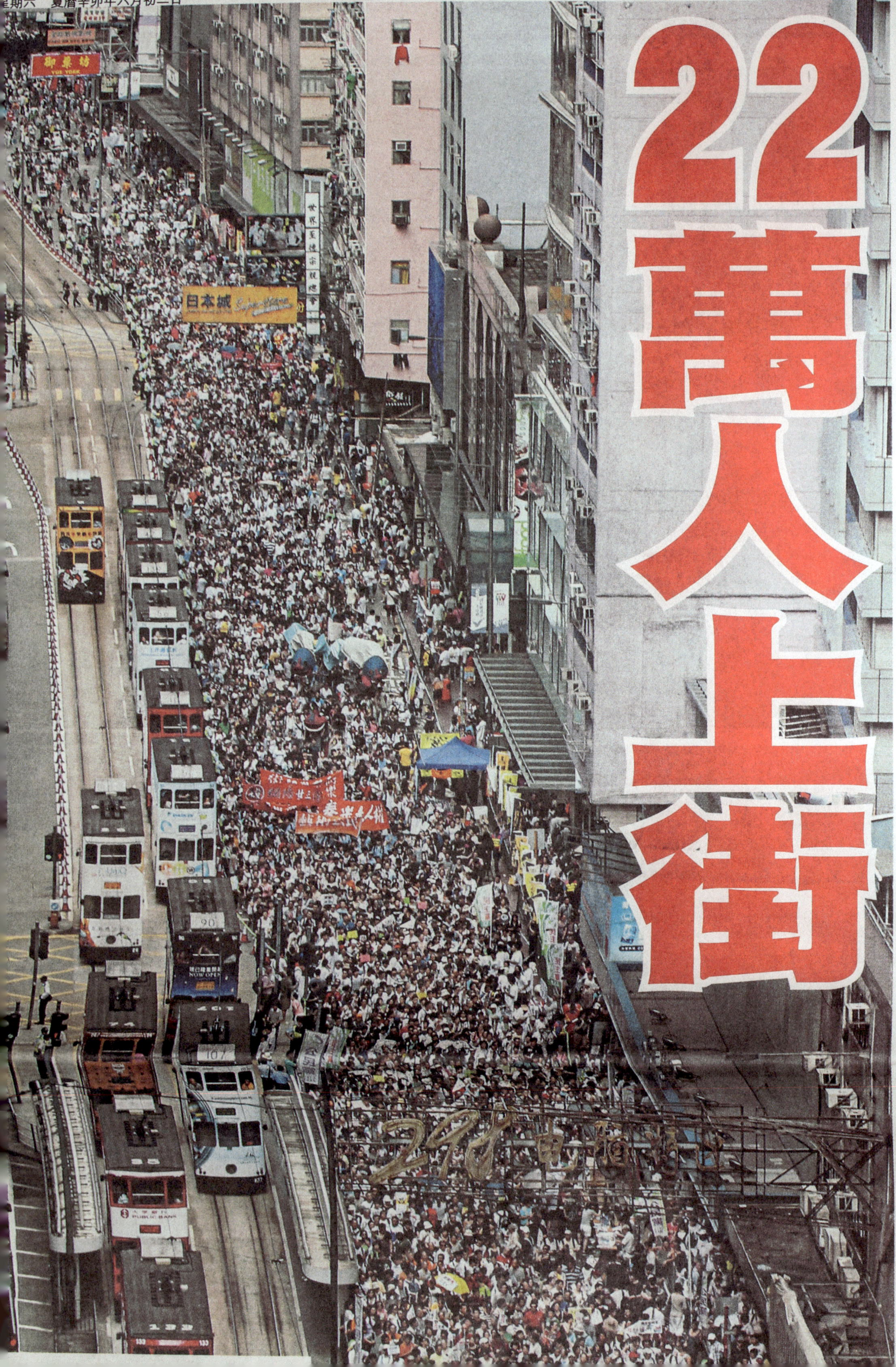

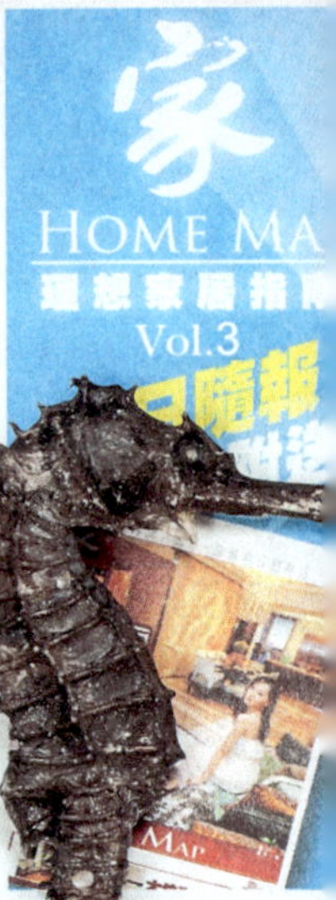

報訊】民心
連　約在回歸第15
的第　個下午；足印
綿　起維園，暴走
頭　上政府山。暴
後的　陽天，21.8萬人
着怒　放着歌。火，
相傳自　年反23條的
薪火；歌，是人民抗
不公義制度的社運戰歌

這是曾蔭權替補董
華就任特首以來最大規
的 7.1 大遊行，為政府
最後一個 7.1 畫上沸騰
感歎號。政府山上，
民說：「曾蔭權下台！
蔭權下台！」政府山上
人民唱：「當天空手
臂我們就上街，沒甚
聲勢浩大；但被不安
大，不足養大，那裏
表態！」

替補機制挑起的
火，燒遍小島大街。
市上，有這樣的標語
「庸官禍港，扭曲民意
「反惡法，慶回歸」、
衰麟，最無恥；曾班

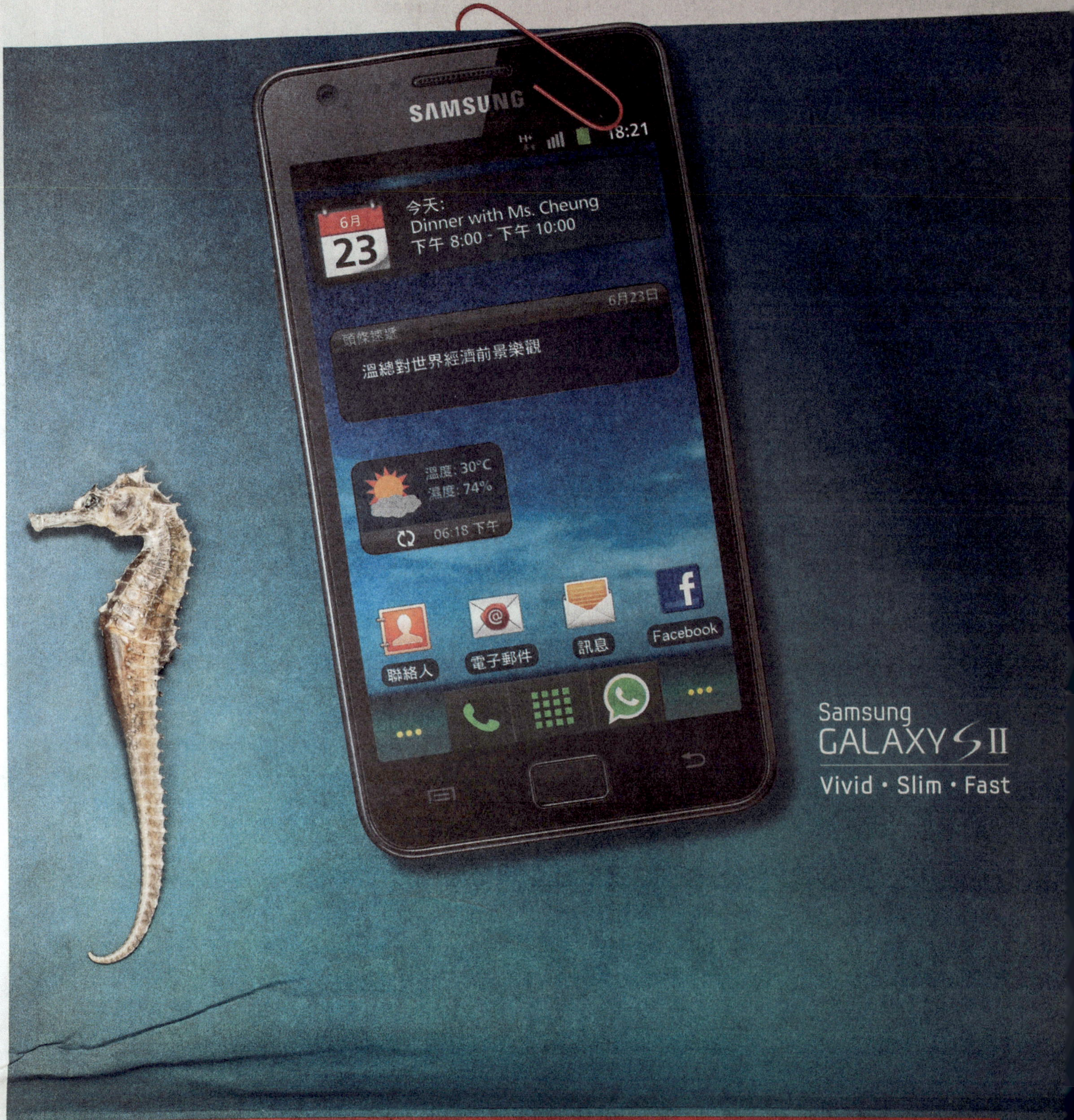
SAMSUNG
18:21
今天:
Dinner with Ms. Cheung
下午 8:00 - 下午 10:00
6月
23
6月23日
溫總對世界經濟前景樂觀
溫度: 30°C
濕度: 74%
06:18 下午
聯絡人
電子郵件
訊息
Facebook
Samsung
GALAXY S II
Vivid · Slim · Fast

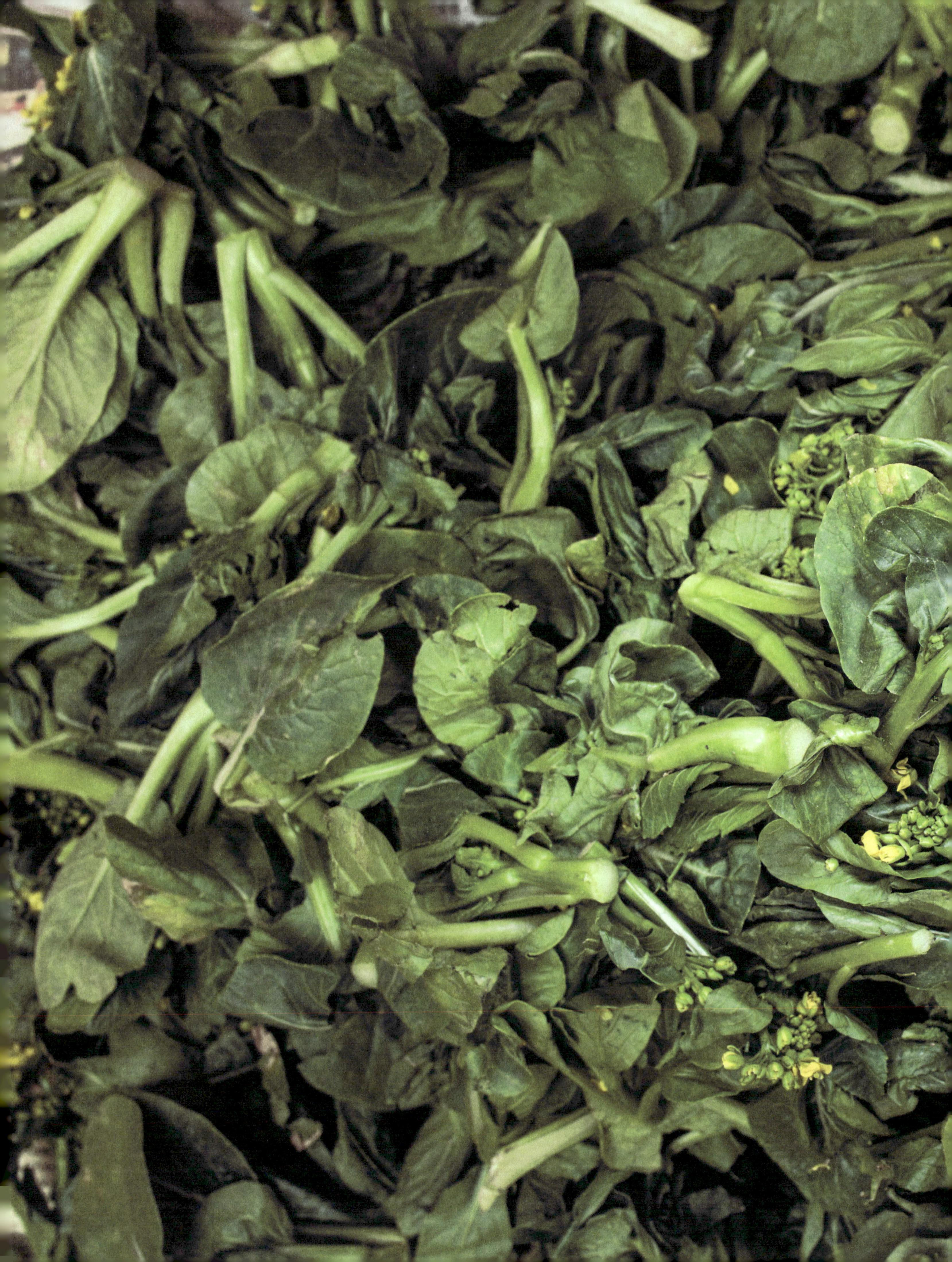

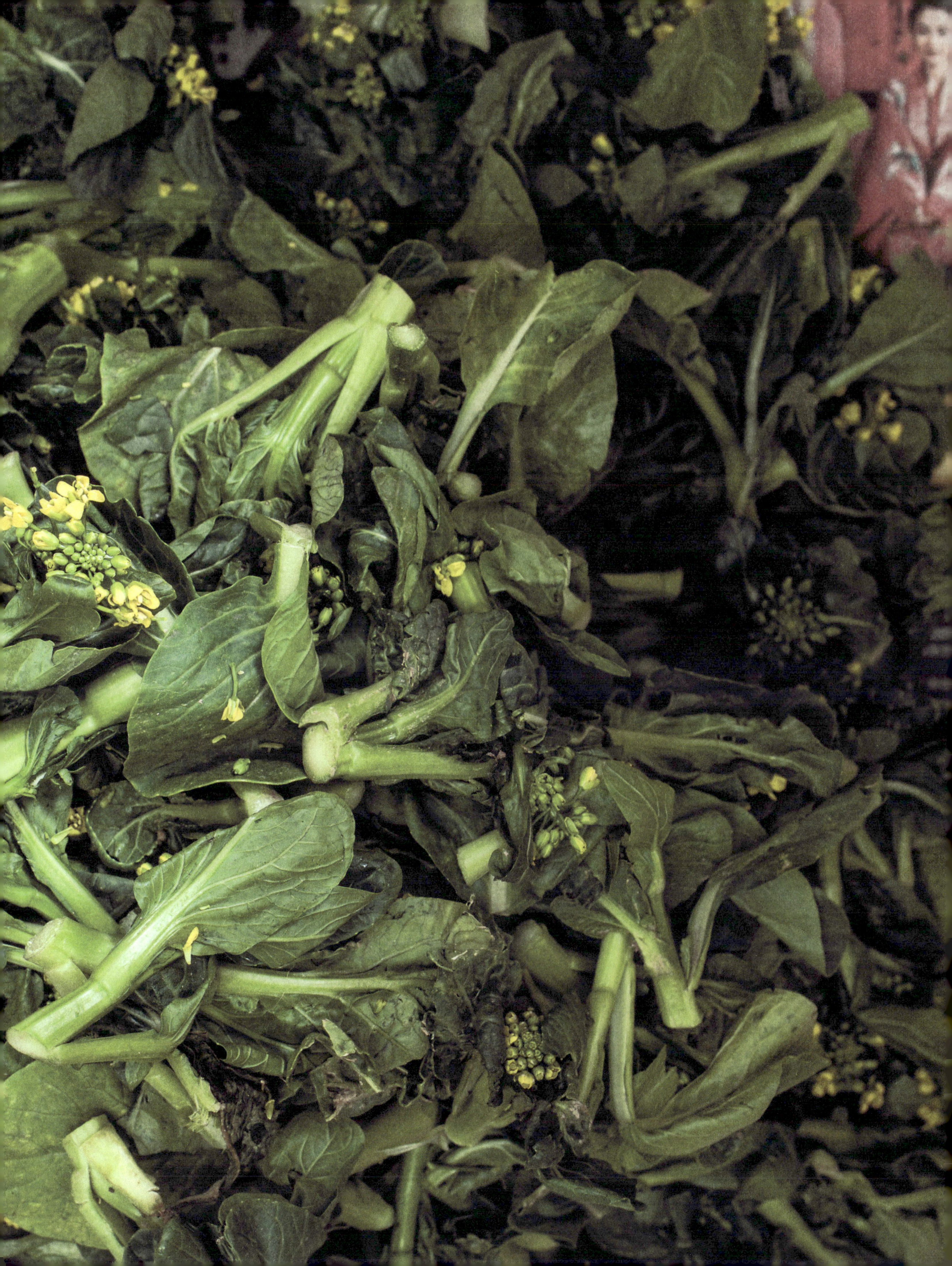

出生於幾內亞的酒店女服務員」的人部分遭遇表示懷疑。　　本報綜合報道

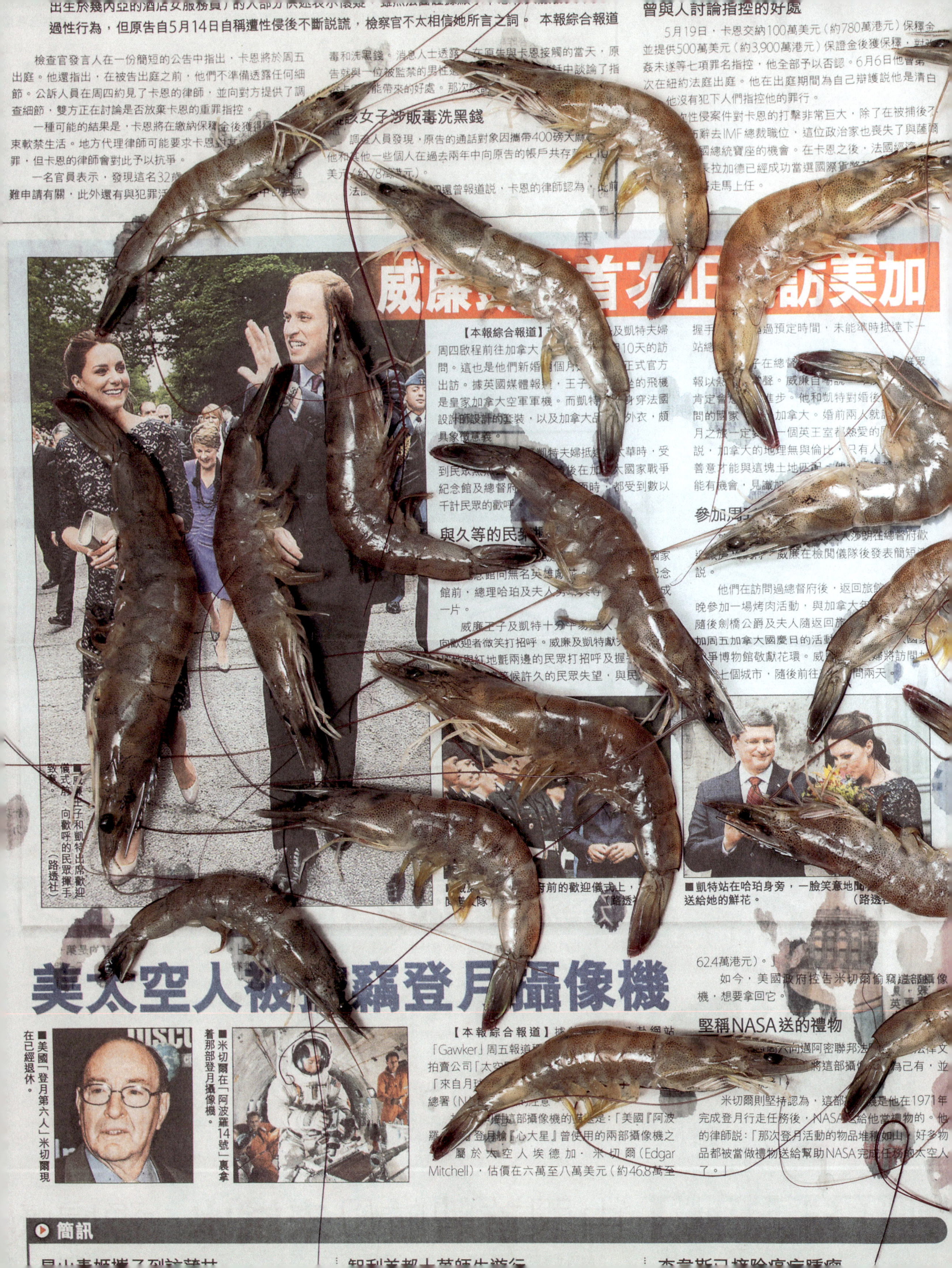

過性行為，但原告自5月14日自稱遭性侵後不斷説謊，檢察官不太相信她所言之詞。　　本報綜合報道

檢查官發言人在一份簡短的公告中指出，卡恩將於周五出庭。他還指出，在被告出庭之前，他們不準備透露任何細節。公訴人員在周四約見了卡恩的律師，並向對方提供了調查細節，雙方正在討論是否放棄卡恩的重罪指控。

一種可能的結果是，卡恩將在繳納保釋金後獲得約束軟禁生活。地方代理律師可能要求卡恩的律師會對此予以抗爭。

一名官員表示，發現這名32歲⋯⋯難申請有關，此外還有與犯罪法⋯⋯

毒和洗電錢。消息人士透露，在原告與卡恩接觸的當天，原告就與一位被監禁的男性⋯⋯中談論了指⋯⋯能帶來的好處。那次談⋯⋯

涉女子沙販毒洗黑錢

調查人員發現，原告的通話對象因攜帶400磅大麻⋯⋯他和某些一些個人在過去兩年中向原告的帳戶共存款⋯⋯美元（約78萬港元）。

⋯⋯還曾報道説，卡恩的律師認為，此前⋯⋯

曾與人討論指控的好處

5月19日，卡恩交納100萬美元（約780萬港元）保釋金，並提供500萬美元（約3,900萬港元）保證金後獲保釋，對涉嫌未遂等七項罪名指控，他全部予以否認。6月6日他第二次在紐約出庭。他在出庭期間為自己辯護説他是清白的他沒有犯下人們指控他的罪行。

這性侵案件對卡恩的打擊非常巨大，除了在被捕後⋯⋯而辭去IMF總裁職位，這位政治家也喪失了與薩爾⋯⋯國總統寶座的機會。在卡恩之後，法國社⋯⋯拉加德已經成功當選國際貨幣⋯⋯走馬上任。

【本報綜合報道】⋯⋯及凱特夫婦周四啟程前往加拿大⋯⋯10天的訪問。這也是他們新婚⋯⋯個月⋯⋯正式官方出訪。據英國媒體報道，王子⋯⋯坐的飛機是皇家加拿大空軍軍機。而凱特⋯⋯身穿法國設計師設計的套裝，以及加拿大品⋯⋯外衣，頗具象徵意義。

⋯⋯凱特夫婦抵達⋯⋯太華時，受到民眾熱烈⋯⋯後在加⋯⋯大國家戰爭紀念館及總督府⋯⋯面時，都受到數以千計民眾的歡呼。

與久等的民眾⋯⋯

⋯⋯國家⋯⋯館問無名英雄廣芒⋯⋯紀念館前，總理哈珀及夫人⋯⋯等⋯⋯成一片。

威廉王子及凱特十分平易近人，向歡迎者微笑打招呼。威廉及凱特獻⋯⋯與紅地氈兩邊的民眾打招呼及握⋯⋯等候許久的民眾失望，與民⋯⋯

握手⋯⋯過預定時間，未能準時抵達下一站總⋯⋯子在總督⋯⋯報以熱⋯⋯聲。威廉自嘲説⋯⋯肯定會⋯⋯進步。他和凱特對婚後⋯⋯問的國家⋯⋯加拿大。婚前兩人就訪⋯⋯月之旅一定要⋯⋯一個英王室都熱愛的⋯⋯説，加拿大的地理無與倫比，只有人⋯⋯善意才能與這塊土地匹配⋯⋯能有機會，見識加⋯⋯

參加周⋯⋯

⋯⋯夫人莎朗往總督府歡迎⋯⋯威廉在檢閱儀隊後發表簡短演説。

他們在訪問過總督府後，返回旅館⋯⋯晚參加一場烤肉活動，與加拿大年⋯⋯隨後劍橋公爵及夫人隨返回旅⋯⋯加周五加拿大國慶日的活動⋯⋯爭博物館敬獻花環。威⋯⋯夫婦將訪問⋯⋯七個城市，隨後前往⋯⋯問兩天。

■ 凱特站在哈珀身旁，一臉笑意地聞⋯⋯送給她的鮮花。　　　（路透社）

美太空人被⋯竊登月攝像機

堅稱NASA送的禮物

■ 美國「登月第六人」米切爾現在已經退休。

■ 米切爾在「阿波羅14號」裏拿着那部登月攝像機。

【本報綜合報道】據⋯⋯科技網站「Gawker」周五報道⋯⋯拍賣公司「太空⋯⋯「來自月球⋯⋯總署（NASA）⋯⋯的上息⋯⋯這部攝像機的⋯⋯是：「美國『阿波羅』登月艙『心大星』曾使用的兩部攝像機之⋯⋯屬於太空人埃德加・米切爾（Edgar Mitchell），估價在六萬至八萬美元（約46.8萬至62.4萬港元）。」

如今，美國政府控告米切爾偷竊這部攝像機，想要拿回它。

⋯⋯周六向邁阿密聯邦法院⋯⋯法律文⋯⋯將這部攝像機⋯⋯為己有，並⋯⋯

米切爾則堅持認為，這部攝像機是他在1971年完成登月行走任務後，NASA送給他當禮物的。他的律師説：「那次登月活動的物品堆積如山，好多物品都被當做禮物送給幫助NASA完成任務的太空人了。」

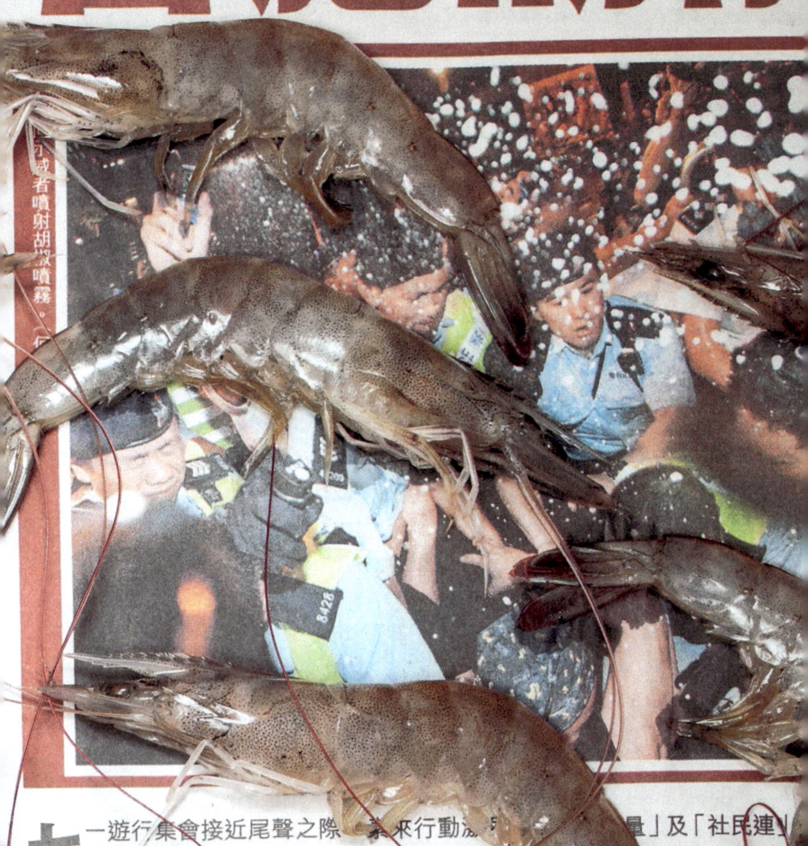

七一遊行集會接近尾聲之際，「來行動派員...「力量」及「社民連」成員拒絕和平散去，發動近2,000人，兵分...於修頓球場外、中銀大廈對出及...威。警方在中銀大廈對出施放...噴霧驅散示威者...出動清場，原本停留皇后大道中約300名示威...衝往干諾道中霸佔東西...部行車線，並...中環及灣仔一帶交通癱瘓，市民及的士...機破口大罵示威...為過分。警方在今晨零時出動大批警力開始清場抬走示威者。示威中最少...威者報稱受傷，須送院治理。　記者曾雁翔、陳錦輝、陳信熙、馮志諾報...

受到示威活動影響，中環多條道路...　　在干諾道中示威，是原本在中銀大...封閉，運輸署公告多條巴士路...社民連成員及示威者，於...特別在凌晨1時...加...及高叫反對地產霸...中環開往荃灣...突然發難，衝破警方...對開及干諾道中，陸...線，令現場交通癱...鐵馬及在路中...胡間有...跌倒地上數...示威...「...」發難　　冷靜...及拉起橫額...

　　約1...人民力量成員及示威者，原本跟隨遊行...在維園出發，昨晚7時許行經灣仔修頓球...出...軒尼詩道時，有示威者突然拒絕...並...其他遊行人士前往政...自...影響秩序

　　...者要...撤回立法會...　　...的佔據路面行動備受市...不會...裏兩個多小時後...有的士司機表示，示威者衝出來...民力量黃毓...號召下，繼續堆塞...要急速煞車，當時車速四...及恢復遊行，但...及警察總部對開...他亦覺得政府施政失誤，但...時再兩度停留...車路軌影響電...行為是太危險。另有的士...威...車服務。陳偉業...名示威者走到...為自私，影響秩序。...禮賓府後門，要求...到禮賓府正...　　警察公共關係科總警司李建輝在清場...門但被阻止，雙方...推達鐵馬後...會見傳媒時說，指示威者的舉措已破壞...安寧，警...最快的速度和果斷採取...　　...9時...交通和秩序。...大道中...　　...零時起，警方出動多部大...霸...諾道中，預備清場行動...以...千人。示威者...器發出警告，表示會使用...準備向...示威者以和平方式迎接清...分示威...多名警員抬上警車，亦有...威者躺在地上任由...抗，其中社民連陶君行及...場消息表示，被帶走的示...威者被噴中，...被...沖洗，也...有傳媒被波...警署。及...有示威者投訴...有警員蓄意揭開他們遮...眼的保鮮紙，將胡椒霧噴向他們。

Hong Kong HK

WANCHAI | JULY 2011

Poverty line HKD 109.65 (USD 14.07 / EUR 9.78); allocation for food HKD 44.96 (USD 5.77 / EUR 4.01)

In 2011, at the time of our report, Hong Kong did not have an official poverty line, though the official poverty analysis framework uses a multi-dimensional approach to monitor 24 poverty indicators, which include educational and child social support rates and income indicators. Poverty indicator statistics are collected mainly by the Census and Statistics Department. Poverty and social-welfare issues are monitored and championed by the Hong Kong Council of Social Service (HKCSS), which is the overall coordinating body for social service NGOs in Hong Kong. For this project, the poverty threshold monitored by the HKCSS was used as a proxy, and low-income household total food expenditure (covering food and meals bought away from home) was taken into account.

In December 2012, Hong Kong established a Commission on Poverty, one of whose goals was to set an official poverty line for Hong Kong by the end of 2013. In September 2013, the first Commission on Poverty Summit was held, during which the poverty line for 2012 was announced, which was HKD 3,600 (USD 464 / EUR 351) in monthly income for a one-person household.

Poverty Line and Poverty Rate by Household Size, 2018

Household size	HKD per month	Poverty rate (share in corresponding group)
1-person	4,000	17%
2-person	10,000	21%
3-person	16,500	13%
4-person	21,000	11%
5-person	21,500	8%
6-person	21,800	5%
Overall	NA	13%

Source: Hong Kong SAR Government

Average Monthly Household Expenditure by Category by Quartile Expenditure Group, 2014–15

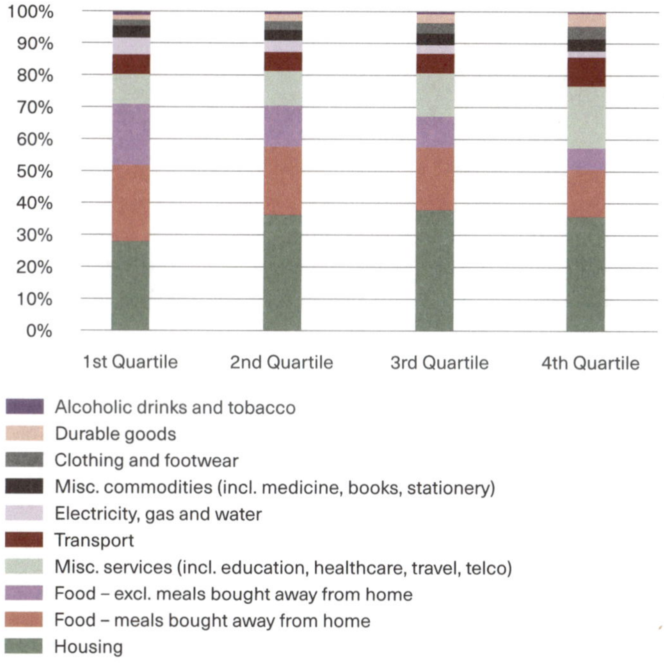

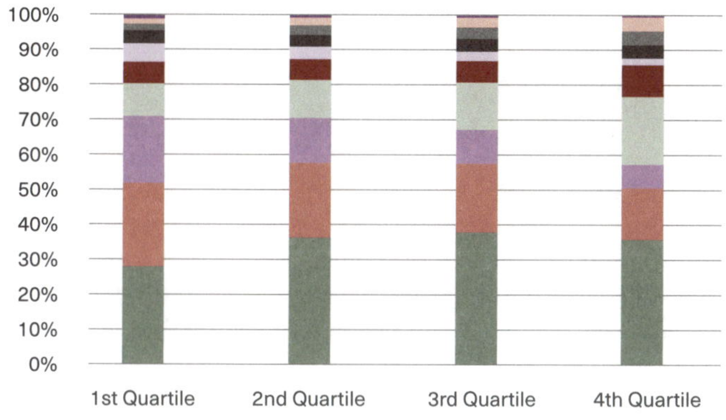

Source: Hong Kong Census and Statistics Department

Gini Coefficient Based on Monthly Household Income, 2006, 2011 and 2016

Year	Original	Post-tax post-social transfer
2006	0.533	0.475
2011	0.537	0.475
2016	0.539	0.473

Source: Hong Kong Census and Statistics Department

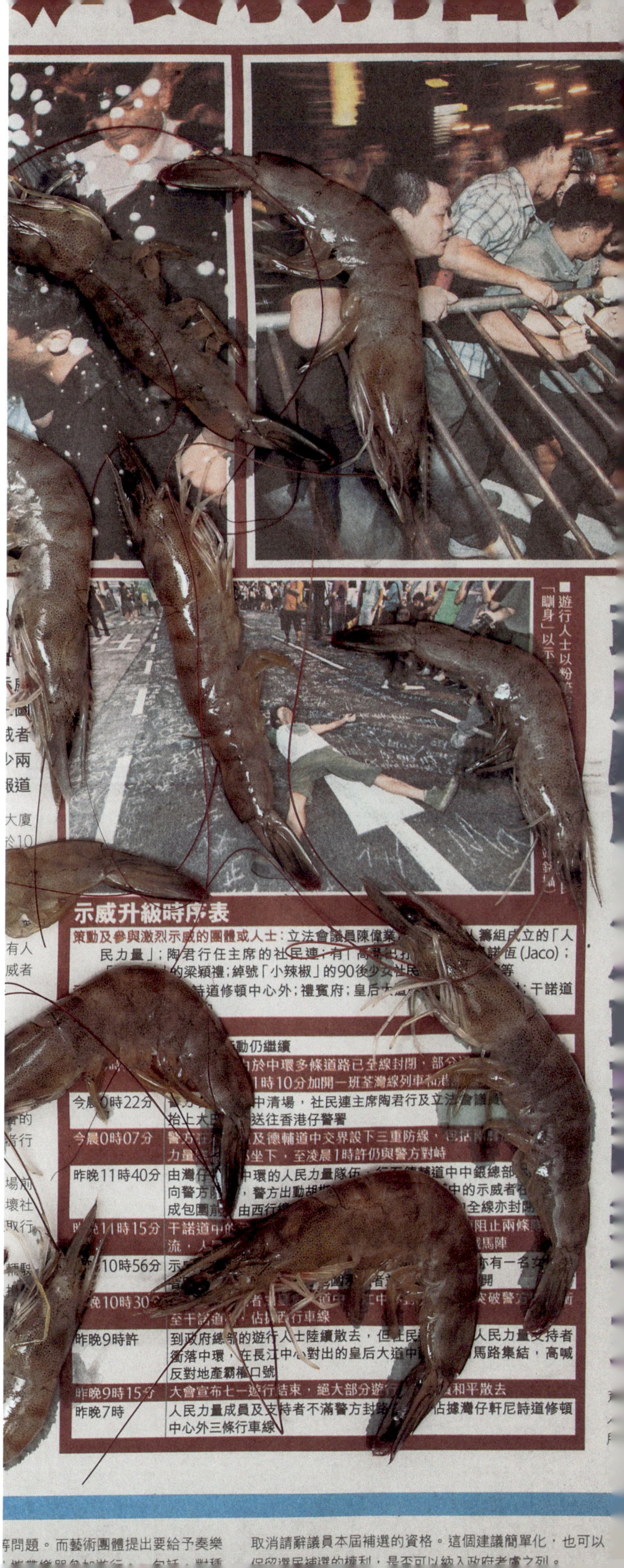

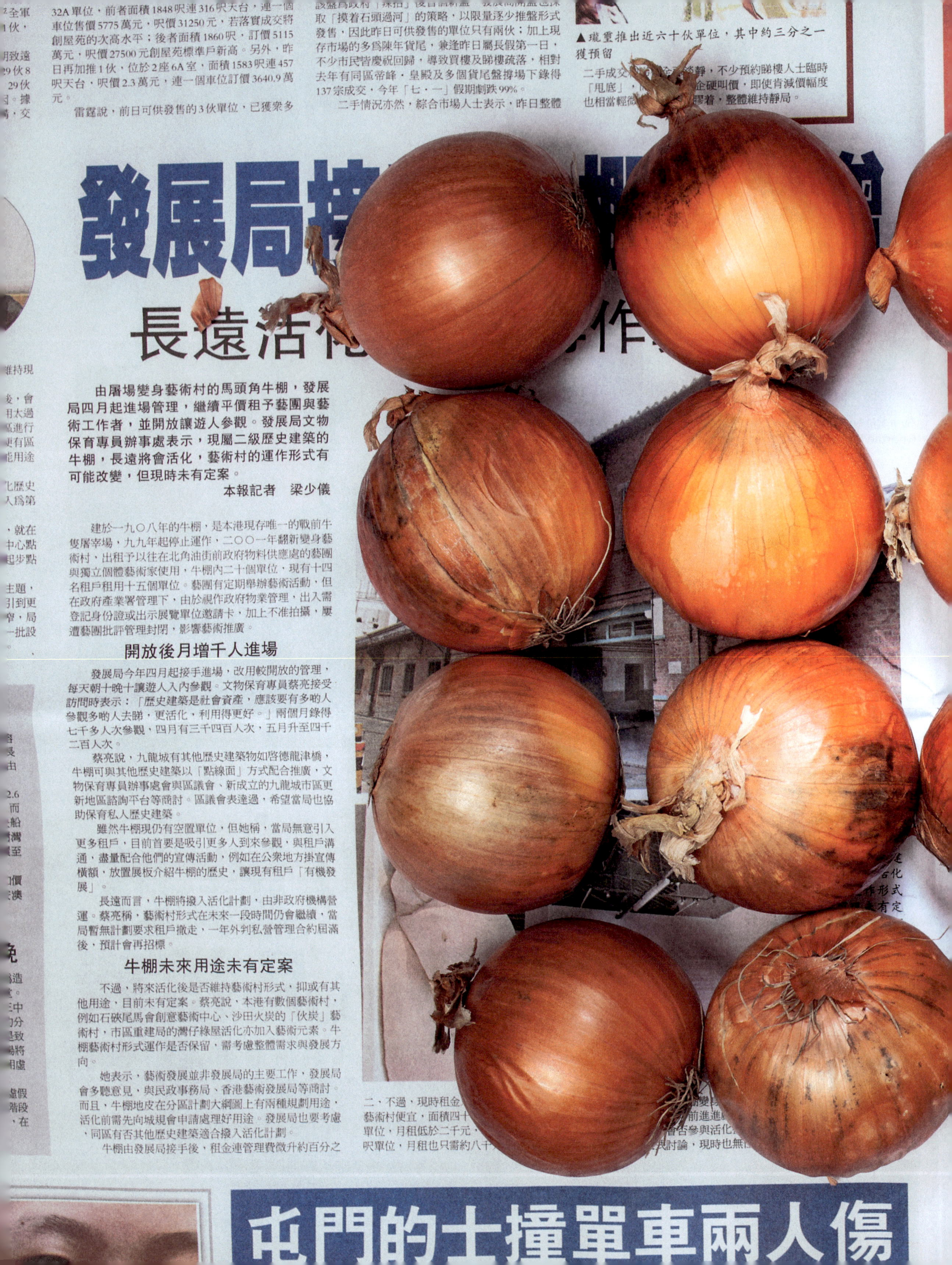

發展局接[...]
長遠活化[...]

由屠場變身藝術村的馬頭角牛棚，發展局四月起進場管理，繼續平價租予藝團與藝術工作者，並開放讓遊人參觀。發展局文物保育專員辦事處表示，現屬二級歷史建築的牛棚，長遠將會活化，藝術村的運作形式有可能改變，但現時未有定案。

本報記者　梁少儀

建於一九〇八年的牛棚，是本港現存唯一的戰前牛隻屠宰場，九九年起停止運作，二〇〇一年翻新變身藝術村，出租予以往在北角油街前政府物料供應處的藝團與獨立個體藝術家使用，牛棚內二十個單位，現有十四名租戶租用十五個單位。藝團有定期舉辦藝術活動，但在政府產業署管理下，由於視作政府物業管理，出入需登記身份證或出示展覽單位邀請卡，加上不准拍攝，屢遭藝團批評管理封閉，影響藝術推廣。

開放後月增千人進場

發展局今年四月起接手進場，改用較開放的管理，每天朝十晚十讓遊人入內參觀。文物保育專員蔡亮接受訪問時表示：「歷史建築是社會資產，應該要有多啲人參觀多啲人去睇，更活化，利用得更好。」兩個月錄得七千多人次參觀，四月有三千四百人次，五月升至四千二百人次。

蔡亮說，九龍城有其他歷史建築物如啓德龍津橋，牛棚可與其他歷史建築以「點線面」方式配合推廣，文物保育專員辦事處會與區議會、新成立的九龍城市區更新地區諮詢平台等商討。區議會表達過，希望當局也協助保育私人歷史建築。

雖然牛棚現仍有空置單位，但她稱，當局無意引入更多租戶，目前首要是吸引更多人到來參觀，與租戶溝通，盡量配合他們的宣傳活動，例如在公眾地方掛宣傳橫額，放置展板介紹牛棚的歷史，讓現有租戶「有機發展」。

長遠而言，牛棚將撥入活化計劃，由非政府機構營運。蔡亮稱，藝術村形式在未來一段時間仍會繼續，當局暫無計劃要求租戶撤走，一年外判私營管理合約屆滿後，預計會再招標。

牛棚未來用途未有定案

不過，將來活化後是否維持藝術村形式，抑或有其他用途，目前未有定案。蔡亮說，本港有數個藝術村，例如石硤尾馬會創意藝術中心、沙田火炭的「伙炭」藝術村，市區重建局的灣仔綠屋活化亦加入藝術元素。牛棚藝術村形式運作是否保留，需考慮整體需求與發展方向。

她表示，藝術發展並非發展局的主要工作，發展局會多聽意見，與民政事務局、香港藝術發展局等商討。而且，牛棚地皮在分區計劃大綱圖上有兩種規劃用途，活化前需先向城規會申請處理好用途。發展局也要考慮，同區有否其他歷史建築適合撥入活化計劃。

牛棚由發展局接手後，租金連管理費微升約百分之二、不過，現時租金[...]藝術村便宜，面積四十[...]單位，月租低於二千元，[...]呎單位，月租也只需約八千[...]

32A 單位，前者面積 1848 呎連 316 呎天台，連一個車位售價 5775 萬元，呎價 31250 元，若落實成交將創屋苑的次高水平；後者面積 1860 呎，訂價 5115 萬元，呎價 27500 元創屋苑標準戶新高。另外，昨日再加推 1 伙，位於 2 座 6A 室，面積 1583 呎連 457 呎天台，呎價 2.3 萬元，連一個車位訂價 3640.9 萬元。

雷霆說，前日可供發售的 3 伙單位，已獲眾多[...]

取「摸着石頭過河」的策略，以限量逐少推盤形式發售，因此昨日可供發售的單位只有兩伙；加上現存市場的多為陳年貨尾，兼逢昨日屬長假第一日，不少市民皆慶祝回歸，導致買樓及睇樓疏落，相對去年有同區帝峰、皇殿及多個貨尾盤撐場下錄得 137 宗成交，今年「七·一」假期劇跌 99%。

二手情況亦然，綜合市場人士表示，昨日整體[...]

屯門的士撞單車兩人傷

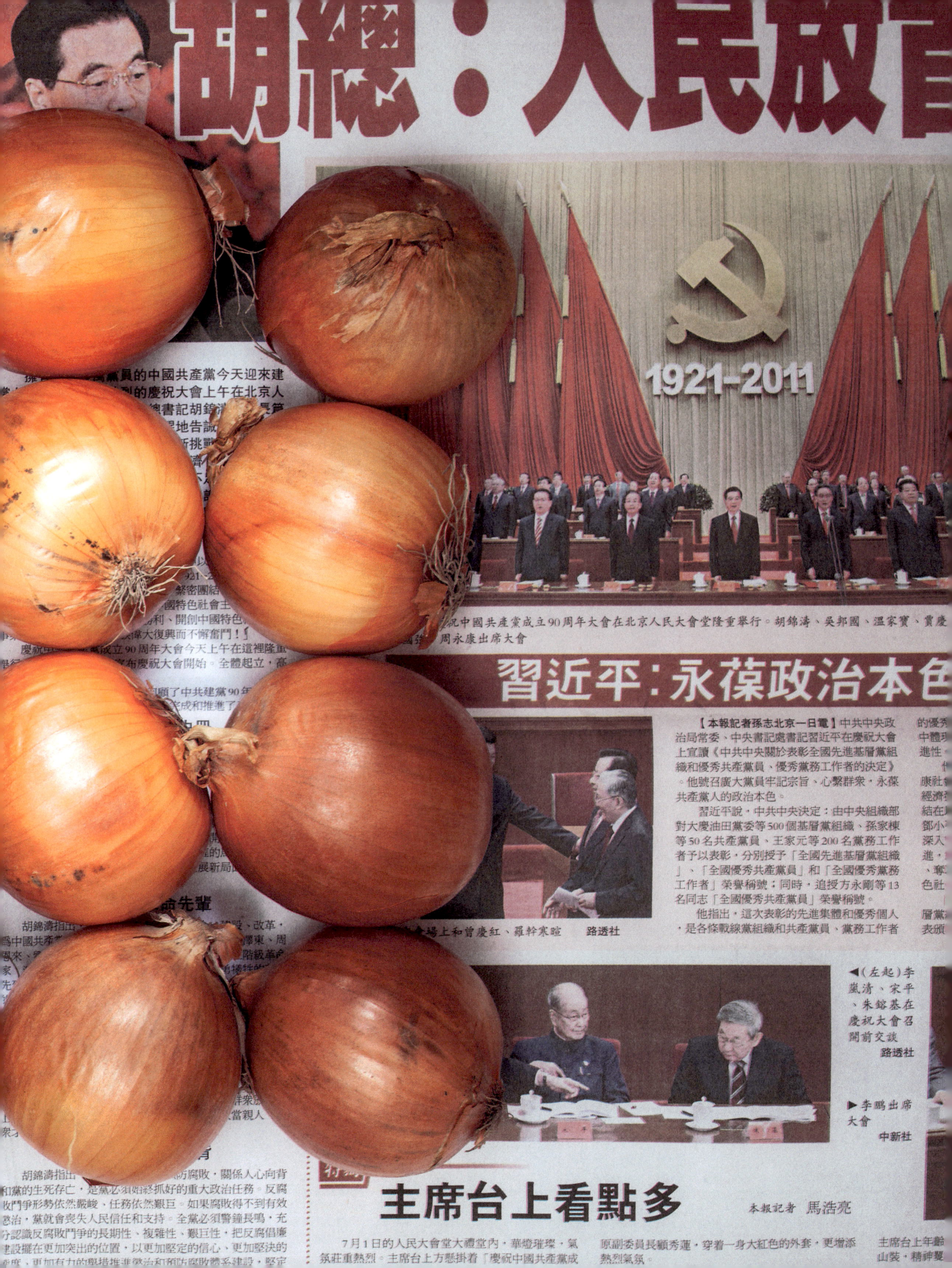

胡總：人民放
1921-2011
慶祝中國共產黨成立90周年大會在北京人民大會堂隆重舉行。胡錦濤、吳邦國、溫家寶、賈慶
周永康出席大會
習近平：永葆政治本色
【本報記者孫志北京一日電】中共中央政治局常委、中央書記處書記習近平在慶祝大會上宣讀《中共中央關於表彰全國先進基層黨組織和優秀共產黨員、優秀黨務工作者的決定》。他號召廣大黨員牢記宗旨，心繫群眾，永葆共產黨人的政治本色。
習近平說，中共中央決定，由中央組織部對大慶油田黨委等500個基層黨組織、孫家棟等50名共產黨員、王家元等200名黨務工作者予以表彰，分別授予「全國先進基層黨組織」、「全國優秀共產黨員」和「全國優秀黨務工作者」榮譽稱號；同時，追授方永剛等13名同志「全國優秀共產黨員」榮譽稱號。
他指出，這次表彰的先進集體和優秀個人，是各條戰線黨組織和共產黨員、黨務工作者
會場上和曾慶紅、羅幹寒暄　路透社
（左起）李嵐清、宋平、朱鎔基在慶祝大會召開前交談　路透社
李鵬出席大會　中新社
主席台上看點多　本報記者 馬浩亮
7月1日的人民大會堂大禮堂內，華燈璀璨，氣氛莊重熱烈。主席台上方懸掛着「慶祝中國共產成
原副委員長顧秀蓮。穿着一身大紅色的外套，更增添熱烈氣氛
主席台上年齡
山裝，精神黃

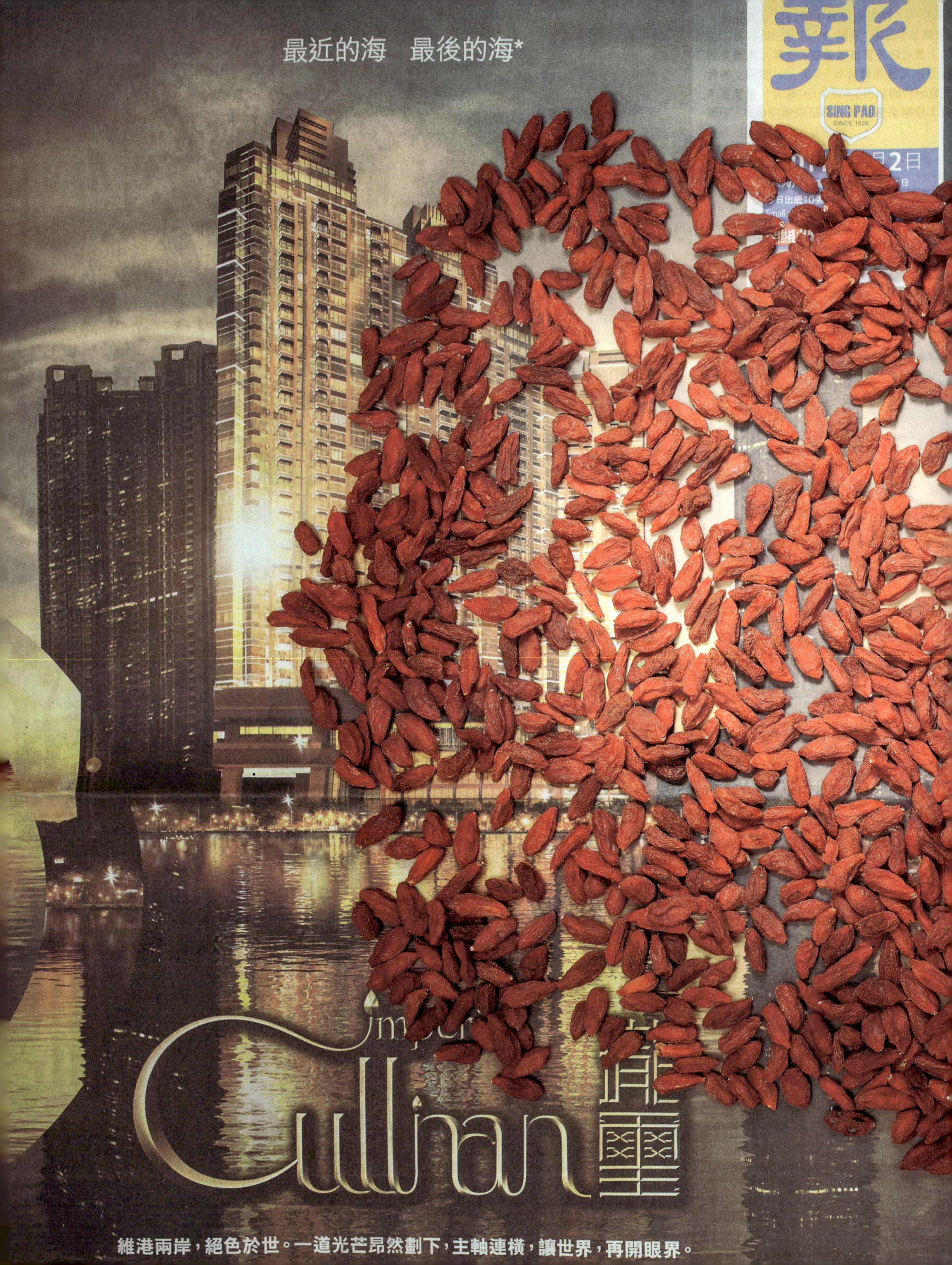

最近的海　最後的海*
SING PAO
SINCE 1930
維港兩岸，絕色於世。一道光芒昂然劃下，主軸連橫，讓世界，再開眼界。

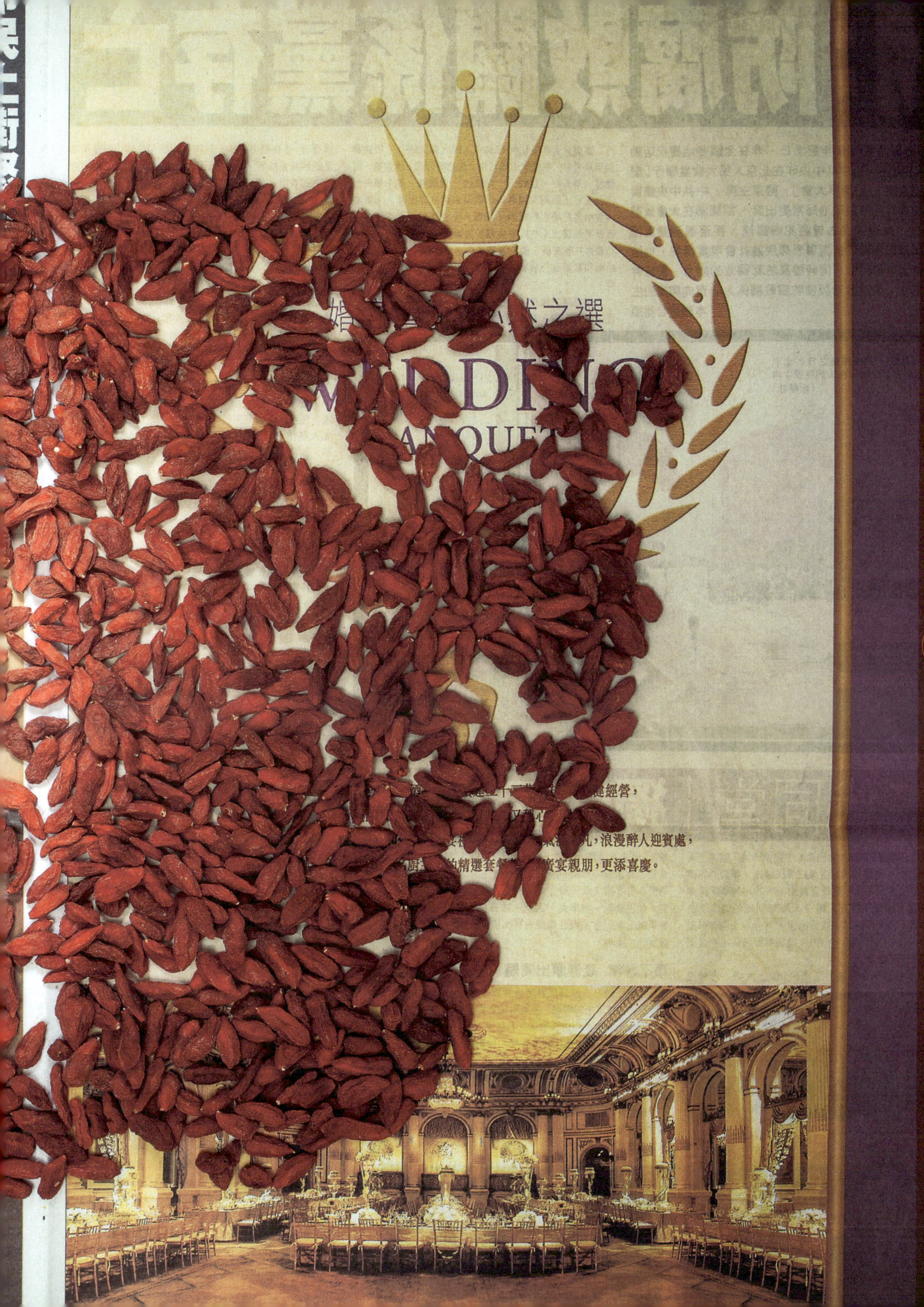
浪漫醉人迎賓處,
賓宴親朋,更添喜慶。

ABC MIÉRCOLES 5.9.2018 vocento

Editado por Diario ABC, S. L., Juan Ignacio Luca de Tena, 7, 28027 Madrid. Diario ABC, S.L. Reservados todos los derechos. Queda prohibida la reproducción, distribución, comunicación pública y utilización, total o parcial, de los contenidos de esta publicación, en cualquier forma o modalidad, sin previa, expresa y escrita autorización, incluyendo, en particular, su mera reproducción y/o puesta a disposición como resúmenes, reseñas o revistas de prensa con fines comerciales o directa o indirectamente lucrativos, a la que se manifiesta oposición expresa. Número 37.505 D.L.I: M-13-58 Apartado de Correos 43, Madrid. **Teléfono de atención** 901 334 554. **Centralita ABC** 91 339 90 00.

18363
8 424499 000013

EL PULSO DEL PLANETA

Un impuesto a las novias más descocadas

Un párroco veneciano propone cobrar una tasa a las que se casen con vestidos demasiado escotados o llamativos

ÁNGEL GÓMEZ FUENTES
CORRESPONSAL EN ROMA

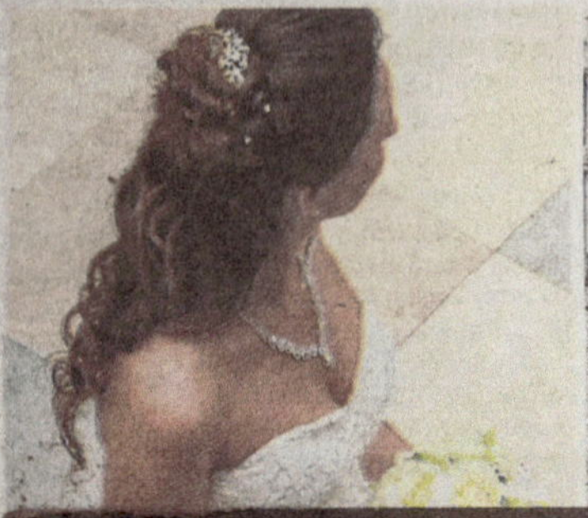

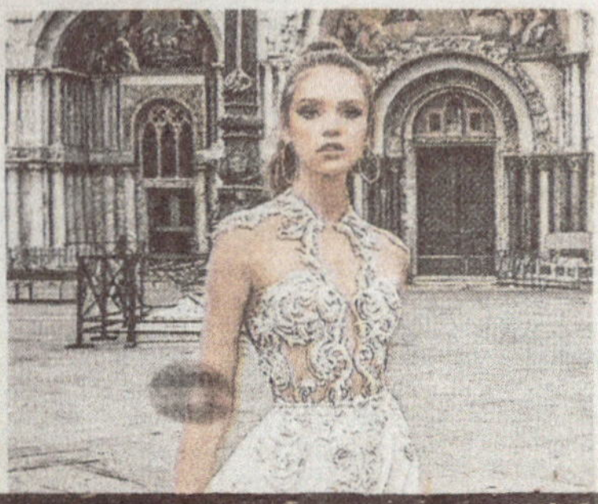

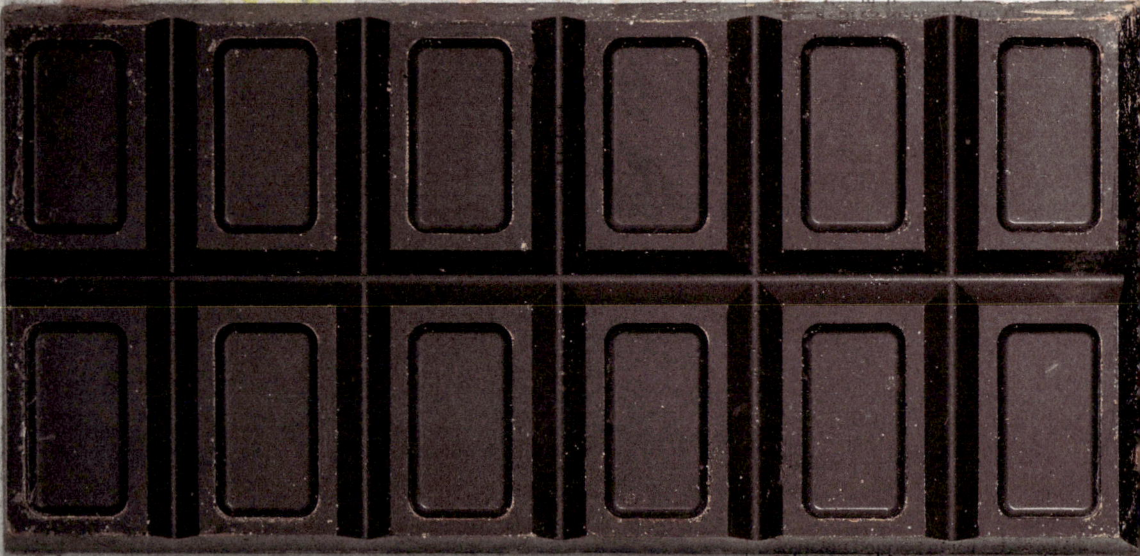

Basta ya de iglesias convertidas en pasarelas de moda, donde las novias se presentan con escotes exagerados o modelos que en demasiadas ocasiones resultan vulgares. Esto es lo que piensa Cristiano Bobbo, párroco de Oriago e Ca'Sabbioni, en Venecia, quien ha lanzando una provocadora propuesta que pretende hacer reflexionar a sus feligreses: poner una tasa a las novias que suban al altar con un vestido demasiado llamativo o demasiado escotado. Será un impuesto progresivo, es decir, cobrará un euro por cada centímetro de escote más abajo de la línea de la clavícula. La idea surge de la irritación de don Cristiano al verse obligado a celebrar bodas en las que la novia olvida, según el párroco, «la sencillez y el buen gusto», dejándose llevar por «las deformaciones de la moda, que hoy parece imponer modelos que aman recrearse en experiencias posiblemente desviadas y desbordantes».

Cristiano Bobbo expuso sus ideas en el informativo «La Voz de la Riviera», donde cada semana tiene un espacio para dirigirse a sus parroquianos. Antes de lanzar su controvertida cruzada, el sacerdote contó, medio en broma y medio en serio, una anécdota. Evocó la historia de un pueblo en el que era práctica común ofrecer al sacerdote que celebraba la boda una cantidad de dinero proporcional a la belleza de la novia. Cuanto más bella era la futura esposa, el ofrecimiento al cura era más cuantioso. En cambio, cuando la novia no era una venus, sino que resultaba poco agraciada físicamente, por no decir fea, el propio párroco devolvía la mitad de la recaudación al futuro marido. «Haced vosotros –dijo Bobbo con ironía a sus feligreses– las debidas proporciones: la historia podríamos adoptarla también nosotros, sacerdotes, estableciendo una tasa que se debería pagar en proporción a la decencia del vestido de la novia, que muy a menudo se presenta vulgar y sin gusto, inadecuado para la ocasión. Así, las que se presentan más desvestidas, más pagan».

Por la sencillez

Al final, el párroco lanzó una reflexión. «Hay un estilo de dignidad y compostura que debe ser reconquistado; debe haber un respeto hacia el otro, algo que está en la base de una vida social seria y serena. Sería importante que las esposas hicieran comprender, a través de la sencillez y el buen gusto de su vestido, la poesía y frescura del momento que están viviendo », concluyó don Cristiano.

Obviamente, la proposición ha desatado la polémica y el debate. Algunos feligreses lo apoyan, mientras que otros consideran que el sacerdote no se debe meter en la esfera privada y en los gustos de las personas. Pero el párroco no está solo. El obispo de Asís, Domenico Sorrentino, ha comunicado que en la célebre basílica de la ciudad de San Francisco no se celebrarán bodas de novios procedentes de otras parroquias. Monseñor Sorrentino está contra la expansión del «turismo de las bodas» y critica que, a la hora de casarse, prime una escenografía bella, en lugar de la solemnidad del sacramento

En definitiva, don Cristiano y don Domenico vienen a decir lo mismo: la iglesia no debe ser una pasarela. El que quiera espectáculo, exhibirse y que nadie se entrometa en su vida privada, siempre podrá casarse en el ayuntamiento.

VISTO Y NO VISTO

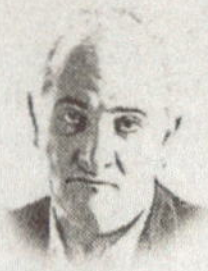

IGNACIO RUIZ-QUINTANO

EL NUDO

No hay improvisación. Hay un plan que en junio del 16 el periódico global llamó «pactar Cataluña», cuyo huevo fue, en el 13, la Declaración de Granada

Es 1830 y tiene la cabeza ida cuando llaman a su puerta:

–Si es Robespierre, que no es-

solución política, única capaz de cortar el nudo gordiano de su buscada, y creciente, complejidad jurídica». Y para eso está en La Moncloa el muñeco de los clisos color «havana», para cortar el nudo gordiano de la complejidad jurídica. ¿Con qué? Con la lógica de pato de ganso expresada en el famoso silogismo de Schopenhauer que Sánchez y su troupe de cómicos toman en serio:

–El hombre tiene dos piernas, por consiguiente todo lo que tiene dos piernas es un hombre, luego el ganso es un hombre.

Este gobierno que nadie ha votado debería celebrar los consejos en la Academia, en el centro de cuya mesa hay un agujero que Eugenio d'Ors llamaba «el bidet del idioma» para los bajos de la complejidad jurídica: poder constituyente, poder constituido, poder constitucionario... Poner sobre esa mesa la unidad política de España (¡la única que tiene fuerza constituyente!) y ver las mañas de Sánchez y sus cuates de juvenil alegría (Marlasca, Guirao, el Astronauta) para atar la mosca por el rabo.

Después no habrá Constitución política. Quedará la material (indestructible), pero será otra historia.

Verbolario POR RODRIGO CORTÉS

Pionero, *m.* Que hace lo que, sin dejar pruebas, ya había hecho otro.

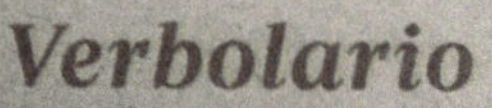

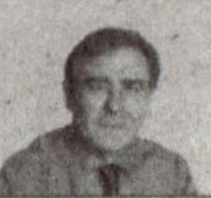

NACIONAL | 1,60 euros | Año CXV | Número 37.505

5 SEPTIEMBRE 2018 *Miércoles*

ABC.es

ABC

MÁS

[redacted]

y avisa de que no aceptará la condena de los líderes del 1-O

[Editorial y páginas 14 y 15]

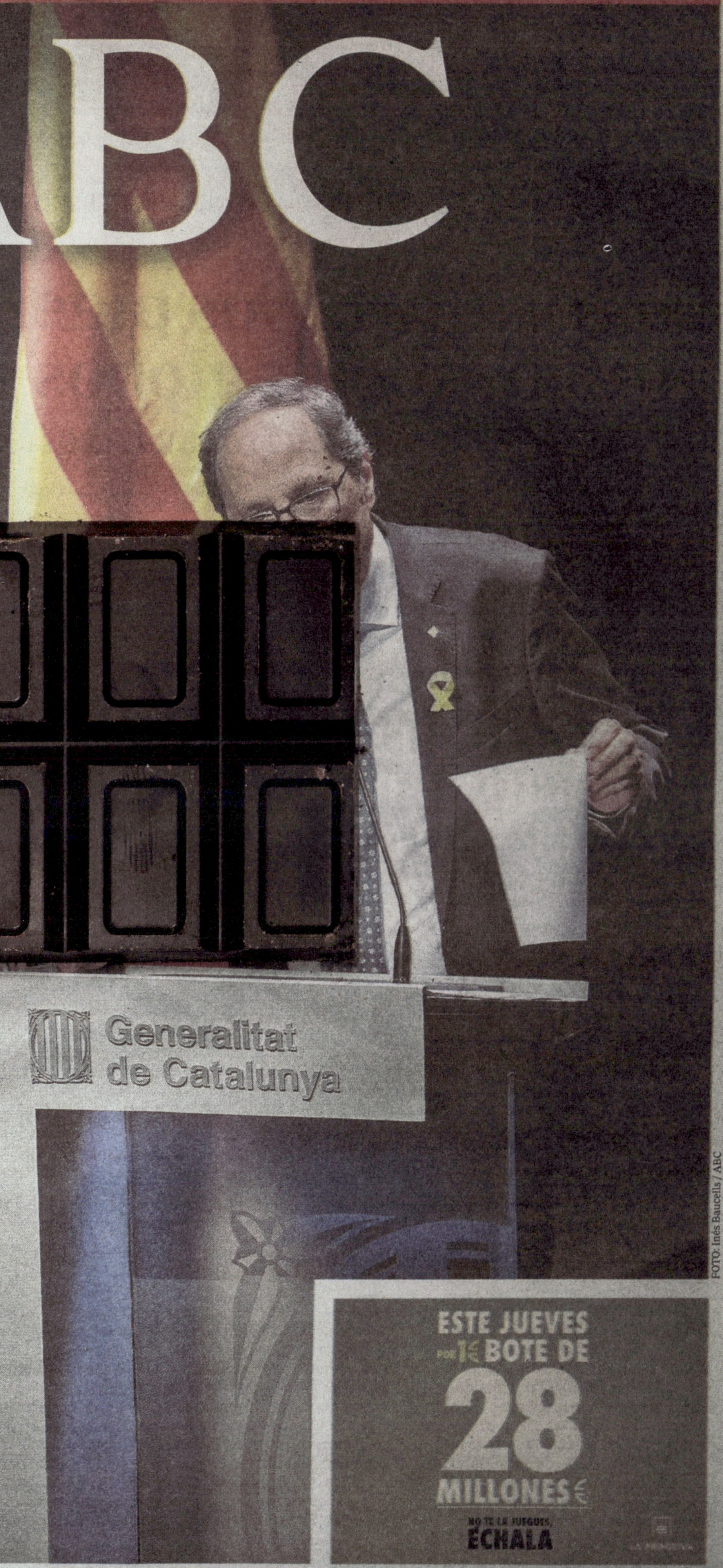

El presidente de la Generalitat, durante su discurso ayer en el Teatro Nacional de Cataluña

FOTO: Inés Baucells / ABC

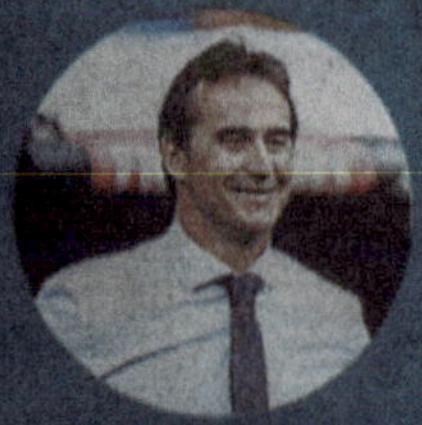

"El respaldo del City te da mucha tranquilidad"

El objetivo es seguir otro año en Primera para consolidar el proyecto

Eusebio Sacristán recibe a SPORT en el PGA Catalunya Resort de Caldes de Malavella, donde **la plantilla almuerza y come a diario** en una rutina que ha llevado al equipo a ser referencia organizativa de la Primera División

+FUTBOL

EL LÍO DE LOS PORTEROS

Lopetegui sigue sin aclararse y no descarta ir alternando a los porteros

► PÁG. 20

CAMBIOS EN EL MERCADO

La normativa de fichajes en invierno permitirá jugar la Champions aunque la hayas jugado con otro equipo

► PÁG. 22

LAS GANANCIAS DE CR7

Cristiano liderá el ranking de fichas en el Calcio y triplica al segundo que es Higuaín

► PÁG. 24

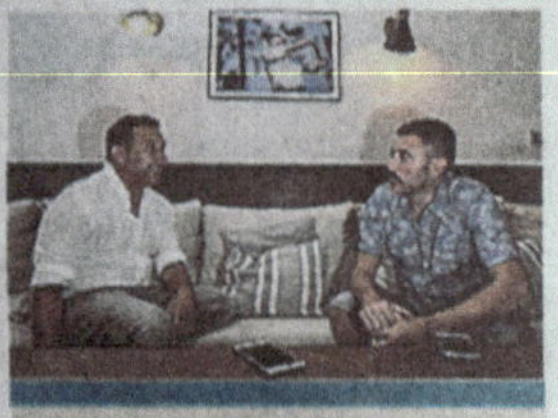

IVAN SAN ANTONIO
VALENTÍ ENRICH (fotos)
Caldes de Malavella

¿Cambia mucho entrenar en Girona que en Vigo, San Sebastián o el Mini Estadi?
Sí, cada club tiene condicionantes diferentes, estructura, objetivos... Cada equipo es diferente y uno lo que tiene que hacer es ver qué tiene y adaptarse.

¿Es de los que adapta el equipo a su idea o de los que adapta su idea al equipo?
En mi caso, de alguna manera, tengo que llegar, ver la plantilla que tenemos y, a partir de ahí, tratar de sacar lo máximo.

Repetirá, como hizo ante el Villarreal, con tres centrales.
Queremos aprovechar que el equipo está acostumbrado a trabajar con un sistema que le ha dado muy buenos resultados y, por otro lado, trabajar otros sistemas que nos permitan tener cuantas más variables mejor. Pretendo incorporar una riqueza táctica que nos permita ser más fuertes.

¿Lo ve como una traición al
ideario 'cruyffista'?
¡No! ¡No! No tiene nada que ver, puedes jugar con tres centrales y ser capaz de tomar la iniciativa. Si tus centrales tienen buen manejo de balón, también eres capaz de dominar a los rivales y atacar, aunque sí que, en la línea defensiva, con tres centrales es más complicado presionar en el campo contrario.

Más allá de dibujos tácticos, siguen Stuani y Portu. Estará contento.
Muy contento estoy. No era fácil que al final pudiésemos mantenerles porque estaban pretendidos por grandes equipos después de la gran temporada que hizo el Girona. Y lo hemos conseguido. El club tenía claro que, o venía una propuesta definitiva o no los iba a dejar salir. Y estos jugadores también han aceptado esa circunstancia.

¿Se lo han tomado bien?
Bien, bien. La circunstancia más incómoda es...

¿... la de Portu?
Sí, pero lo importante es que trabajaremos todos para que se quede contento, tranquilo y, al final de tempoada, agradezca haber tomado esta decisión y sepa que es la mejor para él.

Que un club como el Girona se mantenga tan firme debe ser un regalo para un entrenador.
Sí, efectivamente. Es un club en

el que se le da una importancia enorme al área deportiva y se tiene claro que para conseguir buenos resultados deportivos el club debe... en la misma línea.

¿conseguir...
¿Sería posible sin el respaldo al Manchester City?
Es un apoyo importante, por la experiencia que te aporta, a todos los niveles, viene muy bien para que el crecimiento pueda ser más sólido.

Y a nivel económico permite plantarse ante ofertas insuficientes.
Eso es, es importante saber que tienes el respaldo en todos los sentidos, en lo deportivo y en lo económico. Para decir: 'Aquí estamos nosotros'. Y poder trabajar con una cierta tranquilidad.

Debe subirle el ego que un club así haya confiado en usted.
Bueno, me gusta que un club como el Girona haya venido a buscarme. Es un poco porque a Quique (Cárcel) le gustaba lo que había visto en mí. Y, por mi parte, tras mis años de entrenador, he conseguido un estatus que me

podía permitir tener algunas opciones, pero la que me ha llegado inmediata me ha gustado mucho.

¿Por qué?
Porque todo lo que he visto me ha gustado: esta independencia en el área deportiva me parece algo muy bueno para un entrenador. Ese respaldo... La experiencia que tienen el área deportiva, como Delfí (Geli), el City... El entorno hace que uno se sienta muy cómodo.

También habrá presión. ¿Qué objetivos tiene?
El gran objetivo del Girona es asentar el equipo en Primera División. Si el club consigue que la temporada siguiente el Girona esté en Primera, permitirá que el proyecto se consolide.

¿Se ve muchos años aquí?
¿Por qué no? Pero quiero ser cauto,

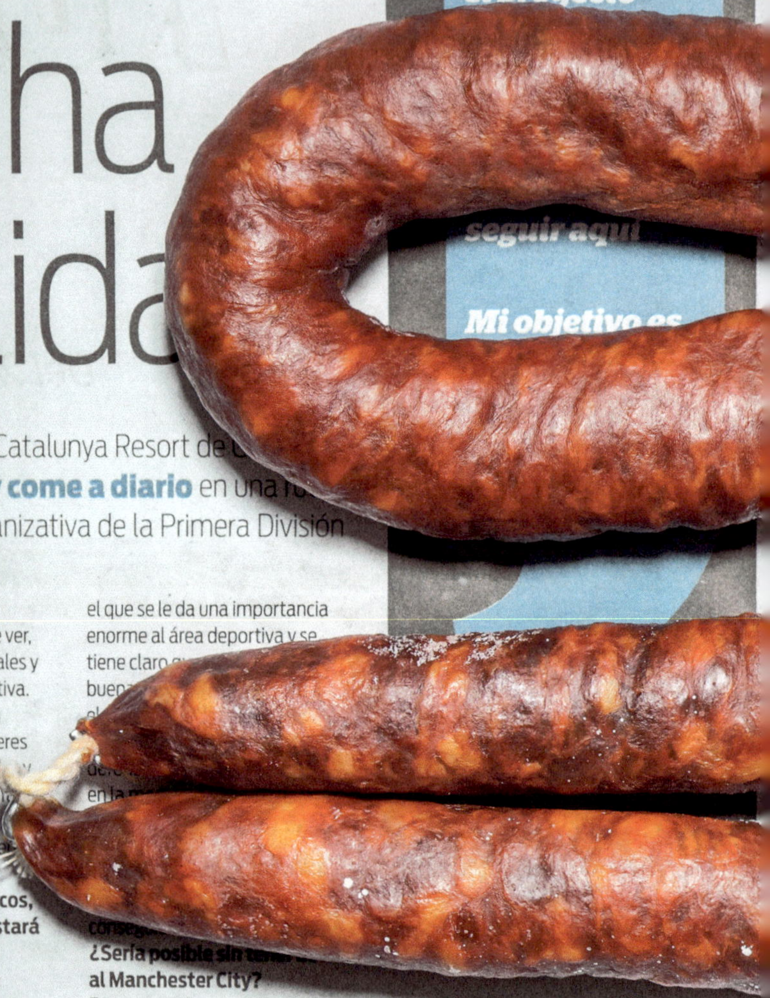

HUESCA ▶ CON LA MORAL INTACTA

Los azulgranas, debutantes 'top'

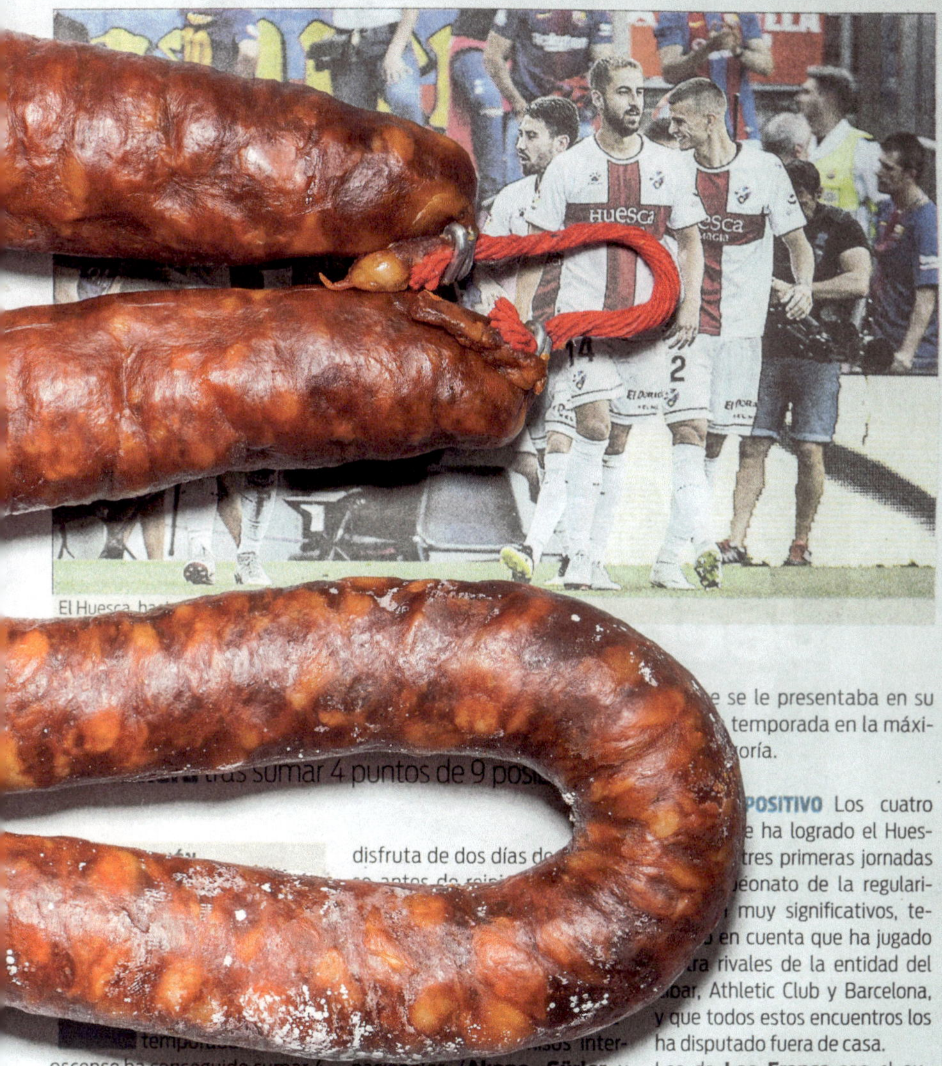

El Huesca, ha...

oscense ha conseguido sumar 4 puntos de 9 en las tres primeras jornadas de LaLiga.

La brutal goleada que le endosó el todopoderoso Barcelona en el Camp Nou (8-2) no significa que los aragoneses hicieran un mal partido. De hecho, en la primera mitad estuvieron ahí luchando 'face to face' con el vigente campeón. Hay que reconocer que el planteamiento que hizo Leo Franco con sus discípulos fue de admirar, ya que a pesar de ser un equipo modesto y pequeño tuvieron el valor de plantarse en el césped del feudo catalán como uno de los grandes históricos de nuestro fútbol.

Después del encuentro en Barcelona, la plantilla del Huesca

...que se le presentaba en su ... temporada en la máxi- ...oría.

... tras sumar 4 puntos de 9 posi...

disfruta de dos días de ... ...es antes de rei...

...POSITIVO Los cuatro ... ha logrado el Hues- ...tres primeras jornadas ...eonato de la regulari- ...muy significativos, te- ...en cuenta que ha jugado ...ra rivales de la entidad del ...bar, Athletic Club y Barcelona, y que todos estos encuentros los ha disputado fuera de casa.

Los de Leo Franco son el auténtico descubrimiento de este comienzo de LaLiga Santander 2018-19 y han logrado anotar dos tantos en los encuentros disputados hasta ahora.

...temporada ... ...sus inter- nacionales (**Akapo, Gürler** y **Jovanovic** están con sus respectivas selecciones), es conveniente hacer un balance de cómo ha encarado el equipo azulgrana el complicado estre-

UN DEBUT DE BRONCE

Locura total en la ciudad

▬ Únicamente el Girona la pasada temporada, y el Leganés hace dos, lograron igualar la puntuación del Huesca en las tres primeras jornadas; aunque ambos disputaron encuentros en sus estadios, por lo que la gesta lograda por los aragoneses tiene aún más mérito para ser destacada como tal. Por eso, no es de extrañar que las cifras de abonados se hayan disparado en El Alcoraz. En las oficinas del club no atienden nuevas peticiones y la lista de espera es enorme. Tanto es así, que se prevé que las 7.639 butacas que tendrá El Alcoraz se agotarán todas las jornadas.

CRISTÓFORO EXULTANTE COMO AZULÓN

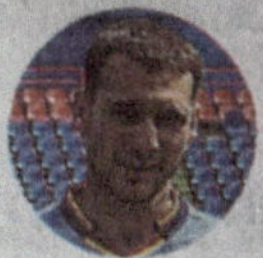

El mediocentro uruguayo fue presentado como nuevo jugador del Getafe y dijo que "el verano pasado soñé pero lo importante es que estoy aquí, con ganas de empezar con el equipo. Estoy donde quiero estar". Su debut podría producirse precisamente en el Sánchez Pizjuán.

BOUTOBBA EL SEVILLA LE ABRE LA PUERTA

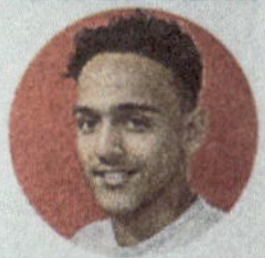

El extremo hispalense, internacional con la selección sub-20 de Francia, rescindió ayer de mutuo acuerdo la vinculación contractual que le unía al club hasta junio de 2020. El jugador abandona la disciplina sevillista después de haber militado en la última campaña en el filial.

ADVÍNCULA SERIA DUDA CON PERÚ

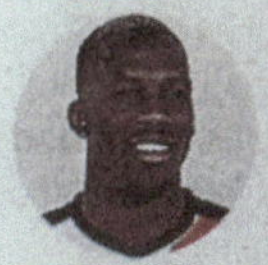

El lateral derecho del Rayo Vallecano está siendo protagonista en la concentración de la selección peruana. Arrastraba molestias en su pierna izquierda y ha tenido que ser sometido a una resonancia magnética para conocer el alcance exacto de su lesión.

ATLÉTICO ▶ CAMPAÑA DE APOYO

Lucas pide el Balón de Oro para Griezmann

El polivalente zaguero rojiblanco **entiende que "este fue el año de Griezmann"** y augura muchos éxitos futuros a Kylian Mbappé

S.F.
Barcelona

El jugador del Atlético de Madrid **Lucas Hernández** afirmó que su candidato este año para el Balón de Oro es su compañero de equipo y de selección **Antoine Griezmann**, a quien sitúa por encima de jugadores como su compatriota **Kylian Mbappé**, en una entrevista de 'France Football'. "Griezmann lo merece, para mí es el favorito. Ha destacado en todas las competiciones que ha jugado este año", opinó **Hernández** y añadió que **Mbappé** marcó algunos goles "fabulosos", en el Mundial, pero que su juventud le dará la oportunidad de ganar "muchos" Balones de Oro en el futuro. "Es el año de Griezmann", sentencia **Hernández**.

El lateral también tuvo palabras de agradecimiento por la apuesta del seleccionador francés, **Didier Deschamps**, por él y por otorgarle la titularidad desde un inicio en el pasado Mundial: "No podía decepcionarle, al principio me eligió por mis cualidades como defensa, pero rápido me pidió que intentara cosas diferentes, que asumiera riesgos en ataque. Hasta Diego Simeone me dijo que había descubierto cosas nuevas de mí durante el Mundial de Rusia".

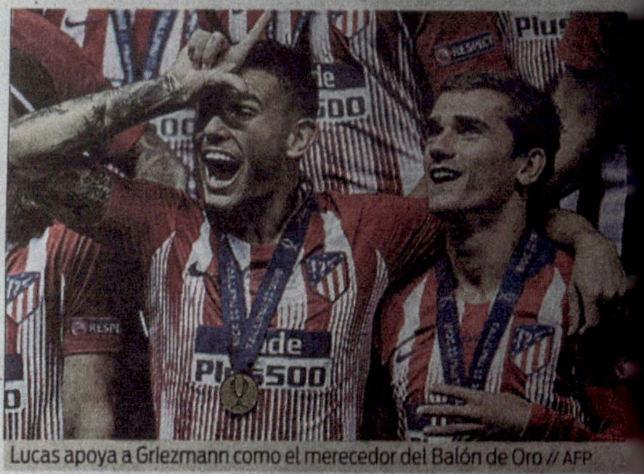

Lucas apoya a Griezmann como el merecedor del Balón de Oro // AFP

VILLARREAL ▶ FICHAJE DE URGENCIA

El chileno Iturra, muy cerca de firmar por el 'Submarino'

El futbolista firmará por una temporada y se espera que su fichaje sea anunciado en breve. Mario Gaspar, sin ir más lejos, ya le dio la bienvenida

▬ El centrocampista Manuel Iturra pasó ayer la revisión médica a la espera de cerrar su fichaje por el Villarreal, que podría anunciarse en las próximas horas.

El jugador, de 34 años y cuyo último club en España ha sido el Málaga, se encuentra en Villarreal y ha estado en el vestuario del equipo.

Iturra puede fichar por el conjunto castellonense al ser un jugador sin contrato, ya que rescindió el 2 de agosto el que tenía con el conjunto andaluz, y disponer el Villarreal de fichas libres.

La decisión de contratar a Iturra es consecuencia de las bajas que acumula el equipo en la posición de medio centro, ya que Bruno Soriano y Javi Fuego se encuentran lesionados.

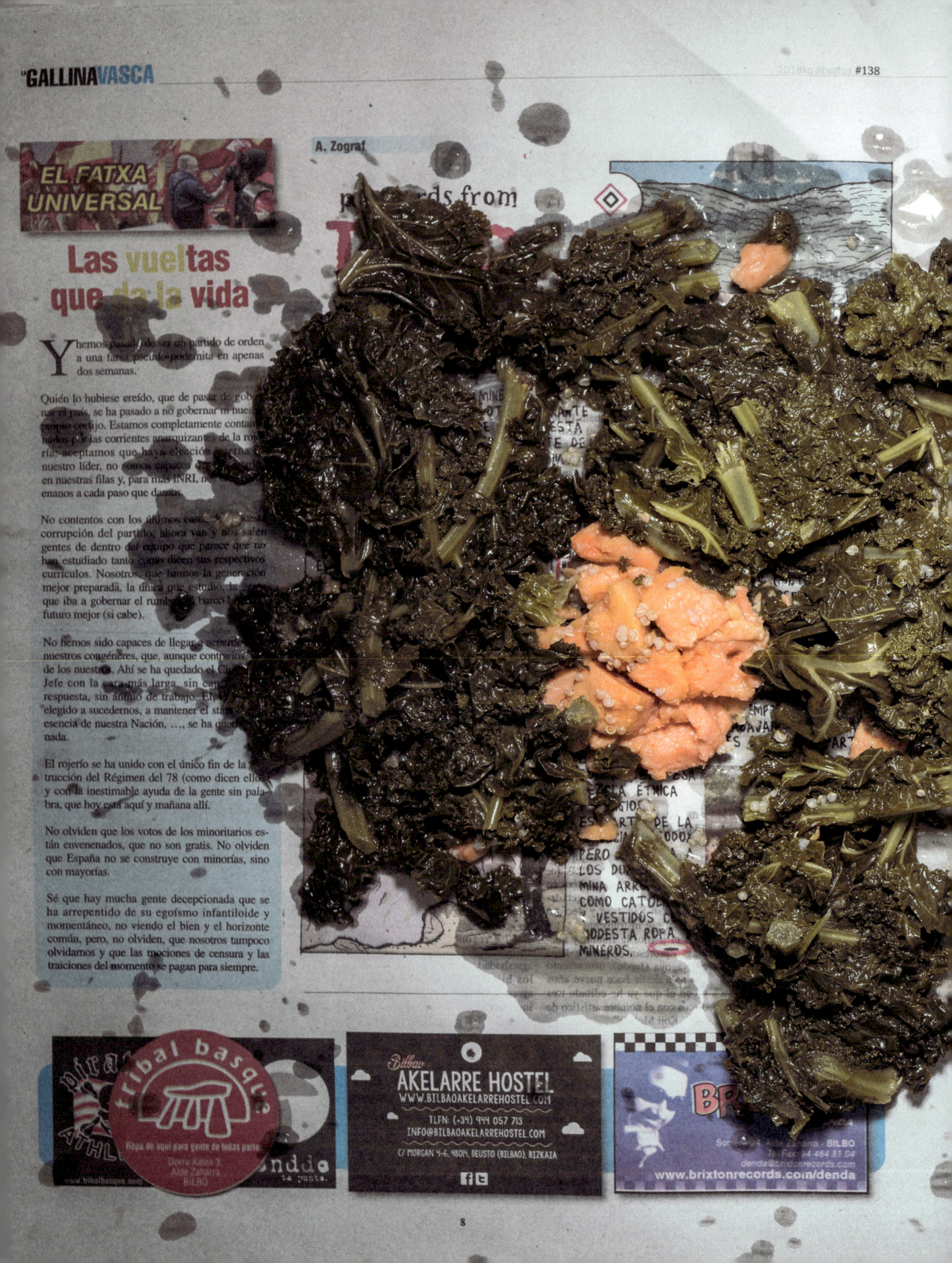

GALLINAVASCA
2018ko abuztua #138
EL FATXA UNIVERSAL
Las vueltas que da la vida
Y hemos pasado de ser un partido de orden a una farsa pseudo-podemita en apenas dos semanas.
Quién lo hubiese creído, que de pasar de gob
nar el país, se ha pasado a no gobernar ni nues
propio cortijo. Estamos completamente contam
nados por las corrientes anarquizantes de la roj
ría; aceptamos que haya elección interna
nuestro líder, no somos capaces
en nuestras filas y, para más INRI, n
enanos a cada paso que damos.
No contentos con los últimos cas
corrupción del partido, ahora van y nos salen
gentes de dentro del equipo que parece que no
han estudiado tanto como dicen sus respectivos
currículos. Nosotros, que fuimos la generación
mejor preparada, la única que estudió, la
que iba a gobernar el rumbo barco
futuro mejor (si cabe).
No hemos sido capaces de llegar a
nuestros congéneres, que, aunque contrarios
de los nuestros. Ahí se ha quedado el
Jefe con la cara más larga, sin
respuesta, sin ánimo de trabajo. El
elegido a sucedernos, a mantener el
esencia de nuestra Nación, …, se ha qued
nada.
El rojerío se ha unido con el único fin de la
trucción del Régimen del 78 (como dicen ellos)
y con la inestimable ayuda de la gente sin palabra, que hoy está aquí y mañana allí.
No olviden que los votos de los minoritarios están envenenados, que no son gratis. No olviden que España no se construye con minorías, sino con mayorías.
Sé que hay mucha gente decepcionada que se ha arrepentido de su egoísmo infantiloide y momentáneo, no viendo el bien y el horizonte común, pero, no olviden, que nosotros tampoco olvidamos y que las mociones de censura y las traiciones del momento se pagan para siempre.
A. Zograf
ds from
LA ÉTNICA
DE LA
PERO
LOS
MINA
COMO CATO
VESTIDOS
MODESTA ROPA
MINEROS
tribal basque
Ropa de aquí para gente de todas partes
Dorre Kalea 3, Alde Zaharra, BILBO
Bilbao
AKELARRE HOSTEL
WWW.BILBAOAKELARREHOSTEL.COM
TLFN: (+34) 944 057 713
INFO@BILBAOAKELARREHOSTEL.COM
C/ MORGAN 4-6, 48014, DEUSTO (BILBAO), BIZKAIA
www.brixtonrecords.com/denda
8

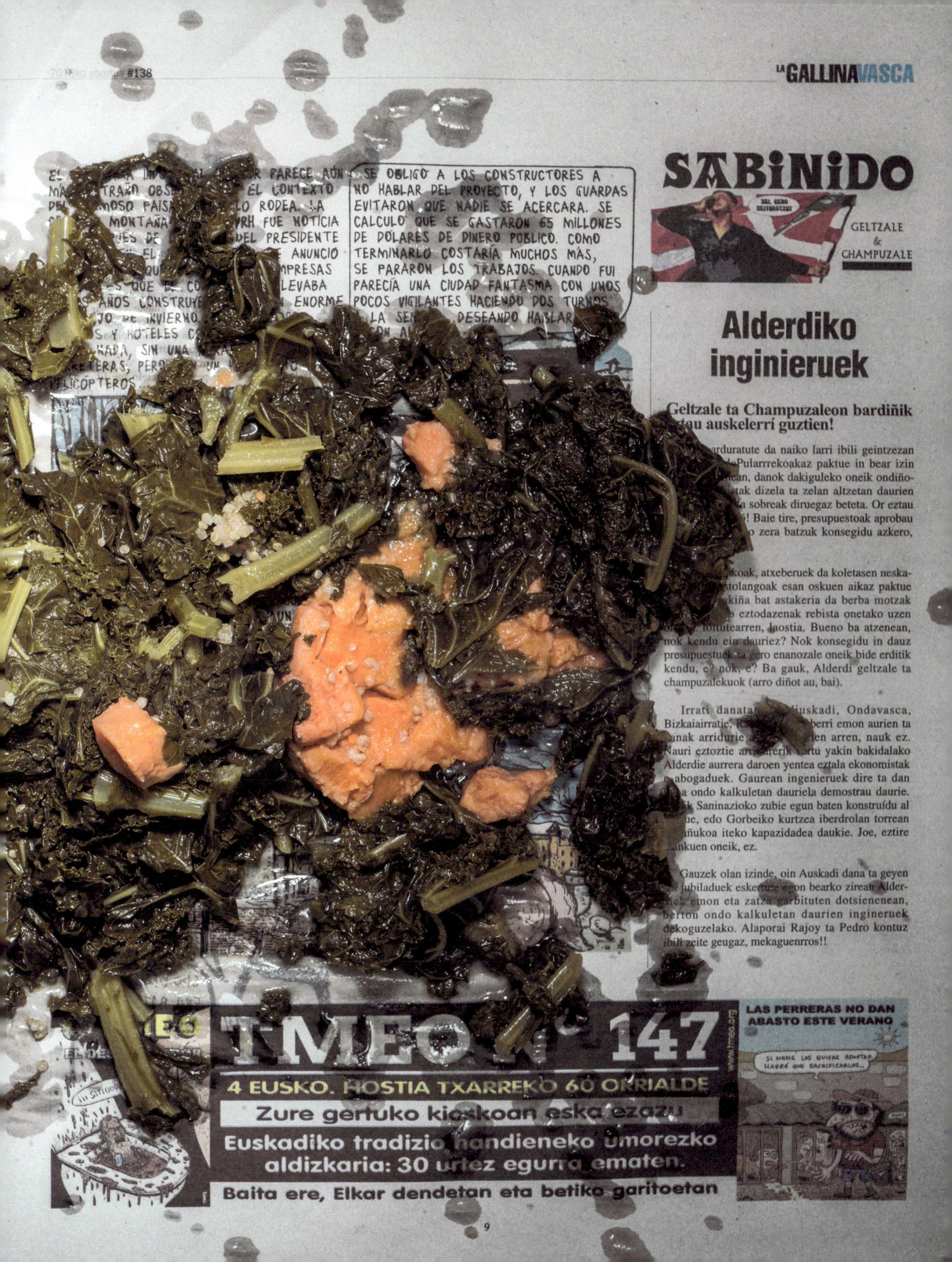

SE OBLIGO A LOS CONSTRUCTORES A
NO HABLAR DEL PROYECTO, Y LOS GUARDAS
EVITARON QUE NADIE SE ACERCARA. SE
CALCULO QUE SE GASTARON 65 MILLONES
DE DOLARES DE DINERO PUBLICO. COMO
TERMINARLO COSTARIA MUCHOS MAS,
SE PARARON LOS TRABAJOS. CUANDO FUI
PARECIA UNA CIUDAD FANTASMA CON UNOS
POCOS VIGILANTES HACIENDO DOS TURNOS
LA SE... DESEANDO HABLAR
...

SABINIDO

GELTZALE
&
CHAMPUZALE

Alderdiko inginieruek

Geltzale ta Champuzaleon bardiñik tau auskelerrí guztien!

...arduratute da naiko Iarri ibili geintzezan ...Pularrrekoakaz paktue in bear izin ...an, danok dakiguleko oneik ondiño- ...tak dizela ta zelan altzetan daurien ...ta sobreak diruegaz beteta. Or eztau ...! Baie tire, presupuestoak aprobau ...o zera batzuk konsegidu azkero,

...koak, atxeberuek da koletasen neska- ...tolangoak esan oskuen aikaz paktue ...kiña bat astakeria da berba motzak ...o eztodazenak rebista onetako uzen ...fontutearren, laostia. Bueno ba atzenean, nok kendu ein dauriez? Nok konsegidu in dauz presupuestuek ta gero enanozale oneik bide erditik kendu, e? nok, e? Ba gauk, Alderdi geltzale ta champuzalekuok (arro diñot au, bai).

Irrati danata... ...iuskadi, Ondavasca, Bizkaiairratie, R... ...berri emon aurien ta ...anak arridurie a... ...ien arren, nauk ez. ...auri eztoztie arr...arerik ...rtu yakin bakidalako Alderdie aurrera daroen yentea eztala ekonomistak ...abogaduek. Gaurean ingenieruek dire ta dan ...a ondo kalkuletan dauriela demostrau daurie. ...k Saninazioko zubie egun baten konstruidu al ...ue, edo Gorbeiko kurtzea iberdrolan torrean ...ñukoa iteko kapazidadea daukie. Joe, eztire ...nkuen oneik, ez.

Gauzek olan izinde, oin Auskadi dana ta geyen ...jubiladuek eskert... egon bearko zirean Alder- ...ek emon eta zatza garbituten dotsienenean, berton ondo kalkuletan daurien ingineruek dekoguzelako. Alaporai Rajoy ta Pedro kontuz ibili zeite geugaz, mekaguenrros!!

TMEO 147

4 EUSKO. HOSTIA TXARREKO 60 ORRIALDE

Zure gertuko kioskoan eska ezazu

Euskadiko tradizio handieneko umorezko
aldizkaria: 30 urtez egurra ematen.

Baita ere, Elkar dendetan eta betiko garitoetan

Miércoles, 5 de septiembre de 2018
www.expansion.com
Reino Unido 1,6 £ • Bélgica 2,65 euros • Portugal Continental 2 euros
Teléfono de atención al lector: 91 205 37 14
Teléfono de atención al suscriptor: 91 050 16 29

Expansión

EL FICHAJE DE COLIN KAEPERNICK, EL EXJUGADOR DE FÚTBOL AMERICANO QUE SE ARRODILLABA DURANTE EL HIMNO DE EEUU, DESATA LA IRA DE LOS CONSUMIDORES Y LA CAÍDA DE LAS ACCIONES EN BOLSA.

Nike afronta un boicot por su última campaña

C. Ruiz de Gauna. Nueva York

El fabricante estadounidense de material deportivo Nike está acostumbrado a arriesgar en sus campañas, pero la última podría resultarle demasiado cara... o todo lo contrario.

Consumidores furiosos llamaban ayer al boicot contra Nike en las redes sociales después de que trascendiera el papel del exdeportista de fútbol americano Colin Kaepernick en la última promoción comercial de la multinacional. Kaepernick, jugador de los 49ers de San Francisco, inició hace dos años una protesta por las injusticias sociales y por el tratamiento policial a los afroamericanos arrodillándose durante el himno nacional.

Este gesto fue seguido después por otros jugadores y desató una gran polémica que provocó las iras del presidente americano, Donald Trump, que lo consideró una ofensa y pidió la expulsión de los futbolistas. El enfado de Trump fue secundado por millones de estadounidenses, para quienes su himno nacional es sagrado.

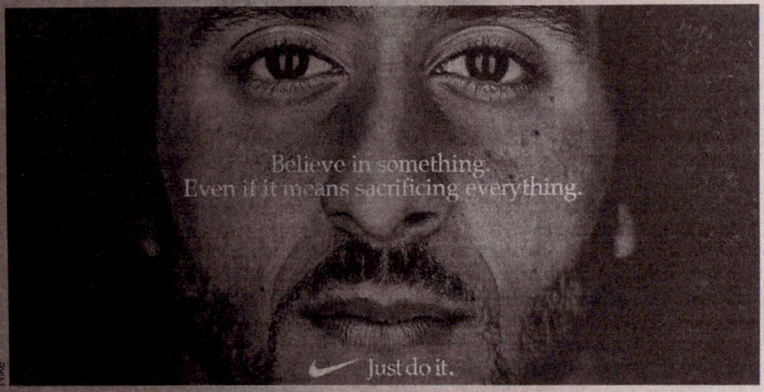

El exjugador de fútbol americano Colin Kaepernick, en el anuncio de Nike.

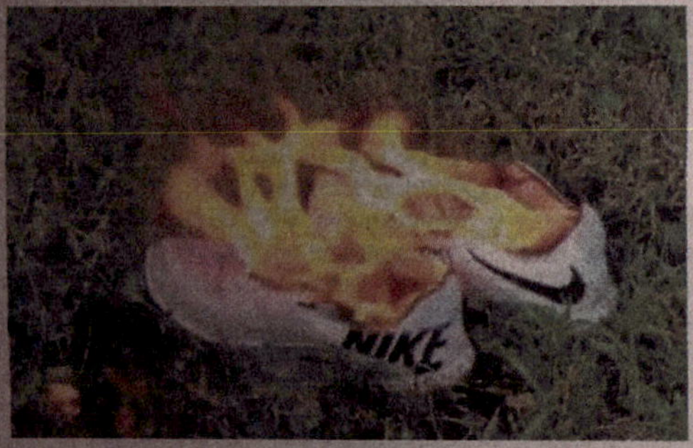

Zapatillas de la firma ardiendo por el boicot.

El gesto de protesta del jugador desató las iras de Trump, que pidió su expulsión

30 aniversario

La participación de Kaepernick en el *spot* de Nike fue desvelada ayer por el propio jugador a través de Twitter y se convirtió en noticia en cuestión de minutos. La campaña, que conmemora el trigésimo aniversario del lema de la compañía *Just do it*, se apoya en la frase "Cree en algo, incluso si esto significa sacrificar todo", lo que para muchos es una referencia clara a la polémica vivida meses atrás.

El riesgo que ha tomado Nike tampoco ha sido aprobado por Wall Street, que castigó ayer a la compañía con una caída de las acciones de casi el 3% a cierre de esta edición. Desde enero, Nike acumula una subida de más del 26% en el mercado, hasta una capitalización de cerca de 130.000 millones de dólares (112.000 millones de euros).

Mientras la Bolsa dictaba sentencia, la campaña #NikeBoycott se extendía en Twitter con imágenes de consumidores quemando material con la marca Nike.

La situación vuelve a poner en una delicada posición a la liga de fútbol americana NFL, de la que Nike es uno de sus principales socios y contra la que Kaepernick presentó una querella por su supuesta conspiración para mantenerle fuera de juego tras sus protestas.

La campaña también continúa subrayando la profunda división que existe entre los ciudadanos de Estados Unidos, agudizada tras la victoria de Trump. Según una encuesta elaborada por *The Wall Street Journal* y *NBC News* el mes pasado, el 54% de los participantes alegaron que no consideraban apropiada la actuación de los jugadores. En el lado contrario, los defensores circunscriben el gesto a la libertad de expresión.

LA ÚLTIMA PALABRA (8ª T)

IGNACIO DE LA RICA

El póker del mentiroso

Con él nunca se sabe, pero el presidente **Sánchez** ha anunciado que va a crear una "comisión de la verdad" sobre la guerra civil y la dictadura. Para los de la Logse del PSOE y otros ignorantes, se refiere a la contienda q… tuvo lugar en Es… los años 36… sado y… que… co…

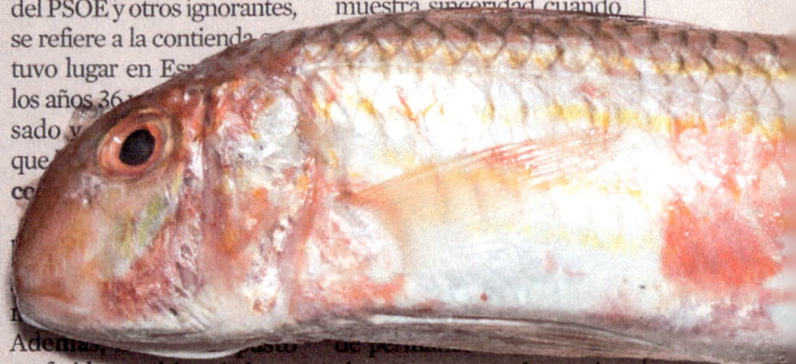

Ade… preferido para historiadores que cojean de todas las patas, e incluso de los pocos que no cojean. Algo de verdad habrá en los 22.000 libros publicados sobre esa guerra que alguien ha contado... Pero, sobre todo, resulta un sarcasmo q… dro Sánchez… nocem… ver…

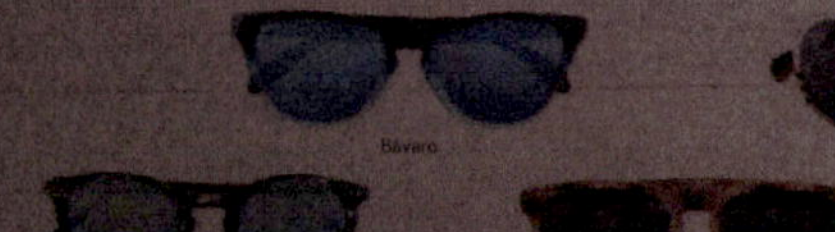

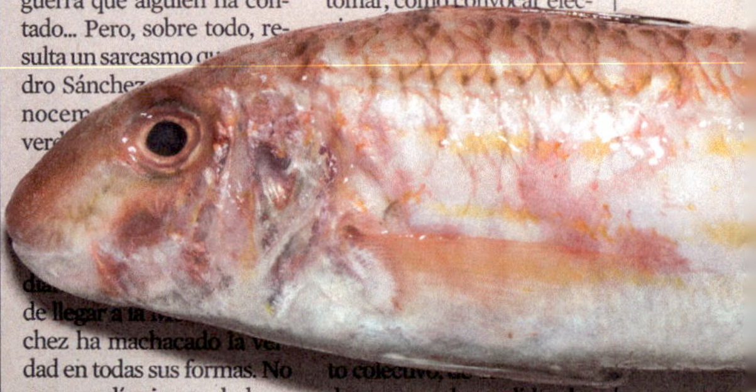

di… de llegar a la… chez ha machacado la ve… dad en todas sus formas. No pasa un día sin que lo haga en directo, como cuando después de meses amenazando a los bancos con un impuesto para sufragar las pensiones, de repente, se olvida del impuesto, de las pensiones y hasta de los bancos. O como cuando un viernes, una ministra y ministro de Justicia despachan la demanda al juez **Llarena** con un allá él con su problema "de bocazas" y el domingo de la misma semana, el Presidente sostiene lo contrario, sin memoria ni ruborizarse.

Buscar la verdad es una actitud y la sinceridad su consecuencia. Sánchez no muestra sinceridad cuando … de per… cloa. Tampoco es buen síntoma de sinceridad contradecirse, lanzar globos sonda, ocultar sus intenciones y dejar siempre abiertas las (pocas) decisiones que puede tomar, como convocar elec… to colectivo, … de vencer en buena lid en las contiendas electorales. ¡Eso es romanticismo! A esta gente les importa ganar este póker del mentiroso y, para ello, hay que ocultar las cartas, engañar a los otros jugadores y al árbitro. Y, si hace falta, se crean comisiones de la verdad, pero siempre que sea del siglo pasado. De la verdad de ayer, la de hoy y la de mañana, ni mentar.

@laultimapalabr

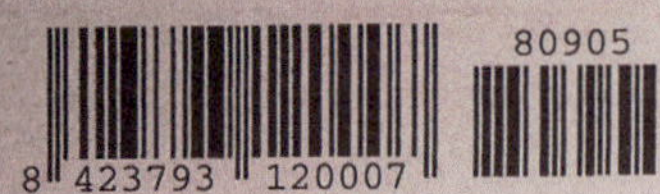

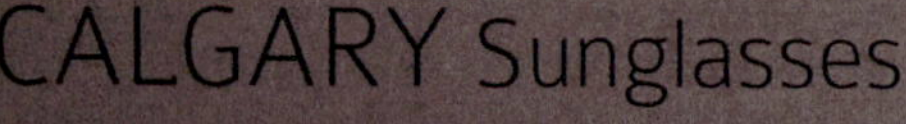

Suscríbase a Expansión
LLÉVESE UN CHEQUE CARBURANTE GRATIS 20€
LLAME YA AL
91 275 19 88

Expansión

Miércoles 5 de septiembre de 2018 | 2€ | Año XXXII | nº 9.746 | Edición País Vasco

www.expansion.com

HOY

MENSUAL DE BOLSA EN AGOSTO P1 a 12

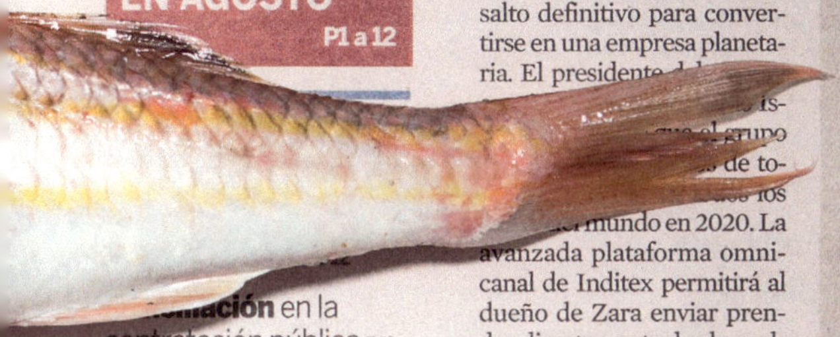

…ación en la contratación pública P12

Inversor

Amazon alcanza el billón de dólares en Wall Street P19

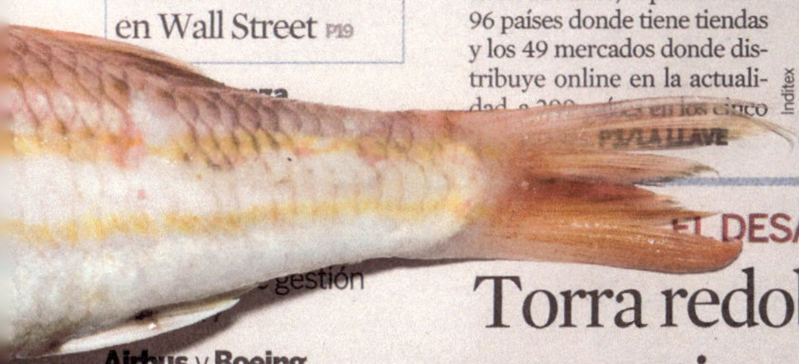

… gestión

Airbus y **Boeing** refuerzan su duopolio a la espera de competencia P8/LA LLAVE

PP y **Cs** frenan el plan del Gobierno y Podemos para sacar el Presupuesto P22

La buena marcha del negocio impulsa a **CaixaBank** en Bolsa P15

Clifford ficha a Fernando Irurzun, de la Autoridad Bancaria Europea P28

EL PRÓXIMO SÁBADO, **GRATIS**
CURSO DE FINANZAS PERSONALES
CÓMO GESTIONAR SU AHORRO
P7 y 16

Inditex venderá online en todos los países del mundo

Inditex tiene preparado su salto definitivo para convertirse en una empresa planetaria. El presidente … el grupo … de to… los … mundo en 2020. La avanzada plataforma omnicanal de Inditex permitirá al dueño de Zara enviar prendas directamente desde cualquier tienda de cada marca, sin necesidad de tener un almacén en cada zona, un avance pionero en el mundo. Así, Inditex disparará su cobertura en dos años, al pasar de los 96 países donde tiene tiendas y los 49 mercados donde distribuye online en la actualidad … en los cinco … P3/LA LLAVE

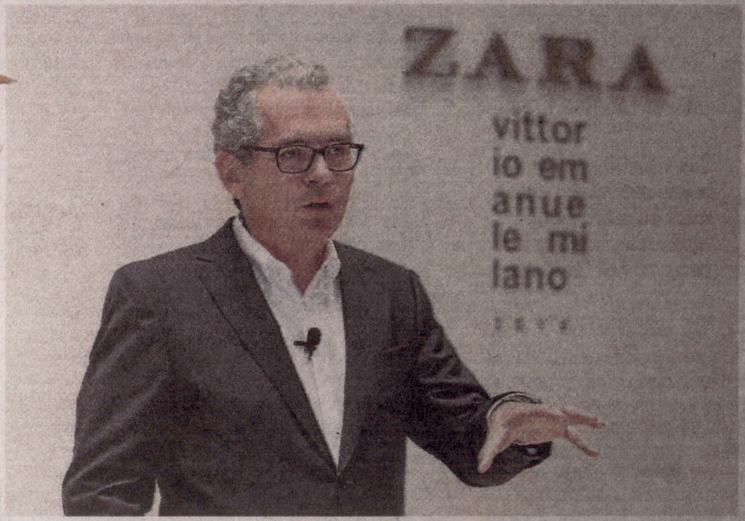

Inditex

Pablo Isla, presidente de Inditex, ayer en Milán.

- El gigante de la moda será en 2020 el primer 'retail' mundial en cubrir todos los mercados
- Enviará prendas de todas sus marcas desde cualquier tienda a cualquier lugar

ANÁLISIS
Así funciona la plataforma tecnológica de distribución de Inditex

EL DESAFÍO INDEPENDENTISTA

Torra redobla su pulso al Estado y mantiene su plan secesionista

El presidente de la Generalitat inaugura el nuevo curso político asegurando que el independentismo "no ha renunciado a nada", y anticipando nuevas movilizaciones. Torra exige la absolución de los líderes independentistas encarcelados por el 1-O y avisa de que si se les condena, tomará "las decisiones que haga falta". **P23 a 26**

ANÁLISIS
La crispación vuelve a crecer un año después

OPINIÓN
Por Martí Saballs
La conjura de los farsantes

- Agbar es la primera gran empresa que vuelve a Cataluña

EDITORIAL
Torra frustra los anhelos de Sánchez P2

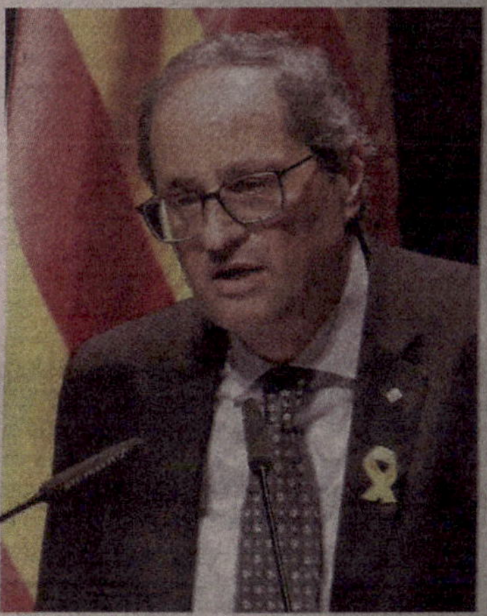

Elena Ramón

El presidente de la Generalitat, Quim Torra, durante su comparecencia de ayer.

Sabadell destituye al CEO de TSB para reordenar la filial

Sabadell ha destituido a Paul Pester, consejero delegado de TSB. La medida llega después del caos informático que sufrió la filial británica del banco en abril, con un coste de 200 millones. **P13**

- El regulador británico da su visto bueno al cese y ahora Sabadell busca sustituto

6.500 empleos destruidos al día en agosto

P20-21/EDITORIAL

Cepsa reúne a su consejo para decidir si sale a Bolsa P2 y 5

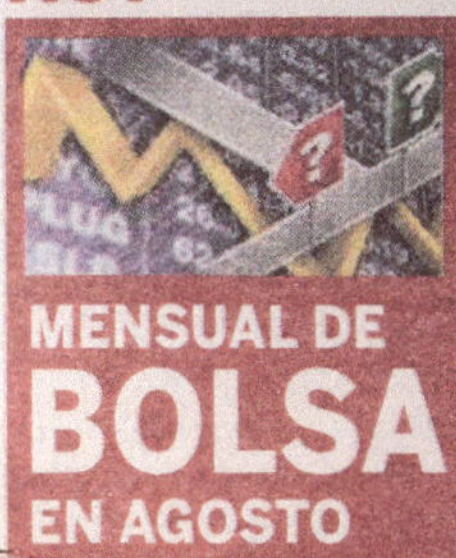

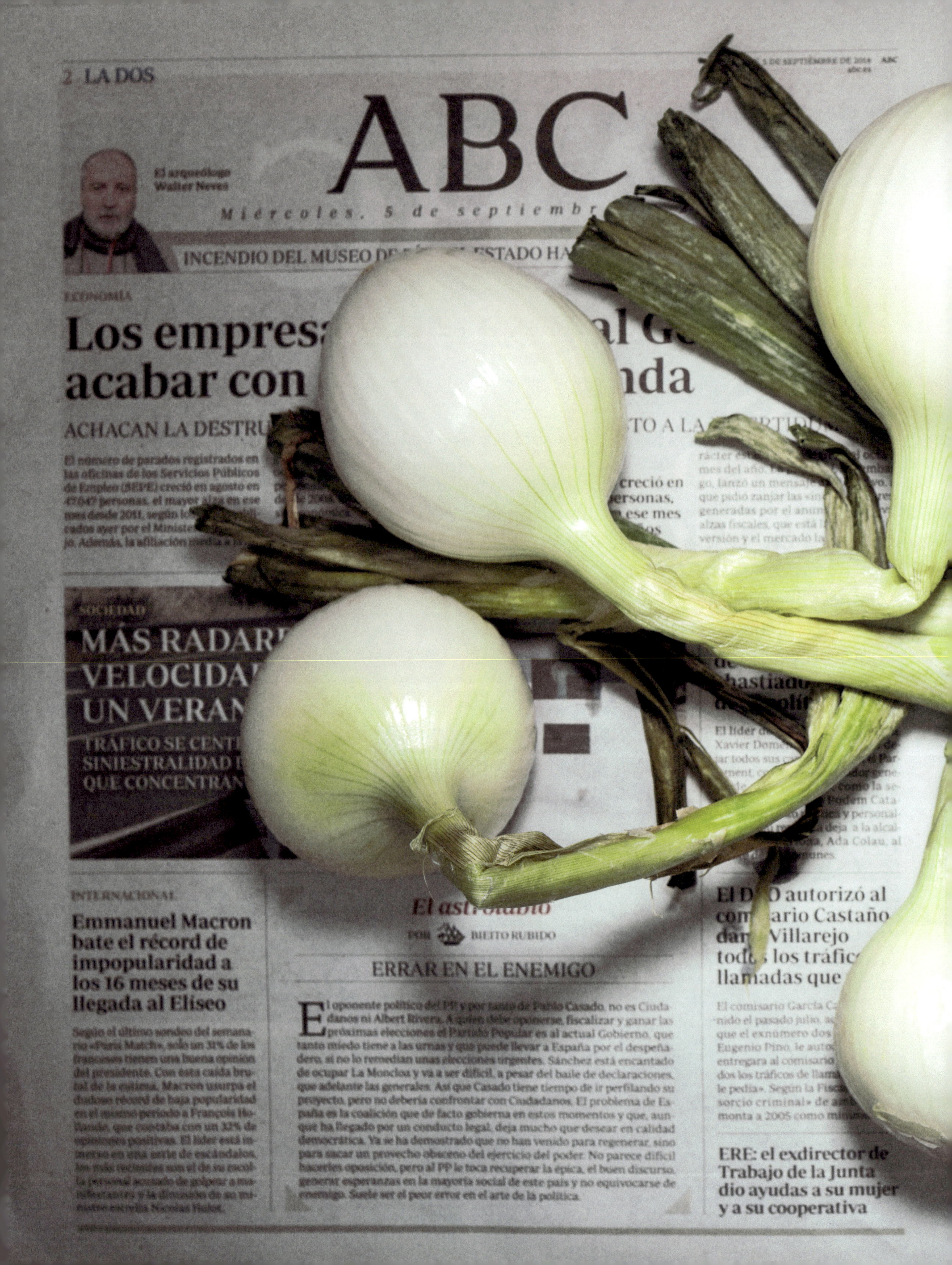

ABC

Miércoles, 5 de septiembre

INCENDIO DEL MUSEO DE ... ESTADO HA...

ECONOMÍA

Los empresa... al G... acabar con ...nda

ACHACAN LA DESTRU...

El número de parados registrados en las oficinas de los Servicios Públicos de Empleo (SEPE) creció en agosto en 47.047 personas, el mayor alza en ese mes desde 2011, según lo... cados ayer por el Ministe... jo. Además, la afiliación media a...

SOCIEDAD

MÁS RADAR... VELOCIDA... UN VERAN...

TRÁFICO SE CENT... SINIESTRALIDAD... QUE CONCENTRAN...

INTERNACIONAL

Emmanuel Macron bate el récord de impopularidad a los 16 meses de su llegada al Elíseo

Según el último sondeo del semanario «Paris Match», sólo un 31% de los franceses tienen una buena opinión del presidente. Con esta caída brutal de la estima, Macron usurpa el dudoso récord de baja popularidad en el mismo período a François Hollande, que contaba con un 32% de opiniones positivas. El líder está inmerso en una serie de escándalos, los más recientes son el de su escolta personal acusado de golpear a manifestantes, y la dimisión de un ministro estrella Nicolas Hulot.

crecío en ...ersonas, ...en ese mes ...os

rácter est... mes del año... go, lanzó un mensaje... que pidió zanjar las... generadas por el anun... alza fiscales, que está... versión y el mercado de...

de... hastiado d... polít...

El líder de... Xavier Dome... jar todos sus... ment, con... como la se... Podem Cata... ...ía y personal... deja a la alcal... ...ta, Ada Colau, al... ...munes.

El astrolabio

POR BIETO RUBIDO

ERRAR EN EL ENEMIGO

El oponente político del PP y por tanto de Pablo Casado, no es Ciudadanos ni Albert Rivera. A quien debe oponerse, fiscalizar y ganar las próximas elecciones el Partido Popular es al actual Gobierno, que tanto miedo tiene a las urnas y que puede llevar a España por el despeñadero, si no lo remedian unas elecciones urgentes. Sánchez está encantado de ocupar La Moncloa y va a ser difícil, a pesar del baile de declaraciones que adelante las generales. Así que Casado tiene tiempo de ir perfilando su proyecto, pero no debería confrontar con Ciudadanos. El problema de España es la coalición que de facto gobierna en estos momentos y que, aunque ha llegado por un conducto legal, deja mucho que desear en calidad democrática. Ya se ha demostrado que no han venido para regenerar, sino para sacar un provecho obsceno del ejercicio del poder. No parece difícil hacerles oposición, pero al PP le toca recuperar la épica, el buen discurso, generar esperanzas en la mayoría social de este país y no equivocarse de enemigo. Suele ser el peor error en el arte de la política.

El DN...O autorizó al comisario Castaño dan... Villarejo tod... los tráfico... llamadas que...

El comisario García C... ...rido el pasado julio, ac... que el exnúmero dos... Eugenio Pino, le auto... entregara al comisario... dos los tráficos de llam... le pedía». Según la Fisca... sorcio criminal» de a... monta a 2005 como mínimo...

ERE: el exdirector de Trabajo de la Junta dio ayudas a su mujer y a su cooperativa

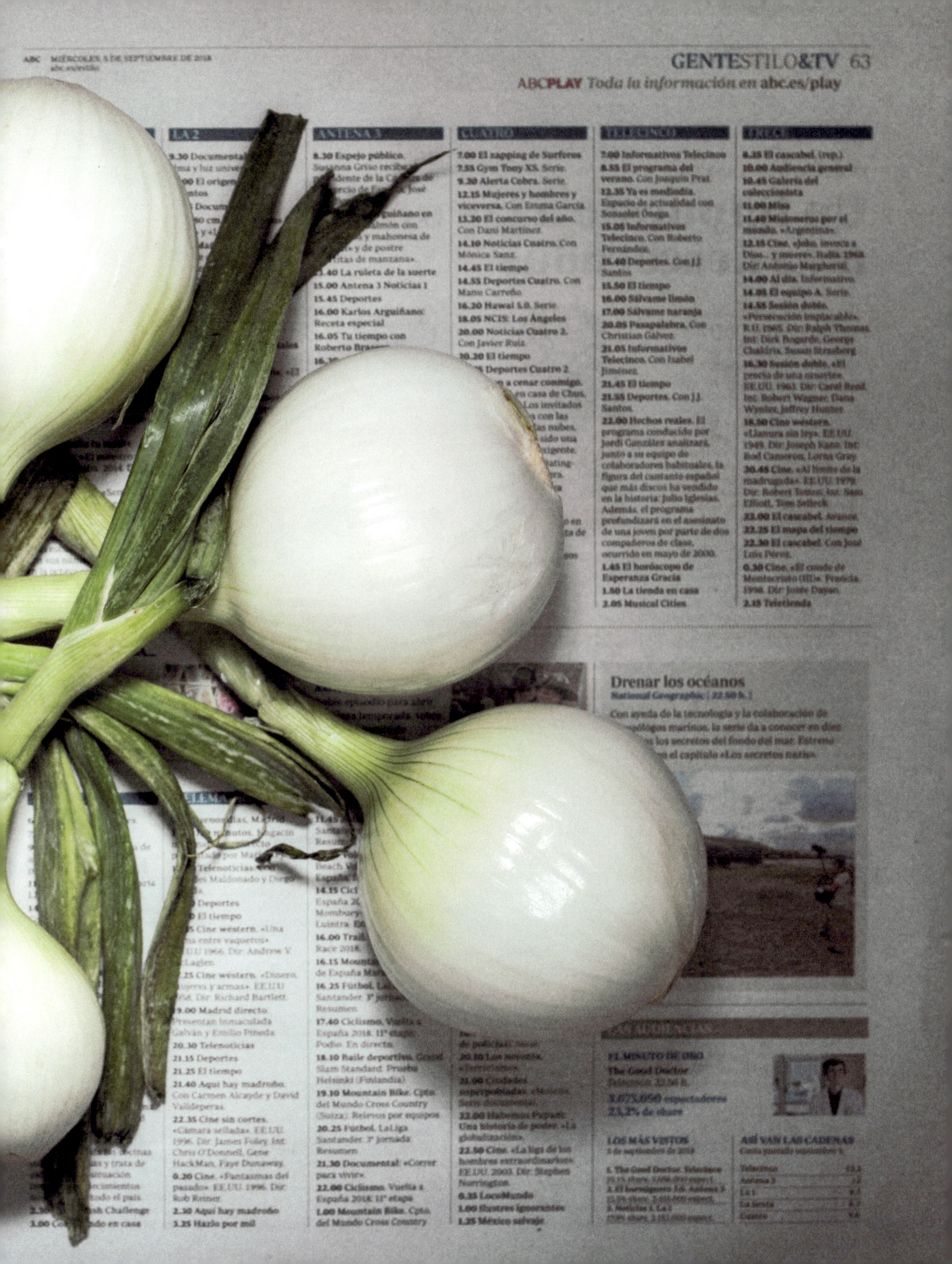

LA 2

9.30 Documental
...
El origen...
...
La ruleta de la suerte
15.00 Antena 3 Noticias 1
15.45 Deportes
16.00 Karlos Arguiñano: Receta especial
16.05 Tu tiempo con Roberto Brasero

ANTENA 3

8.30 Espejo público. Susanna Griso recibe al presidente de la Cámara de Comercio de España, José...
...
13.20 El concurso del año. Con Dani Martínez.
14.10 Noticias Cuatro. Con Mónica Sanz.
14.45 El tiempo
14.55 Deportes Cuatro. Con Manu Carreño.
16.20 Hawai 5.0. Serie.
18.05 NCIS: Los Ángeles
20.00 Noticias Cuatro 2. Con Javier Ruiz.
20.20 El tiempo
... Deportes Cuatro 2.

CUATRO

7.00 El zapping de Surferos
7.55 Gym Tony XS. Serie.
9.30 Alerta Cobra. Serie.
12.15 Mujeres y hombres y viceversa. Con Emma García.

TELECINCO

7.00 Informativo Telecinco
8.55 El programa del verano. Con Joaquín Prat.
12.35 Ya es mediodía. Espacio de actualidad con Sonsoles Ónega.
15.00 Informativos Telecinco. Con Roberto Fernández.
16.40 Deportes. Con J.J. Santos.
15.50 El tiempo
16.00 Sálvame limón
17.00 Sálvame naranja
20.05 Pasapalabra. Con Christian Gálvez.
21.05 Informativo Telecinco. Con Isabel Jiménez.
21.45 El tiempo
21.55 Deportes. Con J.J. Santos.
22.00 Hechos reales. El programa conducido por Jordi González analizará, junto a su equipo de colaboradores habituales, la figura del cantante español que más discos ha vendido en la historia: Julio Iglesias. Además, el programa profundizará en el asesinato de una joven por parte de dos compañeros de clase, ocurrido en mayo de 2000.
1.45 El horóscopo de Esperanza Gracia
1.50 La tienda en casa
2.05 Musical Cities

[canal]

6.25 El cascabel. (rep.)
10.00 Audiencia general
10.45 Galería del coleccionista
11.00 Misa
11.40 Misioneros por el mundo. «Argentina».
12.15 Cine. «John, invicta a Dios... y mueres». Italia 1968. Dir: Antonio Margheriti.
14.00 Al día. Informativo
14.05 El equipo A. Serie.
14.55 Sesión doble. «Persecución implacable». R.U. 1965. Dir: Ralph Thomas. Int: Dirk Bogarde, George Chakiris, Susan Strasberg
16.30 Sesión doble. «El precio de una muerte». EE.UU. 1963. Dir: Carol Reed. Int: Robert Wagner, Dana Wynter, Jeffrey Hunter
18.50 Cine western. «Llanura sin ley». EE.UU. 1949. Dir: Joseph Kane. Int: Rod Cameron, Lorna Grey
20.45 Cine. «Al límite de la madrugada». EE.UU. 1979. Dir: Robert Totten. Int: Sam Elliott, Tom Selleck
22.00 El cascabel. Avance
22.25 El mapa del tiempo
22.30 El cascabel. Con José Luis Pérez.
0.30 Cine. «El conde de Montecristo (III)». Francia 1998. Dir: Josée Dayan.
2.15 Teletienda

LA SEXTA

...
Telenoticias
...
14.15 Ciclismo. Vuelta a España 2018...
16.00 Trail...
16.15 Mountain Bike. Cpto. de España...
16.25 Fútbol, Liga Santander. 3ª jornada. Resumen
17.40 Ciclismo. Vuelta a España 2018. 11ª etapa. Podio. En directo.
18.10 Baile deportivo. Grand Slam Standard. Prueba Helsinki (Finlandia).
19.10 Mountain Bike. Cpto. del Mundo Cross Country (Suiza). Relevos por equipos.
20.25 Fútbol. La Liga Santander. 3ª jornada. Resumen
21.30 Documental: «Correr para vivir».
22.00 Ciclismo. Vuelta a España 2018. 11ª etapa.
1.00 Mountain Bike. Cpto. del Mundo Cross Country

LA 1 (columna izquierda)

...
9.00 Madrid directo. Presentan Inmaculada Galván y Emilio Pineda.
20.30 Telenoticias
21.15 Deportes
21.25 El tiempo
21.40 Aquí hay madroño. Con Carmen Alcayde y David Valderperas.
22.35 Cine sin cortes. «Cámara sellada». EE.UU. 1996. Dir: James Foley. Int: Chris O'Donnell, Gene Hackman, Faye Dunaway.
0.20 Cine. «Fantasmas del pasado». EE.UU. 1996. Dir: Rob Reiner.
2.30 Aquí hay madroño
3.25 Hazlo por mil

Drenar los océanos
National Geographic | 22.50 h.
Con ayuda de la tecnología y la colaboración de arqueólogos marinos, la serie da a conocer en diez... los secretos del fondo del mar. Estreno ... el capítulo «Los secretos nazis».

AUDIENCIAS

EL MINUTO DE ORO
The Good Doctor
Telecinco. 22.56 h.
3.075.050 espectadores
23,2% de share

LOS MÁS VISTOS
5 de septiembre de 2018
1. The Good Doctor. Telecinco
2. El hormiguero 3.0. Antena 3
3. Noticias 1. La 1

ASÍ VAN LAS CADENAS
Cuota (media) equivalente
Telecinco ...
Antena 3 ...
La 1 ...
La Sexta ...
Cuatro ...

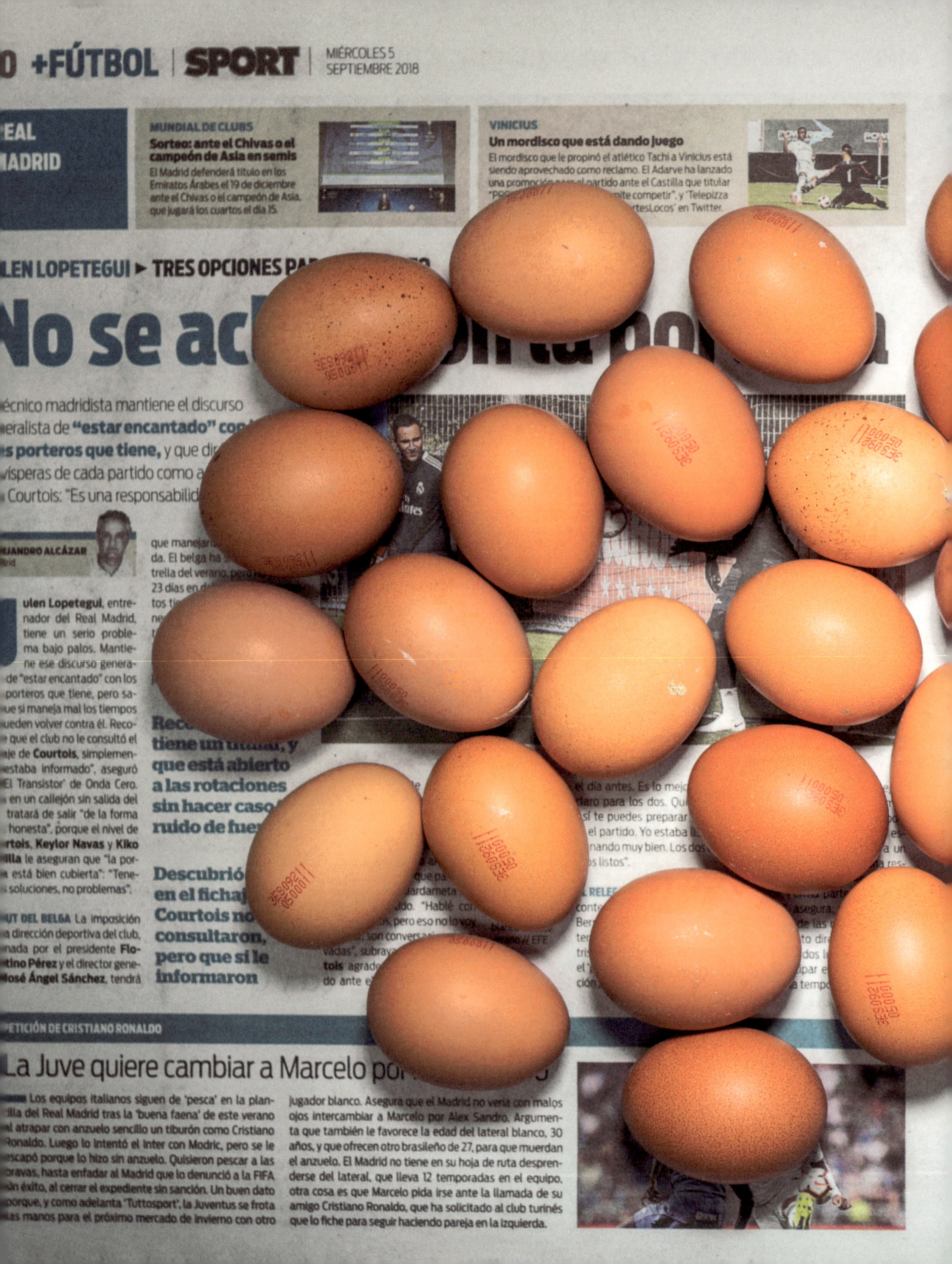

REAL
MADRID

MUNDIAL DE CLUBS
Sorteo: ante el Chivas o el campeón de Asia en semis
El Madrid defenderá título en los Emiratos Árabes el 19 de diciembre ante el Chivas o el campeón de Asia, que jugará los cuartos el día 15.

VINICIUS
Un mordisco que está dando juego
El mordisco que le propinó el atlético Tachi a Vinicius está siendo aprovechado como reclamo. El Adarve ha lanzado una promoción para el partido ante el Castilla que titular "PRO________ ____mite competir", y 'Telepizza ________ ________rtesLocos' en Twitter.

LEN LOPETEGUI ▶ TRES OPCIONES PAR_______

No se ac_____on ta po_____

técnico madridista mantiene el discurso
_eralista de **"estar encantado"** con_____
_s porteros que tiene, y que dir_____
_ísperas de cada partido como a_____
_ Courtois: "Es una responsabilid_____

 _JANDRO ALCÁZAR
_drid

_ulen Lopetegui, entre-
nador del Real Madrid,
tiene un serio proble-
ma bajo palos. Mantie-
ne ese discurso genera-
de "estar encantado" con los
porteros que tiene, pero sa-
ue si maneja mal los tiempos
ueden volver contra él. Reco-
que el club no le consultó el
je de **Courtois**, simplemen-
estaba informado", aseguró
El Transistor' de Onda Cero.
en un callejón sin salida del
tratará de salir "de la forma
honesta", porque el nivel de
_rtois, **Keylor Navas y Kiko**
_illa le aseguran que "la por-
_ está bien cubierta": "Tene-
_s soluciones, no problemas".

UT DEL BELGA La imposición
_ la dirección deportiva del club,
_nada por el presidente **Flo-**
_tino Pérez y el director gene-
_osé Ángel Sánchez, tendrá

que manejar_____
da. El belga ha _____
trella del verano, pero _____
23 días en d_____
tos tie_____
ne_____
t_____

Reco___
tiene un titular, y
que está abierto
a las rotaciones
sin hacer caso
ruido de fuer___

Descubrió___
en el fichaj___
Courtois no___
consultaron,
pero que si le
informaron

el día antes. Es lo mejo___
_laro para los dos. Qui___
sí te puedes preparar ___
el partido. Yo estaba li___
_nando muy bien. Los dos ___
_os listos".

_L RELEG___
conte___
Ber_____
ter_____
tris_____
el _____
_ar e_____
ción_____

_jugador blanco. Asegura que el Madrid no vería con malos ojos intercambiar a Marcelo por Alex Sandro. Argumenta que también le favorece la edad del lateral blanco, 30 años, y que ofrecen otro brasileño de 27, para que muerdan el anzuelo. El Madrid no tiene en su hoja de ruta desprenderse del lateral, que lleva 12 temporadas en el equipo, otra cosa es que Marcelo pida irse ante la llamada de su amigo Cristiano Ronaldo, que ha solicitado al club turinés que lo fiche para seguir haciendo pareja en la izquierda.

PETICIÓN DE CRISTIANO RONALDO

La Juve quiere cambiar a Marcelo por _______

Los equipos italianos siguen de 'pesca' en la plan-
_illa del Real Madrid tras la 'buena faena' de este verano
_ atrapar con anzuelo sencillo un tiburón como Cristiano
Ronaldo. Luego lo intentó el Inter con Modric, pero se le
_scapó porque lo hizo sin anzuelo. Quisieron pescar a las
_ravas, hasta enfadar al Madrid que lo denunció a la FIFA
_in éxito, al cerrar el expediente sin sanción. Un buen dato
porque, y como adelanta 'Tuttosport', la Juventus se frota
_as manos para el próximo mercado de invierno con otro

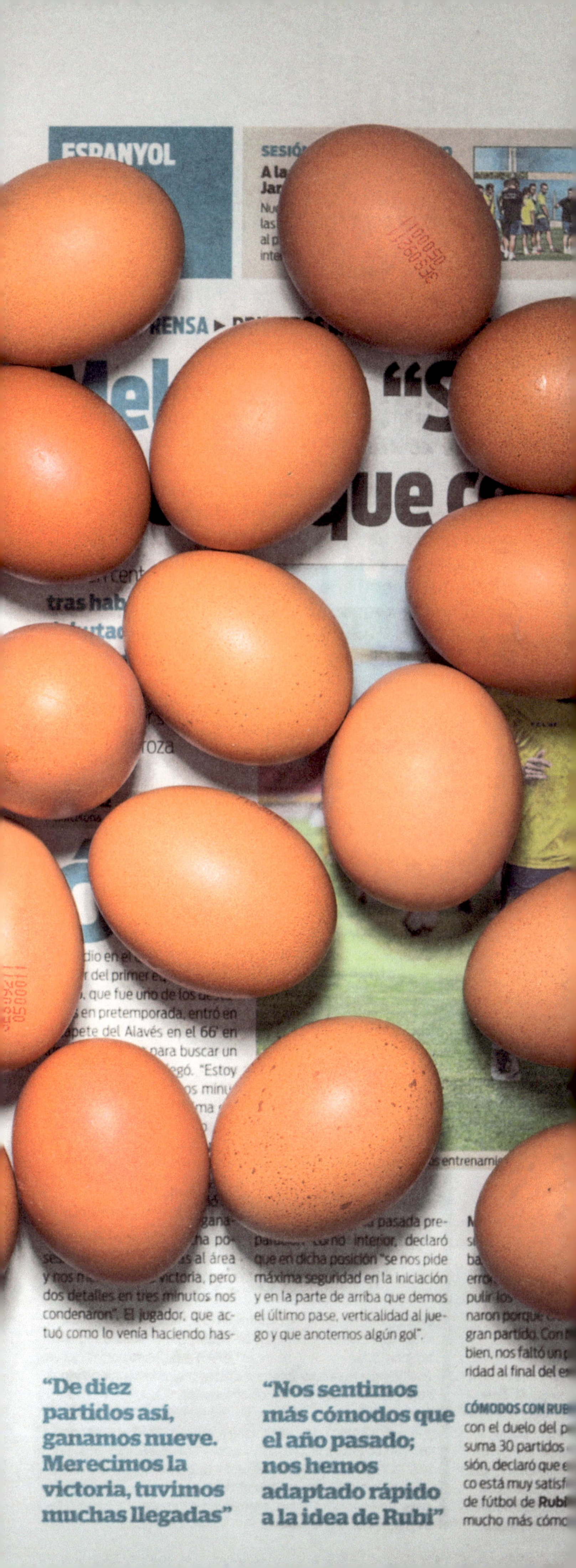

ESPANYOL
SESIÓN
A la
Jar
tras hab
"De diez
partidos así,
ganamos nueve.
Merecimos la
victoria, tuvimos
muchas llegadas"
"Nos sentimos
más cómodos que
el año pasado;
nos hemos
adaptado rápido
a la idea de Rubi"
CÓMODOS CON RUBI
con el duelo del p
suma 30 partidos
sión, declaró que e
co está muy satisf
de fútbol de Rubi
mucho más cómo

Spain ES

GETXO | SEPTEMBER 2018

Poverty line EUR 23.35 (USD 26.92); allocation for food EUR 4.74 (USD 5.47)

Spain follows the EU's poverty measurement system, and its measures focus on the at-risk-of-poverty threshold at 60% of the national median equivalized disposable income after social transfers. In 2017, Spain's poverty rate was 21.6%, slightly lower than in 2016 (22.3%). Spain has higher poverty rates for single persons with dependent children (40.6%) and for two adults with three or more dependent children (43.9%). The figure used for the case study is based on the monetary poverty threshold for a single-person household, and the lowest-income quintile households' average proportion of expenditure on food and non-alcoholic beverages (excluding restaurants).

Spain's economy was expected to achieve 2.7% growth in 2018, above the EU average. Unemployment rates have improved since peaking at 26.1% in 2013. The overall unemployment rate was 17.2% in 2017, while youth unemployment was 38.6% in 2017. In December 2018, the government passed a 22% increase in the minimum wage, which would result in a total of EUR 12,600 per year for permanent and temporary workers and domestic employees.

People at Risk of Poverty or Social Exclusion by Household Type, 2016

	Households without children			
	Total	Single person	Two adults, at least one aged 65 years or over	Two or more adults without dependent children
Greece	33.4%	37.0%	22.4%	32.5%
Spain	23.8%	24.7%	19.7%	23.5%
EU-28	22.1%	32.6%	15.3%	18.0%
Germany	21.8%	36.7%	13.5%	13.8%
France	15.8%	22.2%	8.4%	12.7%
UK	20.0%	33.3%	16.0%	15.6%

Source: Eurostat

Household Expenditure by Income Quintile, EUR, 2017

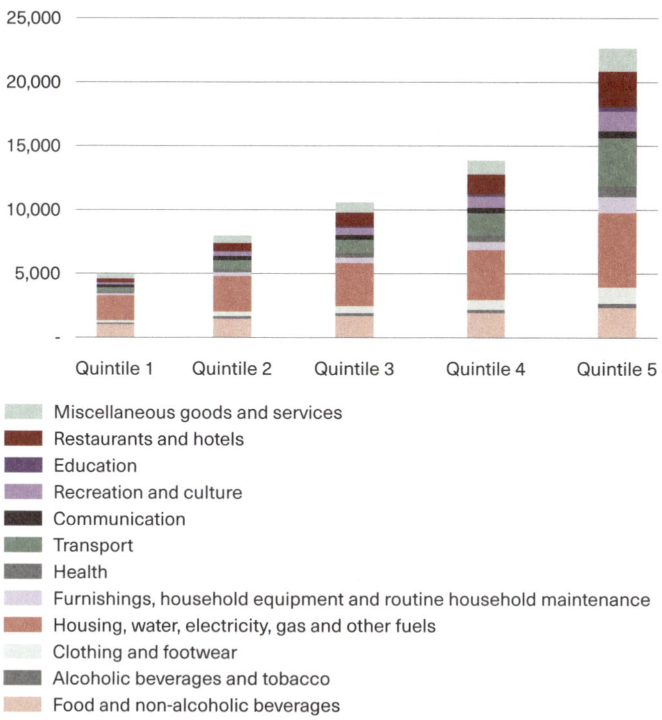

Source: Eurostat

At-Risk-of-Poverty Rate by Nationality (Persons Aged 16 Years and Over), 2016

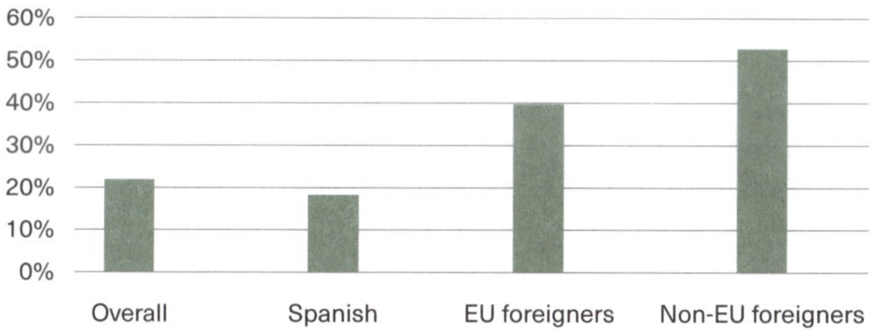

Source: Spain National Institute of Statistics

Households with children

Total	Single adult with dependent children	Two adults with one dependent child	Two adults with three or more dependent children	Two or more adults with dependent children
38.0%	50.6%	32.0%	44.3%	37.5%
31.9%	53.3%	25.4%	43.6%	30.5%
24.6%	48.2%	17.9%	31.2%	22.2%
16.8%	43.0%	13.3%	20.4%	13.1%
20.4%	44.9%	13.3%	25.1%	17.0%
24.4%	56.9%	16.2%	31.3%	18.8%

ENCUESTA

El club pregunta a los socios para seguir y mejorar la transformación digital

La entidad perica ha enviado un correo electrónico a sus socios y abonados para conocer en qué mejorarían la experiencia digital del club. Entre los que participen, se sortearán entradas para la zona VIP del Espanyol-Villarreal.

LESIONADO ▶ NO PUDO TERMINAR LA SESIÓN

Puado da el primer susto del curso

El canterano sufre un esguince del [liga]mento lateral externo de la rodilla [dere]cha y su evolución marcará si se le ha[n de] realizar pruebas complementarias

Marc Roca, Sergio García, David Lópe[z y Es]teban Granero, que se perdió la primera [jorna]da liguera, tuvieron diversas molestas físic[as en] pretemporada, pero todas ellas fruto de l[a fuerte] carga física a la que Rubí sometió al equip[o. En] las tres semanas que llevamos de compe[tición] no ha habido que lamentar lesiones, hasta [que] Javi Puado cayó lesionado en la sesión ma[tinal y] se tuvo que retirar antes de tiempo. El cant[erano,] que tuvo que ser atendido por los servicios [médi]cos en el propio terreno de juego, sufre tras u[na pri]mera exploración un esguince del ligamento l[ateral] externo de la rodilla derecha. Su evolución [deter]minará si se le han de realizar pruebas comple[men]tarias y el tiempo de baja.

PRIMER DEBUTANTE De los tres futbolistas qu[e han subi]do del filial, -Pipa, Álex López y el p[ropio Puado,] el delantero ha sido el único en debu[tar en Primera] División. Lo hizo en la primera jorna[da] [c]uando entró en el terreno de juego [...] en sustitución de Piatti. Desde ent[onces no ha vuel]to a jugar, pero es el único de los tre[s an]tes nombrados que ha entrado en l[as] convocatorias.

A favor de Puado juega que ha caído lesio[nado] a principios de una semana de parón, con l[o que] tendrá más de diez días para recuperarse [antes] del próximo partido liguero.

Puado tendrá diez días para poder recuperarse

[...]s un [...]n balón estuvimos [u]n poco más de cla[ra en e]l encuentro".

RUBI Melendo, que [e]l pasado domingo [debut]os en Primera Divi[sión, dij]e el vestuario peri[co está sati]sfecho con la idea [de Ru]bi. "Nos sentimos [có]modos que el año [...]

[...]Los jugadores queremos [competi]r en el terreno de juego y [en los] entrenamientos. Creo que [nos] hemos adaptado muy rápido a la idea de Rubí". También tuvo palabras para el último refuerzo espanyolista, **Roberto Rosales**, jugador con el que se completa la plantilla y deja todas las posiciones dobladas, ya que el venezolano puede actuar tanto en el lateral derecho como en el izquierdo. "Es un gran jugador, ya lo ha demostrastrado en todos los equipos que ha estado. Nos da esa competencia que hay en todos los puestos".

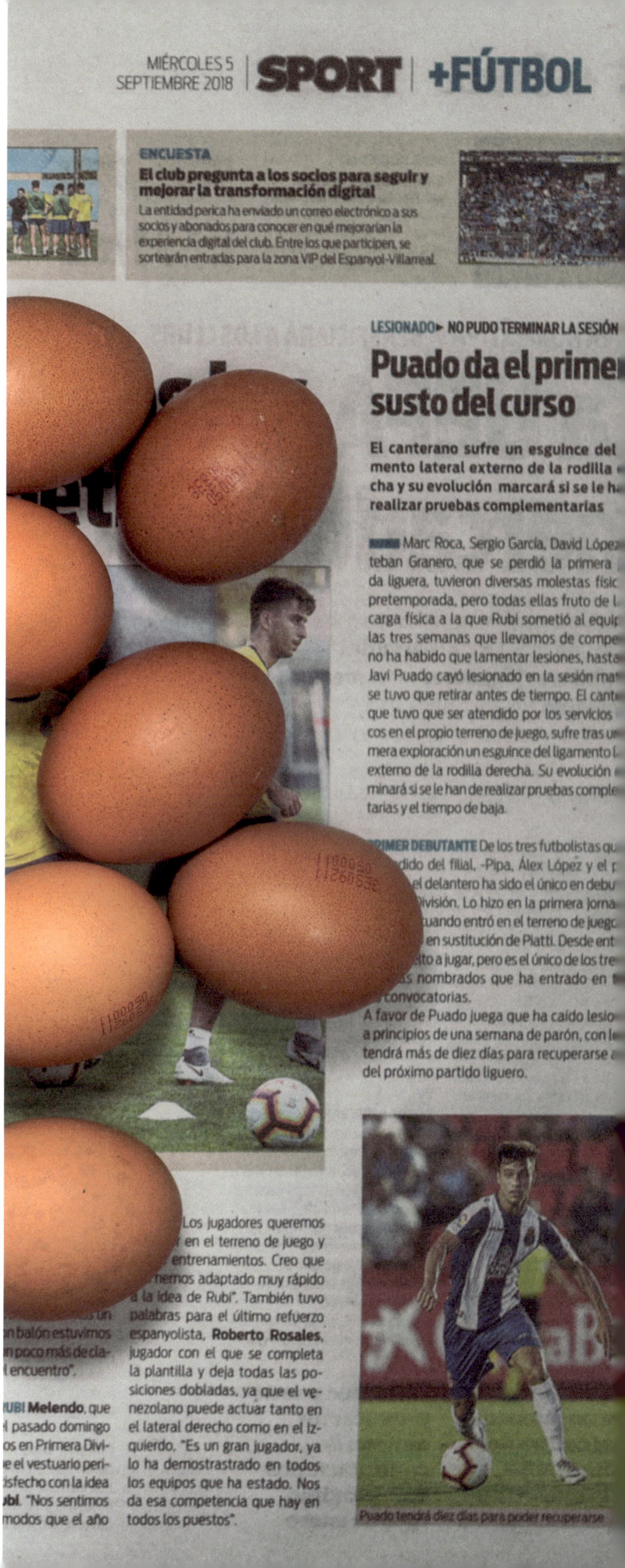

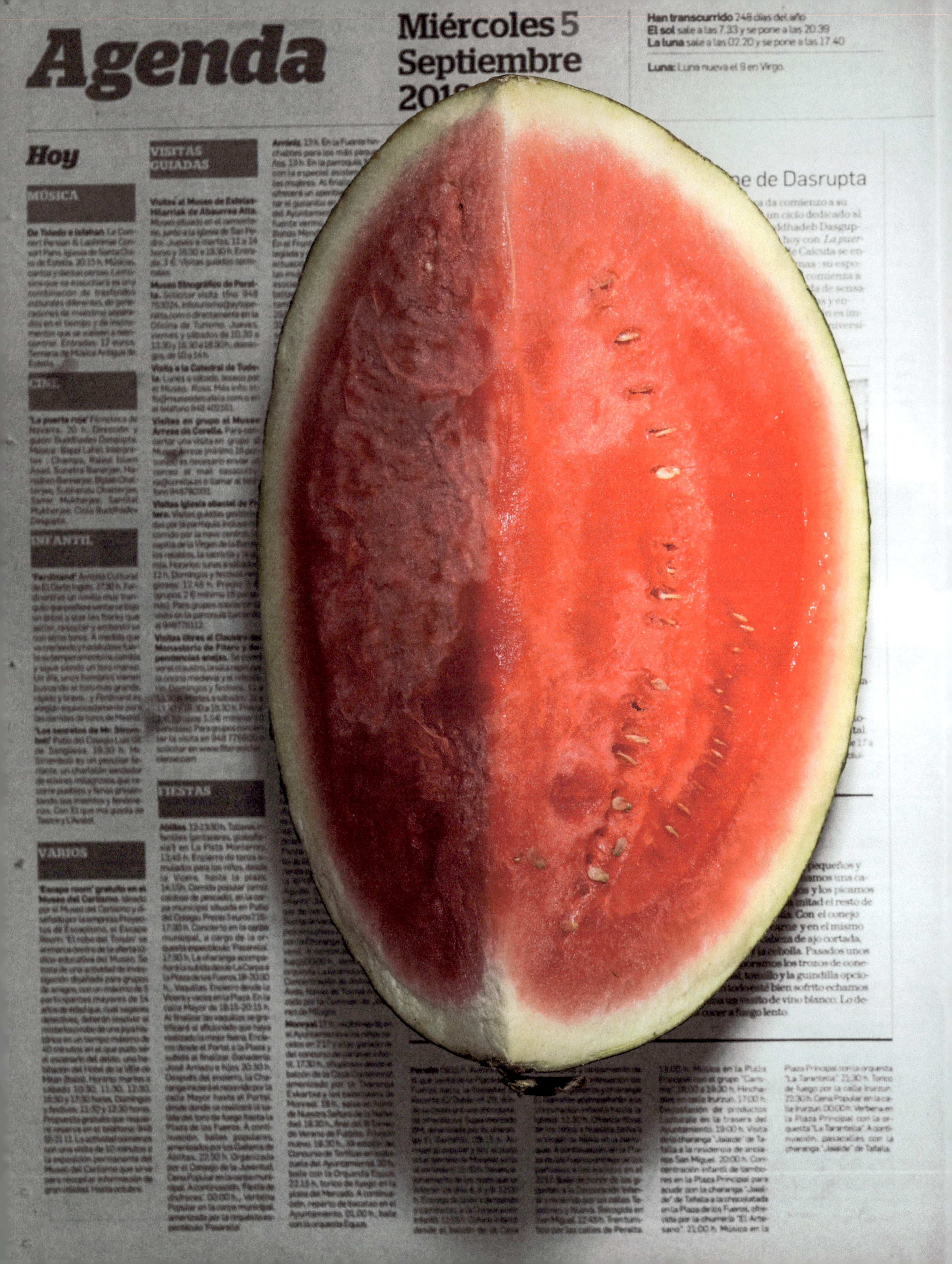

Hoy

MÚSICA

CINE

INFANTIL

VARIOS

VISITAS GUIADAS

FIESTAS

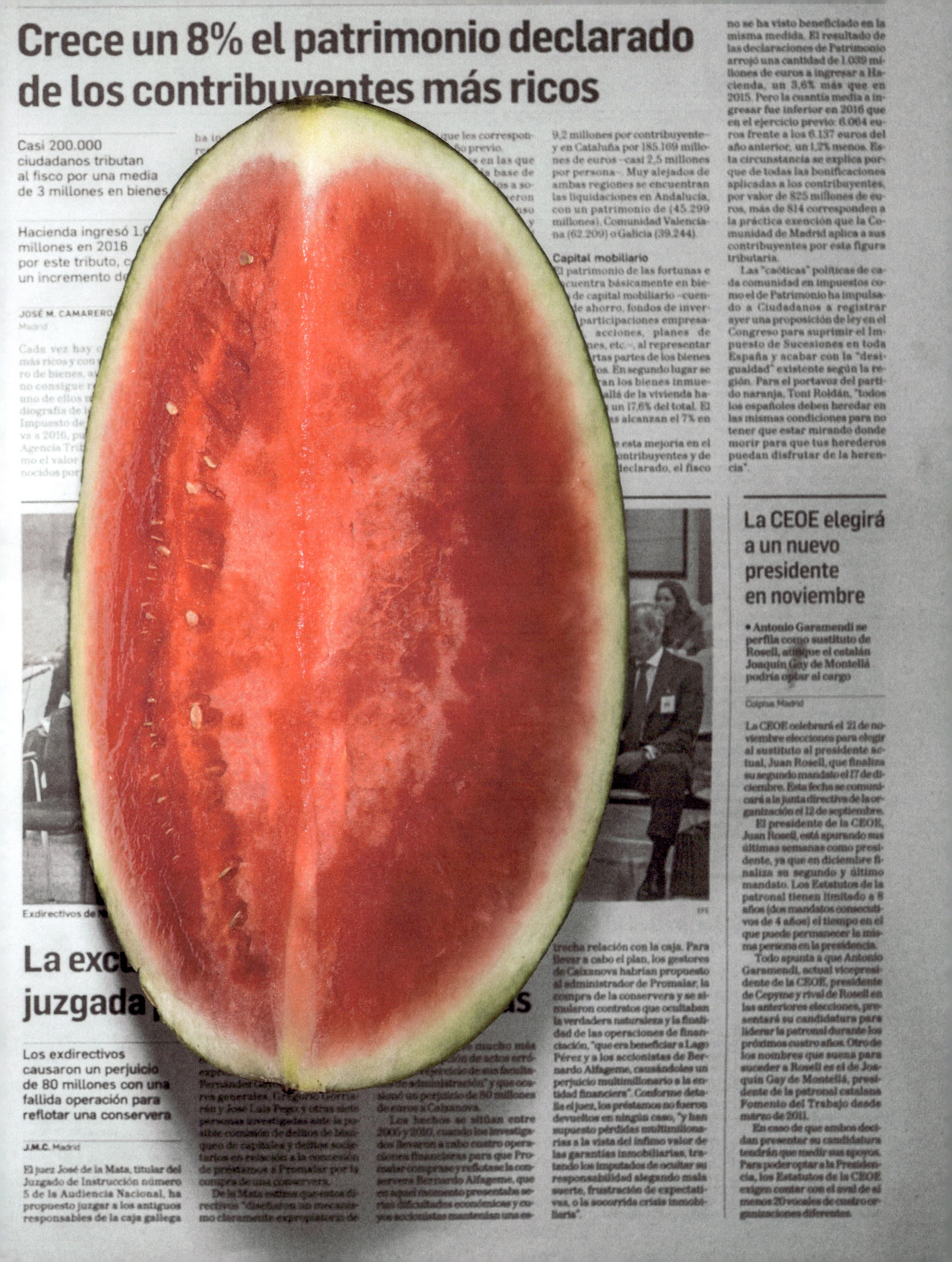

Crece un 8% el patrimonio declarado de los contribuyentes más ricos

Casi 200.000 ciudadanos tributan al fisco por una media de 3 millones en bienes

Hacienda ingresó 1.0... millones en 2016 por este tributo, c... un incremento de...

JOSÉ M. CAMARERO
Madrid

Cada vez hay v... más ricos y con... ro de bienes, a... no consigue r... uno de ellos n... diografía de l... Impuesto de... va a 2016, pu... Agencia Trib... mo el valor... nocidos por...

...que les correspon... ...previo.

...en las que ...la base de ...nes a so... ...ron ...so ...9,2 millones por contribuyente– y en Cataluña por 185.109 millones de euros –casi 2,5 millones por persona–. Muy alejados de ambas regiones se encuentran las liquidaciones en Andalucía, con un patrimonio de (45.299, Comunidad Valenciana (62.209) o Galicia (39.244).

Capital mobiliario

El patrimonio de las fortunas e encuentra básicamente en bie... de capital mobiliario –cuen... de ahorro, fondos de inver... participaciones empresa... acciones, planes de ...nes, etc–, al representar ...rtas partes de los bienes ...os. En segundo lugar se ...ran los bienes inmue... ...allá de la vivienda ha... un 17,6% del total. El ...s alcanzan el 7% en... ...esta mejoría en el ...contribuyentes y de ...declarado, el fisco no se ha visto beneficiado en la misma medida. El resultado de las declaraciones de Patrimonio arrojó una cantidad de 1.039 millones de euros a ingresar a Hacienda, un 3,6% más que en 2015. Pero la cuantía media a ingresar fue inferior en 2016 que en el ejercicio previo: 6.064 euros frente a los 6.137 euros del año anterior, un 1,2% menos. Esta circunstancia se explica porque de todas las bonificaciones aplicadas a los contribuyentes, por valor de 825 millones de euros, más de 814 corresponden a la práctica exención que la Comunidad de Madrid aplica a sus contribuyentes por esta figura tributaria.

Las "caóticas" políticas de cada comunidad en impuestos como el de Patrimonio ha impulsado a Ciudadanos a registrar ayer una proposición de ley en el Congreso para suprimir el Impuesto de Sucesiones en toda España y acabar con la "desigualdad" existente según la región. Para el portavoz del partido naranja, Toni Roldán, "todos los españoles deben heredar en las mismas condiciones para no tener que estar mirando donde morir para que tus herederos puedan disfrutar de la herencia".

La CEOE elegirá a un nuevo presidente en noviembre

• Antonio Garamendi se perfila como sustituto de Rosell, aunque el catalán Joaquín Gay de Montellá podría optar al cargo

Colpisa. Madrid

La CEOE celebrará el 21 de noviembre elecciones para elegir al sustituto al presidente actual, Juan Rosell, que finaliza su segundo mandato el 17 de diciembre. Esta fecha se comunicará a la junta directiva de la organización el 12 de septiembre.

El presidente de la CEOE, Juan Rosell, está apurando sus últimas semanas como presidente, ya que en diciembre finaliza su segundo y último mandato. Los Estatutos de la patronal tienen limitado a 8 años (dos mandatos consecutivos de 4 años) el tiempo en el que puede permanecer la misma persona en la presidencia.

Todo apunta a que Antonio Garamendi, actual vicepresidente de la CEOE, presidente de Cepyme y rival de Rosell en las anteriores elecciones, presentará su candidatura para liderar la patronal durante los próximos cuatro años. Otro de los nombres que suena para suceder a Rosell es el de Joaquín Gay de Montellá, presidente de la patronal catalana Fomento del Trabajo desde marzo de 2011.

En caso de que ambos decidan presentar su candidatura tendrán que medir sus apoyos. Para poder optar a la Presidencia, los Estatutos de la CEOE exigen contar con el aval de al menos 20 vocales de cuatro organizaciones diferentes.

Exdirectivos de N...

La excu... juzgada p...

Los exdirectivos causaron un perjuicio de 80 millones con una fallida operación para reflotar una conservera

J.M.C. Madrid

El juez José de la Mata, titular del Juzgado de Instrucción número 5 de la Audiencia Nacional, ha propuesto juzgar a los antiguos responsables de la caja gallega ...expe... Fernández Gay... ...res generales, Gregorio Gorrirán y José Luis Pego y otras siete personas investigadas ante la posible comisión de delitos de blanqueo de capitales y delitos societarios en relación a la concesión de préstamos a Promalar por la compra de una conservera.

De la Mata estima que estos directivos "diseñaron un mecanismo claramente expropiatorio de ...mucho más ...ción de actos erró... ...servicio de sus familia... ...administración" y que oca... ...un perjuicio de 80 millones ...ron a Caixanova.

Los hechos se sitúan entre 2005 y 2010, cuando los investigados llevaron a cabo cuatro operaciones financieras para que Promalar comprase y reflotase la conservera Bernardo Alfageme, que en aquel momento presentaba serias dificultades económicas y cuyos accionistas mantenían una estrecha relación con la caja. Para llevar a cabo el plan, los gestores de Caixanova habrían propuesto al administrador de Promalar, la compra de la conservera y se simularon contratos que ocultaban la verdadera naturaleza y la finalidad de las operaciones de financiación, "que era beneficiar a Lago Pérez y a los accionistas de Bernardo Alfageme, causándoles un perjuicio multimillonario a la entidad financiera". Conforme detalla el juez, los préstamos no fueron devueltos en ningún caso, "y han supuesto pérdidas multimillonarias a la vista del ínfimo valor de las garantías inmobiliarias, tratando los imputados de ocultar su responsabilidad alegando mala suerte, frustración de expectativas, o la socorrida crisis inmobiliaria".

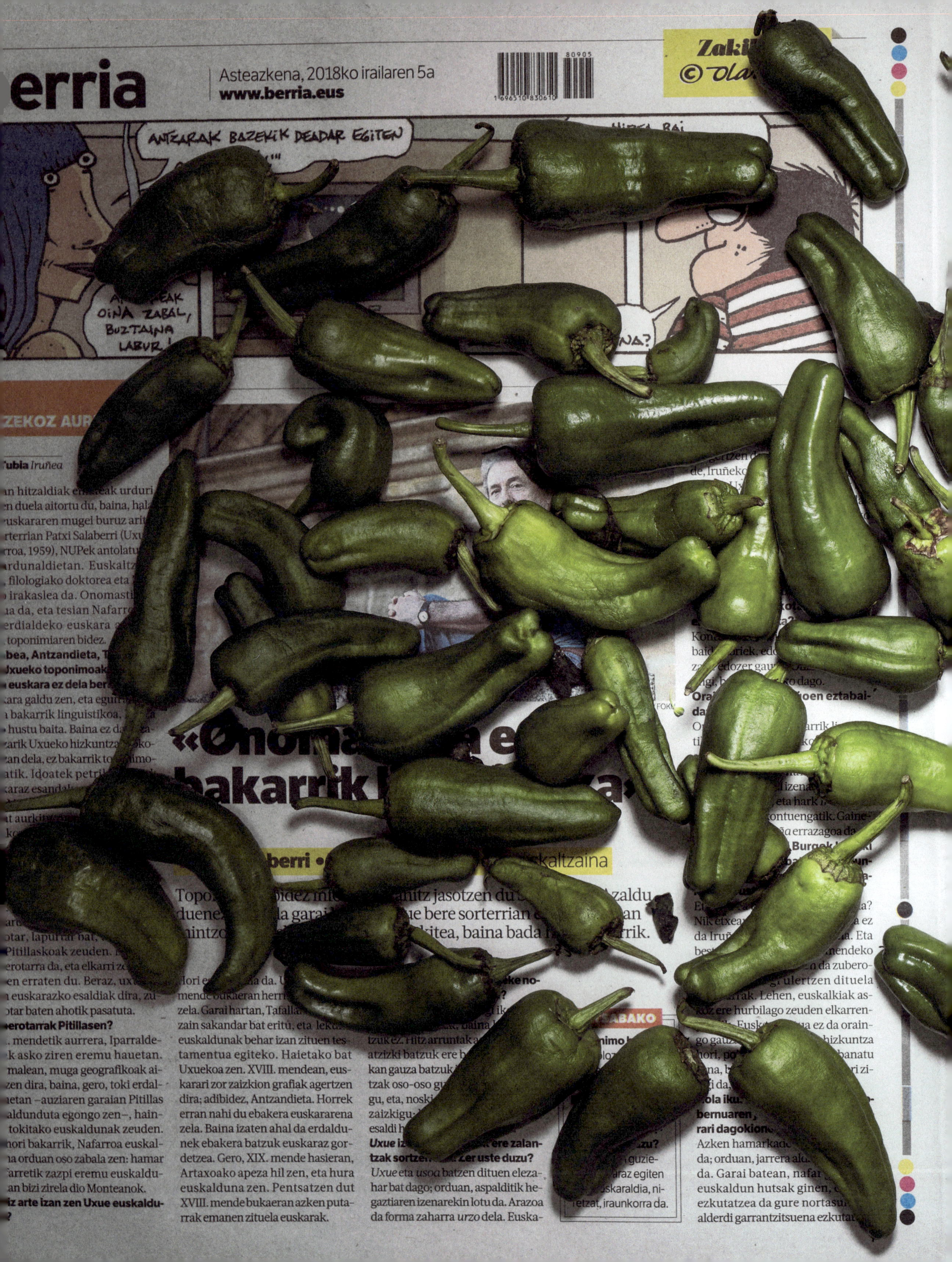

berria
Asteazkena, 2018ko irailaren 5a
www.berria.eus
Zakil
Olar
ANTZARAK BAZEKIK DEADAR EGITEN
OINA ZABAL, BUZTAINA LABUR
NIREA BAI
«Onomastika e bakarrik ka»
ZEKOZ AUR

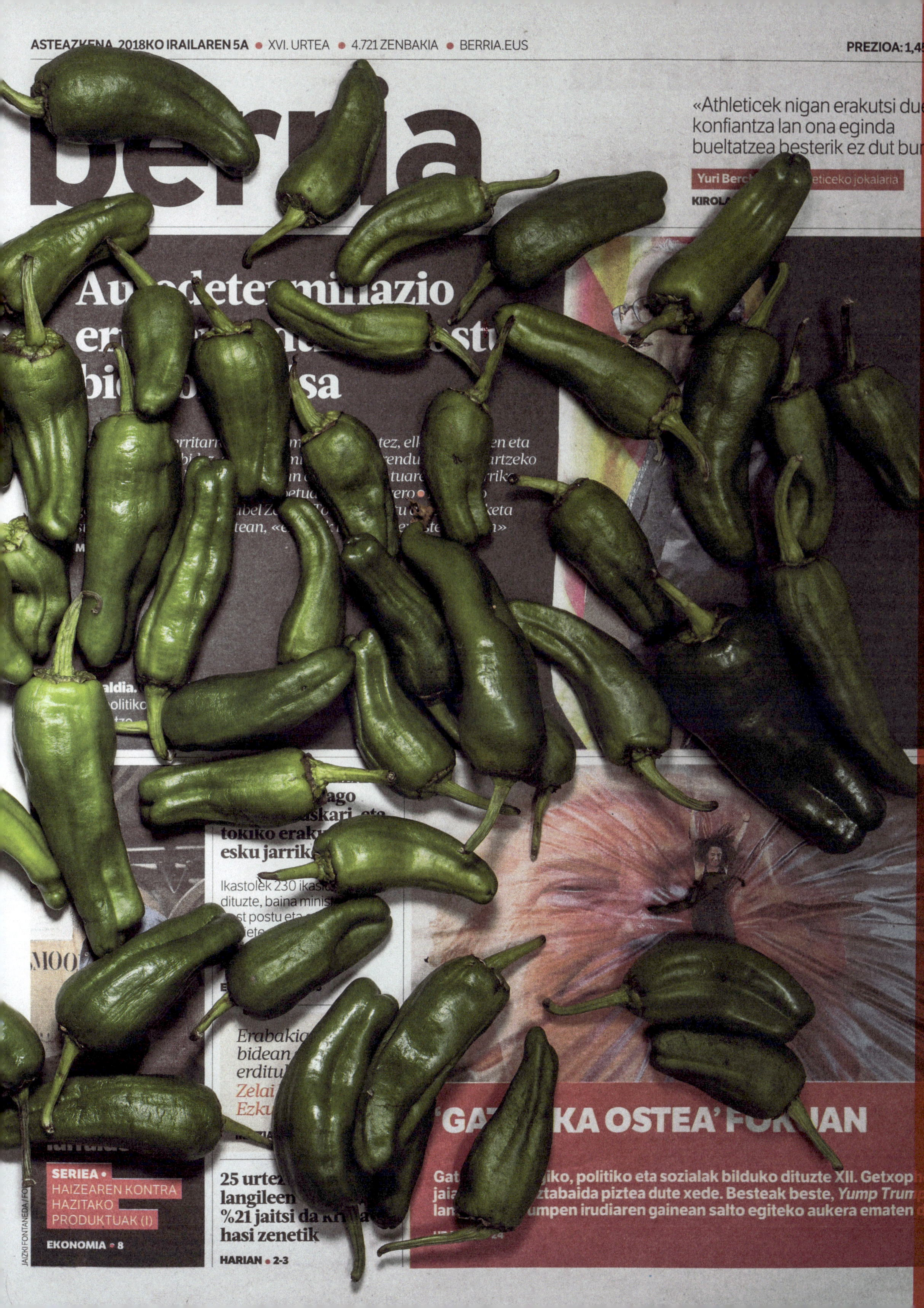

berria

«Athleticek nigan erakutsi duen
konfiantza lan ona eginda
bueltatzea besterik ez dut buruan»

Yuri Berch... athleticeko jokalaria
KIROLA...

Au...odeterminazio
er...
bi...isa

...berritarr... ...tez, ell... ...en eta
...bi... ...ni... ...rendu... ...artzeko
...an e... ...tuar... ...rrik...
...abel Z... ...ro... ...u d... ...keta
...tean, «e... ...e... ...e... ...oste»

...aldia.
...olitiko
...tzo

...ago
...askari eta
tokiko erak...
esku jarrik...

Ikastolek 230 ikas...
dituzte, baina minis...
...st postu eta
...ete...

*Erabakia...
bidean...
erditu...*
Zelai...
Ezku...

'GAT...KA OSTEA' FOR...AN

Gat... ...iko, politiko eta sozialak bilduko dituzte XII. Getxopho...
jaia... ...ztabaida piztea dute xede. Besteak beste, *Yump Trump*
lan... ...umpen irudiaren gainean salto egiteko aukera eman du.

25 urte...
langileen
%21 jaitsi da kri...a
hasi zenetik

HARIAN ● 2-3

JAIZKI FONTANEDA | FO...

LUSTE.../FE...

Patriots-St[eelers]
Curtain[...]
On Def[ense]

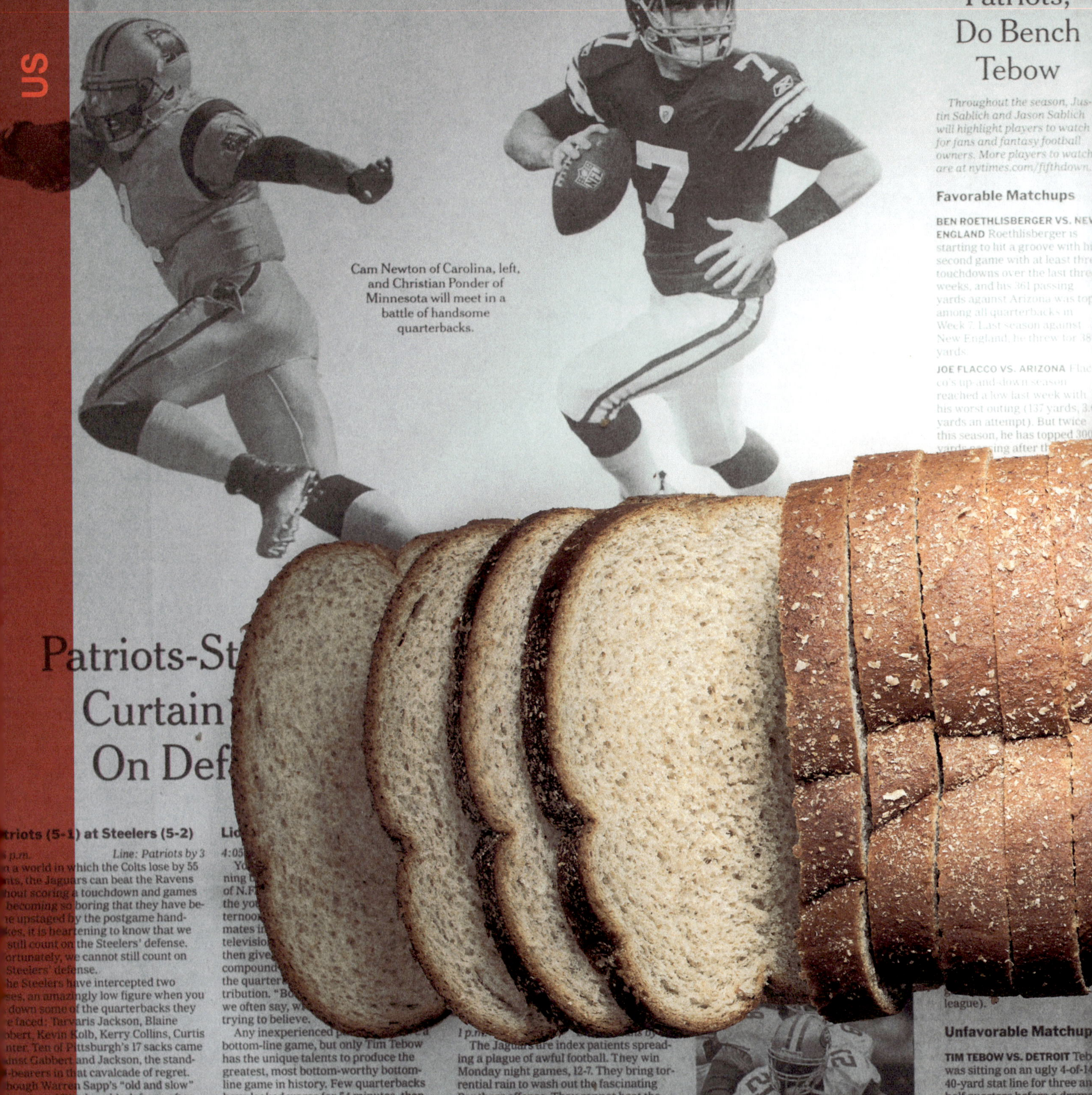

Cam Newton of Carolina, left, and Christian Ponder of Minnesota will meet in a battle of handsome quarterbacks.

Patriots (5-1) at Steelers (5-2)

[...] p.m.   *Line: Patriots by 3*

[I]n a world in which the Colts lose by 55 [poin]ts, the Jaguars can beat the Ravens [wit]hout scoring a touchdown and games [are] becoming so boring that they have be[en] upstaged by the postgame hand[sha]kes, it is heartening to know that we [can] still count on the Steelers' defense. [Unf]ortunately, we cannot still count on [the] Steelers' defense.

[T]he Steelers have intercepted two [pass]es, an amazingly low figure when you [run] down some of the quarterbacks they [hav]e faced: Tarvaris Jackson, Blaine [G]abbert, Kevin Kolb, Kerry Collins, Curtis [Pai]nter. Ten of Pittsburgh's 17 sacks came [aga]inst Gabbert and Jackson, the stand[ard]-bearers in that cavalcade of regret. [Al]though Warren Sapp's "old and slow" [est]imation of Pittsburgh's defense after [we]ek 1 was premature and slightly exag[ge]rated, the Steel Curtain now has a high[er]-than-advertised aluminum content.

The Steelers compensate for their de[clin]ing defense with one of the best pass[in]g offenses in the league: they rank fifth [in] net passing yards a game and eighth in [ya]rds an attempt. And though New Eng[lan]d's offense is better than Pittsburgh's, [its] defense is far worse, allowing a league-[hi]gh 423 yards a game. So get ready for a [ba]ck-and-forth, high-scoring offensive [b]attle. After last week's games, you de[ser]ve it.

     PICK: STEELERS

[C]owboys (3-3) at Eagles (2-4)

[8:]30 p.m.   *Line: Eagles by 3½*

Asante Samuel said last week that the [E]agles' front office was "playing fantasy [fo]otball." What gave it away? When it [s]howed up at the start of free agency with [a] contain[e]r of buffalo dip and a magazine [t]ucked under its arm? When Andy Reid [st]arted [t]aking starting lineups over the [in]ternet? Samuel was angry that the Ea[g]les tried to trade him during their bye

Any inexperienced p[layer could play a] bottom-line game, but only Tim Tebow has the unique talents to produce the greatest, most bottom-worthy bottom-line game in history. Few quarterbacks have looked worse for 54 minutes, then gotten more support from diving catches, onside kicks or opponent incompetence, causing as much cognitive dissonance among those who automatically interpret victory with quarterbacking achievement.

To top last Sunday's 18-15 overtime effort for Denver, Tebow must take the snap and simply roll the ball to Detroit defenders this week, then wait for a meteor shower to force the Lions to evacuate their bench and forfeit the game. With Tebow, anything is possible (except possibly three consecutive accurate passes), and after their actions the last two weeks, the Lions may have it coming.

     PICK: LIONS

Redskins (3-3) at Bills (4-2)

4:05 p.m.   *Line: Bills by 6*

A radio station in Ontario held a ticket giveaway in which six contestants had to dig through a kiddie pool filled with buffalo manure to find a canister containing tickets to this game at Rogers Centre in Toronto. ("Best seats in the hoose," the

Lio[ns ...]

4:05 [p.m.]

[text obscured]

[1 p.m.]

The Jaguars are index patients spreading a plague of awful football. They win Monday night games, 12-7. They bring torrential rain to wash out the fascinating Panthers offense. They cannot beat the Steelers or the Saints, but they can render them sloppy and unwatchable. Jacksonville's defense is almost as good as its offense is bad, but good defense can only take partial credit for opponents' ability to become listless and penalty-prone the moment they see the teal jerseys. If you see the Jaguars on television, change the channel quickly, before you become contaminated, too.   **PICK: TEXANS**

Dolphins (0-6) at Giants (4-2)

1 p.m.   *Line: Giants by 10*

Tom Coughlin called Miami a clean team with regard to penalties. The Dolphins have incurred only 27 fouls, so there is something spotless about their record, unblemished as it is by victory. As polite compliments go, clean is rock bottom: if you want to not praise someone or something, praise its hygiene. A used 1991 Corolla with 253,000 miles on it and a Pat Benatar "Get Nervous" cassette melted inside the tape deck is clean. You know, Coughlin was on to something: that was the best metaphor for the current Dol-

RICH SCHULTZ/GETTY IMAGES

Frank Gore (21) is 110 yards from passing Roger Craig for second place on the 49ers' career rushing list.

Bengals (4-2) at Seahawks (2-4)

4:15 p.m.   *Line: Bengals by 3*

Teams in the A.F.C. North get to play opponents from the A.F.C. South and the N.F.C. West, the two worst divisions in the N.F.L. Assuming the Texans and the 49ers remain capable of putting up a fight, it means that teams like Cincinnati get six guaranteed wins for buckling

Patriots, Do Bench Tebow

Throughout the season, Justin Sablich and Jason Sablich will highlight players to watch for fans and fantasy football owners. More players to watch are at nytimes.com/fifthdown.

Favorable Matchups

BEN ROETHLISBERGER VS. NEW ENGLAND Roethlisberger is starting to hit a groove with his second game with at least three touchdowns over the last three weeks, and his 361 passing yards against Arizona was top among all quarterbacks in Week 7. Last season against New England, he threw for 387 yards.

JOE FLACCO VS. ARIZONA Flacco's up-and-down season reached a low last week with his worst outing (137 yards, 3.6 yards an attempt). But twice this season, he has topped 300 yards passing after th[...]

[...] league).

Unfavorable Matchups

TIM TEBOW VS. DETROIT Tebow was sitting on an ugly 4-of-14, 40-yard stat line for three and half quarters before a dramatic 121-yard, 2-touchdown fourth quarter saved the day. He may need another miracle against the Lions, who have a defense superior to the Miami Dolphins'.

TONY ROMO VS. PHILADELPHIA Romo had season lows in attempts (24) and yards (166) against the lowly Rams defense last week, but he was not asked to do much passing as DeMarco Murray led the way. This week, he will be up against the 10th-ranked Philadelphia passing defense, which has five interceptions over its past two games.

BERNARD SCOTT VS. SEATTLE Scott will have plenty of touches because the Bengals are not expected to deviate from their run-heavy ways despite Cedric Benson's absence. The Seahawks are more than adequate at stopping oppos[...]

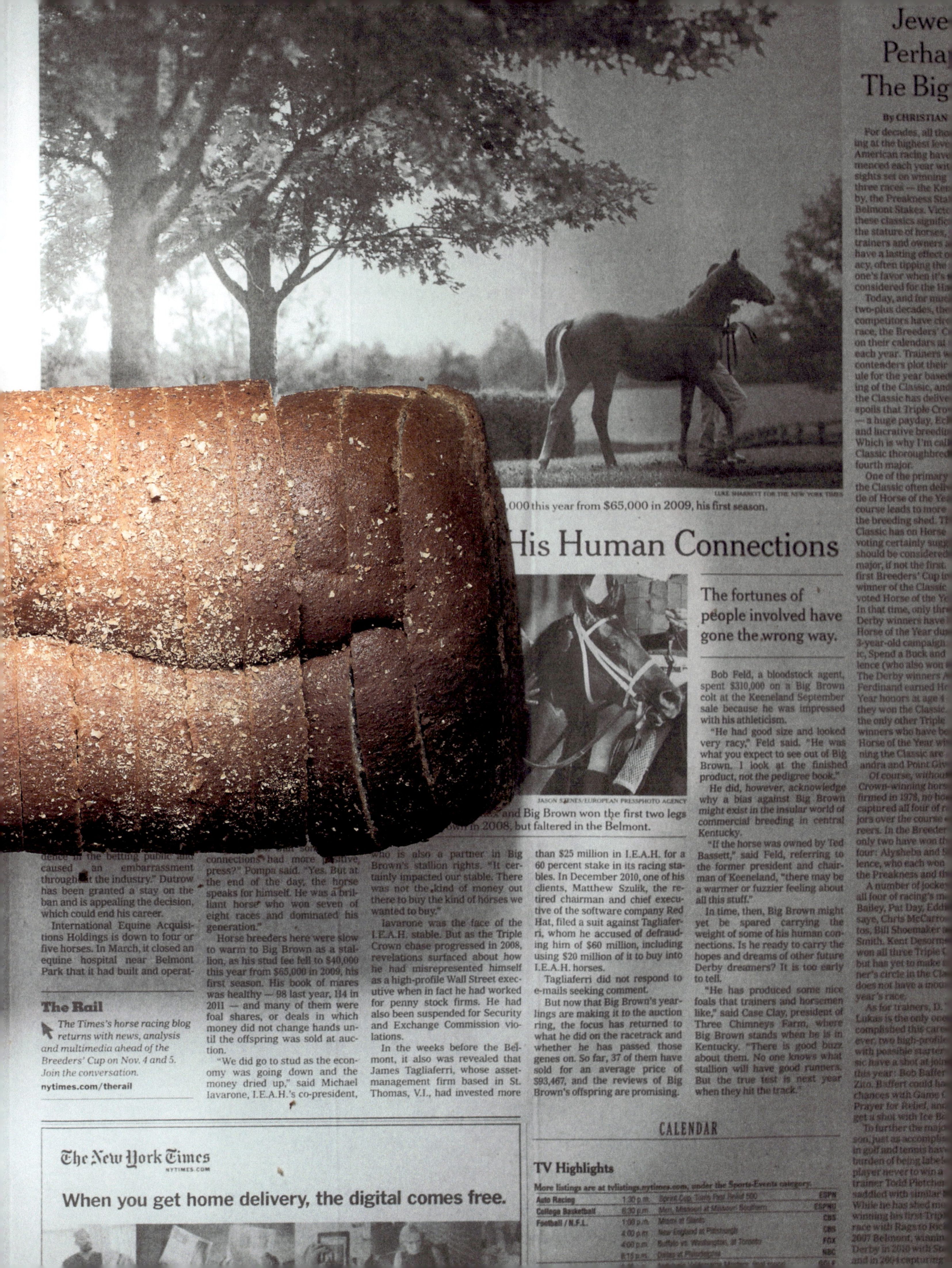

...,000 this year from $65,000 in 2009, his first season.

His Human Connections

...and Big Brown won the first two legs ...own in 2008, but faltered in the Belmont.

The fortunes of people involved have gone the wrong way.

...dence in the betting public and caused an embarrassment throughout the industry," Dutrow has been granted a stay on the ban and is appealing the decision, which could end his career.

International Equine Acquisitions Holdings is down to four or five horses. In March, it closed an equine hospital near Belmont Park that it had built and operat-

The Rail

The Times's horse racing blog returns with news, analysis and multimedia ahead of the Breeders' Cup on Nov. 4 and 5. Join the conversation.

nytimes.com/therail

connections" had more positive press?" Pompa said. "Yes. But at the end of the day, the horse speaks for himself. He was a brilliant horse who won seven of eight races and dominated his generation."

Horse breeders here were slow to warm to Big Brown as a stallion, as his stud fee fell to $40,000 this year from $65,000 in 2009, his first season. His book of mares was healthy — 98 last year, 114 in 2011 — and many of them were foal shares, or deals in which money did not change hands until the offspring was sold at auction.

"We did go to stud as the economy was going down and the money dried up," said Michael Iavarone, I.E.A.H.'s co-president, who is also a partner in Big Brown's stallion rights. "It certainly impacted our stable. There was not the kind of money out there to buy the kind of horses we wanted to buy."

Iavarone was the face of the I.E.A.H. stable. But as the Triple Crown chase progressed in 2008, revelations surfaced about how he had misrepresented himself as a high-profile Wall Street executive when in fact he had worked for penny stock firms. He had also been suspended for Security and Exchange Commission violations.

In the weeks before the Belmont, it also was revealed that James Tagliaferri, whose asset-management firm based in St. Thomas, V.I., had invested more than $25 million in I.E.A.H. for a 60 percent stake in its racing stables. In December 2010, one of his clients, Matthew Szulik, the retired chairman and chief executive of the software company Red Hat, filed a suit against Tagliaferri, whom he accused of defrauding him of $60 million, including using $20 million of it to buy into I.E.A.H. horses.

Tagliaferri did not respond to e-mails seeking comment.

But now that Big Brown's yearlings are making it to the auction ring, the focus has returned to what he did on the racetrack and whether he has passed those genes on. So far, 37 of them have sold for an average price of $93,467, and the reviews of Big Brown's offspring are promising.

Bob Feld, a bloodstock agent, spent $310,000 on a Big Brown colt at the Keeneland September sale because he was impressed with his athleticism.

"He had good size and looked very racy," Feld said. "He was what you expect to see out of Big Brown. I look at the finished product, not the pedigree book."

He did, however, acknowledge why a bias against Big Brown might exist in the insular world of commercial breeding in central Kentucky.

"If the horse was owned by Ted Bassett," said Feld, referring to the former president and chairman of Keeneland, "there may be a warmer or fuzzier feeling about all this stuff."

In time, then, Big Brown might yet be spared carrying the weight of some of his human connections. Is he ready to carry the hopes and dreams of other future Derby dreamers? It is too early to tell.

"He has produced some nice foals that trainers and horsemen like," said Case Clay, president of Three Chimneys Farm, where Big Brown stands when he is in Kentucky. "There is good buzz about them. No one knows what stallion will have good runners. But the true test is next year when they hit the track."

spoils that Triple Cro[...] — a huge payday, Ec[...] and lucrative breedi[...] Which is why I'm call[...] Classic thoroughbred[...] fourth major.

One of the primary [...] the Classic often deli[...] tle of Horse of the Ye[...] course leads to more [...] the breeding shed. T[...] Classic has on Horse [...] voting certainly sugg[...] should be considered [...] major, if not the first[...] first Breeders' Cup tr[...] winner of the Classic [...] voted Horse of the Ye[...] In that time, only thr[...] Derby winners have [...] Horse of the Year dur[...] 3-year-old campaign [...] ic, Spend a Buck and [...] lence (who also won [...] The Derby winners A[...] Ferdinand earned H[...] Year honors at age 4 [...] they won the Classic[.] the only other Triple [...] winners who have be[...] Horse of the Year wi[...] ning the Classic are [...] andra and Point Giv[...]

Of course, without [...] Crown-winning hors[...] firmed in 1978, no ho[...] captured all four of r[...] jors over the course [...] reers. In the Breeder[...] only two have won th[...] four: Alysheba and S[...] lence, who each won [...] the Preakness and th[...]

A number of jocke[...] all four of racing's m[...] Bailey, Pat Day, Eddi[...] saye, Chris McCarro[...] tos, Bill Shoemaker [...] Smith, Kent Desorm[...] won all three Triple [...] but has yet to make [...] ner's circle in the Cl[...] does not have a mou[...]

CALENDAR

TV Highlights

More listings are at tvlistings.nytimes.com, under the Sports-Events category.

Auto Racing	1:30 p.m.	Sprint Cup: Tums Fast Relief 500	ESPN
College Basketball	6:30 p.m.	Men, Missouri at Missouri Southern	ESPNU
Football / N.F.L.	1:00 p.m.	Miami at Giants	CBS
	4:00 p.m.	New England at Pittsburgh	CBS
	4:00 p.m.	Buffalo vs. Washington, at Toronto	FOX
	8:15 p.m.	Dallas at Philadelphia	NBC

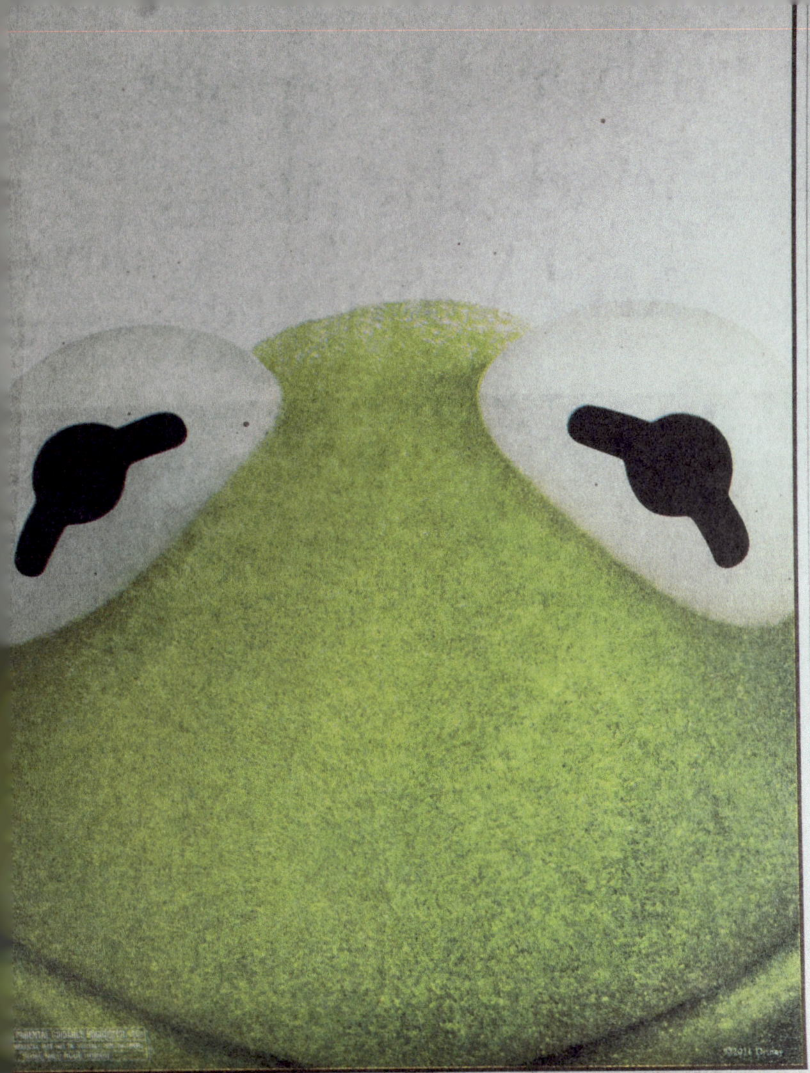

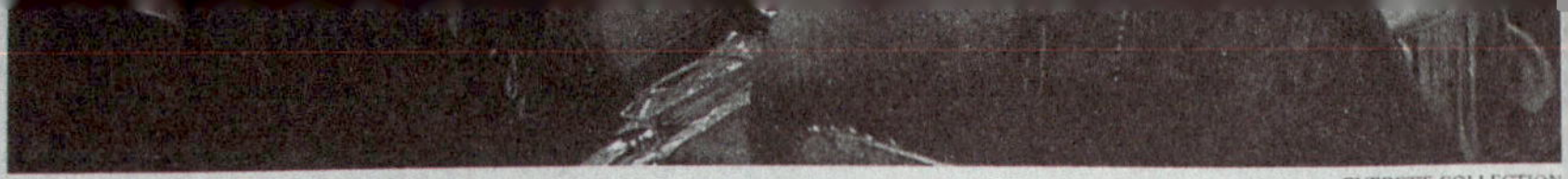

Woody Harrelson and Juliette Lewis in "Natural Born Killers" (1994), directed by Oliver Stone.

Why Everybody Knows Woody Harrelson's Name

From Page 2

forcement cut corners in convicting him. His suspicion of authority is reflexive.

"It was hard for me to believe I could even play a cop," he says. "I remember the first day on the set and getting a picture taken in the uniform and looking at that picture and not believing it, whereas Oren looked at it and said, 'Yes!'

"It helped that I spent time riding with two really good L.A. cops and was able to see the humanity in what they do."

Of course his character is not that kind of officer. Still, he says: "I don't think you can play someone and not think he is a good guy in some way. He is trying to keep this Shangri-La of living with these two families alive, and he reacts when that is threatened."

There's a lot of talent on screen, including Ned Be[a]. Sigourney Weaver, Cynthia on, Anne Heche and Steve [?] mi, but the film is hung Harrelson's performance.

"Woody sort of su[?] life, and it is cap[?] watch," said Ben [?]

played Mr. Harrelson's partner as a bearer of bad tidings in "The Messenger" and is cast as a bereft, homeless man in "Rampart" who intuitively knows that Officer Brown will end up next to him in the gutter. "He is not afraid that he will get lost in the violent and tortured men that he plays.

> *'Woody has become a beloved figure in our culture, sort of like Willie Nelson.'*

He goes farther into them faster than anyone I have ever seen."

Ms. Weaver, who plays the government lawyer who tries to corral his character, said the transformation was something to [?]. "You'd come on the set, [?] he sitting there

you can get. They share a fondness for high-grade marijuana, and play golf and poker together as well. But Mr. Harrelson's hippie aesthetic does not stop him from turning almost anything into a contest.

"Woody is a middle brother and deeply, deeply competitive," said Mr. Wilson, who also has a place in Maui and says the poker games have grown to look like the bar scene from "Star Wars." "Most vegans don't look all that healthy to me, but he is in amazing shape — he still looks like [?] kid — and he will turn a friendly game of Ping-Pong into a four hour death match because he wants to win."

In an e-mail Ms. Louie said that there is nothing casual about Mr. Harrelson when he is after something he wants. "He will try anything, and when he commits to something, he will work tirelessly until he gets it.["]

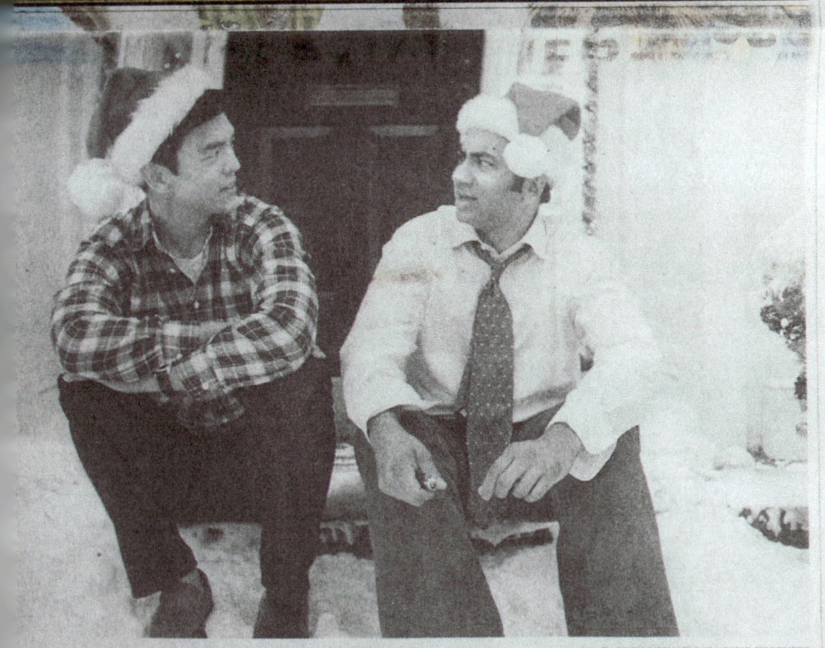

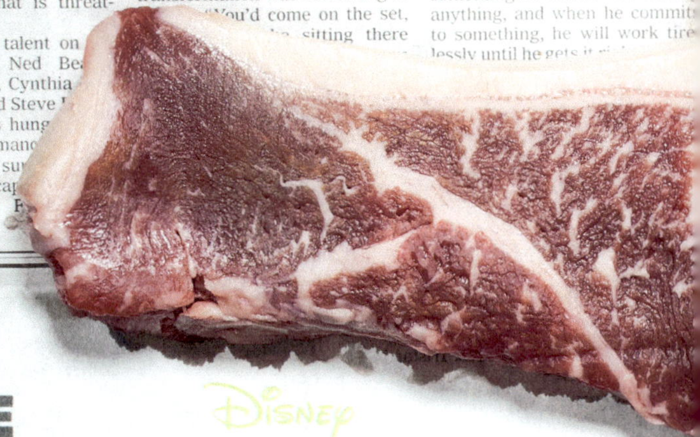

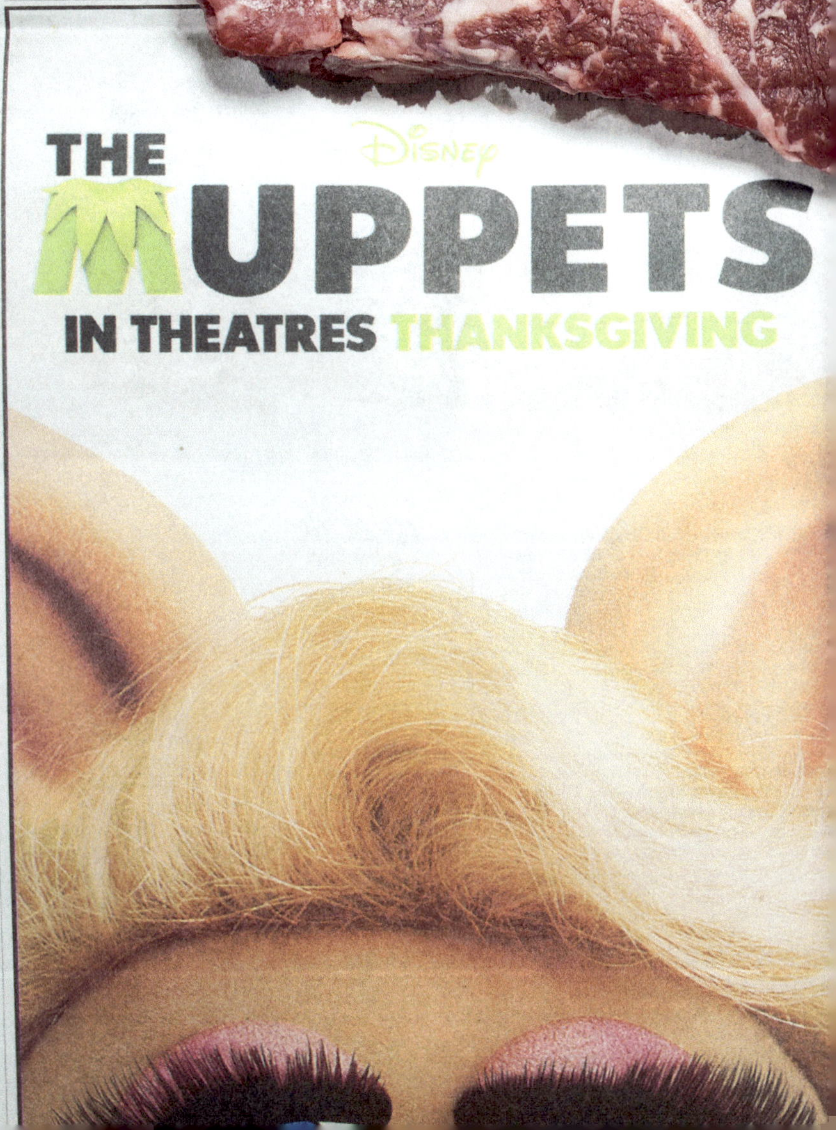

DARREN MICHAELS/WARNER BROTHERS

[Jo]hn Cho, left, chills out with Kal Penn in "A Very Harold and Kumar 3-D Christmas."

From Page 7

[Le]vinson directed; with Ellen [B]arkin, Demi Moore, Kate Bosworth and Ezra Miller.

[BU]RIED PRAYERS An archeological team goes in search of personal belongings buried by survivors of the Warsaw ghetto uprising in the Maidanek death camp [in] a documentary directed by [S]teven Meyer.

[J]AMES: THE ARCHITECT AND THE [P]AINTER A documentary by Jason Cohn and Bill Jersey that explores the personal and professional lives of Charles and Ray [J]ames over the 40-year life of [t]heir design studio in Los Angeles.

ty, Robin Williams and Pink.

THE HEIR APPARENT: LARGO WINCH Based on the Belgian graphic novel series "Largo Winch," and directed by Jérôme Salle, the adventure film centers on the murder of a billionaire, Nerio Winch (Miki Manojlovic) and the search by his deputy (Kristin Scott Thomas) to find his only heir, an adopted son (Tomer Sisley).

IN HEAVEN, UNDERGROUND: THE JEWISH CEMETERY IN BERLIN-WEISSENSEE Britta Wauer's documentary explores the largest Jewish cemetery in Europe, which has miraculously remained intact for 130 years.

KING OF DEVIL'S ISLAND Revolt in a Norwegian boys' prison

(Katie O'Grady) moves to Portland, Ore., to please her husband, but his old friends don't like her. James Westby directed this black comedy; with John Keyser and Theresa Russell.

SILVER TONGUES Lee Tergesen and Enid Graham play a couple who travel from town to town, changing identities and destroying lives as they go. Simon Arthur wrote and directed.

THE TWILIGHT SAGA: BREAKING DAWN — PART 1 The fourth film in the popular vampire series follows Bella (Kristen Stewart) and Edward (Robert Pattinson) through the birth of their daughter. Bill Condon ("Gods and Monsters") directed; with Taylor Lautner.

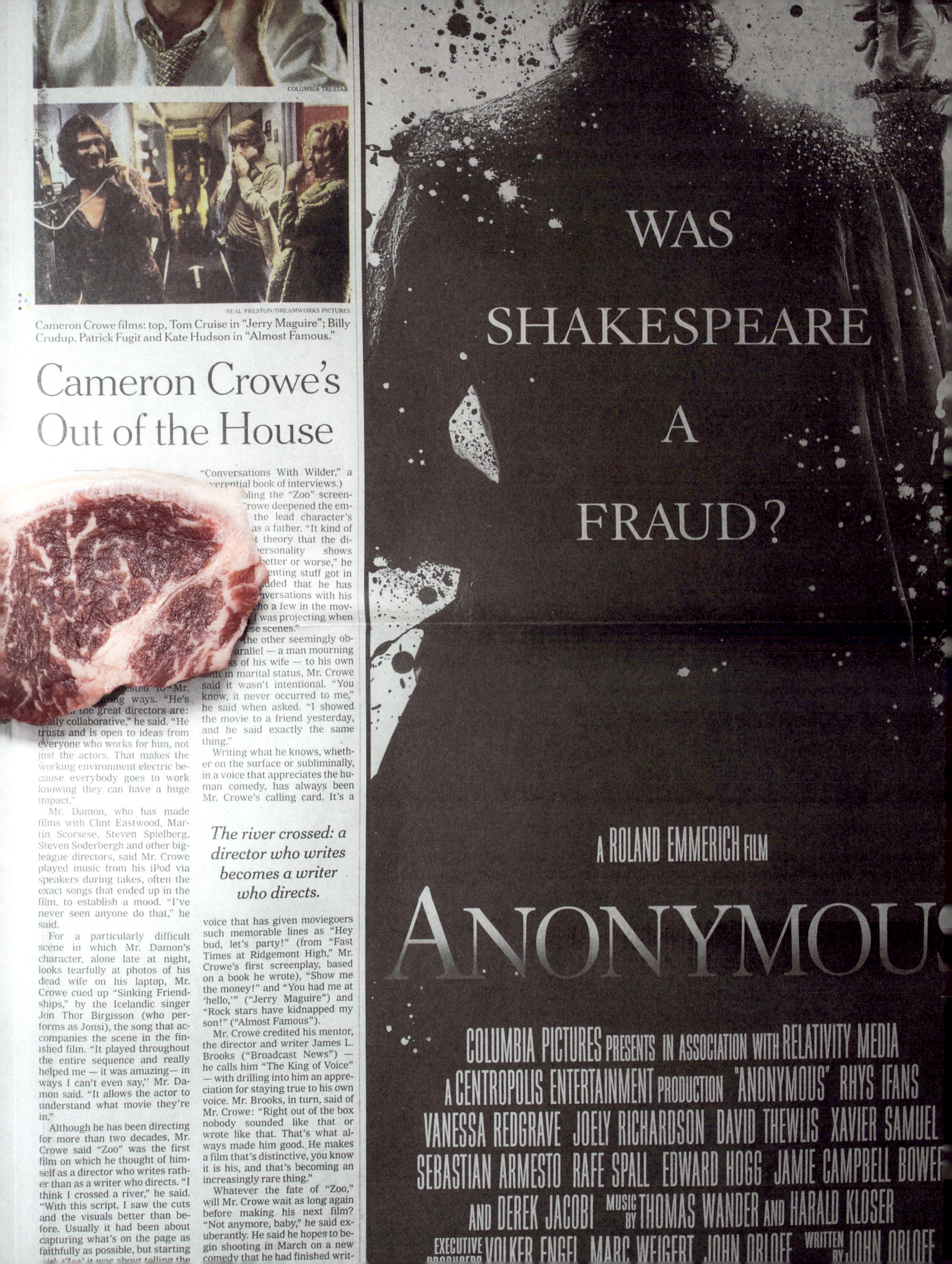

Cameron Crowe films: top, Tom Cruise in "Jerry Maguire"; Billy Crudup, Patrick Fugit and Kate Hudson in "Almost Famous."

Cameron Crowe's Out of the House

"Conversations With Wilder," a reverential book of interviews.)

[...] bling the "Zoo" screen[...] Crowe deepened the em[...] the lead character's [...] as a father. "It kind of [...] theory that the di[...] personality shows [...] better or worse," he [...] enting stuff got in [...] onversations with his [...] ho a few in the mov[...] I was projecting when [...] ose scenes."

[...] the other seemingly ob[...] arallel — a man mourning [...] ss of his wife — to his own [...] in marital status, Mr. Crowe said it wasn't intentional. "You know, it never occurred to me," he said when asked. "I showed the movie to a friend yesterday, and he said exactly the same thing."

Writing what he knows, whether on the surface or subliminally, in a voice that appreciates the human comedy, has always been Mr. Crowe's calling card. It's a

The river crossed: a director who writes becomes a writer who directs.

voice that has given moviegoers such memorable lines as "Hey bud, let's party!" (from "Fast Times at Ridgemont High," Mr. Crowe's first screenplay, based on a book he wrote), "Show me the money!" and "You had me at 'hello,'" ("Jerry Maguire") and "Rock stars have kidnapped my son!" ("Almost Famous").

Mr. Crowe credited his mentor, the director and writer James L. Brooks ("Broadcast News") — he calls him "The King of Voice" — with drilling into him an appreciation for staying true to his own voice. Mr. Brooks, in turn, said of Mr. Crowe: "Right out of the box nobody sounded like that or wrote like that. That's what always made him good. He makes a film that's distinctive, you know it is his, and that's becoming an increasingly rare thing."

Whatever the fate of "Zoo," will Mr. Crowe wait as long again before making his next film? "Not anymore, baby," he said exuberantly. He said he hopes to begin shooting in March on a new comedy that he had finished writ[...]

[...]ested to Mr. [...]ng ways. "He's [...] the great directors are: [...]y collaborative," he said. "He trusts and is open to ideas from everyone who works for him, not just the actors. That makes the working environment electric because everybody goes to work knowing they can have a huge impact."

Mr. Damon, who has made films with Clint Eastwood, Martin Scorsese, Steven Spielberg, Steven Soderbergh and other big-league directors, said Mr. Crowe played music from his iPod via speakers during takes, often the exact songs that ended up in the film, to establish a mood. "I've never seen anyone do that," he said.

For a particularly difficult scene in which Mr. Damon's character, alone late at night, looks tearfully at photos of his dead wife on his laptop, Mr. Crowe cued up "Sinking Friendships," by the Icelandic singer Jon Thor Birgisson (who performs as Jonsi), the song that accompanies the scene in the finished film. "It played throughout the entire sequence and really helped me — it was amazing — in ways I can't even say,'' Mr. Damon said. "It allows the actor to understand what movie they're in."

Although he has been directing for more than two decades, Mr. Crowe said "Zoo" was the first film on which he thought of himself as a director who writes rather than as a writer who directs. "I think I crossed a river," he said. "With this script, I saw the cuts and the visuals better than before. Usually it had been about capturing what's on the page as faithfully as possible, but starting [...] "Zoo" it was about telling the

BEIRUT, Lebanon — Syrian security forces killed at least 40 people on Friday during antigovernment demonstrations across the country, according to human rights activists, as the government of President Bashar al-Assad intensified a brutal military crackdown that has failed over eight months to extinguish a popular uprising.

Most of the deaths occurred in central Syria, the most restive region in the country, with 21 people killed in Homs and 14 in Hama. Both cities are at the front line of the uprising against the leadership of Mr. Assad and have witnessed mass destruction and mass killings since demonstrations began. Over all, the United Nations estimates that 3,000 people have been killed since demonstrations began.

The large number of deaths, the most on any Friday in recent weeks, 36 demonstrators

Hweida Saad

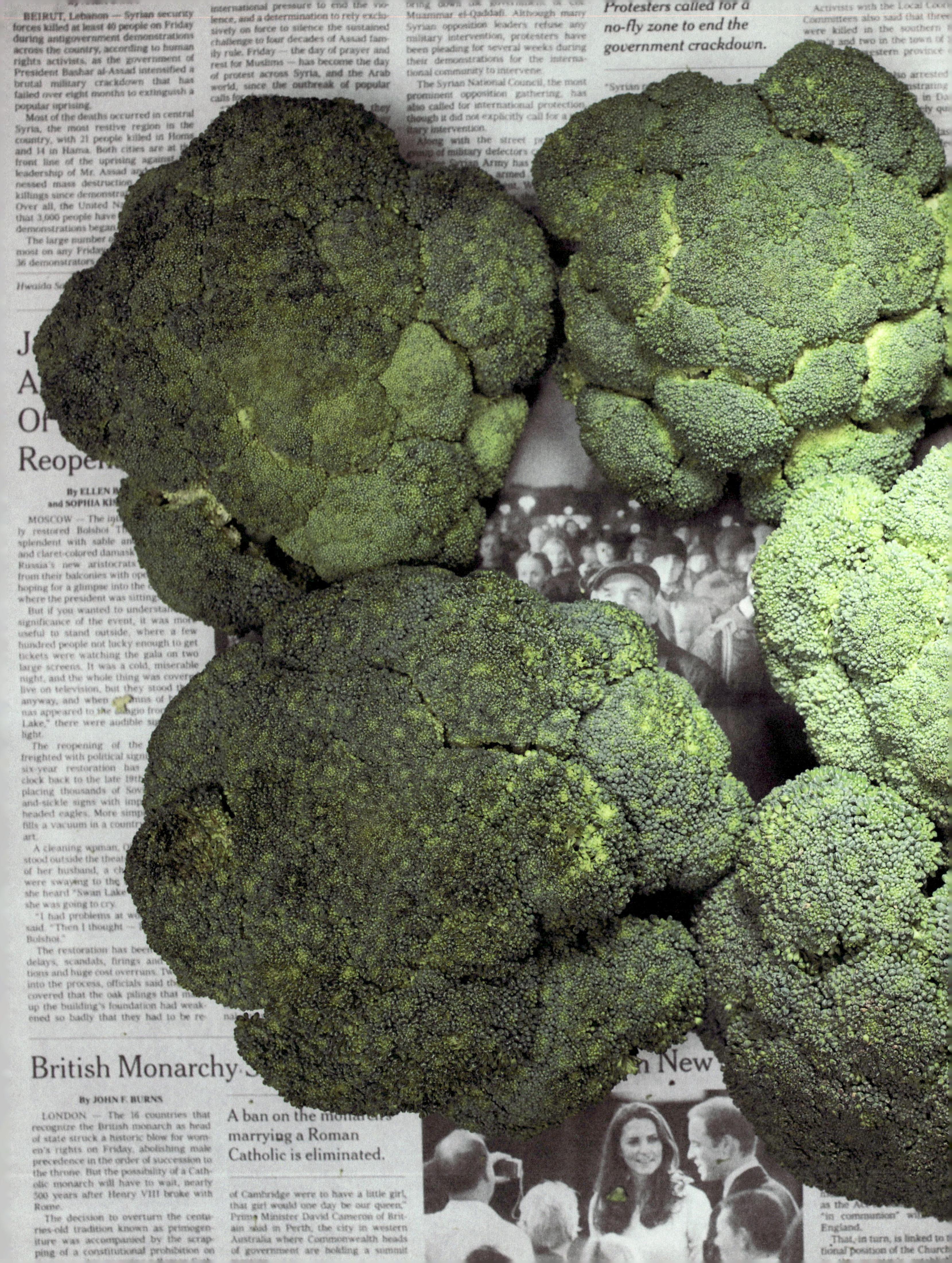

Protesters called for a no-fly zone to end the government crackdown.

Of
Reopening

By ELLEN BARRY
and SOPHIA KISHKOVSKY

MOSCOW — The intricately restored Bolshoi Theater, resplendent with sable and claret-colored damask, Russia's new aristocrats from their balconies with opera glasses, hoping for a glimpse into the box where the president was sitting.

But if you wanted to understand the significance of the event, it was more useful to stand outside, where a few hundred people not lucky enough to get tickets were watching the gala on two large screens. It was a cold, miserable night, and the whole thing was covered live on television, but they stood there anyway, and when columns of ballerinas appeared to the adagio from "Swan Lake," there were audible sighs of delight.

The reopening of the theater is freighted with political significance. The six-year restoration has turned the clock back to the late 19th century, placing thousands of Soviet hammer-and-sickle signs with imperial double-headed eagles. More simply, it fills a vacuum in a country hungry for art.

A cleaning woman, Olga, who stood outside the theater with the help of her husband, a chauffeur. They were swaying to the music, and when she heard "Swan Lake," she thought she was going to cry.

"I had problems at work," she said. "Then I thought — it's the Bolshoi."

The restoration has been marked by delays, scandals, firings and accusations and huge cost overruns. Two years into the process, officials said they discovered that the oak pilings that made up the building's foundation had weakened so badly that they had to be re-

British Monarchy

By JOHN F. BURNS

LONDON — The 16 countries that recognize the British monarch as head of state struck a historic blow for women's rights on Friday, abolishing male precedence in the order of succession to the throne. But the possibility of a Catholic monarch will have to wait, nearly 500 years after Henry VIII broke with Rome.

The decision to overturn the centuries-old tradition known as primogeniture was accompanied by the scrapping of a constitutional prohibition on

A ban on the monarch's marrying a Roman Catholic is eliminated.

of Cambridge were to have a little girl, that girl would one day be our queen," Prime Minister David Cameron of Britain said in Perth, the city in western Australia where Commonwealth heads of government are holding a summit

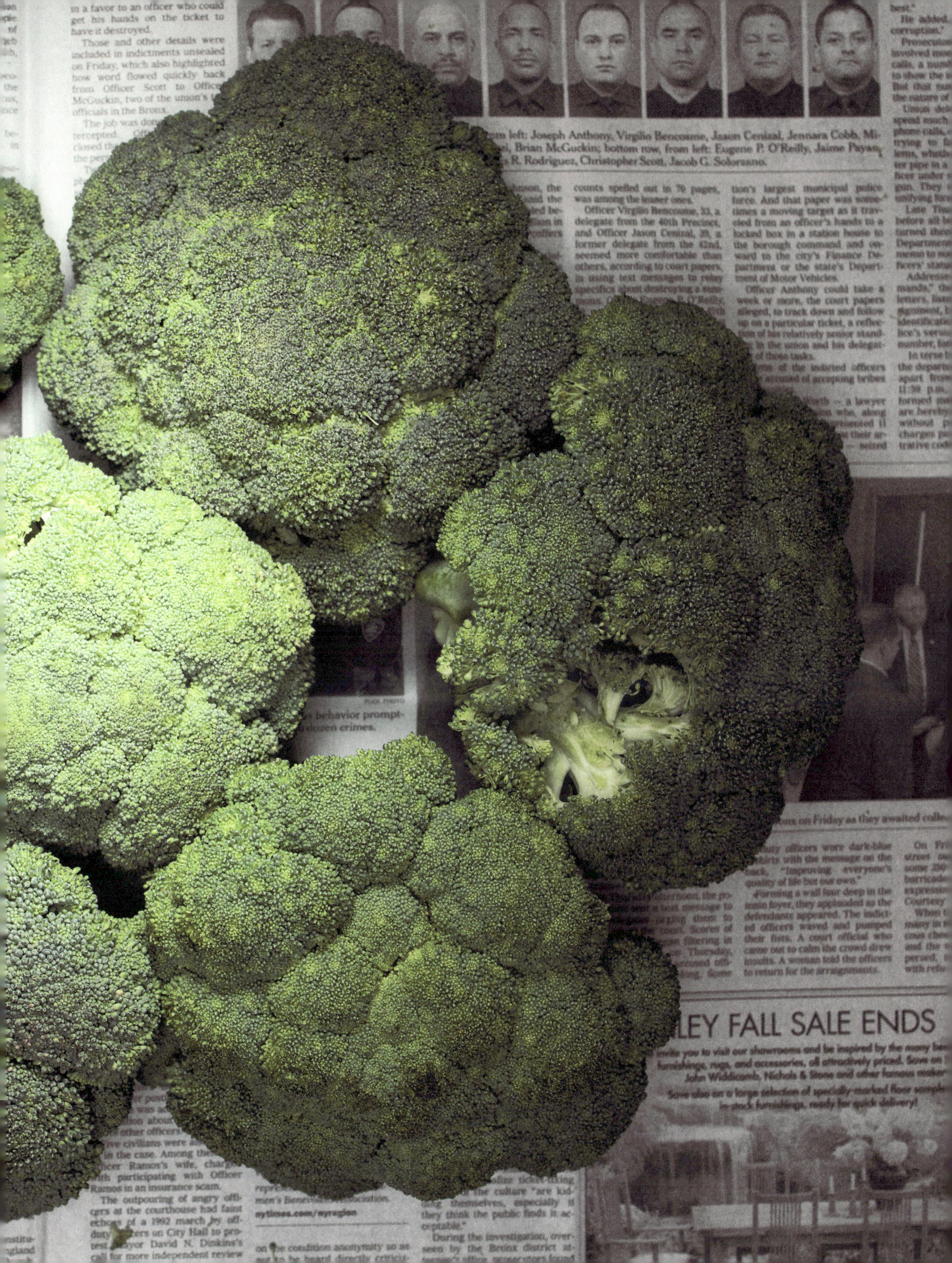
LEY FALL SALE ENDS
nytimes.com/nyregion

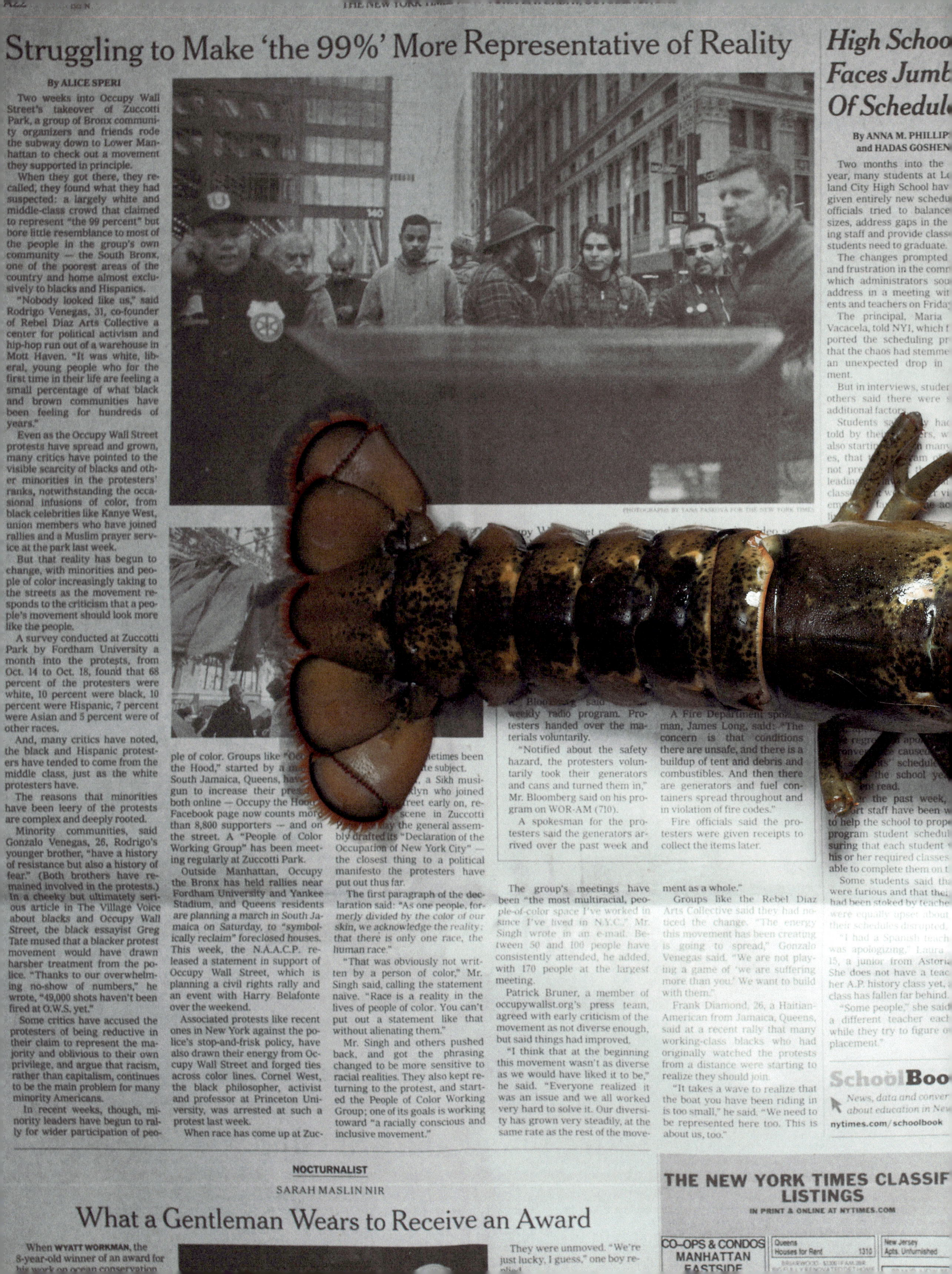

Struggling to Make 'the 99%' More Representative of Reality

By ALICE SPERI

Two weeks into Occupy Wall Street's takeover of Zuccotti Park, a group of Bronx community organizers and friends rode the subway down to Lower Manhattan to check out a movement they supported in principle.

When they got there, they recalled, they found what they had suspected: a largely white and middle-class crowd that claimed to represent "the 99 percent" but bore little resemblance to most of the people in the group's own community — the South Bronx, one of the poorest areas of the country and home almost exclusively to blacks and Hispanics.

"Nobody looked like us," said Rodrigo Venegas, 31, co-founder of Rebel Díaz Arts Collective, a center for political activism and hip-hop run out of a warehouse in Mott Haven. "It was white, liberal, young people who for the first time in their life are feeling a small percentage of what black and brown communities have been feeling for hundreds of years."

Even as the Occupy Wall Street protests have spread and grown, many critics have pointed to the visible scarcity of blacks and other minorities in the protesters' ranks, notwithstanding the occasional infusions of color, from black celebrities like Kanye West, union members who have joined rallies and a Muslim prayer service at the park last week.

But that reality has begun to change, with minorities and people of color increasingly taking to the streets as the movement responds to the criticism that a people's movement should look more like the people.

A survey conducted at Zuccotti Park by Fordham University a month into the protests, from Oct. 14 to Oct. 18, found that 68 percent of the protesters were white, 10 percent were black, 10 percent were Hispanic, 7 percent were Asian and 5 percent were of other races.

And, many critics have noted, the black and Hispanic protesters have tended to come from the middle class, just as the white protesters have.

The reasons that minorities have been leery of the protests are complex and deeply rooted.

Minority communities, said Gonzalo Venegas, 26, Rodrigo's younger brother, "have a history of resistance but also a history of fear." (Both brothers have remained involved in the protests.) In a cheeky but substantive serious article in The Village Voice about blacks and Occupy Wall Street, the black essayist Greg Tate mused that a blacker protest movement would have drawn harsher treatment from the police. "Thanks to our overwhelming no-show of numbers," he wrote, "49,000 shots haven't been fired at O.W.S. yet."

Some critics have accused the protesters of being reductive in their claim to represent the majority and oblivious to their own privilege, and argue that racism, rather than capitalism, continues to be the main problem for many minority Americans.

In recent weeks, though, minority leaders have begun to rally for wider participation of people of color. Groups like "Occupy the Hood," started by a man in South Jamaica, Queens, have begun to increase their presence both online — Occupy the Hood Facebook page now counts more than 8,800 supporters — and on the street. A "People of Color Working Group" has been meeting regularly at Zuccotti Park.

Outside Manhattan, Occupy the Bronx has held rallies near Fordham University and Yankee Stadium, and Queens residents are planning a march in South Jamaica on Saturday, to "symbolically reclaim" foreclosed houses. This week, the N.A.A.C.P. released a statement in support of Occupy Wall Street, which is planning a civil rights rally and an event with Harry Belafonte over the weekend.

Associated protests like recent ones in New York against the police's stop-and-frisk policy, have also drawn their energy from Occupy Wall Street and forged ties across color lines. Cornel West, the black philosopher, activist and professor at Princeton University, was arrested at such a protest last week.

When race has come up at Zuc-

cotti Park, it has sometimes been a delicate subject.

Valarie Kaur, a Sikh musician from Brooklyn who joined the movement early on, remembers the scene in Zuccotti Park when the general assembly drafted its "Declaration of the Occupation of New York City" — the closest thing to a political manifesto the protesters have put out thus far.

The first paragraph of the declaration said: "As one people, formerly divided by the color of our skin, we acknowledge the reality; that there is only one race, the human race."

"That was obviously not written by a person of color," Mr. Singh said, calling the statement naïve. "Race is a reality in the lives of people of color. You can't put out a statement like that without alienating them."

Mr. Singh and others pushed back, and got the phrasing changed to be more sensitive to racial realities. They also kept returning to the protest, and started the People of Color Working Group; one of its goals is working toward "a racially conscious and inclusive movement."

Bloomberg said weekly radio program. Protesters handed over the materials voluntarily.

"Notified about the safety hazard, the protesters voluntarily took their generators and cans and turned them in," Mr. Bloomberg said on his program on WOR-AM (710).

A spokesman for the protesters said the generators arrived over the past week and

The group's meetings have been "the most multiracial, people-of-color space I've worked in since I've lived in N.Y.C.," Mr. Singh wrote in an e-mail. Between 50 and 100 people have consistently attended, he added, with 170 people at the largest meeting.

Patrick Bruner, a member of occupywallst.org's press team, agreed with early criticism of the movement as not diverse enough, but said things had improved.

"I think that at the beginning this movement wasn't as diverse as we would have liked it to be," he said. "Everyone realized it was an issue and we all worked very hard to solve it. Our diversity has grown very steadily, at the same rate as the rest of the move-

A Fire Department spokesman, James Long, said: "The concern is that conditions there are unsafe, and there is a buildup of tent and debris and combustibles. And then there are generators and fuel containers spread throughout and in violation of fire codes."

Fire officials said the protesters were given receipts to collect the items later.

ment as a whole."

Groups like the Rebel Díaz Arts Collective said they had noticed the change. "The energy this movement has been creating is going to spread," Gonzalo Venegas said. "We are not playing a game of 'we are suffering more than you.' We want to build with them."

Frank Diamond, 26, a Haitian-American from Jamaica, Queens, said at a recent rally that many working-class blacks who had originally watched the protests from a distance were starting to realize they should join.

"It takes a wave to realize that the boat you have been riding in is too small," he said. "We need to be represented here too. This is about us, too."

High School Faces Jumbled Of Schedule

By ANNA M. PHILLIPS and HADAS GOSHEN

Two months into the year, many students at Long Island City High School have given entirely new schedules, officials tried to balance class sizes, address gaps in the teaching staff and provide classes students need to graduate.

The changes prompted anger and frustration in the community, which administrators sought to address in a meeting with students and teachers on Friday.

The principal, Maria Vacarela, told NY1, which first reported the scheduling problems, that the chaos had stemmed from an unexpected drop in enrollment.

But in interviews, students and others said there were several additional factors.

Students said they had been told by their teachers, who are also starting to teach many more classes, that the program would not prepare them for the leading to fewer class choices and increased confusion.

For the past week, support staff have been working to help the school to properly program student schedules, ensuring that each student has his or her required classes and is able to complete them on time.

Some students said that they were furious and that their lives had been stoked by teachers who were equally upset about their schedules being disrupted.

"I had a Spanish teacher who was apologizing," said Laura, 15, a junior from Astoria. "She does not have a teacher for her A.P. history class yet, a class has fallen far behind.

"Some people," she said, "have a different teacher each day, while they try to figure out placement."

What a Gentleman Wears to Receive an Award

When WYATT WORKMAN, the 8-year-old winner of an award for his work on ocean conservation,

They were unmoved. "We're just lucky, I guess," one boy replied.

THE NEW YORK TIMES CLASSIFIED LISTINGS

IN PRINT & ONLINE AT NYTIMES.COM

CO-OPS & CONDOS
MANHATTAN
EASTSIDE

Queens
Houses for Rent ... 1310

New Jersey
Apts. Unfurnished

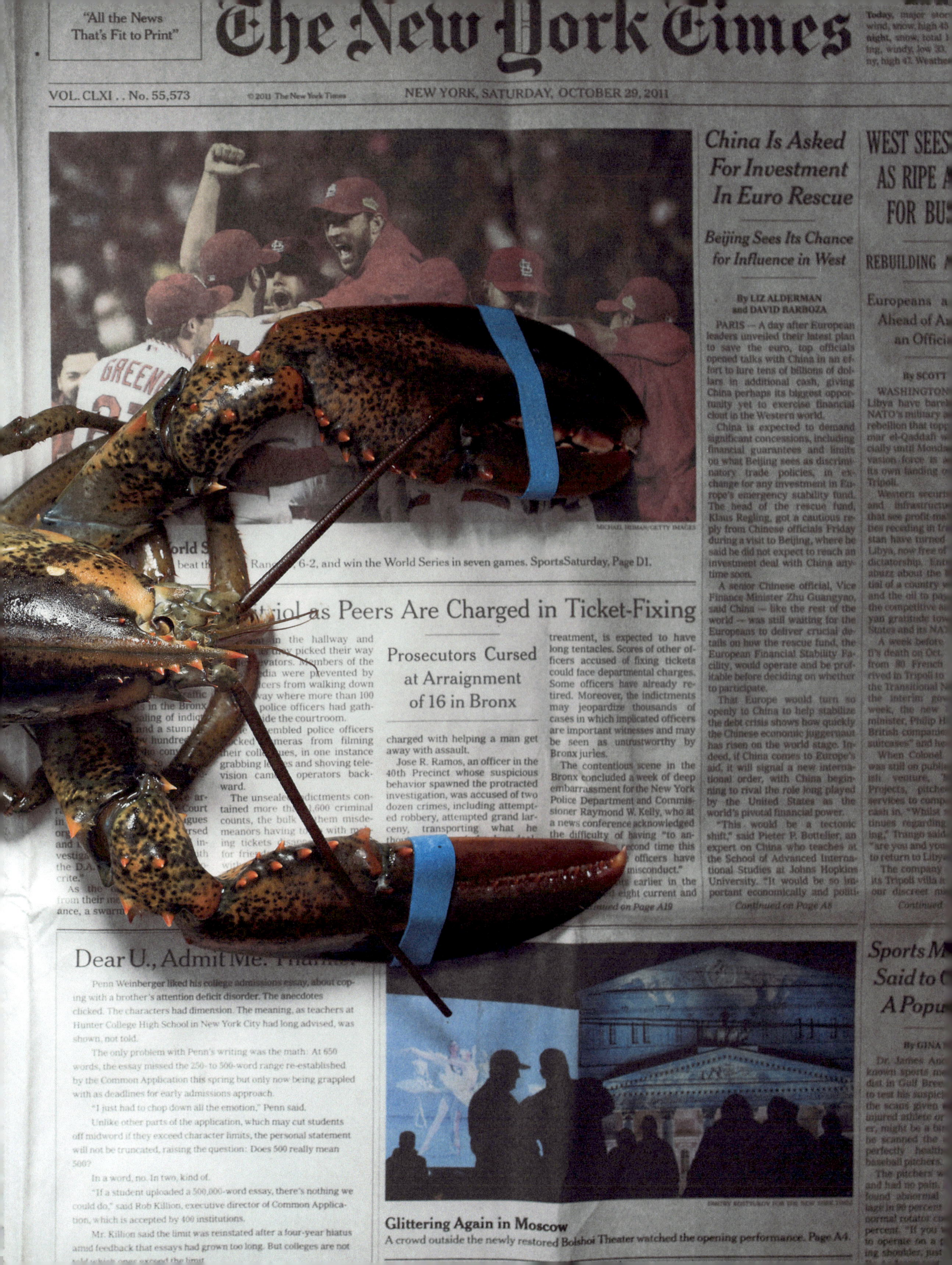

The New York Times

China Is Asked For Investment In Euro Rescue

Beijing Sees Its Chance for Influence in West

By LIZ ALDERMAN
and DAVID BARBOZA

PARIS — A day after European leaders unveiled their latest plan to save the euro, top officials opened talks with China in an effort to lure tens of billions of dollars in additional cash, giving China perhaps its biggest opportunity yet to exercise financial clout in the Western world.

China is expected to demand significant concessions, including financial guarantees and limits on what Beijing sees as discriminatory trade policies, in exchange for any investment in Europe's emergency stability fund. The head of the rescue fund, Klaus Regling, got a cautious reply from Chinese officials Friday during a visit to Beijing, where he said he did not expect to reach an investment deal with China anytime soon.

A senior Chinese official, Vice Finance Minister Zhu Guangyao, said China — like the rest of the world — was still waiting for the Europeans to deliver crucial details on how the rescue fund, the European Financial Stability Facility, would operate and be profitable before deciding on whether to participate.

That Europe would turn so openly to China to help stabilize the debt crisis shows how quickly the Chinese economic juggernaut has risen on the world stage. Indeed, if China comes to Europe's aid, it will signal a new international order, with China beginning to rival the role long played by the United States as the world's pivotal financial power.

"This would be a tectonic shift," said Pieter P. Bottelier, an expert on China who teaches at the School of Advanced International Studies at Johns Hopkins University. "It would be so important economically and politi-

Continued on Page A8

WEST SEES AS RIPE A FOR BUS

REBUILDING A

Europeans a Ahead of A an Officia

By SCOTT

WASHINGTON Libya have barel NATO's military a rebellion that topp mar el-Qaddafi w cially until Monda vasion force is a its own landing o Tripoli.

Western securi and infrastructu ies receding in tr stan have turned Libya, now free o dictatorship. Entr abuzz about the tial of a country w and the oil to pay the competitive a yan gratitude tow States and its NAT

A week befor fi's death on Oct. from 80 French rived in the Transitional N the interim week, the new minister, Philip H British companies suitcases" and he

When Colonel was still on public isli venture, "I Projects, pitche services to compo cash in. "Whilst tinues regarding ing," Trungo said "are you and you to return to Liby

The company its Tripoli villa i our discreet me

Continued

Red Sox beat the Rangers, 6-2, and win the World Series in seven games. SportsSaturday, Page D1.

...triol as Peers Are Charged in Ticket-Fixing

...in the hallway and as they picked their way ...evators. Members of the media were prevented by ...cers from walking down ...way where more than 100 police officers had gathered ...ide the courtroom.

...and a stunn... assembled police officers ...hundre... ...cked cameras from filming their colleagues, in one instance grabbing le... and shoving television cam... operators backward.

The unsealed indictments contained more than 1,600 criminal counts, the bulk of them misdemeanors having to do with... ing tickets disappear for friends...

Prosecutors Cursed at Arraignment of 16 in Bronx

charged with helping a man get away with assault.

Jose R. Ramos, an officer in the 40th Precinct whose suspicious behavior spawned the protracted investigation, was accused of two dozen crimes, including attempted robbery, attempted grand larceny, transporting what he thou...

treatment, is expected to have long tentacles. Scores of other officers accused of fixing tickets could face departmental charges. Some officers have already retired. Moreover, the indictments may jeopardize thousands of cases in which implicated officers are important witnesses and may be seen as untrustworthy by Bronx juries.

The contentious scene in the Bronx concluded a week of deep embarrassment for the New York Police Department and Commissioner Raymond W. Kelly, who at a news conference acknowledged the difficulty of having "to an... second time this... officers have ... misconduct."

... earlier in the ... eight current and

Continued on Page A19

Dear U., Admit Me. Thank...

Penn Weinberger liked his college admissions essay, about coping with a brother's attention deficit disorder. The anecdotes clicked. The characters had dimension. The meaning, as teachers at Hunter College High School in New York City had long advised, was shown, not told.

The only problem with Penn's writing was the math: At 650 words, the essay missed the 250- to 500-word range re-established by the Common Application this spring but only now being grappled with as deadlines for early admissions approach.

"I just had to chop down all the emotion," Penn said.

Unlike other parts of the application, which may cut students off midword if they exceed character limits, the personal statement will not be truncated, raising the question: Does 500 really mean 500?

In a word, no. In two, kind of.

"If a student uploaded a 500,000-word essay, there's nothing we could do," said Rob Killion, executive director of Common Application, which is accepted by 400 institutions.

Mr. Killion said the limit was reinstated after a four-year hiatus amid feedback that essays had grown too long. But colleges are not told which ones exceed the limit.

Glittering Again in Moscow
A crowd outside the newly restored Bolshoi Theater watched the opening performance. Page A4.

Sports M Said to C A Popu

By GINA

Dr. James An known sports me ...dist in Gulf Bree ...to test his suspic ...the scans given ...injured athlete or ...er, might be a bi ...be scanned the ...perfectly health baseball pitchers.

The pitchers a and had no pain ...found abnormal lage in 90 percen ...normal rotator cu percent. "If you t to operate on t ...ing shoulder, the

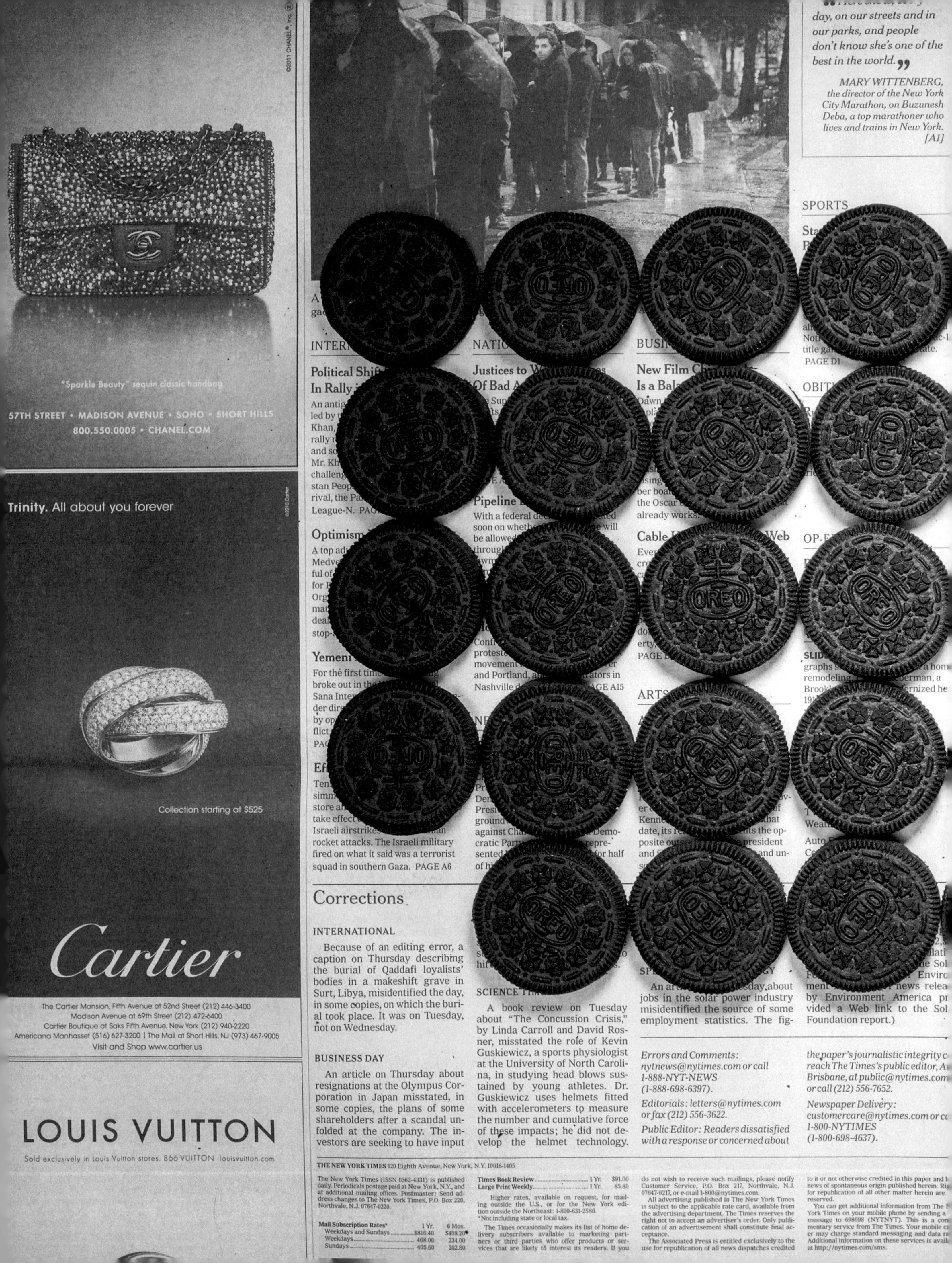

SPORTS

Sta…
P…

ah…
Notr…
title ga…
PAGE D1

OBITU…

R…

INTER…

gac…

Political Shift…
In Rally i…

An antig…
led by t…
Khan, …
rally r…
and so…
Mr. Kh…
challeng…
stan Peop…
rival, the Pa…
League-N. PAG…

Optimism …

A top adv…
Medve…
ful of …
for R…
Org…
ma…
dea…
stop-…

Yemeni …

For the first time …
broke out in th…
Sana Inter…
der dire…
by op…
flic…
PA…

Eff…

Ten…
simm…
store an…
take effect…
Israeli airstrikes…man
rocket attacks. The Israeli military fired on what it said was a terrorist squad in southern Gaza. PAGE A6

NATIO…

Justices to W… …
Of Bad A…

he Sup…
ts s…

…E A…

Pipeline …

With a federal dec… ted
soon on wheth… e will
be allowed…
through…
wm…

Id…

Conf…
protest…
movement…
and Portland, an… ators in
Nashville d… PAGE A15

…ND

Pr…
Der…
Pres…
ground…
against Char… Demo-
cratic Part… repre-
sented… for half
of h…

BUSIN…

New Film C… …
Is a Bala…

Dawn …
mpl…

osing…
ber boar…
the Oscar …
already works…

Cable I… Web

Ever…
cro…
ca…

do…
erty…
PAGE …

ARTS…

A…

ov-
er …
Kenne…
date, its re… ts the op-
posite out… president
and f… and un-
s…

OP-E…

D…

SLID…

graphs s… a hom…
remodeling … erman, a
Brook… ernized he
19…

T…
Weath…

Auto…
C…

Corrections

INTERNATIONAL

Because of an editing error, a caption on Thursday describing the burial of Qaddafi loyalists' bodies in a makeshift grave in Surt, Libya, misidentified the day, in some copies, on which the burial took place. It was on Tuesday, not on Wednesday.

BUSINESS DAY

An article on Thursday about resignations at the Olympus Corporation in Japan misstated, in some copies, the plans of some shareholders after a scandal unfolded at the company. The investors are seeking to have input

sc…
hif…

SCIENCE TI…

A book review on Tuesday about "The Concussion Crisis," by Linda Carroll and David Rosner, misstated the role of Kevin Guskiewicz, a sports physiologist at the University of North Carolina, in studying head blows sustained by young athletes. Dr. Guskiewicz uses helmets fitted with accelerometers to measure the number and cumulative force of these impacts; he did not develop the helmet technology.

SP… Y

An ar… uesday about jobs in the solar power industry misidentified the source of some employment statistics. The fig-

2,…
llati…
e Sol…
Enviro…
ment … news relea…
by Environment America pr…
vided a Web link to the Sol…
Foundation report.)

Errors and Comments:
nytnews@nytimes.com or call
1-888-NYT-NEWS
(1-888-698-6397).

*Editorials: letters@nytimes.com
or fax (212) 556-3622.*

*Public Editor: Readers dissatisfied
with a response or concerned about*

*the paper's journalistic integrity c…
reach The Times's public editor, A…
Brisbane, at public@nytimes.com…
or call (212) 556-7652.*

Newspaper Delivery:
customercare@nytimes.com or c…
1-800-NYTIMES
(1-800-698-4637).

THE NEW YORK TIMES 620 Eighth Avenue, New York, N.Y. 10018-1405

The New York Times (ISSN 0362-4331) is published daily. Periodicals postage paid at New York, N.Y., and at additional mailing offices. Postmaster: Send address changes to The New York Times, P.O. Box 220, Northvale, N.J. 07647-0220.

Mail Subscription Rates*	1 Yr.	6 Mos.
Weekdays and Sundays	$816.40	$408.20
Weekdays	468.00	234.00
Sundays	405.60	202.80

Times Book Review		1 Yr.	$91.00
Large Print Weekly		1 Yr.	85.80

Higher rates, available on request, for mailing outside the U.S., or for the New York edition outside the Northeast: 1-800-631-2580.
*Not including state or local tax.

The Times occasionally makes its list of home delivery subscribers available to marketing partners or third parties who offer products or services that are likely to interest its readers. If you do not wish to receive such mailings, please notify Customer Service, P.O. Box 217, Northvale, N.J. 07647-0217, or e-mail 1-800@nytimes.com.

All advertising published in The New York Times is subject to the applicable rate card, available from the advertising department. The Times reserves the right not to accept an advertiser's order. Only publication of an advertisement shall constitute final acceptance.

The Associated Press is entitled exclusively to the use for republication of all news dispatches credited to it or not otherwise credited in this paper and l news of spontaneous origin published herein. Ri for republication of all other matter herein are reserved.

You can get additional information from The York Times on your mobile phone by sending a message to 698698 (NYTNYT). This is a com mentary service from The Times. Your mobile c er may charge standard messaging and data ra Additional information on these services is avail at http://nytimes.com/sms.

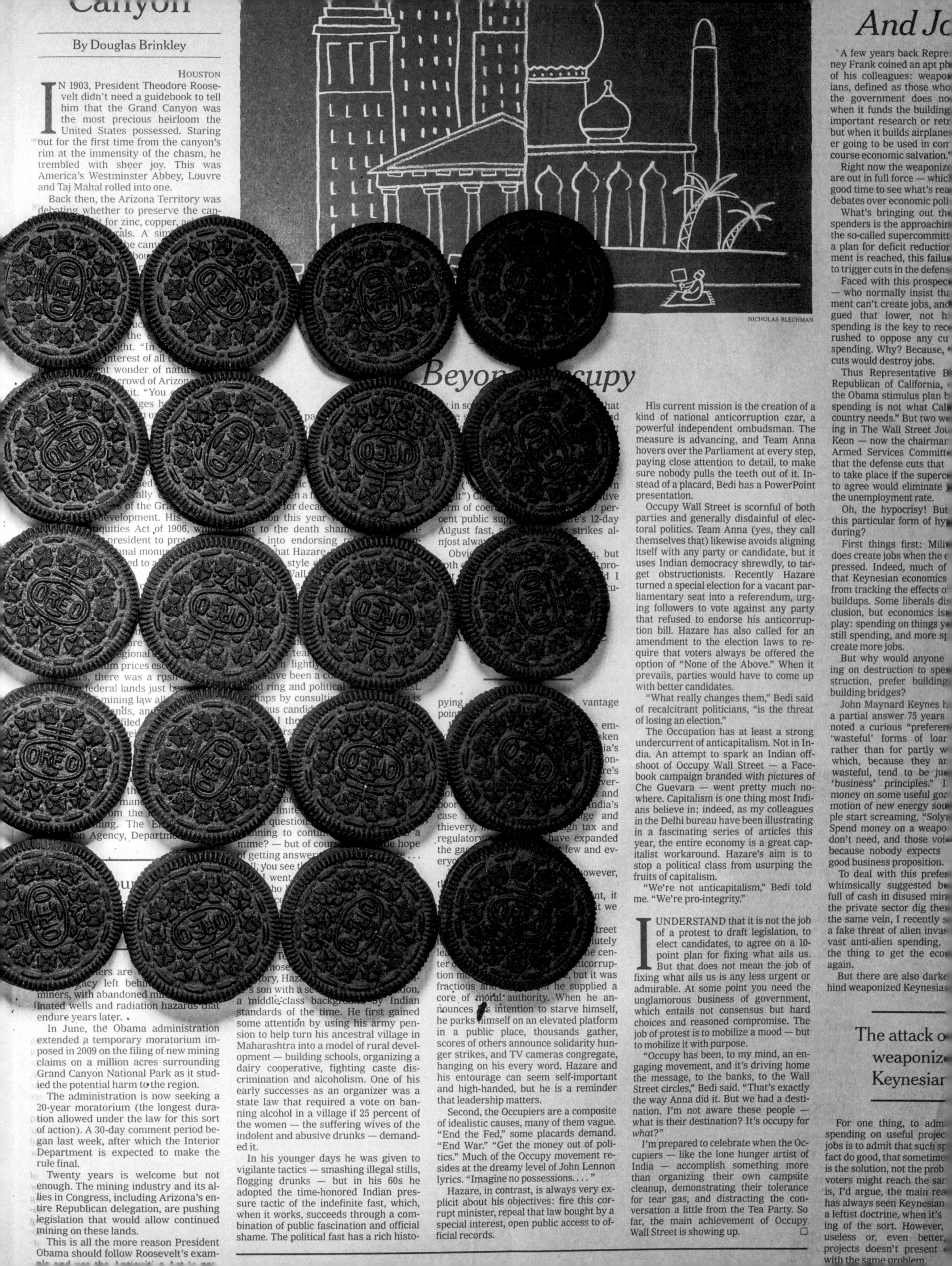

Canyon

By Douglas Brinkley

HOUSTON

IN 1903, President Theodore Roosevelt didn't need a guidebook to tell him that the Grand Canyon was the most precious heirloom the United States possessed. Staring out for the first time from the canyon's rim at the immensity of the chasm, he trembled with sheer joy. This was America's Westminster Abbey, Louvre and Taj Mahal rolled into one.

Back then, the Arizona Territory was debating whether to preserve the can-

NICHOLAS BLECHMAN

Beyond Occupy

His current mission is the creation of a kind of national anticorruption czar, a powerful independent ombudsman. The measure is advancing, and Team Anna hovers over the Parliament at every step, paying close attention to detail, to make sure nobody pulls the teeth out of it. Instead of a placard, Bedi has a PowerPoint presentation.

Occupy Wall Street is scornful of both parties and generally disdainful of electoral politics. Team Anna (yes, they call themselves that) likewise avoids aligning itself with any party or candidate, but it uses Indian democracy shrewdly, to target obstructionists. Recently Hazare turned a special election for a vacant parliamentary seat into a referendum, urging followers to vote against any party that refused to endorse his anticorruption bill. Hazare has also called for an amendment to the election laws to require that voters always be offered the option of "None of the Above." When it prevails, parties would have to come up with better candidates.

"What really changes them," Bedi said of recalcitrant politicians, "is the threat of losing an election."

The Occupation has at least a strong undercurrent of anticapitalism. Not in India. An attempt to spark an Indian offshoot of Occupy Wall Street — a Facebook campaign branded with pictures of Che Guevara — went pretty much nowhere. Capitalism is one thing most Indians believe in; indeed, as my colleagues in the Delhi bureau have been illustrating in a fascinating series of articles this year, the entire economy is a great capitalist workaround. Hazare's aim is to stop a political class from usurping the fruits of capitalism.

"We're not anticapitalism," Bedi told me. "We're pro-integrity."

I UNDERSTAND that it is not the job of a protest to draft legislation, to elect candidates, to agree on a 10-point plan for fixing what ails us. But that does not mean the job of fixing what ails us is any less urgent or admirable. At some point you need the unglamorous business of government, which entails not consensus but hard choices and reasoned compromise. The job of protest is to mobilize a mood — but to mobilize it with purpose.

"Occupy has been, to my mind, an engaging movement, and it's driving home the message, to the banks, to the Wall Street circles," Bedi said. "That's exactly the way Anna did it. But we had a destination. I'm not aware these people — what is their destination? It's occupy for what?"

I'm prepared to celebrate when the Occupiers — like the lone hunger artist of India — accomplish something more than organizing their own campsite cleanup, demonstrating their tolerance for tear gas, and distracting the conversation a little from the Tea Party. So far, the main achievement of Occupy Wall Street is showing up. □

core of moral authority. When he announces his intention to starve himself, he parks himself on an elevated platform in a public place, thousands gather, scores of others announce solidarity hunger strikes, and TV cameras congregate, hanging on his every word. Hazare and his entourage can seem self-important and high-handed, but he is a reminder that leadership matters.

Second, the Occupiers are a composite of idealistic causes, many of them vague. "End the Fed," some placards demand. "End War." "Get the money out of politics." Much of the Occupy movement resides at the dreamy level of John Lennon lyrics. "Imagine no possessions. . . ."

Hazare, in contrast, is always very explicit about his objectives: fire this corrupt minister, repeal that law bought by a special interest, open public access to official records.

by Indian standards of the time. He first gained some attention by using his army pension to help turn his ancestral village in Maharashtra into a model of rural development — building schools, organizing a dairy cooperative, fighting caste discrimination and alcoholism. One of his early successes as an organizer was a state law that required a vote on banning alcohol in a village if 25 percent of the women — the suffering wives of the indolent and abusive drunks — demanded it.

In his younger days he was given to vigilante tactics — smashing illegal stills, flogging drunks — but in his 60s he adopted the time-honored Indian pressure tactic of the indefinite fast, which, when it works, succeeds through a combination of public fascination and official shame. The political fast has a rich histo-

miners, with abandoned mi[nes], [contam]inated wells and radiation hazards that endure years later.

In June, the Obama administration extended a temporary moratorium imposed in 2009 on the filing of new mining claims on a million acres surrounding Grand Canyon National Park as it studied the potential harm to the region.

The administration is now seeking a 20-year moratorium (the longest duration allowed under the law for this sort of action). A 30-day comment period began last week, after which the Interior Department is expected to make the rule final.

Twenty years is welcome but not enough. The mining industry and its allies in Congress, including Arizona's entire Republican delegation, are pushing legislation that would allow continued mining on these lands.

This is all the more reason President Obama should follow Roosevelt's exa[m]ple

And Jo

'A few years back Repre[sentative Bar]ney Frank coined an apt ph[rase] of his colleagues: weapo[nized Keynes]ians, defined as those who [believe] the government does no[t do good] when it funds the building [of] important research or retr[aining] but when it builds airplane[s] er going to be used in com[bat, of] course economic salvation.'

Right now the weaponiz[ers] are out in full force — whic[h is a] good time to see what's rea[lly at stake in] debates over economic poli[cy].

What's bringing out the [big] spenders is the approachin[g failure of] the so-called supercommitt[ee to reach] a plan for deficit reductio[n. If no agree]ment is reached, this failu[re is set] to trigger cuts in the defens[e budget].

Faced with this prospec[t, Republicans] — who normally insist tha[t govern]ment can't create jobs, and [have ar]gued that lower, not h[igher] spending is the key to rec[overy —] rushed to oppose any cu[ts in military] spending. Why? Because, [these] cuts would destroy jobs.

Thus Representative B[uck Mc]Keon, Republican of California, [argued that] the Obama stimulus plan b[ecause the] spending is not what Cali[fornia or the] country needs." But two we[eks later, writ]ing in The Wall Street Jou[rnal, Mr. Mc]Keon — now the chairman [of the House] Armed Services Committ[ee — warned] that the defense cuts that [are set] to take place if the superc[ommittee fails] to agree would eliminate j[obs and raise] the unemployment rate.

Oh, the hypocrisy! But [where was] this particular form of hy[pocrisy] during?

First things first: Mili[tary spending] does create jobs when the e[conomy is de]pressed. Indeed, much of [the case for] that Keynesian economics [comes] from tracking the effects o[f military] buildups. Some liberals di[slike this con]clusion, but economics is[n't a morality] play: spending on things y[ou don't like is] still spending, and more sp[ending would] create more jobs.

But why would anyone [prefer spend]ing on destruction to spe[nding on con]struction, prefer building [weapons to] building bridges?

John Maynard Keynes h[imself offered] a partial answer 75 years [ago, when he] noted a curious "preferen[ce" for] 'wasteful' forms of loan [spending] rather than for partly w[asteful forms,] which, because they ar[e not fully] wasteful, tend to be ju[dged on strict] 'business' principles." I[magine spending] money on some useful goa[l, like the pro]motion of new energy sou[rces. Peo]ple start screaming, "Soly[ndra! Waste!"] Spend money on a weapo[n we] don't need, and those voi[ces are muted,] because nobody expects [a weapon to be a] good business proposition.

To deal with this prefer[ence, Keynes] whimsically suggested b[urying bottles] full of cash in disused min[es and letting] the private sector dig the[m up again. In] the same vein, I recently s[uggested that] a fake threat of alien invas[ion, leading to] vast anti-alien spending, [would be] the thing to get the eco[nomy going] again.

But there are also darke[r motives be]hind weaponized Keynesia[nism].

The attack o[n] weaponiz[ed] Keynesian[ism]

For one thing, to admi[t that] spending on useful projec[ts can create] jobs is to admit that such sp[ending can in] fact do good, that sometime[s the government] is the solution, not the prob[lem. Few] voters might reach the sar[ne conclusion. That] is, I'd argue, the main rea[son the right] has always seen Keynesia[nism as] a leftist doctrine, when it's [nothing] ing of the sort. However,
useless or, even better,
projects doesn't present
with the same problem.

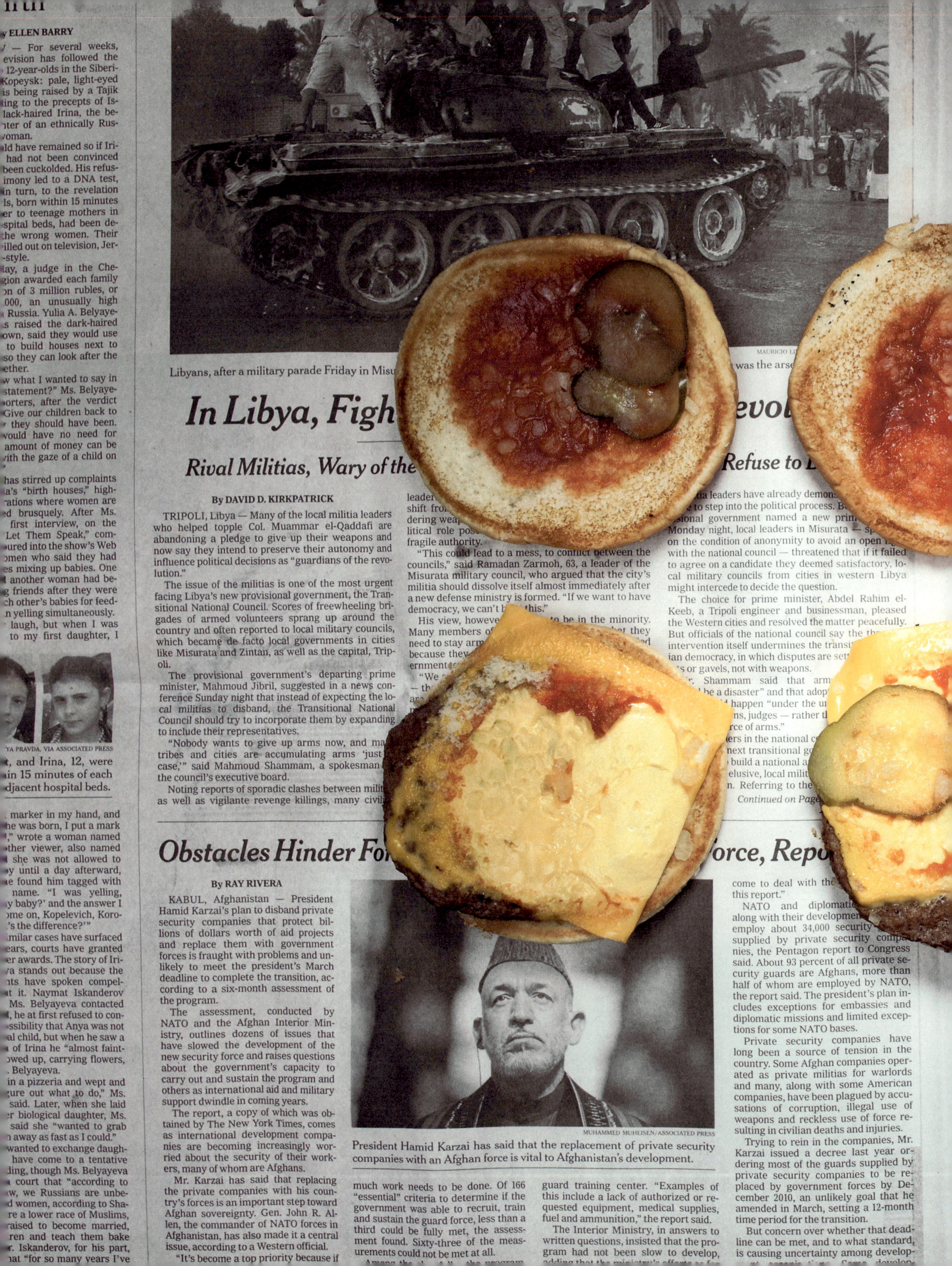

By ELLEN BARRY

...V — For several weeks, ...evision has followed the ...12-year-olds in the Siberi-... Kopeysk: pale, light-eyed ...is being raised by a Tajik ...ing to the precepts of Is-... lack-haired Irina, the be-...nter of an ethnically Rus-...woman.

...ld have remained so if Iri-... had not been convinced ...been cuckolded. His refus-...imony led to a DNA test, ...in turn, to the revelation ...ls, born within 15 minutes ...er to teenage mothers in ...spital beds, had been de-...he wrong women. Their ...illed out on television, Jer-...-style.

...ay, a judge in the Che-...gion awarded each family ...on of 3 million rubles, or ...000, an unusually high ... Russia. Yulia A. Belyaye-...s raised the dark-haired ...own, said they would use ... to build houses next to ...so they can look after the ...ether.

...w what I wanted to say in ...statement?" Ms. Belyaye-...orters, after the verdict ...Give our children back to ... they should have been. ...would have no need for ... amount of money can be ...with the gaze of a child on ...

...has stirred up complaints ...ia's "birth houses," high-...ations where women are ...d brusquely. After Ms. ... first interview, on the ...Let Them Speak," com-...ured into the show's Web ...omen who said they had ...es mixing up babies. One ... another woman had be-...g friends after they were ...ch other's babies for feed-...n yelling simultaneously.

... laugh, but when I was ... to my first daughter, I

...t, and Irina, 12, were ...in 15 minutes of each ...djacent hospital beds.

... marker in my hand, and ...he was born, I put a mark ...," wrote a woman named ...ther viewer, also named ... she was not allowed to ...y until a day afterward, ...e found him tagged with ... name. "I was yelling, ...y baby?' and the answer I ...ome on, Kopelevich, Koro-...'s the difference?'"

...imilar cases have surfaced ...ears, courts have granted ...a awards. The story of Iri-...a stands out because the ...nts have spoken compel-...t it. Naymat Iskanderov ... Ms. Belyaeva contacted ...d, he at first refused to con-...ssibility that Anya was not ...al child, but when he saw a ... of Irina he "almost faint-...owed up, carrying flowers, ... Belyayeva.

...n a pizzeria and wept and ...gure out what to do," Ms. ...said. Later, when she laid ...er biological daughter, Ms. ...said she "wanted to grab ...n away as fast as I could."

...wanted to exchange daugh-... have come to a tentative ...ding, though Ms. Belyayeva ...a court that "according to ...w, we Russians are unbe-...ed women, according to Sha-...re a lower race of Muslims, ...raised to become married, ...ren and teach them bake ...r. Iskanderov, for his part, ...at "for so many years I've

Libyans, after a military parade Friday in Misu...

In Libya, Figh...

Rival Militias, Wary of the...

By DAVID D. KIRKPATRICK

TRIPOLI, Libya — Many of the local militia leaders who helped topple Col. Muammar el-Qaddafi are abandoning a pledge to give up their weapons and now say they intend to preserve their autonomy and influence political decisions as "guardians of the revolution."

The issue of the militias is one of the most urgent facing Libya's new provisional government, the Transitional National Council. Scores of freewheeling brigades of armed volunteers sprang up around the country and often reported to local military councils, which became de facto local governments in cities like Misurata and Zintan, as well as the capital, Tripoli.

The provisional government's departing prime minister, Mahmoud Jibril, suggested in a news conference Sunday night that instead of expecting the local militias to disband, the Transitional National Council should try to incorporate them by expanding to include their representatives.

"Nobody wants to give up arms now, and ma... tribes and cities are accumulating arms 'just... case,'" said Mahmoud Shammam, a spokesman... the council's executive board.

Noting reports of sporadic clashes between milit... as well as vigilante revenge killings, many civili...

leader... shift fro... dering wea... litical role po... fragile authority.

"This could lead to a mess, to conflict between the councils," said Ramadan Zarmoh, 63, a leader of the Misurata military council, who argued that the city's militia should dissolve itself almost immediately after a new defense ministry is formed. "If we want to have democracy, we can't b... this."

His view, however... to be in the minority. Many members of... ...t they need to stay arm... ...ed because they... ...ernment...

"We... — th... ...e a... ...ers...

...a leaders have already demon... ...e to step into the political process. B... ...sional government named a new prim... Monday night, local leaders in Misurata — sp... on the condition of anonymity to avoid an open r... with the national council — threatened that if it failed to agree on a candidate they deemed satisfactory, local military councils from cities in western Libya might intercede to decide the question.

The choice for prime minister, Abdel Rahim el-Keeb, a Tripoli engineer and businessman, pleased the Western cities and resolved the matter peacefully. But officials of the national council say the thre... intervention itself undermines the transiti... ian democracy, in which disputes are set... s or gavels, not with weapons.

...r. Shammam said that arm... ...l be a disaster" and that adop... ...d happen "under the un... ...ns, judges — rather t... ...rce of arms."

...ers in the national c... ...next transitional go... ...to build a national a... ...elusive, local milit... ...n. Referring to the

Continued on Page...

Obstacles Hinder For... ...orce, Repo...

By RAY RIVERA

KABUL, Afghanistan — President Hamid Karzai's plan to disband private security companies that protect billions of dollars worth of aid projects and replace them with government forces is fraught with problems and unlikely to meet the president's March deadline to complete the transition, according to a six-month assessment of the program.

The assessment, conducted by NATO and the Afghan Interior Ministry, outlines dozens of issues that have slowed the development of the new security force and raises questions about the government's capacity to carry out and sustain the program and others as international aid and military support dwindle in coming years.

The report, a copy of which was obtained by The New York Times, comes as international development companies are becoming increasingly worried about the security of their workers, many of whom are Afghans.

Mr. Karzai has said that replacing the private companies with his country's forces is an important step toward Afghan sovereignty. Gen. John R. Allen, the commander of NATO forces in Afghanistan, has also made it a central issue, according to a Western official.

"It's become a top priority because if

MUHAMMED MUHEISEN/ASSOCIATED PRESS

President Hamid Karzai has said that the replacement of private security companies with an Afghan force is vital to Afghanistan's development.

much work needs to be done. Of 166 "essential" criteria to determine if the government was able to recruit, train and sustain the guard force, less than a third could be fully met, the assessment found. Sixty-three of the measurements could not be met at all.

guard training center. "Examples of this include a lack of authorized or requested equipment, medical supplies, fuel and ammunition," the report said.

The Interior Ministry, in answers to written questions, insisted that the program had not been slow to develop,

come to deal with the this report."

NATO and diplomatic... along with their development... employ about 34,000 security... supplied by private security compa... nies, the Pentagon report to Congress said. About 93 percent of all private security guards are Afghans, more than half of whom are employed by NATO, the report said. The report's plan includes exceptions for embassies and diplomatic missions and limited exceptions for some NATO bases.

Private security companies have long been a source of tension in the country. Some Afghan companies operated as private militias for warlords and many, along with some American companies, have been plagued by accusations of corruption, illegal use of weapons and reckless use of force resulting in civilian deaths and injuries.

Trying to rein in the companies, Mr. Karzai issued a decree last year ordering most of the guards supplied by private security companies to be replaced by government forces by December 2010, an unlikely goal that he amended in March, setting a 12-month time period for the transition.

But concern over whether that deadline can be met, and to what standard, is causing uncertainty among develop-

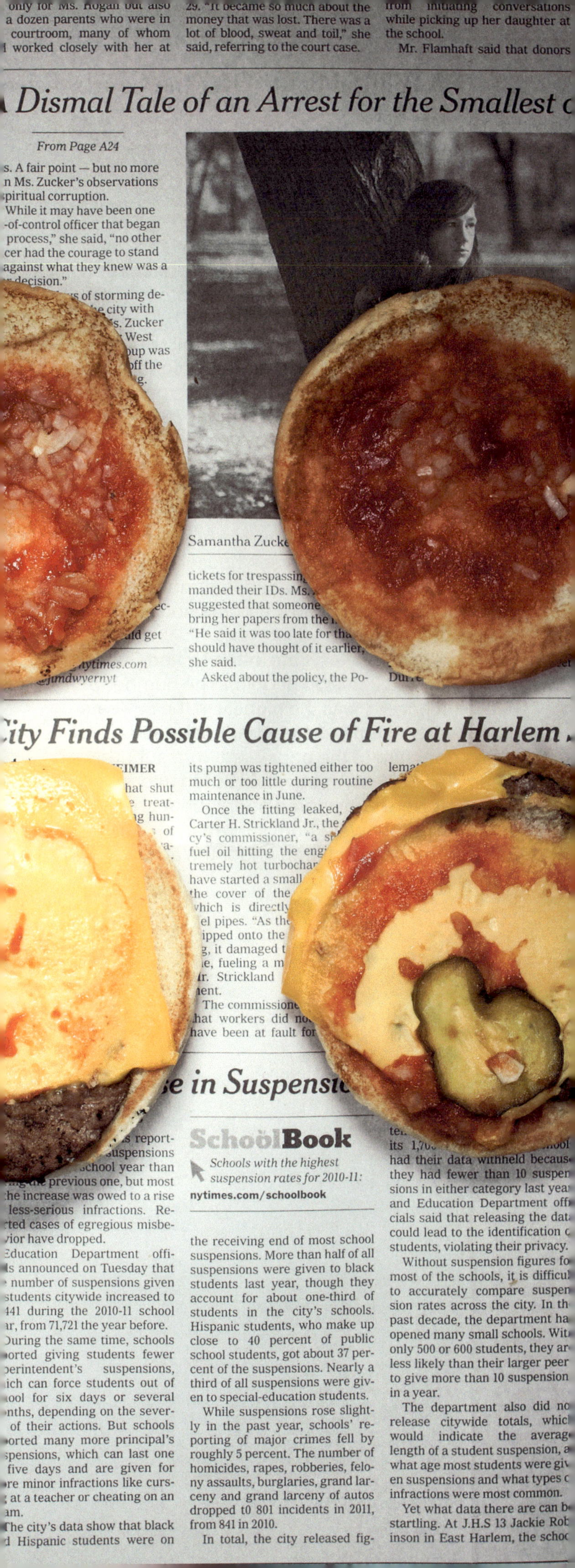

A Dismal Tale of an Arrest for the Smallest c

From Page A24

s. A fair point — but no more n Ms. Zucker's observations spiritual corruption.

While it may have been one -of-control officer that began process," she said, "no other cer had the courage to stand against what they knew was a decision."

s of storming de- the city with s. Zucker West up was off the g.

Samantha Zucke

tickets for trespassing manded their IDs. Ms. suggested that someone bring her papers from the "He said it was too late for tha should have thought of it earlier, she said.

Asked about the policy, the Po-

City Finds Possible Cause of Fire at Harlem

EIMER

hat shut e treat- g hun- of a-

its pump was tightened either too much or too little during routine maintenance in June.

Once the fitting leaked, s Carter H. Strickland Jr., the cy's commissioner, "a s fuel oil hitting the engi tremely hot turbocha have started a small the cover of the which is directly el pipes. "As the ipped onto the g, it damaged t e, fueling a m r. Strickland ent.

The commissione hat workers did no have been at fault for

lema

e in Suspensi

s report- suspensions chool year than previous one, but most he increase was owed to a rise less-serious infractions. Re- ted cases of egregious misbe- vior have dropped.

Education Department offi- ls announced on Tuesday that number of suspensions given students citywide increased to 441 during the 2010-11 school ar, from 71,721 the year before. During the same time, schools orted giving students fewer perintendent's suspensions, ich can force students out of ool for six days or several nths, depending on the sever- of their actions. But schools orted many more principal's spensions, which can last one five days and are given for re minor infractions like curs- at a teacher or cheating on an am.

The city's data show that black d Hispanic students were on

the receiving end of most school suspensions. More than half of all suspensions were given to black students last year, though they account for about one-third of students in the city's schools. Hispanic students, who make up close to 40 percent of public school students, got about 37 per- cent of the suspensions. Nearly a third of all suspensions were giv- en to special-education students.

While suspensions rose slight- ly in the past year, schools' re- porting of major crimes fell by roughly 5 percent. The number of homicides, rapes, robberies, felo- ny assaults, burglaries, grand lar- ceny and grand larceny of autos dropped t0 801 incidents in 2011, from 841 in 2010.

In total, the city released fig-

tel its 1,70 had their data withheld becaus they had fewer than 10 suspen sions in either category last yea and Education Department off cials said that releasing the dat could lead to the identification students, violating their privacy.

Without suspension figures fo most of the schools, it is difficul to accurately compare suspen sion rates across the city. In th past decade, the department ha opened many small schools. Wit only 500 or 600 students, they ar less likely than their larger peer to give more than 10 suspension in a year.

The department also did no release citywide totals, whic would indicate the averag length of a student suspension, a what age most students were giv en suspensions and what types infractions were most common.

Yet what data there are can b startling. At J.H.S 13 Jackie Rob inson in East Harlem, the schoo

United States of America US

New York | October 2011

Poverty line USD 31.08 (EUR 22.30); allocation for food USD 4.91 (EUR 3.60)

The national poverty line was originally developed in 1963–1964, based on a nutritionally adequate diet. Official poverty data are published by the Census Bureau. In November 2011, the Census Bureau introduced a new supplementary measure to account for non-income aspects such as tax payments, work expenses, and geographic adjustments for housing cost differences. The figure for this case study is based on the poverty threshold set for single-person households under the age of 65 (the most common structure of poor households), and low-income household food expenditure.

In 2010, the poverty rate in the United States was 15.1% (46.2 million people). The number of people in poverty was the highest in the 52 years that poverty estimates have been released. About one third of the poor were from suburban areas, and 22% of American children under the age of 18 were considered poor. About one third of the poor were from suburban areas, and 22% of American children under the age of 18 were considered poor.

Gini Coefficient, G7 Countries, 2015

Gini coefficient	Value
Canada	0.318
France	0.295
Germany	0.293
Italy	0.333
Japan	0.339
UK	0.360
US	0.390

Source: OECD

Household Food Expenditure Categories by Household Income Quintiles, 2017

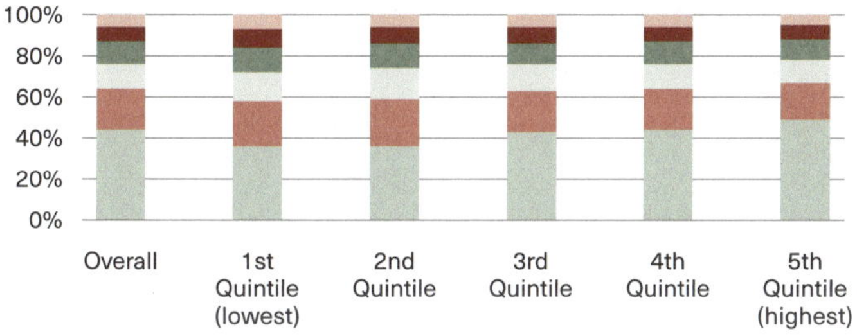

Dairy products
Cereals and bakery products
Fruits and vegetables
Meats, poultry, fish and eggs
Other food at home
Food away from home

Source: US Bureau of Labor Statistics

Household Income (Before Taxes) by Income Source and Household Income Deciles, USD, 2017

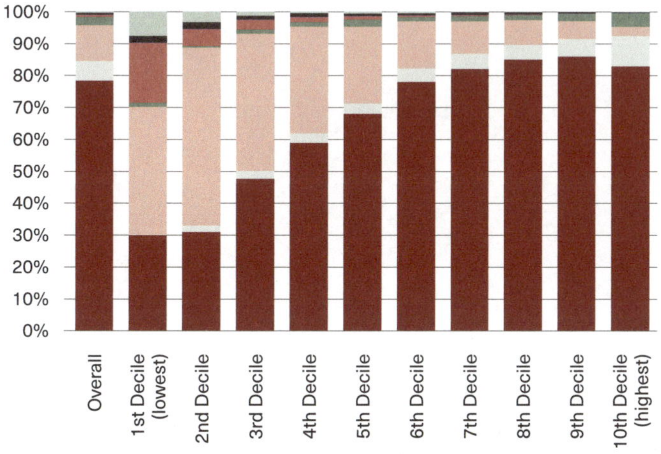

Other income
Unemployment and workers' compensation, veterans' benefits and regular contributions for support
Public assistance, Supplemental Security Income, Supplementary Nutrition Assistance Program (SNAP)
Interest, dividends, rental income, other property income
Social Security, private and government retirement
Self-employment income
Wages and salaries

Source: US Bureau of Labor Statistics

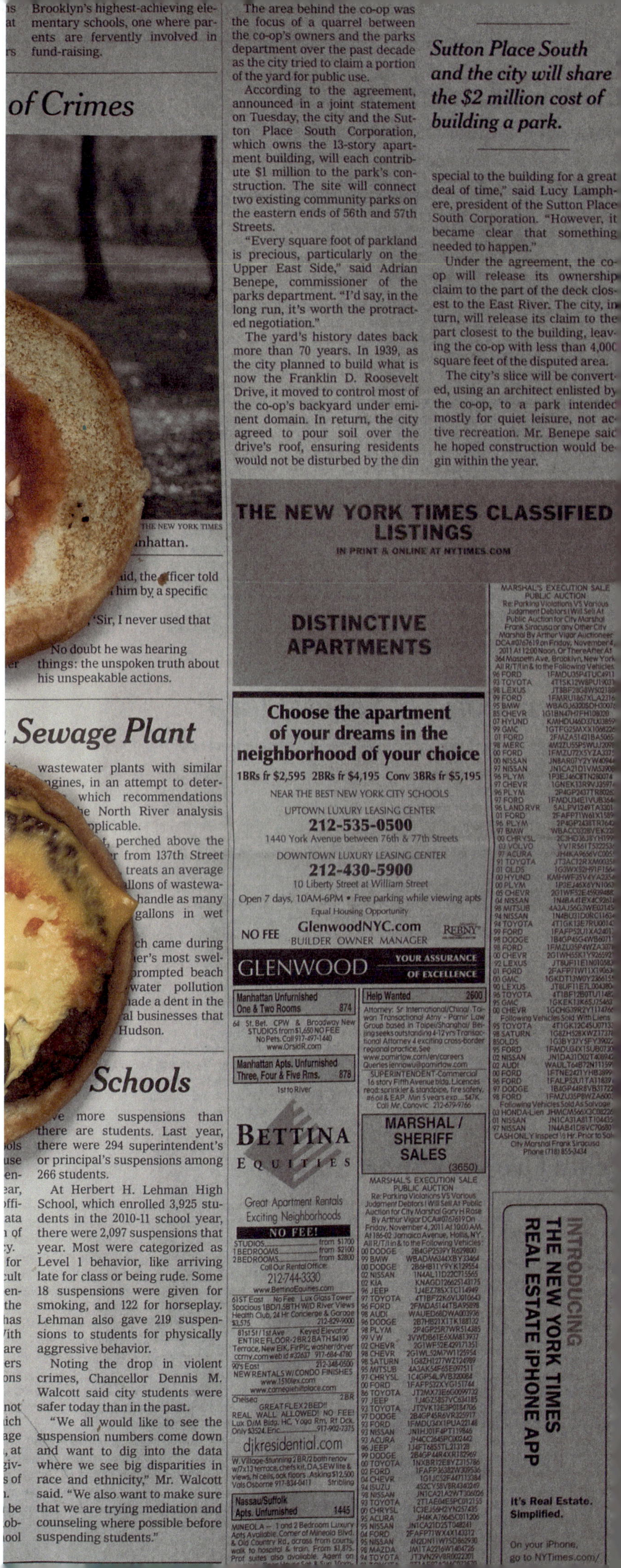
Brooklyn's highest-achieving elementary schools, one where parents are fervently involved in fund-raising.

of Crimes

THE NEW YORK TIMES
...nhattan.

...id, the officer told ... him by a specific ... 'Sir, I never used that ... No doubt he was hearing things: the unspoken truth about his unspeakable actions.

Sewage Plant

wastewater plants with similar ...ngines, in an attempt to deter... which recommendations ...e North River analysis ...pplicable. ..., perched above the ...r from 137th Street treats an average ...llons of wastewa- ...handle as many ...gallons in wet ... ...ch came during ...er's most swel- ...prompted beach ...water pollution ...ade a dent in the ...al businesses that ...Hudson.

Schools

...ve more suspensions than there are students. Last year, there were 294 superintendent's or principal's suspensions among 266 students.

At Herbert H. Lehman High School, which enrolled 3,925 students in the 2010-11 school year, there were 2,097 suspensions that year. Most were categorized as Level 1 behavior, like arriving late for class or being rude. Some 18 suspensions were given for smoking, and 122 for horseplay. Lehman also gave 219 suspensions to students for physically aggressive behavior.

Noting the drop in violent crimes, Chancellor Dennis M. Walcott said city students were safer today than in the past.

"We all would like to see the suspension numbers come down and want to dig into the data where we see big disparities in race and ethnicity," Mr. Walcott said. "We also want to make sure that we are trying mediation and counseling where possible before suspending students."

The area behind the co-op was the focus of a quarrel between the co-op's owners and the parks department over the past decade as the city tried to claim a portion of the yard for public use.

According to the agreement, announced in a joint statement on Tuesday, the city and the Sutton Place South Corporation, which owns the 13-story apartment building, will each contribute $1 million to the park's construction. The site will connect two existing community parks on the eastern ends of 56th and 57th Streets.

"Every square foot of parkland is precious, particularly on the Upper East Side," said Adrian Benepe, commissioner of the parks department. "I'd say, in the long run, it's worth the protracted negotiation."

The yard's history dates back more than 70 years. In 1939, as the city planned to build what is now the Franklin D. Roosevelt Drive, it moved to control most of the co-op's backyard under eminent domain. In return, the city agreed to pour soil over the drive's roof, ensuring residents would not be disturbed by the din

Sutton Place South and the city will share the $2 million cost of building a park.

special to the building for a great deal of time," said Lucy Lamphere, president of the Sutton Place South Corporation. "However, it became clear that something needed to happen."

Under the agreement, the co-op will release its ownership claim to the part of the deck closest to the East River. The city, in turn, will release its claim to the part closest to the building, leaving the co-op with less than 4,000 square feet of the disputed area.

The city's slice will be converted, using an architect enlisted by the co-op, to a park intended mostly for quiet leisure, not active recreation. Mr. Benepe said he hoped construction would begin within the year.

THE NEW YORK TIMES CLASSIFIED LISTINGS
IN PRINT & ONLINE AT NYTIMES.COM

DISTINCTIVE APARTMENTS

Choose the apartment of your dreams in the neighborhood of your choice
1BRs fr $2,595 2BRs fr $4,195 Conv 3BRs fr $5,195
NEAR THE BEST NEW YORK CITY SCHOOLS
UPTOWN LUXURY LEASING CENTER
212-535-0500
1440 York Avenue between 76th & 77th Streets
DOWNTOWN LUXURY LEASING CENTER
212-430-5900
10 Liberty Street at William Street
Open 7 days, 10AM-6PM • Free parking while viewing apts
Equal Housing Opportunity
NO FEE GlenwoodNYC.com BUILDER OWNER MANAGER
GLENWOOD YOUR ASSURANCE OF EXCELLENCE

Manhattan Unfurnished One & Two Rooms 874
Manhattan Apts. Unfurnished Three, Four & Five Rms. 878
Help Wanted 2600

BETTINA EQUITIES
Great Apartment Rentals
Exciting Neighborhoods
NO FEE!
212-744-3330

MARSHAL / SHERIFF SALES (3650)

Nassau/Suffolk Apts. Unfurnished 1445

INTRODUCING THE NEW YORK TIMES REAL ESTATE iPHONE APP
It's Real Estate. Simplified.
On your iPhone, go to NYTimes.com/...

SAVE 40%–60%
OUR ESSENTIALS SATEEN SHEET

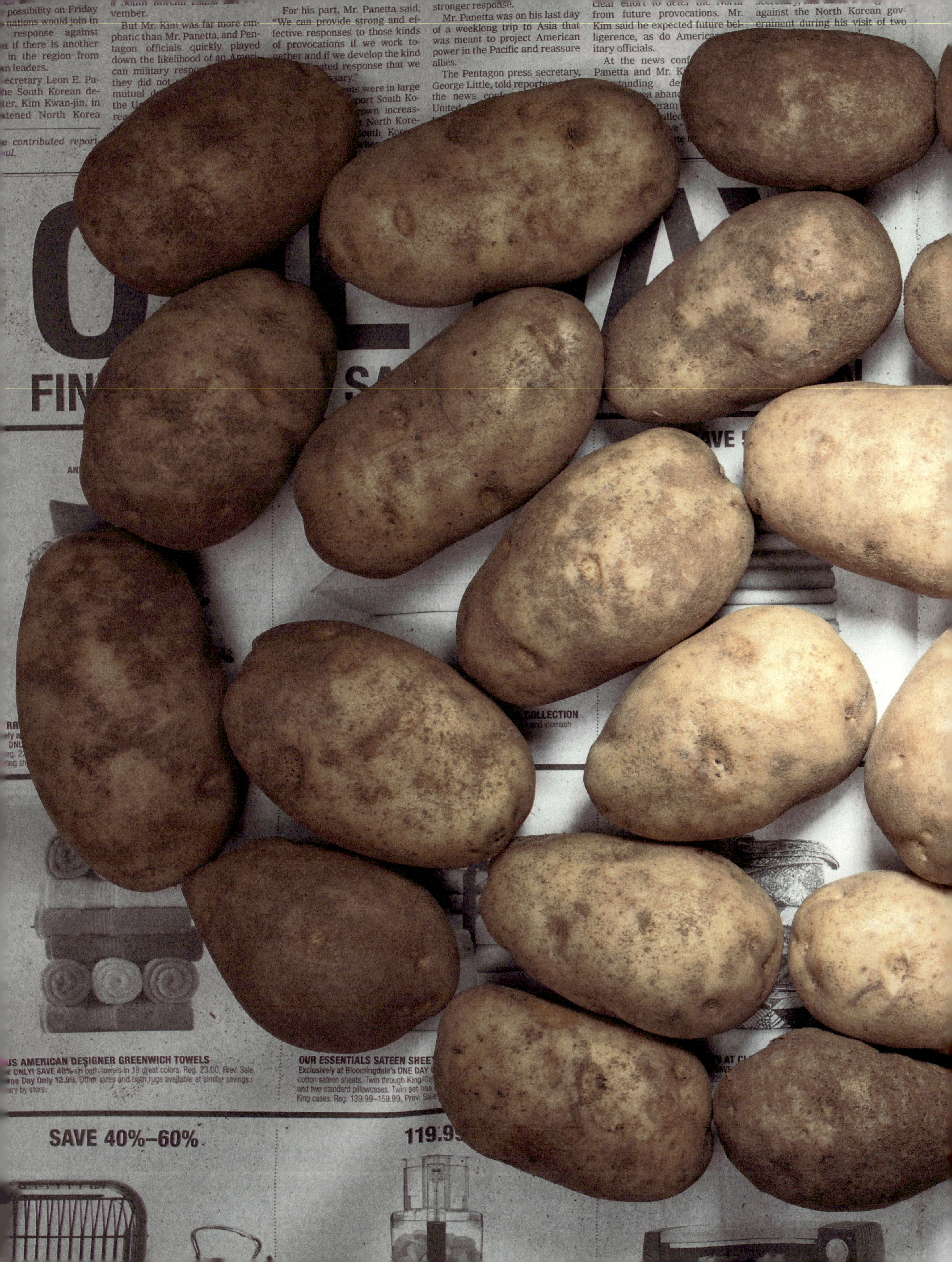

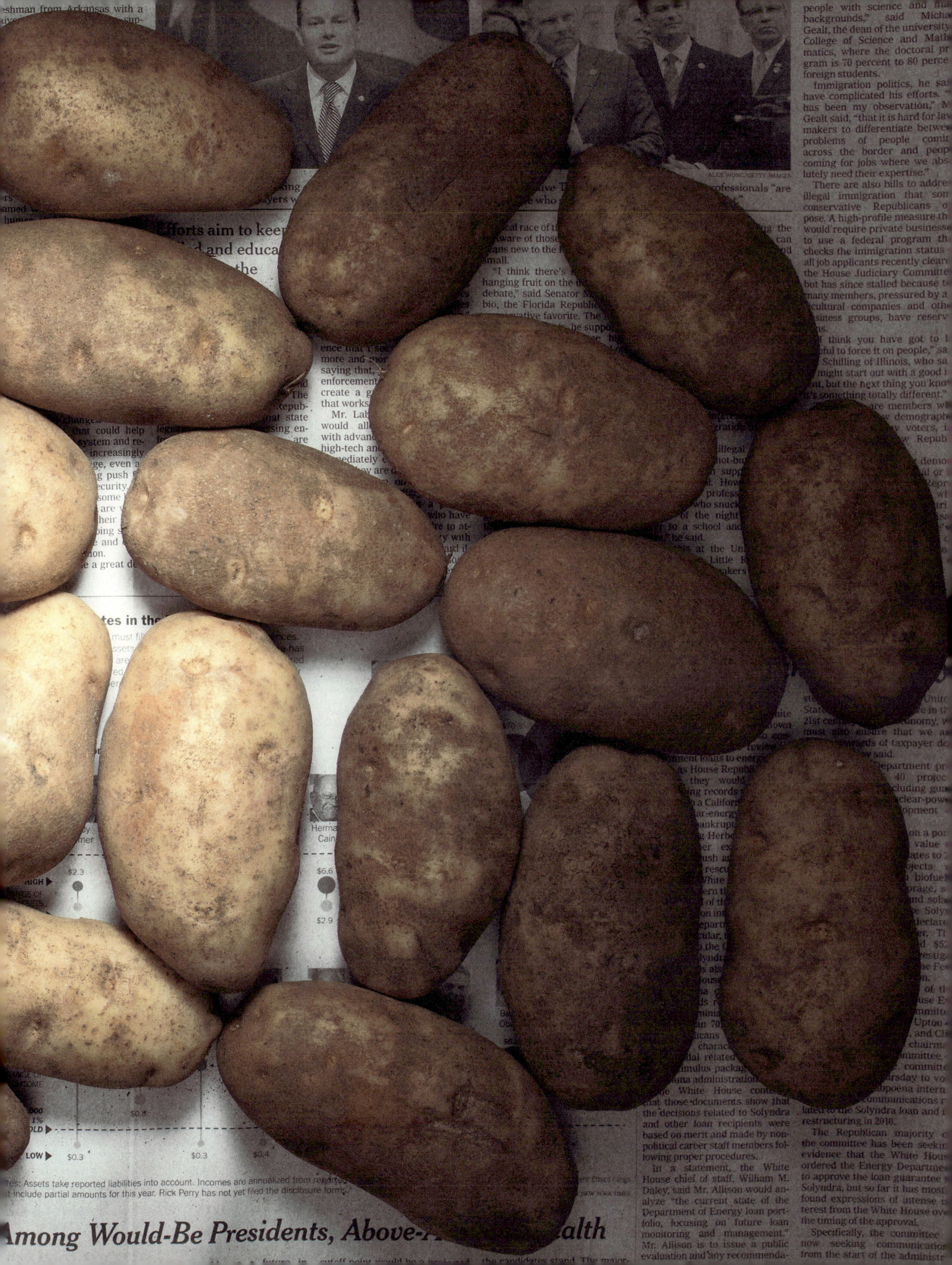

Among Would-Be Presidents, Above-
alth
In a statement, the White
House chief of staff, William M.
Daley, said Mr. Allison would an-
alyze "the current state of the
Department of Energy loan port-
folio, focusing on future loan
monitoring and management."
Mr. Allison is to issue a public
evaluation and any recommenda-
restructuring in 2010.
the timing of the approval.

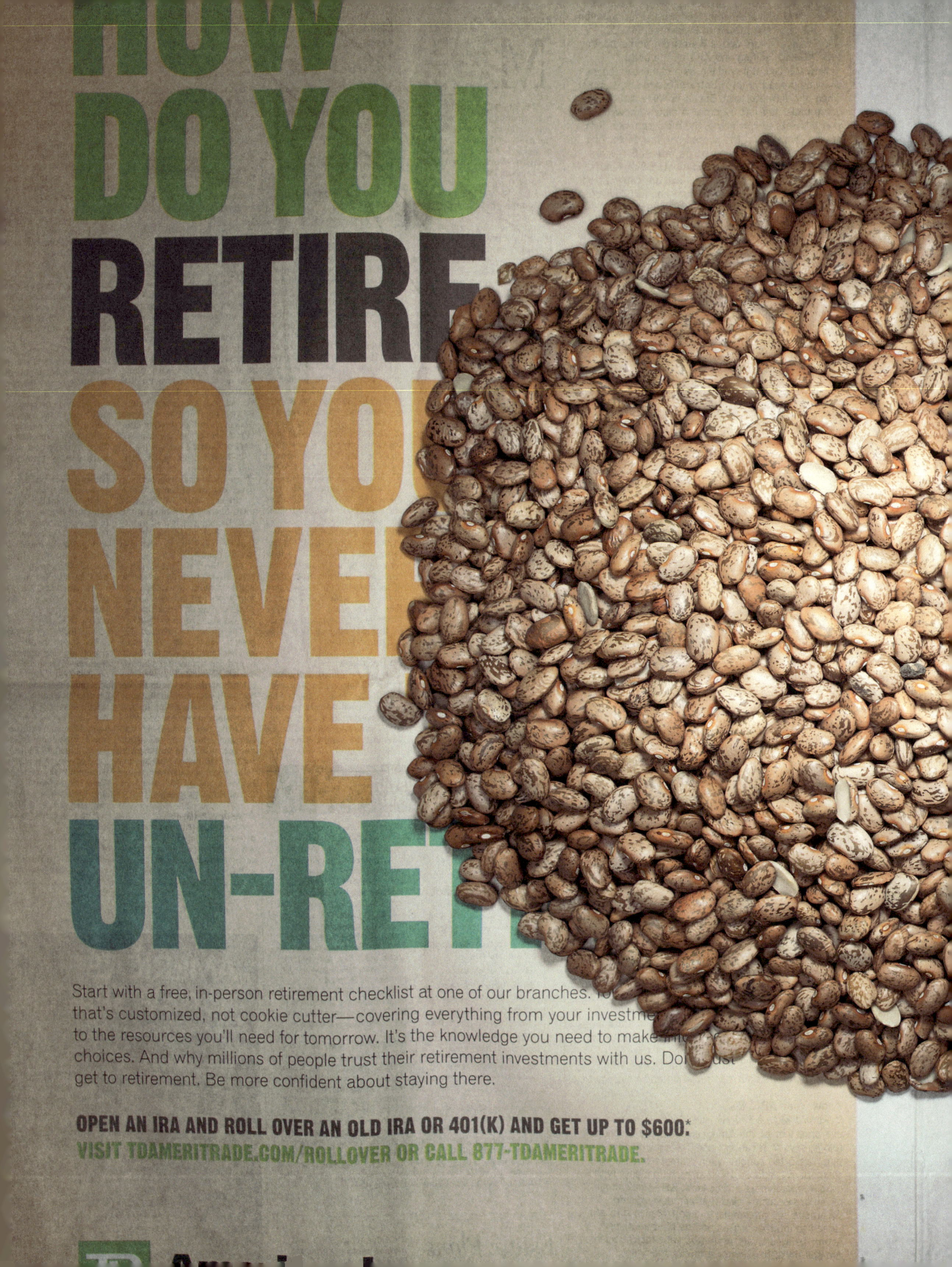
HOW
DO YOU
RETIRE
SO YO
NEVE
HAVE
UN-RET
Start with a free, in-person retirement checklist at one of our branches.
that's customized, not cookie cutter—covering everything from your investme
to the resources you'll need for tomorrow. It's the knowledge you need to make
choices. And why millions of people trust their retirement investments with us. Do
get to retirement. Be more confident about staying there.
OPEN AN IRA AND ROLL OVER AN OLD IRA OR 401(K) AND GET UP TO $600.*
VISIT TDAMERITRADE.COM/ROLLOVER OR CALL 877-TDAMERITRADE.

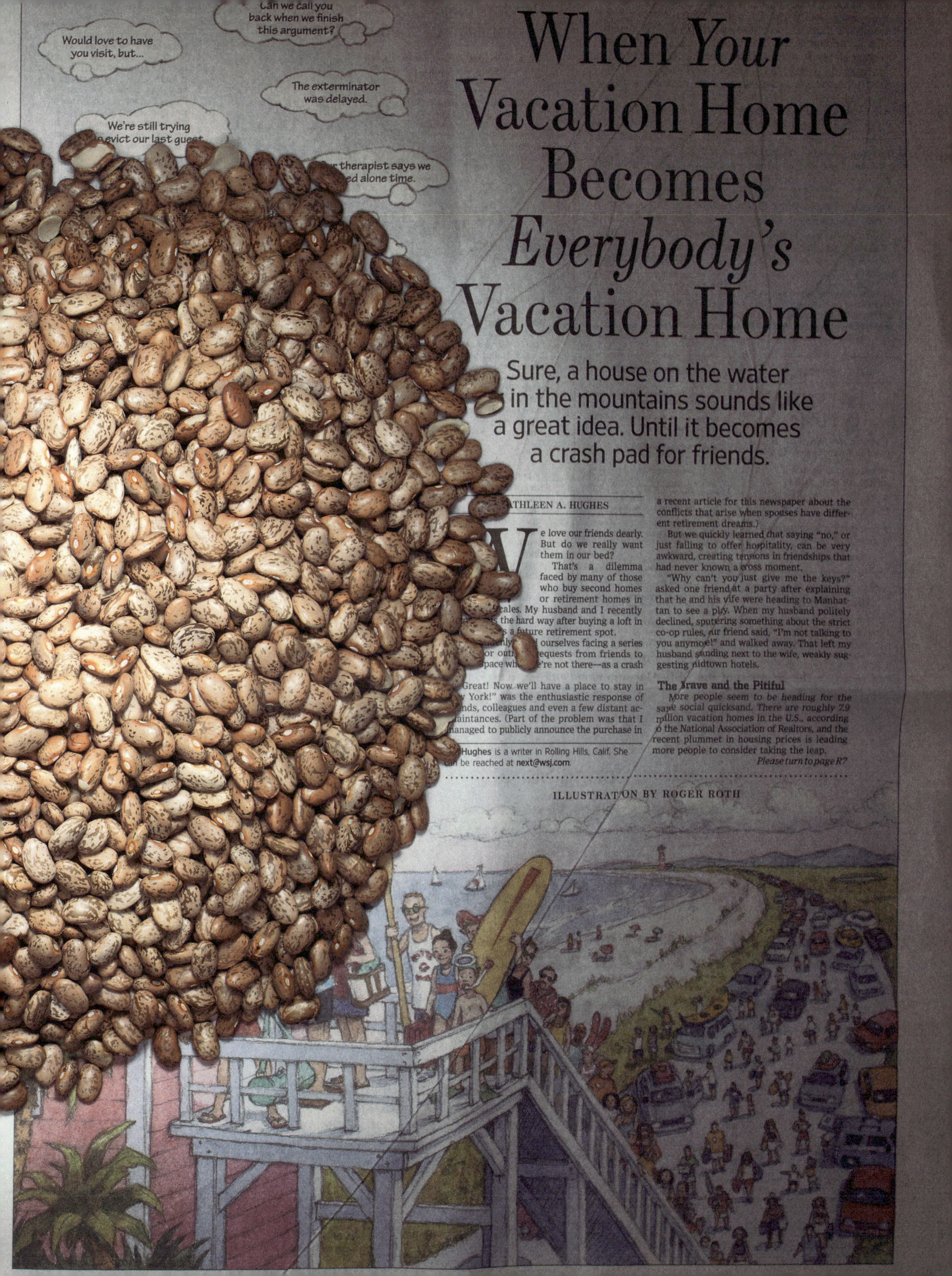

When *Your* Vacation Home Becomes *Everybody's* Vacation Home

Sure, a house on the water in the mountains sounds like a great idea. Until it becomes a crash pad for friends.

KATHLEEN A. HUGHES

We love our friends dearly. But do we really want them in our bed?

That's a dilemma faced by many of those who buy second homes or retirement homes in [beautiful] locales. My husband and I recently [learned] this the hard way after buying a loft in [Manhattan] as a future retirement spot.

[We sudd]enly [found] ourselves facing a series [of out]right requests from friends to [use the s]pace wh[en w]e're not there—as a crash [pad].

["Great! Now we'll have a place to stay in [New] York!" was the enthusiastic response of [frie]nds, colleagues and even a few distant ac[qu]aintances. (Part of the problem was that I [m]anaged to publicly announce the purchase in a recent article for this newspaper about the conflicts that arise when spouses have different retirement dreams.)

But we quickly learned that saying "no," or just failing to offer hospitality, can be very awkward, creating tensions in friendships that had never known a cross moment.

"Why can't you just give me the keys?" asked one friend at a party after explaining that he and his wife were heading to Manhattan to see a play. When my husband politely declined, sputtering something about the strict co-op rules, our friend said, "I'm not talking to you anymore!" and walked away. That left my husband standing next to the wife, weakly suggesting midtown hotels.

The Brave and the Pitiful

More people seem to be heading for the same social quicksand. There are roughly 7.9 million vacation homes in the U.S., according to the National Association of Realtors, and the recent plummet in housing prices is leading more people to consider taking the leap.

Please turn to page R7

Hughes is a writer in Rolling Hills, Calif. She can be reached at next@wsj.com.

ILLUSTRATION BY ROGER ROTH

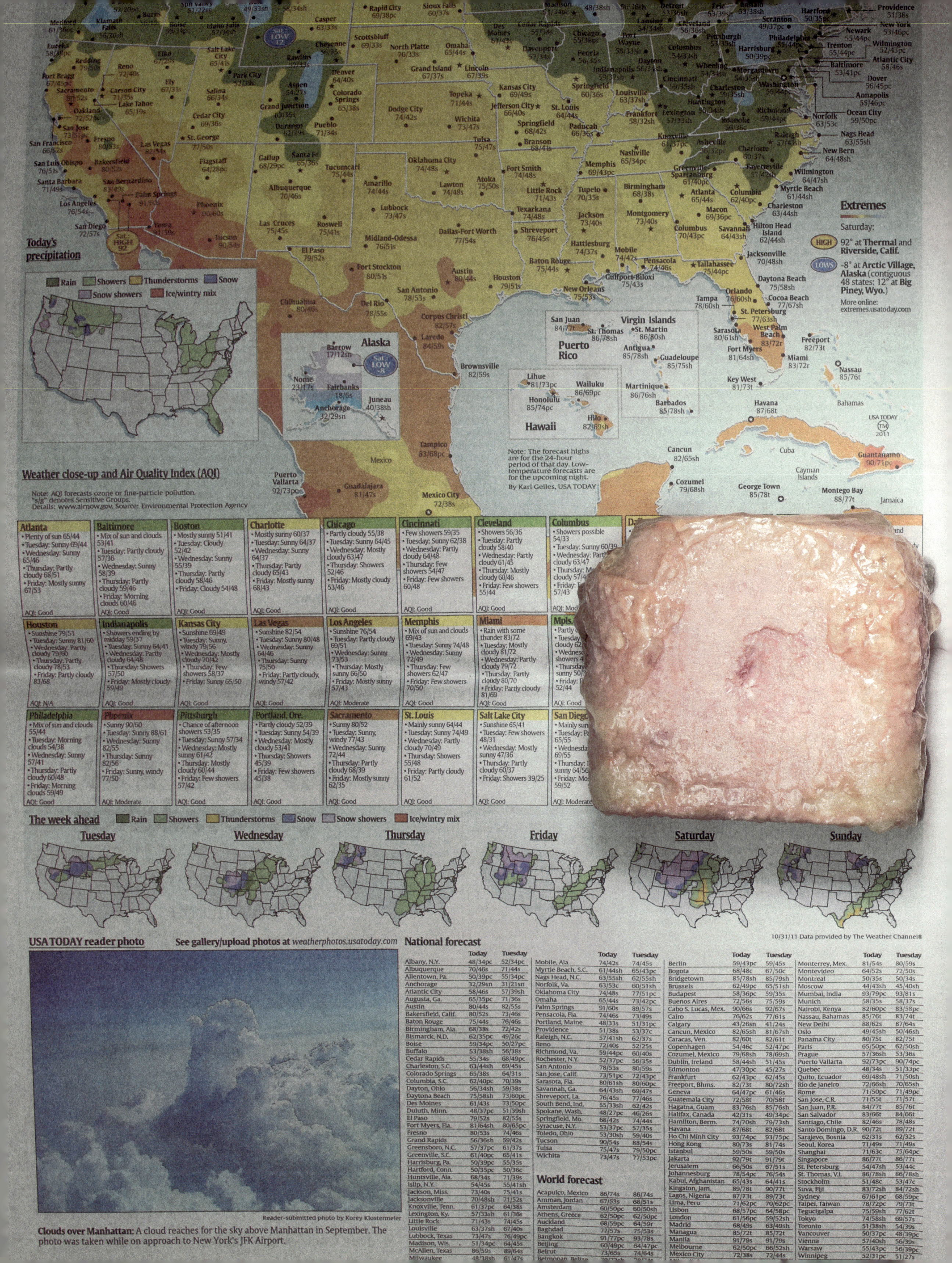

Today's precipitation

Weather close-up and Air Quality Index (AQI)

Note: AQI forecasts ozone or fine-particle pollution.
"s/g" denotes Sensitive Groups.
Details: www.airnow.gov. Source: Environmental Protection Agency

Atlanta
- Plenty of sun 65/44
- Tuesday: Sunny 69/44
- Wednesday: Sunny 65/46
- Thursday: Partly cloudy 68/51
- Friday: Mostly sunny 67/53
AQI: Good

Baltimore
- Mix of sun and clouds 53/41
- Tuesday: Partly cloudy 57/36
- Wednesday: Sunny 58/39
- Thursday: Partly cloudy 59/46
- Friday: Morning clouds 60/46
AQI: Good

Boston
- Mostly sunny 51/41
- Tuesday: Cloudy 52/42
- Wednesday: Sunny 55/39
- Thursday: Partly cloudy 58/46
- Friday: Cloudy 54/48
AQI: Good

Charlotte
- Mostly sunny 60/37
- Tuesday: Sunny 64/37
- Wednesday: Sunny 64/37
- Thursday: Partly cloudy 65/43
- Friday: Mostly sunny 68/43
AQI: Good

Chicago
- Partly cloudy 55/38
- Tuesday: Sunny 64/45
- Wednesday: Mostly cloudy 63/47
- Thursday: Showers 52/46
- Friday: Mostly cloudy 53/46
AQI: Good

Cincinnati
- Few showers 59/35
- Tuesday: Sunny 62/38
- Wednesday: Partly cloudy 64/48
- Thursday: Few showers 54/47
- Friday: Few showers 60/48
AQI: Good

Cleveland
- Showers 56/36
- Tuesday: Partly cloudy 58/40
- Wednesday: Partly cloudy 61/45
- Thursday: Mostly cloudy 60/46
- Friday: Few showers 55/44
AQI: Good

Columbus
- Showers possible 54/33
- Tuesday: Sunny 60/39
- Wednesday: Partly cloudy 63/47
- Thursday: Mostly cloudy 57/43
- Friday: Few showers 57/43
AQI: Moderate

Houston
- Sunshine 79/51
- Tuesday: Sunny 81/60
- Wednesday: Partly cloudy 79/60
- Thursday: Partly cloudy 78/53
- Friday: Partly cloudy 83/68
AQI: N/A

Indianapolis
- Showers ending by midday 59/37
- Tuesday: Sunny 64/41
- Wednesday: Partly cloudy 64/48
- Thursday: Showers 57/50
- Friday: Mostly cloudy 59/49
AQI: Good

Kansas City
- Sunshine 69/49
- Tuesday: Sunny, windy 79/56
- Wednesday: Mostly cloudy 70/42
- Thursday: Few showers 58/37
- Friday: Sunny 65/50
AQI: Good

Las Vegas
- Sunshine 82/54
- Tuesday: Sunny 80/48
- Wednesday: Sunny 64/46
- Thursday: Sunny 75/50
- Friday: Partly cloudy, windy 57/42
AQI: Good

Los Angeles
- Sunshine 76/54
- Tuesday: Partly cloudy 69/51
- Wednesday: Sunny 73/53
- Thursday: Mostly sunny 66/50
- Friday: Mostly sunny 57/43
AQI: Moderate

Memphis
- Mix of sun and clouds 69/43
- Tuesday: Sunny 74/48
- Wednesday: Sunny 72/49
- Thursday: Few showers 62/47
- Friday: Few showers 70/50
AQI: Good

Miami
- Rain with some thunder 83/72
- Tuesday: Mostly cloudy 81/72
- Wednesday: Partly cloudy 79/72
- Thursday: Partly cloudy 80/70
- Friday: Partly cloudy 81/69
AQI: Good

Mpls.
- Partly cloudy 59/34pc
- Tuesday: Mostly cloudy 62/44
- Wednesday: Few showers 41/31
- Thursday: Mostly sunny 50/34
- Friday: Partly cloudy 52/44
AQI: Good

Philadelphia
- Mix of sun and clouds 55/44
- Tuesday: Morning clouds 54/38
- Wednesday: Sunny 57/41
- Thursday: Partly cloudy 60/48
- Friday: Morning clouds 59/48
AQI: Good

Phoenix
- Sunny 90/60
- Tuesday: Sunny 88/61
- Wednesday: Sunny 82/55
- Thursday: Sunny 82/56
- Friday: Sunny, windy 77/50
AQI: Moderate

Pittsburgh
- Chance of afternoon showers 53/35
- Tuesday: Sunny 57/34
- Wednesday: Mostly sunny 61/42
- Thursday: Mostly cloudy 60/44
- Friday: Sunny, windy 57/42
AQI: Good

Portland, Ore.
- Partly cloudy 52/39
- Tuesday: Sunny 54/39
- Wednesday: Mostly cloudy 53/41
- Thursday: Showers 45/39
- Friday: Few showers 45/38
AQI: Good

Sacramento
- Sunny 80/52
- Tuesday: Sunny, windy 77/43
- Wednesday: Sunny 72/44
- Thursday: Partly cloudy 68/39
- Friday: Mostly sunny 62/35
AQI: Good

St. Louis
- Mainly sunny 64/44
- Tuesday: Sunny 74/49
- Wednesday: Partly cloudy 70/49
- Thursday: Showers 55/48
- Friday: Partly cloudy 61/52
AQI: Good

Salt Lake City
- Sunshine 65/41
- Tuesday: Few showers 48/31
- Wednesday: Mostly sunny 47/36
- Thursday: Partly cloudy 60/37
- Friday: Showers 39/25
AQI: Good

San Diego
- Mainly sunny 65/55
- Tuesday: Partly cloudy 65/55
- Wednesday: Sunny 69/55
- Thursday: Mostly sunny 64/56
- Friday: Partly cloudy 59/52
AQI: Moderate

The week ahead

10/31/11 Data provided by The Weather Channel®

Clouds over Manhattan: A cloud reaches for the sky above Manhattan in September. The photo was taken while on approach to New York's JFK Airport.

Reader-submitted photo by Korey Klostermeier

National forecast

City	Today	Tuesday
Albany, N.Y.	48/34pc	52/34pc
Albuquerque	70/46s	71/44s
Allentown, Pa.	50/39pc	55/34pc
Anchorage	32/29sn	31/21sn
Atlantic City	58/46s	57/39sh
Augusta, Ga.	65/35pc	71/36s
Austin	80/44s	82/55s
Bakersfield, Calif.	80/52s	73/46s
Baton Rouge	75/44s	76/46s
Birmingham, Ala.	68/38s	72/42s
Bismarck, N.D.	62/35pc	49/26c
Boise	59/34pc	50/27pc
Buffalo	53/38sh	56/38s
Cedar Rapids	55/34s	68/49pc
Charleston, S.C.	63/44sh	69/45s
Colorado Springs	65/38s	64/31s
Columbia, S.C.	62/40pc	70/39s
Dayton, Ohio	56/34sh	59/38s
Daytona Beach	75/58sh	73/60pc
Des Moines	61/43s	73/50pc
Duluth, Minn.	48/37pc	51/39sh
El Paso	79/52s	82/55s
Fort Myers, Fla.	81/64sh	80/65pc
Fresno	80/53s	74/46s
Grand Rapids	56/36sh	59/42s
Greensboro, N.C.	57/37pc	61/37s
Greenville, S.C.	61/40pc	65/41s
Harrisburg, Pa.	50/39pc	55/35s
Hartford, Conn.	50/35pc	50/36c
Huntsville, Ala.	68/34s	71/39s
Islip, N.Y.	54/45s	55/41sh
Jackson, Miss.	73/40s	75/41s
Jacksonville	70/48sh	71/52s
Knoxville, Tenn.	61/37pc	64/38s
Lexington, Ky.	57/33sh	61/38s
Little Rock	71/43s	74/45s
Louisville	63/37sh	67/40s
Lubbock, Texas	73/47s	76/49pc
Madison, Wis.	51/34pc	64/45s
McAllen, Texas	86/59s	89/64s
Milwaukee	48/38sh	61/47s

City	Today	Tuesday
Mobile, Ala.	74/42s	74/45s
Myrtle Beach, S.C.	61/44sh	65/43pc
Nags Head, N.C.	63/55sh	62/55sh
Norfolk, Va.	63/53c	60/51sh
Oklahoma City	74/48s	77/51pc
Omaha	65/44s	73/42pc
Palm Springs	91/60s	89/57s
Pensacola, Fla.	74/46s	73/49s
Portland, Maine	48/33s	51/31pc
Providence	51/38s	53/37c
Raleigh, N.C.	57/41sh	62/37s
Reno	72/40s	52/25s
Richmond, Va.	59/44pc	60/40s
Rochester, N.Y.	52/37pc	56/35s
San Antonio	78/53s	80/59s
San Jose, Calif.	73/51pc	72/43pc
Sarasota, Fla.	80/61sh	80/60pc
Savannah, Ga.	64/43sh	69/47s
Shreveport, La.	76/45s	77/46s
South Bend, Ind.	55/33sh	62/42s
Spokane, Wash.	48/27pc	46/26s
Springfield, Mo.	68/42s	74/44s
Syracuse, N.Y.	53/37pc	57/35s
Toledo, Ohio	53/30sh	59/40s
Tucson	90/54s	88/54s
Tulsa	75/47s	79/50pc
Wichita	73/47s	77/53pc

World forecast

City	Today	Tuesday
Acapulco, Mexico	86/74s	86/74s
Amman, Jordan	67/53s	68/51s
Amsterdam	60/50pc	60/50sh
Athens, Greece	62/50pc	62/50pc
Auckland	68/59pc	64/59r
Baghdad	77/57s	75/53s
Bangkok	91/77pc	93/78s
Beijing	60/49pc	64/47pc
Beirut	73/65s	74/64s

City	Today	Tuesday
Berlin	59/43pc	59/45s
Bogota	68/48c	67/50c
Bridgetown	85/78sh	85/79sh
Brussels	62/49pc	65/51sh
Budapest	58/36pc	59/35s
Buenos Aires	72/56s	75/59s
Cabo S. Lucas, Mex.	90/66s	92/67s
Cairo	76/62s	77/61s
Calgary	43/26sn	41/24s
Cancun, Mexico	82/65sh	81/67sh
Caracas, Ven.	82/60t	82/61t
Copenhagen	54/46c	52/47pc
Cozumel, Mexico	79/68sh	78/69sh
Dublin, Ireland	58/44sh	51/45s
Edmonton	47/30pc	45/27s
Frankfurt	62/43pc	62/45s
Freeport, Bhms.	82/73t	80/72sh
Geneva	64/47pc	61/46s
Guatemala City	72/58t	70/58t
Hagatna, Guam	83/76sh	85/76sh
Halifax, Canada	42/31s	49/34pc
Hamilton, Berm.	74/70sh	79/73sh
Havana	87/68t	82/68t
Ho Chi Minh City	93/74pc	93/75pc
Hong Kong	80/73s	81/74s
Istanbul	59/50s	59/50s
Jakarta	92/79t	91/79t
Jerusalem	66/50s	67/51s
Johannesburg	78/54pc	76/54s
Kabul, Afghanistan	65/43s	64/41s
Kingston, Jam.	89/78t	90/77t
Lagos, Nigeria	87/73t	89/73t
Lima, Peru	71/62pc	70/62pc
Lisbon	68/57pc	64/58pc
London	61/56pc	59/52sh
Madrid	68/49s	63/49sh
Managua	85/72t	85/72t
Manila	91/79s	91/79s
Melbourne	62/50pc	66/52sh
Mexico City	72/38s	72/44s

City	Today	Tuesday
Monterrey, Mex.	81/54s	80/59s
Montevideo	64/52s	72/50s
Montreal	50/35s	50/34s
Moscow	44/43sh	45/40sh
Mumbai, India	93/79pc	93/81s
Munich	58/35s	58/37s
Nairobi, Kenya	82/60pc	83/58pc
Nassau, Bahamas	85/76t	83/74t
New Delhi	88/62s	87/64s
Oslo	49/45sh	50/46sh
Panama City	80/75t	82/75t
Paris	65/50pc	62/50sh
Prague	57/36sh	53/36s
Puerto Vallarta	92/73pc	90/74pc
Quebec	48/34s	51/33pc
Quito, Ecuador	69/48sh	71/50sh
Rio de Janeiro	72/66sh	70/65sh
Rome	71/50pc	71/49pc
San Jose, C.R.	71/55t	71/57t
San Juan, P.R.	84/77t	85/76t
San Salvador	83/66t	84/66t
Santiago, Chile	82/46s	78/48s
Santo Domingo, D.R.	90/72t	89/72t
Sarajevo, Bosnia	62/31s	62/32s
Seoul, Korea	71/49s	71/49s
Shanghai	71/63c	75/64pc
Singapore	86/77t	86/77t
St. Petersburg	54/47sh	53/44c
St. Thomas, V.I.	86/78sh	86/78sh
Stockholm	51/48c	53/47c
Suva, Fiji	83/72sh	84/72sh
Sydney	67/61pc	68/59pc
Taipei, Taiwan	78/72pc	79/73t
Tegucigalpa	75/59sh	77/62t
Tokyo	74/58sh	69/57s
Toronto	51/38sh	54/39s
Vancouver	50/37pc	48/39pc
Vienna	57/40sh	56/39s
Warsaw	55/43pc	56/39pc
Winnipeg	52/31pc	51/27s

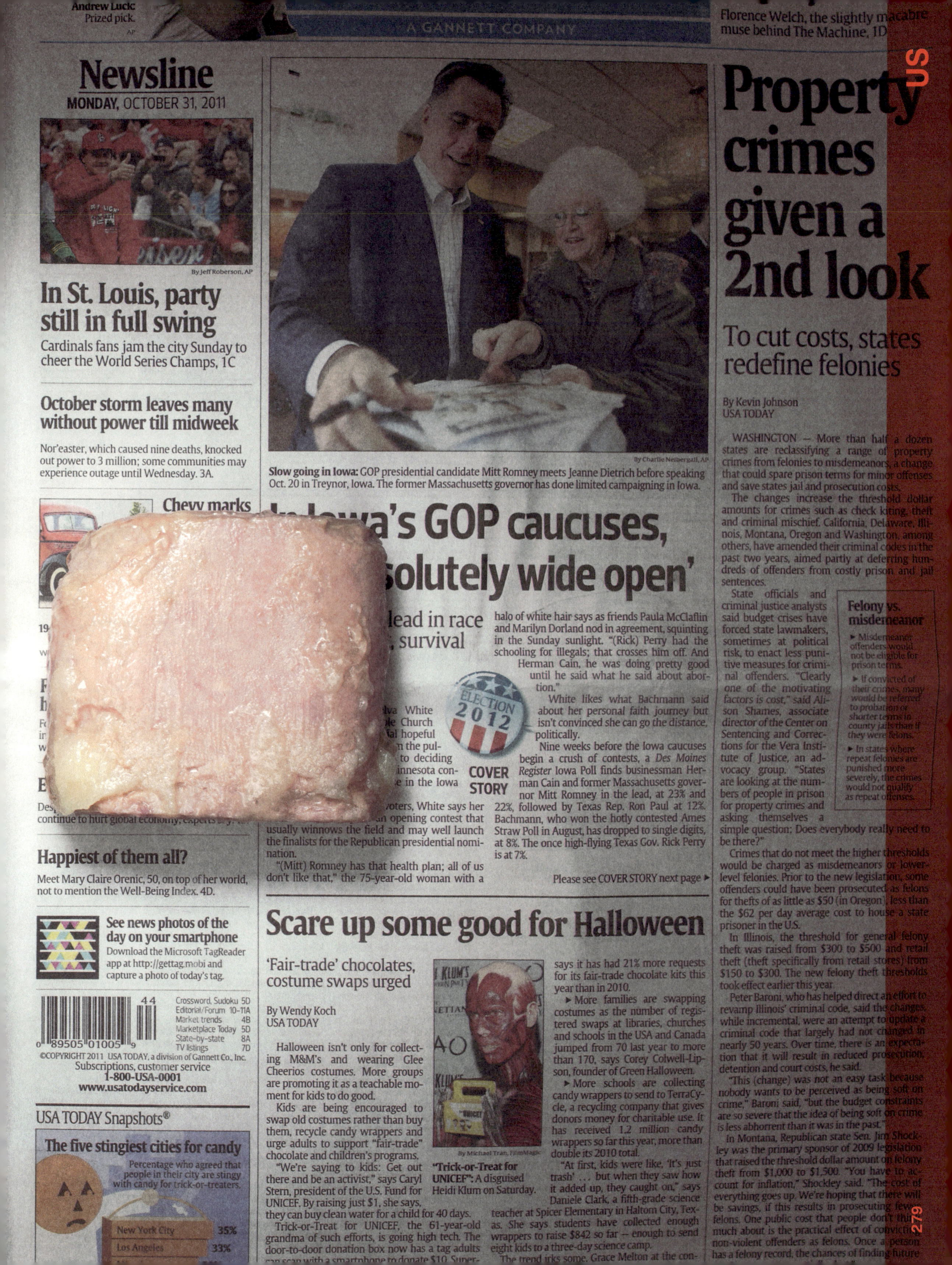

A GANNETT COMPANY

Florence Welch, the slightly macabre muse behind The Machine, 1D

US

Newsline

By Jeff Roberson, AP

In St. Louis, party still in full swing

Cardinals fans jam the city Sunday to cheer the World Series Champs, 1C

October storm leaves many without power till midweek

Nor'easter, which caused nine deaths, knocked out power to 3 million; some communities may experience outage until Wednesday. 3A.

Chevy marks

19

Happiest of them all?

Meet Mary Claire Orenic, 50, on top of her world, not to mention the Well-Being Index. 4D.

See news photos of the day on your smartphone
Download the Microsoft TagReader app at http://gettag.mobi and capture a photo of today's tag.

4 4	Crossword, Sudoku 5D
	Editorial/Forum 10–11A
	Market trends 4B
	Marketplace Today 5D
	State-by-state 8A
	TV listings 7D

©COPYRIGHT 2011, USA TODAY, a division of Gannett Co., Inc.
Subscriptions, customer service
1-800-USA-0001
www.usatodayservice.com

USA TODAY Snapshots®

The five stingiest cities for candy

Percentage who agreed that people in their city are stingy with candy for trick-or-treaters.

New York City	35%
Los Angeles	33%

By Charlie Neibergall, AP

Slow going in Iowa: GOP presidential candidate Mitt Romney meets Jeanne Dietrich before speaking Oct. 20 in Treynor, Iowa. The former Massachusetts governor has done limited campaigning in Iowa.

Iowa's GOP caucuses, 'absolutely wide open'

lead in race, survival

Iva White
the Church
ial hopeful
in the pul-
to deciding
innesota con-
e in the Iowa

voters, White says her
an opening contest that usually winnows the field and may well launch the finalists for the Republican presidential nomination.

"(Mitt) Romney has that health plan; all of us don't like that," the 75-year-old woman with a

halo of white hair says as friends Paula McClaflin and Marilyn Dorland nod in agreement, squinting in the Sunday sunlight. "(Rick) Perry had the schooling for illegals; that crosses him off. And Herman Cain, he was doing pretty good until he said what he said about abortion."

White likes what Bachmann said about her personal faith journey but isn't convinced she can go the distance, politically.

Nine weeks before the Iowa caucuses begin a crush of contests, a *Des Moines Register* Iowa Poll finds businessman Herman Cain and former Massachusetts governor Mitt Romney in the lead, at 23% and 22%, followed by Texas Rep. Ron Paul at 12%. Bachmann, who won the hotly contested Ames Straw Poll in August, has dropped to single digits, at 8%. The once high-flying Texas Gov. Rick Perry is at 7%.

Please see COVER STORY next page ▶

ELECTION 2012

COVER STORY

Property crimes given a 2nd look

To cut costs, states redefine felonies

By Kevin Johnson
USA TODAY

WASHINGTON — More than half a dozen states are reclassifying a range of property crimes from felonies to misdemeanors, a change that could spare prison terms for minor offenses and save states jail and prosecution costs.

The changes increase the threshold dollar amounts for crimes such as check kiting, theft and criminal mischief. California, Delaware, Illinois, Montana, Oregon and Washington, among others, have amended their criminal codes in the past two years, aimed partly at deferring hundreds of offenders from costly prison and jail sentences.

State officials and criminal justice analysts said budget crises have forced state lawmakers, sometimes at political risk, to enact less punitive measures for criminal offenders. "Clearly one of the motivating factors is cost," said Alison Shames, associate director of the Center on Sentencing and Corrections for the Vera Institute of Justice, an advocacy group. "States are looking at the numbers of people in prison for property crimes and asking themselves a simple question: Does everybody really need to be there?"

Crimes that do not meet the higher thresholds would be charged as misdemeanors or lower-level felonies. Prior to the new legislation, some offenders could have been prosecuted as felons for thefts of as little as $50 (in Oregon), less than the $62 per day average cost to house a state prisoner in the U.S.

In Illinois, the threshold for general felony theft was raised from $300 to $500 and retail theft (theft specifically from retail stores) from $150 to $300. The new felony theft thresholds took effect earlier this year.

Peter Baroni, who has helped direct an effort to revamp Illinois' criminal code, said the changes, while incremental, were an attempt to update a criminal code that largely had not changed in nearly 50 years. Over time, there is an expectation that it will result in reduced prosecution, detention and court costs, he said.

"This (change) was not an easy task because nobody wants to be perceived as being soft on crime," Baroni said, "but the budget constraints are so severe that the idea of being soft on crime is less abhorrent than it was in the past."

In Montana, Republican state Sen. Jim Shockley was the primary sponsor of 2009 legislation that raised the threshold dollar amount on felony theft from $1,000 to $1,500. "You have to account for inflation," Shockley said. "The cost of everything goes up. We're hoping that there will be savings, if this results in prosecuting fewer felons. One public cost that people don't think much about is the practical effect of convicting non-violent offenders as felons. Once a person has a felony record, the chances of finding future

Felony vs. misdemeanor

► Misdemeanor offenders would not be eligible for prison terms.

► If convicted of their crimes, many would be referred to probation or shorter terms in county jails than if they were felons.

► In states where repeat felonies are punished more severely, the crimes would not qualify as repeat offenses.

Scare up some good for Halloween

'Fair-trade' chocolates, costume swaps urged

By Wendy Koch
USA TODAY

Halloween isn't only for collecting M&M's and wearing Glee Cheerios costumes. More groups are promoting it as a teachable moment for kids to do good.

Kids are being encouraged to swap old costumes rather than buy them, recycle candy wrappers and urge adults to support "fair-trade" chocolate and children's programs.

"We're saying to kids: Get out there and be an activist," says Caryl Stern, president of the U.S. Fund for UNICEF. By raising just $1, she says, they can buy clean water for a child for 40 days.

Trick-or-Treat for UNICEF, the 61-year-old grandma of such efforts, is going high tech. The door-to-door donation box now has a tag adults can scan with a smartphone to donate $10. Super-

"Trick-or-Treat for UNICEF": A disguised Heidi Klum on Saturday.

By Michael Tran, FilmMagic

says it has had 21% more requests for its fair-trade chocolate kits this year than in 2010.

► More families are swapping costumes as the number of registered swaps at libraries, churches and schools in the USA and Canada jumped from 70 last year to more than 170, says Corey Colwell-Lipson, founder of Green Halloween.

► More schools are collecting candy wrappers to send to TerraCycle, a recycling company that gives donors money for charitable use. It has received 1.2 million candy wrappers so far this year, more than double its 2010 total.

"At first, kids were like, 'It's just trash' ... but when they saw how it added up, they caught on," says Daniele Clark, a fifth-grade science teacher at Spicer Elementary in Haltom City, Texas. She says students have collected enough wrappers to raise $842 so far -- enough to send eight kids to a three-day science camp.

The trend irks some. Grace Melton at the con-

279

TR

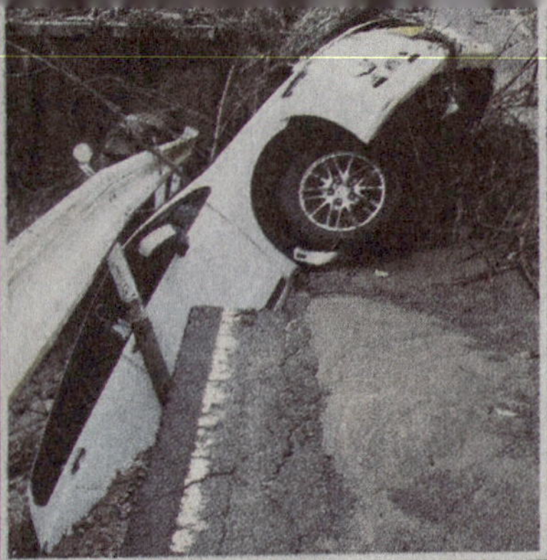

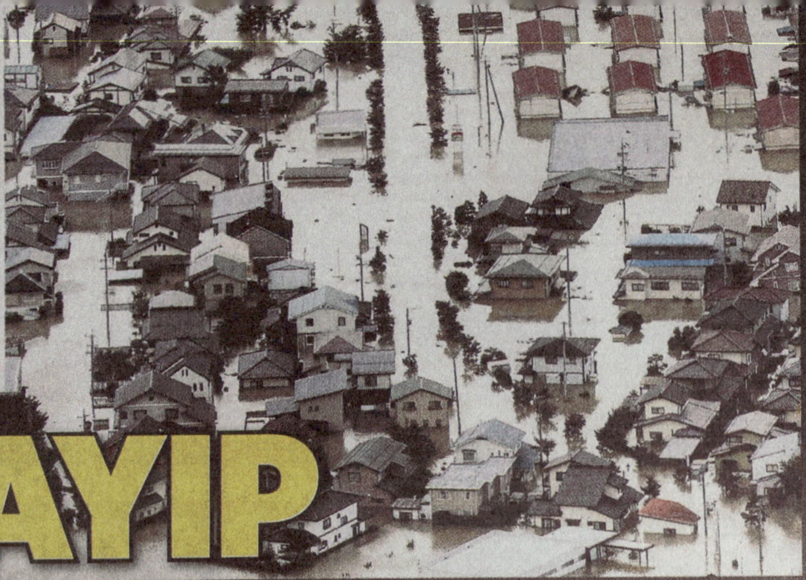

Ü, 16 KAYIP

funu Hagibis'in vurduğu Japonya'da ölü sayısı
örevlendirildiği bölgede kayıp 16 kişi ise aranıyor

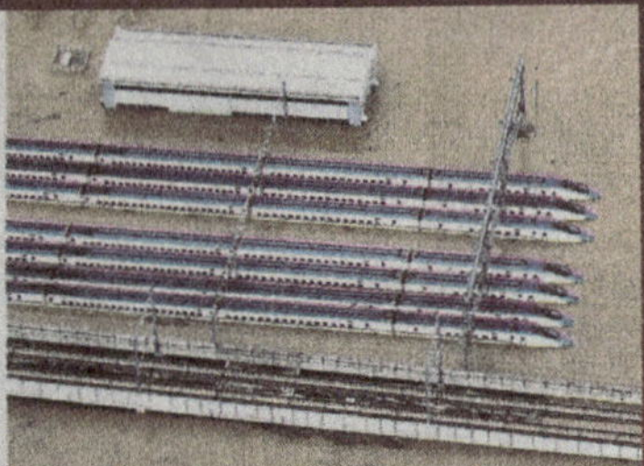

10 binlerce asker

Japonya'da cumartesi günü 6 bölgede etkisini göstermeye başlayan Hagibis Tayfunu sonucu hayatını kaybedenlerin sayısı 19'a yükseldi. Japon basınında yer alan haberlere göre, meteoroloji birimi, yaklaşık 100 kişinin yaralandığını ve kayıp 16 kişiyi arama çalışmalarının sürdüğünü açıkladı. Mahsur kalan kişilere ulaşılması için afetten etkilenen bölgelere helikopter ve kurtarma botlarının sevk edildiği belirtildi. 27 bin asker arama kurtarma operasyonlarında görevlendirildi.

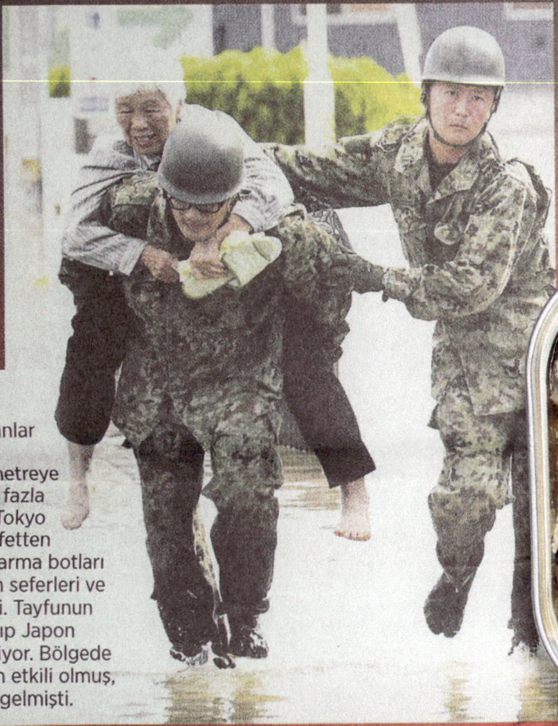

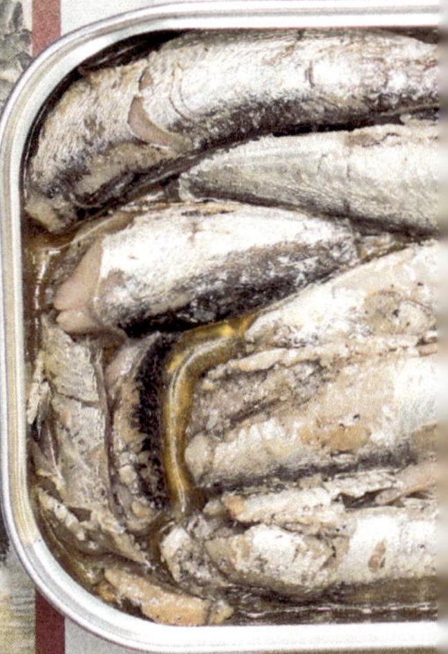

400 bin elektriksiz ev

Ülke genelinde bazı bölgelerde heyelanlar meydana geldi. 400 bin evde elektrik kesintisi yaşandı. Hızı saatte 180 kilometreye ulaşan tayfun nedeniyle, 6 milyondan fazla kişiye tahliye uyarısı yapıldı. Başkent Tokyo ve 6 vilayette acil durum ilan edildi. Afetten etkilenen bölgelere helikopter ve kurtarma botları sevk edildi. Tokyo ve çevresindeki tren seferleri ve uçuşların büyük çoğunluğu iptal edildi. Tayfunun pazar gününden itibaren etkisini azaltıp Japon takımadalarından uzaklaşması bekleniyor. Bölgede 1958 yılında benzer şiddette bir tayfun etkili olmuş, 1200'ün üzerinde can kaybı meydana gelmişti.

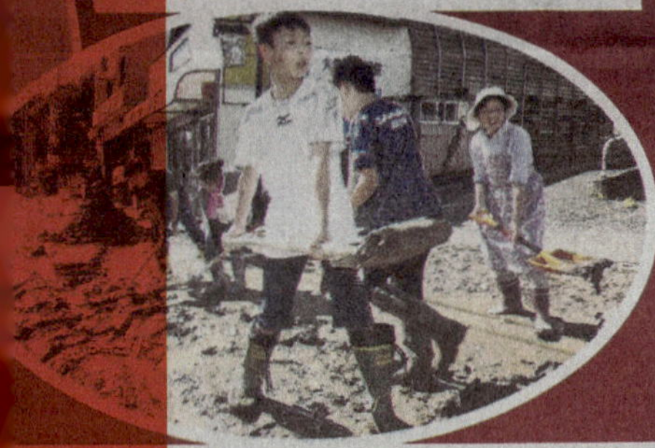

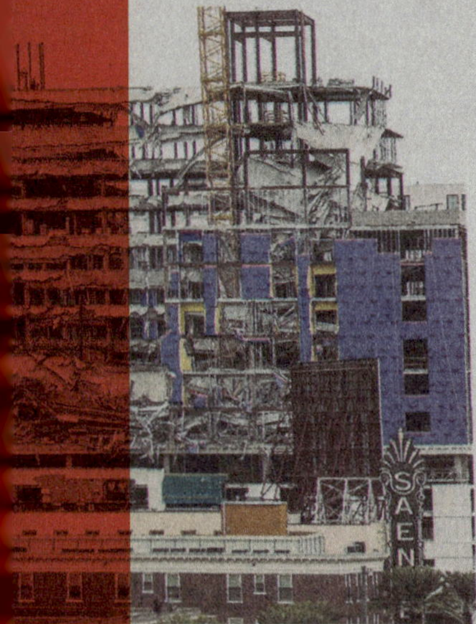

uisiana Eyaleti'ne bağlı New Orleans şehrinde- nşaatında çökme yaşandı. Olayda 3 kişi yarala- atın çökme anı kameralarca görüntülendi.

YENİ KEŞİF
öyüşü freski

İKLİM KRİZİ
Kuşları da öldürüyor

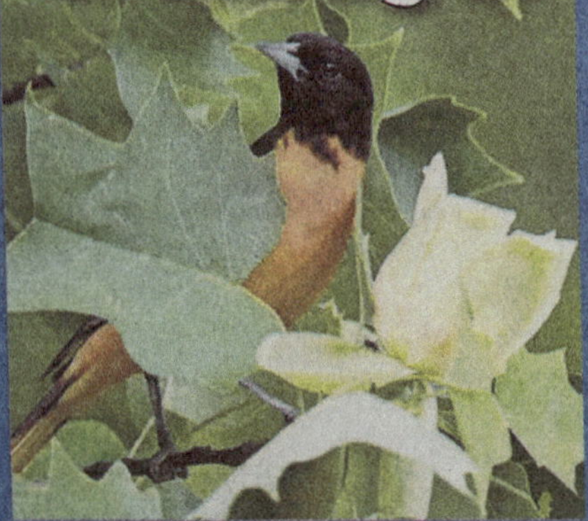

ABD'de gerçekleştirilen yeni bir çalışma, küresel ısınmanın birçok kuş türünün neslinin yok olmasına neden olacağını ortaya koydu. Araştırmaya göre, hava sıcaklığının ortalama 3 derece yükselmesi, sadece Kuzey Amerika'da 389 ila 604 kuş türünün yok olmasına neden olacak. Bu sayı araştırmaya dahil edilen türlerin yüzde 64'üne te-

Kaliforniya'da yangın 4'üncü gününde 3 ÖLÜ

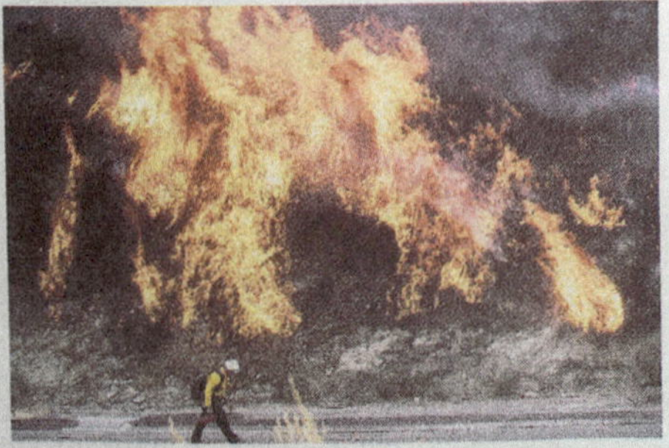

ABD'nin Kaliforniya Eyaleti'nde perşembe gününden bu yana süren ve 31 kilometrekarelik alanda etkili olan yangında en az 90 bina hasar gördü. Yangının yüzde 33 oranında kontrol altına alındığı da ifade edildi. Biri Los Angeles'ta olmak üzere 3 kişinin hayatını kaybettiği açıklandı. Kaliforniya'nın güneyinden başlayarak çevreye yayılan yangın nedeniyle hafta içinde bölgede 100 bin kişi için tahliye emri verilmişti.

BİR ZAMANLAR MARS...

YO
D
Cumhur
Türkiye

ABD
TA
ÇEK

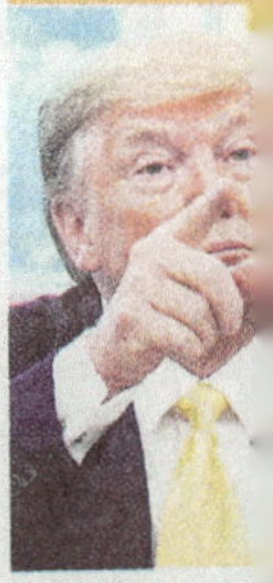

açısından "sa
geldiğini bel
Trump'ın Sur
ABD askerle
çekilmesi tal
Esper, geri ç
olan en kısa
biçimde" ya

13'te
SA
Harekâtın ba
rıyla hedefle
ce teröristler
bisinden tezg

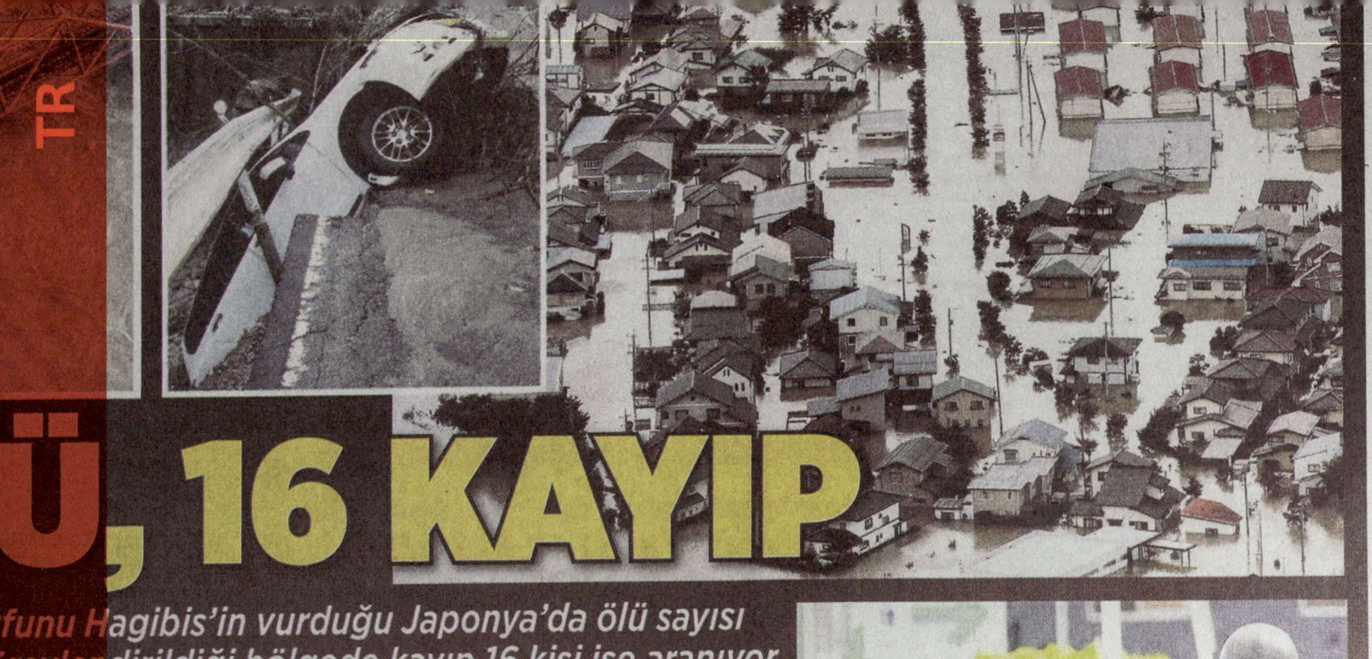

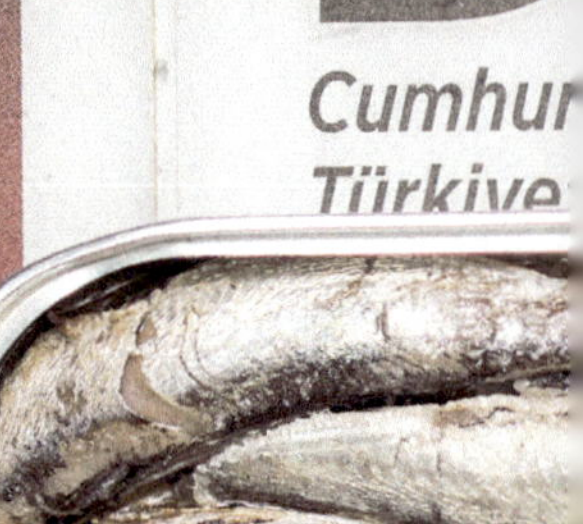

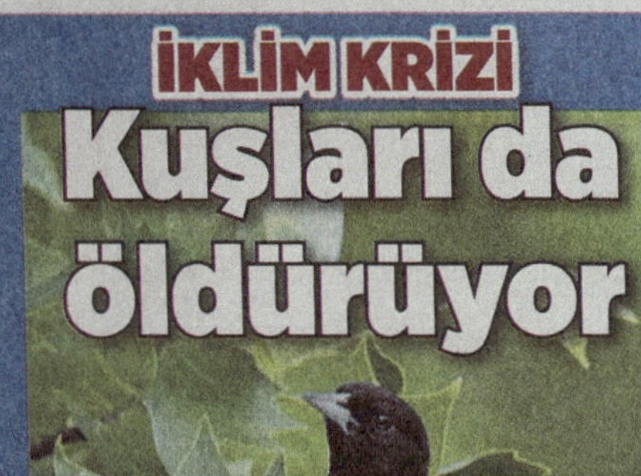

Milliyet

www.milliyet.com.tr

BASINDA GÜVEN

ISSN 0540-0930

14 Ekim 2019 Pazartesi
Satış fiyatı 1 TL

OLUMUZDAN ÖNMEYİZ

aşkanı, Barış Pınarı Harekâtı nedeniyle
e silah satışını askıya alan ülkelere "Teröristleri
rimiz mi yok?" yanıtını verdi

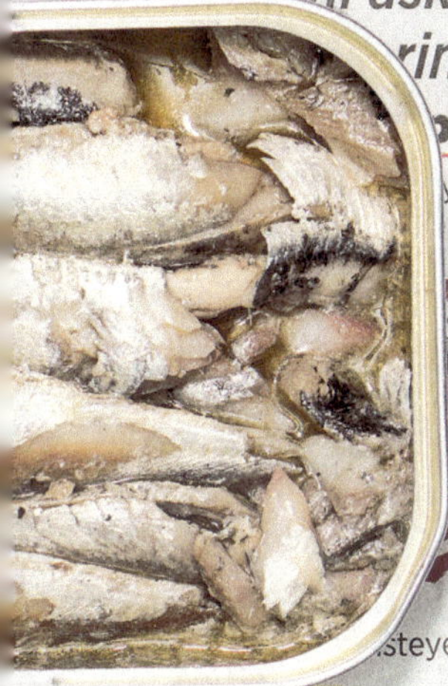

...punuz Türkiye etmez

...ye aleyhine karar alan Arap Ligi'ne ...rt çıkan Erdoğan, "Petrolünüzle, dolarınızla konuşuyorsunuz ve belli takıntılarınız var. Bunlara dayalı olarak konuşuyorsu-nuz. Ama Türkiye duruşu ile konuşuyor. Sizin to-punuz bir araya gelseniz zaten bir tane Türkiye etmezsiniz. Suriye'nin top-raklarında bizim gözümüz yok. Suriye'yi bölüp parçalamak isteyenlerin karşısındayız" dedi. »12-13'te

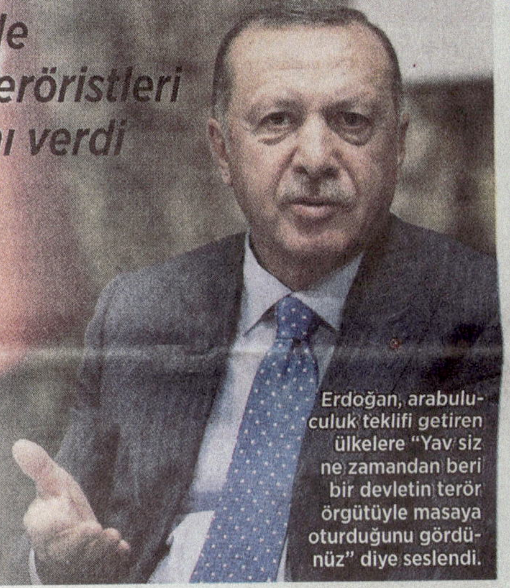

Erdoğan, arabuluculuk teklifi getiren ülkelere "Yav siz ne zamandan beri bir devletin terör örgütüyle masaya oturduğunu gördünüz" diye seslendi.

...uzeyden ...AMEN ...LİYOR

ABD Savunma Bakanı Mark Esper, Türk Silahlı Kuvvetleri'nin başlattığı Barış Pınarı Harekâtı nedeniyle bölgedeki durumun ABD ordusu ...ulamaz" hale ...ek Başkan ...in kuzeyindeki "ihtiyaten" geri ... verdiğini kaydetti. ...nenin "mümkün ...anda güvenli ...ağını söyledi. »9'da

Paçavra indi bayrak dikildi

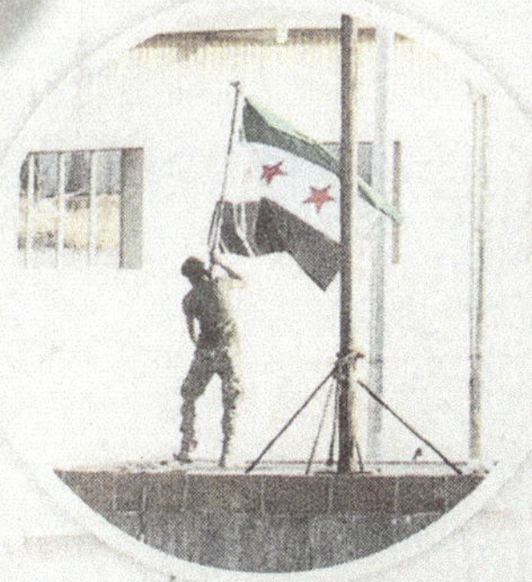

Barış Pınarı Harekâtı'nda TSK ile birlikte görev alan Suriye Milli Ordusu'nun askerleri, ele geçirdikleri bölgelerde terör örgütü YPG/PKK'nın sözde bayraklarını indirerek, yerlerine kendi bayraklarını dikiyorlar. »11'de

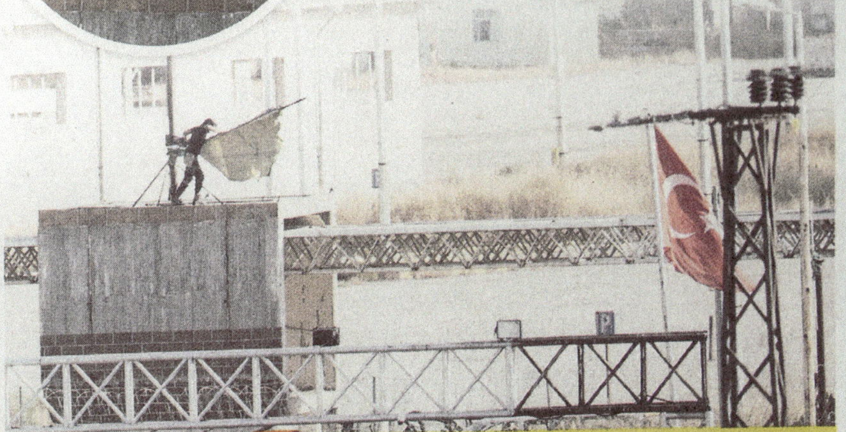

...ADAKİ GERÇEKLER

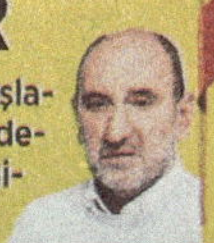

...ilk andan itibaren Türk savaş uçakları nokta atışla-...yor, İHA ve SİHA'lar bölgede cirit atıyor. TSK sade-...adele etmiyor, tahrik ve siviller hedef alınıyor gi-...a karşı teyakkuzda. »TUNCA BENGİN yazdı...

ASIL SAVAŞ İNTERNETTE

9'da

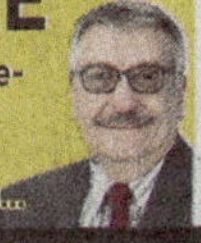

ABD'den Avrupa'ya, Hindistan'dan Afrika'ya bir "Kürtlere karşı operasyon", bir "Yerinden edilen Kürt halkı" anlatısı sürüp gidiyor. TV teknolojisi savaşları oturma odamıza getirmişti; şimdi internet bu savaşı bilgisayarlara, cep telefonlarına taşıdı. »HAKKI ÖCAL yazdı...

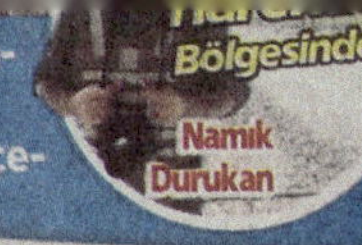

Barış Pınarı Harekâtı'nın 5. gününde Tel Abyad ilçe merkezi YPG/PKK'lı teröristlerden kurtarıldı. İlçeye bağlı Suluk beldesi de temizlendi. Harekâtın başından bu yana iki ilçe merkezi, bir belde ve 56 köy teröristlerden arındırılmış oldu. Harekâtta etkisiz hale getirilen terörist sayısı 525'e yükseldi. Savunma Bakanlığı, 30-35 km. derinliğe inilerek M-4 kara yolunun kontrolünün sağlandığını da açıkladı. »11'de

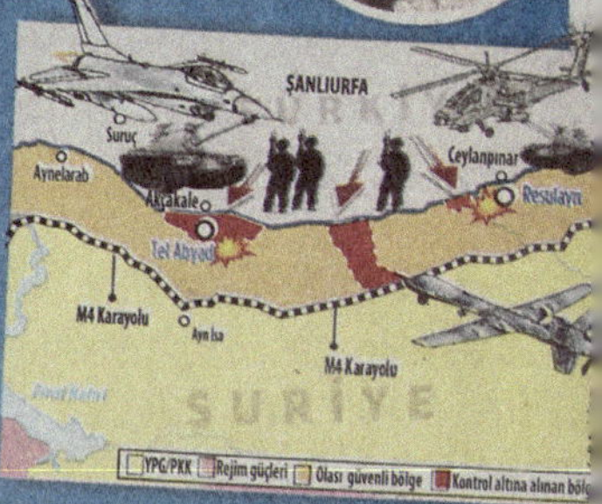

'KUKLALAR paramparça olacak'

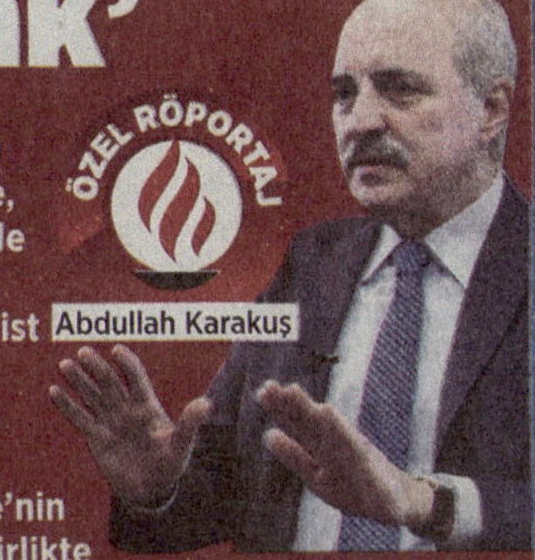

AK Parti Genel Başkanvekili Numan Kurtulmuş, Milliyet'e, Kürtlerle değil terörle mücadele ettiklerini söyleyip, "Emperyalist tezlerin kuklası olan terör örgütlerini paramparça ederek dağıtacağız. Türkiye'nin bu operasyonuyla birlikte vekâlet savaşları bir şekilde sonlandırılmaya doğru gidecektir" dedi. »14'te

'AKINCI KEMİKLERİ SIZLATMIŞTIR'

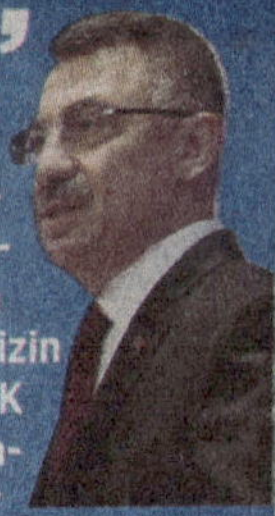

Cumhurbaşkanı Yardımcısı Fuat Oktay, KKTC Cumhurbaşkanı Akıncı'nın, Barış Pınarı Harekâtı'na ilişkin açıklamalarına tepki göstererek, "Boğaz Şehitliği'nde koyun koyuna yatan Mücahit ve Mehmetçiklerimizin kemiklerini sızlattı" ifadelerini kullandı. AK Parti Sözcüsü Ömer Çelik de "Açıklama başiretsizlik ve saygısızlıktır. Türkiye'yi terör örgütleriyle diyaloğa davet etmek, Cumhurbaşkanı sıfatını taşıyan birine yakışmaz" dedi. »9'da

Meclis'e bilgi verilecek

Meclis'in bu hafta Barış Pınarı Harekâtı konusunda bilgilendirilmesi planlanıyor. TBMM İçtüzüğü'nün "gündem dışı konuşma" maddesinin tanıdığı imkan çerçevesinde Dışişleri Bakanı Çavuşoğlu ya da Milli Savunma Bakanı Akar'ın Genel Kurul'da söz alarak, harekâttaki son durumu milletvekillerine aktarması bekleniyor. »ŞEBNEM HOŞGÖR 13'te

'YPG ETNİK TEMİZLİK YAPIYOR'

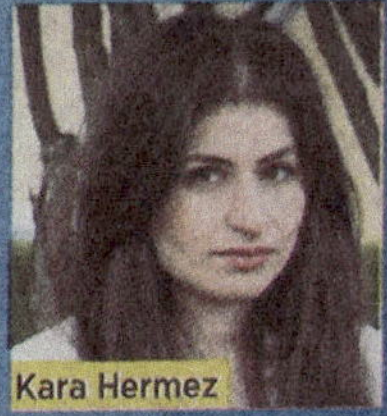

Kara Hermez

Dünya Arami Konseyi Başkanı Johny Messo, ABD'nin, YPG'ye ekonomik ve askeri yardımları kesmesinin Suriye'de barış ve güvenliğin sağlanmasında etkili olacağını ifade etti. İsveç Asuri Federasyonu Başkanı Kara Hermez de, Suriye'nin kuzeyinde; cinayet, baskı, şantaj, çocuk askerlerin sömürülmesi gibi durumların yaşandığını ve terör örgütünün etnik temizlik yaptığını yazdı. »12'de

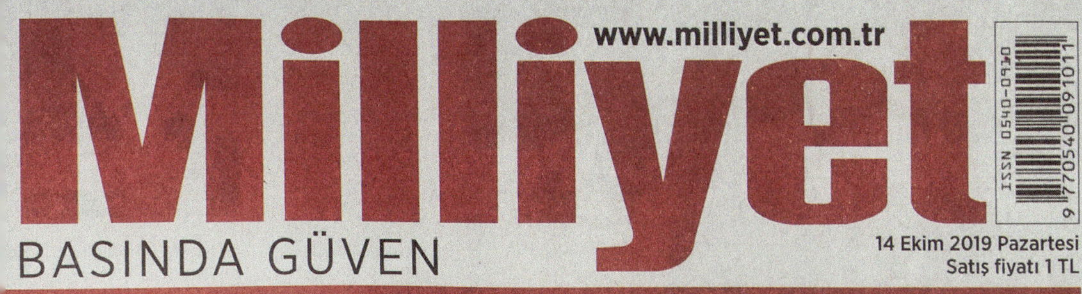

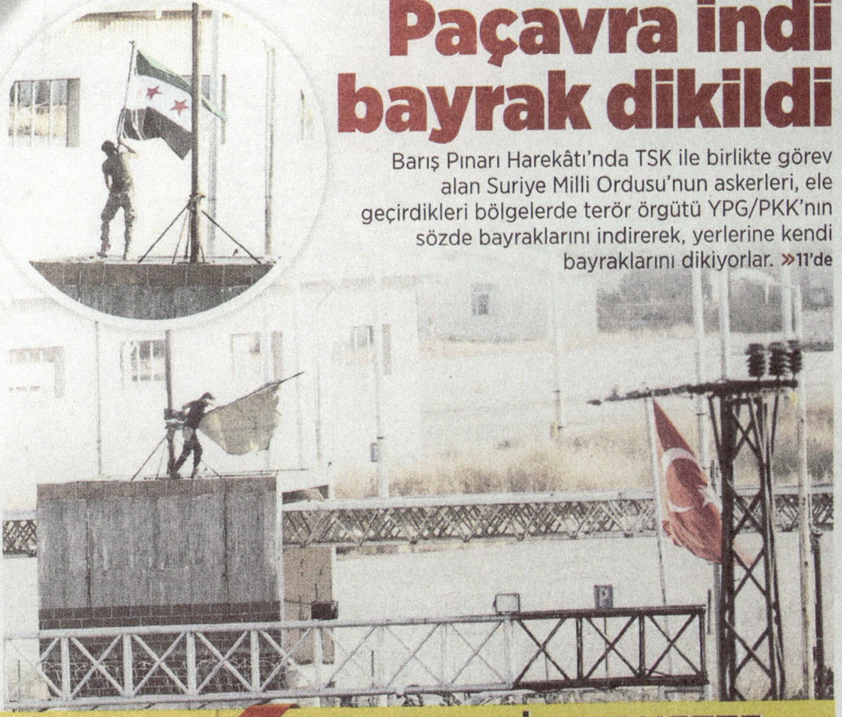

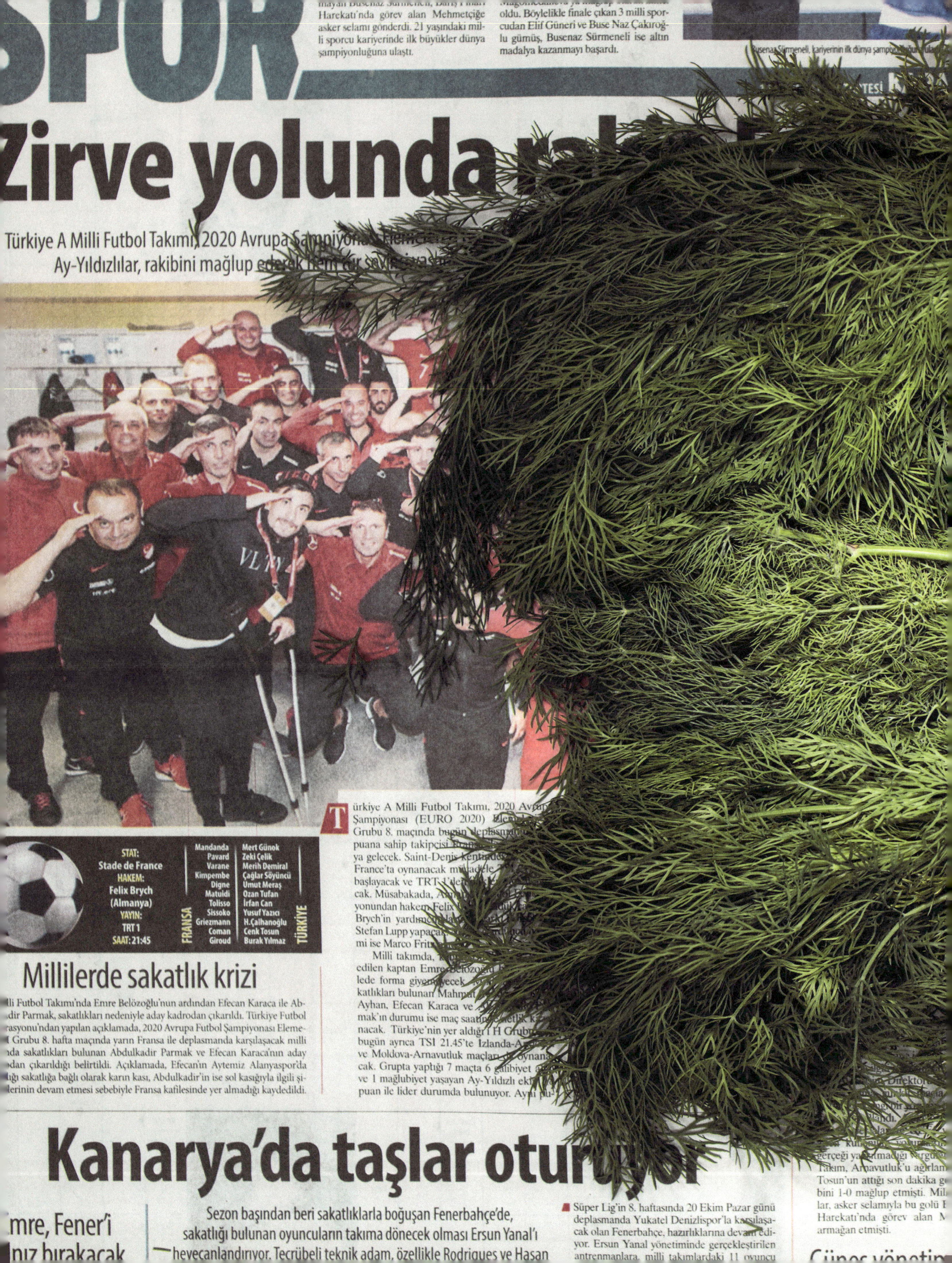

SPOR

Zirve yolunda rak...

Türkiye A Milli Futbol Takımı, 2020 Avrupa Şampiyona...
Ay-Yıldızlılar, rakibini mağlup ederek hem bir sevi...

mayan Busenaz Sürmeneli, Barış Pınarı Harekatı'nda görev alan Mehmetçiğe asker selamı gönderdi. 21 yaşındaki milli sporcu kariyerinde ilk büyükler dünya şampiyonluğuna ulaştı.

...Magomedalieva'ya mağlup... oldu. Böylelikle finale çıkan 3 milli sporcudan Elif Güneri ve Buse Naz Çakıroğlu gümüş, Busenaz Sürmeneli ise altın madalya kazanmayı başardı.

Busenaz Sürmeneli, kariyerinin ilk dünya şampiyonl...

STAT:
Stade de France
HAKEM:
Felix Brych
(Almanya)
YAYIN:
TRT 1
SAAT: 21.45

FRANSA
Mandanda
Pavard
Varane
Kimpembe
Digne
Matuidi
Tolisso
Sissoko
Griezmann
Coman
Giroud

TÜRKİYE
Mert Günok
Zeki Çelik
Merih Demiral
Çağlar Söyüncü
Ozan Tufan
Umut Meraş
İrfan Can
Yusuf Yazıcı
H.Çalhanoğlu
Cenk Tosun
Burak Yılmaz

Türkiye A Milli Futbol Takımı, 2020 Avrupa Şampiyonası (EURO 2020) Elemeleri H Grubu 8. maçında bugün deplasmanda puana sahip takipçisi Fransa ile ya gelecek. Saint-Denis kentinde France'ta oynanacak mücadele başlayacak ve TRT 1'den cak. Müsabakada, ... yonundan hakem Felix ... Brych'in yardımcıları ... Stefan Lupp yapacak. ... mi ise Marco Fritz ...

Milli takımda, ... edilen kaptan Emre Belözoğlu ... lede forma giyemeyecek ... sakatlıkları bulunan Mahmut ... Ayhan, Efecan Karaca ... mak'ın durumu ise maç saatinde ... nacak. Türkiye'nin yer aldığı H Grubu ... bugün ayrıca TSİ 21.45'te İzlanda-A... ve Moldova-Arnavutluk maçları da oynana... cak. Grupta yaptığı 7 maçta 6 galibiyet a... ve 1 mağlubiyet yaşayan Ay-Yıldızlı ek... puan ile lider durumda bulunuyor. Aynı pu-

Millilerde sakatlık krizi

...li Futbol Takımı'nda Emre Belözoğlu'nun ardından Efecan Karaca ile Abdulkadir Parmak, sakatlıkları nedeniyle aday kadrodan çıkarıldı. Türkiye Futbol ...rasyonu'ndan yapılan açıklamada, 2020 Avrupa Futbol Şampiyonası Elemeleri H Grubu 8. hafta maçında yarın Fransa ile deplasmanda karşılaşacak milli ...da sakatlıkları bulunan Abdulkadir Parmak ve Efecan Karaca'nın aday ...dan çıkarıldığı belirtildi. Açıklamada, Efecan'ın Aytemiz Alanyaspor'da ...ğı sakatlığa bağlı olarak karın kası, Abdulkadir'in ise sol kasığıyla ilgili şi-...lerinin devam etmesi sebebiyle Fransa kafilesinde yer almadığı kaydedildi.

Kanarya'da taşlar oturuyor

...mre, Fener'i
...nız bırakacak

Sezon başından beri sakatlıklarla boğuşan Fenerbahçe'de, sakatlığı bulunan oyuncuların takıma dönecek olması Ersun Yanal'ı heyecanlandırıyor. Tecrübeli teknik adam, özellikle Rodrigues ve Hasan

Süper Lig'in 8. haftasında 20 Ekim Pazar günü deplasmanda Yukatel Denizlispor'la karşılaşacak olan Fenerbahçe, hazırlıklarına devam ediyor. Ersun Yanal yönetiminde gerçekleştirilen antrenmanlara, milli takımlardaki 11 oyuncu

...gerçeği yansıtmadığı ... Takım, Arnavutluk'u ağırlam... Tosun'un attığı son dakika g... bini 1-0 mağlup etmişti. Mil... lar, asker selamıyla bu golü ... Harekatı'nda görev alan M... armağan etmişti.

Güneş yönetim...

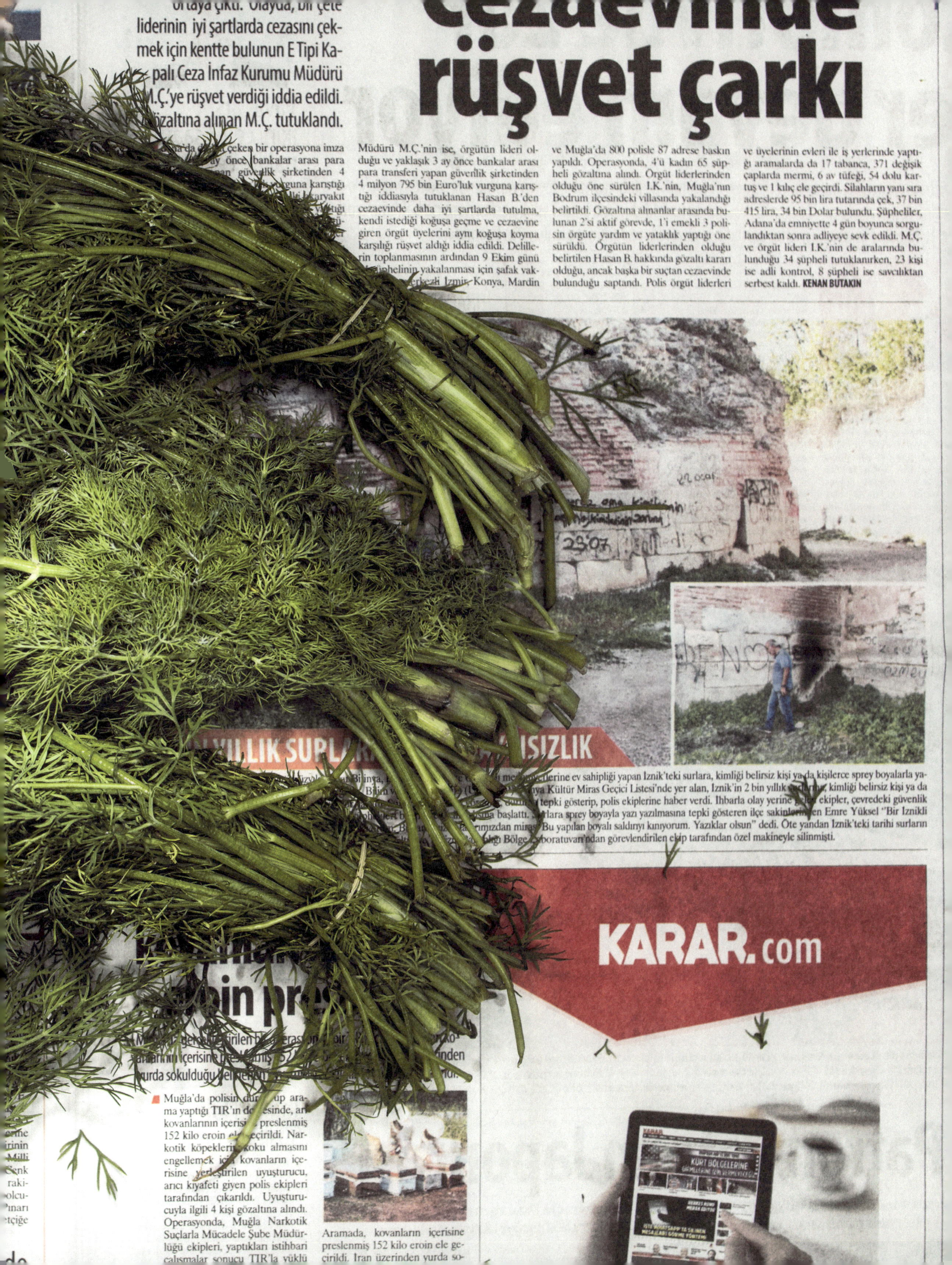

Cezaevinde rüşvet çarkı

... ortaya çıktı. Olayda, bir çete liderinin iyi şartlarda cezasını çekmek için kentte bulunun E Tipi Kapalı Ceza İnfaz Kurumu Müdürü M.Ç.'ye rüşvet verdiği iddia edildi. Gözaltına alınan M.Ç. tutuklandı.

...'da ... çeken bir operasyona imza ... ay önce bankalar arası para ... güvenlik şirketinden 4 ...

Müdürü M.Ç.'nin ise, örgütün lideri olduğu ve yaklaşık 3 ay önce bankalar arası para transferi yapan güvenlik şirketinden 4 milyon 795 bin Euro'luk vurguna karıştığı iddiasıyla tutuklanan Hasan B.'den cezaevinde daha iyi şartlarda tutulma, kendi istediği koğuşa geçme ve cezaevine giren örgüt üyelerini aynı koğuşa koyma karşılığı rüşvet aldığı iddia edildi. Delillerin toplanmasının ardından 9 Ekim günü ... şüphelinin yakalanması için şafak vak... merkezli İzmir, Konya, Mardin

ve Muğla'da 800 polisle 87 adrese baskın yapıldı. Operasyonda, 4'ü kadın 65 şüpheli gözaltına alındı. Örgüt liderlerinden olduğu öne sürülen İ.K.'nin, Muğla'nın Bodrum ilçesindeki villasında yakalandığı belirtildi. Gözaltına alınanlar arasında bulunan 2'si aktif görevde, 1'i emekli 3 polisin örgüte yardım ve yataklık yaptığı öne sürüldü. Örgütün liderlerinden olduğu belirtilen Hasan B. hakkında gözaltı kararı olduğu, ancak başka bir suçtan cezaevinde bulunduğu saptandı. Polis örgüt liderleri

ve üyelerinin evleri ile iş yerlerinde yaptığı aramalarda da 17 tabanca, 371 değişik çaplarda mermi, 6 av tüfeği, 54 dolu kartuş ve 1 kılıç ele geçirdi. Silahların yanı sıra adreslerde 95 bin lira tutarında çek, 37 bin 415 lira, 34 bin Dolar bulundu. Şüpheliler, Adana'da emniyette 4 gün boyunca sorgulandıktan sonra adliyeye sevk edildi. M.Ç. ve örgüt lideri İ.K.'nin de aralarında bulunduğu 34 şüpheli tutuklanırken, 23 kişi ise adli kontrol, 8 şüpheli ise savcılıktan serbest kaldı. **KENAN BUTAKIN**

... YILLIK SURLARA ... ...SIZLIK

... meçhul ... merasyonlerine ev sahipliği yapan İznik'teki surlara, kimliği belirsiz kişi ya da kişilerce sprey boyalarla ya... ...nya Kültür Miras Geçici Listesi'nde yer alan, İznik'in 2 bin yıllık surlarına, kimliği belirsiz kişi ya da ... tepki gösterip, polis ekiplerine haber verdi. İhbarla olay yerine gelen ekipler, çevredeki güvenlik ... başlattı. Surlara sprey boyayla yazı yazılmasına tepki gösteren ilçe sakinlerinden Emre Yüksel "Bir İznikli ... miras "Bu yapılan boyalı saldırıyı kınıyorum. Yazıklar olsun" dedi. Öte yandan İznik'teki tarihi surların ... Bölge Laboratuvarı'ndan görevlendirilen ekip tarafından özel makineyle silinmişti.

KARAR.com

... bin pr...

... düzenlenen bir operasyon ... bir ... ...vanlarının içerisine preslenmiş ... ...yurda sokulduğu belirlendi ...

Muğla'da polisin durdurup arama yaptığı TIR'ın dorsesinde, arı kovanlarının içerisine preslenmiş 152 kilo eroin ele geçirildi. Narkotik köpeklerin koku almasını engellemek için kovanların içerisine yerleştirilen uyuşturucu, arıcı kıyafeti giyen polis ekipleri tarafından çıkarıldı. Uyuşturucuyla ilgili 4 kişi gözaltına alındı. Operasyonda, Muğla Narkotik Suçlarla Mücadele Şube Müdürlüğü ekipleri, yaptıkları istihbari çalışmalar sonucu TIR'la yüklü

Aramada, kovanların içerisine preslenmiş 152 kilo eroin ele geçirildi. İran üzerinden yurda so...

Japonya'yı sert vurdu

Japonya'da son 60 yılın en şiddetli tayfunu olarak kabul edilen Hagibis Kasırgası'nın yarattığı yıkım devam ediyor. Yetkililer tayfun sebebiyle 19 kişinin hayatını kaybettiğini açıklarken 130 kişinin de yaralandığını bildirdi. Halihazırda sığınaklara yerleştirilen 800 bin kişiye ek olarak 8 milyon kişiye tahliye uyarısı yapıldı.

Japonya'da meydana gelen Hagibis Kasırgası'nın yarattığı yıkım devam ediyor. Yetkililer hayatını kaybedenlerin sayısının 19'a yükseldiğini belirtirken 130 kişinin de yaralandığını açıkladı. Hız anlamına gelen Hagibis Tayfunu'nun bin 400 km'lik genişliği ve 134 mil hızıyla Japonya'yı vuran en güçlü kasırga olduğunu belirtiyor. Fırtınanın beraberinde getirdiği toprak kayması tehlikesine ek olarak, Cumartesi akşam saatlerinde 4 şiddetinde bir deprem Chiba'yı vurdu. Bölgede tayfun tehlikesine karşı, metro istasyonları, fabrikalar ve mağazalar kapatıldı. Toplu taşıma seferlerinin tamamen durduğu, kasırganın yoğun hissedildiği bölgelerde elektrik kesintileri yaşandığı belirtildi. 20 kişinin hala kayıp olduğu ve arama kurtarma çalışmalarının sürdüğü açıklanırken; yerel medya, Japonya Savunma Bakanlığı'nın 27 bin kurtarma personelini, kasırgadan etkilenen bölgelere sevk ettiğini duyurdu. Japonya Meteoroloji Ajansı yetkilileri, 'çok şiddetli' olarak nitelendirdikleri rekor düzeyde yağışları beraberinde getirmesi beklenen tayfunun olası sonuçlarına karşı halkı sürekli uyarıyor. Yetkililer, saatteki hızı 216 kilometreye çıkacağı tahmin edilen rüzgar nedeniyle, bugün Tokyo metropolitan bölgesi dahil Kanto-Koşin ile Tokai bölgelerinde bazı evlerin yıkılma

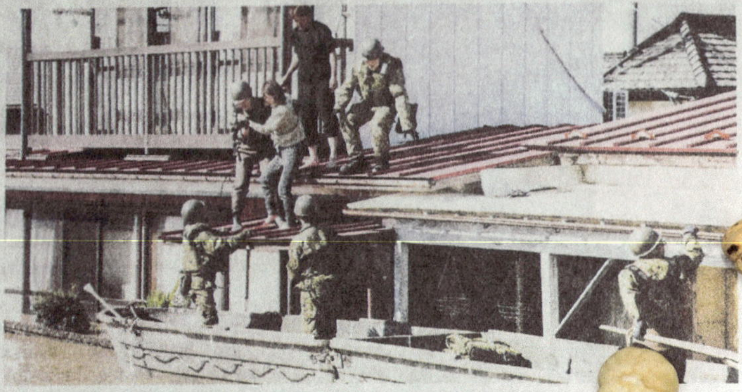

Japonya Savunma Bakanlığı'nın 27 bin kurtarma personelini kasırgadan etkilenen bölgelere sevk etti duyurdu.

riski taşıdığı konusunda uyarıda bulundu. Yetkililer tarafından yapılan açıklamada 12 bölgede toplam 48 alanda toprak kayması yaşanılabileceği belirtildi. İlgili bakanlarla acil durum toplantısı gerçekleştiren Başbakan Shinzo Abe ölenlerin ailelerine başsağlığı dileyerek "Hükümet hizmetleri mümkün olan en kısa sürede geri yüklemek için ilgili kurumlarla işbirliği yapmak için elinden geleni yapacak" dedi. Halihazırda tahliye sığınaklarına taşınması emri verilen 800 bin kişiye ek olarak, yaklaşık 8 milyon kişiye tahliye uyarıları yapıldı. Tokyo çevresindeki Kanto bölgesi içindeki ve dışındaki tüm hızlı trenler ve çoğu uçuş Cumartesi sabahı iptal edilirken, İngiltere'nin Fransa ile oynanan Rugby Dünya Kupası Rugby oyunu aynı günü iptal edildi. Tokyo'da düzenlenecek Formula One Grand Prix yarışları ile eleme turları da afet sebebiyle erte

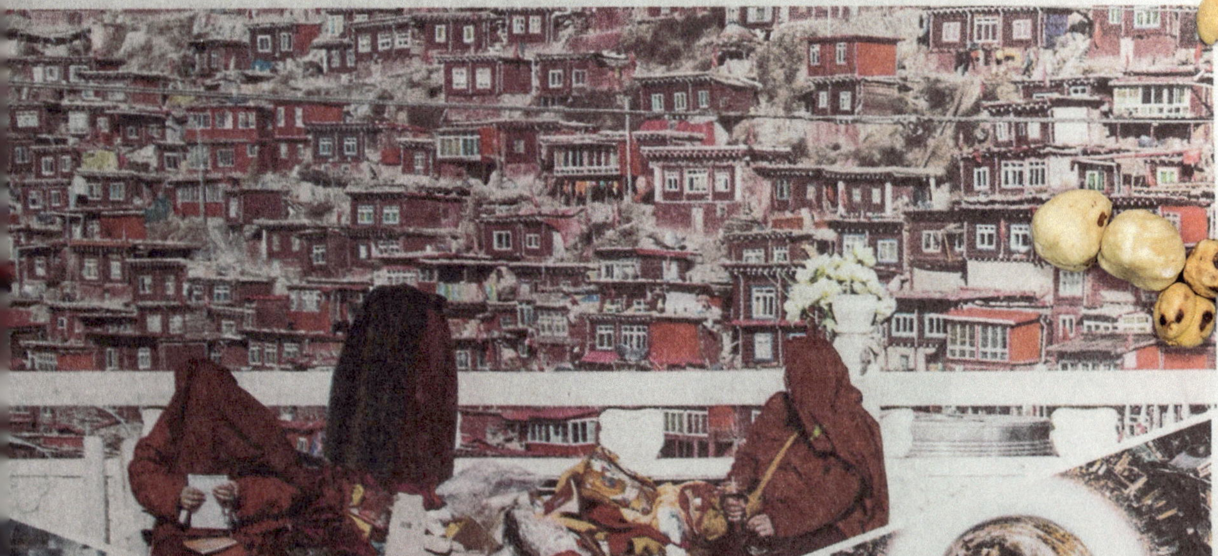

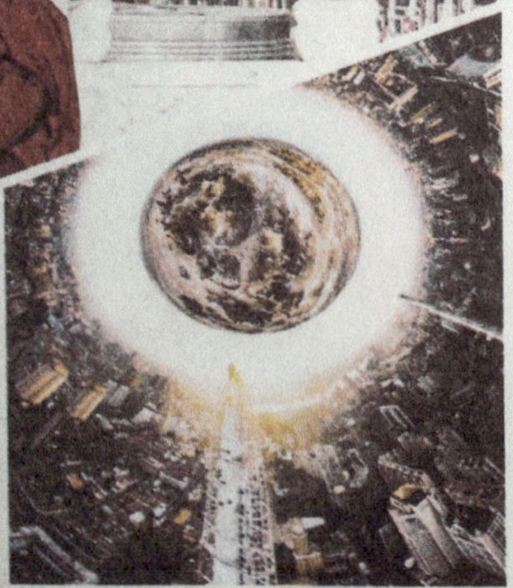

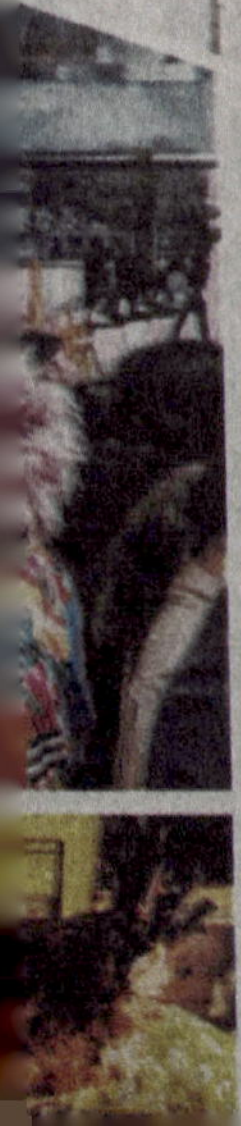

PASTEL KADRAJLARDAN DÜNYAYI İZLEMEK

■ Yarım milyondan fazla insanın başvurduğu EyeEm Fotoğraf Ödülleri sahiplerini buldu. Yarışma foto muhabirliğinden gerçeküstü mimari minimalizme kadar çeşitli konseptlerde etkileyici görsellere ev sahipliği yapıyor. Yılın Fotoğrafçısı genel ödülü ise Varşova merkezli portre fotoğrafçısı Kate Phellini'nin oldu. Foto muhabiri kategorisinde kazananı Marlon Villaverde ise Filipinler'de geleneksel dini bir rituel belgelerken Mimari'nin fatihi Gabriella Achabinha klasik Doğu Avrupa mimarisi seçkisiyle bu yapıların vahşi yüzünü pastel renklerle vurguluyor.

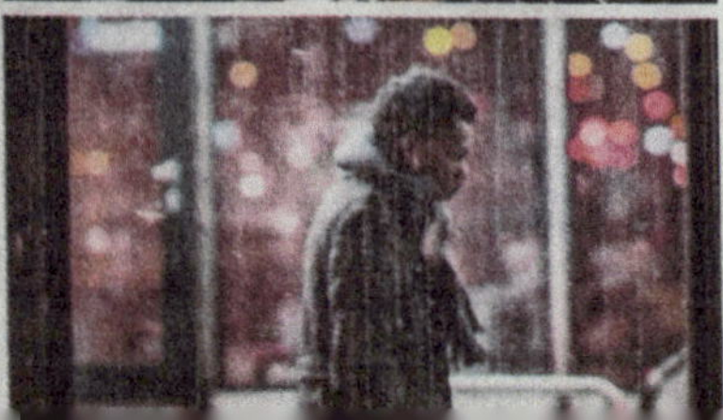

Trump mafya bile olamaz

■ Donald Trump hakkındaki radikal konuşmalarıyla gündeme gelen usta oyuncu Robert De Niro bu kez The Graham Norton Show'da başkanı topa tuttu. De Niro Mafya karakterlerinin bugünkü cazibesine ilişkin bir soru üzerine "Bugün, bir gangster olduğunu düşünen ama iyi bir gangster bile olmayan garip, mantıksız bir başkanımız var. İnsanlar şu anda Beyaz Saray'daki gangster özentisi dışındaki haydut tipleri seviyor. Gangsterlerin bile ahlakı var, onların bile etikleri var. Onların bir düsturu var ve bir şey verdiğinizde bu sizin sözünüz, çünkü sahip olduğunuz tek şey sözünüz. Onlar da senin sözüne güvenir, o kadar. Bu adam bunun ne anlama geldiğini bile bilmiyor" ifadelerini kullandı. De Niro daha önce de Trump için "Bu adam utanç verici, Trump'in ortası yok, etiği yok, ahlakı yok. Ahlaksız, edepsiz biri" demişti.

Antik ç[...] d[...]

[...]
sahne, fa[...]
[...] ola[...]
[...] biri zafer
[...]
[...] keşif, bir me[...]
[...]u.
[...]
[...]ayınaneydi ve üst katında da gladyatörlere konaklama imkanı sunuyordu. Guardian'da yer alan habere göre Pompeii Arkeolojik Parkı Genel Müdürü Massimo Ossana, "Bu m[...] gladyatörlerin sık geldi[...]asası çok muhtemel. Bu m[...] özellikle ilgi çekici [...] kaybeden gladyatör[...]ındaki ve bileğindeki yaraların çok gerçekçi resmedilmesi. Dövüşün sonunda ne olduğunu bilmiyoruz; ölmüş de olabilir merhamet[...] de" ifadelerini kullandı.

Köpekler stresin aynasıymış

■ Bir köpek ve sahibi arasında her zaman ilginç bir bağ olduğu bilinir. İsveç'teki Linköping Üniversitesi'nde yapılan yeni bir araştırma, köpeklerin sahiplerinin stres düzeylerini bile aldıklarını tespit ediyor, yaşam tarzı faktörlerinin ve insandaki yaşam arkadaşlarının köpeklerde stres düzeyini nasıl etkilediğini ince

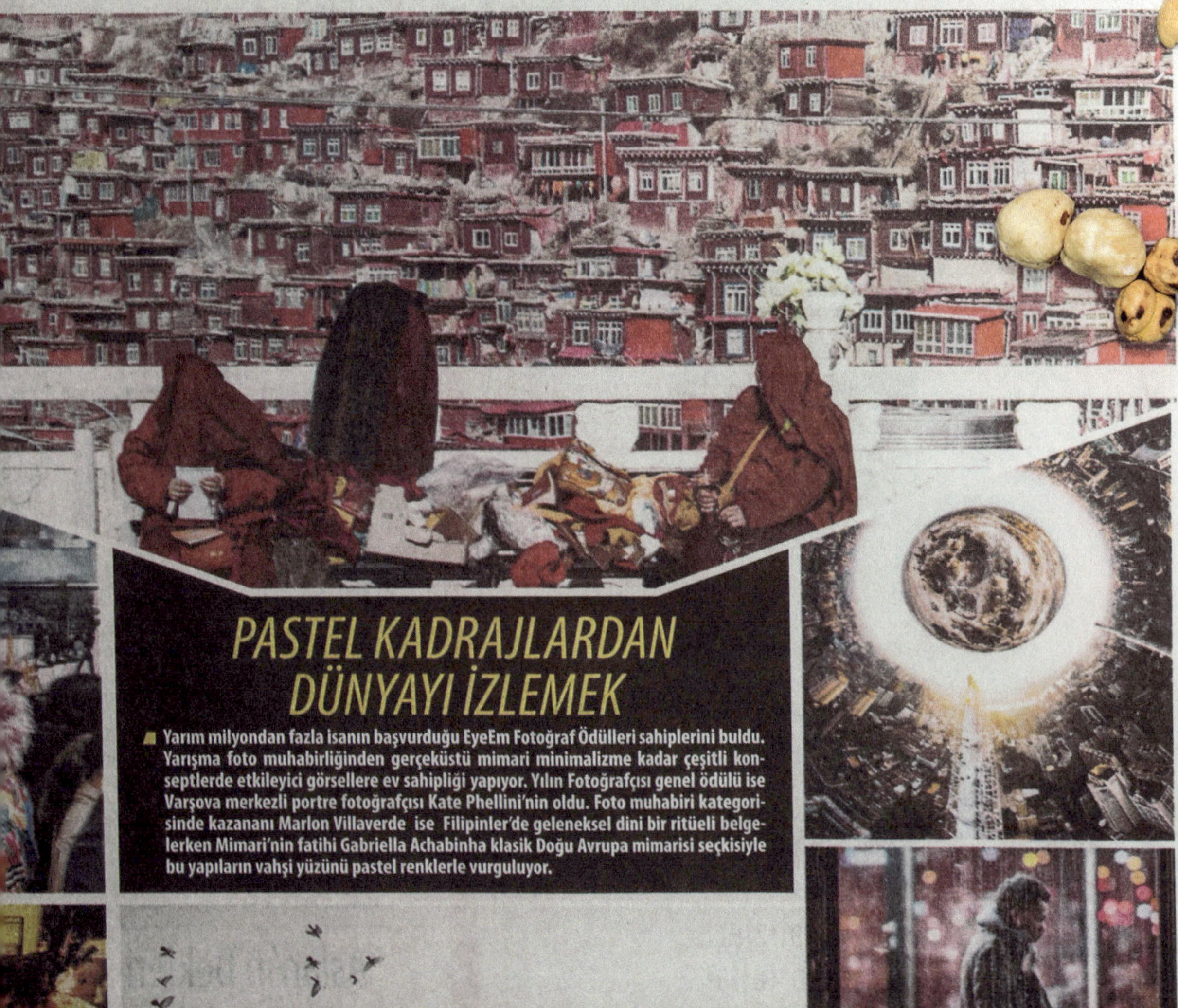

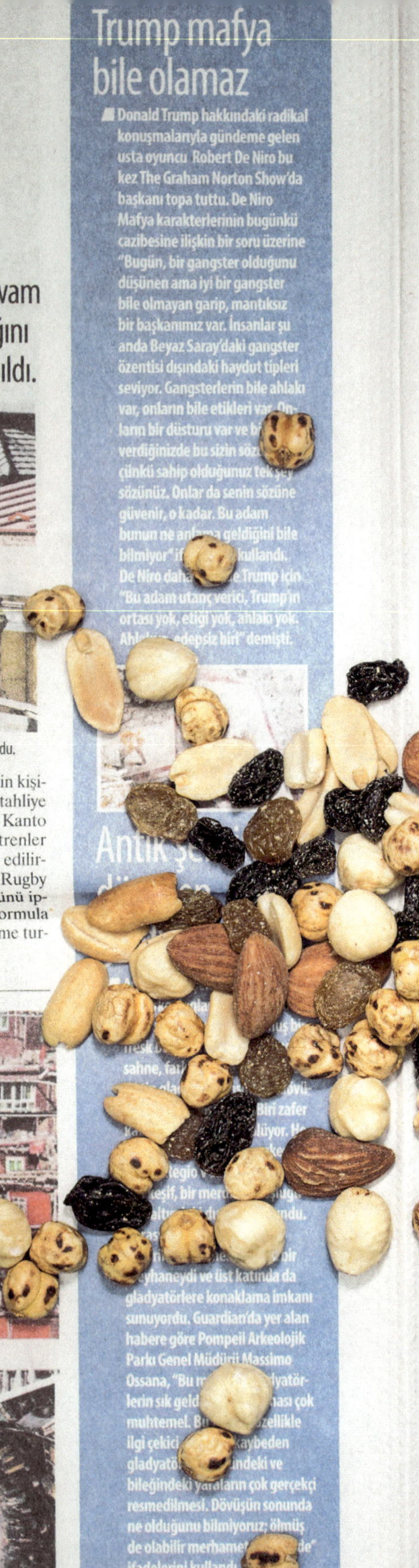

14 EKİM 2019 PAZARTESİ   www.karar.com   FİYATI: 1.25 TL

Suriye'nin kuzeyinde 5'inci gününe giren Barış Pınarı Harekatı yıldırım hızıyla ilerliyor. Rasula ardından Tel Abyad'a giren ÖSO güçleri birçok mahalleyi kontrol altına aldı. Cumhurbaşkanı Erd harekatın tüm sınır hattında ve 35 kilometre derinliğe ulaşana kadar durmayacağını açıkla Esper de "Trump'ın talimatlarına uygun olarak tüm birliklerimizi Suriye'nin güneyine çe

ABD 30 KM GÜNEYE ÇEKİLİYOR | KORİDOR TAMAMEN AÇILDI

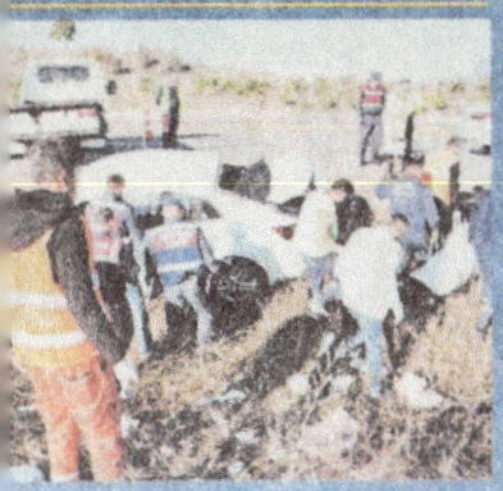

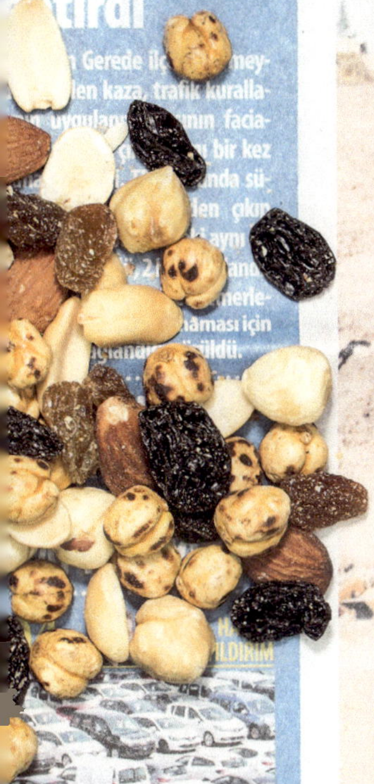

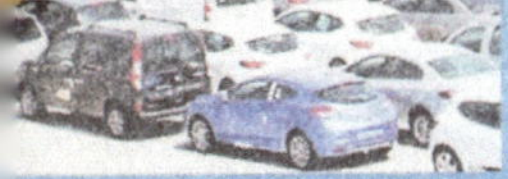

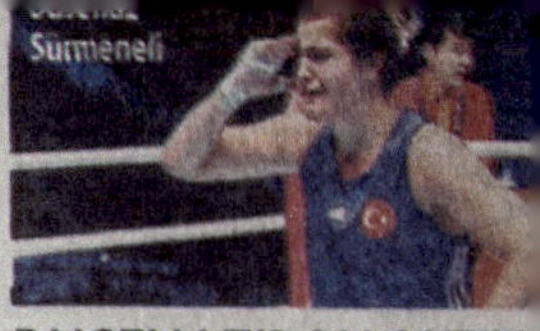

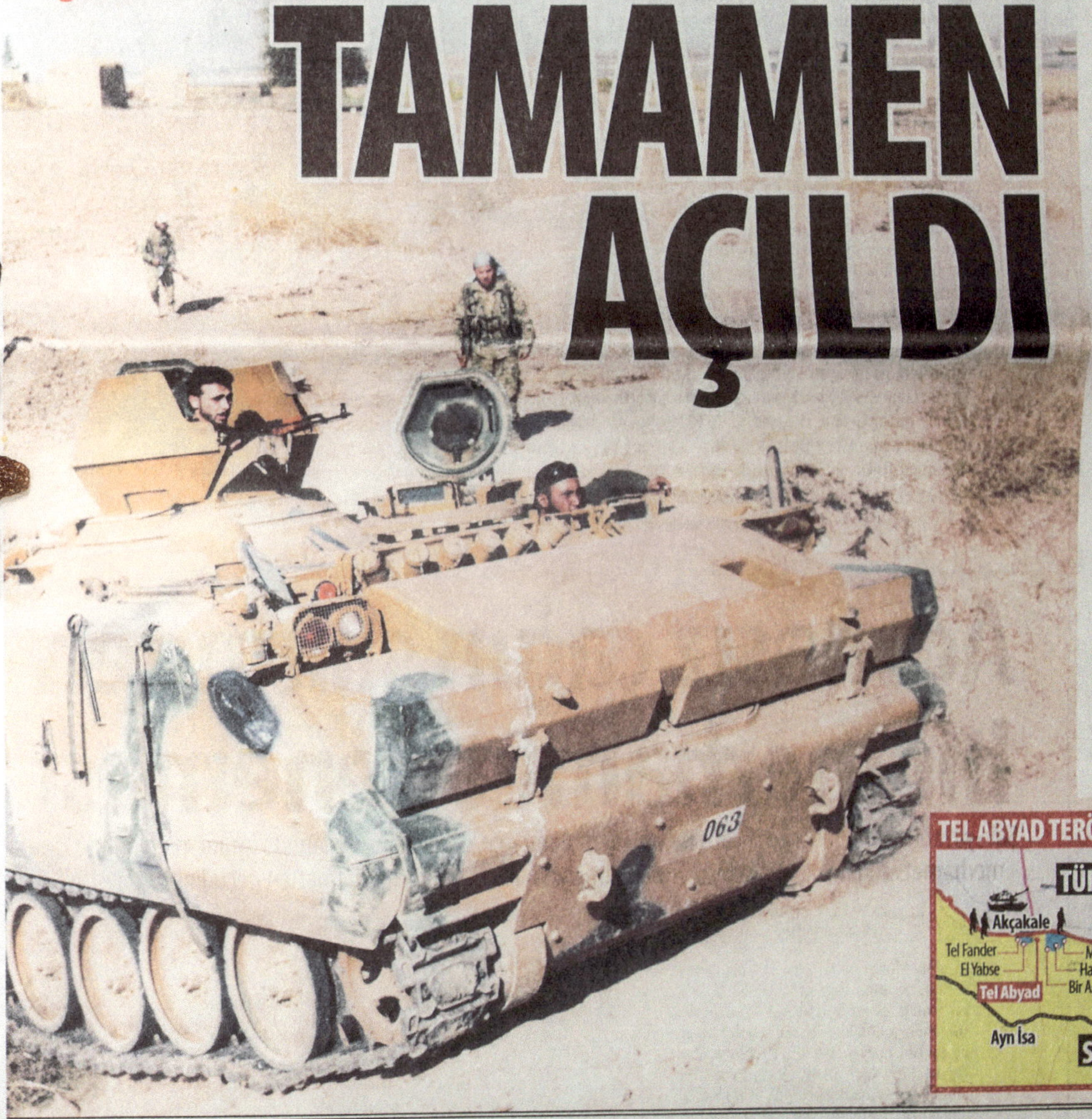

525 YPG'Lİ ETK HALE GETİRİL

Türkiye'nin 9 Ekim'de ğı Barış Pınarı Hare hızıyla sürüyor. Harekat gününde TSK destekli ÖS ri Rasulayn'ın ardından T merkezine de girdi. Cur kanı Erdoğan da harek diği evreyi anlattı. Şu ana YPG'linin etkisiz hale ge söyleyen Erdoğan, ope 480 kilometrelik sınır hatt 35 kilometre derinliğine ya dek süreceğini açıkladı. Avrupa'dan gelen yaptırı lerine de tepki göstererel bizi durduramaz. Karar ve terör örgütü mü NATO ü

ABD TAMAM GÜNEYE ÇEKİ

Erdoğan'ın açıklar kısa süre sonra Al harekat ile ilgili çarpıcı aç geldi. ABD Savunma Bak Esper, Başkan Trump'ın Amerikan askerlerine geri çekilin talimatı verdiğini açıkladı. Esper "Son 24 saatte Türkiye'nin harekatı ilk plana kıyasla daha güneye ve ayrıca batıya genişletme ihtimali bulunduğunu ö dedi. ABD'nin Suriye'nin de kalan yaklaşık 1000 ask liye etmeye hazırlandığını Esper, konuşmasında Şam yönetimiyle anlaşma rinin olduğunu da dile get

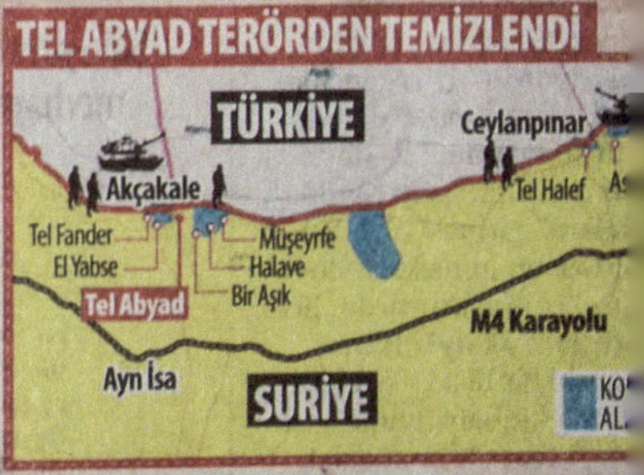

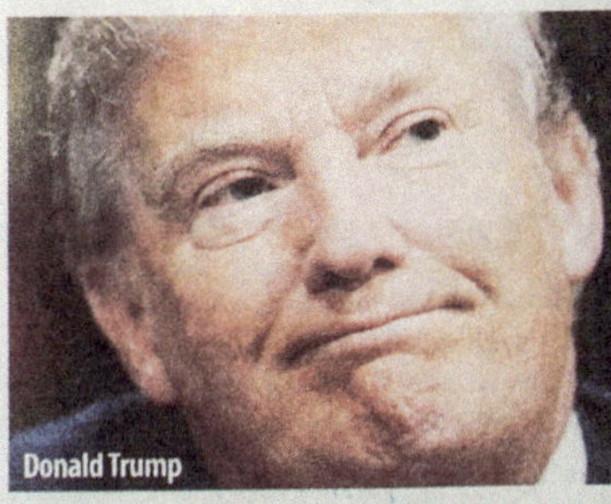

Sabah başka akşam başka

Barış Pınarı Harekatı'nın ilk gününden bu yana Türkiye'yi önce destekleyen sonra tehdit eden ABD Başkanı Trump, zikzaklarına dün de devam etti. YPG'ye "Kimse hava gücüne karşı duramaz. Kürtler geri çekilme eğiliminde" diyerek mesaj veren Trump, ABD ordusu generallerini eleştirdi. ABD Başkanı öğleden sonra yaptığı açıklamalarda da bu kez Türkiye'yi hedef aldı. Kongreye sunulan Türkiye'ye yaptırım paketiyle ilgilendiğini belirten Trump "Hazine Bakanlığı adım atmaya hazır, ek yasalar çıkarılması gerekebilir. Bu konuda büyük bir fikir birliği var. Türkiye bunun yapılmamasını istedi. İzlemeye devam edin!" dedi. S/9

Emniyet kemeri hilesi faciayı tirdi

n Gerede ilç mey len kaza, trafik kuralla uygulan ının facia bir kez ında şi ını ayn 2 le mer maması için ı ıldı.

OTOMOTİV PATİNAJ YAPIYOR

Faiz indirimleri ve vergi destekleri de otomotivdeki kana yan yarayı durdurmaya yetme di. Sektör son çeyreğe girilirken yine daraldı. Sektörün son üç yıl ık verilerini açıklayan OSD, otomotiv üretiminin bir önceki yıla göre yüzde 1, ihracatta da yüzde 11 gerilediğini açıkladı.

Masadaki en kritik gün geride kaldı
MUSTAFA KARAALİOĞLU S/9

Oyun bozan operasyon
YUSUF ZİYA CÖMERT S/3

Rasyonel aklı

Özbekist 28 Şub

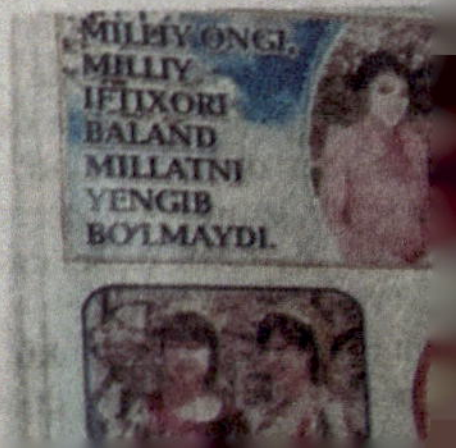

Gıdada korkutan tablo

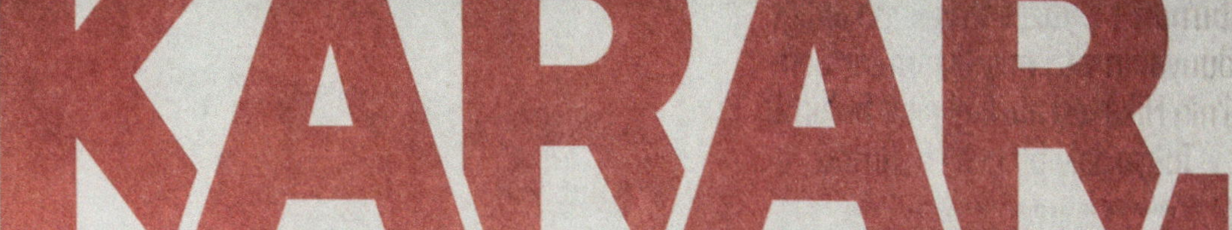

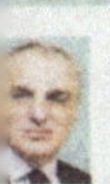

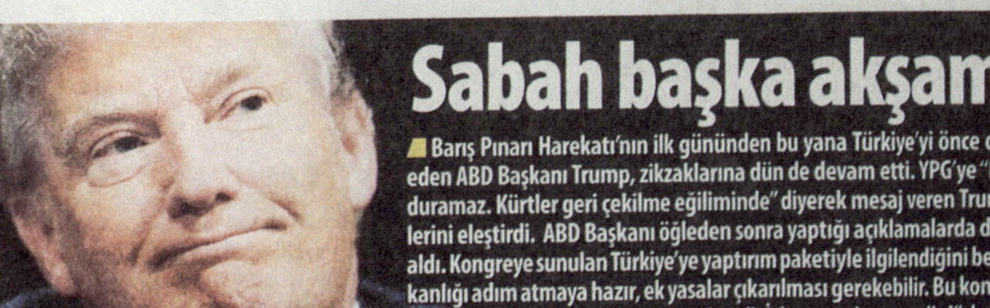

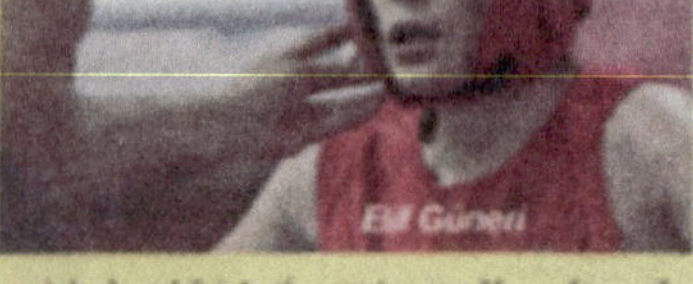

dinlar Boks Şampiyona-sı'nın son gününde final müsabakalarında ter dök-tü. Bugüne kadar ülkemi-zi birçok organizas-yonda başarıyla temsil eden ay-yıldızlı boksçular, turnuva sonucunda ülke-mize 3 madalya getirdi. **Rus-ya**'nın **Ulan Ude** kentinde ger-çekleştirilen organizasyonda ringe çıkan mil-li boksçularımızdan **Busenaz Sürmeneli** al-tın madalya kazanma mutluluğu yaşarken,

etti. Turnuvaya 3 madalya ile kapayarak ülkemizi gurur-landıran milli boksçular, ba-şarılarına yenilerini eklediler.

BUSENAZ'DAN ALTIN MADALYA

Turnuvada 69 kiloda final maçına çıkan Busenaz Sürmene-li, Çinli rakibi Liu Yang'ı mağlup ede-rek altın madalya kazandı ve Dünya Şampi-yonu oldu. Finalde üç raundta da sergilediği üstün performansla rakibini mağlup eden mil-

şayan ve gözyaşlarına hakim olamayan Buse-naz Sürmeneli, Barış Pınar Harekatı'nda gö-rev alan Mehmetçik'e asker selamı gönderdi ve kazandığı madalyayı kahraman ordumu-za adadı. 21 yaşındaki milli sporcu, bu madalya ile birlikte, kariyerinde ilk büyükler dünya şam-piyonluğuna ulaştı.

BUSE NAZ VE ELİF'TEN GÜMÜŞ MADALYA

Öte yandan, organizasyonun 51 kilo fi-nalinde ringe çıkan Buse Naz Çakıroğlu, Rus rakibi Liliya Aetbaeva ile karşı karşıya geldi. Mü-

cadelede rakibi Aetbaeva'ya mağlup olan mil-li sporcu, podyumun ikinci basamağına çıktı ve gümüş madalyayı boynuna taktı. Bir diğer milli sporcu Elif Güneri de, 81 kilo finalinde Rus Zenfira ile karşı karşıya geldi. Rakibini mağlup edemeyen milli sporcu, podyumun ikinci ba-samağında yer aldı ve gümüş madalya elde etti.

rupa'nın zirvesi için

...akımımız, 2020 Avrupa Futbol Şampiyonası yolunda H Grubu'ndaki en kritik maçla...
...laşmanda karşılaşacak ay-yıldızlılar, zorlu maçtan puan ya da puanlarla dönerse...

piyonası ele-lli Futbol Ta-nci maçında karşılaşacak. an Stade de a TSI 21.45'te utbol Fede-ch Borsch ve Fritz ise dör-cak. Önemli ayımlanacak. nda-Andor-açları da oy-a 6 galibiyet yıldızlı ekip, muyor. Aynı anlı İzlanda

ransa ile bu-020 Avrupa a 576'ncı kez alık tarihinde olmak üze-eberabere kal-ldı. Ay-yıl-i evinde, 80'i da, 3'ü hük-ol attı, kale-akım, bugü-kımıyla mü-şılaşmanın 3'ünü Ame-Okyanusya

laşması ile kacak. Mil-galibiyet ala-ergiledi. Mil-şmasında smalarda 19

gol attı, kalesinde yalnızca 3 gol gördü. Ay-yıldızlı ekibimiz, son olarak **Şükrü Saracoğlu Stadı**'nda ağırladığı Arnavutluk'u 1-0 mağ-lup etti.

A Milli Futbol Takımı'nın başında ikin-ci dönemini geçiren **Şenol Güneş**, ay-yıldızlı ekiple 60'ncı maçına Fransa mücadelesiy-le çıkacak. Şenol Güneş yönetimindeki 59 maçta, milliler, 31 galibiyet, 13 beraberlik ve 15 yenilgi yaşadı. Türkiye, Güneş yöneti-minde 91 gol atarken, kalesinde 53 gole en-gel olamadı. A Milli Takım, Şenol Güneş yö-netiminde 41 **resmi** maç yaptı. Milliler, Gü-neş idaresinde resmi maçların 26'sını ka-zandı, 8'ini yitirdi, 7'sinde ise eşitliği boza-

madı. Bu maçlarda 76 gol... ekip, kalesinde 32 gol... mız, tarihinin en büyük... neş yönetiminde 2002 D... 3'üncü olarak yaşamıştı.

Türkiye ile Fransa son... ran'da Konya'da karşılaştı. 2020 Elemeleri'nin 3'üncü... maçı 2-0 kazandı ve rakibini ilk defa ma... lup etti. Öte yandan, Türkiye ile Fransa, gün Paris'te yapacakları maça 6'ncı kez... birlerine rakip olacak. Geride kalan 5 maç... ta Türkiye bir, Fransa 4 kez galip geldi. 3'ü özel olmak üzere geride kalan 5 maçta Fransa 12, Türkiye ise 4 gol attı.

UEFA'dan yalanlama

UEFA, **A Milli Futbol Takımı** oyuncularının **Arnavutluk** maçındaki gol sevinciyle ilgi-li soruşturma başlatıldığı iddialarını yalanla-dı. Konuyla ilgili soruları yanıtlayan UEFA İle-tişim Direktörü **Philip Townsend**, "Cuma günkü maça ilgili UEFA'nın herhangi bir yoru-mu olmamıştır" dedi. Açıklamada, yabancı basında yer alan UEFA yetkililerine atfen kullanılan yorumların hiçbirinin gerçeği yan-sıtmadığı vurgulandı. A Milli Takım, 2020 Avrupa Futbol Şampiyonası elemelerinde cuma günü Arnavutluk'u ağırlamış ve **Cenk Tosun**'un golüyle rakibini 1-0 mağlup et-mişti. Milli futbolcular, asker selamıyla bu golü **Barış Pınar Harekatı**'nda görev alan **Mehmetçik**'e armağan etmişti.

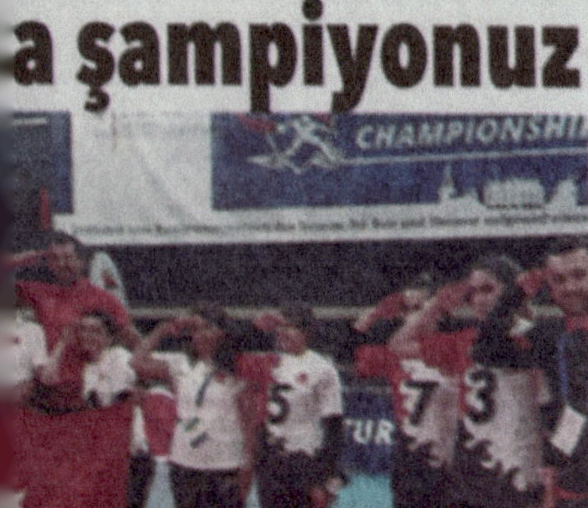

a şampiyonuz

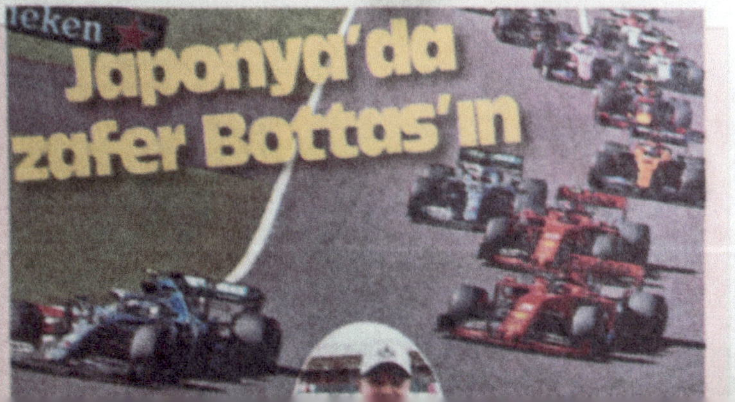

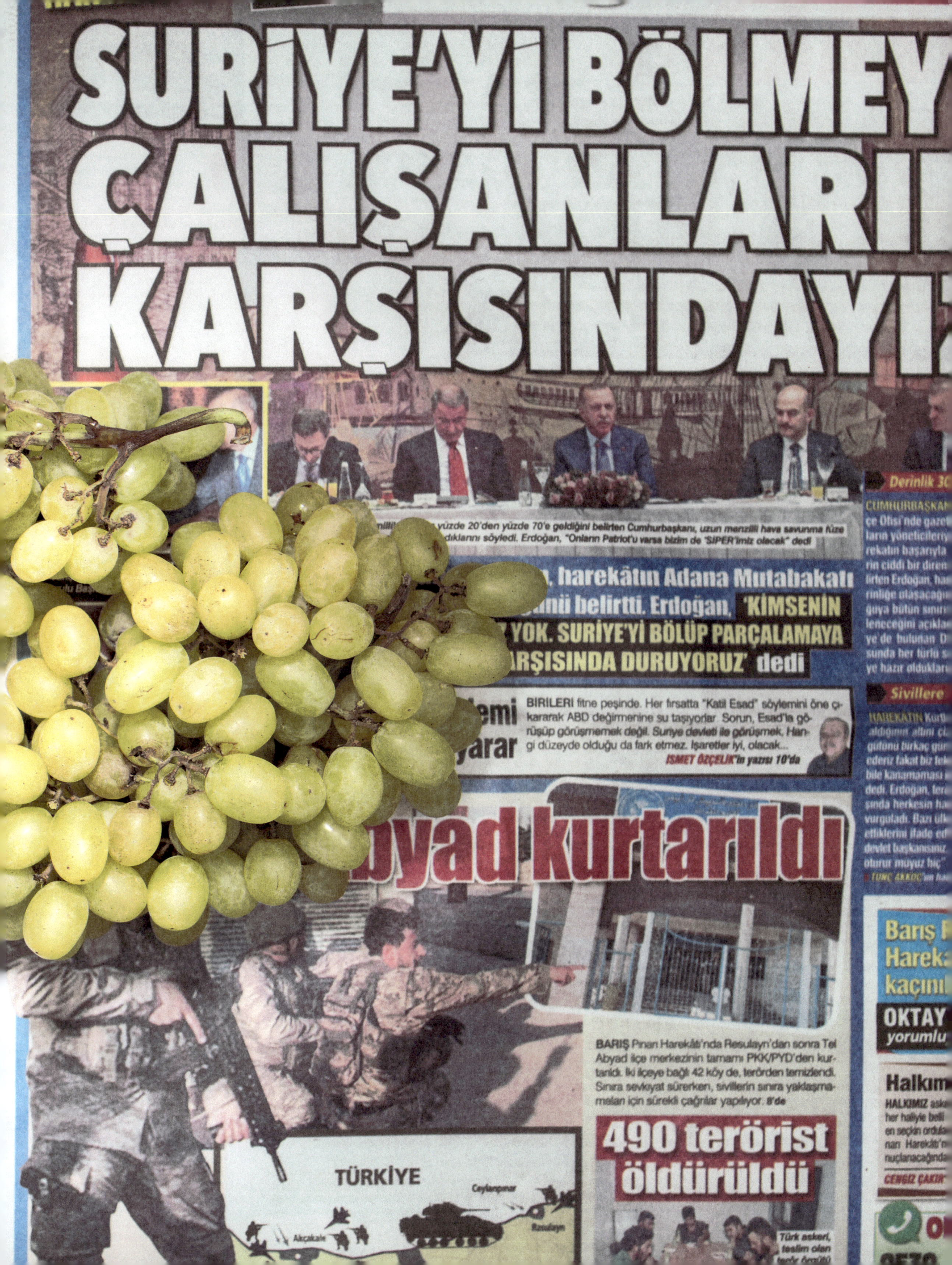

SURİYE'Yİ BÖLMEY[E] ÇALIŞANLARI[N] KARŞISINDAYI[Z]

..., yüzde 20'den yüzde 70'e geldiğini belirten Cumhurbaşkanı, uzun menzilli hava savunma füze ...dıklarını söyledi. Erdoğan, "Onların Patriot'u varsa bizim de 'SİPER'imiz olacak" dedi

..., harekâtın Adana Mutabakatı ...nü belirtti. Erdoğan, **'KİMSENİN ... YOK. SURİYE'Yİ BÖLÜP PARÇALAMAYA ...ARŞISINDA DURUYORUZ' dedi**

BİRİLERİ fitne peşinde. Her fırsatta "Katil Esad" söylemini öne çıkararak ABD değirmenine su taşıyorlar. Sorun, Esad'la görüşüp görüşmemek değil. Suriye devleti ile görüşmek, Hangi düzeyde olduğu da fark etmez. İşaretler iyi, olacak...
İSMET ÖZÇELİK'in yazısı 10'da

...byad kurtarıldı

BARIŞ Pınar Harekâtı'nda Resulayn'dan sonra Tel Abyad ilçe merkezinin tamamı PKK/PYD'den kurtarıldı. İki ilçeye bağlı 42 köy de, terörden temizlendi. Sınıra sevkiyat sürerken, sivillerin sınıra yaklaşmamaları için sürekli çağrılar yapılıyor. **8'de**

490 terörist öldürüldü

Derinlik 30...

CUMHURBAŞKANI ...çe Ofisi'nde gazete... ...ların yöneticileriy... ...rekâtın başarıyla ... ...rin ciddi bir diren... ...irten Erdoğan, ha... ...rinliğe ulaşacağın... ...guya bütün sınır... ...leneceğini açıkla... ...ye'de bulunan D... ...sunda her türlü s... ...ye hazır olduklar...

Sivillere ...

HAREKATIN Kürt... ...aldığının altını çi... ...güünü birkaç gün... ...ederiz fakat biz te... ...bile kanatmaması... dedi. Erdoğan, ter... ...sında herkesin ha... vurguladı. Bazı ülk... etiklerini ifade ed... ...devlet başkansız... oturur muyuz hiç"... **TUNÇ AKKOÇ'un ha...**

Barış ...
Harek... ...
kaçınıl...

OKTAY *...in yorumlu...*

Halkım...

HALKIMIZ asker... her haliyle belli ... en seçkin ordula... ...nan Harekât'ın ... ...nuçlanacağını ... **CENGİZ ÇAKIR...**

...el Arap-Kamışlı ...antısı kesildi

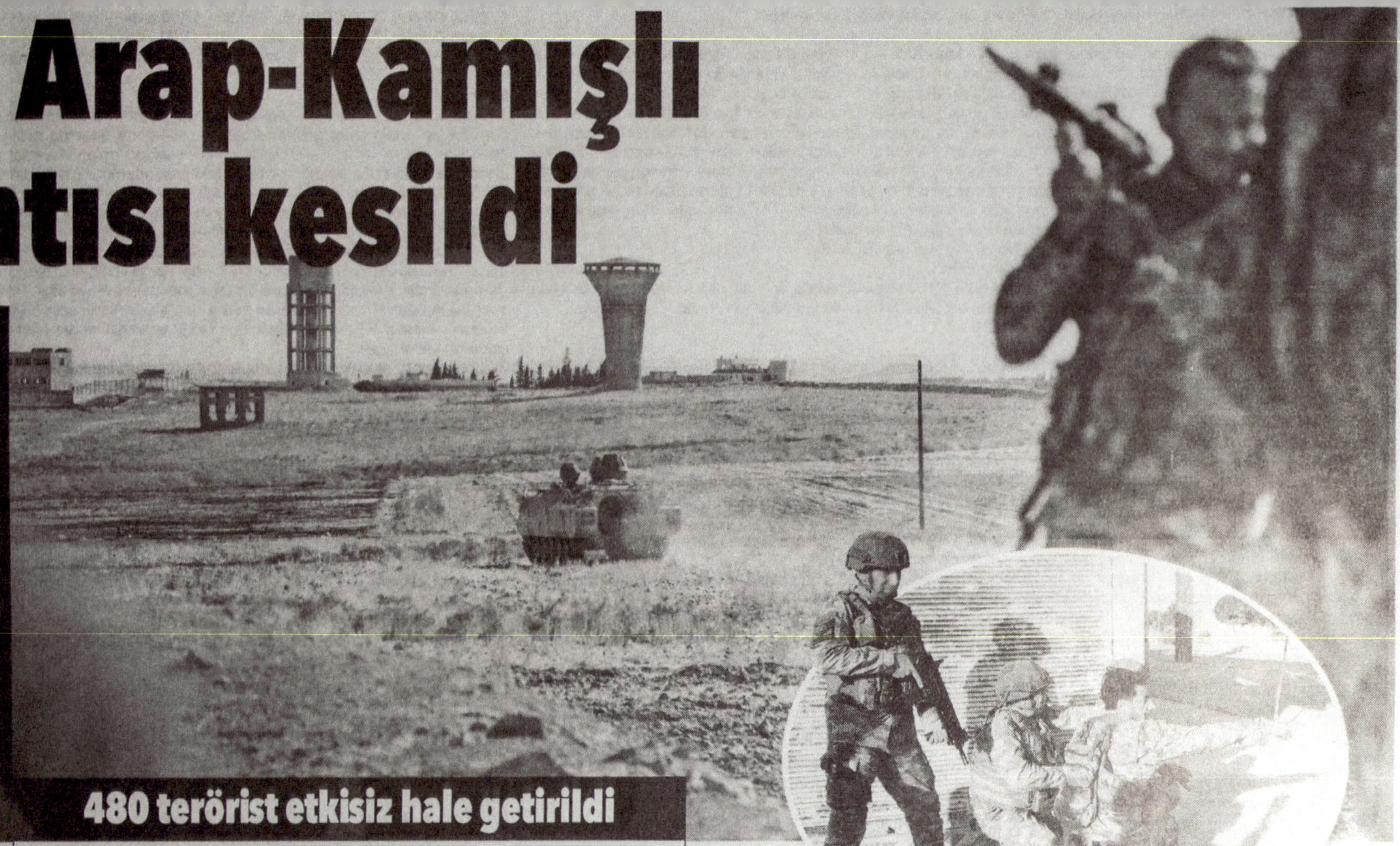

...en

...cü ...ren

...adı. ...liğin ...-Ayn ...tısı

480 terörist etkisiz hale getirildi

SURİYE-Türkiye sınırındaki Rasulayn ve Tel Abyad ilçesinde, 9 Ekim'de başlayan harekatta şu ana kadar toplam 2 ilçe merkezi, 1 belde ve 56 köy YPG/PKK'dan kurtarıldı.

Milli Savunma Bakanlığın, "Barış Pınarı Harekatı kapsamında gece boyunca kara ve hava ateş destek vasıtaları ve İHA'larla desteklenen operasyonlar başarıyla devam etti. Etkisiz hale getirilen terörist sayısı 480 oldu" açıklamasında bulundu.

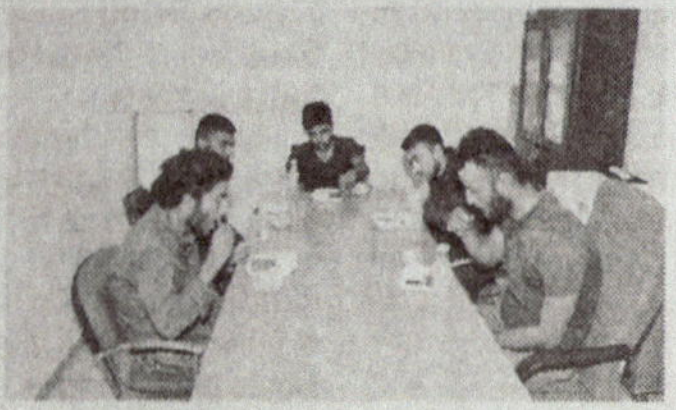

24 TERÖRİST TESLİM OLDU

Öte yandan başarılı harekat karşısında çaresiz kalan teröristler silahlarını bırakıp, kaçmaya başladı. PKK/YPG üyesi 24 terörist ise güvenlik güçlerine teslim oldu. Türk askeri, teslim olan terör örgütü üyelerine kumanyalarından verdi. Terör örgütü üyeleri, ardından ifadeleri alınmak üzere birliklere götürüldü. Terör örgütünden kopmaların artması üzerine, örgüt liderlerinin 'infaz' dahil çeşitli yöntemlere başvurdukları da belirtildi.

SINIRA SEVKİYAT SÜRÜYOR

Öte yandan sınır hattındaki **Akçakale** ve **Ceylanpınar**'a askeri sevkiyatta devam ediyor. **Türkiye**'nin farklı birliklerinden çıkan zırhlı araç ve askeri personeller dün sabah konvoy halinde **Şanlıurfa**'ya geldi. Güvenlik önlemleri arasında ilerleyen konvoyda bulunan araç ve askeri personeller **Suruç**, **Akçakale**, **Ceylanpınar** ve **Nusaybin**'e yönlendirildi. Bu ilçelerde konuşlanan araç ve askerlerin harekat kapsamında sınırı geçerek karadan teröristlerin etkisiz hale getirilmesine yönelik operasyona destek vereceği belirtildi.

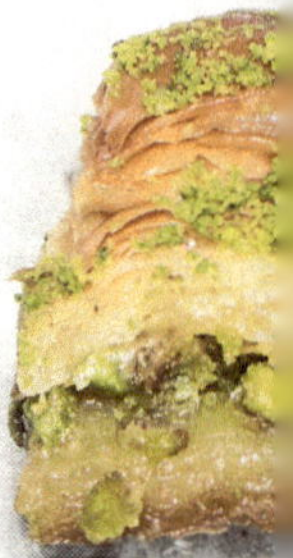

...YPG'den ...ş Pınarı ...ef olan ...n'ın ilçe ...e ele ge- ...çin has- ...yleri tek

...k nokta ...byad'da ...ri tara- ...ihbarat ...insansız ...erle be- ...atışları ...ı ile et- ...ı vurul- ...Türkiye

...z Tel Ab- ...apsamda ...tik öne- ...ah terö- ...rkezinin ...kontrol ...mey ke- ...dı. ...lerin et- ...dildi. Tel ...ahal ha- ...olis Özel ...irtiliyor.

...ROL

...ilometre ...likler bu- ...Milli Sa-**vunma Bakanlığı**, Twitter'dan yaptığı açıklamada, "**Barış Pınarı Harekâtı** kapsamında başarıyla icra edilen operasyonlar neticesinde, 30-35 kilometre derinliğe inilerek M-4 karayolunun kontrolü sağlandı" dedi. Hem *M-4 kara yolunun hem de* **Tel Abyad**'ın kontrol altına alınmasıyla **PKK/YPG**'nin **Kamışlı** ile **Ayn El Arap-Münbiç** arasındaki bağı da koparılmış oldu.

GÜVENLİK HAD SAFHADA

Bugüne kadar 18 sivilin şehit olduğu harekat kapsamında **Suriye** sınırındaki yerleşim alanlarında da sivillere sınıra yaklaşmamaları konusunda uyarılar yapılıyor. Hoparlörlerden sık sık uyarı anonslarının yapıldığı sınır ilçelerinde polisler vatandaşlardan sokaklarda dolaşmamaları ve güvenli alanlara gitmelerini istiyor. Sınır hattında ise askerler zırhlı araçlarla sürekli devriye görevi yaparak teröristlerin olası saldırılarına ve sızma girişimine engel oluyor.

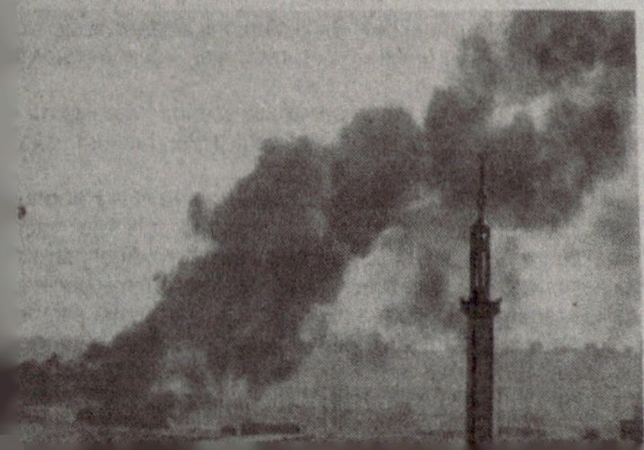

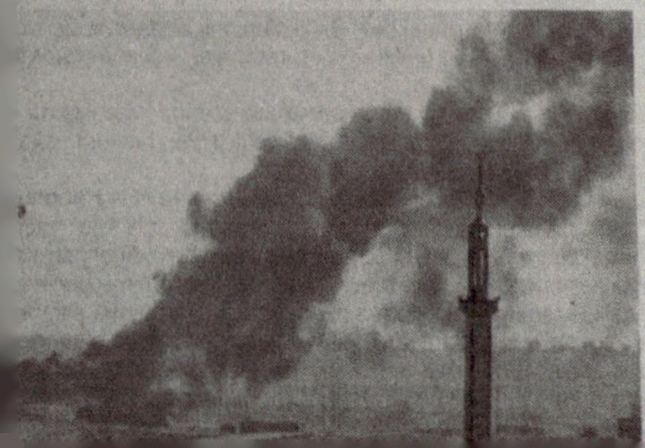

Feyzioğlu'ndan Akçakale'de Mehmetçiğe destek

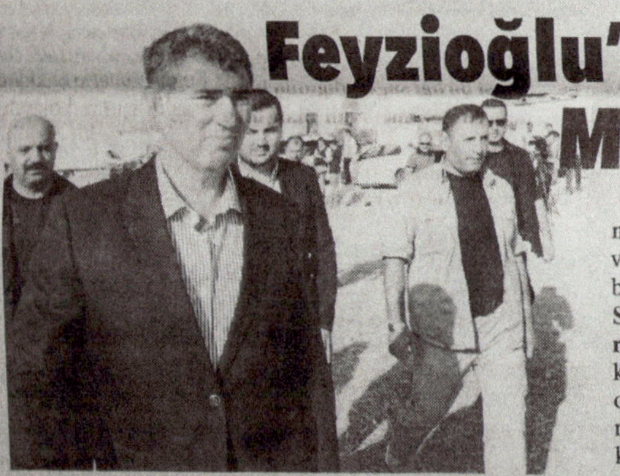

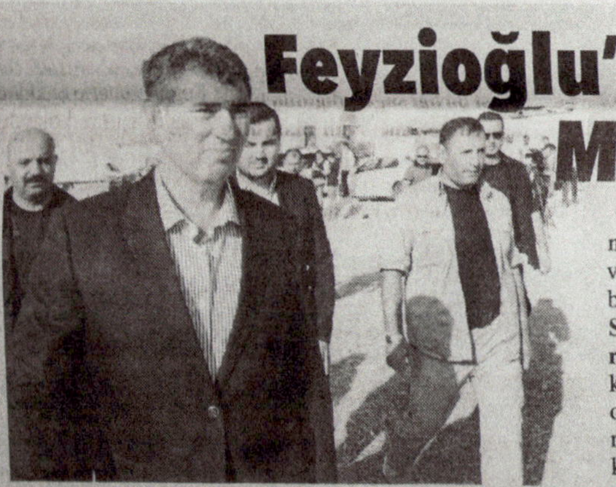

TÜRKİYE Barolar Birliği (TBB) Başkanı Metin Feyzioğlu, Mehmetçiğe destek için geldiği Akçakale'de tüm **Türkiye**'ye ve dünyaya **Türk** ordusunun arkasında dimdik durduklarını göstermek için burada olduklarını söyledi.

Teröristlerin, **Cenevre Sözleşmelerini**, **Uluslararası Roma Statüsünü** yok sayarak basın mensuplarının üzerinize keskin nişancılarla ateş ettiğini belirten **Feyzioğlu**, buna rağmen basın mensuplarının görevden kaçmadıklarını ve dünyaya bunu anlatmak için çırpındıklarını ifade etti.

Dünyanın ise bunu görmediğine dikkati çeken **Feyzioğlu**, şunları söyledi: "Dünyada şu anda **PKK, FETÖ, DHKP/C**'nin ortak kara propaganda mekanizması çalışıyor. Bizimle hiç ilgisi olmayan fotoğrafları, görüntüleri fabrika edip üretip 'Türkler şuraya saldırdı...' ...mayı göze alıyor ama sivilleri zarar vermeyi kabul etmiyor. Biz bunu **Sur**'da da yaşadık, **Cizre**'de de yaşadık. O çukurlarda yaşadık. Biz orada onları çukurlarına gömdük, burada da kazdıkları mevzilere, çukurlara yine gömeceğiz."

'SİVİLLERE ZARAR VERİLİYOR' YALANI

Uluslararası hukuk kurallarını hatırlatan **Feyzioğlu**, sözlerin şöyle sürürdü: "Eğer sivillerin arasına karışıp, özellikle o sivilleri etraflarına çevirip oradan size saldırıda bulunuyorlarsa, saldırılan tarafın kendisini savunması, vatandaşlarını ve topraklarını savunması için yaptığı karşı saldırıda sivillerin zarar görmesini uluslararası hukuk kabul ediyor. Maalesef diyor ama kabul ediyor. Bu uluslararası hukukun verdiği bir yetki olmasına rağmen **Türk** askeri bu yetkiyi kullanmıyor, 'Ben şehit olurum, sivillere zarar vermem' diyor. Bu askeri alnından öpün. Ama bir bakıyorsunuz yurt dışında inanılmaz biri kara propaganda... ...dinden aziz gören bir kültürden geliyoruz."

'TÜRK ORDUSU DÜMDÜZ EDECEK'

Feyzioğlu, harekatın gerekliliğini anlatarak, terör örgütünün Kürk halkına zarar verdiğini dile getirdi. Feyzioğlu, iki sene önce **Uluslararası Af Örgütü**'nün bölgenin demografik yapısının değiştirildiği ve insanlığa karşı suç işlendiğini söylediğini hatırlattı. Yabancıların bu raporu görmezden geldiklerini ifade eden **Feyzioğlu,** şunları kaydetti: "Rapor nüfus kayıtlarının yok edildiğini söyledi. Kendinden olmayanların zorla bölge dışına sürüldüğünü ve dolayısıyla içeride kendilerine bağlı tek etnisiteden nüfus yaratılmak istendiğini bizzat söyledi. Yani burada Suriye'nin dörtte birini işgal eden **PKK**'lı teröristlere birileri 'özgürlük savaşçısı, **IŞİD**'e karşı savaşan kahraman' muamelesi yapacak, Suriye'nin toprak bütünlüğünü sağlama ve en önemlisi kendi sınırlarımızda meşru savunma hakkımızı kullanma anlamında güvenlik sağlamak üzere gelen **Türklere** 'işgalci' diyecekler. Hadi canım sende. Suriye'yi işgal eden **PKK**'dır ve bu işgalci teröristler şu anda **Türkiye**'de bebekleri öldürmektedir. Çocukların arkasına saklanarak bebekleri öl-

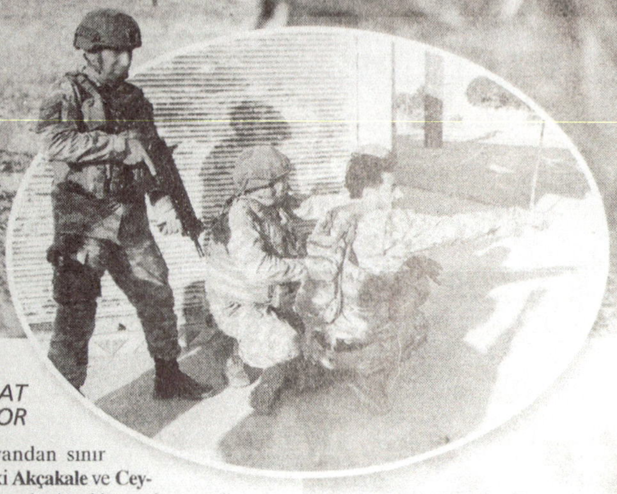

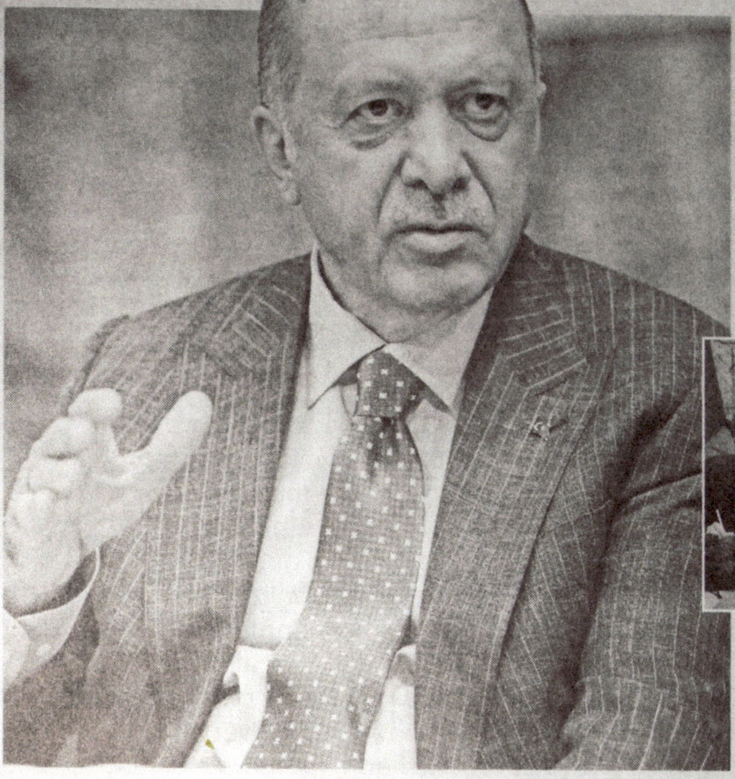

TUNÇ AKKOÇ

CUMHURBAŞKANI Tayyip Erdoğan, Dolmabahçe Ofisi'nde gazete, televizyon ve ajansların yöneticileriyle bir araya geldi. Altıncı gününe giren Barış Pınarı Harekatı'nda Türk Silahlı Kuvvetleri (TSK)'nin başarılı bir şekilde operasyonu yürüttüğünü söyleyen Erdoğan, "Terör örgütü, Amerika tarafından 30 bin kamyonluk silah, mühimmat ve araç gereç teçhiz edilmesine rağmen ciddi bir varlık ortaya koyamamıştır. En son geçen hafta 400 kamyon daha gelmek suretiyle, araç, gereç silah vesaire bunlarla beraber ve tabii bizler bunların bir kısmını da ele geçiriyoruz. Ele geçirdikçe de neler oluyor bunu da görüyoruz" diye konuştu. Erdoğan harekatın 30 kilometre derinlik ve en batıdan en doğuya bütün havzanın teröristlerden temizlenene kadar devam edeceğini açıkladı.

Suriye'de yürütülen operasyonla ilgili tereddütlerin üç başlıkta toplandığını dile getiren Erdoğan, "Birinci konu bu operasyonun ardından Suriye'de bulunan DEAŞ'lıların durumudur. İkinci konu bu operasyonun terör örgütünü mü yoksa Kürtleri mi hedef aldığıdır. Üçüncü konu ise, Türkiye'nin Suriye'de kontrolü altına aldığı bölgelerle ilgili gelecekteki hesabıdır" dedi ve bu konulardaki tereddütlere şöyle yanıt verdi:

❶ DEAŞLILARIN DURUMU

Türkiye, DEAŞ üzerinden ülkemizi itham etmeye kalkan ülkeler ve çevreler başta olmak üzere bu alçak örgüte karşı gerçek anlamda mücadele vermiş tek devlettir. Hala Suriye'de bulunan DEAŞ'lılar konusunda her türlü sorumluluğu üstlenmeye hazır olduğumuzu altını çizerek ifade ediyorum. Buna rağmen ülkemizi hala DEAŞ konusunda itham edenler, asla iyi niyetle hareket etmiyorlar.

❷ KÜRTLERİ HEDEF ALIYOR İDDİASI

Harekatımızın Suriye halkını, özellikle de oradaki Kürtleri değil, teröristleri hedef aldığı açıkça ortadadır. Kendi güvenlik güçlerimizin ve vatandaşlarımızın hayatlarını riske atma pahasına sivillerin zarar görmemesi için sergilediğimiz hassasiyet, bunun en büyük ispatıdır. Türkiye'nin asker gücü, şayet insani duyarlılığımız olmazsa, terör örgütün tüm operasyon sahasında birkaç gün içerisinde yerle yeksan etmeye yeterlidir. Ama biz adeta bir kuyumcu hassasiyeti ile çalışıyor, tek bir masumun burnunun bile kanaması için gayret gösteriyoruz. Hele hele, operasyonumuzun Kürtleri hedef alması gibi bir durum asla söz konusu değildir, tersine bu operasyonda en büyük desteği Suriye Kürtlerinden alıyoruz. Gerek önden gelen kanaat Sivil Toplum temsilcilerinin açıklamalar, gerekse askerlerimizin girdiği yerlerde gördüğü hüsnü kabul, bu durumun ispatıdır. Altını çizerek ifade etmem gerekirse, biz Kürtlere değil, onun yan kuruluşları durumundaki PYD/YPG'ye karşı operasyon yapıyoruz. Kısacası biz, Suriye kuzeyinde bir terör devleti kurulmasına müsaade etmeyiz, müsaade etmeyeceğiz; bunun altındaki gizliliği de bildiğinize inanıyorum ki çok çok iyi biliyorsunuz, bu terör devletinin kastettiğimiz...

❸ KONTROL ALTINA ALINAN BÖLGELERİN GELECEĞİ

Suriye'nin toprak bütünlüğü, siyasi birliği sağlandığından en çok memnun olacak Türkiye'dir. Çünkü, hemen başımızda, böylesine büyük insani dramların, istikrarsızlıkların yaşanmasının en büyük faturasını ödedik, biz ödüyoruz. Bizim...

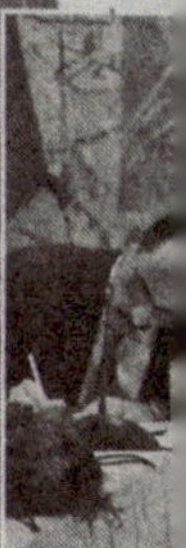

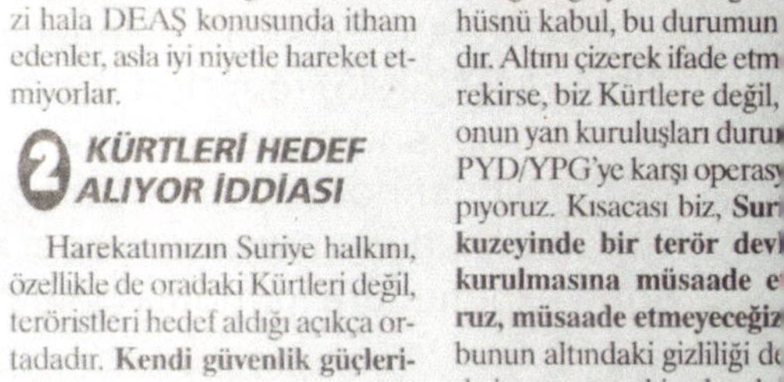

Toplantıyı Aydınlık'tan Yönetim Kurulu... Ulusal Kanal'dan Yönetim Kurulu...

TSK vurdu
ABD çekildi

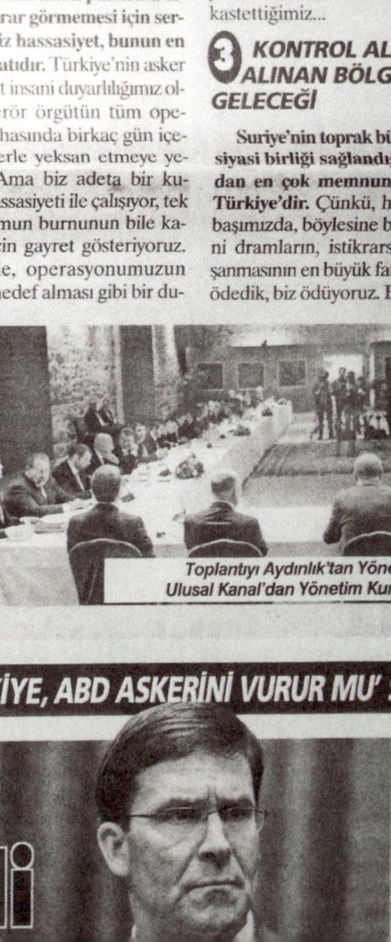

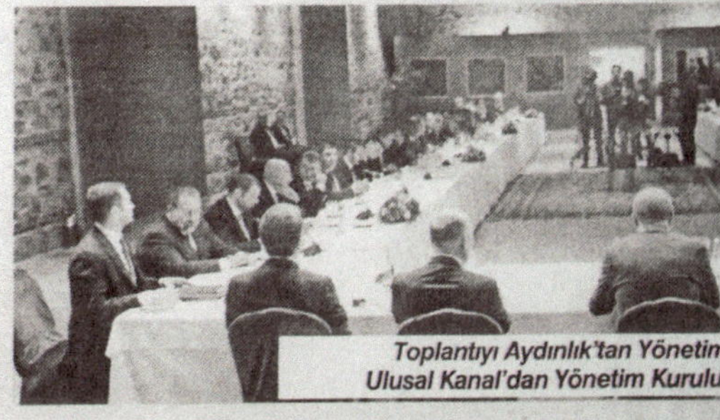

Turkey TR

ISTANBUL | OCTOBER 2019

Poverty line TRY 24.36 (USD 4.27 / EUR 3.88); allocation for food TRY 6.99 (USD 1.22 / EUR 1.11)

The Turkish Statistical Institute (TURKSTAT) has been monitoring both absolute and relative poverty rates since 2002. However, it has more regularly and recently updated the relative poverty lines. Under the relative measure, TURKSTAT monitors thresholds of 50% and 60% of the population's median equivalized household disposable income. The Income and Living Conditions Survey 2018 found that at the 50% threshold level, the relative poverty rate was 13.9%. At the 60% threshold, the poverty rate was 21.2% in 2018. The figure for the case study is based on the 50% median income relative poverty threshold, and the lowest quintile household's average proportion of expenditure on food and non-alcoholic beverages (excluding restaurants).

In 2019, the Turkish Confederation of Workers' Unions (TURK-IS) reported that the weakened Turkish lira and increased unemployment had led to higher poverty rates, and also that food inflation had increased the cost of living and food expenditure for households.

Inflation Rate (Annual), January 2015 – November 2019

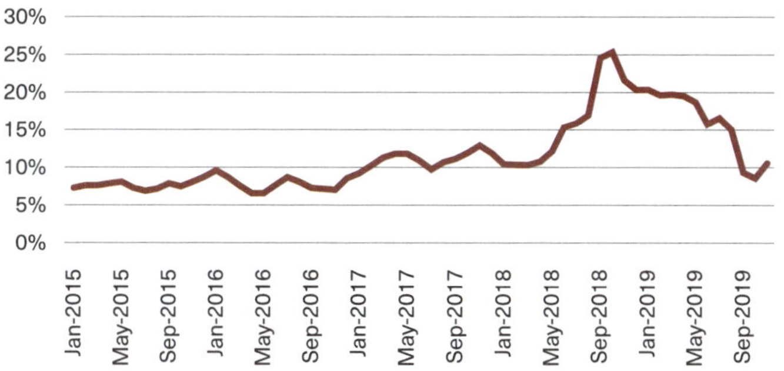

Source: Turkey Statistical Institute

GDP (Current Prices) and Residential Household Consumption Expenditure, Billion TRY, 2009–18

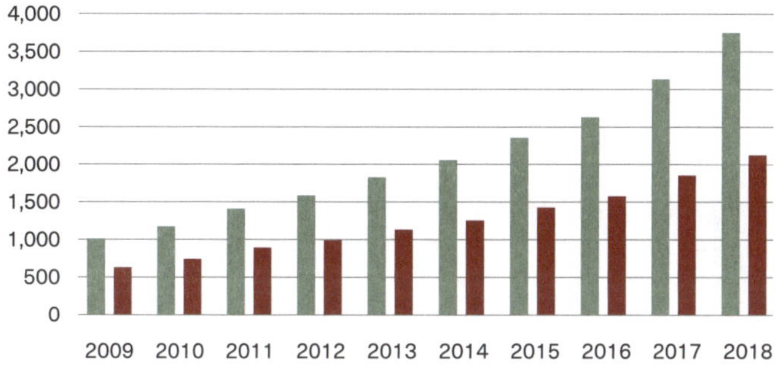

■ Gross domestic product at current prices by expenditure approach value
■ Resident households and nonprofit institutions serving households, final consumption expenditure

Source: Turkey Statistical Institute

Toplantıya, Milli Savunma Bakanı Hulusi Akar, İçişleri Bakanı Süleyman Soylu
Fahrettin Altun, Ak Parti Sözcüsü Ömer Çelik, Cumhurbaşkanlığı Sözcüsü İbra

Cumhurbaşkanı Erdoğan, Barış Pınarı Harekatı'yla ilgili üç tereddüt k belirterek bunlara tek tek yanıt verdi. Tereddütlerden birinin kontrol a bölgelerin geleceği ile ilgili olduğunu belirten Erdoğan, harekatın Ada atı kapsamında yürütüldüğünü belirtti ve 'Kimsenin toprağında gözür

...ildir. Tam en büyük nden alı- n Kürt Si- in yaptığı kerlerimi- ördükleri un ispatı- tmem ge- ğil, PKK, rumunda asyon ya- uriye'nin evletinin e etmiyo- ğiz. Tabii de sizler ok iyi bili- tinden ne

senin topraklarında gözümüz yok. Ama topraklarımıza göz dikenle- re de acıma lüksümüz yok. **Biz şu anda Suriye'de niye varız? Rejim, teröriste karşı ayakta duramı- yor. Duramadığı için biz de Ada- na Mutabakatı ile ne yaptık? Su- riye'ye girdik. Suriye'ye giriş se- bebimiz bu.** Bizim böyle bir lük- sümüz yok ama bu tacizlerden, bu teröristlerin saldırılarından artık gına geldi ve bunu yapmak duru- munda kaldık.

Biz bu işe bir haftada hazır- lanmadık, bir ayda hazırlanmadık. Aylardır bunun çalışmasını yapı- yoruz. Silahlı kuvvetlerimiz bir taraftan, siyasetçilerimiz bir ta- raftan, istihbaratımız bir taraf- tan, enine boyuna, İçişleri vesaire çalışmalarımızı yaptık ve ona göre de adımlarımızı attık. Bildiğiniz gibi Türkiye'de bunların inlerine girdik. Ama uzantı güneye kadar, Suriye'nin kuzeyi. Suriye'de rejim eğer bunların hakkından gelmiş ol- saydı işimiz kolaydı. Ama Suri- ye'de maalesef rejimin böyle bir durumu yok. Aynı şey Irak için de söz konusu. Irak'ta da durum berbat.

TINA ELERİN

tünlüğü ve nda bun- olan ülke emen yanı üyük insa- zlığın ya- urasını biz izim kim-

'100 sivilin arkası teröristi tespit ede

"SAHADA askerlerimizin ve Su- riye Milli Ordusu'nun, karşısında du- ramayan hainler, sınırlarımıza yakın yerlerden havan ve roketlerle sivil vatandaşlarımızı hedef alıyor" diyen Erdoğan "Amaçları Türkiye'nin kar- şılık vermesi halinde sivil kayıplar or- taya çıkmasını sağlamaktır. Hatta daha ileri gidiyorum. Kilise içinde atış yaptıkları bile vakidir. Bunları ta- bii biz İHA'larla tespit ediyoruz. An- cak biz kiliseye karşı bir harekatta

bulunsak, bu d cekler, 'Bak gittil Bu fırsatı da onl yoruz" bilgisini Erdoğan, şu bette biz bu oyu meyeceğiz. Ger vilin arkasındal tespit edip tere' gibi onu etkisiz tecrübeye, tekno önemlisi ahlaka

109 kilometrekare kontro

■ Şanlıurfa, Mardin, Şırnak ve Ga- ziantep illerimizdeki yerleşim yer- lerine yönelik 652 havan ve roket saldırısı oldu.

■ 18 vatandaşımız şehit oldu, 140 vatandaşımız da yaralandı.

■ 2 askerimiz ile 16 Suriye Milli Ordusu mensubu şehit oldu. 27 as- kerimizle 57 Suriye Milli Ordusu mensubu yaralandı.

■ Ölü, yaralı ve teslim alma ola-

rak etkisiz hale yısı 490 oldu. dürülmüş olar yaralı var ve 2 var.

■ Şu ana ka nan alanın büy rekare.

■ Ülkemiz a rüten 129 kişi kişiye de idari i

tim Kurulu Başkanı Tunç Akkoç ve ulu Başkanı Adnan Türkkan takip etti.

'PKK'yı NATO'ya ald benim haberim mi

CUMHURBAŞKANI Erdoğan, ha- rekat nedeniyle Türkiye'yi yaptırım- la tehdit eden ülkelerle ilgili şunları kaydetti: "Türkiye'yi, bu tür tehditlerle yolundan döndürebileceklerini sa- nanlar çok yanıldılar, çok yanılıyor- lar. Her şeyden önce bu konunun ül- kemiz ve milletimiz için taşıdığı öne- min hala anlaşılamadığını görüyo- rum. Az önce Şansöyle Merkel'e söy- ledim. Dedim bak, hükümetinizde or-

tağınız Dışişleri E yi (Türkiye'ye sil racağız) kullanıyo edeceksiniz. Ban dedim. Biz, sizin! fik miyiz, değil mi gütünü NATO'ya a berim mi yok? de rip yaklaşım olab yana mısınız, yoks yana mısınız?

SORUSUNA 'YAPABİLİR' DEDİ

'Umarım çekilirler şansları yok'

Hem 'masaya' davet e hem de 'nein nein' di

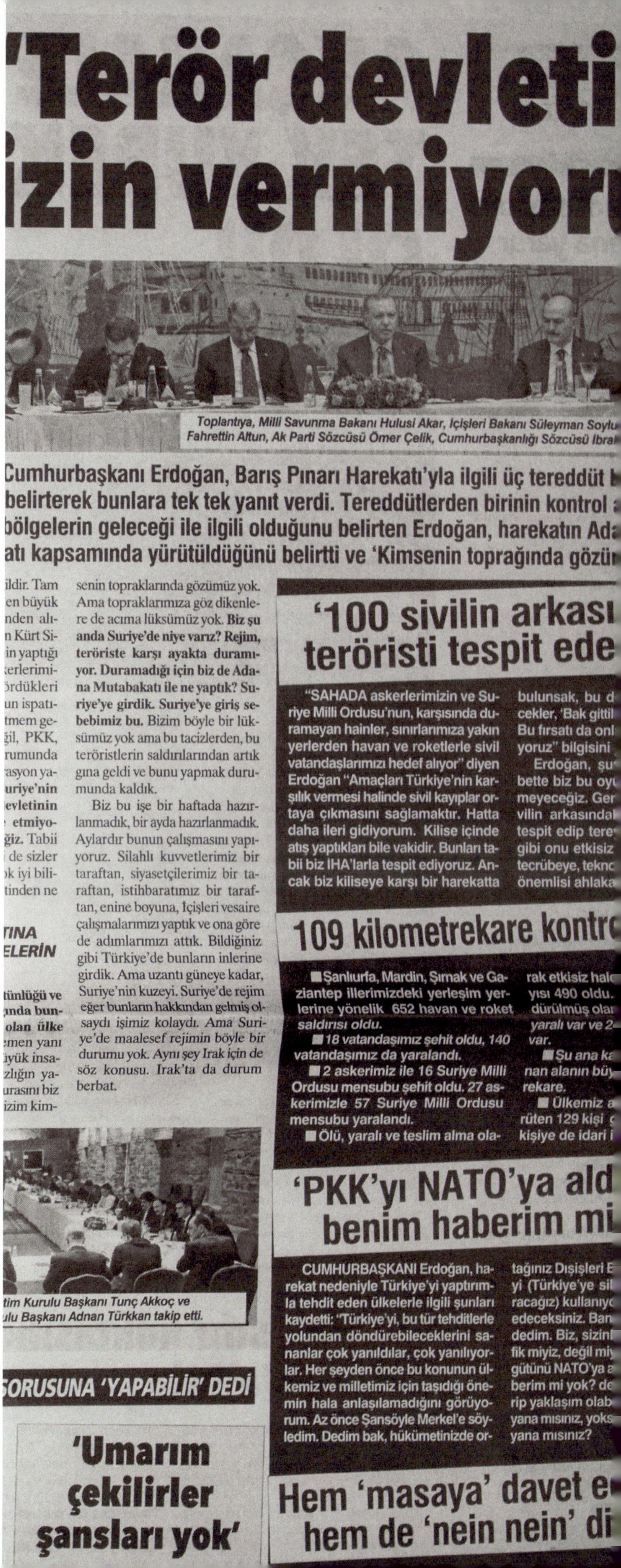

...ustalar,
Ümraniye İngilizce Bilen
Uluslararası İlişkiler Uzmanı.
alicikkan@tofed.org.tr
33.254 18 98

...MİR doğrama, merdiven, ferforje, ...lan aranıyor. Maaş + ...+ Yemek G.O.Paşa
54.982 85 44

...EPO ELEMANI

...li civanında ...oya yükleme ...nanı alınacaktır.
2.549 81 00

...BİN ataşmanlı lift kullanabilen bay Kayaşehir.
32.730 19 95

...NGÖREN'deki ...til firmamıza ...no sevk elemanları ...acaktır.
32.558 82 72

...MAŞ depomuzda ...şacak eleman ...acaktır. (Merter)
2 643 83 00

...KSTİL firmasına ...ocu Merter
2.637 01 76

...EKTRİK ELEKTRONİK

...P Telefonu Teknik ...isimize tecrübeli ...nan veya ortak ...iyor. Esenler
2.655 65 15

...C tornada programı ...bilen ustalar. İkitelli
2.549 34 24

...EKTRİK Tesisatında ...belli Usta ve Kalfalar ...maktadır. Sultangazi
2.475 98 51

...VENLİK kamera ...ve bobinaj ...ası, Bayrampaşa:
30.799 60 09

...ALATHANEDE ...şacak montaj ...nanı. Esenyurt
2.363 52 42

...TETİK GÜZELLİK ...EMANI

...GDAT caddesi ...emize; En az 3 deneyimli uzman ...tisyen ve yetiştirilmek ...re estetisyen ...alı aranmaktadır.
16.368 92 23-
31.306 14 25

...V İŞLERİNE ...ARDIMCI

...İşlerinde yardımcı ...ran. (Kaynarca, ...adik, Kartal civanında)
07.259 49 47

...ZIMA 20'li ...landa yatlı Abla
30.185 02 14

...GARSON

...EHRİSTAN Cafe'ye ...rson aranıyor. Bakırköy
212.466 30 03

...GRAFİKER

...AŞ Dizayn Laleli ...yasına hakim Bayan ...lfalar Sultangazi civan
12.419 26 83

KASAP

TECRÜBELİ Kasap aranıyor. Merter Tozkoparan
0.212.481 17 89

KAYNAKÇI

BAYRAMPAŞA'daki işyerimize demirhane atölyesinde çalışacak eleman alınacaktır.
0212.281 59 00

FABRİKAYA Argon, Gazaltı ustaları vasıfsızlar Yenibosna
0533.573 58 74-
0532.263 45 22

İKİTELLİ'deki İmalathanemize Argon Kaynak Ustaları
0.507.620 44 58

KAĞITHANE'deki Fabrikamıza; Orta düzey kaynakçı
0.212.295 80 18

KAYNAK ve Tesfiye Bilen elemanı. Esenyurt
0532.363 52 42

SANDALYE imalatına usta kaynakçılar + yardımcıları, Tuzla.
0.506.131 15 86

KUAFÖR

ACELE
PROTEZ Saç Merkezimize
GENÇ Bay- bayan kuaförler aranıyor.
ŞİŞLİ: SGK + Yemek
0.533.063 19 07

TARABYA

SERPİL Küçükelçi'ye Manikürist + Makyöz
0.212.299 66 60

2.500'e Föncüler, Kalfalar. Mecidiyeköy
0.532.345 33 87

2.500+ SGK + Primle Kalfalar. Kağıthane
0545.803 08 39

3.500- 5.000 kazanç + SGK'yla Manikürcüler. Maslak- Kağıthane
0545.803 08 39

ACELE bahçelievlere deneyimli manikürcüler
0531.766 65 19

ACELE Manikürcü Salon Mix, İçerenköy
0.536.442 77 29

ACELE Manikürcü, yardımcısı 3500+ prim+ SGK Kozyatağı.
0216.445 96 92

ACELE Manikürcüler 3.000+ prim+ SSK. Taksim 0.532.322 79 32

ACELE manikürcüler. Kavacık
0.531.290 54 10

ACELE Maniküristler. Yeşilyurt 3000+ SSK.
0212.573 00 71

ACELE Profesyonel Kalfalar, Föncüler. Maaş+ Prim. Maslak
0.533.481 36 30

KUAFÖRÜ

Salonumuza Manikürcü
0.212.351 38 94

ATAŞEHİR Ömür Yıldırım manikürcüler aranıyor
0.532.373 70 11

ATAŞEHİR Palladium'da Hummen Erkek Kuaförüne; Kasiyer ve Manikürcü
0532.672 21 38

BAĞDAT Caddesine genç kalfa 2.500 maaş + prim. 0216.510 29 39

BAYAN Kuaförüne Usta, Kalfa, Yardımcılar. Çapa. 0212.585 21 23

BAYAN kuaförüne usta. Beykent 0533.796 32.88

ERKEK kuaförüne usta. Ümraniye
0532.779 10 90

GAYRETTEPE Sboss Erkek Kuaförüne Manikürcü.
0.532.604 22 73

GÖZTEPE MEMO's Kuaföre Manikürcü-Kalfa. 0.216.363 80 87-
0.532.235 06 60

İSTİNYE Mehmet Tatlı Kuaför'e maaş + primle manikürcü aranıyor.
0212.323 17 08-
0212.323 16 97

KADIKÖY'deki kuaförümüze; erkek berberi aranıyor.
0.545.547 03 34

KATREHAIR Studio deneyimli Manikürist aranmaktadır. Tarabya
0.537.626 46 09

KURTKÖY'deki bay bayan salonumuza erkek kuaförü aranıyor
0.216.487 58 34

KURUM İçerisindeki Kuaförde Çalışacak Kalfalık Belgesi Olan Bayan. SGK + Maaş
0537.245 57 74

MANİKÜRCÜ (SGK) Yenilevent.
0.212.324 45 38

MANİKÜRCÜ ve Kaş Tasarımı'nda yetiştirilmek üzere Yardımcı. Levent.
0.212.279 22 50

MERTER'de Nispet Kuaföre maaşlı Kalfa
0.535.719 48 26

SARIYER saç ustası, manikürcü 3.500 + SGK
0.212.341 2 341

MAĞAZA ELEMANI

MAĞAZADA çalışacak Rusça ve Arapça bilen tezgahtar aranıyor. (Merter) 0212 643 83 00

MARKET ELEMANI

BAHÇELİEVLER'deki marketimize; şarküteri ustası, reyon elemanı
0.543.313 20 13

MARKETE bayan kasiyer. Suadiye
0.216.463 00 62

MARKETE kasap. Bağcılar
0.212.657 13 32
/0.534.936 35 25

MARKETİMİZE; Manav, Gıda Pazarlamacı, Muhasebeci aranıyor. Fatih 0533.766 20 49

...işyerine; flekso baskı ustası. 0.532.518 10 81

HEIDELBERG 70x100-50x70
2 renk ofset usta ve kalfalan
KIRIM Ustaları.
MÜCELLİTHANE paketleme elemanları
BEYLİKDÜZÜ
0.212.224 15 55
-0.538.049 93 83

KAĞIT ebatlama ustası. Kayaşehir.
0.532.730 19 95

MATBAAMIZA Kazanlı Ustası Alınacaktır (İmes- Şerifali)
0216.415 83 83

MATBAAMIZIN ofset, kesim, yapıştırma ve mücellithane bölümlerine usta ve yardımcıları.
0.212.655 65 57

MEGA Basım A.Ş'ye Giyotin Ustası ve yardımcısı, Tel Dikiş Ustası, Yaldız Baskı Ustası. Avcılar
0541.227 53 91

70x100 Kalfası Alınacaktır. Dudullu Tel.:
0216.540 36 11

MİMAR MÜHENDİS

BÜYÜKÇEKMECE, Beylikdüzündeki şantiyeye arazide çalışacak Topoğraf.
2bdizayn@gmail.com

ESENYURT Fabrikamıza bay inşaat mühendisi ve mimar alınacaktır asistan@yukselentemir.com

ESENYURT merkezli yapı denetim Firmamıza Elektrik Mühendisi yardımcısı kontrol elemanı alınacaktır. 0.212.620 02 00

MOBİLYA

ACELE (İkitelli'deki) fabrikamıza; marangoz ustaları+ kalfaları
0542.275 12 33

ACELE Deneyimli mobilya ustaları aranıyor.
0.533.204 36 05

ANADOLU Yakası'ndaki Mobilya Fabrikamıza; Cila ustaları, kalfaları.
0.216.484 59 46

AYGÜN Mobilyaya ustalar alınacaktır İkitelli
0.533.686 50 87

BAYRAMPAŞA'daki atölyemize tecrübeli mobilya ustası.
0.543.483 78 38

BAYRAMPAŞA Yıldızın'ma Suntalemde Çalışacak Ustalar + Kalfalar. 0532.491 24 80

FABRİKAYA Mobilya ustaları kalfaları, cilacılar, montajcılar vasıfsızlar. Yenibosna:
0533.573 58 74-
0532.263 45 22

İKİTELLİ'de koltuk döşemeci ustası
0.532.341 01 03

...Akçaburgaz dükk... 25- 45 yaşlarında Kalfa/ Usta aranıyor.
KAĞITHANE/ Nurtepe
0.530.551 26 16

MOBİLYA Dekorasyon Firmamıza Ustalar Şirinevler
0.532.402 47 80

MUHASEBE

ACİL İkitelli OSB'deki firmamıza; Deneyimli Muhasebe elemanı.
0.212.615 53 77

BAYAN ön muhasebe elemanı. İkitelli O.S.B.
0.212.485 44 66

BEYAZIT logo bilen bayan ön muhasebeci.
0.212.516 13 40

ENAZ lise mezunu tecrübeli, ehliyetli Muhasebeci. Büyükçekmece
0541.420 60 79

ESENYURT- Avcılar civan tecrübeli On Bilen ön muhasebeci
0.212.886 89 50
akyurek@akyurekgida.com

GIDA firmasına mikro bilen finansta deneyimli bayan muhasebe elemanı alınacaktır. Esenyurt, Kıraç, Bağcılar civan oturan. 0212.630 90 06

GÜNEŞLİ'deki Tekstil Firmamıza micro programını kullanabilen bayan ön muhasebeci aranıyor.
0.532.522 00 31

İSTOÇ Salman Tekstil'e; En az deneyimli, Ter... ticaret lisesi genel elemanı 0.212.659 salman@... com

KA... m...e cv:
...be@artvinticaret.tr

MATBAAMIZA logo bilen deneyimli muhasebeci.
0.212.549 67 65

MATBAAMIZA; LOGO, Ofis programlarını bilen bayan ön muhasebeci aranıyor. Topkapı 0212.613 79 55

MİCRO V15 bilen muhasebe elemanı. fevziye@tempertekstil.com.tr

MUHASEBEYE Genç Ofisboy. Fatih.
0.532.253 98 40

NEBİMDE- tekstilde'de tecrübeli bayan. Merter
0.532.160 60 63

ÖN muhasebe elemanı Merter 0212.637 71 11

SİTE yönetimine tecrübeli bayan muhasebe elemanı.
0532.340 33 43
yalcintukel@hotmail.com

ŞİRİNEVLER'deki Şirketimize Luca veya Mikro Bilen Personel
0212.452 30 80

info@dimare.com.tr
TEKSTİL firmasına LUCA kullanabilen, resmi muhasebe yapabilecek deneyimli muhasebe elemanı. Maaş+ Yemek+ SGK.
0538.678 50 24-
0531.831 10 97

TİCARET lisesi mezunu 25 yaşlarında mütedeyyin ön muhasebeciler.
0212.637 17 67

MÜŞTERİ TEMSİLCİSİ

BAŞAKŞEHİR'DEKİ firmamıza bay-bayan deneyimli müşteri temsilcileri
0212 486 35 90

OTO ELEMANI

ACİL Oto Tamir ustası aranıyor. Ataşehir
0532.613 91 33

ACİL Türk araç yıkama elemanları. Merter
0.545.21 23 99

...deneyimli aktif pazarlamacı alınacaktır. Anadolu Yakası
0541.371 78 65

DENEYİMLİ Donuk Deniz ürünlerinin satış temsilcisi (Bayrampaşa)
0552.222 29 04

İNŞAAT malzemeleri satışı yapan firmamızın satış departmanına tecrübeli bayan
info@mehkindemir.com
0.212.659 60 66

MOZZARELLA peynirinde deneyimli satış personelleri.
0.530.287 70 12

...KSTİL ak...arlarında tecr... pazarlamacı.
kubilay@...suar.com

TURİZM pazarlama bayan.
0.552...

SERVİSİMİZE Kaporta, boya ...a İkitelli 0.555.992 41 1.

SÖKME- Takma-Balans Bilen Büyükçekmece-Avcılar Civarından Usta Alınacaktır.
0212.428 63 50

IVECO Bayimize tecrübeli **ELEKTRİK** ve **MEKANİK USTALARI** alınacaktır.
Genpar Otomotiv Bağcılar
Tel : (0212) 430 73 00
bahriu@genpar.net

ÖĞRETMEN

DİREKSİYON Usta Öğreticisi Aranıyor Kartal
0533.247 07 67

...Bölümü... Çalıştırılacak Hastalıkları aranmaktadır.
0.352.221 0 222
0.539.432 49 22
0.549.308 69 05

ANADOLU Yakasından ...araçla 8.000'e şoförler
0.542.410 63 23

ARACIYLA çalışacak Avrupa Yakası
0.535.661 05 54

AVRUPA yakasındaki AVM'lere vale hizmeti veren şirketimize bay-bayan vale aranmaktadır.
0534.834 75 80

BAĞCILAR'daki Matbaa Firmamıza; SRC belgeli Şoför aranıyor.
0.212.629 07 42

BAŞAKŞEHİR'DE 5.000 Gelirle Araçlı Şoförler
0.533.696 11 65

SEKRETER

BAĞCILAR'daki yemekhanemize tecrübeli Sekreter.
0212.462 62 01

BAYAN sekreter ofisimize Merter.
0532.314 02 09

BEYKOZ civarından bayan sekreter aranıyor.
0530.793 09 05

BİLGİSAYAR Kullanabilen Bayan Ofis Elemanı. Kıraç.
0.541.861 01 51

...ak SRC belge... şoförü
...çalışacak şo...
0555.072 53 08

SRC belgeli, satış kabiliyeti olan, tecrübeli şoför (Topkapı)
0212 493 18 58

SÜT Ürünlerini dağıtım ve satış yapacak eleman aranıyor. Sultangazi
0.533.771 09 78

ŞOFÖR. Güneşli.
0212.441 22 00

TEKSTİLKENT'e tecrübeli Şoför
kubilay@akaaksesuar.com

ÜMRANİYE'da oturan 35 yaş altı medikale şoför 0534.715 91 91

YALÇINLAR Mobilya Mobilya Montajından Anlayan Şoför aranıyor. Kağıthane
0506.061 62 82

YENİBOSNA Ayhan Nakliyata Şoför aranıyor.

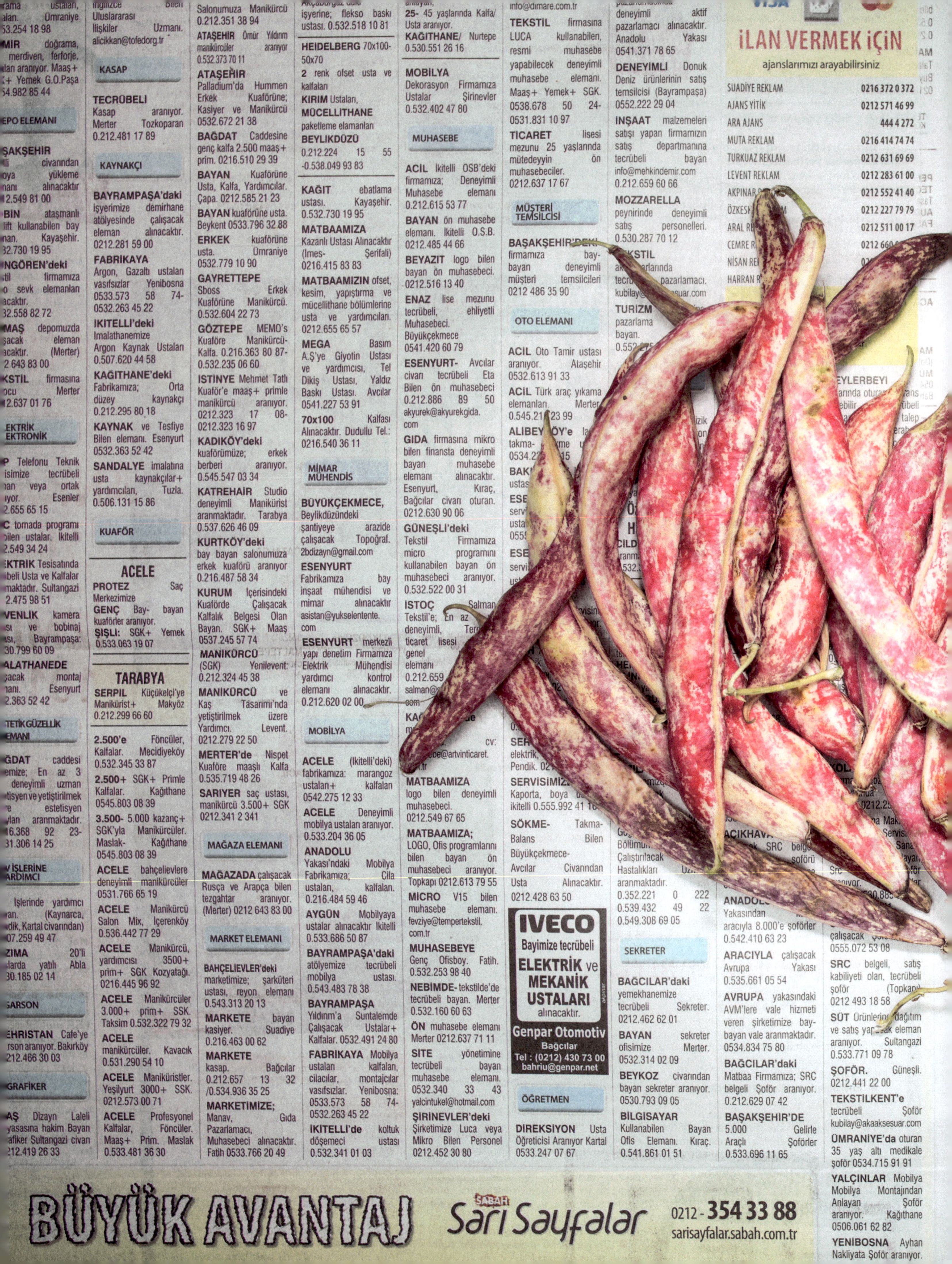

İLAN VERMEK İÇİN
ajanslarımızı arayabilirsiniz

<table>
<tr><td>SUADİYE REKLAM</td><td>0216 372 0 372</td></tr>
<tr><td>AJANS YİTİK</td><td>0212 571 46 99</td></tr>
<tr><td>ARA AJANS</td><td>444 4 272</td></tr>
<tr><td>MUTA REKLAM</td><td>0216 414 74 74</td></tr>
<tr><td>TURKUAZ REKLAM</td><td>0212 631 69 69</td></tr>
<tr><td>LEVENT REKLAM</td><td>0212 283 61 00</td></tr>
<tr><td>AKPINAR R...</td><td>0212 552 41 40</td></tr>
<tr><td>ÖZKEŞ...</td><td>0212 227 79 79</td></tr>
<tr><td>ARAL R...</td><td>0212 511 00 17</td></tr>
<tr><td>CEMRE R...</td><td>0212 660 ...</td></tr>
<tr><td>NİSAN RE...</td><td>0...</td></tr>
<tr><td>HARRAN R...</td><td></td></tr>
</table>

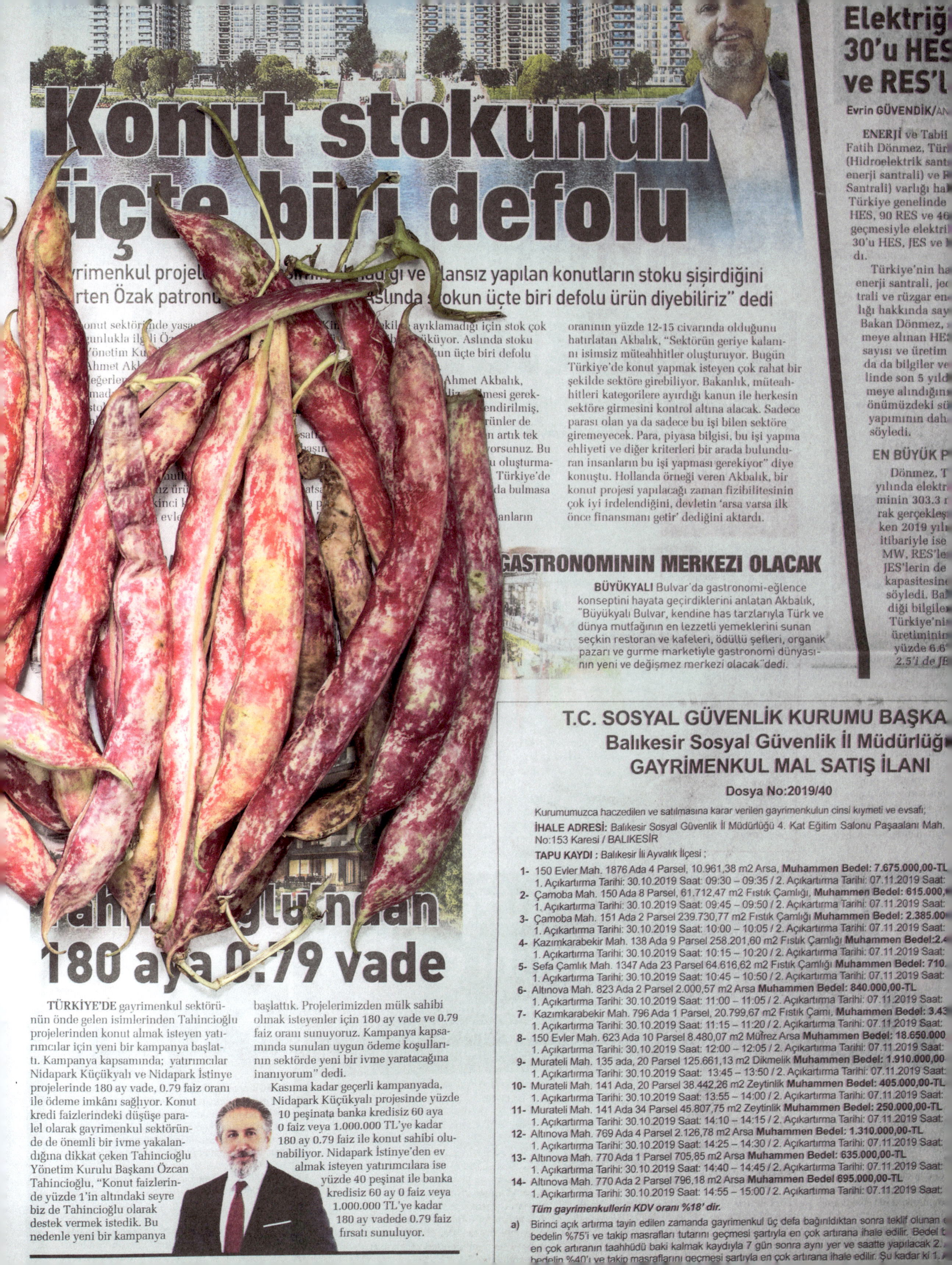

Konut stokunun üçte biri defolu

Gayrimenkul projele... ...madığı ve ...lansız yapılan konutların stoku şişirdiğini ...rten Özak patron... ... "Aslında stokun üçte biri defolu ürün diyebiliriz" dedi

Konut sektöründe yaşa... ...Kin... ...eki ayıklamadığı için stok çok ...unlukla ilgili Ö... ...üyüyor. Aslında stoku ...önetim Kur... ...un üçte biri defolu ...Ahmet Ak... ...eğerle... ...Ahmet Akbalık, ...mad... ...liz ...mesi gerek... ...dendirilmiş, ...ürünler de ...n artık tek ...yorsunuz. Bu ...u oluşturma- ...muth... ...Türkiye'de ...ürü ...da bulmasa ...atsa... ...kinci b... ... ...anların ...evle...

oranının yüzde 12-15 civarında o... hatırlatan Akbalık, "Sektörün ger... nı isimsiz müteahhitler oluşturuy... Türkiye'de konut yapmak isteyen... şekilde sektöre girebiliyor. Bakan... hitleri kategorilere ayırdığı kanun... sektöre girmesini kontrol altına a... parası olan ya da sadece bu işi bi... giremeyecek. Para, piyasa bilgisi,... ehliyeti ve diğer kriterleri bir arac... ran insanların bu işi yapması gere... konuştu. Hollanda örneği veren A... konut projesi yapılacağı zaman fi... çok iyi irdelendiğini, devletin 'ar... önce finansmanı getir' dediğini a...

GASTRONOMİNİN MERKEZİ OLACAK

BÜYÜKYALI Bulvar'da gastronomi-eğlence konseptini hayata geçirdiklerini anlatan Akbalık, "Büyükyalı Bulvar, kendine has tarzlarıyla Türk ve dünya mutfağının en lezzetli yemeklerini sunan seçkin restoran ve kafeleri, ödüllü şefleri, organik pazarı ve gurme marketiyle gastronomi dünyası-nın yeni ve değişmez merkezi olacak"dedi.

Tahincioğlu'ndan 180 aya 0.79 vade

TÜRKİYE'DE gayrimenkul sektörü-nün önde gelen isimlerinden Tahincioğlu projelerinden konut almak isteyen yatı-rımcılar için yeni bir kampanya başlat-tı. Kampanya kapsamında; yatırımcılar Nidapark Küçükyalı ve Nidapark İstinye projelerinde 180 ay vade, 0.79 faiz oranı ile ödeme imkanı sağlıyor. Konut kredi faizlerindeki düşüşe para-lel olarak gayrimenkul sektörün-de de önemli bir ivme yakalan-dığına dikkat çeken Tahincioğlu Yönetim Kurulu Başkanı Özcan Tahincioğlu, "Konut faizlerin-de yüzde 1'in altındaki seyre biz de Tahincioğlu olarak destek vermek istedik. Bu nedenle yeni bir kampanya

başlattık. Projelerimizden mülk sahibi olmak isteyenler için 180 ay vade ve 0.79 faiz oranı sunuyoruz. Kampanya kapsa-mında sunulan uygun ödeme koşulları-nın sektörde yeni bir ivme yaratacağına inanıyorum" dedi.

Kasıma kadar geçerli kampanyada, Nidapark Küçükyalı projesinde yüzde 10 peşinata banka kredisiz 60 aya 0 faiz veya 1.000.000 TL'ye kadar 180 ay 0.79 faiz ile konut sahibi olu-nabiliyor. Nidapark İstinye'den ev almak isteyen yatırımcılara ise yüzde 40 peşinat ile banka kredisiz 60 ay 0 faiz veya 1.000.000 TL'ye kadar 180 ay vadede 0.79 faiz fırsatı sunuluyor.

Elektriğ... 30'u HES ve RES'l...

Evrin GÜVENDİK/AN...

ENERJİ ve Tabii ... Fatih Dönmez, Tür... (Hidroelektrik sant... enerji santrali) ve R... Santrali) varlığı ha... Türkiye genelinde ... HES, 90 RES ve 46... geçmesiyle elektri... 30'u HES, JES ve ... dı.

Türkiye'nin ha... enerji santrali, jeo... trali ve rüzgar en... lığı hakkında say... Bakan Dönmez, ... meye alınan HES... sayısı ve üretim... da da bilgiler ve... linde son 5 yıld... meye alındığın... önümüzdeki sü... yapımının dah... söyledi.

EN BÜYÜK P...

Dönmez, T... yılında elektr... minin 303.3 ... rak gerçekleş... ken 2019 yıl... itibarıyla ise ... MW, RES'le... JES'lerin de ... kapasitesine ... söyledi. Ba... diği bilgiler... Türkiye'ni... üretiminin ... yüzde 6.6 ... 2.5'i de JE...

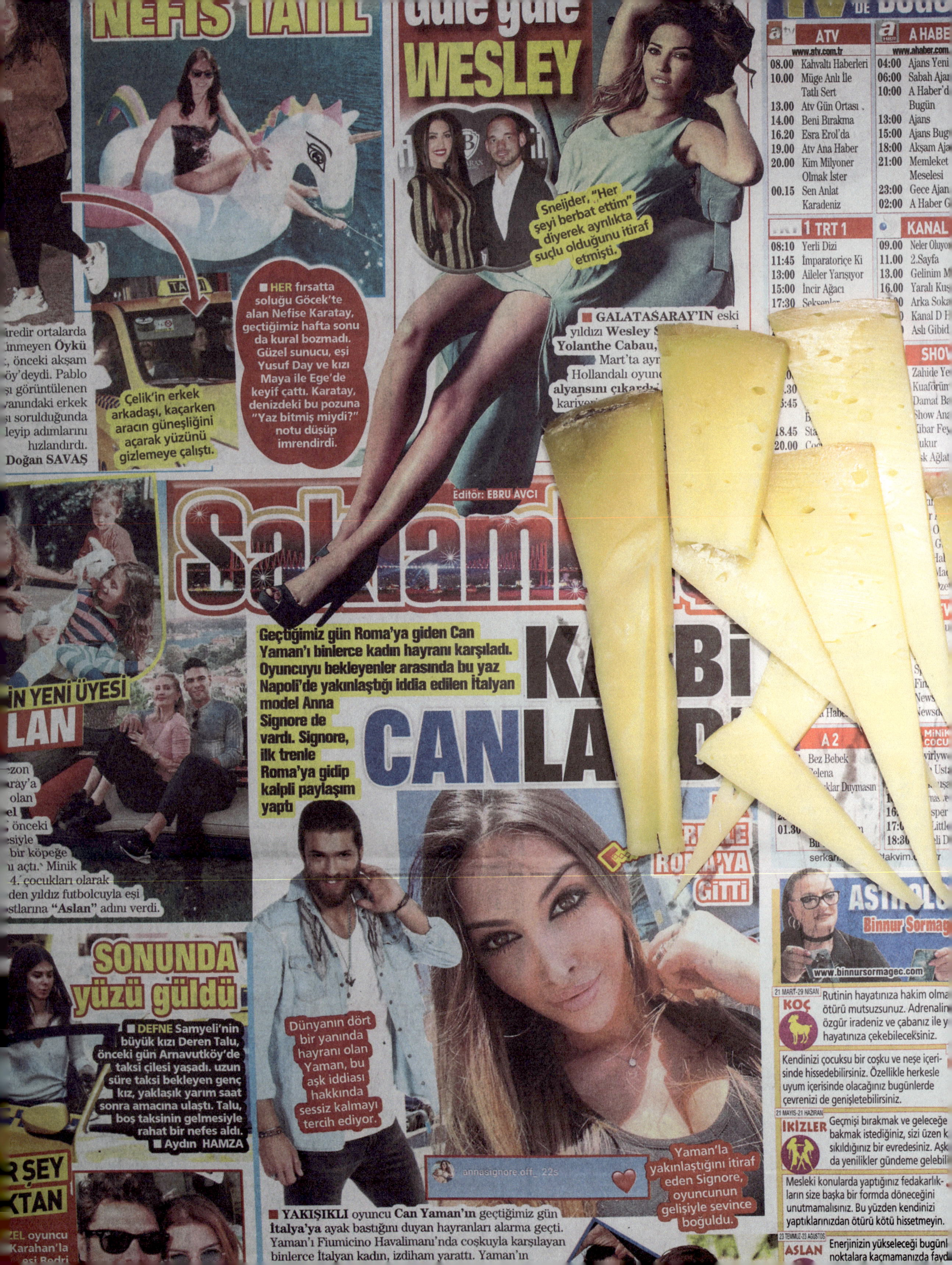

NEFİS TATİL

güle güle WESLEY

Sneijder, "Her şeyi berbat ettim" diyerek ayrılıkta suçlu olduğunu itiraf etmişti.

HER fırsatta soluğu Göcek'te alan Nefise Karatay, geçtiğimiz hafta sonu da kural bozmadı. Güzel sunucu, eşi Yusuf Day ve kızı Maya ile Ege'de keyif çattı. Karatay, denizdeki bu pozuna "Yaz bitmiş miydi?" notu düşüp imrendirdi.

Çelik'in erkek arkadaşı, kaçarken aracın güneşliğini açarak yüzünü gizlemeye çalıştı.

GALATASARAY'IN eski yıldızı Wesley S... Yolanthe Cabau, ... Mart'ta ayrı... Hollandalı oyuncu... alyansını çıkardı...kariyeri...

Editör: EBRU AVCI

Geçtiğimiz gün Roma'ya giden Can Yaman'ı binlerce kadın hayranı karşıladı. Oyuncuyu bekleyenler arasında bu yaz Napoli'de yakınlaştığı iddia edilen İtalyan model Anna Signore de vardı. Signore, ilk trenle Roma'ya gidip kalpli paylaşım yaptı

SAKLAM... KALBİ CAN LA...

Dünyanın dört bir yanında hayranı olan Yaman, bu aşk iddiası hakkında sessiz kalmayı tercih ediyor.

Yaman'la yakınlaştığını itiraf eden Signore, oyuncunun gelişiyle sevince boğuldu.

annasignore.off_ 22s

YAKIŞIKLI oyuncu Can Yaman'ın geçtiğimiz gün İtalya'ya ayak bastığını duyan hayranları alarma geçti. Yaman'ı Fiumicino Havalimanı'nda coşkuyla karşılayan binlerce İtalyan kadın, izdiham yarattı. Yaman'ın

İN YENİ ÜYESİ LAN

SONUNDA yüzü güldü

DEFNE Samyeli'nin büyük kızı Deren Talu, önceki gün Arnavutköy'de taksi çilesi yaşadı. uzun süre taksi bekleyen genç kız, yaklaşık yarım saat sonra amacına ulaştı. Talu, boş taksinin gelmesiyle rahat bir nefes aldı.
Aydın HAMZA

ASTROLOJİ
Binnur Sormagec
www.binnursormagec.com

21 MART-29 NİSAN
KOÇ
Rutinin hayatınıza hakim olma... ötürü mutsuzsunuz. Adrenalin... özgür iradeniz ve çabanız ile y... hayatınıza çekebileceksiniz.

Kendinizi çocuksu bir coşku ve neşe içeri... sinde hissedebilirsiniz. Özellikle herkesle uyum içerisinde olacağınız bugünlerde çevrenizi de genişletebilirsiniz.

21 MAYIS-21 HAZİRAN
İKİZLER
Geçmişi bırakmak ve geleceğe bakmak istediğiniz, sizi üzen s... sıkıldığınız bir evredesiniz. Aş... da yenilikler gündeme gelebili...

Mesleki konularda yaptığınız fedakarlık... ların size başka bir formda döneceğini unutmamalısınız. Bu yüzden kendinizi yaptıklarınızdan ötürü kötü hissetmeyin.

23 TEMMUZ-23 AĞUSTOS
ASLAN
Enerjinizin yükseleceği bugün... noktalara kaçmanızda fayda...

ATV
www.atv.com.tr
08.00 Kahvaltı Haberleri
10.00 Müge Anlı İle Tatlı Sert
13.00 Atv Gün Ortası
14.00 Beni Bırakma
16.20 Esra Erol'da
19.00 Atv Ana Haber
20.00 Kim Milyoner Olmak İster
00.15 Sen Anlat Karadeniz

A HABER
www.ahaber.com
04.00 Ajans Yeni
06.00 Sabah Ajan
10.00 A Haber'd Bugün
13.00 Ajans
15.00 Ajans Bugü
18.00 Akşam Ajan
21.00 Memleket Meselesi
23.00 Gece Ajan
02.00 A Haber G

TRT 1
08.10 Yerli Dizi
11.45 İmparatoriçe Ki
13.00 Aileler Yarışıyor
15.00 İncir Ağacı
17.30 Seksenler

KANAL
09.00 Neler Oluyor
11.00 2.Sayfa
13.00 Gelinim M
16.00 Yaralı Kuş
... Arka Soka
... Kanal D H
... Aslı Çeldi

A2
Bez Bebek
Zelena
...cıklar Duymasın

MİNİK ÇOCU

Doğan SAVAŞ

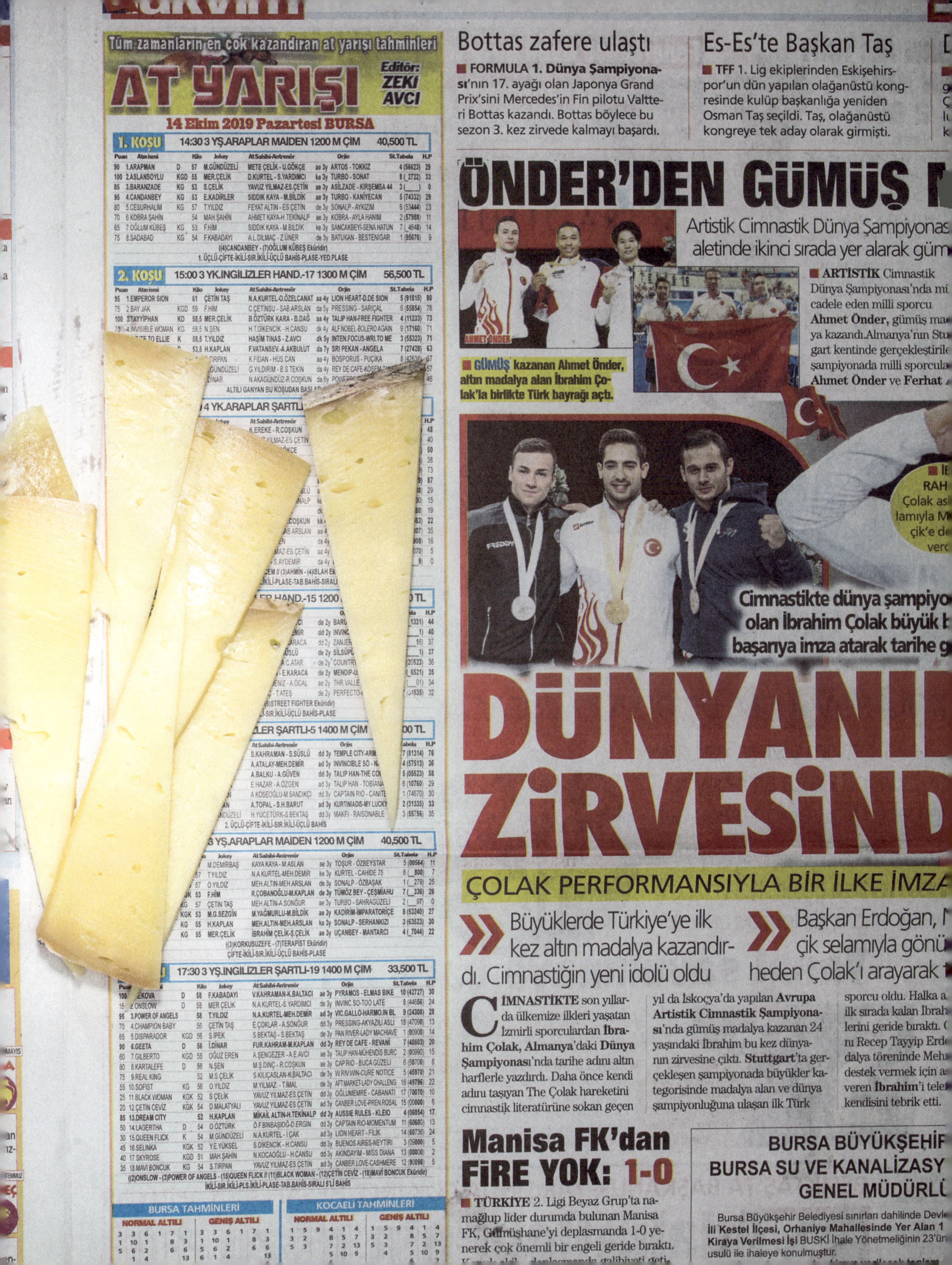

1. KOŞU — 14:30 3 YŞ.ARAPLAR MAIDEN 1200 M ÇİM — 40,500 TL

Puan	Atın ismi		Kilo	Jokey	At Sahibi-Antrenör		Orjin	St.Tabela	H.P
90	1.ARAPMAN	D	57	M.GÜNDÜZELİ	METE ÇELİK - U.GÖKÇE	ae 3y	ARTOS - TOKKIZ	4 (56623)	29
100	2.ASLANSOYLU	KGD	55	MER.ÇELİK	D.KURTEL - S.YARDIMCI	ke 3y	TURBO - SONAT	8 (_2722)	33
85	3.BARANZADE	KG	53	S.ÇELİK	YAVUZ YILMAZ-ES.ÇETİN	ae 3y	ASİLZADE - KIRŞEMSA 44	3 (___)	0
95	4.CANDANBEY	KG	53	E.KADİRLER	SIDDIK KAYA - M.BİLDİK	ae 3y	TURBO - KANİYECAN	5 (74332)	29
80	5.CESURHALIM	KG	57	T.YILDIZ	FEYAT ALTIN - ES.ÇETİN	de 3y	SONALP - AYKIZIM	6 (53444)	23
70	6.KOBRA ŞAHİN		54	MAH.ŞAHİN	AHMET KAYA-H.TEKİNALP	ae 3y	KOBRA - AYLA HANIM	2 (57988)	11
65	7.OĞLUM KÜBEŞ	KG	53	F.HİM	SIDDIK KAYA - M.BİLDİK	ke 3y	SANCAKBEYİ-SENA HATUN	7 (_4648)	14
75	8.SADABAD	KG	54	F.KABADAYI	A.L.DİLMAÇ - Z.ÜNER	de 3y	BATUKAN - BESTENİGAR	1 (95676)	9

((4)CANDANBEY - (7)OĞLUM KÜBEŞ Eküridir)
1. ÜÇLÜ-ÇİFTE-İKİLİ-SIR.İKİLİ-ÜÇLÜ BAHİS-PLASE-YED.PLASE

2. KOŞU — 15:00 3 YK.İNGİLİZLER HAND.-17 1300 M ÇİM — 56,500 TL

Puan	Atın ismi		Kilo	Jokey	At Sahibi-Antrenör		Orjin	St.Tabela	H.P
95	1.EMPEROR SION		61	ÇETİN TAŞ	N.A.KURTEL-O.ÖZELCANAT	aa 4y	LION HEART-D.DE SION	5 (91815)	80
75	2.BAY JAK	KGD	59	F.HİM	C.ÇETİNSU - SAB.ARSLAN	da 5y	PRESSING - SARIÇAL	6 (55854)	78
100	3.TAYYİPHAN	KD	58,5	MER.ÇELİK	B.ÖZTÜRK KARA - B.DAĞ	aa 4y	TALİP HAN-FREE FIGHTER	4 (11233)	73

Bottas zafere ulaştı

■ **FORMULA 1. Dünya Şampiyonası**'nın 17. ayağı olan Japonya Grand Prix'sini Mercedes'in Fin pilotu Valtteri Bottas kazandı. Bottas böylece bu sezon 3. kez zirvede kalmayı başardı.

Es-Es'te Başkan Taş

■ **TFF 1. Lig** ekiplerinden Eskişehirspor'un dün yapılan olağanüstü kongresinde kulüp başkanlığına yeniden Osman Taş seçildi. Taş, olağanüstü kongreye tek aday olarak girmişti.

ÖNDER'DEN GÜMÜŞ M...

Artistik Cimnastik Dünya Şampiyonas... aletinde ikinci sırada yer alarak güm...

■ **ARTİSTİK** Cimnastik Dünya Şampiyonası'nda mi... cadele eden milli sporcu **Ahmet Önder**, gümüş ma... ya kazandı. Almanya'nın Stu... gart kentinde gerçekleştirile... şampiyonada milli sporcula... **Ahmet Önder** ve **Ferhat** ...

■ **GÜMÜŞ** kazanan Ahmet Önder, altın madalya alan İbrahim Çolak'la birlikte Türk bayrağı açtı.

Cimnastikte dünya şampiyo... olan İbrahim Çolak büyük b... başarıya imza atarak tarihe g...

DÜNYANII ZİRVESİND...

ÇOLAK PERFORMANSIYLA BİR İLKE İMZA...

» Büyüklerde Türkiye'ye ilk kez altın madalya kazandırdı. Cimnastiğin yeni idolü oldu

» Başkan Erdoğan, ... çik selamıyla gönü... heden Çolak'ı arayarak ...

CİMNASTİKTE son yıllarda ülkemize ilkleri yaşatan İzmirli sporculardan **İbrahim Çolak**, **Almanya**'daki **Dünya Şampiyonası**'nda tarihe adını altın harflerle yazdırdı. Daha önce kendi adını taşıyan The Çolak hareketini cimnastik literatürüne sokan geçen yıl da İskoçya'da yapılan **Avrupa Artistik Cimnastik Şampiyonası**'nda gümüş madalya kazanan 24 yaşındaki İbrahim bu kez dünyanın zirvesine çıktı. **Stuttgart**'ta gerçekleşen şampiyonada büyükler kategorisinde madalya alan ve dünya şampiyonluğuna ulaşan ilk Türk sporcu oldu. Halka a... ilk sırada kalan İbrah... lerini geride bıraktı. ... nı Recep Tayyip Erd... dalya töreninde Meh... destek vermek için a... veren **İbrahim**'i tele... kendisini tebrik etti.

Manisa FK'dan FİRE YOK: 1-0

■ **TÜRKİYE** 2. Ligi Beyaz Grup'ta namağlup lider durumda bulunan Manisa FK, Gümüşhane'yi deplasmanda 1-0 yenerek çok önemli bir engeli geride bıraktı. ...

BURSA BÜYÜKŞEHİR BURSA SU VE KANALİZASY... GENEL MÜDÜRLÜ...

Bursa Büyükşehir Belediyesi sınırları dahilinde Devl... İli **Kestel İlçesi, Orhaniye Mahallesinde Yer Alan 1**... **Kiraya Verilmesi İşi** BUSKİ İhale Yönetmeliğinin 23'ür... usulü ile ihaleye konulmuştur.

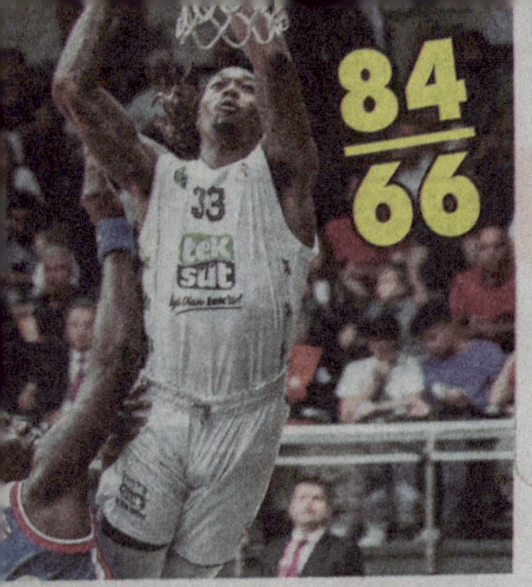

...RF KIZI

BSL'nin son şampiyonu, bu sezon 3. haftada yenilgiyle tanıştı. Bandırma 3'te 2 yaptı. Efes'e Singleton yetmedi: 25 sayı

SALON: Banvit Kara Ali Acar
HAKEMLER: Zafer Yılmaz, Ziya Özorhon, Çağrı Hekimoğlu **1. PERİYOT:** 22-18 **2. PERİYOT:** 23-25 (45-43) **3. PERİYOT:** 20-15 (65-58) **4. PERİYOT:** 19-8

BANDIRMA: Smith 11, Terry 13, Kalinoski 14, Şehmus 19, Hummer 16, Alperen 6, Prewitt 1, Emir 2, Atakan, Furkan
A. EFES: Peters 3, Buğrahan 4, Dunston 15, Anderson 2, D...ton 25, Sertaç 2, Tolga 2, M..., 4, Yiğitcan

BASKETBOL Süper Ligi'nin son şampiyonu A... Efes, Teksi... ...fark 7 sayıya yükseldi: 65-58. EuroLig yorgunu ... ...evrekte de ... deplasma... ...la karşılık An... Efes'ten Singleton ... ... Üçüncü ...sonunda ise ... sayısı yetmedi.

Trabzon çok genç

SÜPER Lig'de Trabzonspor, dört büyükler arasında en genç ekiple mücadele eden takım oldu. ...zon 25.2 ...amasıyla ...den ... ...

FUTBOL

EURO 2020 Elemeleri
A Grubu
...5 .... Kosova-Karadağ
...5 .... Bulgaristan-İngiltere
B Grubu
...5 .... Ukrayna-Portekiz
...5 .... Litvanya-Sırbistan
H Grubu
...5 .... Fransa-Türkiye
...5 .... İzlanda-Andorra
...5 ...... Moldova-Arnavutluk

SPOR EKRANI

FUTBOL

...1.45 .... TRT 1
...sa-Türkiye

Aslan filede KÜKREDİ

GALATASARAY HDI Sigorta, Vestel Venus Sultanlar Ligi'ne iyi başlangıç yaptı. Nilüfer Belediyesi'ne konuk olan sarı-kırmızılılar, rakibini 3-1 mağlup etti. Cimbom, ilk seti 25-22 kaybedip geriye düşse de 20-25, 12-25 ve 21-25'lik setlerle karşılaşmadan galip ayrıldı. 17 sayı üreten Olesia Rykhliuk, maçın en skorer ismi oldu.

BOT...ANDI, MERCEDES ŞAMP...

...pilotun 1. bitirdiği Japonya GP'sinin ardından ...erced es, Formula 1'deki zaferini ilan et...

...MULA 1 Dünya ...ası'nın ... ...ğü elde etti. Merc... ...sezonun bit...

Sebastian V... ...liği, Mercedes'in Buyu... Britanyalı pilotu Lewis Hamilton da üçüncülü... ...taid Prix'sini ... etkilemedi.

TAKIM	PUAN
...amilton ... Mercedes	338
...n Bottas ... Mercedes	274
Charles Leclerc ... Ferrari	223
Max Verstappen ... Red Bull	212
Sebastian Vettel ... Ferrari	212

---

1. KOŞU — 3 YAŞ. ARAPLAR (MAİDEN) — 40.500 TL 1200 ÇİM — 14.30

95	1	ARAPMAN	DB	57	M.GÜNDÜZELİ	4	56623
100	2	ASLANSOYLU	KG DB	55	MER.ÇELİK	8	2..2
70	3	BARANZADE	KG	53	S.ÇELİK	3	
90	4	CANDANBEY	KG	53	E.KADİRLER	5	•74332
85	5	CESURHALİM	KG	57	T.YILDIZ	6	53444
80	6	KOBRA ŞAHİN		54	MAH.ŞAHİN	2	57988
EK	7	OĞLUM KÜBEŞ	KG	53	F.HİM	7	4648
75	8	SADABAD	KG	54	F.KABADAYI	1	95676

(4) CANDANBEY - (7) OĞLUM KÜBEŞ EKÜRİDİR.

2. KOŞU — 3 YUK. İNGİLİZLER (HANDİKAP-17) — 56.500 TL 1300 ÇİM — 15.00

100	1	EMPEROR SION		61	ÇETİN TAŞ	5	91815
90	2	BAY JAK	KG DB	59	F.HİM	6	55854
95	3	TAYYİPHAN	K DB	58,5	MER.ÇELİK	4	11233
70	4	INVISIBLE WOMAN	KG	58,5	N.ŞEN	9	17160
75	5	WRITE TO ELLIE (IRE)	K	58,5	T.YILDIZ	3	55323
85	6	GÖLCÜKLÜ	DB	53,5	H.KAPLAN	7	27428
60	7	BABA DINO	KG DB	51,5	S.TIRPAN	8	42638
80	8	BABA MUZO	KG DB	51,5	M.GÜNDÜZELİ	1	39380
65	9	HILL HEAD	KG	50	İ.DİNAR	2	42547

3. KOŞU — 4 YUK. ARAPLAR (ŞARTLI-4) — 38.500 TL 1500 ÇİM — 15.30

95	1	MY CEM		59,5	E.KAÇAR	10	78468
65	2	ASİLBAKİ	KG	58	S.İPEK	9	00500
EK	3	AHMİN	K	55,5	N.ŞEN	11	05773
100	4	ISLAH	KG DB	55,5	M.GÜNDÜZELİ	1	21844
80	5	KAFTAN	KG DB	55,5	O.YILDIZ	8	48799
90	6	KARAYÜREK		55,5	T.YILDIZ	14	26389
70	7	HABERPOLAT	KG K DB	52	Y.E.YÜKSEL	2	76148
60	8	ŞAHSANCAK	KG	52	H.KAPLAN	7	80000
55	9	NİZİPLİKIZ	KG DB	52	F.HİM	12	09888
85	10	SONMUHTEREM	KG DB	52	MER.ÇELİK	6	09083
75	11	BARBAROSBEY	KG K	54	M.G.SEZGİN	5	10807
50	12	TOZLU	KG K DB	54	İ.DİNAR	13	00908
EK	13	OĞLUM CEM	KG K	52	S.ÇELİK	3	_070
45	14	ÖZEL ÇOCUK	KG	56	ÇETİN TAŞ	4	9

(2) ASİLBAKİ - (13) OĞLUM CEM /// (3) AHMİN - (4) ISLAH EKÜRİDİR.

BANKO: MONSHAU
BOMBA: SOFİST

Kraliçe için ...

VELİEFENDİ Hipodro... gerçekleştirilen 'Uluslar... zafer, iki yaşlı İngiliz t... İpek'in tayı 'King... koşuyu, jokey ... yaparak ka... Dominic...

...üyükçisi ...ERGÜDEN

Kraliçe II. Elizabe...

4. KOŞU — ... — 16.00

100	1	HÜSN...	...ÜZELİ	8	1331
90	2	ALW...	N.ŞEN	1	_16
75	3	BEST...	...PLAN	1	_16
95	4	HAZ...	...ER.ÇELİK	5	20523
80	5	ÇEL...	...YILDIZ	6	_6521
EK	6	STR...	...ILDIZ	4	_01
85	7	SİLE...	...ELİK	7	34535
70	8	BABA...			

(3) BE...

5. KOŞU — ... — 16.30

100	1	MONSHA...	8	81314
90	2	BRAVE AI...	4	57513
95	3	REINA DE D...		
70	4	LADY SN...		
75	5	DEEP WA...		
80	6	POWERB...		
85	7	REACTIVE...		

6. KOŞU — 3 YAŞ. ARA... — 40.500...

85	1	JETSTAR					
70	2	KARGO	KG DB	57	...YILD...		
EK	3	KORKUSUZEFE	KG DB	57	...YILD...		
95	4	ORTAYLI	KG K		F.HİM		
75	5	ÖZALP	KG		ÇETİN TAŞ		
80	6	ÖZDEMİR AĞA	KG K	53	M.G.SEZGİN	8	5...
100	7	TERAPİST	KG		H.KAPLAN	9	52...
90	8	UÇAN ÇELİK	KG	55	MER.ÇELİK	4	_7044

(3) KORKUSUZEFE - (7) TERAPİST EKÜRİDİR.

7. KOŞU — 3 YAŞ. İNGİLİZLER (ŞARTLI-19) — 33.500 TL 1400 ÇİM — 17.30

90	1	KEKOVA	DB	58	F.KABADAYI	10	42727
70	2	ONSLOW	DB	58	MER.ÇELİK	8	45...
100	3	POWER OF ANGELS		58	T.YILDIZ	9	24308
55	4	CHAMPION BABY		56	ÇETİN TAŞ	18	47700
95	5	DISPARADOR	KG DB	56	S.İPEK	1	00900
95	6	GEETA	DB	56	İ.DİNAR	7	48603
85	7	GILBERTO	DB	56	OĞUZ EREN	2	00990
70	8	KARTALEFE	DB	56	N.ŞEN	6	60700
75	9	REAL KING		52	M.S.ÇELİK	4	13...
80	10	SOFİST	KG	56	O.YILDIZ	16	49796
EK	11	BLACK WOMAN	KG K	52	S.ÇELİK	17	70070
85	12	ÇETİN CEVİZ	KG K	52	D.MALATYALI	15	00000
85	13	DREAM CITY		52	H.KAPLAN	4	0688...
45	14	LAGERTHA	K	54	Ö.ÖZTÜRK	11	...7...
95	15	QUEEN FLICK	K	54	M.GÜNDÜZELİ	5	...

GENİŞ ALTILI (1-4-2-7) (1) (7-4-8-1) (3-6-1-13-10) 112 TL

Rasim EPLİ

rasimepli@gmail.com

...u banko

...ORTAYLI ...ok bir performans ...gleyecek. TERAPİST ve UÇAN ÇELİK rakipleri olur.

6. AYAK: GEETA sprint mesafesini ayarlayabilirse kapanışı yapabilir. POWER OF ANGELS ve DREAM CITY daha sonra dikkate alınmalı. Bol şanslar...

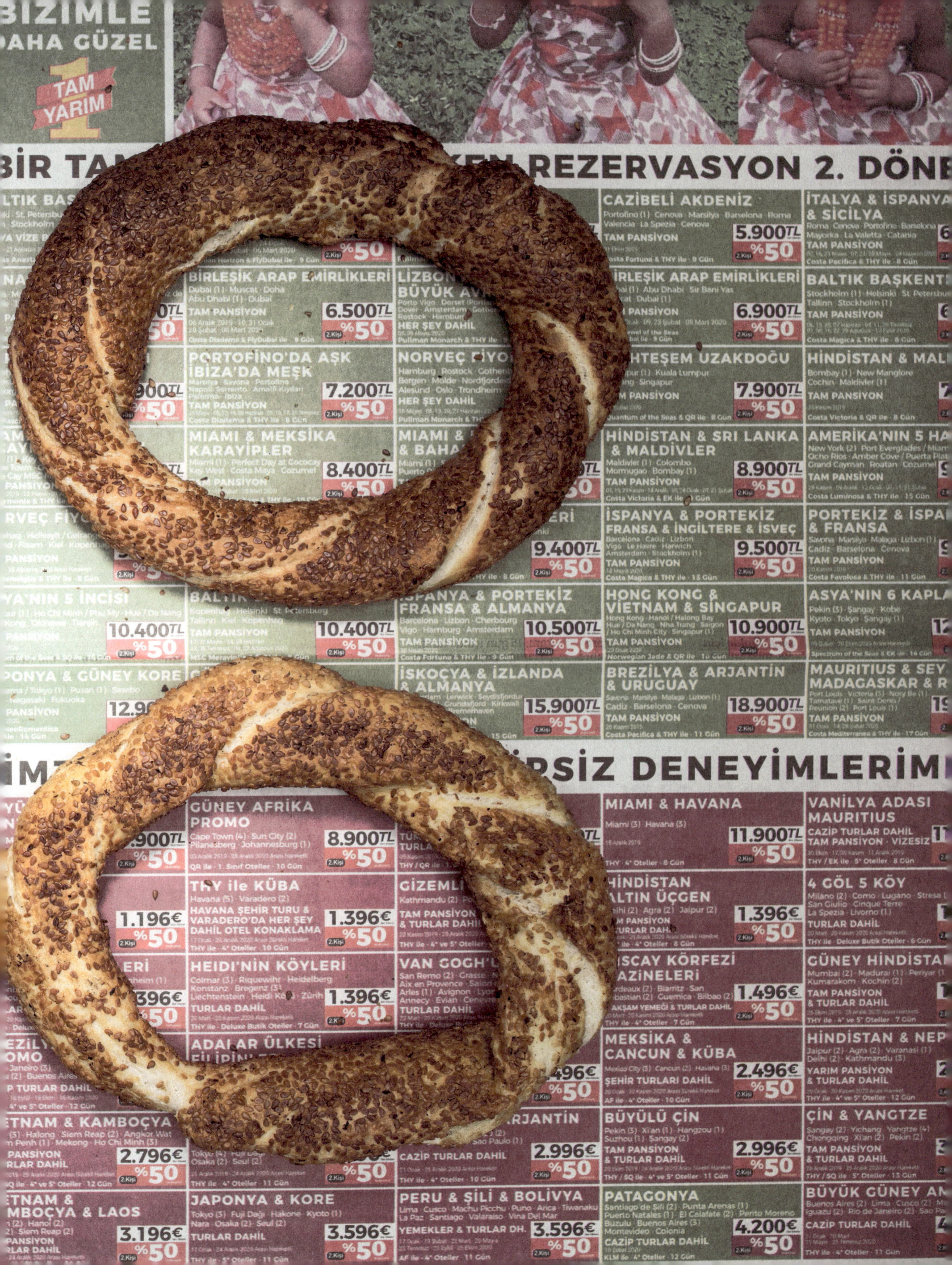

BIZIMLE DAHA GÜZEL
TAM YARIM 1
BİR TAM ... REZERVASYON 2. DÖNE...

CAZİBELİ AKDENİZ
Portofino (1) · Cenova · Marsilya · Barselona · Roma
Valencia · La Spezia · Cenova
TAM PANSİYON
5.900 TL
%50

İTALYA & İSPANYA & SİCİLYA
Roma · Cenova · Portofino · Barselona
Mayorka · La Valletta · Catania
TAM PANSİYON

BİRLEŞİK ARAP EMİRLİKLERİ
Dubai (1) · Muscat · Doha
Abu Dhabi (1) · Dubai (1)
TAM PANSİYON
6.500 TL
%50

LİZBON BÜYÜK AV...
Porto Vigo · Dorset (Portland)
Dover · Amsterdam · Cenova
Rostock · Hamburg
HER ŞEY DAHİL
Pullman Monarch & THY ile · 9 Gün

BİRLEŞİK ARAP EMİRLİKLERİ
Abu Dhabi · Sir Bani Yas
Dubai (1)
6.900 TL
%50
TAM PANSİYON

BALTIK BAŞKENT...
Stockholm (1) · Helsinki · St. Petersburg
Tallinn · Stockholm (1)
TAM PANSİYON

PORTOFİNO'DA AŞK İBİZA'DA MEŞK
Marsilya · Savona · Portofino
Napoli · Sorrento · Amalfi Kıyıları
7.200 TL
%50
TAM PANSİYON

NORVEÇ FİYORD...
Hamburg · Rostock · Gothenburg
Bergen · Molde · Nordfjorden
Alesund · Oslo · Trondheim
7.900 TL
%50
HER ŞEY DAHİL

MUHTEŞEM UZAKDOĞU
... Kuala Lumpur
... Singapur

HİNDİSTAN & MAL...
Bombay (1) · New Manglore
Cochin · Maldivler (1)
TAM PANSİYON

MIAMI & MEKSİKA KARAYİPLER
Miami (1) · Perfect Day at Cococay
Key West · Costa Maya · Cozumel
8.400 TL
%50
TAM PANSİYON

MIAMI & ... BAHA...
Miami (1)
Puerto ...

HİNDİSTAN & SRI LANKA & MALDİVLER
Maldivler (1) · Colombo
Mormugao · Bombay (1)
8.900 TL
%50
TAM PANSİYON

AMERİKA'NIN 5 İNC...
New York (2) · Port Everglades
Ocho Rios · Amber Cove · Puerta Plata
Grand Cayman · Roatan · Cozumel
TAM PANSİYON

İSPANYA & PORTEKİZ FRANSA & İNGİLTERE & İSVEÇ
Barcelona · Cadiz · Lizbon
Amsterdam · Stockholm
9.400 TL
%50
9.500 TL
%50
TAM PANSİYON

PORTEKİZ & İSPA... & FRANSA
Savona · Marsilya · Malaga · Lizbon (2)
Cadiz · Barselona · Cenova
TAM PANSİYON

...NIN 5 İNCİSİ
... Ho Chi Minh / Phu My / Hue / Da Nang
... · Okinawa · Tokyo
...PANSİYON
10.400 TL
%50

BALTI...
Kopenhag · Helsinki · St. Petersburg
Tallinn · Kiel · Kopenhag
TAM PANSİYON
10.400 TL
%50

İSPANYA & PORTEKİZ FRANSA & ALMANYA
Barcelona · Lizbon · Cherbourg
Vigo · Hamburg · Amsterdam
10.500 TL
%50
TAM PANSİYON

HONG KONG & VİETNAM & SİNGAPUR
Hong Kong · Hanoi · Halong Bay
Ho Chi Minh City · Singapur
10.900 TL
%50
TAM PANSİYON

ASYA'NIN 6 KAPLA...
Pekin (1) · Şangay · Kobe
Kyoto · Tokyo · Şanghay (1)
TAM PANSİYON

...PONYA & GÜNEY KORE
... Tokyo (1) · Pusan · Sasebo
...PANSİYON
12.9...

İSKOÇYA & İZLANDA & ALMANYA
Lerwick · Seydisfjordur
Grundarfjord · Kirkwall
15.900 TL
%50
TAM PANSİYON

BREZİLYA & ARJANTİN & URUGUAY
Savona · Marsilya · Malaga · Lizbon (2)
Cadiz · Barselona · Cenova
18.900 TL
%50
TAM PANSİYON

MAURITIUS & SEY... MADAGASKAR & R...
Port Louis · Victoria · Nosy Be (1)
Tamatave (1) · Saint-Denis
Reunion (2) · Port Louis (1)
TAM PANSİYON

...İMT... ...İPSİZ DENEYİMLERİM...

GÜNEY AFRİKA PROMO
Cape Town (4) · Sun City (2)
Pilanesberg · Johannesburg (1)
8.900 TL
%50
QR ile · 1. Sınıf Oteller · 10 Gün

MIAMI & HAVANA
Miami (3) · Havana (3)
11.900 TL
%50
THY / QR ile · 4* Oteller · 8 Gün

VANİLYA ADASI MAURITIUS
CAZİP TURLAR DAHİL
TAM PANSİYON · VİZESİZ

THY ile KÜBA
Havana (5) · Varadero (2)
1.196 €
%50
HAVANA ŞEHİR TURU & VARADERO'DA HER ŞEY DAHİL OTEL KONAKLAMA

GİZEMLİ...
Kathmandu (2)
TAM PANSİYON & TURLAR DAHİL
1.396 €
%50

HİNDİSTAN ALTIN ÜÇGEN
Delhi (2) · Agra (2) · Jaipur (2)
TAM PANSİYON & TURLAR DAHİL
1.396 €
%50

4 GÖL 5 KÖY
Milano (2) · Como · Lugano · Stresa
San Giulio · Cinque Terre
La Spezia · Livorno (1)
TURLAR DAHİL

HEIDI'NİN KÖYLERİ
Colmar (1) · Riquewihr · Heidelberg
Konstanz · Bregenz (3)
Liechtenstein · Heidi Köyü · Zürih (1)
1.396 €
%50
TURLAR DAHİL

VAN GOGH'U...
San Remo (2) · Grasse
Aix en Provence · Salon
Arles (2) · Avignon · Lyon
Annecy · Evian · Cenova
TURLAR DAHİL

BİSCAY KÖRFEZİ HAZİNELERİ
Bordeaux · Biarritz · San
Sebastian (2) · Guernica · Bilbao (2)
1.496 €
%50
AKŞAM YEMEĞİ & TURLAR DAHİL

GÜNEY HİNDİSTAN
Mumbai (2) · Madurai · Periyar
Kumarakom · Kochin (2)
TAM PANSİYON & TURLAR DAHİL

ADALAR ÜLKESİ Fİ... İ İPİN...
1.396 €
%50

MEKSİKA & CANCUN & KÜBA
Mexico City (2) · Cancun (2) · Havana (3)
2.496 €
%50
ŞEHİR TURLARI DAHİL

HİNDİSTAN & NEP...
Jaipur (2) · Agra (2) · Varanasi (2)
Delhi (2) · Kathmandu (2)
YARIM PANSİYON & TURLAR DAHİL

BREZİLYA PROMO
... Janeiro (3)
... Buenos Aires
...P TURLAR DAHİL

...ARJANTİN
... Sao Paulo (1)
2.996 €
%50
CAZİP TURLAR DAHİL

BÜYÜLÜ ÇİN
Pekin (3) · Xian (1) · Hangzou (1)
Suzhou (2) · Sangay (2)
2.996 €
%50
TAM PANSİYON & TURLAR DAHİL

ÇİN & YANGTZE
Sangay (2) · Yichang · Yangtze (4)
Chongqing · Xian (2) · Pekin (2)
TAM PANSİYON & TURLAR DAHİL

...ETNAM & KAMBOÇYA
... Siem Reap (2) · Angkor Wat
... Penh (1) · Mekong · Ho Chi Minh (3)
2.796 €
%50
...LAR DAHİL

...ETNAM & ...MBOÇYA & LAOS
... Hanoi (2)
...Siem Reap (2)
3.196 €
%50
...PANSİYON

JAPONYA & KORE
Tokyo (3) · Fuji Dağı · Hakone · Kyoto (1)
Nara · Osaka (2) · Seul (2)
3.596 €
%50
TURLAR DAHİL

PERU & ŞİLİ & BOLİVYA
Lima · Cusco · Machu Picchu · Puno · Arica · Titicaca
La Paz · Santiago · Valaraiso · Vina Del Mar
YEMEKLER & TURLAR DAH.
3.596 €
%50

PATAGONYA
Santiago de Şili (2) · Punta Arenas (1)
Puerto Natales (1) · El Calafate (2) · Perito Moreno
Buzulu · Buenos Aires (3)
Montevideo · Colonia
4.200 €
%50
CAZİP TURLAR DAHİL

BÜYÜK GÜNEY AM...
Buenos Aires (3) · Lima · Cusco (2)
Iguazu (2) · Rio de Janeiro (3)
CAZİP TURLAR DAHİL

.00 ebadında 2.bodrum kat komürlüklerine sokaktan odun ya da kömür aktarılmış bölümün ise mesken
nüne girişte hol salon bölümü yer alıp, solda koridor bölümü ve bu bölüm üzerinde solda yıkanma yeri, lavabo-wc
tuk odası ile sağda mutfak ile tam karşıda arka cepheye bakar yatak odası bulunduğunu, mahallen yapılan ölçümde
lüm halinde toplam yaklaşık 55.00 m2 daire bulunduğu, zemin katta yer alan bağımsız bölüm yine konut niteliki
n sokağa bakar salon solda koridor bölümü yer aldığı, koridor üzerinde bodrum kattaki gibi solda yıkanma yeri,
ye bakar yatak odası ile sağda mutfak ile tam karşıda arka cepheye bakar yatak odası yer aldığını, mahallen yapılan
00+3.00x3.00+3.00x4.50 mt olmak üzere yaklaşık 60.00 m2 alanlı olduğu tespit edildiği, 1,2,3 ve 4 normal katlarda
lunduğunu, dairelere girişte hol-sofa bölümü, sağda cumba çıkmalı salon piyesi, solda koridor bölümü ile bu bölüm
wc, yanında arka cepheye bakar balkonlu yatak odası, sağda mutfak, devamında tam karşıda yatak odası yer aldığı,
renin cumba çıkmalar ve arka bölümündeki kapalı ve açık çıkmalar ile çalışık 70.m2 alanlı olduğunun tespit edildiği,
t niteliğinde olup, merdivenlerden çıkışa sahanlık başında daire giriş kapısı yer aldığını, tam karşıda taras bölümü
wc, yanında arka cepheye kadar balkonlu yatak odası, sağda mutfak devamında tam karşıda yatak odası bulunduğu,
ncak ön cephede yer alan açık taras bölümün yaklaşık 20.00 m2, kapalı bölümün ise yaklaşık 50.00 m2 alanlı
lanılmakta olduğu, dairede elektrik ve su mevcut olup, soba ile ısınma sağlandığı, kiracı tarafından gerekli bakım
r vaziyette ikamet edildiği, davaya konu binanın diğer tüm katları ve katlarda bulunan daireler metruk bir vaziyette
gaz tesisatı ve sayaçları olmasına rağmen kesik ve daireler boş olmakla daire içlerinde kalorifer ile alakalı herhangi
kesik olduğu, binanın dıştan dışa ölçümünde tabanda 6.00 mt genişliğinde 11.70 mt.derinliğinde olmak üzere 70.00
ttan itibaren tüm 4 normal ve çekme katında öndeki açık teras alanı dahil herbiri birbirinin simetrisi olup, 6.00 mt
indirme olmak üzere yaklaşık her kat 80.00 m2 alanlı olduğu, ana taşınmazın bodrum katlar temel çatı dahil toplam
u tesbit edildiği, yapının yığma kagir volta döşemeli bir yapı olup yaklaşık 100 yıllık bir bina olduğu tesbit edilmiştir.
mazın 3.202.500,00.TL (Üç milyon iki yüz iki bin beş yüz Türk Lirası) olarak tespit edildiği
KDV alınacaktır.

ellikleri ve Kıymeti belirtili taşınmazın ihalesi 20/11/2019 Çarşamba günü saat 14.00.' dan - 14.10' a kadar, İstanbul
ukuk Mahkemesi duruşma salonu ÇAĞLAYAN – İSTANBUL adresinde yapılacak olup, 1. ihale günü tahmin edilen
ılar varsa alacakları mecmuunu ve satış masraflarını geçmek şartı ile ihale olunur. Böyle bir bedelle alıcı çıkmazsa
aki kalmak şartıyla ihalesi yapılamayan taşınmazlar 20/12/2019 CUMA GÜNÜ aynı yer ve saatinde taşınmaz ilanda
ttırana ihale edilecektir.

tahmin edilen kıymetinin %50' sini bulması ve satış isteyenin alacağına rüçhanı olan alacakların toplamından fazla
rme ve paylaştırma masraflarını geçmesi lazımdır. Böyle fazla bedelle alıcı çıkmazsa satış talebi düşecektir.
teklif verme yoluyla başlanır. Elektronik ortamda teklif verme, birinci ihale tarihinden yirmi gün önce başlar, ihalenin
nunda sona erer; ikinci ihalede ise elektronik ortamda teklif verme birinci ihaleden sonraki beşinci gün başlar, ikinci
rihinden önceki gün sonunda sona erer. Elektronik ortamda verilecek teklifler malın muhammen kıymetinin yüzde
n önce, ihaleye çıkarılan malın muhammen kıymetini yüzde yirmisi nispetinde teminat gösterilmesi zorunludur.
için Adalet Bakanlığı Resmi İnternet Sitesinde mevcut e-satış portalı üzerinden Satış Memurluğumuz birim kodu
ması ile mutlaka Memurluğumuz 2018/20 SATIŞ. Satış Dosya Numarasının belirtilerek memurluğumuzun internet
158007306619165 nolu hesabımıza yatırılması gerekmektedir.
şınmazın tahmin edilen kıymetinin %20 nispetinde pey akçesi veya milli bir bankanın teminat mektubunu tevdi
erek artırmaya katılacaklarda yine teminat göstermeleri gerekmektedir. (İİK.Md.124/3).
erçek veya tüzel kişiler Teminat Bedellerini yine Adalet Bakanlığı Resmi İnternet Sitesinde mevcut e-satış portalı
na yine elektronik ortamda yatıracaklardır. Banka hesabına yatırılan teminat bedellerinin iadesi yine banka hesabı
apılacaktır.
n alacaklının iştiraki halinde alacağı mezkur nispet raddesinde ise İİK. Md. 124/4 gereğince ayrıca pey akçesi veya
dir.
üzere mehil verilebilir. %8 KDV,.‰ 5,69 D.V., ‰ 20 Tapu Alım Harcı, gayri menkulün tahliye ve teslim masrafları
rlü vergi ve giderler alıcıya aittir. Yukarıda Dellaliye, Tapu Satım harcı ve Taşınmazın aynından doğan birikmiş
rgi, Harç oran ve cinslerinde yasal değişiklik yapılması halinde ilgili mevzuat uygulanacaktır.)
ilgililerin (*) bu gayrimenkul üzerindeki haklarını hususiyle faiz ve masrafa dair olan iddialarını dayanağı belgeler ile
leri lazımdır. Aksi takdirde hakları tapu sicili ile sabit olmadıkça paylaşmadan hariç bırakılacaklardır.
bedelini yatırmamak suretiyle ihalenin feshine sebep olan tüm alıcılar ve kefilleri teklif ettikleri bedel ile son ihale
ararlardan ve ayrıca temerrüt faizinden müteselsilen mesul olacaklardır. İhale farkı ve temerrüt faizi ayrıca hükme
lunacak, bu fark varsa öncelikle teminat bedelinden alınacaktır.
en herkesin görebilmesi için dairede açık olup, masrafı verildiği takdirde isteyen alıcıya bir örneği gönderilebilir. İş
nmayan bütün ilgililere tebliğ yerine geçer.
eyi görmüş ve münderecatını kabul etmiş, taşınmazla ilgili dosyada mevcut her türlü bilgi ve belgeyi görmüş-okumuş
kişiler ile yabancı ülkelerde kendi ülkelerinin kanunlarına göre kurulan tüzel kişiliğe sahip ticaret şirketlerinin
için 2644 Sayılı Tapu Kanunu hükümleri saklı tutulduğunun bilinerek ihale öncesi ilgililerinin kendi durumlarını
ek lüzumu bilgi ve belgeleri temin ettikten sonra ihaleye katılmaları gerektiği, ihale yapılmış olsa dahi bu yasaya
l sorumluluk alıcı veya alıcılara ait olacaktır.
eyi görmüş ve münderecatını kabul etmiş sayılacakları, başkaca bilgi almak isteyenlerin 2018/20 Satış sayılı dosya
maları ilan olunur.07/10/2019

ipleri de dahilidir.
eki uygulamada kullanılan Örnek 64'e karşılık gelmektedir.

(Basın: 1065967)

(LH HUKUK MAH.) SATIŞ MEMURLUĞUNE İZAFETEN ANKARA 22. İCRA MÜDÜRLÜĞÜ TAŞINMAZIN AÇIK ARTIRMA İLANI

azın cinsi, niteliği, kıymeti, adedi, önemli özellikleri :

rapınar mahallesi Dikmen Caddesi Hancıoğlu Apartmanı No:430/9 adresinde bulunan mesken vasıflı taşınmaz
yıtlıdır. Meskenin bulunduğu bina dikmen caddesi cepheli, ayrık nizam ve betonnarme yapı tarzında inşa edilmiş
n bulunduğu bina, 2 bodrumkat + zemin kat+ 4 normal kat olmak üzere toplam 7 katlıdır.
sansör bulunmaktadır. Mesken bina girişine göre sağ yan ve arka cephede yer almaktadır. Kuzey - doğu ve kuzey
e, 3 oda, salon, hol, mutfak, banyo, ebeveyin banyosu, tuvalet bölümleri ile 3 adet balkondan müteşekkildir.
arı panel, pencereleri pvc doğramalı olup ısınma doğalgaz kombi sistemlidir.
dahil 110,60m2 (balkon toplam 9,20m2 olarak ölçülmüş olup ortaklığın giderilmesi yolu ile satışa çıkartılmıştır.
dosyasında mevcuttur.

daki gibidir.
ünü 15:00 - 15:10 arası
ünü 15:00 - 15:10 arası
Salonu - Anafartalar Mah. Etlik Cad. No:3 (Ankara Adalet Sarayı Dışkapı Ek Hizmet Binası Yanı) MERKEZ / ANKARA
artırma suretiyle yapılacaktır. Birinci artırmanın yirmi gün öncesinden, artırma tarihinden önceki gün sonuna kadar
tronik ortamda teklif verilebilecektir. Bu artırmada tahmin edilen değerin %50'sini ve rüçhanlı alacaklılar varsa
erini geçmek şartı ile ihale olunur. Birinci artırmada istekli bulunmadığı takdirde elektronik ortamda ikinci artırmadan
rma gününden önceki gün sonuna kadar elektronik ortamda teklif verilebilecektir. Bu artırmada da malın tahmin
alacakları toplamını ve satış giderlerini geçmesi şartıyla en çok artırana ihale olunur. Böyle fazla
düşecektir.
tahmin edilen değerin % 20'si oranında pey akçesi veya bu miktar kadar banka teminat mektubu vermeleri lazımdır.
e (10) gün geçmemek üzere süre verilebilir. Damga vergisi, KDV, 1/2 tapu harcı ile teslim masrafları alıcıya aittir.
n doğan vergiler satış bedelinden ödenir. (Alacakları rehinli olan alacaklıların satış tutarı üzerinden rüçhan hakları

Kilyos Mezarlığı'na defnedilecektir.

Allah Rahmet Eylesin.

— **AİLESİ** —

TEV
TÜRK EĞİTİM VAKFI
1967

VEFAT

Eğitime gönül veren, bu amaçla başarılı ve
maddi desteğe ihtiyacı olan gençlere burs vermek üzere
mal varlığını **Türk Eğitim Vakfı**'na vasiyet eden,

Kıymetli Bağışçımız

SUZAN ÖZUĞURLU'yu

kaybetmenin derin üzüntüsü içindeyiz.

Cenazesi **14 Ekim 2019 Pazartesi** günü (bugün)
Beşiktaş Sinan Paşa Camii'nde kılınacak öğle namazını müteakip,
Hasdal Mezarlığı'ndaki Aile Kabrine defnedilecektir.

Merhumeye Allah'tan rahmet,
ailesine ve tüm sevenlerine sabırlar dileriz.

TÜRK EĞİTİM VAKFI

VEFAT

1951 dönem En...

SALİM C...

Hakk'ın rahm...
Cenazesi 14 Ekim Pazartesi...
Camii'nde kılınacak öğle nam...
Karacaahmet Mezarlığı...
toprağa v...

AİLESİ

T.C. ESKİ...
1. İCRA DAİRESİ BAŞKANLIĞI

DOSYA NO : 2017/11239
ALACAKLI : T. GARANTİ B...
VEKİLİ : AV. ÜMÜT KAY...
BORÇLU : MUHARREM GÜ...
BORCUN NEDENİ : Kredi sözle...
(5549....7020 kredi kartı ve tek hesaptan ka...
BORÇ MİKTARI : 2.280,31 TL (kredi kartı 57..., ...ak, 52,86 TL işlemiş faiz, 1,08 TL gider vergisi, tek hesap 1.504,54 TL asıl alacak, 146,55 TL işlemiş faiz, 1,81 TL faizin gider vergisi)

Yukarıda adı yazılı borçlu hakkında yapılan icra takibinde, borçlunun mernis sisteminde kayıtlı tüm adreslerine gönderilen ödeme emri bila tebliğ dönmesi, yeni adresinin bulunamaması nedeniyle ödeme emrinin ilanen tebliğine karar verilmiştir.

İşbu ilanın gazetede yayın tarihinden itibaren kanuni süreye 15(onbeş) gün eklenmesi ile borcu ve masrafları 22 (yirmiiki)gün içinde ödemeniz (teminat vermeniz) borcun tamamına veya bir kısmına veya alacaklının takibat icrasına ilişkin bir itirazınız varsa, sözleşme altındaki imza size ait değilse, yine bu yirmiiki gün içinde ayrıca ve açıkça bildirmeniz, aksi halde icra takibinde bu sözleşmenin sizden sadır olmuş sayılacağı, imzayı reddettiğiniz takdirde merci önünde yapılacak duruşmada hazır bulunmanız, buna uymazsanız vaki itirazınızın muvakkaten kaldırılacağı, borca itirazınızı yazılı veya sözlü olarak icra dairesine yirmiiki gün içinde bildirmediğiniz takdirde aynı müddet içinde 74.madde gereğince mal beyanında bulunmanız aksi halde hapisle tazyik olunacağınız, hiç mal beyanında bulunmaz veya hakikate aykırı beyanda bulunursanız hapisle cezalandırılacağınız, borç ödenmez veya itiraz edilmezse cebri icraya devam edileceği, takibe itiraz ettiğiniz takdirde itirazla birlikte tebliğ giderlerini ödemeniz, aksi halde itiraz etmemiş sayılacağınız ihtar olunur. 10/10/2019

Resmi İlanlar www.ilan.gov.tr'de   (Basın: 1065852)

T.C. CİDE ASLİYE HUKUK MAHKEMESİNDEN KAMULAŞTIRMA İLANI

ESAS NO : 2019/80 Esas
KAMULAŞTIRILAN TAŞINMAZIN
BULUNDUĞU YER: Kastamonu İli, Cide İlçesi, Hacıahmet Köyü
MEVKİİ: Soğuksu yanı
PAFTA NO :

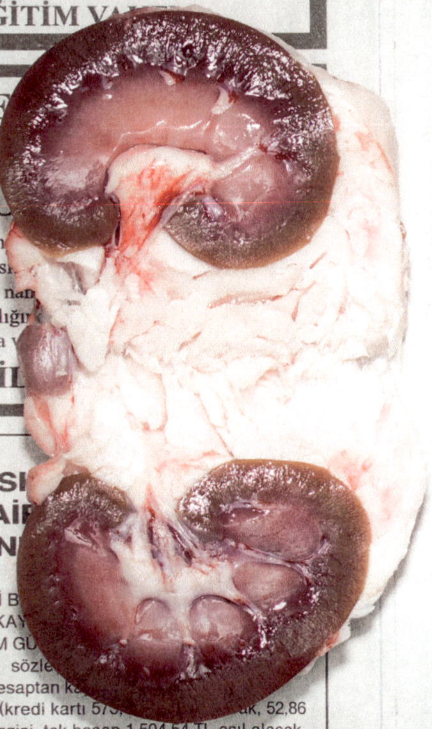

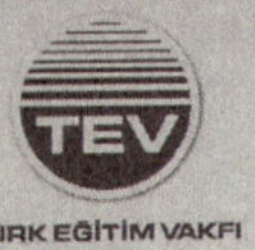

mli bir yaşlılık te-
leyici. Oksidasyona
açan serbest radikal-
lerden kurtulmanın en
..li yolu ise besinlerle
en fazla "antioksidan
..ekül" kazanmak.
..ka bir deyişle, bedene

glutatyon, koenzim, C vi-
tamini gibi antioksidan
savaşçı sokmak. Antiok-
sidan savaşçılar, hücre,
doku ve neticede organ
düşmanı bu "elektron
açlığı" çeken zararlılara
kendi elektronlarını
transfer ederek onların

engel olabiliyor. Peki,
bu önemli maddelerin
en çok bulunduğu ilk
10 besin hangileri?
Bedene daha çok anti-
oksidan kazandırmak
için neleri daha çok ve
bol yiyip içmeli? Listeye
göz atmanız yeterli...

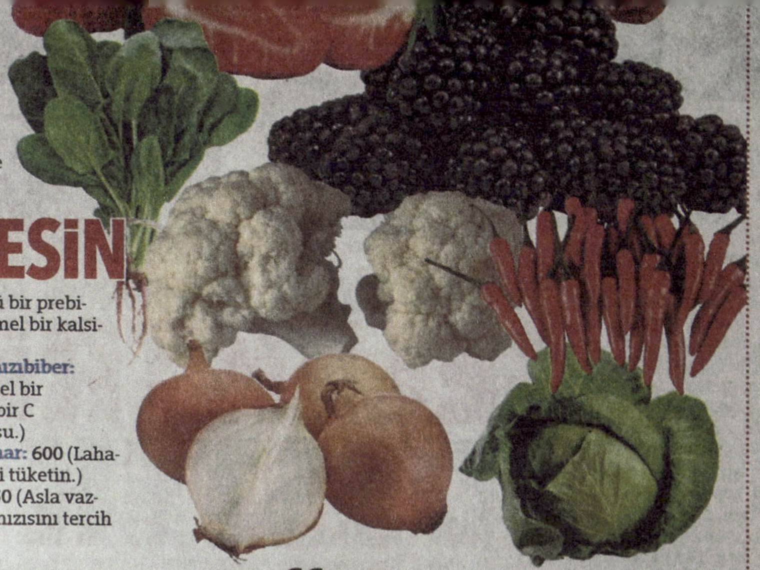

İLK 10 ANTİOKSİDAN BESİN

ANTİOKSİDAN kapasi-
..in en yüksek olduğu yiye-
..lerin başında da sebze ve
..yveler var. ORAC (oksijen
..ikali emme kapasitesi)
..eri dikkate alındığında
..oksidan gücü yüksek 10
..in şöyle sıralanıyor:
■ **Kuru erik:** 5500 (Her
..am 2 adet kuru erik
..etin.)
■ **Kuru üzüm:** 2500 (Her

sabah 5-6 adet çekirdekli
siyah kuru üzüm yiyin.)
■ **Yabanmersini:** 2400
(Biraz pahalı!)
■ **Böğürtlen:** 2000 (Bizde
zor bulunuyor.)
■ **Çilek:** 1500 (Lezzetli,
fiyatı makul ve güçlü bir
meyve.)
■ **Ispanak:** 1250 (Her yer-
de her zaman bulunabiliyor.)
■ **Lahana:** 900 (Aynı

zamanda güçlü bir prebi-
yotik, mükemmel bir kalsi-
yum kaynağı.)
■ **Taze kırmızıbiber:**
700 (Mükemmel bir
sebze, müthiş bir C
vitamini deposu.)
■ **Karnabahar:** 600 (Laha-
na ile değişimli tüketin.)
■ **Soğan:** 450 (Asla vaz-
geçmeyin, kırmızısını tercih
edin.)

■ **Zeakstantin:** Pazı, suter...
■ **Likopen:** Domates ve ka...
■ **Alfa ve beta karoten:** Pa...
■ **Beta kriptoksan...:** Por...
kişniş ve kayısı
■ **Astaksantin:** ...ürin...
■ **Likopen:** Domates, karp...
pembe greyfurt

Demirel'...
5 mühim ...

■ SAĞLIKLI ve uzun yaşam...
dan söz açılınca, uzun yıllar
sabah kahvaltılarının birlikte
yapabilme şansı yakaladığım...
Cumhurbaşkanımız, rahmetli
yüğüm, akıl hocam ve mentor...
Süleyman Demirel'den not al...
ğım şu önerileri sizinle yenide...
paylaşmak ihtiyacı duydum:
■ Hiçbir suyun derinliğini ...
birden yoklama.
■ Kederde de mutlulukta d...
demeyi unutma.
■ "Daha fazlası daha iyidir...
kandırma.
■ Her gecenin bir sabahı va...
ma!
■ Hayat maçını kaybettirse...
"kendini en güçlü hissettiğin a...
leceğini asla aklından çıkarma...

...ill Gates'in kırışıklıkları, Warren Buffet'ın tuz merakı

■ **SAĞLIKLI** ve uzun bir ömür sürmek
..ece beslenme, düzenli aktivite, kaliteli
..u ve huzura odaklanma ile bağlantılı
..süreç değil. Bu "önemli dörtlü" kadar
..netik miras"ınız da mühim bir belir-
leyici. Geçen hafta Ertuğrul Özkök'ün
yanıtlamamı istediği sorunun cevabı işte
bu nedenle "genetik miras" ve o mirasın
ifade biçimi, yani "epigenetik" meselesin-
de gizli. Eğer genetik mirasınız sağlamsa,
hele bir de o mirasın gen ifadesi meselesi-
ni akıllıca yönetme bilginiz varsa, siz de
bir Warren Buffet şansı yakalayıp ham-
burgeri ne kadar tuzlu yerseniz yiyin, hi-
pertansiyona direnebilirsiniz. Ya da tam
tersine, gen ifadesini bozan herhangi bir
yanlışınız olduğunda 50'sine kadar bebek
gibi olan cildiniz Bill Gates'te olduğu gibi
10 yıl içinde hızlıca gevşemeye, pörsüme-
ye ve de kırışmaya yönelebilir.

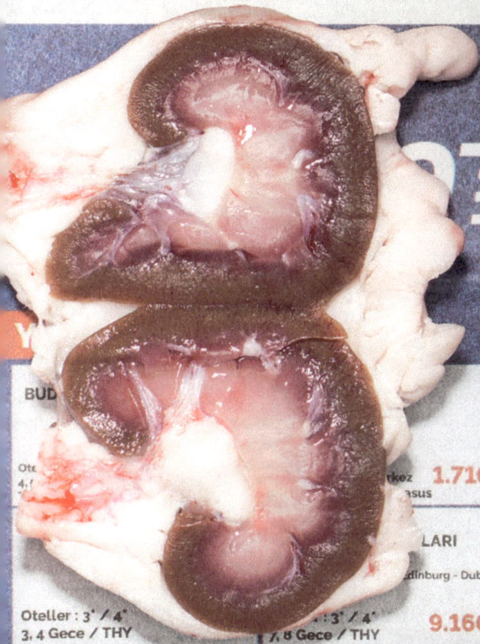

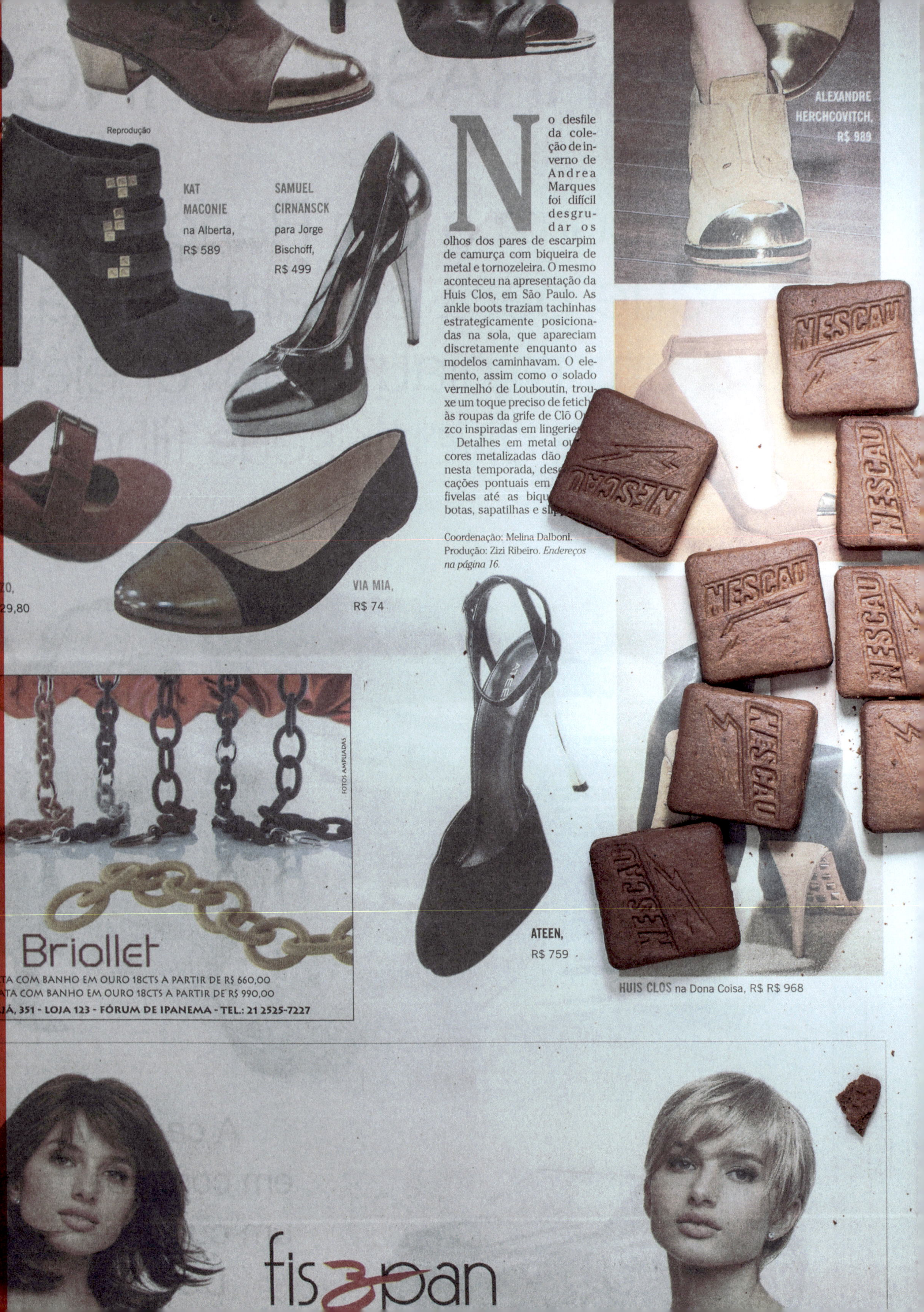

No desfile da coleção de inverno de Andrea Marques foi difícil desgrudar os olhos dos pares de escarpim de camurça com biqueira de metal e tornozeleira. O mesmo aconteceu na apresentação da Huis Clos, em São Paulo. As ankle boots traziam tachinhas estrategicamente posicionadas na sola, que apareciam discretamente enquanto as modelos caminhavam. O elemento, assim como o solado vermelho de Louboutin, trouxe um toque preciso de fetiche às roupas da grife de Clô Orozco inspiradas em lingerie.

Detalhes em metal ou cores metalizadas dão o tom nesta temporada, desde aplicações pontuais em fivelas até as biqueiras de botas, sapatilhas e slippers.

Coordenação: Melina Dalboni.
Produção: Zizi Ribeiro. *Endereços na página 16.*

Pouco c[onhecida]
até em Ango[la],
[o]nde vive, a etnia
[d]os he[...]
[re]vela[...]
[...]
[q]ue [...]
[...] Muse[u]
[...]acion[al]
[...]os, c[...]
[...]ive [...]
[...], conside[ra]
[...]os mai[s]
elegante[s]
e capta a su[a]
beleza. A mostra,
que já foi vista por
185 mil pessoas
em Brasília, São
Paulo, Lisboa e
Luanda, traz
imagens desse
grupo, adepto da
poligamia e da
cultura pastoril

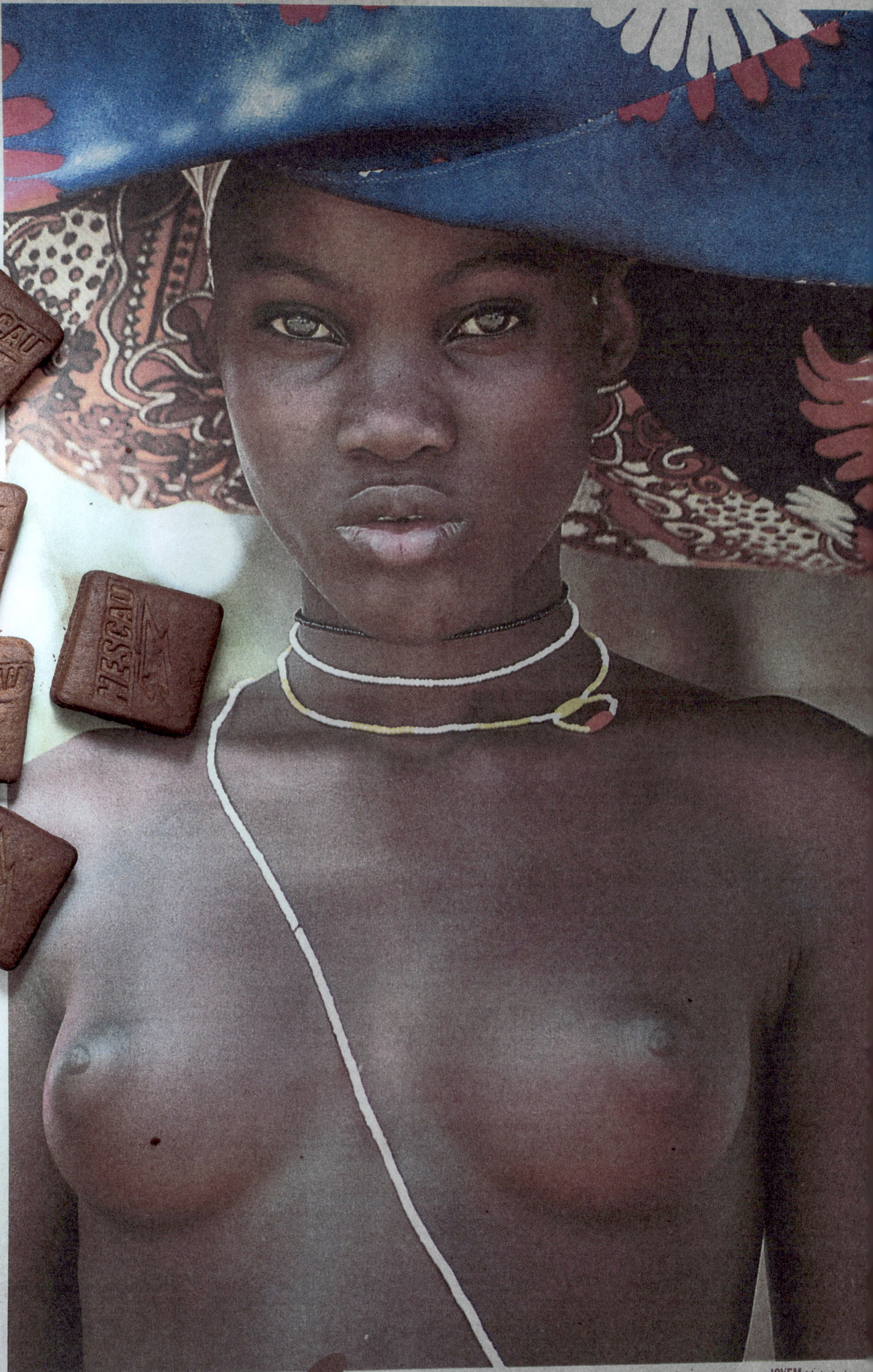

Eu leio o Estadão.
Aliás, entrou um
empreendimento
maravilhoso na
Zona Sul. Interessa?

LETÍCIA FISCHER, CORRETORA DE IMÓVEIS.

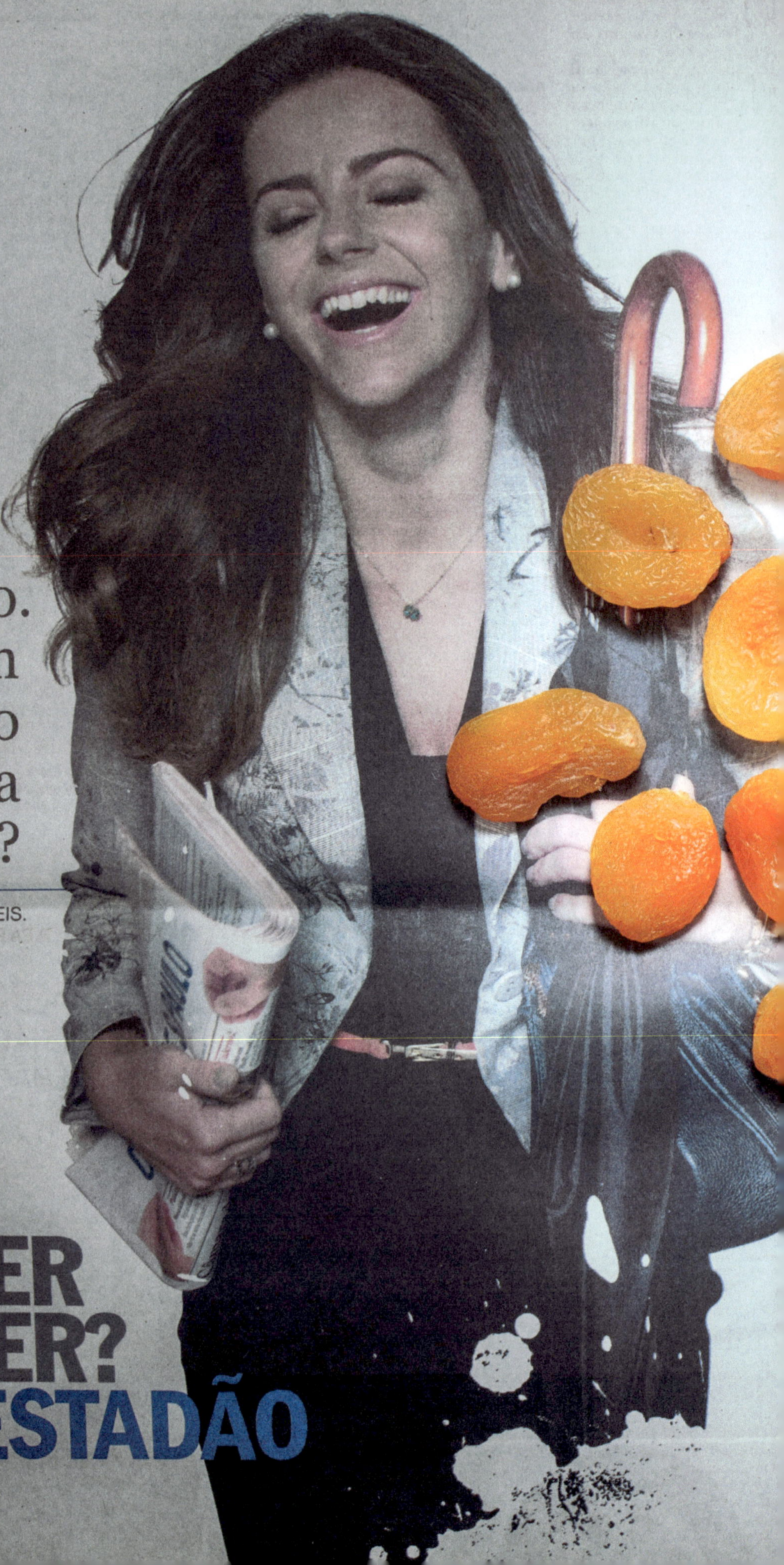

QUER
SABER?
ESTADÃO

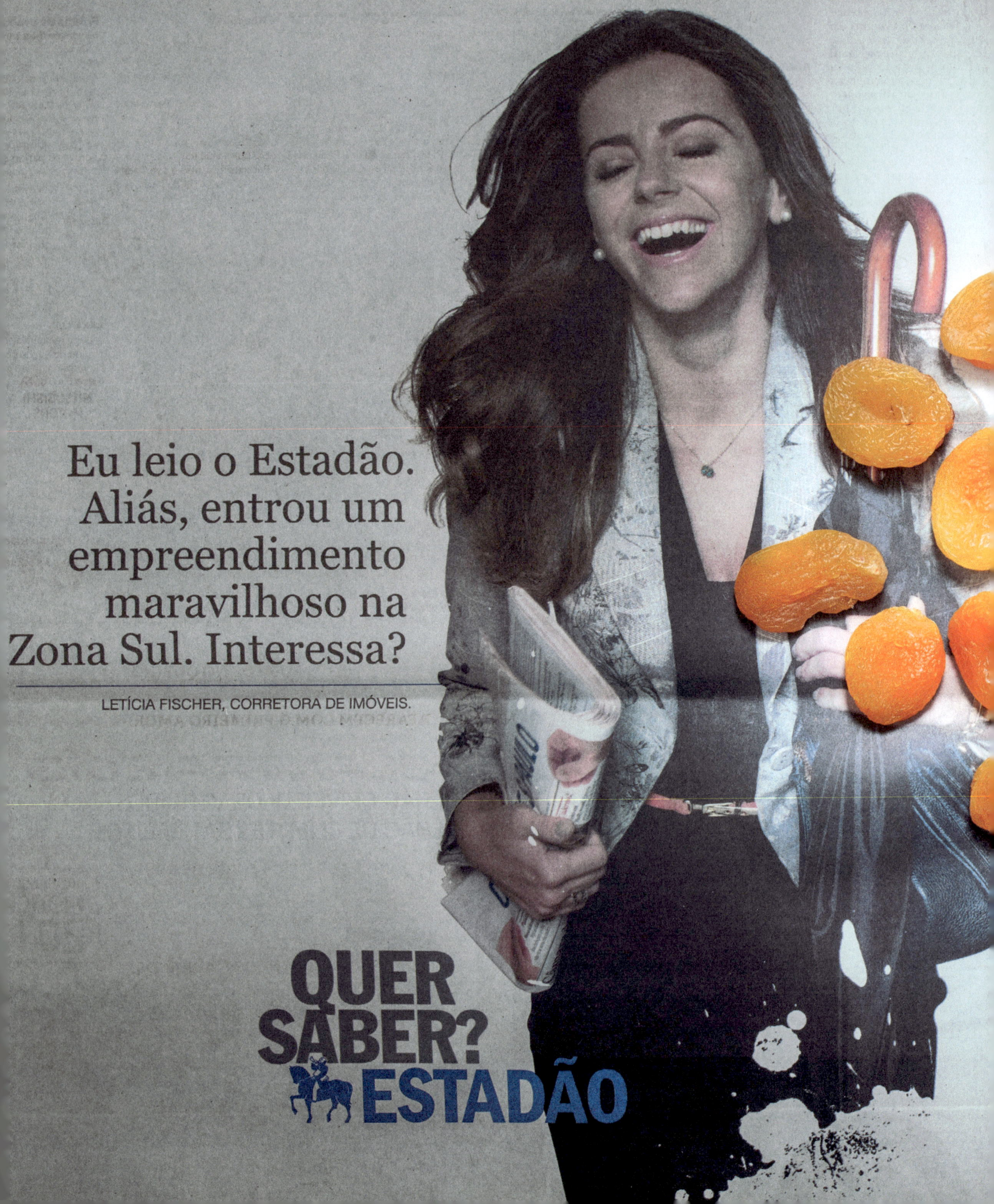

Pro[illegible]ssional que se voluntariou para defender Chen Kegui, acusado de esfaquear policiais, teve licença cassada e vários outros foram amea[illegible]

Cláudia Trevisan
CORRESPONDENTE / PEQUIM

Advogados chineses que se dispuseram a defender o sobrinho do ativista cego Chen Guangcheng estão sendo ameaçados com a cassação de suas licenças e ao menos um deles já teve o documento confiscado.

Vários profissionais apresentaram-se como voluntários no caso de Chen Kegui, acusado de homicídio doloso por ferir com uma faca de cozinha três homens que invadiram sua casa na noite do dia 26, quando foi revelada a fuga de seu tio da prisão domiciliar ilegal em que era mantido havia 19 meses.

"Autoridades disseram-me para não me envolver no caso de Chen Kegui, pois é uma questão 'política'. Eles não me deixam ir a Pequim e meu telefone está grampeado", disse ao **Estado** o advogado Liu Weiguo, da Provín[illegible] de Shandong, onde fica a vila [illegible]l em qu[illegible] vive. [illegible]m e[illegible] pu[illegible]cad[illegible]em, [illegible]nen[illegible] que a "vi[illegible]mília já havi[illegible] temer pela se[illegible] sobrinho.

Li[illegible]nhum dos trê[illegible]orre risco d[illegible] deles está i[illegible]ospital. Seg[illegible], eles faziam pa[illegible]po de aproximadamen[illegible] pessoas que invadiu a casa de Kegui d[illegible] a noite. "Ele estava c[illegible] filho e a gangue [illegible]enquanto a [illegible]a que parass[illegible]

[illegible]o n[illegible] de [illegible]pelos mesmos lí[illegible]mandaram a perseguição à qual seu tio foi vítima desde 2005, quando expôs milhares de casos de abortos e esterilizações forçadas na região.

Até agora, nenhum defensor [illegible]onseguiu vê-lo. O advogado [illegible]n Wuquan pretendia viajar [illegible]Guangzhou (Cantão), no sul [illegible]China, para Shandong no dia [illegible]com o objetivo de assumir o [illegible]aso, mas foi impedido pelas autoridades locais.

No mesmo dia em que pretendia partir, ele foi comunicado de que sua licença profissional estava confiscada por causa de sua suposta ausência em exame de inspeção realizado no ano passado. Depois que ele comprovou que havia realizado o teste, outra acusação de irregularidade foi apresentada e sua licença continua suspensa. "Tenho certeza de que não a devolverão antes do julgamento do caso de Chen Kegui. Portanto, não posso defendê-lo. Mas acredito que outros advogados vão lutar por ele. Há tantos advogados e não é possível que eles confisquem a licença de todos", disse ao **Estado**.

Liu Weiguo afirmou que os advogados pretendem sustentar que Chen Kegui agiu em legítima defesa. Mas, para isso, terão de ser capazes de assumir o caso. "Nós não vamos nos submeter às ameaças. Neste momento, vários advogados de diversas regiões do país estão a caminho de

foi levado por policiais à paisana na semana passada, quando tentava visitar Chen Guangcheng no hospital onde ele está internado em Pequim. Espancado, ele perdeu momentaneamente a audição e foi proibido de buscar socorro médico por seguranças que estavam na porta de sua casa. No dia seguinte, foi obrigado a deixar Pequim e está impedido de se juntar aos esforços de defesa de Chen Kegui. "O grupo de advogados está aberto a todos e dezenas já se apresentaram como voluntários", declarou Jiang ao **Estado**.

Chen Guanfu, pai de Chen Kegui e irmão de Chen Guangcheng, foi preso logo após a fuga do ativista. Libe[illegible] passada, ele co[illegible] de deixar a vila [illegible] ve. "Não sei se e[illegible] de algum crime

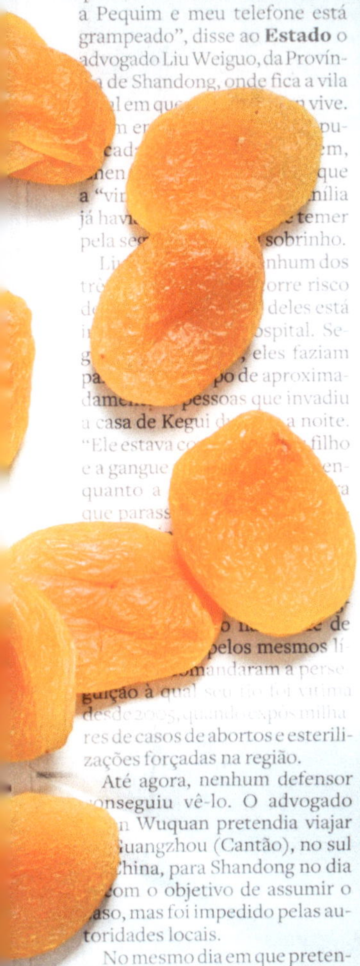

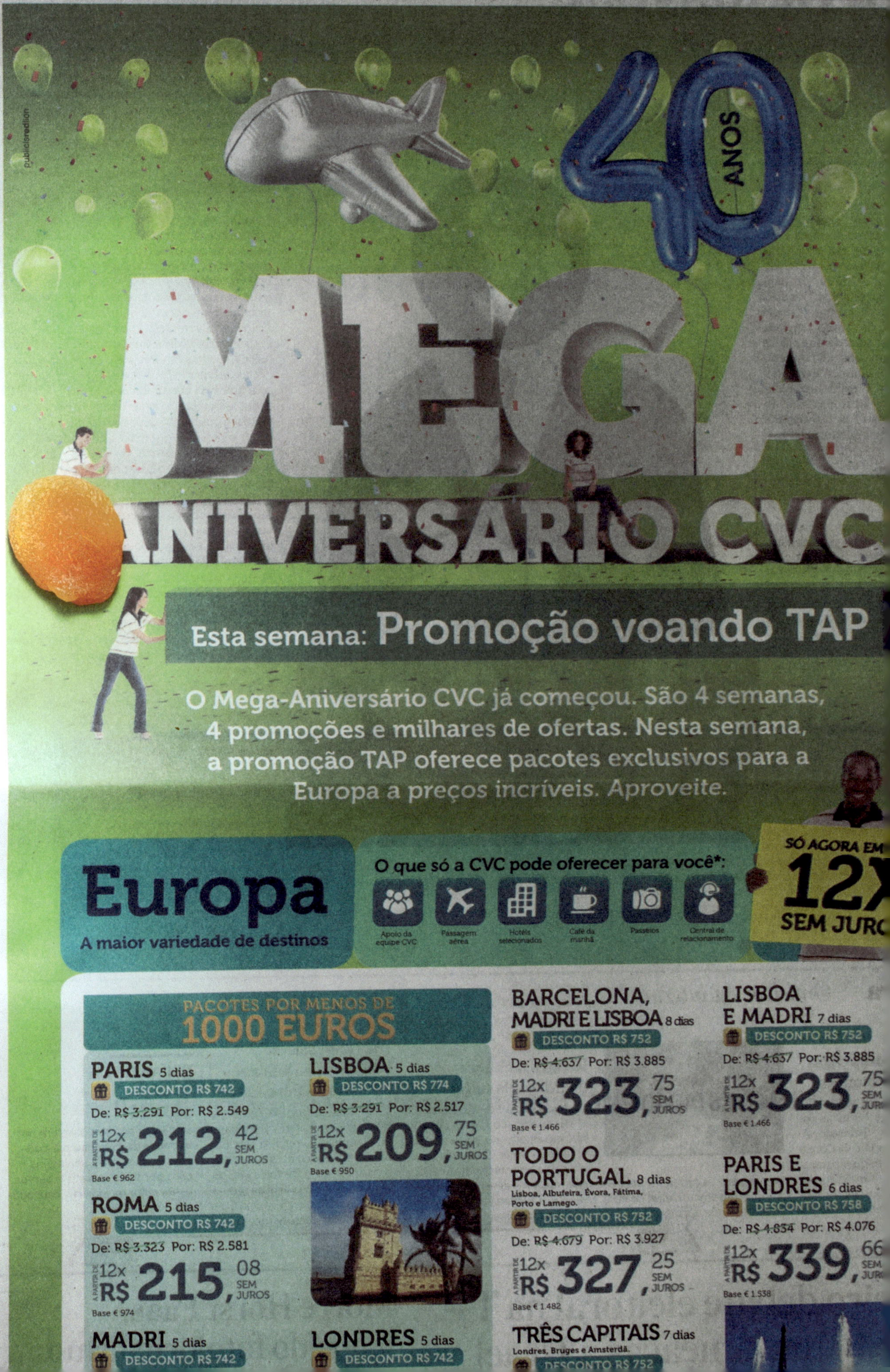

...é isso será bom para todos. A regra até então vigente, mantida para os saldos existentes até o dia 3 de maio, não é compatível com a tendência projetada para as taxas de juros no Brasil. Se não fosse alterada, causaria graves desequilíbrios entre as aplicações financeiras e as várias modalidades de crédito.

A solução encontrada foi correta, pois só altera a fórmula na hipótese de as taxas básicas de juros caírem para um patamar igual ou abaixo de 8,5% ao ano. Se essa queda ocorrer — o que ainda não aconteceu —, os depósitos feitos nas cadernetas a partir de 4 de maio serão remunerados pelo equivalente a 70% da taxa Selic mais a TR (Taxa Referencial). A fixação desse percentual se deve ao fato de a remuneração das cadernetas nunca ter sido acima de 70% da taxa

...carteira dos fundos de investimento tem rendimentos influenciados pela taxa Selic, qualquer corte nos juros básicos diminui a rentabilidade das aplicações financeiras. Sem a mudança na regra da poupança, as cadernetas, beneficiadas pela isenção tributária, seriam um peixe fora d'água no mercado de renda fixa, e iriam atrair o interesse até de grandes investidores, hoje mais voltados para outras aplicações.

A nova regra é capaz de restabelecer o equilíbrio entre as aplicações financeiras. E, mesmo assim, [...] pois o custo de captação de [...] cadernetas continuarão mais atrativas que [...] os fundos de investimento que cobra[...]tos.

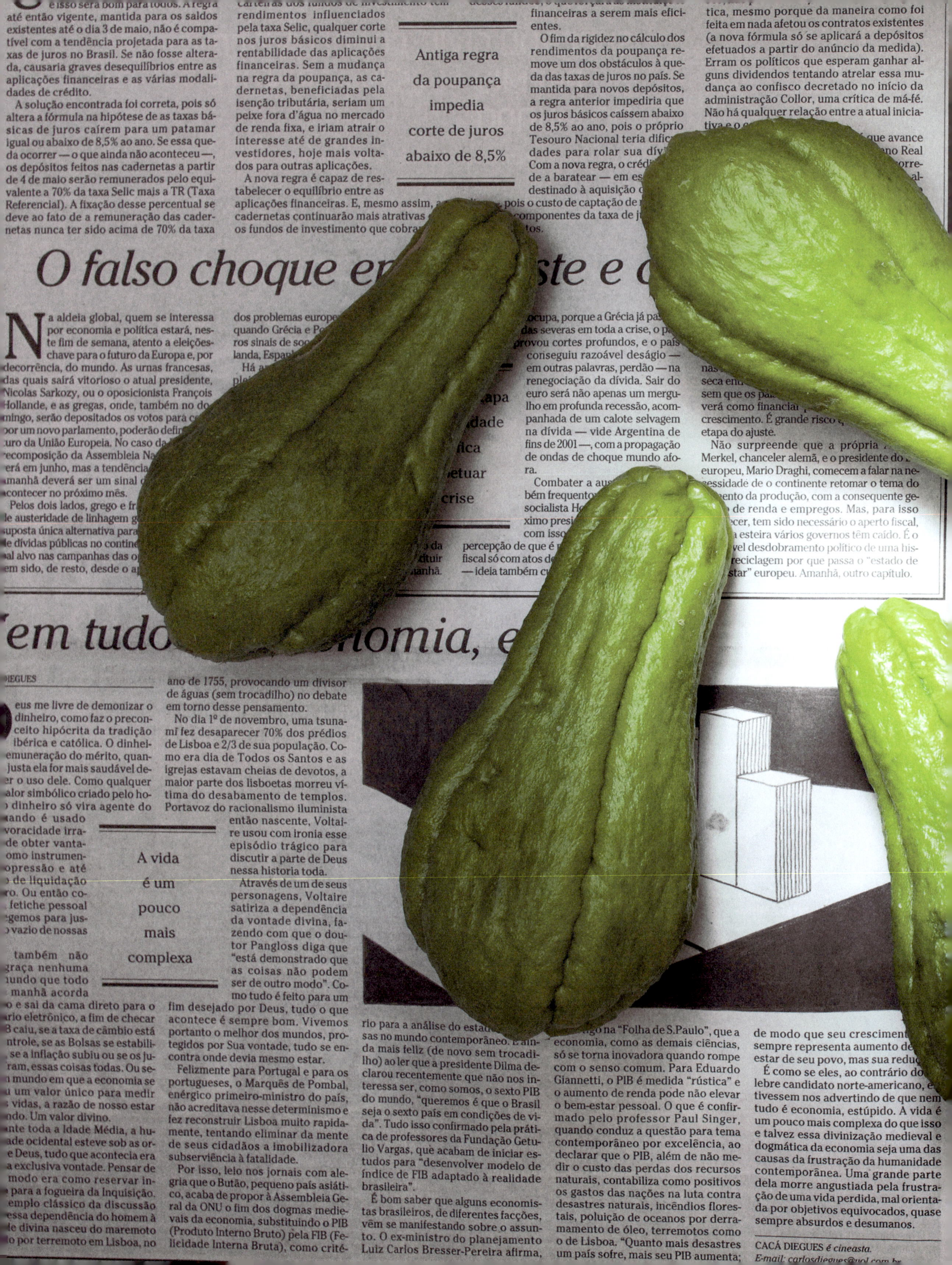

Antiga regra da poupança impedia corte de juros abaixo de 8,5%

...financeiras a serem mais eficientes.

O fim da rigidez no cálculo dos rendimentos da poupança remove um dos obstáculos à queda das taxas de juros no país. Se mantida para novos depósitos, a regra anterior impediria que os juros básicos caíssem abaixo de 8,5% ao ano, pois o próprio Tesouro Nacional teria dific[...]dades para rolar sua dívi[...]. Com a nova regra, o crédi[...] de a baratear — em es[...] destinado à aquisição d[...] componentes da taxa de ju[...]

tica, mesmo porque da maneira como foi feita em nada afetou os contratos existentes (a nova fórmula só se aplicará a depósitos efetuados a partir do anúncio da medida). Erram os políticos que esperam ganhar alguns dividendos tentando atrelar essa mudança ao confisco decretado no início da administração Collor, uma crítica de má-fé. Não há qualquer relação entre a atual iniciativa e o [...]

O falso choque en[tre aju]ste e c[...]

Na aldeia global, quem se interessa por economia e política estará, neste fim de semana, atento a eleições-chave para o futuro da Europa e, por decorrência, do mundo. As urnas francesas, das quais sairá vitorioso o atual presidente, Nicolas Sarkozy, ou o oposicionista François Hollande, e as gregas, onde, também no domingo, serão depositados os votos para [...] por um novo parlamento, poderão definir [...] turo da União Europeia. No caso da [...] recomposição da Assembleia Na[...] verá em junho, mas a tendência [...] amanhã deverá ser um sinal d[...] acontecer no próximo mês.

Pelos dois lados, grego e fr[...] a austeridade de linhagem pr[...] suposta única alternativa par[...] de dívidas públicas no contin[...] nal alvo nas campanhas das op[...] em sido, de resto, desde o ap[...] dos problemas europe[...] quando Grécia e P[...] ros sinais de soc[...] landa, Espan[...]

ocupa, porque a Grécia já pas[...] res severas em toda a crise, e prom[...] provou cortes profundos, e o país [...] conseguiu razoável deságio — em outras palavras, perdão — na renegociação da dívida. Sair do euro será não apenas um mergulho em profunda recessão, acompanhada de um calote selvagem na dívida — vide Argentina de fins de 2001 —, com a propagação de ondas de choque mundo afora.

Combater a aus[...] bém frequento[...] socialista H[...] ximo presi[...] com isso[...] percepção de que é [...] fiscal só com atos de[...] — ideia também c[...]

nas[...] seca en[...] sem que os p[...] verá como financi[...] crescimento. É grande risco [...] etapa do ajuste.

Não surpreende que a própria [...] Merkel, chanceler alemã, e o presidente do [...] europeu, Mario Draghi, comecem a falar na necessidade do continente retomar o tema [...]ento da produção, com a consequente ge[...] de renda e empregos. Mas, para isso[...]cer, tem sido necessário o aperto fiscal,[...] a esteira vários governos têm caído. É o[...]vel desdobramento político de uma história [...]reciclagem por que passa o "estado de [...]star" europeu. Amanhã, outro capítulo.

[T]em tudo... [ec]onomia, e[...]

[D]IEGUES

[D]eus me livre de demonizar o dinheiro, como faz o preconceito hipócrita da tradição ibérica e católica. O dinheiro é remuneração do mérito, quanto mais justa ela for mais saudável será o uso dele. Como qualquer valor simbólico criado pelo homem, o dinheiro só vira agente do [...] quando é usado [...] voracidade irra[...] de obter vanta[...] como instrumen[...] opressão e até [...] de liquidação [...]o. Ou então como fetiche pessoal [...]gemos para jus[...] vazio de nossas [...]

também não [...] graça nenhuma [...] mundo que todo [...] manhã acorda [...] e sai da cama direto para o [...]rio eletrônico, a fim de checar [...] caiu, se a taxa de câmbio está [...]ntrole, se as Bolsas se estabilizaram, se a inflação subiu ou se os juraram, essas coisas todas. Ou seja, mundo em que a economia se [...] um valor único para medir [...] vidas, a razão de nosso estar [...]ndo. Um valor divino.

[...]nte toda a Idade Média, a humanidade ocidental esteve sob as ordens de Deus, tudo que acontecia era [...] a exclusiva vontade. Pensar de [...]modo era como reservar ingresso para a fogueira da Inquisição. [...]mplo clássico da discussão [...] dependência do homem à [...] divina nasceu do maremoto [...] por terremoto em Lisboa, no ano de 1755, provocando um divisor de águas (sem trocadilho) no debate em torno desse pensamento.

No dia 1º de novembro, uma tsunami fez desaparecer 70% dos prédios de Lisboa e 2/3 de sua população. Como era dia de Todos os Santos e as igrejas estavam cheias de devotos, a maior parte dos lisboetas morreu vítima do desabamento de templos. Portavoz do racionalismo iluminista então nascente, Voltaire usou com ironia esse episódio trágico para discutir a parte de Deus nessa historia toda. Através de um de seus personagens, Voltaire satiriza a dependência da vontade divina, fazendo com que o doutor Pangloss diga que "está demonstrado que as coisas não podem ser de outro modo". Como tudo é feito para um fim desejado por Deus, tudo o que acontece é sempre bem. Vivemos portanto o melhor dos mundos, protegidos por Sua vontade, tudo se encontra devia mesmo estar.

Felizmente para Portugal e para os portugueses, o Marquês de Pombal, enérgico primeiro-ministro do país, não acreditava nesse determinismo e fez reconstruir Lisboa muito rapidamente, tentando eliminar da mente de seus cidadãos a imobilizadora subserviência à fatalidade.

Por isso, leio nos jornais com alegria que o Butão, pequeno país asiático, acaba de propor à Assembleia Geral da ONU o fim dos dogmas medievais da economia, substituindo o PIB (Produto Interno Bruto) pela FIB (Felicidade Interna Bruta), como critério para a análise do estad[...] sas no mundo contemporâneo. E ainda mais feliz (de novo sem trocadilho) ao ler que a presidente Dilma declarou recentemente que não lhe interessa ser, como somos, o sexto PIB do mundo, "queremos é que o Brasil seja o sexto país em condições de vida". Tudo isso confirmado pela prática de professores da Fundação Getulio Vargas, que acabam de iniciar estudos para "desenvolver modelo de índice de FIB adaptado à realidade brasileira".

A vida é um pouco mais complexa

É bom saber que alguns economistas brasileiros, de diferentes facções, vêm se manifestando sobre o assunto. O ex-ministro do planejamento Luiz Carlos Bresser-Pereira afirma, [...]go na "Folha de S.Paulo", que a economia, como as demais ciências, só se torna inovadora quando rompe com o senso comum. Para Eduardo Giannetti, o PIB é medida "rústica" e o aumento de renda pode não elevar o bem-estar pessoal. O que é confirmado pelo professor Paul Singer, quando conduz a questão para tema contemporâneo por excelência, ao declarar que o PIB, além de não medir o custo das perdas dos recursos naturais, contabiliza como positivos os gastos das nações na luta contra desastres naturais, incêndios florestais, poluição de oceanos por derramamento de óleo, terremotos como o de Lisboa. "Quanto mais desastres um país sofre, mais seu PIB aumenta, de modo que seu crescimento [...] sempre representa aumento de[...] estar de seu povo, mas sua redu[...]

É como se eles, ao contrário do [...]lebre candidato norte-americano, e[...]tivessem nos advertido de que nem[...] tudo é economia, estúpido. À vida [...] um pouco mais complexa do que isso e talvez essa divinização medieval e dogmática da economia seja uma das causas da frustração da humanidade contemporânea. Uma grande parte dela morre angustiada pela frustração de uma vida perdida, mal orientada por objetivos equivocados, quase sempre absurdos e desumanos.

CACÁ DIEGUES é cineasta.
E-mail: carlosdiegues@uol.com.br

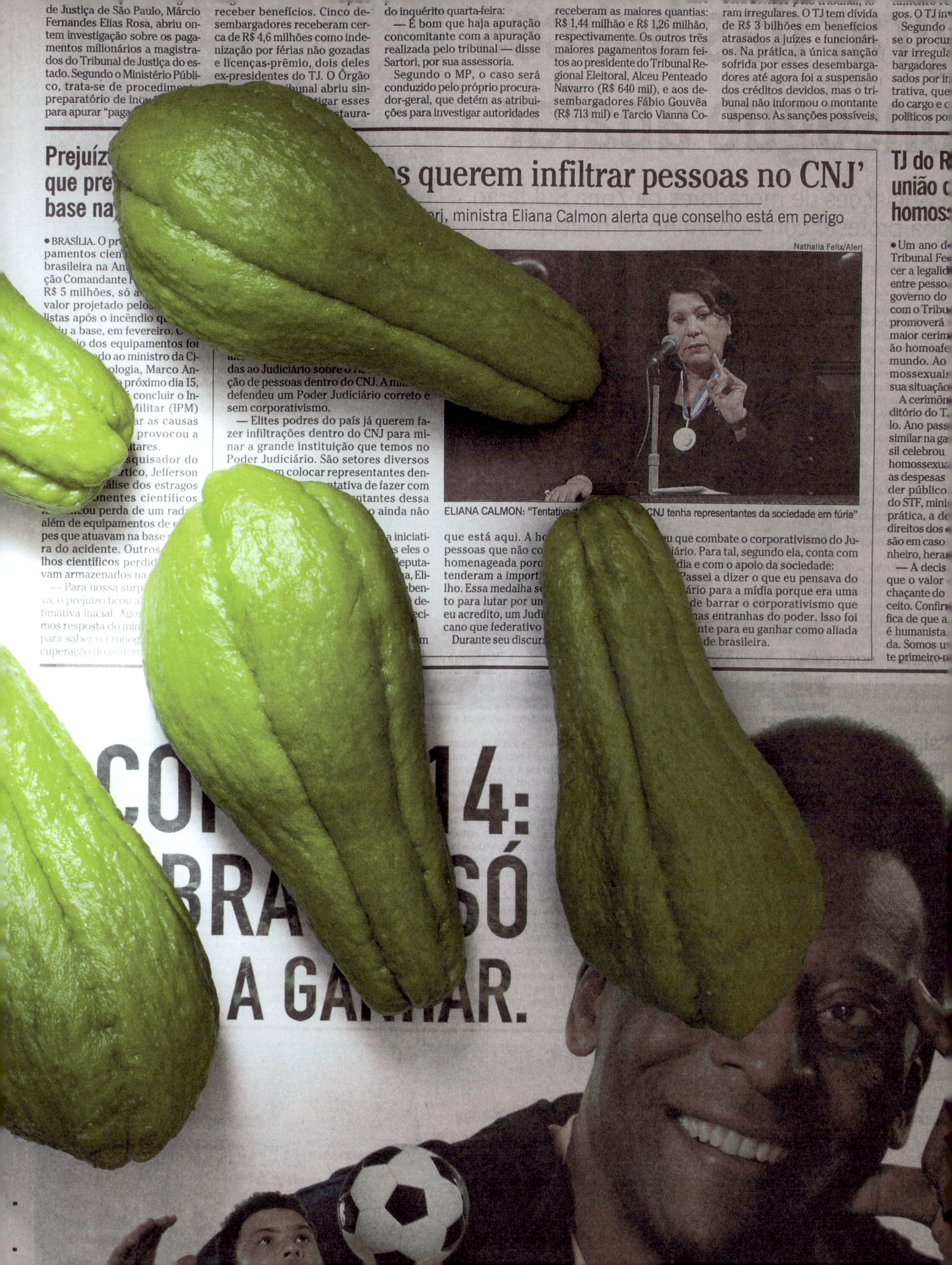

de Justiça de São Paulo, Márcio Fernandes Elias Rosa, abriu ontem investigação sobre os pagamentos milionários a magistrados do Tribunal de Justiça do estado. Segundo o Ministério Público, trata-se de procedimento preparatório de inquérito para apurar "paga-

receber benefícios. Cinco desembargadores receberam cerca de R$ 4,6 milhões como indenização por férias não gozadas e licenças-prêmio, dois deles ex-presidentes do TJ. O Órgão ...bunal abriu sindor... ...tigar esses ...staura-

do inquérito quarta-feira:
— É bom que haja apuração concomitante com a apuração realizada pelo tribunal — disse Sartori, por sua assessoria.
Segundo o MP, o caso será conduzido pelo próprio procurador-geral, que detém as atribuições para investigar autoridades

receberam as maiores quantias: R$ 1,44 milhão e R$ 1,26 milhão, respectivamente. Os outros três maiores pagamentos foram feitos ao presidente do Tribunal Regional Eleitoral, Alceu Penteado Navarro (R$ 640 mil), e aos desembargadores Fábio Gouvêa (R$ 713 mil) e Tarcio Vianna Co-

ram irregulares. O TJ tem dívida de R$ 3 bilhões em benefícios atrasados a juízes e funcionários. Na prática, a única sanção sofrida por esses desembargadores até agora foi a suspensão dos créditos devidos, mas o tribunal não informou o montante suspenso. As sanções possíveis,

Prejuíz... que pre... base na...

...s querem infiltrar pessoas no CNJ'

...eri, ministra Eliana Calmon alerta que conselho está em perigo

• BRASÍLIA. O pr... pamentos cien... brasileira na An... ção Comandante F... R$ 5 milhões, só a... valor projetado pelos... listas após o incêndio q... ...iu a base, em fevereiro. ...io dos equipamentos foi ...do ao ministro da Ci... ...ologia, Marco An... ...próximo dia 15, ...concluir o In... ...Militar (IPM) ...ar as causas ...provocou a ...itares. ...squisador do ...rtico, Jefferson ...álise dos estragos ...nentes científicos ...cou perda de um rad... além de equipamentos de e... pes que atuavam na base ... ra do acidente. Outros ... lhos científicos perdid... vam armazenados na ...
— Para nossa surp... va, o prejuízo ficou a... timativa inicial. Agor... mos resposta do mini... para saber o cronog... cuperação do material...

das ao Judiciário sobre o ... ção de pessoas dentro do CNJ. A m... defendeu um Poder Judiciário correto e sem corporativismo.
— Elites podres do país já querem fazer infiltrações dentro do CNJ para minar a grande instituição que temos no Poder Judiciário. São setores diversos ...m colocar representantes den... ...tativa de fazer com ...tantes dessa ...o ainda não ...a iniciati... ...s eles o ...eputa... ...a, Eli... ...ben... ...de... ...eci... ...m

ELIANA CALMON: "Tentativa d... CNJ tenha representan... da sociedade em fúria"

que está aqui. A h... ...u que combate o corporativismo do Ju... pessoas que não co... ...iário. Para tal, segundo ela, conta com homenageada por o... ...dia e com o apoio da sociedade: tenderam a import... ...Passei a dizer o que eu pensava do lho. Essa medalha s... ...ário para a ... to para lutar por u... ...de barrar o corporativismo eu acredito, um Judi... ...as entranhas do poder. Isso foi cano que federativo ... ...nte para eu ganhar como aliada
Durante seu discur... ...de brasileira.

TJ do R... união d... homoss...

• Um ano de... Tribunal Fe... cer a legalid... entre pesso... governo do ... com o Tribun... promoverá ... maior cerim... ão homoafe... mundo. Ao ... mossexuais ... sua situação...
A cerimôn... ditório do T... lo. Ano pass... similar na ga... sil celebrou ... homossexua... as despesas ... der do públic... do STF, min... prática, a ... direitos dos ... são em caso ... nheiro, hera...
— A decis... que o valor ... chaçante do ... ceito. Confir... fica de que a... é humanista... da. Somos u... te primeiro...

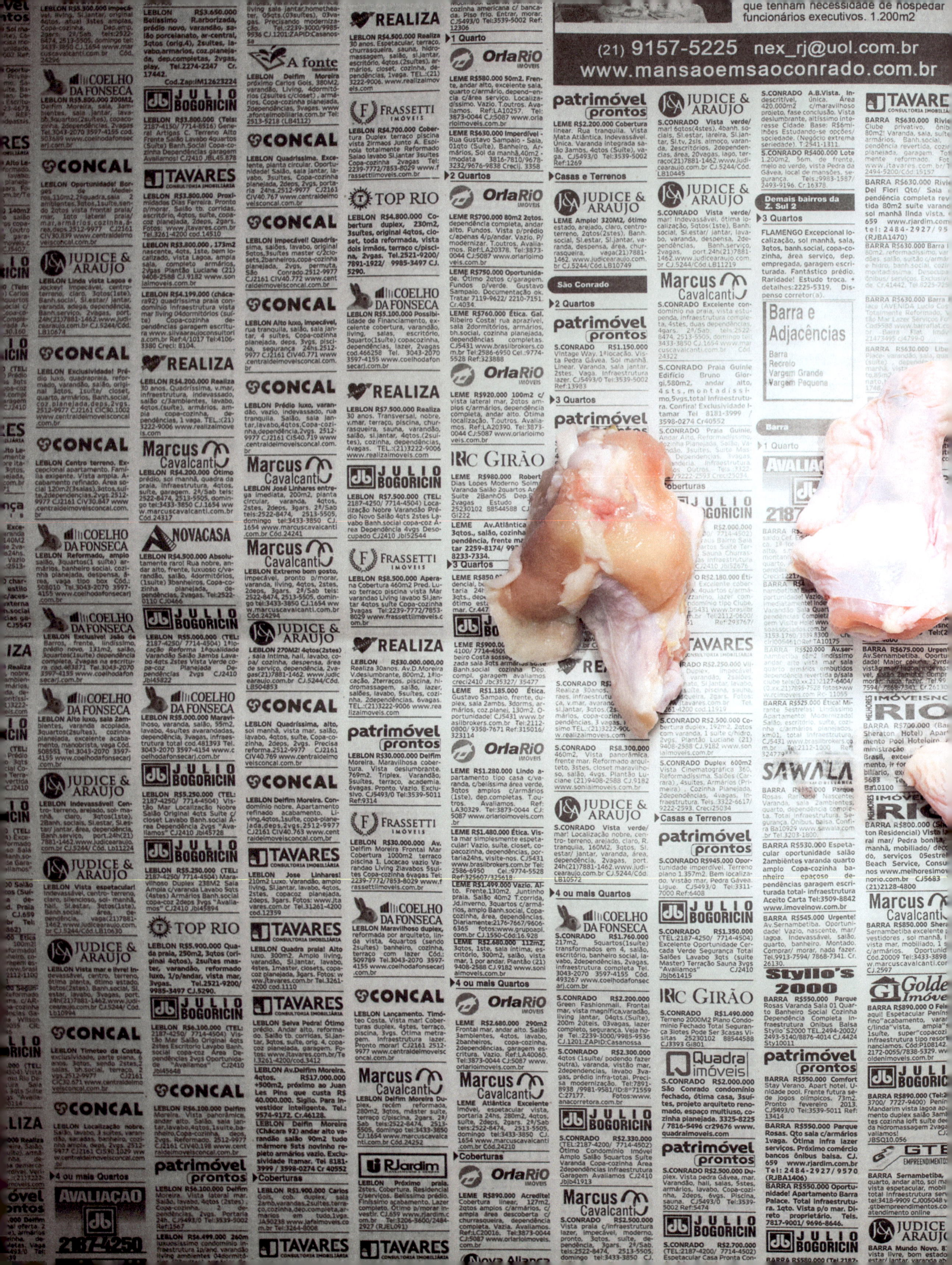
que tenham necessidade de hospedar
funcionários executivos. 1.200m2
(21) 9157-5225 nex_rj@uol.com.br
www.mansaoemsaoconrado.com.br

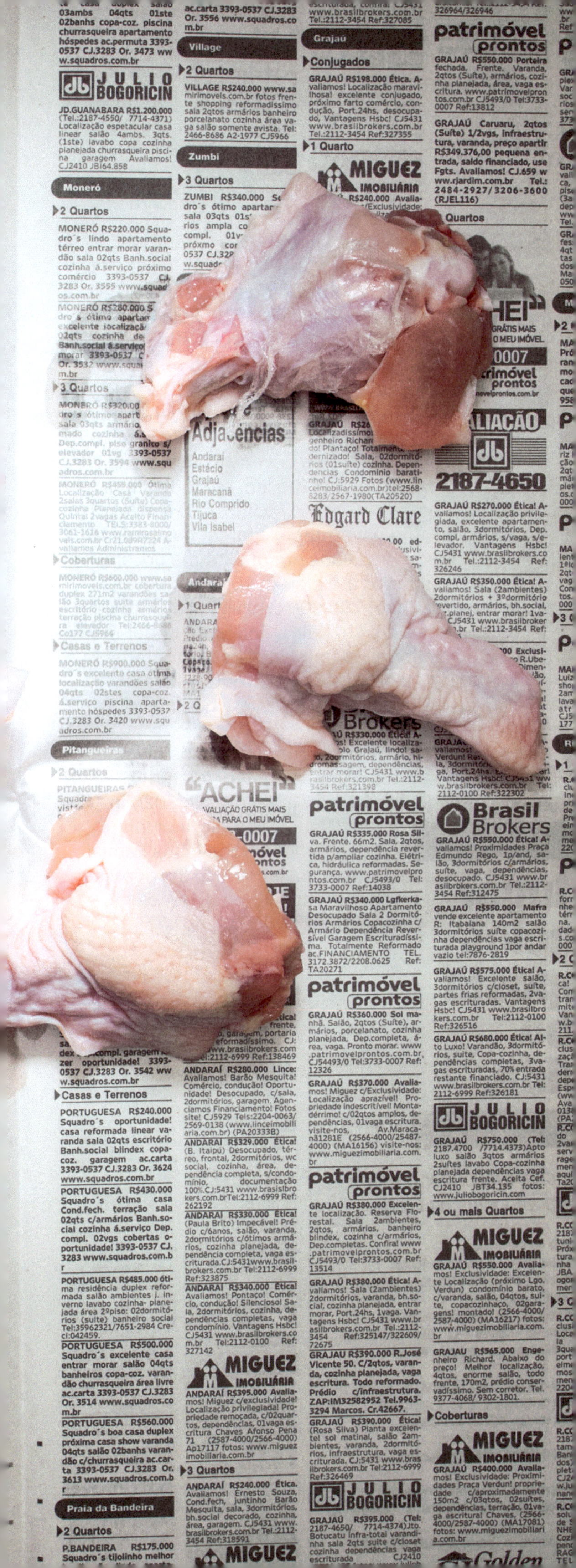
Village
2 Quartos
Zumbi
3 Quartos
Moneró
2 Quartos
3 Quartos
Coberturas
Casas e Terrenos
Pitangueiras
Grajaú
Conjugados
1 Quarto
patrimóvel prontos
Adjacências
Andaraí
Estácio
Grajaú
Maracanã
Rio Comprido
Tijuca
Vila Isabel
Edgard Clare
Brasil Brokers
"ACHEI"
Casas e Terrenos
Praia da Bandeira
2 Quartos
3 Quartos
4 ou mais Quartos
Coberturas
JULIO BOGORICIN
MIGUEZ IMOBILIÁRIA
2187-4650

Brazil BR

Rio de Janeiro | May 2012

Poverty line BRL 2.33 (USD 1.23 / EUR 0.93)

Brazil launched the federal "Brazil Without Poverty" (Brasil Sem Miséria) plan in June 2011, targeting households earning less than BRL 70 per person in monthly income. The Bolsa Familia, or Family Grant program, is a means-based program that provides families with monthly conditional cash transfers. In February 2013, President Dilma Rousseff announced that the Bolsa social program would raise the incomes of families living in extreme poverty to above BRL 70 from March 2013, with the aim of eradicating extreme poverty.

Overall, the government's target has been to lift 22 million Brazilians out of extreme poverty since the start of the plan in 2011. However, it is estimated that 700,000 Brazilians in extreme poverty have not yet been registered under the Unified National Registry for Social Programs to qualify for these assistance programs. Poverty data are tracked by the Brazilian Institute of Geography and Statistics (IBGE).

The Bolsonaro government, after slowing these measures amid budgetary austerity, announced emergency measures in 2020 in the face of the COVID-19 epidemic, including temporary additional funds for the Bolsa Familia and emergency minimum income to the poorest households, and plans to launch a new cash transfer program.

Population and GNI per Capita, 1984–2017

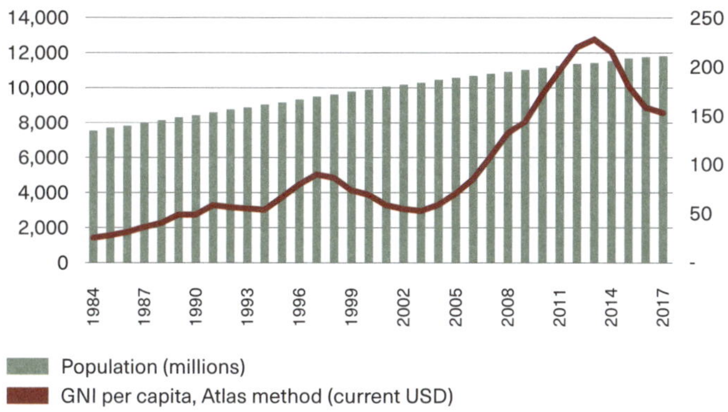

Source: World Bank

Annual Inflation (Consumer Prices), 1998–2017

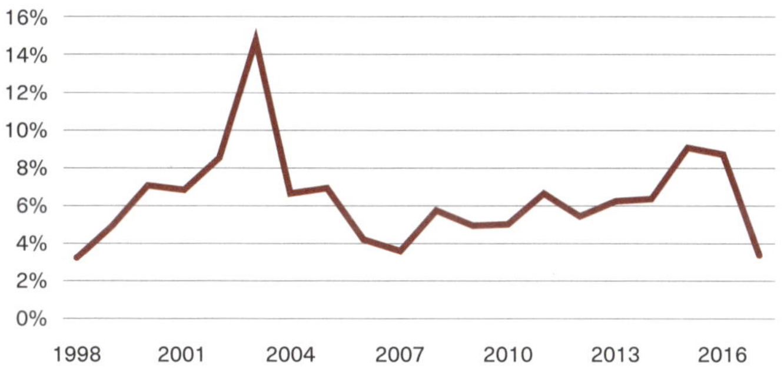

Source: World Bank

Proportion of Country Primary Expenditure by Function, 2014

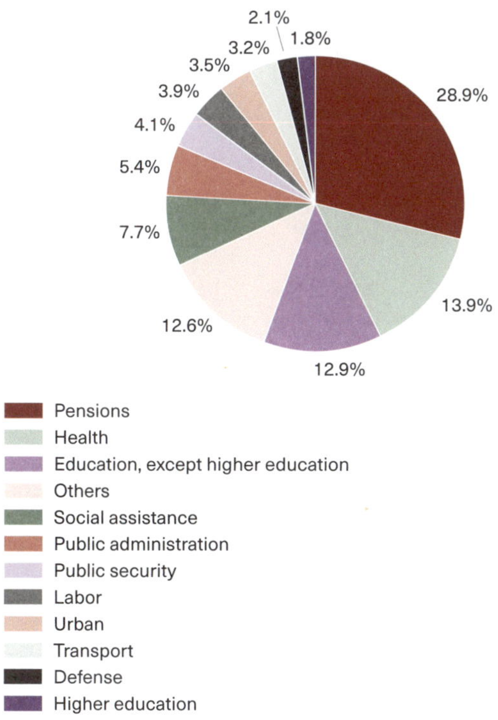

Source: World Bank

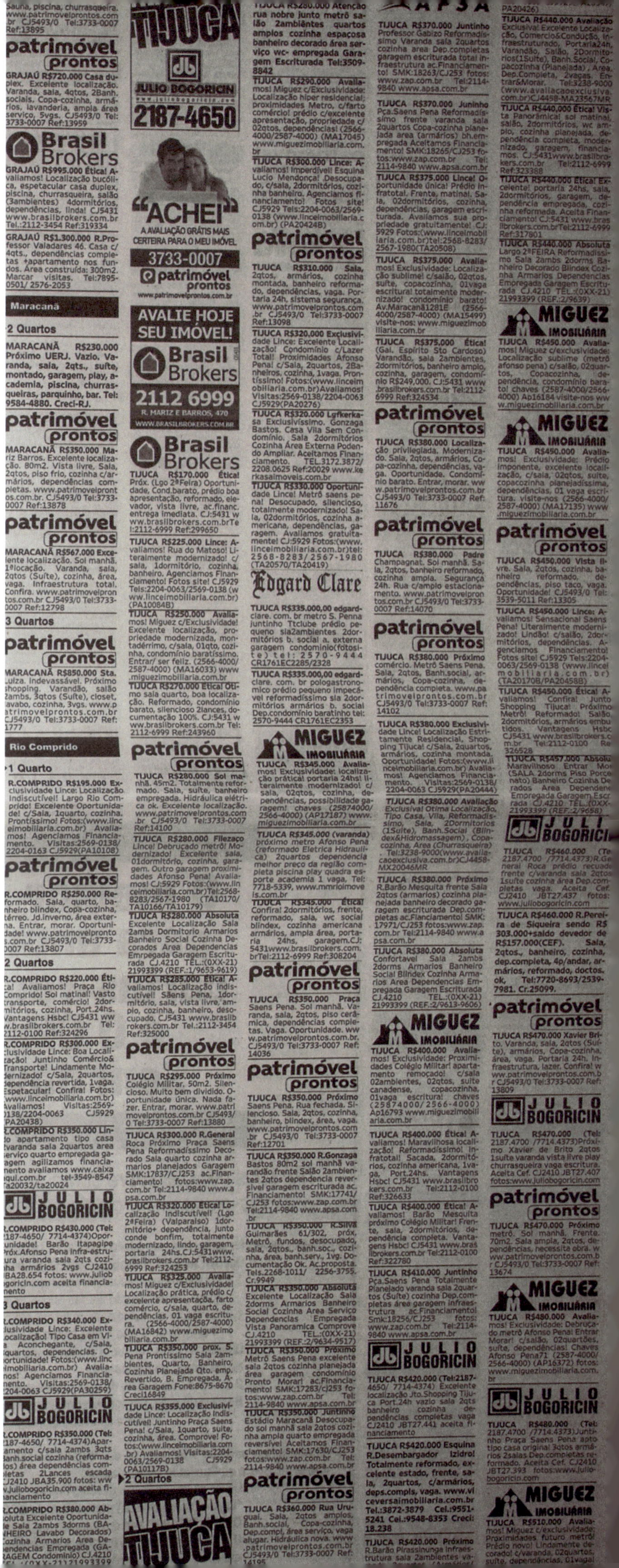

Igor Pereira
Assembleia de Deus Ministério de Madureira

" Creio que existe sim um ofício certo para um cristão, para perceber isso a pessoa precisa analisar sua própria vida como crente. Temos lutas interiores, que precisam ser banidas ou controladas, como por exemplo: pegar o que não lhe convém, usar de má fé o que não é seu, tomar poder do que convém. Muitos trabalhos oferecem esses e outros aperitivos aos olhos cheios de maldade carnal, que por sinal todos temos, e se não vigiar qualquer um cai.

Bianka Kaiser
Bióloga, Assembleia de Deus Ministério Madureira

" Realmente, precisamos trabalhar, para termos nosso sustento e uma boa qualidade de vida, merecemos e tenho certeza que o Nosso Deus deseja que tenhamos o melhor desta terra. Porém tenho que ser honesta em falar que nem todos os empregos são para crente. Ex; Tenho que trabalhar entregando folhetos na rua, com uma mini blusa e um mini short, não dá! Entre muito outros empregos. Devemos vigiar, como trabalhar em um lugar que só tem homens nos rodeando e nenhuma mulher para nos fazer companhia, isso é falta de vigilância.

Letícia Alíberto
Coordenadora de Ensino, PIB Angra

" Acredito que devemos tomar um certo cuidado em tudo o que fazemos. Mais importante é a postura desse cristão, o caráter moldado por Cristo...No entanto algumas profissões não se encaixam no perfil de um servo de Deus, por exemplo, ser dono de bare,s boates....ao ter esse tipo de negócio, o cristão estará incentivando e lucrando com algo que Deus abomina.

Vanessa Cordeiro
Modelo, Igreja Batista na Cidade do México

" Eu sou modelo, e desde criança, cristã. Passei muitas vezes por batalhas interiores entre religião e profissional, e confesso que passo até hoje. Porém, percebi que minha vida e meu chamado muitas vezes foram dentro da minha profissão, foi onde pude ser usada por Deus para evangelizar algumas pessoas. Me pergunta se foi ou se é fácil? NÃO. E imagino que nunca será. Existe por exemplo uma instituição missionária na moda muito séria, e tem resgatadoa muitas pessoas dos estragos que o "meio" faz. Chama-se Models For Christ. No clube 700 podemos assistir a vários testemunhos dos mesmos; são histórias impactantes que poucos conhecem mas que tem feito a diferença em muitos lugares. Eu desconheço os caminhos, o tempo, o modo de Deus. Mas, uma palavra digo: Eis-me aqui! E se Ele pode me usar como um instrumento seu de alguma maneira... Amém.

Nome completo: *Anderson Jose da Silva.*

Idade: *40 anos.*

Igreja que atua: *Igreja Presbiteriana do Brasil de Angra dos Reis.*

Quantos membros: *120.*

Desde quando? *Janeiro de 2000.*

Nome da esposa: *Rosilene Mattos Barbosa da Silva - 21 anos.*

Nome dos filhos: *Natã - 19 anos, Anderson - 16 anos.*

Local de nascimento: *Rio de Janeiro.*

Data da conversão e idade: *Foi conversão progressiva totalmente pela Graça entre 1989 e 1990 aos 18 anos.*

Quem você era antes? *Um religioso morto que achava que através de bons atos poderia alcançar salvação. Um pecador caminhando para o inferno, fazendo a vontade da carne e a vontade de satanás.*

Onde conheceu Jesus? *Em casa com cerca de um ano de casamento, quando movido pelo Espírito Santo li o livro "Força Para Viver" que havia ganhado por ocasião da Copa do Mundo de Futebol de 1986, numa ação evangelística. Tendo ganhado o livro em 1986, fui levado a ler apenas em 1989-1990. Esse livro apontava para Jesus e para a Bíblia Sagrada. Comecei a lê-la e minha vida nunca mais foi a mesma*

Fez algum curso teológico? *Cursei Teologia no Seminário Teológico Presbiteriano do Rio de Janeiro e na Universidade Presbiteriana Mackenzie (São Paulo).*

O que gosta da fazer nas horas vagas? *Estar com a família e ler livros.*

Qual a sua visão do evangelho atual? *A Igreja precisa ler mais a Bíblia, conhecer mais sobre a Revelação mais espetacular da história da humanidade.*

O que é ser líder? *Sevir a Deus e ao próximo.*

Igreja e política, isso pode? *Os que servem a Jesus Cristo também são cidadãos. Dessa forma, o cristão deve atuar em todas as esferas da vida. Contudo, creio que receber tijolos em troca de votos, ceder púlpito para políticos em qualquer [illegible] receber cargos públicos para apoio político utiliz[illegible] denominações não seja bíblico.*

A importância da mídia para a igreja? *[illegible] fundamental. Especialmente quando [illegible] pode ser uma bênção para qualque[illegible] ética e em favor dos menos favore[illegible] cultura, tão importante para a [illegible]*

Qual a relação do dinheiro *[illegible] igreja Presbiteriana, o pastor [illegible] comunidade desejar e não [illegible] é o Conselho, formado por [illegible] em Angra, do qual eu sou [illegible] a voto. Apenas em caso d[illegible] a prestação de contas. [illegible] que protege um ministr[illegible] qual muitos em nosso p[illegible]*

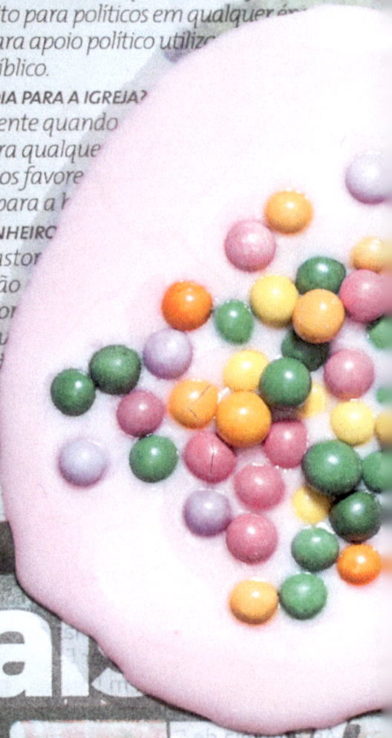

...rlla se prepara para lançar CD gospel

...ora Perlla ficou famosa ao interpretar a música "Tremendo Vacilão" e se tornou a musa do funk melody. Mas o que poucos sa-... antes de ela ser descoberta no segmento secular ela cantava na igreja. Foi aos 14 anos que a jovem mudou seus rumos e foi atraída ...cado fonográfico que lhe rendeu riqueza, sucesso e ao mesmo tempo desilusões e depressão. Ao começar o relacionamento com o ...ssio Castilhol, que hoje é seu esposo, com quem tem uma filha, Pérola, Perlla voltou a frequentar a igreja e agora planeja o lança-...eu primeiro CD gospel. Não há informações sobre o nome deste álbum e se será distribuído por alguma gravadora gospel, tudo o ...rmado é que terá canções de Anderson Freire, Davi Passamani e Davi Sacer e que ele será lançado no segundo semestre deste ano. ...passado que o marido de Perlla a convenceu a abandonar a carreira secular e por isso ela cumpriu sua agenda até o dia 31 de de-... alguns vídeos postados na internet ela aparece cantando canções evangélicas em uma igreja e em seu Twitter já fez declarações ...ando sua escolha em seguir o evangelho, como por exemplo, não batizar a filha que nasceu em março.

...vens para Cristo

...s do Campo Belo se reuniram para promover ...ne de Jesus no bairro no último sábado

Wagner Gusmão

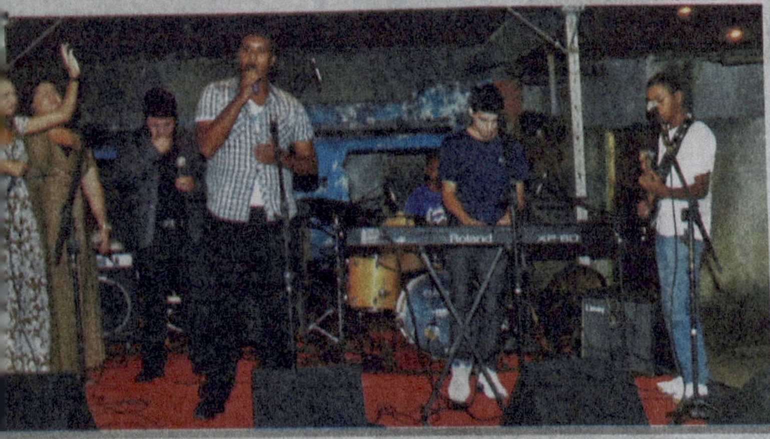

...ntores que se apresentaram no dia, Douglas Denner com sua banda

Por Elaine Castro
elainecastro@jornalmarealta.com.br

...imo sábado, 5, a Praça do Promorar no ...po Belo, foi o cenário perfeito para se ver jo-...tidos do poder de Deus para pregar o evan-... foi realizada a primeira Cruzada Evangelis-...s para Cristo, pela Assembleia de Deus ... Fogo e Poder.

...os organizadores do evento, Douglas Den-... também cantou na cruzada, falou do objeti-...al que é atrair novos jovens para a igreja. ...ada é destinada especialmente aos jovens. ...ntores participaram e tivemos uma mensa-...avilhosa através do pastor Guilherme. Nos-...

...to a um determinado grupo. É também um período de tempo, em que os membros da Igreja estariam evangelizando especificamente aquele bairro, de maneira mais direta.

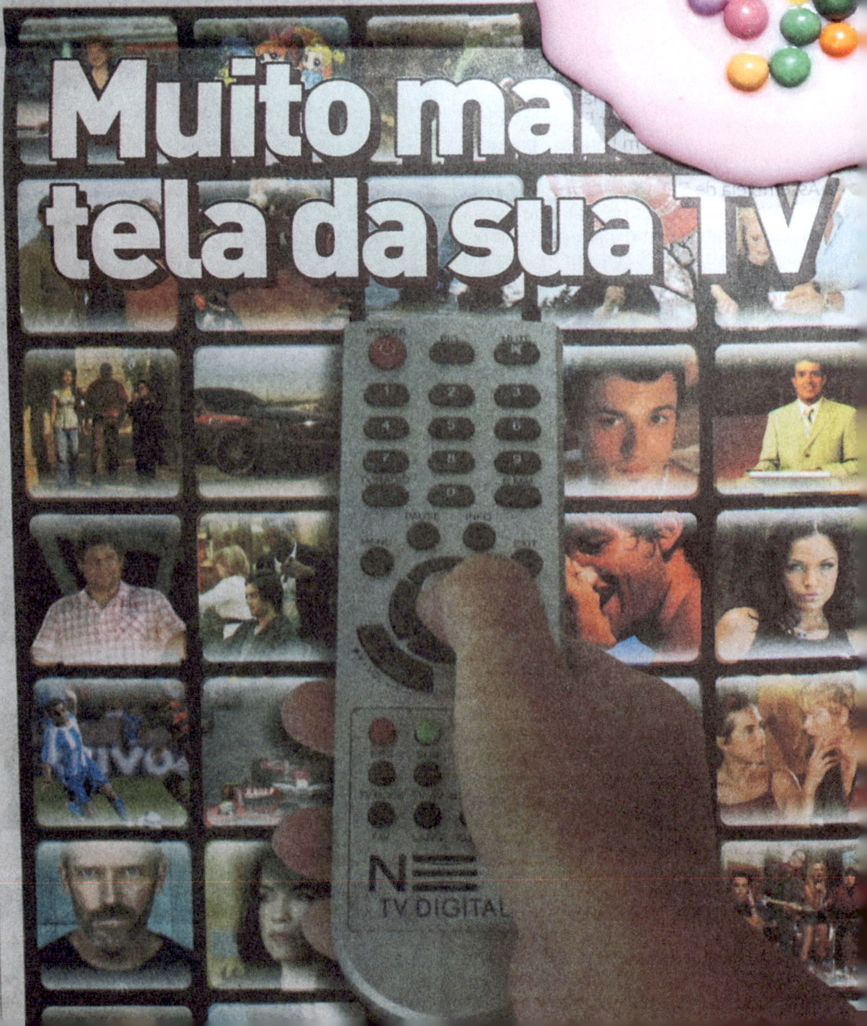

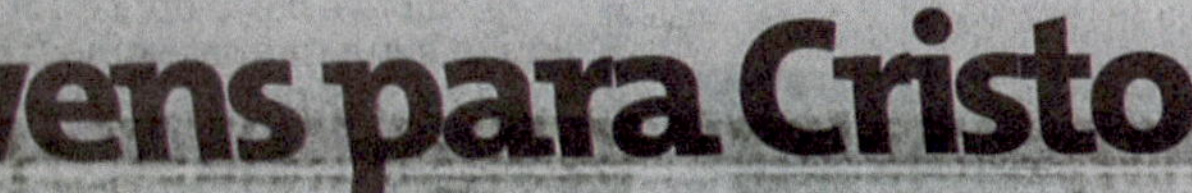

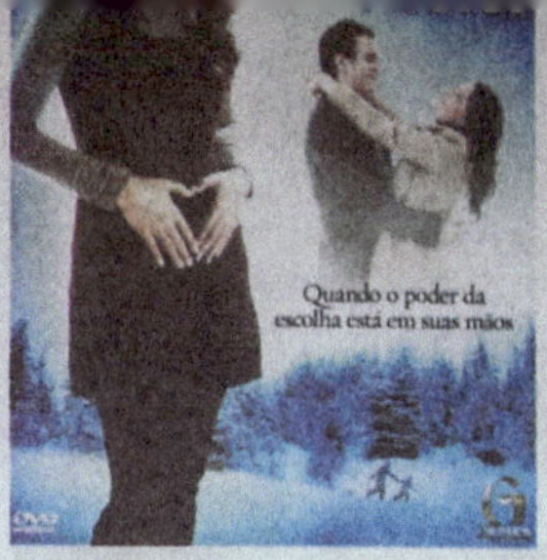

(interpretado pela cantora Rebecca St. James) depara-se com uma escolha não apenas moral, mas também potencialmente mortal para a sua carreira: uma gravidez não planejada. Ela fica dividida entre manter a vida que se desenvolve dentro dela e interromper a gestação.

COMPRE NO SITE
www.gospelgoods.com.br

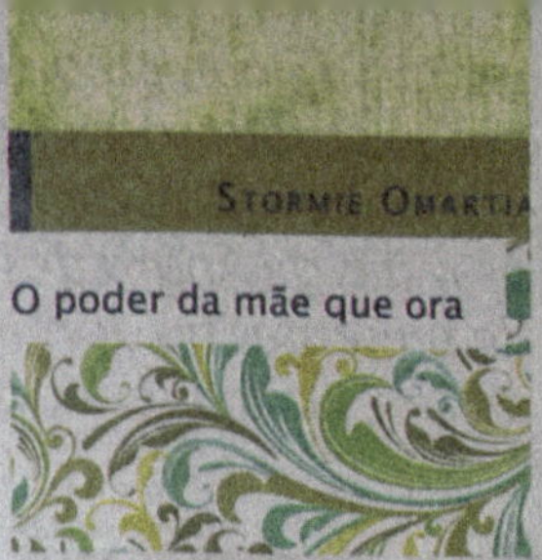

O poder da mãe que ora

Stormie Omartian vai ajudar você nesta tarefa tão nobre: orar pelos seus filhos. Ela ensinará você como colocar a vida de seus filhos sob os cuidados de Deus, priorizando singelos momentos que farão grande diferença na vida de quem você mais ama. A oração de uma mãe por seu filho é um presente que vale por toda a vida.

COMPRE NO SITE
www.gospelgoods.com.br

Village
Igreja Pentecostal Nova Jerusalém de Deus, Rua Muriaé, 1004, 19h. Praça da Amizade. Participação: cantora Karol Nunes.

Aniversário Igreja
Qui a Domingo, 10 a 13

Parque Mambucaba
Aniversário da Igreja Batista Viva, Rua Getúlio Vargas, 858, 19h. Várias participações especiais, no domingo: Elaine Castro e banda.

Coroando uma rainha
Domingo, 13

Areal
Comemoração Dia das Mães. Assembleia de Deus Ministério Sul Fluminense, Rua Japoranga, 26, 19h.

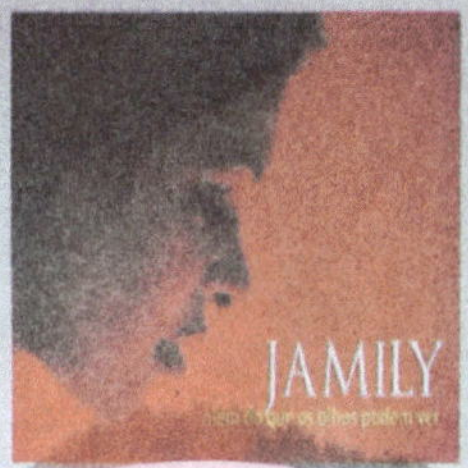

Além do que os olhos podem ver
Jamily

Jamily é cantora e compositora e já atua na carreira há 10 anos. Ela foi "descoberta" em 2001, através do concurso de calouros do programa Raul Gil, aos 9 anos de idade. Sua voz encantadora conquistou o Brasil e o mundo. Ela já vendeu mais de 2 milhões de discos e alcançou a marca de 80 milhões de acessos no YouTube. Vários nomes da música gospel já gravaram sucessos de Jamily, como Fernanda Brum, Bruna Carla, Cristina Mel, Eyshila e PG, além de Luan Santana, que gravou a música "Campeão", em 2011. A proposta deste novo álbum é bem diferente das anteriores: o estilo é mais 'pop-gospel', com um toque eletrônico, sem perder a essência do louvor. A cantora assina três composições e faz parceria em outras três, incluindo a faixa-bônus em espanhol "Ven alabar (Vem louvar)". Participação especial do Coral Resgate na faixa "I Surrender All".

...nciadoras

...s mulheres de Angra dos Reis

WAGNER GUSMÃO

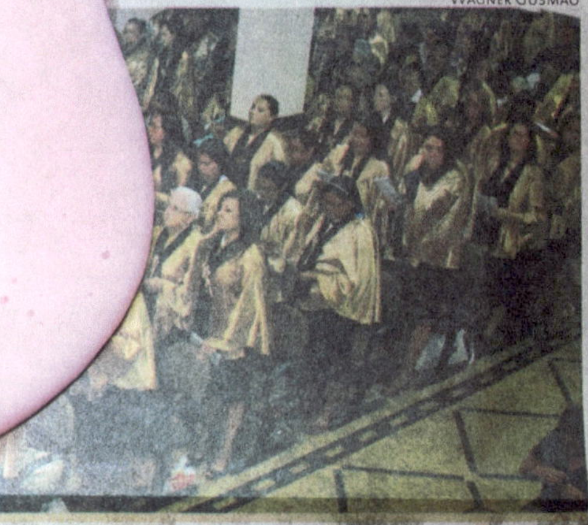

...Ufemip com as reluzentes becas douradas cantaram louvores ao Senhor

... CASTRO
...almarealta.com.br

...es unidas ja... serão vencidas. É ...artindo desse princípio que a Assembleia de Deus Ministério de Provetá, realiza há 10 anos o congresso de União Feminina Ufemip, onde cerca de 500 mulheres das 30 congregações espalhadas pelo Brasil do ministério que tem sua sede na praia de Provetá, Ilha Grande, se reúnem para buscar mais de Deus. O 11º congresso foi realizado no último final de semana (de 3 a 7). O local escolhido foi o templo sub sede no Balneário, que esteve lotado durante todos os dias da festa.

O grande exército de mulheres está sob a liderança da presidente do departamento, Missionária Marilene Gonçalves Valle, que é fundadora também. Segundo ela, Deus a revelou, em meio a um propósito de jejum e oração, que ela estaria à frente de muitas mulheres que seriam levantadas para a obra. "Foi aí que eu entendi que deveria procurar o pastor presidente Elizeu Martins, que deu todo o apoio necessário para fazermos o primeiro congresso", contou ela. O primeiro foi realizado no ginásio do Colégio Estadual Artur Vargas (Ceav) em 2000, e, desde en... ...dos os anos foram realiza... inclusive de outras cidades, como São Sebastião, Ilhabela, Caraguatuba, Ubatuba, Trindade, Minduri, São Vicente de Minas e Andrelândia.

O congresso deste ano contou com a presença das cantoras Ingrid e Daiane, Márcia Ramos e vários locais e regionais. As pregações baseadas no tema "Mulher, sua decisão influencia seu estilo de vida" (Rute, 1.16), foram ministradas pelos pastores Filipe, da congregação de Monsuaba; Otoni de Paula Júnior e Moacir Júnior, do Rio de Janeiro; Erivaldo de Jesus, de São Paulo; e pela presidente da União Feminina da Confraderj (Convenção estadual), irmã Lindaura.

A escolha do tema é fundamental, e segundo a missionária Marilene, o tema deste ano foi dado por Deus para sua segunda vice presidente, irmã Regina Célia Machado, que recebeu a inspiração por Deus para levar o tema à diretoria, que o aprovou imediatamente.

A abertura do congresso foi feita com a entrada das bandeiras e a oficial do coral, que estava vestido com uma linda beca dourada com detalhes em preto. Ao som da canção clássica "Tu és fiel", as mulheres entraram imponentes marchando pelo templo, arrebatando corações emocionados.

"Nós choramos muito ao ver... to alto do congresso foi a salvação de almas.

"Fomos revestidas da glória de Deus para influenciarmos todas as mulheres de Angra dos Reis, Brasil e fora dele. Que outras possam notar nosso estilo de vida e decisões de uma postura firme, sendo fiéis a Deus no nosso lar, família e naquilo que Deus colocou em nossas mãos", bradou ainda a missionária, que é uma profetiza dessa geração.

A diretoria do departamento é formada além da presidente, por cinco vice-presidentes: Regina Célia, Anita Ramos, Carla Vidal, Sandra Lima e Magna Gonçalves. As regentes são: Eliane Santos, Marilza Reis, Lislaine Soares e Ilza Oliveiram. Irmãs trabalham na secretaria, tesouraria e irmãos que ajudam no departamento financeiro.

A Ufemip funciona o ano inteiro com encontros femininos, sendo o próximo em julho, o pré congresso será em fevereiro e congresso de 2013 será em maio. "Agradecemos o apoio de todos que nos ajudaram financeiramente, espiritualmente e moralmente na realização do evento. Principalmente ao nosso pastor presidente, Elizeu Martins e seu corpo ministerial que deram todo incentivo para que a Ufemip fosse a bênção que foi", finalizou a missionária Marilene.

Todos os dias o templo este...

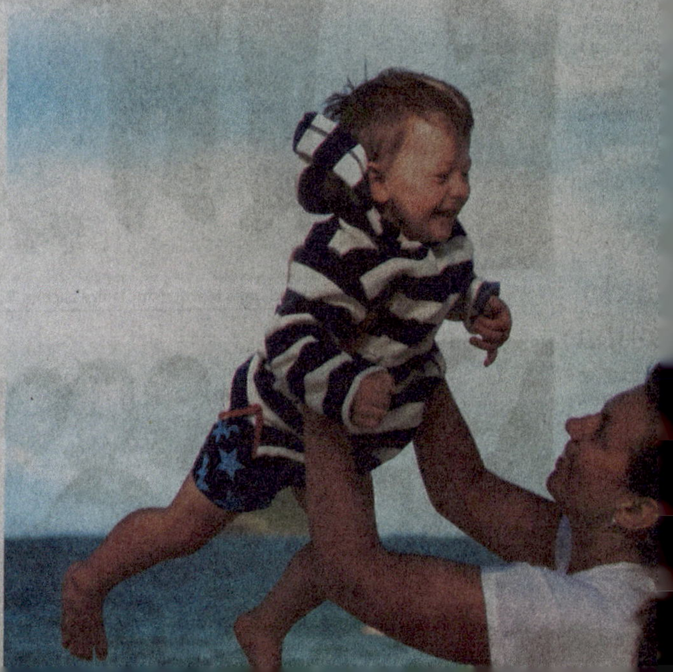

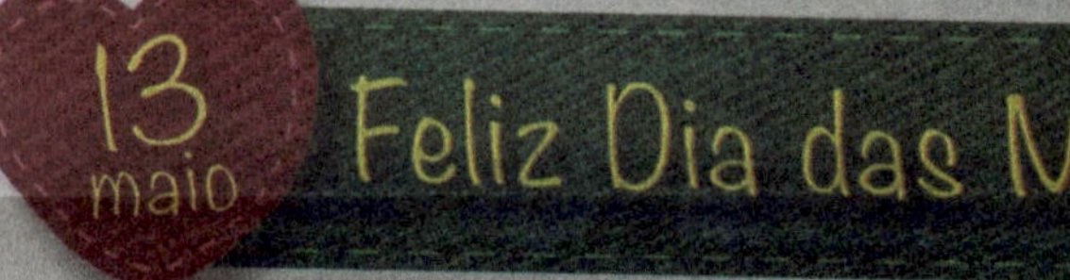

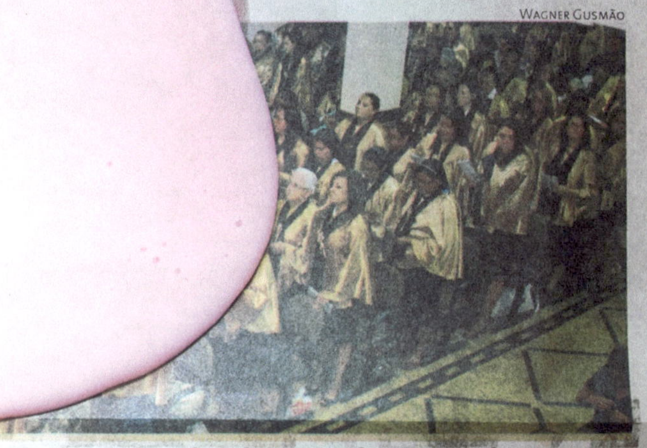

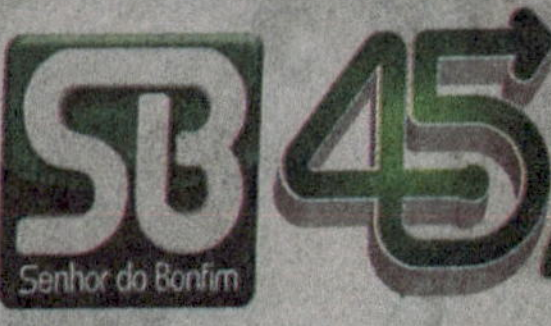

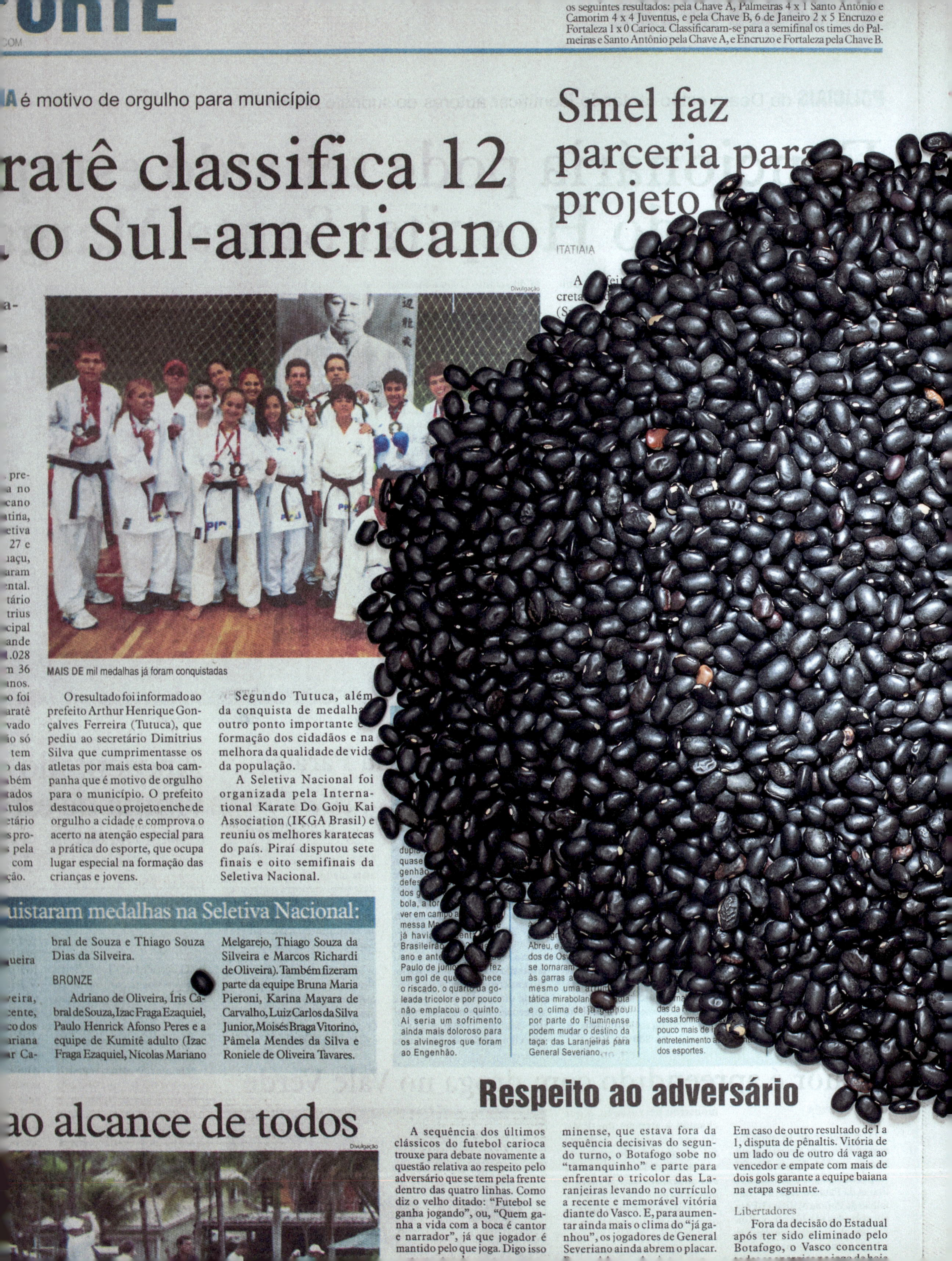

A é motivo de orgulho para município

...ratê classifica 12 ...o Sul-americano

Smel faz parceria para projeto

ITATIAIA

pre-
a no
cano
tina,
etiva
27 e
açu,
aram
ental.
tário
trius
cipal
ande
.028
n 36
anos.
o foi
aratê
vado
io só
tem
das

MAIS DE mil medalhas já foram conquistadas

O resultado foi informado ao prefeito Arthur Henrique Gonçalves Ferreira (Tutuca), que pediu ao secretário Dimitrius Silva que cumprimentasse os atletas por mais esta boa campanha que é motivo de orgulho para o município. O prefeito destacou que o projeto enche de orgulho a cidade e comprova o acerto na atenção especial para a prática do esporte, que ocupa lugar especial na formação das crianças e jovens.

Segundo Tutuca, além da conquista de medalhas outro ponto importante é formação dos cidadãos e na melhora da qualidade de vida da população.

A Seletiva Nacional foi organizada pela International Karate Do Goju Kai Association (IKGA Brasil) e reuniu os melhores karatecas do país. Piraí disputou sete finais e oito semifinais da Seletiva Nacional.

uistaram medalhas na Seletiva Nacional:

bral de Souza e Thiago Souza Dias da Silveira.

BRONZE

Adriano de Oliveira, Íris Cabral de Souza, Izac Fraga Ezaquiel, Paulo Henrick Afonso Peres e a equipe de Kumitê adulto (Izac Fraga Ezaquiel, Nícolas Mariano

Melgarejo, Thiago Souza da Silveira e Marcos Richardi de Oliveira). Também fizeram parte da equipe Bruna Maria Pieroni, Karina Mayara de Carvalho, Luiz Carlos da Silva Junior, Moisés Braga Vitorino, Pâmela Mendes da Silva e Roniele de Oliveira Tavares.

ao alcance de todos

Respeito ao adversário

A sequência dos últimos clássicos do futebol carioca trouxe para debate novamente a questão relativa ao respeito pelo adversário que se tem pela frente dentro das quatro linhas. Como diz o velho ditado: "Futebol se ganha jogando", ou, "Quem ganha a vida com a boca é cantor e narrador", já que jogador é mantido pelo que joga. Digo isso

minense, que estava fora da sequência decisiva do segundo turno, o Botafogo sobe no "tamanquinho" e parte para enfrentar o tricolor das Laranjeiras levando no currículo a recente e memorável vitória diante do Vasco. E, para aumentar ainda mais o clima do "já ganhou", os jogadores de General Severiano ainda abrem o placar.

Em caso de outro resultado de 1 a 1, disputa de pênaltis. Vitória de um lado ou de outro dá vaga ao vencedor e empate com mais de dois gols garante a equipe baiana na etapa seguinte.

Libertadores

Fora da decisão do Estadual após ter sido eliminado pelo Botafogo, o Vasco concentra

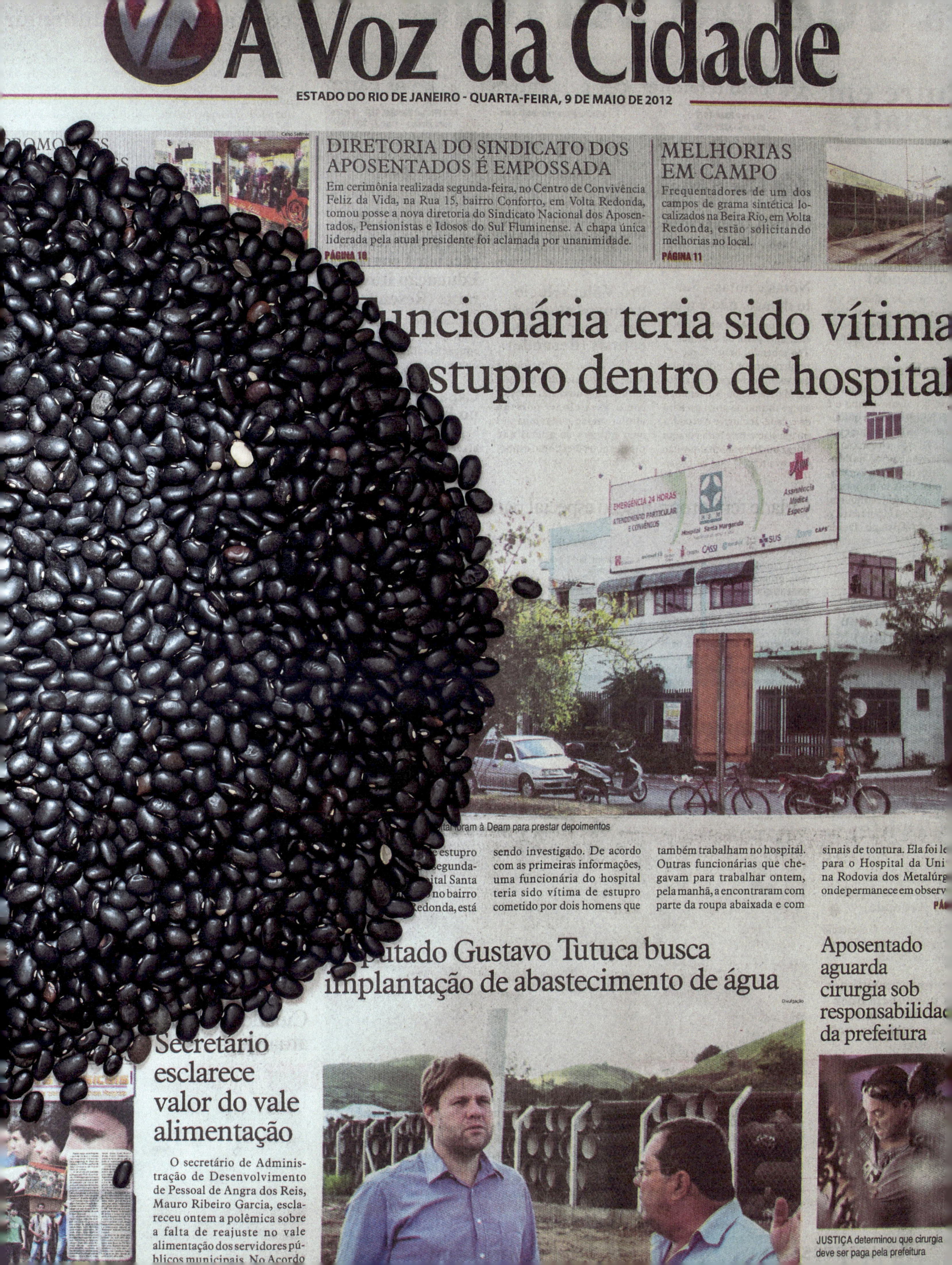

A Voz da Cidade

DIRETORIA DO SINDICATO DOS APOSENTADOS É EMPOSSADA

Em cerimônia realizada segunda-feira, no Centro de Convivência Feliz da Vida, na Rua 15, bairro Conforto, em Volta Redonda, tomou posse a nova diretoria do Sindicato Nacional dos Aposentados, Pensionistas e Idosos do Sul Fluminense. A chapa única liderada pela atual presidente foi aclamada por unanimidade.
PÁGINA 16

MELHORIAS EM CAMPO

Frequentadores de um dos campos de grama sintética localizados na Beira Rio, em Volta Redonda, estão solicitando melhorias no local.
PÁGINA 11

Funcionária teria sido vítima de estupro dentro de hospital

...taram à Deam para prestar depoimentos

...e estupro ...segunda-...ital Santa ...no bairro ...Redonda, está sendo investigado. De acordo com as primeiras informações, uma funcionária do hospital teria sido vítima de estupro cometido por dois homens que também trabalham no hospital. Outras funcionárias que chegavam para trabalhar ontem, pela manhã, a encontraram com parte da roupa abaixada e com sinais de tontura. Ela foi le... para o Hospital da Uni... na Rodovia dos Metalúrg... onde permanece em observ...

...putado Gustavo Tutuca busca implantação de abastecimento de água

Secretário esclarece valor do vale alimentação

O secretário de Administração de Desenvolvimento de Pessoal de Angra dos Reis, Mauro Ribeiro Garcia, esclareceu ontem a polêmica sobre a falta de reajuste no vale alimentação dos servidores públicos municipais. No Acordo...

Aposentado aguarda cirurgia sob responsabilidade da prefeitura

JUSTIÇA determinou que cirurgia deve ser paga pela prefeitura

mpeões dos dois es-
ais importantes do
 praticamente defi-
s primeiros jogos –
rani e Fluminense 4
n vez de conjecturar
milagres e reviravol-
, eu preferirei falar
quartas de final da

Libertadores, com confrontos que reúnem o melhor do futebol no continente.

O embate entre Libertad e Universidad está um pouquinho abaixo dos demais em termos de voltagem, mas, ainda assim, são duas equipes muito arrumadas. Os chilenos andam erráticos desde o final da temporada passada, quando perderam jogadores importan-

uma Copa. Basta construir um estádio nas encostas do Himalaia e escalar um time de sherpas. Ninguém ganhará deles a seis mil metros de altitude.

O Santos é, até aqui, a equipe mais espetacular da competição. E seria absurdo não considerarmos o time de Neymar como favorito no confronto com o Vélez. Mas não creio que os jogos com os argentinos serão passeios como o da última quinta-feira, diante do fraquíssi-

dará a fatura.

De todos os confrontos, o mais equilibrado é Fluminense x Boca. Os argentinos têm seis títulos da Libertadores, mais tradição na competição e o estádio mais temido das Américas. Mas o Fluminense tem melhor elenco, já eliminou os rivais nas semifinais de 2008 e conseguiu a façanha de vencê-los em plena Bombonera, há algumas semanas. Metade dos problemas de um time que en-

cional defesa, mas os cruzmaltinos contam com jogadores "cascudos", como Juninho Pernambucano, Felipe e Carlos Alberto. Foi com a experiência desses atletas que o time da Colina atravessou uma decisão por pênaltis fora de casa de forma irretocável. Mesmo assim, sem Dedé e decidindo fora de casa, as coisas pendem mais para o Parque São Jorge.

sileira

essionado por ultados, Mano craque do Fla

sidente da
a Marin,
ueria
seleção,
onvoca

cente com o
ederação Bra-
 (CBF), José
ulo Mano Me-
 ao dirigente
 depende de
vincente nos
 para conti-
é a Copa de
isso. Sei que
Mano, pouco
 ontem, no
adores para
a seleção no
cio de junho.
ldinho Gaú-
Na segunda
a Suíça e su-
do Flamengo
onvocado. O
F exigiu ter
reinador com
ência e ainda
: a de que as-
entos estra-
feria-se a uma
a de empresá-
18 nomes que
lha olímpica a

ntou desfazer
ou por alguns
a sala de entre-
 zona sul cario-
eu apoio a Ma-

OS CONVOCADOS

Goleiros
Jefferson (Botafogo)
Rafael (Santos)
Neto (Fiorentina)

Laterais
Daniel Alves (Barcelona)
Danilo (Porto)
Marcelo (Real Madrid)
Alex Sandro (Porto)

Zagueiros
Thiago Silva (Milan)
David Luiz (Chelsea)
Bruno Uvini (Tottenham)
Juan (Internacional)

Volantes
Rômulo (Vasco)
Casemiro (São Paulo)
Sandro (Tottenham)

Meias
Ganso (Santos)
Oscar (Internacional)
Lucas (São Paulo)
Giuliano (Dnipro, da Ucrânia)

Atacantes
Neymar (Santos)
Leandro Damião (Internacional)
Wellington Nem (Fluminense)
Alexandre Pato (Milan)
Hulk (Porto)

no e ao diretor de seleções da CBF, Andrés Sanchez, sentado ao lado. Depois, os dois se retiraram e o técnico falou com a imprensa. Logo, explicou a ausência de Ronaldinho – o que já era esperado por causa da má fase do atleta. "Das outras vezes, achei que ele deveria ser chamado, desta vez, não. Em algumas situações se pega um jogador para ser bode expiatório. Ronaldinho não é culpado pelo sucesso ou pelo fracasso da seleção", disse.

O técnico fez muitos elogios ao meia-atacante do Flamengo quando o convocou em agosto do ano passado para amistoso contra Gana (*leia abaixo*). Chegou a dizer que a seleção, enfim, dispunha de uma referência. Aos poucos, porém, percebeu que se equivocara na expectativa criada em torno do atleta. Já fazia meses que Mano aguardava o momento mais oportuno para 'se livrar' de Ronaldinho.

Quanto à posição de Marin, o técnico ressaltou que o presidente tem todo o direito de promover mudanças no comando da seleção quando quiser. "Não sou ingênuo. Porque ingênuo no futebol não vai a lugar nenhum", prosseguiu ele, com cautela.

Em 2010, ao ser contratado pelo então presidente da CBF, Ricardo Teixeira, Mano tinha uma prioridade: formar um time para 2014. O chefe da entidade não exigia que o técnico conquistasse o ouro em Londres. Agora o cenário é outro.

Apesar da pressão por uma medalha olímpica inédita, que aumentou muito nos últimos dias, Mano esteve firme e tranquilo na entrevista. Em alguns momentos, deu respostas descontraídas. Foi assim, por exemplo, quando fez um comentário sobre a condição física do ex-atacante Ronaldo, hoje no conselho de administração do Comitê Organizador da Copa de 2014. "Está um pouco gordo, mas isso não é mais um problema meu", disse. Os dois estiveram juntos no Corinthians em 2009 e 2010.

FABIO MOTTA/AE

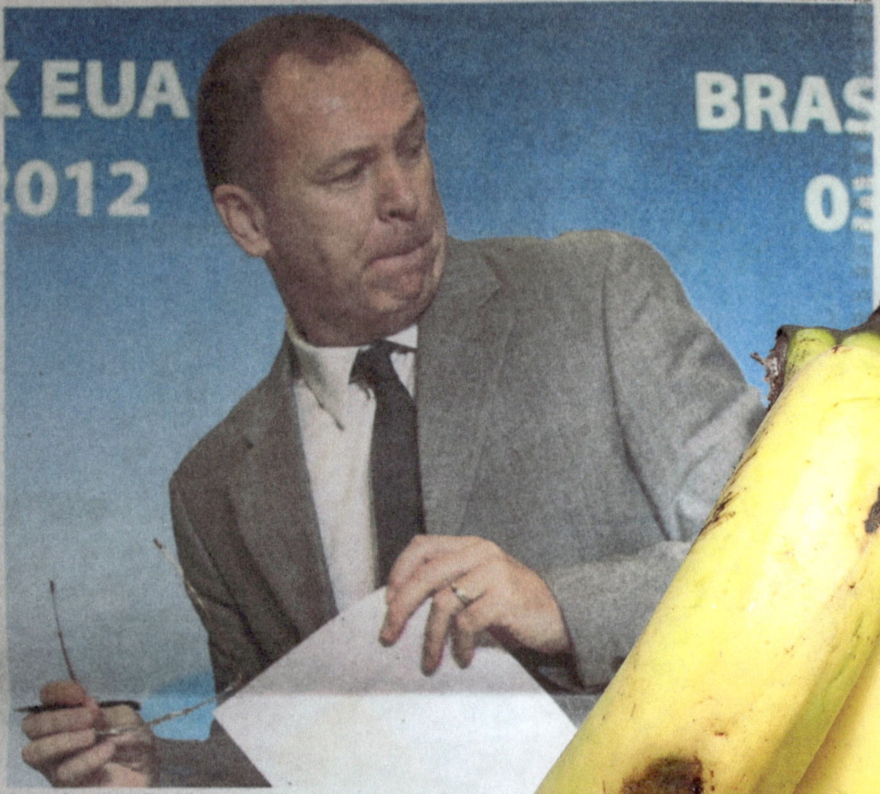

Ouro é salvação. Mano reconhece que sem o título em L

✻ Análise: *Antero Greco*

Sonho da medalha de ouro de novo passa por um time Frankenstein

Olimpíada vem, Olimpíada vai, e o "pr jeto" da medalha de ouro no futebo se resume a retórica. Há pelo menos uma década e meia, técnicos assumem a seleção e, para justificar as dezenas de convocados para uma infinidade de amistosos e competições, recorrem a explicação que virou lugar-comum: estão a observar também atletas com idade olímpica. O tempo passa, as experiências se sucedem e no fim das contas o sonho do alto do pódio fica adiado para os Jogos seguintes.

... fora (vale lembrar que o chefe ... cho não merecia chance), ma ... Pato frequenta mais enferma ... dos, Juan é reservíssimo na Inter, Neto esquenta banco no gol da Fiorentina, Danilo jogou 224 minutos e Alex Sandro 412 pelo Porto (contra 2024 de Hulk). Pode vir a tal medalha? Sim – na base de talento e reza, não de planejamento.

RONALDINHO

COM ARGENTINA
nho que
 o
 que ele
u a gostar
omo um
res
do mundo"

18/08/2011
ANTES DO AMISTOSO COM GANA
"É um dos principais jogadores do ano. Vem jogando com frequência, mostrando crescimento físico. É uma referência que precisamos ter."

05/09/2011
DEPOIS DO AMISTOSO COM GANA
"Ele é capaz de resolver com um lance, uma falta, era isso que esperava dele. Ele conseguiu fazer valer sua diferença técnica."

14/02/2012
ANTES DO AMISTOSO COM A BÓSNIA
"Na 1ª convocação dele, me perguntaram se era temporário. Estou sendo coerente. Disse na época, que queria um projeto com o Ronaldinho"

11/5/2012
ONTEM, APÓS A CONVOCAÇÃO
"Não vou incorrer no erro de chutar jogador quando ele não está bem. O momento agora é de observarmos os mais jovens."

11/5/2012
ONTEM, APÓS A CONVOCAÇÃO
"Grandes jogadores são capazes de se recuperar e nos surpreender e ele está nesse quesito. Personalizar tudo isso no nele é errado."

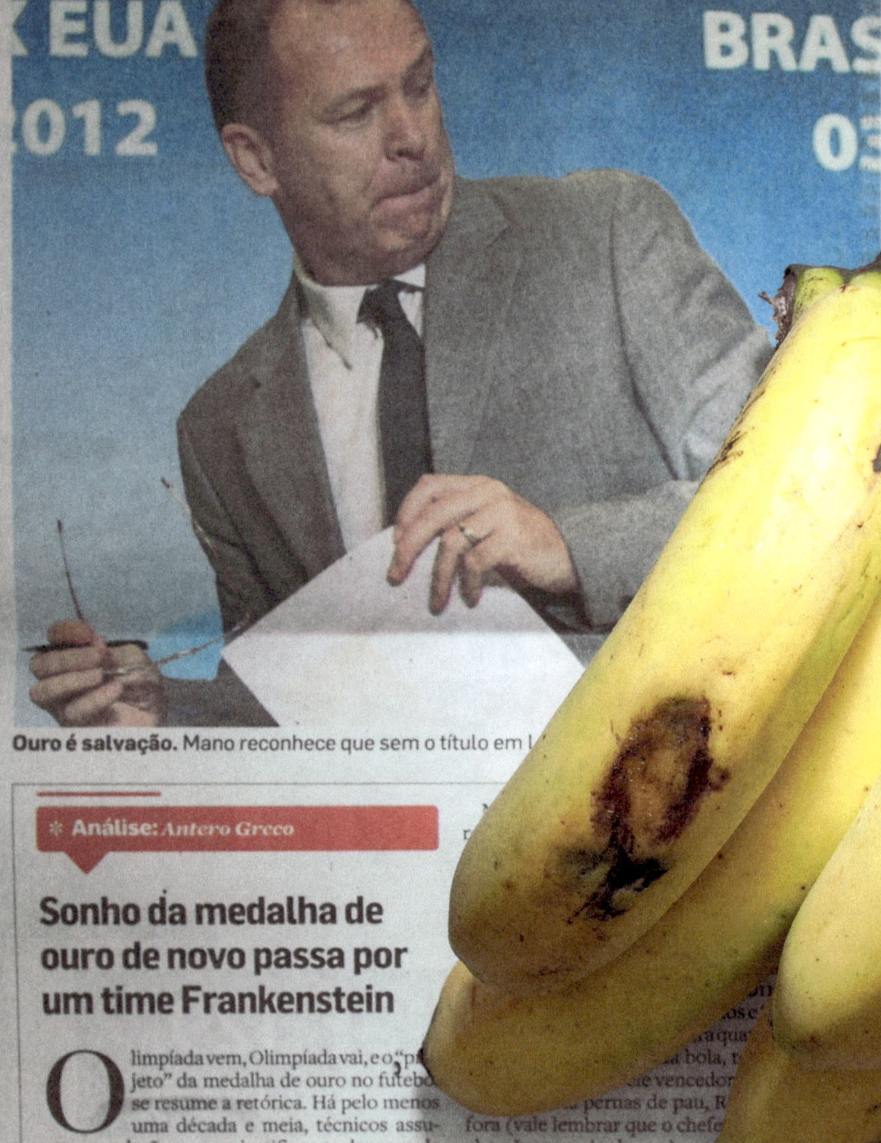

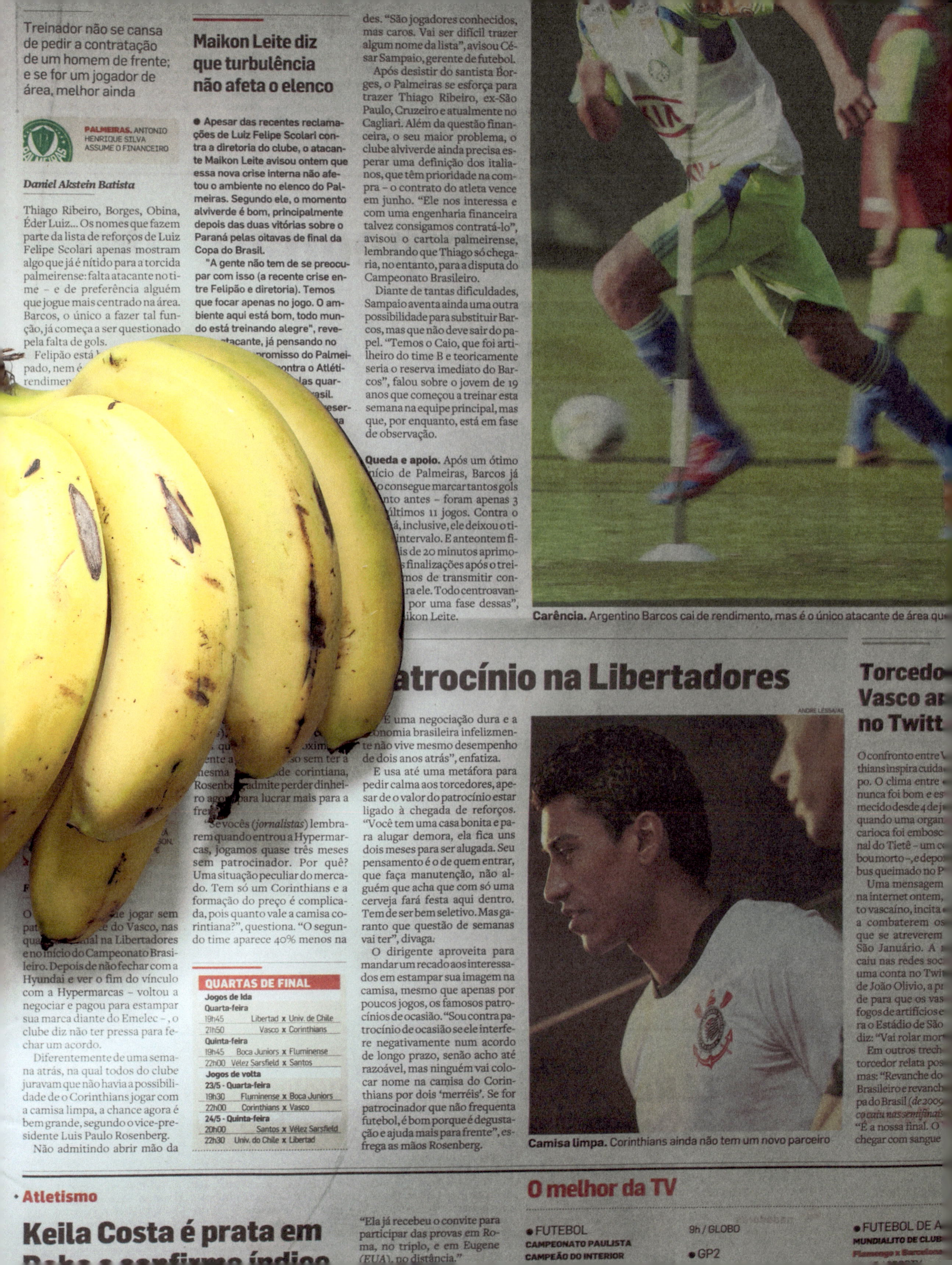

Treinador não se cansa de pedir a contratação de um homem de frente; e se for um jogador de área, melhor ainda

PALMEIRAS. ANTONIO HENRIQUE SILVA ASSUME O FINANCEIRO

Daniel Akstein Batista

Thiago Ribeiro, Borges, Obina, Éder Luiz... Os nomes que fazem parte da lista de reforços de Luiz Felipe Scolari apenas mostram algo que já é nítido para a torcida palmeirense: falta atacante no time – e de preferência alguém que jogue mais centrado na área. Barcos, o único a fazer tal função, já começa a ser questionado pela falta de gols.

Felipão está [...] pado, nem é [...] rendimen[...]

[...] des. "São jogadores conhecidos, mas caros. Vai ser difícil trazer algum nome da lista", avisou César Sampaio, gerente de futebol.

Após desistir do santista Borges, o Palmeiras se esforça para trazer Thiago Ribeiro, ex-São Paulo, Cruzeiro e atualmente no Cagliari. Além da questão financeira, o seu maior problema, o clube alviverde ainda precisa esperar uma definição dos italianos, que têm prioridade na compra – o contrato do atleta vence em junho. "Ele nos interessa e com uma engenharia financeira talvez consigamos contratá-lo", avisou o cartola palmeirense, lembrando que Thiago só chegaria, no entanto, para a disputa do Campeonato Brasileiro.

Diante de tantas dificuldades, Sampaio aventa ainda uma outra possibilidade para substituir Barcos, mas que não deve sair do papel. "Temos o Caio, que foi artilheiro do time B e teoricamente seria o reserva imediato do Barcos", falou sobre o jovem de 19 anos que começou a treinar esta semana na equipe principal, mas que, por enquanto, está em fase de observação.

Queda e apoio. Após um ótimo [...]ício de Palmeiras, Barcos já [...]o consegue marcar tantos gols [...]nto antes – foram apenas 3 [...]últimos 11 jogos. Contra o [...]á, inclusive, ele deixou o ti[...] intervalo. E anteontem fi[...]is de 20 minutos aprimo[...]s finalizações após o trei[...]mos de transmitir con[...]ra ele. Todo centroavan[...] por uma fase dessas", [...]ikon Leite.

Maikon Leite diz que turbulência não afeta o elenco

● Apesar das recentes reclamações de Luiz Felipe Scolari contra a diretoria do clube, o atacante Maikon Leite avisou ontem que essa nova crise interna não afetou o ambiente no elenco do Palmeiras. Segundo ele, o momento alviverde é bom, principalmente depois das duas vitórias sobre o Paraná pelas oitavas de final da Copa do Brasil.

"A gente não tem de se preocupar com isso (a recente crise entre Felipão e diretoria). Temos que focar apenas no jogo. O ambiente aqui está bom, todo mundo está treinando alegre", reve[...] atacante, já pensando no [...]promisso do Palmei[...]ontra o Atléti[...]las quar[...]asil. [...]eser[...]a

Carência. Argentino Barcos cai de rendimento, mas é o único atacante de área qu[...]

[...]atrocínio na Libertadores

O [...]e jogar sem pat[...]e do Vasco, nas qua[...]nal na Libertadores e no início do Campeonato Brasileiro. Depois de não fechar com a Hyundai e ver o fim do vínculo com a Hypermarcas – voltou a negociar e pagou para estampar sua marca diante do Emelec –, o clube diz não ter pressa para fechar um acordo.

Diferentemente de uma semana atrás, na qual todos do clube juravam que não havia a possibilidade de o Corinthians jogar com a camisa limpa, a chance agora é bem grande, segundo o vice-presidente Luis Paulo Rosenberg.

Não admitindo abrir mão da [...] qu[...]oxim[...]ente a [...]so sem ter a mesma [...]de corintiana, Rosenb[...] admite perder dinheiro ago[...] para lucrar mais para a fre[...]

"Se vocês (*jornalistas*) lembrarem quando entrou a Hypermarcas, jogamos quase três meses sem patrocinador. Por quê? Uma situação peculiar do mercado. Tem só um Corinthians e a formação do preço é complicada, pois quanto vale a camisa corintiana?", questiona. "O segundo time aparece 40% menos na [...]

[...]É uma negociação dura e a [...]onomia brasileira infelizmente não vive mesmo desempenho de dois anos atrás", enfatiza.

E usa até uma metáfora para pedir calma aos torcedores, apesar de o valor do patrocínio estar ligado à chegada de reforços. "Você tem uma casa bonita e para alugar demora, ela fica uns dois meses para ser alugada. Seu pensamento é o de quem entrar, que faça manutenção, não alguém que acha que com só uma cerveja fará festa aqui dentro. Tem de ser bem seletivo. Mas garanto que questão de semanas vai ter", divaga.

O dirigente aproveita para mandar um recado aos interessados em estampar sua imagem na camisa, mesmo que apenas por poucos jogos, os famosos patrocínios de ocasião. "Sou contra patrocínio de ocasião se ele interfere negativamente num acordo de longo prazo, senão acho até razoável, mas ninguém vai colocar nome na camisa do Corinthians por dois 'merréis'. Se for patrocinador que não frequenta futebol, é bom porque é degustação e ajuda mais para frente", esfrega as mãos Rosenberg.

QUARTAS DE FINAL

Jogos de Ida	
Quarta-feira	
19h45	Libertad x Univ. de Chile
21h50	Vasco x Corinthians
Quinta-feira	
19h45	Boca Juniors x Fluminense
22h00	Vélez Sarsfield x Santos
Jogos de volta	
23/5 - Quarta-feira	
19h30	Fluminense x Boca Juniors
22h00	Corinthians x Vasco
24/5 - Quinta-feira	
20h00	Santos x Vélez Sarsfield
22h30	Univ. do Chile x Libertad

ANDRÉ LESSA/AE

Camisa limpa. Corinthians ainda não tem um novo parceiro

Torcedo[...] Vasco a[...] no Twitt[...]

O confronto entre V[...]thians inspira cuida[...]po. O clima entre [...] nunca foi bom e es[...]mecido desde 4 de j[...] quando uma organ[...] carioca foi embosc[...]nal do Tietê – um c[...]bou morto –, e depo[...]bus queimado no P[...]

Uma mensagem [...] na internet ontem, [...]to vascaíno, incita [...] a combaterem os [...] que se atreverem [...] São Januário. A [...] caiu nas redes soc[...] uma conta no Twi[...] de João Olivio, a p[...] de para que os vas[...] fogos de artifícios e[...]ra o Estádio de São [...] diz: "Vai rolar mor[...]

Em outros trech[...] torcedor relata pos[...]mas: "Revanche do [...] Brasileiro e revanch[...]pa do Brasil (*de 2009*[...] *co caiu nas semifinais*[...] "É a nossa final. O [...] chegar com sangue [...]

• **Atletismo**

Keila Costa é prata em [...]

"Ela já recebeu o convite para participar das provas em Roma, no triplo, e em Eugene (EUA), no distância."

O melhor da TV

● FUTEBOL
CAMPEONATO PAULISTA
CAMPEÃO DO INTERIOR
9h / GLOBO

● GP2

● FUTEBOL DE A[...]
MUNDIALITO DE CLUB[...]

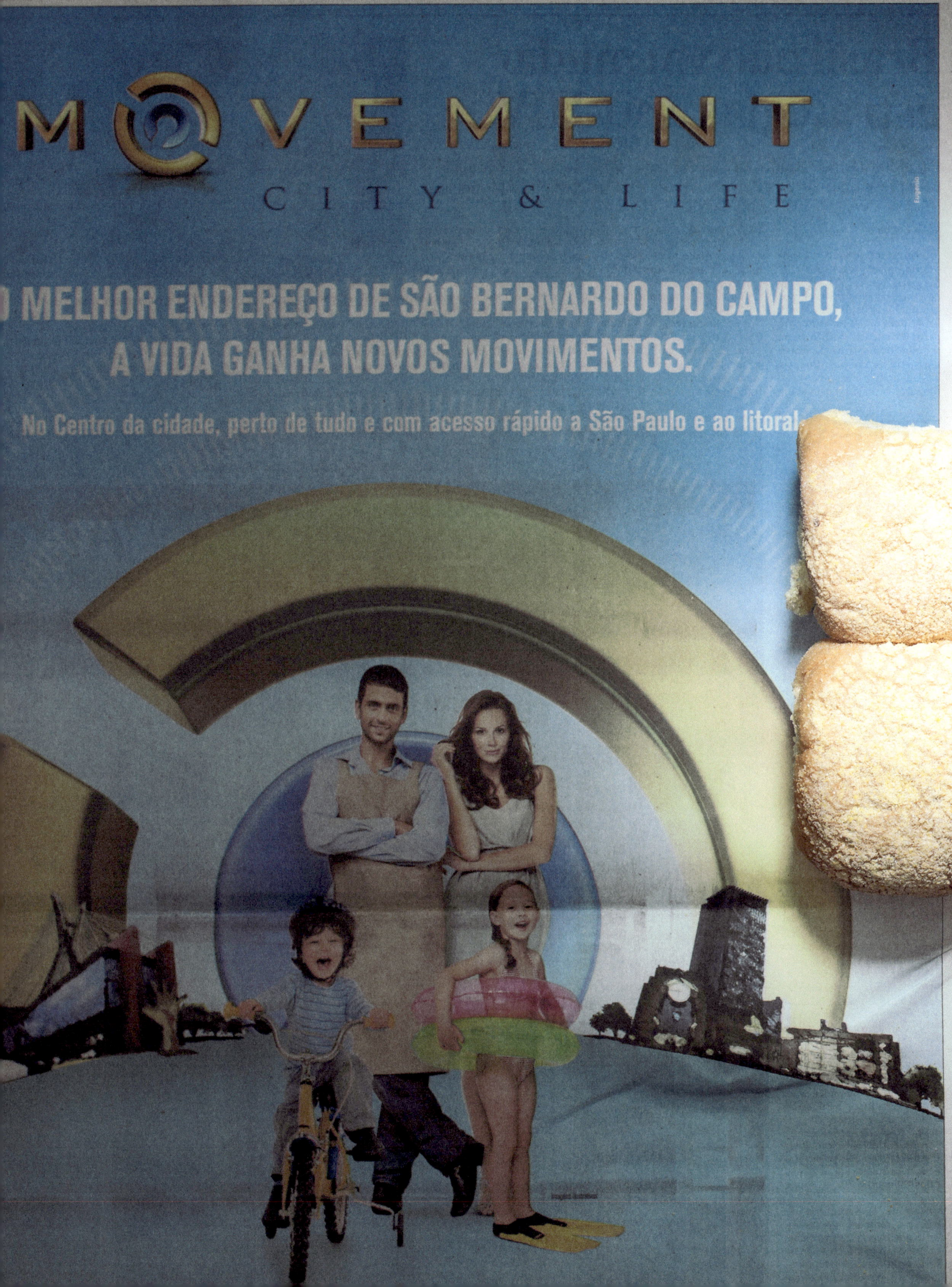
MOVEMENT
CITY & LIFE
MELHOR ENDEREÇO DE SÃO BERNARDO DO CAMPO,
A VIDA GANHA NOVOS MOVIMENTOS.
No Centro da cidade, perto de tudo e com acesso rápido a São Paulo e ao litoral.

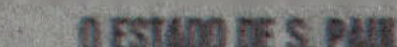

O ESTADO DE S. PAULO

— JULIO MESQUITA —
1891 - 1927

RUY MESQUITA —
Diretor

12 DE MAIO DE 2012 R$ 3,00 ANO 133. Nº 43306 EDIÇÃO DE 21H30 estadão.com.br

SÁBADO

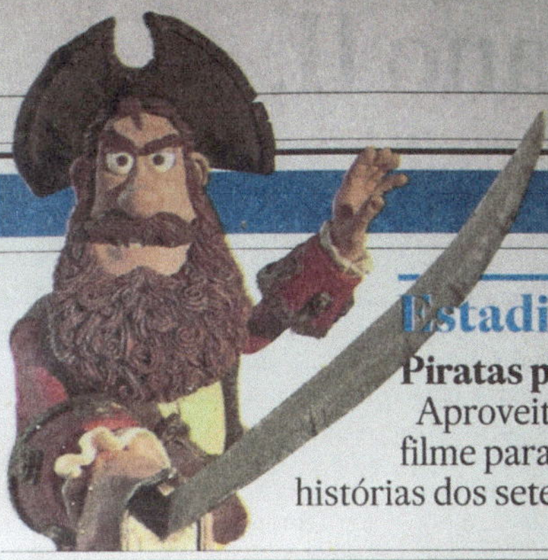

Estadinho
Piratas pirados
Aproveitamos o filme para contar histórias dos sete mares

Sabático
Era do terror
Lionel Shriver fala do recém-lançado *The New Republic*.

C2 *+música*
Pensador do Brasil
Documentário, CD e shows iluminam vida e obra de Jorge Mautner

---

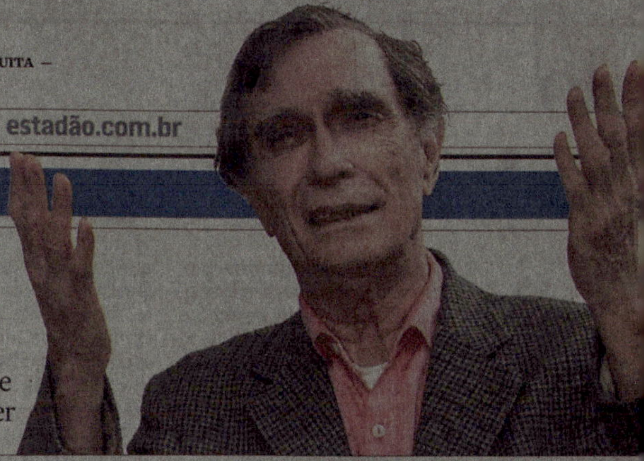

Governo quer acabar ajuste anual das de energia

revê apenas revisões tarifárias a cada cinco anos

tarifas, baseados na inflação. A ideia seria, a partir da prorrogação dos contratos, em 2015 e 2017, fazer apenas revisões tarifárias, a exemplo das que ocorrem hoje, de cinco em cinco anos. A medida vai na direção dos planos do ministro Guido Mantega (Fazenda) para desindexar a economia. As empresas, porém, poderão pedir revisões extraordinárias a qualquer momento se comprovarem que há desequilíbrio nas contas. **ECONOMIA / PÁG. B4**

Delta terá gestor de crises em seu comando

A holding J&F escolheu o executivo Humberto Junqueira de Farias para dirigir a Delta, empreiteira que está no centro do escândalo Cachoeira e é uma das principais parceiras do PAC. O perfil de Farias é o de um gestor de crises cumpridor de metas e conciliador. Integrantes do governo, porém, não acreditam que a venda da Delta vai dar certo, principalmente porque a Controladoria-Geral da União deve declarar a empresa inidônea. **NACIONAL / PÁGS. A6 E A7**

Comissão Verdade a 'doa a quer doer', diz I

Escolhido pela presidente seff para compor a Comiss de, o ministro do Superio Justiça Gilson Dipp afirmo lho do colegiado poderá co a "pacificação nacional" "revanchismo" e que at quem doer". O grupo inicia oficialmente na quarta-f militares ficaram irritados lha da advogada Rosa Ma que defendeu Dilma no pe para a Comissão. **NACIONAL**

FABIO MOTTA/AE

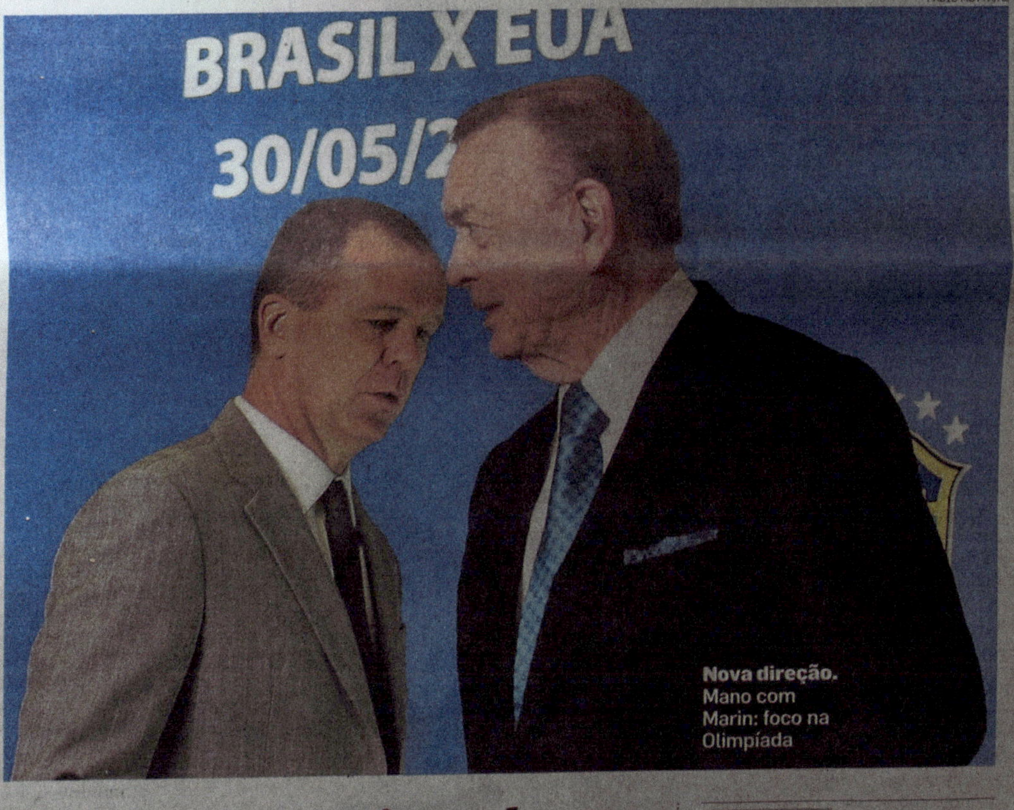

Nova direção.
Mano com Marin: foco na Olimpíada

sceu na V ência oficial sobre o estado de saúde de Hugo Chávez, em Cuba há nove dias para tratamento de um câncer. As aparições do presidente na TV e na imprensa oficiais rarearam. Ele embarcou ontem para Caracas. Analistas e oposição começam a falar em vácuo de poder. **INTERNACIONAL / PÁG. A12**

ALFONSO MARQUINA
DEPUTADO OPOSICIONISTA
"O problema é que não sabemos neste momento quem governa o país e quanto o presidente está em condições"

Projeto deve alterar geografia do Tietê
CIDADES / PÁG. C1

Gregos não se acertam e farão nova eleição
ECONOMIA / PÁG. B6

Mano 'renova' a seleção

Antero Greco
Time Frankenstein

● Imagem feita por satel apontada como a maior fra feita em um clique. A i tem 121 megapixels. **VIDA**

Planalto ped hotéis baixer diária na Rio

Em meio à crise de hospeda Rio+20, o governo decidiu os hotéis para que reduzam

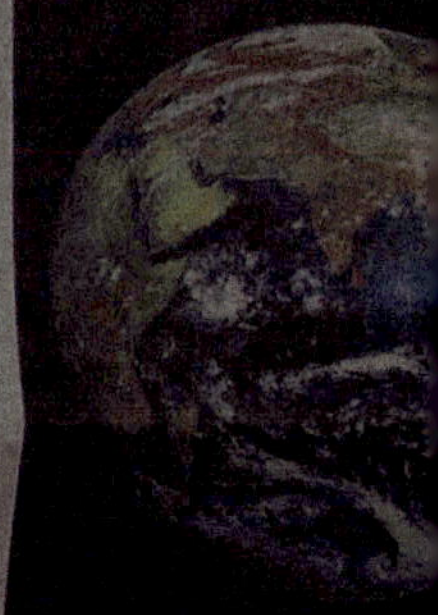

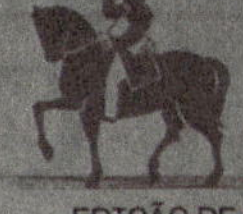

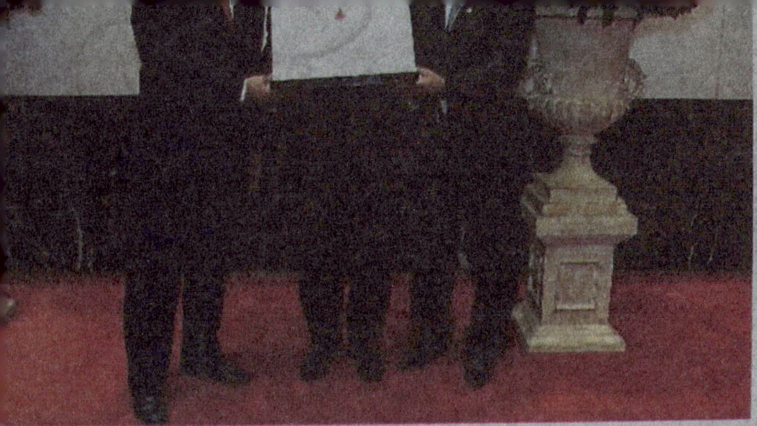

co ladeado pelos deputados Dilzon Melo e Luiz Carlos Miranda

elas

bleia Legislativa
erais concedeu tí-
dão honorário do
édium e educador
eira Franco, em
ecial de Plenário
segunda-feira de
de 2012. O com-
o social com as
carentes da so-
n dos aspectos da
omenageado que
ados pelos pre-
nião.
ado Luiz Car-
, que solicitou
o título, lem-

brou que Divaldo Pereira Franco dedicou 65 anos de sua vida à causa cristã e às crianças excluídas da periferia de Salvador (BA). Ao falar sobre o trabalho do homenageado, Miranda ainda lembrou que o médium tem mais de 600 filhos adotivos e atende diariamente a mais de três mil crianças e adolescentes de famílias de baixa renda. Além disso, segundo o parlamentar, mais de 35 mil jovens já passaram pela sua orientação, por meio de cursos e oficinas em sua obra social, Mansão do Caminho. O deputado ainda afirmou que a homenagem é também uma maneira de reconhecer o trabalho de outros espíritas mineiros, que atuam no anonimato, "educando os corações e as mentes de milhões de pessoas".

Após receber o documento com o título de cidadão honorário mineiro, Divaldo Pereira Franco agradeceu a homenagem, que, segundo ele, deve ser projetada principalmente à doutrina espírita e a seus propagadores. "Tentarei corresponder à expectativa, abraçado à doutrina espírita, que me tirou da ignorância e me apontou o outro lado da vida", afirmou o médium.

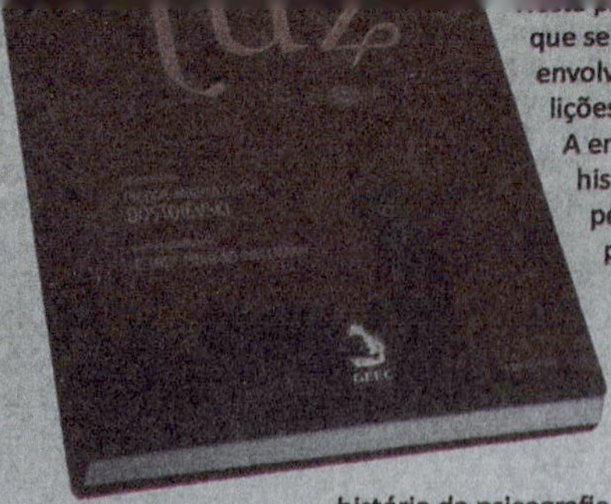

que se tem notícia, o autor faz uso de sua habilidade de envolver o leitor em relatos históricos revelando valiosas lições sobre o sentido e do significado da vida na Terra. A emocionante narrativa sobre um período imperial da história da Rússia nos permite concluir que ao passar pela alfândega do túmulo, tanto nós quanto as pessoas com quem interagimos lembrar-se-ão de cada detalhe. Por isso, se almejamos a alegria e a paz, precisamos de exemplos que nos ajudem a repensar nossa trajetória enquanto a construímos.

Além da narrativa baseada em fatos reais, breve história da psicografia e publicação deste livro encerra lições sobre os obstáculos de composição entre o autor espiritual que viveu sua mais recente encarnação na Rússia e uma médium brasileira que não conhece o idioma russo e que não havia publicado qualquer trabalho. Na introdução o leitor percebe também o cuidadoso processo de validação de uma obra psicográfica, e conhece as razões que levaram a primeira editora a questionar o autor espiritual bem como fica conhecendo sua magistral resposta.

Estudantes e estudiosos poderão encontrar, no conteúdo desta obra de efeito, a matéria prima para seus estudos e debates sobre processo e produto mediúnico, concepção de mentalidade, taxionomia mediúnica e mecanismos da mediunidade. A sutileza das comunicações mediúnicas e o equilíbrio entre a influência do espírito manifestante e o livre arbítrio da médium também poderá merecer debates instrutivos.

Estudiosos das obras do autor espiritual e do perfil da médium poderão estabelecer comparações, questionando ou fortalecendo a fé no processo de comunicação entre a cultura espiritual e a cultura material.

Toda renda resultante da venda do livro está sendo canalizada para entidades beneficentes.
www.livrariaserespirita.com.br
contato@esleticaeditora.com.br

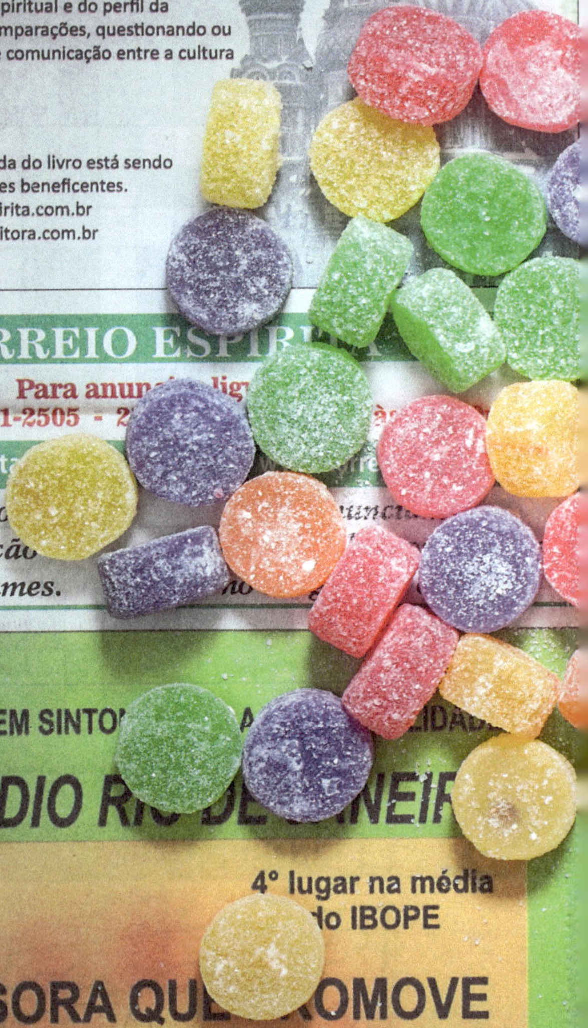

Aviso aos leitores

Prezados,

Comunicamos que a partir desta edição houve um acréscimo no valor deste mensário espírita.
mento foi para cobrir novos investimentos para melhor
Ainda assim, continuamos com o menor preço no Brasil.

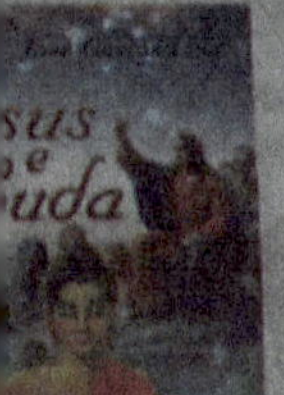

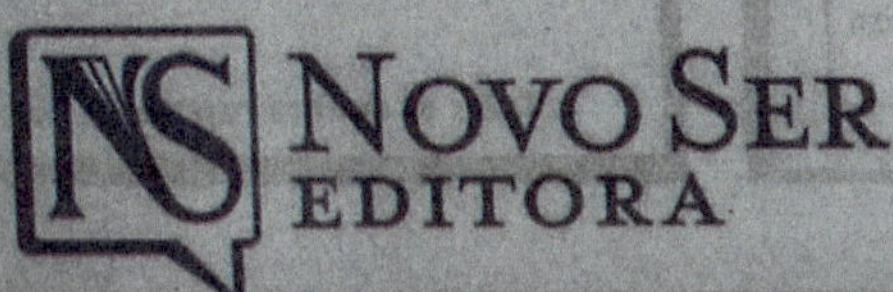

Um ato de amor

▶No mês de maio, se comemora o Dia das Mães. Em nossa coluna mensal, Cuidar do Corpo e do Espírito, trazemos a matéria Aleitamento Materno - Um Ato de Amor, homenageando todas as queridas mães que envolvem seus filhos, seres espirituais reencarnados em seu ventre, em uma auréola intensamente amorosa, ofertando-lhes um banquete de luz: o aleitamento materno". A Doutrina Espírita ensina que os vínculos amorosos já estão previamente fortalecidos desde o período pré-uterino, na união afetiva do espírito da mãe com o ser que se prepara para mais uma experiência reencarnatória. **Página 7**

Divulgação Hospital Geral de Nova Iguaçu

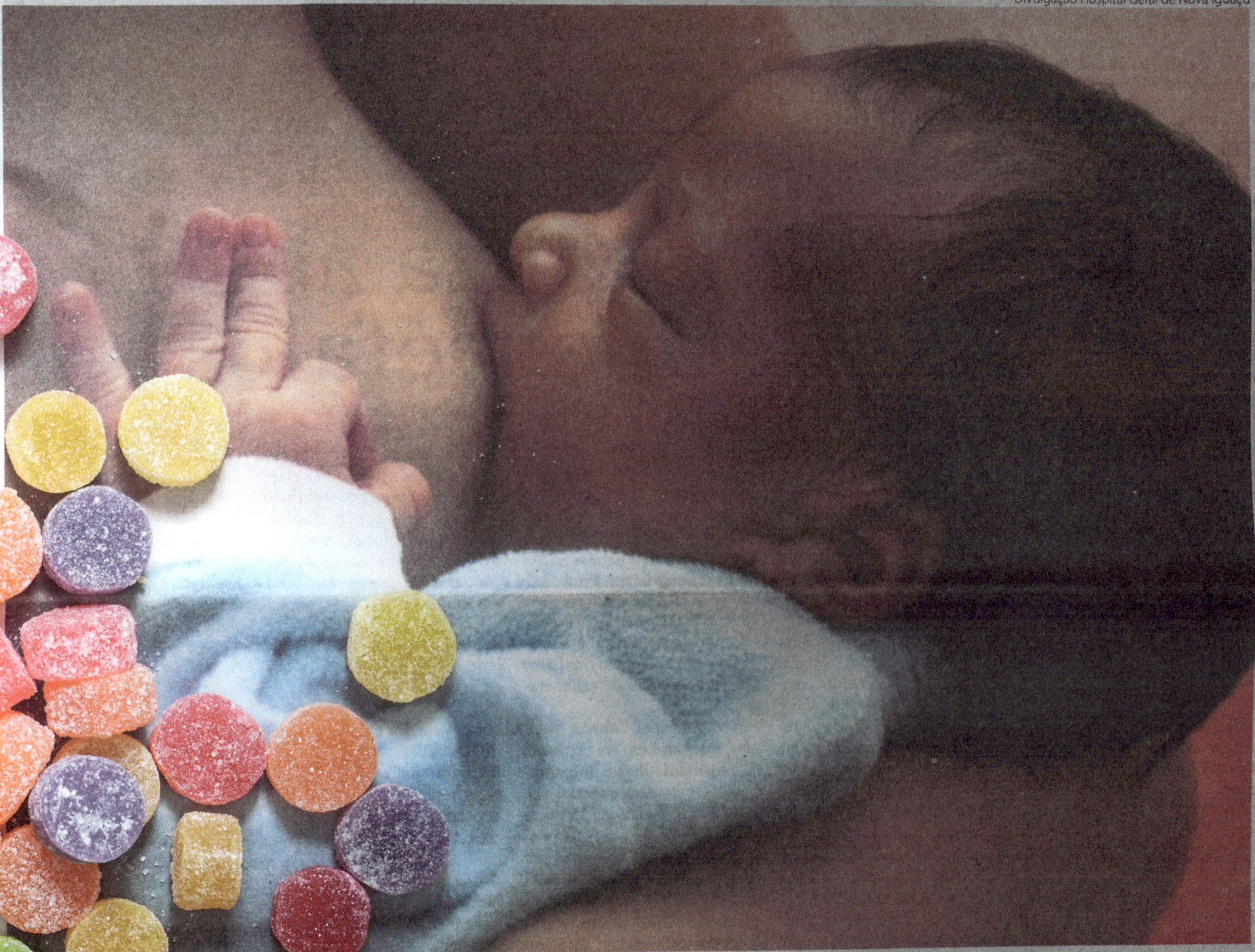

...ntr... muitos pensam, o leite materno é sempre bom, independentemente de sua cor e consistência, sendo o alimento ideal para o bebê

José Cruz / ABr

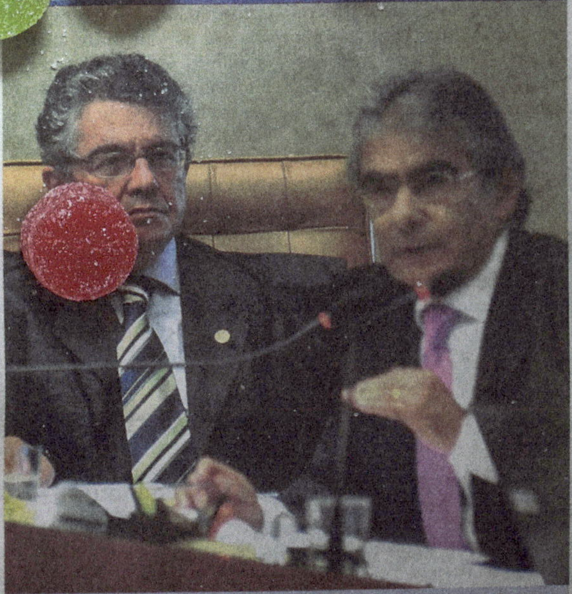

Ministros Marco Aurélio Mello e Ayres Britto durante sessão que julga o direito de interromper a gravidez de feto anencéfalo

sxc.hu

Os Efeitos da Oração

▶De acordo com Emmanuel, mentor do nosso Chico Xavier, a oração é o propulsor das ondas eletromagnéticas resultantes do pensamento. **Página 9**

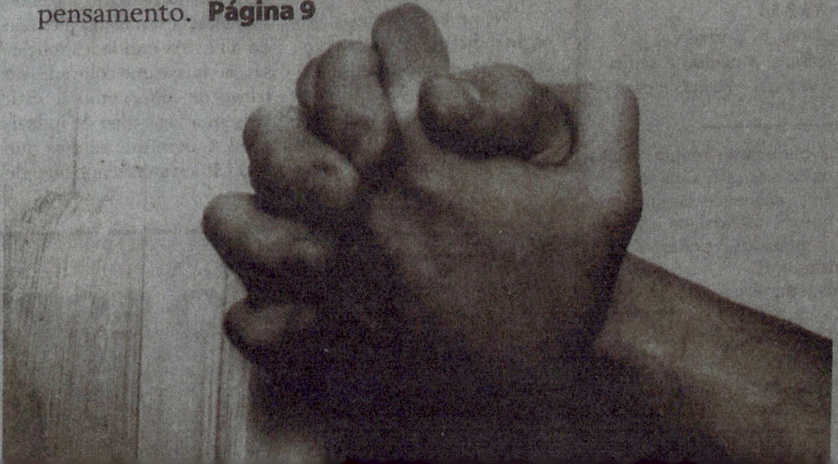

BR

Euri
Barsa
O Após
Cari

▶Euríped
fo exerceu
dade múlt
fenomeno
psicografia
fonia, no
no des
etc., taml
ceituário c
doentes.

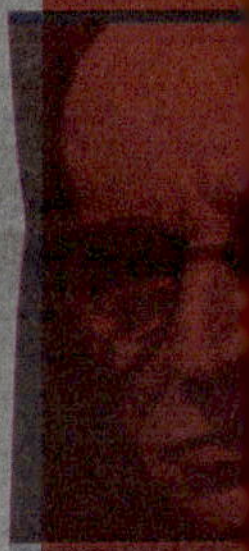

Catu
Pa
Cear
Pro
imorta

Amor
an

▶No folh
tora Eliz
fala dos
espíritas
ralidade,
de modo
permitind
suas própr
rações. Pá

A gran
gener
infa

▶Ensinand

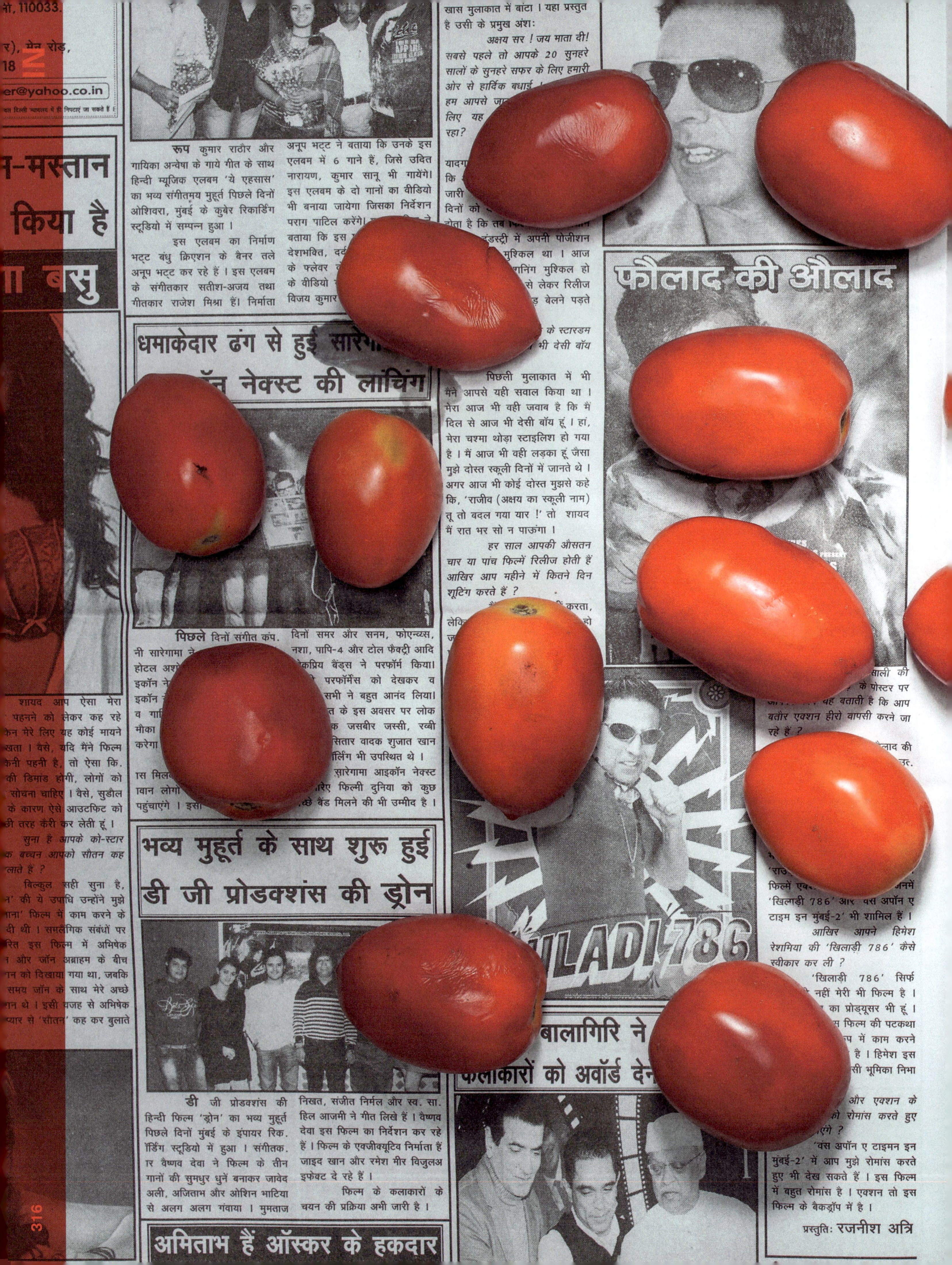

फौलाद की औलाद
धमाकेदार ढंग से हुई सारेगा...
ऑन नेक्स्ट की लॉंचिंग
भव्य मुहूर्त के साथ शुरू हुई
डी जी प्रोडक्शंस की ड्रोन
KHILADI 786
बालागिरि ने
कलाकारों को अवॉर्ड देन
अमिताभ हैं ऑस्कर के हकदार
प्रस्तुति: रजनीश अत्रि

द एंटरटेनमेंट हब के ... तले बन रहे दैनिक धारावाहिक ... का घर प्यारा लगे' का प्रसारण ... के दिनों से सोमवार से शुक्रवार ... 8 बजे सहारा वन पर हो रहा ... जिसके निर्माता अंकुर जोशी व ... भानुशाली हैं तथा इसके ... सचिन कन्नन हैं ।

कुछ समय पहले सह. ... वन पर 'हाय ! पड़ोसी कौन ... दोषी?' नामक कॉमेडी धारावाहिक ... शुरुआत ... आया तब इसका ...

पहले 'तुझ संग प्रीत लगाई सजना' ... 'कयामत' और ... धारावाहिक बना ... 'पिया के घर ... की भूमिका ... कहती हैं, ... के बीच को ... के यहां शाद ... मेरा पति कुछ ... ही अपनी कुछ ... कोशिश करता है । ... मायके के प्रति अपनी जिम्म ... निभाती हूं । ... इस धारावाहिक में ...

कृतिका

... कहेंगे' की ... ईमानदारी ... को पसंद कर रही ... प्रशंसक के ... मुलाकात हुई ... प्रसाद पाण्डेय ... हैं मुख्य ...

राष्ट्रीय फिल्म पुरस्कार प्रीति एक ... किवदंती फिल्म अभिनेता सामाजिक ... कार्यकर्ता और उद्यमी हैं। मिथुन चक्र. ... वर्ती के नाम से प्रसिद्ध इस अभि. ... नेता ने अपने अभिनय की शुरुआत ... कला फिल्म 'मृगया' (1976) से की, ... जिसके लिए उन्हें सर्वश्रेष्ठ अभिनेता ... के लिए पहला राष्ट्रीय फिल्म पुरस्कार ... प्राप्त हुआ। 1980के दशक के अपने ... दौर में एक डांसिंग स्टार के ... बहुत सारे प्रशंसक बने ... ने भारत के सबसे ... रूप से 1982 ... डिस्को डांसर ... की भूमिका ने ... कुल मिलाकर ... अधिक फिल्मों ... उन्होंने बांग्ला, ... भोजपुरी में भी बहुत स ... फिल्मों की। मिथुन मोनार्क ग्रुप ... लिंक भी हैं जो एक हॉस्पिटल ... क्टर हैं डांस इंडिया डांस ... बांग्ला डांस जैसे जी टीवी ... शो में मिथुन ग्रैंड जज हैं। यह ... परिकल्पना है। डांस पर रुचि ... वालों के लिए यह एक सुनहर ... पिछले दिनों डीआईडी-3 के ...

... डीआईडी 1 और डीआ ... ईडी 2 ने भारत में नृत्य क ... प्रचलित अवधारणाओं क ... इसने आम लोगों को ... देती है। डीआ ... दिल के बहुत ... नजदीक है और ईश्वर के आशीर्वाद ... से डीआईडी 3 एक बार इतिहास ... दोहराएगा और यह सीजन भी एक ... नया कीर्तिमान स्थापित करेगा ।

'डीआईडी' के बारे में ... आप क्या कहना चाहेंगे ?

... कुमार गुप्ता ने ।

प्रतिकिया दंत ह ?

मैं सभी चीजों को नोट ... करता हूं कि बच्चा कैसा डांस कर ... रहा है। लेकिन मेरे कमेंट ऐसे होते ... हैं जिसे बच्चा समझे और उस पर ... ध्यान दे। मैं ऐसा कोई कमेंट नहीं ... देना चाहता जिससे उनके भविष्य मे. ... कोई दिक्कत हो ।

इस शो में जज बनने की. ... कोई खास वजह ?

यह शो मुझे बहुत अच्छा ... लगा। इसमें डांस परफार्मेंस होगी ... और बच्चे अपना हुनर दिखाएंगे और ... मैं उनकी मदद करूंगा कि वो और ... अधिक अच्छा कैसे कर सकते हैं। ... यही सब बातें हैं जिसने मुझे इस ... शो में काम करने के लिए मजबूर ... किया।

रेमो, गीता और टैरेंस की ... जादुई तिकड़ी की वापसी हो रही है ... इस पर आप क्या कहना चाहेंगे ?

यही कि डीआईडी का पि. ... रवार पूरा हो गया । जो इस सीजन ... में भाग लेने वालों को दर्शकों के ... सामने जीवंत बना देंगे। प्रतिस्पधि ... योंका अपार जुनून, समर्पण तथा ... उन लोगों को ... कि जादुई ... पैदा हुए हैं ... प्रशिक्षण ... शक्ति, धर्मेश औ ... में हमारे ... सुपर स्टार ... एक्सपर्ट ... विलक्षण सफ ... कासीटी पर ... किया है ... मैं क्या विचार है ?

मैं अभिनय कार्य और इस ... शो के साथ व्यस्त हूं, लेकिन अगर ... अच्छा प्रस्ताव मिलता है और मेरे ... पास समय है, मैं अवश्य करूंगा ।

घनचक्कर

निर्देशक राजकुमार गु. ... प्ता की 'नो वन किल्ड जेसिका' के ... अगली फिल्म 'घनचक्कर' के ... टीवी मोशन पिक्चर्स ने हाल ... अभिनेता इमरान हाशमी को ... का चयन ... है । इस फिल्म का संगीत ... इसके बा ... दी दे रहे हैं । इस फिल्म ... परवेज शेख और राज.

कलाकार हैं अमर उपाध्याय, असलम ... खान, मिनाक्षी आर्या और राकेश ... वालिया । फिल्म के संगीतकार हैं ... शबाब आज़मी । कश ... कार हैं मुकेश ... अन्य कलाका ... के लिए साइन किया गया । ... निर्माता नरेश वालिया की इस फिल्म ... निर्देशक हैं मुकेश अग्रवाल और ... रेश वालिया। फिल्म के अन्य प्रमुख

इट्स ग्लैमर

ग्लैमर इंटरनेशनल फिल्म ... प्रोडक्शन की फिल्म 'इट्स ग्लैमर' ... को हाल ही में एक गीत की रिकॉ. ... र्डिंग के साथ मुंबई के एक स्टूडियो ... में लांच किया गया । संगीतकार हैं ... राज कुमार तथा ... आकृति स्थापित करेगा।

मुख्य अतिथि रहे सुनील पाल, अली ... खान, तथा अमृत पाल । इस फिल्म ... के निर्मात ... सिंह तथा ... निर्देश ... के ... गीता ... कल ... भग ... आ ... झो. ... णपाल सिंह, फैसल सैफ जो कि

5 घंटे में 5 करोड़

फिल्म '5 घंटे में 5 ... करोड़' का संगीत हाल ही में जारी ... किया गया । इस फिल्म का संगीत ... वर्ल्डवाइड मार्केटिंग कंपनी विश्व भर ... में रिलीज कर रही हैं । इस विशेष ... अवसर पर उपस्थित थे निर्माता ... जोगिन्दर सिंह पदम और डा.

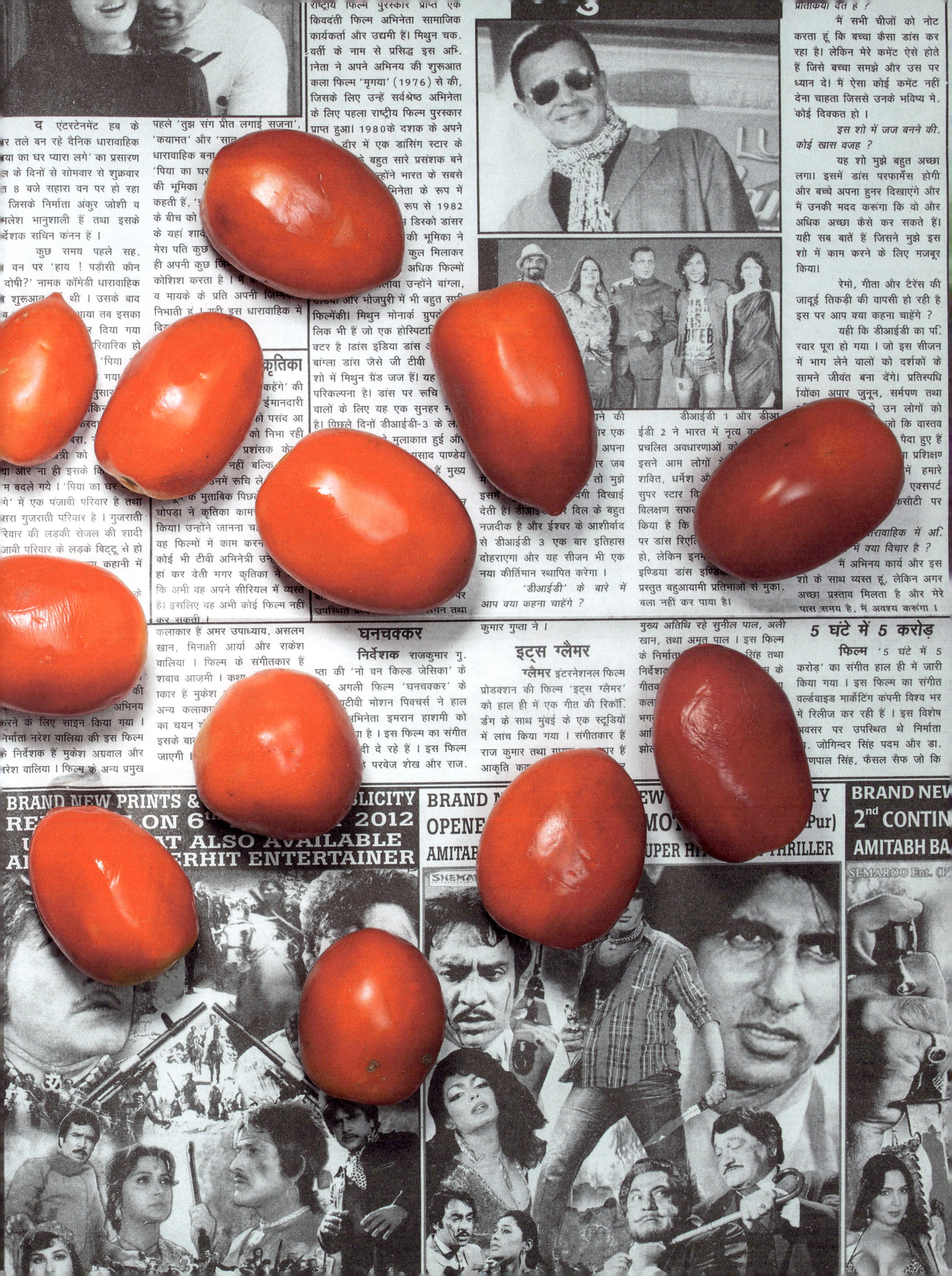

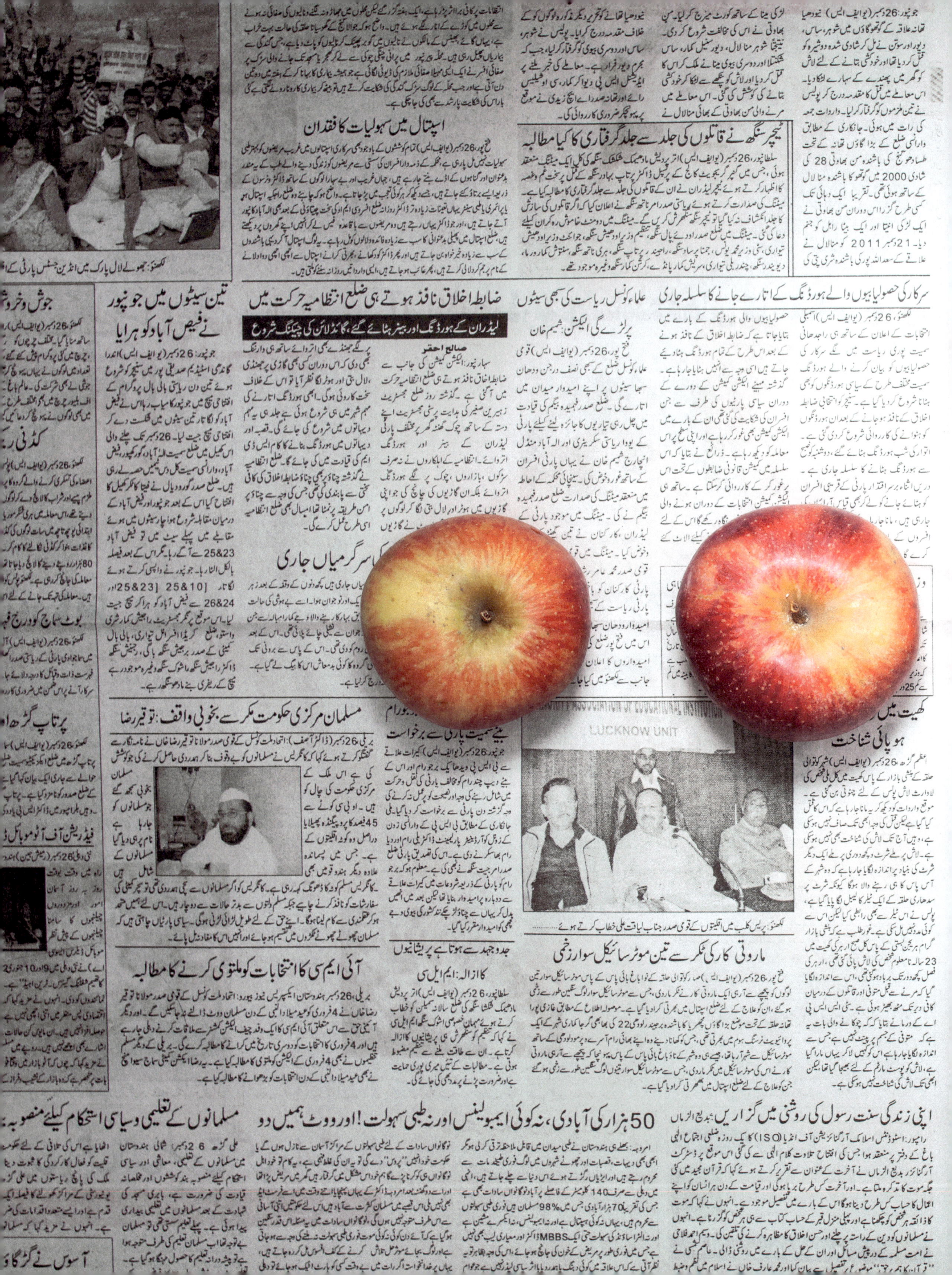

اسپتال میں سہولیات کا فقدان

ٹیچر سنگھ نے قاتلوں کی جلد سے جلد گرفتاری کا مطالبہ کیا

تین سیٹوں میں جو پنور نے فیض آباد کو ہرایا

جوش وخروش

کڈنی ری...

علماء کونسل ریاست کی بھی سیٹوں پر لڑے گی الیکشن

ضابطہ اخلاق نافذ ہوتے ہی ضلع انتظامیہ حرکت میں

لیڈران کے ہورڈنگ اور بینر ہٹائے گئے، گائیڈ لائن کی چیکنگ شروع

سرکاری حصولیابیوں والے ہورڈنگ کے اتارے جانے کا سلسلہ جاری

...کا سرگرمیاں جاری

مسلمان مرکزی حکومت مکر سے بخوبی واقف

ماروتی کار کی ٹکر سے تین موٹر سائیکل سوار زخمی

آئی ایم سی کا انتخابات کو ملتوی کرنے کا مطالبہ

50 ہزار کی آبادی، نہ کوئی ایمبولینس اور نہ طبی سہولت! اور ووٹ ہمیں دو

مسلمانوں کے تعلیمی واستحکام کیلئے سیاسی منصوبہ

اپنی زندگی سنت رسول کی روشنی میں گزاریں

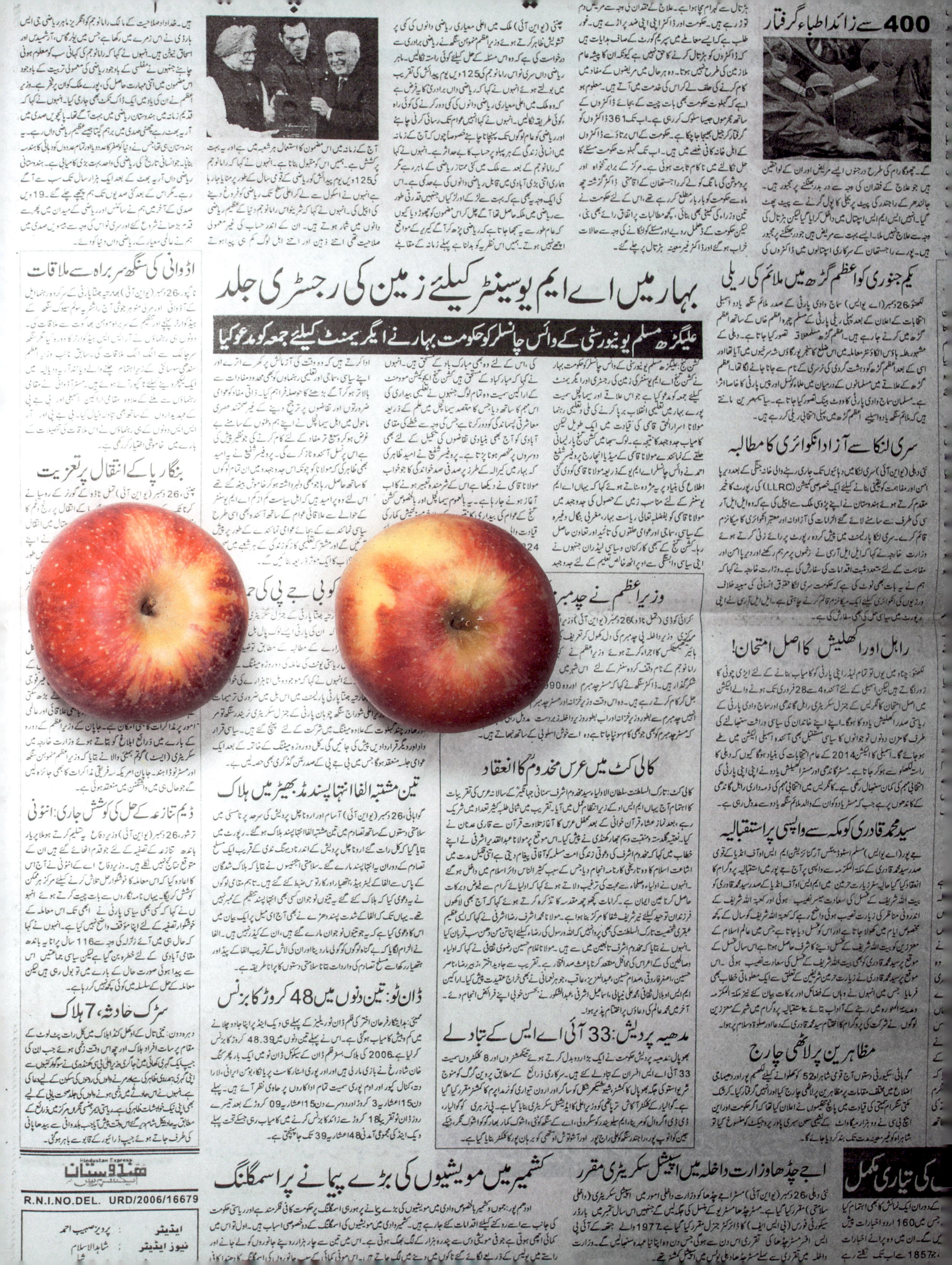

400 سے زائد اطباء گرفتار

اڈوانی کی سنگھ سربراہ سے ملاقات

بہار میں اے ایم یو سینٹر کیلئے زمین کی رجسٹری جلد

علیگڑھ مسلم یونیورسٹی کے وائس چانسلر کو حکومت بہار نے ایگریمنٹ کیلئے جمعہ کو مدعو کیا

یکم جنوری کو اعظم گڑھ میں ملائم کی ریلی

سری لنکا سے آزاد انکوائری کا مطالبہ

بنگار پا کے انتقال پر تعزیت

راہل اور ویلیش کا اصل امتحان!

وزیر اعظم نے چد مبیر

کوبی جے بی پی کی حمایت

سید محمد قادری کو مکہ سے واپسی پر استقبالیہ

کالی کٹ میں عرس مخدوم کا انعقاد

تین مشتبہ الفانتہا پسندمڈ بھیٹر میں ہلاک

ڈیم تنازعہ کے حل کی کوشش جاری : انٹونی

مدھیہ پردیش:33 آئی اے ایس کے تبادلے

ڈان ٹو تین دنوں میں 48 کروڑ کا بزنس

سڑک حادثہ، 7 ہلاک

مظاہرین پر لاٹھی چارج

آج چد ھاور زارت داخلہ میں اسپیشل سکریٹری مقرر

کشمیر میں مویشیوں کی بڑے پیمانے پر اسمگلنگ

R.N.I.NO.DEL. URD/2006/16679

ایڈیٹر : پرویز صہیب احمد

نیوز ایڈیٹر : شاہد الاسلام

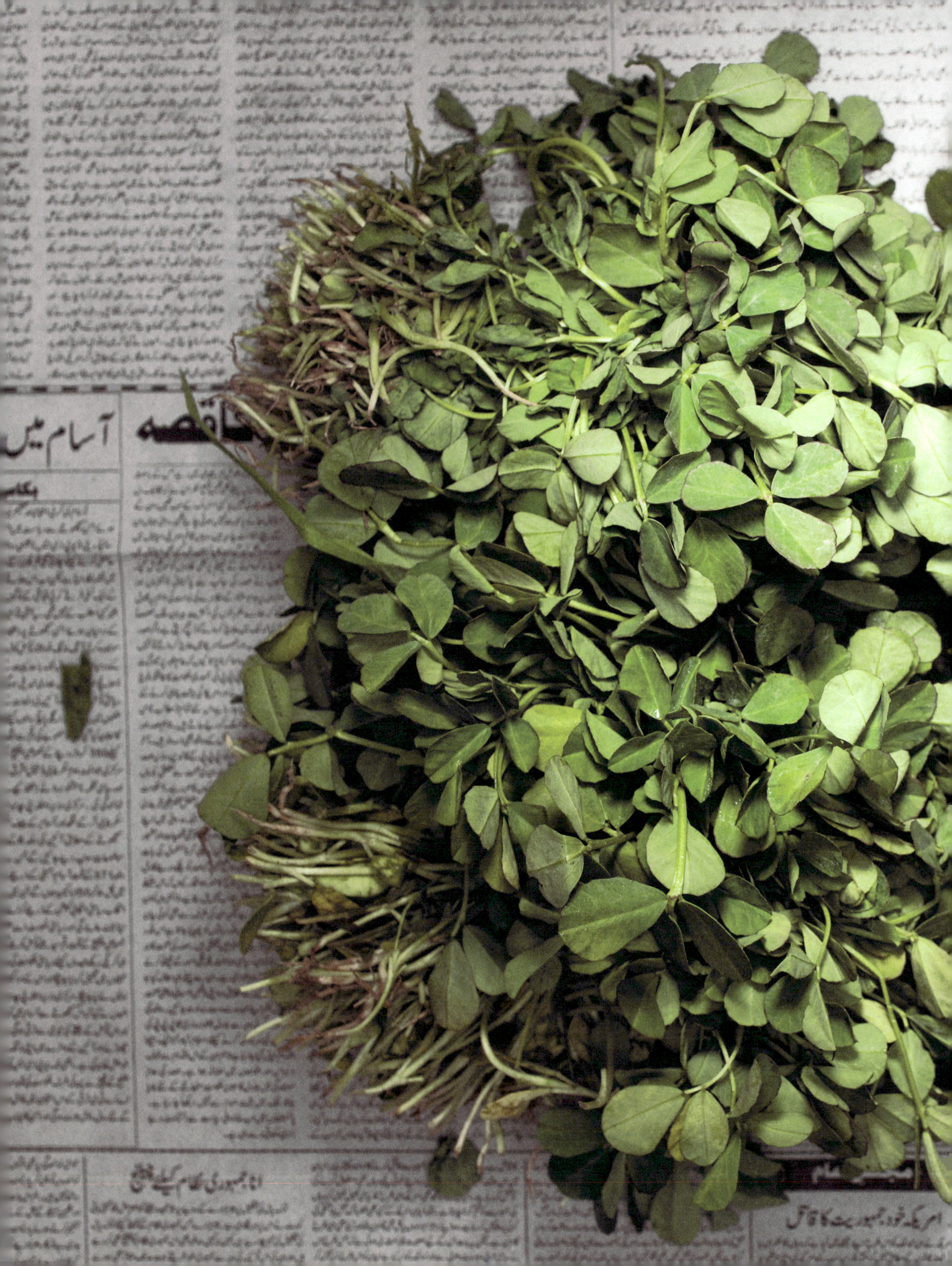
آسام میں
امریکہ خود جمہوریت کا قاتل

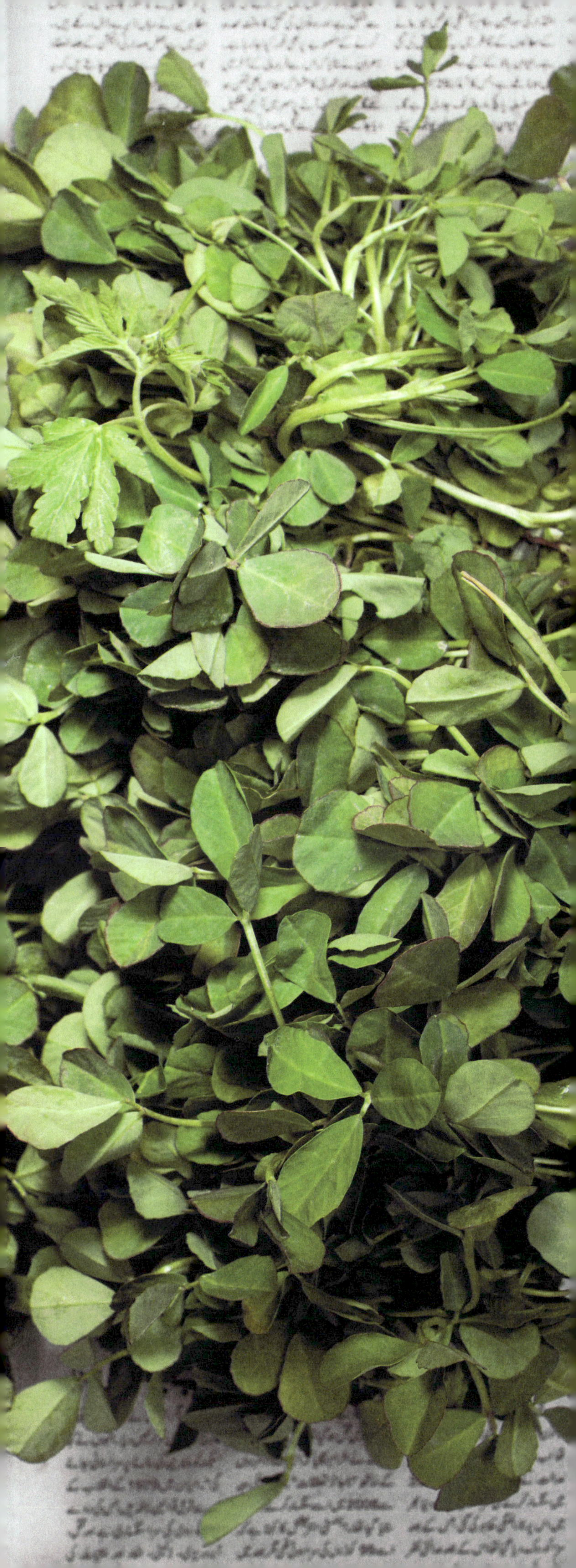

India IN

DELHI | DECEMBER 2011

Poverty line INR 32 (USD 0.60 / EUR 0.46)

India's poverty line is reviewed by the Planning Commission, which also formulates the country's five-year plans, and is chaired by the prime minister. A major debate about India's poverty line definition arose in late 2011, when the Planning Commission announced an update based on new price levels, bringing the recommended poverty line to INR 965 per capita per month for urban areas and INR 781 for rural areas. The basis of the recommendation was a benchmark calorie intake for urban and rural residents, and daily expenditure on non-food items, adjusted for changes in price levels. The figure for this case study is based on the provisional urban poverty line.

Following intense national debate on the low level of the poverty line, the government decoupled the definition from Food Bill eligibility criteria and undertook rounds of review. In May 2012, a new expert panel of economists was formed to review India's poverty definition methodologies.

Distribution of Consumer Expenditure, 2011–12

Food Items	Rural	Urban
Share of non-food in total consumption	51.4%	61.5%
Share of food in total consumption	48.6%	38.5%
Cereals, grain & cereal substitutes (as % of food total)	25.3%	19.5%
Pulses, milk, edible oil, eggs, meat & fish, vegetable & fruit (as % of food total)	54.1%	54.8%
Other food (as % of food total)	20.6%	26.0%

Source: India Planning Commission

GNI per Capita and Population, 1962–2017

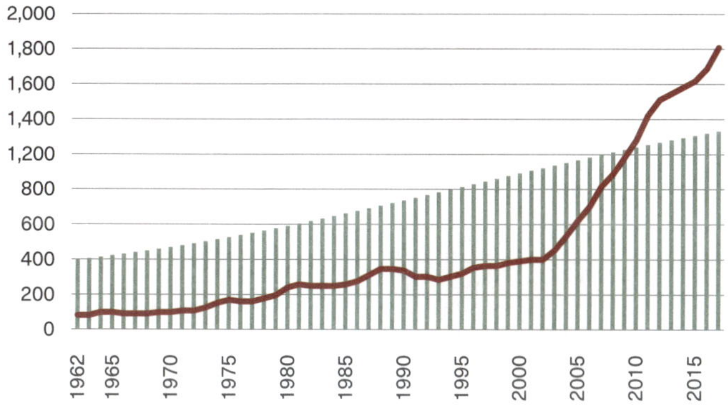

Source: World Bank

Proportion of Population with Access to Electricity, 1990–2016

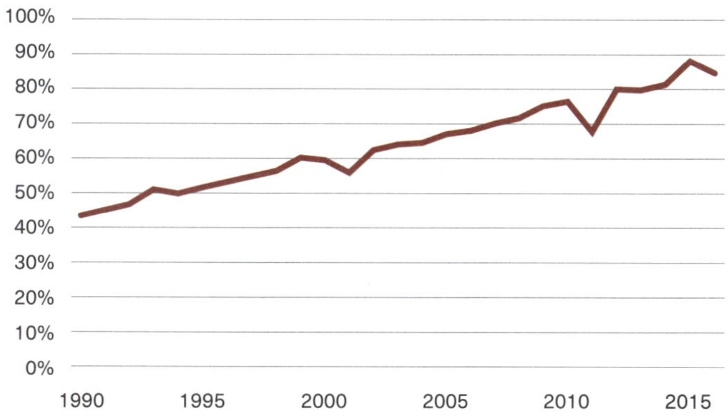

Source: World Bank

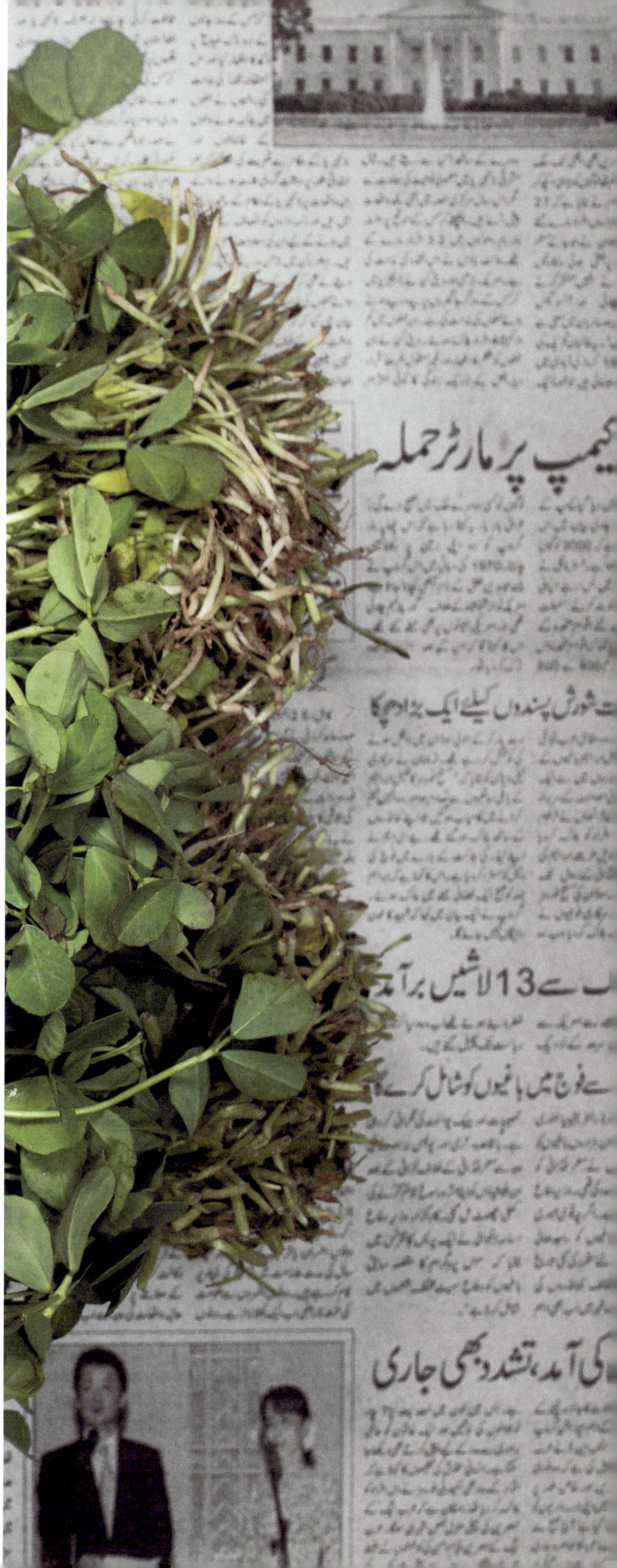

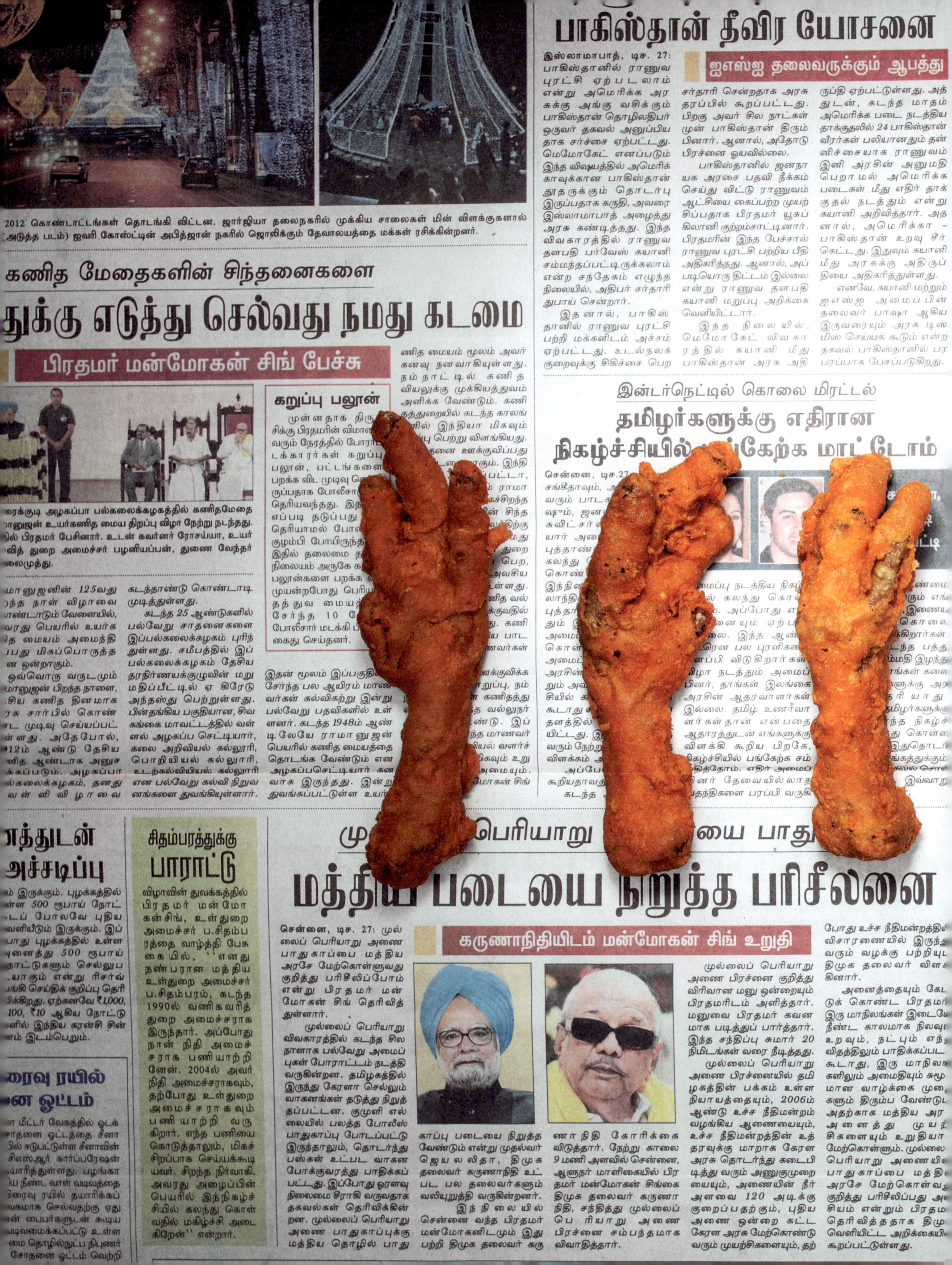

2012 கொண்டாட்டங்கள் தொடங்கி விட்டன. ஜார்ஜியா தலைநகரில் முக்கிய சாலைகள் மின் விளக்குகளால் அடுத்த படம்) ஐவரி கோஸ்ட்டின் அபிஜான் நகரில் ஜொலிக்கும் தேவாலயத்தை மக்கள் ரசிக்கின்றனர்.

கணித மேதைகளின் சிந்தனைகளை
...துக்கு எடுத்து செல்வது நமது கடமை

கறுப்பு பலூன்

பாகிஸ்தான் தீவிர யோசனை

இஸ்லாமாபாத், டிச. 27: பாகிஸ்தானில் ராணுவ புரட்சி ஏற்படலாம் என்று அமெரிக்க அரசுக்கு அங்கு வசிக்கும் பாகிஸ்தான் தொழிலதிபர் ஒருவர் தகவல் அனுப்பிய தாக சர்ச்சை ஏற்பட்டது. மெமோகேட் எனப்படும் இந்த விவகாரத்தில் அமெரிக் காவுக்கான பாகிஸ்தான் தூதருக்கு பல தொடர்பு இருப்பதாக கருதி, அவரை இஸ்லாமாபாத் அரசு கண்டித்தது. இந்த விவகாரத்தில் ராணுவ தளபதி பங்கேற்பு சம்மந்தப்பட்டிருக்கலாம் என்ற சந்தேகம் எழுந்த நிலையில், அதிபர் சர்தாரி துபாய் சென்றார்.

சர்தாரி சென்றதாக அரசு தரப்பில் கூறப்பட்டது. பிறகு அவர் சில நாட்கள் முன் பாகிஸ்தான் திரும் பினார். ஆனால், அதோடு பிரச்னை ஓயவில்லை. பாகிஸ்தானில் ஜனநா யக அரசை பதவி நீக்கம் செய்து விட்டு ராணுவம் ஆட்சியை கைப்பற்ற முயற்சி பற்றிய யூகம் கிலானி குற்றம்சாட்டினார். பிரதமரின் இந்த பேச்சால் ராணுவம் புரட்சி செய்ய அதிகரித்தது. ஆனால், அப்படியொரு திட்டம் இல்லை என்று ராணுவ தளபதி கயானி மறுப்பு அறிக்கை வெளியிட்டார்.

இந்த நிலையில், மெமோ கேட் விவகா ரத்தில் கயானி மீது பாகிஸ்தான் அரசு கடு மையாக சிகிச்சை பெற...

இன்டர்நெட்டில் கொலை மிரட்டல்
தமிழர்களுக்கு எதிரான நிகழ்ச்சியில் பங்கேற்க மாட்டோம்

சென்னை, டிச. 27:...

...பெரியாறு ...யை பாது
மத்திய படையை நறுத்த பரிசீலனை

சென்னை, டிச. 27: முல் லைப் பெரியாறு அணை பாது காப்பை மத்திய அரசே மேற்கொள்ளாதான் குறித்து பரிசிலிப்போம் என்று பிரதமர் மன் மோகன் சிங் தெரிவித் துள்ளார்.

...ரத்துடன் அச்சடிப்பு

சிதம்பரத்துக்கு பாராட்டு

...ரைவு ரயில் ...ன ஓட்டம

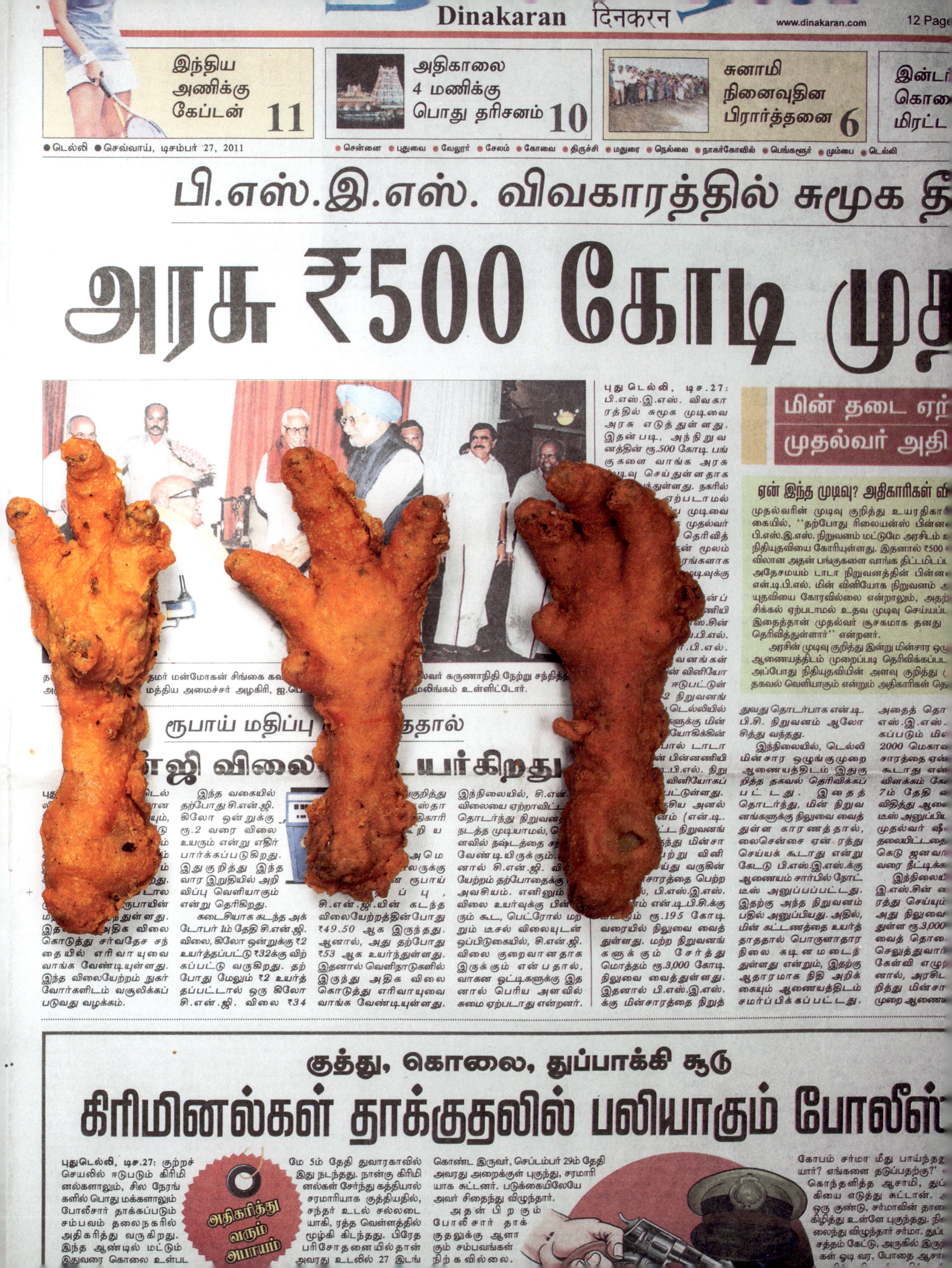

● டெல்லி ● செவ்வாய், டிசம்பர் 27, 2011   ● சென்னை ● புதுவை ● வேலூர் ● சேலம் ● கோவை ● திருச்சி ● மதுரை ● நெல்லை ● நாகர்கோவில் ● பெங்களூர் ● மும்பை ● டெல்லி

பி.எஸ்.இ.எஸ். விவகாரத்தில் சுமூக தீ

அரசு ₹500 கோடி முத

புது டெல்லி, டிச.27: பி.எஸ்.இ.எஸ். விவகாரத்தில் சுமூக முடிவை அரசு எடுத்துள்ளது. இதன்படி, அந்நிறுவனத்தின் ரூ.500 கோடி பங்குகளை வாங்க அரசு முடிவு செய்துள்ளதாக தெரிவிக்கப்பட்டுள்ளது. நகரில் ... ஏற்படாமல் ... முடிவை ... முதல்வர் ... தெரிவித் ... மூலம் ... ரங்களாக ... முடிவுக்கு ... ன்ப ... ணியி ... ஸ்.சின் ... பி.எல். ... பி.எல். ... வனங்கள் ... வினியோ ... ஈடுபட்டுள் ... 2 நிறுவனங் ... டெல்லியில் ... ஞுக்கு மின் ... யோகிக்கின் ... பால் டாடா ... பின்னணியி ... பி.எல். நிறு ... வினியோகப் ... டுள்ளது.

தமர் மன்மோகன் சிங்கை கவ... லவர் கருணாநிதி நேற்று சந்தித்த... மத்திய அமைச்சர் அழகிரி, ஐ.பெ... மலிங்கம் உள்ளிட்டோர்.

ரூபாய் மதிப்பு ... தால்

...ஜி விலை... ...யர்கிறது

ஏன் இந்த முடிவு? அதி...

முதல்வரின் முடிவு குறித்த... கையில், ''தற்போது ரிலை... பி.எஸ்.இ.எஸ். நிறுவனம் மட்டு... நிதியுதவியை கோரியுள்ளது. இ... விலான அதன் பங்குகளை வா... அதேசமயம் டாடா நிறுவன... என்.டி.பி.எல். மின் வினியோ... யுதவியை கோரவில்லை என்... சிக்கல் ஏற்படாமல் உதவ மு... இதைத்தான் முதல்வர் சூச... தெரிவித்துள்ளார்'' என்றனர்.

அரசின் முடிவு குறித்து இன்... ஆணையத்திடம் முறைப்படி... அப்போது நிதியுதவியின் அ... தகவல் வெளியாகும் என்றும் ...

துவது தொடர்பாக என்.டி. பி.சி. நிறுவனம் ஆலோ சித்து வந்தது.

இந்நிலையில், டெல்லி மின்சார ஒழுங்குமுறை ஆணையத்திடம் இதுக... நித்த தகவல் தெரிவிக்கப் பட்டது. இதைத்...

குத்து, கொலை, துப்பாக்கி சூடு

கிரிமினல்கள் தாக்குதலில் பலியாகும் போலீஸ்

புதுடெல்லி, டிச.27: குற்றச் செயலில் ஈடுபடும் கிரிமி னல்களாலும், சில நேரங் களில் பொது மக்களாலும் போலீசார் தாக்கப்படும் சம்பவம் தலைநகரில் அதிகரித்து வருகிறது. இந்த ஆண்டில் மட்டும் இதுவரை கொலை உள்பட...

மே 5ம் தேதி துவாரகாவில் இது நடந்தது. நான்கு கிரிமி னல்கள் சேர்ந்து கத்தியால் சமாளியாக சுட்டனர். சந்த உடல் சல்லடை யாகி, ரத்த வெள்ளத்தில் மூழ்கி கிடந்தது. பிரேத பரிசோதனையில்தான் அவரது உடலில் 27 இடங்...

கொண்ட இருவர், செப்டம்பர் 29ம் தேதி அவரது அறைக்குள் புகுந்து, சமாளி யாக சுட்டனர். படுக்கையிலேயே அவர் மாண்டுபோனார்.

அதன் பிறகும் போலீசார் தாக்... கும் சம்பவங்கள் நிற்கவில்லை.

கோபம் சர்மா மீது பாய்ந்தத... யார்? எங்களை தடுப்பதற்கு...'' கொந்தளித்த ஆசாமி, கொலை எடுத்துக் சுட்டனர்... ஒரு குண்டு, சர்மாவின்... கிழித்து உள்ளே... கீழே விழுந்தார் சர்மா. அத... சத்தம் கேட்டு, அருகில் இரு...

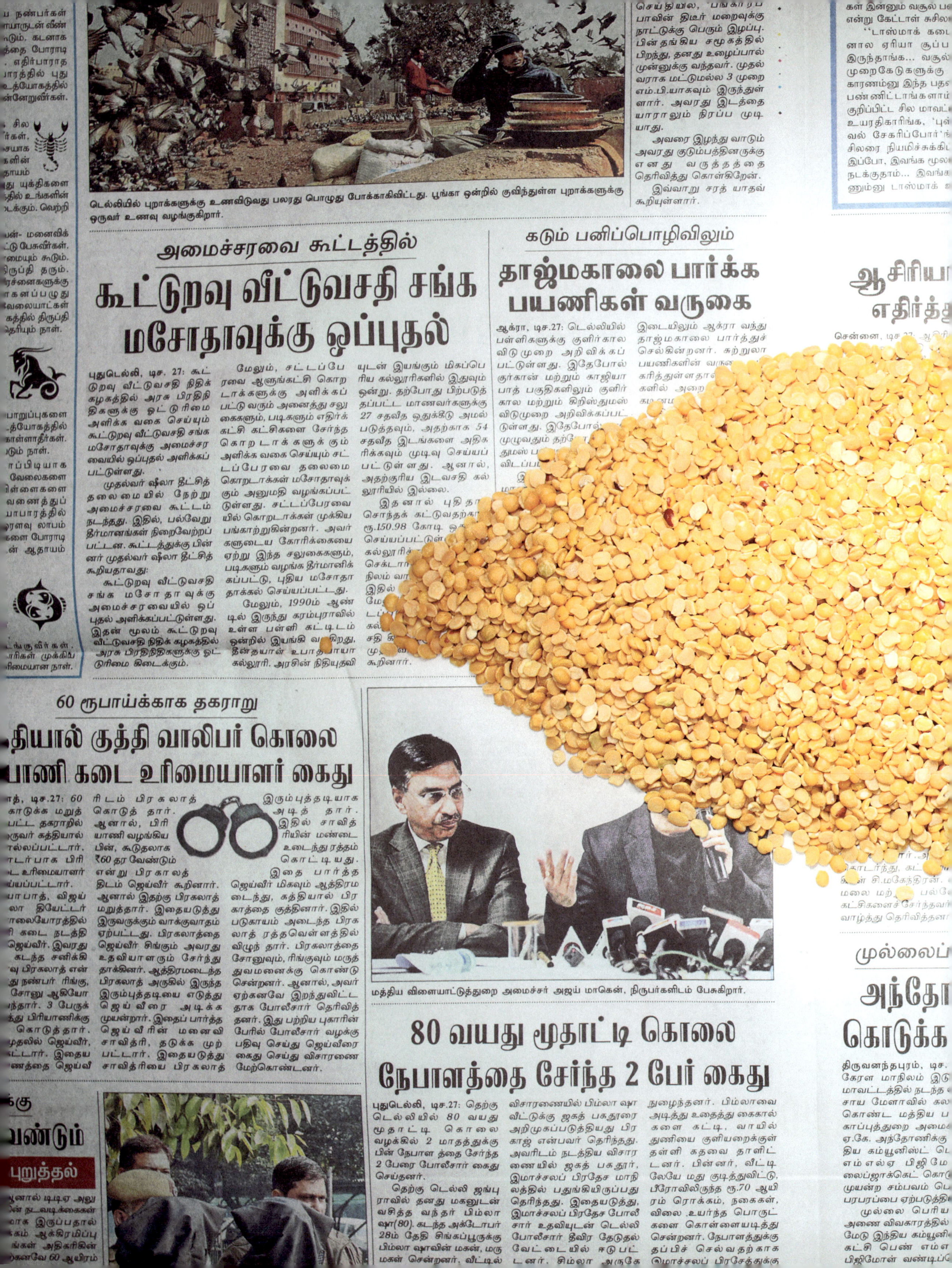

டெல்லியில் புறாக்களுக்கு உணவிடுவது பலரது பொழுது போக்காகிவிட்டது. பூங்கா ஒன்றில் குவிந்துள்ள புறாக்களுக்கு ஒருவர் உணவு வழங்குகிறார்.

அமைச்சரவை கூட்டத்தில்

கூட்டுறவு வீட்டுவசதி சங்க மசோதாவுக்கு ஒப்புதல்

புதுடெல்லி, டிச. 27: கூட்டுறவு வீட்டுவசதி நிதிக் கழகத்தில் அரசு பிரதிநிதிகளுக்கு ஒட்டுரிமை அளிக்கப்பட்டு வரும் அனைத்து சலுகைகளும், படிகளும் எதிர்காலி கட்டமைப்பைச் சேர்ந்த கொராடாக்களும் கொடுக்கும் அளிக்க வகை செய்யும் சட்டப்பேரவை தலைமைக் கொடாதாவுக்கும் அனுமதி வழங்கப்பட்டு உள்ளது. சட்டப்பேரவையில் கொடாராக்கள் முக்கிய பங்காற்றுகின்றனர். அவர்களையே கோரிக்கைகளை ஏற்று இந்த சலுகைகளும், படிகளும் வழங்க தீர்மானிக்கப்பட்டு, புதிய மசோதா தாக்கல் செய்யப்பட்டது. மேலும், 1990ம் ஆண்டில் இருந்து கரம்புராவில் உள்ள பள்ளி கட்டிடம் ஒன்றில் இயங்கி வந்திருந்த, தென்தயாள் உபாத்யாயா கல்லூரி. அரசின் நிதியுதவி

மேலும், சட்டப்பேரவை ஆளுங்கட்சி கொராடாக்களுக்கு அளிக்கப்பட்டு வரும் அனைத்து சலுகைகளும், படிகளும் எதிர்கட்சி கட்டமைப்பைச் சேர்ந்த கொராடாக்களும் அளிக்க வகை செய்யும் சட்டப்பேரவை தலைமைக் கொராடாவுக்கும் அனுமதி வழங்கப்பட்டு உள்ளது.

முதலமைச்சர் வீலா திட்டிம் தலைமையில் நேற்று அமைச்சரவை கூட்டம் நடந்தது. இதில், பல்வேறு தீர்மானங்கள் நிறைவேற்றப்பட்டன. கூட்டத்தில் முதல்வர் வீலா திட்டிம் கூறியதாவது:

கடும் பனிப்பொழிவிலும்

தாஜ்மகாலை பார்க்க பயணிகள் வருகை

ஆக்ரா, டிச.27: டெல்லியில் பள்ளிகளுக்கு குளிர் கால விடுமுறை அறிவிக்கப் பட்டுள்ளது. இதேபோல தப்பட்ட மாணவர்களுக்கு 27 சதவீத ஒதுக்கீடு அமல் படுத்தவும், அதற்காக 54 சதவீத இடங்களை அதிகரிக்கவும் முடிவு செய்யப் பட்டது என்று, அதற்குரிய இடவசதி கல்லூரியில் இல்லை.

இதனால் புதிதாக சொர்த்த, கூட்டவதற்காக ரூ.150.98 கோடி அளவில் செய்யப்படும்...

இடையிலும் ஆக்ரா வந்து தாஜ்மகாலை பார்த்துச் செல்கின்றனர். சுற்றுலா பயணிகளின் வருகை கரித்துள்ள தாஜ் கால் அறை...

இதேபோல பூர்கான் மற்றும் காஜியா பாத சுரங்களிலும் குளிர் கால மற்றும் கிறிஸ்துமஸ் விடுமுறை அறிவிக்கப்பட்டது. இதேபோல், முழுவதும் தற்போ துமஸ் பள்ளிகளும் விடப்பட்ட...

ஆசிரியா... எதிர்த்து

சென்னை, டிச.27: ஆசிரியர்...

செய்தியால், 'பங்காரப பாவின் திடீர் மறைவுக்கு நாட்டுக்கு பெரும் இழப்பு. பின்தங்கிய சமூகத்தில் பிறந்து, தனது உழைப்பால் முன்னுக்கு வந்தவர். முதல் வராக மட்டுமல்ல 3 முறை எம்.பி.யாகவும் இருந்துள் ளார். அவரது இடத்தை யாராலும் நிரப்ப முடியாது.

அவரை இழந்து வாடும் அவரது குடும்பத்தினருக்கு எனது வருத்தத்தை தெரிவித்து கொள்கிறேன். இவ்வாறு சரத் யாதவ் கூறியுள்ளார்.

...கள் இன்னும் வசூல் பண்... என்று கேட்டாள் சுசிலா...

''டாஸ்மாக் கடை... னால ஏரியா சூப்ப... இருந்தாங்க... வசூல் முறைகேடுகளுக்கு காரணம்னு இந்த பதவி பண்ணிட்டாங்களாம்... குறிப்பிட்ட சில மாவட்ட உயரதிகாரிங்க, 'புள்ளவல் சேகரிப்போர்'ங்... சிலரை நியமிச்சுக்கிட... இப்போ, இவங்க மூலமா நடக்குதாம்... இவங்க... ணும்னு டாஸ்மாக் உ...

முல்லைப்...

அந்தோ... கொடுக்க...

திருவனந்தபுரம், டிச.
கேரள மாநிலம் இடு...

60 ரூபாய்க்காக தகராறு

...தியால் குத்தி வாலிபர் கொலை ...பாணி கடை உரிமையாளர் கைது

...த், டிச.27: 60 ...காடுக்க மறுத்த படட தகராறில் ...ருவர் கத்தியால் ...ல்லப்பட்டார். ...டர்பாக பிரி ...ட உரிமையாளர் ...ய்யப்பட்டார். ...பாபாத், விஜய் ...லா தியேட்டர் ...லையோரத்தில் ...ரி கடை நடத்தி ...ஜெய்வீர். இவரது கடந்த சனிக்கி ...வு பிரகலாத் என்... து நண்பர் ரிங்கு, சோனு ஆகியோ ...ந்தார். 3 பேருக் ...த்து பிரியாணிக்கு கொடுத்தார். ...தலில் ஜெய்வீர், ...ட்டார். இதைய ...ணத்தை ஜெய்வீ

...ரிடம் பிரகலாத் கொடுத் தார். ஆனால், பிரியாணி வழங்கிய பின், கூடுதலாக ₹60 தர வேண்டும் என்று பிரகாலத் திடம் ஜெய்வீர் கூறினார். ஆனால் இதற்கு பிரகலாத் மறுத்தார். இதையடுத்து இருவருக்கும் வாக்குவாதம் ஏற்பட்டது. பிரகலாத்தை ஜெய்வீர் சிங்கும் அவரது உதவியாளரும் சேர்ந்து தாக்கினர். ஆத்திரமடைந்த பிரகலாத் அருகில் இருந்த இரும்புத்தடியை எடுத்து ஜெய் வீரை அடிக்க முயன்றார். இதைப் பார்த்த ஜெய் வீரின் மனைவி சாவித்ரி, தடுக்க முற் பட்டார். இதையடுத்து சாவித்ரியை பிரகலாத்

இரும்புத்தடியாக அடித் தார். இதில் சாவித்ரியின் மண்டை உடைந்து ரத்தம் கொட்டியது. இதை பார்த்த ஜெய்வீர் மிகவும் ஆத்திரம டைந்து, கத்தியால் பிரகாத்தை குத்தினார். இதில் படுகாயம் அடைந்த பிரகலாத் ரத்தவெள்ளத்தில் விழுந் தார். பிரகலாத்தை சோனுவும், ரிங்குவும் மருத்துவமனைக்கு கொண்டு சென்றனர். ஆனால், அவர் ஏற்கனவே இறந்துவிட்ட தாக போலீசார் தெரிவித் தனர். இது பற்றிய புகாரின் பேரில் போலீசார் வழக்கு பதிவு செய்து ஜெய்வீரை கைது செய்து விசாரணை மேற்கொண்டனர்.

80 வயது முதாட்டி கொலை நேபாளத்தை சேர்ந்த 2 பேர் கைது

புதுடெல்லி, டிச.27: தெற்கு டெல்லியில் 80 வயது முதாட்டி கொலை வழக்கில் 2 மாதத்துக்கு பின் நேபாள த்தை சேர்ந்த 2 பேரை போலீசார் கைது செய்தனர்.

தெற்கு டெல்லி ஐந்பு ராவில் தனது மகனுடன் வசித்த வந்தர் பிம்லா ஷா(80). கடந்த அக்டோபர் 28ம் தேதி சிங்கப்பூருக்கு பிம்லா ஷாவின் மகன், மரு மகள் சென்றனர். வீட்டில்

விசாரணையில் பிம்லா ஷா வீட்டுக்கு ஜகத் பகதூரை அறிமுகப்படுத்தியது பிர காஜ் என்பவர் தெரிந்தது. அவரிடம் நடத்திய விசார ணையில் ஜகத் பகதூர், இமாச்சலப் பிரதேச மாநி லத்தில் பதுங்கியிருப்பது தெரிந்தது. இதையடுத்து, இமாச்சலப் பிரதேச போலீ சார் உதவியுடன் டெல்லி போலீசார் தீவிர தேடுதல் வேட்டையில் ஈடுபட் டனர். சிம்லா அருகே...

"இந்த விலை உயர்வு, மக்களை சுசி மாமி, "வேலூர்ல ரேஷன் கார் டுக்கு ஒலமாவே கட்டிங் கேட்கிற ளாமே?" என்றாள்.

"வேலூர் வட்ட வழங்கல் அலு வலகத்துல புதிய ரேஷன் கார்டு கேட்டு, கொடுக்கப்பட்ட பெரும்ப லான விண்ணப்பங்களுக்கு ஆதிய கார்டுகள் கொடுக்கலையாம்... ஆனா, வட்ட வழங்கல் துறை சமிந்தும்ல பொறுப்பேற்றுபங்க, உடன் நடவ டிக்கை எடுத்து ரேஷன் கார்டு வழங் குறாங்களாம்... என்ன இவ்வளவு சுறுசுறுப்புன்னு பார்த்தா, ரேஷன் கார்டுக்கு 2 ஆயிரம் ரூபா வரை, பேரம் நடக்குதாம்..." என்றார் பீட்டர் மாமா.

வெளிப்படையா பணம் கேக்க மாட் டாங்களாம்... விண்ணப்பங்களை முறைமையா இருந்த, மாசக் கணக்கா ஆனாலும் சம்பந்தப்பட்டவர்களுக்கு அது கிடைக்காதாம்... இதுக்கான வல்ல சம்பந்தப்பட்டவர்களுக்கு அனுப் பப்படுமாம்... 'இப்போ அந்த ரேஷன் கார்டு, ரெண்டாயிரம் கொடுத்தா, யாருக்கு வேணா கார்டு கிடைக்குமாம், அல்லாம் புரோக்கர புண்ணியம்னு தாசில்தார் ஆபிஸ்லயே பில் பண்ணி சொல்றாங்களாம், "காபி கொண்டு வந்தியா?" என்றார் சுசி மாமியிடம்.

ளுக்கான தகுதி தேர்வு ஐகோர்ட்டில் வழக்கு

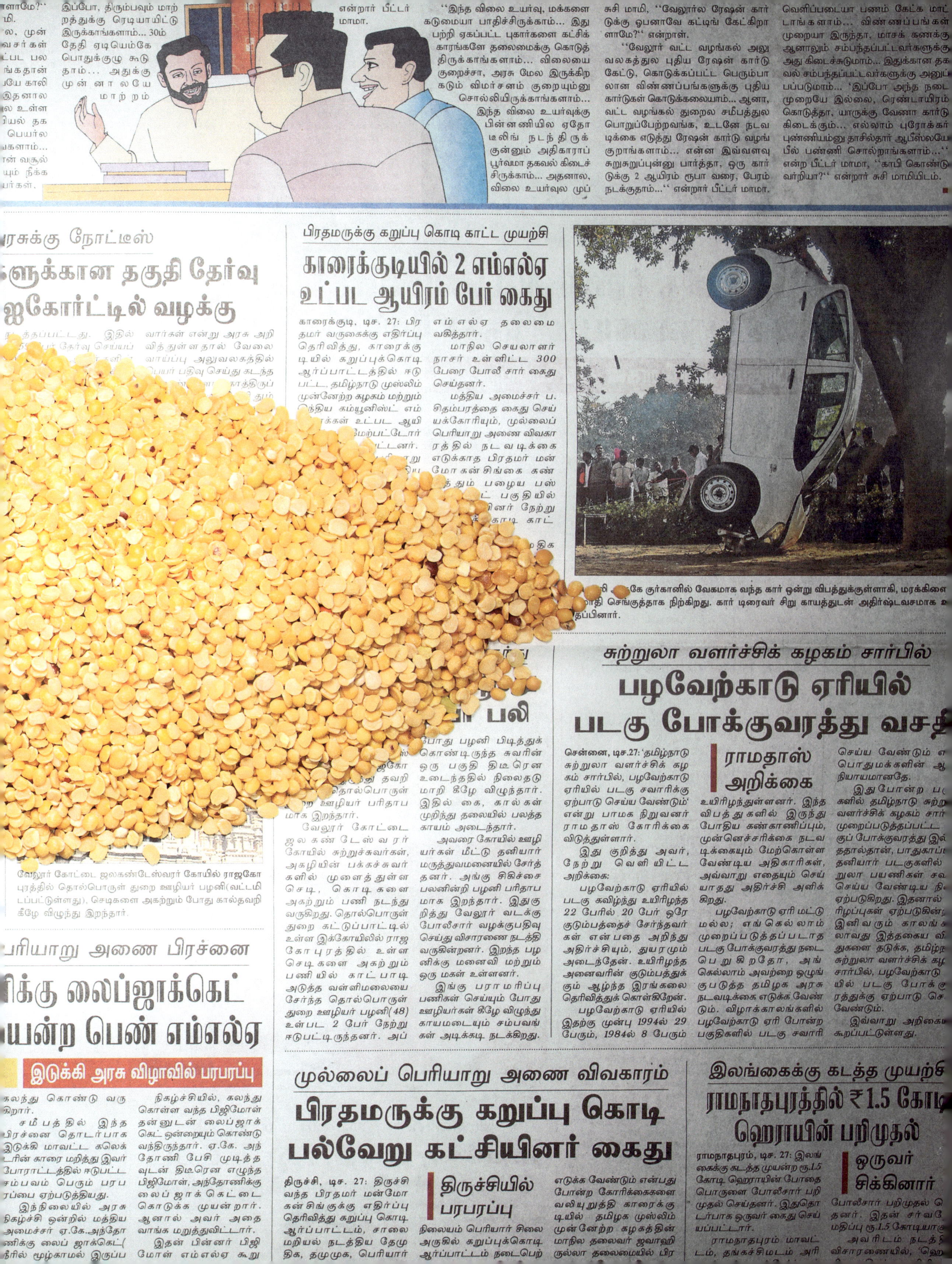

பிரதமருக்கு கறுப்பு கொடி காட்ட முயற்சி

காரைக்குடியில் 2 எம்எல்ஏ உட்பட ஆயிரம் பேர் கைது

காரைக்குடி, டிச. 27: பிர தமர் வருகையை எதிர்ப்பு தெரிவித்து, காரைக்குடி யில் கறுப்புக்கொடி ஆர்ப்பாட்டம் நடத்த ஈடு பட்ட, தமிழ்நாடு முஸ்லீம் முன்னேற்ற கழகம் மற்றும் புதிய கம்யூனிஸ்ட் எம் எல்ஏ உட்பட ஆயி ரம் பேரை கைது செய்தனர்.

வேலூர் கோட்டை ஜல கண்டேஸ்வரர் கோயில் சுற்றுச்சுவர்கள், அகழியின் பக்கச்சுவர் களில் முளைத்து துள்ள செடி, கொடி களை செடி செடி களை அகற்றும் பணி நடந்து வருகிறது. தொல்பொருள் துறை கட்டுப்பாட்டில் உள்ள இக்கோயிலில் ராஜ கோ புரத்தில் உள்ள செடி களை அகற்றும் பணியில் காட் படி

எம் எல்ஏ தலைமை வகித்தார்.

மாநில செயலாளர் நாசர் உள்ளிட்ட 300 பேரை போலீஸ் சார் கைது செய்தனர்.

மத்திய அமைச்சர் ப. சிதம்பரத்தை கைது செய் யக்கோரியும், முல்லைப் பெரியாறு அணை விஷ யத்தில் நடவடிக்கை எடுக்காத பிரதமர் மன்மோகன் சிங்கை கண்

சுற்றுலா வளர்ச்சிக் கழகம் சார்பில்

பழவேற்காடு ஏரியில் படகு போக்குவரத்து வசதி

சென்னை, டிச.27: 'தமிழ்நாடு சுற்றுலா வளர்ச்சிக் கழ கம் சார்பில், பழவேற்காடு ஏரியில் படகு சவாரிக்கு ஏற்பாடு செய்ய வேண்டும்' என்று பாமக நிறுவனர் ராமதாஸ் கோரிக்கை விடுத்துள்ளார்.

இது குறித்து அவர் நேற்று வெளியிட்ட அறிக்கை:

பழவேற்காடு ஏரியில் படகு கவிழ்ந்த உயிரிழந்த 22 பேரில் 20 பேர் ஒரே குடும்பத்தைச் சேர்ந்தவர் கள் என்பதை அறிந்து அதிர்ச்சியும், துயரமும் அடைந்தேன். உயிரிழந்த அனைவரின் குடும்பத்தின் கும் ஆழ்ந்த இரங்கலை தெரிவித்துக் கொள்கிறேன். பழவேற்காடு ஏரியில் இந்த முன் 1994ல் 29 பேரும், 1984ல் 8 பேரும்

செய்ய வேண்டும் என்பது பொது மக்களின் ஆ ...நியாயமானதை.

இது போன்ற மா ...களில் தமிழ்நாடு சுற் வளர்ச்சிக் கழகம் சார் முறைப்படுத்தப்பட்ட குப் போக்குவரத்து வச தலால்தான், பாதுகாப் தனியார்ப் படகுகள் சவ சுற்றுலா பயணிகள் உ செய்ய வேண்டில படகு ஏற்படுகிறது. இதனால் ...ற்றுப்புள் ஏற்படுகின் இனி வரும் காலங்க ...லாவது இத்தகைய ம ...வகளைத் தடுக்க, தமிழ் சுற்றுலா வளர்ச்சிக் ...சார்பில், பழவேற்காடு ...யில் படகு போக்கு ரத்தில் படகு ஏற்பாடு வேண்டும்.

இதுவாறு ...றப்படுத்தியுள்ளது.

பரியாறு அணை பிரச்னை

க்கு லைப்ஜாக்கெட் யன்ற பெண் எம்எல்ஏ

முல்லைப் பெரியாறு அணை விவகாரம்

பிரதமருக்கு கறுப்பு கொடி பல்வேறு கட்சியினர் கைது

திருச்சி, டிச. 27: திருச்சி வந்த பிரதமர் மன்மோ கன் சிங்கை எதிர்ப்பு தெரிவித்து ஆர்ப்பாட்டம், சாலை

இலங்கைக்கு கடத்த முயற்சி

ராமநாதபுரத்தில் ₹1.5 கோடி ஹெராயின் பறிமுதல்

ராமநாதபுரம், டிச. 27: இலங் கைக்கு கடத்த முயன்ற ரூ.1.5 கோடி ஹெராயின் போலீசார் பறி முதல் செய்தனர். இதுதொ டர்பாக ஒருவர் கைது செய்யப் பட்டார்.

उघडले ज्ञानाचे दार
Shot #1
व्यावसायिकपणा झाला
सत्र पेलोचवयाचे असली तरी ती किकशर्च
मात्र नाही... त्यामुळे मी 'यू-ट्यूब'चा मार्ग
स. दू. घोडे.
उपाध्यक्ष
कर्मचारी वृंद

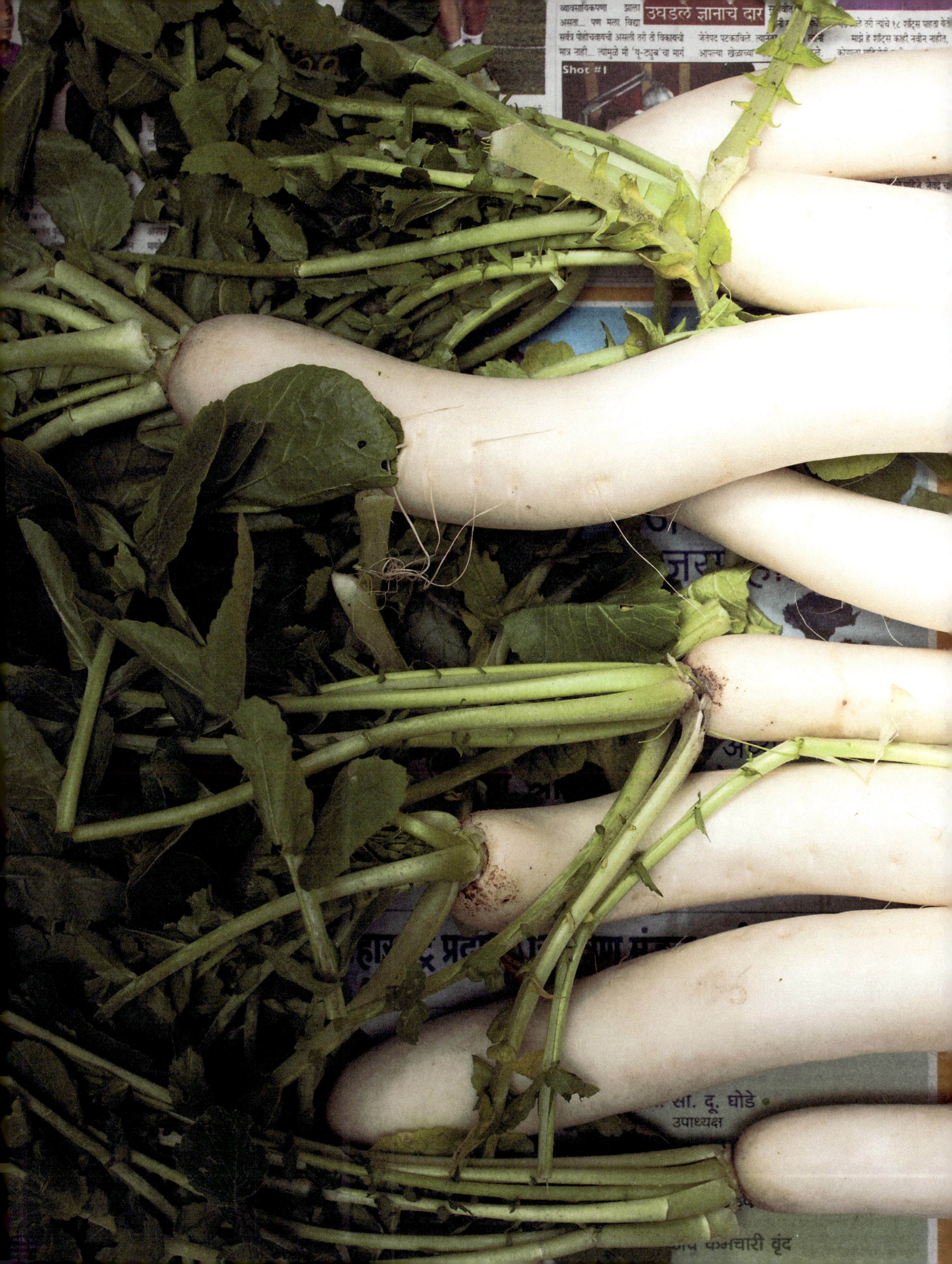

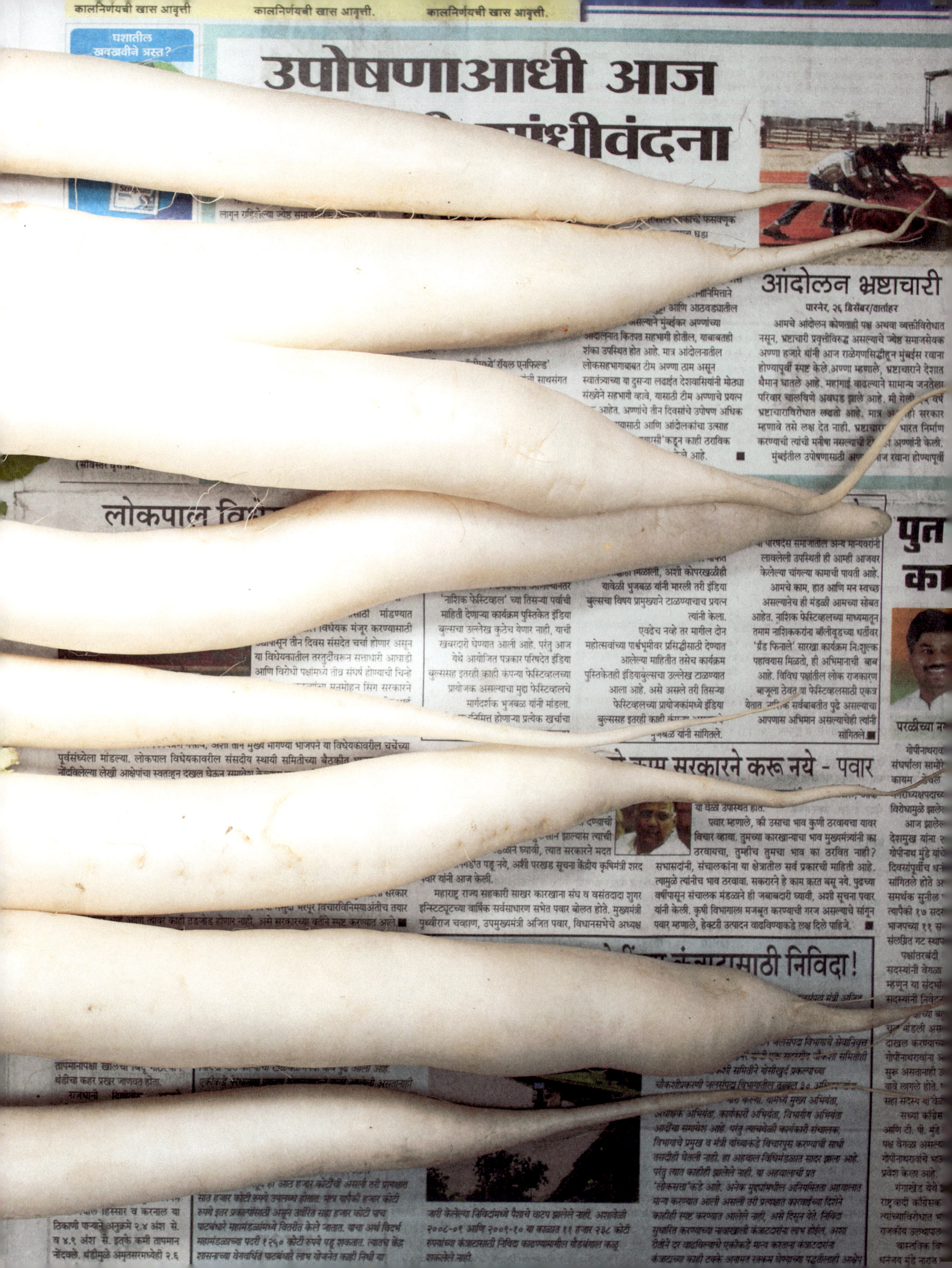

उपोषणाआधी आज ...गांधीवंदना

लागून राहिलेल्या ज्येष्ठ समाजसेवक...

आंदोलन भ्रष्टाचारी

पारनेर, २६ डिसेंबर/वार्ताहर

आमचे आंदोलन कोणताही पक्ष अथवा व्यक्तीविरोधात नसून, भ्रष्टाचारी प्रवृत्तीविरुद्ध असल्याचे ज्येष्ठ समाजसेवक अण्णा हजारे यांनी आज राळेगणसिद्धीहून मुंबईस रवाना होण्यापूर्वी स्पष्ट केले. अण्णा म्हणाले, भ्रष्टाचाराने देशात थैमान घातले आहे. महागाई वाढल्याने सामान्य जनतेला परिवार चालविणे अवघड झाले आहे. मी गेली ... वर्षे भ्रष्टाचाराविरोधात लढतो आहे. मात्र अ... ही सरकार म्हणावे तसे लक्ष देत नाही. भ्रष्टाचार... भारत निर्माण करण्याची त्यांची मनीषा नसल्याची टी... अण्णांनी केली.

मुंबईतील उपोषणासाठी अण्... ...ज रवाना होण्यापूर्वी ■

... पारषदंस समाजातील अन्य मान्यवरांनी लावलेली उपस्थिती ही आम्ही आजवर केलेल्या चांगल्या कामाची पावती आहे. आमचे काम, हात आणि मन स्वच्छ असल्यानेच ही मंडळी आमच्या सोबत आहेत. नाशिक फेस्टिव्हलच्या माध्यमातून तमाम नाशिककरांना बॉलिवूडच्या धर्तीवर 'ग्रँड फिनाले' सारखा कार्यक्रम नि:शुल्क पाहवयास मिळतो, ही अभिमानाची बाब आहे. विविध पक्षांतील लोक राजकारण बाजूला ठेवत या फेस्टिव्हलसाठी एकत्र येतात. नाशिक सर्वबाबतीत पुढे असल्याचा आपणास अभिमान असल्याचेही त्यांनी सांगितले. ■

लोकपाल वि...

विधेयक मंजूर करण्यासाठी ...पासून तीन दिवस संसदेत चर्चा होणार असून या विधेयकातील तरतुदींवरून सत्ताधारी आघाडी आणि विरोधी पक्षांमध्ये तीव्र संघर्ष होण्याची चिन्हे ... ...मनमोहन सिंग सरकारने

पूर्वसंध्येला मांडल्या. लोकपाल विधेयकावरील संसदीय स्थायी समितीच्या बैठकीत ... नोंदविलेल्या लेखी आक्षेपांचा स्वतःहून दखल घेऊन समर्पक ...

... 'नाशिक फेस्टिव्हल' च्या तिसऱ्या पर्वाची माहिती देणाऱ्या कार्यक्रम पुस्तिकेत इंडिया बुल्सचा उल्लेख कुठेच येणार नाही, याची खबरदारी घेण्यात आली आहे. परंतु आज येथे आयोजित प्रकार पत्रिषदेत इंडिया बुल्ससह इतरही काही कंपन्या फेस्टिव्हलच्या प्रायोजक असल्याच्या मुद्दा फेस्टिव्हलचे मार्गदर्शक भुजबळ यांनी मांडला.

...री मांडणीत ...वर्धक मंजूर करण्यासाठी

...मिळाली, अशी कोपरखळीही ...यावेळी भुजबळ यांनी मारली तरी इंडिया बुल्सचा विषय प्रमुखांनी टाळण्याचाच प्रयत्न त्यांनी केला.

एवढेच नव्हे तर मागील दोन महोत्सवांच्या पार्श्वभूमीवर प्रसिद्धीसाठी देण्यात आलेल्या माहितीत तसेच कार्यक्रम पुस्तिकेतही इंडियाबुल्सचा उल्लेख टाळण्यात आला आहे. असे असले तरी तिसऱ्या फेस्टिव्हलच्या प्रायोजकांमध्ये इंडिया बुल्ससह इतरही काही कं... ...गुणठळ यांनी सांगितले.

...चाप सरकारने करू नये - पवार

पवार म्हणाले, की उसाचा भाव कुणी ठरवायचा यावर विचार व्हावा. तुमच्या कारखान्याचा भाव मुख्यमंत्र्यांनी का ठरवायचा, तुम्हीच तुमचा भाव ठरवित नाही? सभासदांनी, संचालकांना या क्षेत्रातील सर्व प्रकारची माहिती आहे. त्यामुळे त्यांनीच भाव ठरवावा. सरकारने हे काम करत बसू नये. पुढच्या वर्षीपासून संचालक मंडळाने ही जबाबदारी घ्यावी, अशी सूचना पवार यांनी केली. कृषी विभागाला मजबूत करण्याची गरज असल्याचे सांगून पवार म्हणाले, हेक्टरी उत्पादन वाढविण्याकडे लक्ष दिले पाहिजे.

...न घ्यावी, त्यात सरकारने मदत ...पडू नये, अशी परखड सूचना केंद्रीय कृषिमंत्री शरद ...वार यांनी आज केली.

महाराष्ट्र राज्य सहकारी साखर कारखाना संघ व वसंतदादा शुगर इन्स्टिट्यूटच्या वार्षिक सर्वसाधारण सभेत पवार बोलत होते. मुख्यमंत्री पृथ्वीराज चव्हाण, उपमुख्यमंत्री अजित पवार, विधानसभेचे अध्यक्ष ...

...संवर्धनासाठी निविदा!

...जलसंपदा विभागाच्या सेवानिवृत्त ...नी समितीने गोसीखुर्द प्रकल्पाच्या चौकशीकरणी जलसंपदा विभागातील तब्बल ३० अधि...
...मुख्य अभियंता, अधीक्षक अभियंता, कार्यकारी अभियंता, विभागीय अभियंता, उपविभागीय अभियंता अशा प्रमुख व मंत्री यांच्याकडे विचारणा करण्याची साठी तपासणी चेतली नाही. हा अहवाल विधिमंडळात सादर झाला ...

पुन... का...

परळीच्या न...
गोपीनाथराव...
संघर्षाला सामोरे ...
कायम ...वल ...

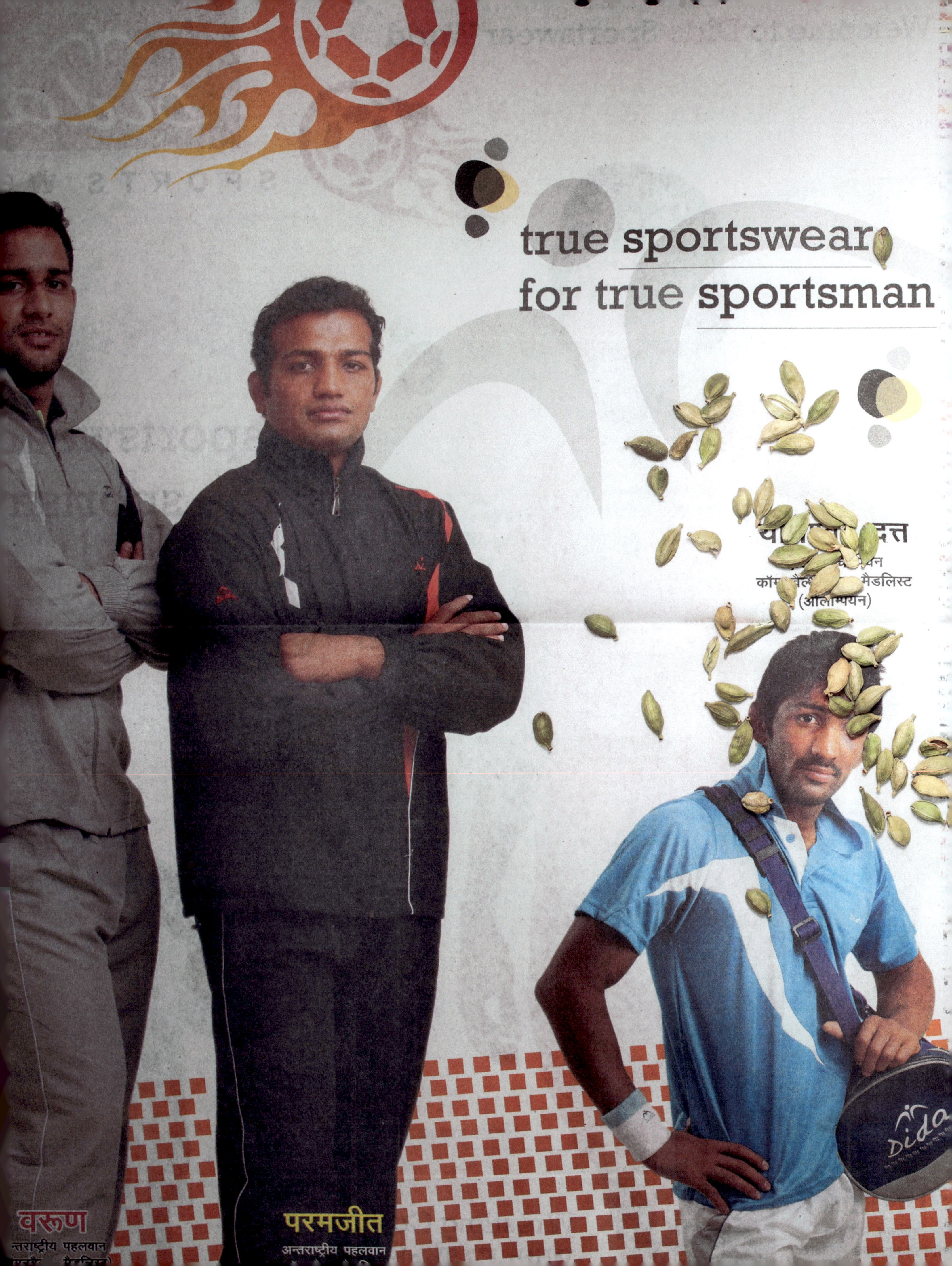

true sportswear
for true sportsman
वरुण
न्तराष्ट्रीय पहलवान
परमजीत
अन्तराष्ट्रीय पहलवान
कॉमनवेल्थ मैडलिस्ट
(ओलम्पियन)
Dida

कई लहरें उठीं। प्रगति रूपी इन लहरों ने चिकित्सा जगत को विभिन्न तकनीकों और आविष्कारों से सराबोर किया। पेश हैं, चिकित्सा जगत से संबंधित कुछ महत्वपूर्ण घटनाएं ...

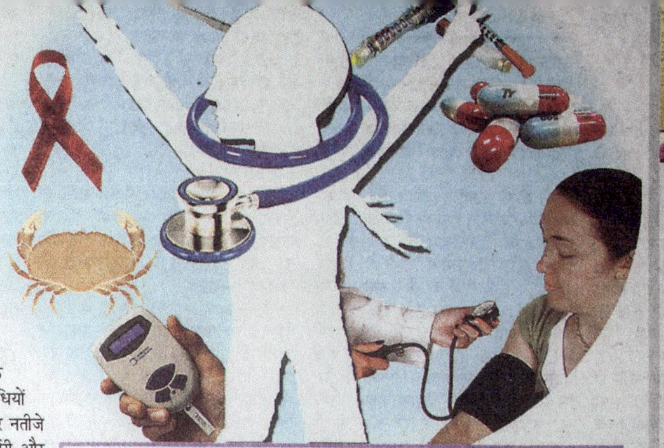

दिल की धड़कन पर तकनीकों का तराना

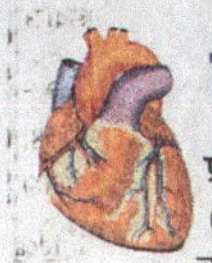

प्रगति आगे बढ़ने का एक अंतहीन सिलसिला है। 2011 में हृदय व रक्त नलिकाओं की शल्य क्रिया (कार्डियोवैस्कुलर सर्जरी) के क्षेत्र में जो प्रगति हुई, उसका उल्लेख 2010 में हुई तरक्की को आगे बढ़ाने वाले सिलसिले के रूप में किया जाना चाहिए। 2011 में विभिन्न हृदय रोगों की सर्जरी के क्षेत्र में परंपरागत विधियों के स्थान पर नई तकनीकों व विधियों को वरीयता दी गयी, जिनके नतीजे 2010 की तुलना में कहीं ज्यादा अच्छे रहे।

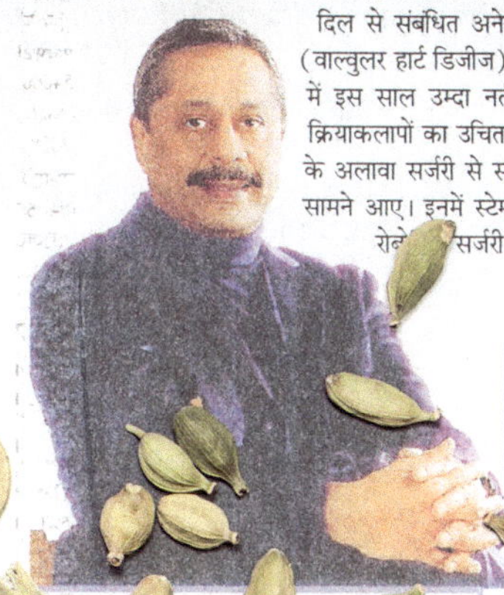

दिल से संबंधित अनेक रोगों या विकारों (डिफेक्ट्स) जैसे हृदय के वाल्वों का खराब होना (वाल्वुलर हार्ट डिजीज) और हृदय की मांसपेशियों का कमजोर होना (कार्डियोमायोपैथी) के इलाज में इस साल उम्दा नतीजे सामने आए। इसी तरह हार्ट फेल्यर (हृदय की कार्यक्षमता और उसके क्रियाकलापों का उचित रूप से कार्य न करना) के उपचार में मौजूदा साल में परंपरागत (पुरानी) विधियों के अलावा सर्जरी से संबंधित अन्य आधुनिक पद्धतियों, तकनीकों और विधियों के तालमेल से बेहतर नतीजे सामने आए। इनमें स्टेम सेल थेरैपी, वेन्ट्रीकुलर असिस्ट डिवाइस के अलावा मिनिमल इनवेसिव सर्जरी और रोबो[illegible] सर्जरी आदि को शामिल किया जा सकता है।

डॉ.नरेश त्रेहन (पद्मभूषण से सम्मानित) सी. एम. डी. एन्ड चीफ कार्डिएक सर्जन
मेदांत दि मेडिसिटी, गुड़गांव naresh.trehan@medanta.org

हार्ट पे[illegible]

[illegible] 65 सा[illegible] से [illegible] हार्ट फेल्यर की समस्या अस्पताल में [illegible] का [illegible] कार[illegible] फेल्यर के [illegible] औसत [illegible] लगभग 75 साल है। भारत [illegible] से विकासशील देशों में दो से तीन फीसदी [illegible] हार्ट फेल्यर से [illegible] है लेकिन इन देश[illegible] से 80 साल [illegible] आबादी [illegible] से 30 फीसदी भाग [illegible] है।

[illegible] और मेरी टीम ने 20[illegible] फे[illegible] के रोगि[illegible] पारंपरिक चिकित्सकीय [illegible] के साथ स्टेम सेल थेरैपी और वेन्ट्रीकु[illegible] का इस्तेमा[illegible] नतीजे कहीं ज्यादा उत्साहवर्द्धक रहे।

अन्य रो[illegible]द

स्टेम सेल[illegible] के [illegible] हृदय-धमनी रोग (कोरोनरी आ[illegible] डिज[illegible] कार्डि[illegible]थी, कॅनजेस्टिव हार्ट फेल्य[illegible] ए[illegible] और पेरीफेरल वैस्कुलर डिजी[illegible] हा[illegible]परों की रक्त नलिकाओं के रोग) में काफी अच्छे रहे हैं। गौरतलब है कि कॅनजेस्टिव हार्ट फेल्यर की शिकायत में फेफड़ों में पानी भरना शुरू हो जाता है। इस कारण दिल समुचित रूप से कार्य नहीं कर पाता।

स्टेम सेल्स को रोगियों के कूल्हे की हड्डी की मज्जा (बोन मैरो) से प्राप्त किया जाता है। इन्हें ऑपरेशन थियेटर में परिष्कृत(प्रोसेस्ड) किया जाता है। इसके बाद स्टेम सेल्स को हृदय में प्रत्यारोपित कर दिया जाता है। ये सेल्स हृदय की क्षतिग्रस्त मांसपेशियों का पुनर्निर्माण करती हैं। इस कारण हृदय की संकुचन (कॉन्ट्रैक्शन) और अन्य कार्यक्षमताओं में सुधार होता है। खासकर हार्ट फेल्यर के उन रोगियों में जिनके पास सीमित चिकित्सकीय विकल्प शेष रह गये हैं।

वैन्ट्रीकुलर असिस्ट डिवाइस

इस साल वैन्ट्रीकुलर असिस्ट डिवाइस (वी ए डी) के परिणामों ने रोगियों और डॉक्टरों में उत्साह का संचार किया। 'वी ए [illegible] शरीर में रक्त का संचार करने वाली यांत्रिक विधि है। इसका इस्तेमाल ह[illegible] फेल्यर के रोगियों के हृदय की [illegible]ाली को सुचारु रूप से संचालित करने के लिए किया जाता है। इसी तरह [illegible] इस्तेमाल विभिन्न गंभीर हृदय रोगों से ग्रस्त रोगियों के स्वास्थ्य लाभ की [illegible]क्रिया में आंशिक या पूर्ण रूप से किया जाता है। जैसे दिल का दौरा (हा[illegible]) पड़[illegible]ों में या फिर हृदय की सर्जरी करा चुके लोगों में कुछ दिन[illegible] लिए [illegible]डी' का इस्तेमाल किया जाता है। जो लोग हृदय प्रत्यारोपण [illegible] लिए इंतजार कर रहे हैं, उनके लिए भी इसका इस्तेमाल होता है। 'वी ए डी' का इस्तेमाल दीर्घका[illegible]क तौर पर यानी महीनों तक और कुछ जटिल मामलों में ताउम्र भी संभव है। [illegible]स्टिव हार्ट फेल्यर के मामले में भी इसका इस्तेमाल लंबे वक्त तक चलता [illegible]

मिनिमल इनवेसिव सर्जरी

[illegible] लंबे वक्त तक हृदय की परंपरागत सर्जरी सीने के मध्य भाग में एक लंबा [illegible] लगाकर की [illegible] है, लेकिन चिकित्सा विज्ञान में हुई प्रगति के कारण [illegible] की शल्य क्रिया(सर्जरी) के क्षेत्र में मिनिमल इनवेसिव सर्जरी (अत्यंत [illegible] चीरे से की जाने वाली शल्य क्रिया) का समावेश हो चुका है। दिल के माइट्रल वाल्व की खराबी को दूर करने के लिए पहली बार मिनिमल इनवेसिव सर्जरी के रूप में इंडोवैस्कुलर तकनॉलाजी का इस्तेमाल हुआ। अब मिनिमल सर्जरी के कारण वक्ष के मध्य भाग में बड़ा चीरा लगाने की बजाय वक्ष के एक ओर छोटा सा चीरा लगाया जाता है। आधुनिकतम उपकरणों के विकसित होने के कारण अब दिल से संबंधित विकारों को दूर करने के लिए की जाने वाली मिनिमल इनवेसिव सर्जरी, परंपरागत सर्जरी की तुलना में कहीं ज्यादा सुरक्षित और रोगी को राहत प्रदान करने वाली है।

रोबोटिक सर्जरी

रोबोट की सहायता से की जाने वाली इस सर्जरी में सर्जन विभिन्न उपकरणों के जरिये सीधे तौर पर पहल नहीं करता। इसके बजाय वह एक कंप्यूटर कंसोल का इस्तेमाल करता है। 'कंसोल' से यहां आशय है- ऐसी जगह जहां पर सर्जन बैठकर रोबोट के प्रमुख संचालन केन्द्रों को नियंत्रित करता है। कंसोल पर बैठने के बाद सर्जन, सर्जरी से संबंधित भागों को त्रिआयामी(थ्री डाइमेंशनल) रूप में देखता है। इस सर्जरी में सर्जन को दिल की 10 गुना ज्यादा बढ़ी हुई स्पष्ट छवि दिखती है। रोबोटिक उपकरणों की वजह से हृदय की सर्जरी के मामले में सर्जन जटिल से जटिल प्रक्रिया को सटीक रूप से अंजाम देता है। यह सर्जरी सर्जन की कार्यक्षमता को बढ़ाने में सक्षम है। कंप्यूटर सर्जन की हर गतिविधि को दर्ज करता है। सर्जन के निर्देश के अनुसार रोबोट द्वारा रोगी की सर्जरी अंजाम दी जाती है। विशेषज्ञ रोबोटिक सर्जन रोगी से दूर रहकर भी इस सर्जरी को अंजाम दे सकता है। ध्यान रखें, रोबोटिक सर्जरी में रोबोट सर्जन का विकल्प नहीं है, बल्कि रोबोट सर्जन के निर्देश के अनुसार सर्जरी से संबंधित प्रक्रियाओं को सटीक रूप से पूरा करने में सहयोग प्रदान करता है।

मानवता को मिला राहत का मरहम

इस साल कुछ ऐसे चिकित्सकीय शोध, अध्ययन व अनुसंधान हुए हैं, जिनकी गूंज समय की सरगम पर भविष्य में भी सुनायी पड़ेगी। आइए जानते हैं इन्हें...

वैक्सीन देगी मलेरिया को मात

दुनियाभर में मलेरिया से हर साल हजारों लोग काल के गाल में समा जाते हैं। इनमें सबसे बड़ी संख्या बच्चों की होती है। बहरहाल, 2011 में एक खुशखबरी यह है कि चिकित्सा जगत में पहली बार बच्चों में मलेरिया की रोकथाम के लिए वैज्ञानिकों ने एक वैक्सीन तैयार करने में सफलता पायी है। अमेरिका के बिल और मीलिन्डा गेट्स फाउंडेशन और एक प्राइवेट दवा निर्माता कंपनी के सहयोग से वैक्सीन तैयार की गयी। इस प्रायोगिक वैक्सीन को फिलहाल 'आर टी एस एस' नाम दिया गया है, जिसका परीक्षण अफ्रीका महाद्वीप के 11 क्षेत्रों में रहने वाले बच्चों पर किया गया। नतीजे उत्साहवर्द्धक रहे। वैक्सीन लगाने के एक साल बाद 5 से 17 माह के बच्चों में मलेरिया के संक्रमण में 56 फीसदी की गिरावट दर्ज की गयी। बहरहाल, वयस्कों के संदर्भ में इस वैक्सीन का परीक्षण जारी है।

एचआईवी पर लगाम

एंटी रेट्रो वाइरल(ए आर वी) दवाओं के प्रचलन में आने से इस साल एचआईवी संक्रमण पर अंकुश लगाने में काफी हद तक मदद मिली है। अमेरिका के वाशिंगटन विश्वविद्यालय के शोध-कर्ताओं ने इस आशय का निष्कर्ष निकाला है। गौरतलब है कि एचआईवी संक्रमण ही कालांतर में एड्स का कारण बनता है। 'ए आर वी' दवाएं एचआईवी संक्रमण से पीड़ित व्यक्ति के शरीर में वाइरस संक्रमण की तीव्रता को कम करने में सक्षम हैं। विशेषज्ञ चिकित्सक के परामर्श से इन दवाओं के इस्तेमाल से एचआईवी संक्रमण के जोखिम को कम करने में मदद मिली है।

प्रयोगशाला में बना शरीर का अंग

अमेरिका में नार्थ कैरोलिना स्थित 'वेक फॉरेस्ट इंस्टीट्यूट ऑफ रीजनरेटिव मेडिसिन' के निदेशक डॉ. एंथनी एताला ने कृत्रिम यूरेथ्रा का निर्माण कर कमाल कर दिखाया। प्रयोगशाला में शरीर के किसी अंग का निर्माण वाकई चमत्कारिक है। यूरेथ्रा एक पतली ट्यूब होती है,जिसका कार्य पेशाब को शरीर के बाहर निकालना है। पुरुषों में किसी बीमारी के चलते या फिर कुछ अन्य कारणों से यह ट्यूब संकरी या क्षतिग्रस्त हो जाती है। डॉ.एंथनी ने पहले एक ट्यूब के रूप में एक बॉयोडिग्रेडेबल स्कैफोल्ड (शरीर में जज्ब हो जाने वाला भाग) का निर्माण कर इसे रोगी की पेशाब की थैली(ब्लैडर) में प्रत्यारोपित किया। मानव निर्मित यह अंग कुदरती यूरेथ्रा की तरह पेशाब को बाहर निकालने का काम करने लगा। डॉ. एंथनी के इस सफल प्रयोग ने शरीर के अन्य अंगों के कृत्रिम निर्माण के दरवाजे खोल दिये हैं।

कोलन कैंसर और बैक्टीरिया

अभी तक यह जानकारी नहीं थी कि कोई जीवाणु (बैक्टीरिया) बड़ी आंत (कोलन) में होने वाले कैंसर का एक कारण हो सकता है। इस साल अक्टूबर में हुए दो शोधों से इस बात की पुष्टि हुई है कि फ्यूसोबैक्टीरिया नामक जीवाणु कोलन कैंसर का एक कारण है। आंत में जो छोटे कीड़े(बग) पाये जाते हैं, उनमें बमुश्किल ही फ्यूसोबैक्टीरिया पाया जाता है। इसके बावजूद शोध-अनुसंधानों से इस तथ्य की पुष्टि हुई है कि यह बैक्टीरिया बड़ी आंत में कैंसरग्रस्त सेल्स की संख्या में वृद्धि कर रोग को जटिल बना देता है।

रक्त परीक्षण से होगा रेड एलर्ट

कब किसी की किस रोग से सांसें थम जाएं, इस बात की जानकारी शायद बहुत कम लोगों को ही होती है या फिर बिल्कुल नहीं होती। बहरहाल, स्वीडन के अपॉसला विश्वविद्यालय के शोधकर्ताओं के अनुसार एक साधारण रक्त परीक्षण से यह पता लगाया जा सकता है कि अमुक शख्स के हृदय रोग या कैंसर से मरने की संभावनाएं हैं या नहीं । 12 सालों तक लगभग 2000 लोगों पर अध्ययन किया गया। इसके बाद शोधकर्ताओं को यह पता चला कि 'कैथेपसिन एस' नामक एंजाइम के शरीर में बढ़ जाने से हृदय रोगों या कैंसर से मरने की आशंकाएं बढ़ जाती हैं। इसके विपरीत जिन लोगों में इस एंजाइम का स्तर कम होता है, उनके कैंसर या हृदय रोगों से मरने की आशंकाएं कम होती हैं।

प्रस्तुतिःविवेक शुक्ला

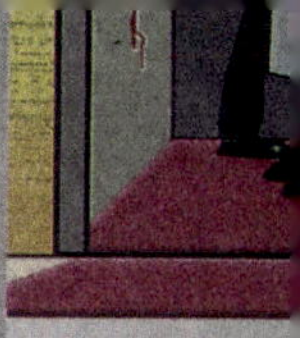

लिफ्ट[illegible]

लिफ्ट की सुविधा व[illegible] सुथरा रखने की जिम[illegible]

1. लिफ्ट को गंदा न[illegible] (लिफ्ट का उपयोग स[illegible] वाले हर किसी को अ[illegible] सभी की जिम्मेदारी भी[illegible]
2. पान या गुटखा ख[illegible] (पान या गुटखा खाकर[illegible] सकती है और अगर [illegible] होंगे। इससे गंदगी तो फै[illegible]
3. लिफ्ट की दीवारों[illegible] (इससे दीवारें-दरवाजे[illegible] होती है।)
4. लिफ्ट के भीतर या[illegible] (ऐसा करना अशिष्ट[illegible] नहीं बनाएंगे।)
5. विकलांगों व बुजु[illegible] (ऐसे लोगों को सहारे[illegible] उनकी सुविधा का ध्यान[illegible] भी अच्छा लगेगा।)
6. मोबाइल पर बात[illegible] (इससे दूसरों को परेश[illegible] से बाहर निकलने के ब[illegible]
7. कोई तकनीकी परे[illegible] से काम लें। (लिफ्ट भी एक मशीन[illegible] लिफ्ट अगर खराब होत[illegible] धैर्य रखें।)
8. यदि लिफ्ट की [illegible] उचित अधिकारी को उ[illegible] (इससे समय रहते वह[illegible] कोई अनहोनी से बचा[illegible]
9. अस्पताल की [illegible] जाने दें। (चूंकि रोगियों को शी[illegible]

लि[illegible]

प्राणेश क्रिएटिव था, लेकि[illegible] रचनात्मकता का सही उ[illegible] करता था। उसका शगल[illegible] बचाकर सार्वजनिक दीवा[illegible] भद्दी शेर-ओ-शायरी[illegible] लिखना और चित्र[illegible] बनाना। वह इतने शातिराना ढंग से करता था कि किसी को पता भी नहीं चलता था। एक बार वह एक बहुमंजिला इमारत में किसी काम[illegible] गया। लिफ्ट में वह अके[illegible] उसकी साफ-सुथरी दीवारें[illegible] उसका मन मचलने लग[illegible] जेब से पेन निकाला और द[illegible] गंदा करने लगा। अचान[illegible]

टी वी कार्यक्रम

दूरदर्शन
10.30 कानाफूसी
11.00 आये दिल ए नादान
11.30 सात वचन सात फेरे
12.00 मुआवजा मदद या अभिशाप/ शमा
13.00 मंगलसूत्र एक मर्यादा
13.30 कैसी ये जिन्दगानी
14.00 आशियाना/ सुकन्या हमारी बेटियां
15.00 पिया का घर/ स्त्री तेरी कहानी
18.00 पंजाबी दर्पण/ कृषि दर्शन
20.30 संकट मोचन हनुमान
21.00 बंटी बबली की मम्मी/ नूरी
22.00 जो कहूंगा सच कहूंगा
23.00 फिल्मः बाजी

स्टार प्लस
18.30 रुक जाना नहीं
19.00 साथ निभाना साथिया
19.30 ससुराल गेंदा फूल
20.00 इस प्यार को क्या नाम दूं
20.30 एक हजारों में मेरी बहना है
21.00 दिया और बाती हम
21.30 ये रिश्ता क्या कहलाता है
22.00 नव्या/ मन की आवाज प्रतिज्ञा
23.00 मर्यादा लेकिन कब तक

जी टीवी
19.00 अफसर बिटिया
19.30 छोटी बहू-2
20.00 हिटलर दीदी
20.30 संवारो सबके सपने प्रीतो
21.00 बींद बनूंगा घोड़ी चढूंगा/ धर्मपत्नी
22.00 बाबा ऐसे वर ढूंढो/ हार जीत

कलर्स
19.00 हवन/ ससुराल सिमर का
20.00 बालिका वधु
20.30 वीर शिवाजी
21.00 फुलवा/ परिचय...
22.00 उतरन
22.30 बिग बॉस

नेशनल ज्योग्राफी
16.00 मेगा फैक्ट्रीज
18.00 आई डिडनॉट नो दैट
20.00 किलर कैट्स/ इन द वोम्ब
22.00 डेजरस एनकाउंटर्स

डिस्कवरी
16.00 ड्यूअल सरवाइवल
18.00 वाइल्ड
19.00 स्वाम्प ब्रदर्स
20.00 हिस्ट्री
21.00 मैन वर्सेज वाइल्ड
22.00 सोर्ड्स
23.00 माई शॉकिंग स्टोरी

आज की फिल्में

सेट मैक्स
08.30 तेजाब/ मेन इन ब्लैक
16.00 लगे रहो मुन्नाभाई

जागरण-सुडोकू 714

सुडोकू में 9 सीधी और 9 आड़ी पट्टियों वाले वर्ग को कुछ इस प्रकार भरना होता है कि प्रत्येक उपवर्ग (जिनकी संख्या भी 9 होती है) में 1 से 9 तक अंक आएं। इन पट्टियों, कॉलमों और उपवर्गों में संख्याओं का दोहराव नहीं होता है। (अगर ऐसा हुआ तो आप खुद देखेंगे कि पूरी सु-डो-कू पहेली कैसे गड़बड़ा जाती है) **सरलतम स्तर-1** की प्रत्येक सु-डो-कू पहेली का केवल एक ही सर्वशुद्ध हल हो सकता है और यह रही आज की पहेली।

6		8			2			
				6		5		
1			5			9		7
7	9						4	
	4						2	3
3		2			8			6
		6		9				
			7			8		5

कल का हल

8	9	1	4	6	7	5	2	3
6	2	7	5	8	3	9	4	1
4	3	5	2	9	1	7	6	8
7	8	4	6	1	5	2	3	9
3	6	9	7	4	2	8	1	5
5	1	2	8	3	9	6	7	4
2	5	3	1	7	8	4	9	6
9	7	6	3	5	4	1	8	2
1	4	8	9	2	6	3	5	7

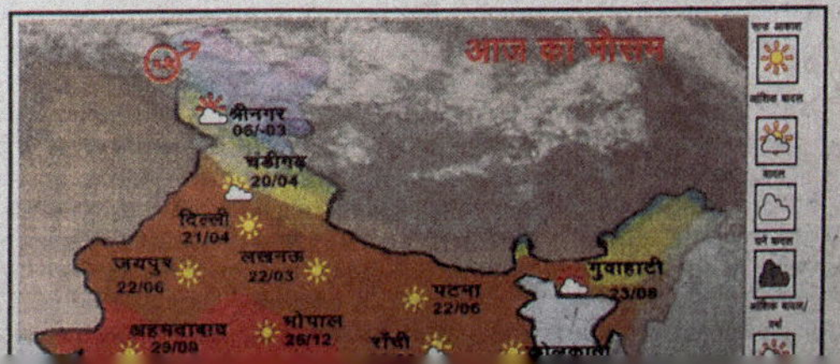

शब्द पहेली

पहले वाले खाने में एक शब्द है। आपको दूसरी, तीसरी और चौथी पंक्ति के खाली खानों में उपयुक्त अक्षर भरकर शब्द बनाने हैं।

1	प्र	ति			
2	प्र	ति			
3	प्र	ति			
4	प्र	ति			

संकेतः जासूस (2), प्रतिबंध (3), पदासीन करना (4)

चक्र में तीन खानें[illegible] भरकर ए[illegible]

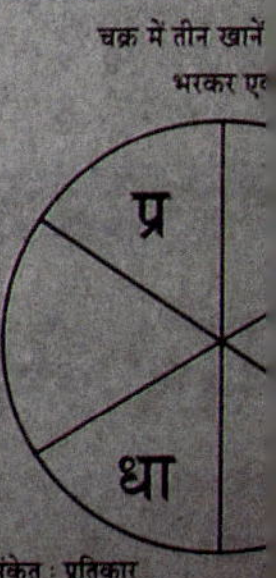

संकेत : प्रतिकार

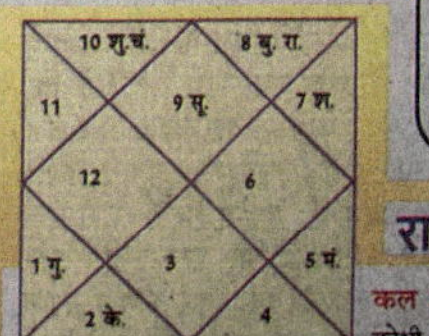

राशिफल

के. ए. दुबे पद्मेश

कल 28 दिसंबर 2011, बुधवार का पंचांग संवत क्रोधी 2068, शके 1933, दक्षिणायन, दक्षिणगोल, हेमंत ऋतु, पौष मास, शुक्लपक्ष, चतुर्थी 18 घटे 56 मिनट तक तत्पश्चात पंचमी, धनिष्ठा नक्षत्र 30 [illegible]

सिंहः- पारिवारिक [illegible] योजना फलीभूत होगी[illegible] कार्यक्षेत्र में रुकावटें [illegible]

कन्याः- जीवनसाथी का सहयोग [illegible] होगी। भाई या पड़ोसियों से वैचारि[illegible] पूर्ति होगी। यात्रा में अपने सामान के[illegible]

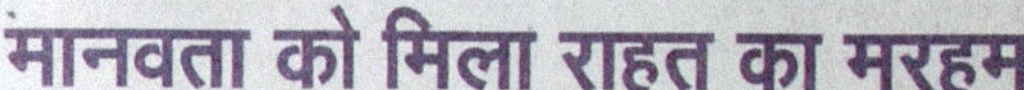

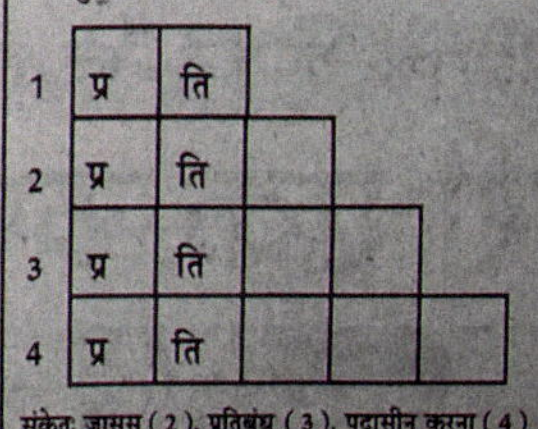

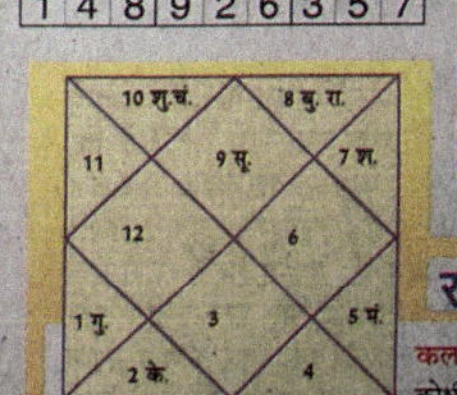

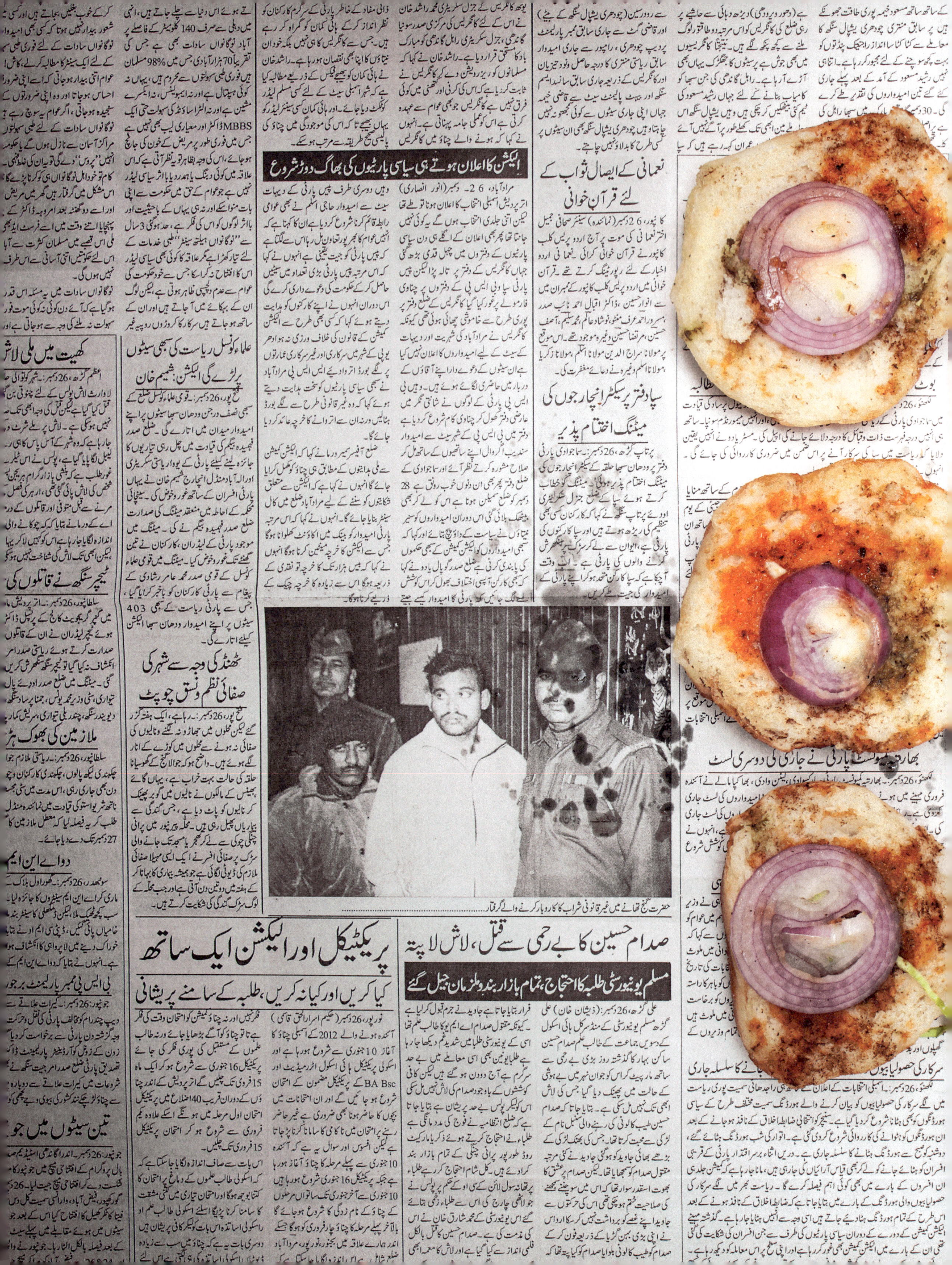

الیکشن کا اعلان ہوتے ہی سیاسی پارٹیوں کی بھاگ دوڑ شروع

مرادآباد، 26 دسمبر (انور انصاری)

نعمانی کے ایصال ثواب کے لئے قرآن خوانی

کانپور، 26 دسمبر (نمائندہ) سینئر صحافی جمیل اختر نعمانی کی موت پر آج اردو پریس کلب کانپور نے قرآن خوانی کرائی۔

سپا دفتر پر سپیکر انچارجوں کی میٹنگ اختتام پذیر

بھارتیہ کمیونسٹ پارٹی نے جاری کی دوسری لسٹ

لکھنؤ، 26 دسمبر۔ بھارتیہ کمیونسٹ پارٹی

کھیت میں ملی لاش

اعظم گڑھ، 26 دسمبر:۔ شہر کوتوالی

ٹیچر سنگھ نے قاتلوں کی

سلطان پور، 26 دسمبر:۔ اتر پردیش

ملازمین کی بھوک ہڑتال

سلطان پور، 26 دسمبر:۔ ریاستی ملازم

دوا کے این ایم

علماء کونسل ریاست کی سبھی سیٹوں پر لڑے گی الیکشن: شمیم خان

فتح پور، 26 دسمبر:۔ قومی علماء کونسل ضلع کے

ٹھنڈ کی وجہ سے شہر کی صفائی نظم و نسق چوپٹ

کانپور، 26 دسمبر:۔ رہا ہے، ایک ہفتہ گزر

حضرت گنج تھانے نے غیر قانونی شراب کا کاروبار کرنے والے کو گرفتار

پریکٹیکل اور الیکشن ایک ساتھ

کیا کریں اور کیا نہ کریں، طلبہ کے سامنے پریشانی

فتح پور، 26 دسمبر (حکیم اسرارالحق قاسمی)

صدام حسین کا بے رحمی سے قتل، لاش لاپتہ

مسلم یونیورسٹی طلبہ کا احتجاج، تمام بازار بند و ملزمان جیل چلے گئے

علی گڑھ، 26 دسمبر (دلشان خان) علی

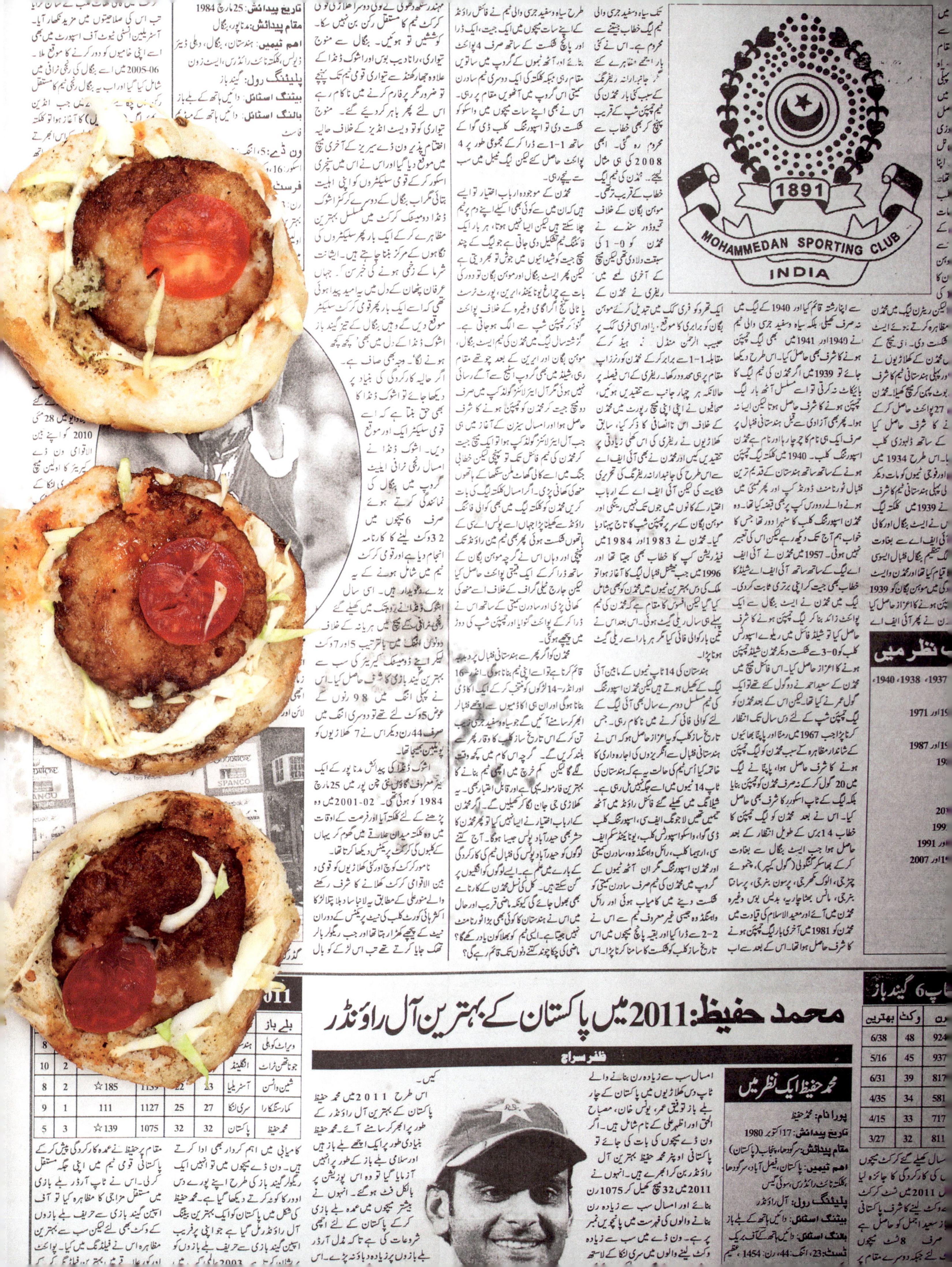

محمد حفیظ: 2011 میں پاکستان کے بہترین آل راؤنڈر

ظفر سراج

اس طرح 2011 میں محمد حفیظ پاکستان کے بہترین آل راؤنڈر کے طور پر ابھر کر سامنے آئے۔ محمد حفیظ نے 2011 میں 32 میچ کھیل کر 1075 رن بنائے اور اسی سال سب سے زیادہ رن بنانے والوں کی فہرست میں پانچویں نمبر پر رہے۔

محمد حفیظ ایک نظر میں

پورا نام: محمد حفیظ

تاریخ پیدائش: 17 اکتوبر 1980

مقام پیدائش: سرگودھا، پنجاب (پاکستان)

اہم ٹیمیں: پاکستان، فیصل آباد، سرگودھا

پلیئنگ رول: آل راؤنڈر

بیٹنگ اسٹائل: دائیں ہاتھ کے بلے باز

بولنگ اسٹائل: دائیں ہاتھ کے آف بریک

ٹیسٹ: 23، اننگ 44، رن 1454، قیم …

				بلے باز	
8				ویراٹ کوہلی	ہندوستان
10	2			جوناتھن ٹراٹ	انگلینڈ
8	2	☆185	1139	22	23	شین واٹسن	آسٹریلیا
9	1	111	1127	25	27	کمار سنگاکارا	سری لنکا
5	3	☆139	1075	32	32	محمد حفیظ	پاکستان

ٹاپ 6 گیند باز

رن	وکٹ	بہترین
924	48	6/38
937	45	5/16
817	39	6/31
581	34	4/35
717	33	4/15
811	32	3/27

ایک نظر میں

1937	1938	1940
1940		
1971		
1987		
2007	1991	1999

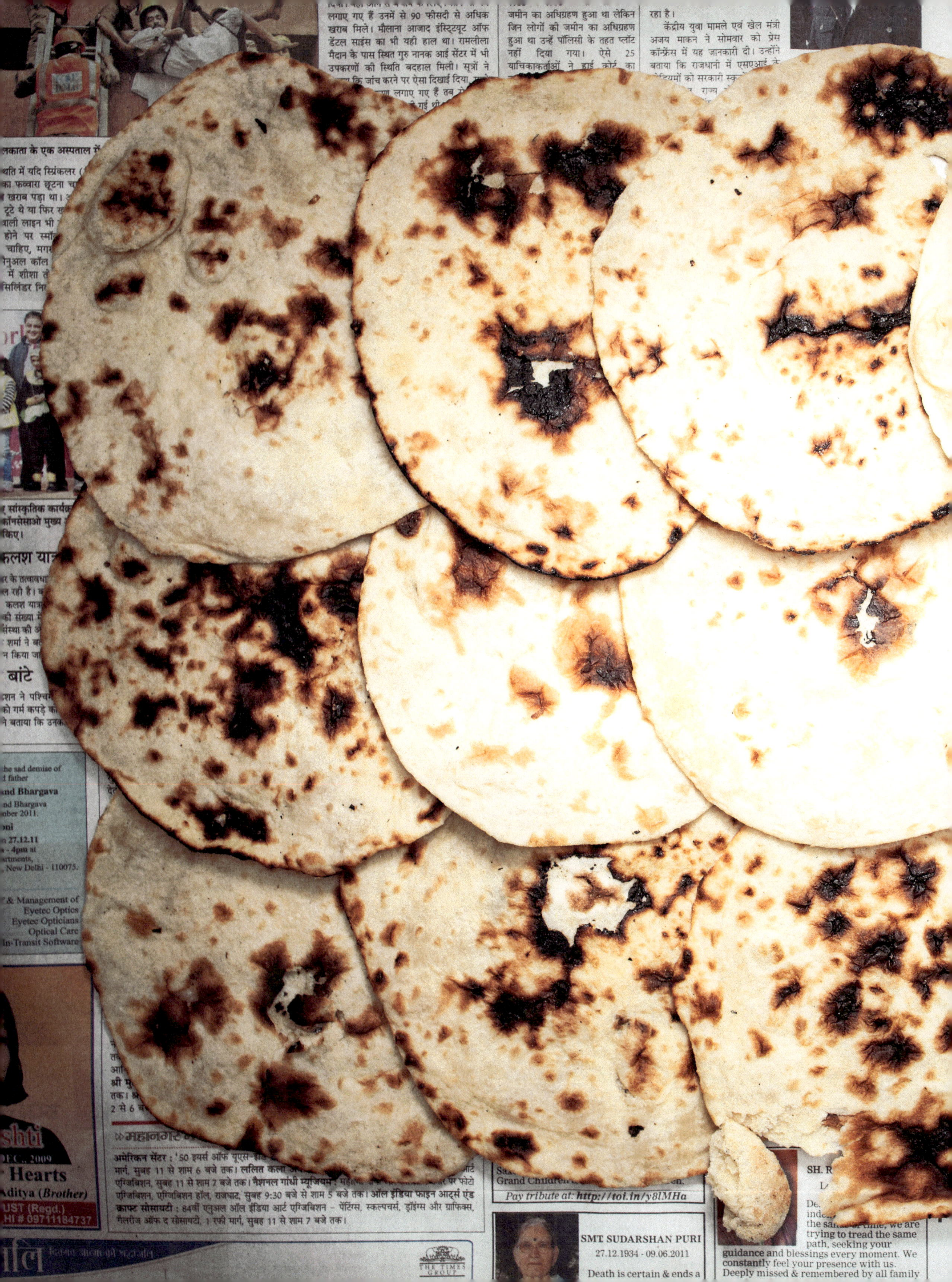
Pay tribute at: http://toi.in/y8lMHa
SMT SUDARSHAN PURI
27.12.1934 - 09.06.2011
Death is certain & ends a
Eyetec Optics
Eyetec Opticians
Optical Care
In-Transit Software
trying to tread the same
path, seeking your
guidance and blessings every moment. We
constantly feel your presence with us.
Deeply missed & remembered by all family

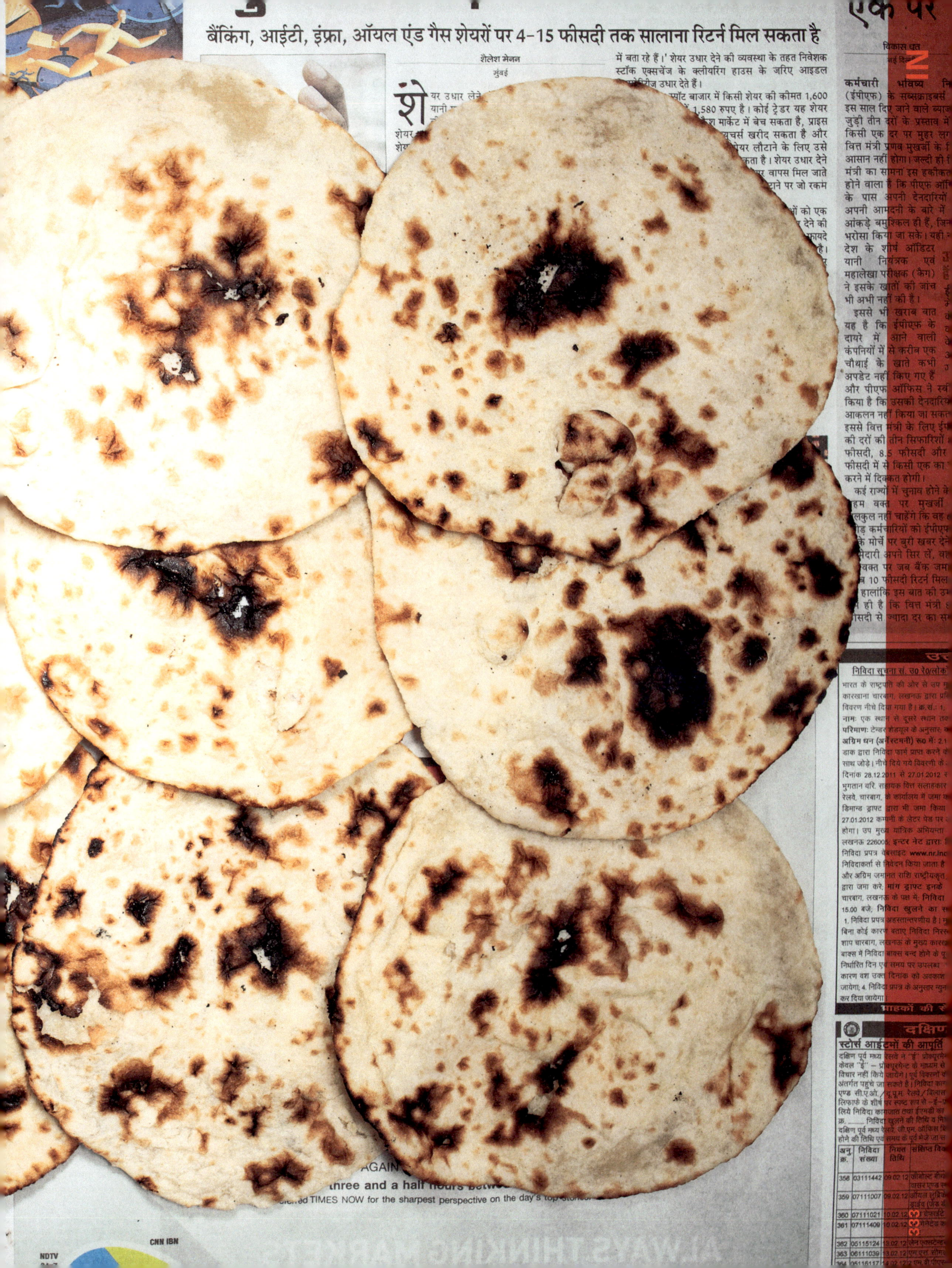

एक पर
बैंकिंग, आईटी, इंफ्रा, ऑयल एंड गैस शेयरों पर 4-15 फीसदी तक सालाना रिटर्न मिल सकता है
शैलेश मेनन
मुंबई
विकास धूत
निविदा सूचना सं. उ0 रे0/लोक
स्टोर्स आईटमों की आपूर्ति
दक्षिण
AGAIN
three and a half hours
TIMES NOW for the sharpest perspective on the day's
CNN IBN
NDTV

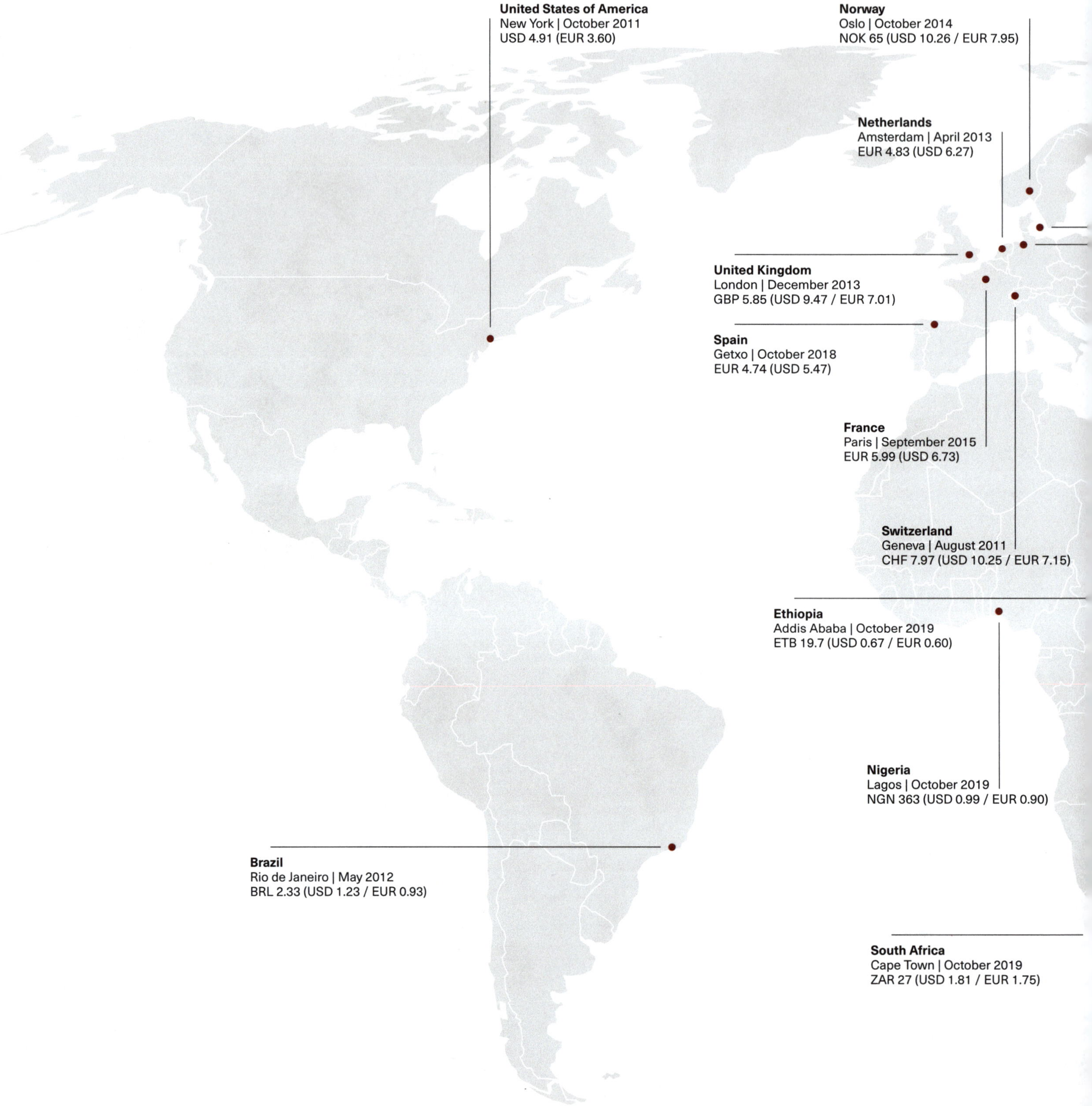
United States of America
New York | October 2011
USD 4.91 (EUR 3.60)
Norway
Oslo | October 2014
NOK 65 (USD 10.26 / EUR 7.95)
Netherlands
Amsterdam | April 2013
EUR 4.83 (USD 6.27)
United Kingdom
London | December 2013
GBP 5.85 (USD 9.47 / EUR 7.01)
Spain
Getxo | October 2018
EUR 4.74 (USD 5.47)
France
Paris | September 2015
EUR 5.99 (USD 6.73)
Switzerland
Geneva | August 2011
CHF 7.97 (USD 10.25 / EUR 7.15)
Ethiopia
Addis Ababa | October 2019
ETB 19.7 (USD 0.67 / EUR 0.60)
Nigeria
Lagos | October 2019
NGN 363 (USD 0.99 / EUR 0.90)
Brazil
Rio de Janeiro | May 2012
BRL 2.33 (USD 1.23 / EUR 0.93)
South Africa
Cape Town | October 2019
ZAR 27 (USD 1.81 / EUR 1.75)

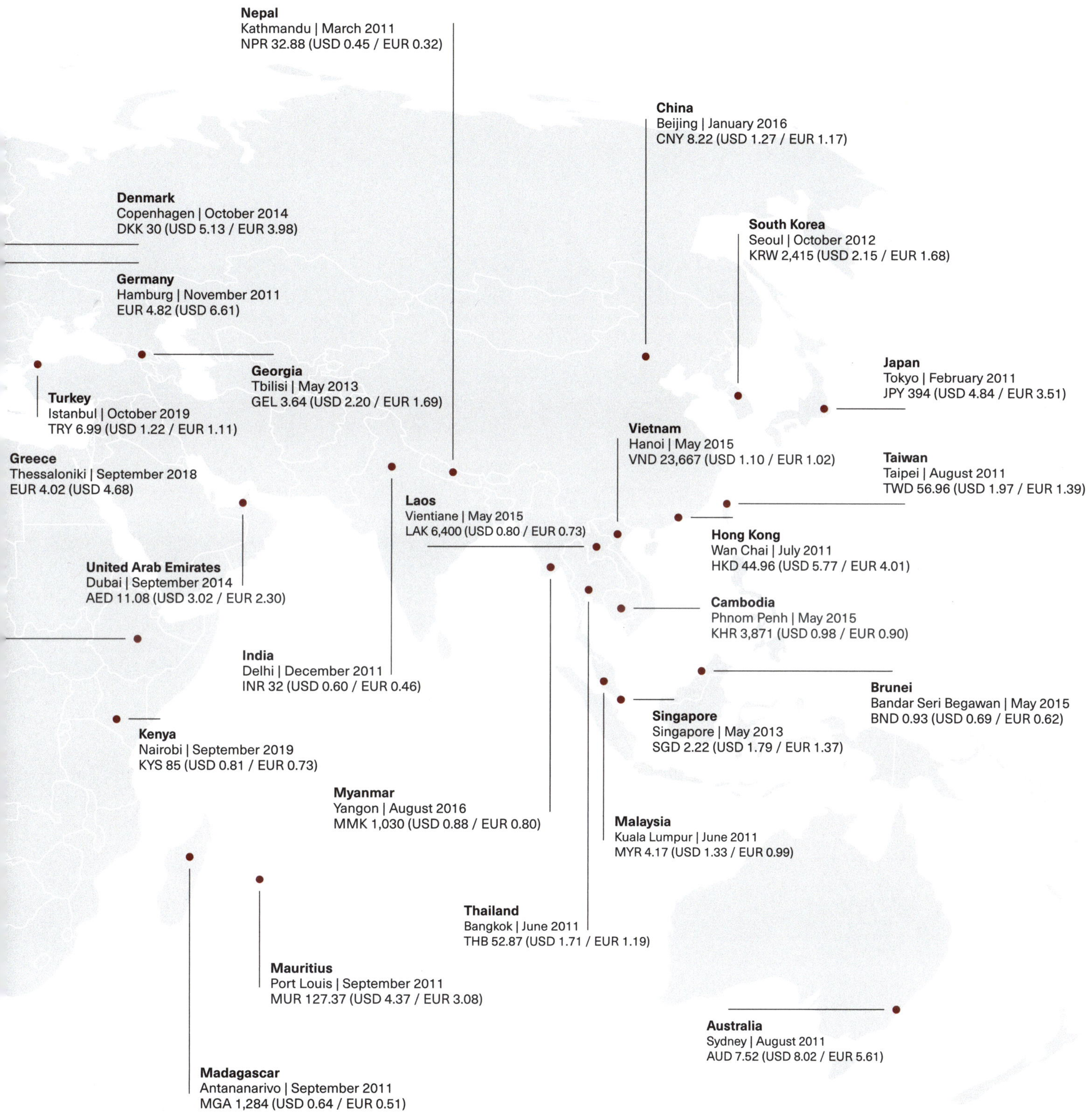
Nepal
Kathmandu | March 2011
NPR 32.88 (USD 0.45 / EUR 0.32)
China
Beijing | January 2016
CNY 8.22 (USD 1.27 / EUR 1.17)
Denmark
Copenhagen | October 2014
DKK 30 (USD 5.13 / EUR 3.98)
South Korea
Seoul | October 2012
KRW 2,415 (USD 2.15 / EUR 1.68)
Germany
Hamburg | November 2011
EUR 4.82 (USD 6.61)
Japan
Tokyo | February 2011
JPY 394 (USD 4.84 / EUR 3.51)
Georgia
Tbilisi | May 2013
GEL 3.64 (USD 2.20 / EUR 1.69)
Turkey
Istanbul | October 2019
TRY 6.99 (USD 1.22 / EUR 1.11)
Vietnam
Hanoi | May 2015
VND 23,667 (USD 1.10 / EUR 1.02)
Taiwan
Taipei | August 2011
TWD 56.96 (USD 1.97 / EUR 1.39)
Greece
Thessaloniki | September 2018
EUR 4.02 (USD 4.68)
Laos
Vientiane | May 2015
LAK 6,400 (USD 0.80 / EUR 0.73)
Hong Kong
Wan Chai | July 2011
HKD 44.96 (USD 5.77 / EUR 4.01)
United Arab Emirates
Dubai | September 2014
AED 11.08 (USD 3.02 / EUR 2.30)
Cambodia
Phnom Penh | May 2015
KHR 3,871 (USD 0.98 / EUR 0.90)
India
Delhi | December 2011
INR 32 (USD 0.60 / EUR 0.46)
Brunei
Bandar Seri Begawan | May 2015
BND 0.93 (USD 0.69 / EUR 0.62)
Singapore
Singapore | May 2013
SGD 2.22 (USD 1.79 / EUR 1.37)
Kenya
Nairobi | September 2019
KYS 85 (USD 0.81 / EUR 0.73)
Myanmar
Yangon | August 2016
MMK 1,030 (USD 0.88 / EUR 0.80)
Malaysia
Kuala Lumpur | June 2011
MYR 4.17 (USD 1.33 / EUR 0.99)
Thailand
Bangkok | June 2011
THB 52.87 (USD 1.71 / EUR 1.19)
Mauritius
Port Louis | September 2011
MUR 127.37 (USD 4.37 / EUR 3.08)
Australia
Sydney | August 2011
AUD 7.52 (USD 8.02 / EUR 5.61)
Madagascar
Antananarivo | September 2011
MGA 1,284 (USD 0.64 / EUR 0.51)

2

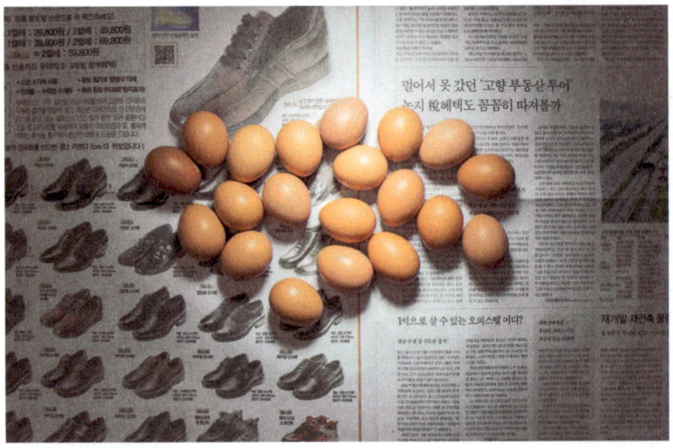

South Korea
Seoul | October 2012
KRW 2,415 [USD 2.15, EUR 1.68]

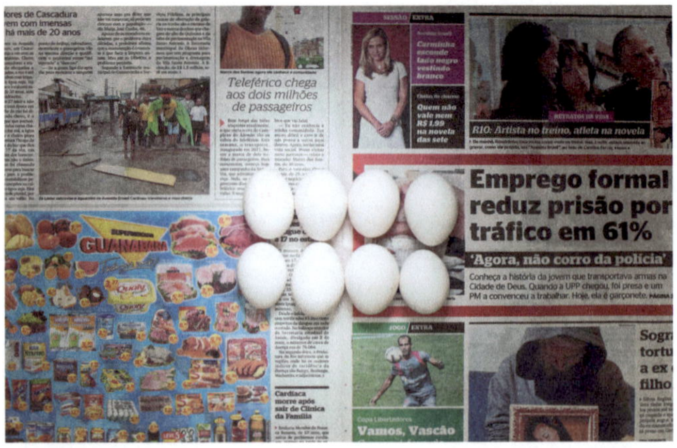

Brazil
Rio de Janeiro | May 2012
BRL 2.33 [USD 1.23, EUR 0.93]

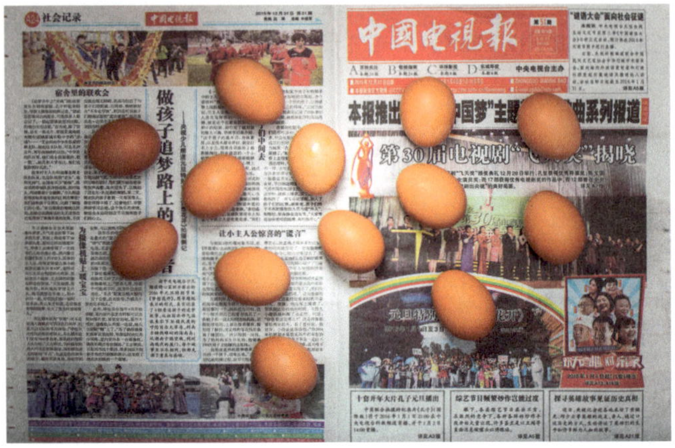

China
Beijing | January 2016
CNY 8.22 [USD 1.27, EUR 1.17]

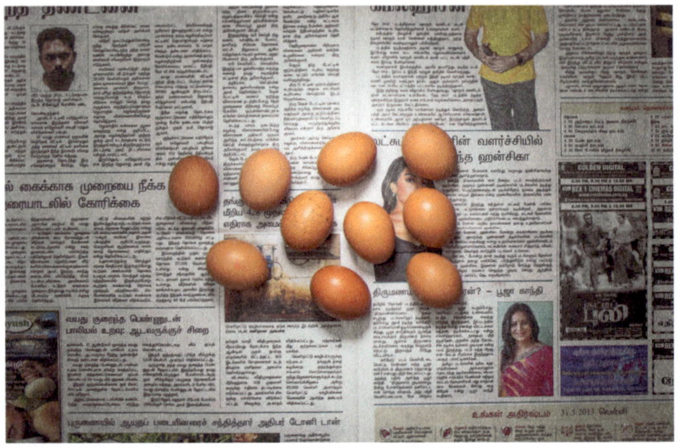

Singapore
Singapore | May 2013
SGD 2.22 [USD 1.79, EUR 1.37]

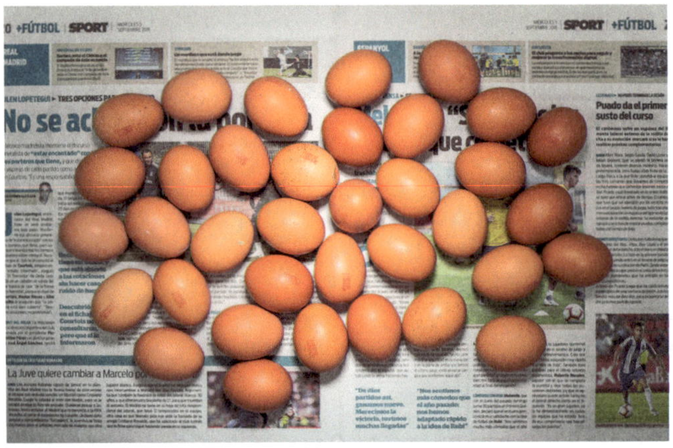

Spain
Getxo | October 2018
EUR 4.74 [USD 5.47]

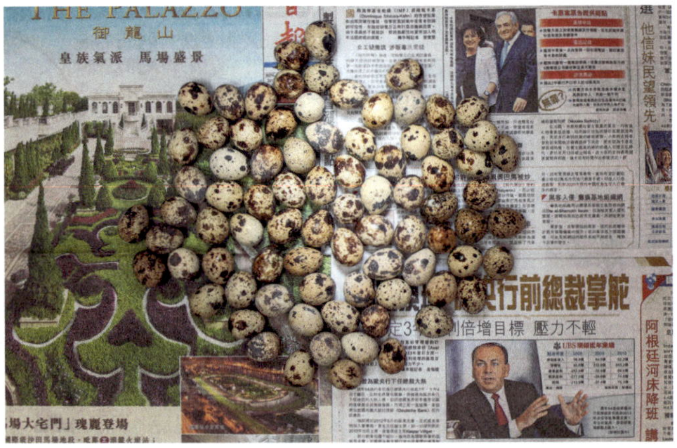

Hong Kong
Wanchai | July 2011
HKD 44.96 [USD 5.77, EUR 4.01]

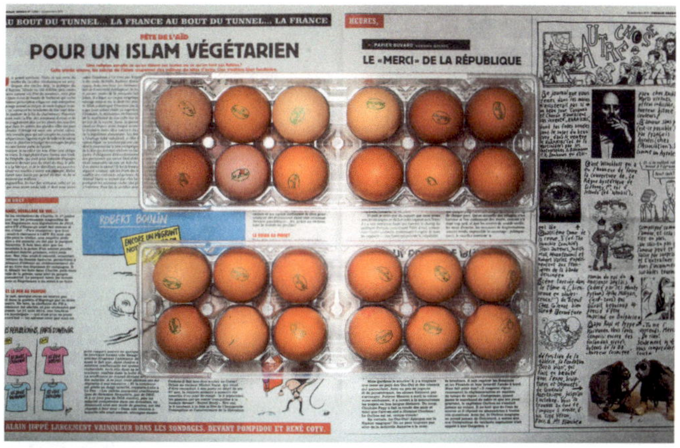

France
Paris | September 2015
EUR 5.99 [USD 6.73]

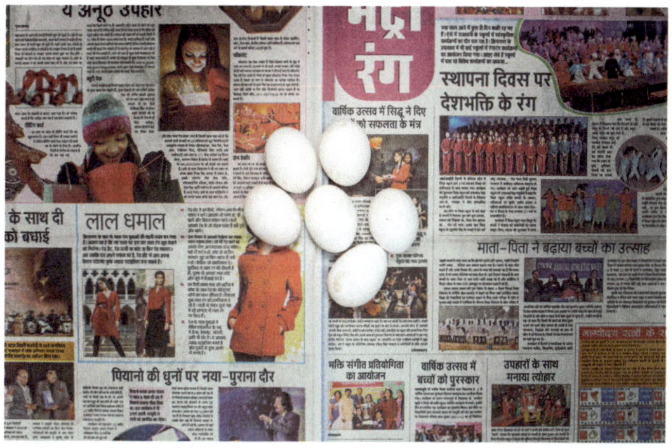

India
Delhi | December 2011
INR 32 [USD 0.60, EUR 0.46]

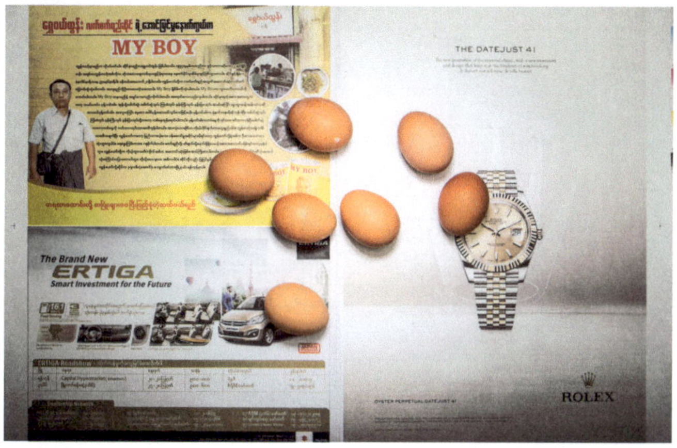

Myanmar
Yangon | August 2016
MMK 1,030 [USD 0.88, EUR 0.80]

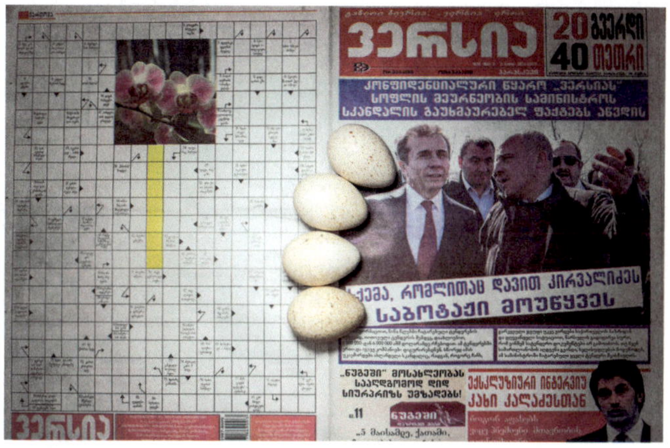

Georgia
Tbilisi | May 2013
GEL 3.64 [USD 2.20, EUR 1.69]

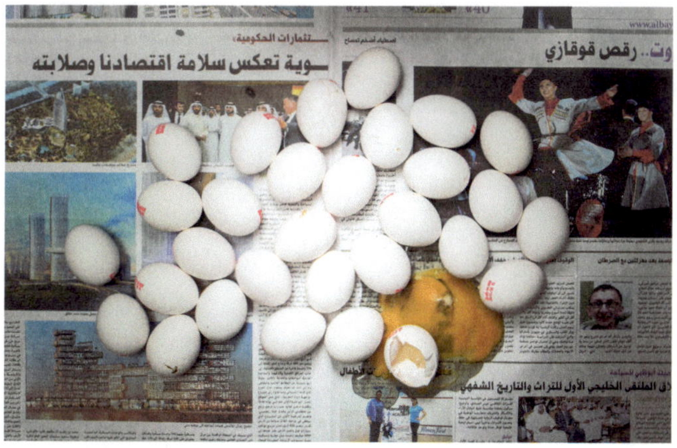

United Arab Emirates
Dubai | September 2014
AED 11.08 [USD 3.02, EUR 2.30]

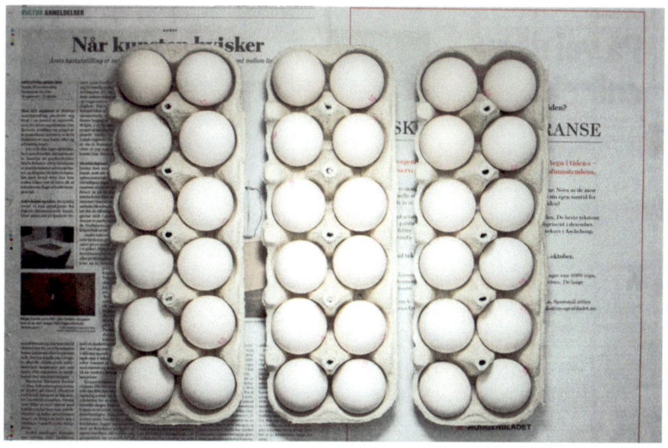

Norway
Oslo | October 2014
NOK 65 [USD 10.26, EUR 7.95]

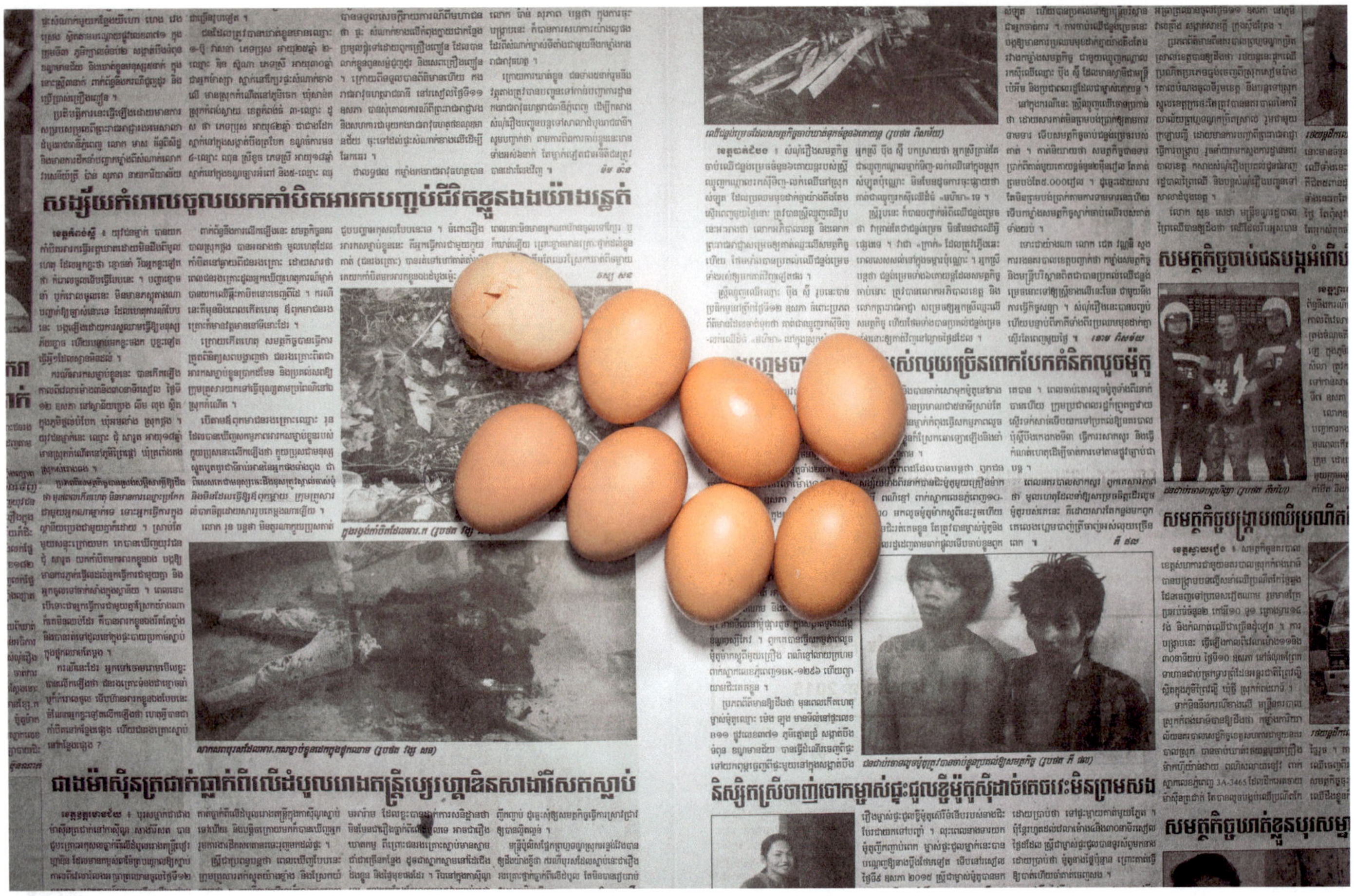

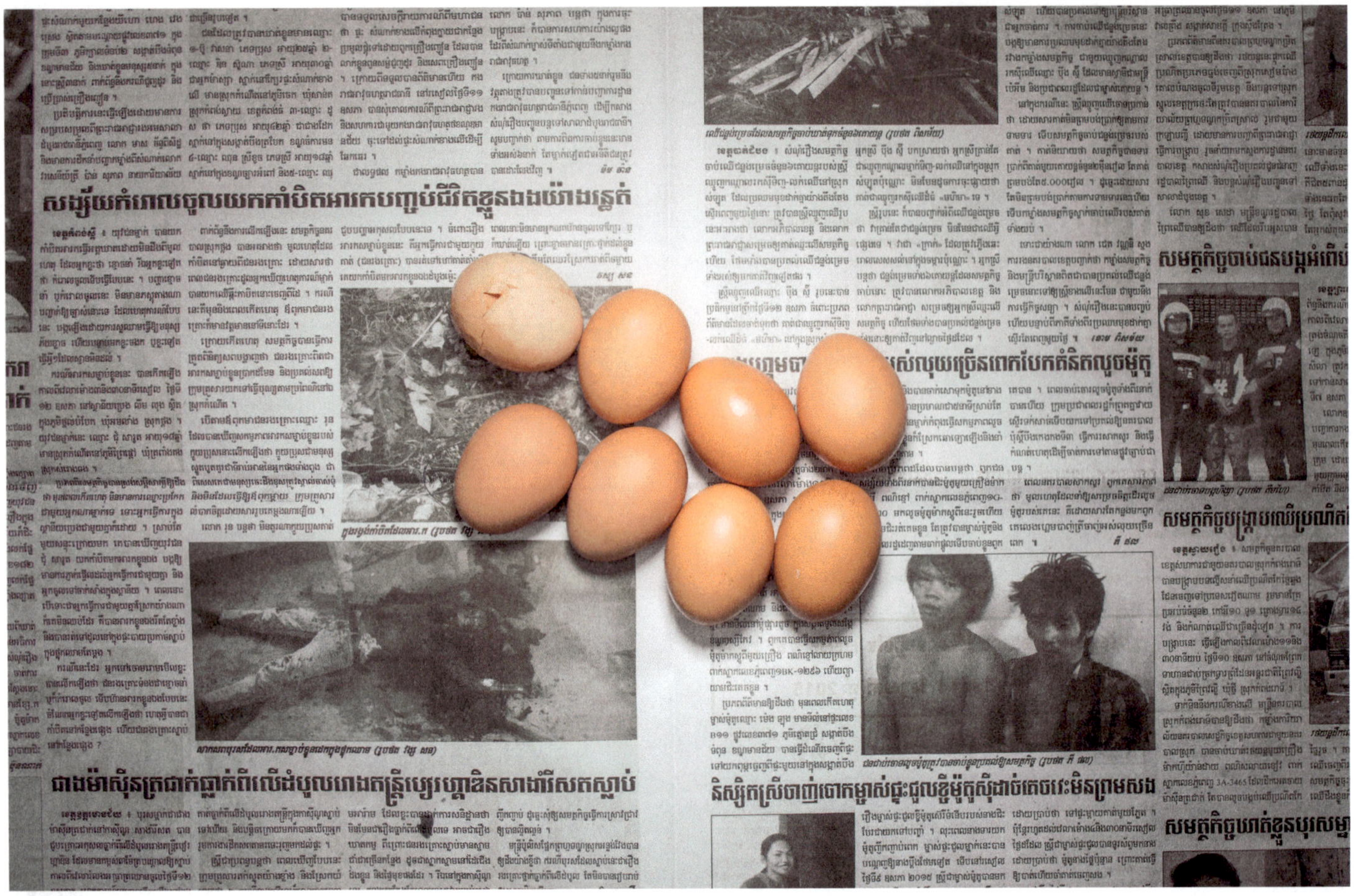

Cambodia
Phnom Penh | May 2015
KHR 3,871 [USD 0.98, EUR 0.90]

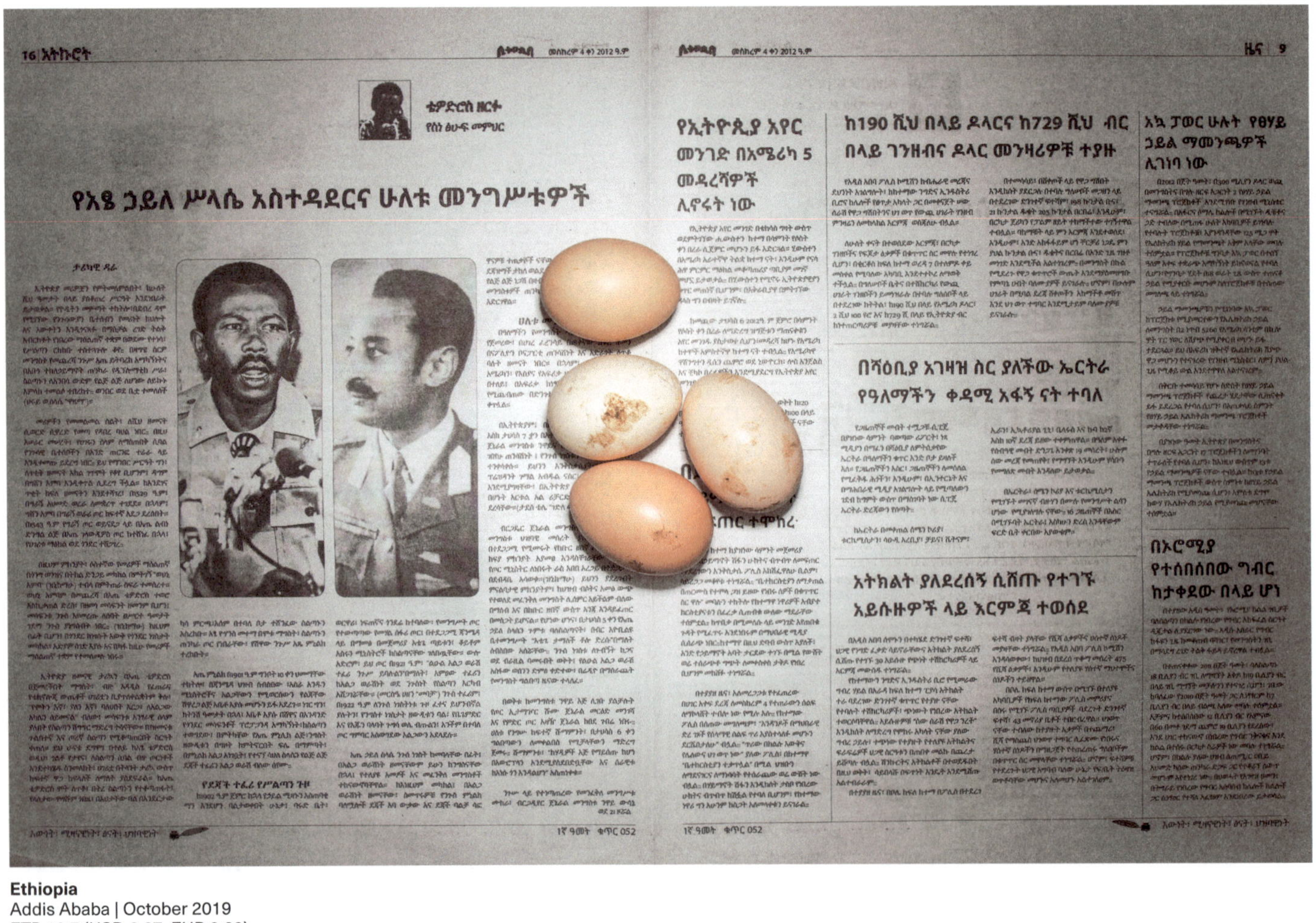

Ethiopia
Addis Ababa | October 2019
ETB 19.7 (USD 0.67, EUR 0.60)

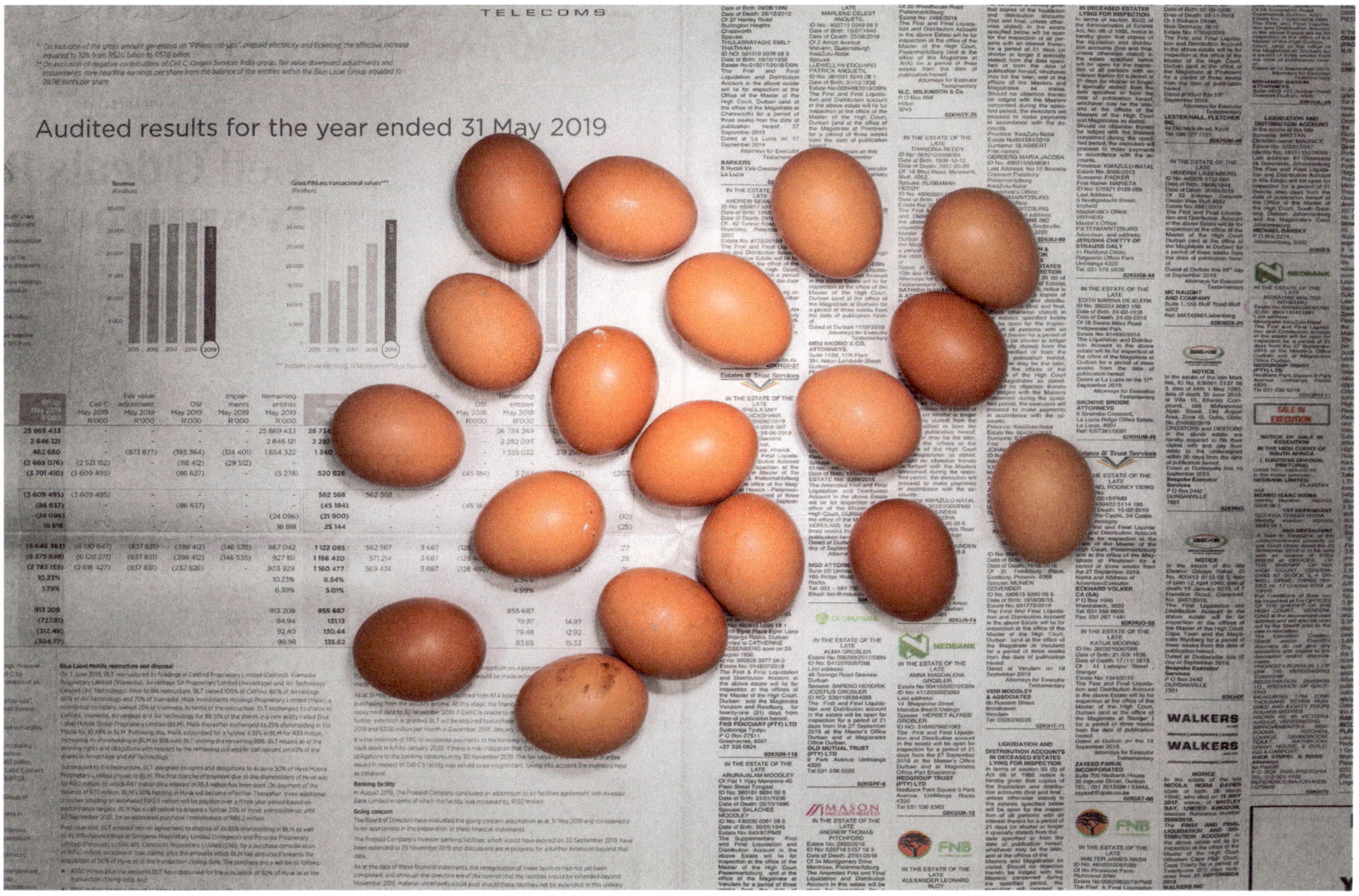

South Africa
Cape Town, October 2019
ZAR 27 (USD 1.81, EUR 1.75)

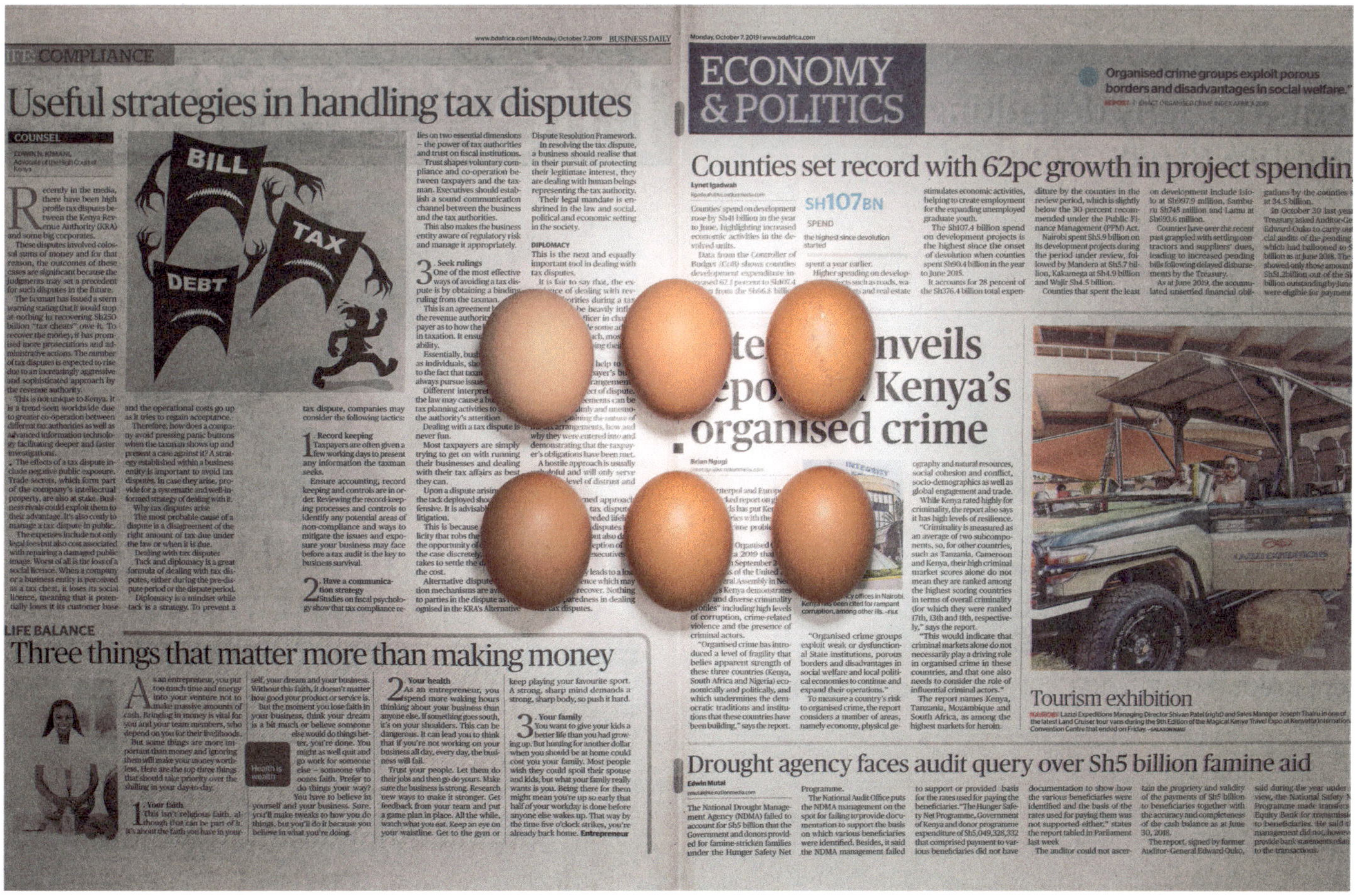

Kenya
Nairobi, September 2019
KYS 85 (USD 0.81, EUR 0.73)

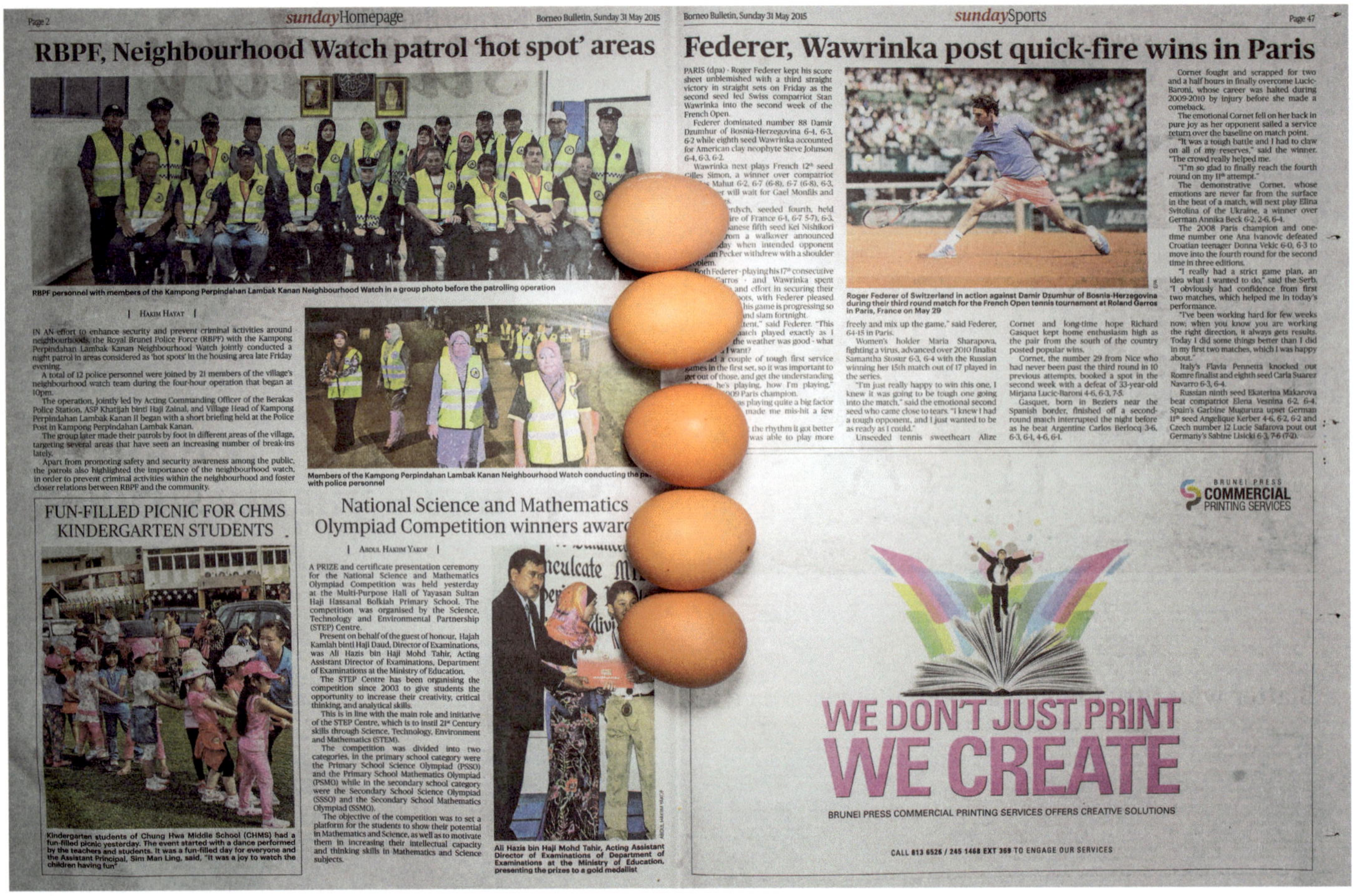

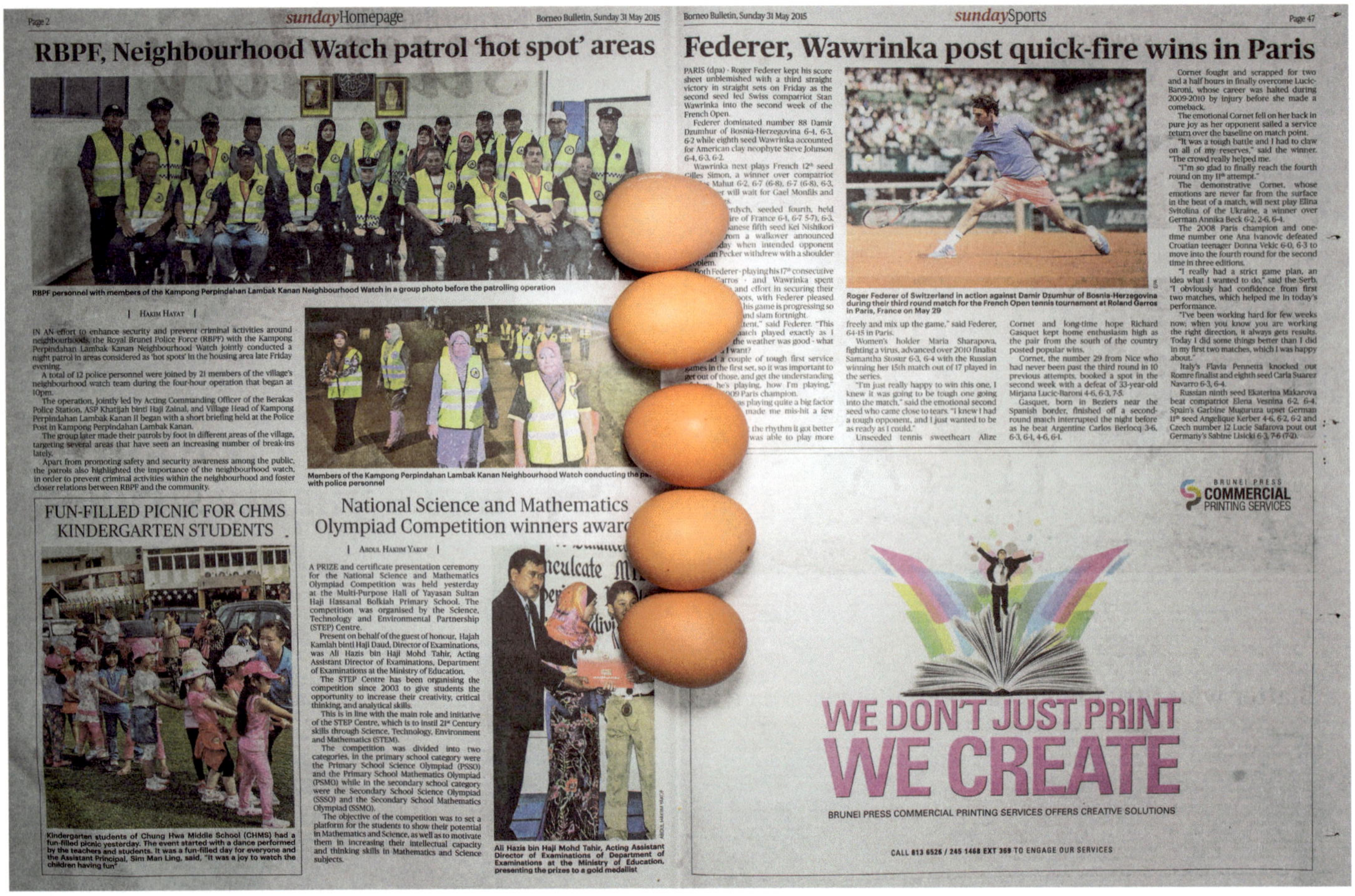

Brunei
Bandar Seri Begawan | May 2015
BND 0.93 [USD 0.69, EUR 0.62]

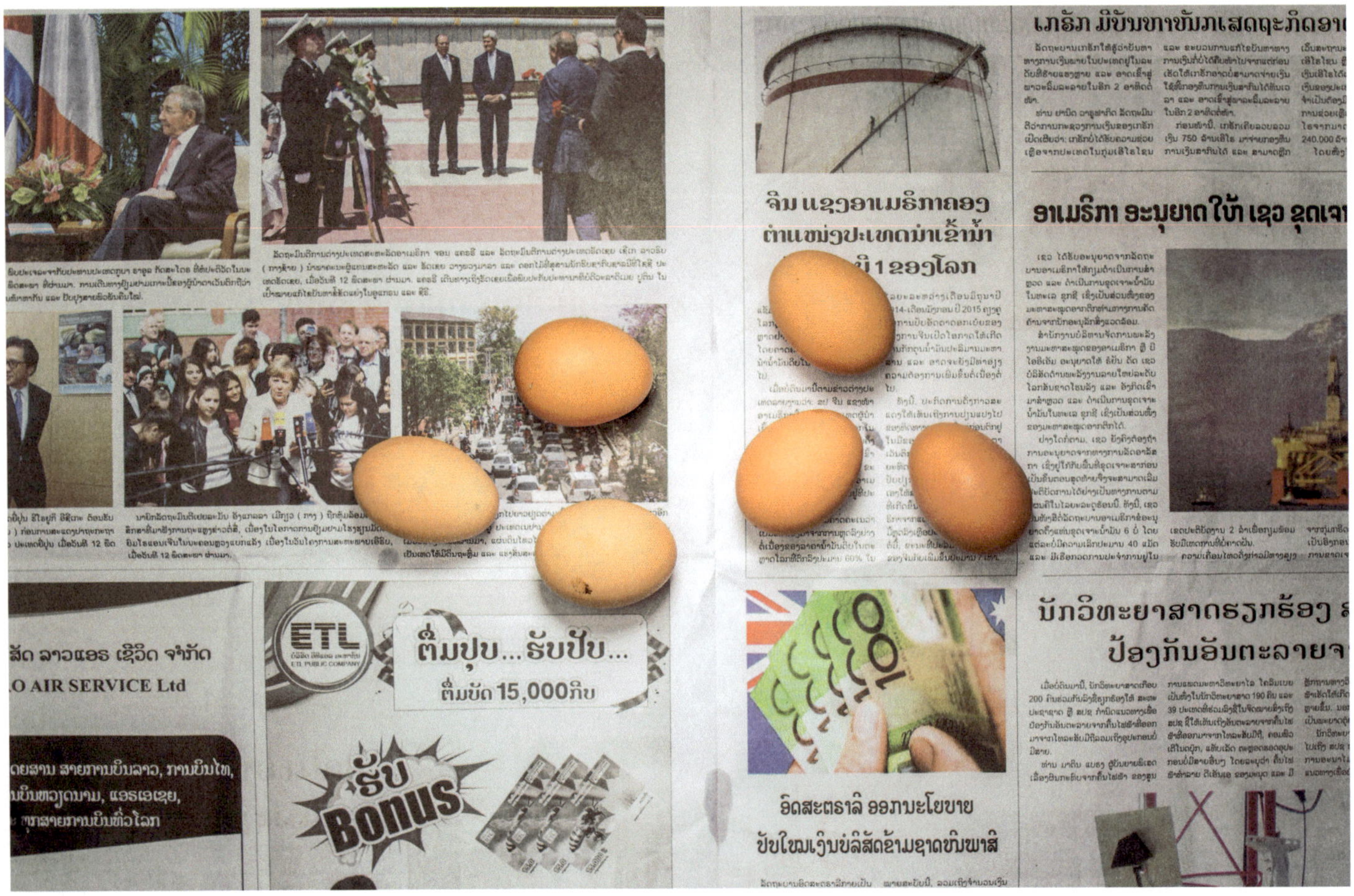

Laos
Vientiane | May 2015
LAK 6,400 [USD 0.80, EUR 0.73]

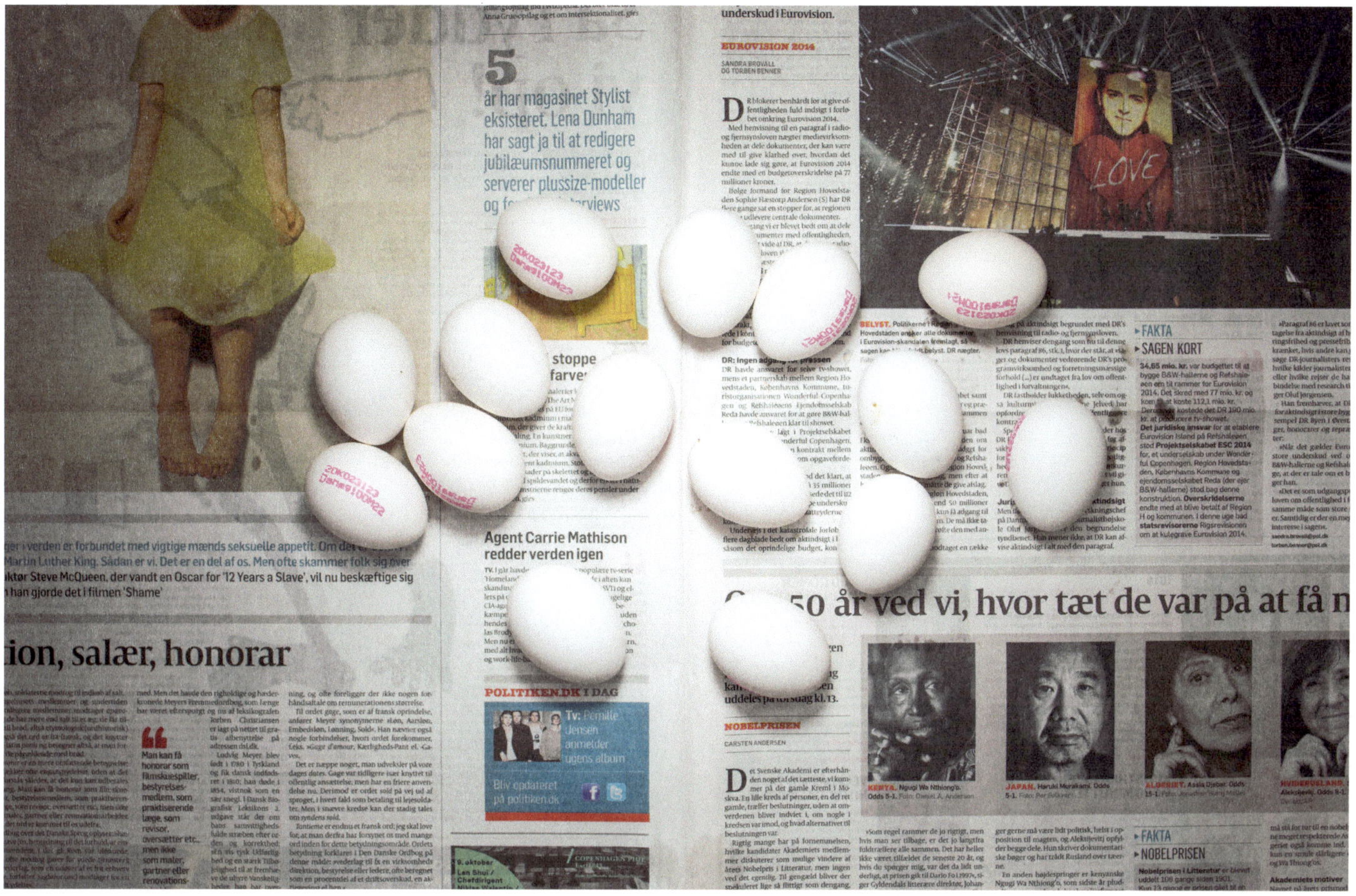

Denmark
Copenhagen | October 2014
DKK 30 [USD 5.13, EUR 3.98]

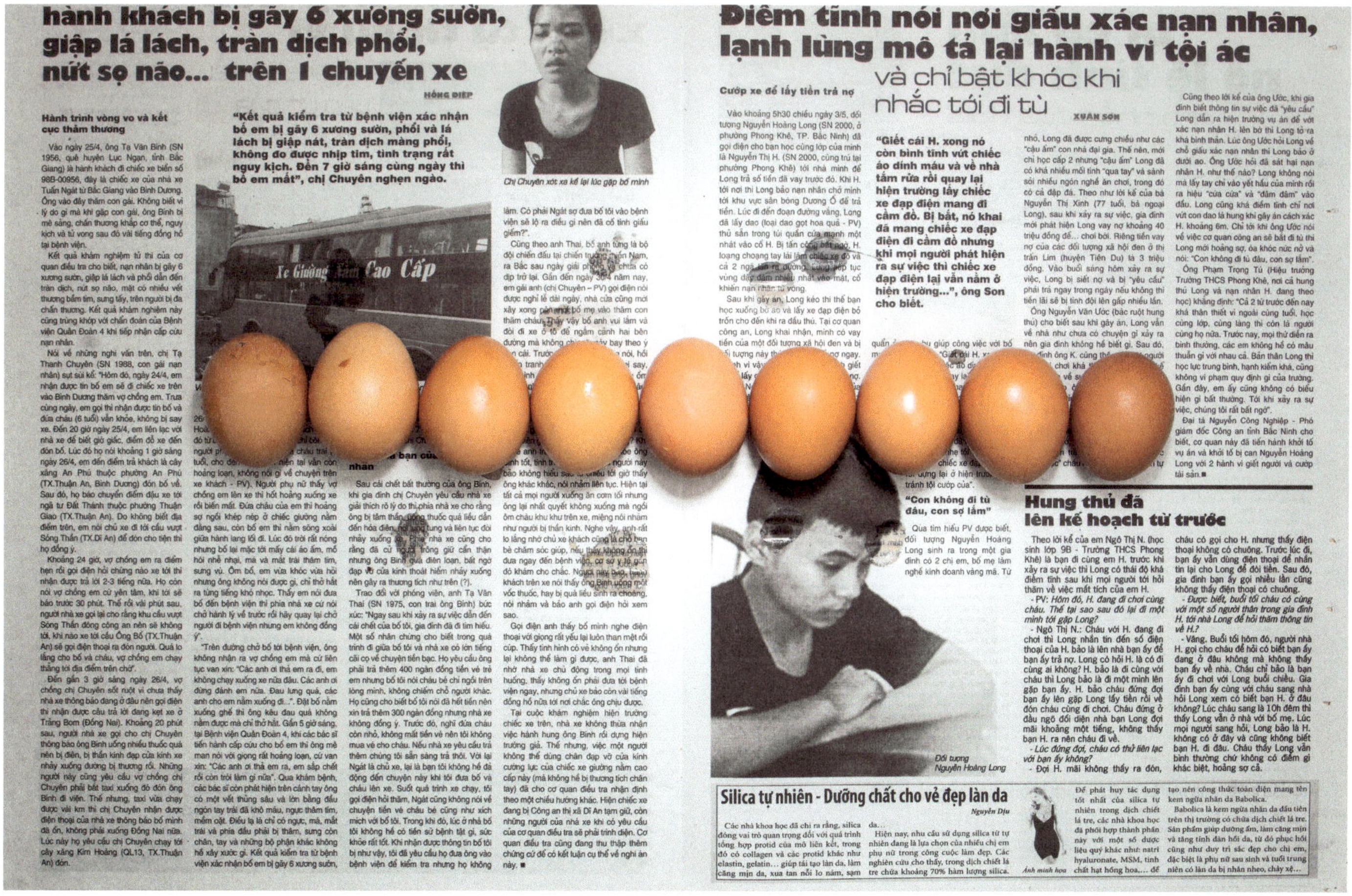

Vietnam
Hanoi | May 2015
VND 23,667 [USD 1.10, EUR 1.02]

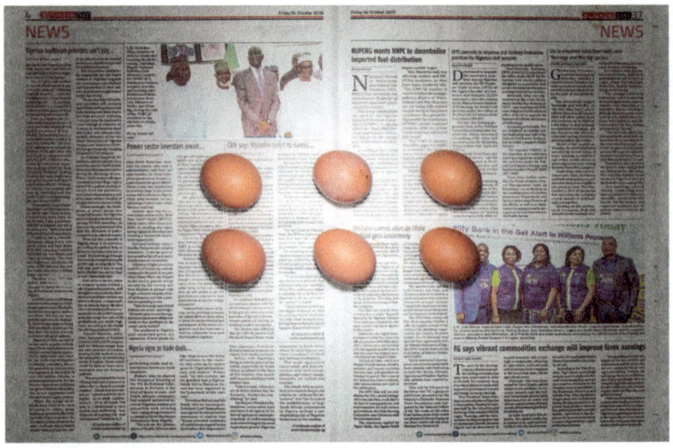

Nigeria
Lagos | October 2019
NGN 363 (USD 0.99, EUR 0.90)

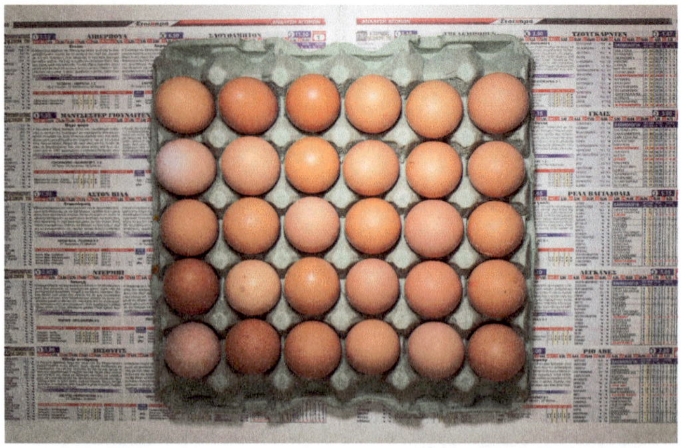

Greece
Thessaloniki | September 2018
EUR 4.02 (USD 4.68)

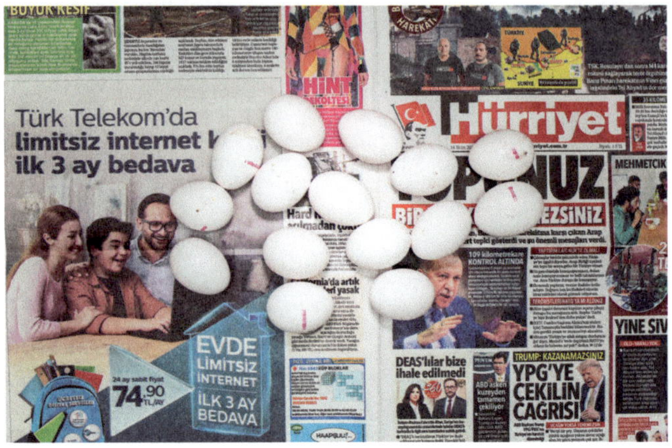

Turkey
Istanbul | October 2019
TRY 6.99 (USD 1.22, EUR 1.11)

Eggs

Chicken eggs are the most commonly consumed bird eggs. Other bird eggs that are also eaten include duck eggs and quail eggs. Besides bird eggs, fish eggs (roe, caviar) are also consumed.

Production of bird eggs has been traced back to Egypt and China at least as long ago as 1400 BC. The ancient Egyptians built egg incubation chambers fueled with dung to warm eggs so that hens would be able to lay eggs over a longer period of time. Europe's egg production started in 600 BC. The first domesticated chickens in North America were said to have been brought by explorer Christopher Columbus during his 1493 voyage.

Today around the world, various types of farms produce eggs. There are backyard producers for subsistence purposes, farm flocks (mixed farms), commercial poultry farms with joint egg and meat production, specialized egg producers and integrated egg producers (with full mechanization and automation of egg production). The cage system was introduced in the 1940s. Able to house 100,000 or more hens in multilevel cages to increase productivity, large, commercial "battery" hen operations have been built in many developed markets. However, public opposition is also leading some consumer groups and governments toward cage-free practices of egg production. France has announced a ban on eggs from battery hens being sold to consumers in supermarkets. The ban will not apply to eggs used for processed products.

The color of eggshells is dependent on the breed of egg layer. Most common commercially produced eggshells are brown or white. There are also colored shells in shades of green and blue. While many countries have traditional breeds of egg layer, large commercial operations, especially in China and the US, are increasingly choosing hybrids such as Hy-Line Silver Brown, Lohmann Silver and Dekalb White.

The egg is widely touted as a healthy and relatively cheap source of protein with low fat levels. While the consumption of eggs has been increasing in high and middle-income economies, eggs are still relatively unavailable, expensive, and infrequently consumed by women and children in many low-income countries in South Asia and sub-Saharan Africa.

Globally, 1.417 trillion chicken eggs (80.1 million tonnes) were produced in 2017, almost 12 times as many as other birds' eggs. China was the largest producer of eggs, with 529.3 billion, followed by the United States (107 billion), India (88 billion), Mexico (55 billion) and Brazil (51 billion). Most of the largest egg production companies are in the United States. The world's top five egg-producing companies are Cal-Maine Foods (US, with 40.3 million layers), Proteina Animal (Mexico, with 34.0 million layers), Rose Acre Farms (US, 26.6 million layers), CP Group (Thailand, 22.0 million layers globally) and Versova Holdings (US, 21.1 million layers).

One of the most common problems in consuming eggs is salmonella poisoning. The salmonella bacterium affects the human intestinal tract, and the worst cases can lead to death. In the US, there are 140,000 cases of salmonella poisoning from eggs each year. Eggs may be contaminated with salmonella bacteria on the eggshells (from poultry droppings) or within the egg. Different countries have different guidelines for ridding eggs of salmonella. The US Department of Agriculture requires the thorough washing of eggs involving rinsing in hot water, drying, spraying with chlorine mist, and refrigerated transportation to reach supermarket shelves. Europe mainly tries to control the occurrence of salmonella at the point of production, strictly monitoring laying hens and using vaccines to prevent salmonella.

A large egg (50 g) that is boiled or poached provides 71 kcal and contains 6.24 g of protein, 4.72 g fat, 1.55 g saturated fatty acids, 28 mg calcium, 0.87 mg iron, 98.5 mg phosphorus, 15.2 μg selenium, 28 mg calcium, 0.64 mg zinc, 79.5 μg vitamin A, 0.216 mg vitamin B2 (riboflavin), 0.375 μg vitamin B12 (cobalamin), 1 μg vitamin D, 0.52 mg vitamin E, 0.15 μg vitamin K and 250 μg lutein. The (raw) white of a large egg provides 17.2 kcal and has 0.056 g of fat, zero saturated fatty acids and 3.6 g of protein, while the (raw) yolk of a large egg provides 322 kcal, has 26.54 g of fat, 9.551 g saturated fatty acids and 15.86 g of protein. Eggs with special nutrients and vitamins are produced by using different feeds; eggs high in omega-3 fatty acids, for example, are produced by feeding flaxseeds to laying hens.

Besides being sold whole, eggs are also processed into liquid, dried and frozen forms largely for use in food processing or the food service industry. These may involve the separation of egg whites and yolks, which have different properties, for cooking purposes. The ubiquity of eggs in much of the food industry has also led to companies producing egg replacements in the past few years. Following the launch of the first substitute scrambled egg in 2015, other egg substitute products have also emerged in the form of liquid egg substitutes and egg protein products.

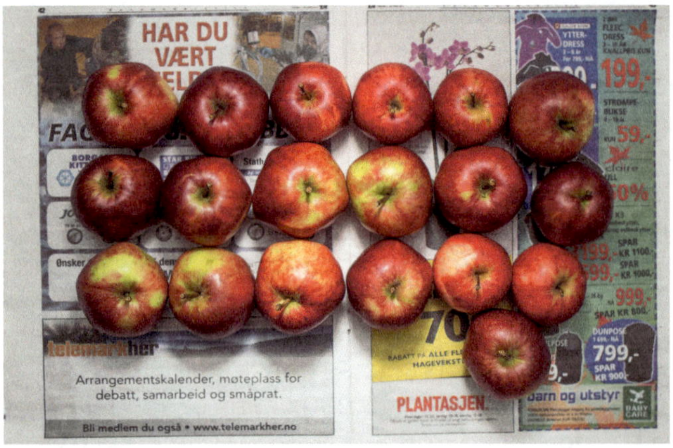

Norway
Oslo | October 2014
NOK 65 [USD 10.26, EUR 7.95]

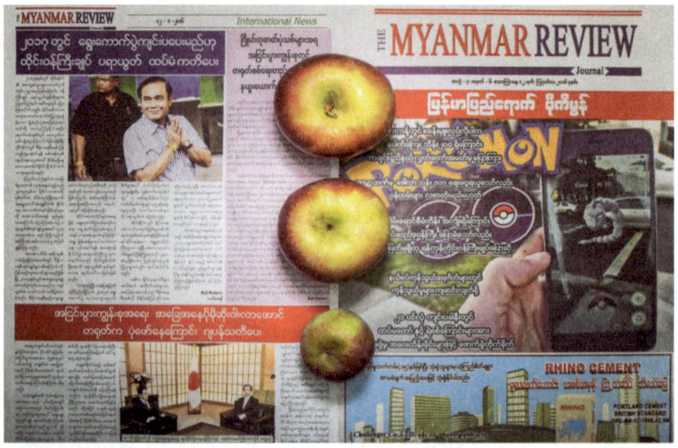

Myanmar
Yangon | August 2016
MMK 1,030 [USD 0.88, EUR 0.80]

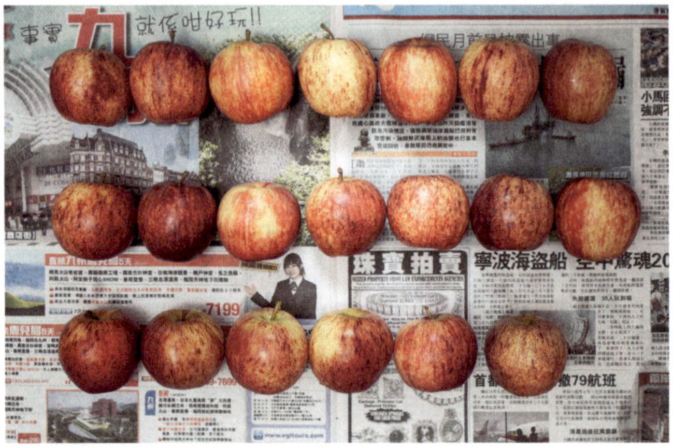

Hong Kong
Wanchai | July 2011
HKD 44.96 [USD 5.77, EUR 4.01]

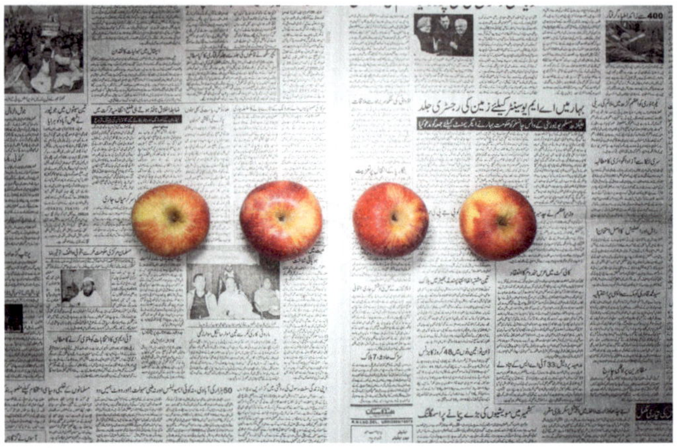

India
Delhi | December 2011
INR 32 [USD 0.60, EUR 0.46]

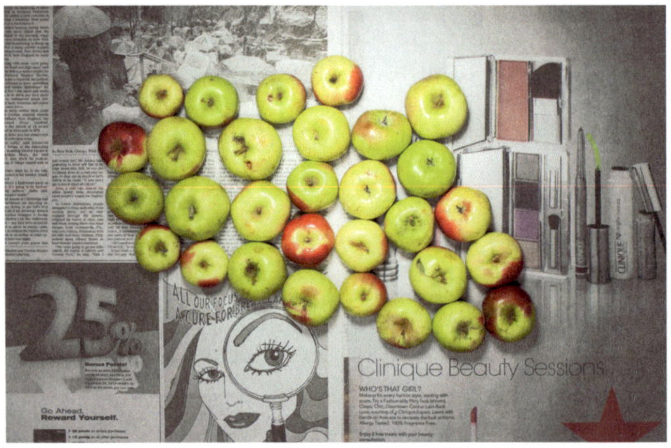

United States of America
New York | October 2011
USD 4.91 (EUR 3.60)

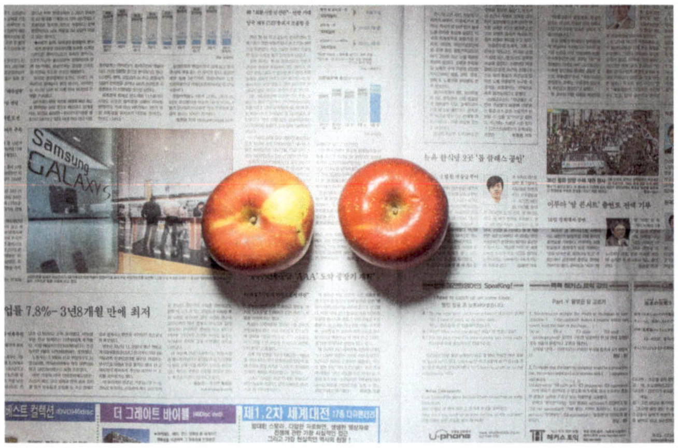

South Korea
Seoul | October 2012
KRW 2,415 [USD 2.15, EUR 1.68]

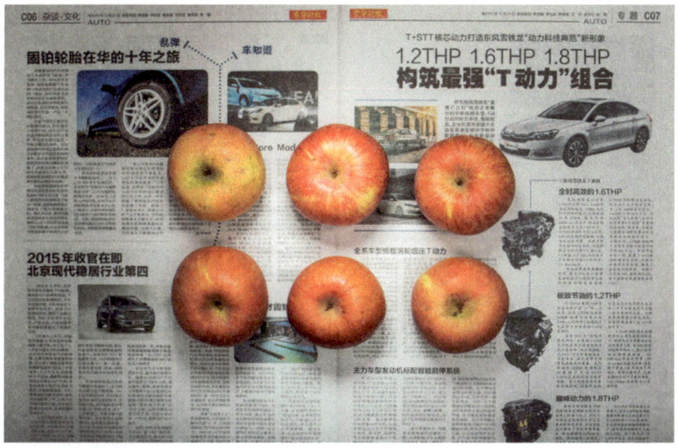

China
Beijing | January 2016
CNY 8.22 [USD 1.27, EUR 1.17]

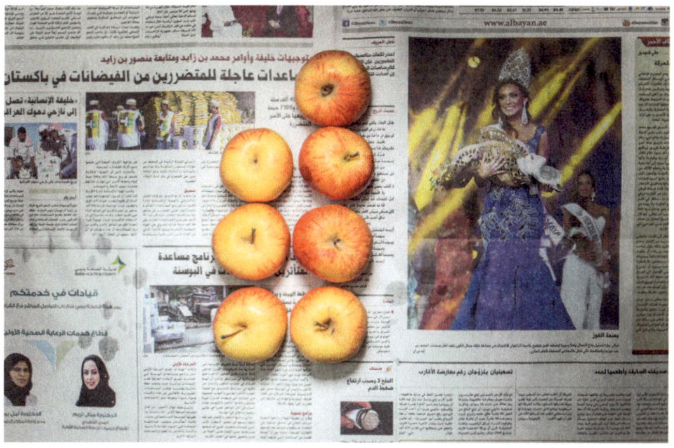

United Arab Emirates
Dubai | September 2014
AED 11.08 [USD 3.02, EUR 2.30]

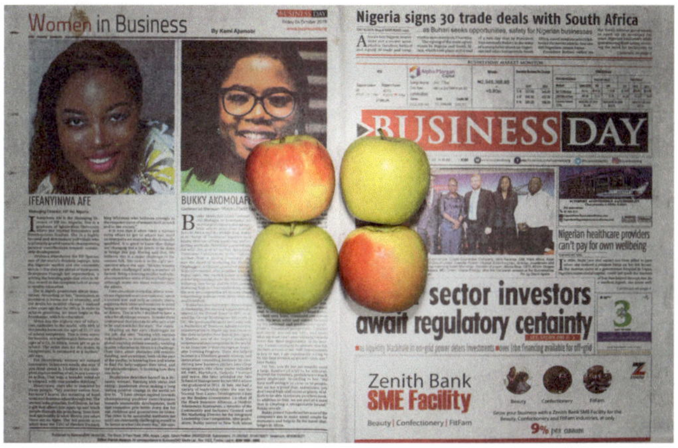

Nigeria
Lagos | October 2019
NGN 363 (USD 0.99, EUR 0.90)

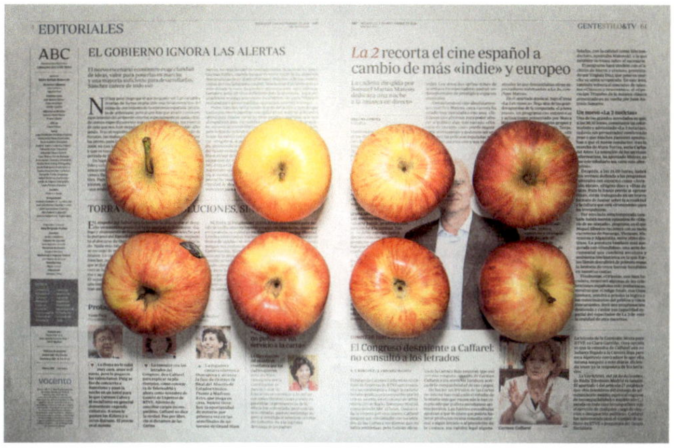

Spain
Getxo | October 2018
EUR 4.74 (USD 5.47)

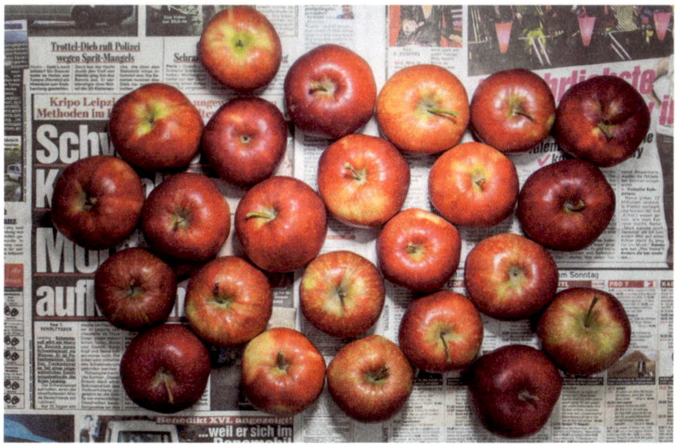

Germany
Hamburg | November 2011
EUR 4.82 (USD 6.61)

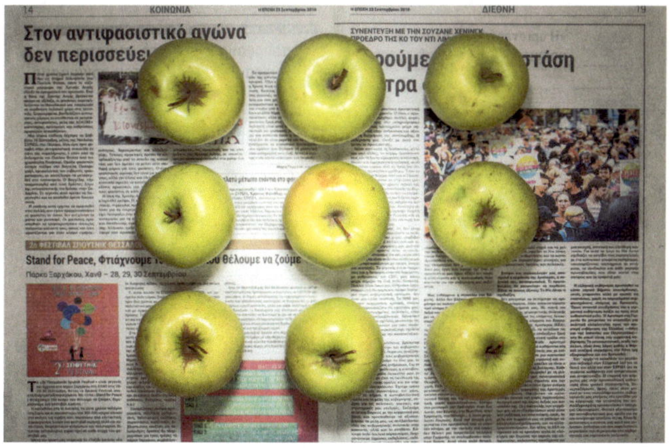

Greece
Thessaloniki | September 2018
EUR 4.02 (USD 4.68)

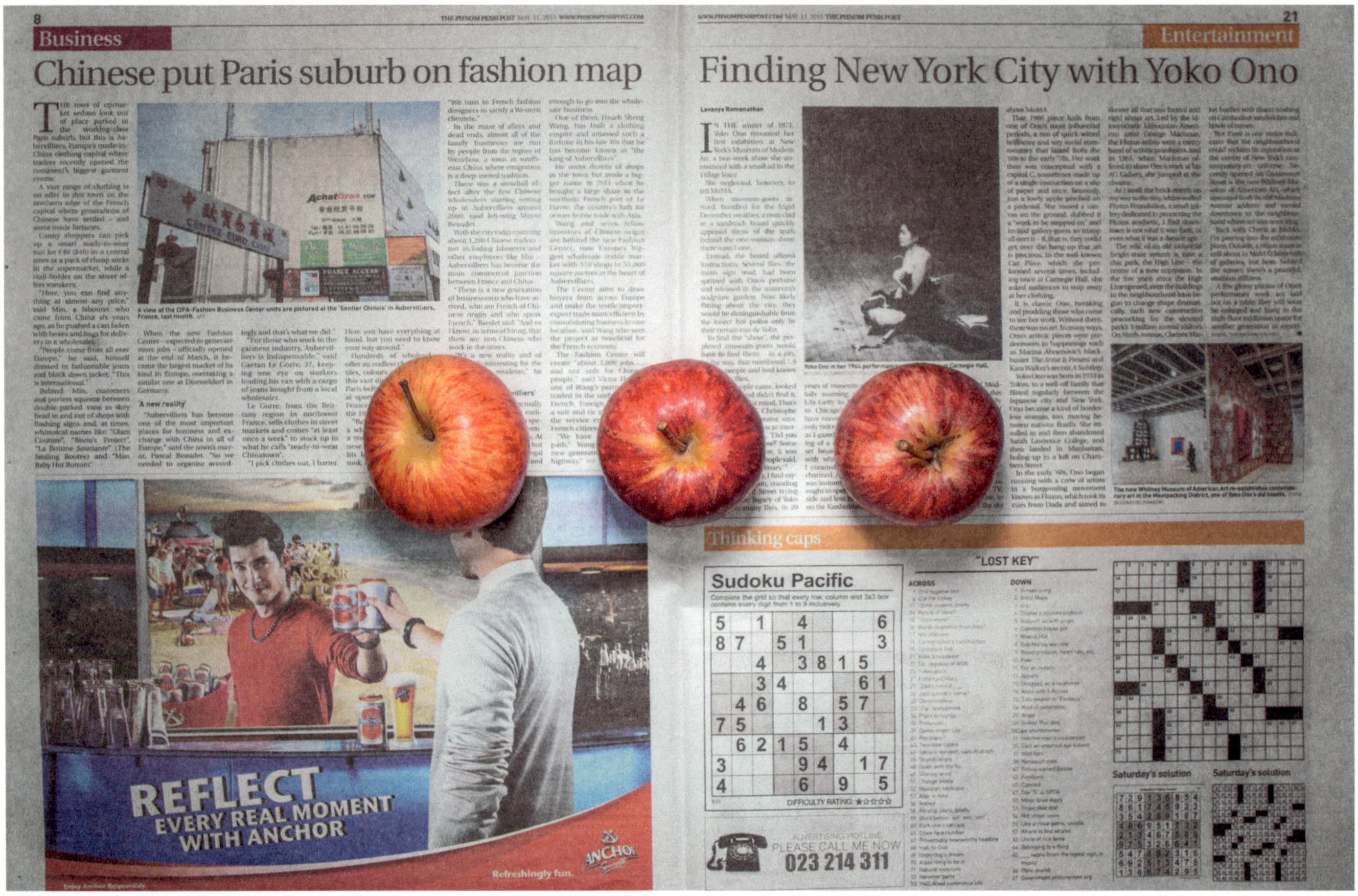

Cambodia
Phnom Penh | May 2015
KHR 3,871 [USD 0.98, EUR 0.90]

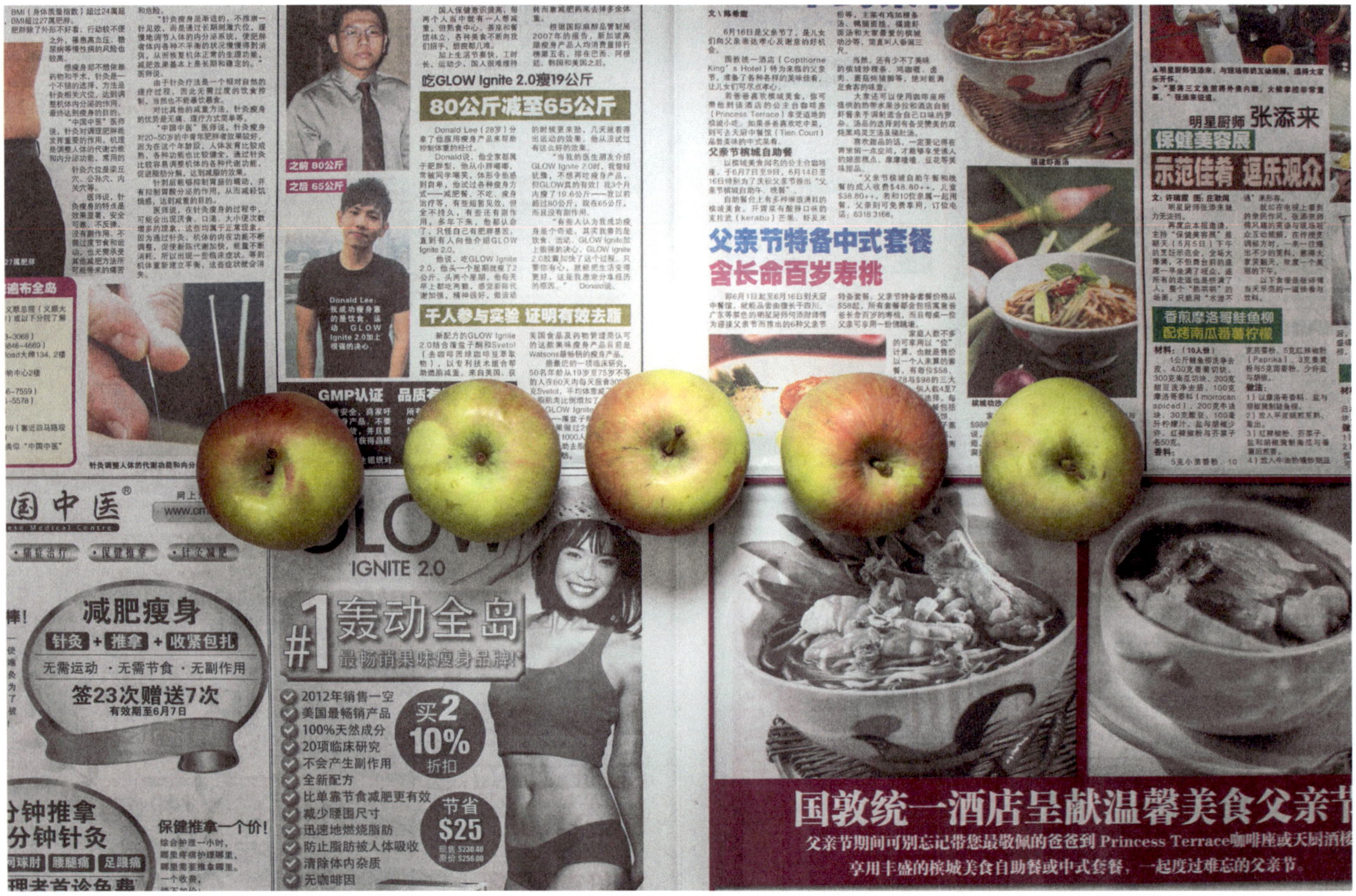

Singapore
Singapore | May 2013
SGD 2.22 [USD 1.79, EUR 1.37]

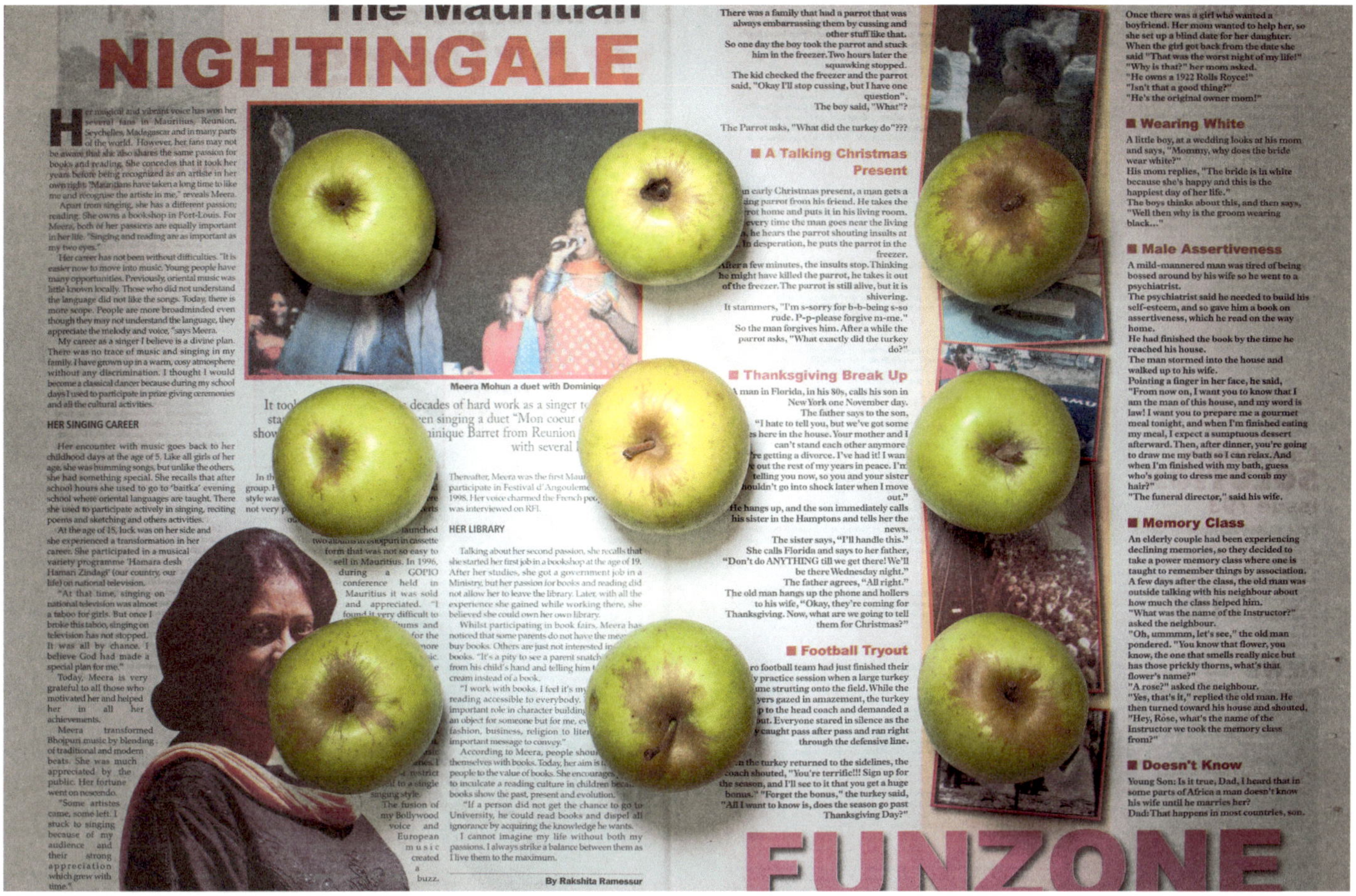

Mauritius
Port Louis | September 2011
MUR 127.37 [USD 4.37, EUR 3.08]

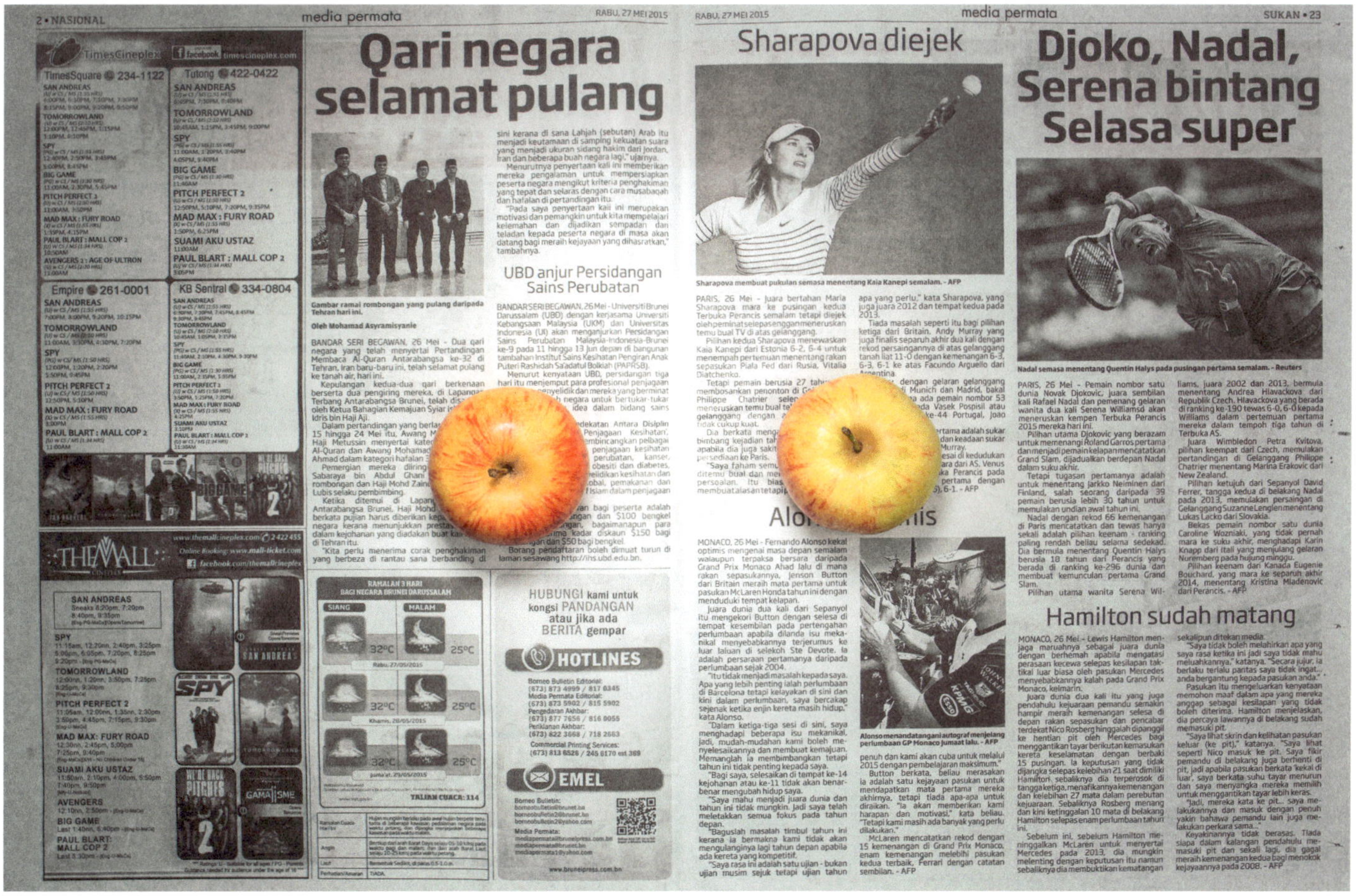

Brunei
Bandar Seri Begawan | May 2015
BND 0.93 (USD 0.69, EUR 0.62)

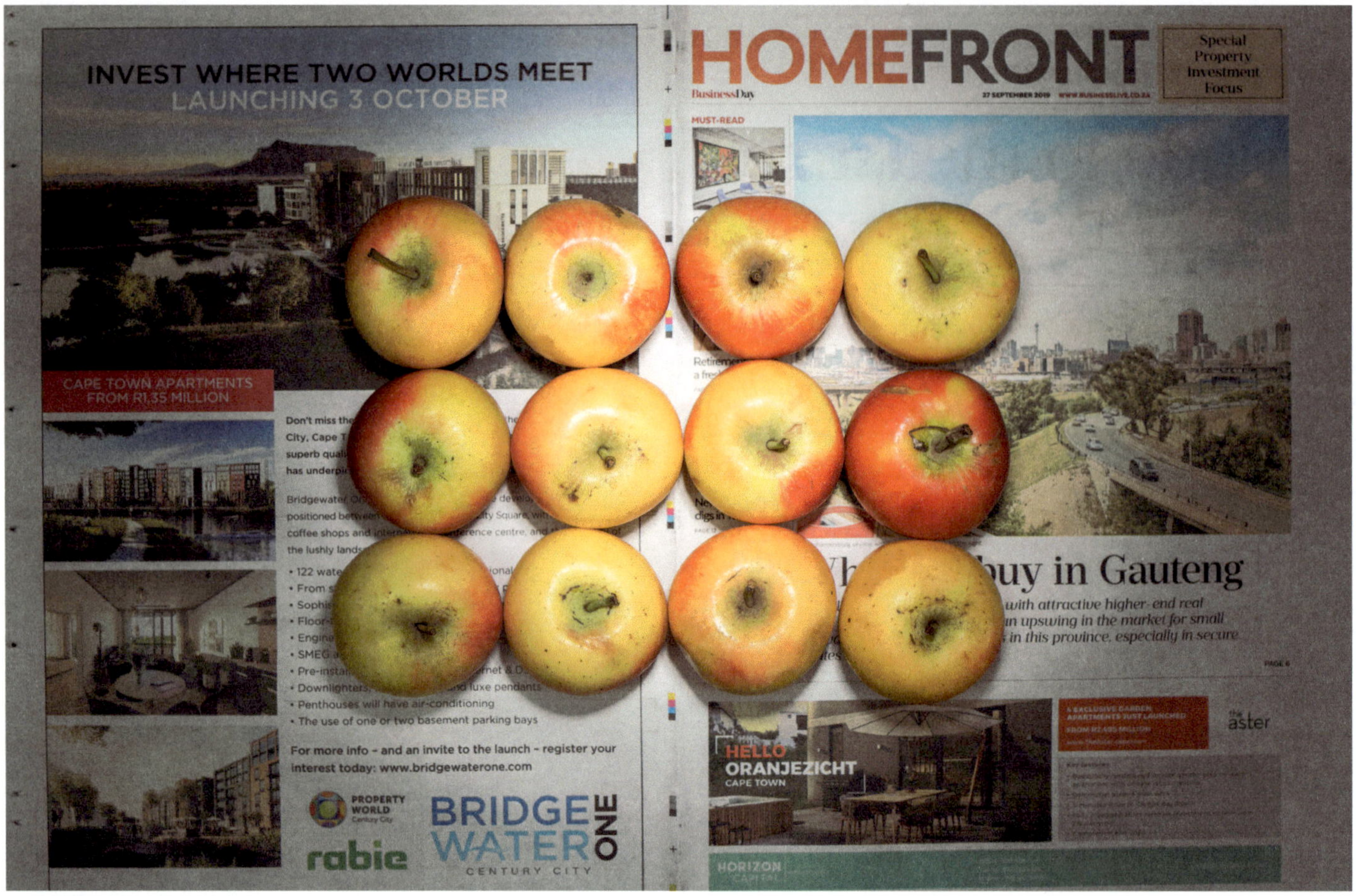

South Africa
Cape Town | October 2019
ZAR 27 [USD 1.81, EUR 1.75]

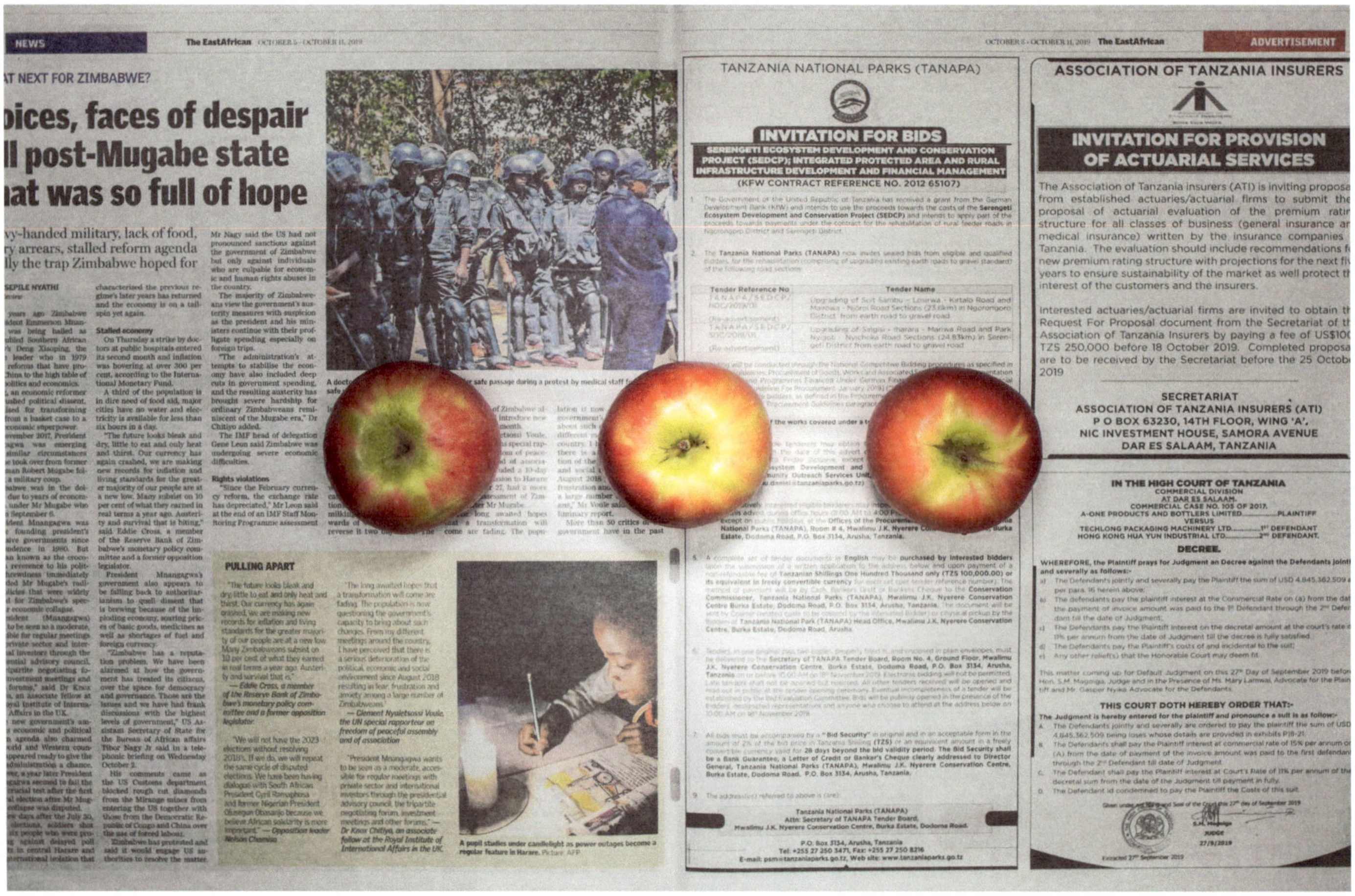

Kenya
Nairobi | September 2019
KYS 85 (USD 0.81, EUR 0.73)

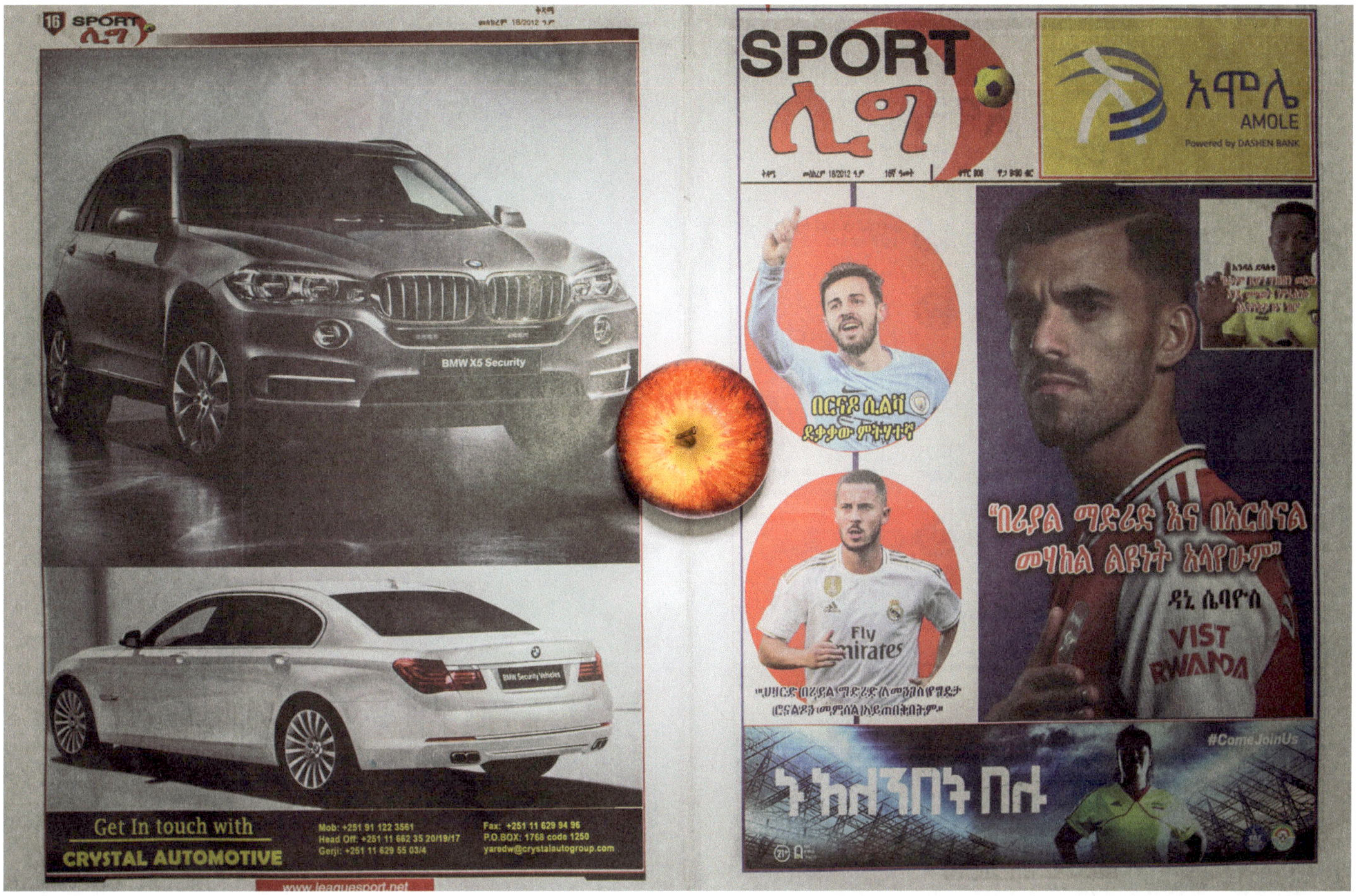

Ethiopia
Addis Ababa | October 2019
ETB 19.7 (USD 0.67, EUR 0.60)

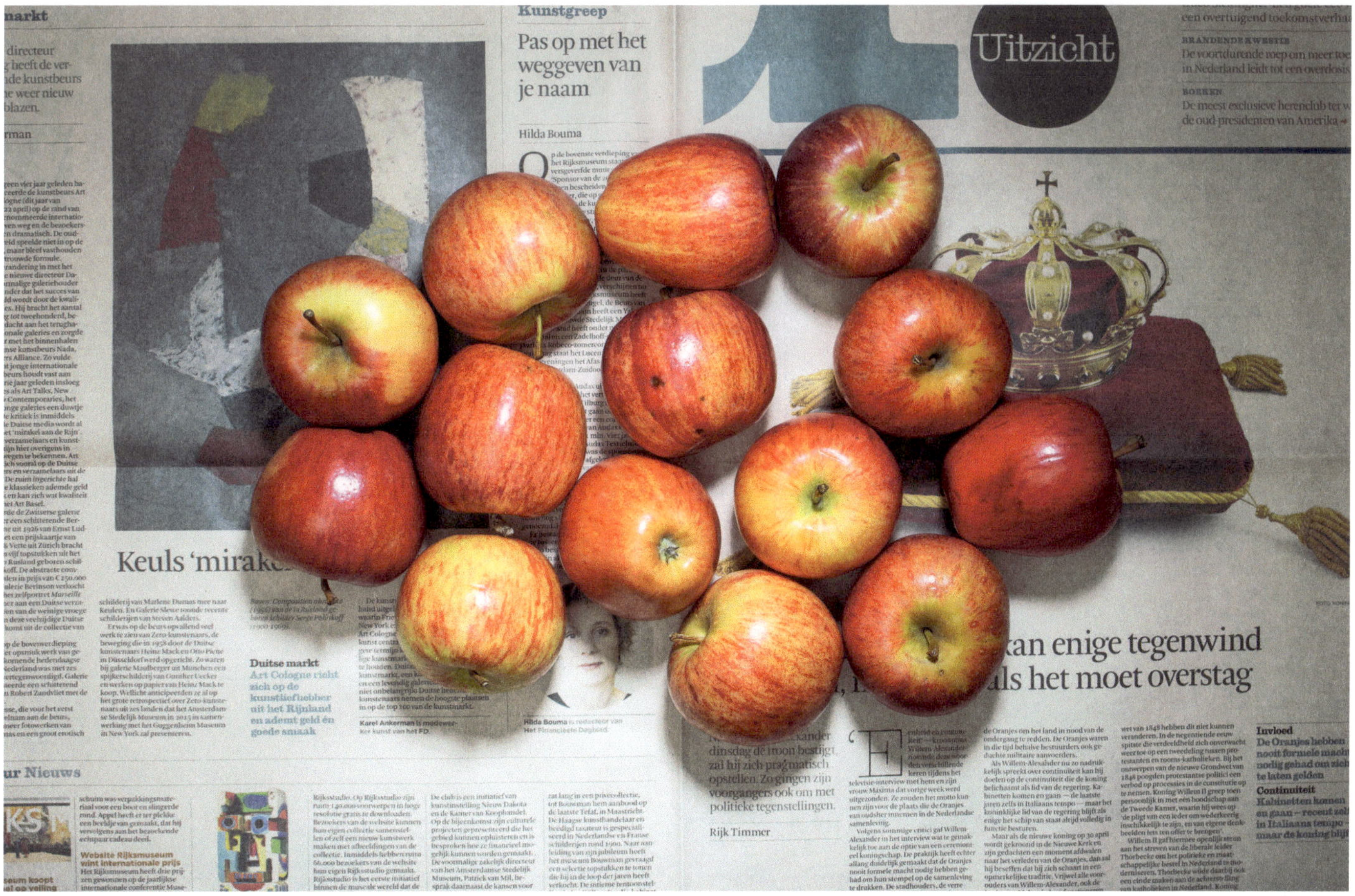

Netherlands
Amsterdam | April 2013
EUR 4.83 (USD 6.27)

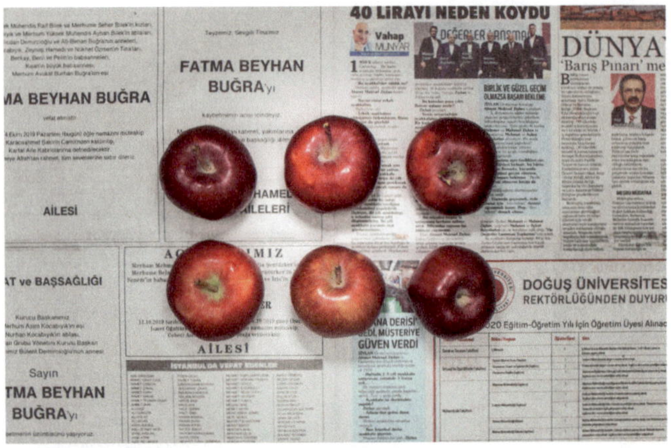

Turkey
Istanbul | October 2019
TRY 6.99 (USD 1.22, EUR 1.11)

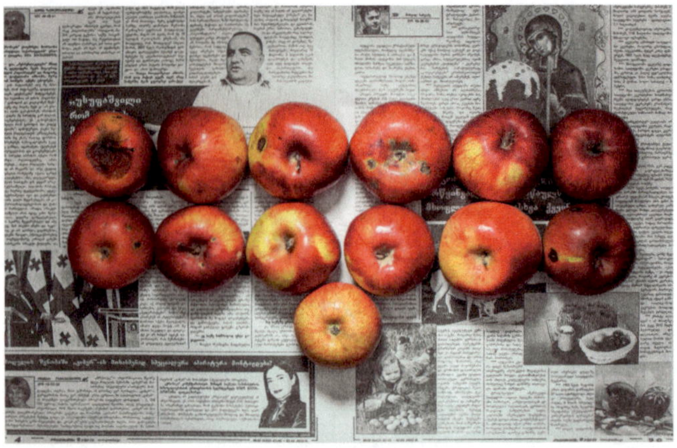

Georgia
Tbilisi | May 2013
GEL 3.64 (USD 2.20, EUR 1.69)

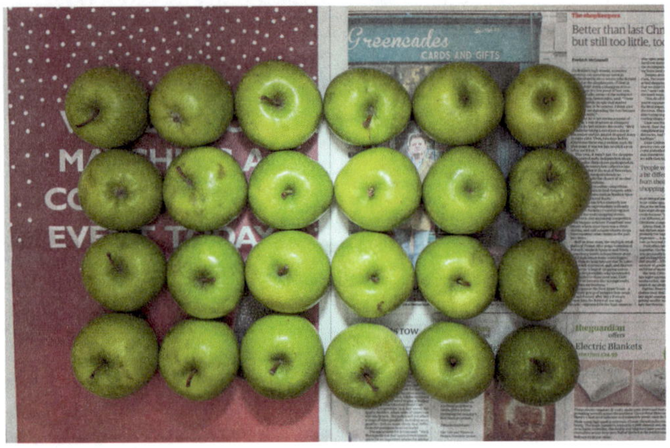

United Kingdom
London | December 2013
GBP 5.85 (USD 9.47, EUR 7.01)

Apples

The apple is the fruit of *Malus domestica* (Rosaceae family). It is the most common fruit crop in the temperate zone and is one of the most widely grown tree fruits in the world. The apple is a pome fruit, where the fruit core develops from an inferior ovary. Apple fruits usually measure about 5–10 cm across. Other examples of pomes are pears and quinces.

The domestic apple's main ancestor – a crab apple variety, *Malus sieversii* – originated in Central Asia. It is still found in Kazakhstan in the Tian Shan mountainous region, growing between 900 and 1,600 meters above sea level. The apple was brought out of Central Asia into Mesopotamia and Europe at least 3,000 years ago. As it traveled, it crossed with other crab apple species in the different localities, including *M. sylvestris* from Europe, *M. baccata* (L.) Borkh. from Siberia and *M. orientalis* Uglitzk. from the Caucasus. The apple was spread around Europe and North Africa by the Greeks and Romans. China's large-scale apple production was sparked by the apple varieties brought into China's Yantai county (Shandong province) by American missionary John Livingston Nevius in 1871.

China is by far the top producer of apples in the world. Global production of fresh apples for 2019–20 was forecast to be 75.7 million, of which China accounts for 54% (41 million tonnes). China saw a large decline of 25% in apple production in 2018 due to severe frost in the key apple cultivation provinces Hebei and Shaanxi, but the country's production has since recovered. The other top producers are the United States, Turkey, Poland and India. However, the highest yields were achieved by Switzerland (59 tonnes per hectare in 2017) and New Zealand (53 tonnes per hectare). The average yield in the United States was 40 tonnes per hectare, while China's was 19 tonnes per hectare in 2017.

The main apple-related trade is in whole apples, single-strength apple juice and apple juice concentrate. China is the top exporter of whole apples and single-strength apple juice – 1.33 million tonnes of whole apples and 655,523 tonnes of single-strength apple juice in 2017. The top exporter of apple juice concentrate is Poland (223,929 tonnes). Germany is the second-biggest exporter of single-strength apple juice (310,663 tonnes in 2017) and also the top importer of apples (790,276 tonnes) as well as the second-biggest importer of single-strength apple juice (272,366 tonnes).

Apple varieties can be classified by purpose into three categories: dessert (to be eaten as a fruit), cooking and cider. Fuji is the leading variety in China, accounting for more than 70% of the apples produced there. In the EU, the most popular varieties planted are Golden Delicious, Gala and Idared (2014–17).

The apple has a high level of heterozygosity, so seeds do not consequently inherit a parent tree's characteristics. Thus for commercial cultivation, clones of a variety are used by grafting a scion from a mature parent tree onto a rootstock from another species. The rootstock can also help to control tree size to increase production efficiency during harvesting and increase yield. Rootstocks have been used for apple tree production for more than 2,000 years. There are four types of apple rootstock used: dwarf, semi-dwarf, semi-vigorous/semi-standard (about two-thirds of the standard size), and vigorous/standard. Rootstocks are also evaluated for their winter hardiness, resistance to disease and insects, and incidence of burrknots and root suckers.

Apples are harvested when mature, but not fully ripe. The fruit is susceptible to bruising if dropped or crushed, and bruised apples deteriorate quickly. Apples keep well if stored in ideal conditions. The fruit continues to live and respire after it is harvested from the tree. Post-harvest practices help to protect and slow down the natural aging or deterioration of the apple. Commercial apples are usually dipped in or sprayed with chemicals such as calcium chloride, scald inhibitors, surfactants and fungicides. Then they are kept in cool conditions with controlled humidity (90–95%), and some with specific gaseous atmospheres (reduced oxygen and increased carbon dioxide concentration). The modern storage system ensures that apples are available year-round for consumption.

Nutritionally, apples are known to be a good source of fiber and essential vitamins and minerals, and are recommended for daily consumption. A medium-sized apple (182 g, 7.6 cm in diameter) contains 156 g of water, 94.6 kcal, 4.37 g of dietary fiber, 8.37 mg vitamin C, 5.46 µg vitamin A, 10.9 mg calcium, 20 mg phosphorus and 195 mg potassium.

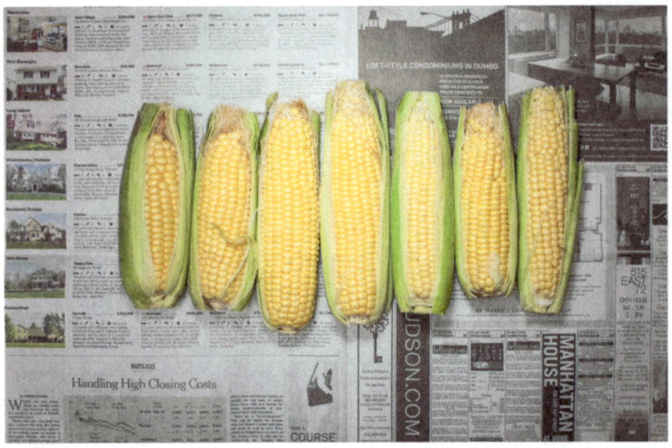

United States of America
New York | October 2011
USD 4.91 (EUR 3.60)

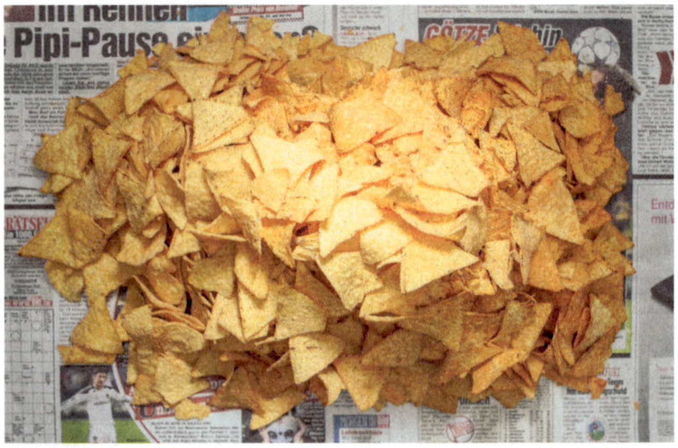

Germany
Hamburg | November 2011
EUR 4.82 (USD 6.61)

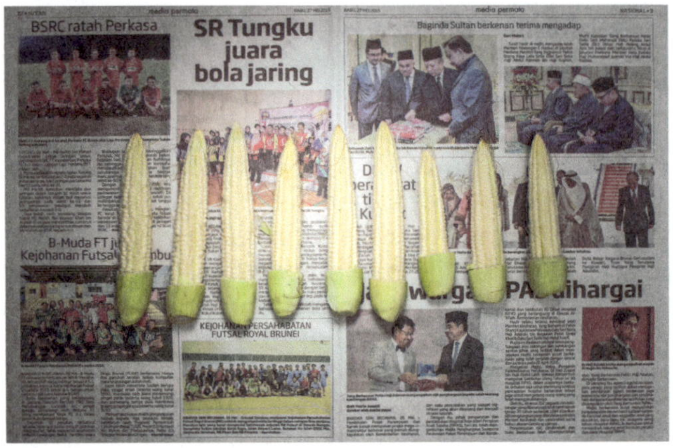

Brunei
Bandar Seri Begawan | May 2015
BND 0.93 (USD 0.69, EUR 0.62)

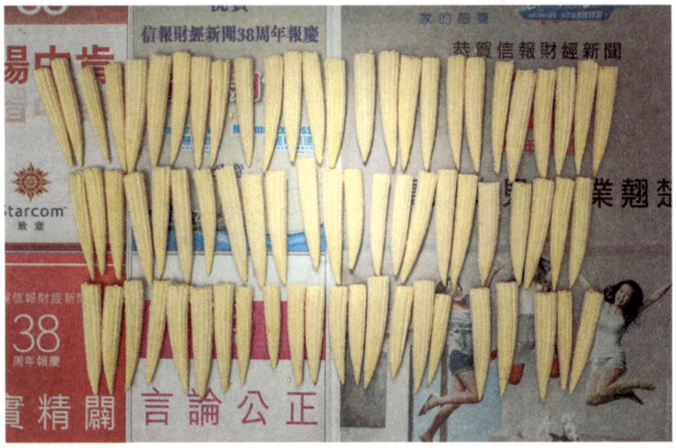

Hong Kong
Wanchai | July 2011
HKD 44.96 (USD 5.77, EUR 4.01)

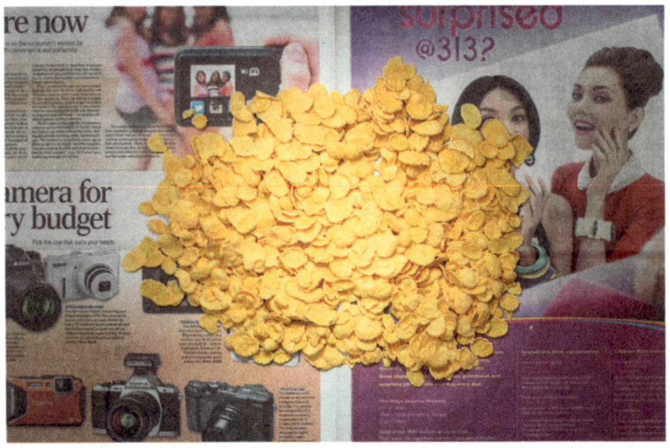

Singapore
Singapore | May 2013
SGD 2.22 (USD 1.79, EUR 1.37)

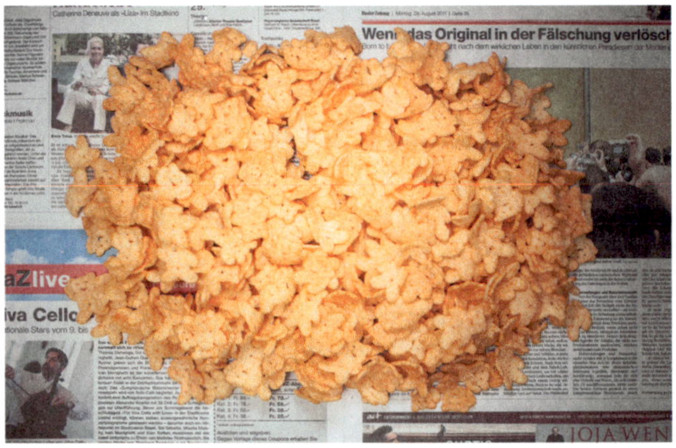

Switzerland
Geneva | August 2011
CHF 7.97 (USD 10.25, EUR 7.15)

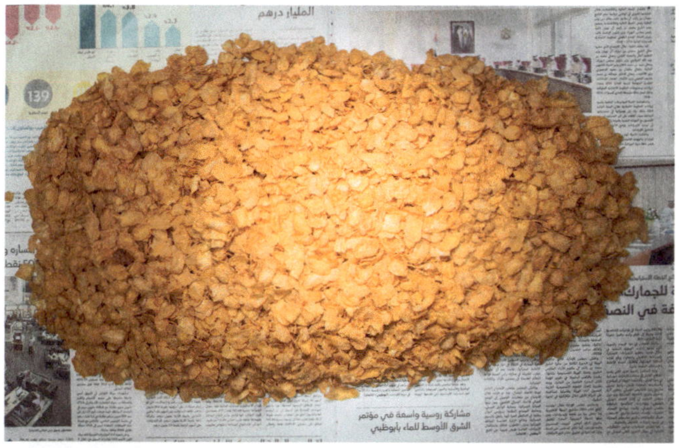

United Arab Emirates
Dubai | September 2014
AED 11.08 [USD 3.02, EUR 2.30]

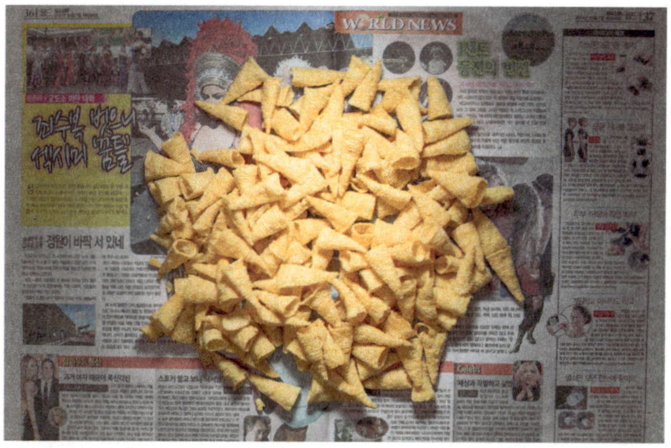

South Korea
Seoul | October 2012
KRW 2,415 [USD 2.15, EUR 1.68]

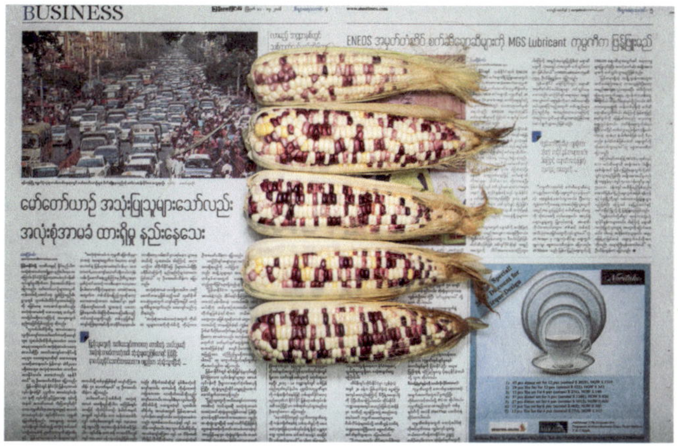

Myanmar
Yangon | August 2016
MMK 1,030 (USD 0.88, EUR 0.80)

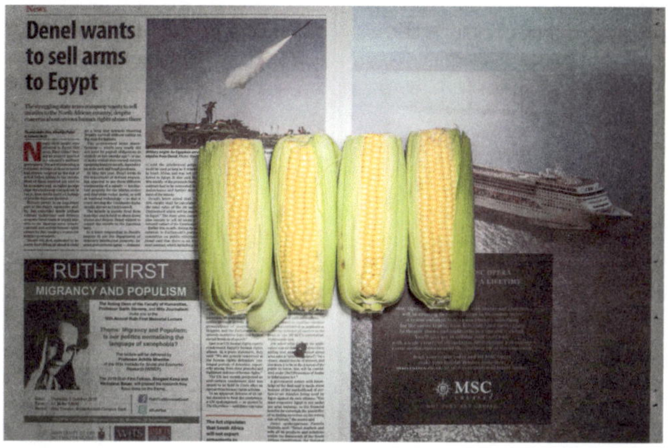

South Africa
Cape Town | October 2019
ZAR 27 [USD 1.81, EUR 1.75]

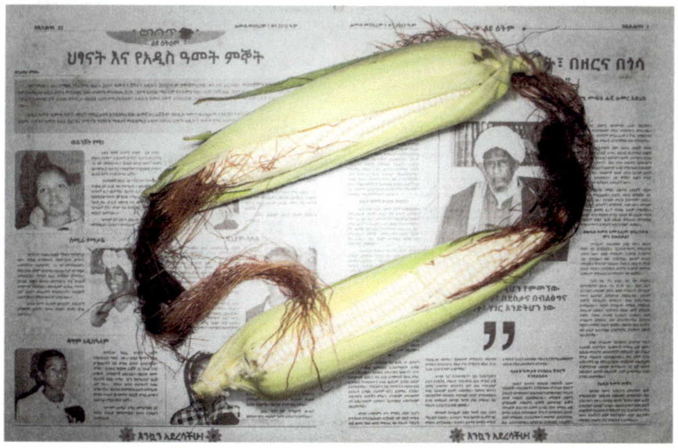

Ethiopia
Addis Ababa | October 2019
ETB 19.7 (USD 0.67, EUR 0.60)

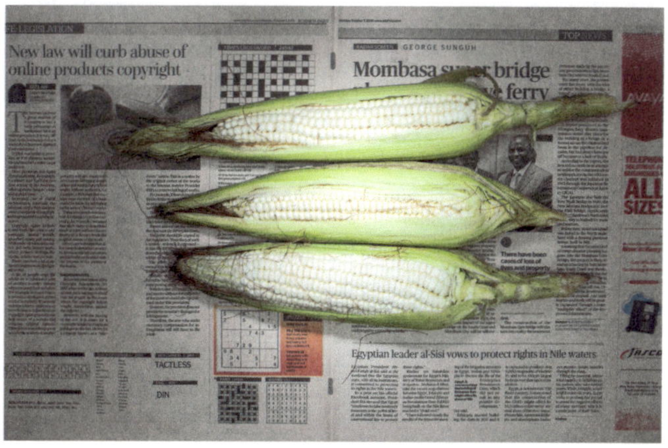

Kenya
Nairobi | September 2019
KYS 85 (USD 0.81, EUR 0.73)

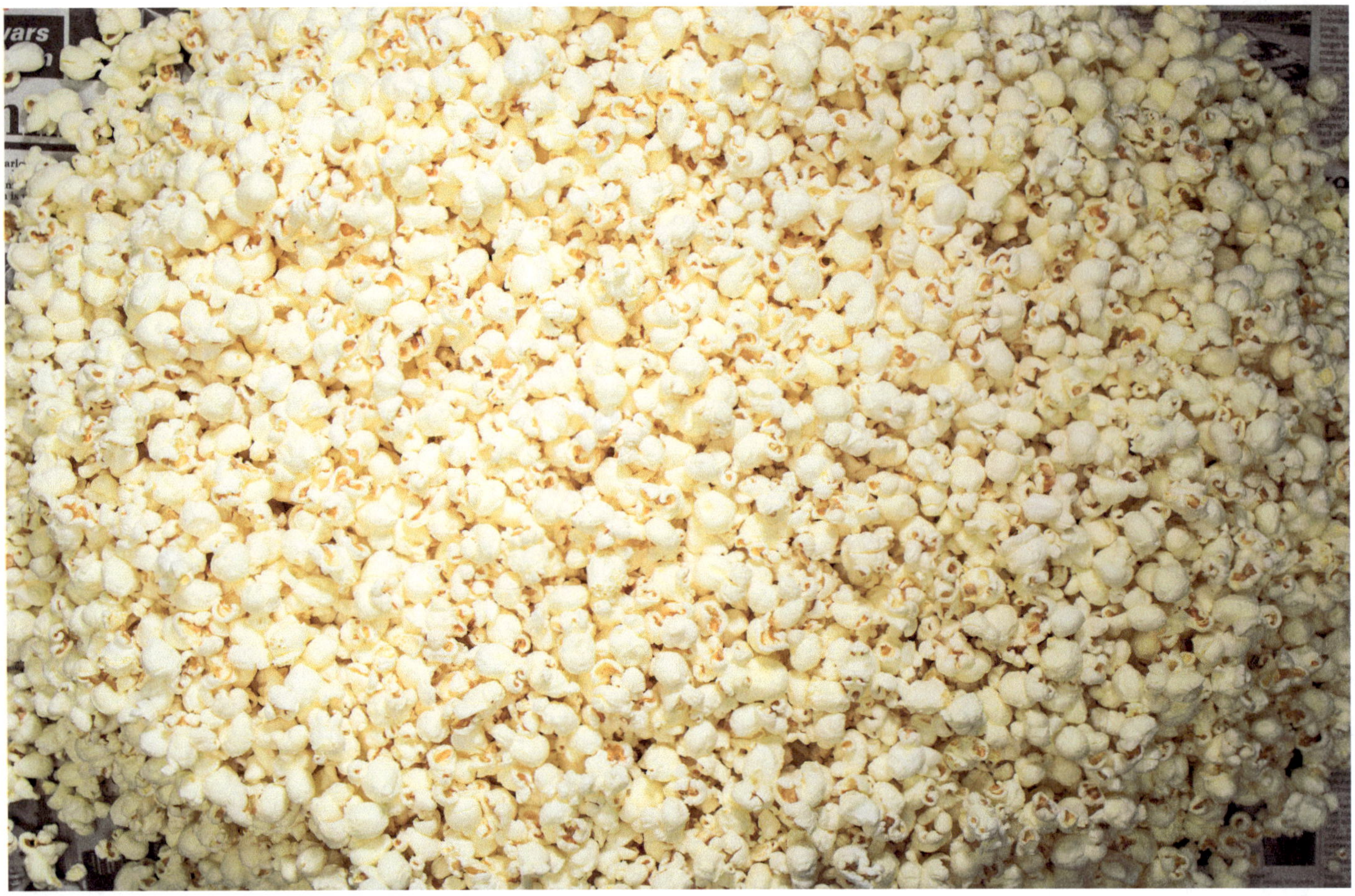

Netherlands
Amsterdam | April 2013
EUR 4.83 (USD 6.27)

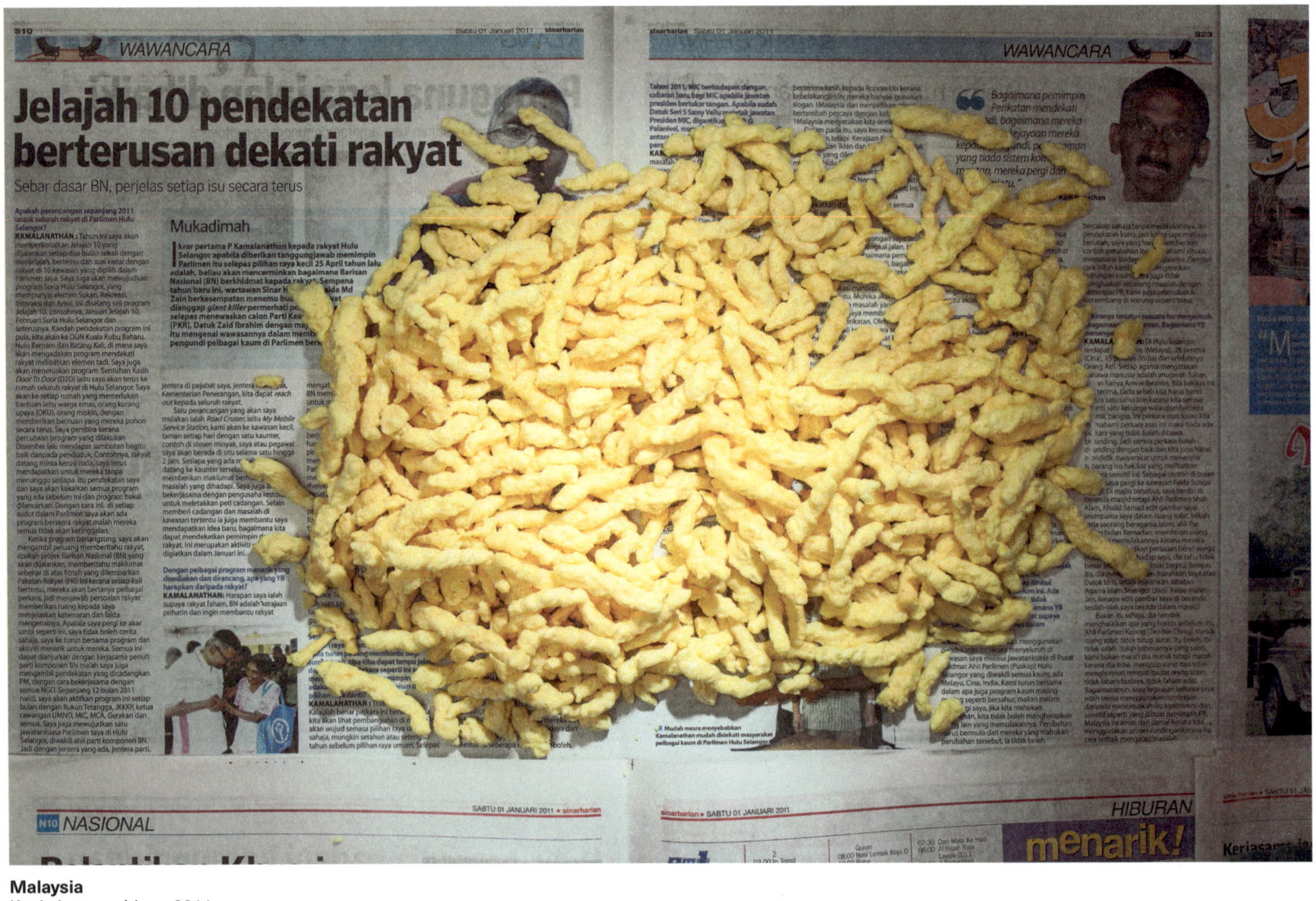

Malaysia
Kuala Lumpur | June 2011
MYR 4.17 (USD 1.33, EUR 0.99)

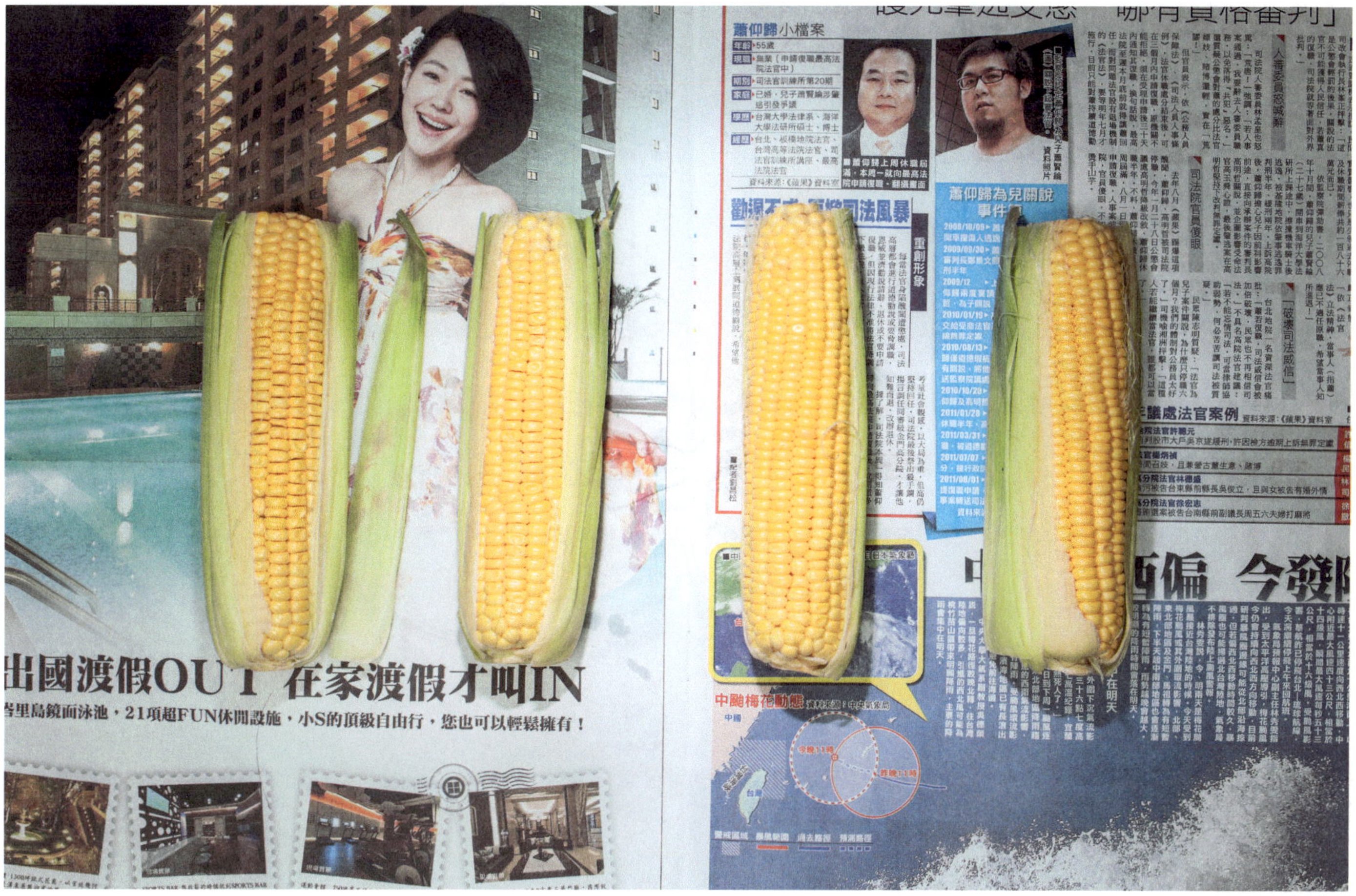

Taiwan
Taipei | August 2011
TWD 56.96 (USD 1.97, EUR 1.39)

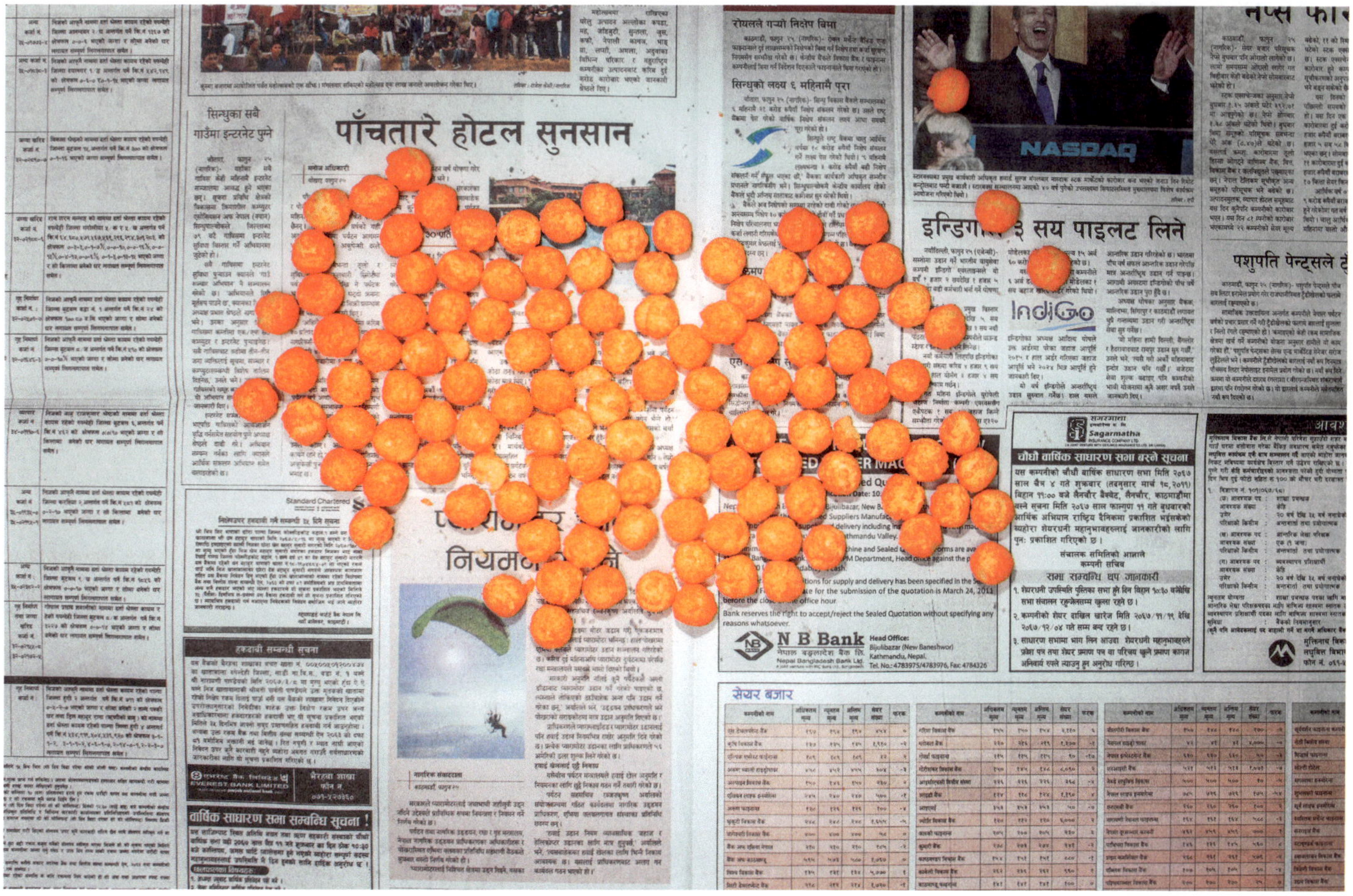

Nepal
Kathmandu | March 2011
NPR 32.88 (USD 0.45, EUR 0.32)

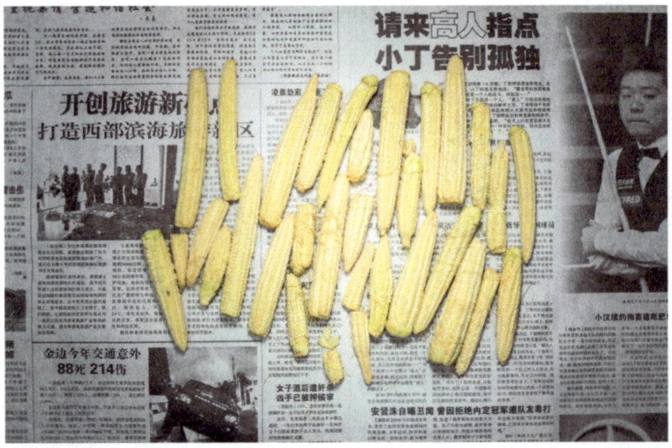

Cambodia
Phnom Penh | May 2015
KHR 3,871 (USD 0.98, EUR 0.90)

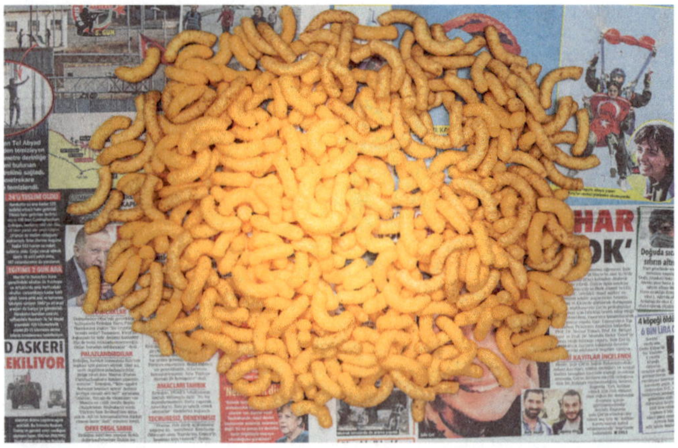

Turkey
Istanbul | October 2019
TRY 6.99 (USD 1.22, EUR 1.11)

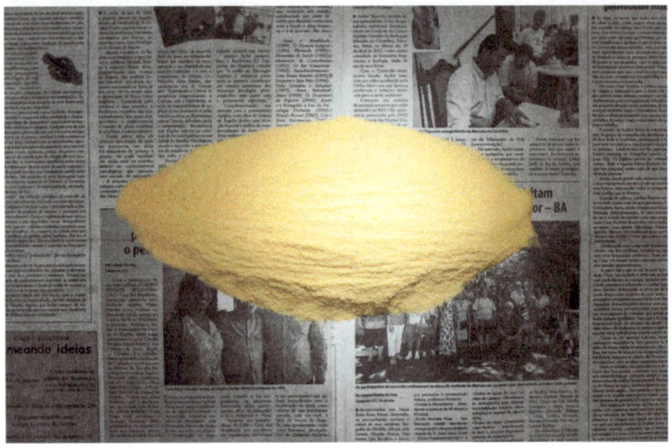

Brazil
Rio de Janeiro | May 2012
BRL 2.33 (USD 1.23, EUR 0.93).

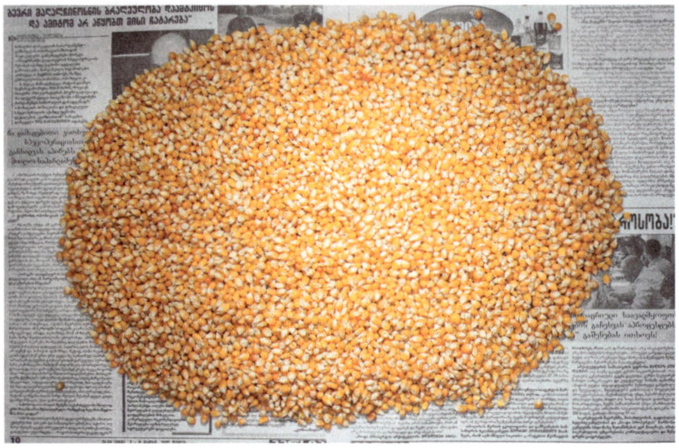

Georgia
Tbilisi | May 2013
GEL 3.64 (USD 2.20, EUR 1.69)

Corn

Corn, or maize, is one of the most widely distributed cereal crops, and is a staple food for many countries in Africa, Asia and Latin America. The maize plant is a tall grass (up to 3 meters high) that grows on a single stem called a stalk. Besides being a food for humans, maize and the maize plant's leaves and stalks are used for livestock feed. In the United States, maize accounts for 95% of feed grain produced and used. Maize is also processed for use as biofuel (corn ethanol), for food ingredients such as cornstarch and corn syrup, and also for industrial use, such as in abrasives, solvents and adhesives.

Maize (*Zea mays*) was domesticated 9,000 years ago by hunter-gatherers in Central America from the wild teosinte (*Zea mays* ssp. *parviglumis*). Maize was later brought out of present-day Mexico and into what is now the United States about 3,200 years ago, and up into Canada. Christopher Columbus and other early explorers carried the crop from America to Europe, Africa and Asia.

The common types of maize grown are flint, flour, dent, popcorn, sweet and waxy, as characterized by the kernel endosperms. Genetically engineered maize was introduced in the United States in the form of Bt corn in 1996. Bt corn contains genes from the soil bacterium Bt (*Bacillus thuringiensis*), which makes it resistant to pests like the European corn borer, corn rootworm and corn earworm. In the United States, Bt corn's share of the area planted grew from 8% in 1997 to 83% in 2019. In Europe, corn is the only genetically engineered crop allowed, and it is grown mainly in Spain (95% of the EU's genetically engineered crop planted area).

Global maize consumption is projected to grow by an average of 1.4% annually from 2020–24. It grew by an average of 3.7% annually from 2015–19. Demand has been driven by the animal feed and industrial products segments. Production has also been growing at an average of 3% per year. The top five producers of maize globally are the United States (371 million tonnes in 2017, 33% of global production), China (259 million tonnes, 23%), Brazil (98 million tonnes, 9%), Argentina (49 million tonnes, 4%) and India (29 million tonnes, 3%). The United States is the leading exporter of maize with 53 million tonnes exported in 2017, followed by Brazil (29.3 million tonnes), Argentina (23.7 million tonnes), Ukraine (19.4 million tonnes) and Russia (5.2 million tonnes). The top global importers are Mexico (15.3 million tonnes in 2017), Japan (14.5 million tonnes), South Korea (9.3 million tonnes), Egypt (8.3 million tonnes) and Vietnam (7.7 million tonnes).

In 2015–16, droughts brought on by El Niño in southern Africa had a severe impact on the production of maize and other key crops in the region. South Africa saw a drop of 27% in maize production in early 2016, while Zambia's declined by 21%. Record high prices were reported for maize in South Africa and Malawi in January 2016, and 55,000 tonnes of maize were imported into Malawi for emergency distribution in late 2016.

Non-processed corn is a good source of dietary fiber, minerals and vitamins. A medium-sized ear of corn (102 g, about 18 cm) has 87.7 kcal, 3.34 g of protein, 2.04 g of dietary fiber, 90.8 mg phosphorus, 37.7 mg magnesium, 6.94 mg vitamin C, 42.8 µg folate and 0.158 mg thiamin. Maize is used in many traditional foods around the world. Corn porridge is called *ugali* in Kenya and Tanzania, *ogi* in Nigeria, *mealie pap* in South Africa, *polenta* in Italy and *grits* in the United States. Ground corn is also made into tortillas and tamales in Mexico, corn bread in the US, mealie bread in South Africa and *makki ki roti* in India.

High-fructose corn syrup (HFCS), made from adding enzymes to corn starch, is one of the key processed food ingredients made from corn. It was introduced to industrial food and beverage manufacturing in 1970s as a liquid sweetener alternative to sucrose. HFCS is one of the commonly used ingredients that identifies manufactured food products as ultra-processed food. Ultra-processed foods use ingredients that include various types of processed sugars, modified oils, protein sources and cosmetic additives to improve the attractiveness and shelf-life of food products. Ultra-processed foods account for more than half of the energy intake in US and UK populations overall, and are disproportionately consumed by lower-income individuals. Ultra-processed food has been shown to be associated with obesity, poorer diet quality and other serious health problems. HFCS itself has been found to contribute to increases of cardiometabolic risk factors.

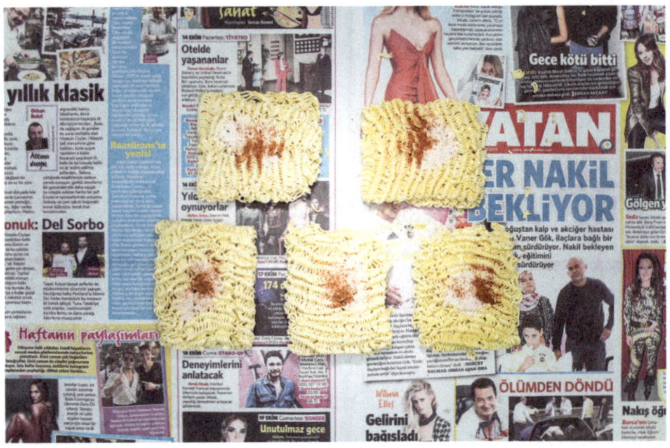

Turkey
Istanbul | October 2019
TRY 6.99 (USD 1.22, EUR 1.11)

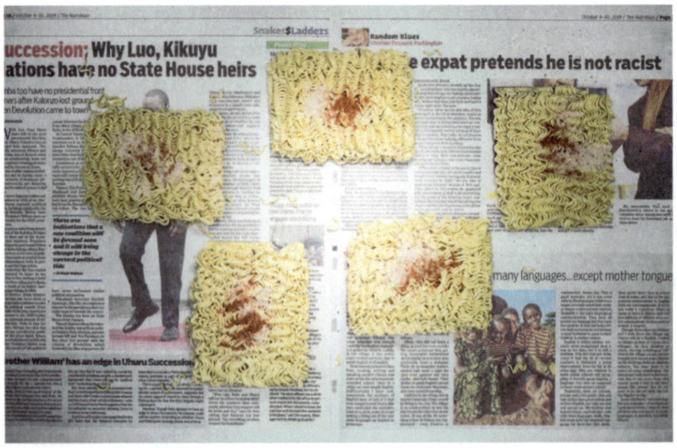

Kenya
Nairobi | September 2019
KYS 85 (USD 0.81, EUR 0.73)

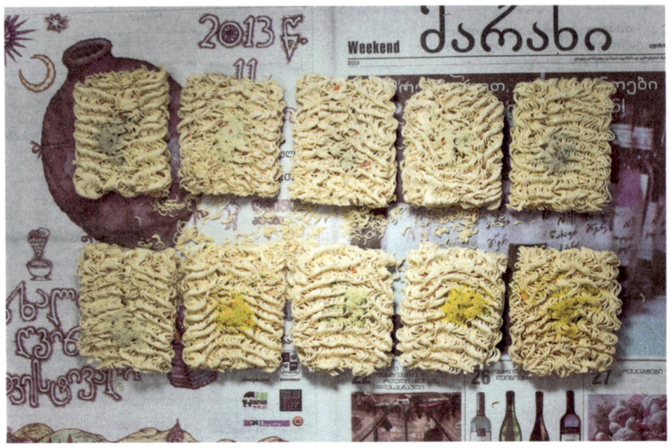

Georgia
Tbilisi | May 2013
GEL 3.64 (USD 2.20, EUR 1.69)

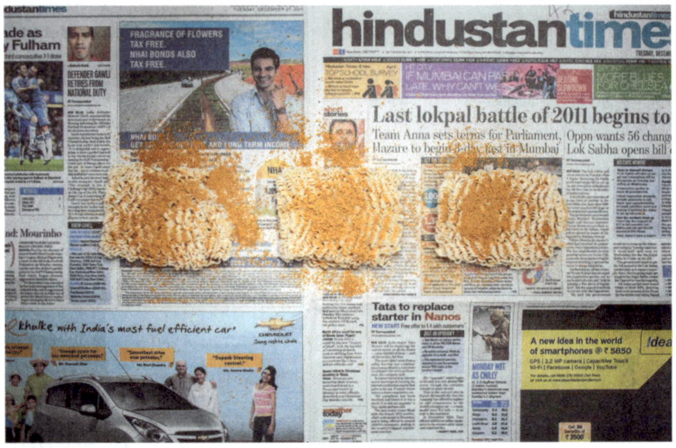

India
Delhi | December 2011
INR 32 (USD 0.60, EUR 0.46)

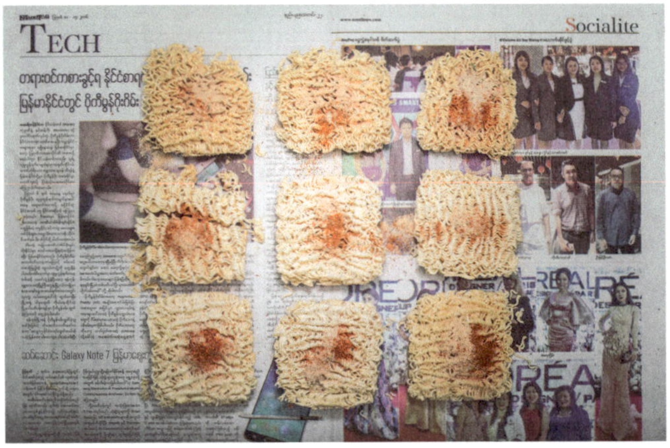

Myanmar
Yangon | August 2016
MMK 1,030 (USD 0.88, EUR 0.80)

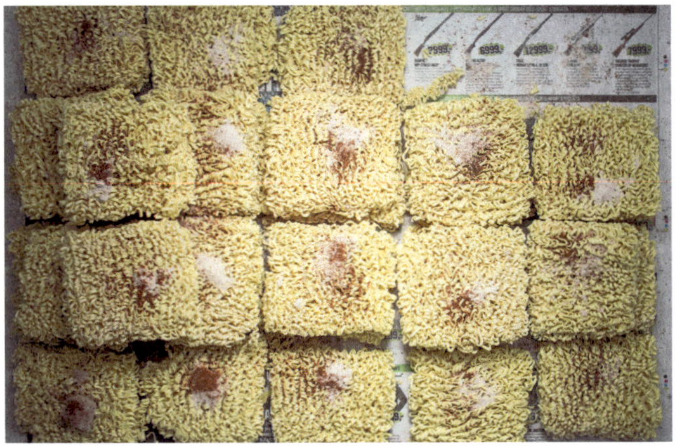

Norway
Oslo | October 2014
NOK 65 (USD 10.26, EUR 7.95)

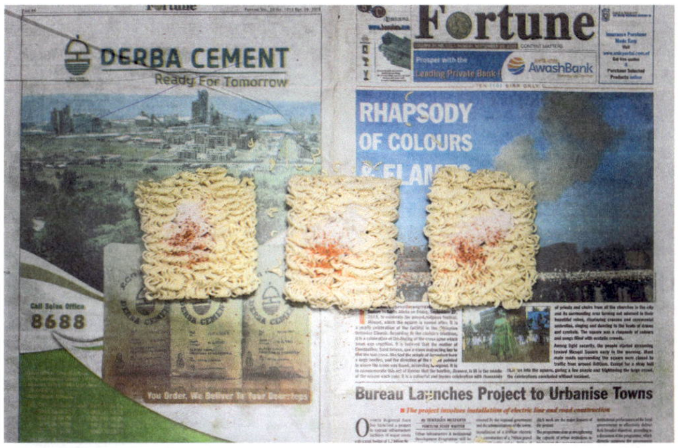

Ethiopia
Addis Ababa | October 2019
ETB 19.7 (USD 0.67, EUR 0.60)

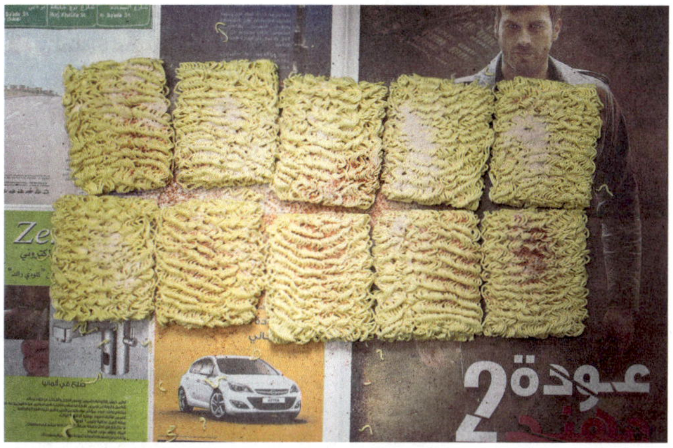

United Arab Emirates
Dubai | September 2014
AED 11.08 (USD 3.02, EUR 2.30)

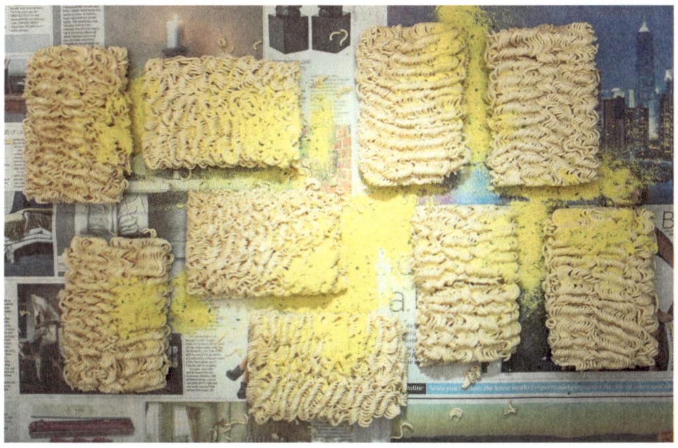

United Kingdom
London | December 2013
GBP 5.85 (USD 9.47, EUR 7.01)

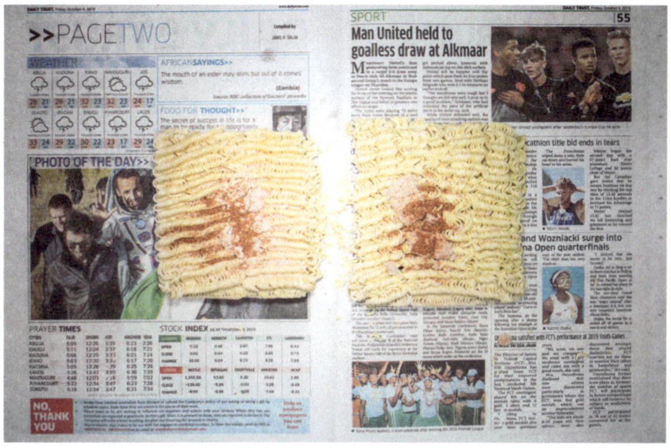

Nigeria
Lagos | October 2019
NGN 363 (USD 0.99, EUR 0.90)

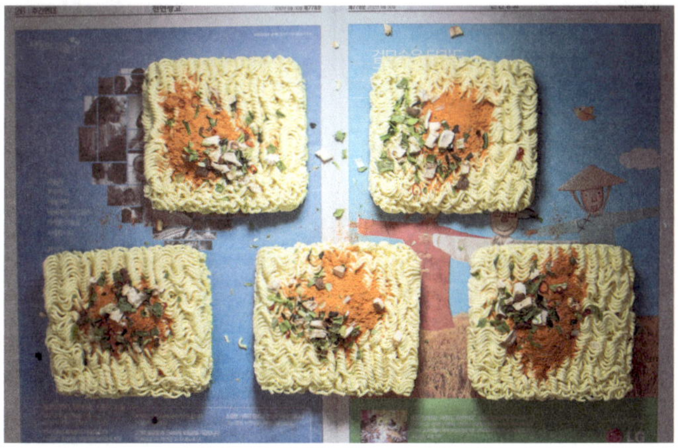

South Korea
Seoul | October 2012
KRW 2,415 (USD 2.15, EUR 1.68)

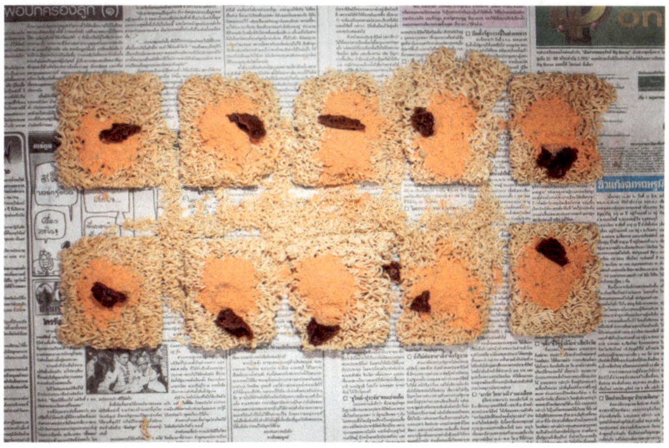

Thailand
Bangkok | June 2011
THB 52.87 (USD 1.71, EUR 1.19)

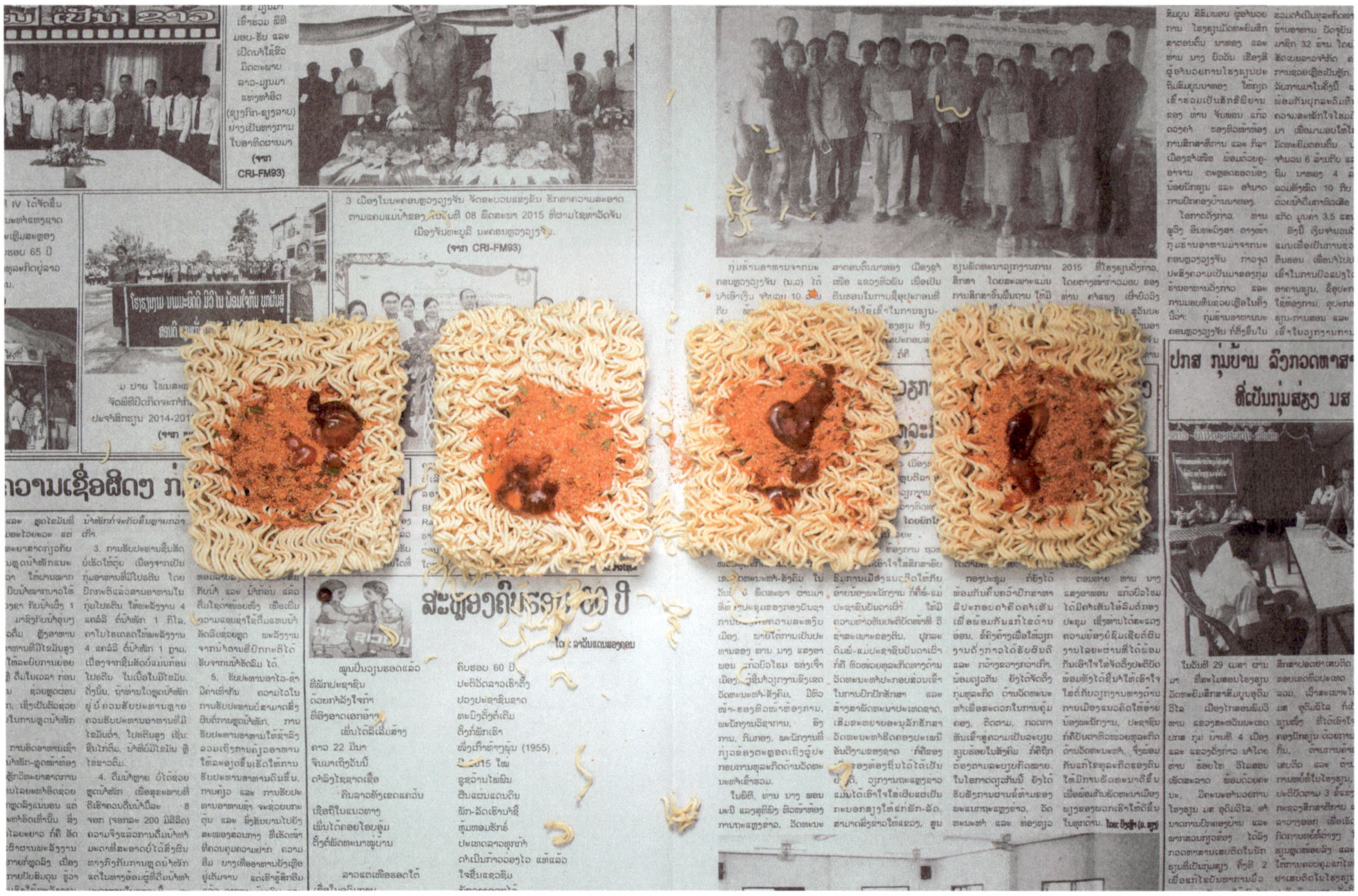

Laos
Vientiane | May 2015
LAK 6,400 (USD 0.80, EUR 0.73)

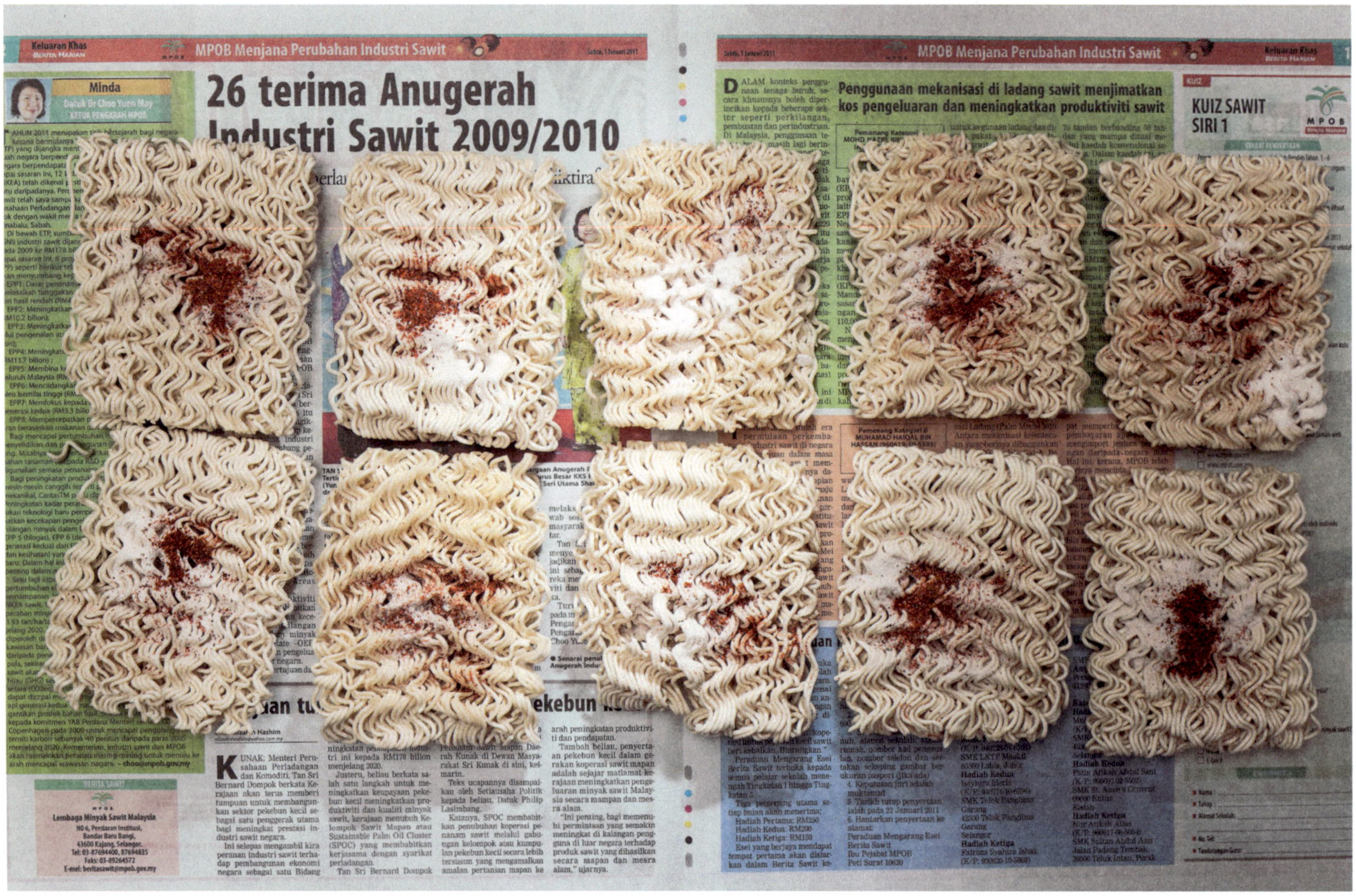

Malaysia
Kuala Lumpur | June 2011
MYR 4.17 (USD 1.33, EUR 0.99)

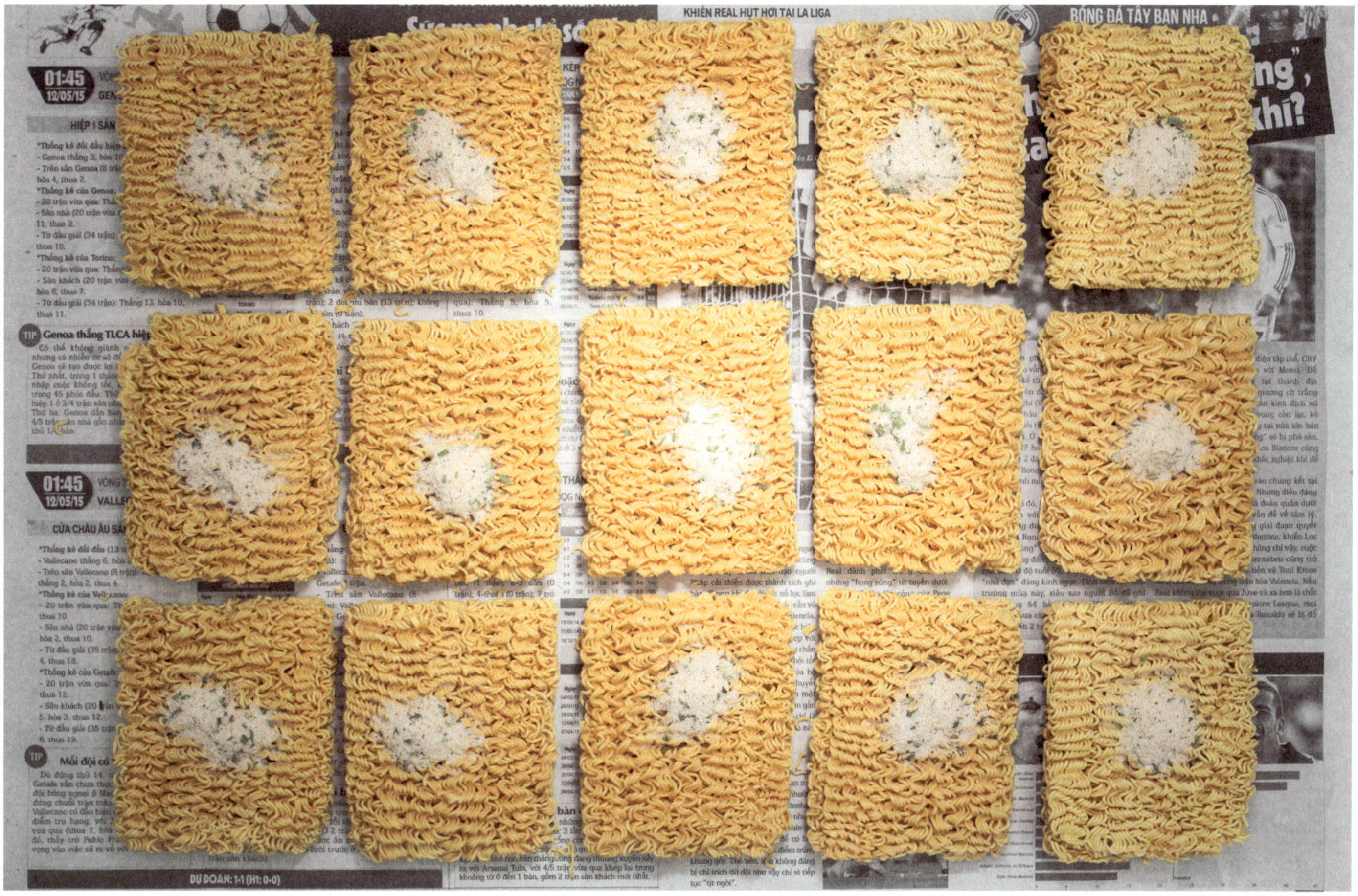

Vietnam
Hanoi | May 2015
VND 23,667 (USD 1.10, EUR 1.02)

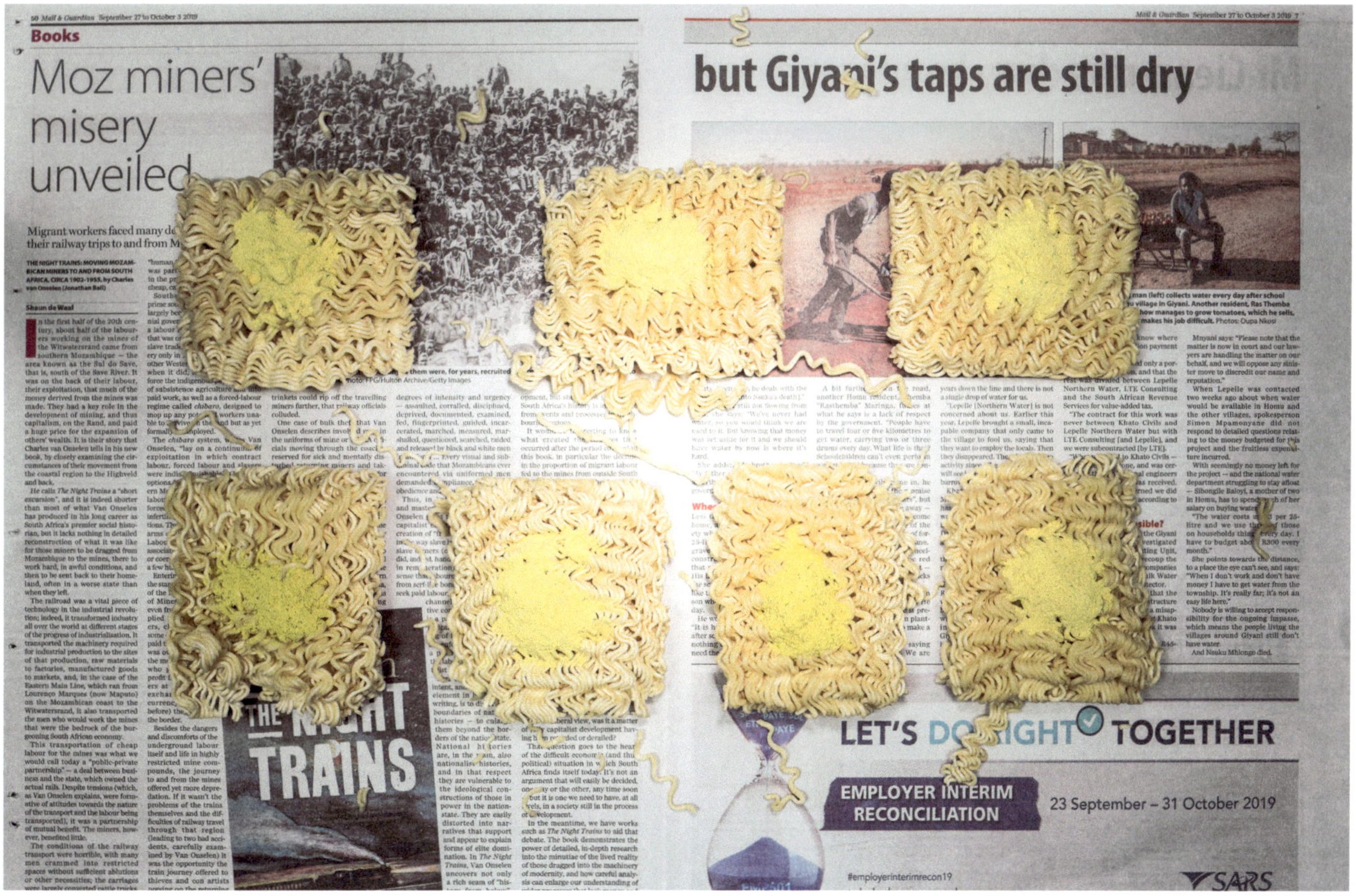

South Africa
Cape Town | October 2019
ZAR 27 [USD 1.81, EUR 1.75]

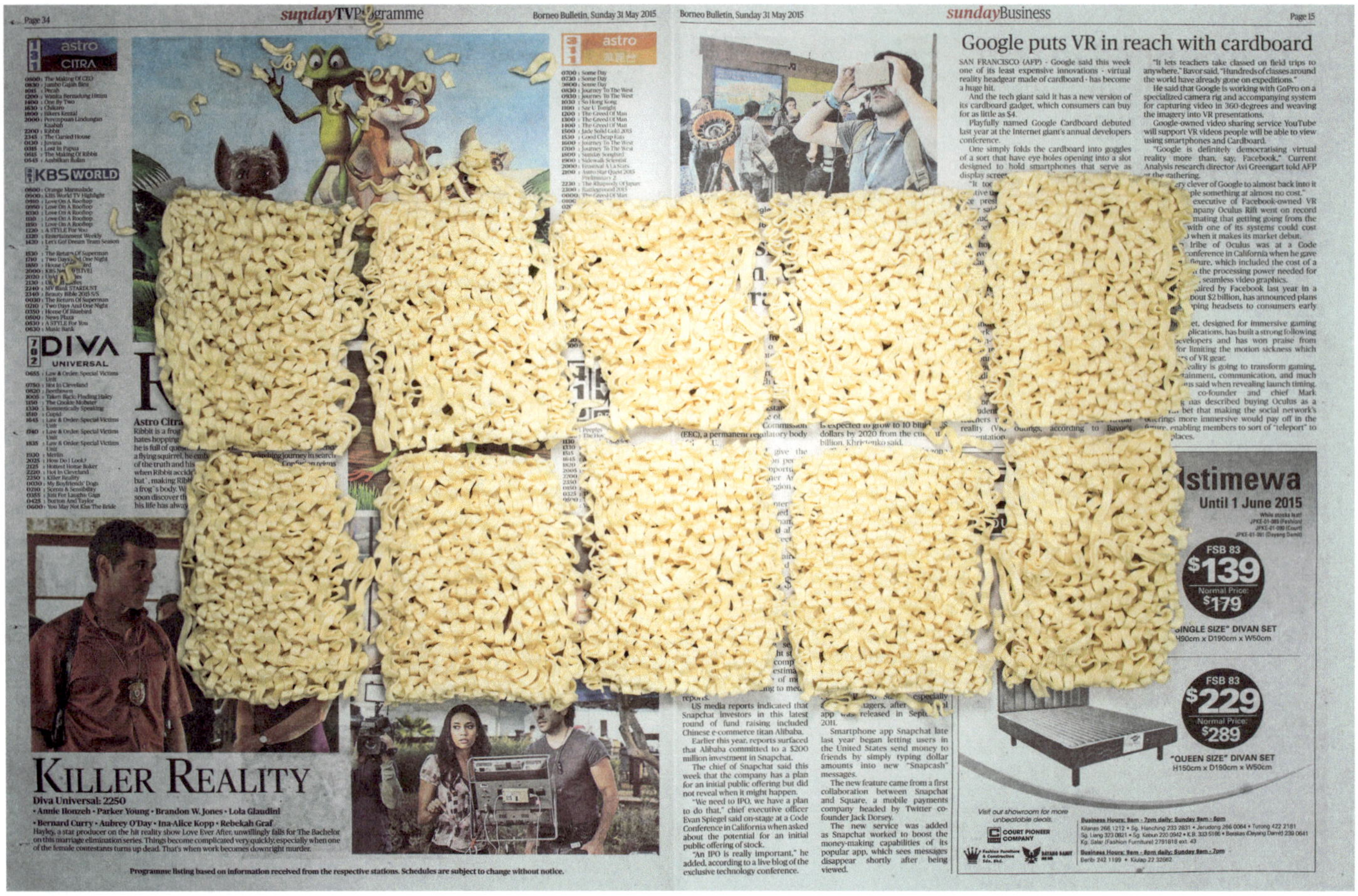

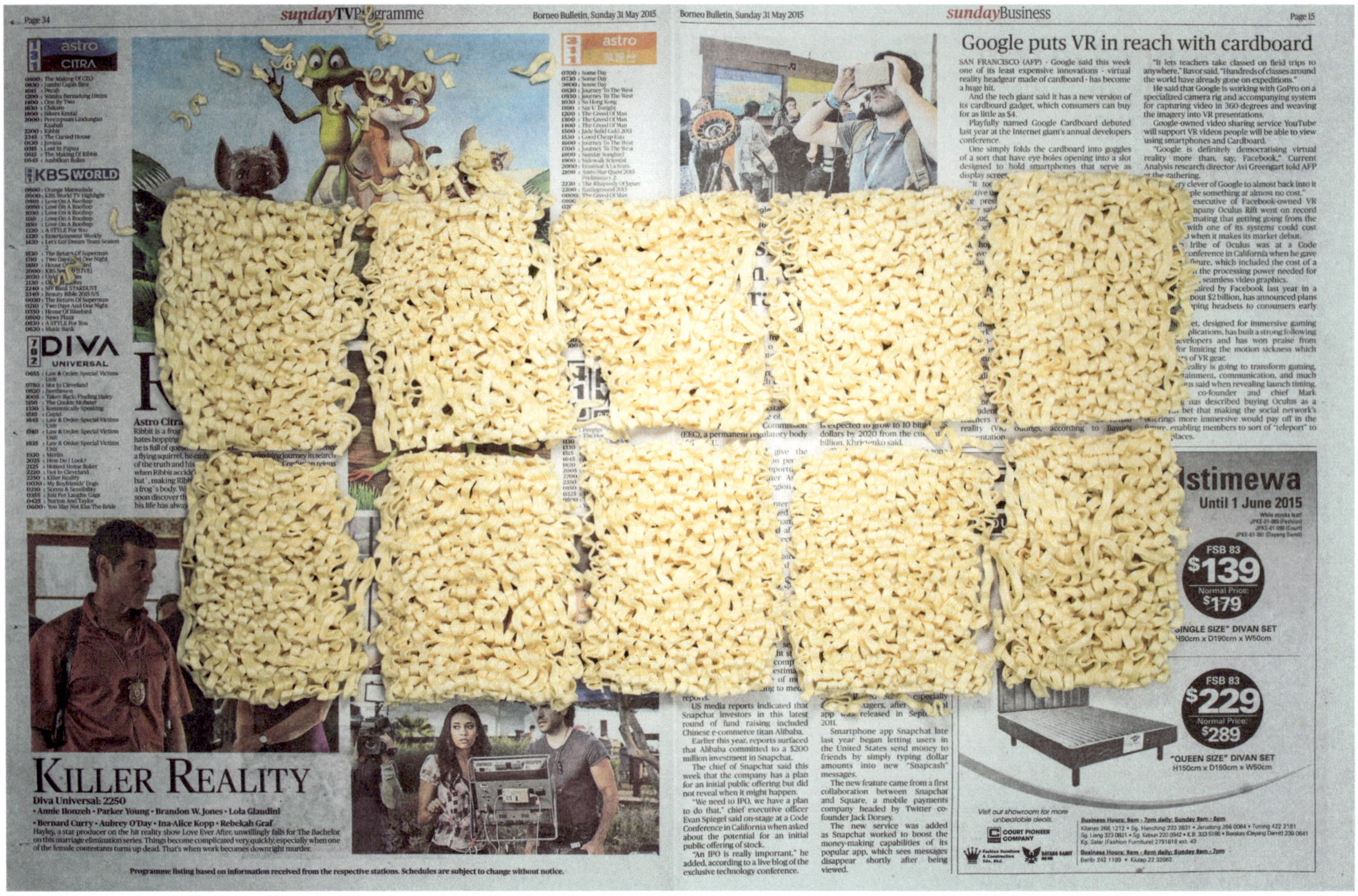

Brunei
Bandar Seri Begawan | May 2015
BND 0.93 (USD 0.69, EUR 0.62)

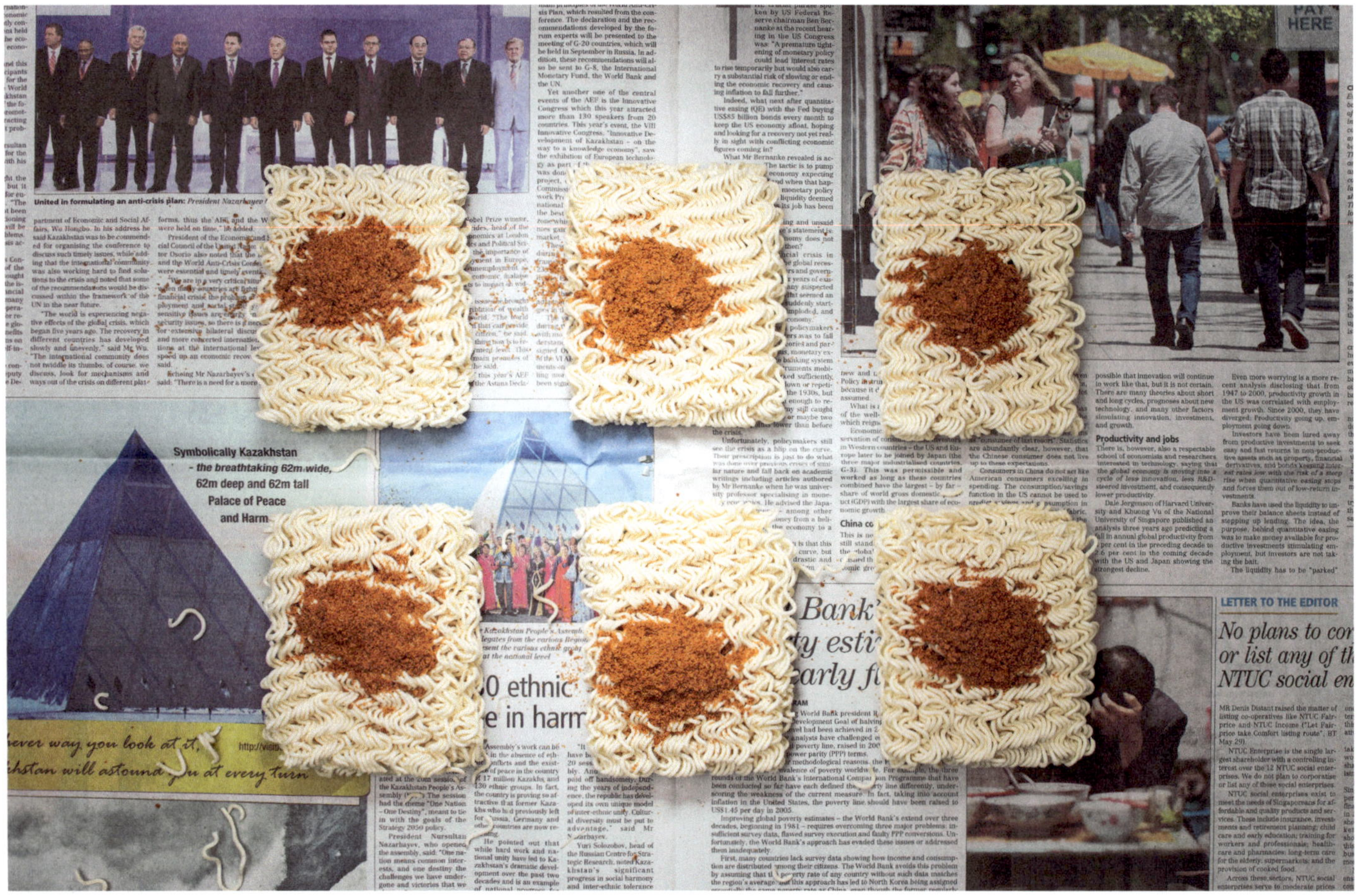

Singapore
Singapore | May 2013
SGD 2.22 (USD 1.79, EUR 1.37)

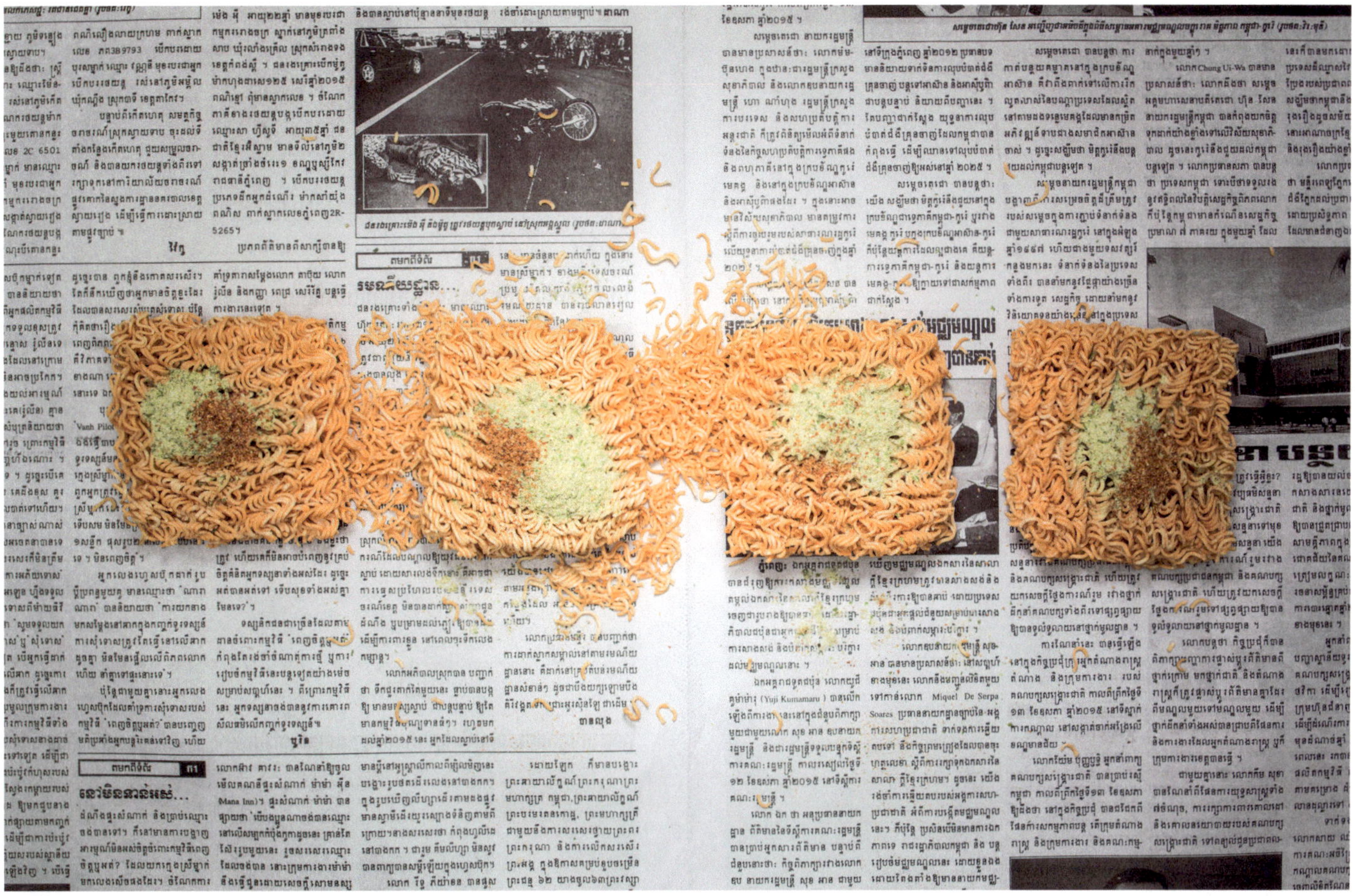

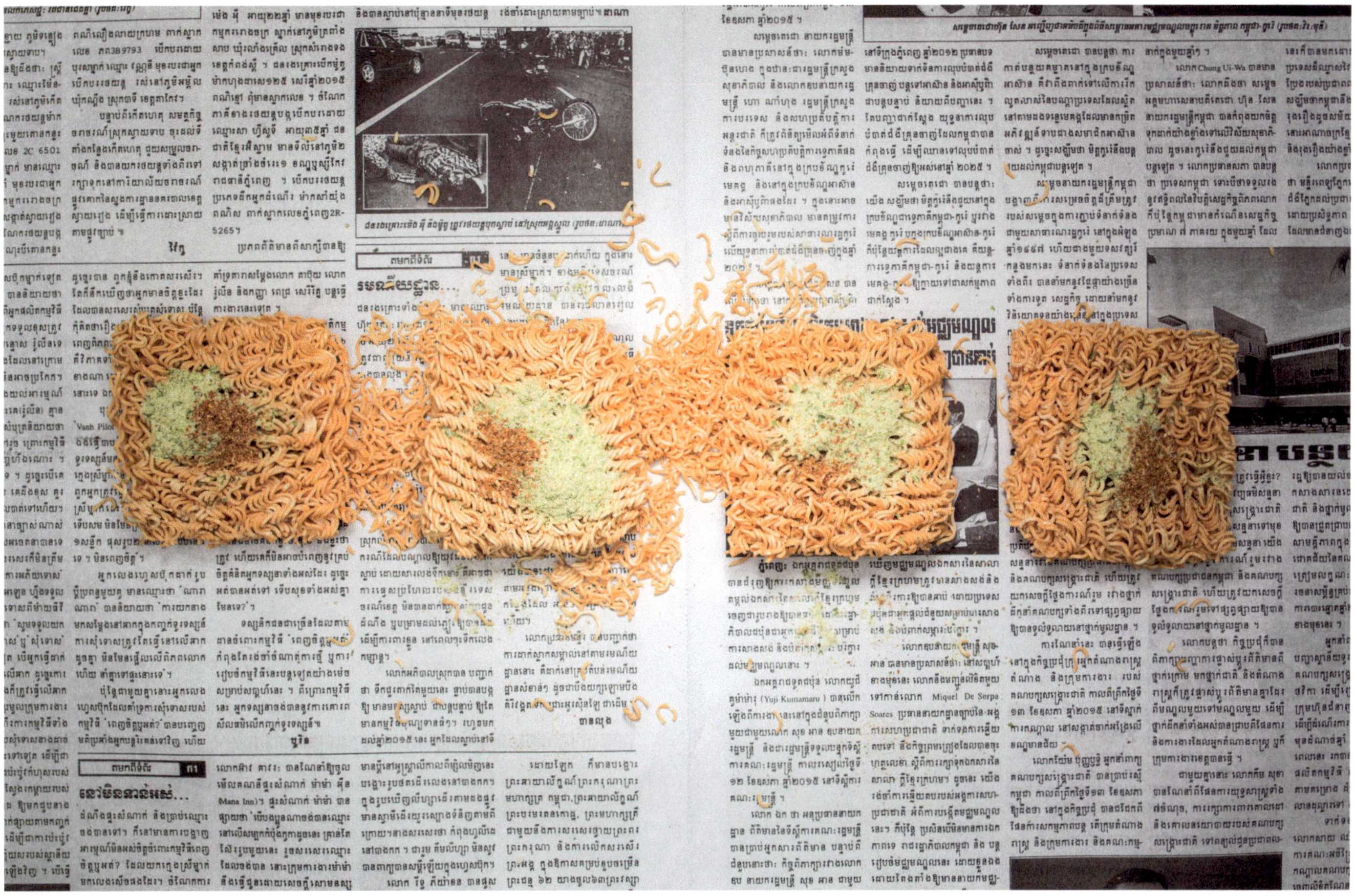

Cambodia
Phnom Penh | May 2015
KHR 3,871 (USD 0.98, EUR 0.90)

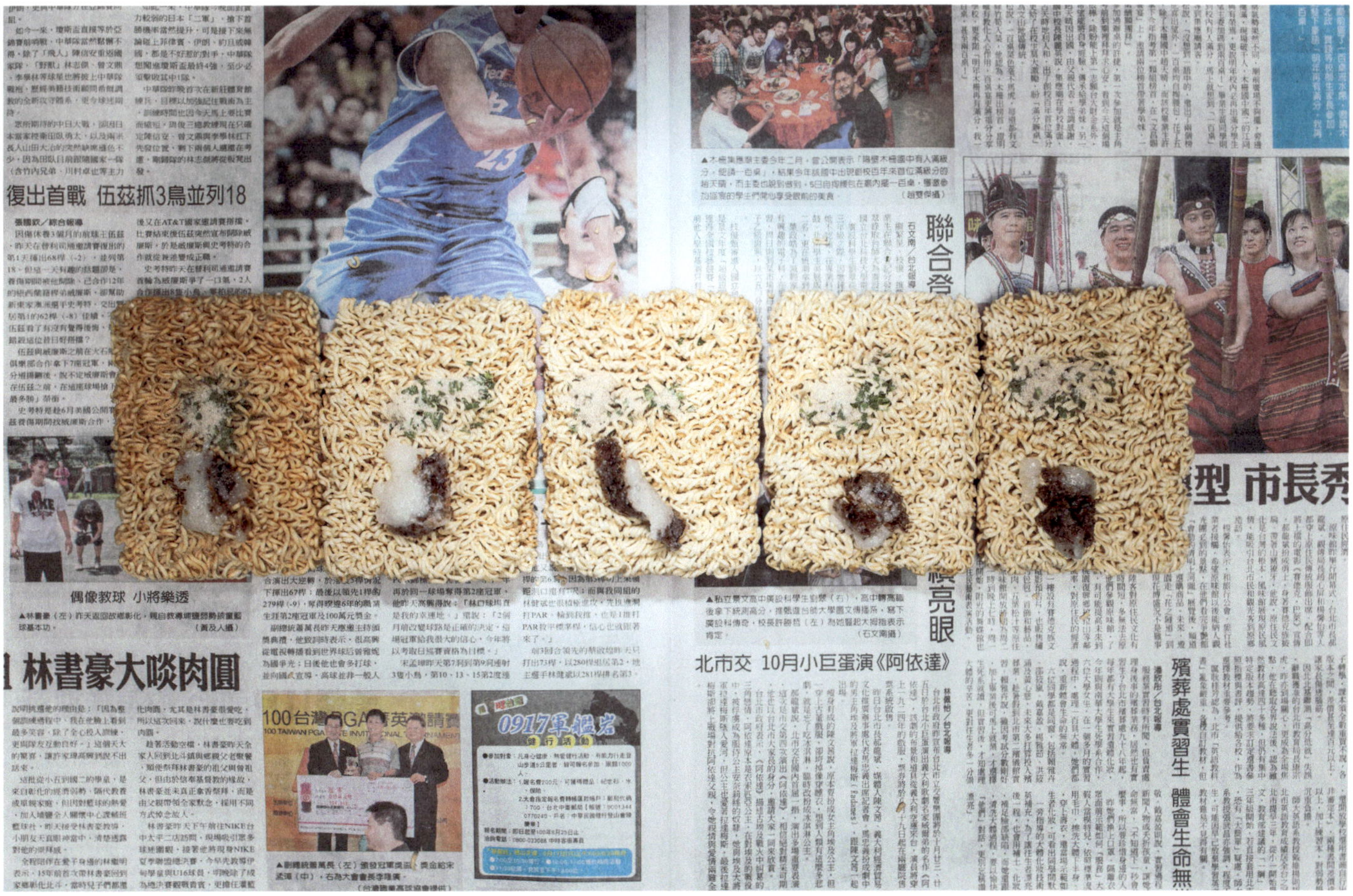

Taiwan
Taipei | August 2011
TWD 56.96 (USD 1.97, EUR 1.39)

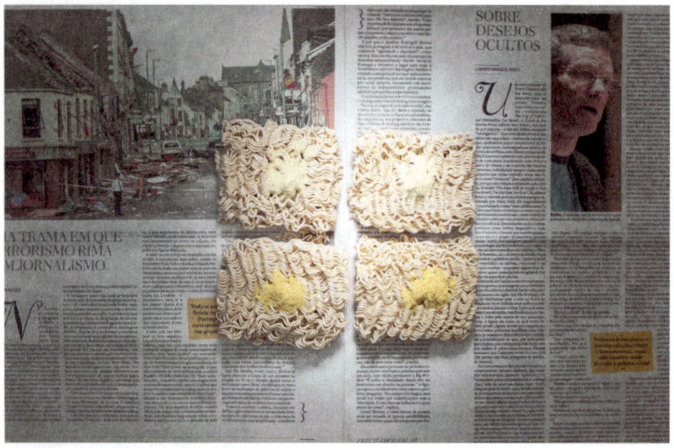

Brazil
Rio de Janeiro | May 2012
BRL 2.33 (USD 1.23, EUR 0.93)

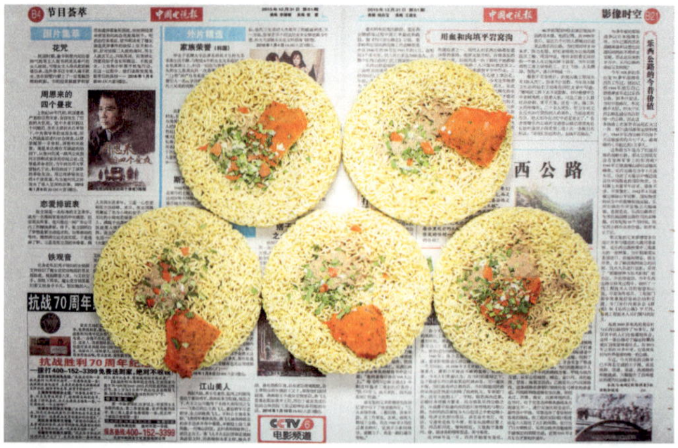

China
Beijing | January 2016
CNY 8.22 (USD 1.27, EUR 1.17)

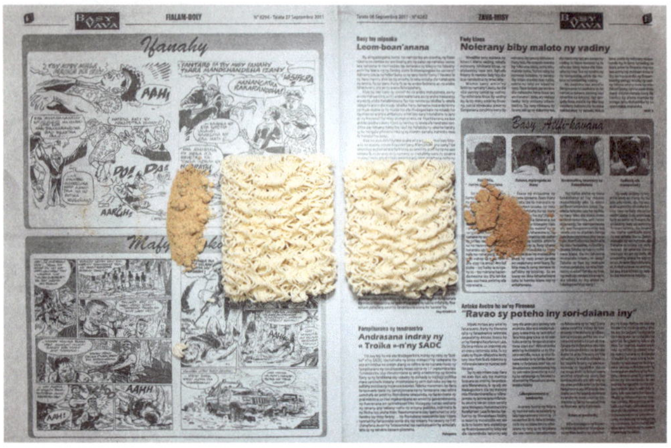

Madagascar
Antananarivo | September 2011
MGA 1,284 (USD 0.64, EUR 0.51)

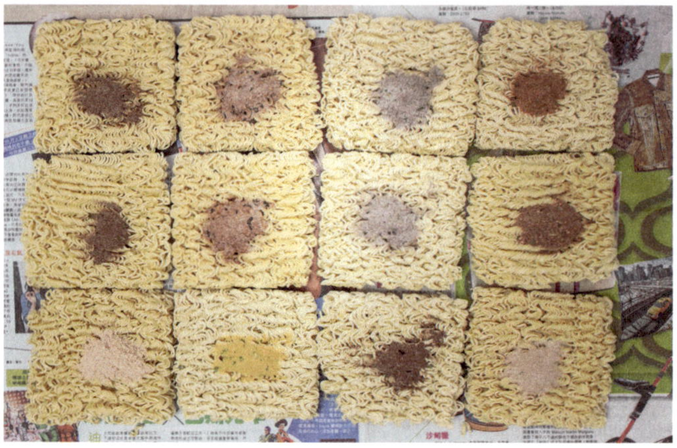

Hong Kong
Wanchai | July 2011
HKD 44.96 (USD 5.77, EUR 4.01)

Instant Noodles

Instant noodles, as the name implies, are a form of noodle processed to allow fast and convenient consumption. In *Codex Alimentarius*, the international food standards set up by the Food and Agriculture Organization (FAO) of the United Nations and by the World Health Organization (WHO), the standard for instant noodles is defined as "a product prepared from wheat flour and/or rice flour and/or other flours and/or starches as the main ingredient, with or without the addition of other ingredients. It may be treated by alkaline agents. It is characterized by the use of pregelatinization process and dehydration either by frying or by other methods." Further, "the instant noodle may be packed with noodle seasonings, or in the form of seasoned noodle and with or without noodle garnish(s) in separate pouches, or sprayed on noodle and ready for consumption after dehydration process." Instant noodles can be categorized by dehydration method into fried noodles and non-fried noodles. Fried noodles have up to 10% moisture content, while non-fried noodles have up to 14% moisture content.

Instant noodles were invented in 1958 by Mr. Momofuku Ando, founder of Nissin Foods in Japan. Ando was born in Taiwan in 1910 and later moved to Japan. He was a businessman and inventor who tried out different sectors, including industrial supply and banking. At the age of 48, he came up with the first instant noodle, Chicken Ramen. While the price of Chicken Ramen (JPY 35 per pack then) was higher than that of fresh *udon* (JPY 6 per serving), instant noodles gained popularity in Japan because of their convenience and flavor. The product launch coincided with the beginnings of the supermarket segment in Japan, with the first Western-style self-service supermarket opening in 1953. Ando took the concept further with the invention of cup noodles in 1971. He was reportedly inspired by seeing American supermarket staff putting the Chicken Ramen noodles in cups, adding hot water and eating them with forks. To push sales, his company installed vending machines that allowed consumers to eat the cup noodles on the spot; by 2016, the company had sold 40 billion servings of its "Cup Noodles."

Today, instant noodles are eaten on all continents. A total of 103.6 billion servings of instant noodles were consumed in 2018. The top global market was China and Hong Kong at 40.3 billion servings, followed by Indonesia (12.5 billion), India (6.1 billion) and Japan (5.8 billion). The US was ranked 6th with 4.4 billion servings, Brazil 10th with 2.4 billion servings, Russia 11th with 1.9 billion servings, and Nigeria 12th with 1.8 billion servings. Per capita consumption is highest in Korea, with an average of 75 servings eaten per person per year. The leading manufacturer of instant noodles worldwide is the Indonesian company Indofood, which had a 15% market share in 2014. Indofood has 16 factories with a total annual production capacity of 16 billion packets, and sells to 50 countries. Besides the open market, instant noodles have also become a prison currency in the US, replacing cigarettes as the most traded item. They are also used in space and as an emergency food.

China's instant noodle market grew rapidly between 2001 and 2011; this was seen to be synonymous with the spread of urbanization and migrant workers who turned to instant noodles as a cheap meal. However, declining growth in the labor market led to slower growth and later a drop in instant noodle consumption in the years following. The industry regained positive growth in 2017 and 2018, with reports attributing this to companies' premiumization strategy. Targeting urban middle-class consumers, brands offered higher-priced products marketed with better ingredients and garnishing and a wider variety of flavors.

While instant noodles provide high calorific value, they are also seen as being high in sodium and fat (for fried instant noodles). An 86 g pack of Nissin noodles contains 380 kcal, 52 g of carbohydrates, 14 g fat (including 7 g of saturated fat), 8 g protein and 1,639 mg sodium. Typical instant-noodle food additives include noodle quality improvers, viscosity stabilizers, emulsifiers, antioxidants (vitamin E), colors and fortifying dietary supplements.

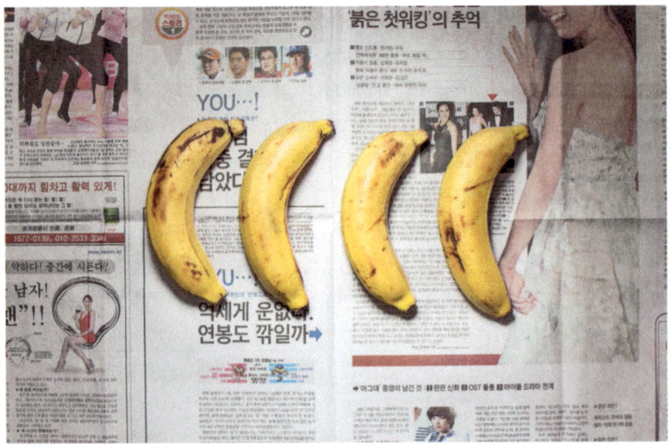

South Korea
Seoul | October 2012
KRW 2,415 (USD 2.15, EUR 1.68)

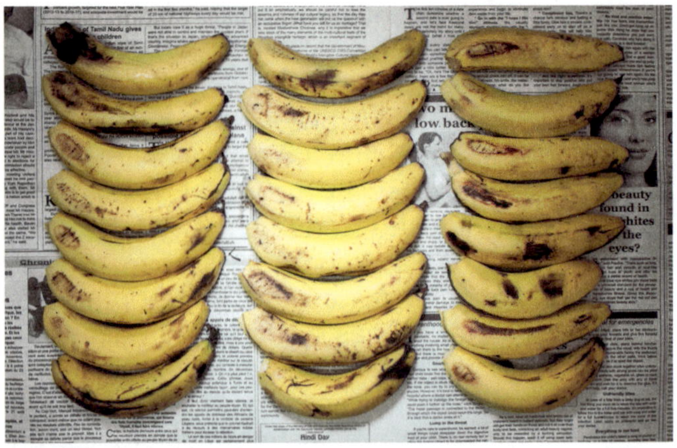

Mauritius
Port Louis | September 2011
MUR 127.37 (USD 4.37. EUR 3.08)

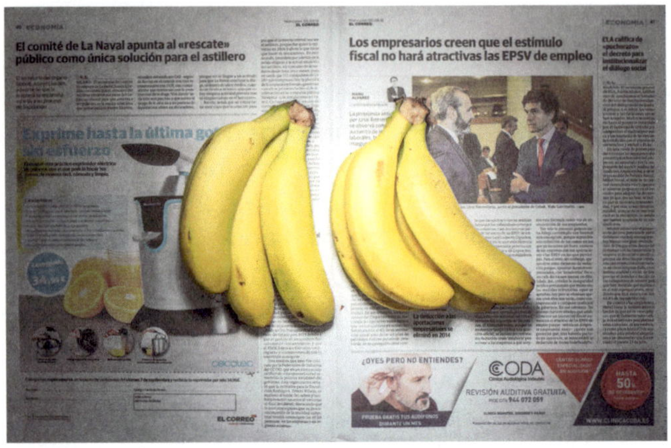

Spain
Getxo | October 2018
EUR 4.74 (USD 5.47)

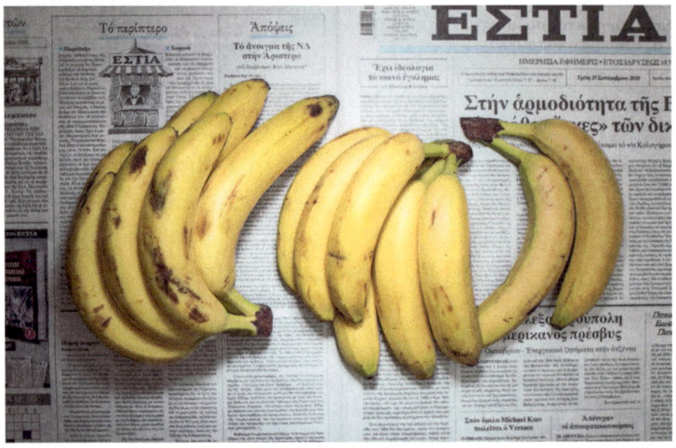

Greece
Thessaloniki | September 2018
EUR 4.02 (USD 4.68)

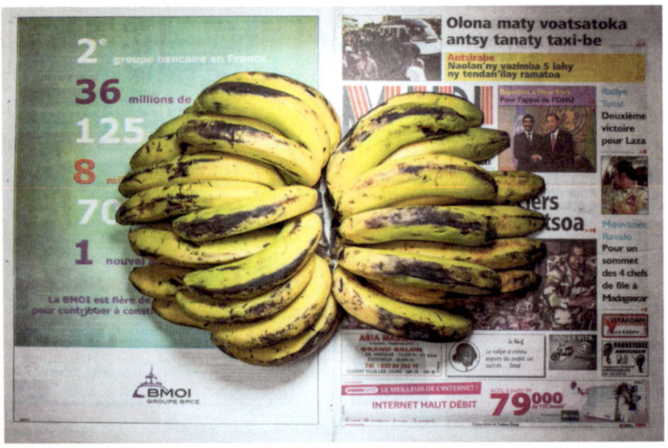

Madagascar
Antananarivo | September 2011
MGA 1,284 (USD 0.64, EUR 0.51)

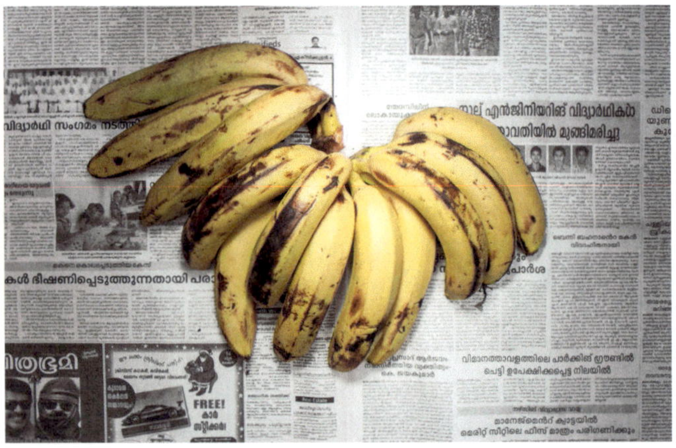

India
Delhi | December 2011
INR 32 (USD 0.60, EUR 0.46)

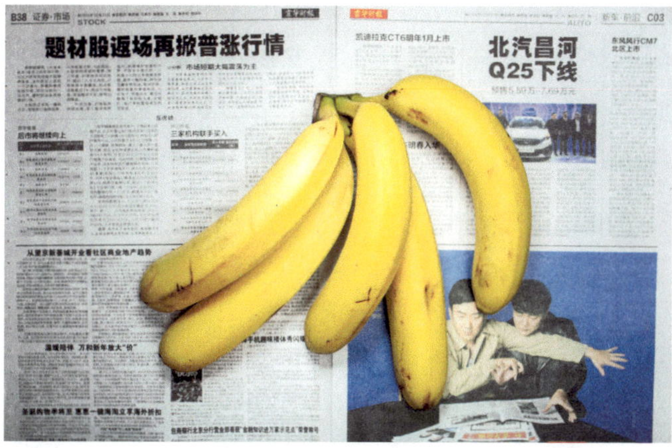

China
Beijing | January 2016
CNY 8.22 (USD 1.27, EUR 1.17)

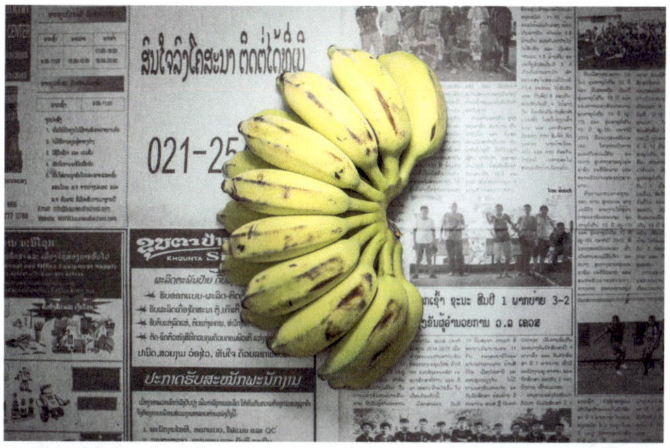

Laos
Vientiane | May 2015
LAK 6,400 (USD 0.80, EUR 0.73)

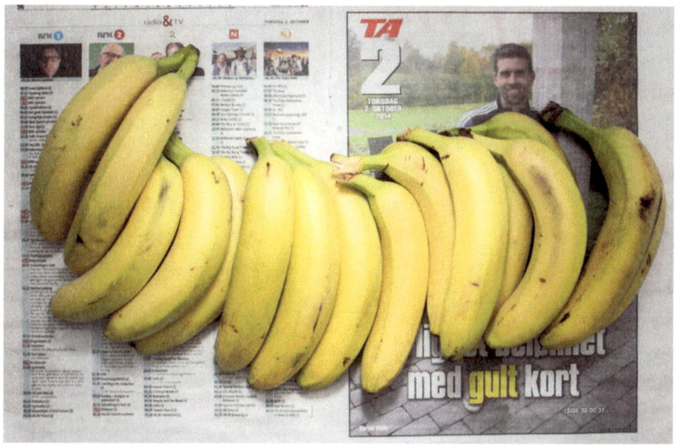

Norway
Oslo | October 2014
NOK 65 (USD 10.26, EUR 7.95)

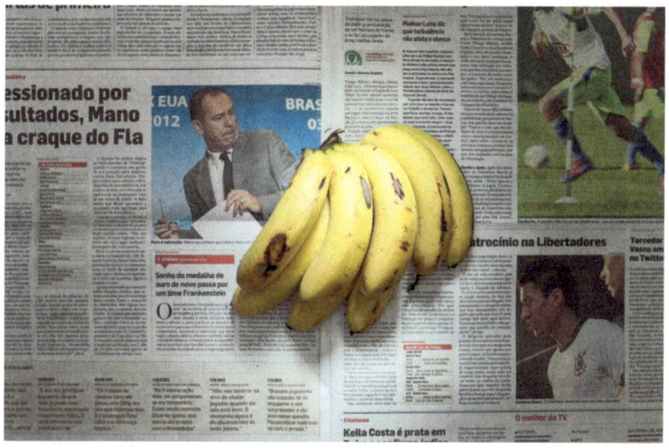

Brazil
Rio de Janeiro | May 2012
BRL 2.33 (USD 1.23, EUR 0.93)

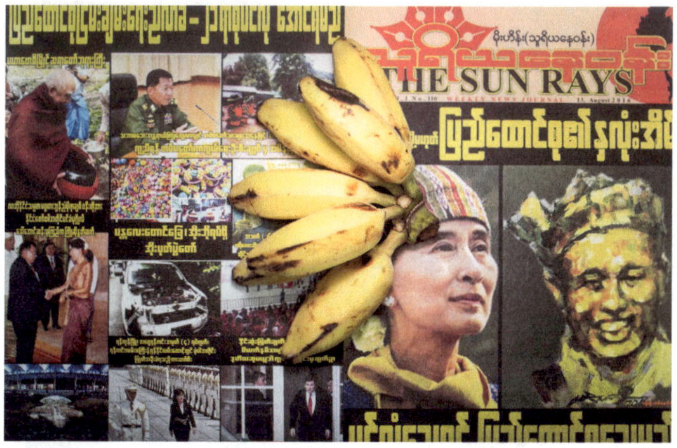

Myanmar
Yangon | August 2016
MMK 1,030 (USD 0.88, EUR 0.80)

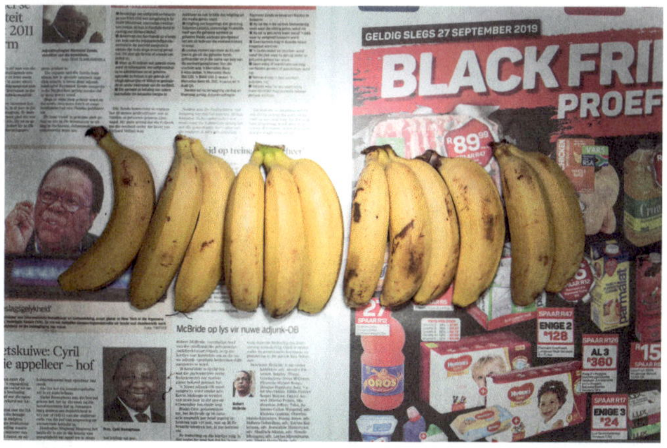

South Africa
Cape Town | October 2019
ZAR 27 [USD 1.81, EUR 1.75]

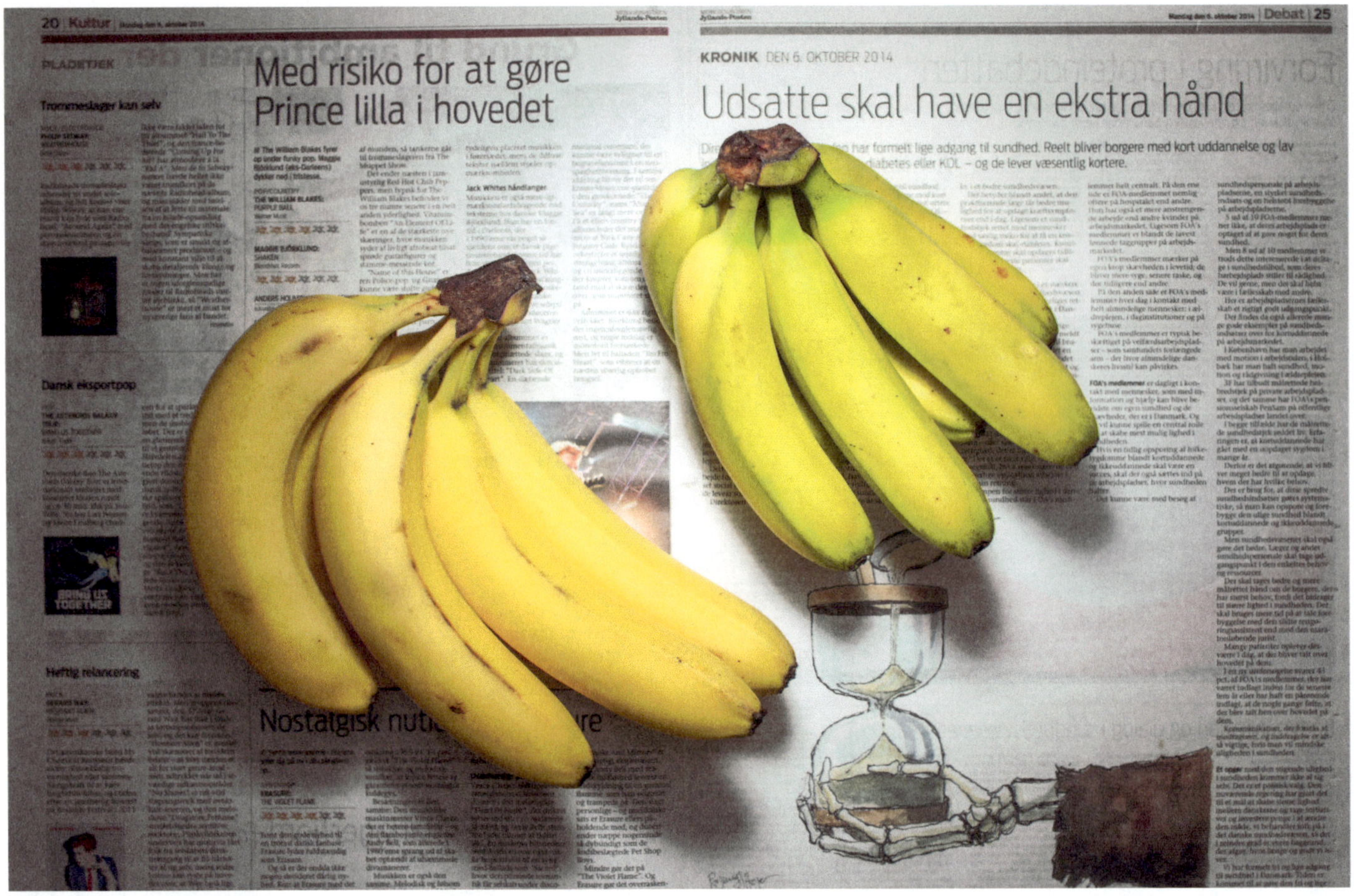

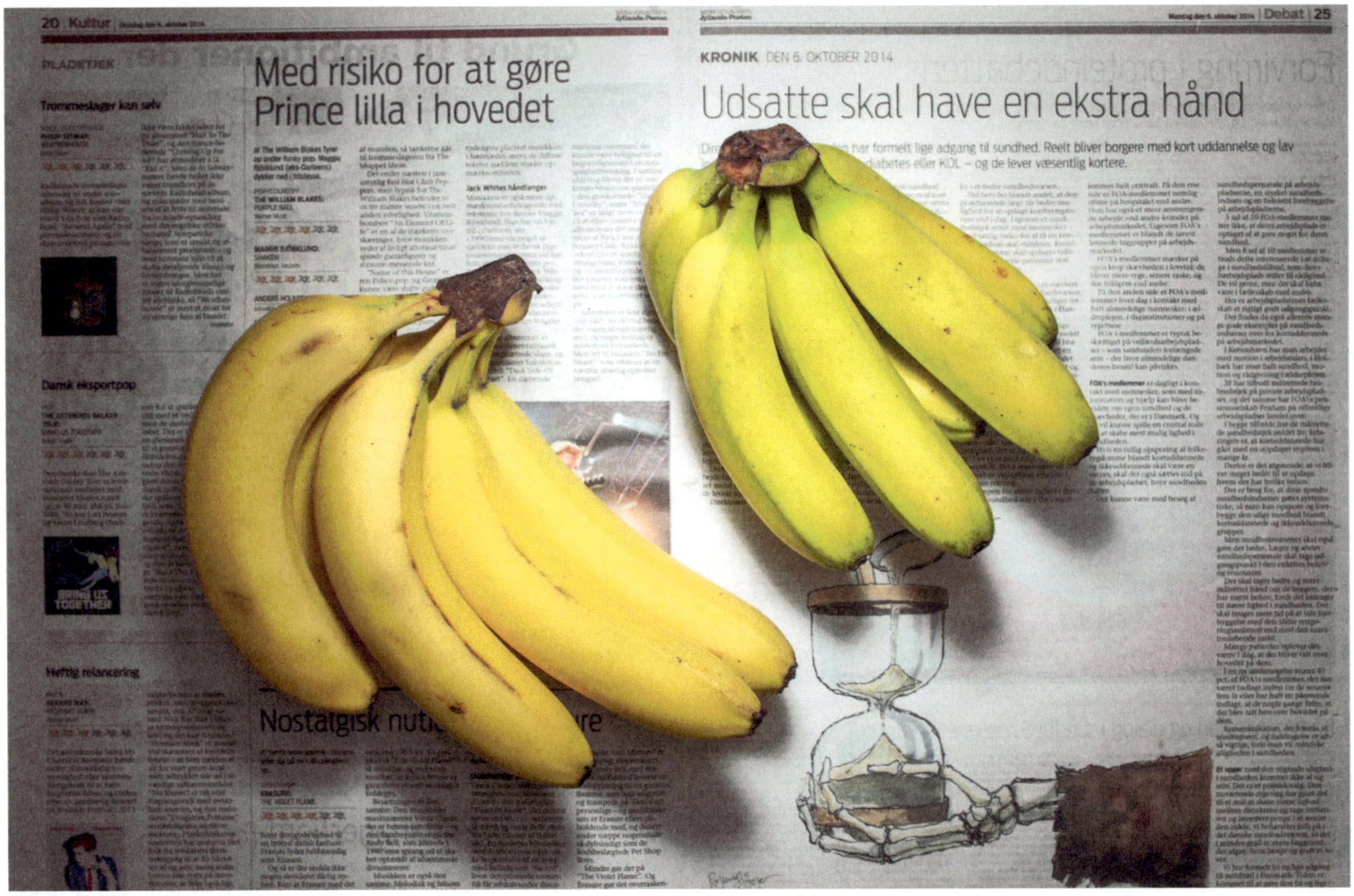

Denmark
Copenhagen | October 2014
DKK 30 (USD 5.13, EUR 3.98)

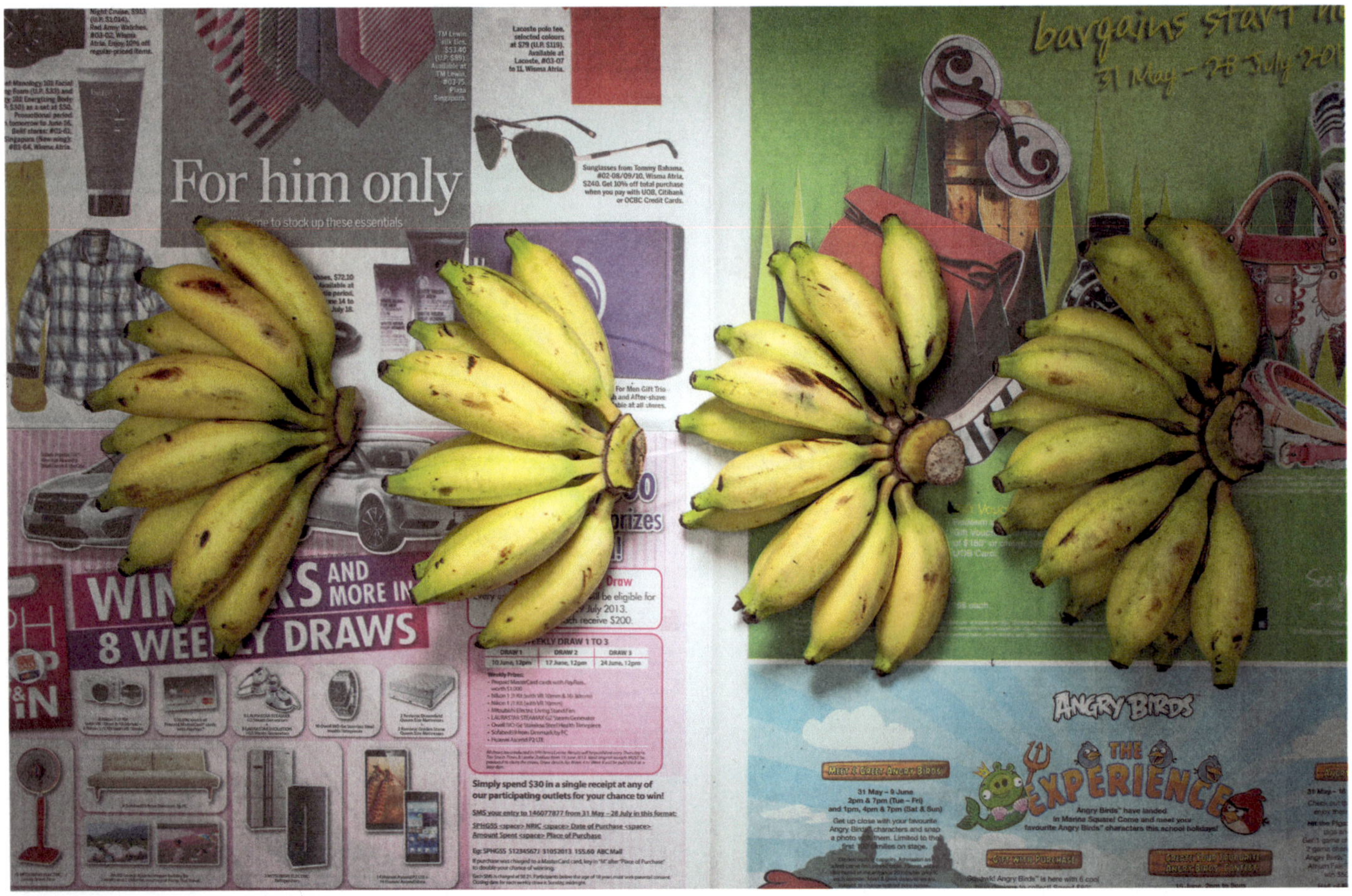

Singapore
Singapore | May 2013
SGD 2.22 (USD 1.79, EUR 1.37)

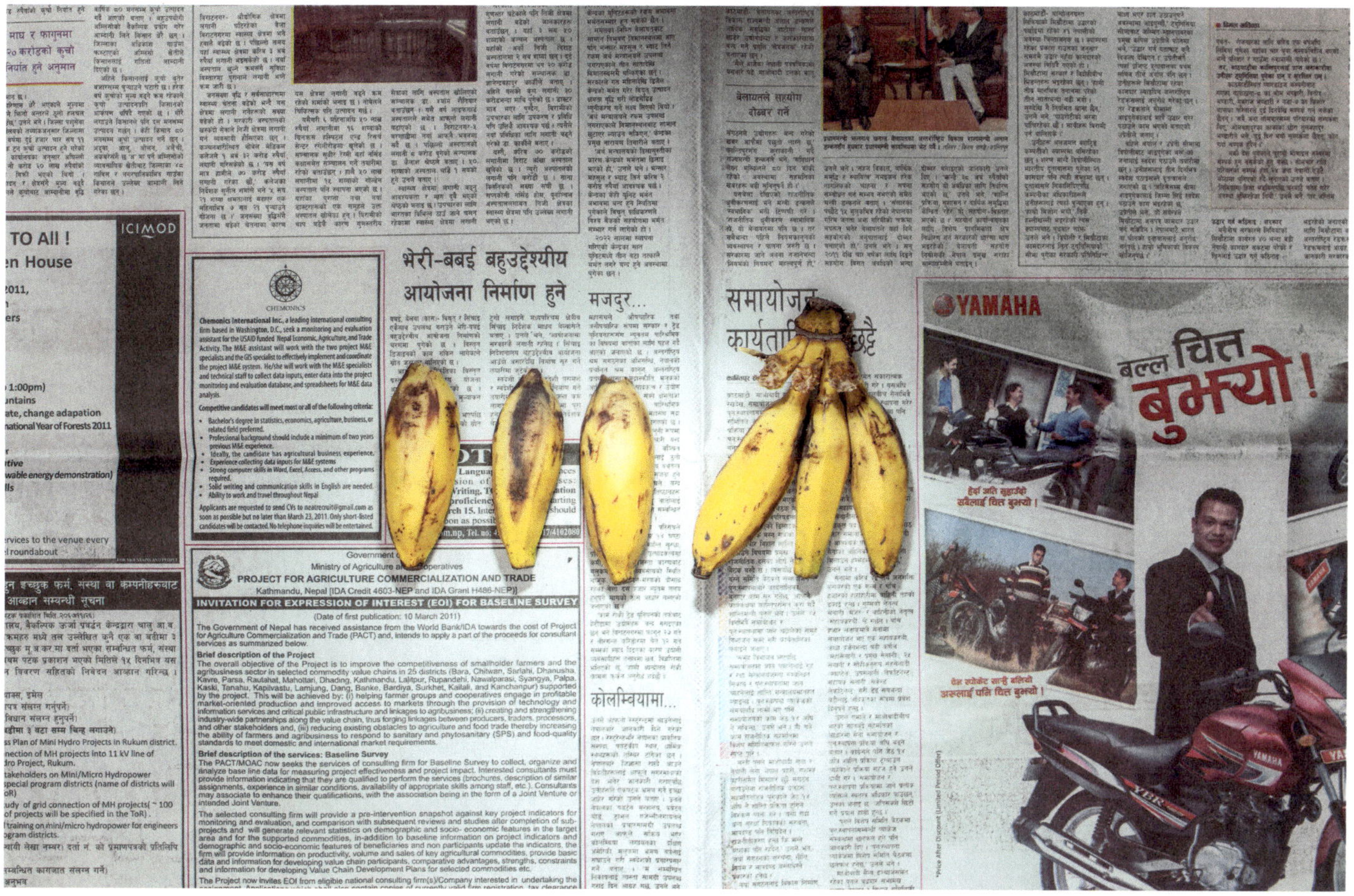

Nepal
Kathmandu | March 2011
NPR 32.88 (USD 0.45, EUR 0.32)

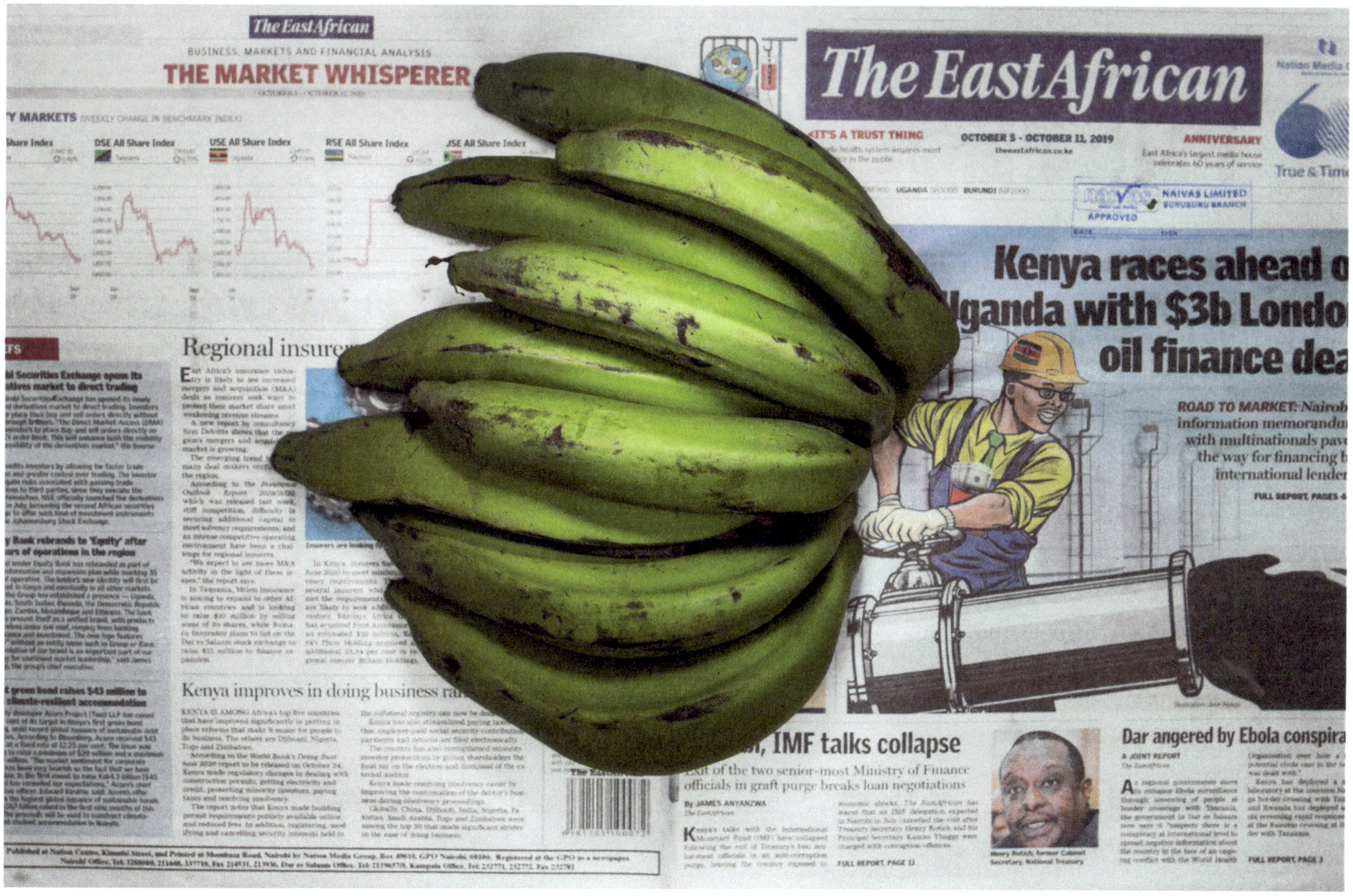

Kenya
Nairobi | September 2019
KYS 85 (USD 0.81, EUR 0.73)

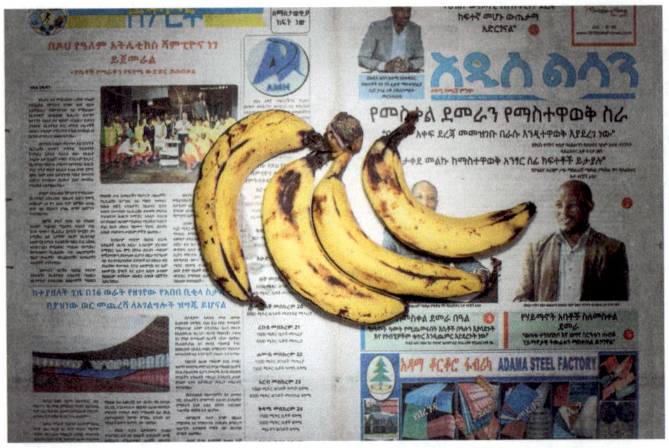

Ethiopia
Addis Ababa | October 2019
ETB 19.7 (USD 0.67, EUR 0.60)

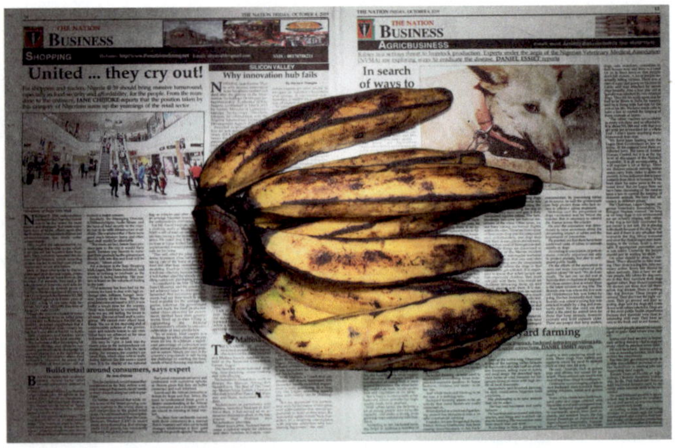

Nigeria
Lagos | October 2019
NGN 363 (USD 0.99, EUR 0.90)

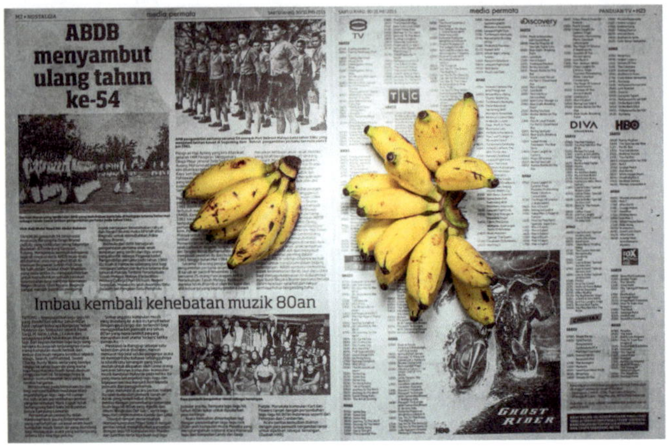

Brunei
Bandar Seri Begawan | May 2015
BND 0.93 (USD 0.69, EUR 0.62)

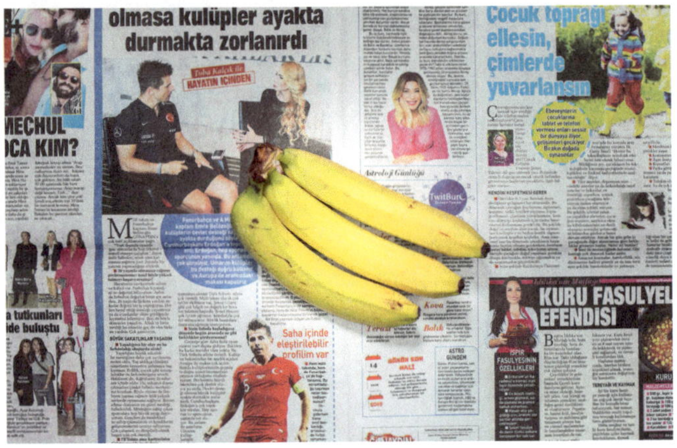

Turkey
Istanbul | October 2019
TRY 6.99 (USD 1.22, EUR 1.11)

Bananas

The banana plant is in the genus *Musa*, which belongs to the Musaceae family. It is one of the oldest cultivated plants and is native to South and Southeast Asia. Archaeological evidence of the banana tracing back to 6,800 years ago has been found in Southeast Asia and New Guinea. Historical records mention bananas in old Buddhist texts from 600 BC and recall Alexander the Great tasting bananas in India in 327 BC. As a food, bananas can be classified into sweet/dessert bananas and cooking bananas (otherwise known as plantains).

More than 100 billion bananas are estimated to be consumed globally each year, and the crop is worth USD 5 billion a year. Bananas are the world's most popular fruit crop, and the fourth most important food crop after wheat, rice and corn.

Bananas are grown in more than 130 countries, mainly in Asia, Latin America and Africa. India and China are the biggest producers, with 30 million tonnes and 11 million tonnes in 2017, respectively. With commercial cultivation methods, production yield reached 20 tonnes per hectare in 2017, up from 14 tonnes per hectare in 1993.

Much of the crop is consumed locally, with only about 15% traded internationally. The Food and Agriculture Organization (FAO) of the United Nations estimates that in 2018, a total of 19.2 million tonnes of bananas (excluding plantains) were exported, while 18.3 million tonnes were imported. Latin America together with the Caribbean is by far the key exporting region, accounting for 79%. The top exporting countries are Ecuador (40% of global exports in 2018), the Philippines (16%), Guatemala (13%), Costa Rica (11%) and Colombia (10%). The key importing markets are the EU-28 (33%), the US (26%), Russia (9%), China (5%) and Japan (5%).

Four multinational trading companies – Chiquita, Del Monte, Dole and Fyffes – along with Noboa account for a significant proportion of the global banana supply chain. Their combined share of global exports was estimated to be 44% in 2013. These companies have integrated supply chain models; they contract or own plantations, own transportation and ripening facilities and have distribution networks. Their business model has evolved, with less ownership of plantations but rather contracts with large and medium-sized local producers. Retailers, in the form of large supermarket chains, have become more important players in the supply chain in the US and EU markets. With the development of container shipping networks, notably from South America to Europe and Russia, supermarket chains are sourcing from smaller wholesalers and producers.

While over 1,000 varieties of banana are grown around the world, the Cavendish subgroup is dominant, accounting for 47% of production and 99% of exports globally. The origin of the name of the Cavendish banana lies with the British politician and horticulturist William Cavendish, the Sixth Duke of Devonshire. Cavendish's head gardener, Joseph Paxton, collected the famed banana plant from Robert Barclay, who had acquired it from Mauritius.

The Cavendish subgroup was widely cultivated from the 1950s onward as a replacement for the Gros Michel variety. The Gros Michel was a favorite for the banana export industry until it fell victim to Panama disease, caused by a strain of Fusarium wilt fungus, *Fusarium oxysporum* f. sp. *cubense* (Foc). Panama disease is estimated to have lost the industry at least USD 2.3 billion, equivalent to USD 18.2 billion in 2019. The Cavendish was determined to be resistant to the Foc fungus and thus most of the industry systemically switched to planting the Cavendish. However, the Cavendish is facing its own challenges, particularly from a new strain of Fusarium wilt fungus, *Fusarium oxysporum* f. sp. *cubense*, known as Tropical Race 4 (TR4). This disease has destroyed large planted areas in China, Indonesia, Malaysia and the Philippines.

The successful commercialization of the Cavendish banana is based on having genetically identical copies, i.e. clones, of the banana plant. Banana plants are produced for cultivation by using suckers, rhizome cuttings or tissue culture. This monoculture has made the crop highly vulnerable to disease outbreaks which are quickly spread in a globalized system of trade and consumption. Scientists are trying to tap into a wider pool of cultivated and wild varieties to identify those that are resistant to diseases and pests and have better resilience to localized planting conditions.

The banana is often seen as an energy-boosting fruit. A medium-sized banana (118 g) provides 105 kcal. It also has high levels of potassium (422 mg), vitamin B6 (0.433 mg), manganese (0.319 mg) and fiber (3.07 g). Uganda has the highest per-capita consumption of bananas in the world, with 240 kg (mainly plantains) consumed per person per year.

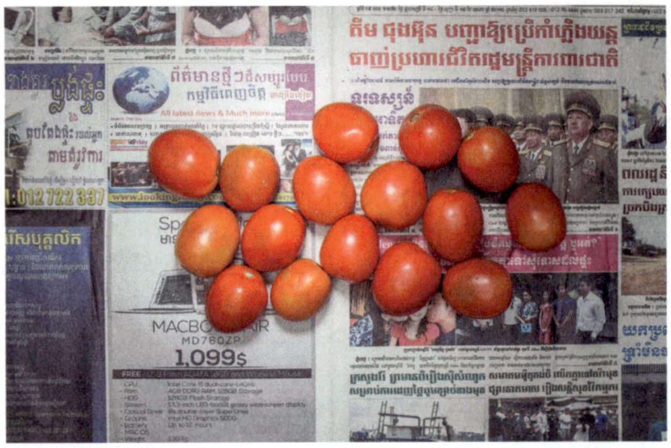

Cambodia
Phnom Penh | May 2015
KHR 3,871 (USD 0.98, EUR 0.90)

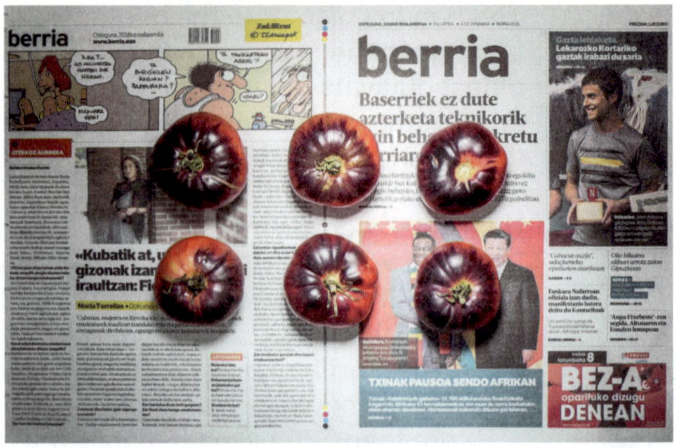

Spain
Getxo | October 2018
EUR 4.74 (USD 5.47)

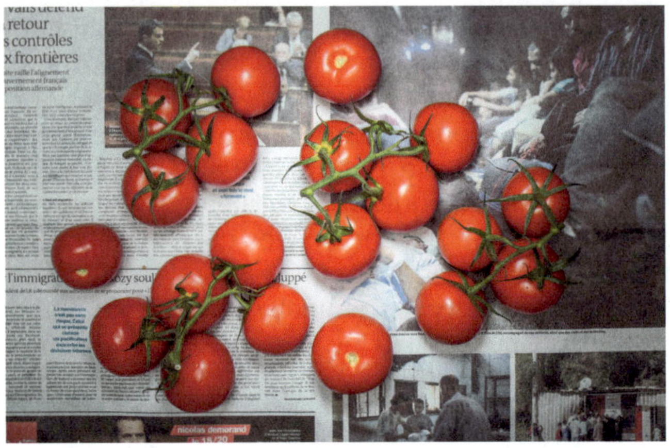

France
Paris | September 2015
EUR 5.99 (USD 6.73)

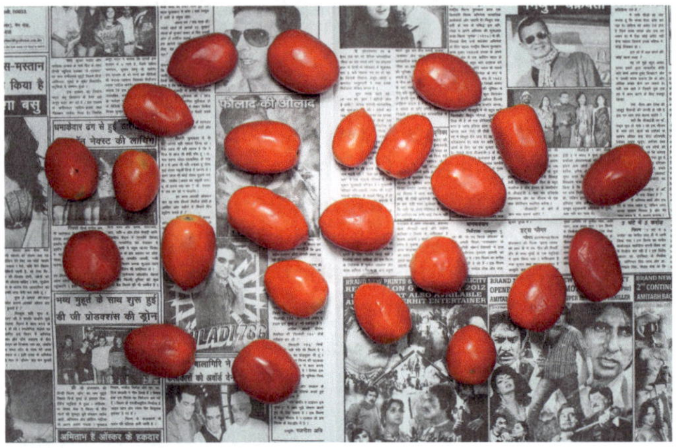

India
Delhi | December 2011
INR 32 (USD 0.60, EUR 0.46)

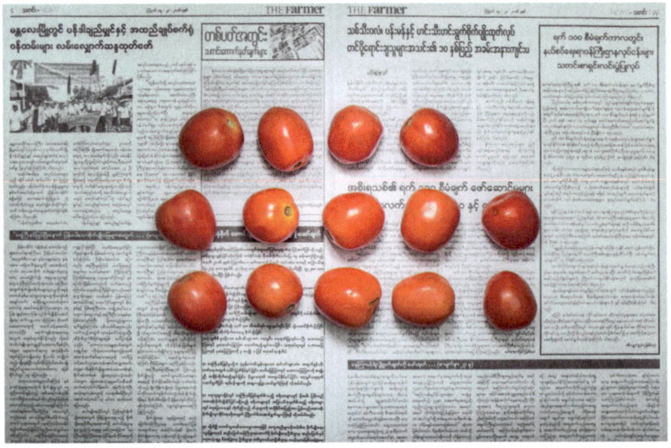

Myanmar
Yangon | August 2016
MMK 1,030 (USD 0.88, EUR 0.80)

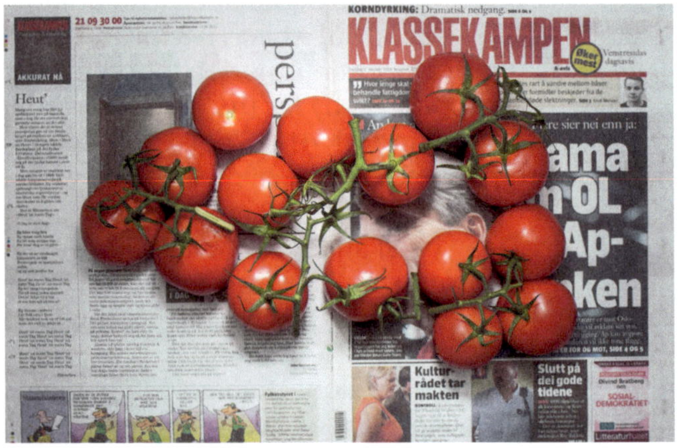

Norway
Oslo | October 2014
NOK 65 (USD 10.26, EUR 7.95)

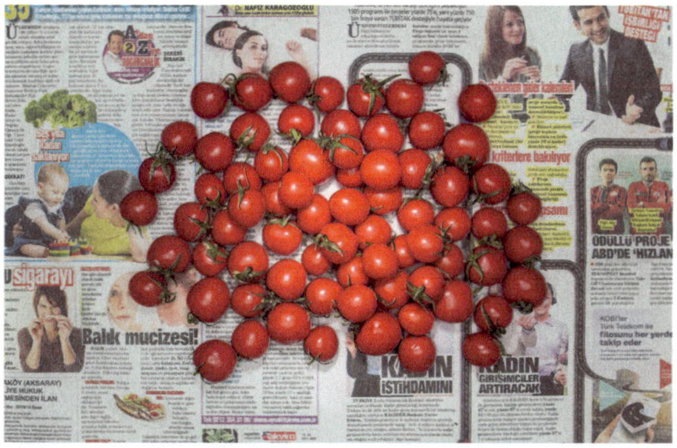

Turkey
Istanbul | October 2019
TRY 6.99 (USD 1.22, EUR 1.11)

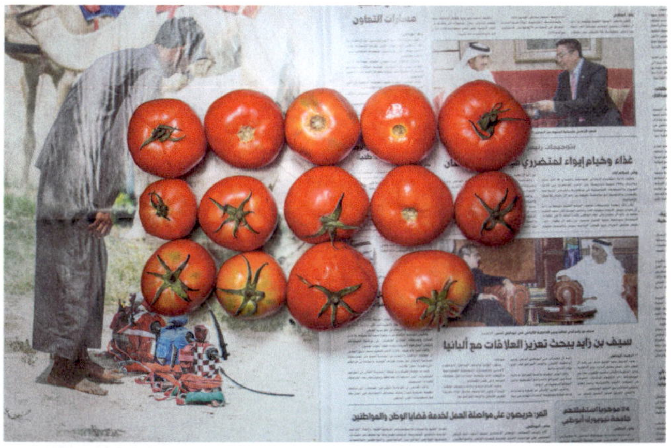

United Arab Emirates
Dubai | September 2014
AED 11.08 (USD 3.02, EUR 2.30)

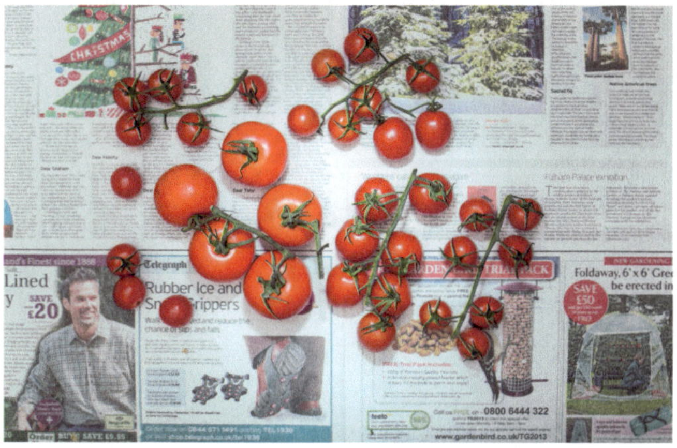

United Kingdom
London | December 2013
GBP 5.85 (USD 9.47, EUR 7.01)

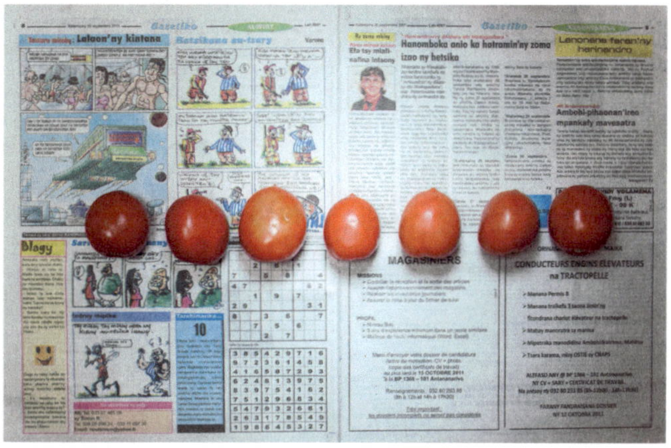

Madagascar
Antananarivo | September 2011
MGA 1,284 (USD 0.64, EUR 0.51)

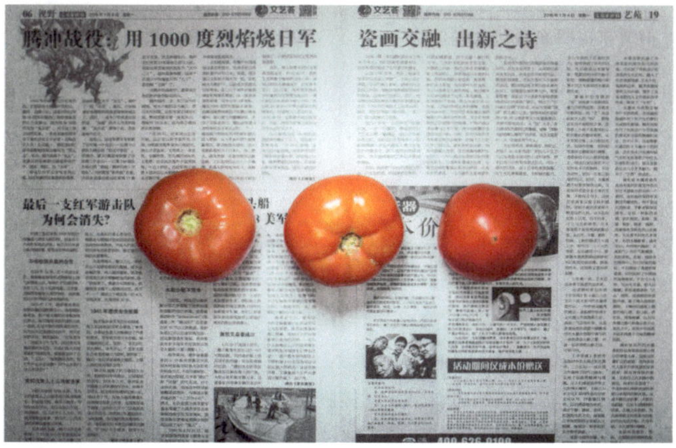

China
Beijing | January 2016
CNY 8.22 (USD 1.27, EUR 1.17)

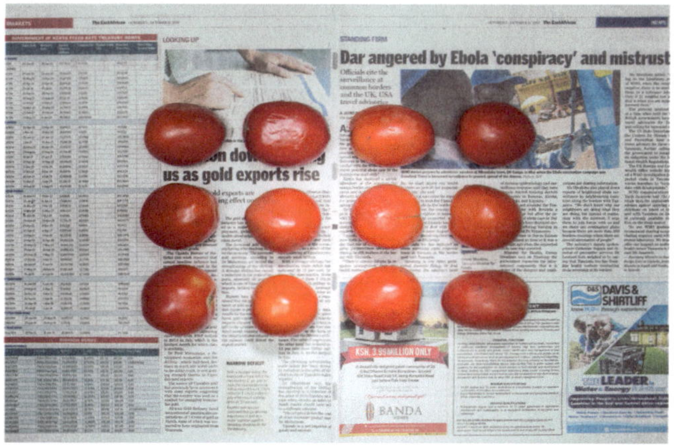

Kenya
Nairobi | September 2019
KYS 85 (USD 0.81, EUR 0.73)

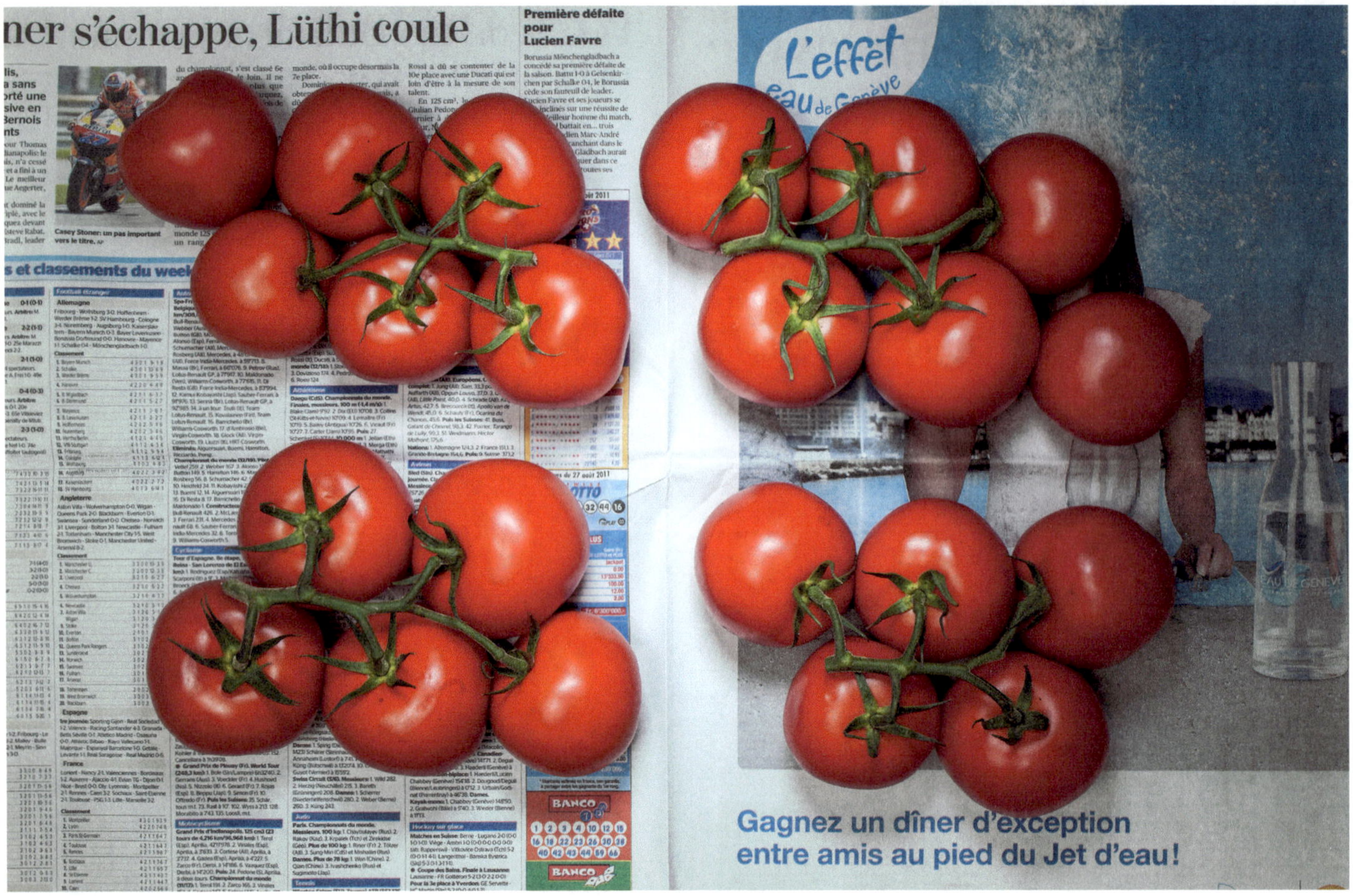

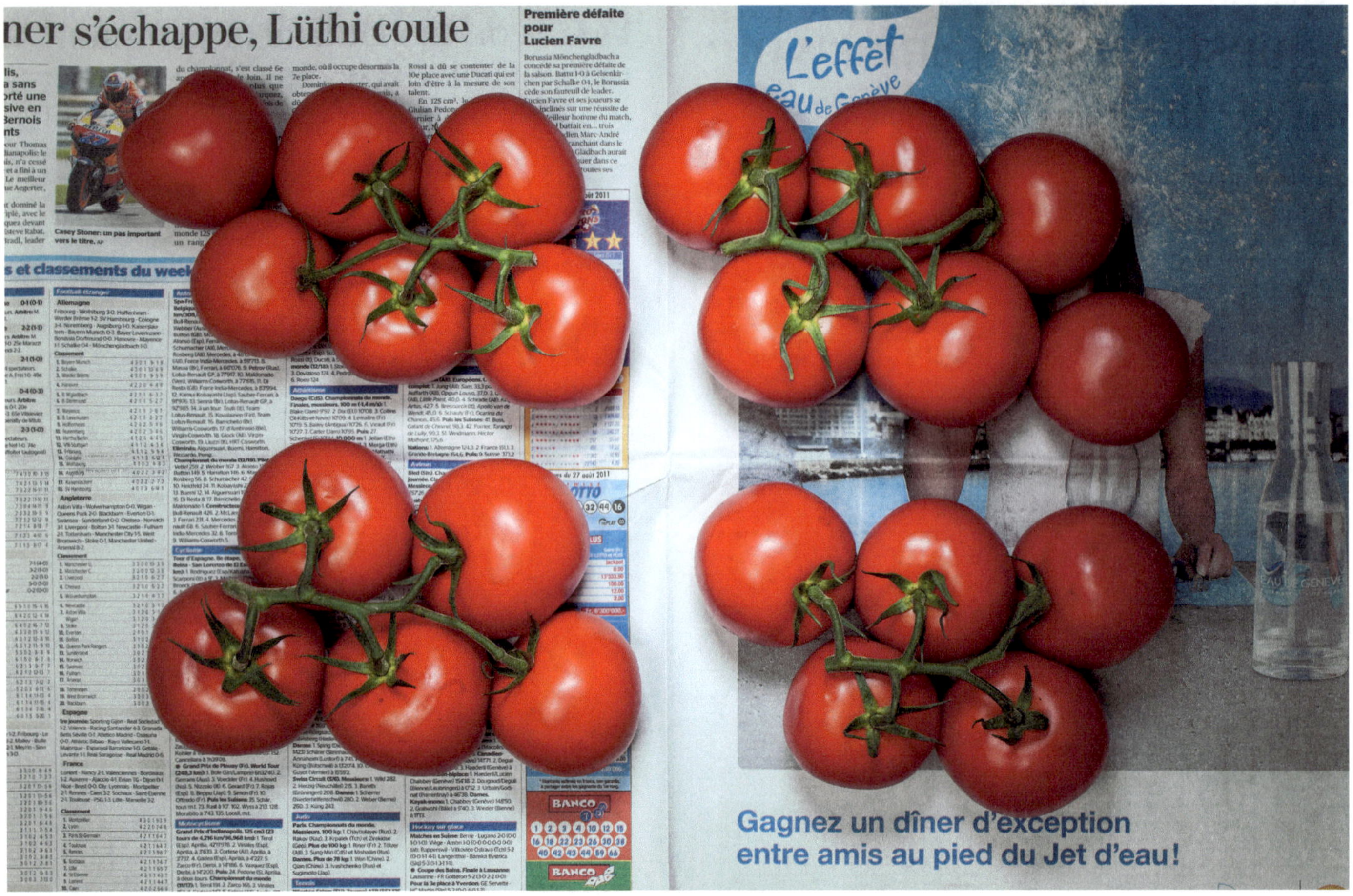

Switzerland
Geneva | August 2011
CHF 7.97 (USD 10.25, EUR 7.15)

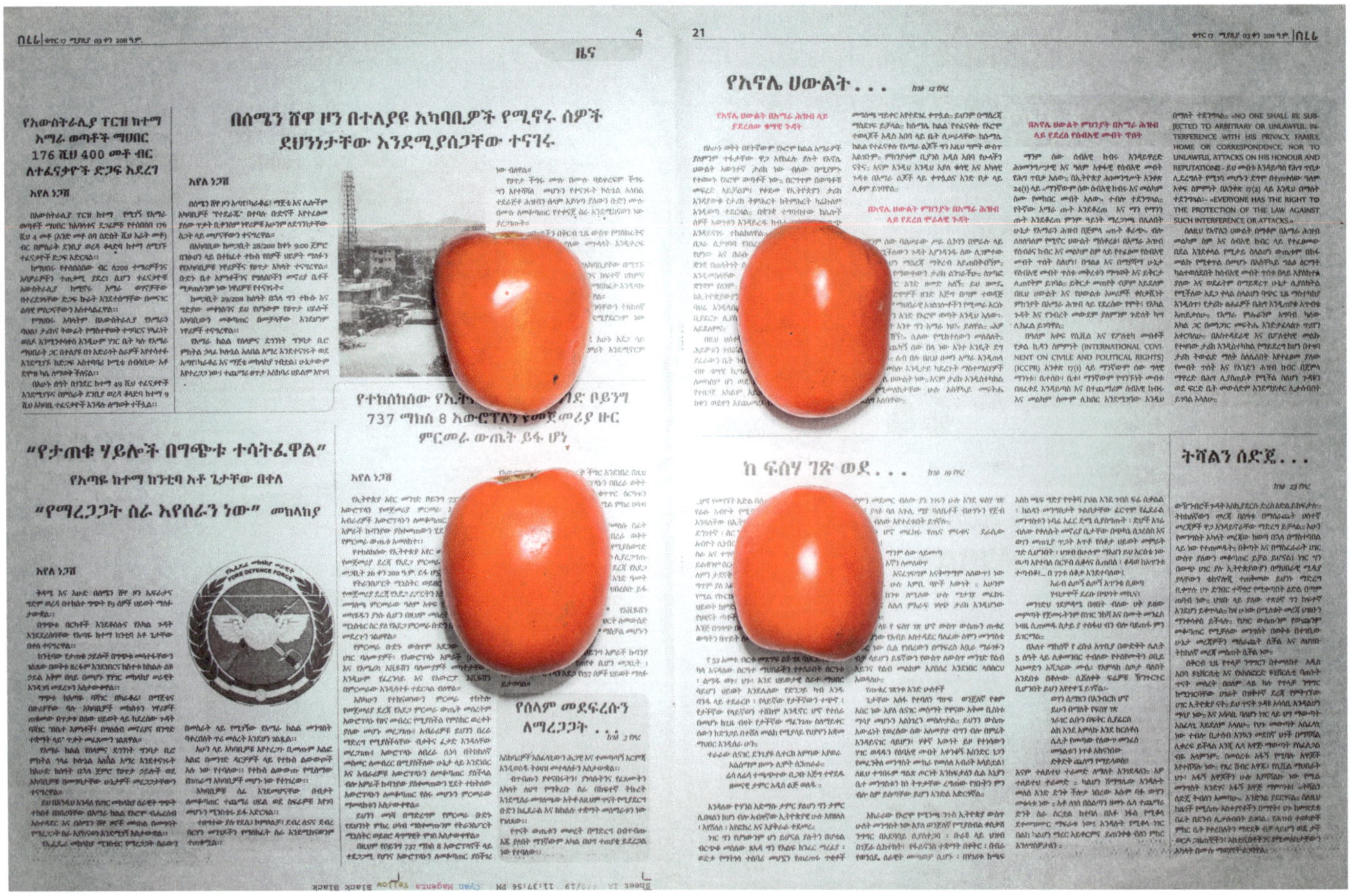

Ethiopia
Addis Ababa | October 2019
ETB 19.7 (USD 0.67, EUR 0.60)

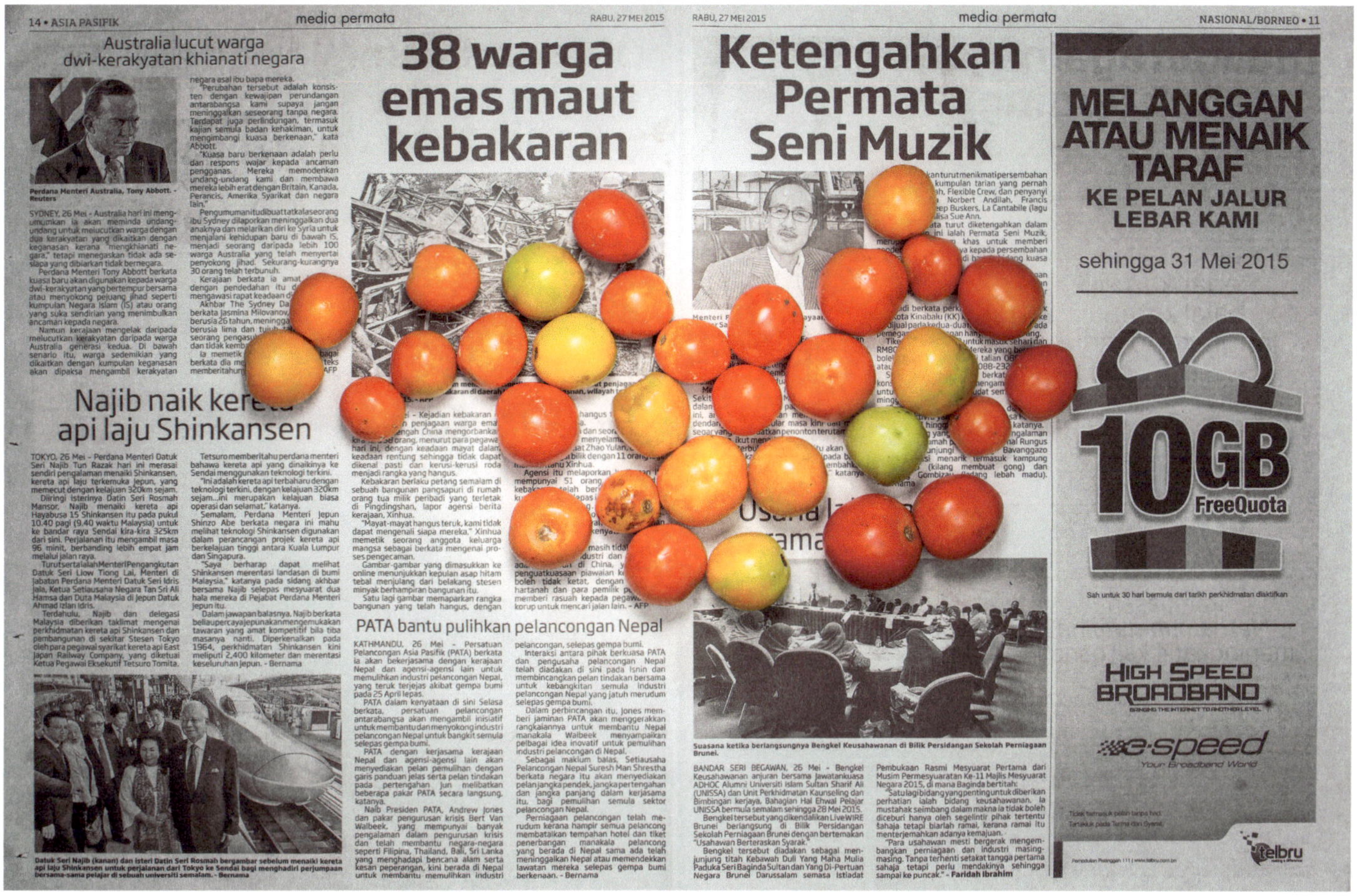

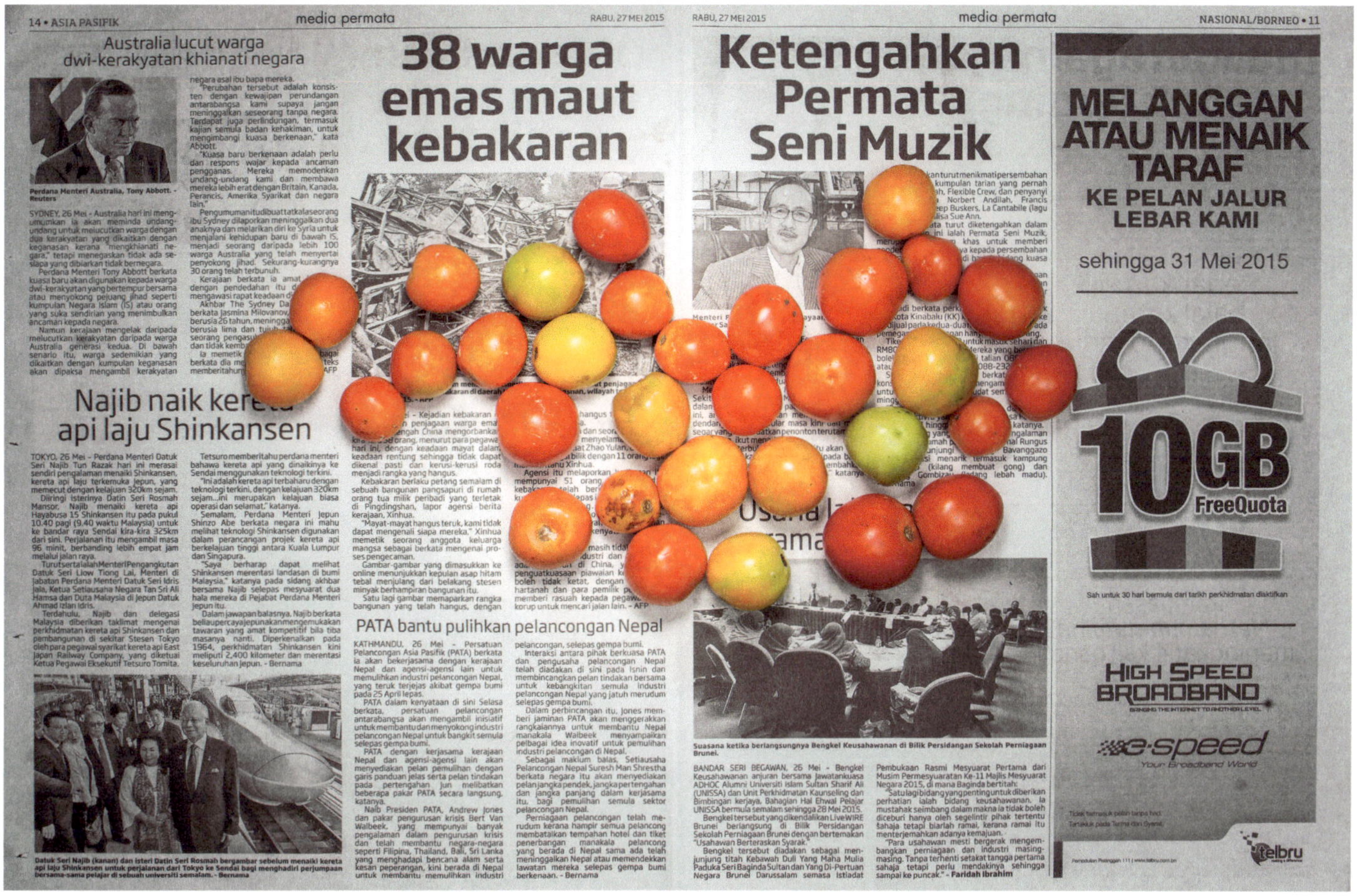

Brunei
Bandar Seri Begawan | May 2015
BND 0.93 (USD 0.69, EUR 0.62)

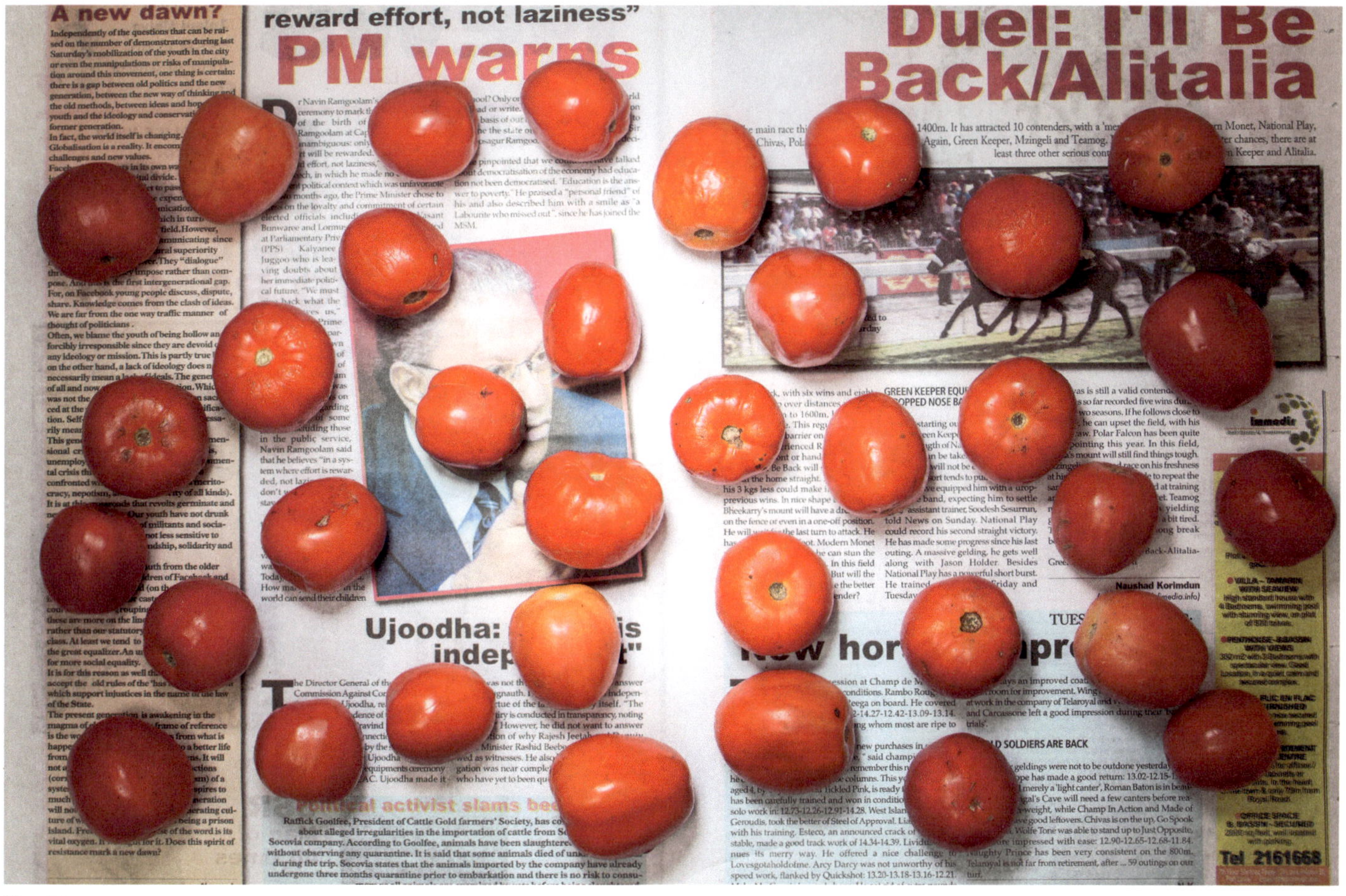

Mauritius
Port Louis | September 2011
MUR 127.37 (USD 4.37. EUR 3.08)

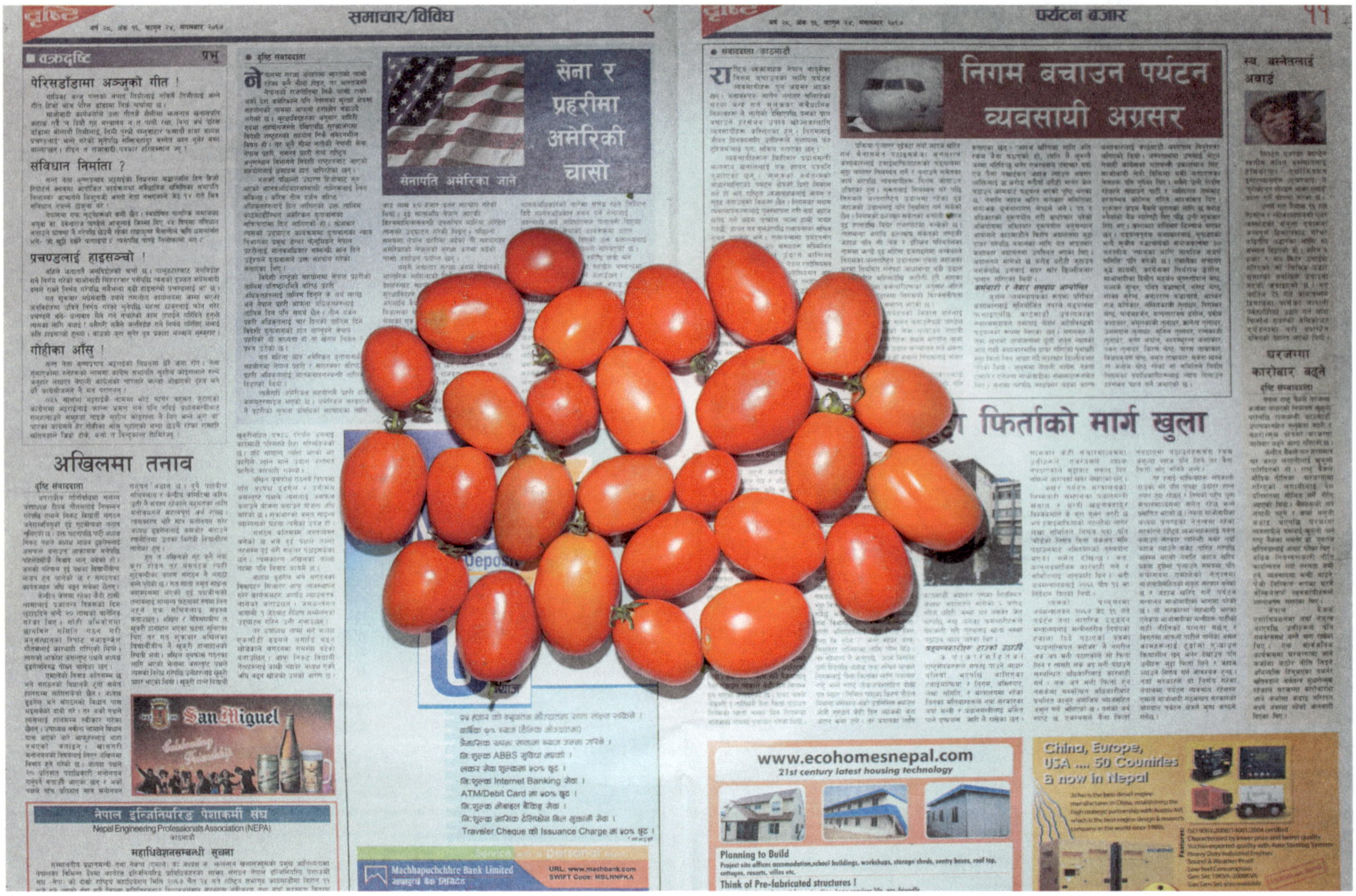

Nepal
Kathmandu | March 2011
NPR 32.88 (USD 0.45, EUR 0.32)

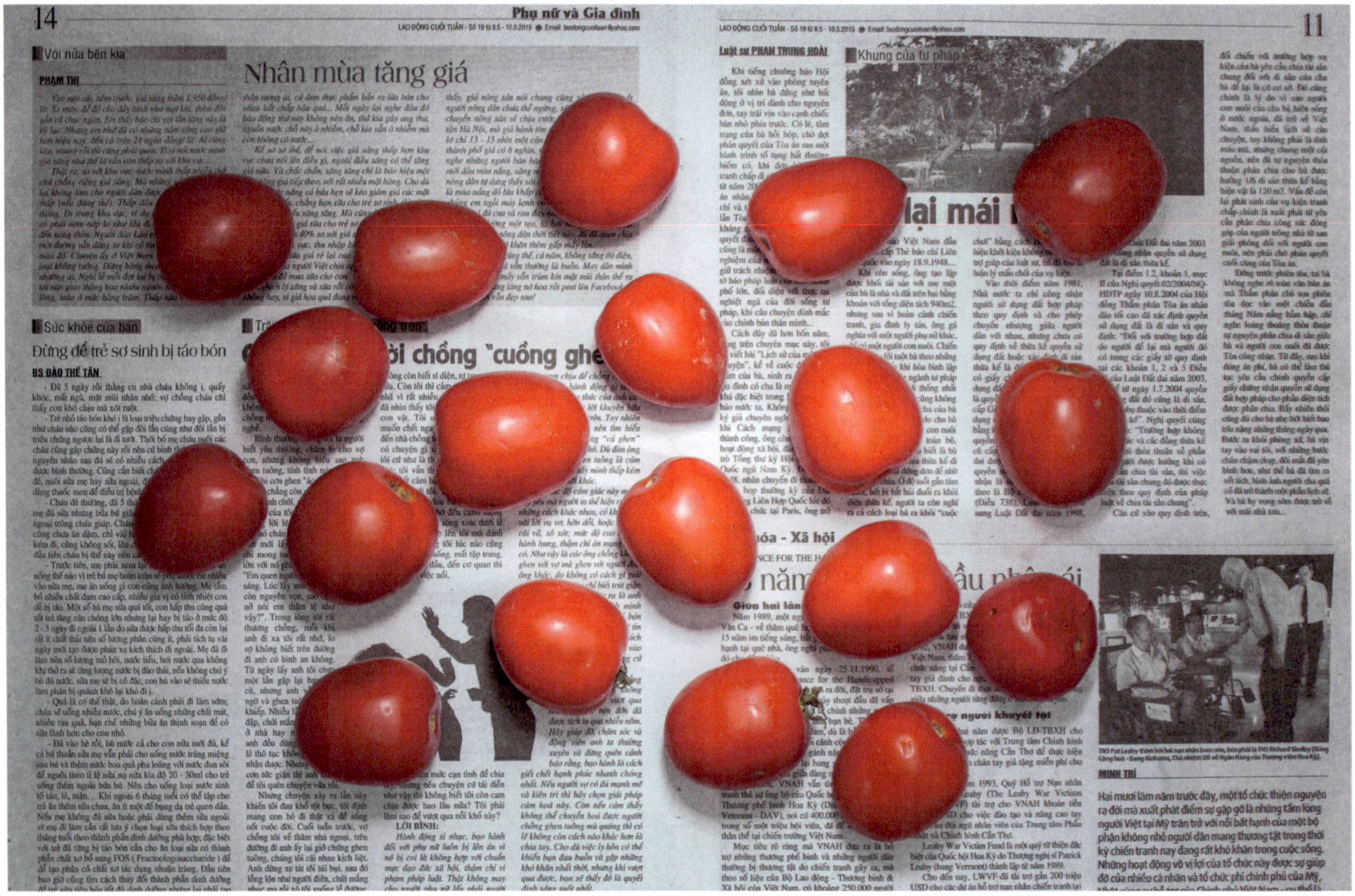

Vietnam
Hanoi | May 2015
VND 23,667 (USD 1.10, EUR 1.02)

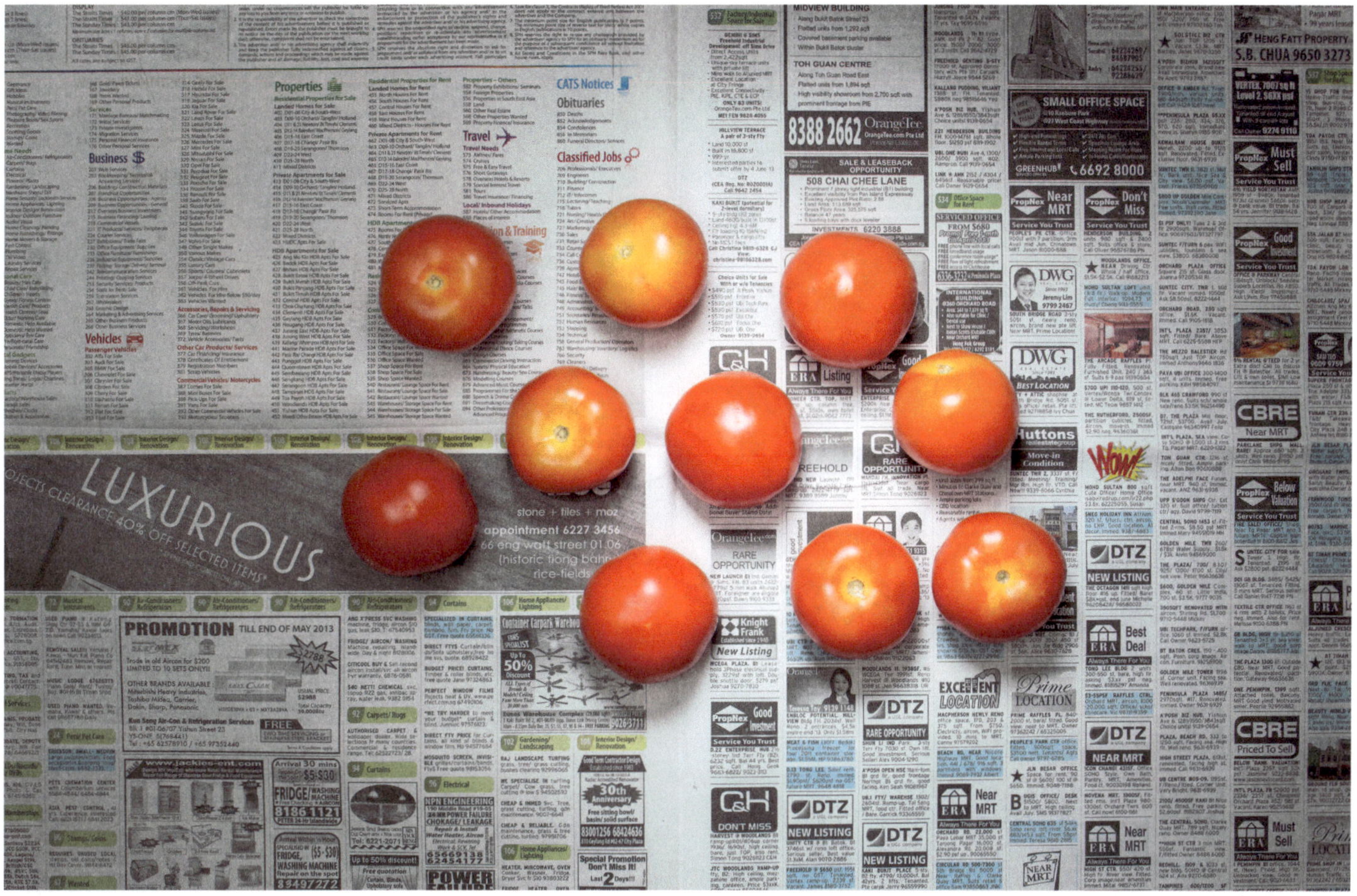

Singapore
Singapore | May 2013
SGD 2.22 (USD 1.79, EUR 1.37)

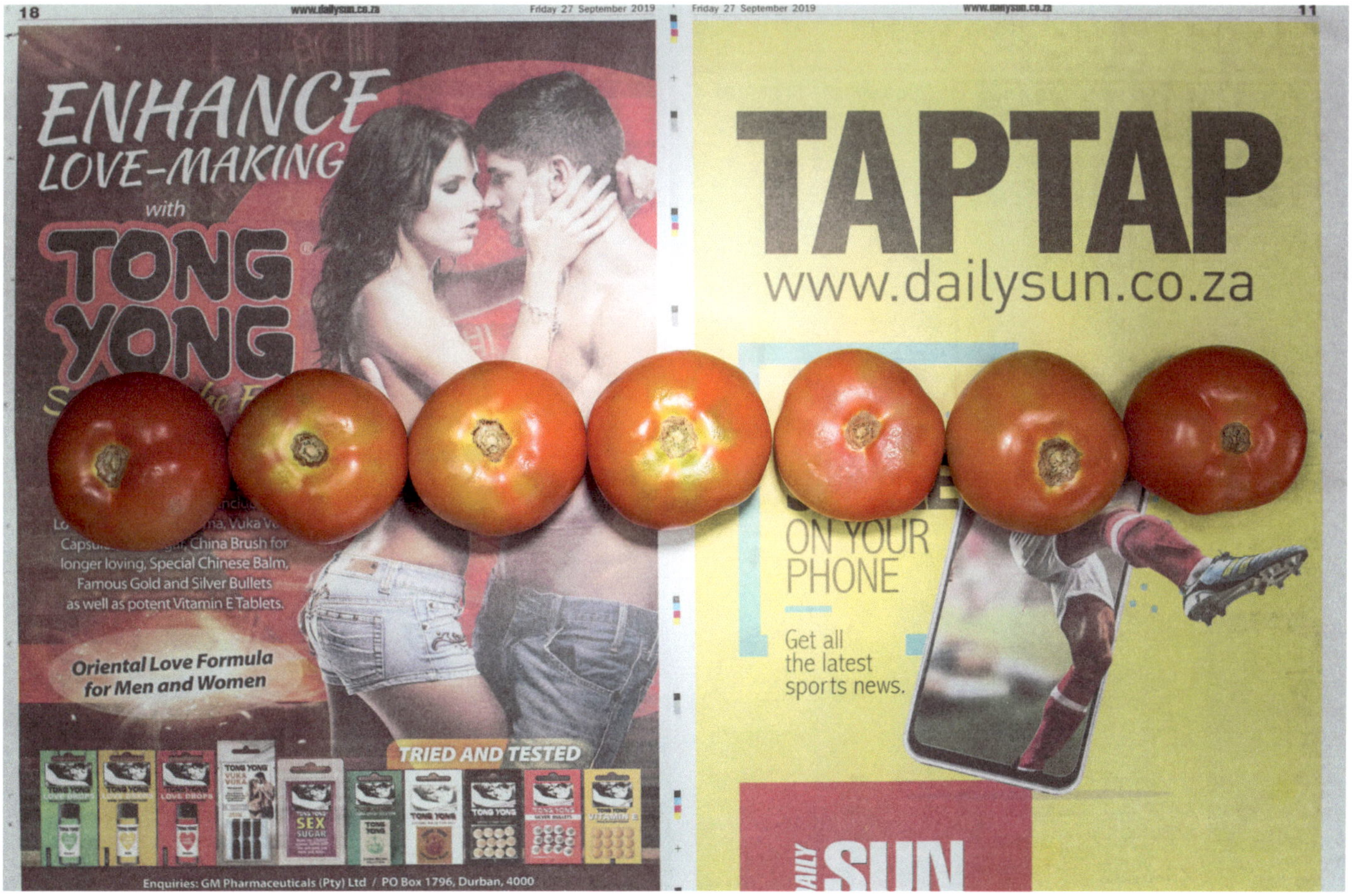

South Africa
Cape Town | October 2019
ZAR 27 [USD 1.81, EUR 1.75]

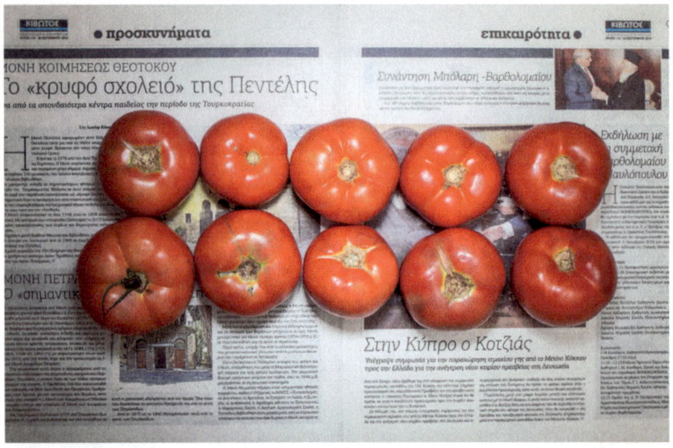

Greece
Thessaloniki | September 2018
EUR 4.02 (USD 4.68)

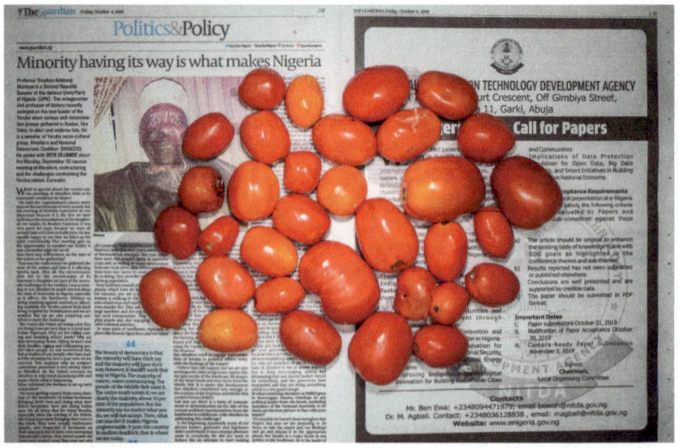

Nigeria
Lagos | October 2019
NGN 363 (USD 0.99, EUR 0.90)

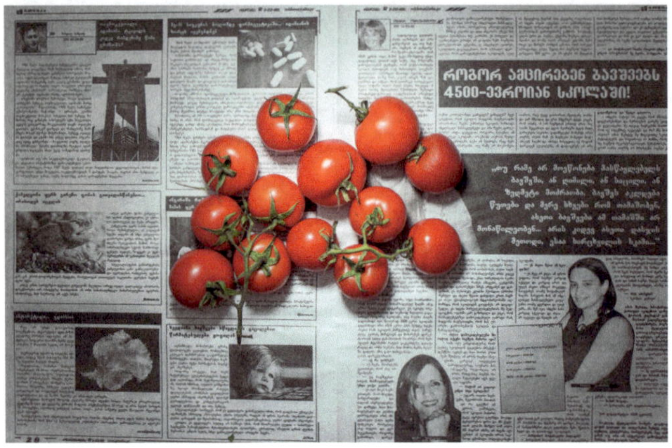

Georgia
Tbilisi | May 2013
GEL 3.64 (USD 2.20, EUR 1.69)

Tomatoes

Tomatoes are the most-consumed fruit worldwide. In 2017, global production of tomatoes was 182 million tonnes. The top five producers were China (33%), India (11%), Turkey (7%), the United States (6%) and Egypt (4%). The highest yields per hectare were in European countries: the Netherlands (508 tonnes), Belgium (496 tonnes), the UK (388 tonnes), Finland (364 tonnes), Sweden (361 tonnes) and Iceland (334 tonnes). China's yield was 58 tonnes per hectare, while India's was 26 tonnes per hectare. Tomato production in the Netherlands is touted to be highly technology-driven, with industry innovations in sustainable growing practices such as hydroponics and geothermal energy for greenhouse operations. The water footprint of tomato production in 2010 was estimated to be 1.1 gallons of water per pound in the Netherlands, compared to 15.2 in the US and 25.6 globally.

The tomato (*Solanum lycopersicum*) comes from the Solanaceae family of flowering plants, which also includes the potato, eggplant, peppers and tobacco. The tomato plant is a vine that usually grows to 1–3 meters in height. There are three types of tomato cultivars as categorized by their growth pattern – determinate growth, indeterminate growth and semi-determinate growth. Commercial cultivation usually uses transplanting rather than direct seeding, and tomato plants may be grown in open fields or greenhouses.

Wild tomato species originated on South America's western coastal plain, which stretches across Ecuador, Peru and Chile. The name is derived from the Aztec word *tomatl*. The fruit was domesticated in Mexico and then brought to Europe by the Spaniards in the early 16th century. It was adopted as a food by the Spaniards and Italians. In Italy, it was known as pomodoro, or "golden apple." It took a longer time for the tomato to be accepted in France and northern Europe because it was believed to be poisonous.

Tomatoes are the leading fruit for processing; about a quarter of tomatoes grown are processed. The top five countries in tomato processing are the United States, Italy, China, Spain and Brazil. The main processed tomato products are tomato paste, tomato sauces, ketchup, canned tomatoes and juice. In 2018, the world's top tomato processing groups were Morning Star (US), Tunhe (China), Sugal Group (Portugal) and Kagome Global (Japan). The top 40 tomato processing companies accounted for 94% of the total volume processed worldwide in 2017–18.

Tomatoes are known as a good source of vitamins and minerals. 100 g of raw tomatoes contain 237 mg of potassium, 13.7 mg vitamin C, 7.9 µg vitamin K (phylloquinone) and 15 µg vitamin B9 (folate), and yield 18 kcal. Tomatoes contain lycopene, a non-provitamin A carotenoid, which gives the fruit its reddish hue. Studies suggest that lycopene has antioxidant, anti-inflammatory and anticancer properties. Naturally, tomatoes are the richest food source of lycopene. Cooking tomatoes increases the body's absorption of lycopene.

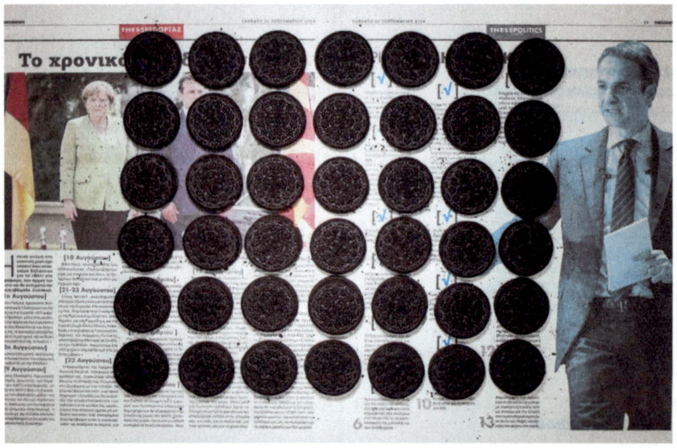

Greece
Thessaloniki | September 2018
EUR 4.02 (USD 4.68)

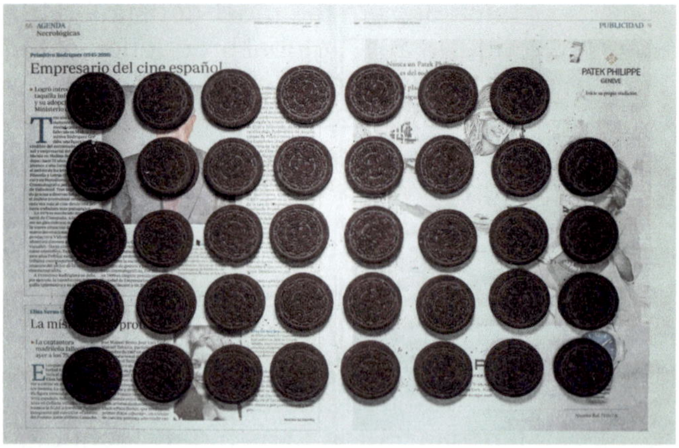

Spain
Getxo | October 2018
EUR 4.74 (USD 5.47)

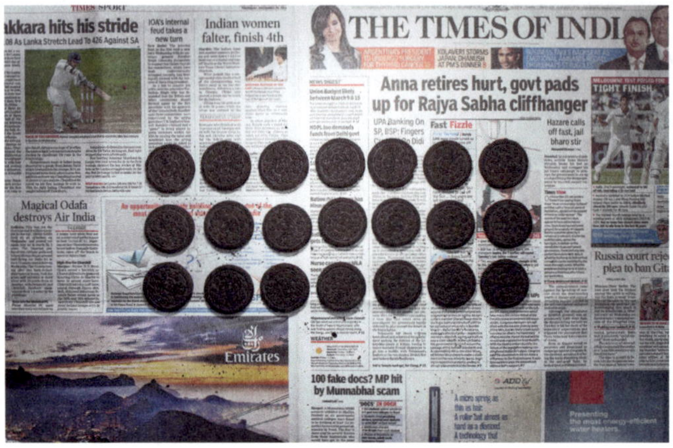

India
Delhi | December 2011
INR 32 (USD 0.60, EUR 0.46)

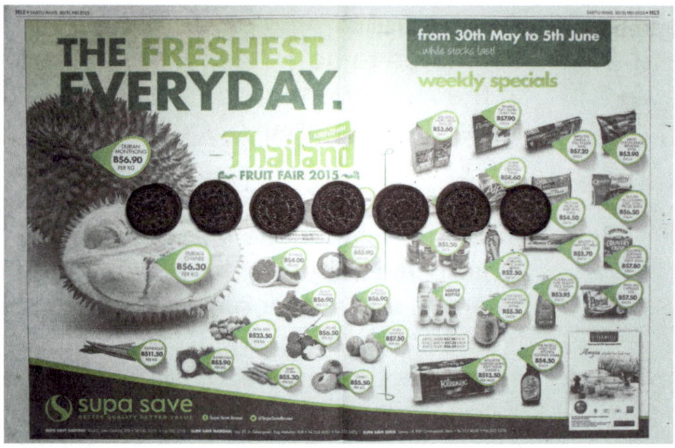

Brunei
Bandar Seri Begawan | May 2015
BND 0.93 (USD 0.69, EUR 0.62)

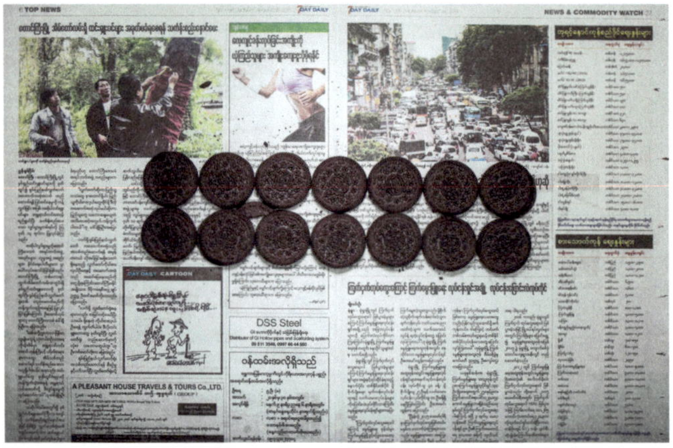

Myanmar
Yangon | August 2016
MMK 1,030 (USD 0.88, EUR 0.80)

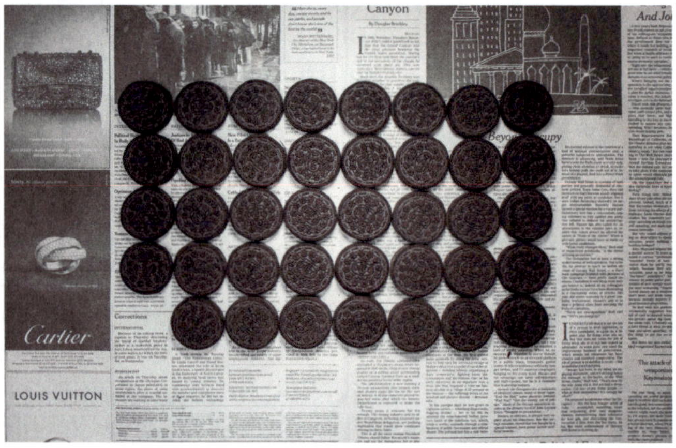

United States of America
New York | October 2011
USD 4.91 (EUR 3.60)

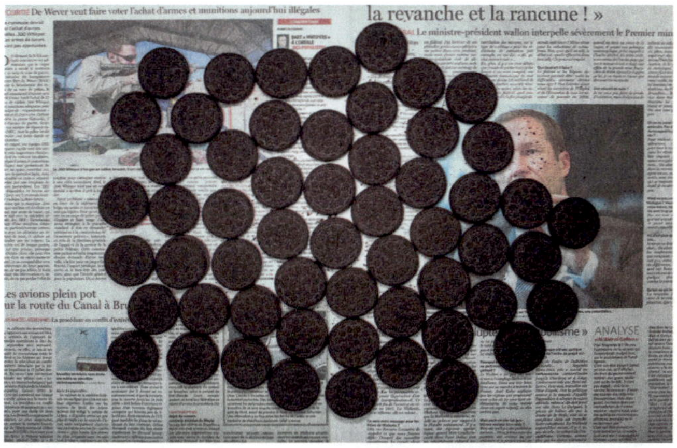

France
Paris | September 2015
EUR 5.99 (USD 6.73)

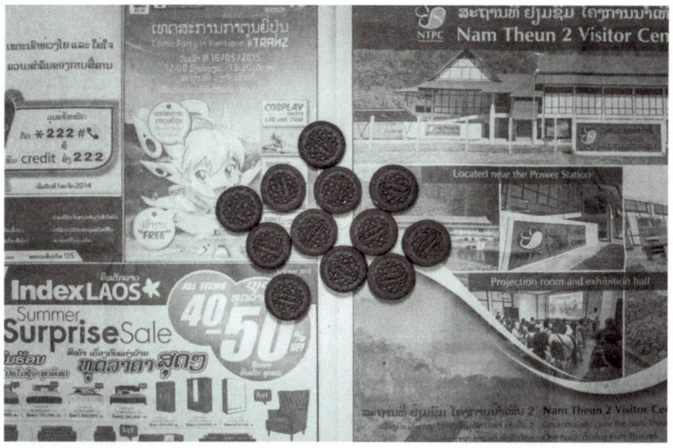

Laos
Vientiane | May 2015
LAK 6,400 (USD 0.80, EUR 0.73)

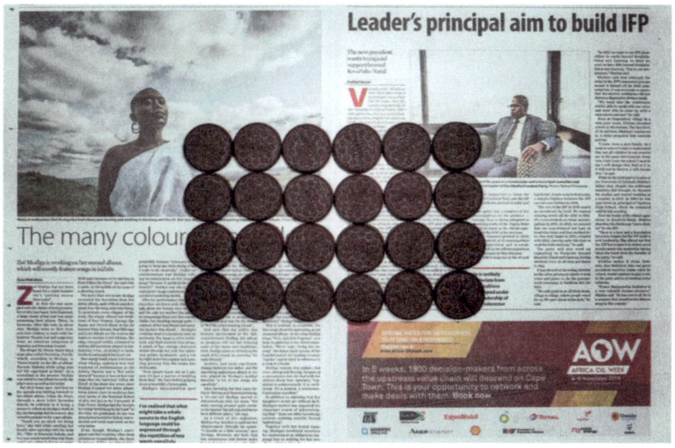

South Africa
Cape Town | October 2019
ZAR 27 [USD 1.81, EUR 1.75]

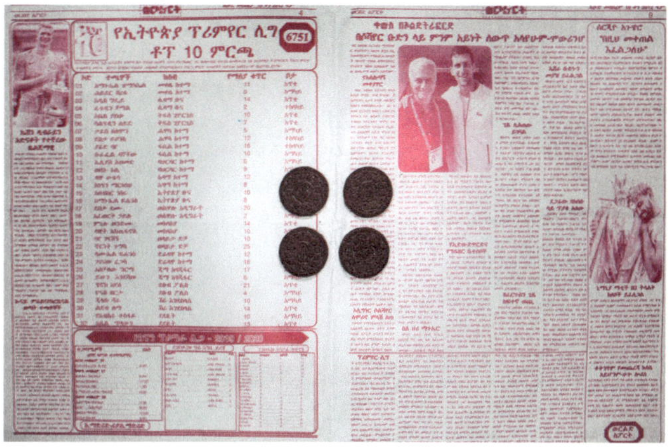

Ethiopia
Addis Ababa | October 2019
ETB 19.7 (USD 0.67, EUR 0.60)

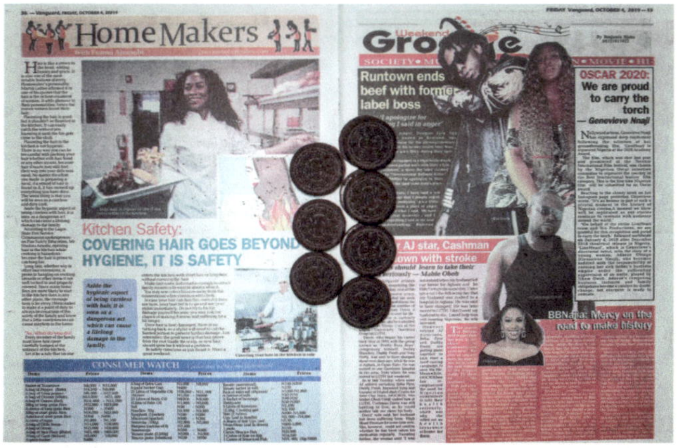

Nigeria
Lagos | October 2019
NGN 363 (USD 0.99, EUR 0.90)

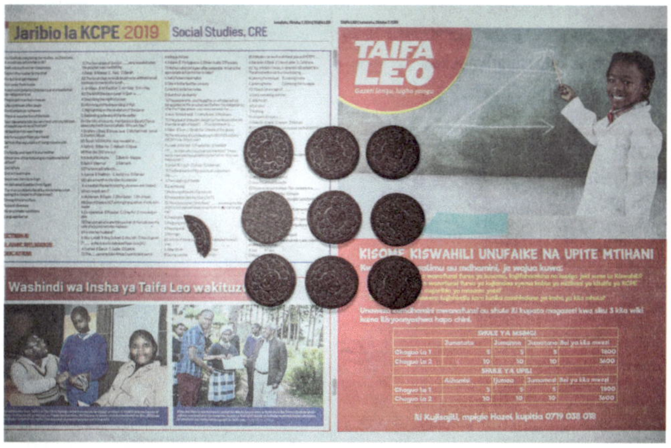

Kenya
Nairobi | September 2019
KYS 85 (USD 0.81, EUR 0.73)

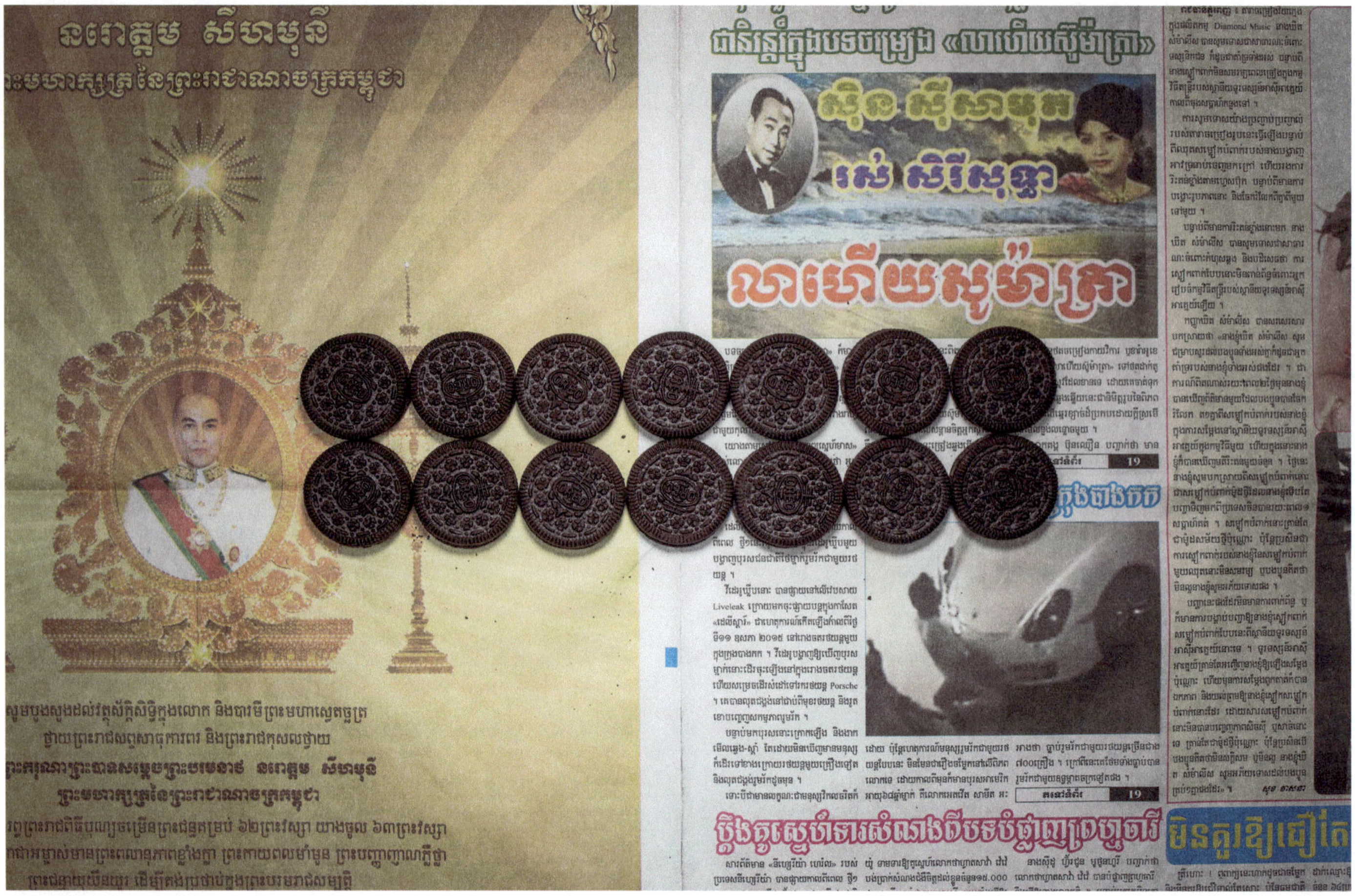

Cambodia
Phnom Penh | May 2015
KHR 3,871 (USD 0.98, EUR 0.90)

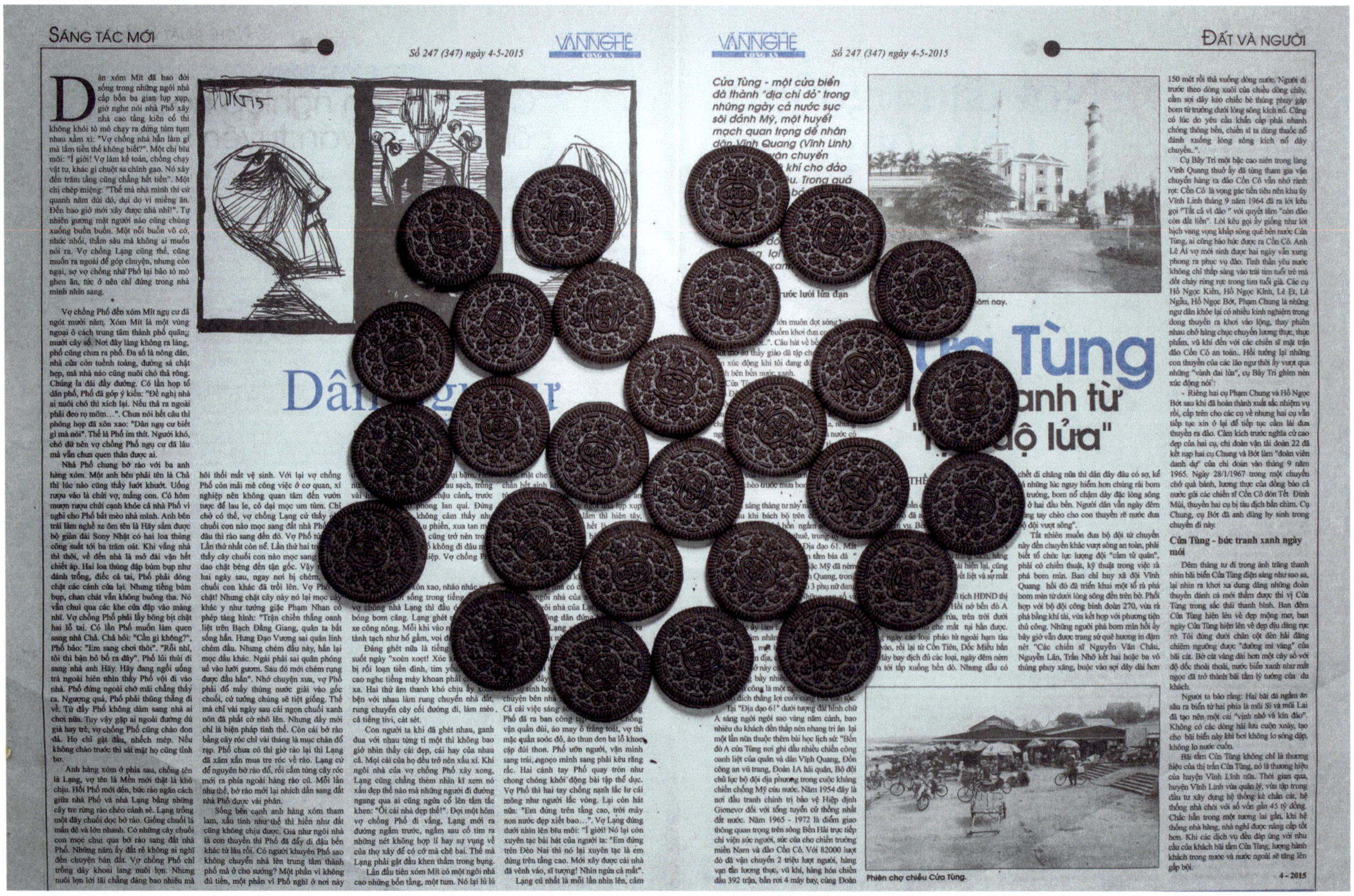

Vietnam
Hanoi | May 2015
VND 23,667 (USD 1.10, EUR 1.02)

Oreos

Oreo cookies are sold in more than 100 countries around the world. Annual sales of Oreos amounted to USD 2 billion in 2016. The product's top five markets were the US, China, the UK, Indonesia and Canada. India started selling Oreos in 2011 and has become its 9th biggest market.

The Oreo cookie has a century-long history. It was introduced in 1912 and sold by weight (USD 0.30 per pound) by grocers in New Jersey in the United States. Its creator was Sam Porcello, principal scientist at Nabisco (National Business Company). The idea of two round chocolate biscuits sandwiched together by a creme filling had already been introduced to the market in 1908 in the form of Sunshine Baking Co.'s Hydrox cookie. Nabisco applied for and obtained a trademark for the Oreo in 1913. The biscuit later went through a few name changes: Oreo Sandwich, Oreo Creme Sandwich, Oreo Chocolate Sandwich Cookie. In 1997, Nabisco removed lard from the recipe and undertook a transformation process in its baking facilities to eventually obtain kosher status for its Oreo cookies.

The Oreo cookie classic creme filling remains relatively intact. A version of the cookie with lemon meringue flavor was launched in 1912, but was discontinued by the 1920s. In 2012, Oreo celebrated its 100-year anniversary with a birthday cake Oreo; since then the company has been launching numerous limited-edition and holiday-themed flavors. In 2017, it launched a social media campaign called "My Oreo Creation" to invite public ideas for new limited-edition Oreo flavors.

Oreos are by weight 71% biscuit and 29% creme, with the exception of Double Stuf, Oreo Minis, Mega Stuf and Oreo Thins. One regular Oreo biscuit contains 55 kcal, 8 g carbohydrate, 4 g sugar, 2 g fat and 45 mg sodium. Besides being sold as snacks, Oreos are commonly used in American dessert recipes and are also sold as baking crumbs and cookie pieces. Commercial products and recipes that incorporate Oreos include Klondike Oreo Ice Cream Sandwich (Unilever), Oreo McFlurry (McDonald's) and Oreo Cheesecake (Cheesecake Factory).

Nabisco was formed in 1898 by a merger of three baking companies: the American Biscuit & Manufacturing Company, the New York Biscuit Company and the United States Baking Company. It was acquired by R. J. Reynolds Industries in 1985 to become RJR Nabisco, the largest consumer-goods conglomerate in the US at that time. In 1986, its China joint venture, the Yili-Nabisco Biscuit and Food Company, was established as the first major global biscuit company in China. RJR Nabisco was acquired by a private equity firm, Kohlberg Kravis Roberts & Co. (KKR), in 1989, and Nabisco Holdings Corp. was listed on the New York Stock Exchange in 1990. After several rounds of reorganization, Philip Morris acquired Nabisco in 2000 and merged it with Kraft Foods in 2001. In 2012, Kraft Foods split into two independent publicly traded companies – Kraft Foods Group to cover North American grocery products, and Mondelez International to cover the global snack business, including the Oreo brand.

The factory that made the first Oreo business is located on New York's West 15th Street, which was renamed Oreo Way in 2002. The factory and Nabisco headquarters complex later became Chelsea Market, which was purchased for USD 2.4 billion in 2018 by Alphabet (the parent company of Google). The newest Oreo factory was opened in 2018 in Bahrain, as a USD 90 million production facility churning out Oreo cookies and Barni soft cakes for consumers in the Middle East and Africa. Prior to that, a USD 11 million plant was opened in Morocco in 2015 with a production capacity of 900 million Oreo cookies a year.

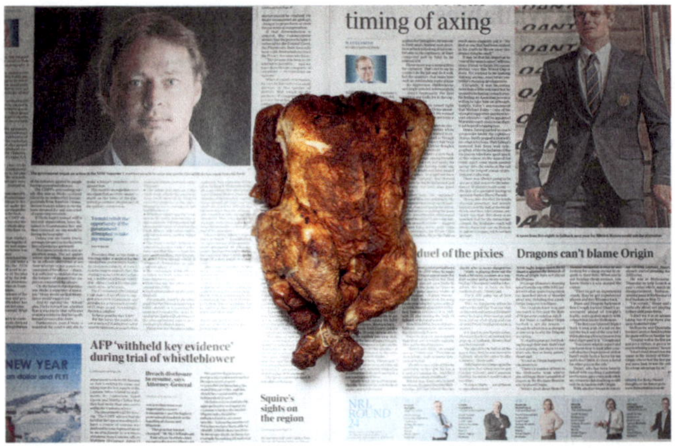

Australia
Sydney | August 2011
AUD 7.52 (USD 8.02, EUR 5.61)

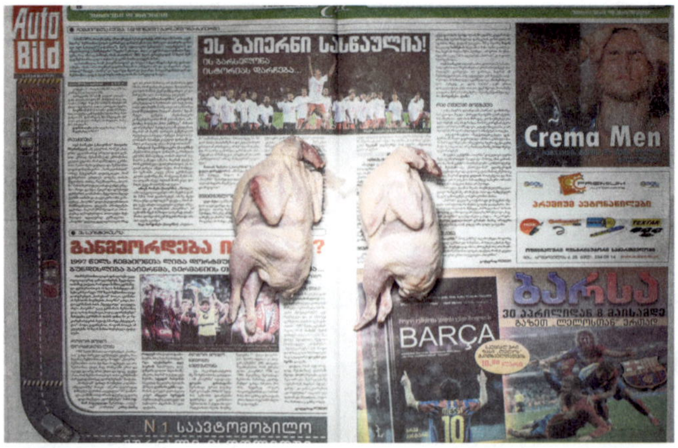

Georgia
Tbilisi | May 2013
GEL 3.64 (USD 2.20, EUR 1.69)

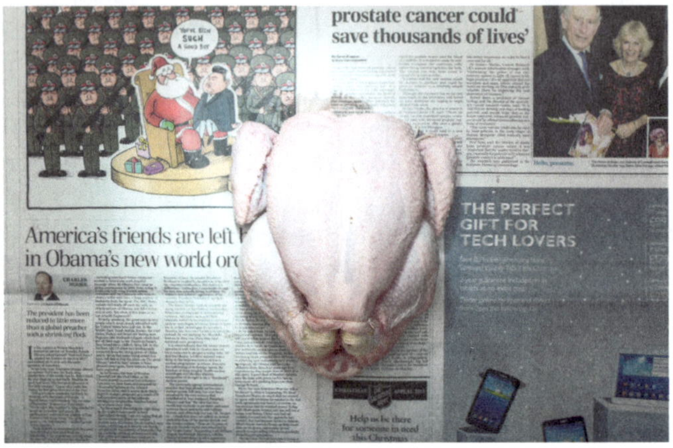

United Kingdom
London | December 2013
GBP 5.85 (USD 9.47, EUR 7.01)

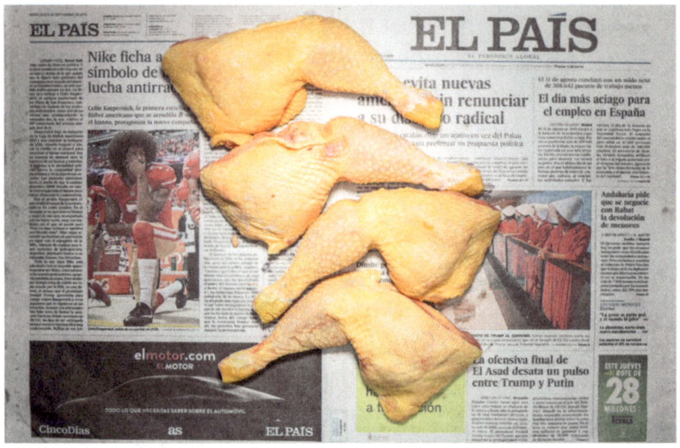

Spain
Getxo | October 2018
EUR 4.74 (USD 5.47)

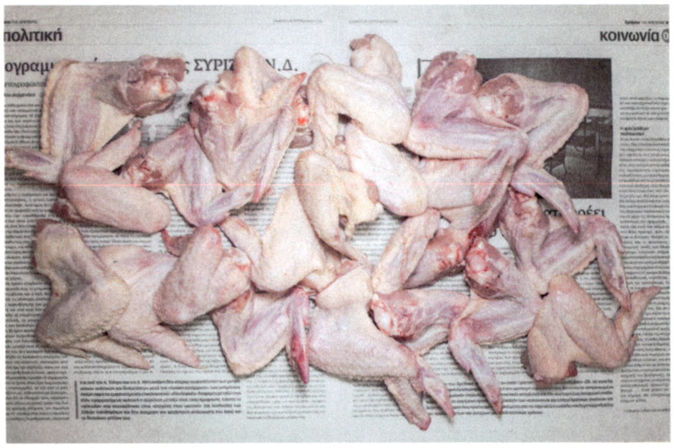

Greece
Thessaloniki | September 2018
EUR 4.02 (USD 4.68)

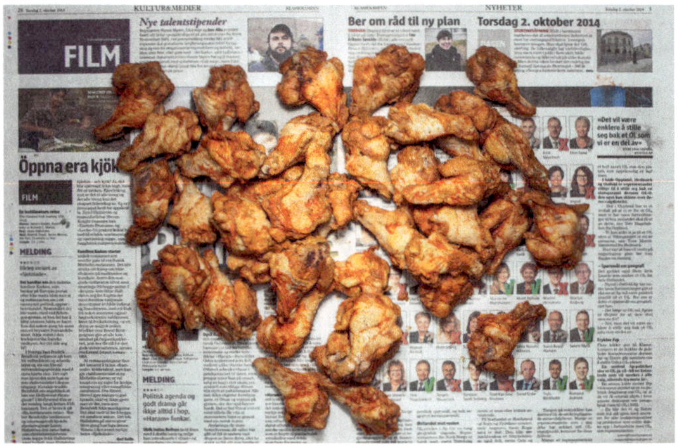

Norway
Oslo | October 2014
NOK 65 (USD 10.26, EUR 7.95)

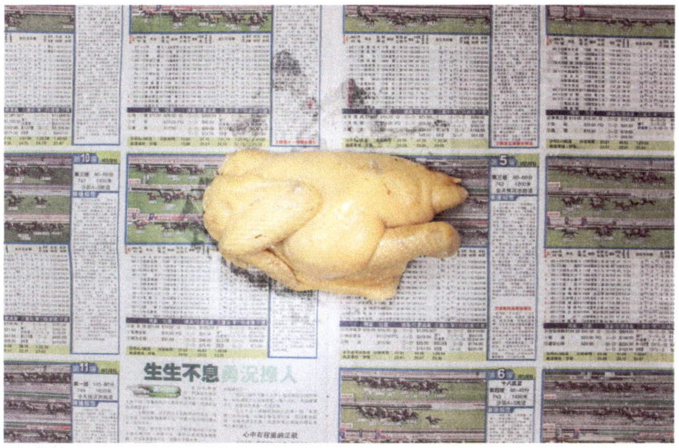

Hong Kong
Wanchai | July 2011
HKD 44.96 (USD 5.77, EUR 4.01)

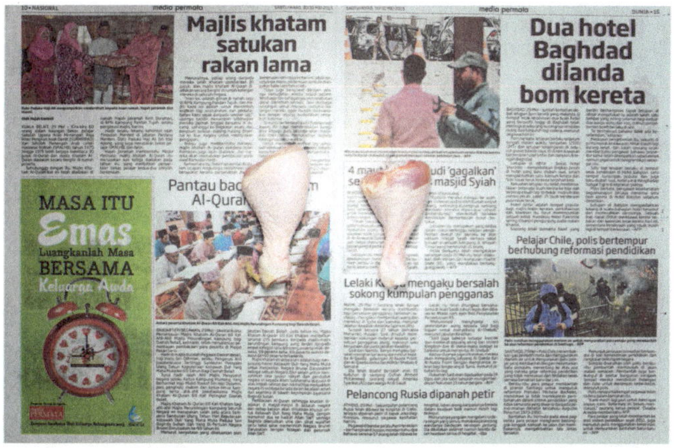

Brunei
Bandar Seri Begawan | May 2015
BND 0.93 (USD 0.69, EUR 0.62)

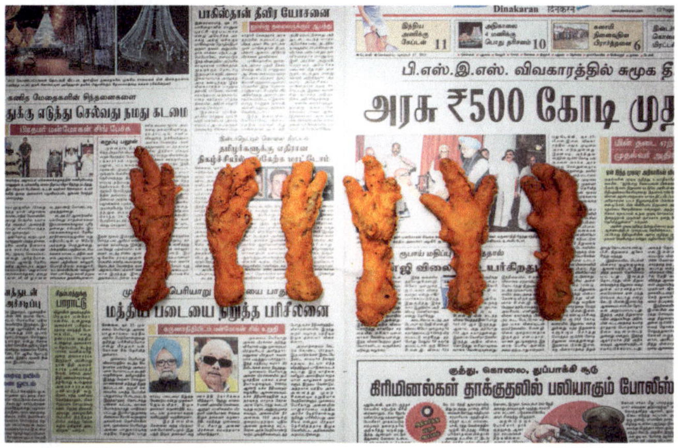

India
Delhi | December 2011
INR 32 (USD 0.60, EUR 0.46)

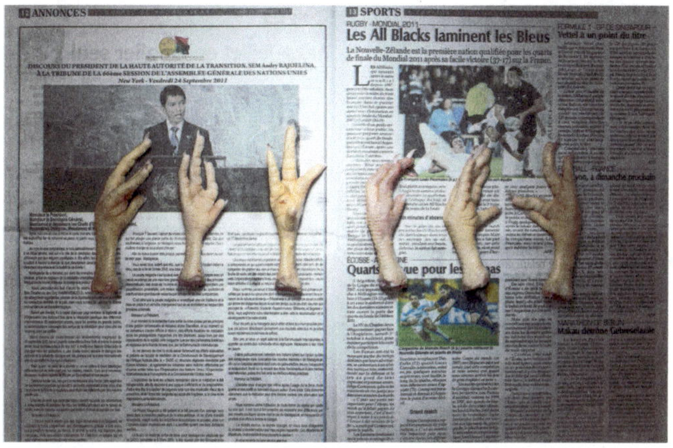

Madagascar
Antananarivo | September 2011
MGA 1,284 (USD 0.64, EUR 0.51)

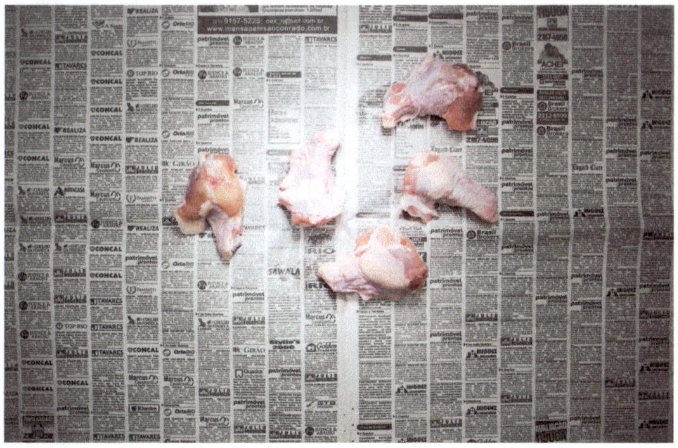

Brazil
Rio de Janeiro | May 2012
BRL 2.33 (USD 1.23, EUR 0.93)

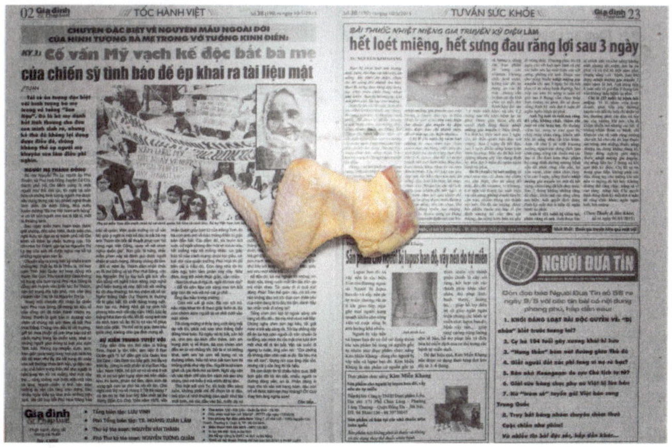

Vietnam
Hanoi | May 2015
VND 23,667 (USD 1.10, EUR 1.02)

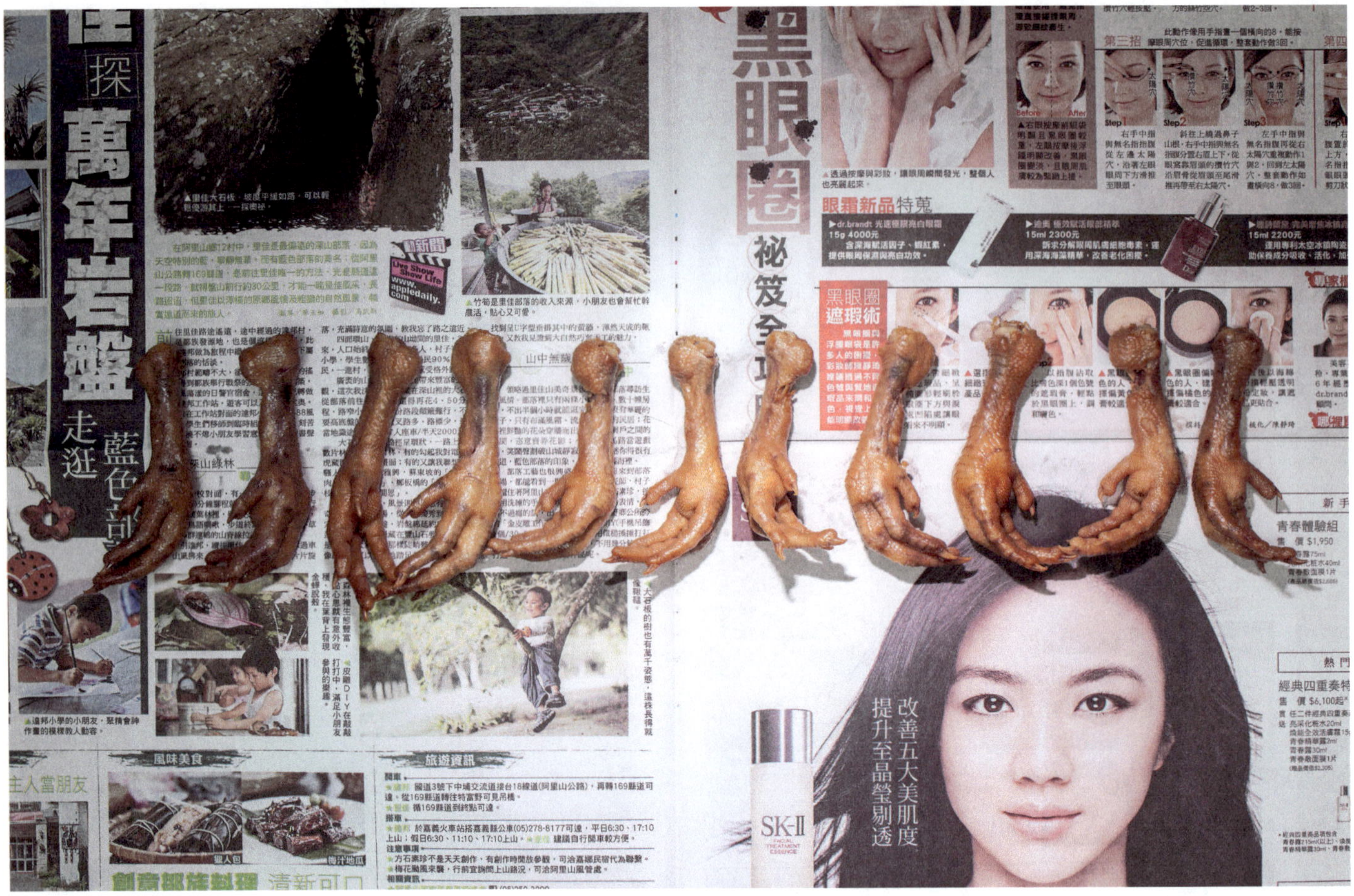

Taiwan
Taipei | August 2011
TWD 56.96 (USD 1.97, EUR 1.39)

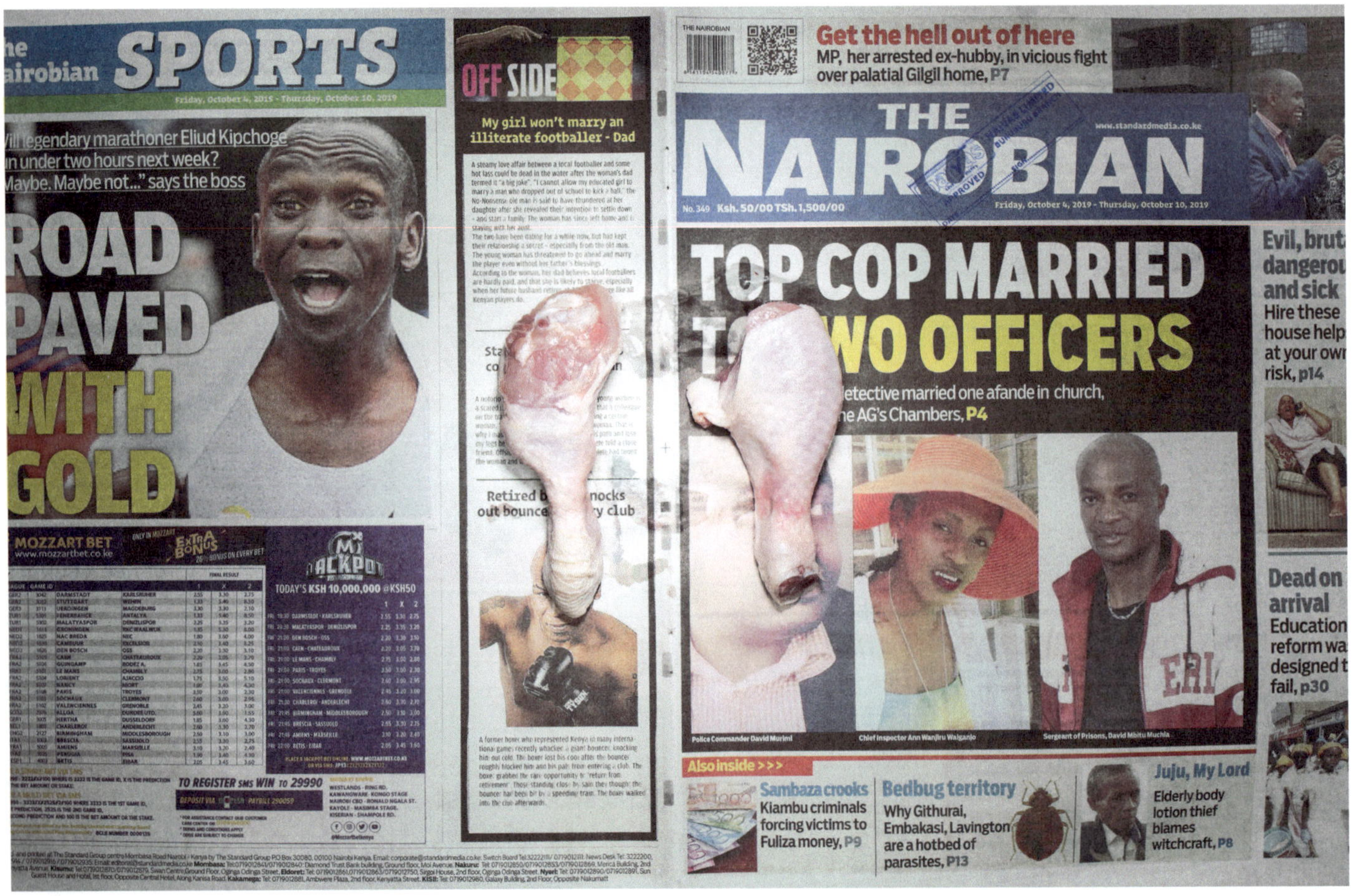

Kenya
Nairobi | September 2019
KYS 85 (USD 0.81, EUR 0.73)

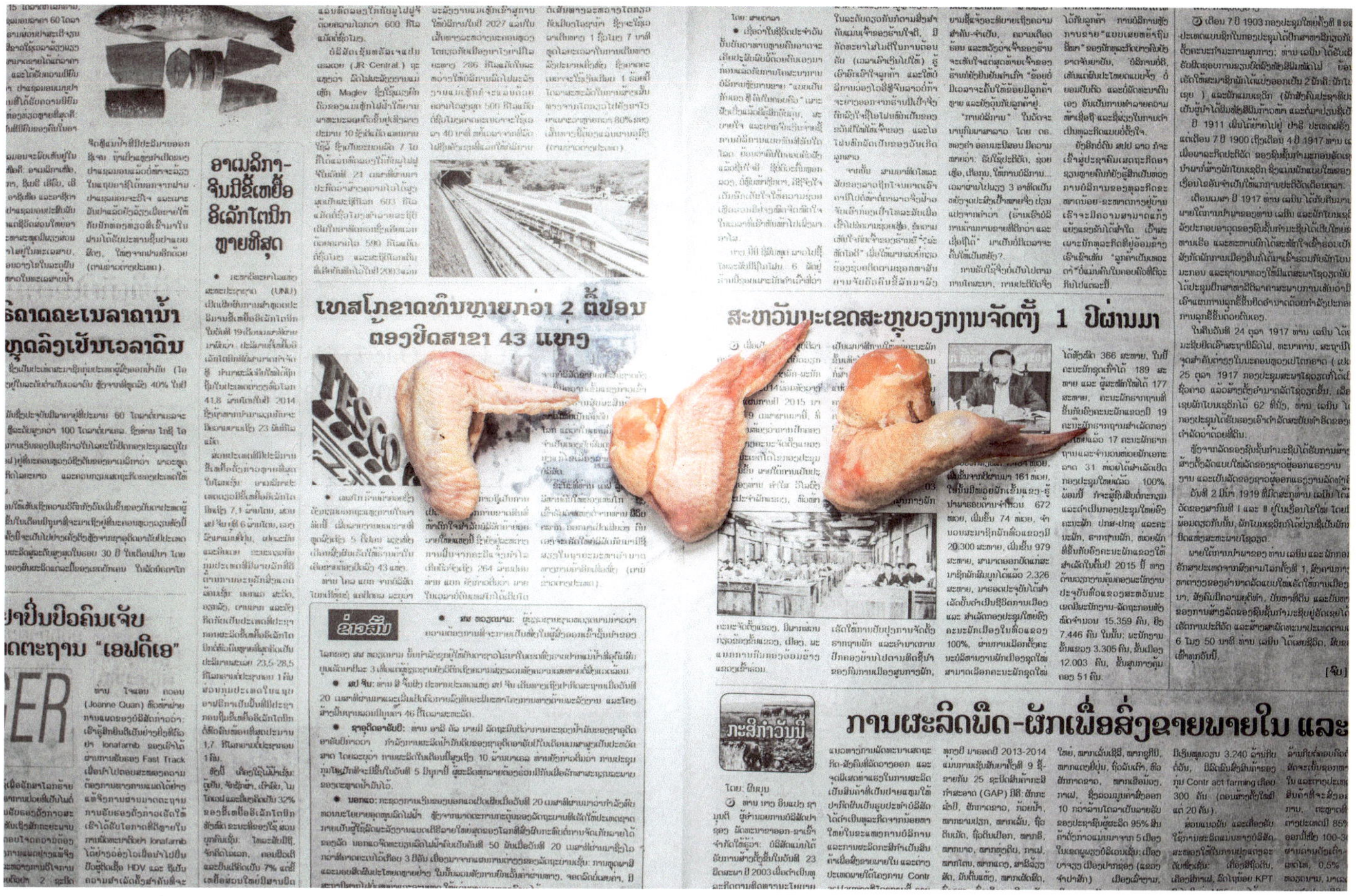

Laos
Vientiane | May 2015
LAK 6,400 (USD 0.80, EUR 0.73)

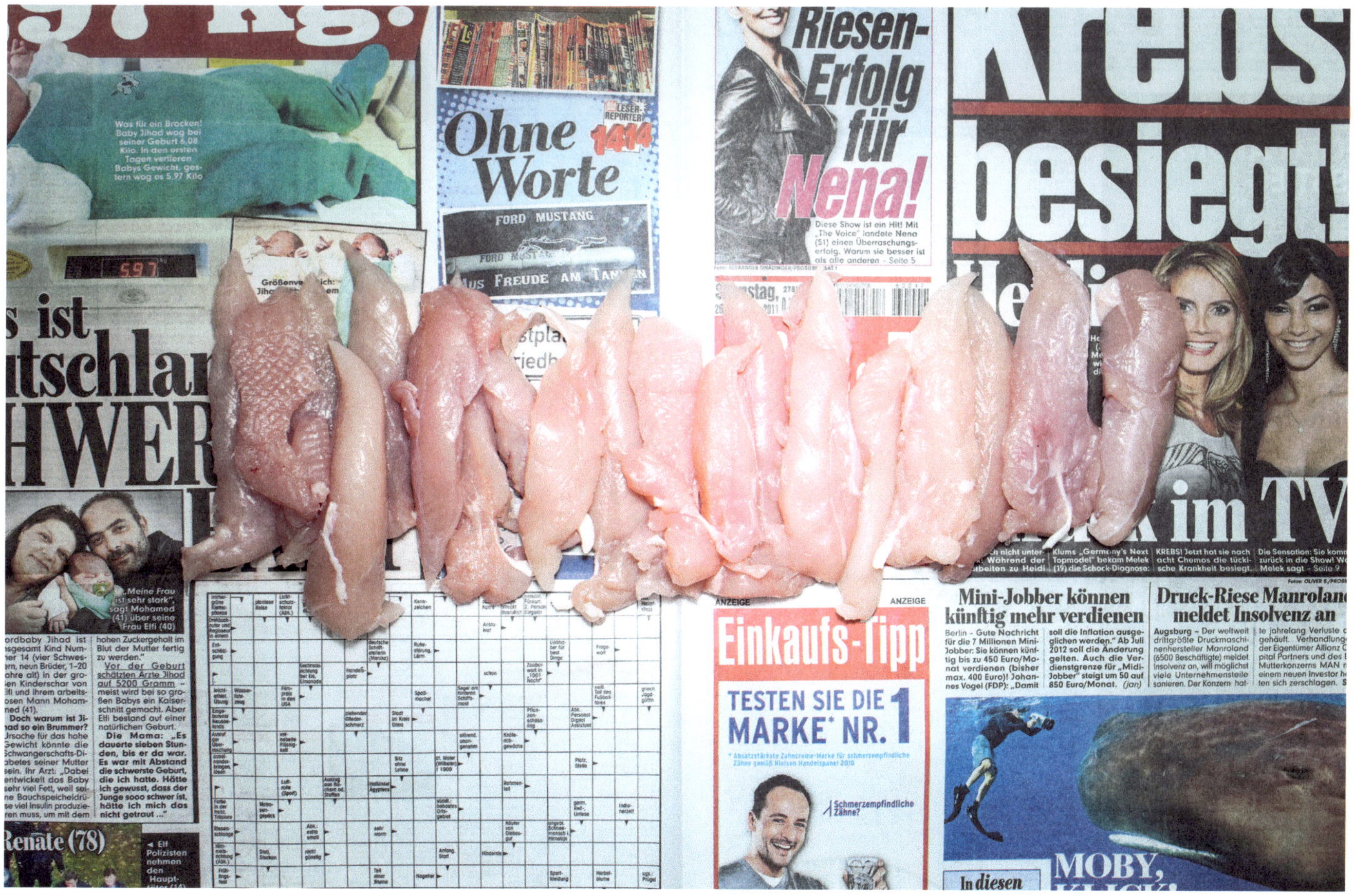

Germany
Hamburg | November 2011
EUR 4.82 (USD 6.61)

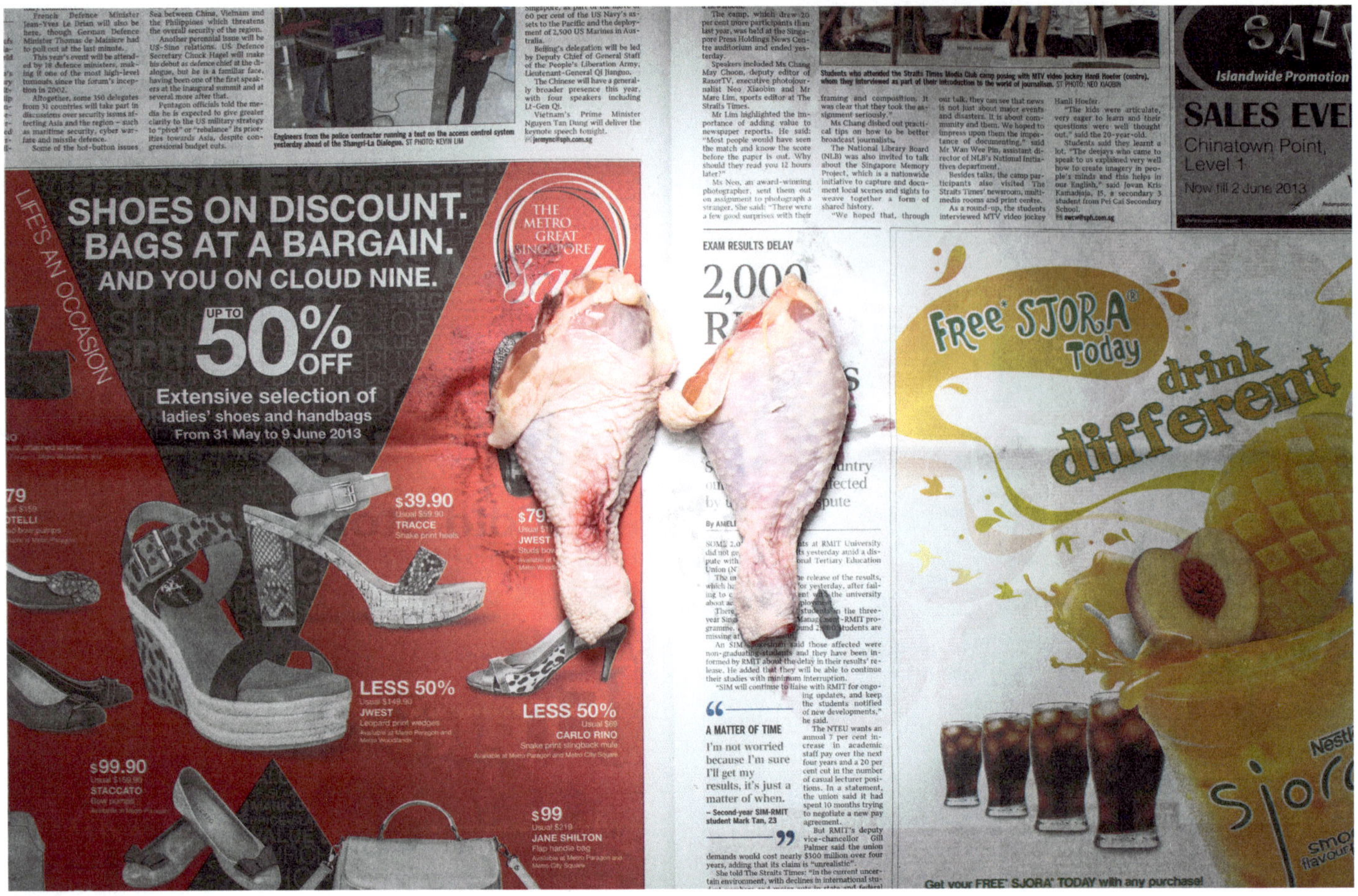

Singapore
Singapore | May 2013
SGD 2.22 (USD 1.79, EUR 1.37)

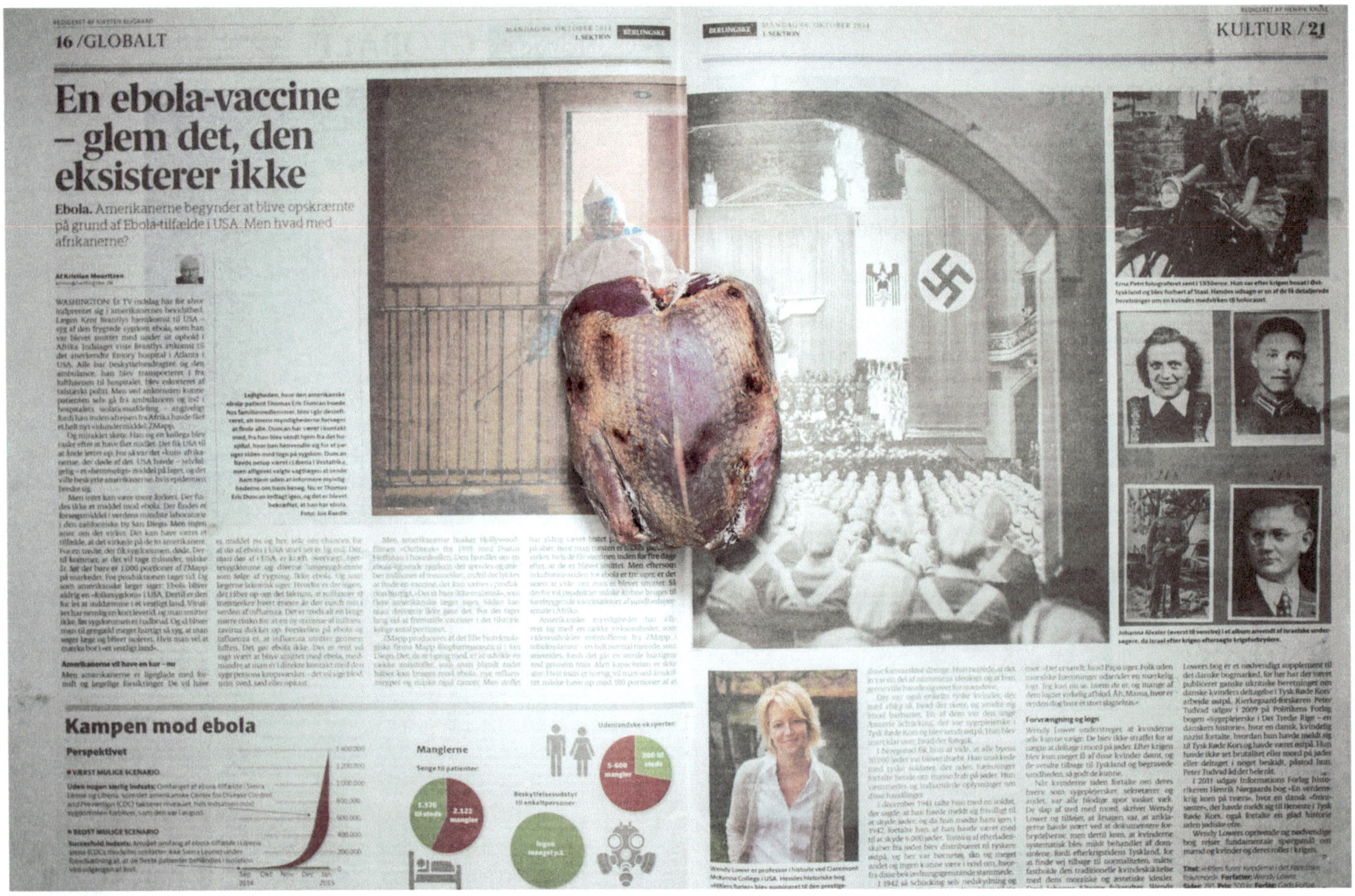

Denmark
Copenhagen | October 2014
DKK 30 (USD 5.13, EUR 3.98)

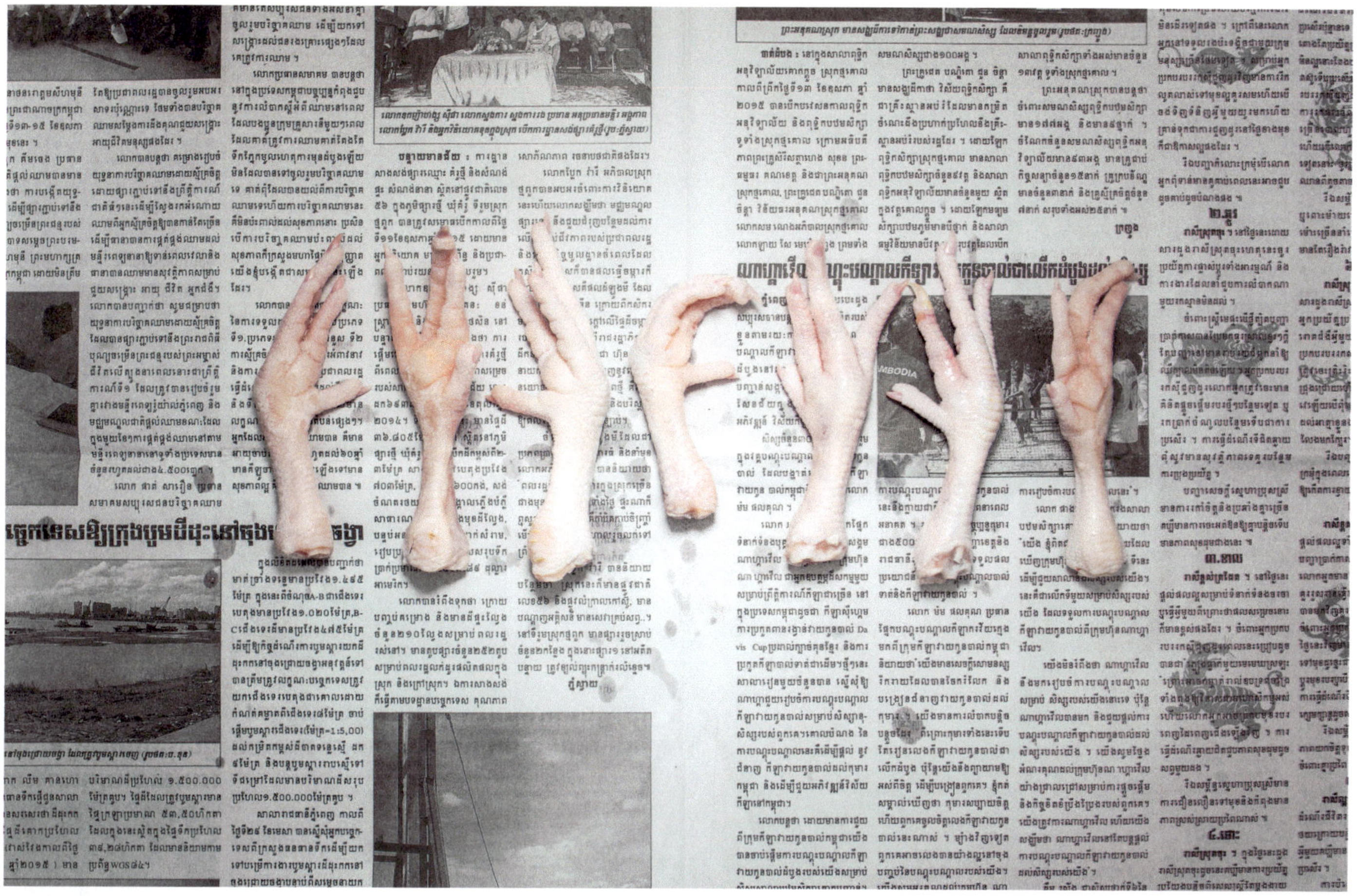

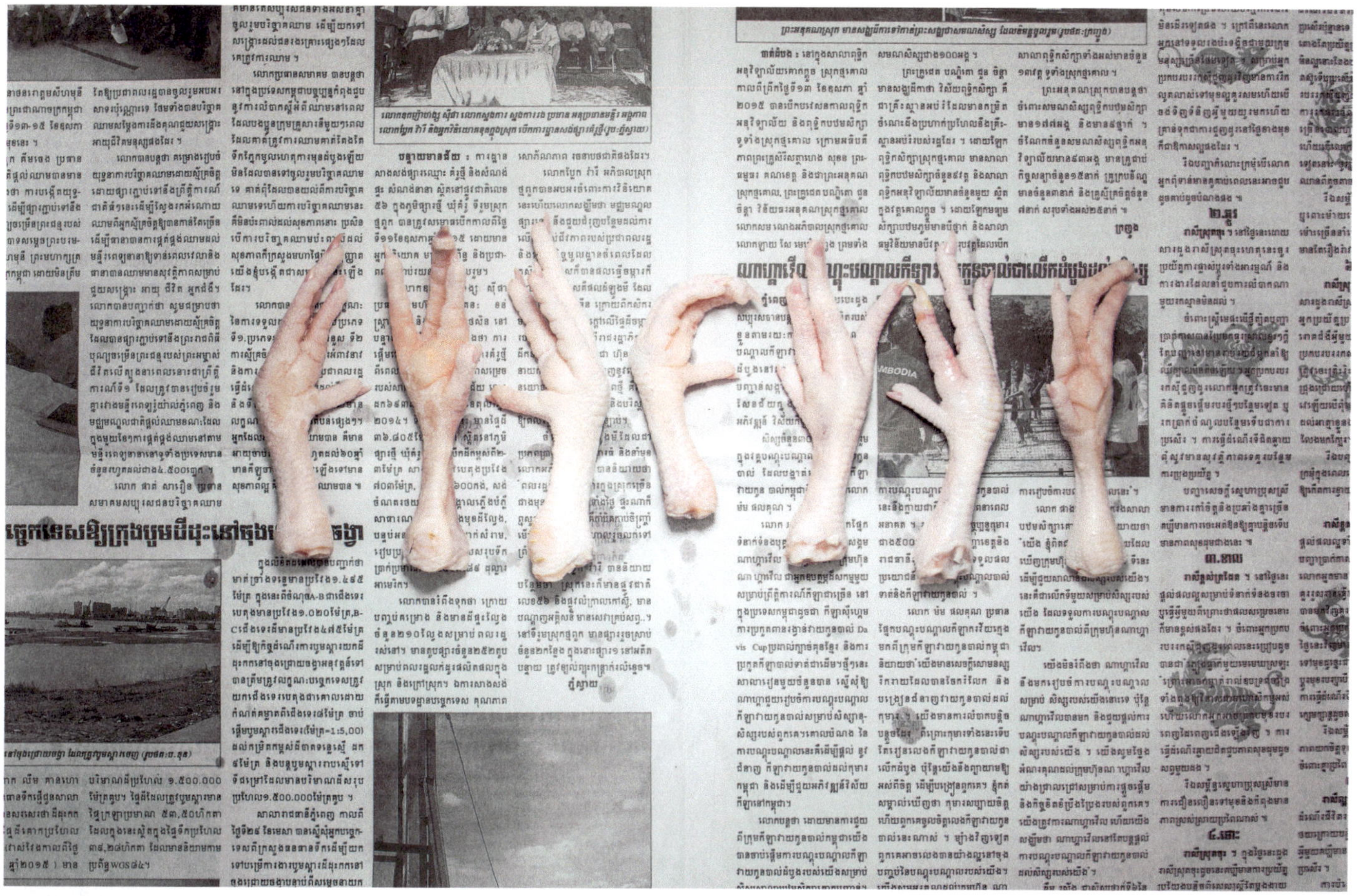

Cambodia
Phnom Penh | May 2015
KHR 3,871 (USD 0.98, EUR 0.90)

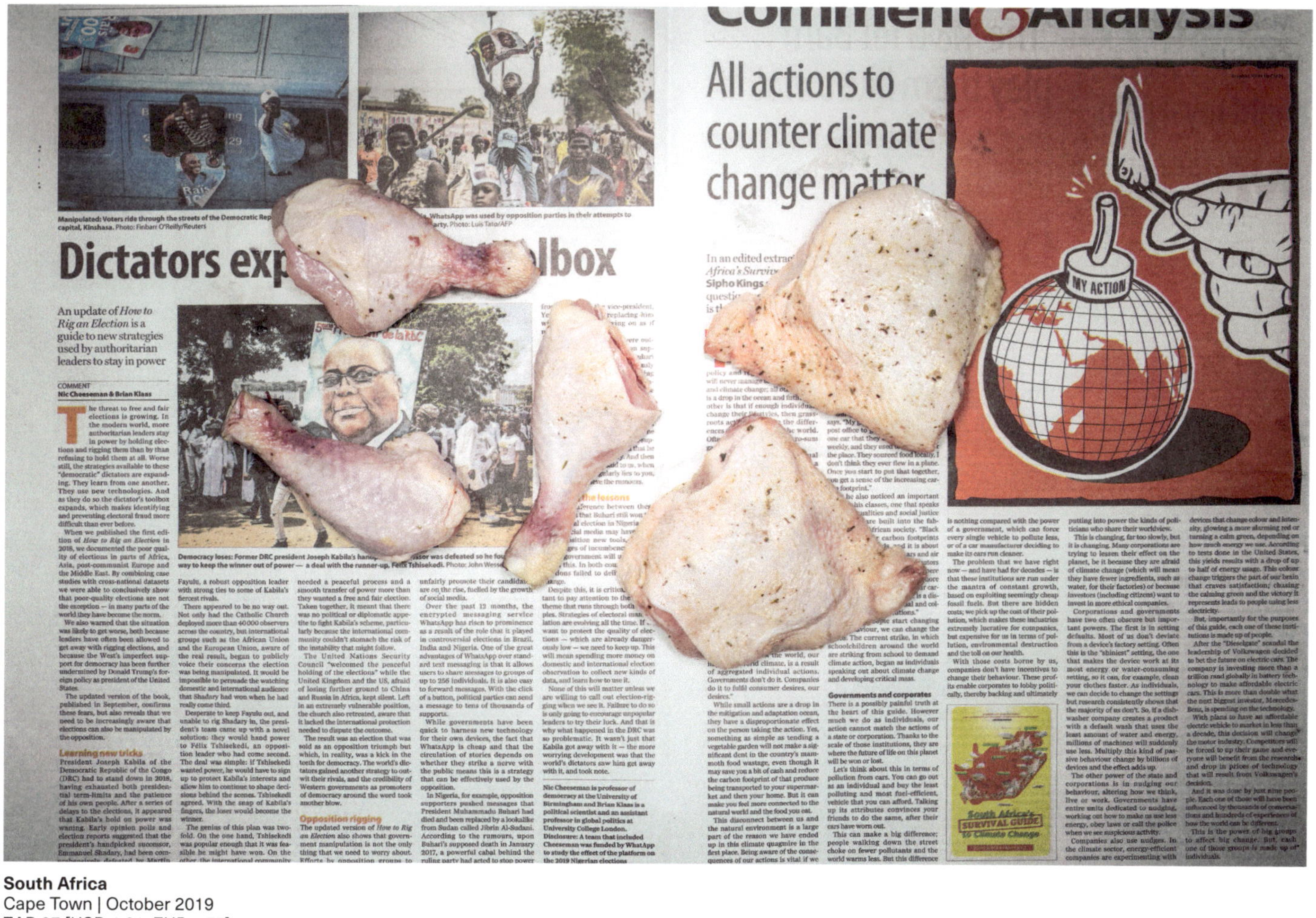

South Africa
Cape Town | October 2019
ZAR 27 [USD 1.81, EUR 1.75]

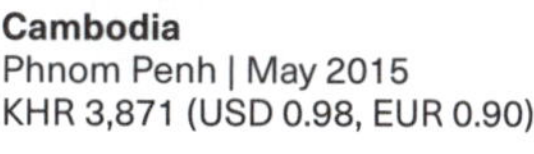

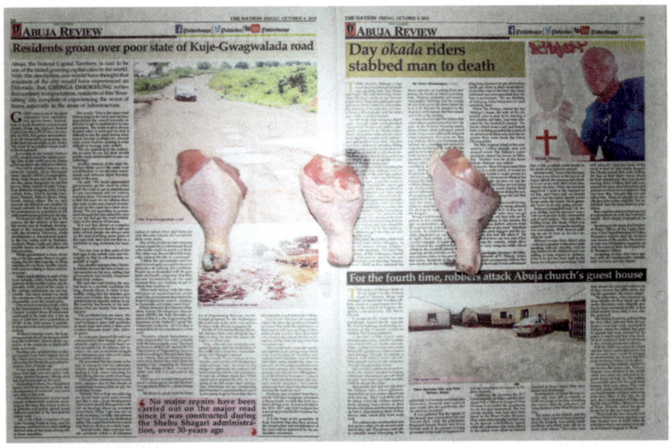

Nigeria
Lagos | October 2019
NGN 363 (USD 0.99, EUR 0.90)

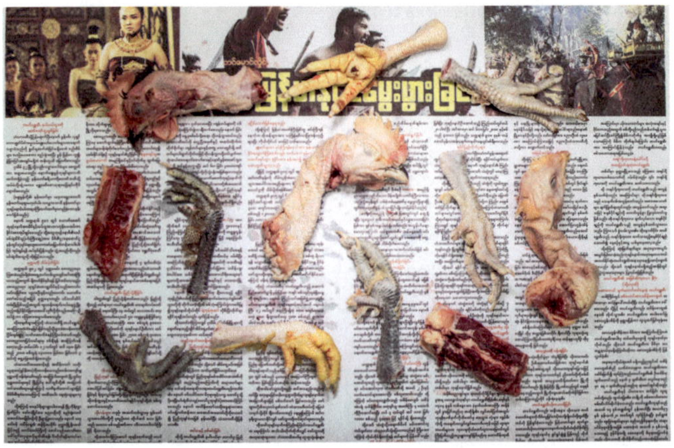

Myanmar
Yangon | August 2016
MMK 1,030 (USD 0.88, EUR 0.80)

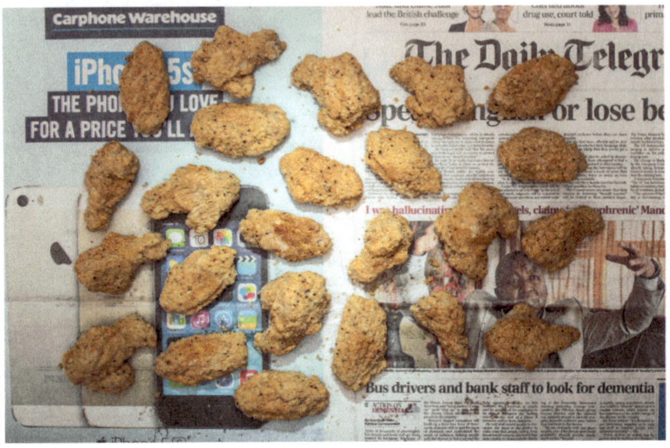

United Kingdom
London | December 2013
GBP 5.85 (USD 9.47, EUR 7.01)

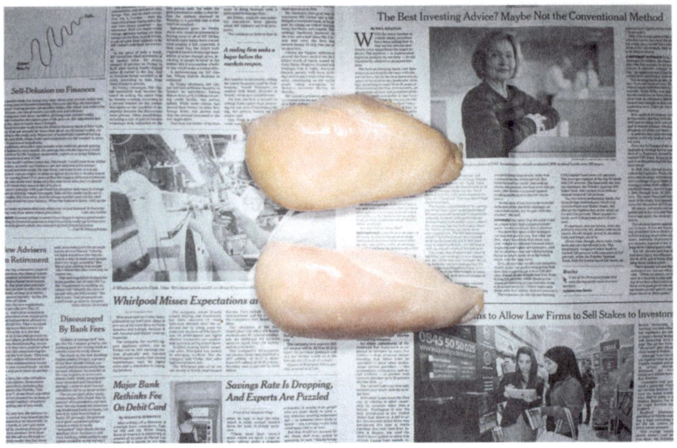

United States of America
New York | October 2011
USD 4.91 (EUR 3.60)

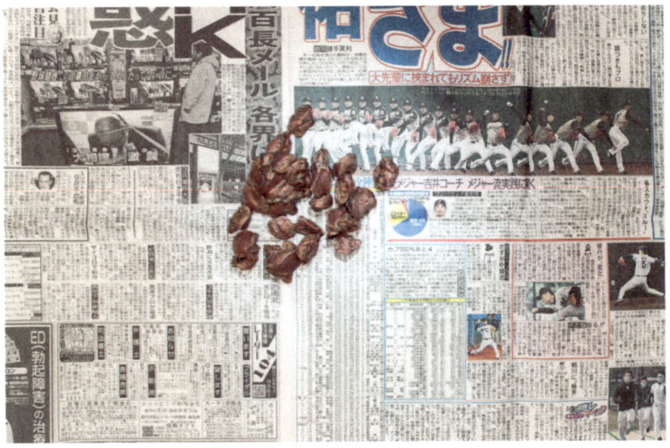

Japan
Tokyo | February 2011
JPY 394 (USD 4.84, EUR 3.51)

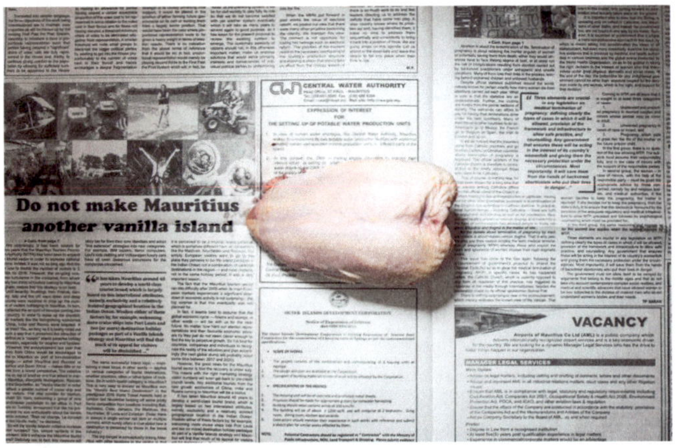

Mauritius
Port Louis | September 2011
MUR 127.37 (USD 4.37. EUR 3.08)

Poultry

Poultry is a term used to refer to domesticated fowl and their meat. The main types of poultry meat that are consumed are from Galliformes (which include chickens and turkeys) and Anseriformes (which include ducks and geese).

The wild progenitor of the domesticated chicken (*Gallus domesticus*) is the red junglefowl (*Gallus gallus*), which is still found today in Southeast Asia. Researchers have also found three closely related species that may have bred with the red junglefowl, and theorize that the hybridization occurred about 7,000–10,000 years ago. Fossilized chicken bones dating back to around 5400 BC have been found in northeastern China. It is thought, though, that early chicken rearing was not for food purposes, but rather for ceremonial and social purposes such as cockfighting. The earliest evidence of chickens being used for food was found in Maresha in Israel. Archaeologists discovered more than a thousand chicken bones with knife marks, and more bones there from female chickens than males, indicating that chickens were kept there for food around 200–400 BC. It is likely that the Romans adopted chicken-eating from Maresha and later spread the practice across Europe.

Poultry is the most-consumed meat group in the Americas, Oceania and Africa. North America has the highest per capita consumption of poultry meat, at over 50 kg per capita per year. It is followed by South America (over 40 kg), Oceania (slightly under 40 kg) and the EU (25 kg). Asia's consumption is 10 kg, while Africa's is 6 kg. Poultry meat production grew by 2.8% in 2019, to reach 128.4 million tonnes, exceeding pig meat (115.6 million tonnes) and bovine meat (71.6 million tonnes). 13.8 million tonnes of poultry meat were traded in 2019, more than bovine meat (11.3 million tonnes) or pig meat (9.1 million tonnes).

The United States has the highest total consumption of chicken (16.60 million tonnes in 2019), followed by China (13.98 million tonnes in 2019), the EU (11.66 million tonnes), Brazil (9.79 million tonnes) and India (4.90 million tonnes). The US also has the highest production of chicken (19.82 million tonnes in 2019), followed by China (13.80 million tonnes), Brazil (13.64 million tonnes), the EU (12.46 million tonnes) and India (11.9 million tonnes). The top importers are Japan (1.09 million tonnes in 2019), Mexico (0.85 million tonnes) and the EU (0.78 million tonnes), while the top exporters are Brazil (3.85 million tonnes in 2019), the EU (1.58 million tonnes) and Thailand (0.99 million tonnes).

Poultry has a relatively higher feed conversion ratio (FCR) than other major meat types. It takes 3.3 kg of feed to produce 1 kg of poultry meat, while pork takes 6.4 kg, lamb/mutton 15 kg and beef 25 kg. It also has higher protein efficiency: 19.6% of the protein in animal feed input is effectively converted to animal protein (the rest is lost during conversion), while for pork the protein efficiency is 8.5%, lamb/mutton 6.3% and beef 3.8%.

Chickens that are raised for meat production are termed broilers, while those for egg production are called layers. In many low-income economies, broiler production is done in small-scale commercial farms and informal backyard farms. The modern intensive broiler production system has different functions that may be fulfilled by integrated or specialized players. Breeding companies hold grandparent, great-grandparent and pedigree breeding stock, and broiler breeder farms produce hens and roosters that are parents of broiler chickens. Genetic properties selected or screened out by breeders include skeletal strength, heart and lung function, and contact dermatitis. The breeder broiler farms produce fertilized eggs that are sent to broiler hatcheries for incubation. Post-hatching, "day-old" chicks (usually around 72 hours old) are transported to broiler farms, where they are reared to achieve a marketable weight. In Europe, broilers reach a live weight of 2–2.5 kg at 35–45 days. Large integrated broiler companies may have facilities covering all key stages, as well as in-house feed mills and processing plants. In the EU, farms with more than 100,000 head account for 38% of the total poultry population. The world's largest broiler producer is Brazil's JBS S.A., which has an annual slaughter volume of 3,500 million head, followed by Tyson Foods in the US (2,030 million head), Brazil's BRF (1,628 million head), China's New Hope Liuhe (1,300 million head) and China's Wen's Food Group (807 million head).

Nutritionally, poultry meat is seen as a relatively healthier meat type, and is referred to as "white meat." On the bird, different body parts may be considered white meat or dark meat, depending on the muscle fibers. Muscles with more white fibers, such as in the breasts and wings, are considered white meat, while chicken legs have more red fibers and are termed dark meat. A 100 g piece of rotisserie-cooked chicken breast meat contains 144 kcal, 28.04 g of protein, 3.57 g fat, 13 mg calcium, 0.46 mg iron, 0.87 mg zinc, 246 mg phosphorus and 9.634 mg niacin.

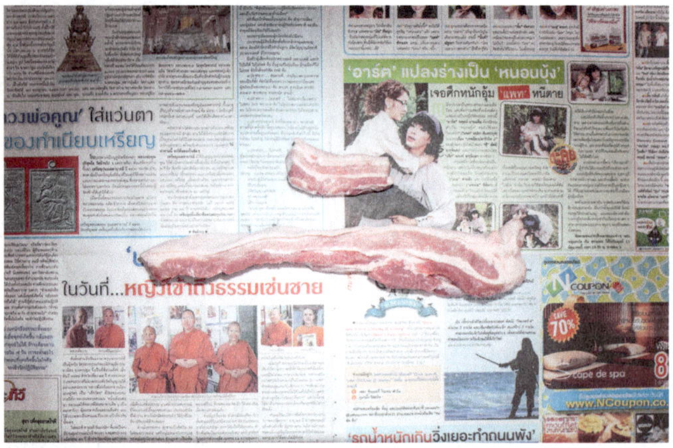

Thailand
Bangkok | June 2011
THB 52.87 (USD 1.71, EUR 1.19)

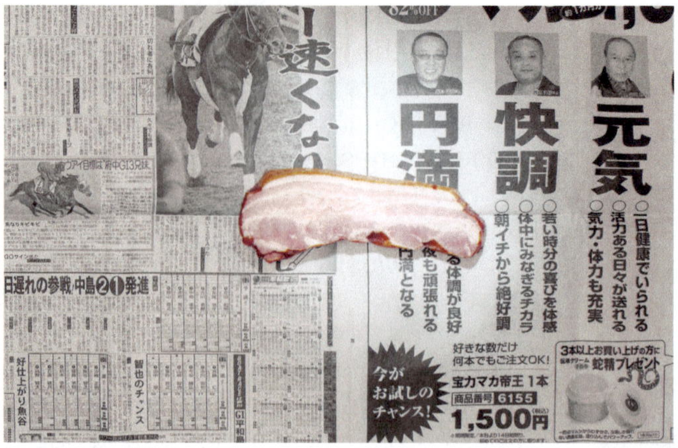

Japan
Tokyo | February 2011
JPY 394 (USD 4.84, EUR 3.51)

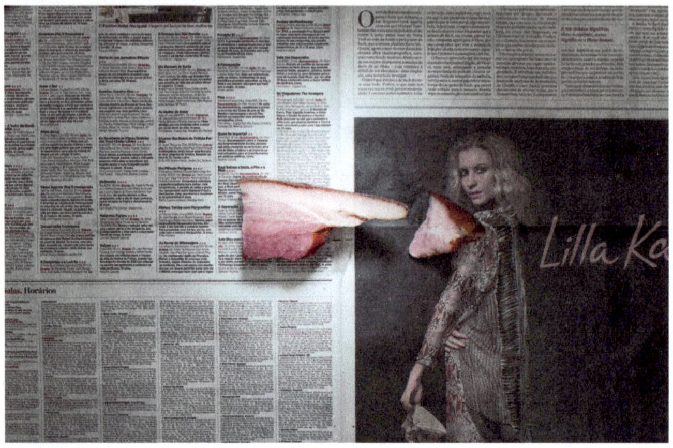

Brazil
Rio de Janeiro | May 2012
BRL 2.33 (USD 1.23, EUR 0.93)

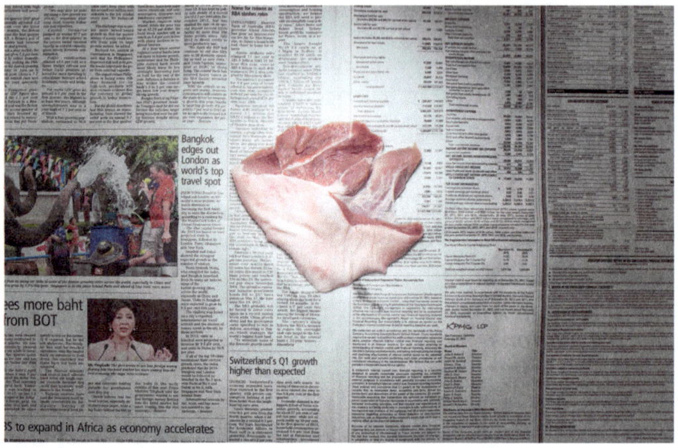

Singapore
Singapore | May 2013
SGD 2.22 (USD 1.79, EUR 1.37)

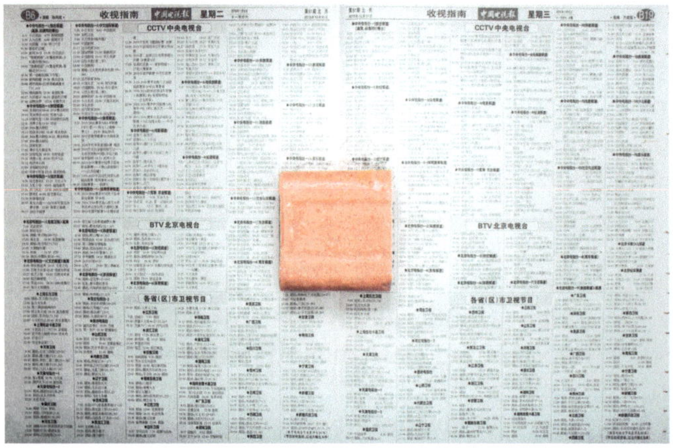

China
Beijing | January 2016
CNY 8.22 (USD 1.27, EUR 1.17)

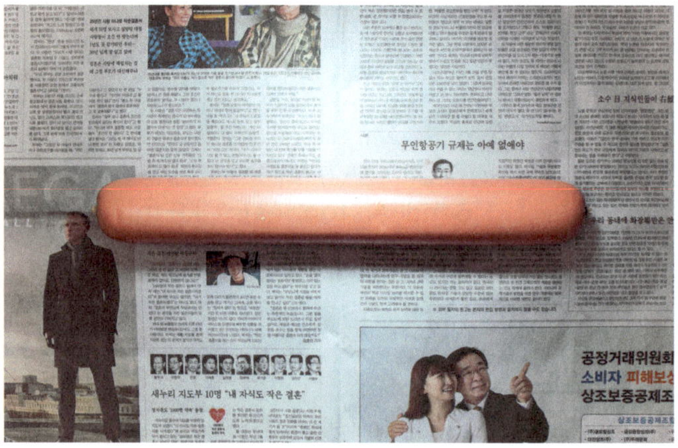

South Korea
Seoul | October 2012
KRW 2,415 (USD 2.15, EUR 1.68)

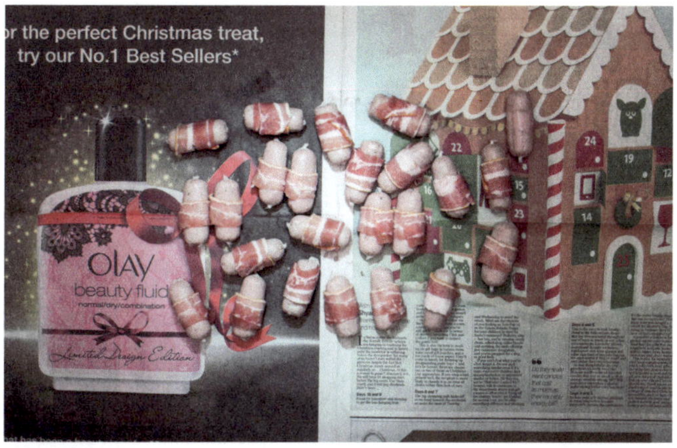

United Kingdom
London | December 2013
GBP 5.85 (USD 9.47, EUR 7.01)

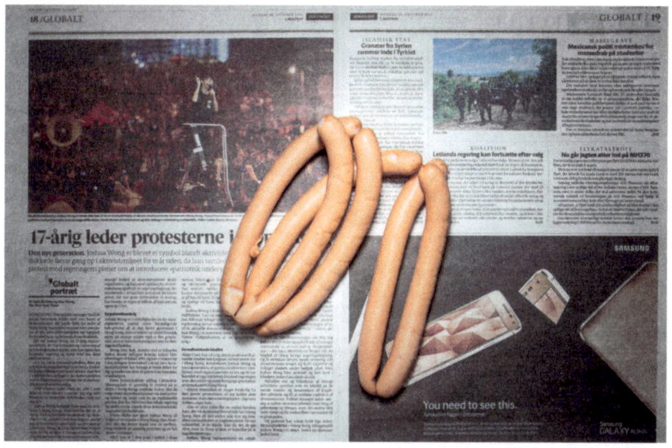

Denmark
Copenhagen | October 2014
DKK 30 (USD 5.13, EUR 3.98)

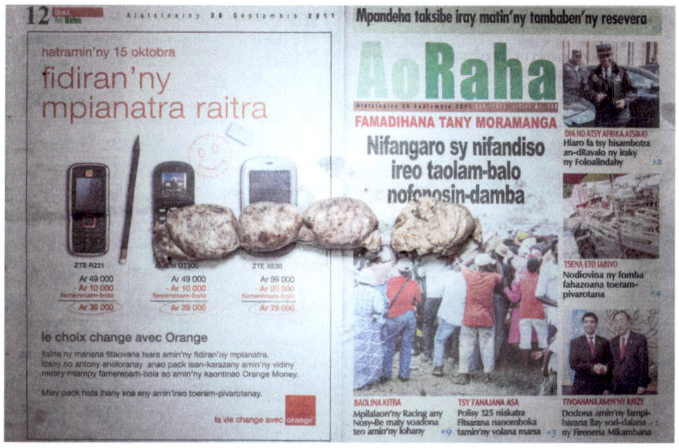

Madagascar
Antananarivo | September 2011
MGA 1,284 (USD 0.64, EUR 0.51)

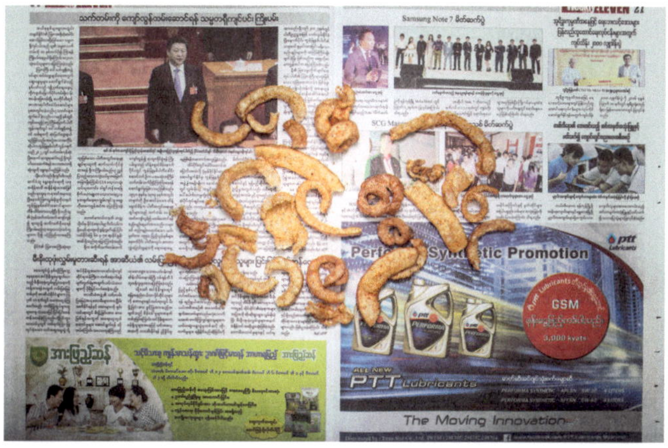

Myanmar
Yangon | August 2016
MMK 1,030 (USD 0.88, EUR 0.80)

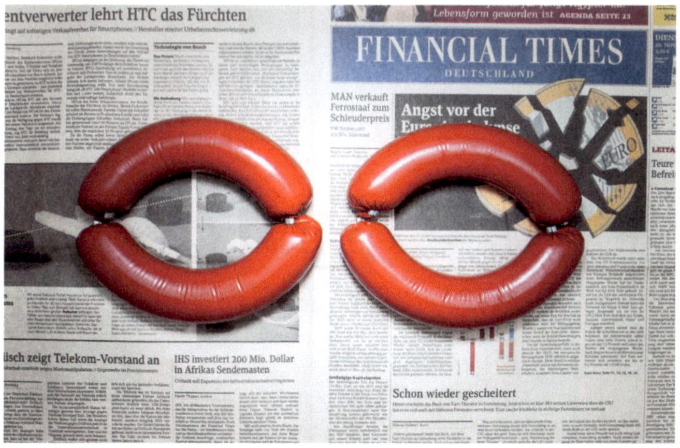

Germany
Hamburg | November 2011
EUR 4.82 (USD 6.61)

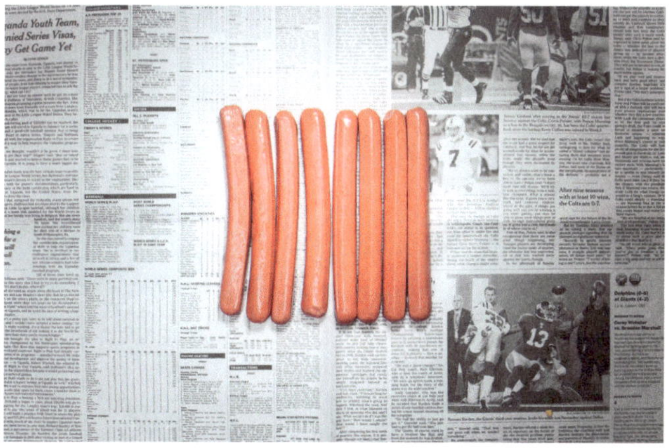

United States of America
New York | October 2011
USD 4.91 (EUR 3.60)

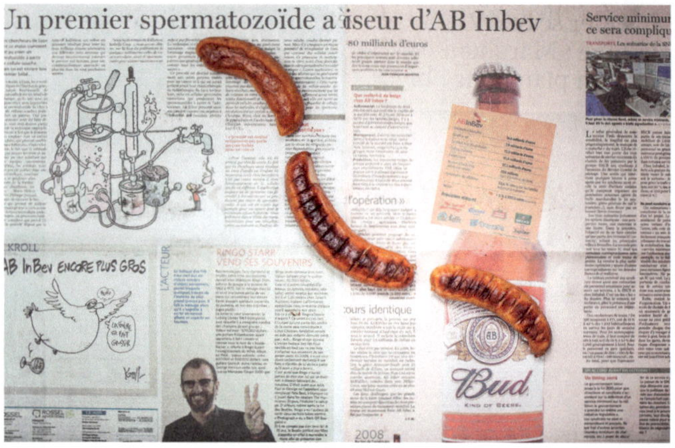

France
Paris | September 2015
EUR 5.99 (USD 6.73)

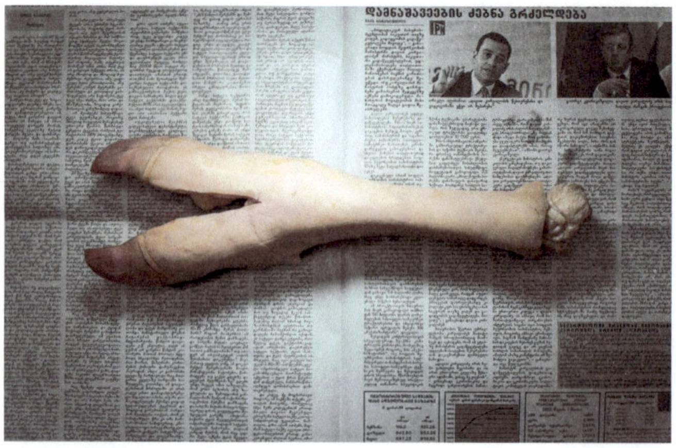

Georgia
Tbilisi | May 2013
GEL 3.64 (USD 2.20, EUR 1.69)

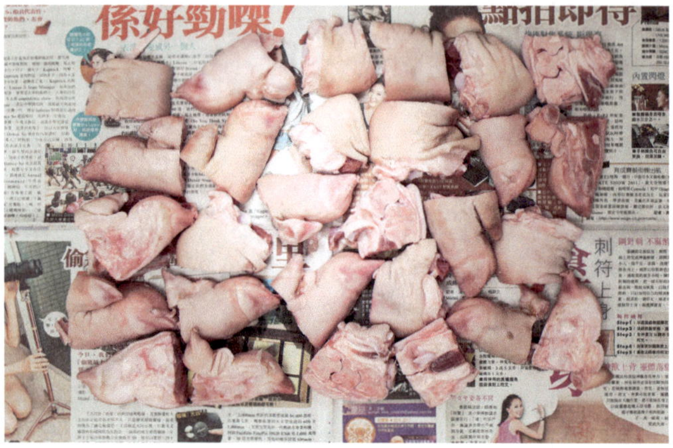

Hong Kong
Wanchai | July 2011
HKD 44.96 (USD 5.77, EUR 4.01)

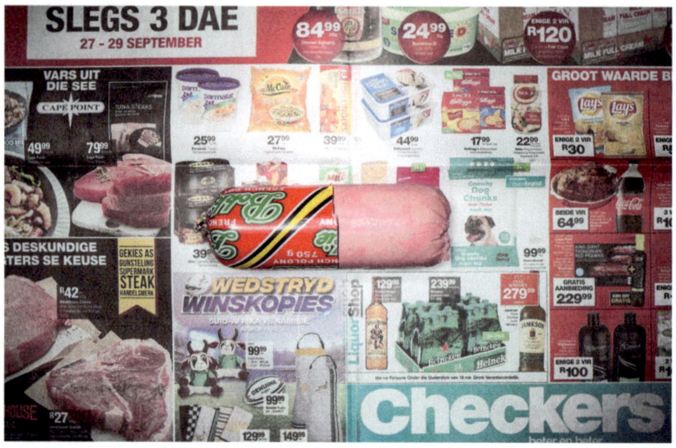

South Africa
Cape Town | October 2019
ZAR 27 [USD 1.81, EUR 1.75]

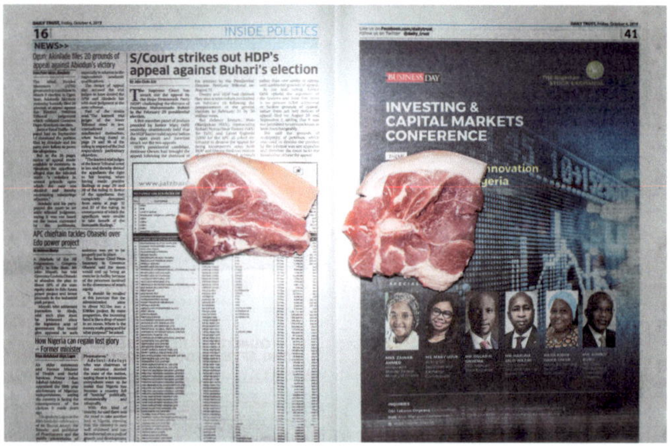

Nigeria
Lagos | October 2019
NGN 363 (USD 0.99, EUR 0.90)

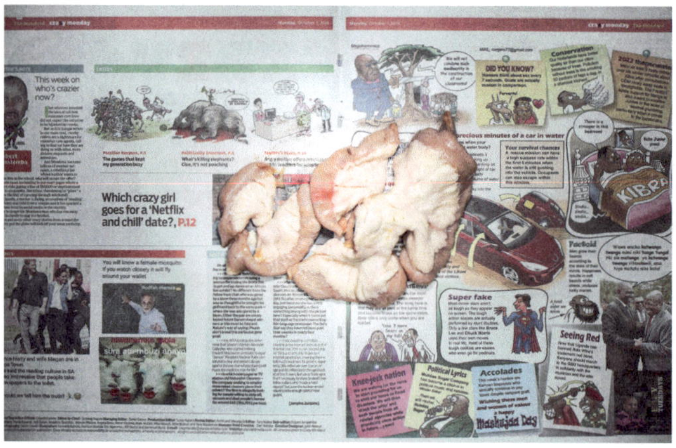

Kenya
Nairobi | September 2019
KYS 85 (USD 0.81, EUR 0.73)

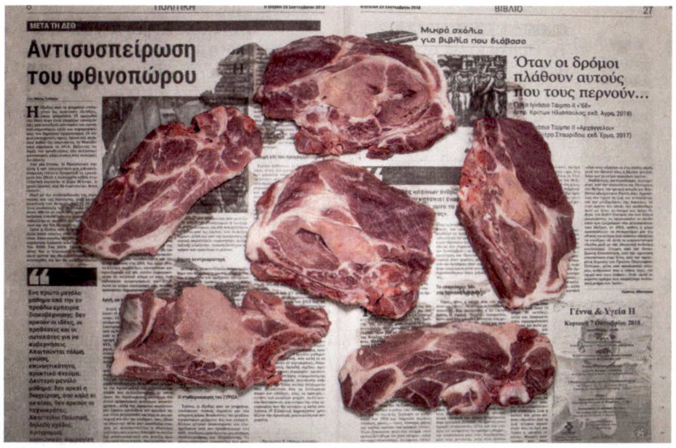

Greece
Thessaloniki | September 2018
EUR 4.02 (USD 4.68)

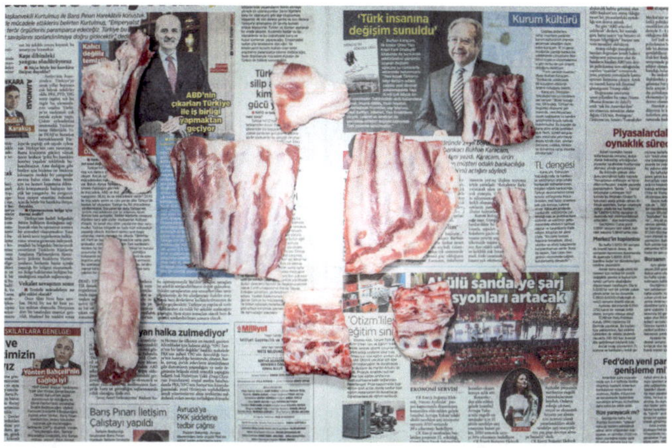

Turkey
Istanbul | October 2019
TRY 6.99 (USD 1.22, EUR 1.11)

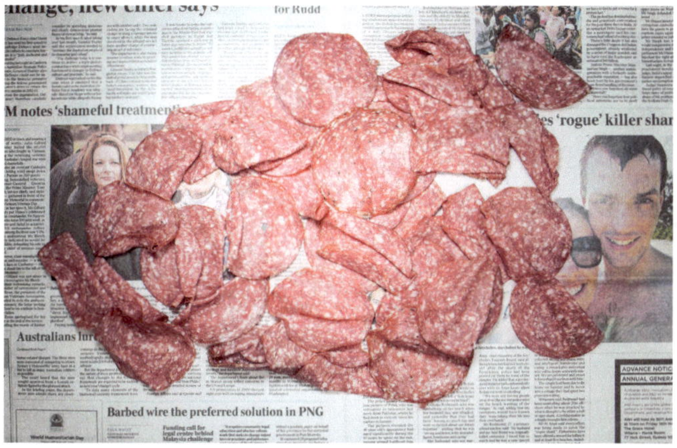

Australia
Sydney | August 2011
AUD 7.52 (USD 8.02, EUR 5.61)

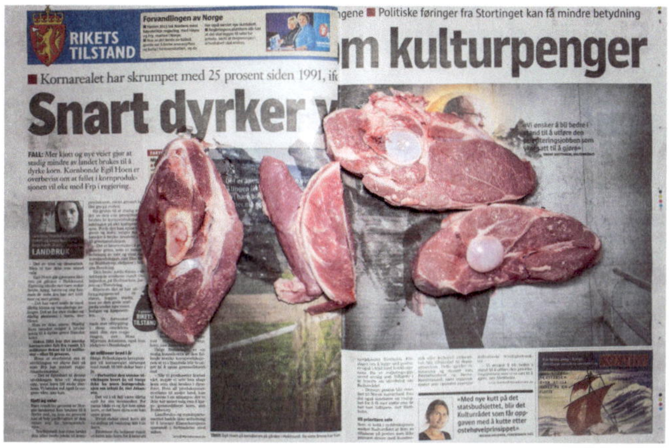

Norway
Oslo | October 2014
NOK 65 (USD 10.26, EUR 7.95)

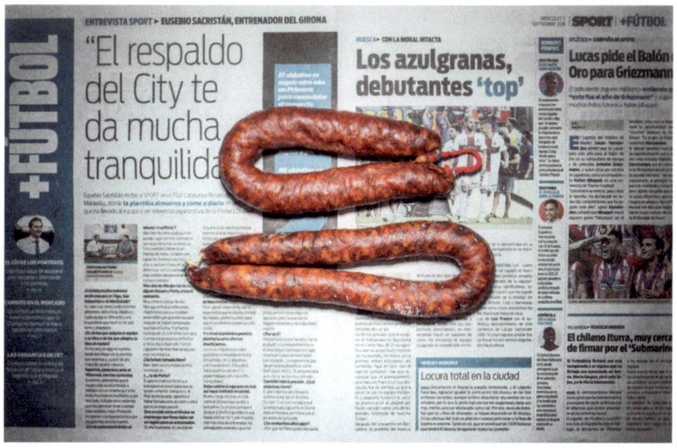

Spain
Getxo | October 2018
EUR 4.74 (USD 5.47)

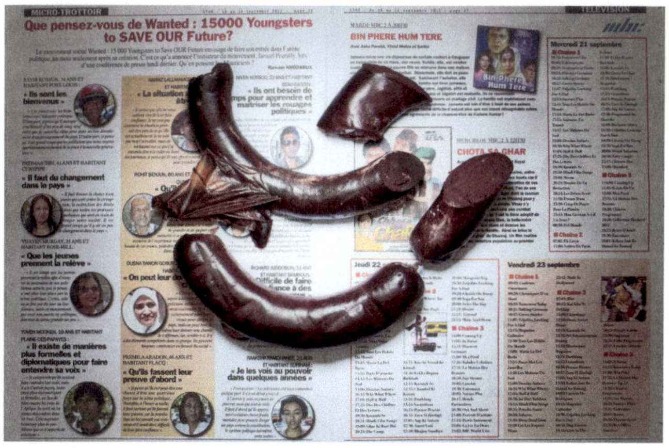

Mauritius
Port Louis | September 2011
MUR 127.37. (USD 4.37, EUR 3.08)

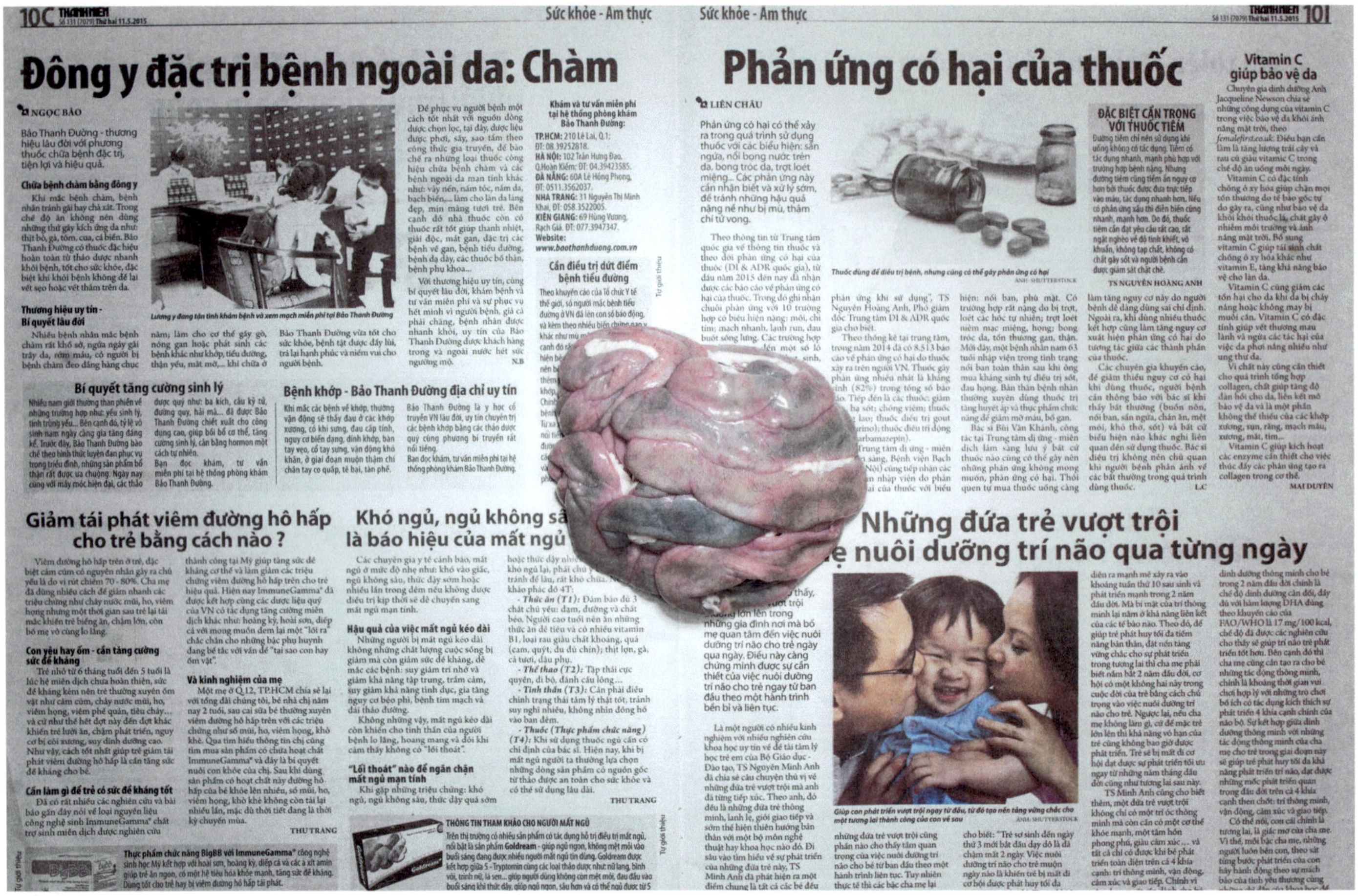

Vietnam
Hanoi | May 2015
VND 23,667 (USD 1.10, EUR 1.02)

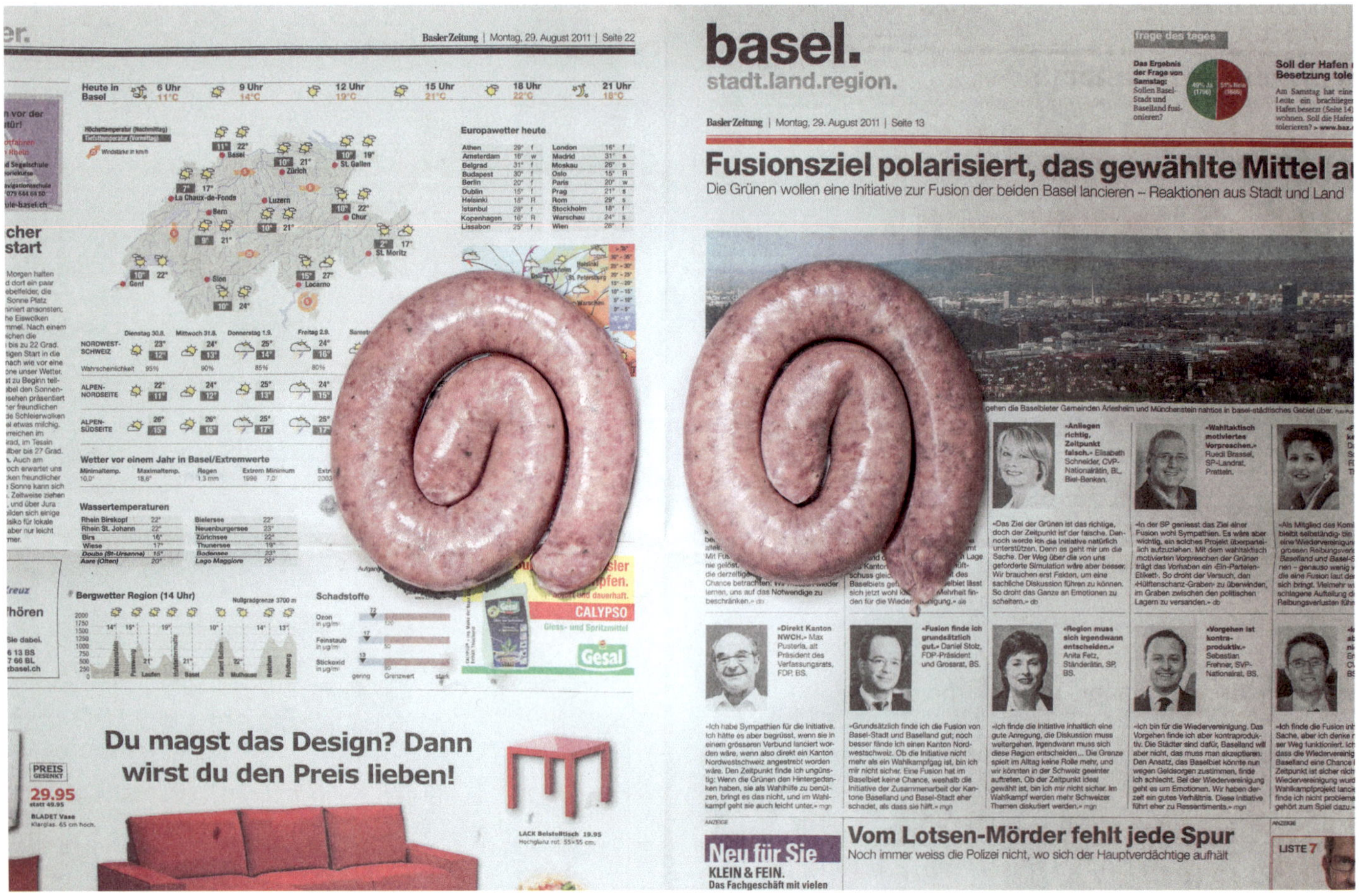

Switzerland
Geneva | August 2011
CHF 7.97 (USD 10.25, EUR 7.15)

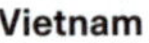

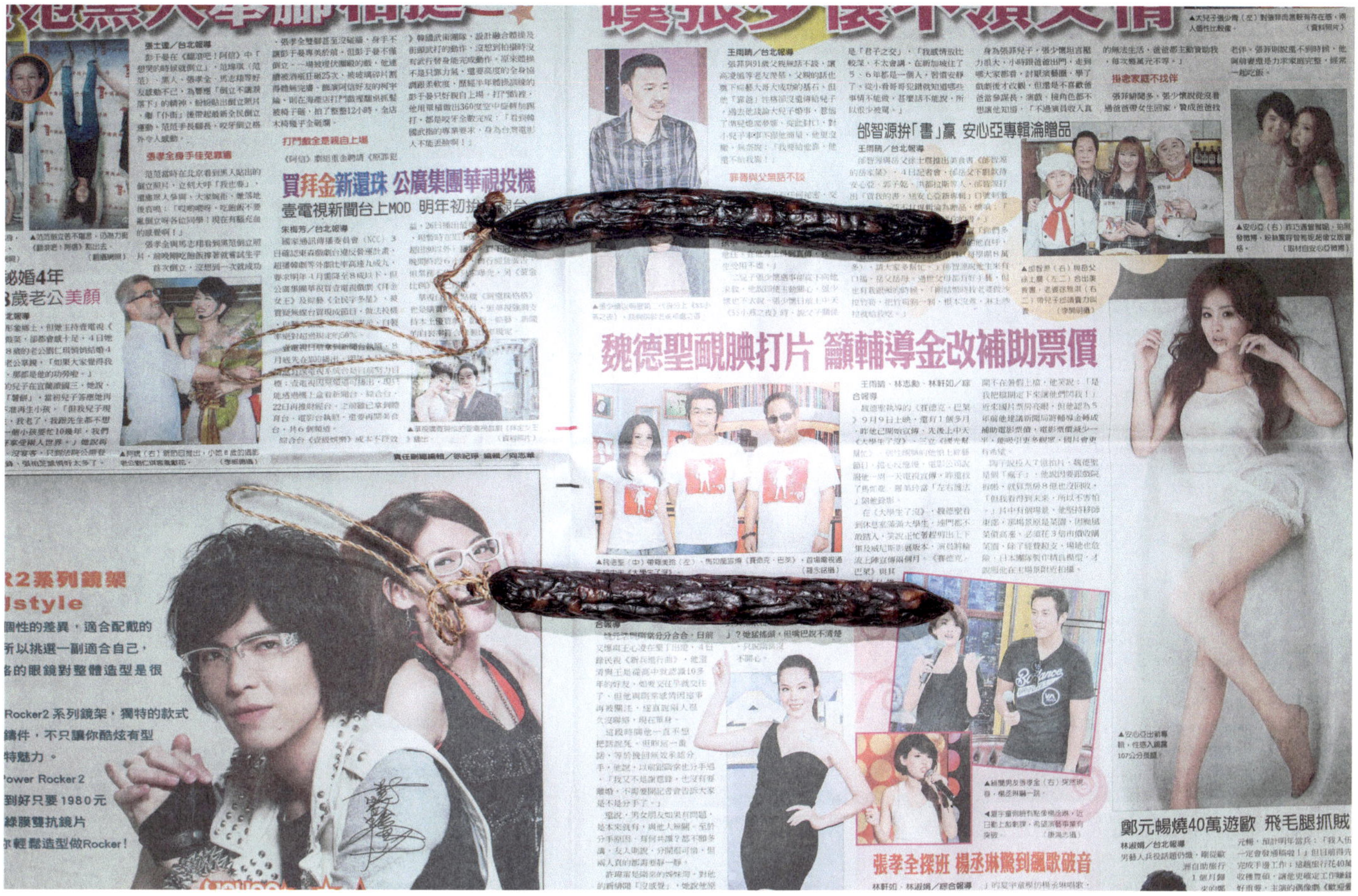

Taiwan
Taipei | August 2011
TWD 56.96 (USD 1.97, EUR 1.39)

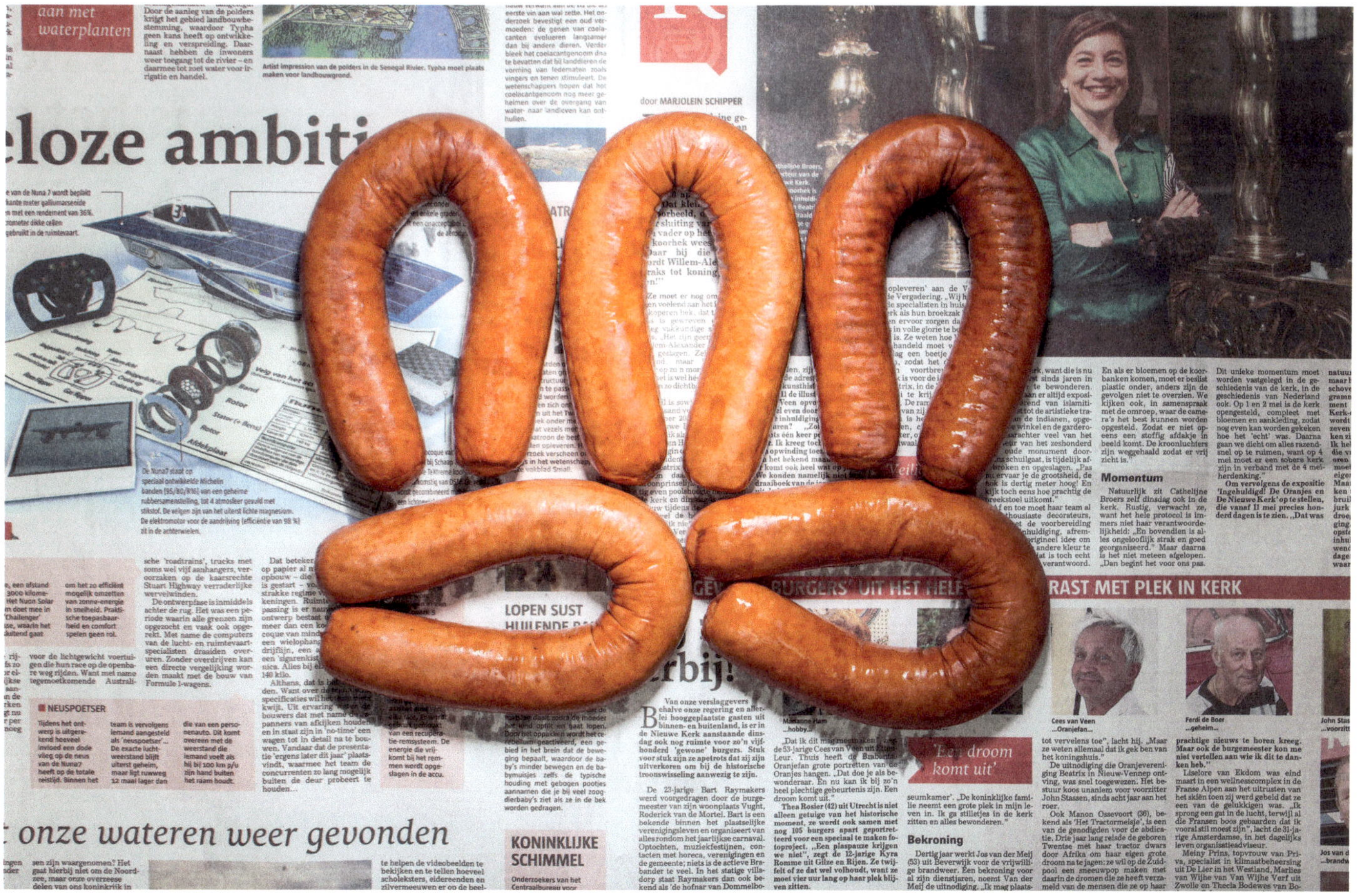

Netherlands
Amsterdam | April 2013
EUR 4.83 (USD 6.27)

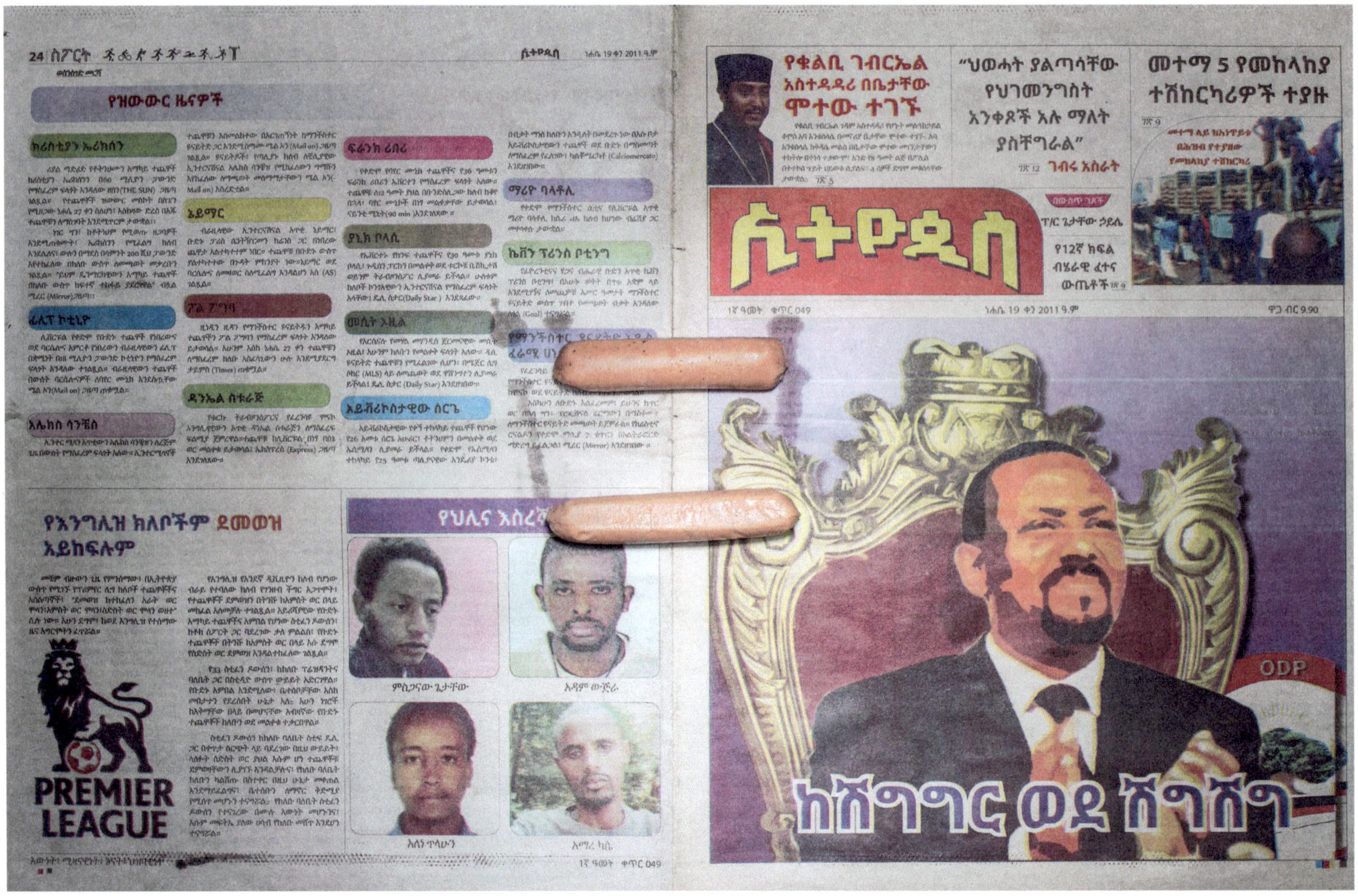

Ethiopia
Addis Ababa | October 2019
ETB 19.7 (USD 0.67, EUR 0.60)

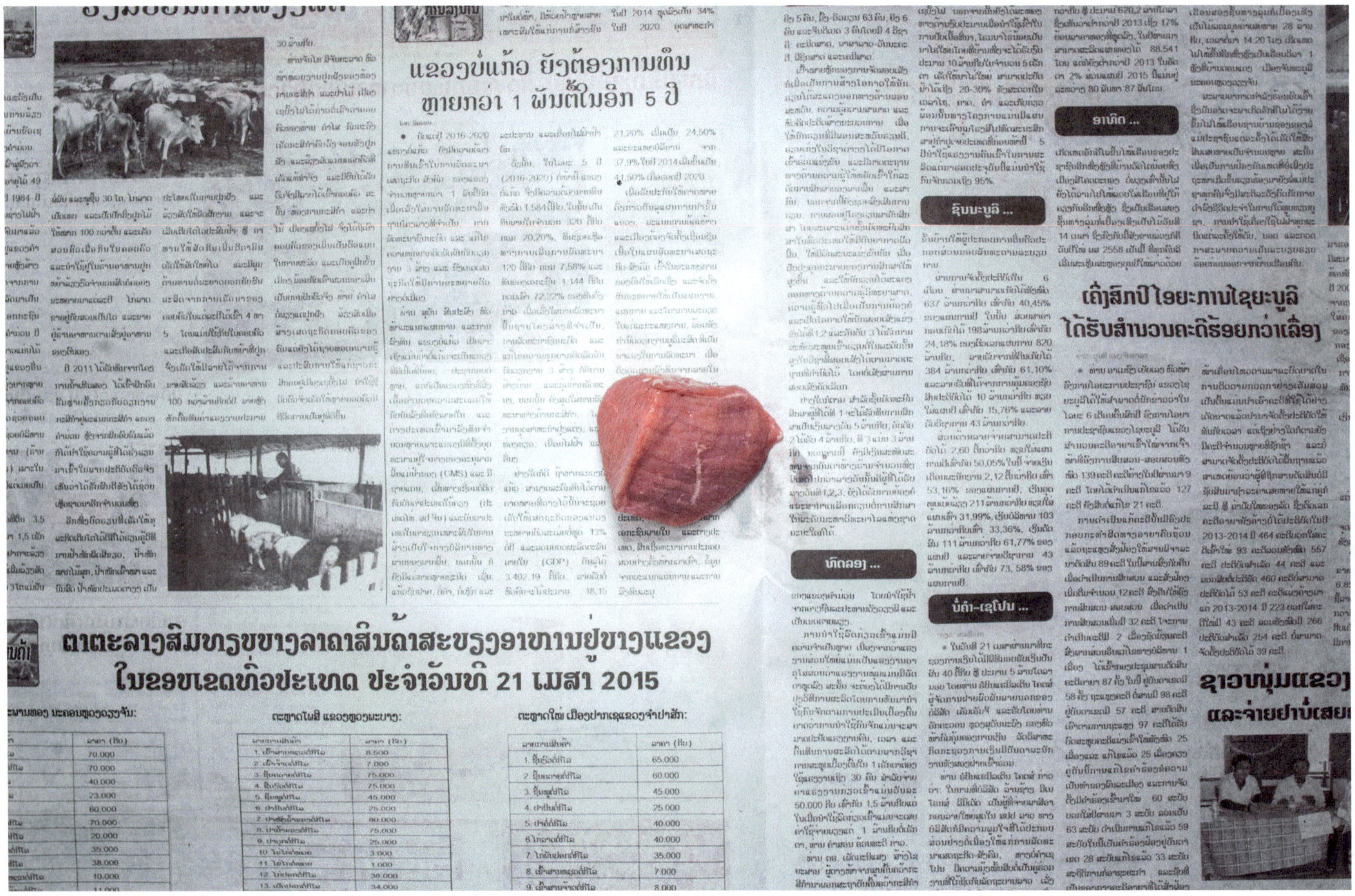

Laos
Vientiane | May 2015
LAK 6,400 (USD 0.80, EUR 0.73)

Pork

Pork is the most-consumed meat in the world. Pork accounted for 40.1% of global meat and poultry consumption in 2018, followed by chicken (33.3%) and beef (21.4%). Consumption of pork is prohibited in the Muslim and Jewish religions.

The domestic pig (*Sus scrofa domesticus*) is also called a swine or hog. It belongs to the Suidae family. A full-grown pig can measure about 2 m long and 1 m high and weigh 270–450 kg. Pigs are monogastric (single-stomach) animals and are omnivorous. Pig breeds are classified according to purpose: lard, bacon or pork. There are now more than 600 breeds of domestic pigs in the world.

DNA testing has established that pigs were domesticated from wild boars some 9,000 to 10,000 years ago in eastern Anatolia (now Turkey) and separately in China. It is believed that wild boars were in close proximity to humans due to food availability, and that domestication happened over time. In China, domestication led to pigs being kept in enclosures, while Europeans had pig herds that were allowed to roam forests. Pigs were introduced to what is now the United States by Spanish explorer Hernando de Soto in the 1500s.

In modern farming systems, different types of pigs are kept: gilts (young adult female pigs that have not yet produced piglets), sows (adult female pigs that have farrowed at least one litter) and boars (adult male pigs used for mating). Farms may be classified by the stages of pig growth: farrow to nursery (breeding), farrow to finish (all stages), finishing.

The very frequent usage of antibiotics in the industrialized production of pigs and other livestock has become a concern, as it contributes to the problem of antimicrobial resistance for humans and animals. It was estimated that the global average annual consumption of antimicrobials per kilogram of animal produced in 2010 was 172 mg per kg for pigs. In 2006, the EU banned the use of antibiotic growth promoters in animal production including pigs. The top EU pork exporter, Denmark, took earlier steps to implement such a ban in 1999. From 2009 till 2017, Danish farms reduced the amount of antibiotics used in pig production by 25%, and 200,000 pigs were produced without antibiotics in 2018.

China has the highest total consumption of pork (55.4 million tonnes in 2018) and is also by far the top pork-producing country at 54.0 million tonnes in 2018, followed by the EU (24.3 million tonnes), the US (11.9 million tonnes), Brazil (3.8 million tonnes) and Russia (3.2 million tonnes). China is also the top importer of pork (1.56 million tonnes in 2018), followed by Japan (1.48 million tonnes) and Mexico (1.19 tonnes). The top exporters are the EU (2.93 million tonnes), Canada (1.33 million tonnes) and Brazil (0.73 million tonnes).

China saw a large drop in production and consumption in 2018 due to an outbreak of African swine flu (ASF). The first case of ASF in China was reported in Liaoning Province in August 2018; it has since spread to all provinces and autonomous regions. ASF is a highly contagious and fatal disease with a 100% fatality rate, and there is as yet no vaccine for it. It is endemic to sub-Saharan Africa, but is believed to have first spread to Georgia in 2007, and since then across Europe and Asia. The Chinese government has stepped in with strict measures, including the culling of more than 1 million pigs. In 2020, pork consumption in China was expected to fall by 22% and production by 25%, but imports are expected to increase by 35%. In October 2019, the price of pork reached a record high of CNY 59 (USD 8.38) per kg, more than double the price of CNY 20 per kg before the ASF outbreak occurred. The decline in pork consumption has partially channeled consumer demand toward other meats.

ASF has affected Vietnam even more severely. Vietnam's first ASF outbreak was confirmed in February 2019, and the disease has been reported in all 63 provinces/cities. Some 5.96 million pigs had been culled as of December 2019.

Pork is classified as a red meat, given the level of myoglobin in the flesh (more than chicken or fish). Pork must be cooked thoroughly to destroy disease-causing parasites and bacteria. Many cultures dry and cure pork with salt, nitrates, and sometimes spices to produce ham, bacon and sausages. Pork organs, non-meat parts and lard are used in many traditional dishes; for example, pork blood sausages in the UK and Ireland, a liver-based pork sausage called caltaboș in Romania, curried pig brains in Thailand and braised pig trotters in China.

Nutritionally, 100 g of pork (tenderloin, baked) provide 154 kcal and contain 26.9 g of protein, 323 mg phosphorus, 43.9 µg selenium, 2.35 mg zinc, 6.84 mg niacin, 0.765 mg thiamin, 0.442 mg riboflavin and 0.647 mg vitamin B6.

3

Poverty: What Is It and Why Do We Care?

John Micklewright
(University College London)
Andrea Brandolini
(Banca d'Italia)

Photos by Stefen Chow and Huiyi Lin grace the cover of *Measuring Poverty Around the World* written by the late, great economist Tony Atkinson, published posthumously in 2019 and edited by us at his request.[1] We think he would have approved of this choice. At one point, Atkinson asked, "What does the International Poverty Line of USD 1.90 per person per day [calculated by the World Bank] allow a household to buy?" and he went on to argue that relating the poverty threshold to actual household budgets sheds important light on the implications of that threshold for people's living standards in practice. He gave a famous British example of an inquiry into dockworkers' pay in the 1920s, when "the union leader appeared in court with a plate bearing a few scraps of bacon, fish and bread and asked the statistician (Sir Arthur Bowley) whether this was sufficient breakfast."[2] Tony Atkinson understood well the power of communicating poverty lines by mapping through to the level of nutritional intake that they permit, this providing one basis for engaging the wider public in a consultative process.

Why does poverty matter? The answer might seem obvious. Poor people cannot get all manner of things to which the well-off and even those on more modest incomes have access. Consider a poor household in a low-income developing country, unable to afford a visit to the doctor for a sick elderly member, unable to afford school fees for the children, unable to get sufficient food for everyone in the household. The position of poor children has been a particular concern, the poverty in childhood threatening life chances and perpetuating poverty across the generations. Evidence for rich developed countries shows that children in poor households are less likely to get through school and to go to a university, are more likely to become teenage parents, to go to prison, and to have less success in the labor market. All these are what can be termed the "instrumental" reasons for concern about poverty: reducing poverty is an instrument for reducing all these negative outcomes. Note that such an instrumental concern does not necessarily imply any sympathy for the poor children: it might be motivated simply by a selfish worry over the cost that society must bear for these negative outcomes.

However, although poverty is clearly associated with a range of such outcomes – and the evidence for this is indeed strong – it is less clear that poverty really is always the underlying cause of what we observe. The debate here is perhaps easiest to understand in the context of rich countries, where public schooling is both free and obligatory and access to health care is also free or highly subsidized (with the partial yet notable exception of the United States). To what extent, for example, are poor parenting skills actually the

1. Anthony B. Atkinson, *Measuring Poverty Around the World* (Princeton: Princeton University Press, 2019).
2. Ibid., 43.

cause of what happens to the children in poor households rather than the low parental income? The evidence for the apparent impact of poverty is weakest when it merely compares countries' national levels of some outcome, for example the extent of obesity, with their levels of income poverty (or income inequality): there may be many factors that determine the national level of obesity other than poverty. The instrumental reasons for our concern about poverty depend on verifying whether causal relationships do in fact hold in the statistical associations in question and on verifying the strength of these relationships, both of which are often far from straightforward or even impossible.

This leads to the second set of reasons for why poverty matters. The "intrinsic" justification for concern may be summarized as the view, quite simply, that poverty is a moral affront to any society, irrespective of its impact on other things – the view that we cannot tolerate a situation where some people's level of living is so low that it does not meet a basic minimum standard, or so low that these people are excluded from the norms of life enjoyed by the rest of us. This view may be embedded within a broader theory of economic justice or sustained by a human-rights perspective – the right to be free from poverty. Like Tony Atkinson in his work both on poverty and on inequality, we recognize the power of the instrumental arguments to engage the concern of the general public and policy-makers, but like him we are drawn most to the intrinsic, to the moral, arguments.[3]

These twin perspectives, instrumental and intrinsic, on why poverty matters, are relevant not only to a single country considering the position of those at the bottom of the national income distribution, but also to differences in living standards between countries and for concern about global poverty. People in rich countries may worry about the poor in the developing world, as they fear the consequences of that poverty on outward migration and hence the pressure on their countries' borders, or even for the level of societal unrest and the potential impact on global terrorism. These are among the instrumental reasons for the concern about the global poor held by the global rich. But intrinsic justifications for that concern again apply, too, a view that destitution is immoral wherever it is found, and this is undoubtedly one important reason, if not the only one, for the flow of aid from rich countries to poor countries: both governmental aid and charitable donations.

Whether we are moved by intrinsic or instrumental concerns, there is little doubt that the consequences of the Coronavirus pandemic that hit the world in 2020 have been far worse for those in poverty. The poor were less able to protect themselves from income losses as well as from contagion. Many low-paid precarious workers lost their jobs and earnings, while those employed in essential activities risked infection. Poor housing made living conditions much harder to bear during lockdowns. Children in poor households had to cope with inadequate space to study and insufficient, or missing, tools for distance learning. Even in rich countries, infection often spread in poor communities more widely than in rich neighborhoods. The pandemic has exposed on a scale rarely seen in recent decades the multiple disadvantages and cumulative effects of living in poverty. Its scars will last for many years to come.

To this point we have not defined what we mean by "poverty" beyond the intuitive but vague, implied definition of insufficient financial resources. However, an operational definition of poverty is necessary both for its measurement and for the design of policies to combat it. Here, we first need to mention the well-known distinction between an absolute measure and a relative one. An absolute poverty line is one where an assessment is made of a household's basic needs, where food and housing are the most important elements, and then costed. The poverty lines in many of the countries considered by Chow and Lin are of this type, as is the USD 1.90 a day line

3. On inequality, see Anthony B. Atkinson, *Inequality: What can be done?* (Cambridge, MA: Harvard University Press, 2015).

used by the World Bank, which is derived from the national lines in the poorest countries. The line is then typically moved up over the years with changes in prices until it is revised upon a fresh consideration of what constitutes basic needs in the country in question. In the case of the United States, unusual for a rich country in employing an absolute definition, there has been no such revision since the poverty line was established in the mid-1960s, when President Lyndon Johnson launched the War on Poverty (the line is adjusted annually for price changes). A relative line, on the other hand, is defined in relation to the typical living standard and is usually constructed as a given percentage of average income; it moves up (or down) in line with the movement of that average. For example, 60% of the median national income is the standard adopted by the European Union (EU).

The next fundamental issue to consider is whether to broaden the definition from a focus on just household income (or consumption). Income is certainly a crucial means to achieving what matters in life and as such is a formidable proxy, but it is not an end in itself. There has been increasing recognition in recent years, all around the world, of the need for a broadening of the definition. National governments and international organizations have engaged with the advances made by academic research on the subject – we point the reader to the extensive summary in Tony Atkinson's book, where he noted that "poverty is also deprivation in a wider sense, encompassing many dimensions of a household's circumstances."[4] The targets under the first of the United Nations Sustainable Development Goals ("no poverty") refer to the reduction of poverty "in all its dimensions." The annual Human Development Report from the United Nations Development Programme has published figures for many countries since 2010 on "multidimensional" poverty (based on the work of the Oxford Poverty and Human Development Initiative, methods also adopted by many national governments), using a set of indicators in three dimensions: education, health and (broadly speaking) housing and living conditions. And the World Bank, in the 2018 edition of its flagship biennial publication, *Poverty and Shared Prosperity*, began to do the same (based on a different methodology), following recommendations in the report by the Commission on Global Poverty, which Tony Atkinson led.[5] Alongside income poverty, the EU emphasizes the reduction of "material and social deprivation," which is based on a range of indicators. The Coronavirus pandemic made the case for a multidimensional view of poverty even stronger than before.

These developments can be seen as a welcome step in bringing measurement closer to the perception that people have of their own living conditions. This brings us back to our starting point – the striking photos by Stefen Chow and Huiyi Lin of poverty-line diets and the importance of communication. How can these new developments in the measurement of poverty be communicated to a wider public? Atkinson recounts how twenty years ago a major World Bank study, *Voices of the Poor*, was important in revealing the dimensions of their lives with which poor people were most concerned. An image may often be more effective than a detailed text in capturing the various dimensions of human well-being – health, education, housing and the ability to take part in the life of the community. Photography can only help a wider understanding of the new measures explored by experts and policy-makers.

4. Atkinson, *Measuring Poverty Around the World*, 80.
5. *Monitoring Global Poverty: Report of the Commission on Global Poverty* (Washington, DC: The World Bank, 2017).

Leaving No One behind in Asia and the Pacific

Armida Salsiah Alisjahbana
Under-Secretary-General of the United Nations and
Executive Secretary of the Economic and Social Commission for Asia and the Pacific (ESCAP)

Countries in Asia and the Pacific have made significant progress in reducing extreme poverty in recent decades. Advances in social development, supported by high and sustained economic growth in the region, have been a catalyst in ensuring equitable and secure economic opportunities for all people during this period.

Together, these positive outcomes and gains in productivity have generated higher wages and better living standards for billions of people throughout the region. The magnitude of these socioeconomic developments has also contributed to more than half of the global reduction in extreme poverty. Some of the region's more populous countries, such as China, India and Indonesia, have obviously had a larger impact on the global numbers than other countries.

Between 1990 and 2017, the poverty rate, or the proportion of people living on less than USD 1.90 per day (in 2011 purchasing power parity), in the Asia-Pacific region fell to 5.6% of the total population, down from 45.9% in 1990. During the same period, the total number of people who are poor fell to 248 million. However, another 800 million people are also vulnerable, as they live on an income above USD 1.90 a day but below USD 3.20 a day.

The poverty rate (USD 1.90 per day) is below 1% in countries like China, Mongolia, the Republic of Korea, Malaysia, Thailand, the Islamic Republic of Iran, Sri Lanka, Turkey, Kazakhstan, the Russian Federation, Tonga and Azerbaijan. In particular, between 1990 and 2015, China's extreme poverty level dropped from 66.2% to only 0.7%. During this period, other countries also reported similar developments. In Bhutan, Indonesia, Myanmar, Pakistan and Vietnam, extreme poverty rates were reduced by more than 50 percentage points, lifting more than 90% of their populations above the USD 1.90 a day threshold.

Among those still living in extreme poverty in the region, 8 out of 10 are found in South Asia. In fact, more than 90% of the extremely poor people in the region now live in Bangladesh, China, India, Indonesia or Pakistan. With almost 270 million poor people, India is currently home to the largest number of the extremely poor, not only in the Asia-Pacific region, but in the world.

The 2030 Agenda for Sustainable Development, adopted in 2015 by the United Nations General Assembly, envisages a future in which all people can enjoy prosperous and fulfilling lives. The pledge to leave no one behind has underpinned a shift in the way poverty-reduction strategies are being addressed in the current context. For instance, Sustainable Development Goals (SDG 1: End poverty in all its forms) sets out to not only eliminate poverty, but to do so by ensuring that people have equal rights to economic resources and access to basic services and that social welfare systems are implemented for all.

Countries in the region have used a range of different policy options, depending on their geographic location, size and other national circumstances, as key instruments for reducing extreme poverty. However, one thing that the more successful countries have in common is a strong political commitment to investing in their people through a broader range of growth and development policies and strategies.

The policy lessons from the countries in the region highlight the fact that reducing poverty requires emphasizing the challenges to national and foreign policy. These efforts are needed in order to ensure that countries address rising levels of socioeconomic inequality, increase social welfare, close gaps in infrastructure, strengthen institutions and systems that provide services, and improve resilience to climate change. The implementation of these national policies requires stepping up investments in infrastructure, introducing structural reforms and improving institutional capacity in order to close the gaps in infrastructure that are constraining economic growth and reducing productivity.

For example, Bhutan and Vietnam have been successful in reducing extreme poverty due to their commitment to increasing long-term investment along with major reform initiatives in supporting health care, education and social welfare and in improving access to water and sanitation. For example, Bhutan spends more than 7% of its GDP on education alone and Vietnam spends close to 6%, a level higher than many countries in the region. Both countries also spend three to four times as much on public health as other developing countries with similar rates of economic growth and other similar characteristics.

The success of national policy-making is highly dependent on several key factors, including an effective targeting of social welfare policies and job creation to increase support for the most vulnerable groups and marginalized communities.

There is no doubt that inclusive policies of economic growth and financial resources play a critical role in determining the speed and effectiveness with which a country can lift its people out of poverty. If income gains of the poor are smaller than those of the rest of the population, then economic growth reinforces the marginalization of those left behind and increases inequalities between groups in all socioeconomic sectors.

Women in particular encounter challenges when seeking decent jobs, credit, health care and education in countries across our region. Women are more likely to end up with informal-sector employment and to receive lower wages than men for an equal amount of work. This situation is occurring mostly due to the limited protection of the rights of female workers, a lack of wage-bargaining mechanisms and unsafe working conditions.

Furthermore, countries also need to emphasize policies that lead to productivity-enhancing growth and the acquisition of skills. Thus, the availability of better-quality data and more reliable statistical information and an effective framework for monitoring SDGs can also improve decision-making by governments.

In Asia and the Pacific, poverty remains mostly a rural phenomenon. Even though poverty has fallen faster in rural areas, the absolute number of poor people is still much higher in rural areas than in the cities. This is particularly the case in major developing countries in the region. For example, for every urban poor person in India and China, there are four rural poor people. Closely linked to the rural-urban divide is the situation millions of people in the region are facing with regard to a chronic deprivation of resources and a lack of access to basic services and opportunities necessary for the attainment of an adequate standard of living.

Importantly, eradicating poverty requires identifying those who are furthest behind in terms of access to basic and fundamental opportunities. It also underscores the idea that social welfare should be expanded to cover all people.

Investment in social welfare is a powerful tool for tackling poverty and vulnerability in the long term. Across developing countries in Asia and the Pacific, the average spending on social welfare reaches 3.7% of GDP. This is low compared to the global average of 11.2% and particularly the OECD average of 21%. This underinvestment is one of the key factors why 60% of the population of the Asia-Pacific region has no social welfare.

Increasing the region's investment in social welfare to the global average could be a game changer for poverty reduction. UN ESCAP estimates that by 2030, a phased-in increase to the global level would mean an additional 233 million people leaving poverty. However, the COVID-19 crisis is reversing the gains in poverty reduction and other aspects of sustainable development goals in years, if not, decades.

Without access to basic services and opportunities, such as clean energy, decent work, water and sanitation, health care, financial inclusion and education, people and families will not be able to move ahead in life nor to break the vicious cycle of intergenerational poverty. Due to country-specific situations, challenges that prevent access to these basic services and opportunities vary. Policy-makers therefore need to identify *who* is furthest behind, *why* they are left behind, and *which* opportunity they lack access to.

The increasing role of automation and the use of artificial intelligence in the production sector can also lead to new opportunities for bringing about structural change, a fundamental requirement for reinvigorating job opportunities for youth.

At UN ESCAP, we are committed to supporting member States and other development partners and stakeholders in identifying new and innovative tools to operationalize the pledge of Leaving No One Behind in Asia and the Pacific.

World Inequality and Poverty

Lucas Chancel[1]
Economist, Co-Director of the World Inequality Lab

The subject of world inequality is now attracting growing interest, despite the fact that recent decades have been marked by a rapid growth in income in the largest emerging countries, starting with China and India. This growth has reduced wealth gaps across the globe as well as extreme poverty at a speed unprecedented in the history of humankind. At the same time, however, the opposite trend has also been at work, since today most countries are registering an increase in inequality within their national boundaries.

These movements pose some fundamental questions that are often very difficult to examine impartially, for lack of available data. Would it have been possible to organize globalization differently and to guarantee less poverty and inequality within those countries?

Despite numerous initiatives, commissions and reports calling for its replacement,[2] the gross domestic product (GDP) continues to serve as the indicator of economic progress. The annual or semiannual official publication of the data is never accompanied by statistics indicating the inequality of that growth.

The lack of data on the distribution of world and national growth is due in part to the structure and opaqueness of the financial system (knowingly maintained by the banks and financial institutions which are the principal beneficiaries of the status quo), as well as to the attitudes of many states, which are often reluctant to publish data on the inequality of income and property. In reality, the absence of data on inequality constitutes a democratic problem of the first order, since it prevents an informed and objective debate on one of the major issues of contemporary society.

Similarly, the *Rapport sur les inégalités mondiales 2018* (*World Inequality Report 2018*), published by Éditions du Seuil,[3] presents new results on the disparity of income in the world, permitting us to measure systematically for the first time the distribution of world growth since 1980.[4]

There has been an increase in inequality in most countries, but not at the same speed. In a completely inegalitarian country, the richest people would receive 100% of the income, while in an egalitarian one they would receive only 10%. In reality, no society has ever reached these extremes. The different levels of inequality are recorded according to world regions. In Europe, the most egalitarian region of the world, the richest 10% receive about 35% of the total income today. This is in stark contrast to the Middle East, the least egalitarian region of the world, where the richest 10% receive 61% of the total income. In China, the figure is 41%, while in North America, it is 47%, and in India it is 55%.

What has happened during the course of recent decades? Since 1980, there has been a considerable increase in inequality in many regions. In

1. This chapter is based largely on the *Rapport sur les inégalités mondiales 2018*, published by Éditions du Seuil, for which Lucas Chancel was the principal coordinator. The work was co-edited by Facundo Alvaredo, Lucas Chancel, Thomas Piketty, Emmanuel Saez and Gabriel Zucman, and was translated from the English (*World Inequality Report 2018*) by Marie Christine Guyon and Cécile Deniard. It also borrows some passages from a chapter of *Les grandes questions économiques et sociales* written by the author and published by Éditions La Découverte.

2. E. Stiglitz, A. Sen, and J.-P. Fitoussi, ed., *Rapport de la Commission sur la mesure des performances économiques et du progrès social*, La Documentation Française, 2009.

3. They were also summarized in part in a book called *Les grandes questions économiques et sociales* published by Éditions La Découverte. We offer a summarized version here.

4. These results are based on the work carried out by the World Inequality Lab, which I had the opportunity to co-direct together with my colleagues Facundo Alvaredo, Thomas Piketty, Emmanuel Saez and Gabriel Zucman. All the results are freely accessible in the World Inequality Database (www.wid.world).

fact, forty years ago, the richest 10% of the population never owned more than 35% of the total income in China, India, Russia, the United States or Europe; thus, there had been a major decline in inequality in all these regions between the beginning of the twentieth century and the 1970s. Following a relatively egalitarian phase in the middle of the last century, in both the West and the East, we can therefore speak today of a historic rise in the disparities of income and wealth.

The explosion in inequality was particularly evident in Russia after the exit of communism. Within the space of five years, the country shifted from its rank as the most egalitarian country in the world to become one of the least egalitarian ones. In the United States and in India, the growth in inequality was more gradual, but was just as extreme. In China and in Europe, there has also been a growth in inequality, but it has been less marked than in the other regions.

In some other countries, the inequality has not progressed or has done so only to a lesser degree, but it has nonetheless reached an extreme level. In the Middle East, in Brazil and in South Africa – and to some extent in Latin America and sub-Saharan Africa in general – the income gap is extremely wide but has remained relatively stable during recent decades. In spite of their numerous differences, these three world regions are characterized by one significant thing that they have in common: their extreme and persistent inequality. In Brazil and in sub-Saharan Africa, the top decile receives about 55% of the total income; in the Middle East, its share is generally in excess of 60%. In fact, these three major geographic regions did not experience the egalitarian rule of the period following World War II and since then have always represented an extreme case with regard to inequality.

Moreover, the growth in overall income (or growth of GDP, as it were) has followed a very different trajectory depending on the country concerned. In China, income increased by more than 800% between 1980 and the end of the 2010s; in India, it grew by more than 200%. This strong growth dragged the income of the poorest toward the top. In China, the poorest half of the population thus saw its income grow by 400% during the same period, compared to 100% in India. The number of people living in extreme poverty has decreased from almost two billion in 1990 to about 600 million today; almost all of this reduction has taken place in Asia. At the same time, the income at the top of the social pyramid has exploded. In China and India, the income of the richest 0.001% increased by almost 3,000% during this period.

Economically, the last forty years show that there does not seem to be a clear link between the growth in income at the top of the social pyramid and the growth in income at the bottom of the pyramid, contrary to those who maintain that the trickle-down theory applies in economics. The examples of India and China, or indeed Europe and the United States, allow us to understand this phenomenon. In the United States, the richest 1% have seen their income grow more rapidly than in Europe. However, the poorest half of the American population has seen its income stagnate for forty years, a feature that is unique in a rich country. In Europe, the lower and middle classes have seen their income grow by almost 30%. The most affluent classes in Europe have profited from income growth that is decidedly less than that enjoyed by their counterparts in the United States.

So how is this growth distributed on a global level? To respond to this question, we can indicate on a graph the growth rates for each income category on a global level (the poorest 1%, the next 1%, etc.), thereby ignoring national frontiers. Since 1980, we have observed strong income growth (almost 100%) among the poorest half of the world population since 1980, noticeably weaker growth (40%) among the 40% in the middle, and rapid income growth (more than 100%) among the richest 1%. During this

The elephant curve of global inequality and growth, 1980–2016

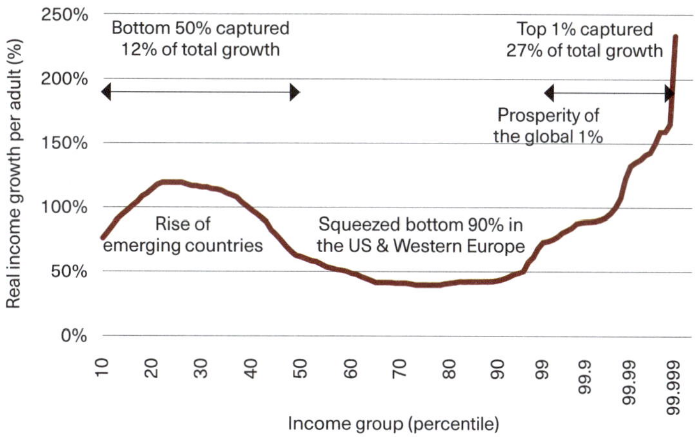

Reading: The world's poorest 10% (on the left on the horizontal axis) saw their income grow by 80% between 1980 and 2016. During the same period, the richest 0.001% (on the right on the horizontal axis, the 99.999th percentile) saw their income grow by 240%.

Source: Facundo Alvaredo et al., ed., World Inequality Report 2018, https://wir2018.wid.world/files/download/wir2018-full-report-english.pdf, p. 12.

period and with all countries taken together, the richest 1% received 27% of the income derived from the overall growth – in other words, twice as much as what we can observe with regard to the poorest 50%. Thus, world growth has been very unequal, even though extreme poverty has been reduced to a large extent.

By examining the development of income and the changes in public policy in different countries, we can understand which national and global factors are involved. In fact, the past forty years have been marked by a noticeable increase in inequality on a global level, for which growth in emerging countries has not been sufficient to compensate. This period was marked by an increase in international commerce and by the spread of new information technology, so it would seem appropriate to seek an explanation within these phenomena. However, as we have seen, inequality has grown very differently in the United States and in Western Europe, although the two regions have both been subject to a technological transformation and the opening up of business in a relatively similar manner during the course of this same period. So international business and new technologies cannot provide the sole explanation for the considerable discrepancies in the development of these countries which have been observed since the 1980s. These can be better explained by the differences in the choices made by politicians and institutions on both sides of the Atlantic. This conclusion allows us to remain optimistic, since there is no inevitability to the extreme increase in inequality; it is essentially a question of choices in the fields of fiscal and educational policies, as well as with regard to health, social welfare and regulation of the labor market.

So how will world inequality evolve during the course of the coming decades? One of the big questions we shall be facing is whether or not the convergence between countries – the fact that poor and emerging countries are progressively catching up to the standard of living in the rich countries – will lead to a reduction in the income gap among the world's citizens. Or will the forces of divergence – the growth of inequality within the countries – prevent this?

Our projections show that the pursuit of this convergence between countries will not be sufficient to reduce world inequality if growth remains as unequal as it has been within all countries for the past forty years. In other words, to reduce the extreme poverty in the world, it will not suffice to rely on strong growth in average national income, as has often been promoted over the course of recent decades; instead, it will be necessary to redistribute this growth among the different income groups within a country.

The establishment of more egalitarian growth trajectories than those we have known during recent decades will require the establishment of public policies that break with those that have been in place since the early 1980s. It appears that, in the light of financial deregulation, the development of new forms of fiscal cooperation and the spread of financial information will be necessary in the future. Public authorities will have to guarantee universal, stable and low-cost access in order to curb the trend toward the commercialization of public services (education, transport, energy and so on) that is happening in many countries. How can these services be financed? It seems logical that this should be done by means of new taxes on the winners of globalization, the multinational corporations and their shareholders, who all too often escape paying these taxes through an optimization strategy or tax evasion. They are "mobile" taxpayers, while the working and middle classes are "stationary" taxpayers, who have often seen their tax bills rise in recent decades.

In order for everyone to be able to judge the quality of public services and assess whether taxes are being wisely allocated and market regulation is being carried out effectively in the society in which they live, citizens must be able to have recourse to reliable and transparent data on the redistribution of growth and taxes between the different income groups. The data presented in the *Rapport sur les inégalités mondiales 2018* (*World Inequality Report 2018*) represents only a first stage in the systematic redistribution of income growth throughout the world. It will need to be extended to include other forms of inequality – gender inequality, and inequality in connection with the environment, health, and so on. The task is still an enormous one, and to succeed, it will require the effort and commitment of many different parties: of governments, which have the power to publish data in order to track inequality; of researchers, who assemble and analyze the inequality; and also of journalists, who permit, for example, the publication of new data on tax evasion; not to mention artists, who can reveal certain data through new forms of representation; and finally the citizens themselves, who have the power to harness this information in order to decide on policies that organize the economy and determine how the inequality develops.

The Poverty Line

The Poverty Line uses the universal lens of food to examine the daily choices we would face living at the poverty line. Over a period of 10 years, from 2010 to 2020, the artists traveled 200,000 kilometers to create case studies of 36 countries and territories spanning six continents.

Each country's figure uses the official poverty definition to derive a per-person, per-day rate. For middle and high-income economies, the average low-income household food expenditure is taken into account, while for low-income economies, the entire daily income of a poor individual is used. According to the granted sum of money, food is bought in local marketplaces. Every food group is included: vegetables, fruits, starchy foods, protein and snacks. Each product is photographed upon a local newspaper from the day of the shoot. Dimensions and lighting are carefully determined, in order to express identical aesthetics over time and geographical breakdown. This typological method enables a singular interpretation of the picture, while relating details of each one to the rest of the corpus. The food items in Chapter 2 were selected on the basis of finding common products available in many of the economies covered in the project and highlight the globalization of food production and consumption.

Individual portraits are taken of food using a dramatic spotlight effect to highlight the existence of everyday items in our lives. The work draws on the spirit of classical still life paintings but approaches the topic with contemporary realism.

Newspapers form the monotonous backdrops crowded with international headlines screaming for attention. This reflects our incessant obsession with information, but in a format whose relevance is called into question with the rise of digital media. This seismic shift in information dissemination has impacted its accessibility in a connected and distracted civilization.

The Poverty Line is a growing conversation that questions our understanding of poverty and inequality. Traversing cultures and economic systems, it confronts the viewer with objective, non-emotional observations of our own circumstance, framed against the fragile balance of social structures, growth and divide in an entangled, globalized world.

Chow and Lin

The crux of Chow and Lin's practice lies in their methodology of statistical, mathematical and computational techniques to address global issues since 2009. Through a typological, photographic approach, Chow and Lin's projects are driven by discursive backgrounds in economics, public policy and media, and these are further augmented by enduring exchanges with specialists in those fields.

Their works have been referenced by the World Bank and showcased at Les Rencontres de la Photographie, Arles (2021); the United Nations, Bangkok (2019); FotoFest, Houston (2019); the China Central Academy of Fine Arts Museum, Beijing (2015); Lianzhou Foto (2017); Gexto Photo (2018); the Hermitage Museum, Saint Petersburg (2017); the Myanm/art gallery, Yangon (2017); the Museum of Modern Art, Tbilisi (2013) and the National University of Singapore Museum (2018). Permanent collections include the Museum of Contemporary Photography, Chicago; the China Central Academy of Fine Arts Museum, Beijing; and the Thessaloniki Museum of Photography. They won the Falling Walls Berlin Science Breakthroughs of the Year 2020 (Science in the Arts Category).

Chow and Lin are based in Beijing, China.

Stefen Chow is a visual artist born in Malaysia in 1980 and raised in Singapore. His work has received awards from the Tokyo Type Director's Club, World Press Photo and National Geographic. He has worked with institutions including *Smithsonian* magazine, *GEO*, *Science* and *Nature*. He holds a Bachelor of Engineering (in mechanical engineering) from the National University of Singapore.

Huiyi Lin was born in Singapore in 1980. She is an economist by training and is a market researcher. She has a background in economic policy formulation in Singapore, and currently conducts multi-industry market research in the APAC region. She holds a Bachelor of Social Sciences in economics and mathematics from the National University of Singapore and a Master of Business Administration from the Tsinghua University – MIT Sloan School International MBA Program.

Contributors

Armida Salsiah Alisjahbana is Under-Secretary-General of the United Nations and Executive Secretary of the Economic and Social Commission for Asia and the Pacific (ESCAP). Prior to taking this position, she was a professor of economics at Universitas Padjadjaran. She also served as the director of the Center for Sustainable Development Goals Studies and as the vice-chair of the Indonesian Academy of Sciences. In 2016, she was a member of the high-level Independent Team of Advisors to support the Economic and Social Council's dialogue on the longer-term positioning of the United Nations development system in the context of the 2030 Agenda for Sustainable Development. From 2009 to 2014, she was the Minister of National Development Planning and the head of the National Development Planning Agency in Indonesia. She also served as the co-chair of the Global Partnership for Effective Development Cooperation and was the Alternate Governor of the World Bank and Alternate Governor of the Asian Development Bank, representing the government of Indonesia.

Andrea Brandolini is Deputy Head of the Directorate General for Economics, Statistics and Research at the Bank of Italy. He has served as chair of the Council of the International Association for Research on Income and Wealth. He chaired the Italian statistical office's commission for the revision of absolute poverty measurement, and was a member of the Poverty Commissions established by Italian governments from 1994 to 2007. His research interests are income and wealth distribution, poverty and social exclusion, the measurement of economic well-being, and labor economics. He co-edited *Povertà e benessere* (Il Mulino, 2007, with C. Saraceno), *Dimensioni della disuguaglianza in Italia: povertà, salute, abitazione* (Il Mulino, 2009, with C. Saraceno and A. Schizzerotto), and *The Great Recession and the Distribution of Household Income* (OUP, 2012, with S. Jenkins, J. Micklewright and B. Nolan).

Lucas Chancel is an economist who specializes in inequality and the environment. His work focuses on the extent of economic inequality, its interaction with sustainable development, and the implementation of public social and environmental policies. Chancel is the Co-Director and Senior Economist at the World Inequality Lab at the Paris School of Economics (PSE). He also performs research in association with the Institute for Sustainable Development and International Relations (IDDRI) and teaches at the Paris Institute for Political Studies ("Sciences Po"). He is the author of *Insoutenables inégalités / Unsustainable Inequalities* (Éditions les Petits Matins, 2017; Harvard University Press, 2020) and directed the *World Inequality Report 2018*, which has been translated into 15 languages.

John Micklewright is Professor Emeritus of Economics and Social Statistics at the UCL Institute of Education, University College London. He previously held chairs at Queen Mary (University of London), the European University Institute, and the University of Southampton, and worked at UNICEF for several years. His research addresses issues relating to the distribution of income, the labor market, education, charitable giving and survey methods. His work includes *Economic Transformation in Eastern Europe and the Distribution of Income* (CUP, 1992, with A. B. Atkinson), *The Dynamics of Child Poverty in Industrialised Countries* (OUP, 2001, with B. Bradbury and S. Jenkins), *Inequality and Poverty Re-Examined* (OUP, 2007, with S. Jenkins), and *The Great Recession and the Distribution of Household Income* (OUP, 2012, with S. Jenkins, A. Brandolini and B. Nolan).

GLOSSARY AND REFERENCES

GLOSSARY

- **Gini index**: The Gini index, or Gini coefficient, is a measure of income inequality for a given population. It measures the extent to which the distribution of income among individuals or households within a population deviates from a perfectly equal distribution. The Gini index value ranges from 0 (perfect equality) to 100 (perfect inequality). The higher the Gini index, the higher the inequality. The index was named for its developer, the Italian statistician and sociologist Corrado Gini.
- **GNI**: The Gross National Income is the sum of value added by resident producers of an economy plus product taxes (less subsidies) and net receipts of primary income from abroad, divided by the midyear population. The World Bank calculates GNI per capita using its own Atlas method to take into account fluctuations in prices and exchange rates when converting national currency into US dollars.
- **HDI**: The Human Development Index (HDI) is a summary index of three key dimensions of human development – health, education, standard of living. It was developed by the United Nations Development Programme (UNDP), to track a country's development from the perspective of people and capability development, beyond economic growth.
- **FAO**: The Food and Agriculture Organization (FAO) is a United Nations agency that aims to fight hunger globally and to achieve food security.
- **UNDP**: The United Nations Development Programme (UNDP) is a United Nations program that aims to eradicate poverty and reduce inequality and exclusion. It works in about 170 countries and territories to develop policies and capabilities to further human development outcomes.
- **OECD**: The Organisation for Economic Co-operation and Development (OECD) is an international organization that aims to build policies to foster prosperity, equality, opportunity and well-being. It has 37 member countries, most of which are developed economies.

REFERENCES COUNTRIES

USED FOR MULTIPLE COUNTRIES
- European Commission. 2019. "Database." Eurostat. https://ec.europa.eu/eurostat/data/database.
- FAO. 2019. "New Food Balances." http://www.fao.org/faostat/en/#data/FBS.
- The World Bank. 2019. "World Bank Open Data." https://data.worldbank.org.

CHINA
- Wang Pingping, Xu Xin, and Hao Yanhong. 2015. "Research on the Standard of Rural Poverty in China." National Bureau of Statistics. http://www.stats.gov.cn/tjzs/tjsj/tjcb/dysj/201509/t20150902_1239121.html.
- Xiao Xiao and Jin Shuaishuai. 2017. "Decades of Poverty Alleviation in China." Xinhuanet. http://www.xinhuanet.com/video/sjxw/2017-01/05/c_129433038.htm.
- Xinhuanet. 2018. "What Happened in 40 Years Since the Incidence of Poverty Dropped from 97.5% to 3.1%?" http://www.xinhuanet.com/fortune/2018-10/05/c_129950598.htm.
- Zhang Yi. 2015. "China Lifts Its Poverty Alleviation Target." *China Daily*, December 15. http://www.chinadaily.com.cn/china/2015-12/15/content_22720931.htm.

UAE
- Community Development Authority. 2019. "Social Benefits." https://www.cda.gov.ae/en/socialcare/SocialBenefits/Pages/periodicbenefits.aspx.
- Dubai Statistics Center. 2010. "Household Expenditure and Income Survey 2007/2008." https://www.dsc.gov.ae/Report/DSC_HHIES_2010_2_17.pdf.
- Dubai Statistics Center. 2019. "Household Expenditure and Income Survey 2014/2015." https://www.dsc.gov.ae/Report/T%2007.xls.
- Dubai Statistics Center. 2019. "The Expenditure and Income Family Survey Data." https://www.dsc.gov.ae/en-us/Themes/Pages/Living-Conditions.aspx?Theme=43.
- Nereim, Vivian. 2012. "Thousands of Emiratis in Need to Receive Aid from Dubai." *The National*, December 9. https://www.thenational.ae/uae/thousands-of-emiratis-in-need-to-receive-aid-from-dubai-1.604129.

MADAGASCAR
- AfDB/OECD. 2006. "Madagascar." In *African Economic Outlook* 2005–2006. http://www.oecd.org/dev/36740713.pdf.
- INSTAT. 2019. "IPC August 2019." https://www.instat.mg/?option=com_content&view=article&id=32&Itemid=93.
- UNICEF. 2011. *Annual Report 2011 for Madagascar*. https://www.unicef.org/about/annualreport/files/Madagascar_COAR_2011.pdf.
- The World Bank. 2014. *Face of Poverty in Madagascar*. http://documents.worldbank.org/curated/en/538821468271809604/pdf/781310PRIORITY0English0Apr900May012.pdf.

FRANCE
- European Commission. 2019. "European Employment and Unemployment (Labour Force Survey)." Eurostat. https://ec.europa.eu/eurostat/web/lfs/data/database.
- European Commission. 2019. "Social Protection." Eurostat. https://ec.europa.eu/eurostat/web/social-protection/data/database.
- UNICEF France. 2015. "Diagnostic sévère des droits de l'enfant en France!" https://www.unicef.fr/article/diagnostic-severe-des-droits-de-lenfant-en-france.

INDIA
- Deshpande, Rajeev. 2012. "Govt Study Fixes Poverty Line at Rs 66 for Cities and Rs 35 for Villages." *The Times of India*, April 29. https://timesofindia.indiatimes.com/india/Govt-study-fixes-poverty-line-at-Rs-66-for-cities-and-Rs-35-for-villages/articleshow/12917525.cms.
- Government of India Planning Commission. 2009. *Report of the Expert Group to Review the Methodology for Measurement of Poverty*. http://planningcommission.nic.in/reports/genrep/pov_rep0707.pdf [dead link].
- Government of India Planning Commission. 2011. "Press Note on Poverty Estimates, 2011–12." http://planningcommission.nic.in/news/pre_pov2307.pdf [dead link].
- Government of India Planning Commission. 2014. *Report of the Expert Group to Review the Methodology for Measurement of Poverty*. http://www.indiaenvironmentportal.org.in/content/395787/report-of-the-expert-group-to-review-the-methodology-for-measurement-of-poverty-c-rangarajan-committee-report/.
- Rangarajan, C., and Mahendra Dev, S. 2014. *Counting the Poor: Measurement and Other Issues*. Mumbai: Indira Gandhi Institute of Development Research. http://www.igidr.ac.in/pdf/publication/WP-2014-048.pdf.

UK
- BBC. 2014. "Mapping Child Poverty." BBC News. http://news.bbc.co.uk/2/hi/uk/7642689.stm.
- BBC. 2014. "Poverty Figures: Number of Poor Falls." BBC News, July 1. http://www.bbc.com/news/uk-28105773.
- OECD. 2019. "Productivity Statistics." http://www.oecd.org/sdd/productivity-stats/
- Office for National Statistics. 2012. *Family Spending, 2012 Edition Release*. https://webarchive.nationalarchives.gov.uk/20160129143746/http://www.ons.gov.uk/ons/rel/family-spending/family-spending/family-spending-2012-edition/family-spending---list-of-tables-appendix-a--2012-edition.html.
- Office for National Statistics. 2014. "Households Below Average Income: 1994/95 to 2012/13." https://www.gov.uk/government/statistics/households-below-average-income-hbai-199495-to-201213.

MYANMAR
- Kostzer, Daniel. 2014. "Measuring Poverty Is More Than Tweaking Data." *Myanmar Times*, June 2. https://www.mmtimes.com/opinion/10537-measuring-poverty-is-more-than-tweaking-data.html.
- McCarty, Adam. 2014. "Data Tweaks Change Face of Poverty." *Myanmar Times*, May 19. https://www.mmtimes.com/opinion/10400-data-tweaks-change-face-of-poverty.html.
- The Economist Intelligence Unit. 2014. "Poverty: A Bigger Issue Than Previously Thought." http://country.eiu.com/article.aspx?articleid=872606271&Country=Myanmar&topic=Economy&subtopic=Forecast.
- UNDP. 2013. "Poverty Profile IHLCA II." https://www.mm.undp.org/content/myanmar/en/home/library/poverty/publication_1.html.
- UNDP. 2019. "Inequalities in Human Development in the 21st Century: Myanmar." http://hdr.undp.org/sites/all/themes/hdr_theme/country-notes/MMR.pdf.

NIGERIA
- International Monetary Fund. 2018. "Nigeria: Out of Recession and Looking Beyond Oil." https://www.imf.org/en/News/Articles/2018/03/15/na031518-nigeria-out-of-recession-and-looking-beyond-oil.
- National Bureau of Statistics. 2018. *Snapshot of Inequality in Nigeria (2004, 2013, 2016)*. http://nigerianstat.gov.ng/download/698.
- National Bureau of Statistics. 2019. *National Poverty Rates for Nigeria: 2003–04 (Revised) and 2009–10*. https://nigerianstat.gov.ng/download/544.
- UNDP. 2018. *National Human Development Report 2018: Achieving Human Development in North East Nigeria*. http://hdr.undp.org/sites/default/files/hdr_2018_nigeria_finalfinalx3.pdf.

TURKEY
- IPA News. 2019. "Poverty on the Rise in Turkey As Food Prices Soar, Says TURK-IS Report." IPA News, February 27. https://ipa.news/2019/02/27/poverty-on-the-rise-in-turkey-as-food-prices-soar-says-turk-is-report/.
- Turkish Statistical Institute. 2016. *Tüketici fiyat endeks rakamları*. https://turkstatweb.tuik.gov.tr/PreHaberBultenleri.do?id=21867
- Turkish Statistical Institute. 2019. *Gayrisafi yurt içi hasıla, harcama yöntemiyle cari fiyatlarla değer, pay, değişim*. https://data.tuik.gov.tr/Bulten/Index?p=Consumer-Price-Index-September-2019-3085.
- Turkish Statistical Institute. 2019. *Income and Living Conditions Survey, 2018*. https://data.tuik.gov.tr/Bulten/Index?p=Income-and-Living-Conditions-Survey-2018-30755.
- United Nations Economic Commission for Europe. 2013. *Recent Development in Poverty Measurement in Turkey*. https://www.unece.org/fileadmin/DAM/stats/documents/ece/ces/ge.15/2013/WP_8_Turkey_D_EN.pdf.

JAPAN
- Fackler, Martin. 2010. "Japan Tries to Face Up to Growing Poverty Problem." *The New York Times*, April 22. http://www.nytimes.com/2010/04/22/world/asia/22poverty.html.
- Ministry of Health, Labour and Welfare. 2013. *Household Income*. https://www.mhlw.go.jp/toukei/saikin/hw/k-tyosa/k-tyosa13/dl/03.pdf.
- Ministry of Health, Labour and Welfare. 2013. *National Survey on Living Standards*. https://www.mhlw.go.jp/toukei/saikin/hw/k-tyosa/k-tyosa13/.
- OECD. 2008. "Growing Unequal?: Income Distribution and Poverty in OECD Countries: Japan." http://www.oecd.org/social/soc/41527303.pdf.
- OECD. 2016. "Labour Productivity and Utilisation." https://data.oecd.org/lprdty/labour-productivity-and-utilisation.htm.

- OECD. 2019. "Household Savings." https://data.oecd.org/hha/household-savings.htm.
- OECD. 2019. "Labour Compensation per Hour Worked." https://data.oecd.org/lprdty/labour-compensation-per-hour-worked.htm.
- Schreiber, Mark. 2014. "Poverty Takes on a New Look in Today's Japan." The Japan Times, December 6. https://www.japantimes.co.jp/news/2014/12/06/national/media-national/poverty-takes-new-look-todays-japan/.
- Statistics Bureau of Japan. 2010. *Statistical Handbook of Japan*. http://www.stat.go.jp/english/data/handbook/pdf/2010all.pdf.
- Statistics Bureau of Japan. 2019. *Summary Results of the 2018 Family Income and Expenditure Survey*. http://www.stat.go.jp/english/data/kakei/156view.html.

Georgia
- Asian Development Bank. 2019. "Poverty Data: Georgia." https://www.adb.org/countries/georgia/poverty.
- European Commission. 2011. "Employment, Social Affairs & Inclusion." https://ec.europa.eu/social/main.jsp?catId=89&langId=en&newsId=1045&moreDocuments=yes&tableName=news.
- Gugushvili, Alexi. 2011. "Understanding Poverty in Georgia." *Caucasus Analytical Digest* 34. https://www.academia.edu/2583996/Caucasus_Analytical_Digest_No._34_December_2011_Understanding_Poverty_in_Georgia_by_Alexi_Gugushvili.

South Korea
- Bae Ji-sook. 2012. "Korean Poverty Rate Rises to 7% in 2010." *The Korea Herald*, June 4. http://www.koreaherald.com/view.php?ud=20120604001025.
- OECD. 2019. "Average Annual Hours Actually Worked per Worker." https://stats.oecd.org/Index.aspx?DataSetCode=ANHRS.
- OECD. 2019. "Labour Force Participation Rate." https://data.oecd.org/emp/labour-force-participation-rate.htm.
- Statistics Korea. 2017. Income Distribution Indicators in 2016. http://kostat.go.kr/portal/eng/pressReleases/1/index.board?bmode=download&bSeq=&aSeq=361894&ord=1

Thailand
- Thailand National Economic and Social Development Board. 2004. *Thailand's Official Poverty Lines*. Philippine National Statistical Coordination Board. http://www.nscb.gov.ph/poverty/conference/papers/7_Thai%20official%20poverty.pdf [dead link].
- United Nations Development Programme. 2010. *Human Security, Today and Tomorrow: Thailand Human Development Report 2009*. http://hdr.undp.org/sites/default/files/nhdr_2009_thailand.pdf.
- World Bank. 2020. *Taking the Pulse of Poverty and Inequality in Thailand*. https://www.worldbank.org/en/country/thailand/publication/taking-the-pulse-of-poverty-and-inequality-in-thailand.

Norway
- European Commission. 2019. "Quality of Life Indicators: Material Living Conditions." Eurostat. https://ec.europa.eu/eurostat/statistics-explained/index.php?title=Quality_of_life_indicators_-_material_living_conditions.
- European Commission. 2019. "At-risk-of-poverty Thresholds: EU-SILC and ECHP Surveys." Eurostat. http://appsso.eurostat.ec.europa.eu/nui/show.do?dataset=ilc_li01&lang=en.
- Statistics Norway. 2013. "The Economic Welfare of Low-income Households, 2013." https://www.ssb.no/en/inntekt-og-forbruk/artikler-og-publikasjoner/okonomi-og-levekaar-for-ulike-lavinntektsgrupper-2013.
- Statistics Norway. 2019. "Expenditure per Household per Year, by Commodity and Service Group and Income 2007–2012." https://www.ssb.no/en/statbank/table/10444/.

Australia
- Australian Bureau of Statistics. 2015. *General Social Survey: Summary Results, Australia, 2014*. https://www.abs.gov.au/statistics/people/people-and-communities/general-social-survey-summary-results-australia.
- Australian Bureau of Statistics. 2017. "Household Income and Wealth, Australia, 2015–16." https://www.abs.gov.au/ausstats/abs@.nsf/Lookup/6523.0main+features12015-16.
- Australian Bureau of Statistics. 2018. *Census of Population and Housing: Estimating Homelessness, 2016*. https://www.abs.gov.au/statistics/people/housing/census-population-and-housing-estimating-homelessness.
- Melbourne Institute. 2019. *Poverty Lines: Australia*. https://melbourneinstitute.unimelb.edu.au/publications/poverty-lines.

Hong Kong
- Hong Kong Census and Statistics Department. 2013. *Monthly Report on the Consumer Price Index, December 2012*. https://www.censtatd.gov.hk/hkstat/sub/sp270.jsp?productCode=B1060001.
- Hong Kong Census and Statistics Department. 2016. *2014/15 Household Expenditure Survey and the Rebasing of the Consumer Price Indices*. https://www.statistics.gov.hk/pub/B10600082015XXXXB0100.pdf.
- Hong Kong Census and Statistics Department. 2017. "Gini Coefficient by Household Size: 2006, 2011 and 2016." https://www.censtatd.gov.hk/hkstat/sub/sp459.jsp?productCode=D5321605.
- Hong Kong Census and Statistics Department. 2019. *Hong Kong Poverty Situation Report 2018*. https://www.statistics.gov.hk/pub/B9XX0005E2018AN18E0100.pdf.
- Hong Kong Financial Secretary's Office. 2011. *Indicators of Poverty: An Update for 2010*. Labour and Welfare Bureau. https://www.lwb.gov.hk/en/other_info/2010%20Poverty%20Indicators_Eng.pdf.
- Hong Kong Information Services Department. 2013. "Poverty Line Set for HK." https://www.news.gov.hk/en/categories/health/html/2013/09/20130927_191059.shtml.
- The Hong Kong Council of Social Service. 2013. *Summary of Statistics on Poverty 2012 and Proposal on Low Income Supplement*. http://www.hkcss.org.hk/cm/cc/scenario/download/30_focus.pdf [dead link, last accessed on January 10, 2015].

Spain
- European Commission. 2018. *Living Conditions in Europe: 2018 Edition*. Eurostat. https://ec.europa.eu/eurostat/documents/3217494/9079352/KS-DZ-18-001-EN-N.pdf.
- European Commission. 2019. "At-risk-of-poverty Thresholds: EU-SILC and ECHP Surveys." Eurostat. http://appsso.eurostat.ec.europa.eu/nui/show.do?dataset=ilc_li01&lang=en.
- Instituto Nacional de Estadística. 2019. "Total Expenditure, Average Expenditure and Distribution of Household Expenditure." https://www.ine.es/dynt3/inebase/en/index.htm?padre=3777&capsel=3875.

US
- Censky, Annalyn. 2011. "Poverty Rate Rises in America." *CNN Money*, September 13. https://money.cnn.com/2011/09/13/news/economy/poverty_rate_income/index.htm.
- DeParle, Jason, Robert Gebeloff, and Sabrina Tavernise. 2011. "Older, Suburban and Struggling, 'Near Poor' Startle the Census." *The New York Times*, November 19. http://www.nytimes.com/2011/11/19/us/census-measures-those-not-quite-in-poverty-but-struggling.html.
- OECD. 2018. "Income Inequality." https://data.oecd.org/inequality/income-inequality.htm.
- United States Census Bureau. 2011. "Supplemental Poverty Measure Research." https://www.census.gov/newsroom/releases/archives/poverty/cb11-tps44.html.
- U.S. Bureau of Labor Statistics. 2019. "Consumer Expenditure Surveys." https://www.bls.gov/cex/tables.htm#annual.

Vietnam
- Asian Development Bank. 2019. "Poverty Data: Viet Nam." https://www.adb.org/countries/viet-nam/poverty.
- General Statistics Office of Vietnam. 2016. "Health, Culture, Sport and Living Standard." https://www.gso.gov.vn/wp-content/uploads/2019/03/VHLSS-2014.pdf
- Ministry of Labour, War Invalids and Social Affairs. 2013. "Poverty Reduction Contributes to Protecting Human Rights." http://www.molisa.gov.vn/Pages/tintuc/chitiet.aspx?tintucID=217016.
- Nguyen Thi Lan Huong. 2015. *Fiscal Policy, Income Inequality and Inclusiveness*. International Monetary Fund. https://www.imf.org/external/np/seminars/eng/2015/jica2015/pdf/1-A2.pdf.
- The World Bank. 2010. *Economic Growth and Poverty Reduction in Vietnam*. https://www.worldbank.org/content/dam/Worldbank/document/vn_PA2012Executive_summary_EN.pdf.

Brazil
- Ayres, Marcela. 2020. "Brazil Government to Inject $30 Billion into Economy to Combat Coronavirus Hit." Reuters, March 17. https://www.reuters.com/article/us-brazil-economy-budget-idUSKBN213411.
- BBC News. 2011. "Brazil Launches Scheme to Lift Millions Out of Poverty." BBC, June 2. https://www.bbc.com/news/world-latin-america-13626951.
- Coelho, Andre. 2020. "Brazil: The National Senate Approves Emergency Basic Income." Basic Income Earth Network, April 7. https://basicincome.org/news/2020/04/brazil-the-national-senate-approves-emergency-basic-income/.
- The Economist. 2013. "The End of Poverty?" *The Economist*, February 28. https://www.economist.com/americas-view/2013/02/28/the-end-of-poverty.
- The Economist. 2020. "Left Behind: Bolsa Familia, Brazil's Admired Anti-poverty Programme, Is Flailing." *The Economist*, January 30. https://www.economist.com/the-americas/2020/01/30/bolsa-familia-brazils-admired-anti-poverty-programme-is-flailing.

Greece
- European Commission. 2019. "Unemployment Statistics." Eurostat. https://ec.europa.eu/eurostat/statistics-explained/index.php?title=Unemployment_statistics#Longer-term_unemployment_trends.
- Hellenic Statistical Authority. 2018. Risk of Poverty: 2017 *Survey on Income and Living Conditions*. https://www.statistics.gr/documents/20181/3392100/Risk+of+Poverty+(+2017+)/1ee23df8-71df-4317-b173-e791d6a15922?version=1.0.

References Products

Eggs
- American Egg Board. 2019. "Aeration/Foaming/Structure in Egg Functionality." https://www.aeb.org/food-manufacturers/egg-functionality/aeration-foaming-structure.
- American Egg Board. 2019. "History of Egg Production." https://www.aeb.org/farmers-and-marketers/history-of-egg-production.
- China Feed Trade Industry Information. 2017. "What Are the Main Breed of Layer in China?" http://www.feedtrade.com.cn/livestock/poultry/2017-12-22/2233321.html.
- FAO. 2003. *Egg Marketing: A Guide for the Production and Sale of Eggs*. http://www.fao.org/3/Y4628E/y4628e00.htm#Contents.
- FAO. 2019. "Livestock Primary." http://www.fao.org/faostat/en/#data/QL.

- Lawler, Andrew and Jerry Adler. 2012. "How the Chicken Conquered the World." *Smithsonian Magazine*, June. https://www.smithsonianmag.com/history/how-the-chicken-conquered-the-world-87583657/.
- Parsons, Russ. 2014. "Here's Why You Have to Refrigerate Eggs in the U.S. but Not in Europe." *Los Angeles Times*, July 14. https://www.latimes.com/food/dailydish/la-dd-heres-why-we-need-to-refrigerate-eggs-20140714-story.html.
- Poultry Trends. 2019. Egg production and consumption data. https://www.poultrytrends.com/poultrytrends/poultrytrends2019.
- U.S. Department of Agriculture. 2019. "Egg, Whole, Cooked, Omelet." FoodData Central. https://fdc.nal.usda.gov/fdc-app.html#/food-details/172185/nutrients.
- U.S. Department of Agriculture. 2019. "Shell Eggs from Farm to Table." https://www.fsis.usda.gov/wps/portal/fsis/topics/food-safety-education/get-answers/food-safety-fact-sheets/egg-products-preparation/shell-eggs-from-farm-to-table/ct_index.
- Windhorst, Hans-Wilhelm. 2018. "Patterns and Dynamics of China's Egg Industry." Zootecnica International. https://zootecnicainternational.com/focus-on/patterns-dynamics-chinas-egg-industry/.
- Zimberoff, Larissa. 2019. "There's a Multibillion-Dollar Race to Replace Eggs." Bloomberg, May 16. https://www.bloomberg.com/news/articles/2019-05-16/there-s-a-multibillion-dollar-race-on-to-replace-the-chicken-egg.

Apples

- Agricultural Bureau. 2016. "The Legend of China's First Apple." http://www.yantai.gov.cn/art/2016/11/9/art_4366_615415.html [dead link].
- Encyclopaedia Britannica. 2019. "Apple." https://www.britannica.com/plant/apple-fruit-and-tree.
- European Commission. 2017. "DG Agri Dashboard: Apples." https://ec.europa.eu/info/sites/info/files/food-farming-fisheries/farming/documents/apple-dashboard_en.pdf.
- FAO. 2019. "Crops." http://www.fao.org/faostat/en/#data/QC.
- Hirst, K. Kris. 2018. "Domestication History of the Apple." ThoughtCo. https://www.thoughtco.com/domestication-of-the-apple-central-asia-4121220.
- Moulton, G. A. and J. King. 2019. "Apple Varieties for Cooking, Baking & Cider." https://extension.wsu.edu/maritimefruit/apple-varieties-for-cooking-baking-cider/.
- Skog, L. J. and C. L. Chu. 2003. "Apples." In *Encyclopedia of Food Sciences and Nutrition (Second Edition)*. https://www.sciencedirect.com/topics/food-science/pome-fruit.
- US Apple Association. 2019. "Apple Varieties." https://usapple.org/apple-varieties.
- U.S. Department of Agriculture. 2018. *U.S.-origin Deciduous Fruit Likely to Lose Market Share in China Due to Additional Tariffs*. https://apps.fas.usda.gov/newgainapi/api/report/downloadreportbyfilename?filename=Fresh%20Deciduous%20Fruit%20Annual_Beijing_China%20-%20Peoples%20Republic%20of_10-30-2018.pdf.
- U.S. Department of Agriculture. 2019. *Fresh Apples, Grapes, and Pears: World Markets and Trade*. https://apps.fas.usda.gov/psdonline/circulars/fruit.pdf.
- U.S. Department of Agriculture. 2019. "Apple, Raw." FoodData Central. https://fdc.nal.usda.gov/fdc-app.html#/food-details/1102644/nutrients.
- Wilson, Ken. 2019. "Apple Rootstocks." Ontario Ministry of Agriculture, Food and Rural Affairs. http://www.omafra.gov.on.ca/english/crops/facts/00-007.htm.

Corn

- Dasgupta, Reshmi R. 2011. "Pap to Polenta: The Cuisine of South African Indigenous People." *The Economic Times*, March 31. https://economictimes.indiatimes.com/magazines/travel/pap-to-polenta-the-cuisine-of-south-african-indigenous-people/articleshow/7831280.cms.
- Encyclopaedia Britannica. 2019. "Corn." https://www.britannica.com/plant/corn-plant.
- Hall, Kevin D. et al. 2019. "Ultra-Processed Diets Cause Excess Calorie Intake and Weight Gain: An Inpatient Randomized Controlled Trial of *Ad Libitum* Food Intake." *Cell Metabolism* 30:67–77. https://www.cell.com/cell-metabolism/fulltext/S1550-4131(19)30248-7.
- Hieronimus, Bettina et. al. 2020. Synergistic Effects of Fructose and Glucose on Lipoprotein Risk Factors for Cardiovascular Disease in Young Adults. *Metabolism Journal* 112. https://www.metabolismjournal.com/article/S0026-0495(20)30220-1/fulltext.
- Hirst, K. Kris. 2019. "The Domestication of Maize in America." ThoughtCo. https://www.thoughtco.com/maize-domestication-history-of-american-corn-171832.
- ISAAA AfriCenter. 2017. *Global Status and Economic Benefits of Biotech Maize Production by 2017*. http://africenter.isaaa.org/wp-content/uploads/2018/10/Biotech-Maize-Brief-2017.pdf.
- Kelly, Bridget and Enrique Jacoby. 2017. "*Public Health Nutrition* Special Issue on Ultra-processed Foods." https://www.cambridge.org/core/journals/public-health-nutrition/article/public-health-nutrition-special-issue-on-ultra processed-foods/428AC8871DDA04C782126B72D2F8F21F.
- Mann, Charles C. 2018. "What Ancient Maize Can Tell Us about Thousands of Years of Civilization in America." *Smithsonian Magazine*, November. https://www.smithsonianmag.com/smithsonian-institution/ancient-maize-thousands-years-civilization-america-180970543/.
- Mejia, Danilo. 2003. *Maize: Post-harvest Operation*. FAO. http://www.fao.org/fileadmin/user_upload/inpho/docs/Post_Harvest_Compendium_-_MAIZE.pdf.
- Monteiro, Carlos Augusto et al. 2019. *Ultra-processed Foods, Diet Quality and Health Using the NOVA Classification System*. FAO. http://www.fao.org/3/ca5644en/ca5644en.pdf.
- OECD and FAO. 2016. *OECD-FAO Agricultural Outlook 2016–2025 – Special Focus: Sub-Saharan Africa*. FAO. http://www.fao.org/3/a-i5778e.pdf.
- The Economist Intelligence Unit. 2018. "Maize." https://gfs.eiu.com/Article.aspx?articleType=cfs&articleId=547036438.
- U.S. Department of Agriculture. 2019. "Corn & Other Feedgrains." https://www.ers.usda.gov/topics/crops/corn-and-other-feedgrains/.
- U.S. Department of Agriculture. 2019. "Corn, Raw." FoodData Central. https://fdc.nal.usda.gov/fdc-app.html#/food-details/1103351/nutrients.
- U.S. Department of Agriculture. 2019. "Recent Trends in GE Adoption." https://www.ers.usda.gov/data-products/adoption-of-genetically-engineered-crops-in-the-us/recent-trends-in-ge-adoption.aspx.
- U.S. Department of Agriculture. 2020. *Agricultural Biotechnology Annual: Spain*. https://apps.fas.usda.gov/newgainapi/api/Report/DownloadReportByFileName?fileName=Agricultural%20Biotechnology%20Annual_Madrid_Spain_10-20-2019.
- U.S. Food and Drug Administration. 2018. "High Fructose Corn Syrup Questions and Answers." https://www.fda.gov/food/food-additives-petitions/high-fructose-corn-syrup-questions-and-answers.
- White, John S., and Theresa A. Nicklas. 2016. "High-Fructose Corn Syrup Use in Beverages: Composition, Manufacturing, Properties, Consumption, and Health Effects." In *Beverage Impacts on Health and Nutrition*, edited by Ted Wilson and Norman J. Temple, 285–301. Humana Press. https://www.researchgate.net/publication/314672424_High-Fructose_Corn_Syrup_Use_in_Beverages_Composition_Manufacturing_Properties_Consumption_and_Health_Effects.
- World Food Programme. 2016. "Malawi Government and WFP Import Maize for Emergency Distribution." https://www.wfp.org/news/malawi-government-and-wfp-import-maize-emergency-distribution.

Instant noodles

- BBC News. 2017. "Why Are China Instant Noodle Sales Going Off the Boil?" BBC, December 20. https://www.bbc.com/news/business-42390058.
- FAO. 2019. "Standard for Instant Noodles." http://www.fao.org/fao-who-codexalimentarius/codex-texts/list-standards/en/.
- Indofood CBP. 2020. "Noodles." http://www.indofoodcbp.com/brand/noodles.
- Minter, Adam. 2019. "What's Driving China's Noodle Revival?" Bloomberg, September 24. https://www.bloomberg.com/opinion/articles/2019-09-23/what-s-driving-china-s-noodle-revival.
- Myfitnesspal. 2019. "Nissin: Instant Noodles." https://www.myfitnesspal.com/food/calories/nissin-instant-noodles-561153525.
- Nikkei Asian Review. 2016. "Indofood Pushes Indomie As Global Halal Noodle Brand." https://asia.nikkei.com/Business/Indofood-pushes-Indomie-as-global-halal-noodle-brand.
- Nissin. 2019. "Nissin Launches Next Wave of Cup Noodles Fun." https://web.archive.org/web/20190920100649/https://nissinfoods.com/stories/nissin-launches-next-wave-of-cup-noodles-fun.
- The Economic Times. 2019. "Nestle India to Contest Fine in Maggi Noodles Case." *The Economic Times*, September 11. https://economictimes.indiatimes.com/industry/cons-products/fmcg/nestle-india-to-contest-fine-in-maggi-noodles-case/articleshow/71073426.cms.
- The Times of India. 2017. "Maggi Noodles Has Cornered 60% Market Share: Nestle India CMD." *The Times of India*, January 28. https://timesofindia.indiatimes.com/business/india-business/maggi-noodles-has-cornered-60-market-share-nestle-india-cmd/articleshow/56838663.cms.
- World Instant Noodles Association. 2019. "Global Demand for Instant Noodles." https://instantnoodles.org/en/noodles/market.html.

Bananas

- BananaLink. 2019. *Engaging, Educating and Advocating for a Fairer Banana Trade*. https://www.bananalink.org.uk/resources/.
- Bioversity International. 2019. "Banana Genetic Resources and Management Systems." https://www.bioversityinternational.org/research-portfolio/banana-genetic-resources-and-management-systems/.
- Encyclopaedia Britannica. 2019. "Banana." https://www.britannica.com/plant/banana-plant.
- FAO. 2018. *Banana Market Review: Preliminary Results for 2018*. http://www.fao.org/fileadmin/templates/est/COMM_MARKETS_MONITORING/Bananas/Documents/Banana_Market_Review_Prelim_Results_2018.pdf.
- Gupta, Sanjana. 2018. "8 Incredible Health Benefits of Banana Flower, the Superfood You Haven't Heard of." *Indiatimes*, June 6. https://www.indiatimes.com/health/healthyliving/8-incredible-health-benefits-of-banana-flower-the-health-all-rounder-you-haven-t-heard-of-251391.html.
- International Tropical Fruits Network. 2016. "Banana: Common Varieties." https://www.itfnet.org/v1/2016/03/banana-common-varieties/.
- ProMusa. 2019. "Morphology of the Banana Plant." http://www.promusa.org/Morphology+of+banana+plant.
- Scharping, Nathaniel. 2017. "The Banana As We Know It Is Dying ... Again." *Discover*, December 27. https://www.discovermagazine.com/planet-earth/the-banana-as-we-know-it-is-dyingagain.
- Stergiopoulos, Ioannis, André Drenth, and Gert Kema. 2019. "The World's Bananas Are Clones—and They Are in Imminent Danger." *Newsweek*, February 11. https://www.newsweek.com/worlds-bananas-are-clones-and-they-are-imminent-danger-publish-monday-5am-1321787.
- Thompson, Stuart. 2019. "Inside the Quest to Save the Banana from Extinction." Quartz.

https://qz.com/1602892/inside-the-quest-to-save-the-banana-from-extinction/.
- Thompson, Stuart. 2019. "The Quest to Save the Banana from Extinction." The Conversation. https://theconversation.com/the-quest-to-save-the-banana-from-extinction-112256.
- U.S. Department of Agriculture. 2019. "Bananas, Raw." FoodData Central. https://fdc.nal.usda.gov/fdc-app.html#/food-details/173944/nutrients.
- Wageningen University & Research. 2019. "Going Bananas?." https://fusariumwilt.org/index.php/en/about-fusarium-wilt/.

Tomatoes
- Colvine, Sophie. 2019. "The 2020 Top 40 Tomato Processing Companies." *Tomato News*, December 2. http://www.tomatonews.com/en/the-2020-top40-tomato-processing-companies-_2_883.html.
- Cornell University. 2019. "Tomatoes." http://www.gardening.cornell.edu/homegardening/sceneea10.html.
- Dileo, Alyssa. 2019. "Eating Tomatoes to Fight Liver Cancer." TuftsNow. https://now.tufts.edu/articles/eating-tomatoes-fight-liver-cancer.
- Encyclopaedia Britannica. 2019. "Tomato." https://www.britannica.com/plant/tomato.
- FAO. 2019. "Crops." http://www.fao.org/faostat/en/#data/QC.
- FAO. 2019. "Tomato." http://www.fao.org/land-water/databases-and-software/crop-information/tomato/en/.
- Haifa Group. 2019. "Crop Guide: Tomato." https://www.haifa-group.com/tomato-fertilizer/crop-guide-tomato.
- Mulderij, Rudolf. 2018. "Overview Global Tomato Market." Fresh Plaza. https://www.freshplaza.com/article/2187792/overview-global-tomato-market/.
- Story, Erica N., Rachel E. Kopec, Steven J. Schwartz, and G. Keith Harris. 2013. "An Update on the Health Effects of Tomato Lycopene." National Center for Biotechnology Information. https://www.ncbi.nlm.nih.gov/pmc/articles/PMC3850026/.
- Tomato News. 2019. "The Global Tomato Processing Industry." *Tomato News*. http://www.tomatonews.com/en/background_47.html.
- University of Georgia Extension. 2017. *Commercial Tomato Production Handbook*. https://extension.uga.edu/publications/detail.html?number=B1312&title=Commercial%20Tomato%20Production%20Handbook.
- U.S. Department of Agriculture. 2019. "Tomatoes, Raw." FoodData Central. https://fdc.nal.usda.gov/fdc-app.html#/food-details/1103276/nutrients.
- Viviano, Frank. 2017. "This Tiny Country Feeds the World." *National Geographic*, September. https://www.nationalgeographic.com/magazine/2017/09/holland-agriculture-sustainable-farming/.

Oreos
- Grossman, Samantha. 2012. "100 Years of Oreos: 9 Things You Didn't Know About the Iconic Cookie." *Time*, March 6. http://newsfeed.time.com/2012/03/06/100-years-of-oreos-9-things-you-didnt-know-about-the-iconic-cookie/.
- Langer, Julia. 2008. "Getting the Lard Out: The Koshering of the Oreo Cookie." *Cornell Chronicle*, February 26. http://news.cornell.edu/stories/2008/02/getting-lard-out-koshering-oreo-cookie.
- Martinelli, Katherine. 2018. "The Factory That Oreos Built." *Smithsonian Magazine*, May 21. https://www.smithsonianmag.com/history/factory-oreos-built-180969121/.
- Mondelez International. 2017. *Oreo 2017 Fact Sheet*. https://eu.mondelezinternational.com/~/media/MondelezCorporate/Uploads/downloads/OREO_Fact_Sheet.pdf.
- Myfitnesspal. 2019. "Oreo: 1 Oreo Cookie, Regular." https://www.myfitnesspal.com/food/calories/oreo-1-oreo-cookie-regular-372536047.
- Palmer, Brian. 2012. "The Unsinkable O." *Slate*, March 6. https://slate.com/business/2012/03/oreo-turns-100-why-has-the-cookie-lasted-this-long.html.
- Rosenberg, Jennifer. 2019. "A History of the Oreo Cookie." ThoughtCo. https://www.thoughtco.com/history-of-the-oreo-cookie-1779206.

Poultry
- Alexander, Peter, Calum Brown, Almut Arneth, John Finnigan, and Mark D. A. Rounsevell. 2016. "Human Appropriation of Land for Food: The Role of Diet." *Global Environmental Change* 41:88–98. https://www.sciencedirect.com/science/article/abs/pii/S0959378016302370.
- Augère-Granier, Marie-Laure. 2019. *The EU Poultry Meat and Egg Sector*. European Parliamentary Research Service. http://www.europarl.europa.eu/RegData/etudes/IDAN/2019/644195/EPRS_IDA(2019)644195_EN.pdf.
- Australian Chicken Meat Federation. 2019. "Structure of the Industry." https://www.chicken.org.au/structure-of-the-industry/.
- Charles, Dan. 2015. "The Ancient City Where People Decided to Eat Chickens." NPR, July 20. https://www.npr.org/sections/thesalt/2015/07/20/424707879/the-ancient-city-where-people-decided-to-eat-chickens.
- European Commission. 2019. *Global Food Supply and Demand*. EU Agricultural Markets Briefs No. 16. https://ec.europa.eu/info/sites/info/files/food-farming-fisheries/farming/documents/market-brief-food-challenges-sep2019_en.pdf.
- FAO. 2019. "Gateway to Poultry Production and Products." http://www.fao.org/poultry-production-products/production/poultry-species/en/.
- Hiemstra, Sipke Joost, and Jan Ten Napel. 2013. *Study of the Impact of Genetic Selection on the Welfare of Chickens Bred and Kept for Meat Production*. European Union. https://ec.europa.eu/food/sites/food/files/animals/docs/aw_practice_farm_broilers_653020_final-report_en.pdf.
- International Chicken Genome Sequencing Consortium. 2004. "Sequence and Comparative Analysis of the Chicken Genome Provide Unique Perspectives on Vertebrate Evolution." *Nature* 432:695–716. https://www.nature.com/articles/nature03154.
- Lawler, Andrew, and Jerry Adler. 2012. "How the Chicken Conquered the World." *Smithsonian Magazine*, June. https://www.smithsonianmag.com/history/how-the-chicken-conquered-the-world-87583657/.
- MasterClass. 2019. "White Meat vs. Dark Meat Chicken: What's the Real Difference?." https://www.masterclass.com/articles/white-meat-vs-dark-meat-chicken-whats-the-real-difference#whats-in-chicken-meat.
- Perry-Gal, Lee, Adi Erlich, Ayelet Gilboa, and Guy Bar-Oz. 2015. "Earliest Economic Exploitation of Chicken Outside East Asia: Evidence from the Hellenistic Southern Levant." *Proceedings of the National Academy of Sciences of the United States of America* 112:9849–9854. https://www.pnas.org/content/early/2015/07/15/1504236112.abstract.
- Poultry CRC. 2019. "Commercial Poultry." http://www.poultryhub.org/species/commercial-poultry/ [dead link].
- Poultry Trends. 2019. "Top World Broiler, Egg Rankings for 2019." https://www.poultrytrends.com/poultrytrends/poultrytrends2019.
- Reus, Ann. 2019. "14 Key Facts about the Global Poultry Market in 2019." *WATT Poultry*, February 13. https://www.wattagnet.com/articles/36885-key-facts-about-the-global-poultry-market-in-2019.
- U.S. Department of Agriculture. 2019. "Chicken, Broiler, Rotisserie, BBQ, Breast, Meat Only." FoodData Central. https://fdc.nal.usda.gov/fdc-app.html#/food-details/171445/nutrients.
- U.S. Department of Agriculture. 2020. *Livestock and Poultry: World Markets and Trade*. https://apps.fas.usda.gov/psdonline/circulars/livestock_poultry.pdf.

Pork
- American Meat Science Association. 2017. "Pork Production: Farrow to Finish Process." https://meatscience.org/TheMeatWeEat/topics/raising-animals-for-meat/article/2017/03/09/pork-production-farrow-to-finish-process.
- Choi, Martin. 2019. "China's Pigs Are Vanishing as Consumers Go the Whole Hog for Leaner Pork." *South China Morning Post*, February 4. https://www.scmp.com/news/china/society/article/2184766/chinas-pigs-are-vanishing-consumers-go-whole-hog-leaner-pork.
- Compassion in World Farming. 2013. *The Life of Pigs*. https://www.ciwf.org.uk/media/5235118/The-life-of-Pigs.pdf.
- FAO. 2020. "Antimicrobial Resistance: Animal Production." http://www.fao.org/antimicrobial-resistance/key-sectors/animal-production/en/.
- FAO. 2020. "ASF [African Swine Fever] Situation in Asia Update." Animal Production and Health. http://www.fao.org/ag/againfo/programmes/en/empres/ASF/Situation_update.html.
- Fortune, Aidan. 2018. "Danish Pork Industry Works on Antibiotic-free Pork Production." *Global Meat News*, March 8. https://www.foodnavigator.com/Article/2018/03/08/Denmark-sets-antibiotic-free-pig-target.
- Groenen, Martien A. M. 2016. "A Decade of Pig Genome Sequencing: A Window on Pig Domestication and Evolution." *Genetics Selection Evolution* 48:23. https://www.ncbi.nlm.nih.gov/pmc/articles/PMC4812630/.
- Harper, Rachael. 2019. "Tonnes of Pork to Be Auctioned from China's Reserves." *New Food Magazine*, September 21. https://www.newfoodmagazine.com/news/94215/tonnes-pork-auctioned-from-chinas-reserves/.
- Hirst, K. Kris. 2019. "Domestic Pig Facts." ThoughtCo. https://www.thoughtco.com/domestic-pig-4693647.
- Kirchhelle, Claas. 2018. "Pharming Animals: A Global History of Antibiotics in Food Production (1935–2017). *Palgrave Communications* 4:96. https://www.nature.com/articles/s41599-018-0152-2.
- Morgan, Jayce. 2013. *A Diet Fit for a Pig: Seven Basic Rules*. NSW Department of Primary Industries. http://www.dpi.nsw.gov.au/__data/assets/pdf_file/0012/469785/A-diet-fit-for-a-pig-seven-basic-rules.pdf.
- Reuters. 2019. "China's October Pork Imports Double on Year." https://www.reuters.com/article/us-china-economy-trade-pork-idUSKBN1XX03A.
- U.S. Department of Agriculture. 2018. *Multiple Outbreaks of African Swine Fever Create Uncertainty for the World's Largest Pork Producer*. https://apps.fas.usda.gov/newgainapi/api/report/downloadreportbyfilename?filename=Livestock%20and%20Products%20Annual_Beijing_China%20-%20Peoples%20Republic%20of_8-17-2018.pdf.
- U.S. Department of Agriculture. 2019. "Fresh Pork from Farm to Table." https://www.fsis.usda.gov/wps/portal/fsis/topics/food-safety-education/get-answers/food-safety-fact-sheets/meat-preparation/fresh-pork-from-farm-to-table/ct_index.
- U.S. Department of Agriculture. 2019. *Livestock and Poultry: World Markets and Trade*. https://downloads.usda.library.cornell.edu/usda-esmis/files/73666448x/g445ct12h/ff365k146/Livestock_poultry.pdf.
- U.S. Department of Agriculture. 2019. "Pork, Tenderloin, Baked." FoodData Central. https://fdc.nal.usda.gov/fdc-app.html#/food-details/1098281/nutrients.
- U.S. Department of Agriculture. 2020. *Livestock and Poultry: World Markets and Trade*. https://apps.fas.usda.gov/psdonline/circulars/livestock_poultry.pdf.
- Van Boeckel, Thomas P., Charles Brower, Marius Gilbert, Bryan T. Grenfell, Simon A. Levin, Timothy P. Robinson, Aude Tellant, and Ramanan Laxminarayan. 2015. "Global Trends in Antimicrobial Use in Food Animals." *Proceedings of the National Academy of Sciences of the United States of America* 112:5649–5654. https://www.ncbi.nlm.nih.gov/pmc/articles/PMC4426470/.

ACKNOWLEDGMENTS

Newspapers

Australia
Australian New Express Daily
Daily Chinese Herald
The Age
The Australian Financial Review
The Australian
The Daily Telegraph
The Sydney Morning Herald

Brazil
Correio Braziliense
Extra
Folha de S.Paulo
Gazeta do Povo
Jornal do Brasil
Meia Hora
O Dia
O Estado de S. Paulo
O Fluminense
O Globo
Zero Hora

Brunei
Berita Brunei
Bintang Harian
Borneo Bulletin
Media Permata
The Daily Star
Pelita Brunei

Cambodia
Khmer Times
Kohsantepheap Daily
Moneaksekar Khmer
Rasmei Kampuchea Daily
Sneha Cheat
Sralanh Khmer
The Cambodian Journal
The Nation Post
The Phnom Penh Post
The Phnom Penh Week
The Southeast Asia Weekly
The Voice of Khmer Youth
Thngay Pram Py Makara News

China
Beijing Morning News
Beijing Times
Beijing Youth Daily
China Daily
China Economic Daily
China Education Daily
China Public Security Daily
China Youth Daily
Economic Information Daily
Global Times
Workers' Daily
Guangming Daily
People's Daily
The Beijing News
The Economic Observer
Beijing Daily
People's Court Daily

Denmark
B.T.
B.T. Metro
Berlingske
Dagbladet Arbejderen
Dagbladet Børsen
Dagbladet Information
Dagbladet Politiken
Ekstrabladet
Kristeligt Dagblad
Morgenavisen Jyllands-Posten
Søndagsavisen
The Copenhagen Post
Weekendavisen

Ethiopia
Addis Fortune
Addis Neger
Addis Tribune
Addis Zemen
Awramba Times
Berhānenā salām
Capital Ethiopia
Courrier d'Ethiopie
Daily Monitor
Democracia
'Efoytā
Ethiopian Herald
Ethiopian Reporter
Feteh
Serto Ader
Sun
Tobiyā
Voice of Ethiopia
Yäsäffiw hezb dems
Yeroo
Ye'Zareyitu Ethiopia

France
Charlie Hebdo
Courrier International
La Croix
Le Canard enchaîné
Le Figaro
Le Journal du dimanche
Le Monde
Le Monde Libertaire
Le Parisien
Le Point
L'Équipe
Les Échos
L'Express
L'Humanité
Libération
L'Opinion
Marianne
Minute
Paris-Match
VSD
La Provence
Le Monde Diplomatique
Nice-Matin

Georgia
24 Saati
Alia
Georgia Today
Kvilis Palitra
Mtavari Gazeti
Rezonansi
Sakartvelos Respublika
The Messenger
Vrastan
Akhali Epoka
Akhali Gazeti
Svobodnaya Gruziya

Germany
Cicero
Der Spiegel
Focus
Stern
Wirtschaftswoche
Bild
Der Freitag
Der Tagesspiegel
Die Tageszeitung
Die Welt
Die Zeit
Frankfurter Allgemeine Zeitung
Hamburger Abendblatt
Hamburger Morgenpost
Handelsblatt
Junge Freiheit
Junge Welt
Jungle World
Konkret
Neues Deutschland
Preußische Allgemeine Zeitung
Süddeutsche Zeitung

Greece
Adesmeftos Typos
Aggelioforos Thessalonikis
Alithia Online
Ano Kato
Avriani
Eleftheri Ora
Eleftheros Kosmos
Eleftheros Typos
Estia
Ethnos
I Avgi
Hora
I Niki
Karfitsa
Makedonia
O Logos
Rizospastis
Ta Nea
Thessaloniki
To Vima
Typos Thessalonikis
Vradyni
Avriani
Espresso
Traffic News

Hong Kong
Apple Daily
FactWire
Headline Daily
HK01
Hong Kong Commercial Daily
Hong Kong Economic Journal
Hong Kong Economic Times
Kung Kao Po
Metropolis Daily
Ming Pao
Oriental Daily News
Passion Times
Sing Pao Daily News
Sing Tao Daily
South China Morning Post
Sunday Examiner
Ta Kung Pao
The Standard
Wen Wei Po
AM730
Career Times
Hong Kong Free Press
Young Post

India
Aajkaal
Ahmedabad Mirror
Ajit
Amar Asom
Amar Ujala
Anandabazar Patrika
Andhra Bhoomi
Andhra Prabha
Arunachal Front
Asian Age
Asomiya Khobor
Asomiya Pratidin
Bangalore Mirror
Bartaman Patrika
Business Line
Business Standard
Chandrika
Daily Excelsior
Daily News and Analysis
Daily Punjab Times
Dainik Agradoot
Dainik Bhaskar
Dainik Jagran
Dainik Janambhumi
Dainik Navajyoti
Dainik Prayukti
Dainik Sambad
Dainik Statesman
Deccan Chronicle
Deccan Herald
Deepika
Deshabhimani
Deshdoot
Dharitri
Dina Thanthi
Dinakaran
Dinamalar
Dinamani
Divya Bhaskar
Ebela
Eenadu
Ei Samay
Ekdin
Financial Chronicle
Financial Express
Gana Adhikar
Ganashakti
General
Glam Mint
Greater Kashmir
Gujarat Mitra
Gujarat Samachar
Gujarat Today
Hai Bangalore
Hari Bhoomi
Hind Samachar
Hindustan Times
Hosa Digantha
Imphal Free Press
Jagat Darpan
Jagbani
Jago Bangla
Jai Hind
Jan Morcha
Janam Sakshi
Janasadharan
Janathavani
Janayugom
Janmabhumi
Jansatta
Kalantar
Kannada Prabha
Karavali Ale
Karavali Munjavu
Kashmir Times
Kerala Kaumudi
Kerala Kaumudi Flash
Kesari
Koshur Akhbar
Kutch Mitra
Lankesh Patrike
Lokmat
Loksatta
Madhyamam
Mahanagar
Maharashtra Times
Malayala Manorama
Mana Telangana
Mangalam
Mangaluru Samachara
Mathrubhumi
Mid Day
Mint
Mumbai Mirror
Munsif Daily
Mysooru Mithra
Nagaland Post
Namasthe Telangana
Nava Bharat
Nava Kaal
Nava Telangana
Navbharat Times
Navodaya Times
Navshakti
Niharika Times
Niyomiya Barta
Nobat
North East Mail
O Heraldo
Organiser
Orissa Post
Panchjanya
Parichay Times
Phulchhab
Poknapham
Prabhanjan Sanket
Pragativadi
Prahaar
Praja Shakti
Prajavani
Pudhari
Punjab Kesari
Punjabi Tribune
Rajasthan Patrika
Rashtra Deepika
Rozana Spokesman
Saamana
Sadbhavana Times
Sakaal Times
Sakal
Sakalbela
Sakshi
Samaya
Sambad
Sambhaav
Samyukta Karnataka
Sandesh
Sangbad Pratidin
Sanjevani
Sanmarg
Sarkar Ki Upalabdhiya
Seven Sisters Post
Siasat
Sikkim Express
Siraj Daily
Soan Meeraas
Star of Mysore
State Times
Suddi Now
Sudharma
Sunaparant
Suryaa
Taasir
Tamil Murasu
Tarun Bharat
Telangana Today
The Afternoon Despatch & Courier
The Assam Chronicle
The Assam Tribune
The Economic Times
The Free Press Journal
The Hans India
The Hindu
The Hitavada
The Indian Express
The Inquilab
The Morung Express
The Musalman
The Navhind Times
The New Indian Express
The News Today
The North East Times
The Pioneer
The Samaja
The Sentinel
The Shillong Times
The Statesman
The Telegraph
The Times of India
The Tribune
Thejas
Udayavani
Urdu Times
Usha Kirana
Uttarbanga Sambad
Vaartha
Vanglaini
Varthabharathi
Vijaya Karnataka
Vijaya Vani
Vishwavani

Japan
Asahi Shimbun
Mainichi Shimbun
Nankai Times
Nikkei Kinyu Simbun
Nikkei Ryutsu Simbun
Nikkei Shimbun
Nishitama Shimbun
Sankei Shimbun
Setagaya Shimbun
Suginami Shimbun
Tama Tōkyō Nippō
Toshima Shimbun
Weekly News Nishi no Kaze
Yomiuri Shimbun
Fuji Sankei Business i.
Nihon Kogyo Simbun
Nihon Securities Journal
Nikkan Kogyo Shimbun
Nikkei Sangyo Shimbun
Nikkei Veritas
Ogasawara Shimbun
The Kabushiki Shimbun
Tokyo Chunichi Sports
Tokyo Sports

Kenya
Business Daily
Coastweek
KDRTV Kenya News

KSN
Taifa Leo
The Daily Nation
The EastAfrican
The Kenya Times
The People
The Standard
The Star
The Sub-Saharan Informer

Laos
Le Rénovateur
Passasson
Pathet Lao
Vientiane Mai
Vientiane Times

Madagascar
Ao Raha
Dans les Médias Demain
Gazetiko
La Dépêche
La Gazette de la Grande Île
La Ligne de mire
La Nation
La Vérité
Lakroan'i Madagasikara
Le Citoyen
Les Nouvelles
L'Express de Madagascar
L'Hebdo de l'Express de Madagascar
L'Observateur
Madagascar Laza
Madagascar Matin
Madagascar Santé Hebdo – Gazetin'ny Fahasalamana
Madagascar Tribune
Malaza
Midi Madagasikara
Taratra
Tia Tanindrazana

Malaysia
Berita Harian
China Press
Guang Ming
Kwong Wah Yit Poh
Makkal Osai
Malaysia Nanban
Nanyang Siang Pau
New Straits Times
Sin Chew Daily
Tamil Nesan
The Star
Business Times
Harian Metro
Malay Mail

Mauritius
24 Heures Info
5 Plus Dimanche
Hua Sheng Bao
Independent Daily
India Times
inside news
Le Citoyen
Le Défi Quotidien
Le Mauricien
Le Socialiste
L'Express

Myanmar
7 Day News
Daily Eleven
D-Wave
Empire Daily
Golden Fresh Land
Kyemon
Myanma Alin
Myanmar Business Today
Myawady Daily
New Light of Myanmar
The Messenger
The Myanmar Times
The Standard Time Daily
The Voice Daily
The Yadanabon
The Yangon Times

Nepal
Adarsha Samaj
Anna Note
Annapurna Post
Aarthik National Daily
Gorkhapatra
Janakpur Today
Kathmandu Tribune
Majdoor
Naya Patrika
Nepal Bhasa Patrika
Nepal Samacharpatra
Rajdhani
República
The Annapurna Express
The Himalayan Times
The Kathmandu Post
The Rising Nepal
Yuwa Hunkar

Netherlands
Algemeen Dagblad
De Telegraaf
De Volkskrant
Het Financieele Dagblad
Het Parool
Metro
Nederlands Dagblad
NRC Handelsblad
NRC Next
Reformatorisch Dagblad
Trouw

Nigeria
Business Day
Complete Sports
Daily Champion
Daily Post
Daily Times of Nigeria
Daylight Nigeria
Guardian
Independent
Nation
New Telegraph
Newswatch
Next
Nigerian Entertainment Today
P.M. News
Politics Nigeria
Punch
Sahara Reporters
Stears Business
Sun
Thisday
Vanguard

Norway
Aftenposten
Dag og Tid
Dagbladet
Dagen
Dagens Næringsliv
Dagsavisen
Fiskaren
Fiskeribladet
Klassekampen
Magazinet
Morgenbladet
Nationen
Norge Idag
Ny Tid
Vårt Land
VG

Singapore
Berita Harian
Business Times
Lianhe Wanbao
Lianhe Zaobao
Shin Min Daily News
Tamil Murasu
The New Paper
The Straits Times
Today

South Africa
Beeld
City Mag
City Press
Daily Sun
Die Burger
Die Son
Ilanga
Isolezwe
Isolezwe ngeSonto
Isolezwe ngoMgqibelo
Rapport
Sunday Sun
Sunday Times
Sunday Tribune
Sunday World
The Saturday Star
The Sowetan
The Star

South Korea
Chosun Ilbo
Dong-a Ilbo
Electronics Daily
Financial News
Hankook Gyeongje
Hankook Ilbo
Hankyoreh
Herald Economy
Ilgan Sports
JoongAng Ilbo
Kookmin Ilbo
Kyunghyang Shinmun
Munhwa Ilbo
Segye-Ilbo
Seoul Gyeongje
Seoul Shinmun
Sports Chosun
Sports Seoul
Sports Today
Stock Daily
Aju Business Daily
Good Day
Maeil Gyeongje

Spain
ABC
Ara
AS
Cinco Días
Deia
El Correo
El Economista
El Mundo
El País
El Periódico de Catalunya
El Punt Avui
Expansión
La Gaceta de los Negocios
La Razón
La Vanguardia
Marca
Mundo Deportivo
Noticias Bolsa
Sport

Switzerland
20 Minuten / 20 minutes / 20 Minuti
24 heures
Aargauer Zeitung
Agefi
Avvenire dei Lavoratori
Basellandschaftliche Zeitung
Basler Zeitung
Baslerstab
Berner Zeitung
Bieler Tagblatt
Blick
Blick am Abend
Corriere del Ticino
Der Bund
Die Südostschweiz
Freiburger Nachrichten
Journal du Jura
Le Quotidien Jurassien
laRegione Ticino
Il Grigione Italiano
L'Express
Le Courrier
Le Matin
Le Nouvelliste
Le Temps
Neue Luzerner Zeitung
Neue Luzerner Zeitung
Neue Zürcher Zeitung
Obersee Nachrichten
Tages-Anzeiger
TagesWoche
Tessiner Zeitung
The Local
Thurgauer Zeitung
Tribune de Genève
Zürichsee-Zeitung

Taiwan
Central News Agency
Youth Daily News
Apple Daily
China Times
Liberty Times
Taipei Times
Taiwan News
The China Post
United Daily News

Thailand
Bangkok Post
Daily News
Khaosod
Kom Chad Luek
Krungthep Turakij
Matichon
Naew Na
Siamsport
Thai Post
Thai Rath

Turkey
Esenler Haber
Akşam
AMK Spor
Ataköy Gazete
Aydınlık
Bakırköy Postası
Beşiktaş Gazetesi
BirGün
Bölge Gazetesi
Çağdaş Kadıköy
Cumhuriyet
Daily Sabah
Diriliş Postası
Dokuz Sütun
Evrensel
Fanatik
Gazete Beşiktaş
Gazete Boğaz
Günboyu
Güneş
Güzel Vatan
Habertürk
Hürriyet
Hürriyet Daily News
İstiklal
Karar
Kartal Gazetesi
Korkusuz
Meydan
Milat
Milli Gazete
Milliyet
Ortadoğu
Özden Gazetesi
Özgür Düşünce
Özgür Gündem
Pas Fotomaç
Pendik Son Söz
Posta
Sabah
Şok
Sözcü
Star
Takvim
Türkiye
Vahdet
Vatan
Yarına Bakış
Yaşam Gazetesi
Yeni Asır
Yeni Asya
Yeni Birlik
Yeni Mesaj
Yeni Şafak
Yeni Yüzyıl
Yeniçağ
Yenisöz
Yerel Haber
Yöremiz
Yurt

United Arab Emirates
7days
Akhbar Al Arab
Al Bayan
Al Fajr
Al Khaleej
Al-Ittihad
Dubai Standard
Emarat Al Youm
Emirates Business 24/7
Gulf News
Khaleej Times
Sport360
The Arabian Post
The Gulf Times
The Gulf Today
The National
XPRESS
Awraq
Emirates Today
Khaleej Mag

United Kingdom
Daily Express
Daily Mail
Daily Mirror
Daily Star
Financial Times
London Evening Standard
Morning Star
The Daily Telegraph
The Guardian
The Independent
The Sun
The Times

United States of America
AM New York
Metro
New York Daily News
New York Post
Newsday
The New York Times
The Wall Street Journal
USA Today

Vietnam
Báo Đảng
Công An
Hànộimới
Lao động
Mua & Bán
Nhân Dân
Sai Gon Giai Phong
Thanh Nien
Tiền Phong
Tuổi Trẻ

买花

帝城春欲暮，喧喧车马度。
共道牡丹时，相随买花去。
贵贱无常价，酬直看花数。
灼灼百朵红，戋戋五束素。
上张幄幕庇，旁织巴篱护。
水洒复泥封，移来色如故。
家家习为俗，人人迷不悟。
有一田舍翁，偶来买花处。
低头独长叹，此叹无人喻：
一丛深色花，十户中人赋！

by Bai Juyi, translated by Arthur Waley
Bai Juyi (白居易, 772–846) was a famous Chinese poet who lived during the Tang dynasty. He was born in Henan Province and became a government official. His poems reflected thoughts on social and political concerns.

The poem "The Flower Market" describes a scene involving the purchase of peony flowers during spring in the royal city. The first sixteen sentences detail seemingly passive observations of a crowded marketplace. However, the last four sentences are a veiled critique of society's consumption and distribution structure – "A cluster of deep-red flowers would pay the taxes of ten poor houses."

The Flower Market

In the Royal City, spring is almost over:
Tinkle, tinkle – the coaches and horsemen pass.
We tell each other, "This is the peony season":
And follow with the crowd that goes to the Flower Market.
"Cheap and dear – no uniform price:
The cost of the plant depends on the number of blossoms.
For the fine flower – a hundred pieces of damask;
For the cheap flower – five bits of silk.
Above is spread an awning to protect them;
Around is woven a wattle-fence to screen them.
If you sprinkle water and cover the roots with mud,
When they are transplanted, they will not lose their beauty."
Each household thoughtlessly follows the custom,
Man by man, no one realizing.
There happened to be an old farm laborer
Who came by chance that way.
He bowed his head and sighed a deep sigh:
But this sigh nobody understood.
He was thinking, "A cluster of deep-red flowers
Would pay the taxes of ten poor houses."

Thank You

Bérénice Angremy
Amy Arbus
Jason Aspes and Susie Chow
Anne-Sylvie Bameule
Sudip Ranjan Basu
Marine Cabos
Cai Meng
Guillaume Chamahian
Stephanie Choo
Julia de Bierre
Francois de Moulliac
Daniel Denis
Nicholas Denis
Duan Yuting
Ruth Eichhorn
Miriam Eickhoff
Kwok Pan Fung
Goodwin Gaw
Marta Gili
Naomi Goddard
Yumi Goto and Masaru Goto
Yuko Hasegawa
Nicolas Havette
Maja Hoffman
Jason Hsu
Richard Hsu
Chyi-Yun Huang
Matthieu Humery
John Jay
Nathalie Johnson and Tim Millar
Victoria Jonathan
Vanja Karas
Shawn Koh
Yixuan Kuik
Jay Lau
Geraldine Lay
Elliot Lee
Gwen Lee
Jin Ne Lim
Mike Lim and Salene Tan
Eng Teong Low
Gilles Massot
Lars Müller
Chandran Nair
Cecile Nedelec
Bridget Noetzel
Geok Ling Ooi
Hercules Papaioannou
Penelope Petsini
Sruti Rangan
Rong Rong and Inri
Aslam Sardar
Predrag Savic
Tina Schelhorn
Jillian Schultz
Sara Seah
Sheng Dong
Joe Sidek
Herve Simon
Yinjie Soon
Sam Stourdzé
Jackson Tan
Kenneth Paul Tan
William To
Sandra van der Doelen
Teun van der Heijden
Claude Verly
Wang Ying
Wang Yue
Jill Waterman
Christoph Wiesner
Stephen Wilkes
Belinda Winterbourne
Cynthia Wu
Yan Lei
Serene Yap
Sarina Yeh

And we would like to express special appreciation to the Shin Kong Life Foundation for the support for our project's continental Africa fieldwork; the Denis family who are always there for us; and all the assistants involved in researching and carrying out the project, especially Shawn, who worked harder than any of us.

Chow and Lin

The Poverty Line

Texts and photographs:
Stefen Chow and Huiyi Lin
Essays:
Armida Salsiah Alisjahbana,
Andrea Brandolini and John Micklewright,
and Lucas Chancel

Translation (essay by Lucas Chancel):
Jane Michael
Copyediting:
Mike Pilewski
Proofreading:
Stephanie Shellabear
Design:
Sandra van der Doelen,
Teun van der Heijden
Editorial management:
Géraldine Lay (Actes Sud),
Miriam Eickhoff (Lars Müller Publishers)
Production:
Laurence Gibert
Lithography:
Terre Neuve, Caroline Lano, Arles
Foreign rights:
Isabelle Alliel
Printing and binding:
Faenza Printing Industries
Paper:
magno natural 90g

Cover image:
China
Beijing | January 2020
CNY 10.96 (USD 1.56, EUR 1.41)

Quote on p. 1:
Einstein, Albert. 1955. In *Conversations with Pablo Casals*, edited by Josep Maria Corredor, 11. New York: E. P. Dutton 1956.

© Arles, The Rencontres de la Photographie, 2021

No part of this book may be used or reproduced in any form or manner whatsoever without prior written permission, except in the case of brief quotations embodied in critical articles and reviews.

Lars Müller Publishers is supported by the Swiss Federal Office of Culture with a structural contribution for the years 2021–2024.

Lars Müller Publishers
Zurich, Switzerland
www.lars-mueller-publishers.com

ISBN 978-3-03778-673-4

Distributed in North America by
ARTBOOK | D.A.P.
www.artbook.com

Printed in Italy

A French edition of this book has been published by Actes Sud
(ISBN 978-2-330-13847-9)

Concept, edit and art direction developed in the 2018 photobook masterclass by Yumi Goto, Sandra van der Doelen and Teun van der Heijden, in collaboration with Reminders Photography Stronghold.

本書はリマインダーズ.フォトグラフィー.ストロングホールドにて2018年に開催されたトゥーン.ファン.デル.ハイデン、サンドラ.ファン.デル.ドゥーレンと後藤由美によるワークショップ「フォトブック.マスタークラス」において、コンセプト、編集、アートディレクションを発展させて制作されました。

This book was the winner of the 5th edition of the Luma Rencontres Dummy Book Award Arles 2019. Its publication was made possible by the Luma Foundation and the Rencontres d'Arles in collaboration with the Actes Sud Editions. And the support of Lars Müller Publishers and the Ayam Brand.

Published on the occasion of the exhibition The Poverty Line presented at the Rencontres d'Arles 2021.

LUMA

ARLES
LES RENCONTRES
DE LA PHOTOGRAPHIE

A note on the process of *The Poverty Line*: The artists relied on a range of national statistics and public sources, and also undertook discussions with economists to determine a consistent methodology for the project. They have made every effort to verify the accuracy of this information.